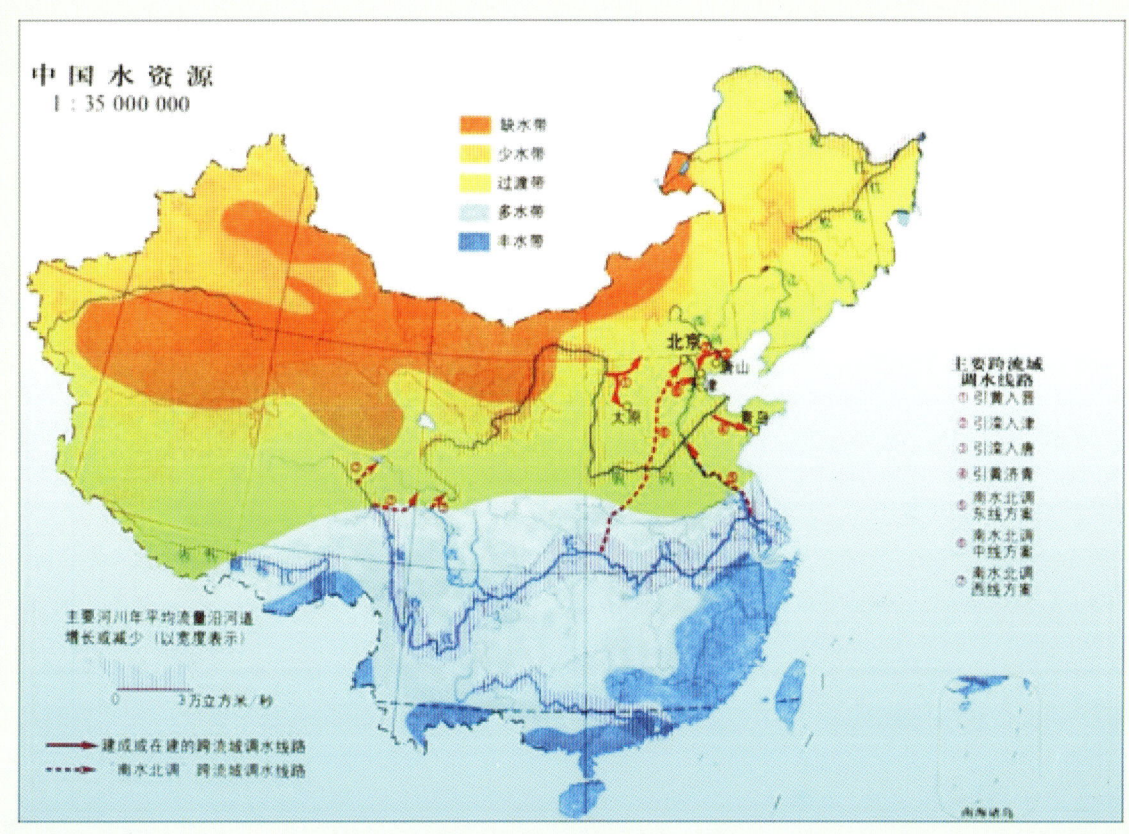

中国水资源分布图/来源：中国网

都江堰/周红 摄　　　　　　　　　　　　　　　　九曲黄河/蒋惠民 摄

黄河太极湾 天下黄河第一湾,位于晋陕峡谷段的陕西清涧县玉家河镇和山西石楼县辛关镇之间/黄如强 摄

陕北清涧县河口村无定河入黄处/吴成基 摄

果果塘大拐弯 位于西藏墨脱雅鲁藏布江/吴成基摄

长江上源沱沱河/蒋惠民 摄

金沙江/蒋惠民 摄

澜沧江峡谷/蒋惠民 摄

漓江/王国福 摄　　　　　　　　　　　　　　　　台湾日月潭/周红 摄

羊卓雍错/蒋惠民 摄　　　　　　　　　　　　　　长白山天池/吴成基 摄

黄果树瀑布/吴成基 摄　　　　　　　　　　　　　黄河壶口瀑布/吴成基 摄

台湾垦丁鹅銮鼻/吴成基 摄　　　　　　　　　　　　　　　新疆喀纳斯/岳冬菊 摄

泸沽湖/岳冬菊 摄　　　　　　　　　　　　　　　三峡大坝/来源:中新网

黄河小浪底调水调沙/来源：人教网　　　　　　　　　　　　　　　秦岭石门水库/岳冬菊 摄

"十二五"国家重点图书出版规划项目
陕西出版资金资助项目

中国地学通鉴

水文卷

主　编　芮孝芳
副主编　胡方荣　石　朋　姚　成

陕西师范大学出版总社

图书在版编目(CIP)数据

中国地学通鉴.水文卷／徐冠华等主编；芮孝芳等分册主编.—西安：陕西师范大学出版总社有限公司，2018.1
　　ISBN 978-7-5613-8351-3

Ⅰ.①中…　Ⅱ.①徐…②芮…　Ⅲ.①地理学—研究—中国　②水文学—研究—中国　Ⅳ.①K90 ②P33

中国版本图书馆CIP数据核字(2016)第030419号

中国地学通鉴·水文卷
ZHONGGUO DIXUE TONGJIAN SHUIWEN JUAN

主编：芮孝芳

出版统筹	刘东风
项目策划	郎根栋　卢文石
责任编辑	郎根栋
责任校对	卢文石　郎根栋
封面设计	龚心宇
出版发行	陕西师范大学出版总社
	（西安市长安南路199号　邮编：710062）
网　　址	http://www.sunpg.com
印　　刷	陕西金德佳印务有限公司
开　　本	850mm×1194mm　1/16
印　　张	32.5
插　　页	6
字　　数	750千
版　　次	2018年1月第1版
印　　次	2018年1月第1次印刷
书　　号	ISBN 978-7-5613-8351-3
定　　价	228.00元

图书代号：ZZ16N0195

《中国地学通鉴》编委会

主　　任　　刘昌明
副 主 任　　高经纬　　刘东风
总 主 编　　徐冠华　　郑　度　　陆大道　　管华诗
编　　委　　（以姓氏笔画为序）

马林兵　　王劲峰　　王恩涌　　方修琦　　石　朋
卢文石　　卢新卫　　刘　康　　刘东风　　刘安国
刘昌明　　齐清文　　芮孝芳　　李天杰　　李凤棠
李家清　　杨永春　　杨守仁　　杨胜天　　杨景胜
吴启焰　　吴晋峰　　吴殿廷　　吴德星　　汪新庄
宋长青　　张　臣　　张　量　　张安定　　张远广
张治勋　　张科利　　陆大道　　陈忠暖　　罗　宏
岳冬菊　　周尚意　　郑　度　　郑景云　　郎根栋
孟　伟　　封志明　　赵　烨　　赵　媛　　郝志新
胡方荣　　胡兆量　　宫作民　　姚　成　　高经纬
索文清　　党安荣　　徐冠华　　曹小曙　　揭　毅
葛全胜　　董玉祥　　景才瑞　　景高了　　程顺有
傅伯杰　　甄　峰　　雷明德　　蔡运龙　　管华诗
樊　杰　　颜廷真　　薛东前

总 序

地球科学是以地球系统(包括大气圈、水圈、岩石圈、生物圈和日地空间)的过程与变化及其相互作用为研究对象的基础学科,是研究地球内部和表面、地球与周围流体,以及与人类的相互关系等一类学科的总称。地球科学涵盖范围极其广泛,主要包括地质学、地理学、地球物理学、地球化学、大气科学、遥感科学、海洋科学和空间物理学以及新的交叉学科(地球系统科学、地球信息科学)等分支学科。地球科学的根本任务在于认识地球,合理开发利用自然资源,预防或减轻自然灾害,保护与改善人类生存环境,协调人与自然的关系,为经济、社会发展服务。

中国古代地学知识萌芽很早,至春秋战国时代已在许多方面取得了杰出的成就。战国以后逐渐形成传统的"方舆之学"。明中叶以后,徐霞客等注重实地考察、探讨自然规律,开辟了中国地学研究的新方向。但是,中国近代地学是在西方近代地学传入后开始的,张相文、竺可桢、翁文灏等为中国传统地学向近代地学的转变和发展作出了贡献。

20世纪以来,地球科学发展突飞猛进,其研究成果和科学认识对人类生存、生活质量的提高和社会可持续发展至关重要,地球科学已成为人类社会发展的支柱科学之一。中国地球科学也得到长足发展,取得许多重大成就。从地域背景来看,中国具有的许多世界上独特的自然环境和资源有利于地球科学研究的发展,例如,有"世界屋脊"之称的青藏高原对全球自然环境及其变化产生了显著影响;独具特色的东部滨太平洋成矿带和绵亘东西的中亚成矿带的地质演化和成矿条件;黄土高原是世界上黄土分布最集中、覆盖厚度最大的区域,河流泥沙含量之高,举世闻名;覆盖面积约100万平方千米之广的喀斯特(或岩溶)区,其发育程度和类型堪称世界之最;中国还是地震断裂带十分活跃的国家,有丰富的历史地震资料;中国诸多时代的地层比较完整,埋藏着独特的古生物群,是进行古生物、古人类与古环境研究的优越场所;中国海岸线漫长、海域和陆架区辽阔,生态环境独特,矿产资源丰富,物理、化学、生物和地质过程复杂,为研究陆海相互作用和边缘海形成、演化及其动力学提供了理想场所;中国地域辽阔,气候、生物与生态环境的多样性,举世瞩目。所有这些,形成了具有显著特色和优势的中国地球科学研究事业,产生了众多在国际上具有重大影响的研究成果。中国老一辈地质学家创立并发展的"陆相生油"理论,打破了西方的"中国贫油论",甩掉了中国贫油帽子;"黄土风成说"的确立,使中国黄土与海洋沉积、冰芯一起,成为全球环境变化国际对比的三大标准;叶笃正创立的大气长波能量频散理论,对动力气象学发展作出了重要贡献,"夏季高原为热源"和"大气环流有季节性变化"的理论已成为大气科学方面的经典;中国科学家对珠穆朗玛峰地区和青藏高原的综合科学考察,成为人类科学了解"地球第三极"自然环境的基础;云南澄江大批动物群化石的发现,揭示了生物进化的突发性,并将动物起源时间向前推进5000万年。经过长期不懈的努力,中国地球科学不仅在地理学、地质学、气象学等传统地球科学分支学科研究中不断深入,在一些交叉学科如地球物理、地球化学、海洋学等领域也都取得重要突破。并为国家宏观决策提供依据,对各类自然资源能源的普查勘探与开发、天气预报与气候预测、海洋开发、国土整治与规划、农业的可持续发展、环境保护与改善、自然灾害防治、重大工程建设、空间计划实施、国防建设以及人类对自然认识的提高等起到不可替代的重要作用。因此,系统全面地分析、研究、总结中国地学各领域科学研究工作取得的一系列成就和实践状况,对进一步推动中国的社会经济建设、地球科学及其他各项事业的发展具有重大的现实意义和深远的历史意义。

在全国数十所大学和科研单位的大力支持下,我们集多方之力编纂成《中国地学通鉴》这套大型地球科学研究志书。全书由地理卷、测绘与地理信息卷、地质卷、地球物理卷、地球化学卷、地貌卷、气候卷、水文卷、土壤卷、生物卷、海洋卷、灾害卷、资源卷、人口卷、民族卷、城市卷、文化地理卷、旅游卷、国土经济卷、环境卷、地理教育卷共21卷组成。各卷内容包括中国各地学要素的综合研究概况、各学科科学研究工作的进展及取得的成就、各地学要素的区域特征、科学研究的主要信息等4部分。翔实记载了中国地球科学领域发生的重大变化和在科学研究与实践等方面取得的巨大成就,系统介绍了中国各地学要素的形成、发展、分布规律与特征等方面的研究进展,全面反映了中国地球科学各领域的研究成果、现状和发展趋势。然而,地球科学范围非常广泛,分支学科纷繁复杂,取得的研究成果和成就更是数不胜数,不是21卷书所能穷尽的。我们这里仅选择了部分重点的学科加以总结,以期能够为推动中国地球科学发展和社会经济建设提供参考与借鉴。

《中国地学通鉴》是由全国40多所大学和科研院所300多位地学领域的专家和学者先后历时5年编纂而成,涵盖了地球科学的主要领域,以经济建设为轴线的指导思想明确,因此,可广泛服务于生产建设各个部门,是制定发展战略、规划、生产布局等方面必不可少的科学参考文献,并有助于提高其科学性、求实性和效益性。全书以其全面、权威的古今发展变化资料记载,为国家的国土资源及能源开发利用、经济社会与文化事业的发展、生态环境的综合治理、科学研究工作等提供详细、可靠的信息资料并发挥积极的推动作用和强有力的支持。

在《中国地学通鉴》付梓之际,仅对参加和支持本书编纂工作的各位专家、学者以及有关部门、科研院所、大专院校表示衷心感谢!对书中所引用的书籍、文献的作者表示由衷的谢意!

由于水平能力所限,书中难免存在一些疏漏和差谬,恳请广大地学工作者和读者不吝批评。

中国科学院院士

2015年10月

目　录

总序 ········· 001

第一篇　中国水文概述

第一章　中国的水文环境 ········· 002
第一节　地理环境 ········· 002
第二节　地质环境 ········· 003
第三节　社会环境 ········· 004

第二章　中国的水文特征 ········· 006
第一节　中国的降水 ········· 006
第二节　中国的水面蒸发 ········· 007
第三节　中国的陆面蒸发 ········· 008
第四节　中国的河川径流 ········· 008
第五节　中国的暴雨 ········· 012
第六节　中国的洪水与干旱 ········· 014
第七节　中国的河流泥沙 ········· 017
第八节　中国的冰情 ········· 019
第九节　中国河流的本底水质 ········· 020

第三章　中国水资源及其开发 ········· 021
第一节　中国水资源开发利用的发展过程 ········· 021
第二节　中国水资源的基本特点 ········· 023
第三节　中国水资源的开发利用 ········· 024
第四节　中国水能资源的开发利用 ········· 026

第四章　中国的水环境及其保护 ········· 030
第一节　中国水环境现状 ········· 030
第二节　中国水环境保护 ········· 033

第五章　中国水文事业 ········· 035
第一节　中国水文站网 ········· 035
第二节　中国水文测验技术设备 ········· 037
第三节　中国水文调查 ········· 039
第四节　中国水文资料整编 ········· 040
第五节　中国水文情报预报 ········· 042
第六节　中国水文管理体制 ········· 044

第二篇　中国水文科学研究

第一章　中国水文科学及其发展历程 ········· 048
第一节　中国的水文科学 ········· 048
第二节　中国水文科学发展历程 ········· 051

第二章　中国水文科学基础理论研究 ········· 057
第一节　水文循环研究 ········· 057
第二节　产汇流理论研究 ········· 059
第三节　流域水文模型研究 ········· 061
第四节　水文频率分析研究 ········· 066
第五节　水文随机模拟研究 ········· 068
第六节　水资源系统理论研究 ········· 070
第七节　泥沙与河床演变研究 ········· 080

第八节　地理水文学研究 ………… 088
　　第九节　生态水文学研究 ………… 093
　　第十节　水环境基础理论研究 …… 096
　　第十一节　中国水文区划和水功能
　　　　　　区划研究 ………………… 099
第三章　中国水文科学应用技术研究 …… 113
　　第一节　水文信息技术研究 ……… 113
　　第二节　水文预报技术研究 ……… 116
　　第三节　水文计算技术研究 ……… 119
　　第四节　水资源可持续利用技术研究
　　　　　 …………………………… 122
　　第五节　水库调度技术研究 ……… 131
　　第六节　风险分析技术研究 ……… 135
　　第七节　水文实验技术研究 ……… 137
　　第八节　水环境保护与治理技术研究
　　　　　 …………………………… 139
第四章　中国水文科学国际合作与交流 … 149

　　第一节　与联合国有关机构的合作与交
　　　　　　流 ………………………… 149
　　第二节　与其他国际组织的合作与
　　　　　　交流 ……………………… 152
　　第三节　中美地表水水文科学技术的合
　　　　　　作与交流 ………………… 153
　　第四节　与其他政府间双边合作与
　　　　　　交流 ……………………… 154
第五章　中国水文科学发展展望 ………… 156
　　第一节　现代水文科学发展轨迹
　　　　　 …………………………… 156
　　第二节　现代水文科学的理论支撑
　　　　　 …………………………… 157
　　第三节　水文科学的前沿科学问题
　　　　　 …………………………… 158
　　第四节　现代水文科学研究热点 … 161

第三篇　中国的陆地水与著名水工程

第一章　中国的陆地水 ………………… 166
　　第一节　中国的河流 ……………… 166
　　第二节　中国的湖泊 ……………… 216
　　第三节　中国的沼泽 ……………… 247
　　第四节　中国的冰川 ……………… 254
　　第五节　中国地下水 ……………… 262
第二章　中国著名水工程 ………………… 274
　　第一节　中国著名古代、近代水工程
　　　　　 …………………………… 274
　　第二节　中国现代著名水利枢纽与水
　　　　　　电站 ……………………… 289
　　第三节　中国著名调水、引排水工程
　　　　　 …………………………… 320
　　第四节　中国著名防洪工程 ……… 333
　　第五节　中国著名灌区与排灌工程 … 350
　　第六节　中国大型水库 …………… 364

第四篇　中国水文科学信息要览

第一章　中国水文水利科研单位 ……… 392
第二章　中国水文科学学术期刊 ……… 416
第三章　中国普通高校水文水利专业 … 431

第四章　中国水文水利科学家 ………… 440
第五章　中国水文科学大事记 ………… 458
第六章　中国水文科学主要文献 ……… 487

本卷编写参考文献 ………………… 507　　后记 …………………………………… 512

第一篇

中国水文概述

- 中国的水文环境
- 中国的水文特征
- 中国水资源及其开发
- 中国的水环境及其保护
- 中国水文事业

第一章　中国的水文环境

第一节　地理环境

　　中国位于东经73°39′~135°05′、北纬3°12′~53°43′之间,地处欧亚大陆东南部,深入欧亚大陆腹地。东南濒临太平洋,东北部、北部、西北部和西南部分别与朝鲜、俄罗斯、蒙古、哈萨克斯坦、吉尔吉斯斯坦、塔吉克斯坦、阿富汗、巴基斯坦、印度、尼泊尔、不丹、缅甸、老挝、越南等国接壤。大陆海岸线约1.8万千米,岛屿海岸线约1.4万千米,陆地边界约2万千米。陆地国土面积约960万平方千米,约为全球陆地面积的1/15,自然海域面积约473万平方千米。

　　中国的地势西高东低,呈三级阶梯分布。位于中国西南部的青藏高原海拔高程在4000米以上,为中国地势最高之地区,属第一级阶梯。其上,由北至南分布有东西或近东西走向的阿尔金山、祁连山、昆仑山、喀喇昆仑山、唐古拉山、冈底斯山、念青唐古拉山和北西—南东或南北走向的横断山脉。喜马拉雅山是世界上最高的山脉,平均海拔6000米,其最高峰珠穆朗玛峰海拔8844.43米,是世界第一高峰。青藏高原以北和以东的内蒙古高原、黄土高原、云贵高原地势下降到海拔2000米~1000米,属中国地势的第二级阶梯。它由高原、大盆地和山脉组成。阿尔泰山、天山、阴山、秦岭等山脉之间分布有巨大的盆地,如准噶尔盆地、塔里木盆地和四川盆地等。吐鲁番盆地中的艾丁湖湖底海拔为-155米,是中国陆地最低点。在大兴安岭—太行山—巫山—武陵山—雪峰山一线以东,直至海滨地区,为中国地势的第三级阶梯,主要由平原和丘陵组成。低山和丘陵海拔大部分在1000米以下,仅少数山峰可达2000米。滨海平原包括东北平原、华北平原、长江中下游平原、珠江三角洲等,海拔大都在50米以下。幅员辽阔的领海上有大小岛屿7000多个,其中最大的是台湾岛。中国西高东低三级阶梯的地形大势,对其大江大河向东流的大格局有着制约作用。

　　中国山脉的走向分为东西向、东北—西南向、西北—东南向和南北向4类。东西走向的山脉主要有天山、阴山、昆仑山、秦岭和南岭等。东北—西南走向的山脉主要是大兴安岭—太行山—雪峰山一线的山脉和长白山及浙闽山地。西北—东南向的山脉主要有阿尔泰山、祁连山等。南北走向的山脉有贺兰山、横断山。不同山脉的走向,使得中国河流的流向呈现出多样性。

　　中国季风气候特别明显,大部分地区受东南和西南季风影响,形成了东南多雨湿润、西北少雨干旱的特点。冬季盛行偏北风,夏季盛行偏南风。季节变化明显,水热同期。中国气候的这种时空分布,直接影响着中国水文的时空分布。

　　中国植被和土壤分布,不仅存在地区间的差异,而且还存在垂直地带性变化。全国可概括为三大自然区:大兴安岭西麓—内蒙古高原东部边缘—内蒙古高原南部边缘—黄土高原西部边缘—青藏高原东部边缘一线以东广大地区为东部湿润、半湿润区,以西又可分为西北干旱区和青藏高寒区。东部湿润、半湿润区约占全国面积的48%,植被、土壤发育较好,山地丘陵分布着各类林木,平原为农业区,中国的森林主要分布在此区域内。西北干旱区约占全国面积的33%,植被稀疏,多风沙,土壤大部分存在盐碱化现象,有机质含量很少。青藏高寒区约占全国面积的19%,气候高寒,植被土壤呈明显的垂直地带性。这种植被、土壤分布的特点,受中国气候及大地构造特点的影响和制约。

中国江河众多,流域面积在1000平方千米以上的河流有1580余条,流域面积在100平方千米以上的多达5万余条,大于10 000平方千米的有79条。绝大多数河流分布在东部气候湿润多雨的季风区。西北内陆气候干燥少雨,河流较少,并有大面积的无流区。中国的外流河流域约占全国总面积的64%,其余36%的面积属内陆河流域。在外流河中,发源于青藏高原的河流均为源远流长、水量丰沛、蕴藏着巨大水力资源的大江大河,主要有长江、黄河、澜沧江、怒江、雅鲁藏布江等。发源于内蒙古高原、黄土高原、豫西山地、云贵高原的河流,主要有黑龙江、辽河、海河、淮河、珠江、元江等;发源于东部沿海丘陵山区的河流,主要有图们江、鸭绿江、钱塘江、瓯江、闽江、韩江等,这些河流的长度和流域面积虽小,但水量和水力资源都较丰富。内陆河有新疆内陆诸河、青海内陆诸河、河西走廊内陆诸河、羌塘内陆诸河、内蒙古内陆诸河等,其共同特点是径流产生于山区而消失于山前平原。内陆河流域中有大片无流区,其面积达到160万平方千米。

中国是一个多湖泊的国家。据统计,中国大陆现有大小湖泊11万多个,其中,天然湖泊24 880个,人工湖泊(水库)87 151个(2009),湖泊总面积达83 400平方千米。面积在1平方千米的天然湖泊2848个,总面积80 645平方千米,占湖泊总面积的96.7%,蓄水量7000多亿立方米。人工湖泊(水库)总库容约7064亿立方米。青藏高原湖泊多系构造运动和冰川作用所成,湖水较深,湖面高程多在4000米以上。该区湖泊面积达38 700平方千米,占全国湖泊面积的46.5%,以内陆咸水湖居多。东部平原湖泊包括长江中下游、淮河中下游、黄河下游、海河下游的湖泊,均属外流湖,多系构造运动和水力冲积作用形成,湖泊面积22 900平方千米,占全国湖泊面积的27.5%,都是淡水湖。蒙新高原湖泊包括内蒙古、新疆和河北西北部的湖泊,其中,黑河以西多为构造湖,以东多为小型风蚀湖,亦有部分构造湖,湖泊面积16 400平方千米,占全国湖泊面积19.7%,多为内陆咸水湖。东北平原(南部)及山地湖泊多为火山湖,也有少数构造湖,除松嫩平原有部分内陆湖外,多为外流淡水湖,湖泊面积3800平方千米,占全国湖泊面积4.6%。云贵高原湖泊多系构造湖,也有一些溶蚀湖,湖泊面积1200平方千米,占全国湖泊面积的1.5%,湖水一般较深。

中国沼泽总面积约11.3万平方千米,约占国土总面积的1.18%,主要分布在东北山地、三江平原、东南沿海、西南和西北地区,这些地区的沼泽覆盖度在0.5%~10.0%,其余地区覆盖度均小于0.5%。

中国是世界上中低纬度山岳冰川最多的国家之一。现代冰川广泛分布于甘肃、青海、新疆、西藏、四川、云南等地区,至今已查明中国有现代冰川46 298条,冰川总面积约为59 406.2平方千米,约占亚洲山地冰川总面积的47.6%、全球山地冰川总面积的14.5%、全球总冰川面积的0.36%。西藏境内的冰川面积最大,占全国冰川总面积的47%;其次是新疆,占44%;其余的9%分布在青海、甘肃、四川、云南等地。全国的冰川面积约有61%分布在内陆河区域。中国冰川冰储量约为5589.75立方千米,折合水量为4985立方千米。多年平均冰川融水量604.65亿立方米。

第二节　地质环境

中国的水文地质条件,在地区上差异很大。

在分布极为广泛的非碳酸盐构成的基岩或碎屑岩山区,地下水类型为基岩裂隙水或碎屑岩孔隙—裂隙水。但是,由于岩性组成、断裂发育、风化程度及地形上的差异,各地地下水埋深和富水程度有所不同。北方地区的地下水埋深大于10米，南方地区则一般小于10米。涌水量多为4立方米/小时·米~10立方米/小时·米。

由碳酸盐构成的喀斯特地区主要分布在广西、贵州以及滇东、川东、鄂西、湘西等地，山东、山西等地也有零星分布。裸露、半裸露成片分布的岩溶山区约60万平方千米，占全国山丘区面积的9%左右。这些地区溶洞、盲谷、地下河等岩溶构造发育，贮存着岩溶水。南方地区岩溶水的埋深在几米至十几米之间，富水程度高，单井出水量在100立方米/小时以上；北方地区的岩溶水埋深较南方大，富水程度较南方低。

黄土高原丘陵沟壑区主要分布在黄河中游地区，以陕北、陇东、晋西及内蒙古南部最为发育，面积约38万平方千米，占全国山丘区面积的6%，地下水类型为黄土孔隙—裂隙水，补给和排泄条件均较差，埋深一般大于20米，最深可达200米以上。

在东北、华北、黄河河套、长江中下游和东南沿海比较开阔、平坦的平原区，包气带和含水层由多层不同松散岩类构成，地下水以降水补给为主，地表水体补给次之。地下水的主要排泄方式，北方是潜水蒸发和人工开采，南方是河道排泄和潜水蒸发。山前冲积扇、洪积扇地带，含水层厚度一般大于20米，多由粗砂或卵砾石组成，地下水埋深一般大于3米，单井出水量一般大于50立方米/小时。平原腹部或滨海地带，地表上部含水层厚度小，一般由中细砂组成，地下水埋深1米~3米，单井出水量一般小于30立方米/小时。

新疆南部和北部、内蒙古中部和西部、宁夏西部和河西走廊等干旱少雨地区的地下水为沙漠孔隙水，接受少量降水或侧向径流补给，多消耗于蒸发。

西北内陆河流域中的闭合盆地平原，地下水补给源主要是地表水体，排泄方式主要是潜水蒸发。该区的山前戈壁滩，由厚度为数十米至数百米的卵砾石夹砂组成，地下径流条件良好。戈壁滩以较陡的地面坡降向盆地腹部延伸，宽度几千米至几万米不等，地下水埋深由后缘的几百米逐渐变化到前缘的10米左右。戈壁滩以下至沙漠区边缘部分为细土平原，其包气带由亚砂土或亚粘土构成，下覆含水层由厚层中粗砂和卵砾石组成，地下水埋深小于10米，单井出水量在40立方米/小时以上，其中在细土平原的前缘，地下水以群泉的形式溢出地表。

华北地区的海河、滦河及黄河流域的晋冀豫等省境内的山间盆地平原和山间河谷平原，包气带以亚砂土为主，含水层由中细砂组成，其补给形式以降水补给为主，山前侧渗和地表水体补给为辅，并以人工开采、潜水蒸发和河道排泄等方式排泄。地下水埋深2米~5米左右，单井出水量为30立方米/小时~40立方米/小时。

在黄河中游有一发育在古老河谷阶地上的黄土高原台塬区，总面积仅1.5万平方千米，其包气带及含水层的岩性组成较单一，由黄土或黄土状物质组成，地下水类型为黄土孔隙—裂隙水，地下水埋深在10米~30米之间，降水为其主要补给源，并以向河道水平排泄为主。

第三节　社会环境

中国人口在1912年约为4.01亿，至1947年达到4.61亿，35年间增加了0.6亿人，年均增长0.017万人。从20世纪中叶开始，中国人口增长迅速，1953年为6.02亿，2010年达到13.71亿，57年间增加了7.69亿人，年均增长0.14万人。中国的人口分布很不均匀，据2011年公布的人口普查资料显示，占全国37.98%的人口分布在占陆地面积9.8%的东部地区，占全国26.76%的人口分布在占陆地国土面积10.7%的中部地区，占全国8.22%人口分布在占陆地国土面积8%的东北地区，占全国27.04%的人口分布在占陆地国土面积71.5%的西部地区。在各地区中，居住在江河中下游易受洪涝灾害地区的人口密度一般要大于其他地区。中国人口密度与地势的关系明显,据2000年资料,第三阶梯的人口密度为317.4人/平方千米,第二阶梯人口的密度则为88.9人/平方千米,而第一阶梯的人口密度只有5.6人/平方千米,第三阶梯的人口密度几乎是第一阶梯的57倍。从1953年～2010年的57年间,中国城乡人口的比例也发生重大变化,1953年城乡人口之比为1:7.16,2010年城乡人口之比为1:1.01。

中国土地面积93 274万公顷,按2003年人口计算,人均0.72公顷,小于世界平均值2.07公顷/人,远小于加拿大的28.75公顷/人,也小于美国的3.15公顷/人,仅大于印度的0.28公顷/人。其中耕地面积为13 004万公顷,按2000年人口计算,人均0.1公顷,小于世界平均值0.22公顷/人,小于加拿大的1.44公顷/人、俄罗斯的0.85公顷/人、美国的0.6公顷/人,也小于印度的0.15公顷/人;森林面积为17 491万公顷,人均0.14公顷,小于世界平均值0.6公顷/人,加拿大的7.9公顷/人,俄罗斯的5.8公顷/人,美国的0.8公顷/人,也小于印度的0.75公顷/人;永久性草场面积40 000万公顷,人均0.31公顷,小于世界平均值0.44公顷/人,美国的0.8公顷/人,俄罗斯的0.64公顷/人,加拿大的0.49公顷/人,但大于印度的0.01公顷/人。以上耕地面积、森林面积和永久性草场面积合计占到中国土地面积的75.6%,另外24.4%的土地面积均为难以开发利用的沙漠、戈壁、石质裸岩、冰川及永久积雪等。

中华人民共和国成立以来,中国进行了大规模的水利建设。截止2009年,全国已建成各类水库87 151座,总库容达到7064亿立方米,其中,大型水库544座,总库容5506亿立方米,占全部总库容的77.9%,中型水库3259座,总库容921亿立方米,占全部总库容的13%;已建成江河堤防29.14万千米,保护人口5.9亿人,保护耕地4700万公顷;已建成各类水闸42 523座,其中大型水闸565座,在全部建成水闸中,分洪闸2672座、排涝闸14 488座、挡潮闸4644座、引水闸7895座、节制闸12 824座;已建成有效灌溉面积万亩以上的灌区5844处,农田有效灌溉面积达到29 562万公顷,其中,3.3万公顷(50万亩)以上灌区125处,农田有效灌溉面积1082.8万公顷,2万公顷～3.3万公顷(30万亩～50万亩)灌区210处,农田有效灌溉面积474.7万公顷,全国总的农田有效灌溉面积已达到5926.1万公顷;已建成各类机井529.3万眼;已建成的各类水力发电站的总装机容量1.97亿千瓦、水电年发电量已达到5055亿千瓦时;水土流失综合治理面积达104.5万平方千米,其中中小流域治理面积为41.1万平方千米;累计实施生态修复面积达74.7万平方千米;累计建成黄土高原淤泥坝9.1万座。

中国城市化发展速度在半个世纪时间中呈现出先慢后快的特征。1949年中国的城市化率仅为10.6%,至1978年才增加到17.9%,在29年中只提高了7.3个百分点。1978年以后中国城市化发展速度明显加快,截止2005年中国城市化率已达到43%,从1978年～2005年的27年中,中国城市化率整整提高了25个百分点。但中国的城市化发展水平存在较大的地区差别,东、中、西部城市化率分别为54.6%、40.4%和35.7%,最高是上海市为88.7%,其次为北京、天津,分别为84.3%和75.7%,最低为贵州,仅为27.5%。

第二章 中国的水文特征

第一节 中国的降水

一、中国降水的地区分布

中国多年平均年降水总量为 61 889 亿立方米,相当于降水深 648 毫米,既小于全球陆面年降水深 800 毫米,也小于亚洲陆面年降水深 740 毫米。降水量地区分布极不均匀,总的趋势由东南向西北递减,在山区往往形成降水高值区,而在盆地、平原和高原则形成降水低值区。降水高值区主要有长白山区、阿尔泰山区、天山区、祁连山区、秦岭山区、大别山区、湘赣山区、大巴—巫山区、浙闽山区、台湾山区、四川西部山区、粤桂山区、海南五指山区、滇西南山区、藏东南山区等。低值区主要有内蒙古高原中西部、准噶尔盆地、塔里木盆地、吐鲁番盆地、柴达木盆地、藏北高原、河北平原中南部、元江谷地、川滇金沙江谷地等。

根据降水量的多少,全国可分为 5 个不同类型的地带:①年降水量大于 1600 毫米的十分湿润带,分布在东南沿海的广东、广西东部、福建、江西和浙江大部以及台湾等地区;②年降水量在 1600 毫米 ~ 800 毫米的湿润带,分布在长江中下游地区、淮河—秦岭一带和辽东半岛;③年降水量在 800 毫米 ~ 400 毫米之间的半湿润带,主要分布在黄河下游、渭河、海河流域以及东北大兴安岭以东大部分地区;④年降水量在 400 毫米 ~ 200 毫米之间的半干旱带,主要分布在黄河上、中游及东北大兴安岭以西地区;⑤年降水量小于 200 毫米的干旱带,主要分布在西北内陆地区,其中新疆塔里木盆地、吐鲁番盆地和柴达木盆地不足 50 毫米,盆地中心不足 20 毫米。

二、中国降水的季节变化

中国降水量季节分配不匀。春季降水:长江流域中下游占全年 30% ~ 45%,新疆占 30% ~ 35%,全国其他地区小于 20%;夏季降水:长江中下游、华南和新疆部分地区占全年 50% 以下,其他地区都大于 50%;秋季降水:西南地区占全年 25%,其他地区不足 20%;冬季降水:长江中下游、华南大部、新疆地区占全年 10% ~ 15%,其他地区都在 10% 以下。

各地雨季开始时间大体从南向北推迟,雨季持续时间的长短从南向北递减,这与中国夏季风的进退大体一致。淮河和秦岭以南、大娄山以东、南岭及其以北广大地区、新疆西北部、西藏东南角、云南西部怒江一带和台湾北部,降水量年内分配比较均匀,最大连续 4 个月降水量占全年降水量的 50% ~ 60% 之间。海河平原、东北平原、内蒙古高原、塔里木盆地、柴达木盆地和西藏大部分地区,最大连续 5 个月降水量占全年降水量高达 80% 以上,为中国降水量年内分配最不均匀的地区。其余地区连续最大 4 个月降水量占全年降水量的 60% ~ 80%。中国降水量年内分配特点容易形成春旱、夏洪、秋缺、冬枯的格局。

总体来说,中国各地区的年降雨量有 2 个显著的特征:首先,无论年总降雨量的多寡,每年的降水主要集中在夏季,并且越往西和北,降雨就越集中。因而夏季是中国最主要的雨季发生时期。

其次,全国大部地区的年降水表现为单峰型分布,峰值出现在夏季;但华南地区、长江中下游和华西地区的年降水量表现出了多峰型分布,除夏季外,春季和秋季的降水也非常显著,在不同地区造成了雨季的持续。其中,华南地区为典型的双峰型降水,主峰值出现在6月中旬,峰值雨量平均超过50毫米,被称为华南前汛期雨季。随后,雨量迅速减小,并于7月中下旬降到谷值。到8月中旬,降雨会再次活跃而出现次峰值,称为华南后汛期雨季,该雨季主要由热带气旋的活动影响造成。2次降雨峰值之间大约间隔一个月。虽然华南的春雨和主峰值之间并没有出现明显的中断,但该地区的春雨是非常显著的,春季降雨量(3月~5月)可占年总雨量的35%,与夏季(6月~8月)的38%基本持平。长江中下游的降水在一年中出现了3个峰值,对应的时间依次为:5月中上旬、6月下旬和8月下旬,分别代表了春、夏和秋3个季节的降雨盛期。长江中下游的春雨非常显著,整个春季的降水能占年总降水的32%,且降水在长江三角洲尤其明显,雨量仅略小于夏季峰值。其夏季主峰值为梅雨雨季。而第三峰值同样由台风或季风雨带南退时在长江流域停滞造成,平均雨量较小。华西地区也为双峰雨型,降水的两峰值分别出现在7月初和9月初。2次峰值之间的间隔较短且雨量差别小,降雨次峰值反映出非常显著的秋雨现象,一般认为秋雨由冷空气活动造成,雨量不大,但雨日多。

三、中国降水的年际变化

中国由于受季风气候的影响,降水量年际变化很大,且有连续多雨年和连续少雨年出现的现象,降水量越少的地区和降水量越少的季节年际变化也越大。年降水量变差系数地区分布的基本特点是:兰州、秦岭一线和长江中游以南地区,一般在0.25以下;淮河流域及华北地区、黄河流域大部分地区在0.25~0.35之间;东北地区有从东部的0.20向西加大到0.30的趋势;西北地区大部分都在0.40以上,其中干旱盆地可达0.70以上。

第二节 中国的水面蒸发

中国早先用于观测水面蒸发的仪器有直径为20厘米的蒸发皿和直径为80厘米的套盆式蒸发器2种。20世纪60年代后逐步采用E601型蒸发器。因E601型蒸发器观测的蒸发量接近大水体的蒸发量(两者之间的折算系数多为0.90~0.99),故通常把直径为20厘米的蒸发皿和直径为80厘米的套盆式蒸发器观测的蒸发量统一折算成E601型蒸发器的蒸发量,以此代表大水体的蒸发量,并探求其时空分布规律。

中国水面蒸发量的地区变化很大,一般冷湿地区水面蒸发量相对较小,热干地区水面蒸发量大。多年平均年水面蒸发量分布的趋势是北部和南部较大,中部和东北部较小;西部大,东部小;平原大,山地小。包括东北大平原大部分、海滦河流域山区、华北平原南部、长江流域大部分,浙闽台山区、青藏高原部分在内的大部分地区,多年平均年水面蒸发量在800毫米~1200毫米之间。全国最低值只有400毫米左右,最高可达2600毫米,相差悬殊。中国多年平均年水面蒸发量有2个低于800毫米的低值区:①东北山区,包括大小兴安岭、长白山深山地区等,年蒸发量在600毫米以下;②中国中部,包括湖南、湖北西部,云南、贵州北部,四川大部,甘肃东南部及陕西南部山地等均小于800毫米。中国多年平均年水面蒸发量有5个大于1200毫米的高值区:①西北高原和盆地,从内蒙古高原西部起经鄂尔多斯高原、阿拉善高原、河西走廊以北至新疆、青海诸盆地,其中塔里木盆地、柴达木盆地中部,以及新疆东部年水面蒸发量可达2000毫米以上;②藏北高原及雅鲁藏布江中上游；③西辽河上游和华北平原；④两广南部，福建沿海和台湾西部沿海；⑤云南南部地区，其中楚雄州元谋站，实测多年平均年水面蒸发量高达2318毫米。

中国水面蒸发量的年内分配，主要受年内风、温度、湿度等的季节变化的影响。一般是低纬度地区水面蒸发量的年内分配较均匀，高纬度地区的年内分配很集中。在北方最大连续3个月的水面蒸发量占年水面蒸发量的40%~50%，常出现在4月~6月或5月~7月。在东北或华北最大月水面蒸发量出现在5月，而西北地区则7月最大。最小连续3个月水面蒸发量只占年水面蒸发量的4%~10%，常出现在12月至翌年2月。南方最大连续3个月水面蒸发量占年水面蒸发量的30%左右，常出现于7月~9月，最小连续3个月水面蒸发量占年水面蒸发量的17%左右，出现在1月~3月。

由于影响水面蒸发的气象要素的年际变化不大，所以就决定了水面蒸发量的年际变化较小。中国年水面蒸发的变差系数一般在0.08~0.15之间，北方大于南方。

第三节　中国的陆面蒸发

陆面蒸发是下垫面水面蒸发、冰雪蒸发、土壤蒸发、植物散发等的综合。一般通过流域水量平衡原理间接求得。

中国大部分地区多年平均年陆面蒸发量在400毫米~800毫米之间。淮河以南、云贵高原以东的广大地区为陆面蒸发量的高值带，其中海南东部以及中印边界东段，多年平均年陆面蒸发量可达1000毫米以上。云贵高原、四川盆地在600毫米~700毫米，华北平原南部也在600毫米~700毫米。海滦河流域、黄河流域中下游大部地区在400毫米~600毫米，东北除大兴安岭以西外，一般在400毫米以下。川西高原以西陆面蒸发量逐渐递减，至青藏高原西部仅100毫米~150毫米。内蒙古高原以西以及广大西北地区，一般都低于300毫米，其中塔里木盆地和柴达木盆地，年陆面蒸发量仅25毫米，为中国陆面蒸发量最低地区。

陆面蒸发量的大小受陆面蒸发能力（可用水面蒸发量代表）和供水条件（主要是降水量）的制约。从中国东南沿海到西北内陆的多年平均年降水量、陆面蒸发量和水面蒸发量的变化可以看出：秦岭东南降水量充沛，蒸发能力得以充分发挥，陆面蒸发量与水面蒸发量比较接近，地区变化也较小。其余地区，由于降水量不够充沛或十分稀少，陆面蒸发量则远小于水面蒸发量，而且地区变化比较剧烈。

第四节　中国的河川径流

一、中国的水系和流域

在气候和地貌的制约下，中国水系的地域分布很不平衡。在夏季风所能到达的湿润和半湿润地区，河网众多，水量丰富或比较丰富，绝大多数河流直接注入海洋，成为外流流域。不受或少受夏季风影响的区域，地表水贫乏，河网稀少，河川径流不能直接注入海洋，为内陆流域。外流流域面积约占国土总面积64%，内陆流域约占36%。内、外流域的分界线大致北起大兴安岭西麓，经阴山、贺兰山、祁连山、日月山、巴颜喀拉山、念青唐古拉山和冈底斯山而止于西端的国境线。这条分界线大致和年降水量400毫米等值线相近。此线以东，除鄂尔多斯高原、松嫩平原及雅鲁藏布江南侧的羊卓雍湖等地区有小面积的封闭型的内陆流域外，河川径流均分别注入太平洋和印度洋，但以太平洋水系为主。此线以西，除额尔齐斯河注入北冰洋的喀拉海，属北冰洋水系外，其他河流均不能注入海洋而注入就近盆地，或潴水成湖，或消失在沙漠之中。

外流区河流的干流，大部分起源于三大阶梯隆起带上：第一河源带是青藏高原的东南。发源于此的都是亚洲大陆的巨川大河，如长江、黄河、澜沧江、怒江、雅鲁藏布江等。怒江流入中南半岛称萨尔温江，经缅甸注入印度洋的安达曼海。澜沧江进入中南半岛后称湄公河，注入南海。雅鲁藏布江进入印度半岛后称为普拉马布特拉河，是恒河的重要支流。印度河的2条主要支流森格藏布（狮泉河）和朗钦藏布（象泉河）发源于青藏高原西南。第二河源带为第二阶梯边缘隆起带，即大兴安岭、冀、晋山地和云贵高原一带。发源于此的河流有黑龙江、辽河、海河、淮河、西江等，也都是中国主要河流。第三河源带是长白山地、山东丘陵和东南沿海丘陵。发源于此的河流主要有图们江、鸭绿江、钱塘江、瓯江、闽江、九龙江以及珠江的另2条支流东江和北江。这些河流逼近海岸，流程短、落差大，水力资源比较丰富。

二、中国径流的空间分布

中国多年平均年河川径流量为27 115亿立方米，相当于径流深284毫米，约为中国多年平均降水量的44%。但地区差异很大，和大气降水分布规律近似，径流量的分布亦由东南沿海向西北内陆逐步递减。在同一地区内，山地地区，山地的迎风坡是径流相对高值区，平原、盆地、山地背风坡则是径流相对低值区。

年河川径流深的地区分布总趋势由东南向西北递减。根据径流深的大小来衡量河川径流量，大致可分为5个不同量级径流地带：

（1）丰水带。年降水量>1600毫米，年径流深>800毫米，径流系数大于0.5，部分山区甚至可达0.8以上，与降水的十分湿润带基本一致。包括广东、福建、台湾的大部，江西、湖南的山地，云南西南部和西藏的东南部。大致相当于亚热带常绿阔叶林和热带雨林与季雨林地带。

（2）多水带。年降水量800毫米~1600毫米，年径流深在200毫米~800毫米之间，年径流系数在0.2~0.6之间，与降水的湿润带基本一致。包括广西、云南、贵州、四川以及秦岭、淮河以南的长江中下游地区。相当于北亚热带落叶阔叶-常绿阔叶混交林和中亚热带常绿阔叶林地带。

（3）过渡带。年降水量400毫米~800毫米，年径流深在50毫米~200毫米之间，其年径流深系数在0.1~0.4之间，与降水的半湿润带基本一致。包括黄淮海平原，山西、陕西的大部，东北大部，四川西北部和西藏东部。相当于暖温带、中温带落叶阔叶林和森林草原地带。

（4）少水带。年降水量200毫米~400毫米，年径流深在10毫米~50毫米之间的，其年径流系数在0.05~0.1之间，与降水的半干旱带基本一致。包括东北西部，内蒙古、甘肃、宁夏、新疆西部、北部以及西藏西部。相当于荒漠草原和干草原地带。是中国主要牧区。

（5）干涸带。年降水量<200毫米，年径流深<10毫米，其年径流系数在0~0.05之间，与降水的干旱带基本一致。包括内蒙古西部和准噶尔、塔里木、柴达木三大盆地以及阿拉善沙漠区，相当于荒漠地带。

三、中国径流的季节变化

中国河川径流丰富和比较丰富的地区，主要是受夏季风影响的地区。受季风环流影响，中国大气降水和河川径流在时间分配上具有很大的不均衡性和不稳定性，年际和年内季节变化很大。

中国河川径流季节分配很不均衡，具体表现在汛期出现的季节、延续时间以及汛期径流量集中的程度等方面。这些因素决定着径流资源可利用的程度和效益，也是进行径流调节的依据。影响径流季节变化的主要因素是补给条件。在中国，大气降水是引起径流季节变化的主要因素。其次是地下水和高山冰雪融水。

中国大部分地区的河川径流主要靠雨水补给，其季节变化与降雨季节变化的关系密切。西北内陆河流一般以冰川与积雪融水补给为主，其季节变化的特点是水热同步。鄂尔多斯高原东部流沙地区、太行山的部分地区和西北内陆河流，河川径流主要靠地下水补给，除冬季因结冰而水量较小外，其余各月的径流量分配比较均匀，但汛期明显增大。

东部季风气候区域，雨水补给占河川年径流总量的60%~80%，甚至80%~90%以上。西北地区，降水稀少，雨水补给仅占70%~80%，而10%~25%依靠高山冰雪融水补给。黄土高原、青藏高原以及碳酸盐岩广布的黔桂地区，则地下水补给的比率较大。但是，不管是地下水补给还是高山冰雪融水补给的河流，其径流量仍有明显的季节变化。因为地下水的变化仍间接受制于大气降水；高山冰雪融水受制于气温，而气温又是有季节变化的，现选择不同地区有代表性的河流汛、枯期长短及其径流分配比率列于表1-2-1。

表1-2-1 不同地区河川汛、枯期径流量比率

地区	水系	河流	测站	实测年数	年径流量/$10^8 m^3$	汛期起止月	汛期(月)	汛期径流量/$10^8 m^3$	%	枯水期起止月	汛期(月)	径流量/$10^8 m^3$	%	备注
东北	黑龙江	松花江	佳木斯	29	717.7	7~9	3	375.0	52.2	10~6	9	342.7	47.8	
东北	黑龙江	嫩江	库漠屯	37	5.7	4~10	7	52.39	97.5	11~3	5	1.31	2.5	
华北	辽河	浑河	沈阳	42	22.3	7~8	2	11.25	50.4	9~6	10	11.05	49.6	
华北	滦河	滦河	滦县	24	47.9	7~8	2	28.3	59.1	9~6	10	19.6	40.9	
华北	海河	潮白河	苏庄	24	19.1	7~8	2	9~93	52.0	9~6	10	9.17	48	
华北	黄河	渭河	咸阳	46	29.83	7~9	3	8.72	42.6	10~6	9	13.18	51.4	
华北	黄河	窟野河	温家川	26	7.59	7~8	2	3.43	45.1	9~6	10	4.19	54.9	
华北	淮河	淮河	大坡岭	28	6.88	7~8	2	3.08	44.7	9~6	10	3.8	55.3	
华北	沂河沭河	沭河	莒县	29	9.98	7~8	2	3.41	68.4	9~6	10	1.57	31.6	鲁南丘陵
华东	长江	嘉陵江	略阳	33	36.54	7~10	4	21.66	59.2	11~6	8	14.94	40.8	汉水河谷西部
华东	长江	汉江	安康	39	203.3	7~10	4	126.3	62.1	11~6	8	14.94	40.8	汉水河谷东部
华东	长江	乌江	乌江渡	35	157.4	6~8	3	79.6	50.6	9~5	9	77.4	49.4	贵州高原
华东	长江	湘江	湘潭	30	684.0	3~8	6	526.2	76.9	9~2	6	157.8	23.1	江南春雨区、梅雨区也是伏旱区
华东	长江	赣江	外洲	30	682.0	3~8	6	529.1	77.6	9~2	6	152.9	22.4	条件同上
华东	钱塘江	新安江	屯溪	29	30.4	4~7	4	19.89	65.4	8~3	8	10.51	34.6	
华东	瓯江	瓯江	圩仁	28	144.0	3~9	7	122.0	84.7	10~2	5	22.0	15.3	春雨、梅雨秋雨均较多
华东	闽江	闽江	竹岐	44	564.3	3~9	7	466.6	82.7	10~2	5	97.4	17.3	同上

续表

地区	水系	河流	测站	实测年数	年径流量 /$10^8 m^3$	汛期 起止月	汛期 (月)	汛期 径流量 /$10^8 m^3$	%	枯水期 起止月	枯水期 (月)	枯水期 径流量 /$10^8 m^3$	%	备注
华南	珠江	西江	梧州	37	2290.0	4~10	7	2038.0	90.9	11~3	5	202.0	9.1	
华南	珠江	东江	博罗	24	237.0	4~10	7	203.6	85.9	11~3	5	33.4	14.1	
华南	台湾诸河	浊水河	集集	26	43.8	6~9	4	27.25	62.2	10~5	8	16.55	37.8	
青藏	长江	通天河	真门达	23	119.0	7~9	3	72.2	60.6	10~6	9	46.8	39.4	
青藏	雅鲁藏布江	雅鲁藏布江	妈各沙	24	168.0	7~9	3	110.4	65.7	10~6	9	57.6	34.3	
西北	额尔齐斯河	额尔齐斯河	布尔津	24	36.4	5~7	3	25.01	68.7	8~4	9	11.39	31.3	
西北	伊犁河	伊犁河	雅马渡	26	118.0	6~8	3	61.4	52.0	9~5	9	56.6	48.0	
西北	塔里木河	叶尔羌河	喀群	26	64.5	7~8	2	37.7	58.4	9~6	10	26.8	41.6	
西北	疏勒河	昌马堡	昌马堡	28	8.39	7~8	2	4.2	50.0	9~6	10	4.19	50.90	
西北	黑河	黑河	莺落峡	26	15.6	7~8	2	6.59	42.2	9~6	10	9.01	57.7	

可以看出,随着季风的进退,地表河川汛期的长短、汛期出现的时间,各地有所不同,一般分以下地区:

(1)秦岭淮河以南的华中、华南地区,自3月~4月即开始进入汛期,9月~10月出汛,汛期长达4个月~7个月,径流量占年径流总量60%~90%,其中春雨特多的江南丘陵,3月即开始入汛,9月出汛。秦岭淮河以北的华北、东北地区,入汛晚(7月),出汛早(9月),汛期仅2个月~3个月,径流量占全年径流总量的45%~60%左右。

(2)西南地区,包括青藏高原和华中华南西部地区,受高原季风环流影响,汛期7月~9月,径流量占年径流总量60%左右。

(3)西北广大内陆干旱地区,汛期主要出现在气温较高的7月~8月2个月,只有受西风环流控制,降水季节分配比较匀称的额尔齐斯河与伊犁河等,汛期可达3个月~4个月,径流量也只占年径流总量的50%~60%。

总之,中国河川径流主要集中夏季半年,其中6月~8月尤为集中。这3个月径流量在各地区年径流量中所占的比重:东北、华北、西北地区45%~60%,华南和西南50%~55%,华中东部地区35%~50%。

四、中国径流的年际变化

径流量的年际变化通常用径流变差系数(C_v)和实测最大与最小年平均径流的比值来表示。中国年径流变差系数的地区分布与年降水量变差系数的地区分布基本一致,具有由南向北逐渐增大,湿润地区小、干旱地区大,山区小、平原河谷大,降水补给为主的河流大、冰川或雨雪混合补给为主的河流小、地下水补给为主的河流最小等特点。大体上江淮丘陵和秦岭一线以南地区在0.50以下;鄂西山地、贵州大部和广西北部地区在0.30以下;云南中部和四川盆地一般超过0.50;淮河流域大部分地区在0.60~0.80之间;华北平原超过1.00;东北地区山地一般在0.50以下,平原地区一般在 0.80 以上;黄河流域一般在 0.60 以下;内陆流域中,山地一般在 0.20~0.50 之间,盆地一般在 0.60~1.00 之间。与降水量的年际变化一样,年径流的年际变化也存在连续丰或枯的现象。

中国径流变差系数最大的地区是华北一带。华北平原的 Cv 值一般都大于 1,最大可超过 1.3。次高区为内蒙古中部、阴山北部地区,其 Cv 值一般也大于 1,最大的亦可超过 1.2。再次为松辽平原、三江平原和西北的塔里木与准噶尔盆地地区。Cv 值最小地区是常年处于西风带控制的新疆伊犁河流域。南方夏季风比较稳定的地区 Cv 值也较小,四川盆地西部 Cv 为 0.2 左右,西南大部分地区为 0.3~0.4。而年降水量相对较少的四川盆地、南阳盆地和海南岛西部地区,Cv 则比较大,可达 0.6。淮河流域大部分地区为 0.6~0.8。年径流最大与最小值能反映年径流量多年变化的幅度。年径流最大值与最小值的比值与径流变差系数(Cv)的变化趋势基本一致。Cv 大的北方诸河 Km 值也大,Cv 值较小的南方诸河 Km 值也比较小;集水面积较大的河流,其 Km 值亦较集水面积较小的河流为小;干流 Km 值比支流为小。

第五节　中国的暴雨

中国是个多暴雨的国家,除西北个别省区外,几乎都有暴雨出现。受季风地形等影响,中国暴雨的地域性和时间性特征十分明显。总体而言,南方多而北方少,东南沿海多而西北内陆少;夏季多而冬季少。暴雨是中国主要气象灾害之一。引起中国大范围暴雨的天气系统主要有锋、气旋、切变线、低涡、槽、台风、东风波和热带辐合带等。此外在干旱与半干旱的局部地区热力性雷阵雨也可造成短历时、小面积的特大暴雨。

一、中国暴雨的地域分布

中国暴雨的分布可用年最大 24 小时暴雨量均值等值线作代表。50 毫米线从西藏东南的中国与不丹边界开始,沿青藏高原东南经秦岭西段、黄土高原中央、内蒙古阴山,一直延伸到东北的大兴安岭。该线东南方向为多暴雨区,均值在 200 毫米以上的暴雨高值区有台湾和华南沿海,南海、东海沿岸山地分布有多处 200 毫米以上的特大暴雨中心区,台湾中央山脉最高可达 400 毫米以上,其他较大暴雨区有浙江沿海、四川盆地西侧、鸭绿江口等地区。该线以西除几条山脉外,暴雨出现机会很少,新疆南部、藏北、蒙青西部广大地区的均值都不足 20 毫米,塔里木盆地仅是在 10 毫米以下。位于该线的日雨量大于 50 毫米的日数在一年中平均只有 1 日,而华南可为 8 日~10 日以上,江南部分地区可为 5 日,淮河、山东、鸭绿江口为 3 日,宁夏以西广大西北地区和青藏高原,除个别山峰外,都在 0.1 日以下。

中国暴雨的地域分布特点为东西向变化较大,而南北向变化较小。历时愈长,地形对暴雨的影响愈明显,等值线的地理分布愈复杂,地域差异愈大。

二、中国暴雨的季节变化

中国大部分地区位于东亚季风区,暴雨季节变化明显,大多暴雨出现在 6 月~9 月。中国不仅暴雨量季节分布与月降水量正常值分布有所差异,而且特大暴雨和一般暴雨的季节变化也有差异。逐月最大1日暴雨均值的分布,江南、华南、新疆西北地区以6月暴雨最大;从东北到华北东部、淮河到云南以及新疆东南地区以7月暴雨为最大;东北东部、黄河流域、青藏高原广大地区和台湾以8月暴雨为最大;东南沿海及海南以9月暴雨为最大。部分地区暴雨可出现双雨季,如华南地区6月和8月、大巴山地区7月和9月。全国各月最大实测24小时点雨量记录显示,全年各月均有一些测站发生日降雨量超过200毫米的记录,4月~11月有日降雨量超过500毫米的记录,7月~10月有日降雨量超过1000毫米的记录。冬季大暴雨仅限于云南、江苏一线以南地区,夏季大暴雨则可出现于全国绝大部分地区。海河、辽河的暴雨发生季节最为集中,绝大多数发生于7月~8月,东北北部、淮河的暴雨发生季节的集中程度其次,珠江、江南和新疆西北部的暴雨发生季节则比较分散。

三、中国暴雨年际变化与极值

中国暴雨量的年际变化比年降雨量的年际变化大得多。年最大24小时点雨量的变差系数(C_v),在华北和西北除几条山脉外,普遍在0.6以上,沙漠地区更在0.8以上,海河、淮河山地也可达0.8和0.7。南方地区较低,虽然热带气旋影响严重的沿海可超过0.6,但大多数地区在0.4左右。中东部地区的6小时~24小时暴雨的C_v在各历时中最高,特短历时C_v明显下降。西北干旱地区变差系数则短历时C_v最大,在0.8甚至1.0以上。暴雨的变差系数随暴雨历时的变化趋势地区差异明显。在湿润地区,长历时暴雨的变差系数大于短历时暴雨的变差系数,而在干旱地区,长历时暴雨的变差系数值一般与短历时暴雨的变差系数差别不大。特短历时暴雨的变差系数值的地区差异比长历时暴雨的大,可从华南沿海的0.3以下变化到沙漠地区的1.0以上。

中国暴雨极值较大,其短历时部分已接近世界最高纪录,如甘肃横梁调查暴雨472毫米/44分钟,陕西宽坪调查暴雨1300毫米/(6小时~7小时),均超过了以往世界记录;河南林庄实测暴雨830.1毫米/6小时、台湾阿里山实测暴雨1748.5毫米/24小时,均接近世界最高记录。长历时暴雨的极值南北差异明显小于均值;短历时暴雨南北方实测最高记录相当,北方的调查暴雨记录则超过南方的实测记录。最大暴雨量在东、西部地区之间差异较大,但在东部地区的南、北方之间差异甚小。以实测和调查最大3日点雨量为例,台湾新寮为2749毫米,广东、海南、福建、湖北、河南、河北的实测记录以及内蒙古、辽宁的调查值都超过了1000毫米,西部的青海、新疆调查值也超过了200毫米。

中国短历时暴雨极值受地形影响较小,故地区分布较为均匀,一般北方大于南方。长历时暴雨极值却多出现在东部地区,南、北方都较大。台湾的热带气旋、江淮和海河流域的低涡切变线都是易形成特大暴雨的天气系统,并且大多暴雨中心常与地形分布有关。

四、中国暴雨面积和面雨量分布

中国各地区的地形和气候条件差异很大,所以面雨量的分布与点雨量不同。西北干旱半干旱地区暴雨面积一般较小,降雨历时较短,面雨量不大。东部沿海热带气旋暴雨虽然强度很大,但维持时间不长,移动较快,暴雨面积和面雨量中等或较大。江淮流域和天气系统比较稳定的地区降雨分布面积广,面雨量很大。一次暴雨(一般在一旬以内)雨深在100毫米以上的暴雨面积,西北地区一般不足1万平方千米,沿海热带气旋暴雨可达5万平方千米~10万平方千米,江淮梅雨可达20万平方千米。

五、中国暴雨日数和暴雨资源

暴雨日数为测站平均每年日雨量等于大于50毫米的累计降雨日数。从西藏东南经秦岭到东北南部一线约为1天,而江南部分地区可达5天以上,华南沿海更达10天以上。南北差异比较明显,小尺度地形影响强烈。固定测站的暴雨日可连续出现,最长可达7天。如在一个流域或地区,则暴雨日数大大延长,如1954年6月4日~7月31日江淮流域连续58天有部分测站达暴雨标准。

暴雨虽然是形成洪灾的主要原因,但也是水资源的重要组成部分。全年暴雨的累积量对年降水总量的比率(即暴雨水资源比率)地区分布不均,云南—辽宁一线约为0.1,海淮河流域有部分地区可达0.3,华南沿海达0.4~0.5,接近年降水量的一半,应加以利用。

第六节　中国的洪水与干旱

一、中国的洪水

中国是洪水灾害频发的国家。据史书记载,从汉高祖元年(前206)至中华人民共和国成立的2155年间,大水灾就发生了1029次,几乎每2年就有一次。中国的洪水主要有暴雨洪水、山洪、融雪洪水、冰凌洪水、溃坝洪水等类型,暴雨洪水是最常见、威胁最大的洪水。20世纪以来,中国很多地区都发生过特大洪水,如1932年、1998年松花江和嫩江大洪水,1951年、1960年、1995年辽河大洪水,1939年、1963年海河大洪水,1931年、1935年、1954年、1981年、1998年长江大洪水,1933年、1958年黄河大洪水,1931年、1954年、1975年淮河大洪水,1915年、1949年、1968年、1994年、1998年西江和北江大洪水等。

1. 中国洪水的分布

中国洪水灾害的地域分布范围很广,除荒无人烟的高寒山区和戈壁沙漠外,全国各地都存在不同程度的洪水灾害。由于受地面条件及气候等多种因素的影响,灾情的性质和特点在地区上有很大差别。一般来说,山地丘陵区洪灾,由于洪水来势凶猛,历时短暂,破坏力很大,常常导致建筑物被毁、人畜伤亡,但受灾范围一般不大;平原地区洪灾,主要是漫溢或堤防溃决所造成,积涝时间长,灾区范围广。此外,东部地区灾害发生的频率大于西部地区,尤其是从辽东半岛、辽河中下游平原,沿燕山、太行山、伏牛山、巫山至雪峰山等一系列山脉以东地区以及南岭以南西江中下游,这些地区处于中国主要江河中下游,受西风带、热带气旋等气象因素影响,暴风雨频繁,且强度大,常发生大面积洪涝灾害。

中国地形呈阶梯状,第二阶梯与第三阶梯过渡地带是大面积洪水集中分布和高频次地区,成为大江大河洪水主要来源地区。西部干旱半干旱地区灾害性洪水主要由短历时局地性暴雨形成,洪水来势凶猛,中小河流可形成极大洪峰流量,局部地区造成严重灾害。东部季风区一些记录到的特大洪水十分惊人,如1935年长江中游特大洪水,澧水三江口(集水面积15 070平方千米)洪峰流量31 100立方米/秒;1975年8月河南中部特大暴雨,汝河板桥(集水面积768平方千米)洪峰流量达13 000立方米/秒,洪峰流量之大,在世界上也是很少见的。受地形、气候、地质、植被等多种因素影响,最大洪水最值地域之间差异悬殊。根据全国6000多条河段历史调查和实测洪水综合分析,将各地不同流域面积最大流量统一转换为相当1000平方千米流域面积的最大流量Q并绘制Q分布图,东部最高地区Q可达8000立方米/秒以上,西部西藏地区不足100立方米/秒,相差近百倍。其中,辽东半岛、千山山脉东段、燕山、太行山、伏牛山、桐柏山、大别山的迎风面及滨海地区、黄土高原、鄂西的部分地区,Q在6000立方米/秒以上,最大可达9000立方米/秒。这种高强度的洪水,对局部地区和较大流域都可造成严重威胁。与世界其他国家相比,相同流域面积的河流,中国洪水的洪峰流量量级接近最大记录。几条主要河流面积较大,干支流洪水经常遭遇,区间来水多,洪峰叠加,易形成峰高量大的洪水。

由冰川或积雪融化造成的洪水,主要发生在新疆和东北局部地区,由冰凌引发的洪水主要发生在黄河中下游,这些地区,大洪水也往往为夏季暴雨所致。

2. 中国洪水的季节性

中国位于欧亚大陆东部,太平洋西岸,西南距印度洋很近,地势西高东低,大部处于中高纬地带,受地理位置、地形因素及气候的影响,导致全国大部分地区存在洪水灾害威胁,一年四季水灾皆可发生。在冬季,北方地区冰凌洪水引发的灾害主要发生在黄河干流宁蒙以下河段以及松花江哈尔滨以下河段。在封冻和解冻期,大量冰凌阻塞,形成冰塞或冰坝,致使水位壅高,漫溢堤防,形成洪灾。南方有些地区也可能发生洪灾。如1982年11月下旬,浙江东部沿海地区发生了严重的洪灾,但这种情况较为少见。春季主要是华南前汛期暴雨引发的洪水,西部地区则会出现融雪洪水造成的洪灾。夏秋季是一年之中发生洪灾最多的季节,并且洪灾范围广,历时长,灾情重,七大江河重大洪涝灾害均发生在这一时期。

中国洪水发生的时间因地而异,主要取决于春夏雨带南北位移和秋季频繁的台风暴雨,而雨带的变化又受控于西太平洋副热带高压的进退。据统计,4月~10月全国大部分地区降雨量占全年平均降雨量的70%以上,6月~8月降雨量可占全年平均降雨量的50%左右,所以说,中国洪水多发生在春夏秋季节。一般年份,4月初~6月初珠江流域进入前汛期;6月中~7月梅雨季开始,江淮流域进入主汛期;7月中下旬华北和东北进入汛期;8月下旬副热带高压开始南撤,川东、秦巴山地开始出现连绵秋雨,形成黄河和川江秋汛;此时,华南地区受赤道辐合带影响,热带气旋不断登陆,出现全年第二个降雨高峰期,形成珠江流域后汛期。

据资料统计,珠江流域大洪水主要发生在前汛期。长江流域各大支流入汛时间自下游向上游推迟,因此,一般年份,川江洪水与中游洪水不会发生遭遇;如果天气反常,中下游汛期延长,就有可能形成全江性大洪水。淮河流域6月、7月份受梅雨影响,8月、9月份受台风影响,汛期时间长,6月~8月都可能出现大洪水。黄河中游秋雨影响趋弱,干流大洪水集中出现伏汛在7月~8月。海河流域洪水季节时段最短,大洪水集中出现在7月下旬和8月上旬。处于高纬度的松花江流域,入汛时间最晚,上游嫩江大洪水主要出现在8月上旬~9月上旬,迟至8月中旬~9月下旬。因各年具体天气形势的变化,各地大洪水的出现时间也有可能提前或推后半个月至一个月。

3. 中国洪水的年际变化

中国七大流域洪水年际变化很大,各年洪峰流量相差甚远,北方比南方更明显。如长江以南地区大水年的洪峰流量一般为小水年的2倍~3倍,而海河流域大水年和小水年的洪峰流量比可相差几十倍甚至上百倍。

历年调查或实测的最大流量与年最大流量均值的倍比K值各地不同。长江及其以南湿润地区年际变化比较稳定,K值一般为2~3;淮河、黄河中游为4~8;海滦河流域、辽河流域年际变化最不稳定，K 值达 6~10，甚至 10 以上。这种不稳定程度还可用变差系数 Cv 值来分析，江南丘陵、珠江流域、浙闽沿海地区 Cv 值在 0.3~0.5 之间，往北逐渐增大，淮河秦岭一带约为 0.5~1.0，黄河、海滦河、辽河流域最大，达 1.0~1.5，松花江流域达 0.8~1.1。由此可见，中国江河洪水年际变化极不稳定，一般常遇洪水与偶尔发生的稀遇洪水量值有悬殊差别，这种不稳定特性给江河治理、水利工程建设带来很大难度。

4. 中国大洪水的阶段性和重复性

根据大量的洪水调查研究，由于气候的周期性波动和形成特大暴雨天气、地形条件比较稳定，中国主要河流大洪水在时空上具有阶段性和重复性的特点。

从时间上讲，一个流域出现大洪水的时序分布虽然是不均匀的，但从较长时间观察看，在许多河流上一个时期大洪水发生的频率较高，而另一时期频率则较低，频发期和低发期呈阶段性的交替变化。如 20 世纪曾出现 3 次洪水高频期，第一次为 1930 年~1939 年，第二次为 1949 年~1963 年，第三次为 20 世纪 90 年代。在高频期内，各大江河普遍发生大洪水或特大洪水，大洪水往往连年出现。在高频期发生之前，都经历了一段较为严重的干旱期。从历史资料分析，19 世纪 40 年代、70 年代和 20 世纪 30 年代、50 年代是中国洪涝频繁发生和灾害程度最为严重的时期。

从空间上讲，中国暴雨洪水的发生与当地的天气和地形有密切关系，凡是近期出现大洪水的流域和区域，历史上也都发生过类似的大洪水，重复出现大洪水的现象普遍存在。根据近 500 年历史大洪水分析研究，近代江河发生的特大洪水与其雨洪特征极为相似的洪水历史上在同一地区也曾出现过。如 1963 年 8 月海河南系大洪水与历史上清康熙七年（1668）的大洪水，其暴雨历时、强度特征、中心位置十分相似；海河北系 1939 年洪水与嘉庆六年（1801）洪水，其成因和地区分布也很相似；1931 年和 1954 年长江中下游和淮河流域特大洪水，其气象成因、暴雨洪水地区分布基本相同。

二、中国的干旱

干旱是指水分的收与支或供与求不平衡形成的水分短缺现象。形成干旱的自然原因是长时间少雨甚至无雨。中国地处东亚，季风气候明显，逐年之间季风的不稳定性造成了中国大范围干旱的频频发生，使干旱成为对中国农业生产影响最严重的气象灾害。

干旱引发的旱灾，自古以来始终是危害中国农业生产、影响生态系统和环境的主要自然灾害之一，中国从汉高祖元年（前 206）开始就有关于旱灾记载，在截至 1948 年的 2154 年中，中国发生严重旱灾超过 1056 次，平均每 2 年发生一次。其中在近 500 年间发生连续数年、灾情遍及数省的特大干旱就有 3 次，重现期约为 160 年。中华人民共和国成立后，政府十分重视抗旱工作，修建了大量的蓄水、灌溉工程，使旱灾的发生得到了某种程度上的控制，但由于经济的迅速发展、人口增长等原因，致使干旱仍不时发生，并有进一步加重的趋势。据 1950 年~1999 年的统计，平均每年受旱面积约 2102.3 万公顷，约占各种气象灾害面积的 60%，每年因旱灾损失粮食 100 亿千克。20 世纪 50 年代以来，中国干旱具有频次增高、发生范围扩大、持续时间延长、灾害损失加重等特点。据统计，1949 年~2000 年的 52 年间，中国有 14 年发生了重特大干旱，其中 1960 年、1961 年、1997 年和 2000 年为特大干旱年，1959 年、1972 年、1978 年、1981 年、1986 年、1988 年、1989 年、1992 年、1994 年和 1999 年为重大干旱年，重特大干旱的重现期不到 30 年。其中，1959 年~1961 年 3 年连旱，受旱面积达 10 980 万公顷，减产粮食 611.5 亿千克。从 2010 年下半年开始持续至 2011 年 3 月初，影响中国华北、黄淮地区的干旱，是 60 年来最严重的旱灾。受影响的省份有安徽、甘肃、河南、湖北、江苏、陕西、山东、山西等，这些地区自2010年10月开始一直缺少有效降水，其中山东、河南的许多地方连续3个月滴雨未下。由于受旱地区为中国的小麦产区，旱灾使得冬小麦存在减产的危险，全国甚至全球的小麦价格因此受到了影响。

过去干旱高发区域主要在中国北方地区和西北地区，近些年来，中国南方和东部湿润半湿润地区也出现过严重干旱。

中国干旱的区域分布特征。旱灾波及的范围远大于其他各类呈点线状散布的灾害，如地震、火山爆发、洪水等。采用降水量距平百分率作为指标讨论对农业有意义的生长季节的干旱，并利用中国300多个气象台站的降水资料，从1951年~1990年干旱发生的情况可以看出，40年中大部地区出现的干旱次数有10次~30次，其中黄河中下游、海河流域、淮北地区及广东东部和福建南部沿海有35次~40次，几乎平均每年有一次不同程度的干旱出现。中国大致有4个明显的干旱中心：华北平原至黄土高原一带，南岭至武夷山一带；东北西部；云南中北部和川南一带。如果将位于西北的新疆、甘肃为中心的常年少雨干旱的地区考虑进去，中国共有五大多干旱中心。

中国干旱的季节分布特征。①黄淮海流域干旱区，是中国发生干旱面积最大、频次最高的地区。在3月~10月的农作物生长期内均有可能发生，其中春旱发生频次最高，有"十年九春旱"之说。如1951年~1980年的30年内就有26年出现了不同程度的春旱。大多数春旱年之前的冬季少雨(雪)，甚至自秋季就少雨，如1999年。有的春旱可持续到6月、7月份，出现春夏连旱，对农业产生影响更为严重，如1962年、1972年、1997年等。个别年份如1965年甚至春夏秋3季连旱，对农业生产影响更为严重。夏旱的频次低于春旱，但多与春旱或秋旱相连，如1957年、1974年等，对农业生产影响也比较大。②长江中下游干旱区，是中国东部干旱频次相对较低的一个地区，干旱次数不仅低于北部的黄淮海流域，甚至也低于其南部的华南、西南地区。这里春旱频次不高，夏旱则比较经常出现。1951年~1980年30年中有25年出现过不同程度的夏旱。夏旱一般都是梅雨结束后受副热带高压控制，出现连晴高温天气的结果。所以通常又称"伏旱"。单纯的伏旱一般影响不很严重，只有旱情持续到9月、10月或11月，即出现夏秋连旱时危害才比较严重。如1959年干旱从7月持续到9月。本区单纯出现的秋旱范围较小，影响也比较轻。③华南和西南干旱区，这2个地区一年四季都有农作物生长，干旱频次也比较高。以冬、春2季干旱为主，特别是冬春连旱影响比较大。其中，华南地区夏秋多台风降水，因此，干旱多出现在秋末、冬季到初春期间。如1954年9月~1955年4月、1998年11月~1999年4月华南部分地区发生持续秋冬春3季连旱，对工农业及生活用水等影响很大。西南地区冬春发生连旱时亦可持续4个月~5个月，有时也发生秋冬春3季的连旱。如1959年11月~1960年5月共持续了7个月。

第七节　中国的河流泥沙

泥沙既是水流主要挟带物质又是地表塑造者，泥沙冲淤与河道、湖泊形态的变化息息相关，因而影响着防洪、航运、生态栖息地等条件的变化。在宏观尺度上，由于泥沙作为间接因子，大范围内河流边界的改变，引发的洪灾、环境恶化越来越受到人们的重视。

中国河流中多年平均输沙量大于1000万吨的有42条，年最大输沙量超过1000万吨的有60条。年直接入海的泥沙总量多年平均为24亿吨，其中黄河占68%，为16.4亿吨，长江占20%，为

4.78亿吨,海河及其他河流占12%,为2.82亿吨。黄河是世界罕见的多沙河流,平均含沙量达到37.6千克/立方米,是长江的70倍,淮河的82倍,珠江的107倍。世界大河流中,悬移质年输沙总量超过1亿吨的共有13条,中国黄河无论总沙量和平均含沙量均居首位,其次是印度和孟加拉国的恒河,年总输沙量为14.51亿吨,但平均含沙量却只有3.92千克/立方米。孟加拉国的布拉马普特河居第三,年总输沙量为7.26亿吨,平均含沙量为1.89千克/立方米。

中国一些多沙河的年输沙量的年际变化很大,年内又集中在汛期的沙峰期内。如黄河年输沙总量最多达39.1亿吨(1933年),最少只有4.88亿吨(1928年),而年沙量又集中在几次暴雨洪水期间,往往5天~10天的输沙量就可占全年总输沙量的50%~90%。

中国南方和西南地区的河流,推移质泥沙(包括卵石)问题比较突出。由于量测技术上的困难,目前对河流携带的推移质量或卵石量尚无系统的实测资料。

中国不少水库的淤积问题日益突出,在多沙河流上兴建的水库,泥沙淤积尤为严重。中国20座水利部直接管理的水库的观测资料表明,水库运行不足20年,总淤积量已达77.85亿立方米,占原设计库容的18.6%。黄河三门峡水库设计正常高水位360米,相应库容647亿立方米。1958年截流,1960年9月基本建成。蓄水后水库淤积十分严重,至1962年3月总淤积量达15亿吨,占同期入库沙量的93%,到1964年淤积量已达44亿吨,淤积末端不断向上延伸,严重影响关中平原和西安市经济社会的发展。

黄河下游河道淤积量之大是世界少有的。三门峡建库前,1950年~1960年期间黄河下游河道平均每年淤积8.7亿吨,三门峡水库改建后,1969年~1978年期间平均每年淤积3.86亿吨,1986年~1993年期间平均每年淤积2亿吨。由于河床不断淤积抬高,1992年黄河花园口站洪峰流量虽只有6260立方米/秒,但其水位却高于1958年22 300立方米/秒流量时的水位。长江干流继1954年发生全流域特大洪水后,1998年再次发生了全流域特大洪水,1998年与1954年比较,大部分中下游河段同流量之水位有较大幅度的增加。河道淤积不仅减低了河道防洪标准,而且导致了枯水季节的碍航问题。河北、天津和江苏沿海河口和挡潮闸下淤积普遍,有的泄洪能力因此减少1/3,个别挡潮闸已淤死报废。河口淤积使得河口向外延伸,减缓了河道比降,缩小了过水断面,从而影响了泄洪能力。

近期以来,中国各流域洪灾最显著的特征主要有:普遍出现流量小,水位高,危害重,损失大的现象,并有逐年加重趋势。1996年黄河花园口洪峰流量仅相当于1958年的1/3,而水位却超过了1958年约1米,堤坝处处出险,沿岸防洪非常紧张;1996年湖南沅江和资水的流量都比1969年小,水位却分别比1969年高1.5米和0.8米;1996年长江城陵矶和螺山2个水文站的洪峰流量都小于1954年,汉口水位又低于1954年,而城陵矶和螺山两水文站的水位比1954年分别高1.05米和1.00米;1998年长江洪水,汉口水位比1954年低,螺山流量比1954年小约14 000立方米/秒的情况下,螺山洪水位却超过1954年近1.8米。年复一年,江河灾害频发,灾害范围越来越广,灾害损失越来越大。以往大洪水引发大灾,而今大小洪水都致大灾。事实说明,除人类活动影响及防洪意识、防洪管理和防洪工程建设方面尚存欠缺外,自然因素中加剧江河洪水灾害的直接原因是泥沙淤积。对于大多数人而言,洪水的危害是十分严重的,但泥沙的影响常常被掩盖和忽视,事实上在很多情况下泥沙输移是引起河道行洪能力下降的主要因素。

除了对洪水的影响,大范围内的泥沙冲淤促成水体面积的变化、地下潜水位的升降,对航运、农业生产、生态环境甚至区域气候均产生影响。泥沙冲淤具有一定的隐蔽性,且具有累积性,当前的变化可能与长时期内的泥沙输移存在关联,甚至与地质构造活动存在联系。长期以来,人们多关注于短时期、局部范围的泥沙冲淤,对流域内泥沙的来源、去向不够了解,对区域内冲淤发展的趋势及其后果缺乏估计,因此无法调控流域内的泥沙输移以避免其危害。甚至在很长时间内,以上问题还未被人们所意识到,例如长江中下游大量湖泊淤积的同时,人类的盲目围垦起到了推波助澜的作用。黄河下游断流、泥沙淤积加剧的事实,与上游梯级开发和沿岸大量引水造成下游输沙水量不足有关。泥沙问题研究在解决生产实践中的技术问题的同时,还是指导流域规划和宏观管理的技术基础。对于黄河治理,需要上、中、下游统一协调,逐步形成"拦、排、放、调、挖"处理和利用泥沙的方略。对于长江中游的洪水灾害,需要处理好江湖之间的泥沙冲淤分配。

第八节　中国的冰情

中国的东北、西北及华北大部分地区,冬季寒冷,绝大部分河流都存在不同程度的冰情。位于北纬50°左右的内蒙古海拉尔至黑龙江黑河一带的河流,一般自11月上旬开始封冻,至翌年4月下旬解冻,最大冰厚可达1.5米以上。位于北纬35°左右的徐州至天水一线的河流,一般自1月上旬封冻,至2月上旬开河,最大冰厚在0.25米左右。青藏高原因地势高,其河流的封冻天数比东部同纬度地区长,冰厚也要大得多。

中国黄河由于独特的流向和特定的地理位置,其从河源至河口,各河段地理位置差别大,水文、气象条件也相差较大,冰情各有特点,比其他河流复杂,对国民经济的影响也较大,尤其是其中的内蒙古河段和下游河段,历来是中国防范冰凌引发灾害的重点。黄河自宁夏石嘴山至山西河曲称为内蒙古河段,河段长820千米,位于黄河流域最北端,是蒙古高压经常控制的区域,冬季漫长而严寒,结冰期长达3个月~4个月,大部分为稳定封冻段。该河段流向先为西南-东北向,然后折向东流,跨越2个纬度,上段纬度低,气温高;下段纬度高,气温低。流凌封河自下而上,河流解冻则自上而下,上段冰厚小,下端冰厚大,平均冰厚0.5米~0.8米。该河段冰封期水量主要来自兰州以上,流凌期流量在龙羊峡和刘家峡等大型水库投入运行前一般为400立方米/秒~500立方米/秒,而投入运行后则增至500立方米/秒~600立方米/秒。由于一部分水量冻结成冰,一部分水量储蓄于河槽内,封冻期流量自上而下逐步减小。但在解冻开河期,由于河槽蓄水量沿河逐段释放,流量则越向下游越大。该河段大部分于11月中旬开始流凌,12月份封冻,翌年3月份开河,流凌历时一般12天~33天,封冻期为70天~113天。封河时,一般在三湖河口附近最先封河,然后向上、下游发展。在流凌封河时,由于水流阻力加大,整个河段的槽蓄量增量可达6亿立方米~7亿立方米,比同流量下畅流期的水位增高1.0米左右。解冻开河时,由于上段气温回升,先开河,而后逐步向下游推进。上游来水,河槽蓄量释放,再加上融冰水量,常导致下游河段水鼓冰开,流量向下游逐段增大,常在河道弯曲或变窄处形成冰坝,造成凌汛灾害。

黄河下游段指从河南桃花峪至入海口的河段,河段长786千米,呈西南-东北流向,跨越3个纬度。该河段两岸均筑有大堤,由于连年淤积,已成为有名的"悬河",河道上宽下窄,比降小,曲折游荡。该河段属于不稳定封冻段。据观测,在1950年~1996年期间,除1952年、1962年、1965年、1975年、1990年、1994年未封冻外,其余年份均有不同程度的封冻,其中70%年份封冻至兰考以下,多年平均封冻河长317千米。1969年,封冻河段最长,已达荥阳汜水河口,封冻长达703千米。

该河段多年平均冰量为 0.42 亿立方米,1967 年最多,达到 1.42 亿立方米。该河段的冰厚,河口段一般为 0.3 米~0.5 米,兰考以上一般为 0.1 米~0.2 米。封冻日期一般在 1 月上旬,解冻日期一般在 2 月下旬。在一个封冻年度中,一般为 1 次封冻和 1 次解冻,部分年度曾 2 次或 3 次封冻和解冻。解冻开河的凌汛洪峰流量一般自上而下逐渐增大,1957 年利津站达到 3430 立方米/秒,为历年之最。该河段陶城铺以下,河道多处呈 S 型弯曲,水流从低纬度流向高纬度,因此,其上段封冻晚,冰层薄,开河早;而下段则封冻早、冰层厚,开河晚,极易产生冰塞、冰坝等险情。

黄河凌灾,闻名于世。早在西汉(前 168)就有关于黄河下游凌汛决口的记载。在清光绪时期(1883~1936)的 54 年中就有 21 年发生凌汛期大堤决口,平均 5 年中有 2 年决口。20 世纪 50 年代以来,黄河下游干流相继修建了防凌工程。60 年代以来,在黄河流域又陆续修建了龙羊峡、刘家峡、盐锅峡、青铜峡、三门峡和小浪底等大型水库,形成了梯级水库群,起到了调节冰期河道水量和热量的作用,使得凌灾大为减轻。但由于黄河冰情十分复杂,影响因素众多,当出现特殊情况时,仍可能发生较大的凌灾。

第九节 中国河流的本底水质

河流本底水质系指在未受污染的天然状况下河水的化学成分及化学性质。天然河水是一种复杂的溶液,含有多种化学成分,其中主要的有 Ca^{2+}、Mg^{2+}、Na^+、K^+、Cl^-、SO_4^{2-}、HCO_3^-、CO_3^{2-} 等。

河流本底水质有年内、年际变化。年内变化主要受河流径流量及其补给来源之影响。汛期河流水量较大,且主要来自地面径流,河水的矿化度、总硬度较低。枯季河水主要靠地下水补给,河水的矿化度和总硬度均增大。初汛洪水矿化度常较汛中洪水矿化度大。汛末或汛后的矿化度一般比汛期低。高寒地区,靠冰川和积雪融化水补给的河流矿化度则较低。河流本底水质的年际变化一般远小于水量的年际变化。

中国河流本底水质有明显的地带性规律,无论是河水中离子总量或河水的化学类型,都具有从东南沿海向西北内陆渐变的趋势。按气候、地形、土壤、地质等条件,可将中国河流本底水质概略地分为 4 个带:①十分湿润区水化学带:主要包括中国东南沿海地区。该地区降水丰沛,径流系数高,土层较薄,坚硬而不易溶解的花岗岩分布广,多为中低山丘陵区,河水矿化度低,小于 50 毫克/升,总硬度低于 1.0。河水化学类型稳定,属重碳酸盐类钙钠型软水。②湿润区水化学带:主要包括中国的长江流域、西南诸河、珠江中上游以及东北黑龙江和松花江流域之间的地区。该地区降水丰富,径流系数中等,河水矿化度为 50 毫克/升~100 毫克/升,总硬度为 1.0~3.0,也为软水区,虽然干燥程度自东向西渐增,但水化学类型均属重碳酸盐类钙钠型水,只有广西、贵州一些石灰岩地区的河水矿化度有所升高。③过渡区水化学带:主要包括中国黄河流域、海河流域和辽河流域。该地区降水较少,蒸发量较大,径流系数较小,是中国湿润与干旱的过渡带。由于受地形和地质条件变化的影响,河水矿化度变化比较复杂,水化学类型变动大,重碳酸盐、硫酸盐、氯化物 3 种类型的水均有出现。且在一年之内,随着地下水补给量的变化,河水化学类型的更替明显。④干旱区水化学带:包括中国的甘肃、青海、宁夏、内蒙古、新疆和西藏大部分地区。该地区降水稀少,蒸发强烈。河水化学的垂直分带性显著,从高山向盆地中心,不仅河水的矿化度增加,而且河水的化学类型由重碳酸盐类向硫酸盐、氯化物类过渡。山麓地带水质尚好,盆地中心水质很坏,有些河流的矿化度超过 1000 毫克/升,硬度也很高,属于硬水、极硬水区。

第三章 中国水资源及其开发

第一节 中国水资源开发利用的发展过程

水是人类生活和生产活动不可缺少的重要资源,是经济社会可持续发展的基础。中华人民共和国成立60多年来,水利事业得到迅速发展,初步形成了与社会主义现代化建设相适应的水资源开发、利用、保护与管理体系,使水资源发挥了巨大的社会效益、经济效益和环境效益,有效地保障了国民经济的发展和社会进步。

中国水资源开发利用历史悠久。从上古时代起,中国劳动人民就致力于水旱灾害的防御,几千年来,建设了大运河、都江堰、灵渠等一批著名的水资源利用工程,在抵御水旱灾害方面发挥了一定作用。但是到了19世纪,由于帝国主义列强入侵以及连年战争,近代水利处于停滞状态。直到1930年前后,中国才有一些近代水利工程。但是由于国民党反动统治及日本侵略,已有的水利设施年久失修、破烂不堪。中华人民共和国成立后,中国人民进行了大规模的水利建设,水资源事业得到迅速发展,防洪除涝、农田灌溉、城乡供水、水土保持、水产养殖、水力发电、航运等都取得了很大成就。

中国的水资源开发利用发展过程大致可分为3个不同的发展阶段:

一、水资源开发利用的初期阶段

这一阶段大致可从有文字记载的大禹治水开始,到中华人民共和国成立前。主要特点是:对水资源进行单目标开发,主要是灌溉、航运、防洪等。其决策的依据也常限于某一地区或局部的直接利益,很少进行以整条河流或整个流域为目标的开发利用规划。由于在初期阶段中,水资源可利用量远大于社会经济发展对水的需求量,给人们的印象是水是"取之不尽、用之不竭"的。虽然中国历史上在水资源开发利用中取得不少成就,但到中华人民共和国成立前遗留下来的水利工程廖寥无几,残缺不全。据统计,当时全国江河堤防和沿海海塘总长只有4.2万千米,且破残不堪,防洪标准很低;全国超过1亿立方米容量的大型水库只有6座(包括中朝界河上的水丰水电站),容积0.1亿立方米~1.0亿立方米的中型水库也只有17座(其中有2座是20世纪50年代续建完成的)。灌溉面积1600万公顷(2.4亿亩),且保证程度不高。用于防洪的工程设施很少,水电设施更少,水土流失严重,不少土地盐碱化、沙化。

二、水资源开发利用的第二阶段

这一阶段可从中华人民共和国成立开始,到20世纪70年代末北方一些地区开始出现缺水现象。水资源的开发利用目标由单一目标发展到多目标的综合利用,开始强调水资源统一规划、兴利除害、综合利用。在技术方法方面,通过规划与一定数量的方案比较,来确定流域或区域的开发方式、提出工程措施的实施程序。但水资源的开发侧重点和规划目标以及评价方法，大多以区域经济的需求为前提，以工程或方案的技术经济指标最优为依据，未涉及经济以外的其他方面，如节约用水、水资源保护、生态环境、合理配置等问题。

在第二阶段中，由于大规模的水资源开发利用工程建设，可利用水资源量与社会经济发展的各项用水逐步趋于平衡，或天然水体环境容量与排水的污染负荷逐渐趋于平衡，个别地区在枯水年份、枯水期出现供需不平衡的缺水现象。在这期间，中国进行了大规模的水资源开发治理，水资源开发利用程度提高，供水能力增加，农田灌溉面积扩大，为中国经济和社会快速发展提供了保障。据统计，1949年全国总供水量1031亿立方米，其中农业供水1001亿立方米，工业和城市供水仅30亿立方米，人均用水量187立方米；到1959年全国总供水量1938亿立方米，农业供水占94.6%，工业和城市供水占5.4%，人均用水量316立方米；到了1980年全国总供水量3912亿立方米，农业供水占88%，工业和城市供水占12%，人均用水量450立方米。在此期间，全国灌溉面积由1949年的1600万公顷增加到4500万公顷（6.75亿亩），解决了4000万人和2100万头牲畜饮水困难问题；全国水电装机容量由1949年16万千瓦发展到2100万千瓦，其中小水电装机为757万千瓦；内河通航里程由1949年的7.36万千米发展到1978年的13.6万千米。

在此期间，中国的水污染防治工作也开始进行，1973年全国进行了以工业点源为重点的水污染治理工作，先后在全国修建了4万多套工业废污水处理装置。此后又进行了以城市为重点的区域环境综合治理，水污染治理范围从分散的工矿企业点源扩展到几十至几百平方千米的区域治理。水污染防治工作取得了一定的成效。

三、水资源开发利用的第三阶段

这一阶段可从20世纪70年代末、80年代初开始，直到现在。在水资源开发利用中开始强调要与水土资源规划和国民经济生产力布局及产业结构的调整等紧密结合，进行统一的管理和可持续的开发利用。规划目标要求从宏观上统筹考虑社会、经济、环境等各个方面的因素，使水资源开发、保护和管理有机结合，使水资源与人口、经济、环境协调发展，通过合理开发，区域调配，节约利用，有效保护，实现水资源总供给与总需求的基本平衡。

在此阶段中，由于人口的迅速增长和经济的快速发展，对水资源的需求量越来越大，或者因水污染的影响，表现出较为普遍的缺水现象，尤其在华北地区和部分沿海城市，随着人口增加和经济发展，水资源紧缺现象日趋严重，并出现愈来愈严重的水环境问题，如水污染、地下水超采、海水入侵等。这一阶段中，水的问题日益引起人们的广泛关注，水的资源意识，水的有限性认识为大家所接受。为解决以城市为重点的严重缺水问题，重点兴建了一批供水骨干工程，开展了全民节水工作，使一些城市水资源供需矛盾有所缓解。

在此期间，中国的水污染防治工作得到相应的发展。特别是通过淮河、太湖等严重污染的教训认识到，水污染的防治工作必须兼顾上下游、左右岸、干支流，要以流域为单元进行流域的综合防治，贯彻"节污水之流（减少污染负荷）、开清水之源（增加河流的稀释自净能力）"的治理污染的原则。在管理上采取流域与区域相结合，团结治水、共同治污。同时充分利用水利工程设施，合理调度，提高水体的自净能力。从1976年起逐步成立了以流域为单元的流域水资源保护机构，并制定了流域水污染防治条例和有关的法规。在综合治理水污染方面，遵循"谁造成污染，谁承担责任"的原则，并把水污染综合防治作为流域总体开发规划的组成部分，并纳入社会经济发展规划。

重点保护饮用水水源,改善水质,实行计划用水,节约用水的方针。根据河流、湖泊、水库的不同功能要求和水质标准,制定流域水资源保护规划并组织实施。同时积极发展生态农业,防治水土流失,控制面源污染,改善生态环境。

目前,中国水资源开发利用取得的成就包括:①有效地减轻了洪涝干旱等灾害的损失。近年来,中国水旱灾害频繁发生,尤其是北方地区连续干旱。经过各方的共同努力,取得了防汛抗旱的全面胜利。洪涝灾害损失比20世纪90年代平均水平有所降低,干旱问题得到有效应对,经济社会发展用水需求基本上得到保障。②水利基础设施建设迈上新的台阶。建成了一大批事关国计民生和发展大局的水利基础设施,以大江大河堤防为重点的防洪工程建设取得突破性进展。③节水型社会建设取得初步成效。黄河、黑河等流域实行了取水总量控制,17个省(自治区、直辖市)实施了用水定额管理,10多个省(自治区、直辖市)实施了超定额累进加价制度。全国用水效率显著提高,农业灌溉水有效利用系数达到0.45,万元增加值年均用水量下降了40%。④水土保持和生态保护得到加强。综合防治水土流失54万平方千米,比"九五"多31万平方千米。对全国31个省(自治区、直辖市)主要河流、湖泊、水库的水域进行了水功能区划。依法加强取水许可、水功能区和入河排污口监督管理。

第二节　中国水资源的基本特点

中国是世界上人均水资源贫乏的国家之一,水资源时空分布极不均匀,与人口、耕地、矿产资源分布不相协调,水资源的开发利用难度很大。随着中国社会经济的快速发展、人口不断增加和人民生活水平的提高,水的需求量越来越大。切实做好水资源的治理、开发、利用、配置、节约、保护工作,使水资源和人口、社会、经济、环境协调发展,是中国社会经济可持续发展的关键问题之一。

中国水资源的基本特点是:

水资源总量多,人均占有量少　中国多年年均水资源总量为28 124亿立方米,其中多年平均河川径流量为27 115亿立方米,多年平均地下水资源量为8288亿立方米,重复计算水量为7279亿立方米。水资源总量仅次于巴西、俄罗斯、加拿大,居世界第四位,但由于人口众多,人均水资源占有量很低,按1995年人口统计数计算,人均占有水资源量为2300立方米,仅为世界平均水平的1/4。国际现行标准认为,人均年拥有水资源量在1000立方米/时~2000立方米/时,会出现缺水现象;少于1000立方米/时,会出现严重缺水的局面。黄河、淮河、海河流域(片)人均水资源占有量在350立方米~750立方米之间,松辽河流域(片)人均水资源占有量只有1700立方米,这些地区的用水紧张情况将长期存在。由于人口的增长,估计到2030年中国人均水资源占有量将从现在的2300立方米降至1700立方米~1800立方米,缺水问题将更加突出。

河川径流年际、年内变化大　中国河川径流量的年际变化大。在年径流量时序变化方面,北方主要河流都曾出现过连续丰水年和连续枯水年的现象。例如,黄河曾出现过连续11年(1922~1932)的枯水期,其平均年径流量比正常年份少24%;也出现过连续9年(1943~1951)的丰水期,其平均年径流量比正常年份多19%。海河流域在20世纪80年代也出现了连续枯水年。这种连续丰、枯水年现象,是造成水旱灾害频繁,农业生产不稳和水资源供需矛盾尖锐的重要原因。降雨年内分配也极不均匀,主要集中在汛期。长江以南地区河流汛期(4月~7月)的径流量占年径流总量60%左右,华北地区的部分河流汛期(6月~9月)可达80%以上。但由于雨热同期优势,农作物可以尽量利用天然降水,为提高农业产量创造了有利条件。

水资源地区分布与其他重要资源布局不相匹配 中国水资源的地区分布不均匀,南多北少,东多西少,相差悬殊,与人口、耕地、矿产和经济的分布不相匹配。根据1993年资料统计,包括松辽河流域、海河流域、黄河流域、淮河流域和内陆河流域在内的北方地区,人口占全国总人口的46.5%,耕地占全国的65.3%,GDP占全国的45.2%,但水资源只占全国的19%。包括长江流域、珠江流域、东南诸河流域和西南诸河流域在内的南方地区,人口占全国的53.5%,耕地面积只占全国的34.7%,GDP占全国的54.8%,水资源量却为全国的81%。北方地区人均水资源占有量为1127立方米,仅为南方地区人均占有量的1/3。

第三节 中国水资源的开发利用

2008年中国总供水量已达到5910亿立方米,占当年水资源总量的21.5%。其中,地表水源供水量占81.2%,地下水源供水量占18.3%,其他水源供水量占0.5%。在4799亿立方米地表水源供水量中,蓄水工程占33.8%,引水工程占38.6%,提水工程占24.9%,水资源一级区间调水占2.7%。在1082亿立方米地下水供水量中,浅层地下水占80.1%,深层承压水占19.4%,微咸水占0.5%。中国北方地区供水量2622亿立方米,占全国总供水量的44.4%;南方地区供水量3288亿立方米,占全国总供水量的55.6%。南方地区以地表水源供水为主,一般占到总供水量的90%以上;北方地区地下水源供水所占比例较大,其中河北、北京、山西、河南的地下水源供水占总供水量的比例都达50%以上。

2008年中国总用水量等于当年总供水量,也为5910亿立方米,其中生活用水占12.3%,工业用水占23.7%,农业用水占62.0%,生态与环境补水(仅包括人为措施供给的城镇环境用水和部分河湖、湿地补水)占2.0%。用水量大于400亿立方米的有江苏、新疆和广东,用水量少于50亿立方米的有天津、青海、北京、西藏和海南。农业用水占总用水量75%以上的有新疆、宁夏、西藏、内蒙古、甘肃和海南,工业用水占总用水量30%以上的有上海、重庆、福建、江苏、湖北、贵州和安徽,生活用水占总用水量20%以上的有北京、重庆和天津。

2008年中国用水消耗总量3110亿立方米,其中农业耗水占74.7%,工业耗水占10.7%,生活耗水占12.4%,生态与环境补水耗水占2.2%。全国综合耗水率(消耗量占用水量的百分比)为53%,干旱地区耗水率普遍大于湿润地区,各类用户耗水率差别较大,农田灌溉为62%,工业为24%,城镇生活为30%,农村生活为85%。

2008年中国废污水排放总量为758亿吨,其中主要包括工业、第三产业和城镇居民生活等用水户排放的水量,而不包括火电直流冷却水排放量和矿坑排水量。

2008年中国人均用水量为446立方米,万元国内生产总值(当年价格)用水量为193立方米。城镇人均生活用水量(含公共用水)为每日212升,农村居民人均生活用水量为每日72升,农田实灌面积亩均用水量为435立方米,万元工业增加值(当年价格)用水量为108立方米。人均用水量大于600立方米的有新疆、西藏、宁夏、黑龙江、江苏、内蒙古、广西、上海和青海,其中新疆、西藏、宁夏分别达2500立方米、1315立方米、1208立方米；小于300立方米的有山西、天津、北京、陕西、山东、河南、四川、贵州、河北和重庆，其中山西最低，仅167立方米。新疆和西藏的万元国内生产总值用水量较高，分别为1209立方米和948立方米；万元国内生产总值用水量小于100立方米的有北京、天津、山东、山西、上海和浙江，其中北京、天津较低，分别为30立方米和34立方米。

"十一五"时期是中国水利投资规模最大、规划目标实现最好、人民群众受益最多、保障能力提升最快的时期，为保增长、保民生、保稳定提供了坚实的水利保障。5年间，全国防洪减灾直接经济效益达8438亿元，共减淹耕地1905万公顷，占全国耕地总面积的近1/6；依靠抗旱浇地年均挽回粮食损失3900多万吨；全国新建和加固堤防17 080千米，新增水库库容381亿立方米，治淮19项骨干工程全面建成，长江下游河势控制、黄河下游标准化堤防建设稳步推进，一批大中型水利骨干工程建成……目前，大江大河主要河段已基本具备了防御中华人民共和国成立以来最大洪水的能力；重点海堤的防御标准已提高到50年一遇以上。一批防汛抗旱法律法规出台。2006年10月国务院正式批复了《全国山洪灾害防治规划》。2009年《中华人民共和国抗旱条例》颁布施行，各级各类防汛抗旱预案制度逐步建立，全国抗旱规划编制完成。2010年覆盖全国1836个县级山洪灾害防治区的非工程措施体系建设启动。

2010年11月6日，甘肃省甘谷县西北部农村饮水安全工程正式通水，这个县6个乡镇95个村10多万群众从此彻底告别了祖祖辈辈吃水难的历史，实现了用上自来水的美好夙愿。"十一五"国家投入解决农村饮水安全问题的资金和人数分别从223亿元增加到1009亿元、从6700万人到2.1亿人；18.9万处各类农村集中供水工程相继完工，砷病区、血吸虫病疫区以及其他涉水重病区的饮水问题全部得到解决，中重度氟病区基本得到解决，2.1亿农村群众从中受益，提前6年实现了联合国千年发展目标；共安排512.19亿元，全国6240座大中型及重点小型、东部1116座重点小型病险水库除险加固任务的顺利完成，让亿万群众免受洪水的威胁。这项举措不仅在中国水利史上前所未有，在世界水利史上也绝无仅有。国家安排投资314亿元，对408处大型灌区进行续建配套与节水改造工程建设。全国99处大型灌溉排水泵站更新改造项目已经启动。2批850个小型农田水利重点县建设也在"十一五"期间全力推进，小型灌排工程变得畅通了，解决了农民最关心、最直接但又无力解决的农业灌溉问题。

中国水资源的特点是人多水少，水资源时空分布不均，与生产力布局不相匹配。对此，水利部研究提出了以"三条红线"为核心的最严格的水资源管理制度，成为"十一五"期间探索水资源节约保护的重大突破：明确水资源开发利用红线，严格实行用水总量控制；明确水功能区限制纳污红线，严格控制入河排污总量；明确用水效率控制红线，坚决遏制用水浪费。5年间，以水资源总量控制与定额管理为核心的水资源管理体系、与水资源承载能力相适应的经济结构体系、水资源优化配置和高效利用的工程技术体系、公众自觉节水的行为规范体系等"四大体系"建设全面展开。启动了全国主要跨省区江河水量分配工作，七大流域取水许可总量控制指标编制完成。除西藏外的全部省市区实行了用水定额管理。太湖流域水功能区划获国务院批复实施，31个省份全部批复实施水功能区划。苏锡常地区全面禁采地下水，地面沉降得到初步控制。以水定产，以水调结构，促进了经济发展方式转变和用水方式转变。5年间，全国产业结构比例由2005年的13∶45∶42调整到2009年的11∶47∶42，农业、工业、生活用水比例由2005年的71∶22∶7调整到了2009年的63∶24∶13。产业布局和经济结构不断优化，逐步与水资源和水环境承载能力相适应，有力促进了水资源可持续利用。

第四节 中国水能资源的开发利用

一、中国的水能资源

中国大陆,地势高差很大,地形复杂多样,西南部的青藏高原是世界上地势最高地区,延伸出许多高大山脉,向东逐渐降低,从高原和山地发源的众多大小江河,径流丰沛、落差巨大,蕴藏着丰富的水能资源。据统计,中国水能蕴藏量1万千瓦以上的河流有3019条,总蕴藏量为6.6亿千瓦,年发电量5.78万亿千瓦时,如果包括水能蕴藏量1万千瓦以下的河流的水能蕴藏量,中国的总水能蕴藏量为6.8亿千瓦,年发电量为5.96万千瓦时。中国可能开发的水能资源也十分可观,仅单站装机在500千瓦以上的可能开发的水电站就有11 000多座,总装机容量达到3.7亿千瓦,年发电量达到1.9万亿千瓦时,占总水能蕴藏量的32%,其中单站装机容量10 000千瓦以上、可能开发的水电站1946座,总装机容量3.6亿千瓦,年发电量1.8万亿千瓦时。无论是水能资源蕴藏量,还是可开发水能资源,中国均位居世界第一。

中国水能蕴藏量和可能开发水能资源,在地区上分布很不均匀。青藏高原的东南部和云贵高原与青藏高原接壤地带,水能蕴藏量极其丰富。青藏高原东北部与黄土高原接壤地带、东南沿海丘陵地区、东北大小兴安岭、长白山脉和新疆天山、阿尔泰山等地区,也有较丰富的水能蕴藏量。东部的东北平原、华北平原和长江中下游平原,虽有丰沛的径流,但由于河道坡度平缓,落差小,水能蕴藏量相对较少。内蒙古高原、塔里木盆地和青藏高原北部,因降水稀少,地形起伏也不大,水能蕴藏量比较缺乏。如果以京广铁路为界,那么京广铁路以西地区的水能蕴藏量约占全国的90%以上,其中西南地区为最多,占全国的70%,其次是西北和中南地区,分别占全国的13%和10%。西藏的水能蕴藏量为全国之冠,占全国的30%,其次是四川和云南,分别占全国的22%和15%。长江流域的水能蕴藏量为最多,占全国的40%,其次为雅鲁藏布江流域及西藏其他诸河和西南诸国际河流,分别占全国24%和14%。

表1-3-1 中国水能资源

水系	水能资源蕴藏量			可开发的水能资源		
	10^3 千瓦	10^6 千瓦·时/年	占全国/%	装机容量/10^3 千瓦	年发电量/(10^6 千瓦·时/年)	占全国/%
全国	676 047.1	5 922 180	100	378 532.4	1 923 304	100
长江	268 017.7	2 347 840	39.6	19 724.3	1 027 498	53.4
黄河	40 548.0	355 200	6.0	28 003.9	116 991	6.1
珠江	33 483.7	293 320	5.0	24 850.2	112 478	5.8
海滦河	2944.0	25 790	0.4	2134.8	5168	0.3
淮河	1446.0	12 700	0.2	660.1	1894	0.1
东北诸河	15 306.0	134 080	2.3	13 707.5	43 942	2.3
东南沿海诸河	20 667.8	181 050	3.1	13 896.8	54 741	2.9

续表

水系	水能资源蕴藏量			可开发的水能资源		
	10^3 千瓦	10^6 千瓦·时/年	占全国/%	装机容量/10^3 千瓦	年发电量/(10^6 千瓦·时/年)	占全国/%
西南国际诸河	96 901.5	848 860	14.3	37 684.1	209 868	10.9
雅鲁藏布江及西藏其他河流	159 743.3	1 399 350	23.6	50 382.3	2 968 58	15.4
北方内陆及新疆诸河	36 985.5	323 990	5.5	9969.4	53 866	2.8

中国是世界上季风最显著的国家之一,冬季多由北部西伯利亚和蒙古高原的干冷气流控制,干旱少水,夏季则受东南太平洋和印度洋的暖湿气流控制,高温多雨。受季风影响,降水时间和降水量在年内高度集中,一般雨季2个月~4个月的降水量能达到全年的60%~80%。降水量年际间的变化也很大,年径流最大与最小比值,长江、珠江、松花江为2倍~3倍,淮河达15倍,海河可达20倍之多。这些不利的自然条件,要求我们在水电规划和建设中必须考虑年内和年际的水量调节,根据情况优先建设具有年调节和多年调节水库的水电站,以提高水电的供电质量,保证系统的整体效益。从水系流域来看,长江流域的水能资源蕴藏量占了全国总量的40%,可能开发的水能资源则占全国的一半以上,为全国各水系流域之最,且主要分布在长江上游地区。

中小支流遍布全国,小水电资源十分丰富。据初步普查资料统计,小水电资源的蕴藏量为16亿千瓦。相应的年电能约为1300亿千瓦时;5万千瓦(含5万千瓦)以下的小水电资源可开发量达到1.28亿千瓦。至2004年中国已开发小水电装机容量为3865万千瓦,已开发的小水电资源占可开发资源的32%,已开发的小水电占整个水电装机约40%。中国小水电资源广泛分布在全国1600多个山区县,主要集中在中西部地区,其中西部地区小水电技术可开发量占全国的63.6%;中部地区小水电可开发量占全国的17.8%。东部地区小水电可开发量为18.5%。西部小水电资源目前仅开发了900多万千瓦,占可开发水电资源的2.1%。开发水平偏低,存在着极大的发展空间。

表1-3-2 中国可开发中小水力资源分布情况/单位:10^3 千瓦

省份	小水电	中型水电	总计	省份	小水电	中型水电	总计
北京	90.0	448.5	538.5	湖北	4036.0	1592.2	5627.1
河北	939.3	346.0	1554.7	湖南	4146.0	2798.2	6944.2
山西	581.0	346.0	927.0	广东	4166.0	2313.2	6479.2
内蒙古	387.0	1196.0	1583.0	广西	2322.0	2589.0	4911.0
辽宁	429.1	1028.9	1453.0	海南	397.0	286.3	683.7
吉林	1887.9	1423.1	3311.0	四川	5878.0	12 786.3	18 664.3
黑龙江	728.0	777.8	1505.8	贵州	2554.0	3640.5	6194.5
江苏	112.0		112.0	云南	10 250.0	7175.8	17 425.8
安徽	684.5	450.5	1135	陕西	1569.0	1553.5	3102.0
福建	3594.0	2724.9	6318.9	甘肃	1089.0	2547.6	3636.6
江西	3083.3	2308.9	5332.2	青海	2000.0	3214.6	5214.6
山东	215.0		215.0	宁夏	23.0	55.0	78.0
河南	1031.0	522.5	1553.5	新疆	3979.0	7287.7	11 226.7
				总计	71 870.0	63 181.3	150 513

二、中国的水能资源开发

中华人民共和国成立后特别是改革开放以来，中国政府高度重视水能资源的开发利用，推动水电事业快速发展。到2008年底，中国已建水电装机容量达到1.72亿千瓦，位居世界第一，发电量将近6000亿千瓦时，占全国总发电装机的20%、总发电量的15%左右，水电设计、施工和设备制造技术均已达到国际先进水平。目前，中国水能资源开发程度为31.5%，还有巨大的发展潜力。已建成小水电站4.5万多座，总装机容量5100多万千瓦。2008年小水电发电量1600多亿千瓦时。小水电资源开发量位居前6位的省区是广东、四川、福建、云南、湖南、浙江，开发量分别为408万千瓦、367万千瓦、362万千瓦、233万千瓦、217万千瓦和206万千瓦。

21世纪中国水电建设迎来了一个跨越式发展的黄金时代。水电是中国重要的优势资源之一，加快开发西部地区丰富的水能资源，实现"西电东送"的宏伟计划，是中国经济社会可持续发展、减缓对化石能源和进口能源依赖和实施西部大开发战略、促进东中西部地区协调发展的重大举措，为水电大发展提供了政策保障和实践基础。正在建设或已建成的三峡、溪洛渡、向家坝、锦屏一二级、糯扎渡、拉西瓦、龙滩等战略性工程，无论从技术，还是环境条件方面，都将面对从未遇到的世界级挑战，使中国引领着世界水电建设的发展方向，标志着中国的水电建设步入世界领先水平。

目前，中国水能资源开发建设的突出特点是：

水电建设实力雄厚，建设水平显著提高　中华人民共和国成立以来，水电建设从小到大、从弱到强不断发展壮大，特别是改革开放以来，由于党和政府重视水电开发，水电建设迅猛发展，工程规模不断扩大，尤其是葛洲坝、三峡、二滩、天生桥一级等水利枢纽工程的兴建，标志着中国水能开发建设已经逐步迈向世界先进水平。目前全国已建在建大中型水电站约220座，100万千瓦以上的大型水电站有20座。其中三峡工程装机容量为2250万千瓦，是当今世界装机容量最大的水电站。广东抽水蓄能电站240万千瓦，在世界同类电站中名列第一。而且水能开发建设整体实力更是今非昔比。水电建设事业积极引进和学习外国的先进技术。奋发图强，努力奋斗，培养了一支训练有素的勘测设计、施工队伍，积累了丰富的水电设计和施工经验，在长江、黄河等大江大河上，兴建起了各种不同类型的水电站。在水电建设不断发展过程中，随着一系列设计、施工中技术难题的解决，水电规划、勘测、设计、施工和科研等各方面的技术水平获得了明显的进步和较大的提高，取得了许多重大成就，很多已达到世界先进水平。其中：在筑坝建设上，在已独立建成大量100米以上混凝土坝和土石坝的基础上，进行了一批200米以上高坝的可行性研究和设计工作，使水电设计理论与筑坝技术有了新的突破和提高，特别是已顺利建成了二滩混凝土抛物线双曲拱坝，坝高240米，是中国第一座坝高超过200米的高拱坝水电站，其坝高目前居世界第四位。建成了世界最高的普定碾压混凝土非对称双曲拱坝（坝高75米）和世界第二的天生桥一级混凝土面板堆石坝（坝高178米），建成了世界上海拔最高的羊卓雍湖抽水蓄能电站。水电建设机电安装技术水平明显进步，实现了较大的飞跃。继刘家峡、龙羊峡之后，岩滩、隔河岩、广蓄等一批单机30万千瓦以上的大型水轮发电机组相继投产发电，李家峡单机容量为40万千瓦，二滩单机容量为55万千瓦，三峡单机容量为70万千瓦已先后投产发电。各方面情况充分说明目前水电建设已经具有相当高的技术水平，有能力在各种复杂的条件下，自行设计和修建各种类型的水电站。

新的管理体制成为水电建设发展的根本保证　从1984年云南鲁布革水电站引水隧洞实行国际招标开始，在学习国外工程建设先进管理经验的基础上，水电建设积极探索实践，率先改革开放,基本确立了以项目法人负责制、建设监理制、招标承包制为主要内容的水电建设新的管理体制,形成了水电建设项目法人、监理、施工和设计咨询新的格局。制度创新取得决定性进展,新的管理体制成为水电建设充满生机和活力健康发展的根本保证。改革成为发展的动力,极大地推动了水电建设生产力的迅猛发展,工程建设水平显著提高。改革开放以来,广蓄、水口、隔河岩、岩滩、漫湾、五强溪、李家峡、天荒坪、十三陵、莲花、二滩、三峡、小浪底、天生桥、大朝山、棉花滩等一批批建设速度快、施工质量好、投资得到控制的工程项目涌现出来。随着市场经济的建立,为了更好地调动投资各方的积极性,保障各方的权益,多年来,水电建设领域积极推行公司制,改造和组建项目法人单位,二滩、清江、乌江、桂冠、大朝山、五凌等一批水电开发公司先后组建成立和改组改制。这些公司作为业主在水电开发建设中发挥了重要的作用。

西部大开发促进了水能资源的开发利用 中国水能资源主要集中在西部地区,占 3/4 以上,开发率仅为 8%,水能开发的任务主要在西部地区。可以说,开发西部丰富的水能资源就是开发西部。开发西部地区的水能资源,既可以满足当地经济发展对电力的需求,把西部地区潜在的资源优势变为现实的经济优势。又可以大量外送东部经济发达地区,优化全国能源结构,缓解环境污染,符合国家长远利益和整体利益。因此,开发建设大中型水电工程是西部开发的重要内容。实施西部大开发战略,加快西部地区的经济开发,必将激活西部地区丰富的水电资源,带动西部地区水能资源的开发,促进水电建设的大发展。

三、中国水电建设发展前景

中国水能资源开发的基本思路是:根据电力工业发展重点及布局,水电建设主要开发调节性能好、水能指标优越的大型水电站和因地制宜开发中小型水电站;重点水电站开发和流域梯级开发相结合。重点开发黄河上游、长江中上游及其干支流、红水河、澜沧江中下游和乌江等流域。积极推进国家"西电东送"战略,支持中西部地区和少数民族地区加快水电的发展。在煤炭短缺、水能资源丰富的华中、福建、浙江、四川等地区,挑选一批调节性能好、电能质量高的中小河流,进行梯级连续开发。在调峰能力弱、系统峰谷差大的电网,在加强电网调峰规划的基础上,选择优良的站址,适当建设抽水蓄能电站。将重点开发金沙江、雅砻江、大渡河、乌江、澜沧江等流域的水能资源,完成十三大水电基地建设。

中国水电开发的规划与部署:①重点开发"西电东送"骨干水电站,促进全国联网,实现资源优化配置。根据全国联网规划要求:到 2010 年基本形成北、中、南 3 个跨区互联电网,北部电网由华北、东北、西北和山东电网组成,中部电网由华中、华东、川渝和福建电网组成,南部电网由广东、广西、云南、贵州、香港、澳门、海南电网组成。水电建设应适应电网发展规划的要求,结合全国联网南、中、北 3 条"西电东送"通道,大力加快大型水电基地开发和骨干水电站的建设。②积极开发区域性水电站,满足当地经济发展对电力的需要。广泛动员社会办电力量,采取流域滚动开发的模式,开发大渡河、雅砻江、湘西和闽浙赣水电基地及川渝的其他水电资源,满足当地的用电需要,并利用网络将盈余电力外送,其中三板溪是沅水梯级"龙头"水电站,是国家电力公司拟在近期开发的项目。③适当建设抽水蓄能电站,缓解电网的调峰矛盾。为解决电网日益尖锐的调峰问题和配合核电站建设,在缺少常规水能资源的东部地区,积极研究与安排筹备建设一批抽水蓄能电站。具体为浙江桐柏、江苏宜兴、安徽琅琊山及响水涧、山东泰安、辽宁蒲石河、河北张河湾、山西西龙池等。

第四章 中国的水环境及其保护

第一节 中国水环境现状

中国的水环境问题,从广义上包括:洪、涝、风暴潮、干旱、水土流失、风沙、盐碱等灾害防治和城乡供水、灌溉、水电、水运、水土保持、牧区水利、天然植被草原保护封育等方面。半个多世纪以来,我们抗御了20世纪50年代的1950年、1954年大洪水,60年代、70年代的干旱,90年代既有1991年、1998年大洪水,又有近十年北方的长期干旱,以及风暴潮、涝、碱、水土流失、山洪泥石流等自然灾害。修建了大量防洪、排涝、城乡供水、灌溉、水电、水运、水土保持等工程设施,保护城乡居民安全,保护区耕地4300多万公顷、人口5.1亿人,城乡供水能力由约1000亿立方米增加到目前5500亿立方米。灌溉面积由1600万公顷发展到5600万公顷;建成水库8.5万座;库容5658亿立方米;水电装机达1亿多千瓦;治理易涝面积2100多万公顷;改良盐碱耕地580多万公顷;治理水土流失面积累计89万平方千米。保证了农业稳定增产和经济发展,国家累计水利投入5677亿元。

但是目前的洪、涝灾防御标准仍不高,特别是中小河流。小型水库中病险水库众多,亟待除险加固,水库移民遗留问题不少,亟待解决。水资源短缺,干旱缺水,仍旧制约着经济社会发展。全国尚有6600多万公顷耕地缺乏抗旱水源和设施。农林、牧区尚缺乏安全清洁饮用水供水设施。华北平原地下水年超采约67亿立方米。水土流失面积中水力侵蚀尚有165万平方千米,风力侵蚀191万平方千米(其中人为影响需要治理的约38万平方千米)。在全球气候变化和工业化、城镇化进程快速推进的背景下,中国湖泊保护与经济社会发展之间依然存在诸多矛盾,湖泊水面萎缩、水体干涸、水质恶化等问题十分突出。

自1980年以来,随着经济快速发展,全国工业和城市生活用水量由1980年的872亿立方米增加到2004年的1964亿立方米。20多年增加1092亿立方米。而相应污废水排放量由310亿立方米增加到680亿立方米,其中入河污水约533亿立方米。因此,江、河、湖泊水污染十分严重,已经成为新的人为灾害。现在北方城市郊区许多河流"有河皆污",不少河流下游干枯。南方珠江三角洲,长江三角洲和沿江河网圩区,内河水污染严重,不少地方形成水质型缺水,守着河边水不能饮用。水环境、水生态不断恶化。目前水污染问题已成继洪、旱、水土流失等自然灾害之后,成为最严重的人为灾害,成为威胁城乡人民生活和身体健康的大问题,洪、旱等自然灾害是天灾,而且是一时的;而水污染是人祸,是长期的,因此需要大力防治。

水污染状况触目惊心。经30多年的改革开放使经济迅猛发展,同时也带来了诸多环境问题,尤其是流域水污染十分突出,严重制约着流域社会经济和环境的可持续发展。自20世纪90年代开始,国家高度重视水污染治理,工业水污染防治取得较大进展,城市污水处理率逐步提高,局部地区水环境质量有所改善。但总体看,水环境恶化趋势尚未得到根本扭转,水污染形势仍然严峻。

江、河、湖泊水污染负荷早已超过其水环境容量。污水排放量仍在增长,七大江河水质继续在恶化,Ⅴ类和劣于Ⅴ类水所占比例仍很高。目前,中国水环境监测网络全国水环境质量监测站网分4级控制,分别为国控测点、省控测点、市控测点站和县级测点,省控以上地表水监测网络共有1868条河流、182个湖泊和440个水库,共设置监测断面9000多个。国家地表水监测网络由260个重点监测站组成,监测250条河流、18个湖泊和10个水库,监测断面759个。目前已初步形成水质自动监测能力,其中国家投资建设82个,地方投资建设79个,总数已达161个。

2008年对约15万千米长的河段水质进行监测评价,得到的结论是:Ⅰ类水河长占评价河长的3.5%,Ⅱ类水河长占31.8%,Ⅲ类水河长占25.9%,Ⅳ类水河长占11.4%,Ⅴ类水河长占6.8%,劣Ⅴ类水河长占20.6%。全年达到Ⅰ类~Ⅲ类水河长的比例为61.2%。西南诸河、西北诸河、长江、珠江和东南诸河水质较好,符合和优于Ⅲ类水的河长占95%~64%;海河、黄河、淮河、辽河和松花江水质较差,符合和优于Ⅲ类水的河长仅占35%~47%。据2010年中国环境状况公报显示,全国地表水污染依然较重。长江、黄河、珠江、松花江、淮河、海河和辽河等七大水系总体为轻度污染。204条河流409个国控断面中,Ⅰ类~Ⅲ类、Ⅳ类~Ⅴ类和劣Ⅴ类水质的断面比例分别为59.9%、23.7%和16.4%。长江、珠江总体水质良好,松花江、淮河为轻度污染,黄河、辽河为中度污染,海河为重度污染。

2008年对44个湖泊的水质进行监测评价得到的结论是:水质符合和优于Ⅲ类水的面积占44.2%,Ⅳ类和Ⅴ类水的面积共占32.5%,劣Ⅴ类水的面积占23.3%。在这44个湖泊中,只有1个湖泊为贫营养,轻度富营养湖泊有10个,中轻度富营养湖泊有11个,中营养湖泊有22个。其中国家重点治理的"三湖"的水环境情况为:①太湖。若总磷、总氮参加水质评价,湖体水质均劣于Ⅲ类,Ⅳ类、Ⅴ类和劣Ⅴ类的水面积分别占评价面积的7.4%、27.2%和65.4%。若总磷、总氮不参加水质评价,则Ⅱ类水面积占18.8%,Ⅲ类水面积占64.5%,Ⅳ类水面积占13.8%,劣Ⅴ类水面积占2.9%。除东太湖和东部沿岸带处于轻度富营养状态外,其他湖区均处于中度富营养状态。②滇池。耗氧有机物及总磷和总氮污染均十分严重,无论总磷、总氮是否参加评价,Ⅴ类水面均占评价水面的28.3%,劣Ⅴ类水面占71.7%。全湖处于中度富营养状态。③巢湖。西半湖污染程度明显重于东半湖。若总磷、总氮不参加评价,东半湖评价水面水质为Ⅲ类,西半湖评价水面为Ⅳ类,总体水质为Ⅳ类。若总磷、总氮参加评价,东半湖评价水面水质为Ⅳ类~Ⅴ类,西半湖为劣Ⅴ类,总体水质为劣Ⅴ类。东半湖处于中营养状态,西半湖处于中度富营养状态。据2010年中国环境状况公报显示,26个国控重点湖泊(水库)中,满足Ⅱ类水质的1个,占3.8%;Ⅲ类的5个,占19.2%;Ⅳ类的4个,占15.4%;Ⅴ类的6个,占23.1%;劣Ⅴ类的10个,占38.5%。主要污染指标是总氮和总磷。大型水库水质好于大型淡水湖泊和城市内湖。26个国控重点湖泊(水库)中,营养状态为重度富营养的1个,占3.8%;中度富营养的2个,占7.7%;轻度富营养的11个,占42.3%;其他均为中营养,占46.2%。太湖水质总体为劣Ⅴ类,主要污染指标为总氮和总磷,湖体处于轻度富营养状态。太湖环湖河流总体为轻度污染,88个国控监测断面中,Ⅰ类~Ⅲ类、Ⅳ类、Ⅴ类和劣Ⅴ类水质的断面比例分别为43.0%、33.0%、12.0%和12.0%,主要污染指标为氨氮和石油类。滇池水质总体为劣Ⅴ类,主要污染指标为总磷、总氮和高锰酸盐指数。滇池环湖河流总体为重度污染,8个国控监测断面中,Ⅱ类、Ⅲ类和劣Ⅴ类水质的断面比例分别为37.5%、12.5%和50.0%,主要污染指标为氨氮、五日生化需氧量和高锰酸盐指数。与上年相比,水质明显好转。巢湖水质总体为Ⅴ类,主要污染指标为总氮、总磷和石油类,西半湖处于中度富营养状态,东半湖处于轻度富营养状态,全湖平均为轻度富营养状态。巢湖环湖河流总体为重度污染,12个国控监测断面中,Ⅱ类、Ⅲ类、Ⅳ类和劣Ⅴ类水质的断面比例分别为8.3%、25.0%、16.7%和50.0%,主要污染指标为氨氮、五日生化需氧量和石油类。与上年相比,水质无明显变化。

2008年对378座水库的水质进行监测评价得到的结论是:水质优良(优于和符合Ⅲ类水)的水库有303座,占评价水库总数的80.2%;水质未达到Ⅲ类水的水库有75座,占评价水库总数的19.8%,其中水质为劣Ⅴ类水的水库有16座,占评价水库总数的4.2%,在进行营养状态评价的347座水库中,中营养水库有241座,轻度富营养水库86座,中度富营养水库18座,重度富营养水库2座,分别占69.4%、24.8%、5.2%和0.6%。据2010年中国环境状况公报显示,国家监测的9座大型水库中,密云水库(北京)为Ⅱ类水质,千岛湖(浙江)和董铺水库(安徽)为Ⅲ类水质,丹江口水库(湖北、河南)和于桥水库(天津)为Ⅳ类水质,松花湖(吉林)为Ⅴ类水质,门楼水库(山东)、大伙房水库(辽宁)和崂山水库(山东)为劣Ⅴ类水质。各水库主要污染指标为总氮。与上年相比,于桥水库水质好转,松花湖和大伙房水库水质变差,其他大型水库水质无明显变化。崂山水库为轻度富营养状态,其余水库均为中营养状态。

2008年对298个省界断面的水质进行监测评价得到的结论是:水质符合和优于Ⅲ类水的断面数占总评价断面数的44.6%,水污染严重的劣Ⅴ类水占27.5%。省界断面水质较好的是西湖诸河和东南诸河,淮河、海河、辽河的省界断面水质较差。省界断面的主要超标项目是化学需氧量、高锰酸盐指数、氨氮、五日生化需氧量、挥发酚等。

2008年对3219个水功能区的水质进行监测评价得到的结论是:按水功能区水质管理目标,水功能区达标率为42.9%,其中一级水功能区(不包括开发利用区)达标率为53.2%。二级水功能区达标率为36.7%。在一级水功能区中,保护区达标率为65.5%,保留区达标率为67.7%,缓冲区达标率为25.9%。

2008年对分布在北京、辽宁、吉林、上海、江苏、海南、宁夏和广东的641眼监测井的水质进行监测评价得到的结论是:水质适合于各种使用用途的Ⅰ类~Ⅱ类监测井占评价监测井总数的2.3%,适合集中式生活饮用水源及工农业用水的Ⅲ类监测井占23.9%,不适合饮用但可作其他用途的Ⅳ类~Ⅴ类监测井占73.8%。2010年,全国113个环保重点城市共监测395个集中式饮用水源地,其中地表水源地245个,地下水源地150个。监测结果表明,重点城市年取水总量为220.3亿吨,达标水量为168.5亿吨,占76.5%;不达标水量为51.8亿吨,占23.5%。

2010年对全国182个城市开展了地下水水质监测工作,水质监测点总数为4110个。分析结果表明,水质为优良级的监测点为418个,占全部监测点的10.2%;水质为良好级的监测点为1135个,占27.6%;水质为较好级的监测点为206个,占5.0%;水质为较差级的监测点为1662个,占40.4%;水质为极差级的监测点为689个,占16.8%。全国地下水质量状况不容乐观,水质为优良—良好—较好级的监测点总计为1759个,占全部监测点的42.8%,2351个监测点的水质为较差—极差级,占全部监测点的57.2%。全国主要城市的地下水水质状况与上年比较以稳定为主。其中,水质变好的城市主要集中在华东地区,华北、东北、西北地区仅有少数城市水质变好;水质变差的城市主要集中在华北、东北和西北地区,华东及中南、华南地区仅有少量城市水质变差。

据《2012年中国环境公报》显示,全国地表水污染依然较重,长江、黄河、珠江、松花江、淮海、海河和辽河等七大水系总体为轻度污染。204条河流409个国控断面中,Ⅰ类至Ⅲ类、Ⅳ类至Ⅴ类和Ⅴ类水质的断面的比例分别为59.99%、23.7%和16.4%。长江、珠江总体水质良好,松花江、淮河为轻度污染、黄河、辽河为中度污染,海河为重度污染。湖泊(水库)富营养化问题依然突出,在监测营养状况的26个湖泊(水库)中,富营养化状态的占42.3%。

中国环境保护虽然取得积极进展,但环境污染形势严峻的状况仍未改变。在经济快速增长、资源能源消耗大幅度增加的情况下,中国污染排放强度大、负荷高,主要污染物排放量超过受纳水体的环境容量。同时,中国人均拥有水资源量远低于国际平均水平,水资源短缺导致水污染加重,水污染又进一步加剧水资源供需矛盾。长期严重的水污染问题影响着水资源利用和水生态系统的完整性,影响着人民群众身体健康,已经成为制约中国经济社会可持续发展的重大瓶颈。

中国主要河流污染未能得到有效遏制,污染负荷不断增加、污染治理进展艰难、水污染加剧的态势未能得到有效遏制。湖泊水库富营养化问题严重,形成以氮、磷污染为基本特征的湖泊水环境问题,集中表现为湖泊水库富营养化严重。河口地区和局部近岸海域污染严重,导致河口水环境质量退化。饮用水安全受到威胁,饮用水源不仅受常规污染物污染,而且受新型有毒物质污染,饮用水的深度处理、输配送技术相对落后,已经威胁到城乡居民的饮用水安全。

此外,不合理的经济社会活动、水土资源的过度开发以及全球气候变化,生态用水被大量挤占,河流干枯、湿地退化、流经城市的河段受到严重污染,城市河流普遍发黑发臭,生物多样性减少,河流水生态系统受到严重破坏。

水环境的现实状况与经济社会发展对水环境的需求之间存在着尖锐矛盾。长期以来缺乏系统性、协同性和创新性的科学研究水污染问题,水污染控制的技术支撑比较薄弱。水污染依然严重的态势尚未得到根本扭转。未来一段时期内,伴随中国经济社会的高速发展,水资源与水环境质量仍然是制约与胁迫中国经济社会发展的重大瓶颈。

总之,中国水环境问题主要表现在:一是主要污染物总量尚未得到有效控制,地表水和地下水污染严重;二是重金属污染依然是中国水环境面临的主要问题;三是湖库水环境面临严重的富营养化问题;四是新型污染物及其复合污染正成为影响中国水环境和水生态安全的主要因素;五是水资源过度开发、全球气候变化等问题使得中国水环境问题变得更为复杂。

第二节　中国水环境保护

20世纪70年代初,随着各项经济建设的大规模开展,中国的环境污染和自然资源破坏日趋严重。针对这一情况,1973年中国召开了第一次全国环境保护工作会议,制订了《关于保护和改善环境的若干规定(试行)》。为配合此项规定的实施,同年颁布了GBJ4-73《工业"三废"排放试行标准》。

1979年9月13日,《中华人民共和国环境保护法(试行)》的颁布,标志着中国的环境保护和管理从此有了法律依据。为了规范基本建设项目环境管理的内容、方法和程序,中国在1981年颁布了《基本建设项目环境保护管理办法》,据此,水利部于1982年2月颁布试行了《关于水利水电工程环境影响评价的若干规定(草案)》,使中国水利水电工程环境影响评价工作开始步入规范化轨道。

1982年8月《中华人民共和国海洋环境保护法》的颁布实施,1984年5月《中华人民共和国水污染防治法》的颁布实施,1986年3月对1981年颁布的《基本建设项目环境保护管理办法》的修订和重新颁布,1987年9月5日《中华人民共和国大气污染防治法》的颁布实施,以及陆续颁布实施的一系列环境质量标准：GB3095-82《大气环境质量标准》、GB3838-88《地面水环境质量标准》、GB3097-82《海水水质标准》、GB3096-93《城市区域环境噪声标准》、GB5749-85《生活饮用水卫生标准》等,使中国的水环境保护工作开始有了比较完善的法律、法规体系。

20世纪80年代末以来,旨在保护和改善生活环境与生态环境,防治污染和其他公害,保障人体健康,促进社会主义现代化建设的发展的《中华人民共和国环境保护法》于1989年颁布实施;旨在预防和治理水土流失,保护和合理利用水土资源,减轻水、旱、风沙灾害,改善生态环境,发展生产的《中华人民共和国水土保持法》于1991年颁布实施;旨在保护和改善海洋环境,保护海洋资源,防治污染损害,维护生态平衡,保障人体健康,促进经济和社会的可持续发展的《中华人民共和国海洋环境保护法》于1999年颁布实施;旨在预防因规划和建设项目实施后对环境造成不良影响,促进经济、社会和环境的协调发展的《中华人民共和国环境影响评价法》和旨在合理开发、利用、节约和保护水资源,防治水害,实现水资源的可持续利用,适应国民经济和社会发展需要的《中华人民共和国水法》已于2002年颁布实施;旨在防治水污染,保护和改善环境,保障饮用水安全,促进经济社会全面协调可持续发展的《中华人民共和国水污染防治法》于2008年颁布实施,使中国水环境保护工作提升到了一个新的高度。

根据国务院常务会议审议通过的《水体污染控制与治理科技重大专项实施方案》,"十一五"期间,水专项围绕"三河三湖一江一库"等重点流域,设置6个主题、33个项目、238个课题,启动了32个项目、230个课题,中央财政投入32.1亿元。"十一五"期间,水专项重点围绕"控源减排"的阶段目标,突破了典型化工行业清洁生产、轻工行业废水达标排放、冶金重污染行业节水、纺织印染行业控源与减毒、制药行业高浓度有机物削减等关键技术214项,在70项大型工程中得到验证,在辽河、海河、松花江等重点流域开展示范。初步突破了畜禽养殖废弃物生态循环利用与农村农田面源污染控制等关键技术,在太湖、洱海等流域进行了示范,效果明显。在典型城市开展城市污水深度脱氮除磷、污泥处理处置、工业园区清洁生产与污染控制等领域关键技术研发与工程示范,推广应用于500座城市污水处理厂升级改造,规模近1500万吨/天,每年削减化学需氧量16万吨、氨氮5.4万吨和总磷1.4万吨。突破了受污染原水净化处理、管网安全输配等40多项饮用水安全保障关键技术,为自来水厂达标改造和应对水污染突发事件提供了支撑。针对水环境监测、污泥处理处置、水处理等设备国产化率低等问题,重点研发了50项国家急需的产业化关键技术和设备,培育环保产业产值约40亿元。在重点流域初步形成流域水污染治理与管理两大技术体系,研发并系统集成结构减排、工程减排和管理减排等关键技术,为重点流域主要污染物减排和水体污染趋势得到控制提供了技术支持。

中国目前防治水污染已开始由分散治理为主向集中控制与分散治理相结合转变,由末端治理为主向全过程控制和清洁生产转变,由单一的浓度控制向浓度控制和总量控制相结合转变,由区域管理为主向区域管理与流域管理相结合转变。中国将通过进一步加强机构建设、强化执法、强化流域管理、达标管理、总量管理、科学管理,最终实现水体变清,保障水资源的可持续利用。

中国政府高度重视环境保护,把保护环境确立为一项基本国策,把实施可持续发展作为一项国家战略。特别是近几年来,提出建设生态文明、推进环境保护历史性转变、探索中国特色环境保护新道路、让江河湖泊休养生息等一系列新理念,创新举措,付诸实践,环境保护从认识到实践发生重要变化,污染减排取得突破性进展,综合防治能力大幅提升,环境质量持续改善。

第五章 中国水文事业

第一节 中国水文站网

水文站是指设在河、渠、湖、库上以测定水位和流量为主的水文测站,根据需要还可兼测降水、水面蒸发、泥沙、水质等有关项目。水文站网规划是水文工作一项战略部署,是在一定地区或流域内,按一定原则,用一定数量的各类水文测站构成的水文资料收集系统。水文站网的密度及其布局,对整个水文工作有极其重要的影响。水文测站是为常年收集一项或多项水文要素而设立在河流上或流域内的水文观测场所,水文站网则是水文测站组成的集合体。水文测站收集到的资料是水文分析研究和应用的基础,一般需要通过一定年限的资料积累才能研究有关水文规律,因此水文测站要在需要资料的地点超前若干年设立才能满足要求。但实际情况是不可能在所有需要资料的地点都超前设立水文测站,这就需要建立由水文测站组成的站网,使各类测站形成相互联系的整体,以解决未曾设站地点的水文问题。科学地布设水文站网,利用有限数量的测站,依靠其整体功能,提供具有一定精度的水文特征资料十分重要。

水文测站按其作用可分为基本站、专用站和辅助站。基本站按统一规划而设立,并按统一的技术规范进行水文要素观测,其任务是探求水文基本规律,满足各方面需求。基本站由水文部门建立和管理,站点保持相对稳定,资料刊入水文年鉴。专用站为某一专用目的而设立,由需要资料部门自设、自管、自用。为帮助某些基本站正确控制水文情势变化而设立的一个或一组站点称为辅助站,其资料一般没有独立使用价值。在中国,还按测站的测验工作内容,将测站分为6类:①水文站。观测水位、流量,或兼测其他项目;②水位站。只观测水位,或兼测降水量;③雨量站。只观测降水量;④实验站。有实验研究任务的站;⑤水质站。只作水质监测;⑥地下水观测井。主要观测地下水。

中国很早就有水位、雨量观测。在春秋时代就有各郡县向中央报雨的制度,说明当时已开始观测降雨。设立水文测站的历史可以追溯到公元前3世纪在四川都江堰设立的观测水位的"石人"。明代,沿黄河已有观察、传递水情的制度。清代末期,开始有正式连续纪录的水位、雨量观测,并开始有流量观测。到1937年,除台湾省外,全国有水文站、水位站、雨量站、实验站等共2637处,为中华人民共和国成立前测站最多的年份。此后,由于连年战乱,遭受破坏,到1949年中华人民共和国成立时,接管的水文测站仅353处,其中基本水文站(也称流量站)仅148处。民国时期的水文测站,缺乏统一规划,机构变动频繁,隶属关系更迭转移甚多,不仅正规水文测站站点稀少,设置不稳定,设备简陋,记录不全,资料系列大多不完整,而且因缺乏科学的布站原则和站网规划,无法构成较全面的水文站网。

中华人民共和国成立后,政府大力兴修水利和进行经济建设,迫切需要水文资料,水文站网开始有计划地迅速发展。1956年,中国开始编制全国基本水文站网规划,以后又进行了3次验证分析、调整、充实和发展了这一规划。随着规划的实施和国民经济的发展，站网建设不断发展。其间由于社会政治经济形势的影响，管理体制的变化，人、财、物等条件的制约，站网建设出现过起伏徘徊的过程。但从中也积累了经验，逐步走向一条适合中国国情的站网建设道路。以基本水文站为例，在中华人民共和国成立之初的头10年里，每年都增建数百处，到1960年，国家基本水文站已达到3611处，这是中国水文站网建设史上的巅峰时期，此后经历了2次低谷时期。第一次出现在20世纪60年代初。1957年以前，水文工作以省一级管理为主。1958年～1959年，由于当时特殊的时代背景，测站管理权限被下放到县。从1959年起，由于大跃进和天灾人祸，全国出现严重经济困难，水文管理权限下放后的矛盾突出表现出来，水文测站被大批裁撤，基本水文站到1963年减少至2664处，出现第一次站网建设的低谷。随后国家对国民经济建设进行了调整，1963年底，水文管理权限被上收，全国水文站网建设开始得到缓慢恢复，到1966年"文革"前，水文站恢复到2883处。"文革"开始后，水文工作管理权限再次被下放，水文站网建设重遭打击，测站规模持续下滑，出现了第二次低谷。"文革"结束后，随着改革开放和国家经济的复苏，站网建设也开始恢复，进入20世纪80年代，站网规模出现了继1960年后的第二个峰值，达到3400多处，以后一直在稳定中调整发展。到2000年，有基本水文站3124处，水位站1093处，雨量站16 922处，蒸发站1454处，水质站3240处，地下水观测井11 768处。截止2009年末，全国共有各类水文测站39 805处，其中：国家基本水文站3189处，水位站1407处，雨量站15 750处，水质站6097处，地下水监测站12 522处，蒸发站11处，实验站49处，墒情站780处。全国共有10 294处测站拍报水情，1110处测站进行水文预报。已建成水环境监测（分）中心271处，水质监测基本覆盖了全国主要江河湖库。若以平均每1万平方千米的站数为基本水文站的密度指标，全国为3.5。其中东南沿海诸省，经济发展快，站网密度较密，江苏、北京等省市在10以上，西部边远地区密度较稀，西藏、青海等省区在1以下。

截止2011年底，全国水文部门共有各类水文测站46 783处，包括国家基本水文站3219处、水位站1523处、雨量站19 082处、蒸发站19处、土壤墒情站1648处、水质站7750处、地下水站13 489处、实验站53处，其中向县级以上有关部门拍报水情信息的水文测站12 444处，发布预报的水文测站1005处。

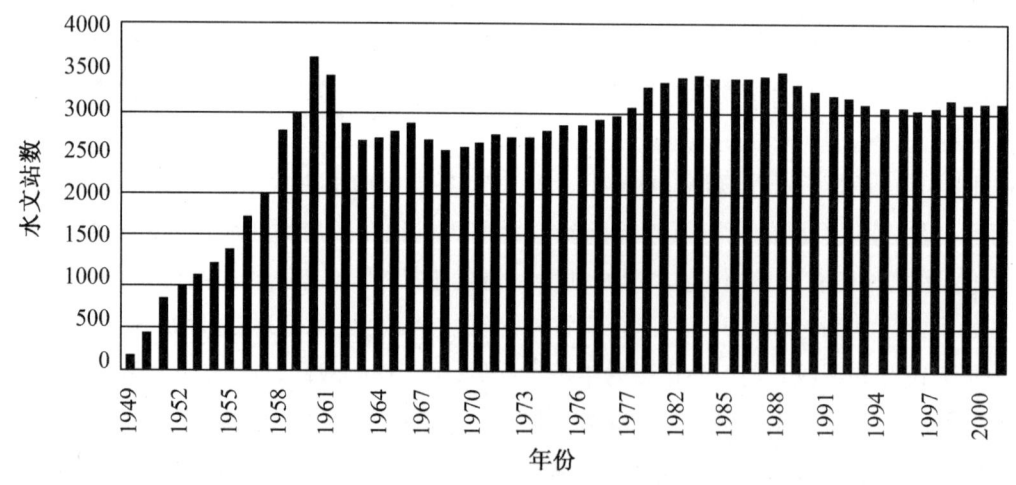

图1-5-1　1949年～2001年国家本水文站发展过程（据何惠，2002）

纵观中华人民共和国成立后水文站网的发展过程，可以看到，20世纪50年代是水文站网发展的黄金时期，今天的骨干格局，大多是在那时形成的。当时的设站目的主要有2个方面：收集河流水文信息，为流域规划和水工程设计提供依据；进行径流预报，为防汛减灾决策提供依据。今天来看,这个站网规模基本可以满足收集中、大尺度空间水资源信息时空分布规律的需要,但在紧密结合社会实时性服务需求方面以及解决突出水问题方面尚显不足。随着经济社会的发展,人与自然之间的关系处于越来越矛盾和不和谐的状态,全球变暖、土地沙化、河流断流、水质劣变、地面沉降等,就是自然对这种不和谐关系做出的系统响应。这些警示信息,迫使人类反思,提出可持续发展的战略方针。社会可持续发展的重要基础之一,是水资源的可持续利用,水文信息是反映水资源系统体征的指标,水文站网是采集水文信息的主要载体。因此,按照可持续发展战略,以水资源管理、水环境保护、生态环境修复等为目标,重新审视、评定站网设置目的与服务目标之间的关系,调整和充实现有水文站网,应是水文部门今后工作的主要内容。2011年12月,为加强水文站网管理,充分发挥水文站网功能和作用,根据《中华人民共和国水法》《中华人民共和国水文条例》等法律法规,水利部制订并颁布了《水文站管理办法》。

第二节 中国水文测验技术设备

一、水位观测仪器

水位的人工观测普遍使用直立式水尺、矮桩水尺。从20世纪50年代~80年代,水位自记仪器绝大部分是浮子式日记水位计,有些可以通过线路传至几千米以外。浮子式水位计需有测井配合使用。从70年代后期开始,不需测井的超声波、水压式水位计,以及几种长期自记水位计,陆续投入使用。

二、降水量观测仪器

降水量的人工观测普遍使用标准雨量筒,器口直径20厘米,器口高出地面0.7米。从20世纪50年代~80年代,降水量自记仪器绝大部分是虹吸式日记雨量计,每10毫米虹吸一次。70年代中,四川、浙江省水文总站自制不虹吸或50毫米虹吸一次的雨量计,广东省水文总站仿照浮子水文计原理,自制横式雨量计,在其所属测站使用。80年代开始使用翻斗雨量计,每0.1毫米、0.2毫米、0.5毫米或1毫米翻转一次,遥测站、长期自记站已普遍采用。80年代后期推广带固态存储设备的长期自记仪器。

三、流量测验设备

使用的测速仪器主要是国产的旋杯、旋桨流速仪。20世纪80年代,多普勒测速仪、电波流速仪有少量投入使用。至1990年统计,水文部门配有各种流速仪24 950架,已能满足要求。1985年通过鉴定的25-3型流速仪能用一个桨叶施测0.04米/秒~10米/秒的流速。流速仪信号与时间计数,初期用电铃、灯光与秒表。从70年代起,开始应用电子技术的计数器,到80年代,使用已较普遍,有些可以预置流速仪计算公式的参数,直接显示流速数值。80年代以来,湖南、浙江省水文总站研制的超声波测速仪器已在少数水文站使用。

从20世纪50年代~80年代,使用的与测速配套的测深器具主要是测深杆与铅鱼。测深杆可用于5米以下或略大于5米的水深测量。铅鱼通过悬索悬吊施测水深。水库、湖泊及大河的水深测量采用回声测深仪。初期多为进口仪器,后来国产的 56 型回声仪也有少数使用。70 年代以来,长江水利委员会南京河床实验站、重庆水文仪器厂、四川省水文总站、黄委研制生产的多种新型回声测深仪,已推广使用 200 多部。黄河水利委员会研制的浑水测深仪,可以在含沙量不大于 200 千克/立方米情况下使用。

在与测速配套的水文缆道建设中,发展了缆道控制仪器。20 世纪 50 年代～60 年代用机械传动显示,其中起点距由循环索的运行距离确定,水深由起重索从出现水面信号时起至出现河底信号时止的运行距离确定,流速仪信号由信号发生与接收装置构成。1974 年,辽宁的本溪水文站与电子仪器厂合作研制的应用电子技术的 SCK-736 测流控制仪,曾小批生产使用。浙江省水文总站研制的水文缆道调速控制器,也曾推广使用 100 多台。

四、泥沙测验仪器

在悬移质方面,从 20 世纪 50 年代～80 年代,主要仪器是横式和普通瓶式采样器。前者所取水样受泥沙脉动影响显著,后者则存在管口突然进水问题,都不理想。50 年代还曾少量采用抽气式采样器和 D43 积深采样器。从 50 年代后期起,开始研制调压积时式采样器,设有调压舱,并有口门开关,可以防止产生突然进水,并可使进口流速与天然流速接近一致,重庆水文仪器厂于 1977 年开始生产,1980 年又作了改进,长江水利委员会、四川省水文总站也研制生产同一原理不同型号的仪器,有的可以做到瞬时调压,并可在管嘴关闭时防止管嘴淤沙。辽宁省水文总站研制的皮囊式采样器,也由南京水利水文自动化研究所生产,并在少数站上使用。1968 年,黄委会有关机构和专家开始研制同位素含沙量计,1974 年通过鉴定,1977 年后又作改进。

在推移质方面,早期使用的主要仪器是从国外引进的网式、顿式、波利亚柯夫式等采样器。从 20 世纪 50 年代起,长江水利委员会,黄河水利委员会等单位,根据中国河流的具体情况开始从事采样器的研制,至 70 年代,研制成可以取沙质推移质的长江 78 型压差式采样器和可以取卵石推移质的软底网式采样器。80 年代,江西省水文总站又研制成可调式电动升降抽沙电测推移质坑测器。

在河床质方面,研制使用了圆锥式、钻头式、悬锤式、锹式、蚌式、挖斗式等采样器。

在泥沙颗粒分析方面,早期大量使用粒径计、移液管、比重计、底漏管等仪器。由黄河水利委员会、河海大学等单位利用光电原理研制的 GDY-1 型和 NSY-1 型两种光电颗分仪器,分别于 1979 年、1984 年通过鉴定,并推广使用。

五、蒸发观测仪器

在水面蒸发观测方面,从 1960 年起,中国确定 E601 型蒸发器为标准仪器,其器口面积 3000 平方厘米,仪器埋入地下,器口周围有水圈,用于消除降水时的溅水影响。结冰期则用 20 厘米口径的蒸发皿。20 世纪 80 年代中,辽宁等省区的水文部门进行在冰冻期使用 E601 观测的研究,提出了在冰层上打孔减压防止蒸发器胀破的方法,并创制出半深蒸发器。80 年代后期,南京水利水文自动化研究所研制玻璃钢 E601 蒸发器取得成功。与钢质蒸发器相比,它没有涂漆、锈蚀问题,且抗冰冻能力较强。

在土壤蒸发方面,一般是使用实验站自行研制的仪器,如仿苏的土壤蒸发器、蒸渗仪等。

六、其他观测仪器

在水质分析方面,在天然水质分析时期,普遍配备常规容量分析与比色分析仪器。20 世纪 70

年代开始作污染成分分析,因此配备了分光光度计等仪器。现场采样仪器和为适应实时监测而配备的监测仪器,也在不断发展和使用中。

在普通测量方面,普遍使用国产的经纬仪、水准仪、平板仪、六分仪等。1990年统计,水文部门有经纬仪1673部,水准仪4927部。20世纪90年代后期以来,全球定位仪(GPS)在测船定位中得到越来越多的使用。

在地下水位观测方面,使用测绳重锤,少量重点观测井配有自记水位计。井的出水量用三角堰或管道流量计。

在水温冰凌观测方面,使用水温计、深水温度计、冰钻等仪器测具。

在土壤含水量观测方面,20世纪50年代起多用取样烘干称重的方法,80年代研制出中子水分测定仪,压力薄膜仪等,并在水文实验站上投产使用。

第三节 中国水文调查

水文调查的目的是补充水文基本站网定位观测之不足。调查项目包括:水文要素(水位、流量、含沙量、土壤含量、下渗等)、气候特征(降水、蒸发、气温、湿度、风等)、流域自然地理(地形、地质、水系、分水线、土壤、植被等)、河道情况(河宽、水深、弯道、建筑物等)、人类活动(水利、水土保持措施、土地利用、工农业用水等)、水旱灾情、社会经济状况等。按照调查目的,水文调查可分为暴雨调查,洪水调查,枯水调查,流域、水系调查,洪泛区调查,水资源调查,水量调查等。

暴雨调查包括历史、近期或当年洪水的相应暴雨,即暴雨的中心位置,一次降雨总量、历时、大致过程及其分布范围,并尽可能考察有关天气资料从而分析暴雨的成因。洪水调查包括考察洪水痕迹和收集有关资料,推算一次洪水的总量、洪峰流量、洪水大致过程、重现期等。枯水调查包括查明历史上出现的最低水位和最小流量,一定重现期的枯水流量持续时间,发生次数,是否断流和旱灾情况等。20世纪50年代末,长江流域进行了枯水调查,在四川涪陵县的长江河段的江心岩石即白鹤梁上,发现自唐广德二年(764)以来的历年枯水位石刻题记163条。经测量考证,把长江上游的枯水位资料系列延至距今1220年以前,这是十分宝贵的资料。流域、水系调查包括地形、土壤、植被和水系等自然地理条件;水位、流量、含沙量、水质等水文条件;水利设施、土地利用、工农业用水、通航、社会经济等人类活动。洪泛区调查旨在查明不同重现期洪水的淹没范围、水深及其容量,测定沿河厂矿、居民点、道路和田块等的位置和高程,在平面图上标出洪水能淹没的范围。水资源调查旨在查明水量和水质的时间变化和地区分布。水量调查旨在查明水文站定位观测受蓄水、引水、排水、分洪等人类活动影响的水量。

此外,还有为抗旱而进行的水源调查;为查明水体污染的水质调查;水网地区对一定区域内进出水量和河网蓄水量调查;灌溉用水调查;凌汛调查、河源调查等。

水文调查通常采用野外查勘、测量、试验、实地访问、向有关部门搜集各种资料等方式。在无水文站网地区进行河川水文调查时,要进行必要的流量、水质测定和下渗试验;在进行洪水调查时,除进行洪水痕迹、发生日期的现场调查访问外,要进行洪痕高程、河道纵横断面的测量,收集、考证历史文献的有关记载等。20世纪60年代以来,在水文调查中不断引进了一些新技术。例如,遥感技术,尤其是多波段摄影、微波扫描及红外技术,在流域自然地理和各种水体及其污染调查中的应用,核技术在测量土壤水、积雪,以及在调查地面水、地下水、泥沙运动中的应用等。

1974年在修订《水文测验试行规范》时,水文调查就列入规范。作为"水文站定位观测的补充调查",已将"洪水、枯水、暴雨调查"方法载入《水文测验手册》。1976年颁发了《洪水调查资料审编刊印试行办法》。1980年"历史洪水和暴雨调查"作为附录列入水利部、电力部联合颁发的部标SDJ22-79《水利水电工程设计洪水计算规范》中。在1988年颁布的SD244-87《水文年鉴编印规范》中,明确规定应将反推入库洪水、水量调查、平原水网资料等列入《水文年鉴》的附录。1991年水利部出版了《水文调查指南》一书。

第四节 中国水文资料整编

一、概述

水文资料整编是对原始的水文资料按科学方法和统一规格,分析、统计、审核、汇编、刊印或储存等工作的总称。水文测验和水文调查所得的原始资料,篇幅浩繁,而且由于种种原因,可能不够完整,也可能存在较大的误差,甚至错误,只有经过审核、查证,按照统一的标准和规格,整理汇编成水文年鉴或建成水文数据库,才便于使用。此外,通过水文资料整编,还可以发现水文测验技术上存在的问题,以便今后改进测验技术。

二、历史水文资料的整编

在中国,水文测验正式观测记录的系统保存开始于19世纪,其中保存正规降水量记录开始于清道光二十一年(1841,北京),保存正规水位记录开始于清同治四年(1865,汉口)。清光绪八年(1882)~1931年,在每10年一期的《最近十年各埠海关报告》上,刊布有逐年或多年雨量、水位的月、年特征统计表。清光绪二十六年(1990)~1947年,海关将水位资料整编成逐日水位表,按季度在《海关公报》上刊布。1922年~1947年,扬子江水利机构将长江干支流的水文资料整编成年表,抗战前逐年刊布,抗战期间及以后,则将年报统计图表蓝晒成帙,于1947年刊布了《长江流域历年水文统计汇编》。

1932年,中国内政部出版《全国雨量及水文报告》。1935年,全国经济委员会水利处出版社出版1933年的《全国水文报告》,含水文站153处、水位站277处的资料。另外,在《太湖流域水利季刊》《长江水利季刊》《江苏建设》《湖北年鉴》《二十年来广东治河汇刊》等刊物上也发表过一些整理过的水文资料。1936年,张含英编《黄河治》第三篇"水文·工程"完稿,次年11月由国立编译馆出版,其中也有大量水文图表。1942年,伪华北政务委员会建设总署将1921年~1932年华北地区的水文资料以《华北之水文》刊布。1946年,国民政府水利部刊布了《黄河之水文》。在东北伪满时期,日伪机构整理刊布了水位、含沙量观测资料,并在对数格纸上绘出水位流量关系曲线,蓝晒成帙。1947年,珠江水利局将所存水位、流量、含沙量、降水量等资料汇编成《珠江水利——水文统计专号》刊出。

中华人民共和国成立以后,即在全国范围内对历史积存的水文资料,按统一要求进行了系统的整编刊印工作,并在20世纪50年代全面完成。1949年10月华东军政委员会水利部决定,组织水文资料整理委员会开展大规模的江淮水文资料整编工作,从1951年1月至1957年底,共完成淮河流域 1949 年前资料 11 册,长江流域 1949 年前资料 24 册,1949 年前至 1955 年资料 9 册,全部印出。从 1952 年起,在水利部、燃料工业部等部门的指导和帮助下,黄河水利委员会组织 70 多名技术人员,用 2 年的时间,完成了 1953 年以前黄河流域的历年水文资料的整编工作,并与中央气象局合作,整理了黄河流域降水、蒸发等资料。从 1954 年开始刊印,至 1957 年止,共刊印资料 12 册。山东鲁北胶东地区 1951 年以前的历史水文资料,由山东省水利厅组织整编,于 1958 年刊印,共 1 册。在水利部水文局支持下组成的华北水文资料整编室,对 1949 年以前遗留的历史资料和 1950 年的资料进行了搜集整编,历时 5 年,1954 年 6 月开始刊印,至 1957 年 2 月完成,共 12 册。1954 年东北行政区撤销,水利部沈阳勘测设计院成立,其下设的水文资料整编队调集 100 多人,开始对东北地区历史资料进行系统整编,于 1956 年 9 月全部刊印,共 9 册。珠江流域的历史水文资料,由广东省水利厅组织整编,于 1958 年 8 月刊印,共 7 册。浙江的太湖、运河、钱塘江以及浙东南的历史水文资料,由浙江省农林厅水利局(后改水利厅)组织整编,水位、流量部分于 1953 年 12 月刊出,降水、蒸发部分于 1958 年 10 月刊出,共 2 册。福建的历史水文资料,由福建省水利局(后改水利电力厅)组织整编,于 1954、1959 年刊出,共 2 册。甘肃、青海内陆河 1942～1956 年的水文资料,由甘肃省水利厅组织整编,于 1958 年、1959 年刊出,共 2 册。

三、逐年水文资料的整编

中国最早进行逐年水文资料整编刊印的是治淮委员会工程部,在 1951 年 3 月就将整编的 1950 年淮河流域 3 册水文资料刊印。其后依次是:东北水利总局于 1953 年 3 月刊布了 1949 年～1950 年东北水文资料 5 册;水利部水文局于 1952 年～1957 年间刊布了 1950 年华北水文资料 3 册;华东军政委员会于 1952 年 4 月刊布了 1950 年浙江、福建水文资料 2 册;中南军政委员会水利部于 1952 年 5 月刊布了 1950 年珠江水文资料 2 册。从 1953 年开始,水文资料的逐年整编逐步由省一级水文机构组织实施。1954 年以后,治淮委员会倡导"在站整理",即由基层水文站负责完成水文资料的初步整编工作,并在 1955 年制定的《水文测站暂行规范》中正式将在站整理规定为测站的任务之一。从此以后,中国逐年水文资料先经基层水文站初步整理,再由其上级水文领导机关组织审查、复审、汇编和刊印。

从 20 世纪 70 年代初开始,长江水利委员会、黄河水利委员会、新疆的水文部门先后研究应用电子计算机整编水文资料,简称为"电算整编"。至 1990 年,全国有 68 册水文年鉴使用电算整编,占总册数 90% 以上。在 1990 年 11 月,水利部水文司提出逐步用计算机存储、检索、供应水文资料的意见,并决定从 1990 年资料起,将水文年鉴的全部项目和内容均通过计算机整编存贮,1994 年 9 月,水利部通知全国停止刊印《水文年鉴》,逐年编制资料索引,用计算机供应水文资料。2007 年水利部下发通知,逐步恢复《水文年鉴》刊印工作。

四、水文数据库

1980 年,中国开始组织筹建全国水文资料中心。1980 年～1984 年,在世界气象组织和联合国开发计划署的帮助下,中国建立了全国水资源资料和技术转让中心,进口 PDP11/44 计算机一台,录入了全国主要河流水文特征统计资料,用 DTR 软件建成水文特征数据库。福建省水文总站、黄河水利委员会、水利水电科学研究院水资源研究所等也同时开始建库探索。1986 年 4 月,在福州召开"水文数据库工作座谈会",交流了各地建立数据库的初步设想和初步实践经验,基本确定了全国水文测站编码方案,研究了建库目标和统一标准,明确所筹建的全国水文数据库属于"通用数据库",各使用单位可以建立应用程序库和专用数据库。1986年7月,颁发了《全国水文测站编码试行办法》,编制了文件结构和标识符方案,福建、山东、长江水利委员会、珠江水利委员会、黄河水利委员会、江西等与国防科技大学、南京水文水资源研究所、水利水电科学研究院水资源研究所等协作,使用国际上不同的数据库管理软件进行建库试点。1988年5月,在长沙召开"全国水文系统计算机应用技术经验交流会",进一步促进水文数据库的试点。数据库的水质部分,也开始试点。于1990年完成各数据库试点工作,并通过了鉴定。1990年12月,在北京召开"全国水文数据库工作会议",提出了数据库管理软件的选型报告,经过试点和测试比较,决定采用ORACLE关系数据库软件,制定了"全国水文数据库建库规划纲要",现正逐步予以实施。

第五节　中国水文情报预报

中国地处东亚季风区,是世界上最严重的气候脆弱地区之一。特殊的地形、地貌和气候特征决定了水旱灾害频繁,已成为中国经济和社会发展的重要制约因素。水文情报预报是防灾减灾最重要的非工程性措施,是防汛抗旱工作的尖兵、耳目和参谋,在中国历年的防汛抗旱、水资源管理与保护、水工程运行管理等工作中发挥了重要的作用,取得了显著的经济效益和社会效益。

将水文现象的实况观测及时传送到预报中心,是水文预报的前提。古代中国就重视雨情、水情报告。16世纪中国黄河流域已有比较完整的报汛方式。明万历元年(1573)在黄河沿程设有驿站,每30千米为一站。当发生洪水时,驿吏乘马快速向下游逐站传报水情,日夜不停。1949年以后,中国从中央到各流域、地区,布设了完整的报汛站网,逐渐开展了多层次的水文情报预报服务。1955年编写出版了《洪水预报方法》,1958年和1959年先后编写了《枯季径流预报方法》和《河道冰情预报方法》,1979年出版了《水文预报方法》,在举办多次全国性水文预报技术经验交流会或学术讨论会基础上,还编辑出版了多卷论文集。为了统一技术标准,提高水文情报预报工作质量,中国从1951年开始制定《水情拍发办法》,经多次修订补充,1985年正式颁发实施《水文情报预报规范》。2008年《水文情报预报规范》(GB/T 22482-2008)成为国家标准。

中国水文情报预报信息的发布遵循统一发布、分级负责、发布审查的原则,即水文情报预报信息应由水文部门负责发布,重要洪水预报或灾害性洪水预报应由县级以上人民政府防汛抗旱指挥机构、水行政主管部门或者水文机构按照规定权限向社会统一发布,禁止任何其他单位和个人向社会发布水文情报预报信息;从中央到地方各级水文机构对辖区内的水文情报预报信息实行分级发布,并承担相应的责任;各级水文机构在正式提供水文情报预报成果前须严格履行审核、签发程序。当辖区内发生较大汛情、旱情及冰情、凌情、风暴潮等水文事件时,各级水文机构应向当地政府防汛抗旱指挥部门提供相应的水文信息,供发布使用。水文情报预报信息发布形式主要包括:①采用纸质文字图表方式向各级防汛抗旱指挥部和水行政主管部门发布;②建立水情查询系统,在局域网上向防汛抗旱指挥部和水行政主管部门领导或工作人员发布;③利用水文情报预报成果发布共享平台,及时发布水情成果;④通过互联网向社会公众公布有关水文信息;⑤指定有关人员统一向新闻界和社会公众发布水文信息。

近30年来,水文预报技术提高很快,特别是20世纪90年代以来,随着计算机、通信、网络、遥感、地理信息系统等现代信息技术在水文情报预报领域的推广应用,以及水文预报理论和方法的不断发展,中国水情报汛站网、水情信息采集与数据传输、水文预报模型、水文情报预报业务系统开发等都有了较大的进展。对水文现象变化的物理机制的进一步揭示,充实了预报方法的理论基础,提高了预报精度。电子技术的发展大大加速了信息的传递与处理,使以往人工无法实现的分析计算能快速完成,减少了预见期的损失。

报汛站网　目前,全国共有报汛站 7584 个,其中水文(含水库)站 2611 个,占 34.4%;雨量站 3991 个,占 52.6%;水位(含闸坝)站 982 个,占 13%。中央报汛站 3171 个,其中水文(含水库)站 1764 个,占 55.6%;雨量站 745 个,占 23.5%;水位(含闸坝)站 662 个,占 20.9%。

水文信息传输系统　目前,中国水文报汛站信息传输手段主要有电话、电台、电报、卫星小站等,在 3000 多个中央报汛站中,除雨量站外,多数做到了 2 种报汛手段,即双保险。据统计,中央报汛站有电话 2156 部,电台 1700 部,卫星小站 200 多个。报汛站以不同的报汛方式报到分中心(地区)、中心(省、市、区)后,全国 31 个省市区中,除海南、甘肃外,省(市、区)及 7 大流域全部实现了计算机广域网传输。中央报汛站 70% 左右的信息可在 1 小时之内传输到中央。

水情服务系统　目前,在全国范围内实现了计算机自动译电,多数省市区建立了完整的实时水情数据库和历时水文数据库,为了为各级防汛指挥部门提供及时可靠的水雨情信息,多数省市区、流域机构建立了水雨情检索查询系统、气象云图显示系统和防汛会商系统。水文局(水利信息中心)是直接为国家防总提供信息的参谋部门,建立了比较完善的水情服务系统。

水文预报系统　据统计,全国有 1134 处水文站(占全国水文站总数 31%)发布洪水预报,80 年代中期以来,全国 7 大流域先后对 253 个预报断面预报方案进行汇编,并陆续刊印出版。全国广泛采用河道相应水位(流量)关系法、降雨径流经验相关法、下渗曲线法、蓄满产流法、谢尔曼单位线、马斯京根法、新安江模型等,并先后引进了美国斯坦福 IV 模型、萨克拉门托模型、日本水箱模型和意大利 CLS 模型,在长江、黄河、淮河等流域应用,并得到了满意的结果。随着计算机技术的发展,目前全国绝大部分流域和省(区、市)水文部门实现了数据采集、传输、译电、处理的自动化过程,洪水预报也采用计算机,摆脱了手工查算方式,实现了实时联机预报,能在几小时内,完成数据采集、传输和处理工作,并在天气形势分析和实测降雨的基础上,完成对 7 大江河干支流主要控制站、防洪重点地区、重点水库和蓄滞洪区具有不同预见期和精度的洪水预报,为防洪决策提供依据。目前,水利信息中心正组织全国有关单位着手研制开发《中国洪水预报系统》,此系统将按照国家防汛指挥系统工程的设计要求,结合各地的实际,建成具有通用性强、功能全面、操作简便的洪水预报系统,使系统软硬件环境和数据管理系统规范化、标准化,采用模块化结构。系统基于客户/服务器环境,以全国统一的实时水情数据库为依托,以地理信息系统为平台,能方便地构建五类洪水预报方案,具有标准的、通用的预报模型方法库,可任意选择多模型、多方法制定预报方案,具有人工和自动优选结合的模型率定功能,具有机器定时预报和人机交互预报功能,可干预任何信息源和预报过程,具有先进的泰森多边形动态计算方法和雨量缺测气象计算方法,具有全面完善的系统管理功能等。该系统的建立使中国的洪水预报技术和水平再上一个新台阶。

水文情报预报效益　水文情报预报在中国经济效益和社会效益十分显著,每年直接经济效益数百亿元。以 1998 年为例,全国水文情报预报直接减灾效益超过 800 亿元。同时,及时准确的情报预报为抗洪抢险、物资转移、人员避险赢得了时间,争取了主动,1998 年汛期转移人员 1500 万人次,取得了重大的社会效益,据初步统计,经济效益显著。

中国国家防汛抗旱指挥系统工程目前已完成20个示范区建设,国家防汛指挥系统工程建成后,将大大提高我国的防洪现代化水平。中国洪水预报系统、基于web环境的国家防汛会商系统(水情部分)建成,大大提高了中国的洪水预报水平。防汛抗旱水情专用数据库正在建设中,本着边建边用的原则,汛期部分成果即可投入使用,历史资料齐全的专用水情数据库也将建成并将发挥重要作用。

第六节 中国水文管理体制

水文管理包括体制安排、机构设置、工作方针、管理措施诸方面,对水文工作的发展有极为重要的影响。中国的水文管理,经历了一个摸索前进的过程。

清代中叶以前,水文工作的主要内容是雨量、水位测报。自秦代以来,封建朝廷订有地方向中央报告降雨情况的制度,但其负责的部门和官员,已无可考。战国时期秦国建都江堰,立石人观测水位,其后在一些水利工程上设立水则,这类观测由地方官员或指派专人管理。南宋以来,对有洪水威胁的主要河流,汛期要观测水位并上报朝廷。测报由中央政权布置并由防汛部门或者官员管理。

19世纪中叶,外国帝国主义势力侵入中国后开始近代水文观测,他们在中国国土上设置的雨量、水位测站,由外国人在中国设置的教会或把持的海关组织管理。

光绪二十八年(1902)清政府成立海河工程局,宣统三年(1911)又成立江淮水利测量局,开展了水文测验工作。1914年12月设全国水利局,主管全国水文工作,但成效不明显。在1912年~1933年间,先后成立督办广东治河事宜处、顺直水利委员会、扬子江水道讨论委员会、太湖流域水利工程处、湘鄂湖江水文总站、导淮委员会、黄河水利委员会等流域机构,开展和管理各流域的水文工作。1934年由全国经济委员会所设水利处、1939年由经济部中央水工试验所(后改中央水利实验处)管理水文工作。1947年,民国政府成立水利部,下设水文司,主管全国水文工作;流域、地方的水文工作则由其水利机构管理。这一时期水文测站不多,水文管理处于初始阶段。

1949年10月,中华人民共和国成立。其后水文工作迅速发展。1950年,水利部成立水文局,各大行政区水利机构内设测验处或水文总站,省设分站,各流域机构也设有水文单位。1954年,大行政区撤销,水文管理以省、流域为主,省设水文总站,地区设水文分站;流域设水文处,下设水文总站。1958年~1959年"大跃进"时期,曾将水文工作普遍下放地县管理,至1962年发生了大量站点裁撤、技术骨干外流、测报质量下降等问题。1963年将水文管理权力上收到省一级。1964年又上收到水利电力部,委托省厅代管,水文工作恢复发展。1969年,受"文化大革命"影响,大部分省区水文管理权力再次下放地县,又出现与上次下放类似的情况和问题。至20世纪70年代末、80年代初,又普遍上收到省一级。1988年,水利部改水文局为水文司,除直接管理流域机构的水文工作外,还负责全国水文行业管理。

随着水文工作的发展,流域和省一级的水文机构有所扩充。至20世纪90年代,长江、黄河、松辽、珠江流域机构内都设水文局和水资源保护局;长江、黄河流域机构下属基层水文总站也改为局。四川等9个省一级水文机构改为水文水资源勘测局、水文局,并有13个省区的地区一级水文机构改为局或处。直至目前全国除北京、上海、天津3个直辖市仍保留水文总站建制外,其余省、区、市均改为局级建制。

从20世纪80年代起,水利部设立水文水利调度中心。以及有关水利规划设计、科研、仪器生产、工程管理等单位,也开展和管理着本部门所需要的水文工作。水利部门以外,气象部门进行降水、蒸发观测,海洋部门进行潮水位等观测,地矿部门进行地下水观测,环保部门进行水质监测。还有很多部门设立有专门水文测站。各部门协调工作,并对各自所属基层水文单位进行管理。

中华人民共和国成立后,水利部针对每个时期的政治形势、经济建设需求和工作状况,提出水文工作方针,指导工作的进行。历次方针的内涵,总括来说是:保持收集水文资料的基本工作稳定发展,做好服务,使资料充分发挥作用。但所采取的措施,不同时期有不同侧重:中华人民共和国成立初期,强调站网建设和防汛水情服务;"大跃进"时期突出强调"全面服务";调整时期强调"测报质量",处理好资料积累与水文服务、长远与当前的关系;1979年进入改革开放时期以来,突出强调改革,改善机制,增强活力,开展有偿服务和技术咨询,开展综合经营;20世纪80年代末,提出了"站网优化,分级管理,技术先进,精兵高效,站队结合,全面服务"的水文发展模式。全国水文行业正为实现此目标而奋斗。

水文工作行政上是分级管理,站点高度分散,但技术上要求高度统一。其效益主要是社会效益,这些特点使水文管理难度较大,水利部水文局(司)采取的"组织统一规划,加强行业管理,制定和贯彻技术标准"的管理思路是行之有效的。

"十一五"以来,随着国家经济社会快速发展,水利改革发展深入推进,中国水文事业取得重大进展。

一是新时期水文发展定位得以明确。随着经济社会的发展,行业水文的定位已不能适应形势发展的需要,而且严重制约着中国水文事业的健康发展。水利部提出了"大水文"的发展理念,明确指出"水文不仅是水利的水文,同时也是全社会各行各业的水文"。强调要从"行业水文"向"社会水文"转变,要"立足水利,面向全社会服务"。这一理念的确立,为中国水文事业发展指明了正确方向,意义重大而深远。

二是水文法规体系建设取得重大突破。2007年《中华人民共和国水文条例》颁布施行,标志着中国水文工作进入有法可依、规范管理的新阶段。《水文条例》从法规的高度明确了水文工作的基础性、公益性性质,确立了水文管理体制,建立了规划、站网管理、情报预报统一发布、从业单位资质认证、监测资料汇交共享、监测资料使用审查、设施和监测环境保护等一系列重要制度,为加强和规范水文管理提供了法律依据,为水文事业健康发展奠定了重要的法律保障。

三是管理体制改革深入推进。目前,全国31个省(区、市)中已有20个省级水文机构升格为副厅级单位或配备副厅级干部,水利部7大流域水文机构全部成为局级或副局级单位;为有效服务地方经济社会发展和日益繁重的水利工作需求,积极推进地市级水文机构由传统的垂直管理体制向实行双重管理体制转变,积极推进县区级水文机构的成立;并积极稳妥地推进水文机构参照公务员法管理。

四是水文投入明显增长。2005年全国水文系统各项经费投入(含基建、事业费和其他费用)18.3亿元,到2010年达到37.2亿元,是2005年的2倍多。"十一五"时期,全国水文基本建设总投入为45亿元,而2011年全国水文基本建设一年的投资就达46亿元,超过了"十一五"时期的总和。未来10年,全国水文建设投入将达到300多亿元。

五是水文服务范围不断拓展。主要在以下几个方面:①深化为防汛抗旱减灾服务。近年来我国水旱灾害呈现突发、多发、并发、重发等特点。在严重的洪涝干旱灾害面前，水文部门全力以赴，强化监测预警预报，提供了大量及时准确的情报预报服务，在防汛抗旱指挥决策中发挥了关键性作用；强化应急监测工作，在处置汶川地震唐家山堰塞湖、西藏墨脱山体滑坡、青海玉树地震、甘肃舟曲特大滑坡泥石流灾害等重大抗灾救灾斗争中，水文部门临危不惧，迅速响应，有效应对，提供了及时可靠的监测数据和分析成果，为有力有序有效开展抢险救灾工作发挥了重要作用。②加强为水资源管理提供信息支撑。加强行政区界、供水水源地、水功能区等水量、水质监测分析，加强了突发水污染事件的应急监测，为水资源管理、饮水安全和水生态环境保护提供了有力支撑。在黄河水量调度、引黄济津、引江济太、引黄济淀、珠江压咸补淡等工作中，提供了优质高效的水文信息服务，发挥了重要作用。③积极为经济社会发展提供优质服务。2007年全面恢复了停刊20多年的水文年鉴刊印，向社会发布实时水雨情信息、大型水库蓄水情况、地下水动态信息以及省界断面有关信息，加快水文数据库建设，积极推进信息共享，为国民经济建设和人民群众生产生活提供水信息服务，发挥了水文基础性、公益性作用；积极推进国际水文合作与交流，跨界河流水文报汛、水文资料交换、水文业务交流与合作已成为中国同周边国家水领域合作的重要内容。④进一步拓展水文工作新领域。积极推进城市水文工作，在城市防洪、城市供水、城市水环境水生态、城市地下水等方面，为城市和区域经济发展提供保障；大力推进以藻类监测为重点的水生态监测分析工作。目前水生态监测已覆盖全国20多个省区市，40多个重点水域，初步构建了全国性藻类监测网络；加强为奥运会、世博会、亚运会等国家重大活动提供水灾害、水资源、水环境等水信息服务。

六是水文规划及前期工作明显加强。全面启动《全国水文事业发展规划》修编工作，编制完成了《全国水文基础设施建设规划》《全国饮用水安全应急监测规划》《全国旱情监测规划》《全国地下水监测规划》《全国水文实验站规划》等一系列规划，逐步建立起以全国水文事业发展规划为总纲、全国水文基础设施建设规划为主体、重点专项规划为基础的三层规划体系。组织完成了水文水资源工程、水资源监测能力建设工程、中央直属水文基础设施工程、跨界河流水文站网建设工程以及国家地下水监测工程等一大批重点项目的前期工作。

七是水文人才队伍建设得到加强。以抓好行业管理人才、高科技人才、监测技能人才"三支队伍建设"为主线，大力实施水文人才工程，取得显著成效。据统计，"十一五"期间，全国水文系统共举办各类培训班1809个，累计培训技术人员和管理人员72 255人次。水利部水文局每年举办全国水文局领导干部理论培训班、全国水文勘测工技师专修班、全国水文水资源专修班和全国水文站长培训班等各一期，每年举办全国性水文业务培训班20多期，平均每年培训业务骨干1000多人。2012年11月由水利部、人力资源和社会保障部、中华全国总工会联合举办的第4届全国水利行业职业技能竞赛水文勘测工种决赛暨第5届全国水文勘测技能大赛决赛在广西南宁市成功举办。

第二篇

中国水文科学研究

- 中国水文科学及其发展历程
- 中国水文科学基础理论研究
- 中国水文科学应用技术研究
- 中国水文科学国际合作与交流
- 中国水文科学发展展望

第一章　中国水文科学及其发展历程

第一节　中国的水文科学

一、水文科学

水文科学是地球上水的起源、存在、分布、循环、运动等变化规律和运用这些规律为人类服务的知识体系。地球表层的水由地球内部逸出,经过约35亿年的积聚和演变,逐渐形成今天的水圈。水圈的形成不仅改变了岩石圈的面貌,使大气圈中的现象变得复杂多样,而且导致生物圈的出现。因此,水的出现和水圈的形成,被视为地球自然历史中最重大的事件。水是人类存在最重要的物质基础,同时,暴雨和洪水也给人类带来严重的灾害。在人类文明史中,水与人的关系占有极其重要的地位,而且这种关系还在不断发展。在人类面临粮食、能源和环境等重大挑战的今天,水更是影响人类社会发展的重要因素。因此,水文科学在认识自然、改造世界的斗争中,有着重要的意义和广阔的前景。

水文科学的研究领域十分宽广。从大气中的水到海洋中的水,从陆地表面的水到地下水,都是水文科学的研究对象。水圈同大气圈、岩石圈和生物圈等地球自然圈层的相互关系,也是水文科学的研究领域。水文科学不仅研究水量,而且研究水质,不仅研究现时水情的瞬息动态,而且探求全球水的生命史,预测它未来的变化趋势。20世纪50年代以来,水资源的开发利用规模日益扩大,人类活动对自然环境产生了多方面的影响,因此,现代水文科学也正以极大的兴趣研究水资源利用和人类活动对自然环境的反馈效应。特别应当指出的是,地球上各种水体的水通过水文循环紧密地联系在一起,因此,对地区和全球水文循环的研究,是水文科学的核心内容。人们在长期观测和实验中逐渐认识了水文循环的基本规律,使水文科学发展成为一门近代自然科学。

水文科学是地球科学的组成部分,也是现代技术科学的一个领域。它主要包括海洋水文学和陆地水文学。海洋水文学以海洋中的水为研究对象,陆地水文学以陆地上的水为研究对象,大气中的水虽然也是水文科学的研究对象,不过,有关这方面的知识还没有形成完全独立的学科。

二、水文科学体系

整个自然科学是一个前沿在不断扩大、多层次、综合的统一体。地球科学是自然科学的基本组成部分,水文科学则是地球科学的一个组成部分。由于水在人类生存和社会发展中的重要作用,水文科学又不单纯是一门基础科学,也是一门广泛为生产和生活服务的应用科学。

水文科学不断从数学、物理学、化学等基础科学中汲取养料。它运用数学力学定律和方法描述水的运动,运用物理学中的热学、声学和光学原理研究水体的热状态和解释水体中的声学和光学现象,根据化学键和分子缔合的理论阐明水的液态、气态和固态的转化原因和方式。因为水文循环使水圈、大气圈和岩石圈紧密联系,所以,水文科学与地球科学体系中的大气科学、地质学和自然地理学等的关系密切。水文科学和大气科学共同关心水圈与大气圈的相互联系,逐渐形成水文气象学;水文科学和地质学共同研究地下水形成、埋藏和运动规律,形成了地下水水文学(水文地质学);而区域水文学、水文地理学则是水文科学和自然地理学共同研究水在地理环境中的作用而发展起来的。水文科学也为自然科学中其他学科的发展提供了基础。

水文学开始主要研究陆地表面的河流、湖泊、沼泽、冰川等,以后逐渐扩展到地下水、土壤水、大气水和海洋水。

(1)传统水文学按研究的水体来进行划分:河流水文学、湖泊水文学、沼泽水文学、冰川水文学、海洋水文学、地下水水文学(水文地质学)、土壤水文学、大气水文学等。

(2)由水文学采用的实验方法派生出3个分支学科:水文测验学、水文调查、水文实验。

(3)由水文研究内容分为:水文学原理、水文预报、水文分析与计算、水文地理学、河流动力学等。

(4)作为应用科学,水文学分为:工程水文学、农业水文学、土壤水文学、森林水文学、城市水文学等。

(5)随着新科学、新技术的发展和引进出现新分支:随机水文学、模糊水文学、灰色系统水文学、遥感水文学、同位素水文学等。

河流水文学也称河川水文学,研究河流的自然地理特征、河流的补给、径流形成和变化规律、河流的水温和冰情、河流泥沙运动和河床演变、河水的化学成分、河流与环境的关系等。湖泊水文学主要研究湖泊中的水量变化和运动,湖水的物理特性和化学成分、湖泊沉积、湖泊的利用等。沼泽水文学研究沼泽径流、沼泽水的物理化学性质、沼泽对河流和湖泊的补给、沼泽改良等。冰川水文学主要研究冰川的分布、形成和运动、冰川融水径流的形成过程及其时空分布、冰川突发性洪水的形成机制和预测、冰川水资源的利用。雪水文学主要研究积雪的数量和分布、融雪过程、融雪水对河流和湖泊的补给、融雪洪水的形成和预报,有时把雪水文学和冰川水文学合称为雪冰水文学。水文气象学研究水圈和大气圈的相互关系,包括大气中水文循环和水量平衡,以蒸发、凝结、降水为主要方式的大气与下垫面的水分交换,其中尤其着重研究暴雨和干旱发生和发展的规律。地下水水文学主要研究地下水的形成和运动,地下水与河流、湖泊的相互补给,地下水资源的评价和开发利用。区域水文学着重研究某些特定地区的水文现象,如河口水文、坡地水文、平原水文、岩溶地区水文、干旱地区水文现象等。海洋水文学着重研究海水的物理性质和化学成分,海洋中的波浪、潮汐、洋流、海岸带泥沙运动等。上述诸学科通常也统称为普通水文学或水文学。

水文科学主要通过定点观测、野外查勘和水文实验(主要是野外实验)等手段,获得水体时空分布和运动变化的信息,因而逐渐形成了水文测验学、水文调查、水文实验3个分支学科。水文测验学研究如何正确、经济、迅速地测定各种水文要素的数量及其在时间和空间上的变化,主要包括站网布设、测验方法和资料整编方法的研究。还包括测量仪器的研制和资料存储、检索、传送系统的研究。水文调查是水文科学的野外勘测和考察部分,旨在对水体形态和数量、集水面积内的自然地理条件等作出科学的分析和评价。在中国,历史大暴雨、历史大洪水和枯水的调查是水文调查的重要内容。水文实验旨在通过野外和室内实验，揭示水文循环过程各环节中水的运动、变化的某些规律，如水向土中下渗的规律、土壤水的运动规律、径流形成规律、土壤和水面蒸发的规律，以及人类活动的水文效应等。

水文科学作为一门应用科学主要包括工程水文学、农业水文学、森林水文学、都市水文学、医疗（卫生）水文学等分支学科，其中以工程水文学发展最为迅速。工程水文学包括水文计算、水利计算、水文预报等组成部分，水文计算和水利计算为各类防洪工程、灌溉工程、水力发电、航运工程、道路和桥涵工程、军事工程等的规划、设计提供水文依据。水文预报为工程的施工和运转及国民经济各部门提供洪水、枯水、冰情等各种形式的水文预报。农业水文学主要研究水分—土壤—植物系统中与作物生长有关的水文问题，尤其着重研究植物散发和土壤水的运动规律，为农业规划和农作物增产提供水文依据。森林水文学着重研究森林在水文循环中的作用，即森林的水文效应，包括森林对降水、蒸发和径流形成的影响。都市水文学是应用水文学中较年轻的分支学科，着重研究城市发展中的水资源、城市排水的环境效应和城市对径流形成的影响等问题。

20世纪50年代以来，随着科学技术的迅速发展，水文科学不断引入许多其他学科的新成就，出现了一些新的分支学科，例如，在水文调查和水文预报中，研究遥感技术的应用，逐渐形成遥感水文学；在水文实验、地下水运动研究中应用核技术，逐渐形成同位素水文学；随机过程的理论和方法的引入，逐渐形成随机水文学。这些新的分支学科虽然在成熟程度上都还不能与水文科学体系中原有学科相提并论，但它们表明，水文科学在继续分蘖、不断萌发新的分支。

三、水文科学研究的特点

水文科学研究同其他科学研究一样，循着通过实践获取信息、分析信息，得出规律性的认识，用来指导人们改造自然，同时促进水文科学自身发展，这样一条螺旋式上升的道路前进，使人类对于水的认识不断发展和深化。沿着这条道路，人们逐渐认识到，水文循环是自然界各种水体的存在条件和相互联系的纽带，是水的各种运动、变化形式的总和，是水文科学研究的主要对象和核心内容；而在水文循环过程中，水文现象所表现出的特点，则决定了水文科学研究的特点。

首先，水文科学把各种水文现象作为一个整体，并把它们同大气圈、岩石圈、生物圈和人类活动对它们的影响结合起来进行研究。例如，在研究长江流域的旱涝变化时，除考虑长江流域的水文气象条件外，还考虑北太平洋海温异常对东亚大气环流和西太平洋台风活动的影响；在借助水量平衡方法研究某个流域的水量变化时，既考虑流域周围大气中水汽输送，也考虑流域上空大气中水分含量的变化，既考虑降水，也考虑蒸发，既考虑流域的地面径流，也考虑流域土壤含水量和流域内外地下水的交换，而且还考虑流域内水利工程以及其他人类活动的影响。

第二，水文科学主要根据已有的水文资料，预测或预估水文情势未来状况，直接为人类的生活和生产服务。例如，提供洪水预报和各种水情预报，对旱涝灾害的发生作出中长期预测，为水利工程在未来数百年运转时期中可能遇到的特大洪水作出概率预估等。但是，在水文现象发展演变的时间长河中，人们只能获得它在一段极短时段内的信息。例如，即使获得100年的洪峰流量系列，也只是它庞大总体中的一个小小的样本。这种根据"短暂"时间内获得的信息对未来长期水文情势作出预测的方法是水文科学研究的又一特点。

第三，水文科学主要靠建立从局部到全球的水文观测站网，通过对自然界业已发生的水文现象的观测进行分析和研究。水文现象在复杂的自然环境中演变着，无法在实验室内真实地模拟全球或者某一地区的水文循环系统,也无法重演某条河流多少年来的水文过程。各种水文实验,除少数在实验室内进行以外,主要是在自然界中,例如在实验流域中进行。同其他某些学科那种完全或主要靠在实验室内,根据实验者的意图"主动"地去影响和变革研究对象,进行科学研究的方式相比,水文科学的观测实验研究是采用一种"被动"的方式进行的。

第四,在水文科学研究中广泛采用成因分析和统计分析的方法,并使二者尽量结合起来。成因分析主要以物理学原理为基础。通常建立某种形式的确定性模型,研究水文现象发展演变过程中的确定性规律。统计分析法以概率论为基础,通常建立某种概率模型(纯随机模型),探讨水文现象的统计规律。主要在20世纪60年代发展起来的随机水文分析方法,则是把水文现象的确定性和不确定性结合在一起进行研究。

第二节 中国水文科学发展历程

中国地域辽阔,自然地理条件复杂多样,有众多名山大川和平原湖泊。生活在这块土地上的历代劳动人民,为了生存与发展,不断地与水害作斗争。在斗争中逐步认识各种水体的水文特点,积累关于水的知识,思考、研究水文现象的规律性,逐渐形成并不断发展了水文科学。人类探索除水害兴水利的历史,犹如人类的文明史那样悠久。中国水文科学的研究史,是中华民族5000年文明史的重要组成部分。

水文科学经历了一个由萌芽到成熟、由定性到定量、由经验到理论的历史发展过程,今天已发展成由众多分支学科组成、涉及整个水圈,并与多个学科相互交叉、相互渗透的一门科学。中国水文科学发展的历史时期大体可划分成:以原始观测和定性描述为主要特征的萌芽时期、以定量观测和初步理性认识为主要特征的奠基时期、以广泛应用和迅速发展为主要特征的成长时期、以新理论新技术的引进并拓展到水资源水环境领域为主要特征的现代时期。

一、萌芽时期(1400年以前)

这一时期经历了一个漫长的岁月。从遗留至今的历代古籍文献、碑刻古迹和发掘的大量文物中,可以发现水文科学萌发的一系列史实。

距今5000多年前,中国浙江省余姚市河姆渡村已有地下水井,说明先祖们已经有了对地下水开发利用的认识。传说公元前23世纪,以禹为代表的治水先驱,在治水实践中就已掌握了水性就下的规律,采取疏导排洪的办法就可使水归大海,取得治水成功。公元前14世纪,中国商代甲骨文就有关于雨、泉、洪水等水文现象的记载。公元前7世纪,中国的管仲就提出了河流的分类方法、利用水流特性计算引水渠道坡度的原始水力学方法,并对河湾受冲刷的原因进行了分析。中国古代一些水利工程如都江堰、郑国渠、灵渠、大运河等,建成后至今仍能发挥较大效益,都与有效地运用水文知识有关。尤其是战国时期修建的、至今仍在发挥巨大效益的都江堰工程,它能随上游来水量自动按一定比例把水引入灌渠并维持灌渠一定水深,而在洪水来临时又能自动把多余的上游洪水和大部分推移质泥沙排入外江,保持渠道不被冲淤。为了能维持这一水文控制条件,还规定了一整套维修管理都江堰工程的制度。西汉元始四年(公元4),张戎最先认识黄河下游易决溢的主要原因是泥沙淤积，提出要保持河道有较高的流速，依靠河水自身的冲刷力排泄泥沙。这种"以水排沙"的思想，对当时及后世治河影响很大。《宋史·河渠志》记有："黄河随时涨落，故举物候为水势之名"，即根据不同时期植物生长情况来表达来水的变化，出现了如"桃花水""菜花水""麦黄水"等不同时期汛情的专有名称，还有称为"信水"的，"自立春之后，东风解冻，河边人候水，初至凡一寸，则夏秋当至一尺，颇为信验"，故谓之"信水"。约公元前7世纪，干旱地区的人们就懂得开挖地下渠道——坎儿井，将远处的地下水引入农田和城镇，以减少明渠引水的蒸发损失。

当洪水和干旱威胁到人们的生活和生产时，人类便自发地开始用"数"来衡量水量的大小和雨量的多少，逐渐开展了对河流水位、流量、泥沙和降雨量的观测。在水位观测方面，据《尚书·禹贡》等古籍记载，中国在公元前23世纪相传禹治水就能用"随山刊木"（立木于水中）、"准绳""规矩"等方法测量地形、观测水位。许慎在其东汉永元十二年（100）所著《说文解字》中指出："测"字是"深所至也从水则声"，可知"测"就是从水而来，后来就称水尺为"水则"。公元前3世纪，在四川都江堰引水工程中，设石人水尺观测水位。隋代开始把石人水尺改为木桩和石碑刻划水尺，称水则或水志。到了宋代，设立刻划水尺的地点已有很多。中国历代，沿河居民常把最高或最低水位及其出现时间刻在河岸的石崖上，以记录罕见的洪、枯水位。《水经注》中记载有黄河支流伊河龙门崖壁上的刻记，记录了黄初四年（223）水位涨高四丈五尺（合10.9米）的一次特大洪水。长江干流重庆至宜昌河段的河岸崖壁上，至今保存着南宋绍兴二十三年至清同治九年（1153~1870）的6次特大洪水的最高水位石刻114处。重庆涪陵区长江岸边的白鹤梁，自唐大历三年（764）开始刻划石鱼图形记载长江最枯水位，直到20世纪40年代共有刻记163条，记有72个年份的历史枯水。这些珍贵的石刻，为后世查证历史洪水和历史枯水提供了重要依据。在流量和泥沙测量方面，据《汉书·沟洫志》记载，中国西汉末年张戎于元始四年（公元4）就提出："河水重浊，号为一石水而六斗泥。"说明他对黄河泥沙进行了测验。元代李好文的《长安志图》一书中记有计算流量的单位"徼"，定义某一固定断面"量彻入渠水头，深、广、方一尺谓之一徼"。北宋元丰三年（1080）改修汴渠引洛水为源时，就用这一方法来计算水量。在雨量观测方面，早在公元前11世纪以前的商代，甲骨文中就有降雨的定性描述，如细雨、大雨和骤雨等的分类。秦代在《田律》中规定，在农作物生长季节要随时向朝廷报告降雨量多少、水旱灾害情况和受灾田地的面积，并开始用"竹笼验雪"以计算平地降雪深度。汉承秦制，也规定每年立春至立秋，全国各郡县都要随时向朝廷报告降雨量。唐、宋、明诸代都沿袭这一制度。宋秦九韶在《数书九章》中就有当时全国"州郡都有天池盆以测雨水"的记载，不但给出了将桶形的"天池盆"和圆锥形的"圆罂"雨量器中的雨水深度换算成平地降雨深的计算方法，还给出了竹制量雪器中积雪深换算成平地降雪深的计算方法。这些方法在当时是世界上最先进的。

随着生产发展，贸易往来增加，人们需要了解各地的河流、湖泊、山脉、道路、气候、物产、城镇位置等情况，于是，自然地理特别是水文地理的观察开始发展。成书于公元前5世纪~公元前3世纪的《山海经·山经》和《尚书·禹贡》，都记载了中国许多河流和湖泊的水文地理状况。《周礼·职方氏》记述了先秦时中国的河流、主要灌溉水源和有利于种植的各种水体。西汉《淮南子·地形训》中也记述了中国主要河流的水质和适宜的农作物。北魏郦道元的《水经注》记述的干支河流达1252条之多。这些著作比欧洲同类水平的著作约早1000年。

人们在观测了河流、湖泊等水体的水文现象之后，很自然会想到这些水从何而来又流往何处去，从而萌发了初期的水文循环的概念。屈原（约前340~前278）在《天问》中提出："东流不溢，孰知其故?"对百川入海而海水不溢提出了质疑。几千年来,人们对水的来龙去脉进行过许多观察和推测,中国历代古籍记载很多,其中有许多是很符合科学道理的。约成书于公元前5世纪的《黄帝内经素问》中说:"地气上为云,天气下为雨。雨出地气,云出天气。"说明了成云致雨的现象。约成书于公元前4世纪的《庄子·徐无鬼》中说:"风之过河也有损焉,日之过河也有损焉。请只风与日守河,而以为未始其樱也,恃源而往者也。"意即蒸发损失与风和日照有关,人们之所以觉察不出河水的蒸发损失,是因为河水由上游不断流来之故。公元前3世纪的《吕氏春秋》对此解释更加清楚,指出"云气西行云云然,冬夏不辍;水泉东流,日夜不休;上不竭,下不满,小为大,重为轻。圜道也。"就是说,水汽从海洋不断随风吹向西方,在大陆上空周转回旋,凝降为雨;地上、地下的水流向东方,日夜运行,源流不息,海洋也注不满,涓滴汇合成河海,海水蒸发为浮云。其提出了朴素的水文循环概念。东汉王充、南朝宋何承天、唐代柳宗元等很多中国思想家还从本质上描述了水文循环现象。王充在《论衡·顺鼓》中说:"案天将雨,山先出云,云积为雨,雨流为水。"又在《论衡·书虚》中说:"涛之起也,随月盛衰,小大满损不齐同,"明确指出潮汐现象是与月球的盈亏有关。这在当时是世界上最先进的认识。何承天于元嘉十九年(442)在《宋书·天文志》的《论浑天象体》篇中说:"百川发源,皆自山出,由高趋下,归注于海。日为阳精,光耀炎炽,一夜入水,所经諡竭。百川归注,足以相补。故旱不为减,浸不为溢。"他把太阳看成是水文循环的巨大能源,使海水蒸发,而众多河水的灌注又足以补偿其损耗,以致海水不增不减。柳宗元在《天对》一文中说:"东穷归墟,又环西盈。脉穴土区,而浊浊清清。喷炉燥疏,渗渴而升。充融有余,泄漏复行。器运潋潋,又何溢为?"意思是:水向东流归大海,海水蒸发为云,又回到大陆上空降而为雨。填充在土壤孔隙里的水有浊有清。高地干燥的土壤,水渗入后便会上升蒸发。土壤水饱和以后便会产生径流,水流通过各种途径运行不停,最后注入大海。如此循环不已,海洋又怎么会漫溢呢?他解答了1000多年前屈原在《天问》中提出的问题,把地表水、土壤水和地下水的运动与水文循环联系起来,推进了前人的认识。在这一时期,中国思想家对水文循环的认识居于世界领先地位。

二、奠基时期(1400~1900)

14世纪~16世纪的欧洲文艺复兴和18世纪~19世纪的产业革命,给自然科学包括水文科学的发展以很大影响。这一时期,雨量器、蒸发器等一系列观测仪器的发明和推广使用,为水文现象的实地观测、定量研究和科学实验提供了条件。水文循环学说在观测和实验基础上得到一些验证,对水文现象的研究已从定性描述向定量表达飞跃,为水文科学体系的逐步形成创造了条件。这一时期,水文科学首先在西欧发展,然后在北美兴起。这一时期中国水文科学的进展比较缓慢。

中国虽然于明永乐二十二年(1424)开始全国统一制作和使用标准的测雨器,但可惜的是18世纪以前的雨量观测均未留下实测资料。18世纪后,全国各州县陆续开始测量降雨、降雪过程的起讫时间、降雨深和雨水入土深度,称之为"雨雪分寸"。北京故宫档案馆现存有清乾隆元年至宣统元年(1736~1909)一些地方比较完整的雨雪分寸记录。值得一提的是乾隆元年(1736)还诞生了中国第一张等雨量线图。

明嘉靖十四年(1535),刘天和创制了"乘沙量水器",即泥沙采样器和盛沙样的器具。明万历元年(1573)万恭在其所著《治水筌蹄》一书中记载有仿照"飞报边情"的办法,建立了从上游向下游传递洪水情报的制度,使水位观测直接为防汛服务。18世纪清乾隆年间,陈潢提出了河道横断面面积与水流速度相乘得流量的计算方法,并开始采用浮标法测定流速。中国于清乾隆十一年

(1746)在黄河的老坝口设立了第一个正规水位站,开始系统观测水位,并进行报汛。从清同治四年(1865)起,又先后在长江、松花江、珠江等多处设立水位站,开始用现代方法观测记录水位,积累完整的水文资料。

明代的徐霞客经过28年的野外实际考察,在其所著《徐霞客游记》一书中,第一次正确指出金沙江为长江上源,特别是关于广西、云南、贵州、四川石灰岩地区的岩溶地貌和水文地理的记述,早于国外同类著作近300年。徐霞客对岩溶地貌、流水作用、气候变化等进行的一些规律性探讨,冲破了旧的地理传统,开辟了探索自然的新方向,具有较高的科学价值。

至19世纪,西方国家的水文科学有了长足的发展。由于实测水文资料的增加和进一步的观察探索,人们逐步揭示了包括水量平衡、明渠水流运动、土壤孔隙水流运动在内的一系列的水文基本规律。水文科学理论开始逐渐形成。

三、水文应用技术兴起时期(1900~1950)

18世纪~19世纪,西欧因产业革命促进了城市、交通和工农业的发展,大量的水利工程需要建设,这就迫切要求解决各种水利工程设计中的水力和水文计算问题,使水力学得到较大的进步,也为探索一些水文规律提供了动力。水文基本理论和计算方法的逐步完善,又使水文计算和水文预报技术得到了发展,从而逐渐形成以水文计算和水文预报为主要内容的水文应用技术。进入20世纪,特别是人类社会经历了2次世界大战的破坏以后,各国都积极致力于经济恢复和发展,迫切需要解决城市建设、动力开发、交通运输、工农业生产中出现的一系列水问题,这就大大促进了水文科学发展及其在工程中的应用。这一时期,虽然水文科学在观测方法和理论体系继续取得新成就,但最重要的进展是水文应用技术的发展,中国开始从西方引进新的水文科学和技术,支撑本国江河流域水文规律的探索和工程应用。1925年,徐世大为永定河治理进行了水文泥沙计算。此后,朱延平对黄河含沙量、张含英对黄河流域的土壤冲刷、方宗岱对泥沙淤积、许宝衣和沈晋对黄河含沙量的分布和变化、张瑞瑾对黄河泥沙冲刷量的研究,都对认识中国河流的泥沙运动规律有积极意义。1931年,顾世楫提出"水面蒸发量之测验法",倡导全国统一使用直径为80厘米、高为40厘米带套盆的蒸发器,因为当时认为其测得的结果比较接近于大水体的蒸发值。中国于1934年首次提出了黄河流域水文站网规划,并提出了至今仍有重要参考价值的布设水文站网的基本原则。20世纪30年代,中国的水文站网得到发展,整理和刊布了中国早期的水文和雨量资料。中国最早的《水文测验规范》是顾世楫于1928年~1929年主持制定的,他还发表了许多有关水文测验和水文资料整编方法的文章。1933年,须恺利用淮河蚌埠等站的实测洪水资料进行了频率分析。这是中国对国内河流进行洪水频率分析的开始。此后,李仪祉、张含英、唐季友、张书农、谢家泽、陈椿庭等都曾用中国实测资料进行了有关的水文计算。这期间,程学敏还提出了水库调洪演算的新方法。

但是,这一时期中国的水文研究成果寥寥无几,设立全国性水文研究所的建议始终未成为现实。

四、现代水文科学发展时期(1950年以来)

20世纪50年代以后,中国社会生产规模空前扩大,人类改造自然的能力迅速增强,科学技术也进入新的发展时期,人与水的关系已经由古代的趋利避害和近代较低水平的兴利除害,发展到了现代较高水平的兴利除害及人水和谐的新阶段。

中国1950年就在水利部内设立了水文研究机构,并于1956年成立了由水利部和中国科学院双重领导的水利水电科学研究院水文研究所和河渠研究所,专事水文科学理论和技术的研究。与此同时,中国科学院在南京华东水利学院筹建中国科学院水文研究室,长江、黄河、淮河等流域水利机构也陆续设立了有关水文或泥沙的研究机构。1958年在南京水工仪器厂成立了水文仪器研究室。从20世纪60年代开始,中国科学院地理研究所,地质、农林、交通、铁道等部门和有关高等学校也相继成立了一些水文研究机构。1964年,又在水利部水文局内成立了水文测验预报研究室。到60年代中期,中国已基本形成了以水利部门的水文研究机构为主体,中国科学院、地质、农林、交通、铁道等部门和高等学校水文研究单位积极参与的水文科学研究体系。70年代以后,为适应水文科学技术现代化的需要,中国对水文科学研究机构进行了适当的充实与调整,专门成立了今隶属于南京水利科学院的水文水资源研究所。此外,在南京河海大学、武汉水利电力大学(现并入武汉大学)、成都科技大学(现并入四川大学)、陕西机械学院(现西安理工大学)、清华大学、合肥工业大学、南京大学、中山大学等高等学校还设有水文学及水资源学科的博士生培养点或硕士生培养点,既从事水文科学研究,又培养水文科学的高级研究人才。

中华人民共和国成立后,由于大水利工程不断增加,需要水文频率计算和洪、枯水情预报,渐渐形成为水利服务的水文测、报、算系统,这个系统发展很快,如模拟模型、随机理论、线性和非线性数学模式和水文系统理论等,形成了工程水文方向。工程水文成就显著,如赵人俊、华士干、陈家琦、谢家泽、陈志凯、叶守泽等学者都有突出的贡献。中国水文科学研究无论在广度或深度上都取得了前所未有的进展,这主要体现在以下几个方面:

(1)大力发展布局合理的水文站网,采用现代先进仪器和设备采集水文信息。制订《水文测验规范》,统一全国水文测验技术标准。大力发展电子计算机整编水文资料的技术,采用数据库存储资料,利用网络实现水文信息共享。

(2)探索降雨径流形成规律,提出在湿润地区以蓄满产流为主、干旱地区以超渗产流为主的流域产流理论。改进了降雨径流相关图、等流时线、单位线、相应水位、流量演算等理论和方法。创立的新安江流域水文模型不仅在国内普遍使用,而且引起国外的注目,走向了世界。

(3)对中国的暴雨、洪水和干旱进行系统研究,先后发表了具有重大意义的研究成果。《中国历史大洪水》《中国暴雨》《中国水文图集》《中国水旱灾害》《中国历史干旱》《中国江河防洪》丛书、《中国历史大洪水调查资料汇编》等巨著的编撰出版集中反映了这方面的研究成果。

(4)水文预报技术进展很快。20世纪50年代编撰的《洪水预报方法》一书总结了这一时期在长江、淮河特大洪水预报中取得的经验。此后,中国的水文预报技术走上了一条快速发展之路,不仅通过系统地对中国实际资料的大量分析,总结出了一套结合中国江河洪水特点的洪水预报方法,而且在以计算机为核心的现代科技支撑下,研制成功了多套洪水预报系统,提高了预报精度,增长了有效预见期。在水资源量预报、墒情预报、冰情预报、泥沙预报、水质预报、风暴潮预报等方面也有很多建树。

(5)提出了一整套能较好解决中国水利水电工程建设中实际问题的水文计算方法。从20世纪50年代~80年代,中国共调查到11 000多个河段的历史洪水,并对其中6000多个河段的历史洪水资料进行了汇编,弥补了一些地区实测水文资料系列短缺的不足。提出了基于实测和调查的洪水资料相结合的设计洪水计算方法。提出的以流域地理特征为参数的淮河综合单位线,为解决短缺实测流量资料流域的单位线确定问题提供了较好的方法。在小汇水面积暴雨径流计算中,研制了以推理公式为基础的小流域设计洪水计算方法。在水库设计洪水推求中,发现入库洪水变形问题并提出了计算方法。

(6)通过理论探讨、水槽试验和现场资料分析提出了泥沙扬动与扬动流速的概念,发现了压力水头对粘结力的影响,导出了不同于前人的新的泥沙起动流速公式。发展了紊流随机理论,得到了适用于层流、层流向紊流过渡和紊流光滑区、过渡区和粗糙区的流速分布和阻力总公式。根据所提出的河床最小活动性假说,导出了河床形态方程。创立了中性悬浮质、层移质等泥沙运动的新概念,使得中国在高含沙水流的研究方面取得了领先于世界的学术成果。此外,还提出了入海河口细颗粒泥沙在咸水中的沉降速度公式,论述了蜿蜒型河段演变规律,提出了冲积河流的河型分类及稳定性、游荡性河流演变的新见解,中国在泥沙方面的研究成就为解决长江三峡枢纽泥沙问题、黄河泥沙和河床演变问题、三门峡水库改建,以及水库淤积和坝下游冲刷等重大生产问题作出了重要贡献。

(7)开展了水资源评价及合理开发利用的研究。中国于1979年~1985年间,组织大量人力和物力进行了首次全国性水资源评价工作,从而探明了中国水资源的总量及其时空分布。21世纪初又开始进行了第二次全国性水资源评价工作。通过评价,明确了中国属于水资源并不富裕的国家,合理开发利用水资源、保护好水资源,在中国十分重要。多目标水资源系统分析和大系统最优化方法的研究中中国也有重要建树,并在一些地区的水资源开发利用中显示出较好的实用价值。

(8)初步查明了中国冰川分布规律及其对河流的补给作用,运用波动冰量平衡观念和冰川——气候相关法预测了喀喇昆仑山巴拉托拉冰川冰融水道的变迁;开展了中国水文区划的研究;提出了河口分段方法和河口类型。在地下水文学、湖泊水文学、环境水文学、干旱水文学、农业水文学、森林水文学、城市水文学等领域也开展了程度不同的研究工作。

中国水文科学研究已经与国际水文科学研究有着广泛的联系和合作。中国参加了联合国教科文组织的国际水文计划、世界气象组织的业务水文计划和国际科联的地球生物圈计划等国际性水文研究计划,已成为国际水文科学协会和国际标准化组织明渠水流测量技术委员会等国际科学组织的成员。中国水文科学研究正在走向世界。

第二章 中国水文科学基础理论研究

水文学作为研究水运动的基础理论科学,应在水文科学中占有主导地位。水文学是研究在不同地理环境(包括人类活动)中,水分循环各个过程的变化规律。水资源水文学作为应用科学,发展动力在于社会生产的需要,而其能否得到充分、实质的发展,在很大程度上取决于水的运动、变化规律的正确认识,而这是基础理论研究,恰巧是水文学的研究任务。

第一节 水循环研究

一、概述

地球系统中的水在太阳辐射和重力作用下,以蒸发、降水、下渗、径流等形式进行的周而复始运动称为水循环。常温下水就能够"三态"转化是产生水文循环的内因,太阳辐射和重力作用是这一过程的外部动力,即外因,外因通过内因起作用。水循环对自然环境及生态系统格局的形成、演化和人类生存及经济社会发展均产生巨大的影响。

水循环是水文科学研究的核心问题。虽然古代中国有不少对水循环的详细描述,有的已与现代对水循环的描述十分接近,但至今中国对全球水循环的研究相对比较薄弱,仅对中国水循环路径及一些基础理论问题,取得了较好的研究成果。

作为水文基本理论的水循环与水平衡研究,正在宏观与微观尺度上不断扩展与深化。在宏观上面向全球。国际地圈生物圈计划(IGBP)强调的界面过程研究,正力图把描述全球物理气候系统的总循环模型(GCMS)与全球水循环模型相耦合。这一研究将提供量化与描述全球水文过程与未来变化的可能,其中包含自然变化与人类活动的影响。IGBP 计划特别注重植被变化的作用,以便把人与生物圈(MAB)计划的研究紧密联系起来,这是目前国际上正在开展的一项巨系统研究。在中国结合 IHP-IV 计划(大气、陆地和水系统间的界面过程,气候变化和水文系统的关系,湿润热带、干旱半干旱区水文研究与水资源管理战略等)已有初步研究,目前正加强中国地理水文学与地学及生物学各分支学科的跨学科研究。

二、中国的水循环路径

中国上空的水汽主要来自印度洋的孟加拉湾和太平洋的南海地区,部分来源于西风环流带来的大西洋水汽和强盛的北风带来的北冰洋水汽。此外,鄂霍次克海的水汽可随东北风带到中国东北地区上空。这些带到中国上空的水汽在一定条件下形成大量降水。径流则主要通过黑龙江、辽河、海河、黄河、淮河、长江、珠江等大江、大河水系,浙、闽、台水系及西南诸河水系流入北冰洋、太平洋和印度洋。经过多年研究,现在确定中国的水文循环各要素的多年平均值为:①中国大陆上空水汽的年总输入量为 182 154 亿立方米,年总输出量为 158 397 亿立方米,两者相减得年净输入量为 23 757 亿立方米;②中国大陆年降水量为 61 889 亿立方米,约合 648 毫米水深,相当于水汽的年总输入量的 1/3;③中国大陆年径流量(包括地表和地下径流量)为 28 124.4 亿立方米,约合 295 毫米水深,占全国降水量的 45%;④中国大陆年总蒸发量为 33 764.6 亿立方米,约合 353 毫米水深,占全国降水量的 55%。

三、水文循环子过程及区域内循环

水循环研究除在国内已发展的各类流域水文模型外,正深入到单元尺度的细微观测与计算模拟,尤其是田间水分运动与交换过程的实验与计算研究。在水循环界面过程研究方面,中国已获得的代表性研究成果有:土-根界面行为对单根吸水的影响、土壤水势—植物叶面水势—蒸腾速率的关系、SPAC 系统中水热输移的耦合迭代计算方法、麦田能量转化和水分传输特征、土壤—植物—大气系统水分运移界面过程等。发展了多种水体之间多种形式耦合系统的探讨;结合中国科学院生态台站网络的建立,开展不同地理带的水循环过程的实验,致力于揭示界面过程中水分、热量交换规律,例如,地下—土壤水、植物根系吸收、植物冠层辐射平衡、温度、总气孔阻力、边界层阻力、土面蒸发、土壤热通量等等。在水循环大气过程研究方面,中国学者主要对中国大陆尺度和流域或区域尺度的水循环大气过程进行了系统的研究,1997 年出版的由刘国纬著述的专著《水文循环的大气过程》较好地体现了这方面的研究成果。在区域内循环的研究方面,中国学者得出了在中国自然条件下当地蒸发的水分通过再循环形成的降水约占总降水量的 10% 的结论,并建立了水文内循环模式。水循环的微观与宏观的结合表征水文科学理论的逐步完善化和系统化。

四、气候变化及人类活动对水循环的影响

气候变化对水循环的影响是近 20 年多来水文科学的研究热点之一。1988 年,国家"七五"重大项目"中国气候与海面变化及其趋势和影响研究"启动;1991 年,国家科委启动的"八五"国家科技攻关项目"全球变化的预测、影响和对策研究"中设立"气候变化对水文水资源的影响及适应对策"专题;1996 年,国家科委设立"九五"国家重中之重科技攻关项目"中国短期气候预测系统研究",其中包括"气候异常对我国水资源及水分循环影响的评估模式研究",以海河、淮河、汉江和赣江为研究对象,侧重气候变化影响评估模型和方法的研究,建立了半分布式水量平衡模型。进入 21 世纪后,中国研究者对气候变化对水循环和我国水资源分布的影响作了大量的研究,取得了一定的研究成果。中国学者注重气候系统与水循环相互关系、水循环与能量循环相互制约、陆面水文—大气过程耦合作用的研究,主要涉及陆—气间相互作用与反馈的尺度、气候变化对水资源敏感性的影响、气候变化对水资源脆弱性及其分布的影响、气候变化对洪水与干旱频次及其强度的影响、气候变化对水质及水环境的影响及包括政策法规、产业结构、水利措施、水资源优化配置等在内的适应性对策等,1995 年出版的由施雅风等著述的《中国气候与海面变化及其趋势和影响》专著代表了这方面的研究成果。

人类活动对水循环的影响是近代水文科学研究的又一个热点问题。中国学者目前研究的重点是:水利工程对流域产汇流的影响;地下水位变动对流域产汇流的影响;水土保持对流域水沙的影响;城市化的水文效应;支撑经济社会发展的供水—用水系统对水循环的影响;人类活动对蒸散发的影响等。

五、挑战与机遇

21 世纪迫切需要回答的问题是水文循环的演化格局,主要包括水、碳和能量在土壤—植被—大气界面交换中如何变化;变化环境下的水循环时空演化有哪些特征;不同尺度(宏观、中观、微

观)水循环物理过程如何联系;土地利用及土地覆被变化所导致的陆面性质的改变将如何影响水循环时空变化等。这些,既是水文科学面临的挑战,也是水文科学面临的机遇。

第二节 产汇流理论研究

一、概述

产汇流理论旨在探讨不同气候和下垫面条件下降雨径流形成的物理机制、不同介质中水流汇集的水动力学规律和产流、汇流计算方法的原理。

产汇流理论发展到大体上经历了4个阶段。19世纪以前为第一个阶段,这是人们对产汇流现象仅有感性认识作简单定量的阶段,值得一提的是法国人 Perreault 于清康熙十三年(1674)所作的塞纳河流域的年降雨径流系数为1/6的计算。19世纪至20世纪20年代为第二阶段,这期间主要奠定了汇流理论的水动力学基础,值得一提的是 Darcy 于清咸丰六年(1856)提出的渗流运动的 Darcy 定律和 St. Venant 于清同治十年(1871)导出的明渠缓变不恒定流运动的基本微分方程式,即 St. Venant 方程组。20世纪30年代~60年代为第三阶段。在这一阶段,降雨径流形成的理论体系的框架基本建立,值得一提的是 Horton 于1935年创立的产汇流理论和 Sherman 于1932年提出的单位线方法。70年代以来为第四阶段,这一阶段的特点是产汇流理论日臻完善,新的理论和方法时有提出,学术思想十分活跃。

中国学者对产汇流理论的贡献主要在20世纪50年代以后。

二、产流机制与流域产流

20世纪60年代赵人俊等在对中国不同气候和下垫面条件下的水文资料进行大量分析的基础上,得到了湿润地区以蓄满产流为主、干旱地区以超渗产流为主的重要结论,随后又于70年代先后提出了流域蓄水容量曲线和下渗容量面积分布曲线,从而基本解决了1935年提出的 Horton 关于超渗地面径流和地下水径流的产流理论在实际中应用的问题,并成为后来研究新安江和陕北模型的理论基础。70年代中国学者根据土壤蒸散发规律完善了分层计算流域蒸散发的概念,提出的三阶段蒸散发模式成为中国确定流域蒸散发的主要计算方法。70年代中期,世界上关于产流机制的研究有了新的突破,其标志是壤中径流和饱和地面径流的发现,以及回归流概念的提出,在此基础上,于维忠等于1980年前后提出了界面产流规律,文康提出了不同自然条件下的统一产流模式,芮孝芳于1991年提出了产流机制的统一即相互转化的条件。这些研究都试图从理论上或实践上来统一不同径流成分产生的物理条件。壤中径流和饱和地面径流产流机制的揭示还成为赵人俊其后研制新安江三水源模型的理论基础。1988年李长兴、沈晋将土壤水动力学中的标定理论应用于处理超渗产流的产流面积变化,提出了一种新的计算超渗产流量的方法。1992年顾慰祖利用环境同位素技术对一次洪水过程线的径流成分进行了试验分析,提出地面径流不一定源于本次降雨,而壤中径流和地下水径流中必有非本次降雨的水量,因此认为自然条件下发生的降雨径流难以严格的一一对应。这对今后深化产流理论研究是一个挑战。

三、洪水演算理论

20世纪50年代末中国学者从苏联引进了特征河长概念,并利用此概念对早年从美国引进的 Muskingum 法参数的物理意义进行了解释。在此基础上,赵人俊于1962年解决了 Muskingum 法的分河段连续演算问题,使 Muskingum 法用于长河段演算出现负流量的不合理现象得以改正,提高了长河段洪水演算的精度。根据1969 年 Cunge 提出的 Muskingum 法与运动波方程数值解的关系,中国学者提出了无须通过槽蓄方程,利用运动波方程数值解的数值扩散对扩散波物理扩散的模拟,直接建立洪水演算方法的新途径。1985 年芮孝芳应用 Laplace 变换分别求得了自由下边界条件下扩散波的瞬时单位线和 S-曲线。1977 年程海云、芮孝芳等又应用以水位为未知函数的扩散方程式,解决了具有回水顶托影响的长江荆江河段的水位演算问题。

建立在完全 St. Venant 方程组数值解基础上的洪水演算方法即动力波演算法,是目前最具普遍性的一种洪水演算方法。中国学者在把 Preissmann 四点带权隐式差分格式用于求解完全 St. Venant 方程组时,提出了用时段初的系数值代替其时段平均值而使差分方程线性化的方法,避免了迭代求解,并用"虚拟单元河段"的方法较好地处理了河段中存在支流交汇、集中旁侧入流、分洪蓄洪、堰闸控制和汊道等对洪水运动的影响。

河网洪水演算是近20 年来得到较快发展的领域。目前处理河网洪水演算的方法一般有2 类:一是河网单元划分法,其要点是在河网地区,将水力和下垫面特性基本相似、水位差不大的某一片水体概化为一个单元,取其几何中心处的水位为其代表水位。单元之间的水流连接可取河型连接或堰型连接。这样就可形成一个以单元几何中心水位为未知量的闭合代数方程组。二是仍采用 Preissmann 四点带权隐式差分格式来求解河网洪水运动。此时,由于河网中绝大多数河道的两端的水位或流量为未知,因此需要寻求新的求解技巧。早期针对小型简单河网曾采用直接求解,由内、外河道河段方程和边界条件组成的差分方程组,但这对于大型河网,势必要造成过于庞大的系数矩阵而难以应用。分级解法的基本思想是设法将未知数往河道端点上集中,待求出河道端点的未知数后,再将每一河道作为单一河道来求解。这种求解思想首先由 Dornkors 于1976 年提出。上述直接解法实际上可称为一级解法。在此基础上,如果对河道中间断面而未知量形成的子矩阵现行求解,消去中间断面未知量,表达成基本未知量的函数,那么可使方程组的系数矩阵降阶,变得易于求解,这就是二级解法。如对二级解法的基本未知量再进一步消元,则可形成以节点水位为基本未知量的三级解法。三级解法对求解大型复杂河网的洪水演算问题十分适用。自20 世纪70 年代以来,由程文辉、王船海等研究开发的河网洪水演算模型已在珠江三角洲河网、太湖流域河网、苏北里下河地区河网和淮河中游行洪区的洪水演算中得到成功的应用。由谭维炎、胡四一研究开发的适用于大水系、复杂水流的动力波演算模型在长江荆江河段复杂河湖防洪系统的洪水演算中得到成功的应用。

近30 年来,洪水演算研究有一个重要特点是近代科学技术的渗透和不同研究领域的相互交叉。1993 年芮孝芳将单一河道洪水演算问题视作单输入—单输出系统,应用时间序列分析中的 ARMA 模型和最优控制理论,建立了自由下边界条件的洪水演算方法。随后又将受下游回水顶托影响的河道洪水演算问题视作多输入—单输出系统,仍应用 ARMA 模型和最优控制理论,建立了可考虑下游回水顶托影响的洪水演算方法。根据这种途径建立的洪水演算方法,既可以用于流量演算,也可以用于水位演算。1995 年钟登华等将人工神经网络方法引进洪水演算,达到了不仅可以处理单输出问题、也可以处理多输出问题,不仅可以处理线性问题、也可以处理非线性问题的效果。

四、流域汇流理论

20 世纪50 年代初结合淮河治理,中国学者提出了淮河综合单位线法,揭示了单位线的非线性实质,使得 Snyder 于 1938 年提出的综合单位线法在中国得到了发展。1959 年中国水利水电科学研究院在 25.25 平方米的面积上用比例为 1:40 的正态物理模型模拟了滦河流域内的 0.0404 平方千米的山区集水面积的流域汇流,发现了单位线的非线性问题。60 年代赵人俊发展了由苏联水文学家提出的成因汇流理论,后来又有人将其发展成为可实现水文学方法与水力学方法相结合的具有"河流—流域"结构特点的流域汇流计算方法。Nash 提出的流域汇流瞬时单位线最早于 60 年代初传入中国,对推动中国学者进行概念性流域汇流计算方法的研究起到了积极作用。中国学者不仅将 Nash 方法与面积—时间曲线结合起来克服了原 Nash 方法某些理论上的缺陷,而且将 Nash 方法推广到非线性情况,从而扩大了 Nash 方法的应用范围。70 年代叶守泽、夏军等将系统分析方法引入流域汇流研究,在流域汇流系统的识别方面做出了成绩。此外,沈晋、沈冰等通过室内实验,揭示了坡面汇流机理,出版了专著《动力水文实验研究》,并借助于有限元分析法作了许多定量分析计算的研究工作。1989 年芮孝芳、朱建英根据地下水动力学方程出发导出了均值土层覆盖流域的地下水汇流的瞬时单位线公式,并指出用线性水库模拟地下水汇流是较好的近似。70 年代末 Rodriguez-Iturbe 等人创立的地貌瞬时单位线理论是近 30 年来流域汇流理论最重要的进展之一。人们通过对流域汇流的统计力学机理的揭示,得出了流域瞬时单位线的概率论解释,从而在理论上导得了用地形、地貌和水力参数表示的流域瞬时单位线公式,这是用"粒子"观点处理流域汇流问题的新尝试。1988 年文康等导出了任何级别流域的地貌瞬时单位线通式。1991 年芮孝芳指出,由于目前假设坡面及各级河流的汇流时间概念密度曲线分别用面积-时间曲线和单参数指数函数表示,因此,现行地貌瞬时单位线与现行某些概念性流域汇流模型的瞬时单位线等价。虽然如此,其所开创的研究途径是具有深远意义的。近些年来,根据这种研究途径,有人探索了流域汇流的非线性机理,有人处理了包括地面、地下径流在内的流域汇流问题,有人提出了流域汇流受控于地貌扩散和水动力扩散的观点。这些富有新意的研究使人们对地貌瞬时单位线理论的前景充满信心。

第三节　流域水文模型研究

一、概述

流域水文模型是由描述流域降雨径流形成的数学关系式组成的一种逻辑结构。模型的输入是降雨、蒸散发能力和初始条件,模型的输出是蒸散发量、土壤含水量或流域出口断面流量的过程线,结构和参数是模型的核心。流域水文模型的出现与电子计算机的发明和广泛应用分不开。世界上第一个流域水文模型——Stanford 模型出现在 20 世纪 60 年代。之后,在全世界兴起了模型研究热,先后提出的流域水文模型数以百计。若按能否考虑气象和下垫面条件的空间分布问题,则可将这些流域水文模型划分为集总式流域水文模型和分布式流域水文模型 2 类,前者将流域作为一个整体,只能得到虚拟均化的模型输出。后者原则上可通过对流域网格化来考虑气象和下垫面条件空间分布对产汇流的影响。

流域水文模型之所以受到人们的青睐,是由于它与物理模型相比具有下述明显优点:①数学模型的所有条件都可以由原型观测数据直接给出,不受比尺的限制,即数学模型无相似律问题;②

数学模型的边界条件及其他条件既可严格控制,也可随时按实际需要改变;③数学模型通用性强,只要研制出一种适合的应用软件,就可用来解决不同的实际问题;④数学模型具有理想的抗干扰性能,只要条件不变,重复模拟可以得到完全相同的结果,不会因人、因地而异;⑤数学模型的研制费用相对比较便宜,运行管理费用更加便宜。

中国从20世纪70年代开始,一方面积极引进国外有用的流域水文模型,一方面更致力于新的流域水文模型的研制。

二、国内流域水文模型类型

目前国内提出了多种流域水文模型,可分为集总式水文模型、半分布式水文模型和全分布式水文模型三大类,每一大类包括许多不同的具体模型。

1. 集总式水文模型

集总式水文模型把整个流域当成一个总体,各因素的输入参数通常为流域平均值,不考虑流域内各地理要素的空间变化。集总式水文模型本质上只反映有关因素对径流形成过程的平均作用。

系统水文模型 将研究流域看作一种动力系统,先利用历史资料建立输出与输入之间的数学关系,然后由新的输入计算输出。代表性模型有总经流线性响应模型(SLM)和线性扰动模型(LPM)等。SLM模型以流域平均降雨量作为系统的输入,控制断面的径流量作为输出,先利用已知资料推求出降雨径流之间的响应函数,从而确立模型结构。LPM模型建立的思路与SLM模型基本相同,不同之处是将降雨和径流的季节均值引入到系统中来,根据资料对扰动进行计算,则整个系统是考虑季节均值的非线性系统。

概念性水文模型 根据水循环规律,采用概念化和推理的方法,对流域水文现象进行数学模拟,代表性的模型有新安江模型等。

2. 半分布式水文模型

国内外最典型的半分布式水文模型是TOPMODEL模型,其主要特征是利用地貌指数来反映流域水文现象,特别是径流运动的分布规律。在实际应用中,由于在流域平坦地区网格单元的坡度为0,水流流向无法确定,因此该模型适合地形比较复杂的地区。

3. 分布式水文模型

分布式水文模式突出特点是反映流域各处地形、植被、土壤、土地利用等的空间分布特征。分为紧密耦合型和分散耦合型2种结构。

紧密耦合型分布式水文模型 采用数值方法进行求解,最有代表性的是SHE模型,其考虑了截留、下渗、土壤蓄水量、蒸散发、地表径流、壤中流、地下径流等水文过程,并用质量、动量和能量守恒偏微分方程的有限差分或经验方程对其进行表示。其物理基础和计算的灵活性使它适用于多种资料条件,在欧洲和其他地区得到应用和验证,但由于结构复杂、计算繁琐,很难适用于较大流域。分布式物理水文模型将成为水文模型发展的新趋势,在模型建立的物理基础、资料获取技术等方面的研究将会有新的进展。

分散耦合型分布式水文模型 其主要特点是在每个单元网格或子流域应用现有概念性集总式模型来进行计算,代表性的模型有SWAT模型等。SWAT模型是一个具有物理机制的长时段的流域分布式水文模型,模拟的流域水文过程分为水循环的陆面部分和水面部分,适用于具有不同土壤类型、不同土地利用方式和管理条件下复杂大流域,并能在资料缺乏的地区建模。

三、新安江模型和陕北模型

20世纪70年代初,赵人俊将中国多年来在产汇流理论方面取得的研究成果和国外在研制流域水文模型方面的经验结合起来,研制成功了适用于以蓄满产流为主的湿润或半湿润地区的新安江二水源模型。80年代初又及时吸取了Dunne关于产流机制的新发现,对新安江二水源模型作了改进,从而导致了新安江三水源模型的建立。新安江模型包括流域产流计算、流域蒸散法计算、径流成分划分、地面汇流计算和地下水汇流计算等5个模块。二水源模型和三水源模型的区别仅在于径流成分的划分上:二水源模型根据Horton产流理论划分为地面和地下2种径流成分,三水源模型则根据Dunne产流理论划分为地面、壤中和地下水3种径流成分。其后,又在模型中采用了参数客观优选技术,并对模型参数的地区规律进行了有益的探索。中国的实践证明,在中国广大湿润地区和部分半湿润地区,应用新安江模型所获得的精度是较高的。现在该模型已受到世界气象组织的积极推荐,美国国家天气局也在采用,还被爱尔兰国立大学Galway学院国际水文研究生班作为教材。

在中国干旱的黄土高原地区,新安江模型的使用精度不高,原因是其产流结构与干旱地区主要以超渗产流的事实不符。为此,赵人俊又在多年研究基础上研制成功了陕北模型。该模型按下渗曲线计算单点超渗地面径流量,而用下渗容量分布曲线考虑超渗地面径流的产流面积的变化。

新安江模型和陕北模型的研制成功及推广应用,是中国水文学者对水文科学的一项重大贡献。

四、国外模型的引进

中国从20世纪70年代中期开始陆续选择引进,并使用国外一些流域水文模型。早期引进的模型主要有美国的Stanford模型和Sacramento模型、日本的水箱模型(又称TANK模型)、意大利的约束线性系统模型(CLS模型)以及欧共体的SHE模型等。近年来又引进了SWAT模型、TOPMODEL模型、TOPKAPI模型等。

从1981年开始,王厥谋、张瑞芳等对从意大利引进的、在国际上有较大知名度的CLS模型,进行了长达数年的移植和改进工作,在保留原有的产流计算方法外,将中国蓄满产流的计算方法引入其中,1985年又加入了新安江三水源模型关于划分径流成分的结构和陕北模型计算超渗地面径流的结构,最终形成了一个称之为综合约束线性系统模型(简称SCLS模型)的改进模型,在中国葛洲坝水电站、三门峡水库、丰满水电站等的洪水预报和水库调度中得到了较好的应用,并于1986年纳入世界气象组织的水文业务综合系统(HOMS)分件中,向世界各国介绍。

五、集总式流域水文模型的局限性

集总式流域水文模型由于是将流域作为一个整体来模拟其径流形成过程的,所以其本身不能从机理上考虑降雨和下垫面条件空间分布不均匀对流域径流形成的影响,模拟结果只求能符合流域出口断面实际发生的流量过程,而不追求中间过程的真实性。就模型结构而言,现有集总式流域水文模型绝大多数都是由概念性元素按径流形成过程组合而构成的。这些概念性元素可归纳为模拟蒸散发作用的概念性元素、模拟产流机制的概念性元素、模拟下垫面特征不均匀性的概念性元素、模拟坡面汇流的概念性元素、模拟多孔介质水流汇集的概念性元素、模拟河网汇流的概念性元素等6类。不同的概念性集总式流域水文模型在结构上的区别就在于采用的概念性元素的不同及其组合方式的不同。从确定总径流量及其组成成分看,现有集总式流域水文模型中概念性元素的组合方式几乎只有2类:一是先确定总径流量,然后划分径流成分,并按不同径流成分进行汇流计算,通过叠加得到流域响应;二是划分径流成分与对不同径流成分的汇流计算同时进行,然后得到流域响应。对现有概念性集总式流域水文模型所包含的参数,可以按不同的观点进行分类。若按参数所具有的意义,则可以分为几何参数、物理参数、经验参数等。若按参数在径流形成中所起的作用,则可以分为蒸散发参数、产流参数、分水源参数、汇流参数等。若按对流域响应计算精度的影响程度大小,则可分为敏感性参数和不敏感参数。若按确定参数的方法,则可分为直接测量参数、试验分析参数和率定参数。现有概念性集总式流域水文模型所包含的参数,具有明确物理意义的较少,通过物理方法确定的更少,大多数参数都要依靠率定方法确定。目前率定参数的基本思想是:要求所确定的参数必须使计算的流域响应误差最小或与实测的流域响应拟合最佳。

由此不难看出,现有概念性集总式流域水文模型隐含着下列缺陷:①构成模型的概念性元素一般只能模拟水文现象的宏观表现,而不能涉及水文现象的本质或物理机制。因此,现有概念性集总式流域水文模型的结构对径流形成过程的描述是近似的,甚至是粗略的,所包含的参数大多数缺乏明确的物理意义。②将事实上呈空间分布状态的降雨输入当成模型的集总输入,这显然与流域径流形成是分散输入、集总输出的实际情况不符。③有些模型虽然设法考虑下垫面条件空间分布不均对径流形成过程的影响,但由于采用的是统计分布曲线,因而无法同时考虑降雨空间分布的影响。④模型包含的参数中一般都有多于2个、甚至多达10个要通过率定方法确定,即由实测水文气象资料反求。这种称为"反问题"的数学问题,在理论上完全依赖于目标函数、约束条件的拟定和实测水文气象资料条件,会出现"异参同效"现象,因此,很难保证求解的唯一性和合理性。

六、发展分布式流域水文模型的必然性

在现实世界中,影响流域径流形成的降雨和下垫面条件均呈现空间分布不均匀状态。集总式流域水文模型显然是忽视这一重要而基本的事实的。因此,根据实测水文气象资料用最优化方法确定集总式流域水文模型的结构和参数,必带有一定程度的虚假性,而不一定是流域径流形成规律的真实反映。这样势必导致模型参数的物理意义模糊,模拟精度常常不尽人意,而且还有可能将人们的研究注意力不适当地引向寻找最优化的数学解算方法上,而忽视对产汇流理论的深入探索。只有分布式流域水文模型才能为真实、有效地模拟现实世界的流域径流形成规律提供有力的工具,因为从理论上说,分布式流域水文模型是能够尽可能客观地反映降雨和下垫面条件空间分布不均对流域径流形成的影响的。

寻求实用的能同时考虑降雨和下垫面条件空间分布对径流形成影响的表示方法显然是研制分布式流域水文模型的必要前提和关键技术。由于"寻求"的困难性,使得在过去相当长时间内分布式流域水文模型发展比较缓慢,而处于使用概念性分散式流域水文模型的过渡时期。数字高程模型(DEM)的出现,使问题的解决有了根本性的转机,因为DEM本身就是以网格和离散数字方式表达地面高程空间分布的数字模型,利用它不仅能自动提取分水线、集水线、自动生成流向、水系和流域形状,而且能自动提取地形坡度分布和其他地貌参数。将 DEM 与土壤、植被、土地利用等分布图或遥感图叠加,还能给出每个网格的土壤、植被和土地利用的特征值。这种表达下垫面条件空间分布的方法是能同时考虑降雨空间分布对流域径流形成影响的。

到目前为止,水文学家已经提出了若干个分布式流域水文模型。按采用的径流形成理论和方法,分布式流域水文模型可分为概念性的和具有物理基础的 2 类。按各单元面积形成的径流过程集合成流域出口断面流量过程的方法,分布式流域水文模型可分为松散型和耦合型 2 类。前者假设每个单元面积对整个流域响应的贡献是互不影响的,因此,可先分别求得各单元面积对整个流域的贡献,再通过叠加来确定整个流域响应。而对于后者,由于描述流域径流形成规律的是由一组微分方程及其定解条件构成的定解问题,因此必须通过联立求解才能确定整个流域的响应。一般来说,概念性分布式流域水文模型多是松散型的。具有物理基础的分布式流域水文模型,有些是耦合型的,也有一些是松散型的。概念性松散型分布式流域水文模型的解算方法一般比较简单,但反映径流形成机制不够完善。具有物理基础的耦合型分布式流域水文模型,虽然在描述径流形成过程时物理概念清楚,但解算比较困难,甚至不一定存在稳定解。具有物理基础的松散型分布式流域水文模型的优缺点正好介于两者之间,是近期内中国学者致力于开发研制的一种分布式流域水文模型。

七、理论上的难点

虽然具有物理基础的分布式水文模型能真实地描述和科学地揭示流域径流形成机理,将成为发展前景看好、水文学家追求的新一代流域水文模型,但其所涉及的一些理论上的难点是不容忽视的。

由于分布式流域水文模型包含的参数是随空间变化的,事实上又不可能在每个单元面积都设站进行水文气象观测,因此那种主要依赖实测水文气象资料率定模型参数的方法在这里难以得到使用。这就是说,确定分布式流域水文模型参数的问题,就成为缺乏水文气象资料条件下如何推求模型参数的问题。这也是新的"国际水文 10 年计划(2003~2013)"中 PUB(Prediction in Ungauged Basin)国际合作计划所涉及的问题之一。水文学家早就发现,流域的径流形成,除了受控于降雨条件外,还与下垫面条件存在明显的因果关系。虽然早在 20 世纪 30 至 40 年代,水文学家就能通过大量观测资料综合分析得出水文特征值或产汇流参数与降雨和下垫面特征之间的经验关系,但由于这种经验关系不仅精度难以保证,而且也不便于外延和移用。因此从理论上,也就是从机理上揭示模型参数与降雨和下垫面特征之间的成因关系,是水文学家向往并为之奋斗的目标,是分布式流域水文模型由"学术殿堂"通向应用的桥梁。这必将激发水文学家研究基础理论的兴趣。70 年代末以来,Rodriguez-Iturbe 和 Rinaldo 为代表的一批水文学家借助统计物理学的理论和方法成功建立地貌瞬时单位线理论和扩散理论的事实增强了人们研究探索的信心。显然,这有力地促进定量地貌学和实验水文学尤其是同位素水文学等的发展。

以水动力学为基础的分布式流域水文模型涉及的微分方程和定解条件为非线性问题,故除了十分简单的情况外,数学上至今无法求得其解析解。虽然计算数学理论和计算机技术的发展为使用数值法求解这类定解问题奠定了基础,但数值解的前提是必须将微分方程离散化为代数方程,这将是一种以带来截断误差为代价换取微分方程近似解的方法。因此,为保证计算误差的存在和传递不至影响解的收敛性和稳定性,应当研究解所必须满足的稳定性条件,否则就会出现背离物理图景的不合理结果。随着分布式流域水文模型研究的不断深入,研究这类微分方程数值解的理论和技术要受到应有的重视。

地理信息系统(GIS)是用数字化方法描述具有复杂时间和空间变化的水文过程的必要的技术支撑,而且由 DEM 构建的数字流域有可能成为揭示和探索流域径流形成机理的一个有力工具。水文学与 GIS 技术的结合,创新点很多,大有文章可做。谁想占领水文学研究的前沿阵地,谁就应当在水文学与 GIS 技术的结合上加倍努力。

确切地掌握降雨空间分布,是使用分布式流域水文模型的重要先决条件。传统的用雨量站网定点测雨的方法是难以给出复杂多变的降雨空间分布的,雷达测雨则不同,它可以直接测得降雨的空间分布,并且具有实时跟踪暴雨中心走向和空间变化的能力。尽管在当前科学水平下,雷达测雨的精度还有待提高,但它仍然是测雨技术必然发展的方向之一。目前,美国已建成了由 120 多台高质量多普勒雷达组成的覆盖全美的雷达测雨网,能够提供时段小至 5 分钟、空间分辨率小于 1 平方千米的雨量估计值。中国全国性雷达测雨网也在筹建之中。雷达测雨只是遥感(RS)测雨技术的一种,应用卫星遥感测雨的技术也在研究之中。

第四节　水文频率分析研究

一、概述

将水文现象的不确定性表现视作纯随机事件,采用概率论及数理统计寻求其统计规律的理论和方法,称为水文频率分析。早在 20 世纪 30 年代须恺就将频率分析方法引入中国;1933 年周镇伦应用正态分布和皮尔逊 III 型分布对美国雨量资料进行了计算;1937 年周春庭把长江、黄河、永定河、泾河和淮河的洪水流量用对数正态分布和皮尔逊 III 型分布进行了频率分析。

中华人民共和国成立后,为了适应水利事业的发展,中国水文学者在吸取国外有关经验的同时,结合当地水文资料,做了许多水文频率分析工作。1951 年刘光文提出了在中国进行设计洪水频率分析的基本原则和问题;1955 年~1956 年林一平、陈志恺组织进行洪水频率计算方法研究;1954 年淮河流域发生特大洪水,治淮委员会做了大量水文频率分析计算;1956 年 11 月在全国水文计算学术讨论会上,对水文频率分析中的选样方法、经验频率公式、统计参数估计、频率曲线线型、抽样误差和研究方向等进行了讨论;1957 年北京水利科学研究院水文研究所印发了《暴雨及洪水频率计算方法的研究》,这是中国最早一部比较系统叙述水文频率分析问题的文献;1958 年金光炎撰写《水文统计原理与方法》一书,系统地介绍了频率分析方法。1976 年华东水利科学院等单位和 1980 年丛树铮等相继发表了应用统计实验法于水文频率分析的研究成果,1981 年华东水利科学院主编了《水文学中的概率统计基础》,这是中国第一部水文统计类高等院校教材。20 世纪 80 年代以来,水文频率分析方面的研究成果愈来愈多,提出了更多的方法,对水文学科发展起到重要作用。

频率分析的理论基础虽是概率论与数理统计,但为适应水文样本的特点,经过 50 年的发展,在中国,频率分析已融入了许多水文科学的特点。

二、水文频率分布线型

20 世纪 60 年代中国就开始对水文频率曲线的线型进行研究。一般来说,洪水频率分析主要涉及频率曲线线型的尾端性能，据此可把频率曲线线型分为 2 类：一是薄尾分布，其特点是所有超过概率在尾端按指数规律递减，如正态分布、P-III 型分布、Gumbel 分布等；二是厚尾分布，其特点是所有超过概率在尾端按幂函数规律递减，如对数正态分布、对数 P-III 型分布、Wakeby 分布等。由于幂函数递减比指数递减慢得多，因此，厚尾分布对远离一般点据的特大值要比薄尾分布拟合得好。鉴于目前尚无法从物理成因上论证洪水变量应服从何种概率分布，60 年代陈志恺、王家祁等人利用中国各大江河积累的水文资料，应用统计假设检验方法，对对数正态分布、P-III 型分布、K-M 型分布、Gumble 分布、Wakeby 分布、Weibun 分布、指数 P 分布等进行了大量分析比较后指出，在中国采用 P-III 型分布是适宜的。

三、参数估计方法

从 20 世纪 50 年代开始，中国致力于研究适线法估计参数的理论基础。早期使用的适线法是目估适线法。自 70 年代起，开展了按一定的适线准则即目标函数，采用计算机技术适线求统计参数的研究。1980 年，丛树铮、谭维炎等先后提出了离差平方和最小、离差绝对值和最小、相对离差平方和最小等适线准则，减少了目估适线法中一些应该避免的主观性。

概率权重矩法是 1979 年由美国 Greenwood 等人提出的一种新的参数估计方法，适用于分布函数能以显式表示的 Gumble 分布和 Wakeby 分布等的参数估计。统计试验证明，它是一种不偏性和有效性均较优良的参数估计方法。对于 P-III 型分布函数，反函数是无显式表达式的，为克服这一困难，1988 年宋德敦、丁晶等提出了一种数值解法，从而使得概率权重矩法能用于 P-III 型分布的参数估计，拓宽了该法的应用范围。

1989 年，Hosking 受到 Greenwood 定义概率权重矩而导致概率权重矩法的启发，将次序统计量线性组合的期望值定义为线性矩，从而提出了线性矩法。该法不仅具有优良的不偏性和有效性，而且对极大值具有稳健性。用于区域频率分析，也具有一定优势。在 1999 年重新编写的英国《洪水估算手册》中明确规定在水文频率分析中应使用线性矩法，而不再使用传统矩法。中国近年来也开展了对线性矩法的研究，特别对考虑历史洪水的线性矩法进行了探索。

为了克服传统矩法估计量偏低，提高求矩的计算精度，1990 年刘光文在马秀峰提出的权函数法的基础上，从还原假想样本的角度提出了参数估计的双权函数法。该法的均值计算公式与矩法相同，但 C_v 和 C_s 的计算公式与矩法明显不同。

四、稳健性估计和非参数估计

针对目前水文频率分析中选用的分布线型，并非为洪水特征值的真正分布线型，中国开展了稳健性估计和非参数估计方法的研究。稳健性估计所关心的问题是在线型假设不成立时，原先所用的估计方法的性能将会如何。稳健估计量是指线型假设不成立时统计性能变化较小的一种估计量。例如，假设洪峰流量服从 P-III 型分布，而实际上它服从三参数对数正态分布，此时人们自然希望在 P-III 型分布假设下得到的设计洪水估计值能与在三参数对数正态分布下得的设计洪水估计值相差不远。

非参数估计方法是一种无需事先假设总体所服从的线型，而直接由水文系列推求较为合理的水文设计值的方法。密度函数估计法就是一种非参数估计方法。该法首先根据来自总体的简单随机样本，对总体的密度函数进行估计，然后按该密度函数直接推求水文设计值。由于密度函数估计法与分布线型无关,故估计是稳健的。1991年夏乐天研究指出,就稳健性而言,密度函数估计法最佳,而三参数对数正态分布假设下的概率权重矩法和P-III型分布假定下的适线法均不够理想。

稳健性估计和非参数估计是水文频率分析中具有重要实际意义的研究课题。

第五节 水文随机模拟研究

一、概述

将随机过程理论、时间序列分析和统计试验方法用于探讨既具有确定性又具有随机性的水文时间序列的规律性,就导致了水文随机模拟的产生。水文随机模拟的兴起在国外大体于20世纪60年代末,在中国大体于80年代初。

1981年华裔美籍水文学家周文德来华讲学,首次将水文随机模拟引入中国。20世纪80年代初开始,以成都科技大学(合并到现四川大学)、河海大学为代表开展了大量的水文随机模拟研究,形成了以随机理论为基础的水文学新分支——随机水文学,其代表作为1988年成都科技大学出版的《随机水文学》。国内在干旱重演、梯级水电站优化调度、水环境容量评价、水库防洪安全设计、水文风险分析等方面对水文随机模拟进行了大量的研究和应用,取得了显著进展。目前可用于水文随机模拟的模型主要有回归模型、解集模型、散粒噪声模型等。

二、单站随机模拟

1983年高荣松等对金沙江屏山站历时为45天的年最大洪水过程,首先作位移分析,然后用季节性一阶自回归模拟了洪水的变化特性。1985年王忠明、丁晶根据时间解集原理建立了长江三峡洪水的随机模型,具体思路是先对三峡洪水的最大60天洪量建立纯随机模型,然后再由解集模型将60天洪量分解为日流量过程,在率定模型参数时,既考虑了实测洪水系列,也考虑了对三峡设计洪水有着十分重要价值的清同治九年(1870)历史特大洪水调查资料。1986年邓育仁等以大渡河铜街子站的日流量为模拟对象,对散粒噪声模型的适用性作了探讨。

三、多站随机模拟

1984年陈源泽对黄河上游贵德和上诠2站历时为45天的年最大洪水过程线,经过移位,采用2站季节性一阶自回归模型给出了2站大量的模拟洪水过程线,并用于龙羊峡和刘家峡2水库的联合防洪调度。此后,1991年王锐琛、陈源泽等又应用同一种随机模型建立了黄河上游贵德、上诠和兰州3站同步的洪水过程的随机模拟模型,据此对由龙羊峡、刘家峡2座大型水库与下游兰州市组成的防洪系统的设计洪水地区组成进行了研究。从1987年~1992年,为了研究长江三峡以上干支流水库群对三峡工程的影响和三峡水库对长江中下游的防洪作用,中国曾对屏山至宜昌、宜昌至城陵矶和寸滩至大通等3个河段分别进行了时间长达5年的多站洪水过程随机模拟的研究工作。其中丛树铮、陈元芳采用多维平稳自回归模型,对寸滩至大通河段中的8个站的历时长达180天的年最大洪水过程进行了模拟,将该成果用于防洪效益计算,得出三峡水库对长江中下游防洪调度作用巨大的结论;熊明采用同样的方法,对屏山至宜昌河段中的7个梯级水库的历时长达184天的年最大洪水过程进行了模拟,生成了各水库相应的长达1000年的入库洪水过程,将该成果用于分析上游干支流建库后对三峡入库洪水的影响,得出长江上游干支流建库后对三峡入库洪水虽有影响,但并不显著的结论。这期间,长江水利委员会还对宜昌至城陵矶河段中7个站的洪水过程进行了随机模拟,考虑到该河段中长江与洞庭湖之间水流关系复杂,又有大量民垸分蓄洪水影响洪水演算这一特点,将该河段的洪水随机模拟分两步进行:第一步先采用平稳自回归模型模拟出城陵矶总入流,第二步采用空间解集模型将模拟出的城陵矶总入流分解到各控制站,通过三峡水库对用此模型得到的长达6600年的洪水过程进行补偿调节,也得出三峡工程对长江中游防洪作用较大的结论。

四、常用随机模型的改进和创新

1990年长江水利委员会等单位在对洪水资料进行对数指数变换后建立了多为平稳自回归模型和混合回归模型,对自回归模型进行了改进;1994年袁宏源等提出混合回归疏系数模型、朱琰等提出线性扰动模型;1996年邓慧萍在现有随机模型基础上提出按月径流大小分组建立日流量随机模拟模型并应用于气候变化研究;1997年王文圣等提出了一种分期平稳自回归模型、袁宏源等考虑到年、月径流分类的模糊性建立了多站径流随机模拟的模糊自回归模型。在考虑水文序列偏态分布特性方面进行了一定改进,1992年金菊良提出了各种边际分布的季节性一阶自回归模型并尝试暴雨随机模拟,取得较好的成果;1993年丁晶等探讨了四大江河(长江、黄河、松花江、西江)月径流时空变化特性,研究表明SAR(1)加上随机项的偏态随机变换可用来表征月径流的时序变化,主战模型可用来表征月径流的空间变化;1995年李爱玲等建立了考虑年径流偏态特性的3站平稳AR(1)模型并获得满意的应用效果。1996年李彦兴等提出了洪水特征值随机模拟的模糊典型解集模型。在具有物理意义的随机模拟研究方面,1990年清华大学对散粒噪声模型进行了改进并应用于宜昌站洪水随机模拟;1998年缪韧应用伊藤型随机微分方程建立了具有水文物理参数的日流量随机模型。

五、非线性随机模型

传统的随机模型一般都是线性的,而水文系统是非线性系统。近10多年来,非线性时间序列分析成为热门课题,并建立了一些非线性随机模型。1996年袁鹏等将双线性模型首次引入随机水文学中并用于洪水期(5月1日~10月31日)日流量随机模拟,实例表明是可行的;王文圣等也提出基于ANN的适用于单变量和多变量的日流量序列随机模拟模型;1998年杨荣富等提出了一个基于水量平衡和非线性水库的随机模拟神经网络,克服了BP网络在水文模拟上的缺陷,试用效果较好;2001年王文圣等将非线性门限自回归模型引入日流量随机过程模拟,根据金沙江流域屏山站观测资料建立了日流量随机模拟的门限自回归模型,很好地表征了日流量在时序上的变化特征。

六、非参数随机模型

非参数随机模型避免了序列相依结构和概率密度函数形式的人为假定。对独立时间序列非参数模拟主要有自展法和刀切法2种方法。2000年袁鹏等提出最近邻抽样扰动模型,在对水文序列随机模拟时进行了扰动,因此实现合理地内插和外延,单站和多站洪水随机模拟表明建议模型是优越的;2001年王文圣等基于核密度估计理论构造了单变量多阶非参数随机模型,并用于金沙江屏山站日流量过程随机模拟和年径流量随机模拟,并与平稳AR(2)模型对比,表明非参数模型是优越的;2003年曾勇红等将一阶非参数模型用于月径流随机模拟并与AR模型对比,在保持非线性、多峰形态方面优于后者;2003年王文圣等提出多变量非参数随机模型,并以金沙江屏山站和宜宾—屏山区2站日流量过程同时随机模拟,能优良地保持日流量过程的各种特性。

七、发展前景

因为水文模拟序列由水文随机模型生成,所以当模拟序列足够长时,它就与随机模型同效,这时用随机模型生成的足够长的模拟序列就可以表征未来可能出现的各种状态,特别是可能出现的各种极端恶劣情况。因此,如果随机模型只是利用了实测信息,那么,模拟序列的信息量与实测信息相比没有发生变化,随机模拟的作用仅相当于利用实测信息所进行时序外推,其代表性不变,与实测序列相同。但如果随机模型利用了实测序列之外的其他信息,那么模拟序列的信息量将得到了一定程度的增加,其代表性就有可能高于实测序列了。这就是应用水文随机模拟技术的科学价值所在。但应指出,由于水文过程的极端复杂性,观测资料系列又较短,由此得出的随机模型未必能完全反映实际水文过程的特性,因此,由随机模型得出的模拟序列,可能会出现负流量或非常大流量等不合理的特异值。

中国在制定《水利水电工程设计洪水计算规范》和《水文计算规范》虽然将水文随机模拟方法正式列入,但今后仍应从深入分析水文过程的物理和统计特性、综合利用多源信息、引入非线性方法等方面,加强对水文随机模拟的研究。重点研究:对水文过程的重要物理特性和统计特性作深入的分析;加强非参数模型和非线性模型的研究;加强流域系统随机模型的研究;加强建立模型时如何综合利用多种信息的研究;加强模型的各种检验和合理分析。

第六节　水资源系统理论研究

一、概述

在流域或区域范围内,由水文、水力和水利上相互联系的各种水体(如河流、湖泊、水库、地下含水层等)、用水部门和有关工程建筑物构成的综合体称为水资源系统。水资源系统分析旨在用系统理论和方法,分析水资源系统各组成部分之间的相互关系,提出综合有效处理水资源规划、设计、运用、管理等问题的合理方案,达到尽可能最大综合效益或不利影响最小的目的。水资源系统分析始于20世纪50年代美国的哈佛水规划(Harvard Water Program)。60年代初,中国也开始了水资源系统理论的研究,改革开放以后发展迅速,主要经历了评价—规划—保护—配置—制度建设的过程。80年代,主要着力于水资源评价,研究"四水"转化及地表水和地下水联合运用;"八五"期间,着重于水资源与宏观经济的关系,区域水资源优化配置、供需平衡,水资源预测得以迅速发展;"九五"期间,针对西北内陆干旱区比较突出的生态问题,开展了水资源开发利用过程中的生态与环境问题研究,拓展了经济发展、生态与环境保护和水资源开发利用的协调关系,深化了水资源配置和水资源承载能力的研究;"十五"以来,围绕水资源可持续利用并为节水型社会建设提供科技支撑为主线开展研究,推动了水资源学科的深入发展。2003年~2010年,中国研究机构发表的水资源研究文章数量以每年28%的速度增长。经过50多年的发展,研究的广度已涉及灌溉、发电、供水、防洪、航运等各类水资源系统的规划、设计、运行、管理,研究的深度已涉及多目标规划、大系统分解协调技术、实时优化调度等,研究的复杂性已涉及像长江三峡工程、南水北调工程这样特大型水资源系统的规划、设计、运行管理。

二、水资源承载力研究

水资源承载力是一个国家或地区持续发展过程中各种自然资源承载力的重要组成部分,且往往是水资源紧缺和贫水地区制约人类社会发展的"瓶颈"因素,它对一个国家或地区综合发展和发展规模有至关重要的影响。作为可持续发展研究和水资源安全战略研究中的一个基础课题,水资源承载力研究引起学术界高度关注并成为当前水资源科学中的一个重点和热点研究问题。国内研究起步较晚,1989年新疆水资源软科学课题研究组第一次对新疆水资源及其承载能力和开发战略对策进行了研究。迄今为止,已有大量水资源承载力的研究。

1. 水资源承载力的概念

水资源承载力被提出以来仅其概念已有不同的认识。1989年新疆水资源软科学课题研究组第一次对水资源承载能力的研究间接地表明,水资源承载能力是水资源可开发利用量,在满足维护生态环境用水要求后,所能支撑的工农业最大产值和人口数量。施雅风(1992)认为,水资源承载力是指某一区域的水资源,在一定社会历史和科学技术发展阶段,在不破坏社会和生态系统时,最大可承载的工业、农业、城市规模和人口的能力,是一个随社会、经济、科学技术发展而变化的综合指标。许有鹏(1993年)提出,水资源承载力一般是指在一定的技术经济水平和社会生产条件下,水资源最大供给工农业生产、人民生活和生态环境保护等用水的能力,即水资源最大开发容量。在这个容量下水资源可以自然循环和更新,并不断地被人们利用,造福于人类,同时不会造成环境恶化。刘昌明(1997)在《水与可持续发展》一文中指出,区域水资源的承载能力是可能提供给社会与经济的潜在水量中对工农业城市等部门发展支撑的那部分水量。惠泱河等(2001)认为,水资源承载力是某一地区的水资源在某一具体历史发展阶段下,以可预见的技术、经济和社会发展水平为依据,以可持续发展为原则,以维护生态环境良性发展为条件,经过合理优化配置,对该地区社会经济发展的最大支撑能力。夏军等(2002)提出水资源承载能力为"在一定的水资源开发利用阶段,满足生态需求的可利用水量能够维系有限发展目标的最大的社会—经济规模"。迄今为止,水资源承载力的研究仍未形成一个系统的、科学的理论体系,其概念尚未形成统一的认识。但内涵上有其统一的认识:水资源承载力受社会经济、技术及人口和自然生态环境等因素的共同制约;由于受控因素的变化,水资源承载力也处在动态变化中;水资源承载力是有限度的,必须以可持续发展为原则。

2. 水资源承载力的理论

孙富行(2003)把水资源承载力的基础理论概括为可持续发展理论、生态经济系统、资源承载力和各态历经假说等理论;朱一中等(2002)指出可持续发展理论、水—生态—社会经济复合系统理论、二元模式下的水文循环机制和过程是水资源承载力研究的理论基础;王友贞(2005)把水资源承载力的理论概括为可持续发展理论、水循环理论、区域经济发展理论和系统理论。这几大理论中以可持续发展理论研究较多,也是研究关注的焦点。可持续发展是水源承载力研究的指导思想,水循环—生态环境—社会经济发展理论是水资源承载力研究的支撑框架,系统理论方法是水资源承载力的研究依据,它们组成一个完整的理论体系共同支持水资源承载力的综合动态平衡研究。

3. 水资源承载力的度量与计算

确定一个地区水资源承载力的大小就要首先明确水资源承载力的度量指标。随着水资源承载力的研究,其度量指标大致可分为3种类型:①水量指标。以区域内可有效供给的水资源量来表示,计算相对比较简单,多见于早期的研究。如许有鹏(1993)对干旱地区水资源承载力进行的评价、肖满意(1998)等对山西省水资源承载力的研究等。②人口指标。以一个地区水资源可持续供养的最大人口数量来表示。如阮本清、沈晋(1998)以人口指标对区域水资源适度承载力计算模型的研究;王煜、刘昌明等(2002)对水资源量可支撑的最大人口数进行了分析;夏军(2002)在研究水资源承载力的度量与计算时给出了水资源总量、生态需水量、可利用水资源量、水资源需求总量、流域水资源承载力的平衡指数和水资源承载力的分量等指标并给出了相应的计算公式,这些指标既体现了水量指标又体现了水量对人口、社会经济及环境方面的综合指标。③社会综合类指标。以一组能反映社会经济—人口—生态环境的综合指标来度量水资源的承载能力。王先甲(2001)提出用经济效益、环境效益、社会效益3类指标来描述,但没有给出具体的指标体系;在国家"九五"科技攻关项目"西北地区水资源合理配置与承载能力研究"中,构建了包括社会经济(GDP、农产品等)、生态环境及水资源本身的最终以人口指标来反映的综合指标;薛小杰等(2004)选取了GDP、人口、粮食产量及污染负荷量4个度量标,对西安市水资源承载能力进行了研究,并提出了2000年、2010年和2020年的承载力指标;徐良芳、孙德华(2005)用区域最大可利用水资源支持下取得的综合效益最大时的社会经济发展模式来度量区域水资源承载力,并给出了数学模型表达式,参数中包含了人口指标、经济指标和环境指标。

水资源承载能力的计算根据度量指标的不同,相应的计算方法也不同,一般有综合指数法,系统动力学法和多目标分析法。综合指标法主要用于采用单项指标度量水资源承载能力的计算,如可供水量,可承载的人口数量。由于度量指标单一,相应的计算方法也比较简单。如冯耀龙等(2003)以"承载人口数"建立区域水资源承载力的计算模型。系统动力学方法和多目标分析方法则主要用于能反映水资源承载力的社会经济—人口—环境多指标度量时的承载力计算。系统动力学模型可以用来模拟整个水资源可持续利用系统的发展变化行为,关键是要建立能真实模拟其动态过程的方程。高彦春、刘昌明(1996)运用系统动力学模型对汉中盆地平坝区水资源系统进行了仿真预测与优化,提取出水资源的最佳方案和配套政策;王建华等(1999)和韩俊丽等(2005)分别运用系统动力学模型对干旱地区的城市水资源承载力进行了模拟与预测。但是对于水资源可持续利用这样一个复杂的巨系统,又很难用一些方程来有效地模拟,导致其可靠性有时不能保证,这也在一定程度上限制了该方法的应用。多目标分析方法理论和技术已比较成熟,采用交互式决策支持技术可求得模型最优解,实现人为地对水资源合理配置进行控制,在水资源承载力的计算中得到广泛应用。最早将多目标决策分析技术引入承载能力分析的是澳大利亚学者Millington(1973)。1997年,中国水利科学院将这一方法引入华北地区水资源承载力的研究中,在国家"九五"攻关项目西北地区水资源合理开发利用与生态环境保护研究中(1999),多目标规划方法也成为水资源优化配置的主要手段之一。徐中民(1999)将情境分析的方法引入到水资源承载力的多目标分析研究中;姚治君等(2005)选取了水资源利用目标、经济发展目标、社会发展目标和环境目标对北京市 2005 年和 2010 年水资源承载力进行了预测。

4. 水资源承载力的评价指标体系及其方法

水资源承载力的评价研究是近 10 多年来才开展的。目前,其评价指标体系大致可分为 2 类:①从传统的水资源供需平衡计算基础发展起来的对区域水资源承载力的评价,这种评价能反映出水资源的供需状况,但又无法体现出各因素对水资源承载力的影响;②选择反映区域水资源承载力的主要影响因素指标,其不足之处就是不能反映水资源系统的供需状况。葛吉琦(1998)从水资源可持续利用角度提出 7 项评价指标,包括水资源供需平衡、水资源对需求量的潜在满足度、地下水利用度、循环用水比例、水资源水质达标率、区域供水量的替补率、社会发展和管理影响因子;惠泱河等(2001)从影响水资源承载力因素的角度构建了社会经济承载能力、水环境容量、可供水量、需水量等 4 大层次、多个指标的水资源承载力评价指标体系;陈洋波等(2004)采用驱动力—压力—状态—影响—反应模型,提出了一个广义的水资源承载能力综合评价指标体系,认为评价指标数量以 7 个~9 个为宜,并提出了具体确定水资源承载能力综合评价指标的 7 个原则。

常用的水资源承载力的评价方法主要有:模糊综合评判法、多目标决策分析法、综合指标法和投影寻踪法等,另外还有背景分析法、专家评分法、主成分分析法、层次分析法等。其中应用最多的就是模糊综合评判法,它是用模糊数学对受多种因素制约的事物和现象做出一个总体评价方法。该方法由许有鹏(1993)首先应用于新疆和田河流域的水资源承载力的评价研究中;朱一中等(2003)建立了西北地区的水资源承载力模糊综合评判模型。多目标决策分析方法近年来应用比较广泛。郦建强等(2004)建立了多目标决策—理想区间评价模型;朱一中等(2004)采用多目标情景分析方法和综合评判方法,对西北地区 2010 年、2020 年不同情景方案下的水资源承载力进行了预测分析和评价;袁晓宇(2004)运用多目标灰色关联投影法对淮河流域的水资源承载力进行了评价,认为该方法模型简捷,操作方便,不需要过多的数学运算;马金珠等(2005)利用多目标层次分析模型并采用水资源承载隶属度对民勤县未来 20 年内的水资源承载状况进行评判;楼成君等(2005)应用熵权多目标决策法,对义乌市水资源规划进行量化分析。综合指标法是采用统计分析方法选择单项指标或多项指标来反映地区水资源承载能力现状和阈值,如可供水量、可承载的人口数量、地区人均占有水量等。度量指标单一,不需要进行很复杂的数学运算,相应计算方法简单。

5. 水资源承载力的应用研究

(1)城市水资源承载力。中国从 20 世纪 80 年代以来,城市与水资源问题的研究逐渐提到日程上来,水资源承载力也应用到城市与水问题的研究当中。牟海省、刘昌明(1994)提出中国城市设置应与区域水资源相协调的原则,城市体系的宏观布局和类型的设置应与其水资源承载力相协调;魏斌、张霞(1995)运用指数评价模型对重工业城市本溪的工业用水变化情况进行了分析,并采用系统动力学模型预测了其水资源系统的发展趋势;王缓、徐利淼(2003)研究了天津市水资源所能承载的经济规模,探讨城市水资源承载力与经济发展的协调对策;姜文超、龙腾锐(2003)探讨了水资源承载力理论在城市规划中应用的必要性及其对城市规划的影响,提出应将水资源承载力作为城市规划的指导思想。

(2)特定地区水资源承载力。主要集中在生态环境脆弱地区的西北干旱半干旱地区和西南喀斯特地区。孙兆敏等(2004)分析了西北地区水资源利用现状与承载能力,找出其影响因素并提出提高西北地区水资源承载能力的措施；张传国等(2002)将水资源承载力引申到绿洲承载力，并以全新的视角对绿洲承载力理论与方法的研究成果进行了分析、总结与评价。王在高、梁虹(2001)构建了岩溶地区水资源承载力的指标体系；段春青等(2005)根据农业生产的实际情况提出了灌区农业水资源承载力的概念，建立了农业水资源承载力计算模型。

(3)其他领域。如苏志勇等(2002)将水资源承载力的研究纳入到生态经济系统的背景下进行综合集成研究，以黑河流域中游为例，提出了研究水资源承载力的多目标模型和纳入生态价值模块的途径和方法；冯耀龙等(2004)以水资源承载力为切入点分析跨流域调水合理性；胡和平、张宁利(2004)用修正后的流域水资源承载力平衡指数方法研究了海河流域1960年~2030年水生态环境状况的变迁过程等。

三、水资源系统优化方法

历史上最早得到解答的最优化问题是古希腊Enclid于公元前约300年提出的周长相同的一切矩形中正方形面积为最大这一问题。17世纪~18世纪微积分学的建立和发展，以及后来变分学的创立，为经典最优化方法的建立奠定了理论基础。20世纪50年代~60年代，主要由于近代科学技术的发展和大规模生产活动的需要，提出了许多用经典最优化方法无法解决的最优化问题，促使最优化方法进入了一个蓬勃发展时期。线性规划、非线性规划、整数规划、动态规划、网络技术等最优化方法相继提出，导致了近代最优化方法的形成。

线性规划的单纯形算法是美国人Dantzig于1947年提出来的，以后又陆续提出了多项式算法和分解协调算法等。非线性规划的基础性研究工作是由Kunn等人于1951年完成的，目前在单变量函数最优化、无约束非线性规划和约束非线性规划等方面都提出了一些行之有效的算法。整数规划在1958年由Gomory提出了割平面解法后才逐渐成为一种独立的优化方法，目前已提出的算法，除了割平面法外，还有松弛法、分支定界法、完全枚举法、随机枚举法和分解算法等。由美国Bellman等人于1951年创立的动态规划，是解决多阶段决策过程最优化的一种方法，该法的主要优点是能够将一个复杂问题分解为一系列简单易解的子问题。如果每个阶段只有一个状态变量和决策变量，则称为一维动态规划，否则称为多维动态规划。从原理上讲，多维与一维并不存在差别，但在实际计算中，随着维数的增加，所需的存储量和计算时间将会迅速增加，这就是动态规划的"维数灾"问题，目前用于克服"维数灾"的途径主要是基于Bellman最优化原理的降维迭代算法、整体逼近最优解方法和参数迭代法等。网络技术的基本原理是，首先把所研究的问题用网络图展示出来，然后根据该网络图的性质，采用不同解法，例如最小费用最大流算法来寻求最优解。

20世纪70年代以来，人们在生产过程、社会生活和科学研究中遇到的控制系统或管理系统，规模越来越大，结构越来越复杂，以致即使使用上述近代最优化方法也会出现"维数灾"，因此，"大系数理论"的研究必然地提到了议事日程上来。尽管目前"大系统理论"作为一门学科还未形成确切的定义和明确的研究范围，但已提出了一些在生产实践中获得成功应用的大系统优化方法，如动态规划、两时段滑动寻优、分解协调等。1975年加拿大Howson提出了求解多阶段决策问题的另一类方法，即两时段滑动寻优算法。该法不存在"维数灾"问题，而且计算速度大大加快，因此在一些最优化问题中很快得到了应用，但也存在对某些问题不一定能收敛于全局最优解的缺陷。对于大规模多阶段决策问题，无论应用动态规划或两时段滑动寻优法，仍会遇到计算上的困难。70年代初，一个称为大系统分解协调算法提了出来，该法把大系统分解为相对独立的若干子系统，通过迭代协调过程使子系统的解逼近原系统的解,具体有 2 种寻优途径:一是利用数学模型的特殊结构研究相应的解法;二是利用大规模互联系统的特性对非线性规划进行分解协调算法。1984 年郭元裕等针对湖北省 4 湖区的特点,建立了除涝排水规划的大系统谱系分解法。1988 年,李寿声等运用大系统分解协调方法建立了灌区优化灌溉制度及多种水源联合运用的谱系模型。

四、多目标优化理论及应用

为寻求多目标优化问题的求解方法,早在 20 世纪 50 年代就提出并研究了多目标决策的 2 个基本理论,即向量最优化理论和多属性效用理论。直到 60 年代以后,多目标优化理论才开始受到广泛的重视和应用,因而得到了发展。但由于多目标优化问题的复杂性,至今还没有提出像单目标优化问题那样普遍适用的求解方法,目前所使用的多目标优化方法一般仅适用于某一个或某一类具体问题。

1983 年,中国学者陈珽等在替代价值交换比法的基础上提出了一种在目标空间和权空间对话式多目标决策方法,并用于红水河大藤峡水库的特征水位的多目标决策研究,这是多目标分析在中国的水资源规划中的首次应用。1986 年,冯尚友等应用改进的多目标动态规划方法,对丹江口水库发电和供水 2 个目标进行了多目标分析。同年,叶秉如等应用理想点法对丹江口水库的发电和防洪 2 个目标进行了参数优选的多目标分析,并创造性地提出了多目标的最小减优率方法。1987 年叶秉如根据最小减优率法的基本思想和多目标规划问题的一般结构,提出了求解大型二次规划的分解算法;1988 年,又提出先通过理论生成法生成非劣解集,然后再结合理想法求得最佳协调解的思路,还应用权重法和解方程组法针对三峡水库的防洪、发电、航运和上游淹没等目标进行死水位和防洪限制水位优选的研究。

自 20 世纪 90 年代以来,中国学者在水资源系统理论研究中注重体现水资源可持续利用的策略,引进了基于模糊集分析的水资源系统优化理论和方法。

五、水资源合理优化配置研究

1. 水资源合理配置的含义

水资源优化配置是在中国水资源出现严重短缺和水污染不断加重这样一个背景下于 20 个世纪 90 年代初提出来的,最初针对的是水资源短缺地区和用水的竞争性问题,以后随着可持续发展概念的深入,其含义不仅仅针对水资源短缺地区,对于水资源丰富的地区,从可持续角度出发,也应该考虑水资源合理利用问题,因而也存在水资源合理配置问题,只是目前在水资源短缺地区此问题更为迫切而已。

对于水资源合理配置的含义,很多学者提出自己的解释。李令跃等(2000)从可持续发展的角度对水资源合理配置进行了定义,即"在一个特定的流域或区域内,以可持续发展为总原则,对有限的、不同形式的水资源,通过与非工程措施在各用水户之间进行科学分配"。

王顺久等(2002)认为,水资源优化配置是指在一个特定流域或区域内,工程与非工程措施并举,对有限的不同形式的水资源进行科学合理的分配,其最终目的就是实现水资源的可持续利用,保证社会经济、资源、生态环境的协调发展,水资源优化配置的实质就是提高水资源的配置效率,一方面是提高水的分配效率,合理解决各部门和各行业(包括环境和生态用水)之间的竞争用水问题。

赵斌等认为(2004),水资源合理配置是指在一定时段内,对一特定流域或区域的有限的多水质水资源,通过工程和非工程措施,合理改变水资源的天然时空分布;通过跨流域调水及提高区域内水资源的利用效率,改变区域水源结构,兼顾当前利益和长远利益;在各用水部门之间进行科学分配,协调好各地区及各用水部门之间的利益矛盾,尽可能地提高区域整体的用水效率,实现流域或区域的社会、经济和生态环境的协调发展。

王济干等(2003)提出了基于和谐性的水资源配置,水资源和谐性配置指在一个特定的区域(流域)、时间内,以和谐发展为总原则,将一定量和质的水资源,按不同的用途、需求,通过工程和管理措施在各用水户之间进行的科学合理的分配。

王浩等(2003)在黄淮海流域水资源合理配置中,针对北方干旱地区提出了水资源合理配置的定义:在水资源生态经济系统内,按照可持续性、有效性、公平性和系统性的原则,遵循自然规律和经济规律,对特定流域或区域范围内不同形式的水资源通过工程与非工程措施,对多种可利用水源在宏观调控下进行区域间和各用水部门间的科学调配。

中国颁布的《全国水资源综合规划大纲》(2002)对水资源合理配置给出了一个比较权威的定义,即"在流域或特定的区域范围内,遵循有效性、公平性和可持续性的原则,利用各种工程与非工程措施,按照市场经济的规律和资源配置准则,通过合理抑制需求、保障有效供给、维护和改善生态环境质量等手段和措施,对多种可利用水源在区域间和各用水部门间进行的配置"。

水资源合理配置是一个极其复杂的系统工程,随着人们的认识水平提高和科学技术的不断发展以及水资源合理配置实践的不断深化,水资源合理配置的概念逐步明确,其内涵日益丰富。在探索如何合理配置水资源的过程中,人们逐渐认识到,水资源配置的客观基础,是"社会经济—资源—生态—环境"复杂巨系统中宏观经济系统、水资源系统、生态系统以及环境在其发展运动过程中的相互依存与相互制约的定量关系,这一关系集中体现在用水竞争性和投资竞争性上。水资源优化配置的目标,是兼顾水资源开发利用的当前与长远利益、兼顾不同地区与部门间的利益、兼顾水资源开发利用的社会、经济和环境利益,以及兼顾效益在不同受益者之间的公平分配。有效性、公平性和可持续性是水资源合理配置必须遵循的三大原则。水资源配置的主要内容包括,在空间上,通过跨地区、跨流域调水来调剂水资源的余缺;在时间上,通过水库等调节工程来解决年内和年际水资源分布不均匀的问题;在不同的国民经济用水部门间,按照协调发展的投入产出关系实行计划供水;在近期目标和长远目标之间,既注重满足当前需要,也要积极进行水资源的保护与治理以形成水资源开发的良性循环;在开源与节流的关系上,坚持在节约的基础上扩大供水能力,控制需水的过度增长;在水资源的开发利用模式上,不仅重视原水的开发,更要注重污废水的再生处理及回用;在除害与兴利的关系上,要注重化害为利,将洪水转化为可用的水资源。

2. 水资源优化配置的理论研究

(1)"以需定供"的水资源配置 认为水资源是"取之不尽,用之不竭",以经济效益最优为唯一目标。以过去或目前的国民经济结构和发展速度资料预测未来的经济规模,通过该经济规模预测相应的需水量,并以此得到的需求水量进行供水工程规划。这种思想将各水平年的需水量及过程均作定值处理而忽视了影响需水的诸多因素间的动态制约关系,着重考虑了供水方面的各种变化因素,强调需水要求,通过修建水利水电工程的方法从大自然无节制或者说掠夺式地索取水资源。其结果必然带来不利影响,诸如河道断流、土地荒漠化甚至沙漠化、地面沉降、海水倒灌、土地盐碱化等。

(2)"以供定需"的水资源配置 是以水资源的供给可能性进行生产力布局,强调资源的合理开发利用,以资源背景布置产业结构,它是"以需定供"的进步,有利于保护水资源。但是,水资源的开发利用水平与区域经济发展阶段和发展模式密切相关,比如,经济的发展有利于水资源开发投资的增加和先进技术的应用推广,必然影响水资源开发利用水平。因此,水资源可供水量是随经济发展相依托的一个动态变化量,"以供定需"在可供水量分析时与地区经济发展相分离,没有实现资源开发与经济发展的动态协调,可供水量的确定显得依据不足,并可能由于过低估计区域发展的规模,使区域经济不能得到充分发展。这种配置理论也不适应经济发展的需要。

(3)基于宏观经济的水资源优化配置 通过投入产出分析,从区域经济结构和发展规模分析入手,将水资源优化配置纳入宏观经济系统,以实现区域经济和资源利用的协调发展。水资源系统和宏观经济系统之间具有内在的、相互依存和相互制约的关系。当区域经济发展对需水量要求增大时,必然要求供水量快速增长,这势必要求增大相应的水投资而减少其他方面的投入,从而使经济发展的速度、结构、节水水平以及污水处理回用水平等发生变化以适应水资源开发利用的程度和难度,从而实现基于宏观经济的水资源优化配置。《华北地区宏观经济水资源规划理论与方法》的研究成果堪称这一理论的典范。另一方面,作为宏观经济核算重要工具的投入产出表只是反映了传统经济运行和均衡状况,投入产出表中所选择的各种变量经过市场而最终达到一种平衡,这种平衡只是传统经济学范畴的市场交易平衡,忽视了资源自身价值和生态环境的保护。因此,传统的基于宏观经济的水资源优化配置与环境产业的内涵及可持续发展观念不相吻合,环保并未作为一种产业考虑到投入产出的流通平衡中,水环境的改善和治理投资也未进入投入产出表中进行分析,必然会造成环境污染或生态遭受潜在的破坏。研究表明,1993 年中国因水污染造成的损失为 302 亿元,水资源破坏引起的损失为 124 亿元,2 者合计约占当年国民生产总值的 1.23%。有学者对江苏省自然资源(以水、大气资源为例)核算的结果表明,以 GDP 为主要衡量指标的传统国民经济核算体系过高地估计了江苏省经济的增长水平,江苏省经济增长存在较为严重的环境负债。仅水和大气的环境价值损失,1994 年～1997 年都在 410 亿元～470 亿元左右,平均约占当年 GDP 的 7.6%,若再加上其他环境资源和物质资源价值损耗,这一数目还会增大。因此,传统的宏观经济理论体系有待革新。

(4)可持续发展的水资源优化配置 是基于宏观经济的水资源配置的进一步升华,遵循人口、资源、环境和经济协调发展的战略原则,在保护生态环境(包括水环境)的同时,促进经济增长和社会繁荣。目前中国关于可持续发展的研究还没有摆脱理论探讨多实践应用少的局面,并且理论探讨多集中在可持续发展指标体系的构筑、区域可持续发展的判别方法和应用等方面。在水资源的研究方面,也主要集中在区域水资源可持续发展的指标体系构筑和依据已有统计资料对水资源开发利用的可持续性进行判别上。对于水资源可持续利用,主要侧重于"时间序列"(如当代与后代、人类未来等)上的认识,对于"空间分布"上的认识(如区域资源的随机分布、环境格局的不平衡、发达地区和落后地区社会经济状况的差异等)基本上没有涉及,这也是目前对于可持续发展理解的一个误区,理想的可持续发展模型应是"时间和空间有机耦合"。因此,可持续发展理论作为水资源优化配置的一种理想模式,在模型结构及模型建立上与实际应用都还有相当的差距,但它必然是水资源优化配置研究的发展方向。

六、全球气候变化对区域水资源影响

随着全球气候的变化,中国也面临水资源短缺等问题,自 20 世纪 80 年代起国内也迅速开展了

气候变化对中国水文水资源影响的专门研究。由于西北和华北是中国主要缺水地区,在"七五"期间设立了"中国气候与海面变化及其趋势和影响研究"重大项目,首先就气候变化对西北、华北水资源影响进行了研究;在"八五"国家攻关项目"全球变化预测、影响和对策研究"中设立了"气候变化对水文水资源的影响及适应对策"专题,以中国典型流域为研究对象,侧重研究气候变化与流域水文之间的响应关系;在"九五"重中之重科技攻关项目"我国短期气候预测系统"中,也设有专题"气候异常对我国水资源及水分循环影响的评估模型研究",以海河、淮河、汉江和赣江为研究对象,侧重气候变化影响评估模型和方法的研究,建立了半分布式水量平衡模型。国家"十五"期间又设立了"气候异常对中国淡水资源的影响阈值及综合评价"重点攻关研究专题,应用与DEM相结合的VIC(可变下渗能力)分布式水文模型评价给定气候变化情景对中国水文水资源的影响,并将研究空间拓展到全国各地。初步探讨了未来气候变化情景下,中国水资源的脆弱性和气候变化对中国淡水资源的影响阈值。

进入21世纪后,对气候变化对中国水资源分布的影响作了大量的研究,取得了一定的研究成果。中国科学院寒区旱区环境与工程研究所研究人员经过对385个观测站1951年~2000年间观测到的月平均温度和降水量资料进行分析,初步得出了50年来气温及降水量变化趋势的部分特征。50年来中国平均气温变化趋势同全球平均气温变化趋势一致。特别是从20世纪70年代开始的增温幅度明显高于全球平均水平。西北地区中部、华北及东北的广大地区是增温最快、范围最大的地区。研究发现,从70年代开始,全国平均降水量没有明显的变化趋势,但区域平均降水量或增或减变化明显。新疆地区降水量的增加幅度在范围上和强度上都是国内最大的,而华中、华北地区降水量的减少幅度在范围上和强度上都非常明显。近20多年来北方干旱缺水与南方洪涝灾害同时出现,形成了北旱南涝的局面。

中国的研究主要偏重于区域研究,特别是针对华北地区水资源严重紧缺的现象,以及黄河流域的问题,在进入21世纪后作了一定的研究,取得了一定的研究成果。刘春蓁等(2004)利用随机天气模型、流域蒸散(发)模型、流域水文模型、水资源综合评价模型及大气环流模式(GCMs)预测未来气候情景,系统地研究了全球气候变化对中国水文水资源以及水资源供需的影响。高歌等(2000)利用华北地区近50年的气候、水资源等相关资料,极端气候事件对水资源的影响及气候变化对农业旱涝的影响进行了分析。张国胜等(2000)分析了38年黄河上游径流量及其与流域降水与气温的关系,着重分析了干旱气候对黄河水资源的影响,结果表明:黄河上游地区水资源呈减少趋势,其减少趋势进入20世纪90年代后尤为明显,这一变化趋势与黄河上游地区夏季降水量变化趋势有着一致性,说明汛期降水量的减少是黄河上游流量减少的最直接的气候因子。唐国平等(2000)认为水资源脆弱性是水资源系统在气候变化、人为活动等的作用下,水资源系统的结构发生改变、水资源的数量减少和质量降低,以及由此引发的水资源供给、需求、管理的变化和旱涝等自然灾害的发生。曹丽菁等(2004)经过研究,认为华北地区年平均降水量与年平均水汽含量存在明显的正相关,大气水分的减少是直接导致降水量减少的主要因子之一。近50年中华北地区水资源总量呈减少趋势,水资源总量的减少与大气水分的减少密切相关,大气水分气候变化对华北地区的水资源有着重要影响。进一步利用NECP/NCAR的1948年~2003年分析格点资料,研究了华北地区大气水分气候的变化及其对水资源的影响。结果表明,华北地区大气中水汽含量自20世纪60年代初~80年代中期呈持续下降趋势,80年代中期以后略有回升,但幅度不大,90年代中期以后又呈下降趋势,在21世纪初期与历史最低水平接近;华北地区大气水汽含量与降水量及水资源总量的关系密切,大气水汽含量的减少趋势与降水量及水资源总量的变化一致。刘春蓁(2004)指出所谓脆弱性就是指气候变化对某一流域地区的水资源系统可能造成损害的程度,它依赖于水资源系统对气候变化的敏感性和适应性。敏感性反映了气候变化通过水文循环现象对自然的水文系统如降水、径流、蒸发、入渗等的影响程度,而适应性则反映水资源系统对气候强迫的可能适应程度。陈桂亚(2006)研究结果表明,嘉陵江流域在全球变暖条件下,2050年年径流将减少23%~27.9%,2100年将减少28.2%~35.2%,且在该年份内平均年径流分别相当于目前7年一遇和12.5年一遇的干旱年。姚玉璧(2008)认为洮河流域近50年来气候趋于暖干化,降水量减少,干燥指数上升,导致水资源呈显著下降趋势,年际变化存在2年~3年、8年~9年、15年的年际周期变化。张光辉(2006)从干旱指数蒸发函数出发,以HadCM3 GCM对降水和温度的模拟结果为基础,在IPCC发布的A2、B2两种发展情景下分析了未来近100年内黄河流域天然径流量的变化趋势。研究结果表明,多年平均年径流量的变化随着区域的不同而有显著差异,其变化幅度在48.0×10^8立方米~203.0×10^8立方米之间。范广洲等(2001)模拟研究了气候变化对滦河流域丰、枯水年不同季节水资源的影响,结果表明:滦河流域地表径流量、次地表径流量、地下径流量以及河川径流量主要受降水量的变化影响,受气温变化的影响较小。张凯等就黑河流域上游冰川地区对气候变化的响应研究表明,该区山区冰川不断萎缩,而且雪线持续升高,出现强烈的亏损。

全球气候变化趋势目前的研究已经很多,但对区域来说,特别是像中国这样广阔的区域,占有多个气候带,其气候变化必然会存在不同,而利用GCMs也存在一定的难度,因此创建新的理论与方法,针对中国不同流域及区域开展气候变化下水资源供需的影响研究是以后发展的主要趋势。总之,如何充分利用现代科学技术,开展国家、国际间的水文科学实验、气候变化环境下的水文水资源理论创新研究,这是21世纪水科学发展面临的新的机遇与挑战。

七、水资源管学研究

中国关于水资源管理理论的研究开始于20世纪80年代,早期的水资源管理研究主要是对实际水资源管理活动中的管理内容的简单罗列和堆加,并未从理论的高度来对水资源管理的体系和框架进行系统的阐述。随着中国水资源危机的不断加剧以及可持续发展对现代水资源管理的要求和挑战,学术界开始逐渐关注水资源管理理论的探讨和框架体系的构建。

赵宝璋主编的《水资源管理》(1994)是中国出版较早的专门论述水资源管理的专著之一。提出了大气降水、地表水、地下水、土壤水分以及废水、污水等水形态都不是独立存在的,而是有机的联系,统一而相互转化的整体。而现实中,长期以来中国水管理体制较为混乱,水权分散,形成了"多龙治水"的局面。水资源管理应该以水的资源观点、水的系统观点、水的经济观点以及水的法制观点出发,对水资源的合理开发利用、规划布局与调配,以及水资源保护等方面建立统一的、系统的综合管理体制,按照相关法律由水文行政部门实施管理。水资源管理活动主要包括规划管理、开发管理、用水管理和水环境管理。

冯尚友在《水资源持续利用与管理导论》一书中将水资源管理定位为支持实现可持续发展战略目标,在水资源及水环境的开发、治理、保护、利用过程中,所进行的统筹规划、政策指导、组织实施、协调控制、监督检查等一系列规范性活动的总称。统筹规划是合理利用有限水资源的整体布局、全面策划的关键;政策指导是进行水事活动决策的规则和指南;组织实施是通过立法、行政、经济、技术和教育等形式组织社会力量,实施水资源开发利用的一系列活动实践;协调控制是处理好资源、环境与经济、社会发展之间的协同关系和水事活动之间的矛盾关系,控制好社会用水与供水的平衡和减轻水旱灾害损失的各种措施;监督检查则是不断提高水的利用率和执行正确方针政策的必须手段。

吴季松在2000年和2002年先后出版了《水资源及其管理的研究与应用》和《现代水资源管理学概论》2本专著,从水行政管理角度探讨了水资源管理的理论与实践。左其亭和陈曦2003年出版的《面向可持续发展的水资源规划与管理活动》一书从可持续发展的观点出发,对水资源管理理论作了初步探讨,提出了面向可持续发展的水资源管理活动的主要内容,介绍了电子信息技术和3S(GIS、GPS和RS)技术在水资源管理活动中的应用。

姜文来、唐曲等2004年出版的《水资源管理学导论》是国内外首部系统论述水资源管理学的专著,在界定水资源管理学基本概念的基础上,对水资源管理学的基本理论进行探讨,然后专题阐述水资源管理的各个领域,最后展开案例研究。

当前,水资源学的研究前沿涉及6个方面:研究水资源形成、可再生性维持机理及时空变化规律,探讨水资源可持续利用的方式和对策;分析人类活动对流域水资源变化的影响,揭示现实变化的情景和成因,预测未来变化趋势;研究水与生态系统相互作用的模式、机理、过程与效应问题,在应用层面上,科学合理地确定生态需水量以及生态、生产、生活用水比例;致力于水资源开发的转移式发展,注重洪水资源安全利用、污水处理回用以及海水淡化和利用;重视水权水价水市场理论研究,促进水资源合理配置和高效利用;建立水资源实时监控体系,实施水资源的综合管理和科学调度。

第七节　泥沙与河床演变研究

河流泥沙研究包括泥沙运动力学和河床演变学。前者主要研究泥沙在水流中的输运过程和挟沙水流的运动规律,后者则主要研究水流和泥沙共同作用下冲积河流形态的变化规律。无论是在自然条件下,还是受人工干扰明显的河流,水流是挟带泥沙的基本动力条件,而泥沙又通过改变河床边界作用于水力要素。在高含沙水流中,泥沙颗粒还直接影响水流的各种特性。因此,水流和河床以泥沙为纽带形成相互作用的统一体,是河流地貌中最活跃的动力因子。人们在生产实践中,一方面要避免河流所造成的各种灾害,诸如洪水泛滥、崩岸改道,另一方面又要对河流进行治理开发,诸如修建水库、整治航道,这些都与泥沙运动及河床演变息息相关。除此之外,在已开发的河流上,各种水利工程造成的河道萎缩、灾害加重、湿地退化等负效应也都与泥沙运动及河床演变密切联系。因此,河流泥沙是水利、地学及生态环境等学科的重要基础学科之一。

长期以来,河流泥沙研究致力于泥沙冲刷、搬运和沉积规律,围绕着这个中心取得了大量成果。但随着生产力发展,人类对河流的依赖越来越强,对河流的干扰也日益增多,人口、资源、环境之间的矛盾成为制约流域可持续发展的主要因素。随着人口密度增加,生态环境破坏,水体污染加剧,特别是流域内各种大型工程的兴建,使流域环境发生了不同于自然条件下的剧烈变化,与此同时,人们对流域内洪水等灾害的防治、生态系统的维持提出了更高的要求,对流域内水资源开发利用与调配成为必然的趋势,这些挑战使得江河治理只能向建立全流域的水沙调控体系发展。与此同时,随着江河水资源利用和水能开发力度的加大,江河治理实践中面临着与泥沙输移相关的新现象、新问题,需要从理论上改进水利工程的规划原则,从机理上分析各种现象的出现原因、发展趋势,从技术上发展和改进已有的模拟方法、调控措施,从而为水沙调控提供科技支撑。在此背景下,河流泥沙研究必须扩大其研究范畴,才能适应科技和经济、社会发展的需求。

泥沙运动在流域环境变化中的纽带作用使得泥沙研究成为流域水问题和环境问题研究的中心环节之一。当前,水资源开发和调节已成为一种趋势,人类活动干扰下流域环境的变化也不可避免,河流泥沙研究在继续探索天然情况下各种规律和机理的同时,应考虑为经济和社会发展服务,将研究重心适当倾向于工程和环境的相互作用,保持人水和谐。

一、泥沙运动基本理论研究

泥沙运动基本理论研究一直是河流泥沙研究较为活跃的分支,也一直处于国际领先的水平。近年来围绕三峡等大型工程组织了重大科技攻关,大大推进了泥沙动力学研究发展。一般泥沙运动规律、水流挟沙力的研究,已由均匀沙或混合沙的水流挟沙力发展到非均匀沙的分组水流挟沙力;起动流速的研究,已由散粒体的均匀沙起动流速发展到非均匀沙、含粘性细颗粒和级配范围宽的粗颗粒起动流速;推移质输沙率在检验及发展前人已有公式方面取得了进展,对宽级配推移质输沙特性及输沙率也开展了深入研究;沙波运动对阻力的影响也已获得可资利用的成果。将泥沙运动看成一种随机现象,利用概率论及力学分析相结合的办法进行研究,已逐步发展成为研究泥沙运动力学的重要分支。

从当前的研究现状来看,虽然一些新理论、新概念被引入,但基本理论的研究仍处于对已有模式的修正阶段。例如关于泥沙起动规律,考虑了沙粒形状因素、起动概率和起动力矩概率分布、床面粗化及隐暴作用,以及粘性细颗粒成团起动等方面因素。在宽级配推移质运动参数和输沙率公式建立方面,讨论了暴露度、粗化程度影响参数、有关切应力、交换概率和隐蔽参数。这些修正考虑因素更加全面,但缺乏实测资料检验,距离真正实践应用尚有距离。正因为如此,工程实践中多数情况下参数的率定仍主要依靠经验。例如,对于水库下游的河床冲刷,多位学者开展了有关含沙量恢复过程与机理的研究,涉及水流挟沙力、床沙交换、泥沙恢复饱和系数等基本概念,这些研究对于机理认识有一定的帮助,但由于问题本身复杂性,其中存在不少假定或经验系数,有待于天然资料的检验。

二、坡面侵蚀与产沙

坡面侵蚀是指地表土壤和成土母质等在侵蚀应力作用下发生分离和移位的现象。被侵蚀的物质汇集于河网,随水流从上游向下游运动,一部分淤积下来,另一部分最终到达流域出口断面成为流域产沙。中国在20世纪60年代就通过设置若干处水土保持科学试验站开始进行坡面侵蚀和产沙的研究。这些试验站的控制流域面积在0.18平方千米~187平方千米之间。根据这些试验站的观测资料,得到的产沙计算公式既考虑了洪量对产沙的影响,又考虑了洪峰对产沙的影响,并均具有幂函数型式。70年代末,钱宁等通过长期研究,证实来自黄土高原西北部约10万平方千米地区的粗粒泥沙是黄河下游泥沙的来源,指出集中搞好这一地区的水土保持将可使黄河下游淤积的速度大大减缓,这是治黄学上一个重要突破。

坡面侵蚀与产沙数学模型的研制差不多与流域水文模型同步。1966年在美国Stanford大学诞生了世界上第一个流域水文模型,1967年Negev就提出了一个建立在Stanford模型基础上的流域产沙模型,但其中的雨滴溅蚀、沟蚀、坡面径流输沙等均由经验公式确定。从20世纪70年代起,人们开始致力于具有物理基础的坡面侵蚀与产沙数学模型的研究。80年代中期,河海大学以赵人俊教授提出的适用于干旱地区的流域水文模型——陕北模型为基础,建立了适用于中国黄土高原地区的产沙模型,称为HUM-1模型。90年代初清华大学也提出了一个主要适用于中国黄土高原地区坡面侵蚀与产沙的数学模型,称为THU模型。THU模型与HUM-1模型之不同,是在于采用能考虑径流系数随降雨量、降雨强度和前期影响雨量变化的径流系数法计算产流量。

虽然现有的坡面侵蚀与产沙模型在一定程度上考虑了产沙过程中水流与泥沙的相互作用,与早先的产沙经验公式比较,物理成因有所加强。但产沙是一种比产流更为复杂的自然现象,要揭示其物理成因机制绝非易事,今后仍需花大力气改进产沙过程的观测技术和分析方法。

三、河流输沙机理

河流输沙机理涉及泥沙沉降、泥沙起动、推移质运动、挟沙水流流速分布、沙波运动、动床阻力、悬移质含沙量沿垂线分布、水流挟沙力和非平衡输沙。

中国有很多学者对泥沙沉速进行了研究,代表性成果有:①张瑞瑾(1961)、窦国仁(1963)根据阻力叠加原则,将层流区与紊流区阻力线性叠加,提出的可用于层流、紊流及过渡区的沉速公式;②黄河水利委员会水利科学研究院和西北水利科学研究所通过试验揭示:当含沙浓度小时,颗粒各自分散沉降,沉降规律与单颗粒沙相似;随着含沙浓度的增加,细颗粒泥沙的絮凝作用加大了颗粒直径,使群体沉速大于单颗粒沉速;含沙浓度再增加,絮团形成絮网,出现清浑水交界面,沉降速度反而大大减小;③范家骅通过对动水沉速的试验证明动水沉速与静水沉速差别不大。

虽然泥沙起动的概念早在19世纪就提出,但直到20世纪才有系统研究。影响泥沙起动的力有2类:一为促使泥沙起动的力,如水流的推力及上举力;另一为抗拒泥沙起动的力,如泥沙的重力及存在于细颗粒之间的粘结力。张瑞瑾认为细颗粒之间的粘结力主要由颗粒之间的吸着水和薄膜水不传递静水压力所引起。唐存本认为细颗粒之间的粘结力主要由沙粒表面与粘结水之间的分子吸引力所造成。窦国仁早期采用交叉石英丝实验,证实了压力水头对粘结力的影响。由于沙粒表面与粘结水之间存在分子引力,他认为粘结力应由水对床面颗粒的下压力及颗粒间的分子粘结力2部分组成。采用不同形式的粘结力公式,就可得到不同形式的泥沙起动流速公式。在中国,比较有名的均质沙起动流速公式有张瑞瑾公式、窦国仁公式等。非均质沙起动要比均质沙的起动条件复杂得多,一些细颗粒受到隐蔽作用难于起动,某些粗颗粒受到暴露作用易于起动。非均质沙中从细颗粒到粗颗粒的起动过程往往是一个非恒定过程,床面组成可能不断发生变化,要准确跟踪这一过程确实不易。与均质沙相比,非均质沙起动的判别标准更难确定,秦荣昱(1980)曾通过泥沙受力分析导得了非均质沙综合起动流速公式。

从理论上探求推移质输沙率的途径大致有5类:一是以流速为主要参数建立推移质输沙率公式。认为影响推移质输沙率的主要水力因素是水流流速,流速愈大,推移质输沙率也愈大;二是以推曳力为主要参数建立推移质输沙率公式。认为推曳力愈大,推移质输沙率也愈大;三是根据能量平衡建立推移质输沙率公式;四是根据概率论与数理统计理论建立推移质输沙率公式;五是根据沙波运动建立推移质输沙率公式。在中国,钱宁在比较分析了不同推移质输沙率公式得到了一个统一公式。惠遇甲、胡春宏(1991)采用高速摄影技术,从水流中颗粒跃移概念出发,对试验资料进行了运动学、力学和随机性分析,修正了Bagnold提出的推移质输沙率公式。刘兴年(1990,

2000)在室内水槽与天然河流中实测了宽级配非均质沙的暴露度,提出了确定非均质沙起动流速的等效粒径的方法,根据最小耗能原理和非均匀沙起动过程的"最优起动路径"假说,应用模糊数学、自组织临界性和重正化群论等理论,建立了宽级配非均匀沙推移质输沙率公式,并应用于长江上游河道泥沙研究中;提出了卵石推移质横向分布划分为强输沙区、弱输沙区和不输沙区等3个定量分区的概念及其划分标准。

通过对对数型流速分布和指数型流速分布2类常见的挟沙水流流速分布机理和适用性的分析,中国学者对挟沙水流流速分布作了一些改进研究。倪晋仁、惠遇甲(1988)认为挟沙水流的流速分布可分成2型:Ⅰ型分布是指沿整个水深均可用对数流速公式表达,卡门常数值变小;Ⅱ型分布是指主流区及近底区流速均遵循对数分布规律,2区的卡门常数不同。张红武(1995)引入了"涡团模式",认为在恒定、均匀二维紊动流场中,任一点都存在一个具有固定角速度的涡团,其当量直径等于掺混长度,由此也提出了一个流速分布公式,经黄河一般挟沙水流及高含沙水流测验资料的验证,表明它既适合一般挟沙水流,也适合高含沙水流。窦国仁(1982)从明渠紊流的脉动结构出发,也曾得到一个明渠水流垂线流速分布。舒安平、刘清泉等(2006)分析了高低含沙水流流速分布的一般规律。郭颂歌等(2010)以紊动扩散理论为基础,针对不同的流速分布规律,提出均匀及非均匀悬移质泥沙沿垂线的分布规律。

为了揭示沙波形成原因,刘心宽进行了试验研究,获得的结论是河床形态变化和沙波形成与沙粒雷诺数有关。泥沙起动后,流速略有增加,就可形成沙纹或沙垄。长江下游观测结果表明,开始时,沙垄随水深增加而增大,至某一值后,随水深增加反而减小。冲积河流阻力与一般明渠水流阻力不同,由许多部分组成,包括沙粒阻力、沙波阻力、河岸及滩面阻力、河槽形态阻力、人工建筑物的外加阻力等。表征水流阻力大小一般用糙率或阻力系数。在实际问题中多采用水流综合阻力。钱宁和麦乔威曾得出宽浅河道的综合阻力公式。王士强(1990)认为冲积床面阻力系数随水流增强,具有由小到大的低能态、由大变小的过渡态、再由小变大的高能态3个不同能态区域,据此建立的阻力计算公式与实际结果较为符合。

经过半个多世纪的发展,至今已提出紊动扩散理论、能量理论、二相流理论、湍流猝发理论、随机理论等5种探讨悬移质浓度垂线分布的理论。前4种属于确定性理论范畴,随机理论则属于不确定性理论范畴。由于在一定条件下,随机理论的结果可用平均值来表达,结论可与确定性理论相同,因此确定性理论和不确定性理论相结合可能是解决问题的较好途径。刘大有(1995)在对描写混合物运动的单体模型、扩散模型和双流体模型进行比较后指出,以扩散理论为基础发展起来的方法仅对某些河段,如顺直河道的大部分流场基本上正确,并从固液二相流方程和相间阻力本构关系出发,导出了一个适用于充分发展的明渠流动条件下泥沙浓度的垂线分布公式。曹志先(1997)认为早先使用的悬移质泥沙扩散理论物理尚不够严格,并将湍流猝发作为泥沙悬浮的直接原因,利用湍流猝发持续时间和猝发强度构建了明渠悬沙湍流扩散模式,再以二相流模式为基础,导出了时间平均悬移质含沙量所满足的微分方程式。邵学军(1990)应用随机理论讨论了悬浮颗粒的运动规律,通过均匀紊动试验揭示了不同粒径和密度颗粒的紊动扩散,加深了对紊流中颗粒运动机理的认识。倪晋仁认为悬移质浓度垂线分布都能归化为扩散方程的简单形式,并通过对掺混长度及紊流特性的分析,提出了泥沙浓度垂线分布的统一公式。

在进行水库和渠道的规划设计、河道整治及河床演变分析时,都需要确定水流挟沙力,但目前无论从机理上,还是从计算方法上,对此的研究均不够完善,采用的研究方法主要有2种:一是半理论方法,通过建立物理模式确定水流挟沙力;二是半经验方法,分析影响挟沙力的水力、泥沙因素,建立挟沙力经验公式。张瑞瑾从挟沙水流的能量平衡原理出发,认为悬移质有制紊作用,通过整理长江、黄河、若干水库的实测资料及水槽试验资料,得到了适用于床沙质的水流挟沙力公式。韩其为采用数理统计方法,探讨了微冲微淤条件下挟沙能力级配、非均质沙的水流挟沙力及挟沙力级配,使挟沙力的计算更为合理。张红武(1995)从挟沙水流二维能耗图形出发,推导出了一个适用于低含沙水流,又适合于高含沙水流的水流挟沙力公式。王光谦等曾研究了冲泻质挟沙力,分析了冲泻质挟沙机理。倪志辉等(2012)以长江、黄河实测资料为例,从分形角度出发,探讨了天然河道含沙量垂线分布规律,结果表明,天然河道含沙量垂线分布呈二阶累计和变维分形现象,分维数可以反映含沙量垂线分布的均匀程度,分维数越大,含沙量分布越均匀。

窦国仁较早地提出了非平衡输沙理论。早在 20 世纪 60 年代他就发表了关于非平衡输沙的研究论文,不仅详细分析了非平衡输沙的机理,而且提出了初步的理论体系。后来韩其为进一步系统地研究了非平衡输沙问题,并以此为基础开发出了泥沙数学模型。宋天成研究了加速流和减速流时明渠的流速分布、紊动强度分布和雷诺应力分布,丰富了非平衡输沙理论。王兆印等人进一步研究了非恒定非均匀流的泥沙运动和河床演变,发现河床变形对流量变化的响应有一定的迟滞,这种迟滞与床沙组成有关,据此提出了河床惯性的概念,指出床沙较粗的河床惯性较大,床沙的非均匀性越明显,河床惯性就越比均匀床沙时大。近年来,国外一些学者也开始认识到研究非平衡输沙的重要性。

在区域泥沙输移规律与调控机理方面,关于荆江洞庭湖区洪水位变化与泥沙输移关系的探讨比较活跃,不同学者从洪灾加剧与泥沙淤积量、淤积部位之间的关系,江湖关系调整所导致的洪水量在江湖之间的重新分配等方面开展了大量分析,并提出了治理对策。黄河水沙异源,中游河口镇—龙门区间的多沙粗沙区是下游淤沙的主要来源,许多学者提出了在中游大量修筑淤地坝的治理措施。针对黄河小浪底水库下游伊洛河、沁河与上游来水来沙在时间上的不协调,黄河水利委员会提出利用多个水库调水调沙,使不同来源的水沙组合成比较协调的关系,从而减少下游的淤积。以上事实表明,国内大河流域的治理理念不断进步,科技水平越来越高,流域开发过程中的水沙调控从被动、盲目变为积极、有序,该方面今后仍是泥沙研究的热点之一。

四、高含沙量泥沙运动

中国的黄河及其支流是世界上出现高含沙水流最明显的河流。目前对高含沙水流尚难以给出确切而严格的定义。一般将含沙量较大,且含有一定量直径小于 0.01 毫米细颗粒泥沙,挟沙水流的物理运动和输沙特性与低含沙水流有所不同的含沙水流定义为高含沙水流。中国黄河及其支流的最高含沙量可达每立方米 1600 千克泥沙,为世界河流之最。早在 20 世纪 50 年代后期,钱宁等就进行了浑水的粘性及流型的研究。60 年代,中国水利水电科研究院与黄河水利委员会合作,先后在渭河南河川水文站和无定河丁家沟水文站进行高含沙水流的测验,取得了迄今为止最完整、最系统的一套河道高含沙水流的野外资料。70 年代,陕西省在渭河流域开展了高含沙引水淤灌试验研究。钱宁等撰写的《高含沙水流运动》专著,总结了中国对高含沙水流研究的成果。

中国学者发现含有细颗粒的高含沙水流一般为宾汉流体,而不含细颗粒的高含沙水流为牛顿流体。褚君达认为,在研究细颗粒非均匀沙的高浓度水流的粘滞性时,对有效浓度,除考虑固体颗粒外,还应考虑包围在颗粒表面的薄膜水体积和由于颗粒碰撞接触形成的封闭自由水体积。费祥俊在考虑了泥沙颗粒组成的基础上,按泥沙的颗粒级配,引入了反映单位体积内泥沙总表面面积的参数、极限含沙量和开始产生宾汉屈服应力时的泥沙浓度等概念。唐存本认为,对于含有细颗粒泥沙的宾汉流体浑水,形成絮网结构的原因是细颗粒间的粘着力,只有当剪切力能破坏絮网结构时,流体才会发生变形流动。杨美卿、钱宁通过实验揭示了宾汉极限切力随紊动强度变化的规律,认为由于紊动破坏了絮凝结构,因此宾汉切力随紊动强度增加而减小,而在低浓度时紊动可能增强絮凝,从而使宾汉极限切力增加。

对于含有粘性细颗粒的高含沙浑水,由于既受泥沙颗粒粗细组成的影响,又有絮凝作用,因此泥沙沉降的情况极为复杂。高含沙水流的沉降机理可概括为:当含沙浓度较小,低于从絮团过渡到絮网结构体的临界浓度时,离散粗颗粒和离散絮团将同时沉降,互相有制约作用,并有分选作用发生。当含沙浓度继续增大,超过临界浓度以后,由于颗粒的有效重力之作用,絮网结构体遭到破坏,发生塑性变形,即絮网结构体不断压缩、密实和沉降。随着这一过程的发展,可观察到清浑水交界面的形成和逐渐缓慢下降,在近临界面以下,存在一个等浓度层,此等浓度层的厚度自然也将逐步变小并消失。含沙浓度增大到一定程度后,所有颗粒将由于絮网结构体增大的阻力作用而不再发生分选沉降,此时全部混合沙将作为整体,以极为缓慢的速度下沉。褚君达在考虑了沙粒周围的薄膜水和絮网结构中的封闭自由水后,导出了浑水群体沉速的一般表达式。

不同类型的高含沙水流的流速分布是不同的。对于均质含沙水流的层流区和过渡区,流速分布中存在称之为流核的流速均匀分布部分。对于含有细颗粒的高含沙水流,尽管其有效雷诺数小于2000~3000而处于通常的层流区,但在非流核区仍有紊动存在。而在流核区,水流各层间并无平行分层流动。这种被张瑞瑾称之为"复杂结构流"的含沙水流既包括宾汉流体的结构流,又包括牛顿流体的紊流及粘滞流。紊流区的流速分布仍遵循对数规律,卡门常数小于清水,即垂线流速分布较清水不均匀。王明甫等从雷诺方程出发,根据高含沙水流存在流核区与非流核区,且流核区厚度有随水流紊动强度增加而减小直至趋于消失的规律,提出了一个包含相对非流核区厚度在内的二维恒定均匀紊流的流速分布公式。

高含沙水流运动有推移质、悬移质、层移质运动和异重流运动之分。在高含沙水流运动中,床沙颗粒由于受到宾汉剪切力作用,且粘性较大,泥沙难以运动,沙垄不易发展。由于在含有细沙的高含沙水流中,悬浮液密度和粘性增大,沉速大为减小。因此与一般挟沙水流相比,高含沙水流具有较大的挟沙能力,含沙量垂线分布比较均匀。对悬移质运动机理的研究也取得了较大进展,发现非均质高含沙紊流挟沙力特别高的主要原因是重力作用与紊动扩散作用。而在均质高含沙水流中,当含沙浓度很高时,泥沙颗粒间距很小,相互碰撞机会增多,沙粒间碰撞必然在垂向引起粒间斥力,粒间斥力代替紊动扩散作用,这样就会使高含沙水流维持在一种疏松结构状态,缓慢向前蠕动而不发生淤积。另外,宾汉极限剪切力也有阻滞泥沙颗粒下沉的作用。

五、河床演变

河床演变的学科性质决定了它应当是从工程技术的角度,考虑河流在较长期内但又不是历史时期的调整过程。因为在具体研究中分工过细,所承担的任务往往只涉及一个河段或者一个地区,工程技术人员容易注意局部河段而忽略流域整体,容易看到眼前而忽略较长期的变化。正是由于这个原因,实际中关于河床演变的研究成果往往是关于某个具体河段的资料分析,而针对某一类型普遍现象的讨论及规律总结不多。在学科发展的过程中,关于普遍规律的总结主要体现在河流自调整机理、河型分类、各类河型演变特性、河相关系、水库下游再造床作用等方面。从当前的研究来看,对河床演变的研究一般可以分为2类,一类是从内在的动力机制出发,试图说明河流上发生某种演变现象的内在原因,偏重于对内在动力机理的诠释;另一类是从宏观的现象中分析规律性的东西,试图从原因和对应的结果中总结规律,说明某种现象出现所伴随的外部条件或必要条件。在机理研究存在困难的时候,利用大量资料总结河床演变规律的工作取得了进展。几十年来的治河实践一方面受到各种河型演变的理论的指导,同时也利用所积累的资料不断检验了各种河型演变的一般规律。

中国早在20世纪50年代,就将冲积河道划分为顺直、蜿蜒(弯曲)、分汊和游荡4种河型,并在全国河流上设立了2910个固定野外测量站,进行了大量的野外观测资料分析及室内试验研究,取得了丰富、详细、长系列的观测资料,不仅对顺直河道中浅滩的形成、演变及影响因素进行了分析,而且对弯曲型河道的水流、泥沙运动特性进行了分析。分汊河道是冲积平原河流中常见的河型,通过水槽试验和野外实测分汊河道水流泥沙运动情况,阐明了汊道演变过程及整治方法,分析了分流分沙比对河道演变的影响。60年代,中国对黄河下游河床演变进行了全面总结,对上游修建水库后下游可能发生的河床变化作了预估;通过对游荡型河道的形态、水流、泥沙输移的分析,阐明了黄河下游河道平面及纵向演变特征是:河床多年平均逐步抬高,年内冲淤幅度大,变化快,平面变形剧烈,滩槽交替演变等,同时探讨了河势控制及整治问题,并结合长江中下游蜿蜒及分汊河段和黄河下游游荡型河段的整治,探讨了各类河型的整治原则、措施及可能产生河型转化的必要条件。

中国还对水库淤积及坝下游河床演变作了长期研究,进一步完善了水库不平衡输沙、悬移质含沙量沿程变化、冲淤过程中悬移质级配分选及床沙级配粗化等理论,基本完成了由定性的描述到定量研究,内容包括:淤积形态和形成条件的定量表达、三角洲淤积及锥体淤积纵剖面方程、横剖面塑造特点、异重流淤积及倒灌、变动回水区冲淤、推移质淤积、回水抬高、淤积物随机充填干容重确定方法、淤积过程中糙率变化等。

在高含沙水流河床演变研究方面,近些年来中国也取得了一些有意义的成果,对一些特殊的河床演变现象,如"揭河底""浆河""阵流"等的形成机理进行了探索,初步给出了"揭河底"冲刷的必要条件和"浆河"形成的条件。

六、河流泥沙数学模型

对水沙输移效应的准确模拟是探索水沙输移与河床变形作用机制、开展规律研究的重要辅助工具,也是水沙调控的基础。河流泥沙数学模型是随着计算机技术的发展,在20世纪70年代以后快速发展起来的领域。河流泥沙数学模型的求解方法可以分为2类:一是将水流和泥沙方程式直接联立求解;另一是先求解水流方程式,求出有关水力要素后,再求解泥沙方程式和河床演变方程式冲淤变化,如此交替进行。在一维数学模型研制中,韩其为引进了泥沙扩散方程,并能考虑泥沙粒配的变化,因而与美国陆军工程师兵团水文工程中心的HEC-6模型、丹麦的MIKE系列模型、荷兰DELFT水力实验室模型和英国WILLINGFORD水力研究所模型相比较,别具特色。在平面二维数学模型研制中,中国采用了非饱和输沙模式,这比国外所采用饱和输沙模式更符合实际情况。近期发展起来的紊流模型,则能较好地表达紊流粘性系数,在泥沙及污染计算中取得良好的结果。

对于主要用于研究悬移质的剖面(立面)二维数学模型,目前已发展到对非均匀沙运动的模拟,并在水库坝区、变动回水区及水库下游的河床演变计算与预测中得到了应用。三维数学模型是近期发展较快的泥沙数学模型。王书宜等人开发的称之为CCHE3D的三维泥沙数学模型,可模拟冲积河流的水流、泥沙运动和河床地形变化,尤其适用于模拟桥墩附近的局部冲刷。

近些年来,国内外学者不断改进计算方法和计算模式,在长河段冲淤模拟、蓄滞洪区洪水模拟等方面取得了进展,区域之间水沙交换模式不断改进,计算速度、精度不断得到提高。然而,区域或流域的水沙模拟涉及水库淤积、水资源调度、河道水沙输移、河床调整等多方面内容,中间计算单元复杂,包括水库、河道、河网、湖泊等等,很难用统一的方程或模式概括,如何克服多重时间、空间尺度造成的困难,同时保持模拟的精度,是今后该方面应该重点关注的问题。数学模型作为研究河床变形问题的一种重要手段,正处于迅速发展和日益完善之中。

七、交叉学科泥沙研究

河流系统中的物理、化学、生物等各种过程涉及了泥沙动力学、河床演变学、地貌学、沉积学、水文水环境、生态学等多个学科。因此,对河流环境的维护需要多学科综合、跨学科交叉开展研究。

水流对泥沙的输移是在一定的河谷地貌背景下,沿程的淤积,特定河型的形成都与此密切相关。同时,泥沙的冲淤过程也伴随着对河流地貌的改变。因此从宏观上研究区域范围内的泥沙问题,必然会引入地学研究的思路和方法,特别是随着流域整体概念在泥沙研究中逐渐得到重视,泥沙研究与地学的交叉越来越多,也越来越广泛。近几十年来,河流地貌学研究已不再将目光局限于水系与河谷地貌的历史过程与形态描述,也开始关注河床地貌的现代过程,并试图从动力学的角度解释河流地貌的形成机制;水利工作者多从数学、物理方向,探讨河流演变的动力机制,力图向能够定量描述甚至数学模拟的方向发展,研究的范围也不再仅仅局限于研究短河段、短时段中的泥沙运动所导致的河床变形,转而从流域整体影响来考虑河床演变过程。出于江河治理和大型工程论证的需要,河流工作者对中国主要河流进行了广泛而深入的研究,水利与地学界之间取长补短、相互渗透,提高了研究能力。

在河流生态学领域,由于水利工程对水沙调节引起的生态环境恶化现象普遍出现,人们逐渐意识到河流水文过程、地貌过程对生态系统的深远影响,研究尺度也从小的栖息地群落上升至区域或流域的宏观整体状态。早期对河流生态多样性和完整性的研究多关注于静态的河流环境,近些年来径流及河滨带动态变化造成的地貌多样性在相关研究中得到了充分重视,从单纯对生态系统的研究,转向地貌-生态系统的研究。生态需水量概念的提出,将研究尺度从栖息地或单个种群转向整个生态系统的维持,而且研究目标从水量需求转化为流量过程的需求。维持河流的输沙能力,保持河道形态特性是其中的重点研究内容之一。对生态系统状态的评估从小区域内种群结构、群落物种多样性,向流域整体的方向发展,地貌、水力等因素本身的多样性也在其中逐渐得到考虑。

随着工农业发展,各大河流均出现水质恶化。泥沙颗粒对重金属、有机物存在着吸附和解吸作用,因此水体污染也使得水体中的悬浮泥沙、底泥不同程度地受到污染。由于污染物以泥沙为载体在水中迁移,所以,对水环境中污染物迁移转化的研究,必须考虑泥沙运动的影响。鉴于环境中泥沙问题的普遍性,在传统的泥沙动力学研究泥沙颗粒迁移运动的基础上,与相关的环境科学相结合,研究污染物的迁移降解规律,必然将推动泥沙科学、环境科学向前发展,并且丰富泥沙科学的研究内容。

综合来看,虽然河流泥沙研究的历史不长,但在人们治水治沙的实践中,对水流中泥沙运动规律的认识不断深入,对河床演变规律的总结不断提高,解决了江河整治、水利工程建设以及生产实践中的大量泥沙问题,诸如水库泥沙、航道整治与维护、渠首防沙、桥墩冲刷、堤岸防护、工业取水与泥沙处理等问题。在实际问题解决过程中,定性分析和定量预测等各种手段相结合,推动泥沙运动基本理论、河道水流特性、河床演变规律以及河流模拟技术等各方面均取得了一定进展。但同时也应该看到,由于河流泥沙研究是新兴学科,许多理论还有待完善,而江河治理开发实践中遇到的实际问题异常复杂,现有理论和方法还难以使所有问题得到圆满解决。以三峡水库下游冲刷为例,河床冲刷发展历程关系到江湖关系变化、河床冲刷深度、河口沙量变化等方面的调整,影响着工程对防洪、航运、生态等方面影响的评价,然而由于当前对非饱和输沙机理认识仍然不足,目前还难以给出较可靠的定量预测,与此类似的问题还有下游河型的转化、典型河段河势的调整等。这些问题的存在表明,关于泥沙运动基本理论、河床演变原理以及模拟手段的研究,在今后一段时间内仍将是河流泥沙研究的重点内容。

第八节　地理水文学研究

"地理水文"一词由前苏联学者 A. 安基波夫于 1981 年提出,他在《水文研究的地理学观点》一文中,基于地理系统学理论,详细地阐述了水文研究的地理学途径。相对于工程水文,地理水文更侧重于水文过程与自然地理因素之间相互作用和相互影响的综合研究,更多地考虑水体是一定地理环境中的客观存在,以及水体的区域性差异与区域因素的关系。因此,地理水文具有宏观性、综合性和区域性的特点。

由于中国幅员广阔,地带性和地区性水文过程差异明显,因此,形成了研究地理环境对水文过程影响的学科——地理水文学。中国的地理水文研究开始于 20 世纪 30 年代末,一般认为以吴尚时的译著《江河之水文》问世为起始,但其主要发展还是在 50 年代以后。谢家泽、郭敬辉、施成熙、罗开富等为开拓、推动中国地理水文研究作出了重要贡献。50 年代中期进行了河流水文调查与全国水文区划研究。60 年代,研究工作从河流水文逐步扩大到冰川、湖泊、沼泽、冻土、河口等其他陆地水体水文。汤奇成、熊怡等撰写的《中国河流水文》一书较集中地反映了这一时期中国在地理水文领域的研究成果。中国地理学会于 70 年代初成立的专事地理水文研究的水文专业委员会,曾先后召开多次全国性地理水文学术讨论会,推动了地理水文研究,促使了水资源水文、环境水文的发展。80 年代中期以来,又兴起了"人与水"和谐和全球变化背景下的水文研究。

一、地理环境对水资源系统效应研究

探讨特殊下垫面水文过程为东北地理所柴岫、杨秉赓等在 50 年代对东北三江平原沼泽区水文进行的研究,继而中山大学沈灿燊等在 1958 年对广东低塱区水文结合整治血吸虫进行的调查研究,写出了中国关于低塱水文的最早论文。20 世纪 60 年代末以来,中国科学院地理研究所刘昌明、熊怡、李德美、凌美华等,对中国南水北调规划所造成的水文地理效应作了深入的研究,并对华

北地区、长江流域部分省区的地理水文作了深入的探讨,写出许多有价值的论文和质量较高的专著。60年代后,成都地理研究所唐邦兴等对泥石流研究取得了较多的成果,在国内享有一定声誉。南京大学杨戊、章海生、史运良、李明华对长江流域部分省区进行洪水旱涝调查和治理河流泥沙研究。70年代和80年代对西南喀斯特地区和三峡工程环境影响作了大量工作,取得一定成绩。南京地理研究所施成熙等在70年代中期对太湖流域已开始研究,并曾和日本有关专家合作。华中师大金伯欣、邓兆仁在70年代末对江汉湖区的水文生态作了大量全面而有系统和细致的研究,并结合自然生态及开发利用来探讨。中国科学院地理研究所汤奇成在60年代初~80年代持续在新疆干旱区作考察,写出了大量有系统的论文。杨利普也对新疆干旱区水的利用作出了系列研究。东北地理所陈刚起80年代对东北三江平原沼泽水文进行更深入的研究。西北大学余汉章对西北和河西走廊地带干旱水文作了探讨。华东师大黄锡荃等在80年代对长江下游水文、城市水文,河北师范大学邓绶林、李慧珍、于凤兰对华北平原水文,中国科学院地理研究所许远生等对华北平原的节水都陆续展开研究,取得可喜的成绩。

1980年以后,全国地理水文研究有比较大的进展。北京大学关伯仁、邵庆山,北京师范大学钟俊襄,新疆大学周天骧,辽宁师大刘庆书,吉林师大杜兴利,内蒙古师范大学宝音,中山大学纪汉阳,华南师范大学曾邦锐、张声才,福建师范大学余泽忠,广州师范学院谭秋笑,广西师范大学陈家平等,都对所在地区的地理水文作了许多工作,撰写出一大批论文或报告。

此外,黄委马秀峰对黄河区划作了大量研究,中国水利水电科学研究院谢家泽,清华大学黄万里,上海水电局陈信科对地理水文的研究方向提出了宝贵的建议。

在南方湿润地区,下垫面结构复杂,加以暴雨,热带和亚热带气候,水文过程有其特点。中山大学沈灿燊等在20世纪70年代开始对特殊下垫面产流进行系列研究。1978年在美国winsicosin召开的地理学术讨论会上,提出广西南流江夹杂喀斯特区的非Horton下渗型的产流模型,得到与会者的重视。沈灿燊在70年代末开始在广东和广西的岩溶区对这种特殊下垫面进行系统研究,建立多种不同喀斯特类型的产流模型,并寻找改变生态环境的途径。此外,沈灿燊等对海南岛花岗岩热带台风暴雨径流区、亚热带严重水土流失区、雷州半岛玄武岩承压水裂隙区等特殊水文现象都进入较深入的研究。中山大学陈俊合等在80年代对暴雨中心的水库区产流开展了探讨。在这个基础上,沈灿燊、刘美南在1987年总结了全国各地研究成果,提出了"景观产流"的学术观点,即在不同的地理景观产流区内,有其不同径流形成机制和产流模式,特别是入渗过程,许多地区既不是蓄满,也不是超渗,喀斯特区的洞穴、漏斗的渗漏便是很好的例子。沈灿燊、宋建阳在1988年在粤北北江用系统工程方法分出不同景观产流区,作出不同径流形成机制和模型。对岩溶地区水文研究还有桂林岩溶研究所严启坤和贵阳师范大学杨明德。前者探讨了岩溶区地下水对地表水的补给类型,后者则着重研究地下水的储存规律。

近年来,国内环境水文的研究大多结合各地的环境保护规划与实施进行,如华北地区的水环境与上海市的水环境。在一些薄弱的领域,如地下水的污染,也开展了研究。1990年国际地理联合会(IGU)在北京举行区域大会后,IGU执委会批准在中国建立区域水文对气候变化和全球变暖响应的二级学术研究组织并推选刘昌明为主席,使环境水文的研究由较小尺度的研究转向更加宏观的大尺度环境水文研究。1992年与1993年分别在美国华盛顿与中国拉萨举行了国际会议,研讨了全球变暖对水文与水资源的影响和高寒地区水文水资源对气候与全球变暖的响应。这些学术活动推动了中国大环境水文的研究。

二、水量平衡与水循环（地带性和地区性）研究

中国水循环和水量平衡受不同强度的行星风系和复杂地形所影响，以秦岭淮河为界，有不同的循环过程和输送水量。而在沿海、中部、西北地区、青藏高原、洼地、沙漠等局部地区，都有其特殊的水循环和水量平衡模式。以往中国几位气象学家对一些地区的水汽源和水汽汇计算结果有所不同。为了在理论上加以研究，使东北季风、西南季风及西风带控制地区的输送水汽情况和整体水平衡情况得到进一步的了解，1983年中国科学院地理研究所刘昌明发表了一篇指导性文章，并在1983年福州全国水文专业学术会议上提出，以省为单位筹组中国水量平衡和水分循环地带性和地区性的研究，接着广东、广西、江西等12个省由所在大学地理系水文教师开展研究，并已写出总结报告，并打算在1990年将全国各省的水分循环和水量平衡的研究报告，由中国地理学会的水文专业委员会（刘昌明、李美华等）综合和召开学术研讨会，得到初步的、比较完整的中国水量平衡与水量循环理论和过程，并已与国际水文委员会联系，拟纳入世界研究项目的一部分。

作为水文基本理论的水循环与水平衡研究，正在宏观与微观尺度上不断扩展与深化。在宏观上面向全球。国际地圈生物圈计划（IGBP）强调的界面过程研究，正力图把描述全球物理气候系统的总循环模型（GCMS）与全球水循环模型相耦合。这一研究将提供量化与描述全球水文过程与未来变化的可能，其中包含自然变化与人类活动的影响。IGBP计划特别注重植被变化的作用，以便把人与生物圈（MAB）计划的研究紧密联系起来，这是目前国际上正在开展的一项巨系统研究。在中国结合 IHP – IV 计划（大气、陆地和水系统间的界面过程，气候变化和水文系统的关系，湿润热带、干旱半干旱区水文研究与水资源管理战略等）已有初步研究，目前正加强中国地理水文学与地学及生物学各分支学科的跨学科研究。

水循环研究除在国内已发展的各类流域水文模型外，正深入到单元尺度的细微观测与计算模拟，尤其是田间水分运动与交换过程的实验与计算研究。相对于宏观尺度的研究，中国在这方面已有一定的工作基础，如土壤—植物—大气连续系统的研究，发展了多种水体之间多种形式耦合系统的探讨；结合中国科学院生态台站网络的建立，开展不同地理带的水循环过程的实验，致力于揭示界面过程中水分、热量交换规律，例如，地下土壤水、植物根系吸收、植物冠层辐射平衡、温度、总气孔阻力、边界层阻力、土面蒸发、土壤热通量等等。水循环或水量平衡研究，既是发展水资源确切评价方法的基础，也是农田节水调控、农业合理用水的依据，具有重要的意义和广阔的应用前景。水循环的微观与宏观的结合表征水文科学理论的逐步完善化和系统化。

三、水文过程研究

水文过程在自然地理过程与环境变化的研究中具有极其重要的意义与应用价值。在水文过程的驱动下，导致地貌演化，流水造成侵蚀、搬运与沉积，起着地形的塑造作用；携带地表层化学元素的迁移、沉淀，对化学地理景观起着重要作用；对于地球表面的主要热量（太阳能）进行调节与传输，影响到气候的形成与变化；蒸发过程包含着生物界的一个基本生理过程——蒸腾作用，涉及植物生长发育。在这个过程中，水与二氧化碳一起是构成植物碳水化合物的主要物质；另一方面，水文地理或环境条件又对水文过程发生影响，成为环境变化研究的命题。水文过程的研究近年来非常活跃。

结合各地水文计算的需要,对产流与汇流发展了不同的模型。中山大学、南京大学、贵阳师大与成都科技大学等单位分别研制了岩溶地区水文模型。结合流域地貌水系结构,中国科学院地理研究所等单位发展了地貌单位线方法,用于径流过程的计算。考虑土地利用对水文过程的影响,刘昌明、于静洁提出了森林拦蓄降雨极限量模型,用于森林拦蓄降雨的计算问题。

在平原地区,开展了"三水"(降雨、地表水与地下水)转化的研究,考虑到土壤水,称为"四水转化",再进一步联系到植物水分,称为"五水转化",这是研究工作的一种循回渐进,从简单到复杂的过程。这方面的研究由于采用了系统的观点和演绎方法,使水量转化过程的理论得到了进一步的发展。这些进展表现出对水文过程研究的全面概括和预见性,揭示出界面水文研究的前景,同时,也丰富了自然地理过程的理论。

目前,水文的定位观测遍及中国的主要陆地水体,包括冰川、湖泊、沼泽与小河流的降雨径流、土壤水与地下水。比较著名的台站可以山东禹城水循环与水平衡试验站、太湖试验站、东北三江平原沼泽试验站与西北天山冰川试验站为代表,这些实验站纳入了中国科学院生态系统网络,覆盖了中国主要的生态类型区,为中国地理水文的理论与应用研究提供了最有力的支撑。实验的内容不仅包含了所有的水文要素的试验观测,而且结合了能量与溶质等不同地理地带的生态与环境条件的研究。在实验技术与手段方面,除了引进国外的先进仪器(如普遍配置土壤水分中子仪,太阳辐射仪等)外,根据实验与模拟的需要还自行研制了室内与野外实验装置。配合对土壤—植物—大气系统(SPAC)的观测,设计了多种仪器的综合装置,发展了新的研究课题。

四、区域水文水资源研究

中国在不同时期编制了内容不同的水文区划。1954年,中国科学院地理研究所编制的《中国水文区划草案》,以流域、水流形态、冰情和含沙量为区划指标将全国划分为3级9区,第一级区划的指标采用内外流域;第二级指标有河流的冰情、水流形态等;第三级指标有相对流量、含沙量、河流的形态、潜水的形态等。1956年,中国科学院自然区划工作委员会再次开展的中国水文区划研究,并编写了《中国水文区划草案》(1956)和《中国水文区划(初稿)》(1959),以河流的水文特性和水利条件为指标将全国分为3级区域,第一级称水文区(13个),指标是用径流深表示的河流水量;第二级称水文地带(46个),指标是河水的季节变化;第三级称水文省(89个),指标是水利条件,包括水能、灌溉、航运等。中国科学院地理研究所于20世纪90年代初成立了水文区划课题组,在大量实地科学考察、结合对全国历史水文观测资料的统计、分析和编图基础上于1995年出版了《中国水文区划》,采用2级区划系统,第一级以径流量为主要划分指标,将全国分为11个水文地区,第二级以径流的年内分配和径流动态为指标细分为56个水文区。同时,水文部门的专家为了水文站网的规划与布设、区域水文特征研究等目的也进行了水文区划的研究。中国许多省、区也进行了水文区划。例如,1960年吉林省水文区划(草案)中提出的分区指标:第一级是水量的多寡;第二级是径流的高值区和低值区;第三级是径流形成条件和径流的年内分配;第四级是径流形成条件的一致性和独特性等。

区域水平衡研究进一步深入,如中国科学院地理研究所进行的全国水量平衡与华北水量平衡的研究;长江流域办公室与黄河水利委员会提出的长江流域水平衡三要素分布和黄河流域水文要素时空分布及水平衡分析;各省区的水平衡研究,全国已有一半的省市提出研究报告。在这些研究水平衡的工作中,多采用六要素的平衡计算方法。

特殊区域的水文研究也取得许多成果。如喀斯特地区、干旱区与半干旱地区、山区、平原地区、高寒地区与小岛的水文研究均有相当的研究成果发表。

区域水文研究定量分析技术手段有所加强,如应用模糊数学进行区域水文类型的研究,已有黄河流域的水文区划工作;应用有序量最优分割法,进行河川径流变化的研究;利用遥感技术进行地区水文条件的判读,包括对多时相卫星遥感图像分析区域水文动态等。

结合国家与地方的任务,适应市场经济与生产需要,在国土整治、区域发展、城乡规划、工矿交通建设、大型水利工程生态与环境保护等许多方面,进行了大量的研究工作。在缺水的华北与西北地区的工作如节水农业等。有些研究突出地理学的特色,如在华北平原进行的古河道调查,为区域的水量调蓄工作,提供了重要参考。

五、冰川湖沼水文研究

全国第一次水资源评价中的冰川与湖泊水量均由地理部门完成。中国科学院冰川冻土研究所计算分析得出全国冰川面积为 58 651 平方千米,冰川储量为 $51\ 322 \times 10^8$ 立方米,冰川融水年径流量为 563×10^8 立方米。这部分水量构成了中国西部地区水源的重要成分;中国科学院地理与湖泊研究所估算了全国湖泊总面积为 71 787 平方千米,年贮水量为 7088×10^8 立方米。中国科学院长春地理研究所估算出中国沼泽的面积约为 10×10^4 平方千米。

冰川与湖沼水文的研究,在中国主要集中在地理研究单位。在学术上有举足轻重的地位。在施雅风的倡导下,冰川的研究取得迅速的发展。除水文调查外,冰川水的研究已深入到冰川的水量平衡与融水径流形成过程的机制方面,并出版了中国冰川水文学的研究专著。

湖泊水文研究,在西北与东南地区都取得了重大进展。中国科学院新疆地理研究所提出了亚洲中部湖泊的近期变化的研究成果,为中亚湖泊水资源利用提供了科学依据。中国科学院南京地理与湖泊研究所毛锐在太湖蒸发的长期研究基础上,针对1991年太湖水灾时期湖水位日变化分析得出排涝阻碍论据,对于世界银行为治灾投入资金的决策起了很大作用,显示了研究论文的价值。此外,1992年中国科学院地理研究所在南四湖蒸发的系统研究成果也通过了科学鉴定,发展了水面蒸发的计算模型。

沼泽水的研究以东北三江平原的沼泽水文研究为代表,已获得了多年的科学积累。

六、河口水文研究

1957年,苏联河口学者萨莫伊洛夫教授来华开设河口班后,他将河口自然环境作为整体地研究河口水文的思想,在中国有深远影响。中国于60年代初开始,侧重对入海河口水文进行专门研究。华东师范大学和中山大学成立了河口所(室),对长江口和珠江口开始研究,长江口研究至今已发表很多论文,在国际上享有盛誉(陈吉余、黄宝灿、沈焕庭等)。珠江河口由三角洲网河区形成,大小河汊千百,分8个口门出海,与亚马逊河、恒河、密西西比河等为世界上比较复杂的几个河口之一,在河口中,潮流四处上溯分散,在不同河汊退出,相互顶托,会潮点多,加上台风袭击,狂风巨浪暴雨,潮流界、潮区界变化辐距大。60年代中山大学开始作研究(沈灿燊、卢如秀)继之。中大河口室成立后,作了系统深入研究(罗章仁、应秩甫、李春初、杨干然等),写出了许多有质量的论文,在全国有较高地位。此外,中山大学进行了珠江河口台风暴潮系列研究,提出了长浪辅助台潮预报和大面积过程预报(沈灿燊、甘雨鸣),水沙规律研究(李春初、应秩甫、南海研究所赵焕庭、欧兴进,广州地理研究所陈琴德、刘先紫,珠江水利委员会董兆英等)和水污染的研究。中国从 1982 年～1987 年,全国开展海岸带综合调查,对全国的河口浅海水文都作了详细调查,并写出了报告。以河口作为整体,自然地理因素和人类活动对水文影响的研究,正在加速开展,近年来取得了大量研究成果。

七、森林水文研究

中国由于几十年的过度砍伐森林,使水文过程变为恶劣,水土流失严重,带来了不良后果。因此,逐渐重视这方面的研究。对东北大小兴安岭、西双版纳、广东小良、海南尖峰岭都开展观测和探讨,已发表不少文章,但大都是分析对比而从理论上阐述森林类型、林种在不同土壤,不同地理位置种植时对水文影响都比较少。西德和中国在海南坝王岭合作设置比较先进的森林水文观测站,从事较深入的研究,带有较强的系统性、理论性研究。近年已写出一些文章(中山大学沈灿燊),从研究林区与皆伐区间水文差异开始,进而探讨不同森林结构对水源涵养、水质保护、调节洪枯季水量的关系。

总之,中国地理水文研究的主要进展表现在:①利用遥感技术进行地区水文条件判读,用多时相卫星遥感图像对区域水量动态进行分析;②完成了全国水量平衡、华北水量平衡、长江流域水平衡要素分布、黄河流域水文要素时空分布和各省区的水平衡研究;③对中国河流进行了分类,完成了全国水文区划研究;④开展了气候变化对中国降水时空分布的影响和区域降水变化的研究。根据中国国际气候委员会办公室 2003 年的报告,近 50 年来,中国的华北大部、西北东部和东北地区降水明显减少,平均减少 20 毫米/10 年～40 毫米/10 年,而华南与西南地区降水明显增加,平均增加 20 毫米/10 年～60 毫米/10 年,西北地区西部降水也有所增加;⑤提出了对农业生产至关重要的土壤水资源评价利用及农业节水途径;⑥进行了冰川水文调查,深入研究了冰川水量平衡及融水径流形成机制,指出中国冰川近期变化是"小冰期"以来冰川变化的继续,近 40 年来冰川退缩加快,反映了全球变暖对冰川的影响;⑦对西北地区和东南地区的湖泊展开了系统研究,通过对南四湖蒸发的研究,提出了水面蒸发计算模型,通过对太湖等湖泊富营养化的研究,发现浅水湖泊中水生生物和风浪扰动对沉积物中磷的地球化学行为有重要影响;⑧开展了高原湿地,尤其是作为世界特有的青藏高原湿地格局动态变化与全球气候变化关系的研究,发现它对全球变化有特殊重要的影响,并初步揭示了全球气候变化是青藏高原湿地退化的重要原因。

第九节 生态水文学研究

生态水文是 20 世纪 90 年代以来兴起的水文科学研究领域,旨在研究陆地表层系统生态格局与生态过程变化的水文学机理,揭示陆生环境和水生环境植物与水的相互作用,阐明与水环境相关的生态环境变化的原因与调控。中国目前主要在森林生态水文、干旱地区生态水文和湿地生态水文方面有较深入的研究。

中国的森林生态水文研究目前主要涉及森林对降水、蒸散发、径流、泥沙、水质等的影响。具体研究内容包括林冠截留与蒸散发、枯落物的水文效应、水土保持效益,以及由此引起的林地土壤水分的变化。近几十年来,中国对于林冠截留做了较深入的研究。1995 年,温远光指出,中国主要森林生态系统的林冠截留率在11.4%～34.3%之间，其中，以亚热带西部高山常绿针叶林最大，亚热带山地常落叶阔叶混交林最小。林冠截留量与降水量存在着正相关关系，但不同森林类型又因林冠结构不同，两者的相关关系也不尽相同，林冠截留量一般与降水量的对数呈函数关系。林冠截留损失受多种因素的影响，其中包括降雨频率、降雨强度、降雨历时、树种、林龄、林分密度、林冠蒸发能力、林冠构筑型等诸多方面。森林蒸散发是森林生态系统水分循环与能量平衡中最为重要的因素之一，由于森林林冠增加截持雨量的蒸发，又因为枯枝落叶层具有比土壤更多更大的孔隙，使得森林蒸散发量很大，这也是其减少流域径流的原因之一。中国20世纪60年代初开始了对森林蒸散发的研究，大多数研究结果表明，包括截留损失在内森林生态系统的蒸散发量大约占降雨量输入的40%～80%。森林枯落物的水文生态功能不容忽视，森林枯落物具有很强的截留水分和蓄水的性能，它可以削弱雨滴对土壤的直接溅击，还可以吸持降水，大大减少了地表径流的产生。枯落物的最大持水率在178.4%～332.1%之间，枯落物层对降水的年截留率在5.75%～12.7%之间，截留量在27.9毫米～93.6毫米之间，阻滞径流速度的效应显著。刘世荣等的研究表明，各类森林生态系统枯落物层的最大持水量与其现存量呈极显著的正相关关系。森林的水土保持效益研究因其特殊的自然和社会经济条件，研究的比较深入和广泛。分别采用了包括标准径流小区、自然坡面集水区、小流域在内的观测试验、人工降雨、遥感、数学模型等方法研究了森林在调节径流、削峰减洪、减水减沙等方面的效应。一般认为，森林可以调节洪水过程，降低洪峰，延迟洪峰出现时间。由于林地具有大量腐根所形成的孔隙、动物孔穴和其他非毛管孔隙，又有较多的有机质和水稳性团聚体，涵养水分的能力强，因此林地土壤的贮水量很高，但林地土壤含水量受植被盖度、植被类型、枯枝落叶层厚度等因素影响。

中国干旱区广义上既包括分布在35°N以北、106°E以西的广大内陆河流域，也包括分布在北方风蚀与水蚀交错带降水量介于300毫米～400毫米之间的半干旱地区。通过对黑河、塔里木河等内陆河流域生态环境变化特点，以及流域内森林植被生态水文过程的研究，初步揭示了干旱地区生态水文特征，以及导致此类地区土壤荒漠化、盐渍化的因素，并提出了初步解决方法。2001年赵文智通过建立临界生态需水量、最适生态需水量等概念，确定了干旱区适宜人工植被的种类组成和格局。同年李香云指出，近50年来塔里木河上中游的水土开发活动，使下游来水量锐减，从而引发下游绿色走廊的逐步衰败、土地荒漠化加剧等生态环境恶化问题，认为干旱区面临的土地的荒漠化和盐渍化问题，实质上就是土地减弱或丧失了生长绿色植物的能力。2003年金博文、宋克超、2004年张济世等在黑河流域建立了陆面过程观测的环境观测系统（ENVIS），就黑河流域山区水源涵养林在水文过程中的作用，以及不同景观带的土壤—植物—大气系统（SAVT）中水分、热量、光合作用过程及其时空分布进行了研究，确定了流域水资源安全临界线和警戒线。

1956年美国渔业和野生动物局（USFWS）将湿地定义为被浅水、暂时或间歇水体所覆盖的低地……其中包括各种类型的沼泽、湿草地、浅水湖泊，但不包括河流、水库和深水湖。湿地生态系统具有多种功能和价值，被称为"地球之肾"或"自然之肾"。2000年何池全对湿地生态过程的3个方面即有机物生产过程、营养物质循环和能量流动及其水文过程进行述评和剖析，指出能量流动和物质循环是生产力研究中不可分割的一部分。2001年傅国斌研究指出，全球气候变化对湿地生态系统的面积、分布、结构、功能等造成了影响。2002年李颖等研究指出，三江平原沼泽退化的主要驱动力是人对沼泽的开垦，引起了土地退化、生物多样性受损、湿地功能下降等效应。2003年潘响亮等通过研究东北地区湿地的水文景观分类及其对气候变化的脆弱性,得出湿地发育的水文景观特点及其对气候变化的脆弱程度。2004年严登华对东辽河流域湿地各年的景观格局进行动态分析和观测,分析得出近年来某类景观占据主导的趋势在增加,必须对东辽河流域景观所受到的扰动进行合理调控。

目前,水生态研究的主要前沿有:

(1) 全球气候与生态系统变化 近百年来全球气候与生态环境的重大变化,对人类的生存和社会经济的发展构成了严重的威胁,使全球气候与生态系统成为世界各国共同关注的研究主题。研究的重点包括大气化学、生物排放和海洋生物化学等方面的生物地球化学过程;陆地生态与气候的相互作用,主要研究植被在地球系统水循环中的作用和全球变化对陆地生态系统的影响;将海气耦合模式与陆地过程模式及环境系统中的化学过程、人类活动的影响作用进行综合考虑的地球系统综合分析和模拟;全球变化对农业、海岸带、能源等社会经济的影响。在水循环的生态环境效应方面,近年来国内给予了高度重视,具有代表性的"中国西部环境和生态科学研究计划(2003年)"将"西部环境系统的演化及未来趋势""水循环过程与水资源可持续利用""生态系统过程与调控"和"人类活动与环境"作为计划的四大研究主题,重点开展西北地区水分循环与气候变化(区域尺度)、植被与水分循环、西部资源开发中水资源利用战略与流域管理理论、沙漠节水与植被恢复的新方法和新技术、多重胁迫下典型生态系统(特别是西南地区)受损与重建机理、人类活动对地表环境和生态系统的影响及其控制原理与技术、土地利用/土地覆被变化环境效应的评估模型、城镇体系建设的资源承载力与环境经济效应等内容。

(2) 水体富营养化 前沿研究的关键技术难点包括"水华"形成机理、底泥营养盐释放机制、富营养化的水动力条件、生物操纵技术与效应、藻毒素危害、生态修复技术、遥感监测技术应用等。由于不同水域,如水库与湖泊的富营养化成因不尽相同,因而富营养化的衡量标准也是目前的研究热点之一。此外,面污染源是水体富营养化的另外一个研究难题,其形成过程的量化与控制都是世界性的难题。

(3) 生物多样性与水利工程长期生态学效应 随着全球物种灭绝速度的加快,物种丧失可能带来的生态学后果备受人们关注,生物多样性与生态系统功能的关系成为当前生态学领域内的一个重大科学问题。当前研究的重点及前沿主要集中在:①长时间尺度上的物种多样性——生态系统功能关系;②非生物因素与多样性——生产力的交互关系;③营养级相互作用对于多样性——生态系统功能关系的影响;④物种共存机制在多样性——生态系统功能关系形成中的作用等方面。生态效应的逐渐显现使水利工程的长期生态环境影响受到高度重视。研究的前沿重点包括:①径流变化对水生生态系统及生物多样性的影响;②大坝拦截与调蓄对下游洪泛区生态系统及渔业生态系统的影响;③拦河筑坝导致生态系统扩大的次生环境效应;④流域梯级开发的累积效应;⑤减免水利工程对生态系统影响的措施;⑥失衡生态系统的修复与重建、水利工程对局地生态系及其功能的长期影响等。其中涉及的难点是生态效应定量评估方法。

(4) 河道生态需水量及关键生物生态水力学 生态系统对水的需求是近十几年最热门的研究内容之一。研究的热点已从河流生态基流(最小生态需水量)的单一指标转向考虑满足生态全过程需求的生态水过程(水位过程和流量过程)。同时,旨在满足大坝下游关键水生生物生态水力学条件(如产卵要求等)的人造洪峰补偿措施研究也受到广泛重视;目前开展的水功能区划也逐渐地从单一水质指标向水质、水量和生态指标过渡。目前热点前沿研究包括关键生物物种产卵的生态水力学条件、水力学条件变化与关键生物种群数量的响应关系、生命体在水体中的输移与消长规律及其流场控制机理,受损水体的生态水力学条件修复等。此外,钉螺的生态水力学特性、钉螺在水中的迁移及扩散规律也是生态水力学研究的前沿课题,对于血吸虫病防治具有重要意义。

(5)河流生态系统健康与水利水电规划的生态环境影响评价　河流作为一种重要的生态系统,其生态系统的健康越来越受到国际上的广泛重视。尽管生态学家至今尚未就河流生态系统健康的内涵达成共识,但是国外众多评价方法已经在实际中得到运用。目前国际上的研究前沿包括河道萎缩形成和演变机理、河流生态健康评价指标体系、河流生态健康评价的尺度效应等。在国内,河流生态系统健康方面的研究还刚起步,代表性研究——国家重点基础研究发展规划(973)项目"黄河流域水资源演化规律与可再生性维持机理"探索了黄河水资源可更新和可再生性维持问题,为更系统深入地开展黄河健康生命研究奠定了基础。水利水电规划环境影响评价与河流生态系统健康评价密切相关。在这2方面中国目前还缺乏系统的理论、技术、方法以及标准体系。未来中国水电工程规划的生态环境影响评价迫切需从末端单项评价转向源头评价、从微观发展为微观与宏观相结合、从局部发展到局部与整体相结合、从单个要素发展到系统的综合性评价。为此,河流生态系统健康理论、区域开发与规划的生态评价指标体系、区域生态补偿理论、生态服务功能评价方法、自然资源价值核算理论与方法,生态影响评价方法、累积生态影响评价方法以及水资源开发生态环境风险评价方法等成为水利水电规划环境影响评价理论中需重点研究的内容。

在中国,生态水文研究尚处于初步探索阶段,局部领域的研究较多,系统的理论框架尚未完全形成。面对生态环境恶化与人为破坏,生态修复已成为生态水文的重要组成部分,为此,建立一个公认合理的生态环境综合评价指标体系就显得十分迫切。中国一些山丘区生态环境脆弱、洪水频繁、成灾率高,急需从生态水文角度揭示其洪水形成机制,阐述所实施的各种水土保持措施对防洪减灾的原理和作用。

第十节　水环境基础理论研究

水环境是指自然界中水的形成、分布和转化所处空间的环境。是指围绕人群空间及可直接或间接影响人类生活和发展的水体,其正常功能的各种自然因素和有关的社会因素的总体。也有的指相对稳定的、以陆地为边界的天然水域所处空间的环境。水环境主要由地表水环境和地下水环境2部分组成。地表水环境包括河流、湖泊、水库、海洋、池塘、沼泽、冰川等,地下水环境包括泉水、浅层地下水、深层地下水等。水环境是构成环境的基本要素之一,是人类社会赖以生存和发展的重要场所,也是受人类干扰和破坏最严重的领域。水环境的污染和破坏已成为当今世界主要的环境问题之一。

目前,水环境理论研究主要集中于水环境基础理论、水环境经济学、水环境安全、水环境治理理论及技术和水环境标准等方面。随着社会经济的发展和科技进步,特别是可持续发展理论的提出,对水环境研究提出了更高的要求,水环境理论研究亦呈现出注重多学科交叉、灾害机理及演变规律、多要素综合分析、高新技术集成应用和试验示范等趋势。

从20世纪50年代初期中国水利系统建立常设水文站进行水质监测以来,通过几十年的发展,已建立了覆盖全国的三级水环境监测网络，获得并积累了大量宝贵的科学数据。同时，大力推进水环境的基础理论研究，针对中国水环境问题以及水利建设环境保护的需要，开展了大量水环境保护与水污染控制的基础理论研究，在水环境监测及标准化体系建设、水环境保护与水污染控制、饮用水安全保障、水环境规划与管理、水利水电工程的生态环境影响等方面开展了系列研究工作，取得了一系列重要研究成果。

针对水体重金属和有机污染的问题，国家在"六五"期间开展了黄河悬浮泥沙对某些重金属元素的吸附、解吸机制研究；"八五"期间国家攻关项目中重点研究黄河泥沙对重金属的吸附与解吸作用，以及有毒有机物在黄河水与泥沙两相的分配规律。近年来，中国在包括重金属形态分级及其毒理学效应、环境界面吸附热力学和动力学、有机污染物定量结构活性及生态效应、环境污染预测模型等方面进行了基础理论研究。

在水环境演化机理方面，通过开展国家自然科学基金项目"典型湖滨水陆交错带湿地反硝化脱氮作用机理研究"、"973"项目"海河流域水循环演变机理与水资源高效利用"，研究示范了滨湖带湿地系统污染物的连续监测和模拟分析技术，查明滨湖带湿地系统重要污染物的迁移转化机理及其主要环境控制因子。通过开展"利用生物生态技术修复洋河水库污染水体"项目，进行了藻华控制技术和生态修复技术的探索性尝试。在国家"八五"重点科技攻关项目"泥沙对黄河水质影响及重点河段水污染控制研究"中，模拟研究了泥沙对黄河重金属、有毒有机物和COD等的影响，用环境化学和环境生物学相结合的方法研究了多泥沙河流的水质评价标准和评价方法等。在国务院三峡建设委员会重大项目"泥沙与污染物耦合作用及其水环境影响研究"中，通过实验、观测和模型等综合手段对泥沙吸附（解吸）机理过程进行定量描述和分析，建立了河流泥沙与磷作用的模拟模式。目前研究的前沿课题是污染物在不同水环境中的迁移转化规律。掌握不同水环境中污染物的迁移转化规律，对于水污染控制和水环境治理具有重要意义。其中，高含沙河流和地下含水层是2种既十分重要又十分复杂的水环境，目前对这2种水环境中的污染物迁移转化机理尚缺乏足够了解。对于高含沙河流，有关泥沙对重金属的吸附解吸已有很多研究，而泥沙对营养性污染物和有机污染物吸附作用则是近些年来水生态与水环境基础研究的一个前沿热点，研究的重点内容包括泥沙对营养性污染物和有机污染物的吸附解吸机理、吸附态营养性污染物和有机污染物的降解过程、沉积泥沙中营养盐和有机污染物的释放机制、细颗粒环境泥沙的输运规律与数学描述等。对于地下含水层，污染物的迁移转化一直是重点前沿研究之一，其研究的难点主要包括非均匀与非饱和含水层中污染物迁移转化机理及数学描述，不同好氧与厌氧微生物对各种污染物质的生物降解作用，以及地表与地下生态系统的作用过程等。

国内关于水污染数值模拟仍处于发展阶段，与发达国家研究水平有一定差距，但近年受到广泛重视，取得了长足进步。对一些大江大河的重要河段开展了污染物扩散输移的观测实验，对污染物在天然河流的扩散、离散和混合系数有较多的研究。富营养化导致水生态系统结构与功能的变化规律和特征研究方面，构建了大量河流、湖泊、河口、海湾等重要水域富营养化生态动力学模型，实现了水域富营养化管理的理论化、定量化和预警化。

在水污染治理方面，针对中国环境管理要求，围绕污染物的产生、水体污染的过程及其相应的修复技术和方法，开展了富营养化水体修复、重金属污染修复、地下水污染修复等方面的研究。自20世纪90年代以来，中国在湖泊、河流、城市水污染控制与饮用水安全保障等方面开展了广泛的研究，并取得了一定的成果。主要流域常规环境监测体系已初步形成，湖泊富营养化控制与生态修复、河流水环境综合整治、城市水环境保护、饮用水保障技术等方面研究取得了一定的进展,特别是在"三河"(淮河、海河、辽河)"三湖"(太湖、巢湖、滇池)、三峡库区等重点流域治理的研究工作有了明显的进步。针对太湖、滇池、巢湖、三峡水库等主要湖泊、水库的富营养化问题开展了一系列重大攻关研究,内容包括富营养化影响因子及主要成因、水华形成机理及除藻相关基础理论、生态修复、生物治理及引水调控理论与方法、生物操纵技术与效应等,取得了一些重要成果。在海河流域,中国科学院生态环境研究中心等以流域复合污染的形成过程、转移转化、生态响应、控制修复为主线,深入开展了河流污染特征与水环境质量演变机制、复合污染的动力学过程与生态健康效应以及饮用水安全评价研究;广州地化所等对东江流域有机氯农药、多环芳烃、多氯联苯及多溴联苯醚等典型持久性有机污染物(POPs)分布特征、来源、输入途径及污染历史等进行了系统的研究;沈阳应用生态所、东北地理所等对松辽水系工业复合污染所致的环境质量演变规律、复合污染毒理过程、水体生态修复原理等进行了系统的研究,为松辽水系污染治理和区域可持续发展提供了科学依据;中国科学院地理研究所等对淮河流域的洪水问题、闸坝影响等特征开展了大量的研究工作,分析了淮河流域水环境恶化的根本原因,科学评估了闸坝等水工程活动对河流污染造成的影响。在面源污染研究方面,南京土壤所开展了太湖流域不同来源污染物通量研究,建立了营养盐通量及负荷的估算模型,全面分析了主要污染物排放通量和入湖通量,总结了太湖河网区面源综合治理模式,为湖泊面源控制积累了一系列理论与技术成果。同时,南京土壤所组织CERN有关农田生态站等系统开展了中国主要农田氮磷钾营养元素、土壤含水层硝酸盐等污染物的迁移、转化规律等研究。但由于中国水污染的复杂性和长期性等多方面原因,科技支撑存在较大的差距,如对水环境特征、污染过程与机理缺乏系统深入研究、环境监测预警的新技术新方法研发能力不足、水体净化与生态修复技术研究刚刚起步、高效的水污染控制技术与设备集成创新不够、系统的流域水环境管理技术体系尚未形成等,水体污染研究工作尚需进一步加强。

中国水环境管理和规划是在借鉴国外经验的过程中发展起来的,20世纪七八十年代,对一些重点城市污染河段开展以工业废水控制和治理为侧重点的水环境污染评价、控制和管理规划研究,如蓟运河、黄河兰州段,经过近20多年的发展,在充分借鉴国外有关环境目标规划、总量控制规划的基础上,形成定性与定量相结合,以环境经济模型、系统动力学仿真、环境承载力为主要特色,以数学模拟和优化手段为主的方法体系和以水污染控制规划、水环境综合整治规划、水污染总量控制规划为主体的类型体系已经确立。目前对于河流污染物总量控制与削减管理技术研究主要集中在总量核算和分配方法的研究和应用方面。

在水利水电工程的生态环境影响方面,中国水利水电科学研究院完成了"澜沧江糯扎渡水电站水温预测研究专题""怒江中下游水电规划水温预测专题""澜沧江中下游梯级电站建设水环境影响研究与评价",对澜沧江和怒江中下游水电规划环境影响中进行分析研究与评价,初步揭示了梯级水库建设对水库下泄低温水的累积影响,全面评价了流域梯级开发对水环境的累积影响。"南水北调西线一期工程调水对下游河流水环境影响的预测研究"项目,预测评价了新一期调水方案调水水库的水质变化趋势,调水对下游河道流量的影响及环境容量的影响,从环境保护角度论证了新一期调水工程的可行性。国家自然科学基金重点项目"乌江流域水库系统中汞的生物地球化学过程及其生态环境效应"和"乌江水能开发对流域水环境影响的因素识别及其表征体系研究",阐明了水电开发中水库—河流系统未来潜在的环境生态问题,为中国水能开发的水环境保护工作提供了适时科学数据和可以借鉴的研究范例。国家重大基金项目"水利工程对重要生物的水文与水动力环境影响研究""三门峡水库运行水位水环境影响研究"等,开展了水利工程对河流生态水文和水动力环境影响研究,对水流自然特征与水生生物的响应关系、生物行为对水流环境条件的需求等有了初步认识。"昆明市清水海调水工程规划环境影响研究"项目利用3S技术、数学模型(DEM)和环境数学模型技术的综合集成,在定量化评价环境累计影响方面取得了良好效果。

可持续发展相关理论前沿研究:①流域尺度的可持续发展。水生态及环境系统以流域尺度为基本单元,可持续发展在协调水生态环境和经济系统关系时,必须以流域整体思想为指导。恢复和逐步改善流域水生态环境系统的生机,是谋求可持续发展的必由之路。②水生态环境承载力。将生态环境承载力作为可持续发展的支持理论,已经得到国内外研究者的普遍认可。水生态环境承载力的研究从概念、内涵探讨开始,逐渐转向定量化分析方法和建立评价模式。其中的难点之一是承载力指标体系的筛选及规范化。度量具有自然及社会双重属性的水环境系统承载经济压力的能力,需要从社会、环境、经济等不同方面的指标综合反映,指标的有效获取也依赖于各个系统的大量相关信息。③水生态环境价值。描述并分析水生态系统与经济系统的关系,使得生态及环境价值化研究成为当前水环境经济领域的最前沿课题。现代水利建设及保护需要从价值观的角度,计量水生态及环境的功能价值及保护效益,进而实际指导保护和管理的决策。水环境的价值化研究,集中在水环境价值的内涵、类型及量化指标和方法上,其中水环境的生态价值越来越受到关注。目前对水环境污染的经济损失已开展了相应的工作,积累了实际评价水域污染损失、支持水污染治理决策的经验。价值化的更全面、更深入的研究,将为水权、水价、排污权、水市场等水环境保护市场机制的形成奠定理论基础。④流域的可持续管理。流域尺度的可持续管理是恢复水生态环境健康活力、发挥其功能价值的关键,管理的战略调整应从目前的单要素分散管理转向以生态系统为对象的综合管理。在管理模式上,适应性的管理方式经过10多年的理论和初步实践探索,显示出良好的应用前景,其重要特色在于能不断利用信息的更新和科学技术的进步,动态调整决策,跟踪可持续发展的脉搏。此外,循环经济作为生态效率高、经济效益好、资源消耗低、环境污染少的经济生产模式,在全球范围受到广泛、高度的重视。

第十一节 中国水文区划和水功能区划研究

一、中国水文区划

有计划地因地制宜地开发利用中国水资源,就必须研究分析水资源的数量、质量及分区特点。水文区划就是以一种或几种水文特征值为指标,找出它们在区域上的相似性和差异性,然后进行分区划片,并阐明区内各水文要素的分布、变化规律及其影响因素,指出对农业生产的有利或不利方面。为水资源的合理开发利用、为水利化区划、农业区划及综合自然区划提供水文方面的依据。水文区划是按照水文现象的相似性和差异性进行的地域分区。它为和其他部门区划以及水文资料利用和水文站网布设等提供区域水文依据。

1. 中国水文区划研究回顾

中国在不同时期编制了内容不同的水文区划。中国分地区进行水文研究已有悠久的历史。

早在2000多年前的《尚书·禹贡》中就有将全国划分为9州,分别阐述了各州的地形、水文、土壤和动植物资源。

中华人民共和国成立后的几十年来,中国科学院水文地理研究的专家们为促进区域水文的发展和配合中国自然区划工作相继进行了河流水文区划研究。1954年,中国科学院地理研究所罗开富等拟定了中国第一个水文区划草案,采用了第一级区划的指标采用内外流域;第二级指标有河流的冰情、水流形态等,第三级指标有相对流量、含沙量、河流的形态、潴水的形态等,将全国划分为3级9区。由于受资料条件的限制,其分区成果是粗线条的,但无疑是一个良好开端。

1956年,中国自然区划工作委员会再次开展了中国水文区划研究工作,并出版了《中国水文区划草案》(1956)和《中国水文区划(初稿)》(1959),以河流的水文特性和水利条件为指标将全国分为3级区域,第一级以河流水量(用径流深表示)为指标划分为13个水文区;第二级以河水的季节变化为指标共划分为46个水文地带;第三级以水利条件(包括水能、灌溉、航运等)为指标划分为89个水文省。其区划成果基本上反映了中国水文区域的面貌,在科研、教学和实践中都起到了积极作用。

1987年,中国科学院地理研究所为适应水利事业的进一步发展专门成立了中国水文区划课题组,在大量实地科学考察,结合全国历年水文观测资料的统计、分析和制图的基础上完成了新的全国水文区划工作,并于1995年由熊怡和张家桢等出版了《中国水文区划》,分析中应用了模糊数学聚类方法。用经过全面、综合分析得出的多种水文特征值作为定量指标;考虑流域的自然地理条件作为定性指标。从中选出主成分,再从主成分中选取载荷量最大的为区划指标,并采用综合相似系数这个相似性统计量,将定量和定性2种指标同时加入到相似系数的计算中去。根据相似程度,先将河流分为不同类型,进而划分水文区。区划采用2级分类系统:第一级以径流量为主要划分指标,将全国划分为11个水文地区;第二级以径流的年内分配和径流动态为指标细分为56个水文省。比较客观地反映了实际情况。

同时,水文部门为了水文站网规划与布设、区域水文特性研究等目的也进行了水文区划研究。水文部门在发展站网的初期阶段,曾用温度作为太阳辐射的能量条件划分气候带,用水文条件划分大区,高大的山脊、从山地到平原的转折、湖泊和荒漠的边缘以及地质、土壤、植被发生明显改变的地方也常作为分区的边界,这些分区在水文站网建设的初期阶段曾发挥了很大作用。但由于确定分区指标范围的资料短缺,仅依靠分区工作者个人的判断,分区结果因人而异,任意性较大。20世纪60年代初期,随着资料的积累,曾采用年降水和径流量的关系以及暴雨径流的产汇流参数等单项因素进行分区,经验证明,凡不受流域几何特征影响且相对稳定的水文特征值和具有明显物理意义的水文模型参数都可以从地图上作出各种各样的单因素分区,这对于水文资料的移用和进行水文模型的演算都是可行的,但这类分区方法虽较50年代初期的分区有明显进步,却仍然存在较大的任意性,而且只能作出单因子分区。到80年代8省(浙江、安徽、福建、江苏、湖南、广东、四川、江西)1校(河海大学)曾采用流域水文模型参数水文分区法2,首先通过建立流域下垫面特征、植被和土壤等因子与模型参数的相关关系进行模型参数的单项性分区,然后按照一定的原则进行综合水文分区,其最大优点是可以进行径流过程的移用,但在参数的单项性分区和综合性分区时仍存在人为判断因素。黄河水利委员会水文局曾采用聚类分析法中的主要成分分析法划分了黄河流域和北方有关省份的水文分区。近10多年来,随着信息技术、生物技术和计算机技术的飞速发展,一些新技术新方法如人工神经网络和模糊聚类法等已广泛应用于模式识别和分类中,张静怡等应用自组织特征映射人工神经网络方法和模糊聚类法对江西和福建进行了水文分区,取得了令人满意的水文分区成果。

中国许多省、区也进行了水文区划。例如,1960年吉林省水文区划(草案)中提出的分区指标:第一级是水量的多寡;第二级是径流的高值区和低值区;第三级是径流形成条件和径流的年内分配;第四级是径流形成条件的一致性和独特性等。

20世纪50年代,为配合中国综合自然区划研究工作,同时开展了潜水区划研究,地质部水文地质工程研究所于1959年编制了比例尺1∶400万的中国潜水区划图及其说明书,同时出版了《中国潜水区划(初稿)》。

2.《中国水文区划(初稿)》(1959)简介

(1)区划的原则 根据河流的水文特性,考虑水的数量与质量的地区分布,尽可能地照顾流域进行分区划界。

(2)区划指标 根据水量的多寡(径流深度)、季节变化和水利条件(水能、灌溉和航运)进行分级。

(3)等级序列

0级区:根据径流的补给状况,将中国分为三大区域,即雨水补给区、雨水融水补给区、融水雨水补给区。

1级区:根据水量的多寡,并以径流深度作为划区指标,同时参考比较接近的明显的地理界线(山脉、河流)进行分区划界,将全国划分为13个区:

丰水带2个区:东南区、滇西区

多水带1个区:西南区

混合带1个区:秦巴大别区

少水带5个区:东北区、华北区、青海区、康藏区、羌塘区

贫水带1个区:草原区

干涸带1个区:荒漠区

山地2个区:天山昆仑区、阿尔泰山区

2级区:主要依据河流水量季节变化与局部地形的差异所引起径流情况的不同,将全国划分为46个水文地带:

东北区划分5个地带

华北区划分3个地带

秦巴大别区划分2个地带

东南区划分7个地带

西南区划分6个地带

滇西区因径流复杂、资料缺少,暂不划分第二级区

康藏区划分4个地带

羌塘区划分2个地带

青海区划分2个地带

天山昆仑区划分2个地带

阿尔泰区划分2个地带

荒漠区划分4个地带

草原区划分5个地带

3级区：主要依据水利条件，将全国分为89个省。

(4) 中国水文区域划分

雨水融水补给区　主要分布于东北、华北区。河流每年有2个汛期，春汛形成于融水，夏季形成于雨水，以夏汛为主，春汛短暂水量不大；河流冬季结冰，不能全年通航。径流深度大多数地区为50毫米~200毫米。

雨水补给区　主要分布在秦岭淮河以南，青藏高原以东的广大地区。包括秦巴大别区、东南区、西南区、滇西区。由于降水多，河流水量充足，径流深度超过200毫米，大部分超过600毫米；地形的起伏形成多雨区与少雨区纵横交错分布；因夏季风的影响，汛期长，洪峰高、量大。在汛期之前，没有春汛，东部是春夏相连，西部夏秋汛相接，水能资源丰富。

融水雨水补给区　主要分布在青藏高原和蒙新高原上。由于该地区多数位于非季风区，雨量少，年降水在400毫米以下；地面高程大，多高山，有高山冰川积雪分布；河川径流的多少和水量大小取决于气温而不取决于降水，形成径流年内变化大而年际变化小、气温高融水多、降雨多径流少的特征，其原因是河水以融水为主要补给之故。

二、中国重要江河湖泊水功能区

随着中国经济社会快速发展，流域水资源形势发生了显著的变化，贯彻落实科学发展观，建设资源节约型、环境友好型社会，对流域治理、开发和保护工作提出了新的要求。21世纪以来开展了新一轮流域综合规划修订工作和中国水功能区划研究，中国水功能区划包括河流功能区划、地下水功能区划和水功能区划等。

水功能区是指为满足水资源合理开发、利用、节约和保护的需求，根据水资源的自然条件和开发利用现状，按照流域综合规划、水资源与水生态系统保护和经济社会发展要求，依其主导功能划定范围并执行相应水环境质量标准的水域。

1. 区划目的

根据中国水资源的自然条件和属性，按照流域综合规划、水资源保护规划及经济社会发展要求，协调水资源开发利用和保护、整体和局部的关系，合理划分水功能区，突出主体功能，实现分类指导，是水资源开发利用与保护、水环境综合治理和水污染防治等工作的重要基础。

通过划分水功能区，从严核定水域纳污能力，提出限制排污总量意见，可为建立水功能区限制纳污制度、确立水功能区限制纳污红线提供重要支撑，有利于合理制定水资源开发利用与保护政策，调控开发强度、优化空间布局，有利于引导经济布局与水资源和水环境承载能力相适应，有利于统筹河流上下游、左右岸、省界间水资源开发利用和保护。

2. 区划编制的指导思想和原则

指导思想：以水资源承载能力与水环境承载能力为基础，以合理开发和有效保护水资源为核心，以改善水资源质量、遏制水生态系统恶化为目标，按照流域综合规划、水资源保护规划及经济社会发展要求，从中国水资源开发利用现状、水生态系统保护状况以及未来发展需要出发，科学合理地划定水功能区，实行最严格的水资源管理，建立水功能区限制纳污制度，促进经济社会和水资源保护的协调发展，以水资源的可持续利用支撑经济社会的可持续发展。

区划原则：①坚持可持续发展的原则。要充分发挥《中国水功能区划》在水资源管理、水污染防治、节能减排等工作中的约束和指导作用，协调好《中国水功能区划》与水资源综合规划、流域综合规划、国家主体功能区规划、经济社会发展规划等相关规划的关系，根据水资源和水环境承载能力及水生态系统保护要求，科学确定水域主体功能，统筹安排各有关行业和地区用水。水资源开发利用要体现支撑经济社会发展的前瞻意识，要为未来水资源开发利用留有余地。②统筹兼顾和突出重点相结合的原则。区划以流域为单元，统筹兼顾上下游、左右岸、近远期水资源及水生态保护目标与经济社会发展需求，区划体系和区划指标既要考虑流域层次上的管理和保护，又要兼顾区域层次上不同的水资源分区特点和开发利用的合理需求。对城镇集中饮用水源地和具有特殊保护要求的水域，应划为保护区或饮用水源区并提出重点保护要求，切实保护水源，保障饮用水安全和生态安全。③水质、水量、水生态并重的原则。这是水资源管理与生态环境保护相结合的要求。水功能区划的制定和实施，既要考虑开发利用和保护对水量的需求，又要考虑其对水质的要求，还要顾及水生态服务功能的良性维持，尤要注意河源地区涵养水源的生态环境保护和河流下游水生态环境的改善与保护。④尊重水域自然属性的原则。尊重水域自然属性，充分考虑水域原有的基本特点、所在区域自然环境、水资源及水生态的基本特点，科学制定和实施《中国水功能区划》，实现水资源的合理开发利用与有效保护。

3. 区划编制背景和过程

1999年12月，水利部依据国务院"三定"规定，组织各流域管理机构和全国各省区开展了水功能区划工作；2002年3月编制完成了《中国水功能区划》，并在全国范围内试行。2002年10月，修订后的《水法》进一步明确了水功能区的法律地位。2003年，水利部颁布了《水功能区管理办法》，明确了对水功能区的具体管理规定。同时，各省(区、市)积极推进水功能区划工作，2001年10月~2008年8月期间，全国31个省、自治区、直辖市人民政府先后批复并实施了本辖区的水功能区划。2010年5月，国务院批复了《太湖流域水功能区划》。2010年11月，国家标准《水功能区划分标准》正式颁布实施。

经过十多年的实践和探索，水功能区划体系已基本形成，在水资源保护和管理工作中发挥了重要作用，成为核定水域纳污能力、制定相关规划的重要基础和主要依据。国务院批复的《全国水资源综合规划》，对全国6684个水功能区进行了调查评价，提出了2020年全国主要江河湖泊水功能区水质达标率达80%，2030年全国江河湖泊水功能基本达标的规划目标；《全国主体功能区规划》也将2020年全国主要江河湖泊水功能区水质达标率达80%作为主要目标。

面对新形势，在各省区市批复的水功能区划基础上，2010年，水利部组织流域机构对省区批复的水功能区进行了全面复核。在此基础上，会同国家发展改革委、环境保护部，组织各流域管理机构、各省(区、市)有关单位和水利部水规总院，编制完成了《中国水功能区划(征求意见稿)》。2010年12月，水利部、国家发展改革委、环境保护部联合将《中国水功能区划(征求意见稿)》征求国家有关部委及全国各省、自治区、直辖市人民政府意见。根据反馈意见，与有关部委、省区市进行了充分沟通和协商，经认真复核和论证，对《中国水功能区划》成果基本达成一致意见，修改完成《中国水功能区划(报批稿)》，于2011年11月报请国务院批准。2011年12月28日，国务院以国函[2011]167号文批复了《中国水功能区划》。

4. 水功能区划划分体系

2003年水利部制定的《水功能区管理办法》中规定：水功能区分为水功能一级区和水功能二级

区。水功能一级区分为保护区、缓冲区、开发利用区和保留区4类。水功能二级区在水功能一级区划定的开发利用区中划分,分为饮用水源区、工业用水区、农业用水区、渔业用水区、景观娱乐用水区、过渡区和排污控制区7类(图2-2-1)。

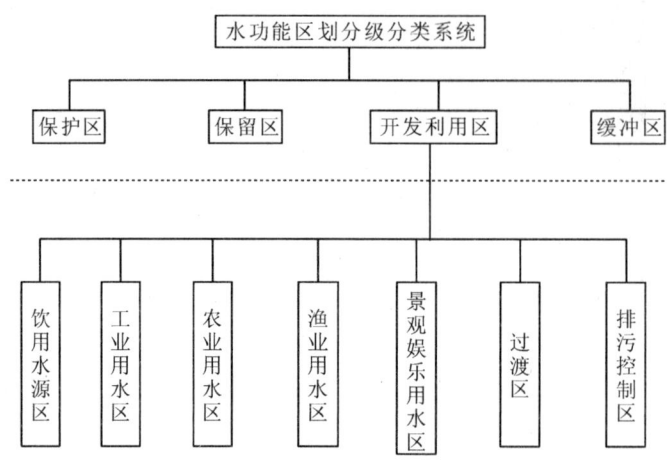

图 2-2-1 水功能区划分类体系

一级区划。在宏观上调整水资源开发利用与保护关系,协调地区间用水关系。划分为4类:①保护区,对水资源保护、自然生态系统及珍稀濒危物种保护具有重要意义的水域,水质目标为Ⅰ类~Ⅱ类或维持现状水质。共618个,河长3.69万千米(占总河长的20.7%),湖库面积3.34万平方千米(占面积的77%)。②保留区,指目前水资源开发利用程度不高、为今后水资源可持续利用而保留的水域,水质目标为Ⅰ类~Ⅲ类或维持现状水质。共679个,河长5.57万千米(占总河长的31.3%),湖库面积0.27万平方千米(占总面积的6.2%)。③开发利用区,为满足工农业生产、城镇生活、渔业、娱乐等功能需求的水域,水质目标在二级区划中确定。④缓冲区,为协调省际间、用水矛盾突出地区间用水关系的水域,水质目标根据实际需要确定或维持现状水质。共458个,河长1.36万千米(占总河长的7.6%),湖库面积0.05万平方千米(占总面积的1.1%)。

二级区划。在一级区划的开发利用区内,细化水域使用功能类型及功能排序,协调不同用水行业间关系,划分为饮用水源区、工业用水区、农业用水区、渔业用水区、景观娱乐用水区、过渡区、排污控制区7类二级水功能区,水质目标根据有关标准确定。共2738个二级水功能区,河长7.2万千米(占总河长的40.4%),湖库面积0.68万平方千米(占总面积的15.7%),其中农业用水区、工业用水区和饮用水源区所占比重较大。

5. 水功能区划成果

全国重要江河湖泊一级水功能区共2888个,区划河长177 977千米,区划湖库面积43 333平方千米(表2-2-2,图2-2-2)。其中,保护区618个,占总数的21.4%;保留区679个,占总数的23.5%;缓冲区458个,占总数的15.9%;开发利用区1133个,占总数的39.2%。在177 977千米区划河长中,保护区共36 861千米,占区划总河长的20.7%;保留区55 651千米,占31.3%;缓冲区13 600千米,占7.6%;开发利用区71 865千米,占40.4%。在43 333平方千米区划湖库面积中,涉及一级水功能区174个,其中保护区总面积33 358平方千米,占区划总面积的77.0%;保留区2685平方千米,占6.2%;缓冲区498平方千米,占1.1%;开发利用区6792平方千米,占15.7%。

表 2-2-2　全国重要江河湖泊一级水功能区划成果/长度单位：千米，面积单位：平方千米

水资源分区	一级水功能区划			保护区			保留区			开发利用区			缓冲区		
	个数	河长	面积	个数	河长	面积	个数	河长	面积	个数	河长	面积	个数	河长	面积
全国	2888	177 977	43 333	618	36 861	33 358	679	55 651	2685	1133	71 865	6792	458	13 600	498
松花江区	289	25 097	6771	101	7451	6766	42	3964	0	102	11 925	5	44	1757	0
辽河区	149	11 294	92	42	1350	0	4	202	0	78	9092	92	25	647	0
海河区	168	9542	1415	27	1415	1115	9	600	0	85	5917	292	47	1880	8
黄河区	171	16 883	456	36	2240	448	16	2966	0	59	9836	8	60	1841	0
淮河区	226	12 036	6434	64	1811	5987	16	888	0	107	8331	447	39	1006	0
长江区	1181	52 660	13 610	187	9109	9120	407	28 698	2309	416	10 878	1961	171	3975	490
东南诸河区	126	4836	1202	25	697	471	17	787	0	71	3208	731	13	162	0
珠江区	339	16 607	1213	52	1912	995	90	5967	0	143	6608	218	54	2120	0
西南诸河区	159	16 876	1482	48	5052	888	69	10 672	568	37	1012	26	5	212	0
西北诸河区	80	12 146	10 658	36	6136	7568	9	952	78	35	5058	3012	0	0	0

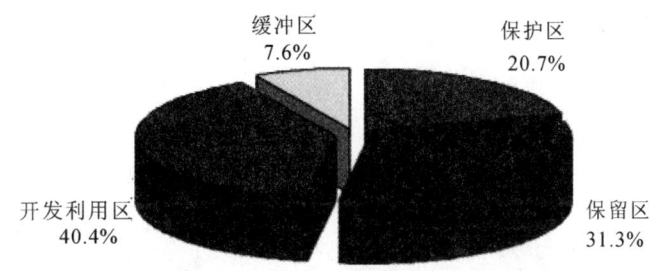

图 2-2-2　全国重要江河湖泊一级水功区不同类型河长比例示意图

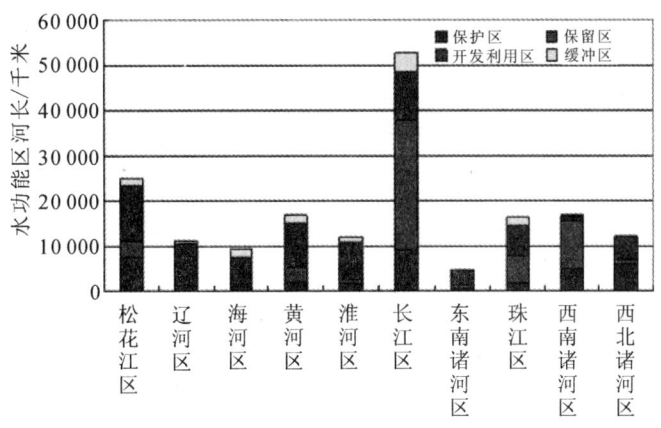

图 2-2-3　各水资源区重要江河湖泊一级水功能区划河长统计

全国一级水功能区主要分布在长江区、松花江区、西北诸河区、西南诸河区和淮河区等。保护区的分布与各水资源区的自然地理条件、水资源及生态环境状况密切相关，各水资源区中保护区的分布和数量存在明显差异。保护区分源头水保护区、重要水源地和自然保护区及重要生境等类型。各水资源分区中一级水功能区的保护区统计结果见表 2-2-3。

表 2-2-3　各水资源区中一级功能区——保护区分类统计/长度单位:千米,面积单位:平方千米

水资源分区	保护区总计			源头保护区			重要水源地			自然保护区及重要生境		
	个数	河长	面积	个数	河长	面积	个数	河长	面积	个数	河长	面积
全国	618	36 861	33 358	359	22161	856	117	3884	8829	142	10 816	23 673
松花江区	101	7451	6766	70	4754	0	3	186	0	28	2511	6766
辽河区	42	2353	0	40	1295	0	1	47	0	1	11	0
海河区	27	1145	1115	8	287	0	18	858	755	1	0	360
黄河区	36	2240	448	29	1978	0	1	73	0	6	189	448
淮河区	64	1811	5987	8	268	64	48	1499	5184	8	44	739
长江区	187	9109	9120	92	5211	202	34	581	2226	61	3317	6692
东南诸河区	25	679	471	21	540	51	3	122	420	1	17	0
珠江区	52	1912	995	37	1221	539	7	459	244	8	232	212
西南诸河区	48	5052	888	35	3288	0	0	0	0	13	1737	888
西北诸河区	36	6136	7568	19	3319	0	2	59	0	15	2758	7568

在1133个开发利用区中,划分二级水功能区共2738个,区划长度72 018千米,区划面积6792平方千米,区划成果见图2-2-4、表2-2-4。二级水功能区的分布及长度与中国水资源开发利用状况总体一致,其中松花江区、长江区、黄河区、辽河区位于前4位,东南诸河区和西南诸河区居后2位。其中,农业用水区、工业用水区和饮用水源区累计河长分别占二级水功能区划总长的45%、21%和18%,比例较大;其次是过渡区、景观娱乐用水区;渔业用水区和排污控制区最短,各占3%。

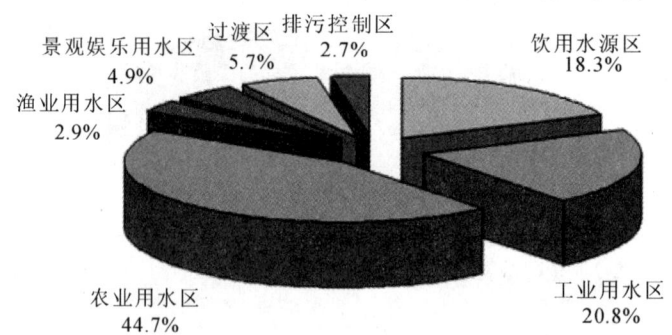

图 2-2-4　全国重要江河湖泊二级水功能区各类河长比例

表 2-2-4　全国重要江河湖泊二级水功能区划成果/长度单位:千米,面积单位:平方千米

水资源分区	二级水功能区总计			饮用水源区			工业用水区			农业用水区			渔业用水区			景观娱乐用水区			过渡区			排污控制区		
	个数	长度	面积	个数	长度	面积	个数	长度	面积	个数	长度	面积	个数	长度	面积	个数	长度	面积	个数	长度	面积	个数	长度	面积
全国	2738	72 018	6792	687	13 160	2015	553	14 999	179	625	32 166	450	90	2075	2335	243	3502	1803	309	4116	10	231	2000	
松花江区	219	11 925	5	33	1187	0	28	2423	0	81	6846	5	3	189	0	6	128	0	35	780	0	33	372	
辽河区	262	9092	92	71	2283	92	26	1095	0	91	4489	0	7	250	0	10	162	0	31	521	0	26	292	
海河区	147	5217	292	32	1222	271	16	955	0	70	3290	11	1	36	0	10	151	0	10	183	0	8	80	
黄河区	234	9836	8	36	1717	0	34	2012	0	70	4233	0	7	512	0	11	105	8	35	681	0	41	576	
淮河区	275	8331	447	42	997	145	15	369	0	116	5669	153	12	327	142	16	154	0	28	406	7	46	409	
长江区(含太湖流域)	978	11 031	1961	258	2480	749	297	3880	169	78	1501	205	22	220	565	130	1838	270	125	911	3	68	201	
东南诸河	179	3208	731	59	735	635	36	1205	0	36	622	0	5	28	0	11	0	0	15	224	0			
珠江区	323	6608	218	132	2286	110	88	2227	0	31	928	73	26	513	35	19	359	0	21	265	0	6	30	

续表

水资源分区	二级水功能区总计			饮用水源区			工业用水区			农业用水区			渔业用水区			景观娱乐用水区			过渡区			排污控制区	
	个数	长度	面积	个数	长度	面积	个数	长度	面积	个数	长度	面积	个数	长度	面积	个数	长度	面积	个数	长度	面积	个数	长度
西南诸河区	59	1012	26	20	115	13	7	135	10	16	531	3	0	0	0	11	211	0	5	20	0	0	0
西北诸河区	62	5058	3012	4	138	0	6	698	0	36	4057	0	7	0	1590	2	0	1422	4	125	0	3	40

饮用水源区 除重要的流域性集中式饮用水源地或大中型区域调水水源地已划为保护区外，其他饮用水水源地划为饮用水源区。以饮用水为主导功能的二级水功能区共687个，区划河长13 160千米，区划湖库面积2015平方千米。饮用水源区一般位于大中城市、县级城市上游水域和规划饮用水取水水域，其分布与城镇密集度、生活用水量和水污染状况等有关。河流型饮用水源区主要分布在长江区、珠江区、辽河区、黄河区等；湖泊型饮用水源区主要分布在长江区、东南诸河区、海河区等。

工业用水区 以工业用水为主导功能的二级水功能区共553个，区划河长14 999千米，区划湖库面积179平方千米。工业用水区总体分布特点是南方多于北方，沿海地区多于内陆地区，与工业生产的发达程度基本吻合。其中，长江区、珠江区、东南诸河区工业用水区长度占本区区划总长度的比例均在30%以上。

农业用水区 以农业用水为主导功能的二级水功能区共625个，区划河长32 166千米，区划湖库面积450平方千米。其中，松花江区、淮河区、辽河区、黄河区和西北诸河区农业用水区长度居前5位。农业用水区总体分布特点是北方多于南方，与中国水土资源组合和灌区分布状况吻合。北方地区土地资源丰富，在灌区的分布上，北方灌区一般位于河谷平原地带，多以农业用水为主导功能。南方河道河网用水一般为多功能，农业用水为主导功能的水域相对较少。

渔业用水区 以渔业用水为主导功能的二级水功能区共90个，区划河长2075千米，区划湖库面积2335平方千米。区划累计河长居前6位的是珠江区、黄河区、淮河区、辽河区、长江区和松花江区。湖泊型渔业用水区主要分布在西北诸河区和长江区。除主导功能为渔业用水的二级区外，另有136个二级水功能区将渔业用水功能作为第二或第三主导功能。具有渔业用水功能的二级区总计225个，区划河长6094千米，区划湖库面积3311平方千米，分别占全国二级水功能区总数的8.2%、8.5%和48.7%。

景观娱乐用水区 以景观娱乐用水为主导功能的二级水功能区共243个，区划河长3502千米，区划湖库面积1803平方千米。景观娱乐用水区总体上南方多于北方，区划河长较长的有长江区、东南诸河区、珠江区等。

过渡区 全国共划分过渡区309个，区划河长4116千米，区划湖库面积10平方千米。过渡区分布及长度取决于相邻功能区的水质差别、水量、流速大小等。

排污控制区 全国重要江河湖泊水功能区中共划分排污控制区231个，区划河长2000千米，全部为河流型。排污控制区长度占二级水功能区河长的2.8%，所占比例较小，符合严格控制的原则。北方地区水资源开发利用程度高、水资源相对短缺，水污染较严重，划分排污控制区数量多、长度长；南方地区水资源开发利用程度相对较低，水资源相对充沛，水污染程度较轻，划分排污控制区数量较少。

6. 水功能区水质目标

按照水体使用功能的要求,根据《水功能区划分标准》及《地表水环境质量标准》《农田灌溉水质标准》《渔业水质标准》等,结合水资源开发利用和水质现状,合理确定各类型水功能区的水质目标。区划实现水功能区主要目标的时间是2030年。

全国重要江河湖泊一二级水功能区合计4493个,有3631个水功能区的水质目标确定为Ⅲ类或优于Ⅲ类,占水功能一二级区总数的80.8%。各水资源分区水功能区水质目标统计见表2-2-5。

表2-2-5 各水资源分区水功能区水质目标统计/单位:个

水资源分区	水功能一二级区合计	不同类别的水功能区数量		Ⅲ类及优于Ⅲ类个数比例/%
		Ⅲ类及优于Ⅲ类	Ⅳ类及劣于Ⅳ类	
总计	4493	3631	862	80.8
松花江区	406	318	88	78.3
辽河区	333	231	102	69.4
海河区	230	117	113	50.9
黄河区	346	219	127	63.3
淮河区	394	256	138	65.0
长江区	1743	1506	237	86.4
东南诸河区	234	211	23	90.2
珠江区	519	496	23	95.6
西南诸河区	181	180	1	99.4
西北诸河区	107	97	10	90.7

总体上,南方地区的水功能区水质目标优于北方地区;西南诸河区、珠江区、东南诸河区、西北诸河区及长江区中水功能区水质目标确定为Ⅲ类或优于Ⅲ类的个数比例均在85%以上,西南诸河区的比例最高达99.4%;而松花江区、辽河区、淮河区、黄河区及海河区的比例均在80%以下,海河区的比例最低为50.9%。

7. 水资源一级区重要江河湖泊水功能区划

松花江区 位于中国的最北端,由额尔古纳河、嫩江、第二松花江、松花江、乌苏里江、绥芬河和图们江等河系组成,地跨黑、吉、辽、内蒙古等4个省(自治区),区域总面积93.5万平方千米。该区地貌基本特征是西、北、东部为大、小兴安岭、长白山,腹地为松嫩平原,东北部为三江平原,湿地众多,多为沼泽、湖泊河流湿地。该区工业基础雄厚,其能源、重工业产品在全国占有重要地位;耕地资源丰富,水土匹配良好,光热条件适宜,是中国粮食主产区。水资源总量为1492亿立方米,水资源可利用量为660亿立方米。2010年,该区水资源供(用)水量456.6亿立方米;有50.8%的评价河长水质为Ⅲ类或优于Ⅲ类。纳入全国重要江河湖泊水功能区划的一级水功能区共289个(其中开发利用区102个),区划河长25 097千米,区划湖库面积6771平方千米;二级水功能区219个,区划河长11 925千米,区划湖库面积5平方千米。按照水体使用功能的要求,在一二级水功能区中,共有318个水功能区水质目标确定为Ⅲ类或优于Ⅲ类,占总数的78.3%。

辽河区 位于中国东北地区南部,由西辽河、东辽河、辽河干流、鸭绿江、浑太河、东北沿黄渤海诸河等河系组成,地跨辽、吉、内蒙古、冀等4个省(自治区),面积31.4万平方千米。流域东西两侧主要为丘陵、山地,东北部为鸭绿江源头区,森林覆盖率达70%以上,有部分原始森林,中南部为平原。辽河区是中国的重要工业基地,工业主要集中在辽河干流、辽东沿海诸河地区。辽河流域中西辽河和辽河干流水资源开发利用程度较高,沿海诸河和鸭绿江区域水资源开发利用程度较低。水资源总量为 498 亿立方米,水资源可利用量为 240 亿立方米。2010 年,该区水资源供(用)水量 208.9 亿立方米;有 41.7% 的评价河长水质为Ⅲ类或优于Ⅲ类。纳入全国重要江河湖泊水功能区划的一级水功能区共 149 个(其中开发利用区 78 个),区划河长 11 294 千米,区划湖库面积 92 平方千米;二级水功能区 262 个,区划河长 9092 千米,区划湖库面积 92 平方千米。按照水体使用功能的要求,在一二级水功能区中,共有 231 个水功能区水质目标确定为Ⅲ类或优于Ⅲ类,占总数的 69.4%。

海河区 是中国政治经济文化中心和经济发达地区,包括滦河及冀东沿海诸河、海河北系、海河南系和徒骇河、马颊河等河系组成。地跨京、津、冀、晋、鲁、豫、辽和内蒙古等 8 个省(自治区、直辖市),区域总面积 32.0 万平方千米。该区域的北部和西部为燕山、太行山,东部和南部为平原。海河区水资源严重不足,属资源型严重缺水地区。由于上中游用水增加,中下游平原河道大部分已为季节性河流。海河区水资源总量为 370 亿立方米,水资源可利用量为 237 亿立方米。2010 年,该区水资源供(用)水量 368.3 亿立方米;有 37.2% 的评价河长水质为Ⅲ类或优于Ⅲ类。纳入全国重要江河湖泊水功能区划的一级水功能区共 168 个(其中开发利用区 85 个),区划河长 9542 千米,区划湖库面积 1415 平方千米;二级水功能区 147 个,区划河长 5917 千米,区划湖库面积 292 平方千米。按照水体使用功能的要求,在一二级水功能区中,共有 117 个水功能区水质目标确定为Ⅲ类或优于Ⅲ类,占总数的 50.9%。

黄河区 地跨青、川、甘、宁、内蒙古、晋、陕、豫、鲁等 9 个省(自治区),总面积 79.5 万平方千米,包括黄河干流、泾洛渭河、汾河等河系,区内包括青藏高原、黄土高原、宁蒙灌区、汾渭河谷,渭北、汾西旱塬,伏牛山地及下游平原。黄河是中国的第二条大河,也是中国西北和华北地区最大的供水水源。目前,该区水资源总量不足,水沙关系日益恶化,生态用水被大量挤占,水污染形势严峻,水资源供需矛盾十分突出。水资源总量为 719 亿立方米,水资源可利用量为 396 亿立方米。2010 年,该区水资源供(用)水量 392.3 亿立方米;有 42.5% 的评价河长水质为Ⅲ类或优于Ⅲ类。纳入全国重要江河湖泊水功能区划的一级水功能区共 171 个(其中开发利用区 59 个),区划河长 16 883 千米,区划湖库面积 456 平方千米。二级水功能区 234 个,区划河长 9836 千米,区划湖库面积 8 平方千米。按照水体使用功能的要求,在一二级水功能区中,共有 219 个水功能区水质目标确定为Ⅲ类或优于Ⅲ类,占总数的 63.3%。

淮河区 地处中国东部,由淮河、沂沭泗河和山东半岛诸河组成,地跨鄂、豫、皖、苏、鲁等 5 个省,总面积 33.0 万平方千米。淮河区地势西高东低,西部、南部为桐柏山、大别山,东北为山东丘陵。淮河区地貌类型复杂多样,以平原为主,是中国主要农业生产基地之一。该区南靠长江,北临黄河,具有跨流域调水的区位优势。区内水污染防治虽然取得初步成效,但水污染问题仍很突出。水资源总量 911 亿立方米,水资源可利用量 512 亿立方米。2010 年,该区水资源供(用)水量 639.3 亿立方米;有 38.9% 的评价河长水质为Ⅲ类或优于Ⅲ类。纳入全国重要江河湖泊水功能区划的一级水功能区共 226 个(其中开发利用区 107 个),区划河长 12 036 千米,区划湖库面积 6434 平方千米;二级水功能区 275 个,区划河长 8331 千米,区划湖库面积 447 平方千米。按照水体使用功能的要求,在一二级水功能区中,共有 256 个水功能区水质目标确定为Ⅲ类或优于Ⅲ类,占总数的 65.0%。

长江(含太湖)区 面积 178.3 万平方千米,约占全国总面积的 1/5,涉及青、藏、川、滇、渝、鄂、湘、赣、皖、苏、沪、甘、陕、贵、豫、桂、粤、闽、浙等 19 个省(自治区、直辖市)。由长江干流、金沙江、岷江、沱江、嘉陵江、乌江、汉江、洞庭湖、鄱阳湖、太湖水系等河系组成,区内包括青藏高原、云贵高原、四川盆地、江南丘陵、江淮丘陵及长江中下游平原。长江区贯穿中国东、中、西部三大经济带,长江经济带的建设和发展,在中国宏观经济战略格局中占有重要地位,同时本区水资源总量较丰沛,是全国水资源配置的重要水源地。水资源总量9958亿立方米,水资源可利用量2827亿立方米。2010年,该区水资源供(用)水量1983.1亿立方米;有67.4%的评价河长水质为Ⅲ类或优于Ⅲ类。纳入全国重要江河湖泊水功能区划的一级水功能区共1181个(其中开发利用区416个),区划河长52 660千米,区划湖库面积13 610平方千米;二级水功能区978个,区划河长11 031千米,区划湖库面积1961平方千米。按照水体使用功能的要求,在水功能一二级区中,共有1506个水功能区水质目标确定为Ⅲ类或优于Ⅲ类,占总数的86.4%。其中,太湖流域面积3.7万平方千米,地处长江三角洲南翼,地势平坦,总体呈周边高、中间低的特点,为典型的平原水网水域,是中国经济最发达、大中城市最密集的地区之一。太湖流域纳入全国重要江河湖泊水功能区划的一级水功能区共254个,区划河长4472千米,区划湖泊面积2777平方千米,水库库容10.6亿立方米。在158个开发利用区中划分二级水功能区284个。按照水体使用功能的要求,在一二级水功能区中,共有232个水功能区水质目标确定为Ⅲ类或优于Ⅲ类,占总数的61.1%。

东南诸河区　主要为浙、闽、台独流入海的河流,包括钱塘江、浙东诸河、浙南诸河、闽东诸河、闽江、闽南诸河、台澎金马诸河等,总面积24.5万平方千米。东南诸河区是中国东部沿海经济社会发达地区。本区大部分为丘陵山地,占总面积的81%;平原很少,只占19%,主要分布在河流下游的沿海三角洲地区。水资源总量为1995亿立方米,水资源可利用量为560亿立方米。2010年,该区水资源供(用)水量342.5亿立方米;有75.7%的评价河长水质为Ⅲ类或优于Ⅲ类。纳入全国重要江河湖泊水功能区划的一级水功能区共126个(其中开发利用区71个),区划总河长4836千米,区划湖库面积1202平方千米;二级水功能区179个,区划河长3208千米,区划湖库面积731平方千米。按照水体使用功能的要求,在一二级水功能区中,共有211个水功能区水质目标确定为Ⅲ类或优于Ⅲ类,占总数的90.2%。

珠江区　是中国水资源最丰富的地区之一,主要包括南北盘江、红柳江、郁江、西江、北江、东江、珠江三角洲、韩江及粤东诸河、粤西桂南沿海诸河、海南岛及南海各岛诸河等,涉及滇、黔、桂、粤、湘、赣、闽、琼等省(自治区),总面积57.9万平方千米。区内有云贵高原、两广丘陵和珠江三角洲。区内水资源总量时空分布不均,局部地区缺水严重。珠江三角洲及沿海地区经济发达、水资源相对丰富,但由于水污染、咸潮上溯以及水库富营养化等问题,季节性缺水问题较为突出。水资源总量为4723亿立方米,水资源可利用量为1235亿立方米。2010年,该区水资源供(用)水量883.5亿立方米;有70.8%的评价河长水质为Ⅲ类或优于Ⅲ类。纳入全国重要江河湖泊水功能区划的一级水功能区共339个(其中开发利用区143个),区划河长16 607千米,区划湖库面积1213平方千米;二级水功能区323个,区划河长6608千米,区划湖库面积218平方千米。按照水体使用功能的要求,在一二级水功能区中,共有496个水功能区水质目标确定为Ⅲ类或优于Ⅲ类,占总数的95.6%。

西南诸河区　位于中国西南边陲,包括红河、澜沧江、怒江及伊洛瓦底江、雅鲁藏布江、藏南诸河、藏西诸河等,属国际性河流。本区地广人稀,地区经济社会不发达,以农牧业为主,工业化水平低。本区面积84.4万平方千米,大部分为青藏高原及滇南丘陵。水资源总量为5775亿立方米,水资源可利用量为978亿立方米。2010年,该区水资源供(用)水量108.0亿立方米;有86.9%的评价河长水质为Ⅲ类或优于Ⅲ类。纳入全国重要江河湖泊水功能区划的一级水功能区共159个(其中开发利用区37个),区划河长16 876千米,区划湖库面积1482平方千米;二级水功能区59个,区划河长1012千米,区划湖库面积26平方千米。按照水体使用功能的要求,在一二级水功能区中,共有180个水功能区水质目标确定为Ⅲ类或优于Ⅲ类,占总数的99.4%。

西北诸河区 位于中国西北部,地域广阔,包括塔里木河和准噶尔、青海柴达木盆地、河西走廊、内蒙古高原、羌塘高原等内陆河以及外流哈萨克斯坦的伊犁河、额尔齐斯河,总面积约336.2万平方千米,跨新、青、甘、藏、内蒙古、冀6省(自治区)。区内主要是绿洲经济,戈壁沙漠比重大。水资源总量为1276亿立方米,水资源可利用量为495亿立方米。2010年,该区水资源供(用)水量639.5亿立方米;有95.8%的评价河长水质为Ⅲ类或优于Ⅲ类。纳入全国重要江河湖泊水功能区划的一级水功能区共80个(其中开发利用区35个),区划河长12 146千米,区划湖库面积10 658平方千米;二级水功能区62个,区划河长5058千米,区划湖库面积3012平方千米。按照水体使用功能的要求,在一二级水功能区中,共有97个水功能区水质目标确定为Ⅲ类或优于Ⅲ类,占总数的90.7%。

8. 地下水功能区划

(1)地下水功能区划的依据

2005年水利部发布了《关于开展全国地下水功能区划定工作的通知》,从此全国开展了地下水功能区划的研究工作。地下水功能区划分是针对流域面上的地下水,是编制浅层地下水利用与保护规划的基础,规划编制主要以地下水功能区为单元,根据其功能状况,提出分区分类开发利用与保护修复规划方案,为地下水合理开发利用、保护、治理与管理提供科学依据,以保障供水安全、生态环境安全和地下水资源的可持续利用。

地下水功能区划分的依据包括:地下水补给条件、含水层富水性和开采条件、水文地质条件、地下水水质状况、生态环境系统类型及其保护与修复的目标要求、近期地下水开发利用状况、区域水资源配置对地下水开发利用的需求、国家对地下水资源合理开发利用及保护的总体部署,以平原区和具有重要供水及生态保护意义的山丘浅层地下水为重点,划分地下水功能区。

根据地下水功能区的主导功能要求,兼顾其他功能的用水要求,在分析现状存在问题的基础上,因地制宜地确定地下水功能区的开发利用和保护目标,提出地下水开发利用的总量控制目标、维系供水安全的水质保护目标;同时,要根据各功能区水文地质条件、生态与环境保护需求,从管理实际需要出发,结合实际可能,因地制宜制定维持良好生态环境的合理生态水位控制管理目标。根据地下水开发利用现状,按照功能要求对各功能区地下水开发利用状况进行评价。

(2)地下水功能区划分体系

根据区域地下水自然资源属性、生态与环境属性、经济社会属性和规划期水资源配置对地下水开发利用的需求以及生态环境保护的要求,地下水功能区按2级划分(表2-2-6)。

表2-2-6 地下水功能区划分体系

地下水一级功能区		地下水二级功能区	
名称	代码	名称	代码
开发区	1	集中式供水水源区	P
		分散式开发利用区	Q
保护区	2	生态脆弱区	R
		地质灾害易发区	S
		地下水水源涵养区	T
保留区	3	不宜开采区	U
		储备区	V
		应急水源区	W

地下水一级功能区划分为开发区、保护区、保留区3类,主要协调社会经济发展用水和生态环境保护的关系,体现国家对地下水资源合理开发利用和保护的总体部署。

在地下水一般功能区的框架内,根据地下水的主导功能划分为8类地下水二级功能区,其中,开发区划分为集中式供水水源区和分散式开发利用区2类二级功能区;保护区划分为生态脆弱区、地质灾害易发区和地下水水源涵养区3类二级功能区;保留区划分为不宜开采区、储备区和应急水源区3类二级功能区。二级功能区主要协调地区之间、用水部门之间和不同地下水功能之间的关系。

(3) 地下水功能区划成果

一级功能区区划面积　总计区划面积945万平方千米。划分地下水开发区面积174万平方千米,其中,山区开发区面积46万平方千米,平原开发区面积128万平方千米;划分地下水保护区面积635万平方千米,其中,山区保护区面积588万平方千米,平原保护区面积47万平方千米;划分地下水保留区面积136万平方千米,其中,山区保留区面积24万平方千米,平原保留区面积112万平方千米。各流域片地下水一级功能区划分面积见表2-2-7。

表2-2-7　地下水一级功能区划分面积

水资源一级区	面积/平方千米				水资源一级区	面积/平方千米			
	开发区	保护区	保留区	小计		开发区	保护区	保留区	小计
全国	173.74	635.17	136.45	945.36	长江区	26.12	136.26	15.32	177.70
松花江区	32.68	58.44	2.02	93.14	东南诸河区	1.25	15.97	3.65	20.86
辽河区	12.99	17.98	0.44	31.41	珠江区	14.07	38.14	5.51	57.72
海河区	13.73	11.47	6.90	32.10	西南诸河区	0.38	82.09	1.96	84.41
黄河区	19.17	49.23	11.10	79.50	西北诸河区	37.12	215.05	83.55	335.72
淮河区	16.26	10.54	6.02	32.79					

全国山区有89.4%的面积划分为保护区。全国平原的44%划分为开发区,主导功能是为社会经济服务。但平原地下水呈现出明显的南北地域分布差异,北方平原区人口稠密,地表水资源相对短缺,地下水开发强度大,因此,除难以开发利用的微咸水区、荒漠区、重要生态保护区以及地质灾害易发区域外,其他区域基本都划分为开发利用区。

二级功能区区划个数　全国共划分地下水二级功能区4886个。其中山区2659个、平原2227个;北方地区2868个、南方地区2018个。开发区2110个,其中集中式供水水源区874个、分散式开发利用区1236个;保护区1836个,其中生态脆弱区445个、地质灾害易发区179个、水源涵养区1212个;保留区940个,其中不宜开采区524个、储备区317个、应急水源区99个。从水资源一级区来看,长江区二级功能区最多,达1174个;其次是黄河区和西北诸河区,分别为693个、667个;较少的是西南诸河区,为205个;最少的是东南诸河区,只有118个。

第三章　中国水文科学应用技术研究

第一节　水文信息技术研究

一、信息采集

水文信息采集是系统收集和整理水文资料的技术统称，包括：①设立或调整水文站网；②研究水文测验方法，研制水文测验仪器设备，制定统一的技术标准；③进行水位观测、流量测验、泥沙测验和水质、水温、冰情、降水量、蒸发量、土壤含水量、地下水位等观测；④对一些没有必要作驻站测验的断面和地点，进行定期巡回测验；⑤进行水文调查。

自1949年以来，中国的水文信息采集技术有了长足的进步。在雨量、水位观测方面，自记技术进步显著，1949年中国只有自记水位站16处，自记雨量站8处，至1987年，水位自记站已占到总水位站数的57%，雨量自记站已占到总雨量站数的59%。在水位自记仪的结构型式上，除传统的岛式、岸式之外，还创造了虹吸式、移动式等适应性较强的型式。

在流量、泥沙测验方面，过河设备是一个重要问题。直到1949年，中国还是主要使用木船抛锚作为测取水文数据的过河设备。投掷浮标，靠泅水或羊皮筏子也是颇为常见的。但从20世纪50年代开始，中国研制了多种结构简单、性能可靠的浮标投掷器和多种形式的可在夜间施测的夜明浮标，所研制的长缆操船与水轮绞关相结合的方法，实现了"一锚多点"，大大缩短了测验时间。为了消除高速水流对信号电缆的冲击，又研制了利用水作导体、用铅鱼悬索单线传输信号的方法。从60年代起，中国大量发展了过河索吊船设备，至1987年已发展水文缆道1974处，其中机动的有1153处。在缆道技术上发展了可控硅无级调速、无偏角悬杆悬吊、信号传输和控制、积宽测流等技术。对于流量测验方法，除了常规的流速仪法和浮标法外，在一些小河站和径流实验站上，还采用了量水建筑物测流的方法。在有水工建筑物的河流上，积极发展了应用建筑物上下游水位和闸门开启高度推算流量的技术。从70年代开始，一些地方采用超声波测流也取得了良好效果。中国的泥沙测验方法也有了很大的发展，除器测法外，一些地方还使用了利用水库淤积物反推和坑测的方法。70年代，中国曾发现长期使用的泥沙颗粒粒径分析计算方法存在系统偏差较大的问题，并提出了改正方法。

在水面蒸发观测方面，中国曾长期使用蒸发器观测水面蒸发。为了使观测资料能折算成大水体的水面蒸发，从20世纪50年代起，先后在全国布设了10多个20平方米的蒸发池，与标准蒸发器进行同步对比观测。60年代又在北京的官厅、重庆和山东南四湖设置了100平方米的大型蒸发池，在太湖等湖泊水库还设置了一些漂浮蒸发场。

在中国，水温及冰凌的观测一般与水位观测同步进行，逐步开展了对冰厚、水内冰、冰流量、冰坝等的观测。20世纪80年代，在广泛收集彩色冰清图片的基础上编著出版了《中国江河冰图》

一书。

在水文调查方面,中国于20世纪50年代初就陆续开展了洪水调查,以满足当时水利建设对设计洪水计算的急需。中国50年代建成的官厅水库就是以调查的1931年特大洪水作为设计标准的。1958年以后,由于一些河流上游的蓄、引水工程对水文规律产生了明显影响,在中国陆续开展了"水文站定位观测的补充调查"工作,并逐年计算了水文站断面以上流域的还原水量。

在水质观测方面,中国于20世纪50年代初就开始了天然水质的取样和化验分析工作。70年代初开始对水污染的5项主要指标即氰化物、有机酚、砷化物、汞、铬等进行了监测。80年代以后又将天然水质化验和污染监测结合起来,并在各流域机构的监测中心和省、自治区、直辖市水文总站的中心化验室配备了能快速、准确进行微量分析的气相色谱仪、原子吸收分光光度计等仪器。

在地下水观测方面,自20世纪50年代开始,中国的地下水观测工作首先在宁夏黄河灌区和河南人民胜利渠灌区展开,并于60年代扩展到其他黄河灌区,当时的主要目的是为防止次生盐碱化提供依据。70年代以后,由于中国北方地区大规模发展井灌,使得该地区地下水位急剧下降,不少地区出现了地下水漏斗,从而提出了地下水可利用资源问题。为此,从1978年开始,北方17个省、自治区、直辖市普遍开展了地下水观测工作。除地下水动态观测外,还开展了降水、地表水、地下水3水转换以及水量均衡、潜水蒸发、降水入渗系数、给水度等项目的研究。

在国外,遥感技术应用于水文大约始于20世纪60年代,在中国则大约始于70年代。遥感技术应用于水文的基础性工作之一是水体和地物光谱的测试。1982年,中国进行了水体及其背景地物光谱测试工作,编制了《中国水体光谱志》。从1978年起连续3年对永定河下游、黄河下游、长江荆江河段、洞庭湖地区、淮河干流等重点防洪河段进行了防洪遥感应用试验,研制成功了实时、准实时监测洪水险情与灾情的遥感信息系统。1988年完成的国土卫星图像在太湖防洪及富营养化调查中应用研究能综合分析湖盆容积变化、水面面积变化、湖流、淤积、水生植物、围垦、水质、港、闸等对洪水情势和行洪能力的影响。近些年来,中国还开展了遥感技术在地下水资源开发利用、灌溉调查、土地利用、土壤含水量测定、水污染监测等方面的应用研究。

二、信息处理

水文信息处理主要包括初次处理和二次处理(资料整编)2个过程,初次处理是把数字形式的数据转化成计算机能识别的数据,二次处理则是通过各种分析方法得出各水文要素不同阶段的量值、极值等。20世纪50年代初,针对当时水利建设的迫切需要,颁发了《水文资料整编成果表式和填制说明》,开始着手将历史积存的所有水文资料进行整编,并于1956年全部完成,共刊印资料92册。从50年代起,中国逐步实现了水文资料的逐年整编刊布。1958年开始按流域水系划分卷册,统一命名为《中华人民共和国水文年鉴》。年鉴共分为10卷74册,即黑龙江流域9册、辽河流域4册、海河流域6册、黄河流域9册、淮河流域6册、长江流域20册、浙闽台河流域6册、珠江流域10册、藏南滇西河流域2册和内陆河流域6册,到80年代初,每年年鉴共约4万页、4000万个数组。此外,还刊布实验站、小河站、地下水、水质、河道观测资料等专册。随着水文资料整编工作的大规模开展,中国的水文资料整编技术也取得了很大的进展。1954年编印了《水文资料整编方法》一书,并于1958年正式出版了其中的流量资料整编和泥沙资料整编部分。近年来,在不稳定水位流量关系单值化处理、曲线拟合和误差分析、潮流量资料整编、推移质输沙率资料整编等方面,也取得了新的经验和成果。

20世纪80年代以前,主要由手工处理水文信息。从1976年起,长江水利委员会水文局开始应用电子计算机整编水文资料,至1984年,除编制出水位、流量、泥沙、降水量资料整编的通用程序并得到普遍使用外,还通过国家公用数据交换网和水利专用通信网,建成了各个层次的通信网络,使水文信息处理技术得到迅速发展。随着各种水文信息自动记录仪的应用,中国目前大部分水位站、雨量站都实现了水文信息的固态存储。由于固态存储、遥测RTU终端等仪器记录的信息通过软件编程可直接转化成计算机识别的数据,因此中国水文信息的初次处理已基本实现自动化。与《水文资料整编规范》SL247-1999配套的各种水文整编软件已投入运行,可完成水位、流量、泥沙、降水量、蒸发量等水文要素的生成和人工在线修改,实现了水文信息处理的计算机化。

三、信息传输

中国报告水情的历史十分悠久。早在公元前221年~公元前206年秦代所制订的《田律》中就有令地方报雨的制度。记述公元25年~220年间史事的史书《后汉书》也有"群国上雨泽"的记载,说明当时中国已有了降雨情况的报告。明代万历元年(1573)在黄河上开始设立驿站,每30里为一站,当洪水发生时,以快马向下游传递水情,日夜不息。这就是最原始的水文信息传输方式。

中国近代水文信息传输工作大体上开始于20世纪50年代初期,当时就制订了全国统一的报汛办法,经过60多年的发展,水文信息站已由原来的300多处增加到现在的8400多处。1975年中国开始发展报汛专用超短波无线电通话网。在一些重点防洪地区和重要水利水电工程处相继建立了超短波自动测报系统。并且在丹江口水库以上进行了利用流星余迹通讯的试点,应用卫星通讯传递水情在长江三峡地区已试验成功。为了更经济、合理地收集水文信息和改善目前通讯流程不合理的状态,在中央与流域机构之间,省与地区之间正在发展利用远程检索(或联机)来共享水文信息。为了直接获得更大范围内的水文信息,中国已开始接收雷达测雨信息,据此能随时较详细地掌握10多万平方千米范围内的降雨分布和雨区移动变化情况。有些流域还开始利用遥感信息来判读水面变化和降雨分布。为快速处理接收到的水文信息,并及时向有关单位发送,中国于1987年已研制成功以计算机实时接收和翻译水情电报为基础的实时水文信息处理系统。该系统可以使终端用户随时检索到任何流域、测站已收到的任何时间的水文信息和告警信息,还可检索出各流域雨量分布图、水情分布图、各站水位流量过程线,以及各种加工后的统计分析信息;可以连接大屏幕显示,也可以打印出各类需要发送的水情公报和雨量图表等,为进一步实施实时联机水文预报打下重要基础。

四、信息管理与共享

水文信息管理是指各种水文信息的组织、编目、定位、存储、检索和维护,它是通过数据库来实现的。水文数据库包括历史水文信息数据库和实时水文信息数据库。20世纪90年代,中国开始建立国家基本水文数据库——历史水文信息数据库,主要是将历史上的水文整编资料入库并进行管理,目前已基本完成,全国已有80%的水文单位将90%以上的水文资料输入水文数据库,有的已投入运用。实时水文数据是将水文测站测到的实时水文信息进行储存和管理,国家已建立了SYBASE平台C/S结构的实时水文数据库。目前,融历史水文信息数据库、实时水文信息数据库、图形库、方法库等为一体的综合水文数据库正在规划和设计之中。

2001年4月"中国水文信息网"正式开通,此后,又有20多个省(市、区)相继开通了地方水文信息网,从而基本实现了实时水文信息的在线发布和共享。为了向政府部门、社会公众和各类用户提供及时、准确的水文信息,一个基于全国水文综合数据库系统,以网络和数据库系统为核心,以 Web、GIS、多媒体等现代信息技术为支撑,能实时发布各种水文信息的水文信息共享网络系统正在规划建设之中。

第二节 水文预报技术研究

一、概述

水文预报的目的是根据水文现象当前或过去的状态推算其未来状态,是防汛抗旱的耳目,是防治水旱灾害重要的非工程措施之一,与经济社会发展休戚相关。在中国历年的防洪抗灾中,水文预报均能为防洪调度、抗洪抢险和救灾提供科学依据,经济效益和社会效益巨大,据估计每年的直接经济效益均超百亿元。如按水文要素分,水文预报可分为水位预报、流量预报、水量预报、泥沙预报、冰预报、土壤含水量预报、水质预报等。如按水体分,水文预报可分为河流水文预报、湖泊(水库)水文预报、地下水预报、冰川预报等。如按水文现象分,水文预报可分为洪水预报、枯水预报、风暴潮预报等。如按预见期分,水文预报可分为短期洪水预报、中长期洪水预报、骤发性洪水预报等。中国由于自然条件复杂多样,水文状况千变万化,需要开展水文预报的项目很多,但迫切需要同时又是最基本的是其中的短期洪水预报和中长期洪水预报。随着科技的进步,通过研制预报系统开展实时预报,以期提高预报精度和增长有效预见期是水文预报技术发展的基本追求。

20 世纪 90 年代以来中国水文情报预报工作的主要成就:

(1)水文信息技术得到迅速发展和普及。随着现代科学技术的飞速发展,以计算机和通信为核心的信息技术在水文工作中得到广泛应用,具体表现在水文信息的自动采集与处理、数据库管理、信息共享、"3S"技术的应用、成果的图形表现和多维动态演示等。完成了国家防汛指挥系统 21 个水情分析中心示范区建设,七大流域和 31 个省市区全部实现计算机网络传输和大部分省实现地区级网络传输,使水文信息传输效率取得实质性进展。

(2)水情报汛站网得到进一步完善。水情站网是水文预报工作的基础,应根据社会发展和经济建设需要不断补充和完善。水情报汛站、水文预报站逐年增加,基本满足了目前国家防汛抗旱指挥部防汛抗旱调度决策对实时水情和预报信息的需求。

(3)流域水文模型的研制和改进有了新进展。近年来,加强了对降雨形成物理规律的研究,不断增强模型的物理性;大力开展了干旱半干旱区、平原河网区和卡斯特地区的流域水文模型研究,探讨研究基于雷达测雨、卫星遥感、地理信息系统等技术的分布式水文模型。自行研制了适于干旱半干旱地区的双超产流模型、河北雨洪模型、双衰减曲线模型等。

(4)水文预报系统的开发取得了显著的技术进步。随着计算机技术的飞速发展和 WINDOWS 图形界面操作系统的普及,基于微机 WINDOWS 操作系统的水文预报系统逐渐成为中国水文预报系统的主流。

二、短期洪水预报

在中国,通常遇到 3 类基本的短期洪水预报问题:一是河段洪水预报,即根据河段上断面的水情来预报河段下断面的水情,其理论依据是洪水波在河段的运动规律,洪水波在河段中的传播时间为河段洪水预报的理论预见期;二是流域降雨径流预报,即根据降落在流域上一场时空分布的降雨来预报流域出口断面洪水过程线,其理论依据是流域降雨径流形成规律。流域汇流时间即为流域降雨径流预报的理论预见期。传统上常将流域降雨径流预报划分为流域产流预报和流域汇流预报2个阶段;三是"河流-流域"洪水预报。一个流域总可以按自然分水线划分为若干个互不嵌套的子流域,而子流域之间由河道来连接。先对各子流域作流域降雨径流预报,然后通过洪水演算求得各子流域对流域出口断面洪水的贡献。叠加后即可预报出总出口断面的洪水过程线。其理论依据是流域降雨径流形成规律和河道洪水波运动规律的结合。子流域的流域汇流时间与河段洪水波传播时间之和为"河流—流域"洪水预报的理论预见期。

中国短期洪水预报方法的研究和发布作业预报同步开始于20世纪50年代初。在1950年,中国开始编制长江和淮河干流的相应水位和流量演算预报方案,并在1954年长江、淮河的特大洪水的预报中不断完善,得到发展。1955年华士乾在吸取国外有用的洪水预报方法和总结1954年中国洪水预报经验的基础上,编著了《洪水预报方法》一书。该书奠定了中国洪水预报方法的基础,对后来的中国洪水预报工作起到重要作用。

在河段洪水预报方面,对经典的相应水位和相应流量法,结合河道洪水波运动的物理机理作了许多改进,使之能用于多支流河段,多沙河流和感潮河流的水位流量预报。对流量演算法,也在水力学原理和其他近代科技新成就的指导下,作出了许多改进和一些创新,不仅提出了一些能用于不受回水顶托影响河段的水位或流量过程的预报方法,也提出了一些能考虑回水顶托影响和感潮河段的水位或流量过程的预报方法。对于具有行蓄洪区的河道洪水预报也进行了有益的探索。在流域降雨产流预报方面,在不断发展的产流理论指导下,不但对传统的经验降雨径流相关图法作了不断的改进,使之无论在湿润地区或干旱地区或半湿润半干旱地区,只要影响因素选得合适,大多都能取得较好的预报精度,而且还提出了适合于湿润地区的产流量预报的流域蓄水曲线法和初损后参法。在流域汇流预报方面,改进了传统的单位线法和等流时线法,提出了用分雨型单位线、分暴雨中心位置单位线和变动等流时线等处理流域汇流非线性的实用方法。对Nash瞬时单位线和地貌单位线在流域汇流预报中的应用也作了许多探索。在"河流—流域"洪水预报方面,通过利用这种方法,不仅较好地解决了大流域或人类活动影响较大的流域的降雨径流预报问题,而且采用水文学与水力学相结合的方法解决了感潮流域的降雨径流预报问题。1962年出版的赵人俊专著《水文预报》和1979年出版的长江水利委员会专著《水文预报方法》都记载了这一发展历程。

为总结短期洪水预报经验,中国曾先后召开过3次全国性的水文预报学术讨论会。为了与国外同行交流经验,中国曾为世界气象组织(WMO)和联合国教科文组织(UNESCO)举办了3次国际区域性洪水预报讲习班。1989年和1992年先后2次与美国同行联合举行了规模较大的中美双边水文预报学术研讨会。

三、中长期水文预报

随着预见期的增长,水文现象的不确定性越来越起主导作用,导致中长期水文预报所用的方法与短期洪水预报有显著不同。在中国,目前用于中长期水文预报的主要方法有3类:一是天气学方法,它基于径流的长期变化应与大型天气过程的演变有密切关系这一概念,利用前期大气环流特征在未来的演变规律来对水文要素作出长期预报;二是统计学方法,它根据大量的长系列的历史水文和气象资料的分析,通过建立预报对象与预报因子之间的统计关系来进行中长期水文预报。按制作预报方案时选用因子上的特点,这个方法又有单要素法和多要素综合法之分,前者是设法利用预报对象本身的时序变化规律作为预报的根据,后者则通过分析预报对象与其影响因子之间的统计相关关系作为预报依据;三是宇宙地球物理成因方法,该法设法应用宇宙地球物理因素变化与某些地区和水文要素长期变化之间的关系作为拟订中长期水文预报方法的依据。

中国开始中长期水文预报始于20世纪60年代初,曾经使用过的统计学方法有多元回归分析、逐步回归分析、门限回归、时间序列分析、功率谱分析、聚类分析、自然函数正交分解等。谐波分析是分析长波、超长波活动的一种常用方法。功率谱分析是揭示水文要素周期变化的一种客观方法。

通过对大气环流长期演变的分析,中国学者发现长江中下游地区6月份降雨与前期2月份相关程度最高。通过对影响水文过程长期演变的宇宙地球物理因子的分析,中国学者初步揭示了北极海冰、南极海冰、青藏高原积雪和海温变化对长江上中游汛期水量丰枯变化的重要影响。这些研究成果为制作长江中下游和上中游汛期的长期水文预报方案提供了科学依据。

四、作业水文预报系统

中国于20世纪70年代初开始应用计算机来编制水文预报方案和进行作业水文预报,至1988年已初步建立了能适合中央、流域机构和省、自治区、直辖市在PDP(VAX)11系列计算机上使用,以及能适合地区和重要水利水电工程在IBM-PC(或长城0520)微机上使用的水文预报系统,系统的特点是:既能进行模型的选择,又能进行实时预报,还能进行实时校正和考虑定量降雨预报;系统中包括了多个模型,适合于不同流域;模型的输入、输出文件格式统一,便于模型的比较和改进。将该系统与实时信息处理系统、调度系统连接起来,只需很短时间便可得出预报和调度结果。90年代起,中国又借助于数据库技术、计算机网络技术、地理信息系统技术和遥感遥测技术的成就,开始研制由实时水文数据收集、传输子系统、水文数据库、水文预报方法、模型库、预报误差实时校正子系统、专家知识库和预报会商、发布子系统等组成的新一代水文作业预报系统。

1997年起研发的"全国水情信息及洪水预报预测业务系统"是在总结中国多年来在水文预报方法、水文模型、模型参数最优化技术和洪水预报系统方面研究经验的基础上,紧密结合防汛对水情信息和洪水预报的实际需求,而开发的集水情信息加工、处理、监视、查询和洪水预报等功能为一体的业务系统。1998年起又通过构建C/S结构,采用标准化、通用性强的预报模型方法库等技术,研发了功能更先进的"中国洪水预报系统",该系统以全国统一的实时水情数据库为依托,以地理信息系统为平台,能方便地构建5类洪水预报方案,可以任意选择多模型、多方法制定预报方案,具有人工和自动优选结合的模型率定功能、定时预报和人机交互预报功能、可干预任何信息源和预报过程、全面完善的系统管理功能等,并在中国22个流域机构和(区)的水文部门得到推广应用。从2001年起,在已开发的"全国水情信息及洪水预报预测业务系统"的基础上中国又研发了"Web水文预测系统",该系统采用B/S多层体系结构,信息集中处理和存储,以通用Web浏览器作为用户界面,以Web服务器存储和处理信息,以数据库服务器存储属性和空间数据,能满足同时为多个地点的用户迅速服务的要求,大幅度提高了洪水预报的信息化水平,降低了系统维护和管理的复杂性,具有良好的跨平台性和扩展性,从而使得洪水预报系统的研发能真正从模型开发走向应用服务。同时,许多流域机构和省水文部门也研发了适于自身特点的水文预报系统。

1999年出版的葛守西专著《现代洪水预报技术》、2008年出版的《水文情报预报规范》和2010年出版的《水文情报预报技术手册》反映了中国这方面的研究和应用情况。

第三节 水文计算技术研究

一、概述

水文计算是为防洪治涝、水资源开发利用、桥涵等工程或非工程措施的规划、设计、施工和运用,提供水文数据分析和水文设计成果的总称,是水利工程建设及其他有关工程的重要前期工作,其成果对工程的安全及其效益有重大影响。

中国从20世纪30年代就开始引进一些西方国家的水文计算技术。50年代初,随着大规模水利建设的开展,水文计算工作与日俱增。1956年11月召开了全国首次水文计算学术讨论会,出版了《水文计算经验汇编》第一集,此后又在1963年、1964年和1984年分别出版了第二集至第四集。1997年,中国水利学会在南京召开了"全国水文计算进展和展望学术讨论会",并出版了会议论文集。1964年编辑出版的《中国水文图集》与各地陆续编制的《水文手册》配合,已成为在短缺水文资料情况下提供水文设计数据的重要工具。在经过多年的使用、修改、补充,于1979年和1984年分别制订的《水利水电工程设计洪水计算规范》和《水利水电工程水文计算规范》2个部颁标准,使得中国的水文计算技术有了自己的技术体系和技术标准。

中国水文计算技术的主要特点可概括为:①强调对水文资料进行审核、插补延长和系列代表性分析;②强调历史大洪水、大暴雨和特枯水的调查和历史文献考证工作;③强调各项水文计算成果在地区间、不同历时和不同季节,以及各项相关要素之间的合理性分析;④重视研制短缺水文资料地区的水文计算方法。1997年出版的《三峡工程水文研究》、2000年出版的《中国水力发电工程·工程水文卷》和2003年出版的《水文设计成果合理性评价》均对此做了详细论述。

二、设计洪水

水利工程的主要运行环境之一是洪水,衡量水利工程安全的指标之一是其在未来运行期间能抗衡多大的洪水,有些水利工程还要担负其下游某一区域或城市的防洪任务,这样就提出了确定符合水利工程及其下游保护对象防洪安全设计标准的设计洪水问题。水文频率分析法在中国是推求设计洪水的主要方法。

中国历代以不同方式为后人留下了大量关于洪涝灾害水情和灾情的记载,为后人研究江河洪水长期变化规律提供了重要信息。中国在20世纪50年代初,就着手对历史洪水进行有计划的调查、收集、分析、整理和研究工作,至1981年,已得到了全国近6000个河段的20 000多个历史特大洪水数据。并于1992年编辑出版了《中国历史大洪水》一书。历史洪水的研究与应用是中国对洪水频率分析和设计洪水的重要贡献。历史洪水加入洪水频率分析至少有2方面重要意义:一是有助于更合理地确定实测期内特大洪水的经验频率;二是增加了实测以外的洪水资料,而这2方面都有利于提高洪水频率分析的合理性。1962年叶永毅、陈志恺论述了洪水频率分析中历史洪水资料的应用问题,指出历史洪水资料加入实测洪水系列后将成为不连序洪水系列,并给出了用矩法计算不连序洪水系列统计参数的公式。1963年钱铁提出了确定不连序系列经验频率的公式。1988年宋德敦、丁晶等人又导出了不连序系列的概率权重矩的计算公式。

根据中国的经验,在洪水频率分析中,除了必须尽可能地应用历史洪水资料外,实测或插补资料的精度、系列代表性和统计参数的合理性分析也是十分重要的。实测或插补的洪水系列是洪水频率计算的基础。在中国,由于受到不同历史时期测验或插补技术的局限,洪水系列的资料精度可能不太一致,因此,对洪水系列进行复核是必要的。复核的内容包括:不同时期的水位基面、水尺断面和水尺零点高程是否一致;洪水期特别是大洪水期是否有缺测、漏测、错测等问题;流量测验和计算方法有无不妥;水位流量关系曲线的高水外延是否合理等。在资料复核中如发现错误和不合理之处,应进行改正。洪水系列的一致性是进行频率计算的必要前提条件。若流域内兴建的水利水电工程及其他工程明显地影响到洪水系列的一致性时,应将受到影响的洪水资料通过分析计算还原到受影响前的同一基础上,对于不同工程措施造成的影响,中国学者已研制了一套行之有效的还原计算方法。所谓资料代表性是指用于洪水频率计算的洪水系列能合理地反映总体的统计特征。在中国,一般根据与本站洪水相关关系较为密切的上、下游或相邻流域的长期洪水系列,以及与洪水关系较为密切的其他长期水文、气象要素系列,通过差积曲线、滑动平均过程线、长短系列统计参数等的对比分析,来分析推断洪水系列的代表性。洪水统计参数一般具有一定的水文意义,如均值是衡量洪水量级的特征值,变差系数是表征洪水年际变化的特征值,偏态系数是反映大小洪水出现概率的特征值。由于洪水特征值主要受到气候条件的支配,通常可表为地理经、纬度的函数,因此可在地图上画出洪水特征值的等值线图。利用该等值线图所显示的地理规律可对位于这一地区的某一流域的洪水统计参数进行合理分析,或进行必要的修正。叶永毅等早在20世纪50年代就倡导这一做法,并称之为统计参数的地区协调。此外,河流上、下游同一洪水统计参数及不同时段洪量统计参数之间也存在一定关系。中国学者结合实际工作分析探讨了这些关系,并用于洪水统计参数的合理性分析。

由于种种原因,由频率计算求得的符合某一防洪安全设计标准的设计洪水是带有误差的,金光炎研究了设计洪水的抽样误差,并导出了计算设计洪水的抽样误差的公式。谭维炎等曾采用离差绝对值和最小的适线准则,通过统计试验给出了新的为考虑设计洪水抽样误差而采用的安全修正值的计算图表。

期望概率的概念最早是美国人Beard于1960年提出来的,1982年写进了美国《确定洪水频率指南》一书。目前美国给出的期望概率公式只适用于正态分布和矩法估计参数的情况。1988年,丛树铮将期望概率及其计算方法引入中国,并提出应用Monte-Carlo法计算期望概率的方法。在三峡工程设计洪水研究中,经过反复考证已确定历史洪水考期为830年,这期间可使用的历史洪水有9个,据此,采用P-Ⅲ型分布和离差平方和最小准则适线法求得的千年一遇和万年一遇洪水接近于用Monte-Carlo法计算的期望概率,证明历史洪水在推求设计洪水中有重要作用。

早在20世纪50年代,中国就开始使用同倍比放大法和分时段同频率控制放大法来放大典型洪水过程线推求设计洪水过程线的方法。设计洪水过程线通常是一种稀遇的洪水过程线,因此必须选择资料可靠、具有较好代表性、对防洪安全又较为不利的大洪水过程线作为典型洪水过程线。中国目前已提出一套较为合理的选择典型洪水过程线的原则。

为大坝防洪安全推求的设计洪水过程线应是入库洪水过程线,入库洪水过程线一般比坝址断面洪水过程线形状更尖瘦,峰现时间要提前。中国学者较早地注意到了这个问题,目前已提出了多种处理方法。

在水库防洪安全设计方面,1990年丁晶等对二滩水电站入库洪水建立SAR(1)模型,由模型模拟出大量洪水过程线,根据调洪准则调洪演算得到坝前最高水位系列,点绘坝前年最高水位频率曲线,从频率曲线上可推求相应于设计标准的防洪特征水位,尝试进行了水库防洪安全设计,同时分别对威远河兴隆站洪水和紫坪铺水电站入库洪水用SAR(1)模型模拟并用于水电站防洪安全设计。1998年卢承志等用多站典型解集模型模拟水库库群的入库洪水过程,并提出了一种新的模型参数估计方法——多站权重模型适线法,以湖南某大型流域水库群防洪库容的设计为例,建立了求解防洪、发电相结合的水库群防洪库容优化模型。

三、设计暴雨

由于中国土地辽阔,幅员广大,任何时候都难以保证有充分的实测流量资料提供给推求面广量大的中小型工程的设计洪水之用。大规模人类活动的影响,也难以保证实测流量系列统计上的一致性要求。因此,通过设计暴雨来推求设计洪水是确定设计洪水的重要途径。

早在20世纪60年代~70年代,中国就开始对设计暴雨计算技术进行系统的研究,并先后完成了全国及各地区的年最大24小时点雨量统计参数等值线图,编制了实测与调查最大24小时点雨量分布图。1981年~1986年间又完成了6小时、1小时、10分钟和3日点雨量统计参数等值线图。为将点设计暴雨转换成面设计暴雨,多年来一直重视点面关系的分析和暴雨时—面—深曲线的分析。80年代以来,中国又将水文随机模拟技术引入设计暴雨分析,提出了多站暴雨资料综合统计方法。2002年出版的由王家祁著述的《中国暴雨》一书总结了中国过去50年在暴雨分析和设计暴雨方面的主要研究成果。

四、可能最大暴雨

早在20世纪40年代,美国就开始研究可能最大暴雨(PMP)和可能最大洪水(PMF)并指出应将PMP和PMF作为重要水坝建设的防洪安全设计标准。中国关于PMP和PMF的研究大约始于1958年,它最先用于长江三峡工程的设计洪水研究中。1963年詹道江撰文在中国系统介绍了PMP的计算方法,1975年8月淮河上游发生了罕见的特大暴雨,之后PMP和PMF的研究受到普遍重视,认为应当采用PMP和PMF作为重要水利水电工程复核保坝标准,并在大量研究工作的基础上,于1977年编制成功了"中国可能最大24h点雨量等值线图"。在1993年发布的《水利水电工程设计洪计算规范》中明确规定,"当工程设计需要时,可用水文气象法估算可能最大暴雨,再推算可能最大洪水。"

中国学者经过多年研究,认为比较实用的推求PMP的方法应包括3个步骤:一是将实测特大暴雨的水汽加以极大化,即水汽放大;二是将极大化的暴雨移植到设计地区;三是取这些极大化暴雨的时—面—深关系的外包线。这样即可求得流域面平均PMP。可见,任何一个推求PMP的方法,在理论上显然需要解决2个关键问题:一是如何建立暴雨模式;二是如何放大暴雨量。对于第一个问题,中国学者的研究重点是暴雨移置和暴雨组合。暴雨移置的研究内容主要集中在天气条件一致性、地形雨改正、移置方位等环节上。暴雨组合的研究内容则主要集中在组合的合理性和可能性上。对于第二个问题,中国学者主要提出了水汽放大法和水汽效率放大法。

1983年出版的詹道江、邹进上专著《可能最大暴雨与洪水》和1999年出版的王国安专著《可能最大暴雨和洪水的计算原理和方法》比较全面地反映了中国学者在这方面的研究成果。

五、古洪水

洪水期水流所挟带的有机物如孢子花粉、草木等漂浮在水面上,当遇河流最高水位出现时的短暂平流期,它们可能沉积于岸边,成为平流沉积物。河流岸边的岩穴、支流的末端、峡谷台地等常能将这些平流沉积物保存至今。平流沉积物所处的高程就是相应洪水的最高水位,据此可推算出洪峰流量。平流沉积物的沉积年代可用同位素 ^{14}C 测定,据此可推算该洪峰流量的重现期。用这种方法取得的特大洪水资料,不同于通过历史洪水调查取得的特大洪水资料,因为它应用了沉积学和地层测年学的原理,故称为古洪水。

中国的古洪水研究,是在洪水频率计算、历史洪水应用、PMP 研究等取得丰富成果的基础上开展起来的,有着深厚的研究背景,因此受到学术界和工程界的关注。自 1985 年至今,古洪水研究已在淮河响洪甸水库加固、海河黄壁庄水库加固,以及长江三峡、黄河小浪底等重大工程建设中得到重要应用。例如在长江三峡古洪水研究中,詹道江等自 1990 年～1994 年,历时 5 年,在长江三峡河段共取得古洪水沉积物样品 92 个,通过分析测定,得知过去 2500 年以来,在该河段出现过 4 次洪峰流量大于 100 000 立方米/秒的特大洪水,从而将原先通过历史洪水调查取得的清同治九年(1870)的特大洪水的重现期由 840 年提高到 2500 年,为解决长江三峡设计洪水计算中多年悬而未决的"挂天灯"问题作出了一定贡献。

目前,中国古洪水研究的原理和方法正在逐渐成熟,2001 年詹道江、谢悦波的专著《古洪水研究》的出版,就是一个标志。对古洪水的研究不仅可以推动古水文学、气候变化和第四纪地质学的发展,而且对水利工程设计、国土规划、洪涝灾害防治具有重要意义,在《水利水电工程设计洪水计算规范》中,已经加入了在推求重大工程设计洪水时要探测古洪水的规范条文。

六、小流域设计洪水

小流域设计洪水,一般遵循由暴雨资料推求设计洪水的原理。清咸丰元年(1851)摩尔凡尼(Mulvaney)提出的合理化公式,标志着小流域设计洪水研究的开始。但很长一段时间里,该公式主要用于城市道路和飞机场跑道的排水规划和设计。20 世纪 50 年代,为适应中国大规模水利建设的需要,陈家琦等在对该公式进行不断改进与发展的基础上,提出了小流域设计洪水的推理公式法,直至现在仍在中国水利、交通、铁路等建设部门广泛使用,证明效果良好。70 年代,刘昌明通过分析野外小流域径流试验资料也提出了一个小流域暴雨洪峰流量计算公式。中国还大力发展小流域设计洪水的经验公式法和综合单位线法,1978 年～1982 年间编制出版的《全国暴雨径流查算图表》,比较集中反映了这方面的研究成果。

第四节　水资源可持续利用技术研究

一、水资源可持续利用战略

中国是一个水资源短缺的国家,水资源可持续利用显得尤为重要。20 世纪 70 年代末中国就开始重视水资源可持续利用战略研究,中国工程院于2000年和2001年先后启动并完成的重大咨询项目"中国可持续发展水资源战略研究"和"西部地区水资源配置、生态环境建设和可持续发展战略研究"是这一研究领域的典型代表。前者提出了中国水资源可持续利用的总体战略是"以水资源的可持续利用支持经济社会的可持续发展",具体包括:建立人与洪水协调共处的防洪减灾战略;以建设节水高效的现代灌溉农业和现代旱地农业为目标的农业用水战略;节流为本、治污在先、多渠道开源的城市水资源可持续利用战略;以源头控制为主的综合防污减灾战略;保证生态环境用水的水资源配置战略;以需水管理为基础的水资源供需平衡战略;解决北方水资源短缺的南水北调战略措施和与生态环境相协调的西部地区水资源开发利用战略。后者则专门针对中国西北地区水资源及其供需发展趋势、生态环境需水量、农牧业发展和节水、城镇发展和水务对策、工矿资源开发及用水对策以及水资源重大工程布局等进行了深入研究。这2项研究奠定了中国水资源可持续利用战略的理论和技术基础。

中国工程院重大咨询项目《中国可持续发展水资源战略研究》报告提出,针对面临的问题建议中国水资源总体战略为,以水资源的可持续利用支持中国社会经济可持续发展,要从以下8个方面实行战略性的转变:

(1)人与洪水协调共处的防洪减灾战略 要从无序、无节制的与洪水斗争转变为有序、可持续的与洪水协调共处。要从以建立防洪工程体系为主的战略转变为在防洪工程体系的基础上,建立全面防洪减灾工作体系,达到人与洪水协调共处。

(2)以建设节水高效的现代灌溉农业和现代旱地农业为目标的农业用水战略 要从传统粗放型灌溉农业和旱地雨养农业转变为建设节水高效的现代灌溉农业。通过建设节水高效的现代农业,中国可以基本立足于现有规模的耕地和灌溉用水量,满足今后16亿人口对农产品的需要。今后,农业水利建设的投资的主要方向,应从以开源工程和新建工程为主转到以建设节水高效农业为主,国家应将节水高效农业建设列为国民经济的重大基础建设项目。

(3)节水优先,治污为本,多渠道开源的城市水资源可持续利用战略 预计2030年左右,城市化水平可能达到60%,城市人口将增加到9.6亿左右。因此,城市和工业节水是今后节水的重点。必须进一步调整产业结构和工业布局,大力开发和推广节水器具和节水的工业生产技术,创建节水型工业和节水型城市,力争将城市人均综合用水量控制在160立方米/年以内。同时,必须加大污染防治力度,力争2030年城市污水的有效处理率达到80%以上,使水环境有明显改善。

(4)以源头控制为主的综合防治减灾战略 目前中国排放的污水量与美国、日本相近,而经济发展水平却不能与他们相比,中国为粗放型经济增长付出了巨大的环境代价。长期以来,采用以末端治理达标排放为主的工业污染控制战略,已被国内外经验证明是耗资大、效果差、不符合可持续发展的战略。应大力推行以清洁生产为代表的污染预防战略,淘汰物耗能耗高、用水量大、技术落后的产品和工艺,在工业生产过程中提高资源利用率,消减污染排放量。清洁生产可同时获得环境效益和经济效益,对中国经济发展和环境保护有重要的战略意义。

(5)保证生态环境用水的水资源配置战略 保护和改善生态环境是保障我国社会经济可持续发展所必须坚持的基本方针。在水资源配置中,要从不重视生态环境用水转变为保障生态环境用水的前提下合理规划和保障社会经济用水。保障生态环境需水,有助于流域水资源可再生性维持,是实现水资源可持续利用的主要基础。

(6)以需水管理为基础的水资源供需平衡战略 对水资源的供需平衡,要从过去的以需定供,转变为在加强需水管理,提高用水效率的基础上的保证供水。目前,中国的用水效率还很低,节水还有很大潜力,节约用水和科学用水应成为水资源管理的首要任务。

根据预测,用水高峰将在2030年左右出现,农业用水总量与现在的规模相仿,为4200亿立方米左右;工业用水从现在的1100多亿立方米,增加到2000亿立方米;城乡生活用水从现在的500多亿立方米,增至1100亿立方米左右;考虑到未来发展前景的不确定性,估计全国用水总量有可能达到7000亿立方米~8000亿立方米,较现在增加1300亿立方米~2000亿立方米,人均综合用水量400立方米~500立方米。上述估计的需水量,已接近可合理利用水量的上限。因此,必须严格控制人口的增长,同时加强需水管理,做到人口达到零增长后,需水也可达到零增长。

(7)解决北方水资源短缺的南水北调战略措施

(8)与生态环境建设相协调的西部地区水资源开发利用战略　根据分析,当中国人口增至16亿时,人均水资源降到1760立方米,已接近国际公认的水资源紧张标准,形势十分严峻。经研究后认为,在加强管理,加大投入,合理配置、高效利用和注重保护的前提下,中国有条件在人均用水量400立方米~500立方米的基础上,实现第三步战略目标和社会经济的可持续发展。

需要优先研究的重大科技问题:①水资源演变规律的研究。研究气候持续干旱和大规模的抗旱活动条件下,水资源衰减和流域水循环演变发生明显变化的规律,为水资源的合理开发利用提供科学依据。②水生态环境问题。研究水与生态系统相互作用的模式机理过程与效应问题;研究生态保护准则,区域生态环境发展趋势预测及评价方法,与区域生态环境需水量的计算方法。③水资源可持续利用问题。在流域尺度上研究水资源系统、经济社会系统、生态环境系统在其运动发展过程中的相互依存与相互制约的定量关系。④农业水资源的高效利用。研究的主导方向为:灌溉水资源合理开发和优化配置技术研究;老灌区节水改造技术研究;高效输水灌溉系统新技术研究;田间节水灌溉新技术研究及设备产业化,节水管理新技术研究,改善农田生态环境关键技术的研究。⑤加强水资源的监测、预报、调度工作。随着新水法的颁布,需要全面加强水资源供、用、耗、排等方面的监测工作,水质污染和地下水的监测工作尤其需要加强。水资源的水量和水质的预报、预测工作也应当逐步开展。水量应结合水质要求进行合理调度。为改变相应落后的水资源监测手段,应全面提升监测和信息应用水平研究开发水资源监测技术和信息共享平台,以提高中国水资源监督和管理能力,为现代化水资源管理提供全面的科技支撑。

二、水资源评价

水资源评价内容一般包括水资源数量评价、水资源质量评价和水资源利用评价及综合评价。水资源评价工作要求在客观、科学、系统和实用的基础上,遵循地表水与地下水统一评价、水量和水质统一评价、水资源利用和保护统一评价等原则。对一个具体区域既要研究计算大气降水、地表水、地下水、污水、过境或外调水等5种水,又要调查分析工业用水、农业用水、生活用水、环境用水、生态用水等5种用水需求。对一个区域只有实现5种水与5种用水需求的协调平衡,才可能实现水资源可持续利用,保障经济社会可持续发展。

中国1950年专门建立水文局主管全国水文工作,首先把新中国前散乱的水文资料给予分析、整编、刊印出版,供国民经济建设、防洪及编制流域综合规划等工作的急需。20世纪50年代中期完成了水文图集、水文统计特征手册的编制。中国科学院地理研究所也对几条大江大河做过年径流量的统计。但比较全面系统整编全国水文资料和统计图表的是水利水电科学研究院编制并于

1963年正式出版的《全国水文图集》,其中对全国的降水、河川径流、蒸散发、水质、侵蚀泥沙等水文要素的统计特征进行了分析,编制了各种等值线图等。这项工作可以看作是中国第一次全国性水资源基础评价的雏形,其特点是只涉及水文要素的基本情势,未涉及水的利用和污染问题。在这样工作的带动下,不少省、自治区和流域机构也编制了水文图集。

在20世纪80年代进行了第一次全国水资源评价工作,汇总出版了《中国水资源评价》一书,查明全国范围内水资源量为28 124.4亿立方米,并且提醒人们,与世界上许多国家比较,中国的水资源量并不富裕,人均占有量是世界平均值的1/4,是美国的1/5,俄罗斯、印度尼西亚的1/7,加拿大的1/50,日本的1/1.7。每公顷土地水资源占有量只有世界平均水平的76%,远低于印度尼西亚、巴西、日本和加拿大。嗣后,又编写出版了《中国水资源质量评价》一书。2002年,结合"全国水资源综合规划",中国又开始了旨在"进一步清查中国水资源现状,合理预测用水需求,科学确定水资源配置方案,制定水资源对策和保护措施"的第二次全国水资源评价。

为及时了解中国水资源的变化,从1995年起中国每年发布国家《水资源公报》。

三、水资源供需分析

水资源供需分析是指在一定的区域内,就水资源的供求关系所进行的分析。通过分析旨在揭示水资源的供需矛盾,提出解决措施。它是编制国土整治规划、流域或地区水利规划、城镇供水和工农业发展规划的主要内容。该项分析是在流域或地区水资源评价及对各种需水量作出预测的基础上进行的,分析时还须考虑各种工程措施的调节作用。

中国首次全国性水资源供需分析是在1982年~1986年间进行的。分析成果表明,中国1980年河道外总用水量为4437亿立方米,其中,工业和城镇生活用水占11.8%,农业用水占88.2%,而按1980年的工程设施,在保证率为75%的中等干旱年份可供水量仅为4735亿立方米,不少地区会出现供水不足。根据各地工业发展要求,预计到21世纪初,在保证率为75%时,全国共需水6600亿立方米~7100亿立方米,与上述可供水量相比较,缺额较大。

中国通过对水资源的供需分析,把全国划分为余水区、基本平衡区、缺水区和严重缺水区4种类型。余水区和基本平衡区多在长江流域以南。缺水区和严重缺水区多在淮河流域以北,以黄淮海平原、山西能源基地、山东半岛、辽东半岛等地区的供需矛盾最为突出。此外,不少盆地和沿海城市也在不同程度上缺水,而且这种缺水状况日趋严峻。如2000年,由于京津地区严重干旱,严重影响到人们的日常生活和工农业生产,为了缓解这一严重问题,不得不从黄河调水4亿立方米以接济天津。南水北调工程就是为解决缺水地区水资源供应紧张的举措之一。近10多年来,包括河道内生态需水和河道外生态需水在内的生态需水量的确定方法在中国受到重视,但目前所采用的确定生态需水量的方法主要来自2个方面,一是引入国外相关理念和计算方法,二是根据中国区域水资源本底,综合国民经济用水要求,面向有限生态目标的生态需水计算方法。

中国水资源供需平衡及对21世纪前半期水资源供需预测的研究成果已发表在《中国水中长期供需研究报告》中。

四、水资源合理优化配置

水资源合理优化配置是指在流域或区域内,为保证经济社会发展与资源、生态环境相协调,实现水资源的可持续利用,通过工程和非工程措施相结合,对有限的不同形式的水资源进行的科学分配。水资源合理优化配置的实质就是提高水资源的配置效率和使用效率,一方面是提高水资源分配的科学性,合理解决各部门和各行业之间的竞争用水问题。另一方面是提高水资源的利用效率,促使部门或行业内部的节约用水和高效用水。水资源合理优化配置涉及需水管理和供水管理2方面:在需水方面,应通过调整产业结构与生产力布局,积极发展高效节水产业,抑制需水增长势头,以适应较为不利的水资源条件;在供水方面,应协调各单位竞争性用水,加强管理,通过科学措施改变水资源天然时空分布与生产力布局不相适应的局面。

中国的水资源科学优化配置研究始于20世纪60年代,80年代初,由华士乾教授为首的课题组对北京地区的水资源利用系统工程方法进行了研究,并在"七五"国家重点科技攻关项目中加以提高和应用。该项研究成果考虑了水量的区域分配、水资源利用效率、水利工程建设次序以及水资源开发利用对国民经济发展的作用,成为中国水资源配置研究的雏形。中国在水资源配置方面的研究起步较迟,但发展却很快。60年代就开始了以水库优化调度为先导的水资源分配研究。特别是改革开放以来的国家重点科技攻关计划对中国水资源合理配置发展起到的巨大推动作用。国家重点科技攻关计划通过组织大批科研力量联合攻关,取得了一大批在国内外有影响的、具有国际先进水平的成果,大大推动了中国水资源应用基础研究领域的发展,已经成为中国水资源领域包括水资源合理配置领域科学进步发展的里程碑。

1. 中国水资源合理优化配置研究历程

(1)基于宏观经济的区域水资源优化配置理论阶段

为了借鉴国内外水资源管理的先进理论、方法和技术,由国家科委组织各有关单位,在1986年~1987年期间与美国东西方研究中心环境与政策研究所合作,对京津地区的水资源管理政策进行了先导性的合作研究,建立了基本的区域水资源政策框架。1991年~1993年期间承担了联合国开发计划署的技术援助项目"华北水资源管理",首次在中国开发出华北宏观经济水资源优化配置模型,研制了京、津、唐地区宏观经济水规划决策支持系统,它包括由宏观经济模型、多目标分析模型和水资源模拟模型等7个模型组成的模型库,由Oracle软件及ARC/INFO软件支持的数据库和多级菜单驱动的人—机界面等,实现了各模型之间的连接与信息交换。

随后,国家科委和水利部又启动了"八五"国家重点科技攻关专题"华北地区宏观经济水资源规划理论与方法",许新宜、王浩和甘泓等系统地建立了基于宏观经济的水资源优化配置理论技术体系,包括水资源优化配置的定义、内涵、决策机制和水资源配置多目标分析模型、宏观经济分析模型、模拟模型,以及多层次多目标群决策计算方法、决策支持系统等。

(2)基于二元水循环模式的水资源合理配置阶段

在"九五"期间,国家又启动了"九五"国家重点科技攻关项目"西北地区水资源合理开发利用与生态环境保护研究",将水资源配置的范畴进一步拓展到社会经济—水资源—生态环境系统,配置的对象也发展到同时配置国民经济用水和生态环境用水,并且研究和提出了生态需水量计算方法。

根据合理配置问题的决策特点,本项研究建立了相应的多层次、多目标、群决策求解方法。对流域水资源、社会经济和生态环境3个系统分别用数学模型加以描述和模拟,再用总体模型进行综合集成与优化。流域水资源二元演化模型描述天然循环和人工侧支循环之间此消彼涨的相互作用和"四水"转化关系。宏观经济模型描述产业部门之间的投入—产出关系,地区之间的调入—调出关系,以及年度之间的积累—消费关系。生态需水模型描述伴随水循环演变的水与生态系统的相互作用过程。多层次、多目标、群决策模型作为总体模型描述合理配置问题的各主要方面。通过总体模型与分系统模型的信息反馈,实现优化与模拟的结合,实现群决策过程中各决策主体间的交流,将决策风险和利益冲突减至最小。

(3) 以宏观配置方案为总控的水资源实时调度阶段

受流域水资源管理体制的约束,中国流域水资源统一调配实践未能实质性地全面铺开,一些问题严重的流域更多地依靠行政手段进行管理。随着流域水资源问题的普遍化和严重化,流域水资源统一调配与管理具有重大的现实意义和紧迫性,一些流域开始尝试对流域水资源实行统一调配,如黄河流域实行非汛期水量统一调度,防止河道断流。但由于流域水资源真正的统一调配刚刚起步,在调配的技术和系统建设方面还处于探索阶段,能够真正应用于区域水资源管理的调配系统很少,且区域水资源宏观优化配置与微观实时调度系统耦合尚有待加强,现状技术条件远远跟不上流域水资源统一管理和调配的要求。

在此形势下,国家"十五"攻关计划启动《黑河流域水资源调配管理信息系统》专题研究,开展以黑河流域为代表的中国北方半干旱流域水资源统一管理与调度实践研究。首次提出并实践了以"模拟－配置－评价－调度"为基本环节的流域水资源调配4层总控结构,为流域水资源调配研究提供较为完整的框架体系。首次在流域层面实现了水资源宏观配置方案和实时调度方案的耦合与嵌套,为流域水资源统一管理提供了有效手段。

(4) 经济生态系统广义水资源合理配置阶段

水资源合理配置是解决区域水资源供需平衡的基础,以往国内外的水资源配置都未能将社会、经济、人工生态和天然生态统一纳入到配置体系中,并且在配置水源上,仅考虑地表水和地下水的配置,而对土壤水的配置涉及较少,甚至没有;配置目标也仅考虑传统的人工取用水的供需平衡缺口,对于区域经济社会和生态环境的耗水机理并未详细分析;由于以往的水资源合理配置模型未能与区域水循环模型进行耦合计算,仅根据经验或实验结果对区域水循环之间的转化关系进行简单处理,因此不能正确反映区域各部门、各行业之间的需水要求,导致水资源配置也不尽合理。

"宁夏经济生态系统水资源合理配置"攻关项目提出了全新的广义水资源合理配置理论及其研究方法,从广义水资源合理配置的内涵出发,在配置目标上,满足经济社会用水和生态环境用水的需要,维系了区域社会—经济—生态系统的可持续发展;在配置基础上,以区域经济社会可持续发展以及区域人工—天然复合水循环的转化过程为基础,揭示了水资源配置过程中的水资源转化规律,以及配置后经济社会和生态系统的响应状况,为区域水资源的可持续利用提供依据;在配置内容上,不仅对可控的地表水和地下水进行配置,还对半可控的土壤水以及不可控的天然降水进行配置,配置的内容更加丰富;在配置对象上,在考虑传统的对生产、生活和人工生态的基础上,增加了对天然生态配水项,配置对象更加全面,同时在对水资源量进行调控的同时,还对水环境即水质情况也进行调控,实现水量水质统一配置;在配置指标上,将配置指标分为3层:第一层为传统的供需平衡指标,反映人工供水量与需水量之间的缺口,用缺水量或缺水率表示;第二层为理想的需要消耗的地表地下水量与实际消耗的地表地下水量之间的差值,本次研究主要用于分析区域消耗黄河水资源量与黄河水量指标限制的关系;第三层是广义水资源(包括降水转化的土壤水在内)的供需平衡指标,即经济和生态系统实际蒸腾蒸发消耗的水量与理想状态下所需水量的差值,反映的是所有供水水源与实际耗水量之间的缺口。

所建立的经济生态系统广义水资源合理配置模型由多重模型动态耦合而成,以水资源合理配置模拟模型为核心,嵌套了区域水资源承载力模型、水循环模拟模型、宏观经济发展预测模型、水资源多目标优化模型、水资源合理配置模拟模型、工程经济效益分析模型和绿洲生态稳定性预测模型等。

中国目前高度重视水资源短缺的北方地区的水资源调配问题。2000年通过流域水资源统一调度,一举实现了"黑河分水成功,黄河大旱之年全年不断流,博斯腾湖2次向塔里木河输水"三大目标。但是,在中国水量充沛的地区,往往会存在因水资源不合理利用而造成的水环境污染、水资源严重浪费等现象。有关分析表明,在中国未来的发展中,一些地区水质导致的水资源危机可能会加剧,而另一些地区水质、水量导致的水资源危机将可能招来生态危机。因此,在水资源优化配置过程中充分重视水质和生态,实现水质、生态和水量的合理优化配置,就显得更为重要。

水资源合理优化配置一般是对整个系统而言的,系统的总体效益最好或合理,并不能保证其中每个个体均为最好或合理,即全局最优不等于局部最优,因此,要实现水资源的合理优化配置,就必须实行水资源统一管理,以全局为重,树立整体观念。只有从水资源的分散多头管理转变为集中的水务一体化管理,才能为实施水资源合理优化配置提供体制上的保障。

中国水资源南多北少的客观存在可能需要通过跨流域调水来实现水资源在地区间的合理优化配置,但必然存在难点,水市场的建立和不断完善将有利于水资源的合理优化配置,有利于解决在跨流域调水中遇到的一些难点。

2. 水资源优化配置模型研究

中国水利水电科学研究院、黄河水利委员会和长江水利委员会等,分别结合亚洲银行海南项目、UNDP华北水资源管理项目、国家"八五"攻关华北地区宏观经济水资源配置模型、世界银行黄河流域经济模型、新疆北部地区水资源可持续开发利用项目以及南水北调项目等,开发和改进了水资源配置优化模型和模拟模型,有效地解决了一批区域性水资源综合规划问题,取得了较好的效果。甘泓、尹明万(1998)结合邯郸市水资源管理项目,率先在地市一级行政区域研究和应用了水资源配置动态模拟模型,并开发出界面友好的水资源配置决策支持系统。马宏志、翁文斌和王忠静(1998)根据可持续发展理论,在总结和延伸了水资源规划的多目标发展、相互作用、动态与风险性、公众接受和滚动规划的原则基础上,提出一种交互式宏观多目标优化与方案动态模拟相结合的决策支持规划思想和操作方法,用分段静态长系列法模拟水资源系统的动态特性,开发出相应的规划决策支持系统。尹明万和李令跃等(1999)结合大连市大沙河流域水资源实际情况,研制出第一个针对小流域规划的水资源配置优化与模拟耦合模型。甘泓和尹明万等(1999)结合新疆的实际情况,研制出了第一个可适用于巨型水资源系统的智能型模拟模型,该模型有2个突出特点:一是考虑了生态供水的要求;二是水系统巨大,要素众多,为保证计算精度和加快计算速度,模型中采用了智能化技术。

谢新民、裴源生和秦大庸等(2000)根据宁夏的实际情况和亟待研究解决的问题,基于社会经济可持续发展和水资源可持续利用的观点,利用水资源系统分析的理论和方法,分析和确立宁夏水资源优化配置的目标及要求,建立的水资源优化配置模型系统由4个计算模型和2种模式组成:浅层地下水模型、需水预测模型、基于灌溉动态需水量计算的水均衡模型、目标规划模型,以及南部山区当地水资源高效利用模式、引黄灌区地表水与地下水联合高效利用模式等,通过各模型之间不断交换信息、循环迭代计算,对各种方案进行分析和计算,然后建立了能评价和衡量各种方案的统一尺度,即评价指标体系,利用所建立的评价模型对各方案进行分析和评价,最后研制出水资源配置智能型决策支持系统,可友好地为决策者或决策部门提供全面的决策参考和可供具体操作、实施的水资源优化配置推荐方案,为宁夏水资源的合理开发和可持续利用提供决策支持。王浩、秦大庸和王建华等(2001)在"黄淮海水资源合理配置研究"中,首次提出水资源"三次平衡"的配置思想,系统地阐述了基于流域水资源可持续利用的系统配置方法,其核心内容是在国民经济用水过程和流域水循环转化过程2个层面上分析水量亏缺态势,并在统一的用水竞争模式下研究流域之间的水资源配置问题,是中国水资源配置理论与方法研究的新进展。王劲峰和刘昌明等(2001)针对中国水资源供需平衡在空间上的巨大差异造成了区际调水的需求,提出了水资源在时间、部门和空间上的三维优化分配理论模型体系,包括含4类经济目标的目标集、7类变量组合的模型集和6种边际效益类型的边际效益集,由此组成了168种优化问题,并提出一种解析解法。王浩、秦大庸和王建华(2002)系统地阐述了在市场经济条件下,水资源总体规划体系应建立以流域系统为对象、以流域水循环为科学基础、以合理的配置为中心的系统观,以多层次、多目标、群决策方法作为流域水资源规划的方法论。尹明万和谢新民等(2002)结合河南省水资源综合规划试点项目,根据国家新的治水方针和"三先三后"的原则,在国内外首次建立了基于河道内与河道外生态环境需水量的水资源配置动态模拟模型,无论从规划思想、理念和理论上,还是从模型技术、仿真与求解方法上都有所创新和突破,该模型是一个充分反映了水资源系统的多水平年、多层次、多地区、多用户、多水源、多工程的特性,能够将多种水资源进行时空调控,实现动态配置和优化调度模拟有机结合的模型系统,为科学地制定各种水源配置方案提供了强有力的技术支撑。贺北方等(2002)研究和提出一种基于遗传算法的区域水资源优化配置模型,利用大系统分解协调技术,将模型分解为二级递阶结构,同时探讨了多目标遗传算法在区域水资源二级递阶优化模型中的应用。赵建世、王忠静和翁文斌(2002)在分析了水资源配置系统的复杂性及其复杂适应机理分析的基础上,应用复杂适应系统理论的基本原理和方法,构架出了全新的水资源配置系统分析模型。谢新民和岳春芳等(2003)针对珠海市水资源开发利用面临的问题和水资源管理中出现的新情况,采用现代的规划技术手段,包括可持续发展理论、系统论和模拟技术、优化技术等,根据国家新的治水方针,在国家"九五"重点科技攻关研究成果的基础上,建立了珠海市水资源配置模型——基于原水—净化水耦合配置的多目标递阶控制模型,并通过3种配置模式和750多种配置方案的模拟计算和综合对比分析,给出了2种优先推荐的配置模式和70多个推荐配置方案,为珠海市未来20年时间尺度上的水资源优化配置和统一管理提供了科学的依据。总之,上述研究成果标志着中国经过了几代人坚持不懈的努力,使中国水资源优化配置研究从无到有,逐步走向成熟。

3. 研究展望

从单一目标趋向于多目标 以前在研究和解决水资源配置问题时,多采用最优准则(如发电、供水量最大,工程成本最小,或投资最小,淹没损失最小等)和单一目标(将一些相互竞争目标作为约束条件处理后,选用一个目标)进行优化,给出最优方案(或策略)供决策者参考和采用。这样的最优方案,主要问题是易于失真,不易被决策者所采纳。因此,采用最满意准则(体现的形式很多,如目的、理想、优先权(级)、效用、最佳均衡等,总之与决策者偏好有关)和多目标函数(如经济的、环境的、社会的等)是必要的。由于多目标决策技术的性质和灵活性,可以给出各目标之间的利益转换关系,也能给出所有方案的排队关系,还可根据决策者的偏好和效用给出相应的决策方案,因此,应用多目标决策方法,研制水资源配置多目标分析模型,能适应问题的各种决策要求和扩大决策范围,有利于决策者选出最佳均衡方案。

模型功能向多功能方向发展 为了使模型具有反映客观事物内在联系、符合人类思维方式和成为决策过程的有力工具,水资源配置模型的功能应该是重点研究内容之一,使其具有产生方案、比较方案和评价方案的多种功能。水资源配置决策过程是一个反复研究和逐步深化的动态过程。决策分析伊始,并不能对目标、约束等作出全面准确的定义,也不可能对影响决策的各种因素及其矛盾程度具有全面深刻的认识,而只能在决策过程中逐步深化。如果决策分析模型具备产生、比较和评价方案的功能,就可在决策过程中,随着决策分析的深入,决策信息的增加,调整模型结构,改善参数等,重新产生方案,作出全面准确的评价,为最终决策提供源源不断的有用信息。

用模型系统取代整体模型 根据大系统问题的性质和要求,构造不同功能组成的模型系统,其最终决策方案是比较全面合理的。这样的模型系统,描述复杂问题更真实、灵活、简单、便于修改,有利于进行交互程序分析,可以实现决策过程导向的决策模式,也是水资源配置研究发展的趋势和方向。

大系统多目标分析技术势必迅速发展 众所周知,由于大系统的特点,使得20世纪70年代分别发展起来的大系统递阶分析与多目标决策分析逐步融汇一起,形成了大系统多目标递阶分析技术。这是系统分析解决复杂问题的又一重要发展途径。

水资源配置决策支持系统(WRDSS)将得到迅速发展 其发展趋势有:智能型水资源配置决策支持系统(IWRDSS)、多目标水资源配置群决策支持系统、集成式水资源配置决策支持系统、数据采集和通讯系统的发展、通用商业软件的广泛应用和友好界面的进一步发展、水资源配置决策专家系统。

基于可持续发展的水资源配置理论将不断发展和完善 根据国家新时期的治水方针、我国水资源开发利用和管理中出现的新问题与新情况,研究和指导水资源开发利用的理论、观点,正逐步向着基于可持续发展的水资源配置理论发展。社会经济的不断发展,使得对水资源的需求量不断增加,而对水资源的盲目、掠夺式开发和利用则会危及人类赖以生存的生态环境,而生态环境的破坏,又反过来会阻碍社会经济的发展,最终危及人类的生存与发展。因此,只有实现水资源合理开发和高效利用、积极恢复和修复被破坏的生态环境,人类才能保障自己的生存和可持续发展。因此,基于可持续发展的水资源配置理论将会不断得到发展和完善。

五、地下水管理模型

随着水资源的日益紧缺,作为水资源重要组成部分的地下水资源的开发利用和研究也日益受到重视。20世纪70年代开始了以地下水数值模拟、规划与管理为主要内容的水资源分配研究,也取得了重要成果,并受到了广泛的关注。国内自80年代引进响应矩阵法和嵌套法以来,在地下水规划、管理、海水入侵综合治理,以及地表水与地下水联合运用等方面的研究取得了突破性进展。李慈君(1985)以美国加利福尼亚州山海盆地为例,介绍了用响应矩阵法建立研究最优人工回灌方案的管理模型;陈雨孙等(1986)探讨了用嵌套法解决非稳定流地下水管理问题时压缩矩阵阶数的一种近似简化方法,他们利用有界非均质含水层中定流量开采降落漏斗曲面各点的降速相等的概念,建立降深—时间关系式,利用嵌套法优化少数几个时段的降落漏斗曲面后,根据降深—时间关系式推求其余时段的最优水位值;王恩志和陈家军(1990)运用响应矩阵法对秦皇岛滨海平原区地下水的开采进行优化管理,以期达到防止海水进一步入侵,并充分开发地下水资源的目的;李竟生和戴振学(1990)利用响应矩阵法建立了地下水多目标管理模型,并探讨了几种求解方法;王和平(1991)提出了一种求解线性非齐次系统响应矩阵的剩余降深法;谢新民(1991)将工程经济分析的理论和方法引入地下水资源系统规划研究中,提出了一种研究新思路,解决了以往研究中的某些不足,拟将经济效益最大作为决策目标,同时考虑社会和环境效益,利用响应矩阵法建立规划与管理模型,这种新的研究方法更趋于科学化,所建立的决策模型可更有效地解决地下水资源的合理开发和利用问题;赵天石和张国祥(1991)利用响应矩阵法建立了下辽河平原东部区域地下水资源管理模型,为几个水源地地下水资源系统的联合运行管理提供了科学依据;谢新民(1992)利用多目标决策理论和响应矩阵法,提出一种地下水资源系统多目标管理模型及交互式方法;谢新民(1993,1994)根据模糊数学规划理论和响应矩阵法,先后建立了济南地下水资源系统多目标管理模型、地下水资源系统多目标模糊管理模型及相应的计算方法;谢新民和王春义等(1995)建立了莱州湾王河流域海水入侵综合治理分层多目标优化模型,为地下水资源的有效保护、合理调整开发布局和优化地下水人工回灌位置及规模等提供了科学依据。

六、地表水与地下水联合运用模型

随着水资源供需矛盾的日趋尖锐,单纯考虑和研究地表水或地下水均不能有效解决水资源紧缺问题,需要将地表水与地下水统一考虑。近年来,国内外研究其联合运用规划和管理等问题,并取得了重要成果。自 N. Buras 和 W. A. Hall(1961)用动态规划求解地表与地下水的分配问题以来,地表水与地下水联合规划与管理问题的研究有了较大进展,解决了一些重要的实际问题。翁文斌等(1984、1988)用不同方法研究了地表水与地下水联合运用的模拟计算问题;许涓铭等(1986)建立了地下水—地表水库联合运用的规划模型;方淑秀、黄守信等(1990)对滦河的跨流域引水多水库联合优化调度进行了研究;谢新民(1992)对水资源大系统的运行管理问题进行了分析和研究,建立了水资源大系统分布参数谱系管理模型,并提出了一种二级分解—协调算法;谢新民和陈守煜等(1994)利用大系统理论和模糊数学,应用数值模拟和相应矩阵法,研究了地表—地下水资源系统多目标管理模型与模糊决策问题,建立了水电站水库群与地下水资源系统联合运行管理模型,并提出一种目标—协调计算方法。1995 年由中国水利水电科学研究院主编的《水资源大系统优化规划与优化调度经验汇编》一书正式出版,系统地介绍了中国 20 世纪 80 年代~90 年代初在水资源大系统优化规划和优化调度方面的新理论、新技术和新方法。

第五节 水库调度技术研究

一、概述

水库调度是根据水库所承担的水利水电任务的主次和规定的运用原则,凭借水库的调蓄能力,在保证大坝安全的前提下,对水库的入库水量过程进行调节,确保大坝及其下游防洪安全、多发电能、多利用洪水资源、提高综合利用效益的一种控制运用水库技术。通常把水库调度分为常规调度和优化调度 2 类。常规调度以调度规则为依据,利用径流调节理论和水能计算方法来确定满足水库既定任务的蓄泄过程。常规调度虽然简单、直观,但调度结果不一定最优,而且不便于处理复杂的水库调度问题。优化调度则是一种先建立由水利水电系统目标函数及其应满足的约束条件组成的系统方程组,然后用最优化方法求解这个方程组使目标函数取得极值的水库控制运用方法。优化调度是近60年来发展较快的一种水库调度技术。实行水库优化调度应解决2个问题,一是如何建立水库优化调度数学模型;二是如何选择求解这种数学模型的最优化方法。前者包括确定目标函数及相应的约束条件。可供后者选择的最优化方法主要有线性规划、非线性规划、整数规划、动态规划、网络技术、两时段滑动寻优和大系统分解协调等。

二、单一水库优化调度

1946年,美国人Mases最早把优化概念引入单一水库调度。中国开展单一水库优化调度始于20世纪60年代。1963年谭维炎、黄守信等根据动态规划与Markov过程理论,建立了一个长期调节水电站水库的优化调度模型,并在狮子滩水电站的优化调度中得到应用。1979年张勇传、熊斯毅等在建立柘溪水电站水库优化调度模型时,用时空离散简单Markov过程描述径流过程,面临时段的入流则由短期预报提供,寻优方法采用可变方向探索法,虽然绘制优化调度图仍用Bellman最优化原理,但由于引进了惩罚项,因而提高了调度图的可靠性。差不多同一时期,董子敖等人在研究刘家峡水电站水库优化调度时,提出了国民经济效益最大的目标函数,在寻优技术方面,采用了满足保证率要求的改变约束法,以控制破坏深度。1982年,施熙灿、林翔岳等在研究枫树坝水电站优化调度时,提出了保证率约束下的Markov决策规划模型。1983年,张勇传、傅昭阳等人提出了建立在对策论基础上的水库优化调度图。同年,鲁子林等应用增量动态规划,并结合短期洪水预报模型,实施了富春江水电站的优化调度,获得了平均每年增发电能2470万千瓦时的效益。1984年,陈惠源建立了基于实用策略迭代法的水库调度数学模型,研究了水库稳定蓄水概率分布,将优化模型扩展到优化策略可靠性分析和考虑可靠性约束的最优解,与1970年Loucks和Falkson提出的策略迭代法相比,计算工作量有所减少。1986年,李寿声、彭世彰等结合一些地区水库调度实际问题,拟订了一个非线性规划模型和多维动态规划模型,用于解决满足多种水源分配的水库最优引水量问题。同年,王厥谋等也对汉江中、下游洪水进行最优控制,建立了丹江口水库防洪优化调度模型,目标函数为各种控制目标的罚函数之和,最优策略的求解方法采用线性规划法。1986年,张玉新、冯尚友建议了一个多维决策的多目标动态规划模型,以多目标中某一目标为基本目标,而将其他非基本目标作为状态变量处理,求解方法仍以一般的动态规划原理为基础,其实质是用单目标动态规划法来解决多目标问题,因此,随着维数的增加,计算工作量必增加较多,为克服这一问题,他们又于1988年提出了一个称之为多目标动态规划迭代法的求解方法,其核心是构造一个三阶段函数,计算效率有所提高,在研究以发电量和淤沙量为目标的水沙联合优化调度中,先用该法求出非劣解集,再用均衡规划法选出满意的调度方案。1987年,胡振鹏、冯尚友拟订了丹江口水库防洪实时优化调度模型,目标是一次洪水综合分洪量最小,用动态规划法求下泄量,采用"预报—决策—实施"前向卷动法不断更新洪水信息与决策。

上述单一水库优化调度要么把入库水量过程视作确定性的,要么把入库水量过程视作随机性的,但水文气象现象还具有一定的模糊性。1965年,美国控制论专家Zadeh创立了模糊数学,1970年,Bellman和Zadeh又共同提出了融经典动态规划技术与模糊集合论于一体的模糊动态规划法,为水库优化调度开辟了一条新途径。隶属函数最大、相似度最高和贴近度最大等也成为水库模糊优化调度的准则。1984年,张勇传、邢凤山等把模糊等价聚类、模糊映射和模糊决策等引入水库优化调度的研究。1988年陈守煜提出多目标、多阶段模糊优选模型的基本原理和解法,把动态规划和模糊优选有机结合起来。同年,陈守煜、赵瑛琪提出了系统层次分析模糊优选模型,这些研究成果为水库模糊优化调度的深入研究奠定了理论基础。1988年,黄强将模糊动态规划用于求解水库长期优化调度问题,与随机动态规划法比较,该法具有计算简便而快速的特点。

三、水库群优化调度

国外关于水库群优化调度的研究大约在20世纪60年代末起步,中国则开始于80年代初。当时,谭维炎、刘健民等人在研究四川水电站水库群优化调度图和计算方法时,提出了考虑保证率约束的优化调度图的递推计算方法。迄今为止,中国水库调度的研究经历了2个阶段,第一阶段是以常规调度方法为主的经验寻优调度阶段。该阶段调度方法简单直观,但没有充分发挥水库的调控作用,难以处理多目标、多约束和复杂水利系统的调度问题。针对这一问题,人们在水库调度实践中,对一些常规调度方法进行了改进,提出了如利用判别系数和调度图相结合的方法进行水电站群的径流补偿调节等;第二阶段是以运筹学为基础的水库群优化调度阶段,发展到现在,大致可以划分为线性规划(LP)、非线性规划(NLP)、动态规划(DP)、模拟技术、控制方法、神经网络方法(ANN)、遗传算法、多目标决策技术、大系统理论与方法、随机优化方法、模糊优化方法以及衍生的一些其他方法等。如1981年张勇传利用大系统分解协调的观点,对2并联水电站水库的联合优化调度问题进行了研究,先把2库联合问题变成2个水库的单库优化问题,然后在2水库单库最优策略的基础上引入偏优损失最小作为目标函数,对单库最优策略进行协调,以求得总体最优。1982年熊斯毅、邴凤山根据系统分析思想,提出了水库群优化调度的偏离损失系数法。该法采用Markov模型描述径流过程,偏离系数通过逐时段求解最优递推方程求得,因此能反映面临时段效益和余留期影响,不仅形式简单,使用方便,而且理论上比较完善,在湖南柘溪—凤滩水电站水库群的最优调度中该法得到了应用。张勇传等将变向探索法引入动态规划中,并研究了在水库优化调度中的应用;同年,施熙灿等研究了考虑保证率约束的马氏决策规划在水电站水库优化调度中的应用问题,建立了马氏决策规划模型;叶秉如等提出了并联水电站水库群年最优调度的动态解析法,该法以古典优化法为基础,结合递推增优计算,在闽北水电站水库群优化调度中,应用该法可增加发电量6.6%。1983年董子敖等研究了改变约束法在水电站水库优化调度中的应用;鲁子林将网络分析中最小费用算法,用于水电站水库群的优化调度。1985年黄守信、方淑秀等提出了以单库优化为基础的2库轮流寻优法,用于并联水库群的优化调度计算。1986年董子敖等提出了计入径流时空相关关系的多目标多层次优化法,该法的基本思想是:采用分区推求条件频率曲线和隐相关相结合的方法计入径流的时空相关关系,把一维动态规划逐步逼近法用于二维状态,并采用参数迭代法实现降维求单目标次优解,以克服"维数灾"障碍,在进行了第一层次优化基础上,采用增量动态规划法和大系统分解协调理论进行第二层次优化。应用该法先后完成了黄河以南43个水电站水库群的优化调度研究,其中最大的水电站水库群包括了38座水电站,共44维状态。据黄河流域、红水河流域、澜沧江中下游、乌江流域等9个水电站水库群的统计,该法能使年发电量平均增加1.6%。同年,马光文和颜竹丘利用大系统递阶控制原理和方法,以水电站群保证出力最大为准则,供水期出力相等作为关联,应用关联平衡法进行分解,通过上下级反复协调迭代来求原问题的最优解。1988年叶秉如等提出了一种空间分解算法,并将多次动态规划法和空间分解法分别用于研究红水河梯级水电站水库群的优化调度问题。同年,胡振鹏、冯尚友提出了动态大系统多目标递阶分析的分解—聚合方法,将库群多年运行的整体优化问题分解为按时间划分的一系列运行子系统,在各子系统优化的基础上,将各水库提供的年内运行策略聚合成上一级系统,并由聚合模型描述和确定水库群的多年运行过程和策略,该法为解决跨流域供水水库群联合运行中多库、多目标、多层次、调节周期长和计算时段多等复杂情况提供了有效方法,在解决丹江口水库防洪与兴利2个目标的优化调度时也应用了该法。1990年,武小悦、施熙灿等人根据逐次渐近法的思想,把N个水库的优化调度问题分解为在每次迭代中求解单库优化调度问题,进而求得水库群长期联合优化调度方案,并在广东电力系统7库联合优化调度中得到应用。1991年吴保生等提出了并联防洪系统优化调度的多阶段逐次优化算法,该法由3阶段子模型和跨阶段子模型组成,以时间向后截取的防洪控制点过程的峰值最小为目标函数,成功地解决了河道水流状态的滞后影响。陈守煜和周惠成(1991)提出了多阶段多目标系统的模糊优化决策理论,建立了多阶段多目标系统的模糊优化决策模型,并研究了水资源系统多目标模糊优化问题。谢新民和周之豪(1994)研究和提出一种基于大系统理论和传统动态规划技术的水电站水库群优化调度模型与改进目标协调法,有效地克服了动态规划的"维数灾"问题。1994年都金康等针对上述吴保生等提出的方法寻优速度较慢的缺点,提出了一种简便高效的水库群防洪调度逐次优化方法。谢新民和陈守煜等(1995)利用大系统理论、模糊数学规划理论和动态规划技术,研制出一种水电站水库群模糊优化调度模型与目标协调——模糊规划法,该模型可以充分地考虑人的知识、经验和决策过程中所存在的模糊性因素对水库调度的影响,并较好地解决了大规模水库群优化调度计算问题;黄强和田峰巍(1998)研究了水库调度决策中的风险及其传递计算方法;王本德和周惠成等(1999)研究出一种有效增加洪水利用的水库预蓄效益预风险控制模型,为提高中国洪水资源的有效利用奠定了理论基础。

模糊优化调度理论的发展历史虽然不长,但在水电站水库群的优化调度中也得到了许多应用。1994年王本德等人提出了梯级水库群防洪系统多目标洪水调度的模糊优选模型,将N级有调节能力的水库顺流向分为N个阶段,泄流过程为状态,调度方案由泄流设备开启高度构成并定义为决策,对应前阶段不同泄流过程的可行方案集为本阶段可行方案集,最后阶段的可行方案集为梯级水库群的可行方案集,系统的阶段目标值矩阵的阶段数,逐阶段增加,逐级传递下泄过程与记录方案组合,计算目标值,直至最后阶段,由阶段递推矩阵的合成,利用模糊优选原理与技术,实现方案优选,该模型分别在丰满—白山梯级防洪系统和清河—南城子—柴河串并联水库群防洪系统的优化调度中得到应用。

四、洪水预报调度和防洪决策支持系统

中国开展水库实时洪水预报调度和防洪调度决策支持的业务工作已有近30年历史,这一技术在保障防洪安全,提高水资源综合利用效益方面,作出了重要贡献。

水库实时洪水预报调度系统,一般由雨、水情实时信息子系统、实时洪水预报子系统和实时水库调度子系统等3部分组成。雨、水情实时信息子系统的功能是信息的自动采集、传输、处理和储存。实时洪水预报子系统必须包括能进行实时校正的洪水模型,其功能是根据实时信息子系统提供的实时雨、水情信息,准确、及时地预报出入库洪水过程线。实时水库调度子系统主要包括水库调度模型,其功能是根据实时洪水预报子系统预报的入库洪水过程线,给出满足防洪、发电等要求的水库水位与水库出流的合理或最优配合。水电站水库实时洪水预报调度系统通过及时、准确、可靠的调度,保证水电站水库防洪安全,并获得尽可能好的经济及社会效益。

防洪决策支持系统的作用在于支持决策者在进行防洪调度决策时,通过人机交互,反复调用系统中的数据、知识、方法、模型,进行计算和逻辑分析,以提高对问题的认识,达到合理选择防洪调度决策方案的目的。与前述优化调度不同之处是它不直接向决策者提供被系统确认为"最优"的方案,而是根据决策者的指令,帮助决策者迅速、科学地作出决策。防洪决策支持系统一般由人机交互、数据库、模型库、方法库和知识库等5个子系统组成。系统运行时,通过人机会话,启动方法库和模型库子系统,而数据库和知识库子系统则根据要求随时为模型库子系统提供基本资料和参数。中国目前已初步建成了包括淮河上、中游防洪调度决策支持系统和黄河防洪防凌决策支持系统在内的多个重点防洪区域的防洪决策支持系统。对这项技术的研制和推广应用方兴未艾。

第六节 风险分析技术研究

一、概述

风险分析是一种对在一定条件下"系统"完成预定功能所承担的风险进行评估和定量计算的技术。在水文科学中,"系统"是指水文系统、水资源系统或水利系统。水问题抑制了水资源经济和社会的可持续发展,水问题导致的风险引起关注。风险分析技术包括确定系统失事概率和系统失事后果2个方面。失事概率即为风险率,失事后果即为损失。风险率与损失之综合(例如2者相乘)就是风险。风险分析来源于事物具有不确定性的表现,由于很多水文现象都有不确定性表现,因此,风险分析已成为水文科学应用技术中重要的研究课题。

风险分析在国外大概开始于20世纪60年代末。1969年Otto Pfastette提出大坝失事风险应由大坝失事概率与失事后果加以确定,从而水文科学领域中就有了风险的概念。1973年美国土木工程师协会发表了《用风险分析法对溢洪道设计进行重新评估》的检查报告,从而开启了风险分析用于水利工程设计的先河。1979年美国正式提出将不确定性的风险决策分析应用于坝址选择和大坝设计,并写入《大坝安全联邦导则(FCCST)》。1991年国际水力研究协会专门召开了可靠性和风险分析的学术讨论会。中国学者了解风险,研究风险要比国外大约迟20年,从80年代开始,中国先在水利工程设计和防洪系统设计中引进风险分析,现在已逐步扩展到水文预报、水库调度、水资源开发利用与管理等应用领域。

风险分析技术的兴起与发展,反映了人们对水文现象中存在不确定性,以及对这种不确定性的预测将会带来风险的认知上的提高,必然有利于提高水文科学的应用水平。

二、基于风险的水工建筑物设计

以水工建筑物风险作为设计标准是以洪水频率作为设计标准的发展,前者比后者更加合理。1988年,郭子中等首先将风险概念引进开敞式溢洪道的设计,在分析了开敞式溢洪道水力设计中各种不确定性后,建立了其风险计算模型。1990年朱元甡基于风险分析法确定了长江南京段的设计洪水位。1991年吴世伟研究了水工结构风险率的概率计算方法和损失的估算方法。1994年姜树海等将随机微分方程应用于水库调洪演算。1995年冯平等提出通过风险效益分析确定汛限水位的方法。1996年杨百银等将风险分析应用于水库泄洪布置方案的比较。1999年周宜红等通过对长江三峡工程大江截流施工中水文、水力等不确定性的分析,指出了施工截流的风险本质,提出了动态风险率的计算方法和控制风险的措施,同年,章志强等在分析影响长江南京段防洪堤结构稳定的不确定性因子的基础上,提出了防洪堤工程失稳风险的计算模型;姜树海等采用事故树分析法逐层按顺序讨论了漫坝失事的形成,定量给出了相应的防洪风险率,提出了合理选择大坝防洪设计标准的原则和方法。2000年吴时强等提出了基于随机微分方程的堤防设计风险分析方法,认为若用可靠度来设计堤防高程,则可最有效地发挥工程的防洪作用。

三、基于风险的水文预报

在洪水预报中引入风险分析在国外是在20世纪90年代初,在中国则要滞后约10年。2001年徐玉英等将改进的一次二阶矩法用于水库洪水预报的风险分析。2004年姜树海等将短期洪水预报精度评定指标转化为入库洪水的统计特征值,通过应用水库调洪演算随机模型,分析了水文预报精度对水库预报调度方式风险率的影响。2005年周惠成等从洪水总量和洪水过程2个方面出发,研究了洪水预报误差对水库防洪预报调度方式风险的影响。

四、基于风险的水库调度及运行管理

在水库调度及运行管理中引入风险分析在国外是20世纪70年代末、80年代初,在中国则要滞后约20年。1994年袁宏源等将随机模拟与水库群优化运行结合起来,得到比传统方法更优的调度效果。李霞以发电量为风险变量,并假定为正态分布,建立随机模型,采用随机模拟技术尝试了紫坪埔水电站经济评价的风险分析,效果较好。1995年李爱玲等建立了多站典型解集模型,对黄河上游3站区月径流进行了随机模拟研究并应用于水电站群兴利随机优化调度模型中。1997年方红远将随机模拟法在水库规划研究中加以应用,对入库径流序列建立随机模型,获得若干个有效库容值及相应的水库运行策略。1998年傅湘等曾建立了一个大型水库汛限水位风险分析模型,得出了不同汛限水位与最大洪灾风险率的关系。同年,田峰巍根据黄河干流水库月调度规则实施中存在的水文预报误差,提出了水库放水的风险决策方法。董胜等提出应用水文随机模拟法产生洪水系列,以防洪工程使用期为一个时间单位,考虑资金的时间价值,对工程的减灾损失进行了计算,得到了防洪效益的概率分布模式,为防洪工程经济决策评价打下基础。1999年熊明对三峡7个站区建立随机模型并进行随机模拟,获得了坝前水文序列,从而探讨了三峡水库的防洪风险问题。2000年王本德等建立了一个以经济效益与风险率为目标的水库预蓄水位模糊优化控制模型,并给出了求解方法。2001年刘俊萍在分析影响泄洪风险的不确定性因子的基础上,建立了水库洪水调度中风险计算的方法。给出了随机变量的分布函数和参数。2002年胡志根等应用蒙特卡罗方法模拟了施工洪水入库过程和导流建筑物泄流的随机性,分析确定了上游围堰堰前水位变化过程及其分布函数,根据导流建筑物的设计规模确定导流系统的风险。2005年梅亚东等先考虑了水文、水力的不确定性方面及调洪起始水位、洪水调度规则的可选择性对大坝防洪安全的影响后计算了大坝防洪安全综合风险率,给出了水库最高洪水位的分布函数及洪水漫顶风险率。2006年又应用随机模拟方法,分析了水库防洪预报调度相对于常规调度,水库本身及其上、下游风险率的变化。

第七节 水文实验技术研究

一、径流实验

早在1924年~1925年,当时的南京金陵大学森林系的罗德民和李德毅曾在山西沁源、宁武、东寨和山东青岛林场设置径流泥沙试验小区,观测不同森林植被度情况下山坡水土流失的变化,这是中国最早进行的水文实验。1953年,淮河水利委员会为了研究淮北平原排涝标准和排涝模数,在安徽北淝河青沟流域设立青沟径流实验站。1956年又建立了山西太原径流实验站、湖北观音堂径流实验站、安徽瓦屋刘径流实验站、浙江姜湾径流实验站、黑龙江宾县径流实验站、新疆哈地坡径流实验站等。1956年末,中国对全国径流实验站进行了全面规划。1958年1月制定了《全国径流实验站网规划(草案)》,计划设立径流实验站27处,其中山丘区11处、平原区10处、水土保持区6处,另设立小河径流站50处(与径流实验站的区别在于只进行径流观测,不进行项目实验)。是年4月又编发了《径流实验站经验汇编》,以指导径流实验站的建立。此后又陆续建立了辽宁叶柏寿、黄河水利委员会子洲、云南金星河、浙江黄土岭、长江水利委员会凯江、祁仪、青海吉家堡、重庆北碚、广东广州、湖南宝盖洞、湖北汉川等径流实验站。这些站大多建站目的较明确,规划论证较充分。

1962年~1963年初,中国曾对水文实验工作进行了一次系统总结,进一步明确径流实验的任务是揭示径流形成的基本规律,提高水文计算和预报水平,为有关工程规划提供科学依据。1966年~1976年,由于"文化大革命"的影响,径流实验遭到了严重破坏,全国90%的径流实验站停止观测或撤销,而这一时期正是国际上水文实验方兴未艾的发展时期,1965年~1975年的国际水文十年(IHD)将水文实验推进到现代化阶段。1978年11月,中国决定通过澄清"文化大革命"期间对水文实验的混乱认识,调整站网,修订出版《径流实验基本观测与整编规定》,培养骨干技术人员,来推动径流实验的重建工作。1981年9月10日建立的滁州水文实验基地就是这一时期径流实验的最重要发展。从2011年开始,在当代科技推动下,中国又在规划水文实验站新的发展蓝图。

由于室内水文试验能在实验室里人为地控制水文过程发生发展的初始条件和边界条件,因而在水文实验中有重要作用。1958年,中国水利水电科学研究院以河南蟒河核桃树沟流域为原型,建成了中国最早的室内物理模型。该模型为不透水下垫面,人工降雨系统可以产生各种历时和强度的降雨,流量观测由电子测量系统完成。1965年,中国科学院地理研究所建成了下垫面为人工铺垫土层的室内流域物理模型,使径流实验的结果更接近于天然流域径流形成情况。1975年,铁道科学研究院西南研究所在四川峨眉建成大型室内水文试验系统,人工降雨面积为170平方米,下垫面坡度可以按需要改变,明显增强了试验研究功能。20世纪70年代后期,陕西机械学院、中国科学院沈阳生态研究所等也相继开展了室内水文实验。80年代初,水利部南京水文水资源研究所着手建立新一代室内水文试验室,以期在先进的仪器设备保障下,开展潜水蒸发、土壤蒸发、下渗过程、土壤水运动、地表水与地下水相互转换等的研究。

二、降水实验

1961年,广东省在粤东沿海莲花山脉迎风坡、背风坡和粤北石坑硿分别布设高山雨量站,以研究地形高程对雨量的影响。为了指导雨量站的布设和估算地形对降水的影响,20世纪70年代,在黄山、峨眉山等部分山丘区径流实验站开展了降水与地形关系的研究。1978年,在"水文测验方法研究座谈会"上,提出了"选典型暴雨区,用很大密度布设雨量站点,研究暴雨在面上的分布,以探讨雨量站密度与资料精度的关系"。1981年~1985年,在江西省东北部乐安河支流泪水流域建成了面积达2400平方千米的降雨试验区。这是中国迄今为止规模最大的降雨实验。该试验区内共设雨量站209个,实验结果达到了预期目标,其中由抽站法建立起来的实验区配套雨量站数经验公式,对解决中国南方湿润地区中小流域雨量站布设密度问题起到了指导作用。中国科学院兰州冰川冻土研究所在天山冰川实验站对高寒山区进行的降水实验,得到了2项重要研究成果:一是无论天山还是祁连山,降水随高度的分布都存在2个最大降水带,其一为中山带,其二为高山带;二是口径20厘米的雨量筒测得的降水比实测降水偏少16%~29%。该项成果为山区水资源评价和水平衡研究提供了修正实测降水量的重要依据。1988年,南京水文水资源研究所首次建立了齐齐哈尔、天津、银川、和田、滁州、长沙、贵阳、福州、拉萨、海口等10个站点组成的中国降水同位素观测站网,并加入了世界降水同位素观测网系统。

三、蒸发实验

1956年7月,建立了重庆大型蒸发实验站。同年,江苏太湖蒸发实验站、河南三门峡水库蒸发实验站、甘肃上诠蒸发实验站相继建立。1957年~1958年,官厅水库水文实验站与北京大学地球物理系合作,用热量平衡原理研究水面蒸发,并进行了各种类型水面蒸发器的比测研究。1964年官厅水库实验站又建成100平方米和20平方米大型蒸发池,并设有大型漂浮蒸发设备。1958年~1966年期间,相继建成新疆哈地坡20平方米大型蒸发池、湖北东湖蒸发实验站、内蒙古三盛公蒸发实验站、广州蒸发实验站等。一些条件较好的径流实验站如青沟、凯江等还开展了土壤蒸发、潜水蒸发、水热平衡和植物散发的实验。1980年,中国制定了《蒸发资料分析大纲》,重新部署了蒸发实验站网,使蒸发实验走上稳步发展的道路。20世纪80年代以来,蒸发实验有了新的发展。1982年,西藏水文总站在拉萨和羊卓雍湖建立了拥有大型蒸发池的世界最高的蒸发实验基地,填补了国际蒸发研究的一项空白。1984年,中国科学院地理研究所与山东省水文总站合作在山东建立了南四湖蒸发实验站。1985年~1988年期间,在水资源评价和规划的推动下,在山东邓集实验站、江苏汉王实验站和安徽五道沟实验站开展了水均衡场观测实验,将蒸发实验与其他水文循环与水量平衡要素实验结合起来,使蒸发实验更加深入。1989年,水利部南京水文水资源研究所在滁州水文实验基地,开展了土壤蒸发、潜水蒸发机制和影响因素研究,同时进行了土壤蒸发和潜水蒸发的室内试验,并用室内试验数据对全国各蒸发实验站求得的蒸发计算公式进行了对比和评价。

四、冰川实验

1959年,中国科学院在天山乌鲁木齐河源海拔3600米处设立了中国唯一的冰川观测实验站。该站于1967年因"文化大革命"影响中断观测,1979年恢复了观测研究工作,并在海拔2130米处建立了中国科学院天山冰川观测试验站。1988年以来,该站接待了近百名国外科学家来站工作和访问考察,已成为国际冰川研究基地之一。天山冰川实验站主要以1号冰川为研究对象,着重对中国大陆性冰川的生成、发展与演化规律,山区水资源形成、转化及利用,冰冻圈(包括冰川、冻土、积雪和冰缘现象)与岩石圈、大气圈的相互作用以及山地生态等进行观测与研究,同时还承担各类新型仪器的现场试验、培养研究人才和开展国内外学术交流。天山冰川实验站1965年以前的研究成果刊登于《天山乌鲁木齐河冰川与水文研究》一书。1965年以后的研究成果主要刊登于学术期刊《冰川冻土》,并从1965年开始编辑出版《天山冰川站年报》。

五、沼泽实验

东北三江平原是中国最大的沼泽分布地区,也是中国重点农垦区之一。为研究沼泽排水系统的设计方法和沼泽大面积开发后区域水文状况的变化,长春地理研究所于1976年在三江平原三江农场设立沼泽径流实验站。实验站设有面积分别为127公顷和50公顷2个实验场。实验结果指出:影响沼泽径流的直接因素是潜水位、沼泽类型和草根层结构,沼泽地与一般耕地产流的主要区别在于沼泽地径流系数小,径流过程平缓。并且给出了三江地区沼泽地径流系数和各种沼泽形态的径流过程线,为三江平原沼泽地开发利用提供了重要水文依据。

第八节 水环境保护与治理技术研究

自20世纪80年代以来,中国在流域、湖泊、河流、城市水污染控制与饮用水安全保障技术等方面开展了广泛的研究并取得了一定的研究成果。

一、水环境监测及标准化体系建设

1. 中国科学院的研究成果

中国水环境污染呈现流域性、区域性、污染物种类多样性等特点,传统监测方法难以满足现代水体污染现场快速实时监测预警的要求,亟待建立覆盖全过程的多尺度、多信息的科学监测管理体系。

(1)湖泊富营养化监测 在太湖流域,中国科学院南京地理湖泊研究所、水生生物研究所、遥感研究所、微系统研究所等发挥多学科交叉和综合优势,研发集成生化、光电、传感器、网络和空间信息技术,建立集卫星遥感、近地面高光谱监测、地基激光雷达与水质在线监测为一体的立体监控平台,实时监测分析相关指标,结合湖泊水动力学模型、藻类生长、输移和扩散模型,对蓝藻水华的发生、爆发进行科学监测和预警。为保障富营养化湖泊的供水安全提供了有力的技术支撑,提升了中国湖泊水质安全保障应急技术水平和自主创新能力。

(2)三峡库区环境监测 中国科学院在三峡库区开展了长期的监测研究,早在1984年就主持了三峡工程前期重大科研项目"长江三峡工程对生态与环境的影响及对策研究"等国家任务,形成了《长江三峡工程对生态与环境影响的论证报告》等系列研究报告,提出的三峡工程对生态与环境的影响、移民环境容量制约因素等重要结论,为最大限度地减小工程不利影响提供了决策依据。2002年,依托遥感研究所成立了"三峡工程生态与环境监测系统信息管理中心",建设了"长江三峡工程生态与环境监测信息系统"。水生生物研究所等开展了库湾及主要入库支流水环境与水华监测工作,对三峡库区及相关区域的水质、污染源、面源污染等环境指标进行了系统的监测和分析,获取了大量的实测数据。

(3)面源污染监测 依托中国科学院常熟站、鹰潭站、栾城站等野外生态站的长期定位监测和联网研究,南京土壤研究所、南京地理湖泊研究所在太湖河网区、滇池入湖河口,石家庄农业资源中心在白洋淀流域上游等开展了河道、农田等区域的营养盐通量监测,取得了一系列的区域农田生态环境数据,为流域面源污染治理研究提供了重要支撑。

(4)水环境监控与预警设备　安徽光机研究所、长春应用化学所、大连化物研究所等在水环境质量、水污染源、饮用水源等自动在线监测技术与设备研发上取得了一批研究成果。如安徽光机所基于高灵敏光谱监测技术,研发了分类测量水体中多种混合污染物的三维荧光成像仪等应用于巢湖、淮河流域等水体污染监测。生态环境中心研发的"多类水源化学品污染综合监控和预警水质在线生物安全预警系统",通过生态变化信号来判断水质的污染状况,汶川抗震期间成功应用于成都市区自来水水源水质监测与预警,中央电视台对该项最新科技成果的应用进行了报道。

2. 中国水利水电科学研究院研究成果

(1)水环境监测关键技术开发与应用　中国水利水电科学研究院开展了天然水质和重金属等水质参数的检测技术开发及应用,调查研究了中国主要水系的天然水水化学参数、重金属和有机质等60个水质指标的背景值。代表性研究项目包括"天然水18项水质标准分析方法的研究与验证""国家水质信息网络系统建设工程""全国主要水系省界水体水环境建设站网规划""全国主要水系本底值站水质调查"等。同时,出版了《水质分析方法》等行业指导专著。近期开展了痕量有毒有害有机污染物检测技术开发与应用,代表性项目包括"饮用水源地有毒有机污染物评价专项研究"、国家"863"计划项目"持久性有机污染物的采样和分析测试技术"、科技部基础性研究专项"水环境中有毒有机物分析检测标准体系研究"等,研究编制了中国水环境中较常见的10类155种有毒有机物分析检测标准体系(12个标准分析方法及一套完整的有机分析样品前处理方法),建立了能与国际接轨的环境中微量或痕量持久性有机污染物检测技术和质量保证/质量控制体系。

(2)水质自动监测系统研究　依托水利部948项目"水质自动监测系统关键技术引进",在引进国外自动分析仪基础上,开展了水质自动监测技术的国产化研究,研制出多参数水质自动在线监测仪、氨氮水质自动在线监测仪、TOC水质自动在线监测仪以及水样前处理装置。完成国家"863"计划项目"水质自动监测系统关键技术及集成设备研制",建立了多参数的水质自动监测集成系统,开发了水质监测管理系统(HY-WQMS)软件。戴营水质水量自动监测站建设工程,监测系统可以对12项水质重要指标进行不间断的连续监测,实现了无人值守的全自动操作。

(3)水环境监测质量控制与标准物质研制　水环境标准物质(标准样品)是在水环境监测工作中用来校准测量仪器、验证测量方法、评价分析者的技术、进行量值传递或质量控制的材料或物质。目前,中国水利水电科学研究院水环境研究所已有55种国家二级标准物质,包括水中常规指标标准物质、金属元素标准物质和有几分系标准物质,为水利系统水环境监测质量控制与质量保证提供了基础。

(4)水环境标准化体系建设　根据水资源管理标准化需求,中国水利水电科学研究院水环境研究所开展了"地表水资源质量评价标准""地表水资源质量评价技术规范""水资源可持续利用技术标准体系""痕量有机污染物分析监测方法"等方面的研究,近年颁布实施的水利行业标准包括:《有机分析样品前处理方法》(SL391-2007)、《固相萃取GC/MS法测定水中半挥发性有机污染物》(SL392-2007)、《吹扫捕集GC/MS法测定水中挥发性有机污染物》(SL393-2007)、铅镉钒磷等34种元素的测定(SL394-2007)、《地表水资源质量评价标准》(SL395-2007)、《水环境监测实验室安全技术导则》(SL/Z390-2007)等。

二、水污染控制技术

中国自20世纪70年代后期引入环境容量概念,并开展了环境容量科技攻关研究,在环境容量基础理论和应用方面取得研究成果,实行了目标总量控制制度,COD 和氨氮先后于"九五"和"十五"期间被列入目标总量控制考核目标;"九五"和"十五"期间编制了"三河""三湖"水污染防治规划;开展了水环境功能区划等方面的研究工作;在此基础上,在全国范围内开展了水污染物总量控制,试行了水污染物排放许可证制度,为流域水污染控制提供了技术支持。近 20 多年来,在"三河三湖"以及相关重点流域开展了流域水污染控制综合管理和水环境监控方面的研究与示范工作并积累了一定的经验。在流域水环境质量模拟、水环境容量计算、污染负荷总量分配、水环境承载力定量评价和行业污染治理技术等方面形成了大量的研究成果,积累了丰富的经验。

1. "水污染控制技术与治理工程"专项

针对中国水环境污染的严峻现实,国家在"十五"期间实施的 12 个重大专项中设立了"水污染控制技术与治理工程"专项,就水污染控制中的重大科技问题开展系统研究。

水污染控制技术研究是一项复杂的系统工程。专项在全面地分析中国当前水污染面临的主要问题、重大科技需求和国外水污染控制技术最新发展趋势的基础上,按照"研发先进技术、支撑重大工程、创建运作模式、带动机制转变、实现跨越发展"的总体思路,在关键技术突破、系统集成、示范应用和机制创新方面做了重点部署,在湖泊水体污染治理与生态修复、城市水环境质量改善、饮用水安全保障、物化生物水处理新技术、污水处理设备成套化等 5 个专题开展了系统的技术研究和应用示范。

在湖泊污染治理方面,突破了湖泊水源地水质综合改善、重污染湖泊水体生态重建等湖泊污染治理关键技术,集成了湖泊面源污染控制等技术系统,在太湖开展了工程规模的综合技术示范,初步形成了适合中国浅水型淡水湖泊的污染治理成套技术及治理方案。

在城市水环境质量改善方面,选择武汉、苏州等 11 个典型城市,开展了城市水环境质量改善技术研究和综合示范,将城市水环境作为一个整体提出了城市水环境质量改善新理念,已形成适合不同城市特色的城市水环境质量改善技术与管理方案。

在饮用水安全保障方面,针对南方、北方和太湖流域饮用水源水水质特点,选择深圳、天津、上海等城市,开展了饮用水安全保障技术研究,突破了饮用水源水水质改善、常规处理工艺强化、安全消毒与安全性评价等关键技术,建设了 3 个日产水量 20 万吨以上的饮用水安全保障示范工程,初步形成了中国城市饮用水安全保障技术系统。

在物化生物水处理新技术研究方面,瞄准本领域的国际前沿以及中国在水污染防治方面的潜在技术需求,研制了高效生物菌种菌剂、纳米絮凝剂、分子印迹吸附剂、聚乙烯(PE)中空纤维微孔膜等一批具有自主知识产权的水污染控制功能材料和好氧反应器、厌氧反应器、膜生物反应器、微波等离子体催化氧化反应器等多个的新型水处理反应器,其中纳米絮凝剂等产品已实现产业化并开始大量出口。

专项取得的部分成果已经开始在中国水污染控制中发挥重要作用,一些水环境建设和规划新理念已得到广泛认同和采用,产生了重要的社会影响和技术带动作用。例如,太湖示范区内水质得到明显改善,水生生态系统功能得到初步恢复,带动了无锡市五里湖周边的经济发展;武汉城市水环境质量改善课题的实施,催生了武汉汉阳新区的建设和发展,促进了武汉以水为核心的城市建设新思路和规划的形成;饮用水安全保障课题的实施,为解决不同地区城市饮用水污染问题提供了技术支撑。特别是对松花江污染事件发生后,哈尔滨市恢复供水和松花江污染后续治理作出了重要贡献。

2. 湖泊水体污染治理

中国在太湖、巢湖、滇池、武汉东湖、洱海开展了湖泊富营养化研究,在富营养化调查、面源污染控制、湖滨带生态修复和水华控制等方面并取得了一定的研究成果。"十五"期间,在太湖与滇池开展了重污染水域的生态重建与环保疏浚技术、水源地水质改善与生态修复技术、水网地区湖泊面源污染控制技术以及水体控藻技术与工程示范研究,并在国内产生了广泛影响。"湖泊富营养化过程与蓝藻水华暴发机理研究",深入研究长江流域独特的浅水湖群背景下入湖生源要素受地球表层特征、气象因子、生物过程及人类经济活动的4方面动力的驱动,在流域、湖盆和水生生物3个层次的循环及其失衡机理,研究蓝藻水华的生消动力学、水生植被的生态系统功能和稳态转换作用和湖泊-流域复合生态系统特征与管理。针对湖泊污染控制研究了湖泊污染控制与水体修复技术,进行了工程示范。

在太湖流域,中国科学院南京地理湖泊研究所、水生生物研究所、南京土壤研究所等研发了消浪、控藻、改造底质、水生植被恢复、湖滨湿地修复等治理技术,创造性地提出的一系列技术集成和配套的水质改善成套技术,如消浪与水质净化相结合的生态消浪技术、物理与化学及生物相结合的组合控藻技术以及基于仿生原理的非生物净化技术等,并施之于工程示范,取得良好的效果,建立了太湖梅梁湾水源地水质净化示范工程,面积达7平方千米,是中国迄今为止实施的湖泊生态修复及水质净化最大规模的水质改善示范工程。

控制面源污染是防治湖泊富营养化的重要途径。中国科学院南京土壤研究所等在太湖典型河网区开展了面源污染控制研究,研发集成了生活污水、化肥农药等污染控制技术、面源污染控制的前置库技术、沟渠河网的水质净化技术和河口水生态修复技术等,建立了面积20平方千米的示范工程,形成河网区面源污染控制的技术集成方案。

在滇池流域,中国科学院水生生物研究所、南京地理湖泊研究所、南京土壤研究所等针对滇池大规模的蓝藻水华问题,开展了生物控藻、机械除藻、湖岸生态修复、蓝藻检测和脱毒、湖泊生态系统管理、城郊面源污染控制、入湖河口水质净化等技术研发,建立了多项示范工程。

巢湖作为中国五大淡水湖之一,是国家富营养化治理的重点湖泊,中国科学院南京地理湖泊研究所在"七五"期间就主持了国家攻关课题"巢湖富营养化研究",主编了《巢湖——富营养化研究》专著,其成果至今仍被公认为在巢湖研究中具有里程碑价值的重要文献。近年来,南京地理湖泊研究所、水生生物研究所等开展了巢湖生物地球化学过程研究和蓝藻水华研究,提出了巢湖富营养化的控制与治理方案。

在三峡库区,中国科学院水生生物研究所等开展了生物抑藻等治理工作,武汉植物园、植物所、成都山地所等开展了三峡库区消落带生态恢复与综合整治技术研究与示范,筛选了多种适宜消落区生长的植物,建成消落区试验示范基地。

3. 河流复合污染控制

"七五"开始,河流水环境综合整治被列入国家科技攻关计划,开展了河流水污染物总量控制和河流水环境综合整治研究,指导地方政府实施了多条河流水环境综合整治。"十五"期间,全国许多单位开展了河流生态修复研究和示范工程。但是,实施的工程规模较小,没有开展综合整治,水质改善不明显。只有以河流为载体,统筹流域内各行政区的水污染治理,做到上、下游,左、右岸协调,才能实现河流水环境质量的整体改善,促使流域整体水生态环境向良性循环方向发展。中国科学院生态环境中心等在海河流域开展了长期的河流污染背景调查、控制与修复、多水源综合利用、流域治理工程空间格局评估等技术研究与示范。在辽河流域,中国科学院沈阳应用生态研究所等分析了辽河流域中长期污染防治与生态建设问题,编制了辽河流域生态建设总体规划并被政府采用,建成了多个典型区域生态环境改善、重点行业污染治理工程示范。在松花江流域,中国科学院东北地理研究所、生态环境中心等在系统研究松花江污染特征和水环境容量的基础上,开展了流域水质、水源地保护与污染控制工作。在淮河流域,中国科学院地理研究所等针对淮河闸坝多、河流水污染事件多发、防污防洪矛盾等问题,在综合分析沿河排污环境特征、科学评估闸坝等水工程活动对流域水体污染影响的基础上,提出了通过水工程管理和污染控制的流域污染综合修复途径。

4. 城市水污染控制

城市面源污染是中国水环境质量恶化的重要原因之一,由城市面源污染引起的水环境问题已严重制约了城市的可持续发展。通过承担"十五""863"水专项等国家科研任务,中国科学院生态环境中心、水生生物研究所等研发了城市水体面源污染控制技术和管理措施集成系统,以及以复合垂直流人工湿地技术为代表的一系列适用于城市水环境修复的生态工程技术,形成了城市水环境综合整治的技术及管理体系,建立了汉阳面源污染控制、武汉月湖水体修复等多处示范工程,相关研究成果在武汉、上海、天津、北京等城市得到广泛应用,建设了北京奥林匹克森林公园人工湿地工程,为奥运环境保障提供了重要的科技支撑。对城市水污染控制和水环境治理提供了理论基础和新的突破。许多城市在水环境质量改善方面积累了一批技术和一定的经验,在高效率、低能耗污水处理技术方面也取得了不少进展,也开发出了一些实用的污水处理技术、设备。

5. 饮用水安全保障

饮用水水源地保护是确保饮用水安全的重要前提条件。经过多年的努力,中国在饮用水水质安全保障管理和评价方面积累大量的经验,制定了一系列饮用水源保护和饮用水水质标准,对饮用水水质指标、水质分级、标准限值和水质检验等进行规定,对于保障饮水安全和人民身体健康发挥了重要作用。在饮用水水源地保护区划分技术指标体系、水源地特征污染物监测方法和评价指标体系、饮用水水源地水质评价等方面开展了大量的研究工作,为进一步开展研究工作提供了技术和方法的参考。

在饮用水安全保障技术方面,中国进行大量的技术开发和工程实践,积累了丰硕的技术成果。在水源水质变化规律、生物控制及生态综合防治的研究方面虽然做了一些尝试,但研究基础比较薄弱,还没有进行系统研究和技术总结,尤其是在水源水质变化与水厂管理(预警)和操作(实时控制)相结合的技术领域基本上还是空白;在饮用水监控方面,城市供水已基本形成"两级网三级站"的水质监测架构,确立了"企业自检、行业监测和行政监督相结合"的水质监测管理制度;在预处理和深度处理方面,中国与国外发达国家仍存在较大的差距,由于经济水平的限制,大多数水厂选择强化常规工艺,少数经济条件好的水厂将逐步采用深度处理技术,还有一些水厂选择生物预处理技术;"十五"期间,中国分别以上海、天津和深圳为基地,进行了构建饮用水安全保障体系的有益尝试,在一定程度上推动了深度处理技术应用,积累了大规模组织饮用水安全保障研究的经验,锻炼了队伍,为本专项的实施提供了较好的基础。

中国科学院生态环境中心等针对水源地保护与水质改善,建立了生态型水源构建的科学方法和技术模式,在植物群落配置、生物滤床构造、生物协同作用技术等方面取得突破,为水源地水质改善与生态保护提供科技保障。建设了容量50万立方米的天津滨海新区多水源综合利用工程和占地120多万公顷的嘉兴市石臼漾水厂水源地治理工程等示范。

饮用水水质净化技术是饮用水质安全保障体系的核心。中国科学院生态环境中心对高级化学氧化、高效吸附、电化学等技术进行单元和集成创新，形成了集成多项单元关键技术和末端水质多级保障新工艺的饮用水质安全风险末端控制系统，开发出小区优质饮用水深度净化的核心技术和成套设备，在北京、深圳和天津等地进行大量的工程示范应用。建立了奥运小区饮用水系统示范工程，使奥运村及场馆饮用水达到直饮标准。

中国水利水电科学研究院完成了一系列水利部和国家级项目，包括水利部科技创新项目"生物慢滤水处理技术研究"、水利基建前期项目"农村饮水安全问题研究"和"移动式苦咸水淡化装置的研制"、科技部农业科技成果转化项目"保障农村饮用水安全的生物慢滤水处理技术"、松花江重大污染事故项目"沿江两岸分散式取水及地下水供水安全性影响评估"、"十一五"国家科技支撑计划"农村饮用水源污染防控技术研究""小城镇饮用水处理技术与设备"和"微污染水源净化技术研究"等。提出了生物慢滤技术等适用性强、具有广泛推广价值的农村饮用水安全技术和系统，并在福建、湖北、四川、云南等省得到初步应用和推广，取得了显著的社会效益。编制了适合于农村的安全水技术手册。

6. 污水处理技术

"十五"期间，国家自然科学基金重点项目、面上项目和重大国际合作项目对污水处理新工艺，脱氮除磷新理论、新方法，污泥处理资源化等方面进行了有针对性的资助研究。

在工业污水处理技术研发上，中国科学院生态环境中心针对污水处理和回用中存在的难题，研发了污水处理与回用的协同技术系统，在北京、大庆、宁夏、胜利油田等10多项工程实践中应用；中国科学院化学研究所、生态环境中心等研发了光催化降解技术等高浓度难降解有机废水集成处理工艺技术及设备，在山东建成染料废水处理示范工程。过程工程所研发了铬盐清洁生产、焦化废水强化处理、冶金废水中氨氮回收等技术，并建立了示范工程。中国科学院沈阳应用生态所稠油污水处理、成都生物研究所、微生物研究所等在废水微生物菌剂处理技术、成都有机所等在重金属废水以及焦化废水处理等方面均有深厚的技术积累，建立了相应的工程应用示范。

在生活污水处理技术研究上，中国科学院生态环境中心针对中小城镇分散型污水处理率低等问题，研发出一系列适合中小城镇污水处理与回用的技术与设备系统，建设了多个小区中水回用工程。中国科学院广州地球化学研究所针对分散点源污水处理，研究开发了地下湿地与高负荷地下渗滤污水处理技术，并建立了稳定运行3年的示范工程。中国科学院南京土壤研究所、研究生院等研发了集成真空洁厕、水解酸化、人工湿地等技术的分散型生活污水处理系统，在常熟等地区建设了示范工程。

在污水处理材料技术研究上，中国科学院长春应用化学研究所开展了高性能膜材料及分离膜的研究工作，研究制备了系列反渗透复合膜功能单体和具有自主知识产权的中试连续复合制膜的高新技术。上海应用物理研究所研发的新型膜——生物反应器，将高效膜分离技术与传统活性污泥法相结合，成功应用于量大面广的有机生活污水处理。生态环境中心研发的新型超滤、板式膜生物反应器及水回用等的配套技术，在化工、食品、医药等行业推广应用，如"超滤法处理、回用印钞擦版废液"技术广泛应用于成都、西安、北京等印钞厂。在目前应用范围最广泛，使用量最大的水处理化学药剂——絮凝剂的研发与产业化上，无论在无机高分子絮凝剂基础应用理论，还是在生产技术实践方面，生态环境中心在国内外始终处于主导地位，开建中国絮凝剂现代产业化技术，创建现代产业基地多个,生产规模居世界之首。

在重大环境污染事件应急技术研究上,中国科学院生态环境中心、成都生物研究所等承担了"十一五""863"计划重大项目等国家任务,开展了重大环境污染事件的特征污染物实验室检测与快速处理技术研究,尤其针对典型液态有机污染物的爆炸或泄漏方式及其污染阶段,研发高效阻断、快速削减和安全处理关键技术,构建技术集成系统和信息库,形成了多级处理处置应急技术系统。在2008年11月发生的河南省商丘市大沙河砷污染事件中,生态环境中心快速反应,自主研发技术在大沙河砷污染治理上成功应用,得到了地方政府和环保部的高度评价。中国水利水电科学研究院开展了应急预案研究、应急监测、应急预警预报系统、水污染事件生态环境影响评价、污染损失评估等多个关键技术环节的攻关研究,在自动化监测、移动监测、遥感监测、信息传输等方面有了系统理论和技术储备。基于引进水质软件和自如开发软件,结合数据库和GIS技术开发了一维和二维水质预报模型软件以及各类水环境信息数据库及其管理系统,可以为水污染事件数据库和管理决策系统建设提供充分的技术支持。通过"松花江重大污染事件生态环境影响评估与对策"研究,提出了较为完善的地下水污染调查评价和检测分析技术细则,研发了多项应急处理技术措施。

水污染问题的日趋严重,促使水污染治理技术研究在全球范围内不断深入。随着常规处理技术的不断完善,目前研究的重点逐渐转向微污染水处理、难降解物质处理等方面。前沿研究的内容包括低污染负荷废水脱氮除磷技术、藻毒素物质的分子调控降解技术、非点源污染控制技术、重点污染行业难降解有机工业废水污染防治高新技术、危险废物处理处置集成技术、特种废物以及污废水回收利用技术等方面。此外,污染地下水的治理与恢复技术、受污染水域的自然和人工修复方法也一直是国际前沿研究课题。

二、水环境模拟技术

近年来,水环境污染领域的非线性理论方法研究,它是以相关学科的非线性理论研究为基础开始萌芽的,这种状况首先应该是物理学、化学、生物学、气象学和水文学等学科的非线性理论研究为先导,继而开始扩散到水质规划、水环境预测、地下水污染和环境水力学等水环境领域。概括而言,非线性科学的理论与方法在水环境污染宏观工程应用研究领域的使用较广泛,如神经网络理论和模糊数学等在水质规划和水污染预测评价等方面;但在水环境污染场的扩散、迁移和转化等作用机理方面的研究,目前仅处于启蒙阶段。叶常明(1995)将水环境中的溶解氧浓度沿河流纵向距离的变化,BOD随时间的关系及污染物扩散的动力学过程等归纳为8类非线性行为,详细论述了水环境污染过程非线性作用的普遍性。

孙晞等(1997)利用神经网络方法对胺类有机物作毒性分类和定量预测;郭宗楼等(1997)建立了一个径向基函数神经网络的湖泊富营养化程度评价模型,具有很好的通用性。在有机物降解方面,张爱茜等(1998)以基团代码作为结构描述符,运用人工神经网络模型预测了一批含硫芳香族化合物的一级好氧生物降解速率常数,结果表明,由于神经网络自动考虑了基因间的交互作用,对生物降解这类复杂问题有极高的求解能力。

叶常明(1995)指出模拟河流水质污染状态,GMDH模型的预测精度要明显高于一般的水质预测模型。易顺民等(2001)发现自组织模型能有效地解决复杂非线性系统建模预测的困难,虽然目前自组织理论方法在水环境研究领域中的应用较少,但它对水质污染预测的优势非常明显,用这种复杂的非线性预测模型来研究水环境污染特征,具有重要的实际应用价值。

水环境中污染物扩散特征同断面流速分布密切相关,王木兰(1994)和朱党生(1996)将信息熵理论应用于脉动压力数据处理,导出了非宽浅明渠断面流速分布的计算公式及其参数,可推广应用于水环境污染物浓度预测。黄克中等(1996)用信息熵原理对明渠均匀流中的污染带问题进行了研究,给出了恒定点源和横向均匀线源情况下稳态污染带浓度场和带长的解析解,可直接用于是天然河道恒定非均匀流的污染带研究。鉴于水质评价中客观存在的模糊性与随机性,张成科(1998)根据最大信息熵原理,结合模糊数学,提出了基于熵的水质污染评价模型,实际应用表明,基于熵的水质模型不仅可以克服均值化的缺点,而且可以给出评价的可靠性。应用信息熵理论研究环境水力学及水污染问题,是一种全新的思路,将信息熵理论同传统的确定性水质模型结合起来,对解决水环境中污染物扩散,迁移和自净研究中的某些疑难问题将会有很大帮助,具有良好的发展前景。

随着环境科学的发展,水环境污染研究中高维数据的统计分析愈来愈普遍。李祚泳(1997)采用投影寻踪技术的审视数据—模拟—预测的新思路,建立了一个河流水环境污染物浓度预测的投影寻踪模型,用此模型对河流污染物的 BOD 和 DO 浓度进行模拟预测,其预留样本检验合格率达83%左右。水污染环境评价中传统的统计预测模型是一种基于假设性的验证式数据分析模式,其准确性依赖于研究者对具体问题的认识深度,难以全面考虑水环境污染系统的非线性结构。投影寻踪技术遵循的是一种具体问题具体分析的途径,对解决水污染预测问题有较好的适应性,可以使预测精度大为提高。

黄真理(1993)分析了圆形紊动射流条件下浓度场的分形特征。晁晓波和赵文谦(1997)应用表面分形原理,研究了水环境泥沙的表面分形性质,得出了相应的分维数,以此为基础,进一步对泥沙吸附乳化油的特性进行分析,导出了平衡吸附量与分维,泥沙粒径吸附质截面积之间的关系,拓展了环境水力学的研究范围。对水环境温度预测,傅昱华(1994)采用分形方法研究月平均海面水温变化结构,建立了海水温度预报的分形模型。胡东生(1996)运用分形理论研究了中国大陆盆地盐湖卤水的反应过程,酸碱度状态和物质组份演化的多标度特征,发现分维同卤水环境演化密切相关。易顺民和冯杰等(2002)应用分形理论研究了活性污泥和土壤大孔隙流的分形特征。分形理论在水环境中的应用是水环境科学的前沿方向之一,目前这方面的工作甚少。对水质状态而言,虽然其物理化学成份复杂多变,但各种污染因子的变化同一定范围的水质变化应该具有统计意义上的自相似性。

中国水利水电科学研究院在水环境模型开发与应用研究上,自主开放及引进吸收了包括河道(网)一维水流水质泥沙模拟技术,湖库、河口二位、三维水流模拟技术,湖库营养化模拟技术,区域水污染预警预报技术,流域分布式水文及污染物循环模拟技术。将自主开发和引进的水环境模型应用于大江大河、重要水库、重要河口和滨海水域,如在珠江河口、长江河口、黄河干流、太湖、滇池和三峡的研究中均成功应用,为流域规划和重大工程建设管理提供了重要参考。"云南省九大高原湖泊的水动力学、水质数学模型研究",开发出水环境仿真模拟系统,对九大湖泊的水动力特性、污染物迁移转化规律进行了深入系统的水质分析模拟研究,并计算出水动能目标下的允许纳污能力。引进了丹麦水力学研究所研制开发的用户界面—动态模拟工具 MIKE 软件系统,利用已有的成熟数值模型开发了方便、实用的前处理模块和计算结果的后处理模块,建立了用户友好的可视化操作界面,初步完成了自主版权的平面水流水质模拟系统的开发。

随着 GIS、RS、DEM 等高新技术的持续迅猛发展,使高新技术应用成为长盛不衰的前沿研究内容。目前相关的热点研究包括信息管理与决策支持系统、数字仿真与可视化、遥感生态监测、"虚拟数值模拟"等方面。另外，从流域整体出发，动态仿真模拟流域生态系统内各种物理、生物、化学过程及其相互作用成为水环境数值模拟研究的趋势。高新技术的发展，为这种系统、综合的仿真模拟研究奠定了基础。目前，面污染源过程，生命物质的生长死亡过程，水、沙、污染物及生物的相互作用，以及地表生态系统与地下生态系统的互动关系等的数学描述，是开展流域水环境系统仿真模拟研究的技术关键。

三、水生态修复技术研究

水生态修复技术是指人类通过各种工程和非工程措施，在充分利用水生态系统自然修复能力的基础上，使受损的水生态系统逐步得到恢复的一种技术措施。生态修复以生物修复为基础，强调生态学原理在污染土壤和地下水以及地表水修复中的应用，是物理—生物修复、化学—生物修复、微生物—植物修复等各种修复技术的综合。水生态修复是一种人为改变水生态系统的有限目标，它不同于完全恢复，更不同于自然化，因为在经济社会发展过程中人类不断消耗的生态功能或占用的生态空间是不可能完全逆转的。中国目前水生态系统受损严重，有超过60%的河流、湖泊和湿地生态系统的结构和功能遭到不同程度的破坏，表现为水土流失、水污染加剧、地下水严重超采、河湖湿地生态系统恶化、生物多样性减少等。因此大力发展水生态修复技术是实施生态和环境保护基本国策的重要手段。

根据水生态系统受胁迫的主要类型，水生态修复技术一般可分为生物学修复技术、生态学修复技术和生态水利工程修复技术3类。

1. 生物学修复技术

生物学修复技术旨在利用生物新陈代谢对有机污染物及氮、磷营养物质的同化作用，将低浓度污染物进行富集转化，达到治理污染修复水体的目的。这种技术与所要修复水体之间的空间关系属于旁路装置或非紧密结合的状态。生物修复包括微生物修复、植物修复和菌根根际修复等三大主要类型。固定化细菌技术、河道内曝气结合高效微生物处理修复技术、生态浮床技术、卵石床生物膜技术、稳定塘技术、生物过滤技术、土地处理技术、人工湿地技术等都是常见的生物学修复技术，其中在中国使用较多的是：①人工湿地技术。利用对水体中污染物的沉淀、过滤、吸附、吸收、降解等作用，在恰当设计和良好管理的条件下，可以有效地处理生活污水、工业污水、农业面源污染、垃圾场渗滤液、暴雨径流、富营养化水体等，显著地减少水体内的生化需氧量（BOD_5）、悬浮固体颗粒（SS）和氮，同时还可以去除金属、微量有机物和病原体。②土地处理技术。以土地为处理设施，利用土壤—植物系统的吸附、过滤和净化作用以及自我调控功能，达到某种程度的净化水的目的。③高效微生物固定化技术。将经过培养的高效率微生物或酶或菌藻共生群落限制在特定的材料区域内部，达到提高微生物或酶的浓度，创造有利的生物代谢环境，有效减少微生物流失并使固液容易分离的目的。④水生植物处理和生物浮岛技术。利用水生维管束植物对污染物质的吸收、转化、富集，与微生物的协同降解作用，以及改变局部水体水流特性达到去除水体中污染物的目的，目前常用的水生植物有凤眼莲、浮莲、香根草、芦苇、香蒲等。

2. 生态学修复技术

生态学修复技术旨在通过恢复退化水生态系统结构中缺失的组分，达到重建水生态系统的良好结构，实现其功能的恢复，同时改善水质的目的，主要包括生物操纵技术、沉水植物重建技术等。

引入滤食性鱼类来控制藻类生物量的富集就是一项生物操纵技术。利用属于本地物种的沉水植物,选择合适的地带进行引种并使之成为水生态系统的有机组成部分就是一项沉水植物重建技术。中国的经验表明,生物操纵或沉水植物重建可以减轻营养负荷的再悬浮程度,促使藻型富营养化水体向草型富营养化水体演变,抑制蓝藻爆发。目前,在中国太湖地区正在对这种技术进行试验。

3. 生态水利工程修复技术

20世纪80年代国外针对河流整治带来的"平面直线化、断面规则化和河岸硬质化"问题,提出了生态水利工程技术的概念。近年来,已扩展到为研究适用于水利工程的规划、设计、建设和运行管理的生态修复技术。对于新建工程旨在研究和开发因工程建设、运行胁迫河流生态系统带来不利,应采用的补偿工程措施、生物措施和管理措施。对于已建工程旨在研究和开发受损水域生态修复的方法和技术。生态水利技术作为主要针对小型河流生态系统修复技术,在国外正被推广应用,但在中国还处于典型试验研究阶段,目前主要采用的生态水利工程技术有:①河道修复。针对由于地表活动、水利工程建设、采矿等造成的河流空间结构改变而进行的修复称为河道修复。所谓河流空间结构的变化包括泥沙负荷改变、河道直线化、非连续化、河道纵比降和断面形状变化等。②河道内栖息地修复。河道内栖息地是鱼类、水生无脊椎动物等生物的生活场所,是它们的产卵场、索饵场、停歇地和通道。河道内栖息地修复的技术手段有鱼道、浅滩—深塘结构、基质恢复、河岸覆盖物和设置乱石堆或丁坝等模拟水生生物所偏好的活动场所。③河岸修复。河岸修复的目的是保证河岸的稳定,可采用植物、石块或其他透水材料加固河床,既保证河岸的稳定,又不阻止河道水体中的物种与岸边物质的交换。④流域内栖息地修复。主要指生活在河滨的半水生动物或涉水鸟类栖息地的恢复,包括:林间水库、巢形建筑物、食物斑块、湿地的修复等。⑤流域内土地利用修复。改变土地利用方式所导致的植被减少、水土流失是河流退化的主要原因。流域内植被恢复可以减少入河泥沙量和污染物量,有利于改善河道水质和提供生物栖息场所。流域植被恢复技术包括封禁、人工补植、舍饲圈养、轮封轮牧等。

4. 发展趋势

对中国来说,虽然生物学和生态学修复技术未来还会有一定的发展,但发展将会放慢,这是因为中国水污染治理的力度在不断加大,未来将主要通过污水处理厂从污染源头解决水污染问题。在过去几年中许多地方通过建设人工湿地处理污染水体效果又并不理想。水生态修复技术是近年来全球共同关注的热点,在发达国家已得到较为成功的运用,但在中国尚处于试验研究阶段。目前的研究前沿包括健康河流(水域)的指示指标体系、水土资源合理利用、特殊气候条件下的生态修复技术(如生物种类、耐寒性、工艺结构、去除效率等)、富营养化水体的生态修复技术、湿地生态修复、物种引入的生态效应、修复工程的维护管理等。

近年来,国内学者借鉴国际上生态工程的理论,探索发展新的交叉学科——"生态水利工程学"。传统的水利工程学需要吸收生态学的原理和方法,改善水利工程的规划和设计方法。因此,生态水利工程修复技术将会得到更进一步的发展,将会从目前对局部河段单纯的结构性修复,向对河流系统整体结构、功能与生态过程的综合修复发展,即向河流廊道修复的方向发展,并从河流廊道修复进而向整个流域生态系统修复的方向发展。一些新的生态水利工程修复技术会不断出现。对于已建工程,研究和开发受损水域生态修复的方法和技术。对于新建工程,研究和开发对于因工程建设造成对于河流生态系统胁迫所应采取的补偿工程措施、生物措施和管理措施。

第四章 中国水文科学国际合作与交流

第一节 与联合国有关机构的合作与交流

一、与世界气象组织的合作与交流

世界气象组织(World Meteorological Organization, WMO)是联合国的专门机构之一,负责气象科技活动和国际水文合作。总部设在瑞士日内瓦。世界气象组织在水文领域的活动集中体现于该组织的"水文和水资源计划"(Hydrology and Water Resources Programme),它包括3方面内容:①业务水文计划(Operational Hydrology Programme, OHP),"水文业务综合系统"(Hydrological Operational Multipurpose System, HOMS)是其中之一;②水资源应用与服务计划;③与其他国际组织有关水问题的合作计划。世界气象组织水文委员会(WMO Commission for Hydrology, WMO CHy)主要负责实施业务水文计划,也参与其他2个计划的活动。水文委员会是世界气象组织下属8个技术委员会之一,由成员国指派一定数量专家组成,每4年举行一次届会,审议本委员会职责范围的技术问题,制订工作计划,成立工作组,任命专题报告员,选举委员会的主席和副主席。

中国参加世界气象组织的归口单位是中央气象局(国家气象局)。水文活动由水利部对口负责,并指派水文专家参加该组织的水文委员会。

中国与世界气象组织在水文领域的合作活动,主要有以下几个方面:

(1)举办国际洪水预报讲习班和国际泥沙测验培训班

由世界气象组织发起,联合国开发计划署(United Nations Development Programme, UNDP)资助,从1977年起,在华东水利学院(现河海大学)连续3年举办了3期国际洪水预报讲习班。来自亚、非、拉美28个发展中国家的60多名水文专家参加了学习。由赵人俊教授等中国水文预报专家担任教学,出版了《中国湿润地区洪水预报方法》英文版讲义。同时,邀请世界著名水文学家杜格(J. C. I. Dooge,爱尔兰)、纳须(J. E. Nash,爱尔兰)、涅迈兹(世界气象组织)、舒尔兹(G. A. Schultz,西德)、克拉克(R. A. Clark,美国)等参加讲习班授课,并与中国水文专家进行学术交流。讲习班取得良好效果,受到世界气象组织第八届大会(1979年,日内瓦)的赞扬。

受世界气象组织委托,1990年10月在北京举办了以亚太地区成员国的水文工作者为主要对象的国际泥沙测验培训班,由龙毓骞等中外专家授课。世界气象组织水文水资源司司长罗达(J. C. Rodda)及官员巴塞尔(J. L. Bassier)出席了培训班。

(2)交流传播世界气象组织水文出版物

世界气象组织的水文出版物按规定寄送中国水文部门,有些已译成中文出版,供广泛使用。例如,《国际水文学词汇》(WMO与UNESCO合编,1974年版)《世界气象组织技术规范(水文部分)》《水文实践指南》(第四版)及《HOMS咨询手册》等。

(3) 参与水文业务综合系统(HOMS)计划

HOMS 是业务水文计划的重要组成部分,是一个有组织地转让和交流业务水文技术的国际合作系统。世界气象组织第八届大会(1979)决定推行并邀请各成员国参加这个系统。据此,水文委员会第六届会议(1980)制定了 HOMS 第一期(1980~1983)执行计划,编制了《HOMS 咨询手册》(1981 年出版)。

在世界气象组织第八届大会上,中国代表团积极支持 HOMS 计划。1980 年,在水利部水文局成立了中国"HOMS 国家咨询中心",成为参加 HOMS 计划并成立国家咨询中心最早的国家之一。

HOMS 是国际水文技术交流和转让(一般为无偿)的有效渠道。在 HOMS 计划项目内,中国许多水文专家参加了国际有关水文技术交流活动,同时也接待了不少外国专家来华访问,交流经验。

(4) 应邀参加泥沙采样器比测试验

为了评价水文仪器的准确度、灵敏度、可靠性和耐用性,使各个水文机构能合理选用仪器和收集水文资料,世界气象组织水文委员会决定实施水文测验仪器比测试验计划。比测试验仪器包括:①各型悬移质泥沙采样器;②新型水位计和流速仪。1986 年中国应邀参加了各型悬移质泥沙采样器比测试验。参加比测的仪器为横式、瓶式、JX 积时式(长办研制)、JLC-1 型缆道积时式(重庆水文仪器厂研制)、FS-1 型缆道积时式(四川研制)和皮囊式(辽宁研制)等 6 种采样器。校核仪器为由世界气象组织提供的 USP-61 型采样器。

中国完成了 6 种悬移质泥沙采样器比测试验,提交了试验成果和补充比测报告,并载入世界气象组织水文委员会第八届会议的总结报告。

(5) 建立黄河三花区间(陆浑片)和陆水流域洪水自动测报系统

"黄河三门峡花园口区间(陆浑片)暴雨洪水自动测报系统"包括伊河示范水情遥测系统和设在郑州的洪水预报中心,实施机构是黄河水利委员会,执行机构是世界气象组织,美国国家天气局的 R.A. 克拉克任项目总顾问。"陆水流域实时遥测与洪水预报系统"是在世界气象组织"自愿合作计划"(VCP)推动下,由美国资助中国建立的一个实时遥测与洪水预报系统。这个系统由 14 个遥测水文站、2 个中继站和分别设在陆水水库和汉口长办水文局的 2 个中心站组成。

二、与联合国教科文组织国际水文计划的合作与交流

联合国教育、科学与文化组织(简称教科文组织)(United Nations Educational Scientific and Cultural Organization, UNESCO),是一个独立的政府间国际组织,是联合国系统专门机构之一,成立于 1946 年,总部设在巴黎。

国际水文计划(International Hydrological Programme, IHP)是教科文组织在自然科学领域的重要活动计划之一,是于 1974 年结束的"国际水文十年"(International Hydrological Decade, IHD)的继续和发展,是从 1975 年开始执行的一项新的、长期的政府间水文合作计划。国际水文计划的活动内容以水文科学研究和教育培训为侧重点。教科文组织执行国际水文计划的主要机构是国际水文计划政府间理事会。参加这项计划的成员国成立各自的国家委员会,负责本国有关活动的开展。

中国参加教科文组织水文活动开始于 1974 年。1974 年 9 月中国派代表出席了由教科文组织和世界气象组织在巴黎联合召开的"国际水文十年总结及未来水文计划国际水文会议"。1974 年 11 月,中国以"中国国际水文计划全国委员会"(现称"国际水文计划中国国家委员会")的名义正式参加了国际水文计划,并在同年 11 月举行的教科文组织第十八届大会上当选为国际水文计划

政府间理事会的理事。

中国派专家参加国际水文计划的专题项目和有关地区性活动,主要合作内容有:①成立南京高级水文进修班。根据教科文组织水科学司 1978 年备忘录,国际水文计划中国国家委员会于 1980 年 4 月 14 日~6 月 23 日在南京华东水利学院(现河海大学)举办了国际水文培训班。1984 年 3 月举行的国际水文计划政府间理事会第六届会议期间,教科文组织秘书处同意提供资助在南京华东水利学院(现河海大学)成立常设高级水文进修班,并纳入教科文组织水文水资源教育培训网。一般 2 年举办一期,每期历时 2 个月,课程内容为高等水文学。②建立国际泥沙研究培训中心。国际泥沙研究培训中心系根据联合国教科文组织第二十二届大会决议在中国成立的国际学术机构,由中国政府建立,联合国教科文组织资助。中国政府执行机构为水利部。"中心"总部设在北京。"中心"的宗旨为:"推动泥沙科学研究,促进国际学术交流,组织人员培训,协调合作科研"。"中心"自 1984 年成立以来先后组织(或协同组织)了包括"高含沙水流国际讨论会(1985,北京)"、"跨流域引水国际学术讨论会(1986,北京)"和"第四次河流泥沙国际学术讨论会(1989,北京)"在内的 17 次较大型的国际学术讨论会。举办包括水库泥沙国际培训班(1985,北京),水库对环境影响国际培训班(1987,北京),冲积河流数学模型国际高级研讨班(1987,北京),土壤侵蚀及其控制国际培训班(1988,北京),泥沙水力科学高级研讨班(1989,北京),亚洲地区土壤侵蚀及其控制国际培训班(1990,广州)在内的有关泥沙国际培训班 11 期。编辑出版了英文期刊《国际泥沙研究》(International Journal of Sediment Research)、会议论文集、《通报》《泥沙中心简讯》、泥沙专著、培训教材等。③合作举办其他国际学术讨论会。由联合国教科文组织东南亚及太平洋地区科技办事处(ROSTSEA)与国际水文计划中国国家委员会合作,于 1988 年 3 月在南京举办"东南亚及太平洋地区小岛水文水平衡国际研讨会";于 1989 年 12 月在杭州举办"东南亚和太平洋地区非工程防洪措施的水文问题国际学术讨论会"。由联合国教科文组织与国际水文计划中国国家委员会合作,于 1993 年在广州举办了"东亚和南亚地区热带风暴和洪水国际学术讨论会",于 1994 年在西安举办了"干旱半干旱地区骤发性洪水国际学术讨论会"等。

三、与台风委员会的合作与交流

台风委员会是由联合国亚洲及太平洋经济社会委员会和世界气象组织于 1968 年设立的地区专门组织(ESCAP/WMO Typhoon Committee),其宗旨是促进和协调本地区各成员(国家/地区)的防台风工作,以减轻台风所造成的灾害损失。中国、日本、菲律宾、泰国、马来西亚、越南、老挝、柬埔寨、韩国、朝鲜等国家和香港、澳门地区,都是该组织的成员。秘书处设在菲律宾马尼拉。每年召开一次会议。中国于 1978 年参加台风委员会活动,由中央气象局(国家气象局)归口负责。

中国水文部门与台风委员会的合作主要有:配合国家气象局参加台风委员会的活动,出席每年一届的台风委员会年会;参与台风业务试验(Typhoon Operational Experiment, TOPEX)中水文部分的工作;在台风委员会有关项目下参加洪水预报和防洪减灾的国际短期培训班。

四、与国际原子能机构的合作与交流

国际原子能机构(International Atomic Energy Agency, IAEA)是联合国所属专门机构之一,于 1957 年建立,总部设在维也纳。水文活动由该机构的同位素司(Department of Research and Isotopes)同位素水文处(Section of Isotope Hydrology)主管。国际原子能机构水文活动的宗旨是在水

文学和水资源研究中发展同位素方法的应用。具体内容包括：建立和管理全球降水同位素站网；帮助成员国在水文研究中应用同位素，在供水工作中应用核技术；保护水资源免受放射性物质的污染；单独或与有关国际机构联合举办学术会议、培训班和进行合作研究；出版并散发与同位素有关的出版物等。中国于1984年参加国际原子能机构。1985年，中国参加了国际原子能机构在土耳其阿达约召开的"同位素和核技术在干旱半干旱地区水文学中的应用研讨会"。

中国与国际原子能机构的合作内容主要有：①建立中国降水同位素站网。在国际原子能机构支持下，中国水文系统建立了降水同位素站网并作为国际原子能机构全球降水站网的一部分。作为成果之一的《中国降水中的氚（1988～1991）》已整理完成。②建立国际合作关系，参加有关国际会议。由国际原子能机构同位素水文处帮助，中国与德国、苏联（现俄罗斯）、意大利、南非和美国有关部门的同位素实验室建立了同位素水文问题研究的合作关系。国际原子能机构自1963年起大约每4年召开一次以同位素水文学为内容的国际学术讨论会，交流、扩大和改进核技术在水文领域应用的经验。自1987年起，改以水资源发展为研究主题。

第二节　与其他国际组织的合作与交流

一、与国际水文科学协会的合作与交流

国际水文科学协会（IAHS）是世界上水文科学领域最大的非政府国际组织，也是从事水文、水资源科学活动最早的国际组织，成立于1922年。它是国际大地测量和地球物理联合会（IUGG）所属的7个协会之一，而该联合会则是国际科联理事会（ICSU）所属的20个科学联合会中的一个。

国际水文科学协会内设6个委员会（Commission）和3个专门委员会（Committee），即国际地表水委员会（ICSW）、国际地下水委员会（ICGW）、国际陆地侵蚀委员会（ICCE）、国际雪冰委员会（ICSI）、国际水质委员会（ICWQ）、国际水资源系统委员会（ICWRS）及国际遥感和数据传输专门委员会（ICRSDT）、国际大气—土壤—植被关系专门委员会（ICASVR）、国际示踪专门委员会（ICT）。自1982年起，协会每4年召开一次国际水文科学大会。协会编辑出版了大量论文集，并出版双月刊《水文科学学报》。

中国于1977年参加国际水文科学协会。1990年10月23日～26日，国际水文科学协会和中国水利学会在北京联合召开了"国际水资源管理水文基础学术讨论会"，会议分设6个专题：①地表水和地下水的运动及在水资源开发条件下的相互转化；②水质评价和污染管理；③水文数据收集、处理、情报系统和数据库；④水资源管理及专项工程的决策支持及专家系统；⑤在变化的环境中的水文学和水资源学；⑥水资源的管理、规划和开发利用。论文集作为协会第197号出版物于会前出版。

二、与国际标准化组织及其明渠水流测量委员会的合作与交流

国际标准化组织（ISO）是一个从事标准化的专门国际机构。该组织的主要工作内容是制定国际标准和编拟技术报告，其工作任务由163个技术委员会和649个分委员会分别执行。总秘书处设在日内瓦。明渠水流测量委员会是国际标准化组织的第113技术委员会（简称ISO/TC113），成

立于1964年,下设流速面积法、堰槽测流、词汇、稀释法、测量测验仪器和设备、泥沙输移、专门问题和测验方法等7个分委员会。秘书处设在印度新德里。现有P成员(Participating country,即参加工作的国家)12个国家,O成员(Observer country,即观察员)27个国家。一些有关的国际组织,如世界气象组织(WMO),国际灌排委员会(ICID),国际标准化组织管流测量委员会(ISO/TC30)等也经常派员参加活动。截止1994年,ISO/TC113已制订45个国际标准和9个技术报告,共54项技术标准文件。中国于1978年参加ISO/TC113,是该委员会的O成员国,1980年9月,中国参加了该委员会在巴黎举行的第十一届会议。1981年,中国改成为这个委员会的P成员国。中国与ISO/TC113的合作与交流主要有以下几个方面:①出席TC113及其分委员会的历次届会。参加会议各项工作,讨论标准草案,审定工作项目和安排工作计划。②参与制定标准、编写技术报告。中国于1989年向ISO/TC113提交技术报告《测深湿绳偏角的改正》,被列为ISO/TR9209刊布。随后又在该委员会第十七届会议(1992年,巴黎)上承担了ISO4363《悬移质泥沙测验》的修订起草任务。③在中国水文测验工作领域推广应用国际标准。编译出版了《ISO标准手册16——明渠水流测量》及其《续集》。在中国于1983年全面修订和补充的《水文测验规范》中大量采用或借鉴了国际标准。

三、与国际水资源协会的合作与交流

国际水资源协会(IWRA)成立于1972年,属国际民间学术团体。该协会首任主席为著名水文学家、美国伊利诺大学教授周文德(V. T. Chow)。中国于1982年参加国际水资源协会,并派专家出席了在阿根廷布宜诺斯艾利斯召开的协会第四次会议。1986年协会在北京召开了"跨流域引水国际学术讨论会"。

四、与国际水力学研究协会的合作与交流

国际水力学研究会(IAHR)的很多活动内容与水文科学关系密切。1986年中国专家首次出席了在美国依阿华大学召开的第八届国际冰情讨论会,并宣读了论文。1988年,在日本札幌举行的第九届国际冰情讨论会上,中国专家出席会议,并提交16篇论文在会上交流。在这2届讨论会之前,中国曾向第六、第七届国际冰情讨论会送交过论文多篇。1988年,应美国克拉克逊大学和加拿大内陆水研究中心邀请,中国专家赴美、加考察了江河冰情研究工作。

五、与国际大坝委员会的合作与交流

设计洪水和泥沙问题是国际大坝委员会(ICOLD)关注的重要内容。中国专家积极参加国际大坝委员会的有关活动。在第十四届国际大坝会议上,提出了以水库淤积及库岸稳定为议题的总报告。2000年在北京举办了第20届国际大坝会议,中国为此出版了《中国大坝50年》一书。

第三节 中美地表水水文科学技术的合作与交流

1981年10月7日,《中华人民共和国水利部水文局和美利坚合众国内政部地质调查局地表水水文科学技术合作议定书》在华盛顿签字,正式开始了中美2国政府在水文领域的合作与交流。《议定书》规定了合作的有关原则,合作的项目为:交换水文水资源研究分析技术科技情报;水文测

验方法和仪器设备;水文极值;泥沙输移;水文情报和预报;高寒地区水文;水质等。

(1)交换水文和水资源研究分析技术科技情报。美方按期向水利部水文局(司)寄送由美国地质调查局出版的水文年度报告、美国气象、降水资料和其他有关技术出版物,中方也根据对方要求提供水文资料、水文杂志和有关学术论文。

(2)水文测验方法和仪器设备。美国地质调查局和水利部的水文仪器专家进行互访,就水文仪器设备进行考察和技术交流。开展了水文仪器交换,进行野外比测试验。

(3)水文极值。研究课题分2步进行,第一阶段以洪水频率分析为主要研究内容,第二阶段进行干旱规律分析研究。为总结交流第一阶段中美合作研究的成果,1985年10月在南京举行了水文极值国际学术讨论会。这次学术讨论会得到了联合国教科文组织国际水文计划的支持,除中、美水文学家之外,参加会议的还有爱尔兰、西德、英国和伊朗的水文学家。杜格(J. C. I. Dooge)教授作了题为《探索水文规律》的专题报告。学术讨论会设7个专题:①历史洪水调查及历史洪峰流量和重现期的不确定性;②实测资料中包含有极值或含有历史洪水的洪峰频率分析;③历史暴雨资料和系统观测暴雨资料在设计暴雨和设计洪水中的应用;④具有历史洪水和历史暴雨资料情况下洪峰和洪量的组合分析;⑤具有极值洪水条件下洪水事件的趋势分析;⑥对中国和美国设计洪水规范(指南)的评论;⑦中国及美国洪水分析计算实例比较。会后出版了《中美水文极值学术讨论会论文集》(英文版)。第二阶段合作的具体课题是:①干旱及半干旱地区(或区域)的干旱规律分析;②应用系统方法在满足水资源规划精度的条件下最优(或最经济的)水文站网布设规划。1991年7月在美国举行了中美双边干旱研究学术讨论会,会后出版了论文集。

(4)泥沙输移。合作活动的主要内容有:①泥沙采样器的交换比测;②就全沙测验计算、工程对泥沙运动的影响、含沙水流测验等进行专题讨论。合作研究取得的重要成果有:设计、制造出了新型卵石推移质采样器;研制了适用于预警工作的泥石流监测系统;形成了3篇合作研究报告和20多篇专题论文。

(5)水文情报和预报。举办了2次中美双边水文预报学术讨论会。第一次中美双边水文预报学术讨论会于1989年在美国波特兰市举行,会后由美方负责编辑出版了论文集,并作为世界气象组织的技术文件进行国际交流。第二次中美双边水文预报学术讨论会于1992年4月在上海举行,内容涉及水文数据采集、传递,水文模型预报,河流水力学、计算机应用等。会后编辑出版了会议论文集。

(6)高寒地区水文。合作研究的范围包括:高山冰川作用流域的冰、雪水文;多年冻土与河冰对水文的影响;冰川卫星影像图;卫星雪盖监测与融雪径流等。合作研究的目的是:合理利用冰雪水资源,提高冰雪融水预报水平,评价大范围冰雪覆盖对大尺度水温和气候的影响。

(7)水质。开展了"水中沉降物化学"和"地下水水质评价"等课题的合作研究。

第四节　与其他政府间双边合作与交流

一、中德水文仪器研制合作

1955年,根据中国与德意志民主共和国政府技术与技术科学合作协定,德方水文仪器专家一行4人来华考察水文仪器。中德双方交流了流速仪、流向仪等仪器的制造工艺和设计的经验。1958年,根据同一协定,德方派遣江河水文仪器专家瓦尔德·佟布斯基来华协助水文仪器研制和改进工作,常驻南京水工仪器厂(同年10月改名为南京水利电力仪表厂),工作一年后回国。

二、中意洪水预报技术合作

1982年3月~1983年11月,中国和意大利合作进行"汉江洪水预报和调度运用项目"。该项目利用意大利政府赠款,由意大利洛蒂公司和水利电力部水文水利调度中心等有关单位共同执行,在丹江口水库建立了包括8个遥测水情站和一个预报中心的洪水遥测预报系统。为了改进、完善这个系统的洪水预报数学模型,双方协商同意进一步合作。1985年10月至1986年2月,中国专家前往罗马洛蒂公司与意大利专家托蒂尼(E. Todini)等合作,研制成功综合约束线性模型(SCLS)。

1982年12月~1985年7月,由意大利政府赠款,中意合作完成了淮河正阳关以上洪水预报和调度项目。中方执行机构是水利部淮河水利委员会,意方为洛蒂公司。项目主要内容是:研制包括8处遥感水情站和1处遥测中心(淮滨)的示范性水情遥测系统,建设淮滨至蚌埠的微波通信线路、培训蚌埠水情数据处理中心人员等。

三、中欧(欧共体)洪水预报技术合作

自1985年5月开始,中国与欧共体合作进行广东北江洪水预报调度项目。中方执行机构是广东省水利水电厅,欧方为比利时公共运输电力工程公司。项目的主要内容是:建设包括37个遥测水情站、7个通信中继站和广州主控站的水情遥测系统;建设和研制广州预报调度中心计算机系统和预报调度软件系统;培训人员等。

从1988年3月开始,于1991年6月基本建成的"浙江省富春江流域水情实时测报系统"是"中国—欧共体能源合作计划"之一。中、欧双方专家共同参加了该项目的系统软件开发和建设实施工作。中方执行机构是浙江省科学技术委员会和水利厅,欧方是意大利托蒂尼公司(ET&P)和法国水力实验室(LHF)。合作的主要内容是:建设19个遥测水情站,7个通信中继站,1个水情预报分中心(设于富春江水电厂)和1个水情预报中心(设在省水利厅,杭州),并配套相应的观测仪器、传输设备、计算机软件系统等。

四、中芬冰凌研究合作

中国与芬兰合作研究黄河下游冰凌是中芬2国科学技术合作计划之一,1990年立项,1991年2月开始执行,中方由水利部黄河委员会负责实施,芬方由芬兰Atni-Reiter公司执行。通过中芬水文专家合作,研制成功了黄河下游冰凌模型。

第五章 中国水文科学发展展望

第一节 现代水文科学发展轨迹

水文科学作为地球科学的一个分支,主要研究地球系统中水的存在、分布、运动和循环变化规律,水的物理、化学性质,以及水圈与大气圈、岩石圈和生物圈的相互关系。水文科学作为水利科学的重要组成部分,主要研究水资源、洪水与干旱的形成、时空分布、预测预报,以及水利工程及其他有关工程的规划、设计、施工、管理中的水文水利计算方法,为水资源合理开发利用保护和水旱灾害防治提供科学的水文科学依据。

水文科学的发展与人类对水的认识和需求密切相关。人类对水的认识的不断加深,以及对水的需求方式的不断拓展,使得水文科学的研究领域不断延伸与丰富。在人类社会发展的早期,人们试图通过建造水利工程来防治水害,获取水利,因而工程水文方面的内容得到了发展,并于20世纪30年代~60年代得到快速发展,形成了分支学科——工程水文学。当人类社会进入70年代以后,由于经济迅猛发展和人口快速增长,各种自然资源出现了不同程度的紧张局面,水资源的供需矛盾显得更加突出,于是一个专事水资源供需预测、合理开发、优化配置和有效管理的水资源水文研究方向因此而迅速发展起来。与此同时,由于经济发展模式上出现了不合理,造成了严重的环境污染问题,水环境污染首当其冲。这不仅进一步加深了水资源的紧缺程度,而且危及经济社会的可持续发展。在此背景下,旨在为水环境保护和修复寻找良策的环境水文研究方向应运而生。水文科学的分支学科"水资源水文学"和"环境水文学"几乎在20世纪70年代同时形成。长期以来,由于呈加剧趋势的水污染和水资源紧缺,已越来越明显地影响到一些地方的生态系统和安全,保护生态系统安全和生物多样性已成为人类面临的重要任务,与之相应,近10年来生态水文学得到较快发展,并成为水文科学新的分支学科。

如果说人类对水的认识和需求支撑着水文科学应用技术的发展,那么,科学和技术的发展将为人们探索、揭示自然界水文现象规律性和解决水文科学中各种应用问题提供理论和方法。事实必然是,人们为了认识自然、改造自然,达到与自然和谐共处的目的,就必须借助于科学理论和技术来探索、揭示水文现象的规律性。因此,在水文科学的发展过程中必定存在着与水文科学应用技术发展轨迹相辅相成、互相促进的另一条水文科学的理论发展轨迹。17世纪,牛顿力学体系的确立为水文科学奠定了力学基础。此后,科学和技术的进步都对水文科学的发展产生影响。动力水文学是应用水动力学和热力学揭示水文规律的水文科学分支学科;系统水文学是借助于系统论和控制论处理水文问题的水文科学分支学科;随机水文学是依赖概率论、随机过程论和时间分析探讨水文规律的水文科学分支学科;数字水文学是基于数字化技术分析水文规律和进行水文模拟的水文科学分支学科;实验水文学是应用科学实验方法揭示水文规律的水文科学分支学科。尤其值得一提的是,物理学对水文科学的渗透是近30年来水文科学发展的一个亮点。物理学对水文科学的每次渗透都会对水文科学理论创新产生重要影响,典型的例子有:1979 年 Rodriguez-Iturbe 等借助于统计物理学理论建立了地貌瞬时单位线理论;1986 年 Abbott 等应用连续介质力学理论建立了一个具有物理基础的分布式水文模型,即 SHE 模型;1991 年 Rinaldo 等基于扩散理论构建了新的地貌瞬时单位线表达式。1998 年 Reggiani 将热力学系统理论引入水文科学,建立了基于代表性单元流域(REW)的水文模型,强调了物理定律和流域水文本构关系在水文建模中各有其重要作用。

水文科学的基础理论和应用技术就是这样相辅相成、不断地在科学史的长河中交替地向前发展着。

水文学研究在科学层面,已从水文循环的单个孤立环节向多尺度耦合过程发展,这是系统观点在水文学中的反映。例如对水量平衡的研究,已从一个河段,一个流域,一个地区发展到全国、全球,使得人们对水文循环和水资源的理解更全面、更宏观、更深刻;通过对大气—植物—土壤—地下水系统中水分迁移和转化关系的系统实验与理论研究,揭示水文循环中生态过程的变化规律,探索其相互作用机理;水文规律的研究,侧重探讨在自然因素和人类活动共同作用下水文过程及其要素的变化规律,探索物理规律与统计规律相结合的水文学方向。大气水、降水、地表水、土壤水和地下水的相互关系,地表水、地下水水量、水盐平衡及其要素的计算方法也是水文学研究的主要内容。水和能量的耦合循环研究是现代水文学的一个重要方向,它可以揭示地球表面环境变化和水循环之间的相互关系,为水资源的形成和消耗提供科学依据。在应用层面,在服务于水资源开发利用方面将更重视生态与环境影响的研究,并致力于为水资源综合规划与综合管理提供科学基础。

第二节 现代水文科学的理论支撑

国际上一般认为,水文科学作为一门独立学科开始于清康熙十三年(1674),经过 300 余年的发展,水文科学无论在基础理论上还是在应用技术上均有了长足的进步。是什么理论支撑着水文学发展到今天这样的水平呢?或者说,现有的水文学理论是建立在什么样的基础之上的呢?可归纳如下:①质量守恒定律——水量平衡和其他物质,如泥沙、氮、磷、碳等平衡的基础。这种平衡关系既可表达成微分方程式,也可针对有限空间和时段表达成有限差分方程式。②能量守恒定律——能量平衡和热量平衡的基础。这种平衡关系既可表达成微分方程式,也可针对有限的空间和时段表达成有限差分方程式。③牛顿三大定律——描述和分析不同介质中水流运动的动力学基础。④叠加性和均匀性原理——线性系统输入与输出之间定量关系表达的基础。⑤"门槛"效应——分析下渗、蒸散发和产流等水文现象,寻求其定量计算方法的基础。⑥统计综合——定量分析各种因果关系最初等的方法,直观、简单而常用。⑦随机独立性假设——现行水文频率分析和地貌瞬时单位线理论的前提,也是使用统计试验法分析本构关系的前提。⑧平稳性假设——利用水文时间序列自身演变规律推测其未来变化的基础。⑨重现性假设——以历史上发生的大洪水作为设计标准和用长系列操作结果作为设计依据的基础。⑩空间分布均匀性假设——将流域作为整体研究,既不考虑气象条件和下垫面条件空间分布不均匀影响的基础,也是由"点"水文要素通过简单的方法换算成"面"水文要素的依据。⑪相似性假设——假设气候相似和几何相似,即水文过程相似,这是将一个流域的水文规律移用至另一个流域的基础。

上述所列之前3项属于已经证明的物理学定律,表明了物理学对水文学的深刻影响。可以预示,随着科学的发展,物理学必然会更加广泛而深刻地影响着水文学。其余各项则属于现行对水文本构关系的认识。从哲学观点看,它们几乎都是线性思维的产物。事实反复证明,对于极其复杂的水文现象,它们是近似的,甚至是无法得到合理解释的,对于这些,必须在理论上有所突破才能使水文科学获得进一步的发展。

这些有待突破的方面应当就是水文学的前沿科学问题所在。

第三节 水文科学的前沿科学问题

当前,水文学研究的前沿是:在水资源研究需求的推动下,把研究水文循环全过程问题提到议事日程上,就是说水文学不仅要研究水文现象的陆面过程,还要对陆面—大气界面上的水分和能量的交换问题,陆面地表水、土壤水和地下水量的交换问题,陆地水与海洋水的交换问题,海面和大气界面上的水分和能量交换问题,水在大气中的运动和转化问题等等,都要进行研究。水文学不能仅像过去只侧重研究水在运动、转化中的物理过程,还要研究自然界的水作为溶剂和载体在水文循环中对水中各种化学成分的输移、合成、分解、储散的化学过程。除此之外,由于地表生物圈中动植物及其他形态的生物在生长、繁殖、死亡过程中与水的相互作用,以及动植物群在陆面和大气水分及能量交换中的影响,这就需要特别加强水在水文循环和运动中生物和生态过程的研究。这些问题的提出,使水文学必须以崭新的面目出现,向全球水文学和生态水文学的方向前进。

一、非线性问题

科学发展到今天,所谓非线性至少有3种含义:①数学上的含义。在代数学中,称变量之间的直线函数关系为线性关系,对这种关系的偏离称为非线性;在数学物理方程中,称未知变量及其导数为一次方且其系数与未知变量无关的为线性微分方程,否则,为非线性微分方程;在概率论中,若随机变量之间相互独立,则表现为线性关系,否则,表现为非线性关系。②系统论的含义。凡既满足均匀性又满足叠加性的系统称为线性系统,否则,为非线性系统。其中,不满足均匀性但满足叠加性的称为第一类非线性系统;两者均不满足的称为第二类非线性系统。③非线性科学的含义。相互联系的事物之间不只是存在着一方受到来自其他方的影响,而是相互影响、相互制约、相互依存,这就是非线性科学的实质。

非线性科学是一个正在发展的科学体系,目前主要包括研究自相似性的分形理论、研究内随机性的混沌理论、研究耗散结构的熵原理等。从非线性如此多的含义足见其极端的复杂性。在现代科学中,非线性似乎已成为复杂性的同义词。水文过程存在非线性的根源之一是其内部的相互作用,包括发生在同一介质中和不同介质中各种现象之间的相互作用;根源之二是外部条件如流域水系、地形地貌、地表覆盖、气候要素、人类活动等的复杂影响。至于其余根源还有待人们进一步去解释。

二、尺度转换问题

这个问题的实质是如何揭示不同尺度条件下发生的同一水文现象之间的相互关系,诸如数学关系、统计关系和物理关系等。具体地说,就是:①流域面积及其其他流域地形地貌参数有真值吗？这个问题的起因类似于"英国的海岸线有多长？"这样一个问题。由于对同一比例尺的地形图采用不同分划单位,所得的结果不一样；对相同的分划单位,采用不同比例尺的地形图,所得结果也不一样。这样就会提出一个问题:在推求流域面积和其他流域地貌参数时似应拟定一个作为基准的地形图比例尺,并应给出由其他比例尺地形图得到的数值订正到该基准的方法。②在相同气候条件下,同一水文要素在不同流域上的表现是否存在转换呢？例如,2个形状、水系、坡度分布、覆盖情况完全相同,仅面积大小不相同的流域,它们的瞬时单位线或时段单位线可以相互转换吗？一个流域的点产流量对流域面积的积分能等于该流域从出口断面实测的总产流量吗？它们之间存在何种定量关系呢？③即使对均匀介质,由于不同尺度得到的同一水文参数相同吗？相互之间可以转换吗？例如,实践已揭示,即使对于均质土壤,由小尺度土块测得的水力传导度与大尺度土块测得的水力传导度并不相同,在相同的土湿条件下,前者则远大于后者。上述列举的尺度转换问题对水文科学是一种严峻挑战。由于人们解释水文规律总是首先针对一定尺度的流域的,而不可能对地球上所有的大大小小流域都设站进行水文观测,因此,这种挑战必然给人们探求无资料流域的水文规律和计算方法带来极大的困难。

三、空间变异性问题

对于"点"与"面"水文过程之间存在差异的问题,除了上述尺度转换关系外,还由于降雨和下垫面特征空间分布的不均匀。例如,产流面积的变化就是由于存在于降雨和下垫面特征的空间分布不均匀；实践中遇到的一个流域的单位线不唯一,除了非线性作用外,显然还与降雨的空间变异性有关。水文要素或特征值或参数的空间变异性通常表现为分区性、非分区性和空间随机性。分区性是指区域性或地带性,区域与区域或地带与地带之间的变化是不连续的。非分区性是指随空间位置呈连续变化的特征。空间随机性是指降雨和下垫面条件的空间分布具有随机性。不同表现形式的空间差异性,应该使用不同的处理方法。遥感、雷达和 GIS 等新技术虽为探测降雨、地形、地貌、土壤、地面覆盖等空间变异性提供了有效工具,但仍有许多具体问题有待解决。

四、坡面流速问题

坡面流速问题的核心是如何确定坡面流速公式的形式。对于明渠水流,如河流、湖泊、水库中的水流,其运动主要受来自其内部的相互作用的支配,现已建立了一套可用于解决实际问题的理论和方法,例如 Chezy 公式或 Manning 公式。对于多孔介质水流,例如土壤孔隙中的水流,其运动主要不是受来自其内部的相互作用的支配,而是受其周围固体边界之影响。Darcy 的试验证明,在这种情况下 Chezy 公式或 Manning 公式不再适用,而必须采用 Darcy 公式。坡面水流则具有特殊性,由于微地形和地面覆盖的复杂性,坡面好似不平整的"地毯",且边界效应影响明显。一定坡面水深以下的水流似与多孔介质水流相似,而一定坡面水深以上的水流则可表现为明渠水流。坡面水流的这种复杂性使得坡面流速的确定问题至今悬而未决,以致一定程度地阻碍了流域汇流理论和方法的发展。此外,多孔介质水流扩散机理与明渠水流扩散机理的区别也是值得探讨的问题。

五、确定性与随机性互补问题

在过去相当长的时期内,人们总是将确定性与随机性看作是不相干的,甚至是对立的。统计力学的出现第一次对此提出了挑战。通过物理学实验得出的气体状态方程式是一个确定性定律，在考察气体分子的独立随机运动的基础上，借助于概率论中的大数定律等也能导出这一气体状态方程。这一事实说明，一个现象所表现出的确定性一面和随机性一面并不是对立的，而是互补的。半个世纪以来，水文学中出现了3件值得重视的事件：一是根据流域水系形成的随机模型证明了从实践中总结出的Horton地貌定律；二是地貌瞬时单位线理论的出现；三是"参数水文学"与"随机水文学"关系的揭示。这3件事改变了人们认为水文确定性和水文随机性是对立的看法。研究表明，水文确定性与随机性的互补至少可以体现在下列几个方面：①从微观上考虑表现出随机性，但从宏观上考量却表现出确定性。②确定性现象也包含着内随机性，即具有"蝴蝶效应"的混沌性。③大量随机性之总和可表现出确定性，这就是大数定律所揭示的。随机微分方程理论、随机系统理论和贝叶斯理论的出现，为人们处理确定性与随机性的互补，或者说统一处理一个事物在发展过程中所表现的确定性和随机性提供了有力的工具。由此还不难看出，所谓误差实时校正在理论上存在的缺陷，随着研究的深入，这种误差实时校正的"过渡性"的技术将可能与上述理论归于统一。

六、水文时间序列的长期演变规律问题

支配水文时间序列的长期演变的原因，或者说驱动力是什么？这是水文学家长期不得而知的一个问题，也是中长期水文预报理论和方法至今没有实质性进展的根本原因。虽然人们早就认识到水文要素是气候条件和下垫面条件的综合产物，但由于这2个条件既存在自然演化过程，又存在受到人类活动影响的一面，尤其是下垫面条件极易受到人类活动的影响。因此，解释水文时间序列演变必须从探索其自然演化规律和人类活动影响2方面入手。遗憾的是，人们至今还未掌握水文时间序列的自然演化的驱动因子或其演化规律，就连人类自身引起的问题，也因为其相当无序而无法确切地掌握。例如人们在地球上许多地方不约而同地发现，近10多年来，气温虽有所上升，但水面蒸发却在减少，这一"蒸发悖论"正说明了解释水文时间序列的长期演变规律是极其困难的。长期以来，水文学家试图用趋势性、周期性、随机性、模糊性、灰色性、混沌性，或者它们之间的某种组合来描述水文时间序列的规律，但都不能奏效。因此，水文时间序列长期演变有无规律，可否预测，或者说在什么条件下才可以预测，至今仍是一个"谜"。

七、"异参同效"和预测模型问题

所谓"异参同效"，严格地说是指，对于相同的模型结构和相同的模型输入，会有多个最优参数组使所获得的模型输出具有相同的拟合精度。出现"异参同效"的原因至少有：目标函数是多极值的、实测输入、输出资料具有随机误差、模型中包含的参数之间存在相互补偿作用、模型参数具有随机性等。尽管有人将水文模型的作用评价得很高，但现行流域水文模型由于其对水文物理过程的描写与定量计算过于粗略和概化，实际上只具有"模拟"功能，属于"模拟模型"。这种模型容易做到模拟或复演过去已经发生过的水文现象。事实上，利用计算机的"长处"，只要不断地调整模型的结构和参数，这是不难做到的。但在科学上和应用中，最具价值的是能预测未来的"预测模型"或"分析模型"。这只有期待人们对水文过程的物理规律有了足够精确的认识后才有可能实现了。

八、时空探源问题

随着人们越来越关注水资源和水安全问题,探索水资源的来源问题不仅具有科学意义,而且具有实际价值。某地或某水体的水资源从何补给?是降水、冰川还是地下水?是何处的降水、冰川、地下水?人类的文明史大约只有5000年,在人类没有记载或因某种原因缺失记载的年代里有没有发生过极值水文现象?它发生在什么时候?数量有多大?同位素技术的出现为解决上述问题提供了可能。因为根据稳定同位素的性质,可探测水体的补给类型及来源;根据放射性同位素的性质,可测定过去极值水文事件发生的年代。可见,在水文科学中发展同位素技术是十分必要的。

九、误差问题

误差是指近似值与真值之间的差值。在水文科学中具体是指观测值或计算值(模拟值)与其真值之间的差值。在进行水文观测时,真值一般是无法得知的,因此,观测误差是未知的,而在进行水文计算或模拟时,因通常以实测值代表真值,故误差即为计算(模拟)值与实测值之差值,这种称为计算(模拟)误差的误差可认为是已知的。水文观测误差与观测仪器的性能和外界环境如温度、湿度、气压、风速等有关,其中既有系统误差,也有偶然误差。计算(模拟)误差,除了源于参与计算的资料的观测误差外,还与计算公式、模型、参数和计算方法的正确性和合理性有关。水文学家认为,在当前科学水平下,对误差进行一定修正是提高水文观测和水文计算(模拟)精度的重要手段之一,而且认为,修正方法与误差的特性有关。对于计算或模拟误差,虽然提出了一些修正方法,例如,卡尔曼滤波法、递推最小二乘法、误差自回归分析法和交互式修正技术等,但它们之所以能修正误差的理论基础仍不够清楚,值得深入研究。而对于观测误差,由于连误差有多大、什么是粗差、什么是错误、实测资料中的"冒大数"是不是粗差或错误都无法加以识别,对其进行修正就必然是令人难以置信了。

第四节 现代水文科学研究热点

一、概述

水文科学的进步离不开水文基础理论研究和多学科交叉及相互渗透。水文科学发展的动力与其他学科一样,一靠经济社会发展的推动,二靠人类对科学真理的追求。这两者既有区别又有联系。来自生产迫切需求,水文科学的创新与发现一般能立即为生产所用,来自人类对科学真理的追求,水文科学的创新与发现虽不一定立即为生产所用,但最终一定会用于生产实践,并推动生产的发展。当前,急需要开展研究的水文科学热点问题有:气候变化对水文循环时空分布的影响、水文时间序列演变机理及影响因子、产汇流理论和分布式水文模型、流域水文过程与地貌特征的相互作用、数字水文学、同位素水文学、生态水文学、人类活动对水文过程的影响。

二、气候变化对水文循环时空分布的影响

全球气候变化将影响到大气、海洋和陆地的相互作用过程。近20年来,波及许多国家和地区

的水危机和洪涝灾害与此有相当密切的关系,这是因为由此引起的地球上太阳辐射分布的改变将影响到蒸散发、水汽输送和降水时空分布变化。水文科学应当对这种称为大尺度水文学的科学问题进行深入研究。

三、水文时间序列演变机理及影响因子

水文时间序列的长期演变既有确定性的一面,又有不确定性的一面,目前无论从哪方面分析,都至多只能识别水文时间序列的局部特性,而不能识别其全部特性。因此,水文时间序列的长期演变规律至今无法在实用精度范围内予以揭示。这也是水文中长期预测预报精度仍不能满足实际生产需要的原因。这是一个世界性难题,必须一步一步地、一点一滴地努力解决这一难题。

四、产汇流理论和分布式水文模型

揭示降雨径流形成规律即产汇流机理,并寻找根据降雨时空分布计算流域出口断面流量过程的方法,是水文科学研究的核心问题之一。应该说,水文科学发展到今天,产汇流理论是水文学理论中较为成熟的部分,在生产中也得到了广泛的应用。但是,产汇流理论中仍有许多未被完全揭示的领域,因此,现有的产汇流计算方法的精度还不能在任何情况下都能很好地满足实际生产的需要。目前,国内外水文学家对产汇流理论的研究仍十分活跃,且每年都有新进展。直至目前,水文科学基本上都是将流域作为一个整体来进行研究的,这样势必忽略了气候因子和下垫面因子均呈现空间分布不均匀的事实,由此建立起来的集总式水文模型显然只能用于模拟气候和下垫面因子空间分布均匀的虚拟状态,只能给出空间均化的模拟结果。只有分布式水文模型才能为真实地模拟现实世界的流域降雨径流形成的物理过程提供有力的工具,因为分布式水文模型能客观地反映气候和下垫面因子的空间分布对流域降雨径流形成的影响。

五、流域水文过程与地貌特征的相互作用

流域水文过程与地貌过程的相互作用是自然界普遍存在的现象。水文过程对地貌过程的作用通常是一个漫长的过程,短则数年,长则数十年,甚至须按地质年代计。但水文过程对地貌过程的响应则可在短期内表现出来。由于水文过程的形成十分复杂,人们在探索水文规律,解决水文应用问题时至今仍不得不对水文观测资料表现出极大的依赖性,这样在缺乏水文资料和人类活动影响强烈地区,更使人们感到"巧媳妇难做无米之炊"。因此,揭示水文过程与地貌过程的成因联系,建立两者的定量关系,达到由降雨过程和地形地貌参数推求水文过程,减少对水文资料依赖性,是水文学家长期追求的目标。国际水文学界正在推行的"新国际水文10年(2003~2012)"是一个试图推动无资料情况下水文预报的国际合作计划即PUB计划,揭示流域水文过程与其地貌特征之间的关系也必然是其中涉及的一个重要内容。正如Bras所云:揭示流域水文过程与其地貌特征之间的定量关系是"水文学中最引人入胜的尖端之一"。

六、数字水文学

数字化是信息革命时代最具代表性的特征,它不仅使水文信息的采集、传输、储存、处理和显示方法发生了根本性的变化,而且也使揭示和探索水文规律的手段发生了巨大变化。数字化导致了数字水文学的创立。在现阶段,暂可将数字水文学定义为"基于数字化技术描述水文现象时空

变化,探索、揭示水文规律"的水文科学的分支学科。

在数字化技术支持下,水文信息采集将从目测、器测发展到遥测遥感,从点测发展到面侧,从静态观测发展到动态观测。水文信息的传输、储存、处理、显示将从人工、机械辅助发展到自动化、智能化。

数字化技术给揭示和探索水文规律或机理带来的影响更值得关注。相当长时间以来,水文学通常只能通过对现象的直接观测,然后借助于物理模型试验或数学模拟来揭示水文规律或机制。事实证明,用这种牛顿开创的研究方法来揭示十分复杂的水文现象的规律或机理一般具有较大的局限性,但如在数字化平台上进行水文研究,则可以在一定程度上克服其中某些局限性,得到用传统研究方法几乎无法得到的结论。

流域瞬时单位线可视为流域汇流机理的一种表达,以往获得流域瞬时单位线的方法主要由实测降雨径流资料间接推求,因为那时只能从数学上来定义它。20世纪70年代末,根据统计物理学理论获得了流域瞬时单位线即为同时注入流域的无数水滴的汇流时间的概率密度函数的重要结论,这就为水文学家在由数字高程模型(DEM)构建的数字流域平台直接从机理上求得流域的瞬时单位线提供了可能。

数字水文学和产汇流理论可看做分布式水文模型的2个"翅膀",分布式水文模型有了这2个"翅膀",必将在水文科学这片"蓝天"中鹏程万里。

七、同位素水文学

水文科学中有些发现长期停留在一些猜测上,似是而非,莫衷一是。例如,降雨和径流的一一对应关系、径流成分形成机制及分割方法、流域汇流速度的计算公式、坡面水流的存在形式,水流在多孔介质中的运移形态等。多年研究认为,要获得这些水文基本现象的真实规律,必须使用水文示踪技术,尤其是同位素示踪技术。可以这样认为,现存于水文科学中若干不同见解,或似是而非的见解,很可能要依靠同位素水文学才能"正本清源",而对于水文学理论中至今仍为未知的若干领域,也可能要借助于同位素水文学才能有所发现。

同位素水文学在发达国家已普遍受到重视,中国水文学者应在同位素水文学研究方面做出重要贡献。

八、生态水文学

近20年来,生态学家已越来越认识到水文过程对生态系统功能有重要影响,水文学家也深刻认识到植物对水文过程也有不可忽视的影响。一个明显的例子是在干旱、半干旱环境中,水文学家发现植物的分布对地表径流和地表侵蚀的影响巨大,反过来水分的可获得性也严重地制约着植物的分布和覆盖度。此外,大约从20世纪80年代开始,水文学家又注意到自然与人造景观中水与生态过程之间存在紧密的相互关系。基于这样的背景,一门以揭示生态过程和生态格局的水文机制为核心,以植物与水分关系为理论基础,研究对象涉及旱地、湿地、森林、草地、山地、湖泊、河流等的生态水文学就以独立的分支出现在水文学科中。

长期以来,那些无序的人类活动已造成地球陆地生态系统以前所未有的速度退化,因此,对生态水文学的深入研究,可以使这些退化了的生态系统得到恢复,甚至更新,实现水资源的可持续利用。

九、人类活动对水文过程的影响

在水文科学中,人类活动是指人类从事建造工程、改变土地利用方式和影响气候条件的生产、生活和经营活动。人类活动会对流域的水资源和洪水的形成产生一定的影响。经典水文科学主要是通过对各种水文气象要素的观测,积累资料,来探索流域或水资源和洪水的变化规律的,一旦下垫面条件或气候条件因受到人类活动影响而发生了变化,以往积累的观测资料就不再能说明改变了下垫面和气候条件以后的流域水资源和洪水的特点与变化规律,而新条件下的观测资料的积累又需一定的时日,因此,探索人类活动对水资源和洪水影响实际上是一个在缺乏资料情况下如何探索流域水资源和洪水形成与变化规律的问题。用流域水文模型分析人类活动对流域水资源和洪水的影响是近代水文科学发展的一个重要成就,这种研究方法具有综合性、通用性和便于推广的特点。随着分布式流域水文模型的不断成熟和普遍使用,这种分析研究人类活动对水资源和洪水影响的方法,将会越来越受到重视。

第三篇

中国的陆地水与著名水工程

- 中国的陆地水
- 中国著名水工程

第一章 中国的陆地水

第一节 中国的河流

一、概述

中国的地理位置和地形条件决定了中国河流和流域的基本格局是山高水长,河流众多,大多数河流呈自西向东流向。如图 3-1-1 所示。

中国的河流在地区上分布很不均匀,河网密度总是趋势是南方大,北方小;东部大,西部小。东部的河网密度基本都在 0.1 千米/平方千米以上,西部内陆几乎都小于 0.1 千米/平方千米。东部地区的南方和北方相差也很大,南方几乎都在 0.5 千米/平方千米以上,长江和珠江三角洲是中国河网密度最大的地区,在 2.0 千米/平方千米以上,长江三角洲甚至高达 6.7 千米/平方千米。北方丘陵山区河网密度一般在 0.2 千米/平方千米～0.4 千米/平方千米。地势低平的松辽平原、华北平原,一般都在 0.05 千米/平方千米以下,甚至出现无流区。

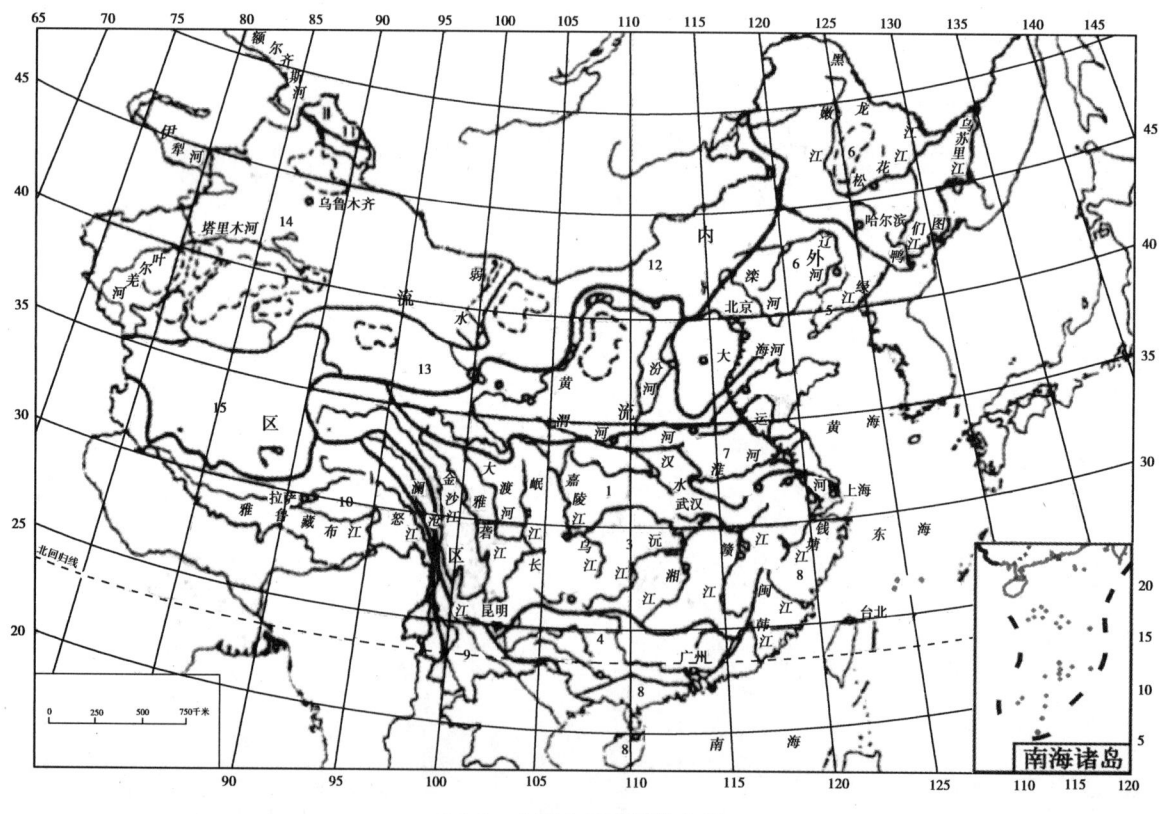

3-1-1 中国水系流域分布图

中国的河流可分为2部分：一部分为注入海洋的外流河，另一部分为流入封闭的湖沼或消失于沙漠之中而不与海洋沟通的内陆河（或称内流河）。中国以外流河流域面积大，占全国总面积的65.2%，内陆河流域只占全国总面积的34.8%。

中国的外流河主要是从以青藏高原为顶点的3个斜面注入太平洋、印度洋和北冰洋的。向东的地形斜面属于太平洋水系，面积最大，约为558.72万平方千米，占全国总面积的58.2%；向南的地形斜面属印度洋水系，在中国境内较小，面积为61.44万平方千米，占全国总面积的6.4%；向北的地形斜面属于北冰洋水系，面积更小，仅5.76万平方千米，占全国总面积的0.6%。

中国的内陆河流域主要分布在西北干旱地区和青藏高原内，是欧亚大陆河流域的一部分，面积为334.08万平方千米，占全国总面积的34.8%（表3-1-1）

表3-1-1 中国内外流区流域面积统计

流域		流域面积	
		万平方千米	占全国/%
外流流域	太平洋	558.72	58.2
	印度洋	61.44	6.4
	北冰洋	5.76	0.6
	小计	625.92	59.2
内流流域		334.08	34.8
总计		960	100

由于太平洋斜面最大、最长，且全部在中国境内，形成了西高东低的基本地形骨架，使中国具有"百川东流归大海"的河川形势。呈阶梯状是太平洋斜面的地形特点，3个地形阶梯之间的交接地带是中国现代最突出的三大隆起带，地形的突变成为中国河流的3个发源地带。发源于第一阶梯青藏高原东、南边缘的河流有长江、黄河、澜沧江、怒江、雅鲁藏布江等。发源于第二阶梯东缘，即大兴安岭—冀晋山地—豫西山地—云贵高原一线的河流，主要有黑龙江、嫩江、辽河、滦河、海河、淮河、西江、元江等。发源于第三阶梯线——长白山地、山东低山丘陵及浙闽山地的河流，主要有图们江、鸭绿江、松花江、沂河、沭河、钱塘江、瓯江、闽江、九龙江、韩江以及珠江水系的东江和北江等。

通常依据河流的长短、水量的大小及其重要性称长江、黄河、珠江、淮河、海河、黑龙江和辽河等为中国的7大江河。

表3-1-2 中国各流域水资源问题

分区名称	计算面积/平方千米	降水/毫米	径流量/亿立方米	径流深/毫米
黑龙江	903 418	495.5	1166	129.1
辽河片	345 207	551.0	487	141.1
海河、滦河片	318 161	559.8	288	90.5
黄河片	794 712	464.4	661	83.2
淮河片	329 211	889.1	741	225.1
长江片	1 808 500	1070.5	9513	526.0
珠江片	580 641	1544.3	4685	806.0
浙闽台片	239 803	1758.1	2557	166.3
西南片	851 406	1097.7	5853	687.5
内陆片	3 321 713	153.9	1064	32.0

分区名称	计算面积/平方千米	降水/毫米	径流量/亿立方米	径流深/毫米
(附:额尔齐斯河)	52 730	394.5	100	189.6
全国	9 545 322		27 115	284.1

中国河流水系的类型多样,有树枝状(珠江)、格状(闽江)、羽状(西南诸河)、扇状(海河)、梳状(淮河)和辐射状(海南诸岛)等。

中国季风气候特别明显,大部分地区受东南季风和西南季风影响,形成东南多雨湿润、西北少雨干旱的特点。冬季盛行偏北风,夏季盛行偏南风,降水集中,季节变化明显,雨热同期。这种特点和在地质及复杂地表状况的共同作用下,深刻地影响着中国陆地水的时空变化。

各河流上形成许多著名瀑布,成为旅游热点。

二、长江水系

1. 概述

长江是中国第1大河,世界第3大河。它发源于中国地势第一阶梯青藏高原东南边缘的唐古拉山主峰各拉丹冬雪山(顶峰海拔6621米)的西南侧。流域位置约在北纬24°27′~35°54′,东经90°33′~122°19′之间。流域呈东西长、南北短的形状。干流流经青、藏、滇、川、渝、鄂、湘、赣、皖、苏、沪11个省、市、自治区,在上海崇明岛东端注入东海。其支流伸展到甘、陕、豫、黔、桂、粤、闽、浙等8个省(自治区)(图3-1-2)。全长6300千米,仅次于南美洲的亚马孙河(长6751千米)和非洲的尼罗河(长6650千米),居世界第3位。流域面积180万平方千米,占全国土地总面积的18.8%。入海径流量近1万亿立方米,占全国总径流量的36%,仅次于亚马孙河(69 000亿立方米)和非洲的刚果河(13 300亿立方米),位列世界第3位。长江流域的水能资源和航道条件尤为著名。可开发的水能资源装机容量达1.97亿千瓦,居世界第1位(亚马孙河1.81亿千瓦、刚果河1.56亿千瓦),年发电量达1万千瓦时。长江干支流通航里程达7.1万千米,居世界第1位,占全国内河通航里程的70%以上。长江干流通航里程2838千米(云南水富港至长江口),超过密西西比河(2560千米),仅次于亚马孙河。流域内居住人口约4亿,占全国总人口的1/3;耕地2420万公顷,占全国耕地面积的25%;粮食产量占全国36%以上;工、农业产值均占全国40%左右。

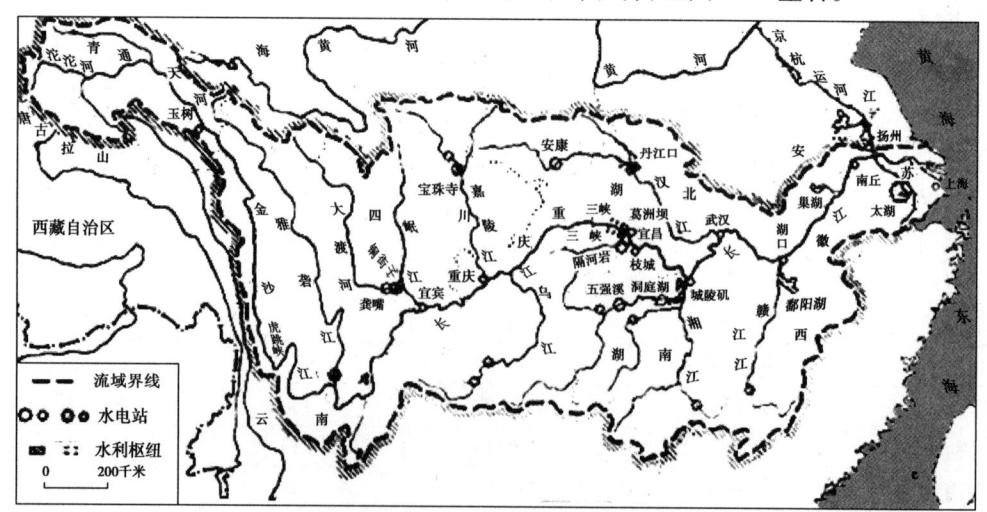

图3-1-2 长江水系示意图

2. 形成与变迁

早在距今7亿多年前的元古代时,长江流域的绝大部分为海水所淹没。至距今2亿年前的三叠纪时,长江流域西部仍为古地中海所占据。三叠纪末期,地球上发生了印支造山运动,长江中下游南半部隆起为山地,古地中海西缩,原始的云贵高原出现。在横断山脉、秦岭山脉和云贵高原之间,则为一些断陷盆地和槽状凹地,如云梦泽、马蜀湖、澎湖等,互相串通,从东向西,经云南西南部的南涧海峡,流入古地中海,这就是流向与今日相反的古长江的雏形。

到距今1.4亿年前的侏罗纪时,中国地史上发生了更大的地壳运动——燕山运动。长江上游唐古拉山脉在此期间形成,整个西藏高原缓慢抬升。距今3000万年～4000万年前的始新世,地球上又发生了强烈的喜马拉雅运动。根据板块学说解释,在这次喜马拉雅运动的强烈影响下,青藏高原隆起,古地中海消失,水系折向东流。距今300万年前时,喜马拉雅山强烈隆起,长江西部流域进一步抬升,从湖北向四川盆地的古长江溯源侵蚀作用加快,最后贯穿巫山,终于使东西古长江贯通一气,形成注入东海的长江。

3. 河源

自古以来有多种说法。早在战国时期(前475～前221),中国第1部地理著作《禹贡》就有"岷山导江"的说法,误认为岷江为长江正源。明代著名地理学家徐霞客曾对金沙江进行过实地考察,在他所著的《江源考》一书中明确提出金沙江是长江的正源。清代的地理学家齐召南在所著《水道提纲》一书中把布曲、尕尔曲、当曲和楚玛尔河都当成了江源。

近代地理著作关于长江河源大致有2种说法:一种是"江河同源于一山",即长江和黄河分别发源于巴颜喀拉山南麓和北麓;另一种说法是长江发源于可可西里山,源流有2支,南支为木鲁乌苏河,北支为楚玛尔河。

直到1976年和1978年,长江流域规划办公室先后2次组织了江源调查队,查清江源地区位于昆仑山与唐古拉山之间。这里河流众多,较大的有楚玛尔河、沱沱河、尕尔曲、布曲和当曲5条,其中流域面积和水量都以当曲最大,但沱沱河最长,且走向自西向东,大体与干流一致,按"河源唯远"的原则,确定沱沱河为长江正源。在唐古拉山主峰各拉丹冬西南侧的姜根迪如冰川,夏季有几股融水涓涓流出,即为长江的源头,汇合其他水流后,形成长江正源长358千米的沱沱河。南源为当曲,发源于唐古拉山东段霞舍日阿巴山东麓,在囊极巴陇汇入沱沱河。北源楚玛尔河发源于可可西里黑脊山南麓,在曲麻莱县色吾曲以西约70千米处汇入通天河。

4. 水系成因和河网特征

长江如此庞大水系的形成,与气候和地形条件有密切的关系。长江流域大部分处于亚热带东南季风和西南季风的影响范围,年平均降水量在1100毫米左右,河川径流补给十分充足。同时,长江流域地形起伏较大,高原和山地面积广达120万平方千米,丘陵面积在39万平方千米,两者合占流域总面积的近90%。高山、丘陵易导致地形雨、对流雨和锋面雨的产生,形成暴雨洪流,促进了水系的发育。

长江流域河网结构从全流域来看,为一巨大的树枝状水系,河网密度的地区差别较大:中、下游平原一般在0.5千米/平方千米以上,山丘可超过0.7千米/平方千米;上游大部分地区在0.5千米/平方千米以下;长江三角洲达6.4千米/平方千米～6.7/平方千米,其中杭嘉湖平原更高达12.7千米/平方千米。

5. 干流

长江流域地势由江源到河口跨越中国大陆地貌上的三级巨大阶梯:流经第一阶梯的青藏高原

腹地,至第二阶梯的云贵高原、四川盆地及巫山山地,出三峡后进入第三阶梯的中、下游江汉平原及其自身所塑的长江三角洲,穿过不同的地质构造和岩层。按水文、地貌特征可把长江干流划定为上、中、下游3段。此外,长江从上游到下游的不同河段有着不同的名称。

(1)上游段:从河源到宜昌（上游不同河段又有自己的名称）

通天河　沱沱河自西向东流,与当曲汇合后称之为通天河。通天河全长813千米。流行于第一阶梯——青藏高原腹地,地面高程一般在4500米左右。谷浅滩宽,一般河宽300米~1700米,流速较慢,两岸广布草滩和湖沼。

金沙江　通天河在玉树巴塘河口折向南流,直至宜宾汇合岷江,这一段称之为金沙江。全长2308千米,奔腾于第一至第二阶梯的过渡地段,谷深山高,坡陡流急,尤其是云南古鼓附近虎跳峡,位于"长江第一湾"内,峡长16千米,江水连续下跌7个陡坎,总落差近200米,江面最狭处公仅30米,谷深达2500米~300米,比美国著名的科罗拉多大峡谷还深1000余米,成为世界上罕见的大峡谷。自宜宾以下始称长江。

川江　宜宾至宜昌,长1030千米,习惯总称为"川江"。但实际上,四川盆地内的长江与三峡段长江的河谷形态与水流特性都有很大差别。川江自宜宾至奉节穿行于红色砂页岩丘陵之间,滩广江宽,水流较缓。由于在此段内接纳了岷江、沱江、嘉陵江、乌江等大支流,水量成倍增长。

从奉节的白帝城至宜昌的南津关长约200千米,长江流行于第二至第三阶梯的过渡地段,切过七岳、巫山和黄陵3个背斜和2个向斜,形成了举世闻名的三峡,自西向东依次为瞿塘峡、巫峡和西陵峡。

三峡　瞿塘峡由长江横穿七岳山背斜的三叠系大冶灰岩形成,从白帝城至巫山县大溪镇,全长8千米。两岸山峰海拔1000米~1500米,崖壁直立,江面狭窄,最窄处不过100余米,最宽不超过150米。巫峡又称大峡,因长江横切三叠系大冶灰岩而形成。西起巫山的大宁河口东至湖北马东的官渡口,长约45千米。两岸峭壁高出江面100米,山峰高出江面500米~600米,较高的达1000米~1300米。著名的巫山十二峰就屹立在峡谷的两岸。西陵峡从湖北秭归的香溪河口至宜昌的南津关,全长约75千米,分东西2段。从香溪到庙河,长约18千米,为西段;从南沱到南津关,长约24千米,为东段。

三峡具有丰富的水能资源,从重庆到宜昌的600千米河段中,就集中了140米的落差,水量大而稳定,具有筑高坝的地质、地貌条件,举世闻名的三峡水利枢纽就建在西陵峡的三斗坪。三峡风景优美,古迹众多,是著名的游泳胜地。

长江上游段长4512千米,流域面积100万平方千米。

(2)中游段:宜昌到鄱阳湖湖口

荆江　长江在宜昌出三峡后,进入了中国地势的第三阶梯——江汉平原,两岸地势平坦,河谷宽阔,流速锐减,河道迂回曲折。其中,湖北枝城到湖南洞庭湖口城陵矶一段,长约420千米,通称荆江。藕池口到城陵矶的下荆州(枝城到藕池口为上荆江)直线距离不过80千米。转了16个大弯,使流程延长了247千米,这就是素有"九曲回肠"之称的荆江河曲。中游河段支流湖泊众多,流量急剧增加。主要支流有汉江、洞庭湖水系的湘、资、沅、澧4条江河,鄱阳湖水系的赣、信、抚、饶、修等江河。

长江中游段长938千米,流域面积68万平方千米。

(3)下流段：从湖口至入海口

大通以下受潮水影响，地势更趋低平，河道更为开阔。江阴以下江面宽达 15 千米以上，至入海口附近更宽达 90 千米。两岸水网如织，湖泊星罗棋布，是富饶的水乡泽国。由于海水倒灌，流速减缓，泥沙在下游段，尤其是靠近河口段形成许多暗沙或沙洲，如崇明岛竟成为中国第 3 大岛。江苏扬州、镇江以下的长江干流又称"扬子江"，是国际上通用的名称。

长江下游段长 850 千米，流域面积 13 平方千米。

6. 支流

长江水系支流众多，流域面积在 1000 平方千米以上的支流有 437 条，其中，在 1 万平方千米以上的支流有 49 条；10 万平方千米以上的有嘉陵江、雅砻江、岷江、汉江；5 万平方千米~10 万平方千米的有大渡河、乌江、湘江、沅江和赣江。长江支流的主要特点是：水量大，其中年平均流量超过 1000 立方米/秒的河流有雅砻江、岷江、嘉陵江、乌江、汉江、沅江、湘江和赣江；支流分布均匀，较大支流大都集中在上、中游地区（表 3-1-3）。

表 3-1-3 长江主要支流基本情况

河名	长度/千米	流域面积/平方千米	多年平均流量/立方米/秒	年径流量/亿立方米
雅砻江	1571	128 444	1810	570
岷江	735	135 000	2850	899
沱江	702	27 860	519	251
嘉陵江	1120	160 000	2120	669
乌江	1037	87 920	1650	520
清江	423	16 700	464	146
澧水	388	18 496	574	181
沅江	1022	89 163	2170	648
资水	713	28 142	759	240
湘江	844	94 660	2370	747
汉江	1577	159 000	1710	540
赣江	751	85 500	2130	672

（1）雅砻江　金沙江最大的支流。发源于青海巴颜喀拉山南麓，向南流经四川西部，于攀枝花市汇入金沙江。流域面积近 13 万平方千米，河口多年平均流量达 1810 立方米/秒，多年平均水量 570 亿立方米，水能蕴藏量 3400 万千瓦，可开发的水能 2490 万千瓦。

（2）岷江　发源于岷山南麓的弓杠岭和郎架岭，东西 2 源在镇江关汇流，自北向南经都江堰市，穿越成都平原，至乐山纳入大渡河，于宜宾市入长江。全长 735 千米，总落差 3560 米，流域面积约 13 500 平方千米。多年平均流量 2850 立方米/秒，年平均径流量近 900 亿立方米，是流量最大的支流。水能资源蕴藏量 4888.6 万千瓦，可开发量 3056 万千瓦。大渡河是岷江的最大支流，全长 1062 千米，落差 4175 米，流域面积 9.11 万平方千米，年平均径流量 644 亿立方米，水能蕴藏量为 3556 万千瓦，可开发量为 2514 万千瓦。

（3）沱江　发源于四川盆地西北缘的九顶山南麓，于泸州市汇入长江，全长 702 千米，流域面积约为 27 860 平方千米，总落差 2345 米。流域多年平均降水量 1010 毫米，年径流量 251 亿立方米，其中，岷江补给约占 33.4%，水能蕴藏量为 186.7 万千瓦。

(4)嘉陵江　发源于陕西秦岭南麓,纵贯四川盆地中部,干流自北向南在合川附近与渠江、涪江汇合,构成巨大的扇形向心河网,至重庆注入长江。流域面积约 16 万平方千米,系长江流域面积最大支流。干流全长 1120 千米,总落差 2300 米;水能蕴藏量 1522 万千瓦,可开发量 870 万千瓦。由于水系呈扇形分布,干支流洪水汇流迅猛,常与重庆宜昌间长江洪水遭遇,形成宜昌较大洪峰。

(5)乌江　又称黔江、延江。发源于贵州西部,有南北 2 源。南源三岔河出自乌蒙山东麓,威宁县境香炉山;北源六冲河出赫章县北。2 河汇流后自西南至东北横贯贵州高原中北部,始称乌江。之后,流经思南以下转向北流,穿过四川盆地边缘,于重庆涪陵汇入长江。全长 1037 千米,天然落差 2100 余米,流域面积 87 920 平方千米。支流众多,呈羽状水系分布。乌江绝大部分河段流经石灰岩地区,岩溶地貌十分发育,多溶洞、暗河。流域内年均径流量 520 亿立方米,水能蕴藏量 1042.59 万千瓦,可开发的水能资源有 266 处,装机容量 846 万千瓦。

(6)清江　因河水清澈而得名。发源于鄂西利川市齐岳山龙洞沟,穿行于鄂西山地,于宜都汇入长江。全长 423 千米,流域面积 16 700 平方千米,总落差 1430 米。多年平均径流量 146 亿立方米,水能资源蕴藏量 245.9 万千瓦。

(7)澧水　发源于湖南桑植县杉木界,经桑植、永顺等县至津市小渡口,全长 388 千米,总落差 621 米,流域面积 18 496 平方千米。小渡口以下进入尾闾,南流经七里湖,于南嘴汇入洞庭湖。流域主要是碳酸盐地层,岩溶发育,溶洞、暗河、天坑遍布。水能蕴藏量有 152 万千瓦,目前已建水电站 300 余处。多年平均径流量 181 亿千米,平均流量 574 立方米/秒。

(8)沅江　发源于贵州东南云雾山,自湖南黔阳县黔城镇以下,始名沅江。东北流经辰溪、沅陵、常德等县市,到汉寿入洞庭湖。干流全长 1022 千米,总落差 1462 米,流域面积 89 163 平方千米,水能蕴藏量 794 万千瓦。平均流量 2170 立方米/秒,年均径流量 648 亿立方米。

(9)资水　南源于广西资源县越城岭北麓,名夷夫水,至湖南邵阳双江口汇合西源赧水后,始称资水,资水经新化、安化、益阳,至甘溪港注入洞庭湖。全长 713 千米,总落差 972 米,流域面积 28 142 平方千米。多年平均径流量 250 亿立方米,平均流量 759 立方米/秒,水能蕴藏量 224 万千瓦,水能可开发量 148 万千瓦。

(10)湘江　发源于广西临桂县海洋坪的龙门界,经全州北流入湖南,经衡阳、湘潭、长沙,于濠河口入洞庭湖,全长 844 千米,流域面积 94 660 平方千米,支流众多,上游水急滩多,中下游水量丰富,水流平稳。有大小支流 1300 多条。多年平均入湖水量 747 亿立方米,平均流量 2370 立方米/秒,水能蕴藏量 521.8 万千瓦。

(11)汉江　又称汉水。发源于陕西南部宁强县北的米仓山,经陕西、湖北 2 省于武汉市注入长江。全长 1577 千米,总落差约 1964 米,流域面积 159 000 平方千米,为长江最长的支流。多年平均流量 1710 立方米/秒,年平均径流量 540 亿立方米。流域水能蕴藏量 1093 万千瓦,可开发容量 614 万千瓦。汉江支流丹江为南水北调中线源地,而汉江干流也为南水北调备用水源。

(12)赣江　发源于赣、闽交界处武夷山的黄竹岭,西流至赣州后,折向北流,纵贯江西南北,于吴城入鄱阳湖。全长 751 千米,总落差 937 米,流域面积 83 500 平方千米,为鄱阳湖水系最大的河流,占鄱阳湖流域面积的一半以上。流域年均降水量为 1400 毫米~1800 毫米,多年平均流量 2130 立方米/秒,年均径流量 672 亿立方米。水能蕴藏量 360 万千瓦。

7. 水文特征

(1) 降水和径流

长江流域除上游青藏高原属高寒区外,其余均属亚热带季风区,冬冷夏热,气候湿润,四季分明,无霜期长。

流域内的降水,除青藏高原江源地区降雪较多外,大都以降雨为主,雨量较丰,降水分布总的趋势是由西北向东南递增。江源地区最少,只有250毫米~500毫米;金沙江区间600毫米~900毫米;川江区间600毫米~1000毫米;宜昌以下一般为800毫米~1000毫米;江南大于江北。流域多年平均降水量近1100毫米。雨季从4月~10月,长达7个月,其降水量可占年降水量的85%左右,降水的月际变化,上游地区大于中下游地区,北部大于南部。降水的年际变化不大,年降水量的最大、最小值之比一般在1.5~3.0之间,通常各年的降水量比较接近。

长江流域有3个多雨区:一是川西地区,以青衣江地区降水最多,形成年降水量2000毫米的闭合圈,高值中心的荥经县金山站达2590毫米,为长江流域之冠,年降雨日超过200天;二是川东区,主要雨区在渠江和长江三峡地区,年降水量1000余毫米,中心可达1200多毫米;三是鄂、湘、赣区,主要雨区在清江、洞庭湖水系和鄱阳湖水系,范围较大,中心降水量都在1600毫米以上。

长江流域的暴雨通常发生在多雨期和多雨区。流域东部的暴雨,有时从3月开始,到11月才结束。赣江上游和鄱阳湖区的永修一带几乎全年都可能发生暴雨。暴雨区多分布在北纬30°附近,与多雨区分布大同小异,主要有4处:

①川西峨眉山暴雨区。多年平均暴雨日9天,多发生于7月~8月。其中有两大中心区,一个位于雅安、峨眉一带;一个位于成都北部的绵竹、北川一带。

②川陕鄂大巴山暴雨区。包括陕南、川东北、鄂西北部地区。暴雨中心分别在万源、巫溪,年平均暴雨日为6天~8天。

③湘鄂武陵山暴雨区。包括湘西北的澧水流域、鄂西南的清江流域、川东的三峡、乌江下游。暴雨中心在清江的建始和澧水的张家界,年平均暴雨日近9天,主要发生在6月~7月。

④赣皖山地暴雨区。包括赣东北的赣江下游地区和信江流域、皖南的青弋江、水阳江流域和浙西、闽北山地,是长江流域最大的暴雨区。暴雨中心分别在弋阳、黄山地区,多年平均暴雨日约9天,主要发生在5月~6月。

此外,还有年暴雨日约6天的鄂豫皖大别山暴雨区和一些低于5天、范围较小的暴雨区。

长江上游地区最大一日暴雨的降水量约在200毫米左右,最大三日暴雨的降水量约在300毫米左右。川西盆地边缘最大一日暴雨的降水量曾达565毫米,最大三日暴雨的降水曾达862毫米。长江中游地区最大一日暴雨的降水量曾超过600毫米,最大三日暴雨的降水量曾超过1000毫米。就单站暴雨持续时间而言,一般可持续2天,中心区可持续4天,最长可达8天。

长江流域的暴雨主要产生于冷锋低槽、低涡切变、梅雨锋及台风等暴雨天气系统。冷锋低槽和低涡切变暴雨系统在全流域都能发生。梅雨锋和台风只出现在长江中下游地区,台风是下游地区暴雨最主要的致雨因素。

长江流域平均降水量1057毫米,径流量大,达9755亿立方米(为大通站37年平均径流量9334亿立方米加大通至河口区间水量)。长江流域面积是黄河的2.4倍,而径流量却是黄河的16倍,相当于黄河、海河与淮河径流量总和的7.7倍。

河流的补给,除江源局部地区有冰川融水补给、金沙江和岷江在青藏高原部分有季节积雪融水补给外，大部分地区的河流以雨水补给为主。长江的径流量主要来自上游和中游，上、中、下游水量分别占大通站的48.9%、47.3%、3.8%（表3-1-4）

表3-1-4 长江流域平均径流组成

河流	测站	集水面积/平方千米	流量/立方米/秒			年径流量/亿立方米	占宜昌/%	占大通/%
			最大	最小	平均			
金沙江	屏山	458 592	29 000	1060	4570	1428	32.0	16.0
岷江	高场	135 378	34 100	364	2830	877	20.0	9.8
沱江	李家湾	23 283	215 200	6.7	410	129	3.0	1.4
嘉陵江	北碚	15 142	44 800	242	2170	710	16.2	7.9
乌江	武隆	830 345	21 000	208	1610	508	11.6	5.7
屏山宜昌区间		149 071				725	17.2	8.1
长江	宜昌	1 005 501	71 100	2770	14 300	4384		48.9
清江	长阳	15 300	18 900	275	428	135		1.5
洞庭湖水系	城陵矶	257 212	44 500	375	9890	1936		21.6
其中：湘江	湘潭	81 638	20 300	100	2070	653		7.3
沅江	桃源	85 223	29 000	188	2170	667		7.4
汉江	碾盘山	140 340	41 500	172	1640	511		5.7
宜昌汉口区间		69 683				188		2.1
长江	汉口	1 488 036	76 100	3770	23 800	7150		79.8
鄱阳湖水系	湖口	162 225	28 800	264	4670	1470		16.4
其中：赣江	外洲	80 948	20 900	172	2140	675		7.5
汉口大通区间		55 127				340		3.8
长江	大通	1 705 388	92 600	4620	29 000	8956		

金沙江几乎占上游流域面积的一半，而其径流量只约占上游的1/3。因为该流域位于青藏高原、云贵高原上，平均降水量只有672毫米，平均径流深仅315毫米。岷江、沱江约占上游面积的16.5%，而径流量却占23.0%。因为流域内有川西及峨眉山等著名暴雨区，多雨中心降水量可达2400毫米，大凉山等高值中心，降水量超过1600毫米。

中游段水量主要来自两湖水系，其中，以洞庭湖水系水量最大，占42.3%，但面积只占38.0%。这是由于流域内多雨区中心雨量可达1600毫米～2000毫米，流域平均降水量达1460毫米。其次是鄱阳湖水系，水量占32.1%，而其面积只占23.8%。但流域内平均径流深达839毫米，超过了洞庭湖水系，是全流域最高的。流域内平均降水量达1576毫米。下游无大支流汇入，且地形平坦，又多湖泊，虽降水量多在1200毫米，但径流系数较小，因而径流量很少。

长江流域的水资源量分布如表3-1-5所列。

表3-1-5 长江流域水资源量分布表

流域	评价面积	平均年降水总量	地表水平均年资源量	地下水平均年资源量	重复计算量	平均年水资源总量
	平方千米	亿立方米				
金沙江	490 650	3466	1535.0	477.3	477.3	1535.0
岷江、沱江	164 766	1785	1033.0	307.0	304.2	1035.8
嘉陵江	158 776	1532	704.0	143.5	143.5	704.0

续表

流域	评价面积	平均年降水总量	地表水平均年资源量	地下水平均年资源量	重复计算量	平均年水资源总量
	平方千米	亿立方米				
乌江	86 976	1012	539.0	132.0	130.0	539.0
长江上游干流区间	100 504	1175	656.0	130.2	130.2	656.0
洞庭湖水系	262 344	3709	2012.0	474.8	464.8	2220.0
汉江	155 204	1396	560.0	188.8	172.0	576.8
鄱阳湖水系	162 274	2593	1384.0	313.6	307.2	1390.4
长江中游干流区间	97 069	1207	534.0	151.1	131.4	553.7
太湖水系	37 473	414	137.0	51.3	26.0	162.3
长江下游干流区间	92 473	1071	419.0	93.8	74.4	438.4
全片合计	1 808 500	19 360	9513.0	2464.2	2363.8	9613.4

(2) 汛期

长江流域西起青藏高原，东抵太平洋岸，南面距印度洋也不远，西南季风和东南季风均可直入。随着季风的推进，各地雨季迟早不一，汛期有先有后。每年4、5月份雨季先由鄱阳湖、洞庭湖2水系南部开始，5、6月份进到该2水系的北部。此后逐渐向西扩展，7月份到达四川盆地，8月份迅速推进到四川北部及陕西一带。9月份极锋南退，在长江中下游地区，由于海拔较低，极锋很快入海。只有汉江上游及川黔山区，因受山脉阻挡，极锋呈半静止状态，造成连绵不断的阴雨。冬季由于受干冷的西北气流控制，大部分地区降雨稀少。

受降水影响，长江各段汛期迟早与长短不一。上、中游地区，一般年份不发生洪水，当降雨强度较大时，四川盆地和汉江上游可能出现"秋汛"。中下游南岸支流汛期开始于4月，至7月结束，历时4个月；北岸支流为5月～10月，历时6个月。

(3) 洪水

洪水主要由暴雨形成。洪水出现时间在5月～8月，7月～8月2个月最为集中。一般年份中下游早于上游，南岸支流早于北岸支流。在正常年份，干支流洪峰可以先后错开，不致酿成大灾。入口各支流洪水出现时间提前或推后，上下游、南北岸各支流洪水在干流遭遇或重叠，或某一地区暴雨洪峰特别集中，都可形成大洪水，一般大致可分为3类：

全流域型　上中下游地区普遍发生大洪水，干支流并涨，洪水量大，历时长，如1931年、1954年特大洪水；1931年8月10日宜昌站最大洪峰流量为64 600立方米/秒，致使沿江两岸尽成泽国，汉口市闹市行船，中下游淹地300万公顷，受灾人口3000余万人；1954年8月7日，宜昌出现了66 800立方米/秒的最大流量，汉口站洪峰流量达76 100立方米/秒，超过了1931年，广大军民奋战数月，虽保住了荆江大堤和武汉市的安全，但仍淹没耕地近250万公顷。

上游型洪水　主要来自上游，不仅造成上游各支流沿河谷地，特别是四川盆地的洪水灾害，而且可能造成荆江河段的特大洪水，如咸丰十年(1860)、同治九年(1870)和1981年的洪水。同治九年(1870)，暴雨集中于嘉陵江和三峡区间，上起重庆江津，下至荆州地区，沿江城镇均遭受洪水洗劫，丰都、公安等县城被迫迁徙。洪水之大，灾情之重，为历史上罕见。这年宜昌站洪峰流量据调查高达105 000立方米/秒。

中下游型洪水　主要来自中下游支流,灾情一般限于某些支流或干流某一河段,如1935年(宜昌站洪峰流量为56 900立方米/秒)、1980年和1983年的洪水。

长江流域的洪水特性是峰高、量大、历时长,各支流一次洪水过程一般在10天左右;就干流一次洪水历时而言,屏山、宜昌在20天~30天左右,汉口、大通超过50天。上游的金沙江流域,暴雨区的面积和强度不大,最大洪峰流量和洪量相对较小。干流重庆以下寸滩、宜昌、汉口、大通等主要控制站实测年最大洪峰流量多年平均值均在50 000立方米/秒以上,年最大30天洪量多在787亿立方米~1380亿立方米。长江干支流主要控制站洪水特征如表3-1-6。

表3-1-6　长江干流主要控制站洪水特征

河名	站名	统计年数	实测最大洪峰流量		调查最大洪流量		年最大洪峰流量		年最大30天洪量	
			立方米/秒	发生年份	立方米/秒	发生年份	(均值)亿立方米	Cv	(均值)亿立方米	Cv
金沙江	屏山	44	29 000	1966	36 900	1924	17 500	0.23	312	0.22
长江	寸滩	92	85 700	1981	100 000	1870	51 700	0.23	787	0.17
长江	宜昌	107	71 100	1896	105 000	1870	51 800	0.16	923	0.16
长江	汉口	117	76 100	1954			50 200	0.12	1210	0.12
长江	大通	53	92 600	1954			57 000	0.17	1380	0.17
岷江	高场	45	34 100	1961	51 000	1917	19 800	0.27	200	0.21
沱江	李家湾	33	15 200	1981	18 600	1898	6840	0.43	41.5	0.32
嘉陵江	北碚	45	44 800	1981	57 300	1870	23 400	0.31	195	0.35
乌江	隆武	33	21 000	1964	31 000	1830	13 200	0.29	129	0.30
清江	长阳	33	18 900	1969	18 700	1883	8260	0.38	36.5	0.42
湘江	湘潭	33	20 300	1968	21 900	1926	13 300	0.28	174	0.30
洞庭湖	城陵矶	33	44 500	1954			28 800	0.21	584	0.23
汉江	碾盘山	33	41 500	1983	57 900	1935	18 400	0.41	148	0.41
赣江	外州	34	20 900	1962	26 100	1876	12 300	0.33	183	0.29
鄱阳湖	湖口	34	28 800	1955			16 300	0.26	313	0.25

(4)泥沙

长江含沙量较小,宜昌站多年平均为1.18千克/立方米,大通站为0.54千克/立方米;金沙江含沙量较大,屏山站为1.66千克/立方米,虽然长江为低沙河流,含沙量较小,但因水量大,所以年输沙量并不低,如宜昌站为5.2亿吨,汉口站为4.34亿吨,大通站为4.78亿吨。侵蚀模数屏山站为502吨/平方千米,宜昌站为518吨/平方千米,大通站为280吨/平方千米,宜昌至汉口为长江的主要泥沙沉积河段,长江支流中以嘉陵江和汉江水土流失较严重,侵蚀模数分别高达1070吨/平方千米(北碚站)和929吨/平方千米(碾盘山站)。长江多年平均年输沙量为22亿吨。

8. 水能

长江从河源到河口,总落差达5400米,水能非常丰富。据1979年完成的最新水能普查成果统计,理论蕴藏量达2.68亿千瓦,可开发的水能装机容量为1.97亿千瓦,年发电量约1万亿千瓦时,占全国可开发水能的53.4%。水能在地区上分布很不均匀,干流只占34.2%,而支流却占65.8%(如表3-1-7)。

表 3-1-7　长江流域水能情况简表

河流	理论蕴藏量	
	万千瓦	占全流域/%
1. 全流域	26 801.7	100.0
干流	9116.7	34.2
支流	17 635.0	65.8
2. 江源至宜宾段	11 323.7	42.2
雅砻江	3372.2	12.6
3. 宜宾至宜昌段	10 533.5	39.3
岷江	488.6	18.3
大渡河	3556.3	13.3
嘉陵江	1525.5	5.7
乌江	1042.0	3.9
4. 宜昌至河口段	4944.5	18.5
洞庭湖水系	1861.4	6.9
湘江	521.8	1.9
沅江	793.8	3.0
汉江	1093.6	4.1
鄱阳湖水系	640.4	2.4
赣江	364.2	1.4

三峡工程是长江最大的控制性枢纽,也是全国关注的特大重点工程,设计总装机容量约2240万千瓦,为世界之冠。

9. 航道

长江水系庞大,水量丰富,历来是中国南方的水运中心和全国最大的内河运输网。干流已通航3638千米,是中国东西交通的主要动脉,素有"黄金水道"之称。在3600余条大小支流中,有通航河流700余条,岷江、嘉陵江、乌江、沅江、湘江、汉江、赣江等7大支流总通航里程达5200多千米,其中,枯水期深1米以上者近2700千米,构成了纵贯流域南北的重要水运线。

据普查资料,长江有专业船舶航行的航道约有7.1万千米,占全国内河航道里程10.78万千米的70%。长江是海运的延续,将内陆和沿海港口与其他主要城市连成一个运输网。万吨级巨轮可达武汉,2000吨船舶可达宜宾。

三、黄河水系

黄河古称禹河,是中国第2长河,也是世界著名的多沙河流,黄河就是因水流呈黄浊色而得名。发源于青海省巴颜喀拉山北麓约古宗列盆地。流域位于北纬32°~42°,东经96°~119°之间。流经青、川、甘、宁、内蒙古、晋、陕、豫、鲁9省(区),在山东省垦利县注入渤海。全长5464千米,总落差4830米,流域面积75.2万平方千米。黄河流域是中华民族的摇篮,自古以来就是中国的政治、经济、文化中心。黄河水能资源丰富,干支流可开发的水能资源量为3036万千瓦。

历史上黄河洪灾频繁,曾以"害河"而闻名。从地貌上看,黄河流域地势西高东低,大致分3个阶梯。第一级阶梯是流域西部的青海高原,平均海拔在 4000 米以上,阿尼玛卿山主峰玛卿岗日海拔 6282 米,是黄河流域的最高点。第二级阶梯大致以太行山为东界,海拔 1000 米~2000 米,分布有世界上最大的黄土高原。这里水土流失严重,是黄河泥沙的主要来源地。第三级阶梯自太行山山系以东直至滨海,由黄河下游冲积平原和鲁中丘陵组成。平原地区海拔在 100 米以下。丘陵区一般海拔在 200 米~500 米之间,少数山地海拔在 1000 米以上,如泰山主峰高 1524 米,是著名的旅游胜地。

2. 水系及河道特征

黄河水系的特点是干流弯曲多变,素有"九曲黄河"之称,支流众多,流域面积大于 100 平方千米,直接汇入黄河的支流共有 219 条,其中,面积大于 10 000 平方千米,或年径流量大于 10 亿立方米,或年输沙量大于 1 亿吨的主要支流共有 14 条(图 3-1-3)

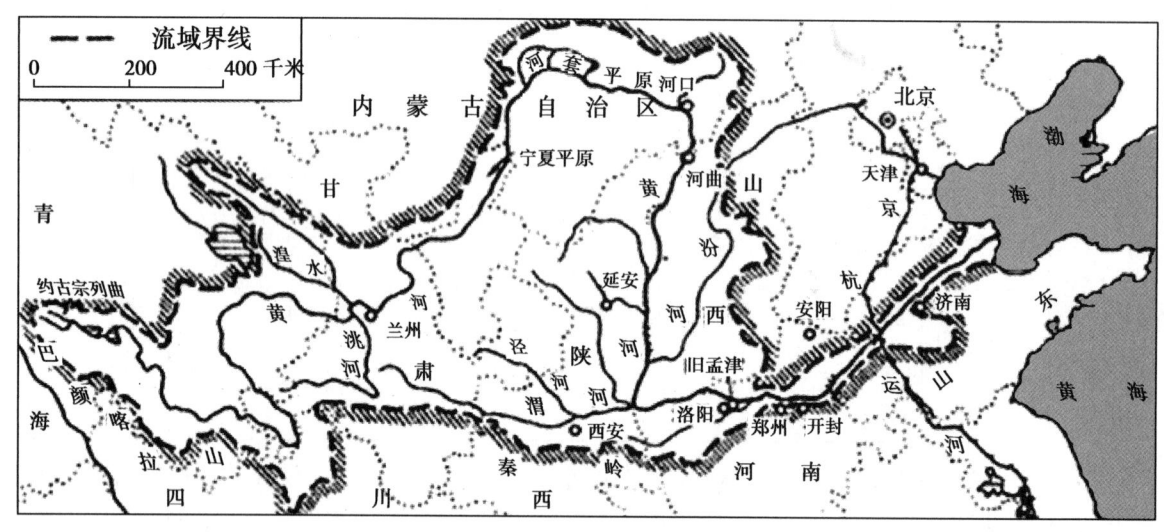

图 3-1-3 黄河水系示意图

根据水沙特性和地质、地形条件,黄河干流可分为上、中、下游 3 个河段。河源至内蒙古托克托县的河口镇为上游,长 3472 千米,水面落差 3496 米,流域面积 38.6 万平方千米,分别占全河的 63.5%、72.4% 和 51.3%。河段汇入的较大支流(流域面积 1000 平方千米以上)43 条,径流量占全河的 54%。河道蜿蜒曲折,多峡谷,水能资源丰富,是全国重点开发建设的水电基地之一。大部分地区降水较多,植被良好,是黄河"清水"的主要来源区。河源段两岸多湖泊、草地、沼泽,河水清,水流稳定,水分消耗少,产水量大。

河口镇至河南郑州附近的桃花峪为中游。长 1206 千米,水面落差 890 米,流域面积 34.4 万平方千米,分别占全河的 22.1%、18.4% 和 45.7%。黄河在中游转了两个 90° 的大弯,穿过黄土高原,这里植被较差,多暴雨,是黄河洪水、泥沙的主要来源区。河段内汇入较大支流 30 条,区间增加的水量占黄河水量的 42.5%,增加沙量占黄河总沙量的 92%。

桃花峪以下至入海口为下游。河长 786 千米,落差 94 米,流域面积 2.2 万平方千米,分别占全河的 14.4%、1.9% 和 3.0%。由于泥沙大量淤积,河床逐年抬高,一般高出两岸地面 3 米~5 米,最高达 10 米,成为横贯于华北大平原之上的"悬河",洪水期全靠两岸大堤约束,历史上洪灾严重。

黄河下游南北大堤是海河水系和淮河水系的分水岭。

由于黄河河口属弱潮性摆动频繁的堆积性河口,强烈的淤积使河口三角洲扩大很快。目前,黄河的入海口位于渤海湾与莱州湾交汇处,是1976年人工改道后经清水沟淤积塑造的新河道。据计算,黄河平均每年只有36%泥沙输入海洋,40%淤积在近海,24%淤积在陆地。从清咸丰五年(1855)~1954年,平均每年造陆23.6平方千米,海岸线共向前推进11.8千米。1964年~1979年,由于河口段改道范围减小,黄河也不再决口,输入泥沙增多,海岸线向外推进加快,造陆506.9平方千米,海岸线延伸30千米。最近40多年,黄河输送至河口地区的泥沙平均约为10亿吨/年,每年平均净造陆地25平方千米~30平方千米。

3. 形成与变迁

黄河流经的地区早在第三纪时就有众多大小湖泊。至第四纪早、中更新世,保存的湖盆有共和、银川、河套、汾渭及华北等。这些湖盆除华北湖盆外,均为内陆型,并且各自形成独立的集水系统,控制当地水系的发育。后来由于地壳变动,河流溯源侵蚀袭夺,各湖先后逐渐连通,湖水排出,湖泊萎缩消亡,形成统一大河——黄河。

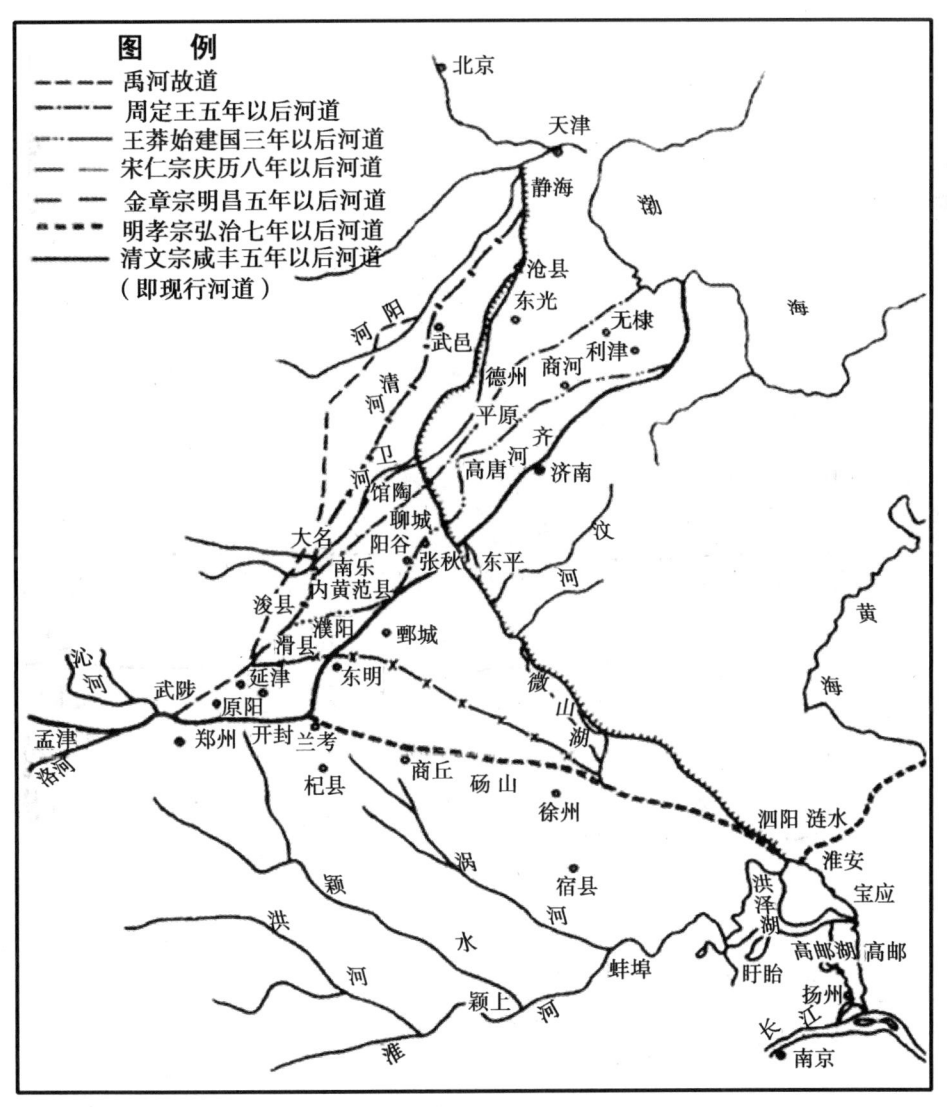

图 3-1-4 黄河故道历代变迁示意图

黄河下游河道在历史上决口改道频繁。自周定王五年(前602)~1938年,黄河下游决口泛滥年份有543年,自然决口和人为决口达1590次,决堤口约1807处,较大改道26次,其中重大的改道7次(图3-1-4)。清咸丰五年(1855)铜瓦厢(今河南兰考县)决口,东坝头以下夺大清河入海,直到清光绪九年(1883)铜瓦厢下游堤防逐渐完成,构成现行河道。1938年抗日战争期间为阻挡日军,在花园口扒开黄河,造成改道,使黄河沿颍河至正阳关入淮,汇潴于洪泽、高邮、宝应诸湖,又夺运河入长江归海,历时9年之久,到1947年堵复,使河流流回故道。

4. 河源

古代的《禹贡》中已有记载。但是长期以来,中外人士对划分河源的标准不一,至今仍有以下几种看法。

其一,黄河应为多源。除勒纳曲外,玛曲、卡日曲和多曲在河长、水量等方面各有所长,因此,主张3条河流均为河源,分别称西源、中源和南源。

其二,卡日曲为河源。主要根据"河源唯远"的原则而定。

其三,玛曲为正源。因玛曲位于4条河流的正中,河谷宽坦顺直,上下段自然延续。以玛曲为河源,迄今已经2000多年,而且当地藏民一直把玛曲看成河源。按历史习惯,仍以玛曲为黄河正源。

目前,中国水利部及黄河水利委员会也仍以玛曲为黄河正源。

5. 支流

流域面积大于100平方千米直接汇入黄河的支流有219条;大于1000平方千米的支流有76条;大于10 000平方千米、或年均径流量大于10亿立方米,或含沙量大于1亿吨的主要支流有14条(表3-1-8)。

表3-1-8 黄河主要支流基本情况表

河名	岸别	至黄河河口距离/千米	流域面积/平方千米	河长/千米	平均比降/%
白河	右	4387.0	5488	269.9	
黑河	右	4292.3	7608	455.9	
洮河	右	3444.7	25 527	673.1	2.08
湟水	左	3399.8	32 863	373.9	4.16
祖历河	右	3211.7	10 653	224.1	1.92
清水河	右	2933.6	14 481	320.2	1.49
大黑河	左	1992.8	17 673	235.9	1.42
窟野河	右	1688.3	8706	241.9	2.55
无定河	右	1476.5	30 261	491.2	1.79
汾河	左	1250.3	39 471	693.8	1.11
渭河	右	1142.6	134 766	818.0	1.27
伊洛河	右	828.8	18 881	446.9	1.75
沁河	左	793.5	13 532	485.1	2.16
大汶河	右	398.9	8633	209.0	0.83

(1)洮河 黄河上游最长的支流,发源于青海省河南蒙古族自治县西倾山,曲折东流过甘肃省

碌曲、临潭、卓尼,至岷县茶埠急转向西北,出九甸峡与海蕖峡后,穿临洮盆地,于永靖县注入刘家峡水库。全长673.1千米,流域面积2.55万平方千米。多年平均流量172立方米/秒,年径流量53亿立方米,为甘肃中部提供了丰富的水资源。

(2)湟水　黄河上游流域面积最大的一条支流。流域面积32 863平方千米,河长373.9千米;水土流失面积15 503平方千米,占全流域面积的47%。干流源出于青海海晏县大坂山南麓,经湟源、西宁、乐都、民和等县(市),于甘肃永靖县付子村汇入黄河左岸,河口高程1565米。据统计,湟水干流多年平均径流量50.2亿立方米,年输沙量2500万吨。大通河为湟水最大支流。

(3)清水河　发源于六盘山北端东麓固原市开城乡黑刺沟,自南向北流经宁夏固原、同心县城,于中宁县眼泉山注入黄河右岸,高程1190米,全长320千米,流域面积14 481平方千米。全流域水土流失面积12 879平方千米,占全流域面积的88.9%;年平均径流量2.2亿立方米,年输沙量2500万吨。是宁夏境内流入黄河最大、最长的支流。

(4)窟野河　发源于内蒙古鄂尔多斯市巴定沟,向东南经伊金霍洛旗、陕西省府谷县,于神木县沙峁头村流入黄河。河长241.9千米,流域面积0.87万平方千米,年平均径流量7.5亿立方米,年输沙量1.31亿吨。主要流经风沙区和黄土丘陵沟壑区,水土流失严重。流域内优质煤炭资源丰富。

(5)无定河　发源于陕西白于山北麓,自定边县长虫梁向东北方向流至巴图湾后,转向东流至鱼河堡,再转向东南经米脂、绥德县城,在清涧县河口村注入黄河右岸,全长491千米。无定河支流众多,全河流域面积30 261平方千米。流域内黄土丘陵沟壑面积13 815平方千米,占全流域面积的45.7%,地形破碎,水土流失严重。风沙区面积16 446平方千米,占全流域面积的54.3%。无定河为黄河泥沙、特别是粒径大于0.05毫米的粗沙主要来源区。年平均径流量14.4亿立方米,年输沙量1.75亿吨,多年平均泥沙中数粒径0.047毫米。

(6)汾河　黄河左岸第1大支流。位于山西省中部,流域面积39 471平方千米,其中水土流失面积19 700平方千米,占全流域面积的49.9%。发源于山西宁武县西南管涔山雷鸣寺上游之宋家崖,由北向南纵贯山西大半地区,流经静乐、太原、介休、灵石、霍州、临汾、河津等市县。汾河入黄河口,因受黄河摆动影响,变化较大,上下移动在河津市湖潮村到万荣县庙前村之间约26千米范围内。河长694千米,流域大致呈长条形,两岸支流众多。年平均径流量26.6亿立方米,年平均输沙量3600万吨。据山西省水文总站和水资源技术开发中心1985年计算,汾河流域天然年径流量为26.54亿立方米。汾河流域地下水丰富,泉水出露较多(如晋祠),地下水可开采量15.37亿吨,现都已开发利用。

(7)渭河　黄河最大的支流。发源于甘肃省渭源县鸟鼠山以南的壑壑山,由西向东流经甘肃、陕西关中平原,在潼关汇入黄河。入黄处高程,在三门峡水库修建前为323米;水库蓄水后,最高曾达329米;三门峡水库2次改建后,相对稳定在326米~327米之间。干流全长818千米,流域面积134 766平方千米。流域内大部分为深厚的黄土覆盖,水土流失严重,水土流失面积44 214平方千米,占全流域面积的32.8%。两岸支流众多,流域面积大于1000平方千米的有12条之多,主要有葫芦河、泾河、洛河、石川河、黑河、沣河、灞河等。多年平均径流量103.7亿立方米,年输沙量5.3亿吨。但据陕、甘、宁3省区1985年所做的渭河规划,天然年径流量共有73.20亿立方米,地下水可采量23.87亿立方米。

(8)伊洛河　古称雒水,是黄河流经三门峡以下汇入的最大支流。发源于东秦岭华山东南麓陕西省蓝田县木岔沟,向东流经陕西、河南,至巩义市巴家门注入黄河右岸,高程101米,全长447千米,全流域面积18 881平方千米,水土流失面积11 740平方千米,占全流域面积的62.18%。两岸支流众多。年平均径流量34.7亿立方米,年输沙量1800万吨。又据洛阳水利勘测设计院1986年做的伊洛河规划,计算伊洛河天然径流量35.17亿立方米,地下水可开采量7.38亿立方米。

(9)沁河　发源于山西省太岳山脉霍山南麓平遥县黑城村以上,自北向南经沁潞高原,穿太行山谷,出五龙口东流进入沁河冲积平原,到河南武陟县折向东南流,于南贾汇入黄河,高程96米,全长485千米。五龙口以下,河道流经沁河冲积平原,河床逐年淤高,成为地上河。两岸以大堤束水,临背悬差一般2米~4米,在木栾店处最高达7米~8米,是沁河防洪的重点河段。流域面积13 532平方千米,全流域水土流失面积10 910平方千米,较大支流有47条,年平均径流量18.4亿立方米,年平均输沙量700万吨。

(10)大汶河　又称汶河,黄河下游最大支流。古称汶水,曾是古济水支流,水系变迁较大。大汶河在大汶口以上分为2支,北支为干流;南支为柴汶河,为大汶河最大支流。干流发源于山东莱芜市原山(岳阳山),自东向西横穿山东泰安地区,于东平县马口村入东平湖,高程40米,河长209千米,流域面积8633平方千米,其中水土流失面积5093平方千米。多年平均径流量19亿立方米,年平均输沙量200万吨。

6. 水文特征

(1)降水

黄河流域多年平均降水量476毫米,但降水年内分布极不均匀,一般冬季降水量占年降水量的3.1%,春季占19.0%,夏季占54.2%,秋季占23.7%,60%~80%的降水集中在6月~10月。夏季暴雨频繁,中游暴雨是下游洪水的主要来源。降水的地区分布亦不均匀,东南多雨,西北少雨,山区多于平原,年降水量由东南的800毫米向西北递减至不及200毫米。但在上游山区和下游山区,年降水量多在700毫米~900毫米,太子山新发站多年平均降水量可达1033.2毫米;泰山顶为1108.2毫米。年降水量年际变化悬殊,最大年与最小年降水量之比在1.7倍~7.5倍之间。

(2)径流

黄河径流主要由大气降水补给形成。黄河花园口站多年平均天然年径流量为560亿立方米,加上花园口以下的来水量,全河河川径流量为580亿立方米,相当于全国河川径流总量的2%,居全国7大江河的第4位。黄河流域平均年径流深77毫米,人均水量647立方米,耕地每公顷平均水量4515立方米,分别相当于全国平均水平的28%、25%和17%。

年径流深由流域的东南向西北呈递减趋势,南部秦岭山区最大可达700毫米,西北部宁夏及内蒙古河套一带最小在10毫米以下。黄河年径流量主要来自兰州以上,兰州站控制流域面积只占全河总面积的29.6%,但年径流量达323亿立方米,占全河总径流量的55.6%。干流各站汛期径流量约占全年的60%。一些中小支流年内分配更加集中,有的全年径流量仅集中在汛期几次大洪水。

黄河流域地下水净可开采量约为76亿立方米,主要分布在宁夏平原及内蒙古河套平原、汾渭地堑盆地和黄河下游两岸平原等地。

(3)洪水

黄河洪水按其成因可分为暴雨洪水和冰凌洪水2种。

暴雨洪水发生在每年7月~8月,称"伏汛";发生在9月~10月称"秋汛"。由于时间相连,习惯上合称"秋伏大汛"。

黄河上游洪水洪峰低、历时长,过程线多为矮胖型,含沙量小。兰州站实测最大洪峰流量为1981年的7090立方米/秒(经过还原)。黄河上游洪水与中游洪水一般不遭遇,只是中游洪水的基流。黄河中游由于暴雨强度大、历时短,因此,形成的洪水暴涨暴落,洪峰高、历时短、含沙量大。由于黄河下游是地上河,洪水来量很小,下游洪水基本上由中游来水组成,主要有3个来源区,即河口镇至龙门区间、龙门至三门峡区间以及三门峡至花园口区间。三门峡工程建成后,前2个区间来水合并简称为"上大型"洪水,后一个区间来水,简称为"下大型"洪水。

据历史调查,洪水最大年份出现在1943年,陕县站最大洪峰流量为36 000立方米/秒,实测最大洪水为1968年花园口站的22 300立方米/秒。黄河干流主要测站最大洪峰流量见表。

冰凌洪水主要发生在上游的宁蒙河段和下游的山东河段。黄河从兰州到河口镇和兰考东坝头到入海口河段,都是自低纬度流向高纬度,纬度差分别为3°20′和4°30′左右。气温上暖下寒,封河是溯源而上,开河则自上而下。当上游开河时,下游往往还处于封冻状态。上游大量冰凌和水一齐涌下时,往往形成较大的冰凌洪水,在浅滩、急弯或河槽狭窄处容易卡冰结成冰坝,导致水位急剧上升。

表3-1-9 黄河干流主要测站最大洪峰流量

项目		站名	贵德	兰州	河口镇	龙门	三门峡	花园口	洛口
实测	流量/(立方米/秒)		4900	6820	5150	21 000	22 000	22 300	11 900
	年份		1981	1981	1981	1967	1933	1958	1958
调查	流量(立方米/秒)		6300	8500	6154	31 000	36 000	32 000	
	年份		1904	1904	1900	1942	1843	1761	

(4)泥沙

黄河流域内拥有世界上最大的黄土高原,水土流失面积共43万平方千米,侵蚀模数大于5000吨/平方千米·年的地区达15.6万平方千米。多年平均输入黄河下游的泥沙量为16亿吨,多年平均含沙量37.7千克/立方米(陕县站)。其输沙量之大,含沙量之多,在世界大江大河中是绝无仅有的(亚马孙河年输沙量3.63亿吨,平均含沙量0.06千克/立方米;密西西比河年输沙量3.12亿吨,平均含沙量0.56千克/立方米)。

黄河泥沙主要来自中游河口镇至龙门和龙门至三门峡2个区间,来沙量分别为9亿吨和5.5亿吨,分别占全河来沙量的56%和34%。粒径大于0.05毫米的粗沙是造成下游河道淤积的主要原因,粗沙总量平均每年约4亿吨,集中来自与风沙区相邻的皇甫川、孤山川、窟野河、秃尾河,以及北洛河、泾河、马莲河、无定河的上游地区,其总面积约10万平方千米。

黄河泥沙来量的年内分配比径流更为集中,全年输沙量的80%以上集中在汛期,汛期又集中在几次高含沙量洪水。干流龙门、三门峡等站曾出现900千克/立方米以上的高含沙量洪水。支流窟野河温家川曾出现1700千克/立方米的高含沙量洪水。黄河泥沙一方面淤高了下游河道,另一方面也可以利用泥沙放淤改土、淤背固堤。利用黄河泥沙平均每年填海造陆约25平方千米~30平方千米。

7. 水能资源

黄河流域水能资源丰富,在全国7大江河中居第2位。干支流可能开发的水能资源量为3036

万千瓦,年发电量1150亿千瓦时,其中,干流可开发的装机容量为2822万千瓦,年发电量1050亿千瓦时,占全流域的91.3%。

自1957年以来,黄河流域干流上已建成龙羊峡、尼娜、李家峡、直岗拉卡、康杨、公伯峡、苏只、刘家峡、盐锅峡、八盘峡、小峡、大峡、青铜峡、万家寨、天桥、三门峡、小浪底、拉西瓦等17座水电站,总装机容量1388.8万千瓦,年发电量277.9亿千瓦时,占干流可开发年电能的57.3%左右。正在建设的还有沙坡头水利枢纽和积石峡、班多、龙口水电站等。其中,拉西瓦水电站于2011年11月竣工验收,装机容量420万千瓦,为黄河流域规模最大、发电量最多的水电站。

8. 主要自然灾害

黄河流域旱、洪、凌、沙、风、雹等自然灾害频繁。危害最大、影响范围最广的主要是旱灾和水灾。公元前1766年～1945年的3711年中,有大旱成灾记载的达1070年。其中,清代267年中,发生旱灾201次,平均一年多就有1次。据气象部门对1950年～1974年共25年的灾害性气候分析,黄河上中游黄土高原地区有17年发生干旱,其中严重干旱有9年。

黄河洪水灾害举世闻名,主要发生在下游和上游2个河段,其中以下游最为严重。据史料记载,自先秦时期到民国年间的2500多年中,黄河下游决溢达1500多次,大的改道26次,平均3年2决口,百年一改道。北抵天津,南达江淮,纵横25万平方千米的广大地区,都曾经是黄河洪水肆虐的范围,给两岸人民生命财产造成惨重损失。

9. 水质

黄河干支流含沙量高,河水色度、混浊度较大,降低了水中的溶解氧及照明度,对生物生长带来一定影响。但从总体看,黄河干流及大部分支流天然水质还是比较良好的,只是部分山区和干旱区有苦水和高含氟水。随着工农业生产的发展,排入河流的废污水日益增多,目前,黄河干流污染严重的是兰州—包头河段,支流主要在湟水西宁段、汾河太原段、渭河宝鸡段和西安段,以及伊洛河的洛阳段等。据近年国控网监测,黄河水系属中度污染。44个地表水国控监测断面中,Ⅱ类～Ⅲ类、Ⅳ类和劣Ⅴ类水质断面比例分别为50%、25%和25%,主要污染物为石油类、氨氮和五日生化需氧量。黄河干流属轻度污染,支流总体为重度污染,渭河、湟水、洛河、汾河、涑水河污染较重。

10. 水土保持

这是根治黄河的一项根本措施。早在20世纪50年代中期,中国就已开展了水土流失的调查与治理的研究,取得了许多行之有效的水土保持工程措施,如打淤地质、挖鱼鳞坑等。目前,黄土高原水土流失地区初步治理面积已近20万平方千米,在一些重点小流域治理程度达70%以上。进入黄河的泥沙根据综合分析估算,1970年以来,河口镇年平均来沙量减少约0.2亿吨,河口镇至三门峡区间年平均来沙量减少约2亿吨,占三门峡以上年平均来沙量的15%。无定河、汾河等大支流年平均进入黄河的泥沙也有了一定数量的减少。

11. 断流问题

由于20世纪70年代以来黄河流域降水的减少和沿岸工农业生产、生活用水量的剧增(50年代平均用水量只有124亿立方米,90年代增加为296亿立方米),致使黄河从1972年起,在下游频繁发生断流,且有日趋恶化现象,断流频率、历时和河段长度不断增加。在1972年～1999年的27年中,黄河下游有9年出现断流,累计1091天,对黄河下游地区经济社会的发展产生了严重的影响。根据统计资料显示,黄河断流的频率、历时和河段长度的情况如下。

断流频率:1972年~1990年5月~6月,共发生断流7次;1991年~1997年2月~10月,发生断流7次。

历时:在20世纪70年代平均断流9天,最长21天;80年代平均断流11天,最长36天;90年代平均断流71天,其中,1994年断流75天,1995年断流122天,1996年断流136天,1997年断流226天,1998年断流142天,1999年断流42天,2000年以来未曾出现断流。反而到2003年9月,黄河中上游连连降雨,水位上涨,河南兰考段蔡集控导工程28号被撕裂,出现决堤现象,造成重大损失。然而,黄河断流这一影响重大而广泛的现象依然值得我们分析探究。

黄河断流的河段长度:20世纪70年代断流里程130千米;80年代断流里程增加为150千米;90年代,断流里程增至300千米。其中1995年断流里程达742千米。滔滔黄河,愈演愈烈的断流,一方面对下游沿岸地区经济发展和生态环境带来严重灾害。如1995年黄河断流造成当年经济损失30多亿元。另一方面,黄河水挟带的泥沙因断流发生,使泥沙全部沉积在河床,加快了河床的抬高,导致黄河下游河床容纳水量的减少,从而又加剧了洪水的威胁。黄河断流问题已引起政府的高度重视,2000年政府已加强了对黄河上、中、下游用水的全面系统的综合管理,从而保证了下游的用水需求,还向天津市应急调水4亿立方米。

四、珠江水系及海南岛诸河

1. 珠江

(1) 概述

珠江是中国南方大河,又称粤江,系中国7大江河之一。珠江原指自广州到虎门入南海的一段河道,后泛指西江、北江、东江及珠江三角洲诸河组成的水系。珠江有复合流域和复合水系的特点,位于北纬21°31′~26°49′,东经102°14′~115°53′之间,其干支流跨越滇、黔、桂、粤、湘、赣6省(区)和越南东北部,流域总面积453 690平方千米,其中442 100平方千米在中国境内。

珠江现有的水系约形成于中更新世。有史以来,上游的河道比较稳定,下游三角洲河道则受到人类活动等因素的影响,不断发生着变化。秦代以前,西江出三榕峡、北江出飞来峡、东江出田螺峡后,有多条古河道和由这些古河道分出的众多汊道,珠江三角洲的滨海线大约在今黄埔、广州、佛山、西樵、九江一线。晋代,尤其是进入宋代以后,中原人批人口南迁,大规模筑堤防洪,固定河槽,围垦造地,发展农耕,古河道逐渐淤塞,众多汊道被截断,从明代起至清代,西、北、东3江下游河道逐渐演变成今日的形状。与此同时,珠江三角洲加速向南海推进,唐代以前以每年小于10米、宋代后以每年大于20米的速度自东偏西向南海延伸。其中,西江方面推进最快,至今西江主流河口磨刀门仍以每年约100米的速度向南海推进。

珠江流域地势,由西北部海拔1200米~2500米向东南部和南部呈阶梯状下降和倾斜,至珠江三角洲,高程降至-1米~10米。全流域山丘区占94.4%,平原仅占5.6%。

珠江流域处于亚热带季风区,终年温暖多雨。全流域多年平均气温为18℃,降雨为1470毫米,水资源十分丰富。

珠江流域水系复杂,支流众多,流域面积在1000平方千米以上的支流有57条,大于10 000平方千米的支流有8条。众多河流汇入三角洲,各河分别由虎门、横门、磨刀门、崖门等8个口门入南海(图 3-1-5)。

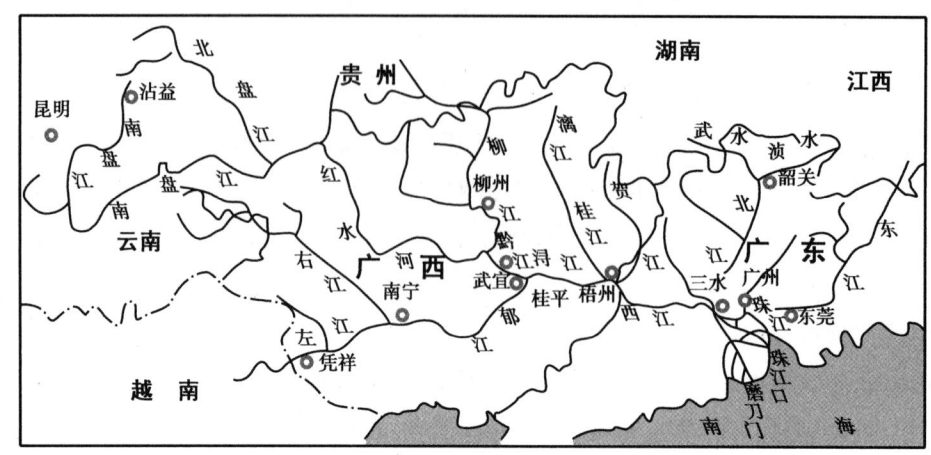

图 3-1-5　珠江水系示意图

在中国的 7 大江河中,珠江的河长和流域面积均居第四位,而多年平均水资源量为 3360 亿立方米,占全国水资源总量的 12%,仅次于长江。而且含沙量少,河道稳定,有良好的通航条件,通航河道 1088 条,长年通航里程 14 156 千米,占全国内河通航里程的 13%。

2. 水系组成

珠江水系主要由西江、北江和东江组成。

①西江

珠江的主流。明清时期把流经广州附近的河流按方位命名,故称西江。当时指梧州至思贤滘河段,近期才将河源至思贤滘之间的河段称西江。全河长 2075 千米,平均坡降 0.58‰,流域面积 353 120 平方千米,其中 341 530 平方千米在中国境内,11 590 平方千米在越南境内。年平均径流量为 2300 亿立方米。西江发源于云南曲靖市乌蒙山余脉的马雄山东麓,自西向东蜿蜒流经滇、黔、桂、粤 4 省(区),在广东省珠海市磨刀门企人石入南海。干流分段名称为:源头至贵州蔗香双江口为南盘江,南盘江汇合北盘江后称红水河,至广西象江三江口与柳江汇合后称黔江,流至广西桂平汇合郁江后称浔江,至梧州市与桂江汇合后始称西江。河段划分以南盘江至红水河为上游,黔江至浔江为中游,西江为下游。西江流至思贤滘后汇入三角洲河网区。西江干流的一级支流中,流域面积 10 000 平方千米以上的有北盘江、柳江、郁江、桂江、贺江等。

珠江源　历史上有许多不同的记载,主要有 3 种:以《山海经》为代表的"郁水出象郡"的西洋江(今右江)源流说;以《水经》为代表的温水(今南盘江)源流说;《水经注》提出的"叶榆(今大理)仆水(今红河)"源流说。明代以后,逐步统一认识,一致确认南盘江为珠江的源流,而最先比较准确指出珠江发源地的是明代著名地理学家徐霞客。清代及以后又进行数次勘查,虽说法有所不同,但都围绕南盘江上游,且所指认的地点都比较接近。1979 年 8 月,水利部珠江水利委员会成立后,多次组织人员到珠江地区考察。1984 年召集有关方面专家研究,1985 年 8 月会同滇、黔、桂、粤 4 省(区)的水利及有关部门,重上马雄山考察,并依"河源唯远"和终年"流水不断"等原则,确认 1942 年和 1954 年 2 份勘查报告所指出的云南省曲靖市马雄山东麓的双层石灰岩"水洞"(即刘麦地伏流大锅洞出口)为珠江源。

形成及演变 西江水系干支流是在距今约1亿年前白垩纪燕山运动形成的一系列断裂破碎带的基础上发育起来的,至距今3000万年的第三纪喜马拉雅山运动,大面积的地壳间歇上升和断陷,使西江水系的发育进一步发展,原生内陆性的湖盆和水道逐步连通,形成今日之西江水系。西江在三榕峡口以上河道自有史以来变化不大。出三榕峡后,地势低平,常受潮水顶托,洪水期水流漫溢而产生众多汊道。战国时代有4条汊道。汉代在三水以下分两汊入海,北江为西江的支流。宋至道二年(996)西江沿岸相继筑堤,4条古河道全被截断,下游河道固定在三榕、大鼎、羚羊三峡中流动。明代由于大量修筑堤围,固定河道,西、北两江分流形势逐渐明显,河系开始趋于定型。

干流 西江干流,各段有不同的名称:

南盘江——发源地即是珠江源头,海拔2444米,河流穿行于高原盆地与峡谷之间,河道深切,河宽50米~100米。在蔗香以上长190千米河段内,有著名的雷公滩等91处急滩,还串连着天然湖泊。从源头至蔗香双江口全长914千米,即为南盘江流域,面积56 880平方千米,河道平均坡降1.74‰。其中,流域面积100平方千米以上的支流有44条,流域面积1 000平方千米以上的有8条,即海口河、巴江(巴盘江)、华溪河(曲江、九甸江)、泸江、甸溪河、清水江、黄泥河、马别河(又名清水河,上游为褚场河)。其中,黄泥河为最大支流,发源于云南富源县梁口子,河长278千米,集水面积8 264平方千米,天然落差1 328米。

红水河——从蔗香双江口至广西象州县石龙三江口,全长659千米,流域面积54 870平方千米,河道平均坡降0.366‰。穿过高山峡谷后,河谷展宽到200米,仍多急滩跌水,河岸陡,河水深,洪水期一般可达30米以上,枯水期也有20米,含沙量较高。集水面积在100平方千米以上的一级支流有29条,其中1000平方千米以上的有北盘江、涟江、牛河、清水河等11条。红水河流域已建成岩滩、大化及恶滩等水电站。

黔江——红水河与柳江在石龙三江口汇合,从三江口至桂平市郁江口,全长122千米。区间流域面积2210平方千米,河道平均坡降0.062 5‰。河流穿过著名的黄茅峡和大藤峡。大藤峡长44千米,最深处枯水期可达85米,是西江水流最深处,此处有险滩29处。流域面积在1000平方千米以上的支流只有柳江,在100平方千米以上的支流共有6条。

浔江——从桂平市郁江口至梧州市桂江口,全长72千米。区间流域面积20 570平方千米,河道平均坡降0.096 8‰。两岸有低山、丘陵和平地。河道最狭窄部分在龙潭峡附近,低水位河宽30米;最宽处在梧州上游的泗化洲,为2660米;最深处在白马峡,水深68米;最浅处在龙爪浪滩,水深1.6米。流域面积1000平方千米以上的支流有柳江、郁江、蒙江和北流江4条。

西江(狭义)——浔江与桂江在梧州交汇后至广东三水区思贤滘口的河段,河长208千米。区间流域面积43 860平方千米,河道平均坡降0.086‰。河宽一般为700米~2000米,在广东肇庆的三榕峡和羚羊峡间,河宽收缩至300米~370米,峡长分别为5.5千米和7.5千米,水深分别为78米和83米。下游几乎无险滩,为优良的常年通航河道。流域面积在1000平方千米以上的支流有桂江、贺江、罗定江和新兴江。

支流 西江支流众多,水量丰富。流域面积在10 000平方千米以上的一级支流有5条(表3-1-10,流域面积在1 000平方千米~10 000平方千米的支流有23条,流域面积在100平方千米~1000平方千米以上的支流有86条。

表 3-1-10　西江主要支流概况

河名	流域面积/平方千米	河长/千米	平均坡降/‰
北盘江	26 590	444	2.8
柳江	58 270	755	0.45
郁江	89 870	1145	0.33
桂江	18 790	438	0.43
贺江	11 590	338	0.58

北盘江：发源于云南曲靖市马雄山的西北麓，全长444千米，流域面积26 590平方千米，河道平均坡降2.8‰。穿过高山峡谷，河谷宽一般只有200米～400米，它是西江支流中坡度最大的河道，支流打帮河上有中外驰名的黄果树大瀑布，高67米，宽84米，雄伟壮观。

柳江：发源于贵州独山县南部里纳九十九滩。河长755千米，流域面积58 270平方千米，河道平均坡降0.45‰。流域面积在1000平方千米以上的支流有9条，其中最大的为龙江。

郁江：发源于云南广南县九龙山。河长1145千米，河道平均坡降0.33‰，流域面积89 870平方千米，其中，在中国境内78 280平方千米，其余11 590平方千米在越南境内。是西江最大的支流，流域面积在100平方千米以上的支流有47条。

桂江：其上游称漓江。发源于广西兴安县猫儿山老山界南侧，河长438千米，流域面积18 790平方千米，河道平均坡降0.43‰。迂回穿流于桂东北山区，险滩有190处。水面宽，即使在枯水期也宽达100米，中水期宽为100米～300米。漓江自桂林至阳朔长83千米，山清水秀，洞奇石美，深潭浅滩，流泉飞瀑，素称"百里画廊"，是中国重点旅游区。支流中集水面积在100平方千米以上的有22条。

贺江：发源于广西富川县蛮子岭。河长338千米，流域面积11 590平方千米，河道平均坡降0.58‰。流域面积在100平方千米以上的支流有17条。已建有龟石水库、合面狮水电站及白垢水电站等。

②北江

为珠江流域第2大水系。发源于江西信丰县石碣大茅江，称浈水，源头海拔455米，到广东韶关市与武水汇合后称北江，南流至三水区思贤滘入珠江三角洲。干流河长468千米，流域面积46 710平方千米，占珠江流域面积的10.3%，其流域面积92%在广东省境内。总落差约310米，平均坡降0.26‰。从源头至韶关市沙洲尾为上游，称浈水，两岸多丘陵，河谷较开阔；从沙洲尾至清远飞来峡为中游，河道较顺直，水面宽约400米，其间有4个峡谷。其中，飞来峡和盲仔峡较长，分别为9千米和4千米，枯水期水深20米～30米；飞来峡至思贤滘为下游，河道坡降较缓。北江在思贤滘与西江相汇，部分水流汇入西江，另一部分水流向东入珠江三角洲。主要支流有武江、连江、潖江和绥江，连江最大（表3-1-11）。

表 3-1-11　北江主要支流概况表

河名	流域面积/平方千米	河长/千米	河道平均坡降
武江	7097	260	0.91
潖江	4847	173	1.24
连江	10 061	275	0.77
绥江	7184	226	0.25

北江从白垩纪到第三纪,已有许多北东向构造盆地。北江河道在这些盆地中初步形成,但各河互不相连。喜马拉雅造山运动后,这些河流顺向沿着南倾的古地面下切,流入韶关和英德盆地,再往南切过飞来峡入清远盆地。汉代为西江支流,明代西、北2江分流。

③东江

发源于江西寻乌县桠髻钵,分水岭高程1101.9米。从源头至广东龙川县合河坝以上干流称寻乌水,合河坝以下始称东江,在东莞市石龙镇入珠江三角洲。石龙以上河长520千米,流域面积27 040平方千米,总落差440米,河道平均坡降0.39‰。流域总的地势是东北高,西南低,有一系列北东向的谷峰相间排列,海拔在900米~1500米之间,较大平原为惠阳平原。寻乌水为上游,河床陡峻,水浅河窄。从龙川县合河坝至博罗县观音阁为中游,河床坡降变缓,平均坡降0.31‰。观音阁至东莞市石龙镇为下游,河宽水缓,两岸筑有堤围,河中多沙洲,河床摇摆不定。主要支流有贝岭水(又称安远水)、新丰江和西枝江。其中,新丰江最大,发源于广东新丰县玉田七星岭,于河源市源城区流入东江干流;贝岭水发源于江西安远县大岌嶂,至龙川合河坝注入东江干流;西枝江发源于惠东县竹坳,至惠州市惠城区汇入东江干流(表3-1-12)。

东江发育于中生代北东—南西向的构造断陷盆地中。喜马拉雅运动使东江大断裂两侧形成多级剥蚀面,沿东江断裂带的河源、灯塔、龙川等盆地被两侧山地流水切割,使盆地相连,逐渐形成东江干流。清道光年间(1821~1850)东江下游三角洲河道由直变曲,由宽变窄,形成现代的形状。

表3-1-12 东江主要支流概况表

河名	流域面积/平方千米	河长/千米	河道平均坡降/‰
贝岭水	2364	140	1.98
新丰江	5813	163	1.29
西枝江	4103	190	0.6

④珠江三角洲水系

包括西江(狭义)、北江思贤滘以下、东江石龙以下河网水系和流入珠江三角洲的河流。三角洲上河道纵横交错,河道弯曲,河宽水深,水网密度大。西江自思贤滘以下转向南流,经几次分流,主流最后经磨刀门水道入海。主流长193千米,河道平均坡降0.05‰。东西两侧分流,分别由其他口门通过伶仃洋和黄茅海注入南海。北江自思贤滘南流,主流经狮子洋出虎门入海,河长105千米,平均坡降0.05‰。东江在石龙以下分东江北干流,也经狮子洋入南海;东江南支流,在汇寒溪水后分成许多汊流,经狮子洋入南海。珠江三角洲流域面积26 820平方千米(其中三角洲河网区9750平方千米),占全流域面积的5.91%,河网区水道总长1600千米。注入三角洲、流域面积在100平方千米以上的河流有12条(表3-1-13)。

表3-1-13 流域面积在100平方千米以上诸河概况表

河名	流域面积/平方千米	河长/千米	坡降/‰	发源地	河口
流溪河	3917	174	0.80	从化市桂峰顶	广州白鹅潭
潭江(锦水)	5068	248	0.45	恩平市乌丰顶	新会区崖门
高明河	1010	86	0.45	高明区托盘顶	高明区海口碑
沙坪水(古劳河)	328	39	2.26	高明区皂幕山	鹤山市大塘

续表

河名	流域面积/平方千米	河长/千米	坡降/‰	发源地	河口
沙河	1235	89	0.64	博罗县茅峰顶	东莞市石龙
增江	3114	203	0.74	从化市七星岭	增城市新家浦
西福河	578	58	1.02	增城市大鹧鸪	增城市仙村
雅瑶水(唐美河)	129	18	5.50	广州南蛇坳	增城市南漕
南岗河	145	27	1.92	广州市郊宝石以南	广州市郊南岗砖厂
寒溪水	683	59	0.33	东莞市大屏嶂	东莞市东岸坛
茅洲河	371	48	1.03	深圳宝安区羊台山	宝安区水浸围
深圳河	312	37	1.10	深圳市牛尾岭	深圳市深圳湾

珠江三角洲水系把西江、北江、东江的下游纳为一体,但其主流泄出后又各成体系。西江从三水思贤滘西口至珠海市企人石河段,分别称西江干流水道、西海水道、磨刀石水道,最后经磨刀门入海。北江自思贤滘北口起,分别称北江干流水道、顺德水道、沙湾水道,最后经狮子洋出虎门入伶仃洋。东江在珠江三角洲内的河口段是石龙以下的东江北干流,在增城市的禺东联围入狮子洋。

三角洲受第四纪晚期世界海洋面高程变化影响,约2万多年前,已具有深切的河谷系统。到距今6000年前,世界海面上升至最高位置,溯源堆积过程结束,古三角洲基本形成。到新石器时期,思贤沼滘下的珠江三角洲已具雏形。以后珠江三角洲的海岸线不断向外扩展,至20世纪发展成具有八大出海口的基本形势。珠江水系各河径流汇集于三角洲后,通过8条水道注入南海,各水道之出口称之为"门",即8大口门。东边注入伶仃洋(又称珠江口)的口门有4个,从东向西为虎门、蕉门、洪奇门(沥)和横门;西边注入的有磨刀门、鸡啼门、虎跳门和崖门。

(3)水文特征

径流 珠江流域降水充沛,总的趋势由东南向西北减少,但在地形的影响下,出现了许多高值中心和低值中心。莲花山东南迎风坡、粤北山地和粤西沿海,年降水量可达2000毫米～2600毫米;大瑶山区、苗岭南坡,年降水量也可达2000毫米～2400毫米;十万大山迎风坡年降水量最高达3000毫米以上。云贵高原年降水量在800毫米～1200毫米之间。南盘江中下游的石屏、蒙自、个旧和开远一带,年降水量只有700毫米～800毫米,是全流域降水最少的地区。在季节分配上,东部春雨来得较早,夏季暴雨集中,秋季多台风雨,冬季雨水少。4月～9月为雨季,雨量占全年降水量的70%～90%;雨期长,雨量集中,最大月降雨量大部分地区发生在5月～6月,西北部多发生在7月～8月。年际降水量变化不大,变率为2.0～2.5。

珠江径流量极为丰富,多年平均径流是3360亿立方米,仅次于长江,是黄河的6倍。西江(思贤滘西江以上)年径流量2300亿立方米,约占全流域年径流量的68.5%;北江(思贤滘北江口以上)年径流量510亿立方米,占全流域的15.2%;东江年径流量257亿立方米,占全流域的7.6%;三角洲诸河年径流量293亿立方米,占全流域的8.7%。

珠江流域天然径流量的变化主要受气候和下垫面的影响,年径流深的地区分布与年降水量的地区分布基本一致,年平均径流深最大的地区分布在珠江口门及北江中下游,为1000毫米～1600毫米,其中桂北青狮潭水库上游达1800毫米。流域内大部分地区年径流深在300毫米～1000毫米之间,年平均径流深自东向西逐渐减少。平均年径流深最小的地区是流域西部南盘江流域的陆良、开远、蒙自一带,平均年径流深100毫米~300毫米。

珠江径流的年内变化受降水支配,其中,汛期降水量集中,径流量占全年的75%~85%。径流量的季节变化与降水一致,其中,西江中、上游,夏季径流量占全年径流量的48%~56%,秋季及春季分别为25%~30%和8%~18%,冬季为6%~8%。

柳江、桂江、贺江及东江、北江的中上游夏季径流量约占全年径流的37%~60%,春季径流量占全年的23%~43%,秋季径流量占15%~25%,冬季径流量占5%~9%。

西江、北江、东江下游及沿海地区,夏、春、秋、冬各季径流量占全年径流量的百分比分别为42%~57%、16%~30%、18%~25%、6%~9%。

径流的集中程度　广西的上思至河池一线以西的西江上游地区,多年平均连续最大4个月径流量占全年径流量的70%左右,以东地区为60%左右。多年平均连续最大4个月径流出现的时间:柳江上游、桂江、贺江、北江为4月~7月;红水河中段、左江、右江和沿海地区为6月~9月;局部地区为7月~10月。

珠江流域各水系的年际变化,北江比东江、西江大;西江水系中郁江最大,其次是南、北盘江,西江干流天峨至高要的径流年际变化最小。

泥沙　珠江是全国江河中含沙量最小的河流。多年平均含沙量0.27千克/立方米,但因年径流量大,全流域多年平均输沙量达8872万吨。含沙量的年内变化显著,汛期4月~9月含沙量在0.14千克/立方米~0.53千克/立方米之间,非汛期的含沙量在0.02千克/立方米~0.07千克/立方米之间。一般涨水时的含沙量大于退水时的含沙量。输沙量的年际变化与径流深的年际变化相适应,即丰水年沙多,枯水年沙少。

洪水　珠江洪水主要由暴雨形成。3江洪水特性有较大差别。西江面积大,支流多,两岸支流洪水期不同步,北岸支流洪水一般发生在5月~7月,南岸支流则发生在7月~9月,因而洪水历时一般长15天~30天左右。但在个别年份,流域出现大面积、历时长、大强度的暴雨,干、支流洪水相遇,就会发生特大洪水,历时可长达30天~40天。如1915年7月10日梧州出现58 700立方米/秒的最大流量,相当于200年一遇的特大洪水。北江暴雨,由于量大面广,河床坡度陡,加上对称的叶脉状水系结构,洪水上涨迅速,呈现出峰高量不大、历时较短的特点。洪水多出现在5月~6月,有时也在7月出现。每年发生3次~4次,每次7天-8天。横石站1915年的洪峰高达18 600立方米/秒。东江与西、北2江不同,有2次洪水期。一次发生在4月~6月,主要由锋面雨形成,称前汛期;另二次发生在7月~9月,主要由台风雨形成,称后汛期。上游洪水出现在5月~6月,中下游多在7月~8月。1966年干流博罗站出现14 600立方米/秒的最大洪峰。

珠江三角洲洪水主要受西、北、东3江洪水的影响,特别是西、北2江的洪水相遇,历来是造成三角洲洪涝灾害主要原因。

(4)水资源

珠江流域(国内部分)水资源总量3344亿立方米,约占全国水资源总量的12%。珠江流域(国内部分)面积、人口和耕地分别占全国的4.7%、7.4%和4.8%,其产水模数为75.3万立方米/年·平方千米,人均水量4400立方米/人,每公顷平均水量7200立方米,均居全国七大江河之首(表3-1-14)。

表3-1-14 珠江流域分区计算的水资源量表(1956年~1979年平均矿化度<2克/升淡水)

水系	分区名	分区流域面积/平方千米	地表水资源量	地下水资源量	与河川径流量重复计算部分	水资源总量	降水量/亿立方米
			亿立方米/年				
西江	南、北盘江	82 480	385	100	100	385	925
	红水河、黔江	115 525	903	185	185	903	1710
	左、右、郁江	78 977	416	82.3	82.3	416	1040
	西江下游	62 943	551	130	130	551	1000
北江	北江	44 725	490	121	121	490	786
东江	东江	28 191	280	77.4	77.4	280	504
珠江三角洲	珠江三角洲	31 443	313	78.9	73.4	319	563
全流域	全流域	444 304	3338	784.6	779.1	3344	6528

注：分区计算的水资源总量成果与分江计算的水资源总量计算成果容许有范围内的误差。

(5)水能资源

珠江水能资源较丰富,理论蕴藏量为3348.4万千瓦,可开发量达2485万千瓦,其中,西江为2133.5万千瓦,北江为205.4万千瓦,东江为146.1万千瓦。蕴藏量1万千瓦以上的河流有292条。主要集中在西江中上游,包括北盘江与红水河,特别是西江干流的天生桥至大藤峡河段,水能资源占全流域可开发的45.2%。1981年红水河水电开发,就被列为国家重点开发项目,10个梯级电站总装机容量1108万千瓦,占全流域可开发装机容量的44.12%;年发电量563.42亿千瓦时,占全流域可开发总量的48.25%。桂江、北江、西江下游区和东江的可开发装机容量为516万千瓦,占全流20.76%。珠江流域山地丘陵占全流域面积的94.4%,河系发育,中、小支流的上游都有较集中的水头,也有相当的水量,是比较丰富的小水电资源。全流域有单站装机2.5万千瓦以下水电站达13 641处,总装机可达185.87万千瓦,年发电量50.25亿千瓦时。

(6)水质

珠江流域中,各地工农业发展水平不一,人口密度和生活水平相差甚远,水质变化差异大。珠江三角洲水污染最为严重,源头南盘江流量相对较小,但由于建有不少排污工业,河水污染也相对严重。1981年对珠江流域水质空间变化状况进行了一次全流域性评价,总的情况为丰水期源污染较严重,枯水期点污染较严重。1985年情况已有所好转,水质好转的有北盘江、融江、郁江、黔江、浔江、桂江、西江;水质恶化的有南盘江、龙江、广州前后航道。广州前航道已达不到国家标准,不宜作为饮用水源。据近年国控网监测,珠江水系总体水质良好。33个地表水国控监测断面中,Ⅰ~Ⅲ类、Ⅳ和劣Ⅴ类水质断面比例分别为82%、15%和3%,主要污染指标为石油类和氨氮。深圳河的污染最为严重。

2. 海南岛的河流

海南岛是中国最南部的一个大岛。岛内水资源丰富,河川径流量307亿立方米,人均占有量5606立方米,每公顷平均水量66 000立方米。水系因地形影响呈放射状,河流短小,共有河流214条,其中,面积大于100平方千米独流入海的河流33条,大于3000平方千米的只有3条。河流含沙量不高,水质良好。此外,水源为中国热带经济作物主要的生产基地提供了条件。

海南岛年降水量达1000毫米~2600毫米,东南迎风坡多在2000毫米以上,西南背风坡减至1000毫米左右,琼中、万宁、琼海为著名暴雨中心,年降水量高达2860毫米。雨量集中在5月~10月,占年降水量75%~85%,比重由东北向西南递增。降雨以台风雨为主,强度大、范围广,是中国台风登陆最多的地区,平均每年7次。

岛内水能资源理论蕴藏量为99.5万千瓦,可开发58.7万千瓦,目前已开发20.8万千瓦。

南渡江是岛上最大河流,流域面积7176平方千米,河长311千米,平均坡降2.23‰,天然落差703米。发源于白沙县南峰山,至海口市三联村入海。年径流量70亿立方米,占全岛河川径流量的22.8%。

昌化江是岛上的第2大河,流域面积5070平方千米,河长230千米,河道坡降5.5‰,天然落差1272米,径流量42.7亿立方米,占全岛年径流量的13.9%。

万泉河是岛上的第3大河,流域面积3683平方千米,河长163千米,河道坡降3.2‰,天然落差523米,年径流量58.3亿立方米,占全岛年径流量的19.1%。

五、东北地区诸水系

1. 概述

位于中国东北部,介于东经115°32′~135°06′,北纬38°43′~53°43′之间,包括辽宁、吉林、黑龙江3省及内蒙古自治区的一部分。全区总面积124.1万平方千米。

本区河流众多,流域面积在1000平方千米以上的河流有290多条。东北地区的河流大多是环绕马蹄形山地和丘陵外侧的国际河流,黑龙江、绥芬河、图们江分别流入鄂霍次克海和日本海,辽河、鸭绿江及其他小河则南流入渤海或黄海。本区河流因冬季漫长,河流封冻期长,北部长达6个月,南部也在3个月以上。3月中旬到4月中旬,由南向北各河先后进入春汛期。由于流域内植被较好,河水中含沙量低,只有西辽河等含沙量高。

本地区工业发达,河流污染严重。据统计废污水排放量约占全国的1/6。松花江、辽河被列为全国严重污染的河流,其他诸河也受到不同程度的污染。

2. 主要河流

(1)黑龙江

亦称阿穆尔河。世界著名大河之一,中国第3大河。因河水含腐殖质多,水色发黑而得名。黑龙江有2个源头,北源石勒喀河,发源于蒙古人民共和国北部肯特山东麓;南源额尔古纳河,其上源又分3支,其中的海拉尔河发源于大兴安岭西侧古利牙山麓。南、北2源在中国漠河西边洛古河村汇流后始称黑龙江。东流经俄罗斯注入鄂霍次克海,全长4370千米,流域总面积184.3万平方千米。在中国境内河长3474千米,流域面积约88.7万平方千米,占全流域的48.1%。从黑龙江南、北源汇合点起,到俄罗斯哈巴罗夫斯克(伯力)的黑龙江与乌苏里江汇合点止,为中、俄界江。通常将干流划分为3段:洛古河至黑河市为上游,长900千米;黑河至乌苏里江口为中游,长950千米;乌苏里江口以下为下游,长970千米。支流众多,其中较大支流有松花江、乌苏里江等(图3-1-6)。

气候　本区位于寒温带和中温带,气候寒冷,多半年降水均为雪,地表积雪厚度一般在20厘米~50厘米。春季气温回升,融雪径流形成春汛,春汛水量约占年水量的15%~20%,大兴安岭北部融雪水量占30%。夏季降水量集中,补给量占年水量的65%~80%。冬季靠地下水补给,全季补给量占年水量的5%~8%。

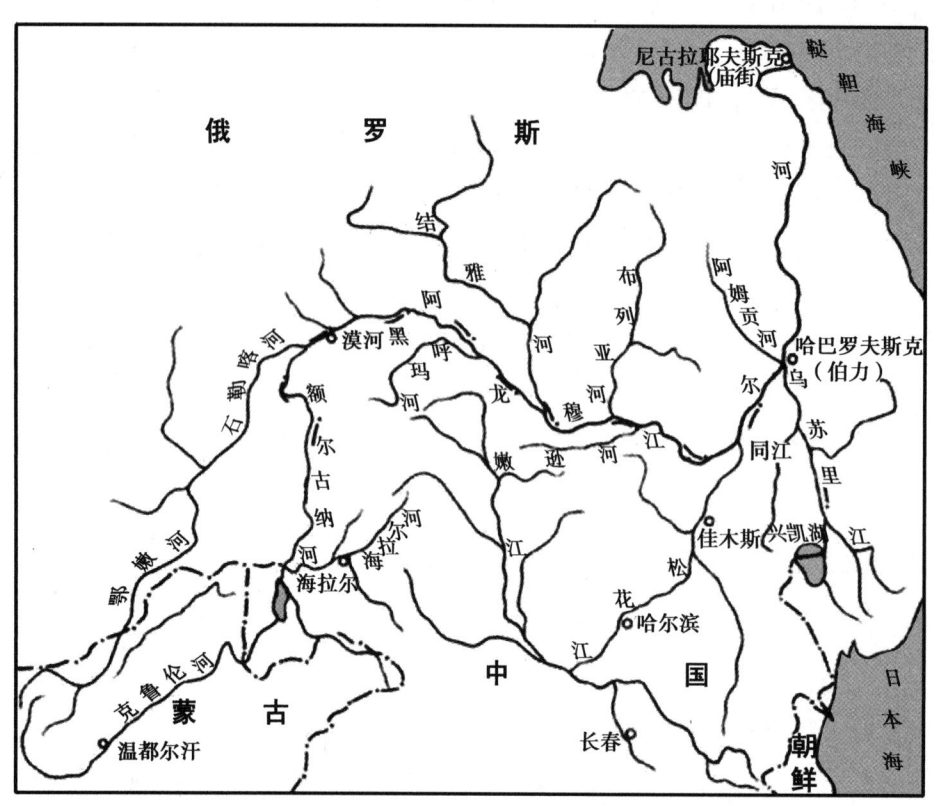

图3-1-6 黑龙江水系示意图

径流 全流域年径流量3465亿立方米。较大支流分布比较均匀。径流量年内分配不均：春季占10%~27%，夏季占50%，秋季占20%~30%，冬季在4%以下。干流径流量年际变化大。

冰期 黑龙江每年10月下半月开始结冰，上游在11月初封冻，下游在11月下半月封冻。河流下游4月底解冻，上游在5月初解冻。冰塞常在河道急湾处发生。河流每年约带来2000万吨沉淀物。

洪水 黑龙江洪水与其他北方河流不同，有峰高、量大和历时长的特点。光绪二十三年（1897）上游洛古河村站洪峰流量为12 450立方米/秒，为该站多年平均流量的15倍；乌苏里江河口处1917年干流洪峰流量为41 200立方米/秒，为该站多年平均流量的5倍。洪水一般历时为10天左右，最长达29天。中游最长1次（1986年8月16日~10月12日）历时58天。黑龙江易造成水灾，据记载，1949年前的46年中曾发生14次水灾，平均3年~4年1次。1949年后经过治理，提高了抗洪灾的能力。

水能及航运资源 黑龙江水能理论蕴藏量1153万千瓦，其中松花江660万千瓦，干流304万千瓦；可开发水电装机容量1096万千瓦，年发电量343亿千瓦时。黑龙江干流几乎可以全部通航。夏季漠河以下的干流和兴凯湖以下乌苏里江均可通行轮船。

（2）松花江

黑龙江的最大支流。流经黑龙江省、内蒙古自治区和吉林省，流域面积55.68万平方千米。干流上游有南北2源，南源为第二松花江，流域面积7.34万平方千米，发源于长白山天池；北源为嫩江,流域面积29.7万平方千米,发源于大兴安岭伊勒呼里山。上述2江于吉林三岔河附近汇合后称松花江干流,河长939千米,流域面积18.64万平方千米。松花江干流东流至同江附近由右岸注入黑龙江。从南源的河源至三岔河为上游,河长958千米,落差1556米;从三岔河至佳木斯为中游,河长672千米;佳木斯以下为下游,长267千米,中下游落差共78.4米。

嫩江流行于大、小兴安岭弧形山脉之间,众多小河集成羽状水系。在嫩江县以上河段,两岸高山陡峻,水流湍急,为山间溪流性质河段;嫩江县以下,地势渐平;进入松嫩平原,江面逐渐开阔。松花江上游河流蜿蜒于长白山山地峡谷中,出口处有丰满水电站。流域内大于1万平方千米的支流有甘河、牡丹江等16条。

径流　多年平均年径流总量为777.23亿立方米,水量主要来自干流(表3-1-15)。年际变化大。最大与最小径流比值达3倍~29倍,由山区向丘陵区和平原增大。

表3-1-15　松花江川径流组成

河流	流域面积		年径流量	
	面积/万平方千米	占全流域/%	年径流量/亿立方米	占全流域/%
嫩江	29.70	53.4	212.56	27.4
松花江上游（三岔河以上）	7.34	13.2	161.76	20.8
松花江干流（三岔以下）	18.64	33.4	402.91	51.8
合计	55.68	100	777.23	100

每年11月至次年3月为河流封冻期,河川径流靠地下水补给,水量很小,较大河流水量也仅占年水量的2%~10%。每年3月下旬至4月上旬河流由南向北逐渐解冻,先后进入春汛期,持续40天~60天。春汛期间,河川径流量占全年径流量的比重由山区向低山丘陵区减少,一般为10%~30%。6月份受东南季风的影响进入雨季,降水以7月~8月最多。河流夏汛期(6月~9月)径流量占全年径流量的55%~75%。夏汛期约有1个月~2个月平水期,而后进入冬季枯水期。

水能资源　全流域水资源总量为880.28亿立方米,地表水资源量和地下水可开采量合计为851.5亿立方米。松花江流域水能资源丰富,并以嫩江、第二松花江干流较为集中。流域内水能理论蕴藏1万千瓦以上的干支流河道有71条,总的理论蕴藏量近660万千瓦,年发电量578亿千瓦时。嫩江水能资源主要部分在干流上游和右岸支流上,但目前尚未开发利用。松花江上游雨量充沛,落差集中,开发条件优越。三岔河以上干流水电装机容量总计332.72万千瓦,年发电量72.46千瓦时。牡丹江可开发装机容量为107.08万千瓦,年发电量22.45亿千瓦时。松花江流域规划建设21级水电站,共装机415.04万千瓦,平均年发电量合计为91.55亿千瓦时。

洪水　松花江的洪水由暴雨形成。一般出现在6月~9月的夏汛期。流域内一次暴雨历时一般长达2天~3天,雨量大都集中在1天内,1天雨量占一次雨量的70%~80%,甚至达90%,因此洪水峰高、量集中。嫩江流域常出现连续3天以上的降水,往往造成洪水。松花江全流域性大洪水是由支流汇水而成。1932年曾发生松花江全流域性洪水,土地受淹560万公顷,哈尔滨市区进水,深达3米~5米,街道可以行船。1957年哈尔滨站出现1949年以来的最大洪峰,其流量就是由嫩江与松花江上游洪水遭遇所形成。嫩江洪水过程较松花江上游长,一次为15天左右,进入平原一次洪水过程长达60天左右。松花江干流由西南向东北方向流,河流解冻时间下游晚于上游,在一定条件下可形成冰坝涌水,造成大洪水。

(3) 乌苏里江

乌苏里江为黑龙江的主要支流之一,中、俄界河。上游由乌拉河和道比河汇合而成,2河均发源于俄罗斯东部锡霍特山脉的西南麓,自南向北流至列索扎沃茨克附近中国泥口子处,与源出兴凯湖的松阿察河相汇,然后折向东北,在下游分2汊,分别在抚远和伯力附近注入黑龙江。流域总面积18.7万平方千米,其中在中国境内为56 690平方千米,干流长约890千米,年平均流量2000立方米/秒。乌苏里江流域降水量较高,沿途汇集了大小174条支流,在中国一侧的较大支流有穆棱河、挠力河等,江面宽阔,尤其是汇合从三江平原上流来的挠力河后,江面更宽。干流的各段都有岛屿和江心洲,岛屿大而多,成串分布,其中较著名的有珍宝岛、七里沁岛等。

乌苏里江流域冬季漫长而严寒,夏季短暂而凉爽。河流封冻期长达6个月,冰层厚达1.0米~1.3米,可通行各种车辆;畅流期轮船可沿江上溯700千米左右。下游地势平坦,有大片沼泽,是有名的三江低地,系著名淡水鱼——大马哈鱼的产地之一。乌拉河口以下可通航。

(4) 图们江

发源于中朝边境的白头山东麓,先流向东北,至图们附近又折向东南入日本海。该河除下游入海口附近一小段为朝、俄界河外,其余均为中、朝2国界河。干流全长520千米,流域面积共33 168平方千米。水系左侧全在中国境内,面积为22 561平方千米,占全流域的2/3以上。河道总落差1200米,沿途接纳10千米以上支流180条,30千米以上支流30条,中国境内主要支流有红旗河、嘎呀河、海兰河、珲春河等。

(5) 辽河

中国7大江河之一。正源为老哈河,发源于河北省七老图山的光头山,在苏家堡接纳西拉木伦河后称西辽河。西辽河接纳敖来河、新开河后,于福德店附近与发源于吉林省辽源市吉林哈达岭的东辽河相汇始称辽河。1958年以前,辽河干流下游在六间房附近,水流分2股入海:一股称外辽河,至三岔河汇合浑河、太子河,由大辽河入海;一股经盘山,由双台子入海。1958年大辽河于六间房附近被堵截后,辽河水流全部由双台子入海;浑河、太子河单独由大辽河入海,但仍纳入辽河流域范围内考虑。流域总面积21.96万平方千米,其中西辽河13.62万平方千米,东辽河1.15万平方千米,中下游7.19万平方千米,全河长1345千米。流经河北、内蒙古、吉林和辽宁4省、区,至盘锦市注入渤海(图3-1-7)。根据河口控制站资料,辽河多年平均流量为400立方米/秒,多年平均径流量126亿立方米,多年平均输沙量2098万吨。干流自然落差1200米。辽河水系汇纳了100千米以上的主要支流29条。

气候 辽河流域地区冬季寒冷,11月~3月降水为雪,积雪在3月上中旬至4月上中旬开始融化,形成春汛,春汛水量仅占全年水量的3%~4%。5月~6月初为夏汛前枯水期,7月~8月是降雨最集中的时期,且多暴雨。夏汛期(6月~9月)水量为全年的70%左右。11月~12月河流封冻,主要靠地下水补给,河川水量东部占全年的5%~10%,西部只占5%或更少。

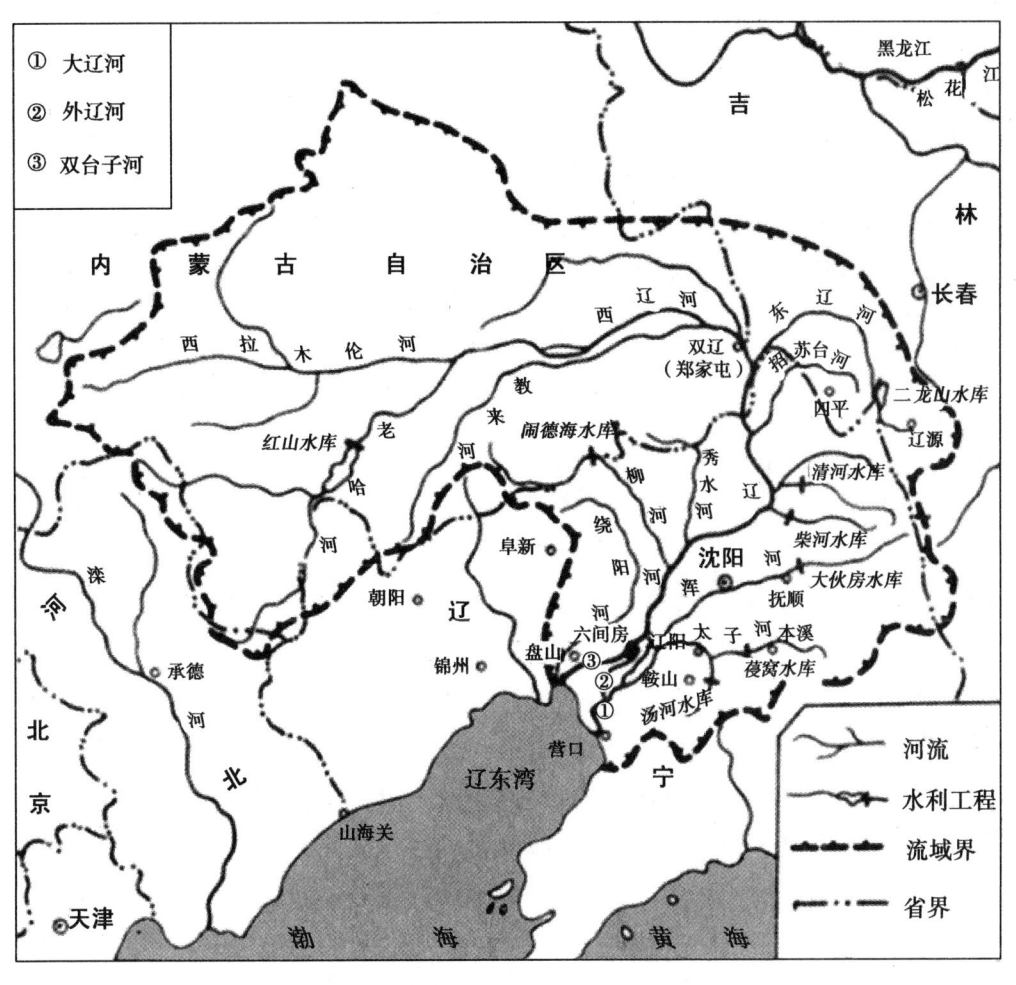

图 3-1-7 辽河水系示意图

径流 河川径流总量为 144.85 亿立方米,年径流量分布极不均匀(表3-1-16)。西辽河流域面积占全流域的 62%,而径流量仅占 20%。

表 3-1-16 辽河河川流组成表

河流	流域面积/平方千米		年径流量/亿立方米		径流深/毫米
	面积	占全流域/%	年径流量	占全流域%	
西辽河	13.62	62.0	28.91	20.0	19.6
东辽河	1.15	5.2	7.89	5.4	74.6
辽河干流	4.46	20.3	38.26	26.4	112.7
浑河、太子河	2.73	12.5	69.79	48.2	255.4
合计	21.96	100	144.85	100	66.1

洪水 辽河流域的洪水主要由暴雨形成,西辽河洪水主要来自老哈河及西拉木伦河,但洪水经平原地区后,洪峰削减较大,特别是老哈河上红山水库建成后,使该河洪水对干流影响已不显著。东辽河本身水量不大,经二龙水库基本上得到控制。中、下游平原区洪涝灾害多,平均7年~8年发生1次较大洪水,一般的洪水平均2年~3年发生1次。近100年来辽河流域曾发生大洪涝灾害50余次。据统计,在1949年~1977年的28年中就有21年发生不同程度的洪涝灾害。西辽河地区几乎每年都有旱灾,特别是春旱严重。辽河干流右侧的上中游地区,大面积旱灾平均3年

~4年1次。

泥沙 辽河的河水含沙量仅次于黄河,主要产沙地是西辽河和东辽河上游。辽河上游山丘区多为黄白土和风沙土,植被覆盖度低,是东北地区风沙干旱严重地区,水土流失严重,多年平均实测含沙量为30千克/立方米~300千克/立方米。西部的老哈河上游和柳河上游,植被更差,又多为沙土,土壤侵蚀更为严重,多年平均最大含沙量高达300千克/立方米~700千克/立方米,比东部河流含沙量大150倍以上,实为多沙河流。含沙量年内变化大,80%~90%以上在汛期内由大暴雨洪水侵蚀所形成。

辽河水能资源较少,理论蕴藏量154.26万千瓦,可开发水能资源也只有27万千瓦,年发电量7.55亿千瓦时,而且集中在太子河和浑河上。

近年来,由于大量人为因素,辽河已成为中国江河中污染最严重的河流之一,辽河水无法存活生物,无法用于灌溉,更无法供人畜饮用。1993年,中国开始了整治辽河工程,取得了一定成效。

(6)鸭绿江

古称笮水,为中朝2国界河。发源于长白山主峰白头山南麓,流经吉、辽,在丹东市东沟附近注入黄海,全长790千米,流域面积6.19万平方千米。在中国一侧的流域面积为3.17万平方千米。鸭绿江由东北向西南流,其右侧是长白山及其余山脉,左侧与咸镜山、狼林山相对,形成一个面向西南的喇叭口地形,正好与气流方向一致。这就使夏季太平洋暖湿气流沿河谷北上,极易形成暴雨,成为中国北方一个突出的降雨量高值区,流域多年平均降雨量为946毫米,下游荒沟一带高达1200毫米。年平均入海径流量为316.9亿立方米,平均产水量近50万立方米/平方千米,居东北、华北诸河之冠。受气候影响,有明显的春汛和夏汛。每年11月下旬至次年3月中旬为河流封冻期,3月中下旬融雪形成春汛。6月中旬进入夏汛期(6月~9月),其径流量占全年的80%左右,因而夏汛期又多洪水,其洪水多由暴雨形成,其中,大或特大洪水又多由台风暴雨形成,峰高量大,如1960年水丰台最大流量高达30 100立方米/秒。

鸭绿江的干流穿行于山谷中,天然落差大,水能资源全流域可开发的为230万千瓦,年发电量100亿千瓦时。1943年建成水丰水电站,20世纪60年代后又建成云峰水电站、太平湾水电站和渭源水电站。

六、海河流域诸河及华北诸河

海河是华北地区主要大河之一。海河流域包括海河、滦河、徒骇河、马颊河等水系,在天津大沽口入渤海,故又称沽河。海河北与内蒙古高原及内陆河接壤,西以山西高原与黄河流域为邻,东北与辽河流域相望,东临渤海,南界黄河,地跨京、津、冀、晋、鲁、豫、辽、内蒙古8省区。流域面积31.79万平方千米。海河流域北部和西部为山地和高原,东部和南部为广阔的平原,山地高原和平原各占60%和40%。

1. 概况

历史时期,华北平原是一片浅海,山东丘陵是海中岛屿。黄河、淮河及太行山、燕山流出来的一些小河都注入这个浅海,由于河流带来的大量泥沙逐渐沉积而使海底露出水面,成为陆地。在华北平原形成之前,海河并不存在,浅海成陆后才发育了现在的海河,原来发源于太行山、燕山直接入海的一些小河流成了海河的支流。主要由海河水系、滦河水系、徒骇马颊河水系组成。海河水系由漳卫新河、南运河、子牙河、大清河、永定河、北运河、潮白河、蓟运河组成。除蓟运河外,各河历史上均汇于天津海河干流注入渤海,因之河道泄流量上大下小,尾闾不畅。滦河水系(包括冀东沿海诸河)主要支流有伊逊河、青龙河以及单独入海的洋河、陡河等。徒骇河、马颊河水系为单独入海的平原河道。海河是中国最大的扇形水系,有独流入海河道多和人工河道多的特点(图3-1-8)。

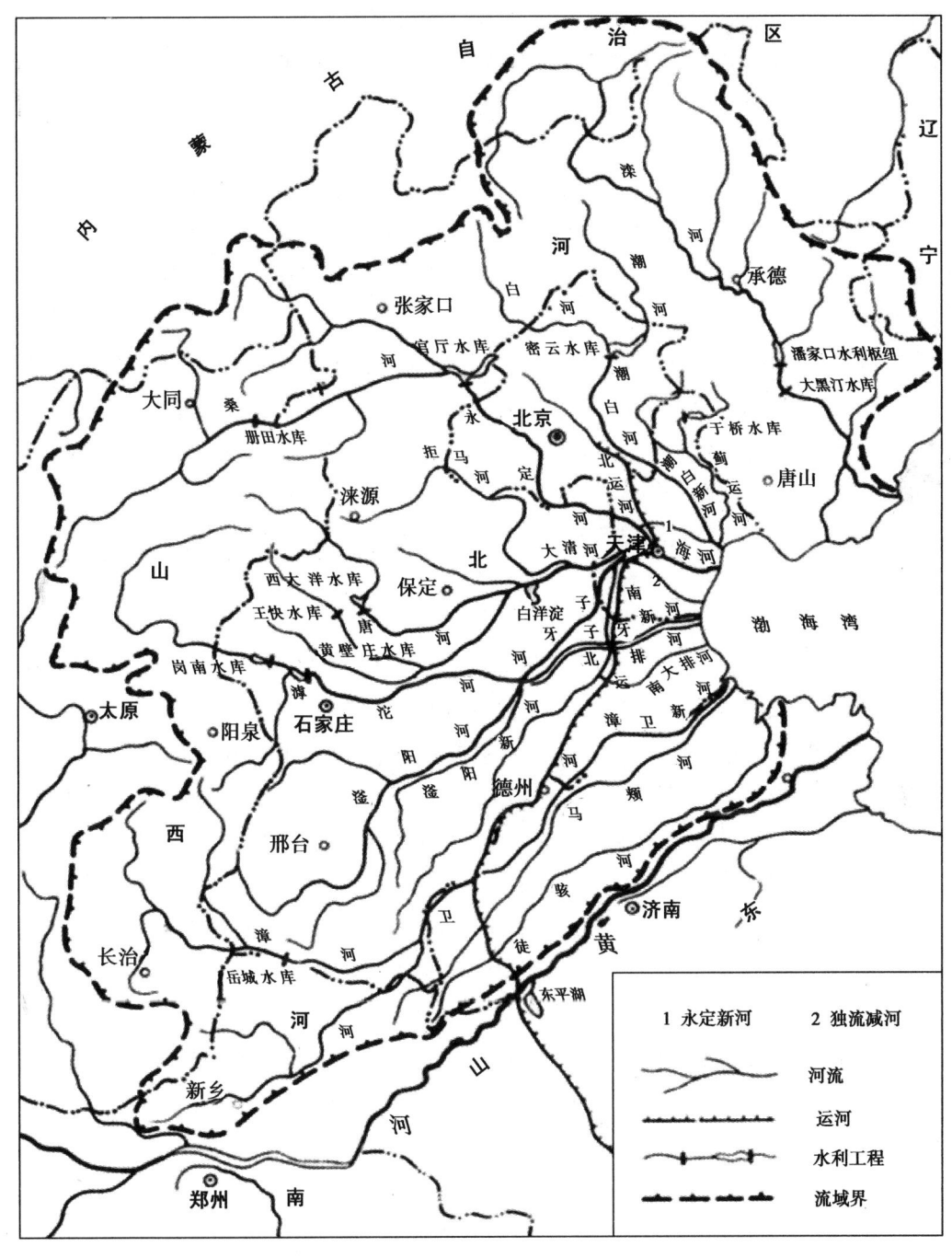

图 3-1-8　海河水系示意图

2. 气候与水资源

海河流域处于中国干旱和湿润气候的过渡地带,属于东亚暖温带半湿润季风气候区,是东部沿海降水较少的地区。冬季受西伯利亚大陆性气团控制,寒冷少雨雪;夏季受太平洋高压及台风影响,易在山前区出现强烈暴雨。流域多年平均降水量为560毫米,降雨分布地区性差异大,如燕山、太行山等迎风坡,年降水量达 700 毫米~800 毫米,而东南沿海一带一般为 500 毫米~600 毫米。降水量 75%~85% 集中在汛期 6 月~9 月份,汛期又往往集中在几场暴雨之中。降水量年际变化也很大,不少地区干旱年仅 100 毫米~250 毫米,而丰水年可达 1000 毫米以上。

海河主要靠降水补给。据 1956 年~1984 年水文资料分析,流域多年地表水资源为 263.9 亿立方米,人均 250 立方米;加上地下水总量仅有 404.09 亿立方米,系严重缺水地区之一。地表水资源年际、年内变化都很大,地区分布不均,山区 50%~80%、平原地区 90% 都集中在汛期。山地年均径流深 110 毫米,平原则仅为 57.6 毫米;流域各河径流变化剧烈,大部分河流有 1/2~4/5 的年径流量集中在 6 月~9 月;7 月~8 月形成夏汛,月径流量可占全年的 1/4~2/5。年际变化更为悬殊,多水年和少水年的径流量相差 5 倍。由于海河水系上游支流繁多分散,下游集中,河道容泄能力上大下小,尾闾不畅,故而极易形成洪峰,给流域内人民的生产生活带来极大危害。河流泥沙多,尤以永定河为甚。因此,该地区成为中国洪、涝、旱、碱灾严重地区之一。海河流域可能开发的水能资源约为 200 万千瓦。

中国自 20 世纪 50 年代开始治理海河河道,兴建水库,增辟灌溉和入海尾闾工程。先后兴建大小水库 900 多座,总库容达 265 亿立方米,控制了山区流域面积的 83%。同时,还兴建了水电站 119 座,总装机容量为 66.28 万瓦千,年均发电量 17.9 亿千瓦时,使海河流域可发电量水能资源的 1/3 得到利用。此外,还建造堤防 4300 千米,开挖疏浚支流河道 270 条,骨干河道 50 条,并新辟了漳卫新河、子东新河、永定新河、潮白新河等 8 条入海河道,使排洪入海能力达到 2.5 万立方米/秒,治理了 80% 的平原易涝面积,初步解除了洪涝灾害。

3. 主要河流

(1) 海河水系河流

由蓟运—潮白—北运河、永定河、大清河、子牙河与漳卫—南运河五大水系组成,由北、西北、西、西南方向在天津市区三岔河口汇入海河,经海河流入渤海。海河干流指天津至大沽一段,长 74 千米。若以漳卫河为源地起点,则长 1090 千米,全流域面积 26.36 万平方千米。属中国七大江河之一。

蓟运河　由源出罗文峪的州河和源出兴隆县青灰岭的泃河汇流而成,下游至北圹入永定河后入海。全长 316 千米,流域面积 9950 平方千米。

潮白河　由源出河北沽源县南部的白河和源于丰宁县境内的潮河组成。2 河在北京市密云区汇合后称之潮白河。全长 467 千米,流域面积 19 559 平方千米。

北运河　为海河北支。京杭大运河的最北段,北京通州区以下始称北运河,13 世纪时利用白河下游河道修浚而成。有 2 源,一为潮白河,另一为温榆河。后者发源于北京昌平区北部军都山东麓,长 238 千米,流域面积 5300 平方千米。1958 年在温榆河上建有十三陵水库。北运河自青龙湾河、筐儿减河汇入潮白新河或永定新河,注入渤海。全长约 180 千米,流域面积 2.96 万平方米。

蓟运—潮白—北运河虽是 3 条独立的河流,但在防洪与输水渠系方面已联成一个体系。

永定河　为海河西北支。历史上是海河最不稳定的一条河流。上源由桑干河和洋河组成。桑干河源于山西北部管涔山东麓;洋河发源于内蒙古南缘兴和县。2 河汇合于官厅水库,出水库后始称永定河,至屈家店与北运河汇合。全长 681 千米,流域面积 50 830 平方千米。永定河上游流经黄土高原(占流域 40%),夏季多暴雨,河流含沙量大,素有"小黄河"之称。下游淤积成"地上河",因迁徙不定,故过去称无定河。清康熙三十七年(1698)为保护北京,进行了一次人工改道,迫使河水向东南流,入三角淀,至西沽入大清河,并改称永定河。永定河多年平均径流量为17.8亿立方米,年输沙量807万吨,多年平均含沙量49.2千克/立方米,超过黄河陕县站(37.7千克/立方米)。径流的年内、年际变化大,常有旱涝灾害发生。为防永定河的水患,1959年修建有官厅水库。

大清河 为海河西支,是上游与大支流中最短的干流。其上源北支由源于涞源县境的北拒马河和源于白石山的南拒马河组成,南支则由漕河、唐河、大沙河和磁河等10余支流组成,均源于太行山东麓并汇入白洋淀,出淀后始称大清河,至独流镇与子牙河汇合。全长483千米,流域面积32 700平方千米(至工农兵闸)。由于上游来沙堆积,形成一系列洼淀,如白洋淀等。

子牙河 为海河南支。由源于山西繁峙县泰戏山的滹沱河和源于太行山东麓的滏阳河汇合而成,2河在献县汇合后始名子牙河。全长747千米(至海口),流域面积(至献县)46 000平方千米。河道进入平原后成地上河,常形成水灾。

漳卫南运河 为海河南支。京杭大运河天津至山东临清的一段,故名南运河。上游由漳、卫2河组成,漳河源于晋东南山地,卫河源于晋东南高平县内,由淇河、安阳河、汤河等10余条支流汇集而成。漳河和卫河在徐万仓汇合后称卫运河,卫运河全长157千米,至四女寺枢纽又分成南运河和漳卫新河2支,南运河向北汇入子牙河,再入海河,全长309千米;漳卫新河向东于大河口入渤海,全长245千米。流域总面积37 200平方千米。

(2)滦河

发源于河北丰宁县西北的巴颜图尔古山北麓,上游闪电河经内蒙古多伦折向东南,在郭家屯附近汇小滦河后称滦河。中游穿行于燕山山地,在承德地区先后汇兴州河、伊逊—武烈河、鹦鹉河(热河)、柳河、漾河等支流,在喜峰口穿越长城。下游汇青龙河,在乐亭附近分成几道细流,经过约50千米宽的三角洲注入渤海湾。全长885千米,流域面积44 750平方千米。滦河流域地处半湿润暖温带大陆性季风气候区,流域内多年平均降水量为400毫米~800毫米,降水量多集中于6月~9月间,占全年降水量的70%~80%,受降水年内分配的影响,径流年内分配不均匀。山区水能资源较丰富,理论蕴藏量59.64万千瓦。

滦河流域是华北地区水、旱灾害较少的地区。但地处暴雨中心的支流青龙河,常因暴雨形成洪水。自1929年以来洪峰流量超过6000立方米/秒的达5次之多。

流域内植被较好,河水含沙量(滦县站)多年平均仅4.73千克/立方米,水土流失较海河轻。干流上已建有潘家口水库、大黑汀水库,潘家口水库为引滦入津的水源。引滦入津工程全长234千米,1983年建成,平均每年向天津输送8.1亿立方米的淡水。

(3)徒骇河、马颊河

位于黄河下游北岸,系典型的平原河流。2河由西南向东北平行奔向渤海,流径河南、河北、山东。徒骇河源于河南清丰县东部,几与黄河平行。全长417千米(至海口),流域面积13 638平方千米。较大支流有金线河、赵亚河、水运河、西新河、四新河、七里河、赵牛河等。马颊河源于河南濮阳县金堤河,向东北流经山东庆云县、无棣县入渤海,全长428千米,流域面积8657平方千米。

七、淮河流域及山东半岛诸水系

淮河流域以废黄河为界,分为淮河和沂沭泗两大水系。东临黄海,西、南及东北部分别为伏牛山、桐柏山、大别山和沂蒙山,跨豫、皖、苏、鲁4省,流域面积27万平方千米,其中,淮河水系19万平方千米,沂沭泗水系8万平方千米。流域内平原面积较大,约占2/3,山区和丘陵区分布在流域西、南和东北部。

1. 淮河水系及其形成与变迁

(1) 淮河水系

淮河干流发源于豫、皖交界处的桐柏山,自西向东流经豫、皖,到江苏省注入洪泽湖。洪泽湖以下为淮河下游,水分3路下流。主流通过三河闸,出三河,经宝应湖、高邮湖在江都三江营入长江,此为入江水道,至此全长1000千米,流域面积187 000平方千米;另一路在洪泽湖东岸高良涧闸,经苏北灌总渠在扁担港入黄海;第三路在洪泽湖东北岸出二河闸,经淮沭新河入新出沂河,在灌河口入黄海。从河源到洪河口为上游,洪河口至中渡为中游,中渡以下为下游。

淮河干流南侧是古老的结晶岩构成的淮阳地盾,北侧是大黄河三角洲的一部分。受地质构造影响,干流自西向东横亘在流域南侧,两侧流域面积很不对称,因而水系呈不对称的羽状。南侧支流众多,发源于大别山区,河流短而水流急,流量大,是干流洪水的主要来源。主要支流有史灌河、沣河、汲河、东淝河、窑河、淠河等。北侧支流多而长,发源于西部伏牛山区的支流含沙量较大;源自黄河堤下的支流,流域狭长,河堤夹持,内水难排易涝。主要支流有颍河、洪汝河、涡河、西淝河、沱河、濉河、浍河等(图3-1-9),还有大型人工河道新汴河和茨淮新河。颍河是淮河最大的支流。沿淮多湖泊,分布在支流入口附近,湖面大但不深,北岸有入里湖、焦岗湖、四方湖、香涧湖、沱湖、天井湖等;南岸有城西湖、高唐湖、花园湖、女山湖、七里湖、高邮湖、沂湖、洋湖等。

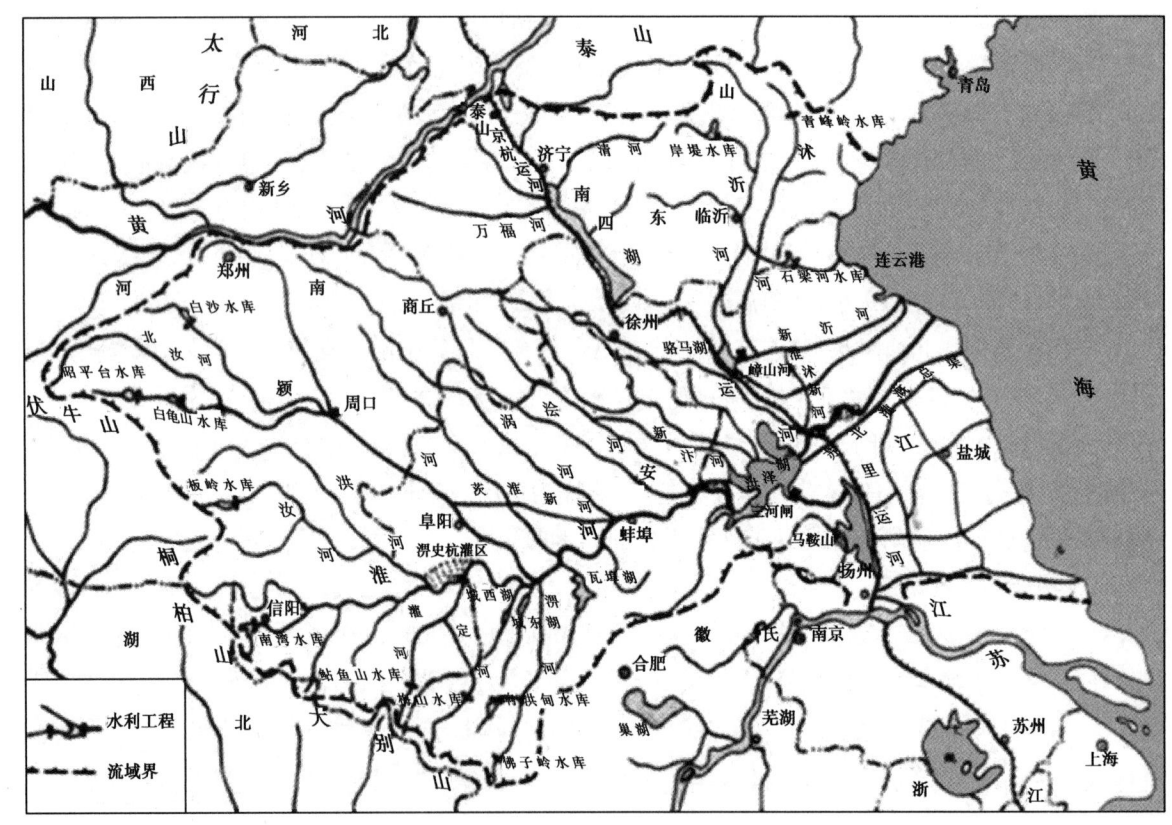

图3-1-9 淮河水系示意图

(2) 形成与变迁

淮河与黄河、海河形成的过程和时期相同,淮河流域最晚形成陆地的地方是淮阴、高邮、扬州以东的里下河地区。淮河流域的形成与黄河和淮河本身大量泥沙搬运堆积密切相关。由此可以看出黄河与淮河的亲缘关系和对淮河的巨大影响。

公元12世纪末叶以前,淮河原是一条单独入海的河流,其下游从洪泽湖南盱眙经淮阴、涟水到云梯关直接入海。南宋绍熙五年(1194),黄河南堤在阳武(今河南原阳县)光禄村决口,一部分河水经封丘、长垣、定陶向东南流,通过泗水入淮。黄河挟带的大量泥沙使淮河中游的河槽几乎成了地上河,下游入海水道被淤塞,洼地积水成湖(洪泽湖),并经常泛滥成灾。直至清咸丰五年(1855),黄河在铜瓦厢决口,冲开了北堤,向东北方向流入原来的河道,从此黄河入淮的河道成为一条高出平地2米~4米的沙岗,即"废黄河"。淮河也因此被迫改道从洪泽湖向南成为长江的一条支流。此后,泗水也就与淮河分道扬镳了。

2. 水文特征

(1)淮河

淮河干流两侧的支流,因地形条件不同,分别为山溪和平原2种不同类型的河流,由于气候和土壤等条件的差异,加深了2类河流水文特性的不同。

干流南侧,气候湿润,降水量在1000毫米以上。降水年变率和集中程度不大,连续最大4个月降水量占年降水量的50%~60%。最低月平均气温高于0℃。径流系数大,径流深在400毫米以上。干流北侧属暖温带半湿润气候,年降水量在600毫米~900毫米之间,多年变化和年内集中程度都大于南侧,连续最大4个月降水量占年降水量的60%~70%。最冷月平均温度低于0℃。径流系数小,径流深仅166毫米。

淮河流域年平均地表水资源为621亿立方米,浅层地下水资源为374亿立方米,水资源总量为854亿立方米。淮南河流径流丰富,各河径流深在500毫米~800毫米之间,最大与最小年径流的比值为4.5~9.6。淮北河流径流贫乏,径流深为100毫米~300毫米;径流年际变化大,最大与最小年径流的比值为15.9~40.7。径流的年内集中程度较高,汛期径流量一般占年径流量的60%~70%,洪水年可达85%以上(表3-1-17)。淮河流域水能蕴藏量151万千瓦,可开发装机约90万千瓦,目前已开发30万千瓦,主要分布在上游各支流,由于集水面积有限,径流小,电站装机容量大部在1万千瓦以下。

淮河是中国一条著名的地理界线,中国地理和气候学家历来把淮河—秦岭—白龙江这条连线作为划分中国温带与亚热带、南方与北方的重要"地理界线"。在气候上相当于最冷月太阳辐射热量收支相等的界线,也是全年水分收支相等的界线。淮河干流以南为丘陵区,属亚热带湿润气候,类似长江流域;淮河干流以北基本上为黄淮冲积平原,属暖温带半湿润气候,类似华北地区。

受黄河决口影响,淮河干支流河床逐渐垫高,中游河槽几乎成了地上河,下游入海出路淤塞,常决口泛滥成灾。淮河是一个洪涝灾害较严重的水系,因此,据明成化六年(1470)以来较完整的洪涝灾情资料记载,淮河明万历二十一年(1593)、清同治五年(1866)、1916年、1921年、1931年、1950年、1954年、1968年、1975年、1987年等出现过的大洪水,均由暴雨所酿成。暴雨主要有2种:一种为范围大、历时长的降雨,如1954年7月及1931年的特大洪水;另一种为范围小、强度大、历时短的台风暴雨,如1953年和1975年8月发生在流域西部的特大洪水(称"758"特大洪水)。1975年8月4日~7日发生在上游洪汝河地区的特大暴雨,最大暴雨中心林庄的最大24小时降雨量为1060.3毫米,总雨量达1631.1毫米,相当于林庄站多年平均年降雨量。流域内雨量超过600毫米的范围近1万平方千米,强度之大,范围之广,为国内所罕见,其损失也十分惨重。

表 3-1-17 淮河南北两侧支流水文特性表

河名		代表站名	流域面积/平方千米	多年平均径流量/亿立方米	径流深/毫米	最大年径流量/亿立方米	汛期分配 起迄月份	汛期径流占全年/%	洪峰流量/(立方米/秒)	最小月平均流量/(立方米/秒)
淮南河流	狮河	南湾	1090	5.60	514	8.0	5~8	59.4	2180	0
	竹竿河	南李店	1434	8.20	572	7.4	5~8	62.4	3269	0.17
	潢河	南李店	2050	10.4	507	9.6	5~8	59.5	3500	0
	灌河	鲇鱼山	963	6.20	644	6.5	5~8	60.2	3750	0.12
	史河	梅山	1970	13.3	675	8.0	4~7	60.1	13 978	0
	淠河	佛子岭	1840	15.7	853	4.5	5~8	54.8	17 200	0.14
淮北河流	洪河	庙鸭湖	2660	6.47	243	40.7	6~9	62.8	348	0
	汝河	宿鸭湖	4715	13.9	295	27.0	6~9	59.0	225	0.14
	颍河	颍桥	1910	2.69	141	15.9	6~9	52.9	1720	0
	西淝河	王市集	1340	3.10	231	24.0	6~9	68.9	454	0
	涡河	亳州市	10 530	9.17	87.1	22.5	6~9	72.2	2140	0.37
	浍河	临涣集	2560	6.00	234	28.7	6~9	76.0	865	0

1949 年后,淮河的治理开发进入了一个崭新的时期,成立了流域管理机构,进行了流域规划,并全面地对河流进行了合理开发。中华人民共和国成立不久就做出了《关于治理淮河的决定》,发出了"一定要把淮河修好"的号召,提出了"蓄泄兼筹"的治淮方针。1951 年治淮委员会提出了以防洪为主的《关于治淮方略的初步报告》。1952 年又提出了《关于进一步解决流域内涝问题的初步意见》。1954 年提出了沂沭泗洪水处理意见。1957 年提出了《淮河流域规划提要》和《沂沭泗流域规划报告(初稿)》。1977 年上半年提出了一份治淮情况报告及其附件《治淮战略性骨干工程说明》。《说明》中把大型骨干工程归纳为"蓄山水""给出路""引外水"三大部分。"蓄山水"是继续在山区修建拦洪水库;"给出路"是进一步扩大淮沂沭泗干支流的排洪出路;"引外水"是从长江和其支流汉江引水补充水源。20 世纪 80 年代和 90 年代进行了大量的规划工作,于 1992 年提出了《淮河流域综合规划纲要》。同时,又提出治理开发的 2010 年目标。

淮河治理开发的目标是以防洪为主,兼顾除涝、发电、灌溉、航运、水产、水土保持等方面的综合利用。淮河流域规划中逐步提出和明确了治理开发的骨干工程。50 多年来,修建大中小型水库 5300 多座,总库容 250 亿立方米,其中,库容 1 亿立方米以上的大型水库 36 座,总库容 187 亿立方米;修筑干支流堤防 1.5 万千米,开辟了新沂河、新沭河、苏北灌溉总干渠等入海水道,扩大了入江水道;开挖了茨淮新河、新汴河、东鱼河等排洪排涝新河道;开辟了 12 处蓄(滞)洪区和 21 处行洪区,修建了 5 个大型控制枢纽和各类节制闸 4000 多座;修建了江都(抽水流量 460 立方米/秒)等大中小型电力排灌站近 5 万处,总装机容量近 300 万千瓦,建成机电井近 70 万眼;对干支流河道全面地进行了整治;已修建水土保持林 1 万平方千米、水平梯田 8000 平方千米,全流域治理有很大进展。这些工程在防洪排涝等方面取得了巨大的综合效益。

(2) 沂河、沭河、泗河

该 3 河位于淮河下游北部地区,发源于沂蒙山区,历史上与淮河相通,治理后,其中下游分别通过新沭河、新沂河折向东流,直接入黄海;仅有大运河及分淮入沂水道与淮河沟通,仍属淮河水系。泗河流经南四湖,汇集蒙山西部及湖西平原各支流后,经韩庄运河、中运河、骆马湖、新沂河于灌河口入海。沂河、沭河自沂蒙山区平行南下,沂河流至山东省临沂市进入中下游平原,入骆马湖,由新沂河入海。沂河在刘家道口建有"分沂入沭"和邳分洪道,分别分沂河洪水入沭河和中运河。沭河在大官庄分新、老沭河,老沭河南流至新沂市入新沂河,新沭河东流经石梁河水库至临洪口入海。流域面积共 8 万平方千米。沂沭泗水系流域面积大于 1000 平方千米的平原排水支流有东鱼河、洙赵新河、梁济运河等。该水系直接入海河流有 15 条。

3. 山东半岛诸河

源于鲁中低山的潍河、泓河及源于山东半岛丘陵地的五龙河、大沽河及胶莱河等具有共同的特点:河流比较短小,河长一般只有 100 千米~200 千米,流域面积大都在 4000 平方千米左右,水流湍急,径流深较大,为 350 毫米~400 毫米。这些河流分别注入莱州湾和胶州湾。小清河下游地区、黄海沿岸等地区径流深最低,为 50 毫米~100 毫米,径流的年际变化比降水大,最大与最小的比值一般在 5~30 之间。沂河和沭河均为跨省河流,长度大,流域广,均约 400 千米。

八、东南沿海地区诸水系

指长江流域以南,发育在浙闽台山丘区的河流,其分水岭处于中国地形上的第三个隆起带的边缘,距离海洋较近。河流自西北向东南穿行在山丘之中直接入海。其中,钱塘江、瓯江、闽江、九龙江、韩江等,以及台湾岛中央山脉以西的河流都注入东海和南海,而台湾中央山脉以东的河流,则直接注入太平洋。

1. 水系河道特征

东南沿海山地呈北东或北北东方向,由 3 列与海岸平行的山脉组成。在新构造运动过程中,沿褶皱轴和垂直于褶皱轴方向发生了许多断裂,沿断裂发育成各级大大小小的干支流,在交汇处几乎呈直角而形成格状水系。由于受西北向东南倾斜的地势影响,各河干流均自西北流向东南,直接独自入海。

台湾山地是世界上最年轻的褶皱山脉之一,由海岸山脉、中央山脉等 5 列南北大致平行的山脉组成,构成了全岛河流的主要分水岭。纵贯全岛的中央山脉雄踞于岛的中部偏东,发育在这些山地的河流从峰峦向四周辐散,流入大海。

本区河流有海拔 1000 米~2000 米以上的高程,在短距离内下降到海面,所以,河流都具有流程短、河床坡降大、水流湍急、水位和流量变化大等山溪性河流的特征。

2. 水文特征与水能

本地区的河流受地形、季风及地理位置的影响,气候温暖,降水量丰沛。浙闽丘陵年降水量为 1400 毫米~2000 毫米,台湾中部山区降水量在 3000 毫米以上,迎风坡可达 4000 毫米~5000 毫米。中国降水量最大的台北火烧寮,年平均降水量高达 6569 毫米,最高年降水量达 8408 毫米。流域处于亚热带气候区,夏半年温暖多雨,3 月~6 月为季风气旋雨,7 月~8 月;多为台风雨。河流由雨水补给。径流系数较高,浙闽山地在 0.6 以上,台湾在 0.7 以上,因此,本区是中国河流径流资源最丰富的地区。全国年平均径流深最高的河流都在本区内。如屏溪的年平均径流深高达 2204 毫米,流域面积只有黄河 8% 的闽江,年径流量却是黄河的 1.04 倍。

浙闽沿海河流的水能蕴藏量为 2066.8 万千瓦,台湾岛为 1000 万千瓦;实际可开发的水能资源为理论蕴藏量的 67%,天然条件优越。本地区河口港也很多。浙闽沿海及台湾大部属港湾形海岸,岸线岬湾曲折,岸坡陡而水深,具有优良港湾条件。独流入海的河流,径流量丰富而含沙量小,其入海口往往成为天然良港。

3. 主要河流

(1)钱塘江

发源于安徽休宁县西南六股尖,自西向东北、东南流经浙江建德市梅城,与兰江相汇,向东北流至澉浦附近注入杭州湾,全长605千米,流域面积4.88万平方千米。

水系河道特征 钱塘江自古以来有浙江、浙水、制河、渐水、罗刹江和曲江等别称。自河源至河口名称不同,河源段名冯村河;自鹤城至流口称大源河;流口至黄山市名率水;黄山市至浦口称渐江,又名清溪;浦口至梅城称新安江,淳安以上又称徽江;梅城至桐庐称桐江;桐庐至萧山称富春江;闻家堰至杭州闸口段称"之江";闸口以下始称钱塘江,并以此命名整条河流。干流上游属山溪性河流。中游又分2段,上段为金华、衢州红色砂岩盆地,河谷宽广,地势平坦;中游下段有著名的七里泷峡谷段,是理想的水电站坝址。下游富春江段,谷地开阔,水流平缓。杭州以下,江面突然扩大成喇叭口状的三角洲,即杭州湾,口宽达100千米。

主要支流有兰江、乌溪江、婺江(金华江)、曹娥江、新安江、分水江和浦阳江等。

径流 钱塘江流域多年平均降水量1678毫米。一年内4月~6月的梅雨期和8月~9月的台风雨期为2个降雨的集中时期。流域多山地,径流系数较高,衢州市以上平均为0.63,新安江街口以上为0.65。径流深较大,如衢州市以上为1215毫米,新安江黄山市以上为1142毫米。全河多年平均年径流量为431.4亿立方米。年径流的多年变化较小,最大年径流量与最小年径流量的比值大部分在3.0~4.0之间。

洪水 钱塘江流域上游为梅雨主要控制区,中下游属梅雨、台风雨型,一年有2个汛期:5月或6月、8月或9月。据历史资料分析,钱塘江下游发生大洪水的原因90%是气旋活动的结果;10%是因台风雨和局部雷雨造成。1955年6月17日~22日,流域上曾出现历史上罕见的大暴雨,24小时雨量达346毫米,24小时雨量在230毫米以上的面积达5000平方千米。在下游七里泷江芦茨埠曾出现特大洪水,洪峰高达29 000立方米/秒,洪水总量达107.0亿立方米。

涌潮——海宁潮 杭州湾为一典型的大喇叭口,出海口宽达100千米,在澉浦减至20千米,到海宁盐官仅3千米。同时,自海口向上游,水深也迅速变浅。受地形、月地引力及风向、风速等因素影响,当大潮来临时,潮差最大可达8.93米。每年农历八月十八日的涌潮最为壮观。涌潮到来时,潮水壁立似墙,奔腾咆哮似雷鸣。沿岸潮差以澉浦最大,多年平均5.4米,海宁、盐官一带潮头高平均1米~2米,最大高度在3米以上。海宁潮是世界闻名的奇景。

水能资源 钱塘江全流域水资源总量为389亿立方米,水能蕴藏量为262.84万千瓦,实际可开发量约205万千瓦。新安江水电站早在20世纪60年代已建成,装机容量65万余千瓦。1968年又建成富春江水电站,装机容量29.72万千瓦。钱塘江口潮汐能蕴藏亦十分可观,理论蕴藏量为1500万千瓦,若全部开发,年发电量至少可达200亿千瓦时。

(2)闽江

东南沿海流域面积最大的河流。发源于闽赣边界的武夷山,向东南流入东海。干流全长577千米,流域面积6.1万平方千米。上游由3条长度、面积相近的建溪、富屯溪、沙溪组成,在南平相会;中游从南平到水口河段,也称剑溪,中上游穿行于山区,多急流、峡谷。水口以下为下游,坡降变小,江面开阔,水流缓慢,多沙洲、边滩。

径流　闽江上游处于武夷山东南面的迎风坡,接受东南季风带来的大量降水,年降水量达1500毫米~2500毫米,雨量分布从东南向西北递增,流域多年平均降水量1700毫米。4月~9月降水量占全年的69%~77%,径流系数为0.66,年径流量达623.71亿立方米,流域面积居全国第十一位,水量却居第七位,平均径流深为1022毫米,居各大江河之首。径流量年际变化不大,竹岐站最大与最小年径流之比仅为3.1。夏半年4月~9月的径流量占年径流量的76%。冬半年为枯水期,最枯的1月,其径流量仅占全年的2.8%。

洪水　闽江流域春夏之交梅雨季节的锋面雨形成的洪水,多出现在6月,6月径流量占全年的23.5%。其次为台风雨形成的洪水,多在7月~8月份。由于流域呈扇形,坡度陡,峰高量大,其过程一般为多峰形。1968年6月中旬,闽江下游曾出现有史以来特大洪水。虽经古田溪一级水库拦蓄调节,但竹岐站仍出现了历史上罕见的大洪水,洪峰流量达29 400立方米/秒。此外,竹岐站1948年、1952年、1961年、1962年均出现了洪峰流量超过25 000立方米/秒的大洪水。

水能资源　闽江水能理论蕴藏量为641.81万千瓦,在全国各河流中居第13位,占东南沿海诸河的1/3。实际可开发的水能装机容量占理论蕴藏量的73%。现已建成和在建的水电站有190座,总装机容量达83.39万千瓦。

(3)韩江

广东省的第2大河,因下游潮州市过去为韩愈谪居之地而得名。上源由自北向南的汀江和自南向北偏东流的梅江在广东大埔县三河坝汇合后称韩江。南流至广东澄海市分成东、西、北3支,由5个口门流入南海。全长428千米,流域面积3.4万平方千米。

全流域平均降雨量1000毫米,多集中在4月~9月,占全年降雨量的80%。夏秋多台风暴雨,常造成洪涝灾害。水能资源蕴藏量为201.44万千瓦,实际可开发量为142万千瓦,现已开发19.8万千瓦。

(4)浊水溪

台湾省最长的河流。源出中央山脉和玉山山脉的西侧,自东向西切穿山麓丘陵带至台南平原,向西注入台湾海峡。全长186千米,流域面积4324平方千米。河水常年呈灰黑色,故名浊水溪。流域处于亚热带湿润气候区,由于山地海拔高,垂直气候带明显。山区气候温凉湿润,年降水量在2000毫米~3000毫米之间。下游平原气温高,因高山阻隔和季风风向常与海岸平行,降雨较少,年降雨量在1500毫米左右,多集中于夏半年,其中6月~8月的雨量较多,约占全年的70%。浊水溪山丘区径流极为丰富,全年径流总量为51.84亿立方米。桶头和武界以上径流深达2516毫米及2461毫米,年平均径流量为45.73亿立方米,平均径流深也达1980毫米,高于浙闽沿海河流,年径流变率不大。浊水溪洪水多发生在夏秋雨季,主要由台风暴雨形成。根据清光绪二十三年(1897年~1965年)的统计,平均每年出现台风暴雨3.6次。

浊水溪是台湾省水能资源最丰富的河流,落差2400米,理论蕴藏量高达126万千瓦,占全省的12.6%。开发利用程度高,已建成7座水电站,装机容量279.3万千瓦。闻名全岛的明湖抽水蓄能电站、明潭抽水蓄能电站、日月潭水电站、万大水电站就是其中的大型水电站。

九、西南地区的国际河流

本区的河流澜沧江、怒江、红河及伊洛瓦底江在中国的干支流,均位于中国西南部边陲,与缅甸、老挝、越南毗邻。其流域包括云南的南部和西部、西藏的东北部、青海的东南部以及广西那坡县部分,总面积为39.8万平方千米。

按河流入海的位置,可分为太平洋和印度洋两大水系。其中,红河、澜沧江属太平洋水系,怒江、伊洛瓦底江属印度洋水系。西南诸河流域总的地势为北高南低,最高点是梅里雪山,海拔6740米,最低点为河口县附近的元江河谷,海拔76.4米。

1. 水文特征

西南地区由于地形、地理位置以及水汽来源等条件的不同,造成本地区的气候具有明显的地区差异和垂直变化。无论纬度方向,还是垂直方向都具有寒、温、热不同的气候带,一般是南部热,中部暖,北部寒;河谷热,坝区暖,山区凉,高山寒。

本区受西南季风影响较大,其次为东南季风。降水主要由西南季风挟带的印度洋暖湿气流所造成。北部湾的暖湿气流由东南季风带进本区南部,常形成大量降水。南海台风有时也影响云南南部河口到临沧一带形成大雨和暴雨。降水地区分布是:从西南边缘的中缅边界处的2000毫米~2800毫米向东北递减,至元江上游为700毫米~800毫米;由南部中越交界处的2500毫米向西北递减,至横断山脉附近为900毫米;沿怒江、澜沧江河谷上溯降雨量更少,西藏东部、青海南部为400毫米左右。流域平均降雨量,龙川江、大盈江最大,为1582毫米;元江1220毫米;澜沧江835毫米;怒江最少,为628毫米。

2. 径流与水能

西南地区诸河多年平均径流量为2227亿立方米,占全国水量的8.2%,人均占有量为37 883立方米,为全国平均占有量的14.4倍,相当于世界平均占有量的3.5倍,但利用率不高(表3-1-18)。

表3-1-18 西南地区河川流量及其利用

流域	径流量/亿立方米	径流利用量/亿立方米	利用率/%
红河	483.76	13.89	2.87
澜沧江	740.00	13.66	1.85
怒江	688.90	5.34	0.78
伊洛瓦底江	314.50	5.50	1.75
合计	2227.16	38.39	1.72

本区水能资源十分丰富,理论蕴藏量为9690万千瓦,占全国水能蕴藏量的14.3%(表3-1-19)。

表3-1-19 西南诸河水能资源

流域	理论蕴藏量		可开发水能资源			已开发水能资源		
	万千瓦	%	装机容量/万千瓦	年发电量/亿千瓦时	%	装机容量/万千瓦	年发电量/亿千瓦时	%
红河	998.77	10.2	359.90	202.46	9.7	10.33	6.06	27.6
澜沧江	3656.38	37.7	2348.08	1263.97	60.2	34.31	15.88	72.4
怒江	4600	47.5	1030.93	615.05	29.3			
伊洛瓦底江	445	4.6	29.50	17.20	0.8			
合计	9690.15	100	3768.41	2098.68	100	44.64	21.94	100

3. 主要河流

(1) 红河(元江)

发源于云南省大理市哀牢山东麓,河源海拔2650米。上游称礼社江,在三江口接纳东侧支流绿汁江后始称元江,于河口附近流入越南后称红河,注入北部湾。元江河长692千米,流域面积38 095平方千米。河谷深切,流域分水岭高程一般为2000米~3000米,河口附近河床高程76.4米,全河总落差2574米,平均比降3.9‰,多峡谷。流域面积大于100平方千米的支流有53条,大于1000平方千米支流17条,在中国除干流元江外,还有支流李仙江、藤条江、盘龙江等。李仙江是红河西岸最大支流,上游称把边江,向东南流与阿墨江汇合后称李仙江,流入越南后称黑水河,国内干流长488千米,流域面积3.3万平方千米;盘龙江是红河东岸最长支流,自西北向东南流入越南后称明光,国内干流长279千米,流域面积6123平方千米。

红河流域纬度偏南,受西南和东南季风影响,降水主要集中在5月~10月,占全年的85%左右,其中7月~8月尤为集中,占全年的40%~50%。河川径流量也集中在5月~10月,特别是7月~10月。洪水主要是暴雨洪水,汛期长,一般有5个月左右。多数河流流量过程有8月和10月2次高峰,暴涨暴落,历时较短,峰值较高,水位变幅很大,可达12米~20米。红河枯水期主要由地下水补给。枯水期短,一般从12月至次年4~5月,最枯月是4月或5月。红河多年径流量达484亿立方米,人均占有量大于8400立方米,是全国人均占有量的3倍。

红河为一条多沙河流。元江站年平均含沙量为3.86千克/立方米,比黄河兰州站(3.48千克/立方米)还高。元江流域年输沙模数为1170吨/平方千米,年输沙量为8961万吨。

红河流域内石灰岩广布,渗水严重,地表严重缺水。水能理论蕴藏量为999万千瓦,可开发的为360万千瓦,主要集中在支流上,元江干流仅占22.7%。元江流域干流拟进行8个梯级开发,总装机容量86.3万千瓦。支流拟装机1万千瓦以上的电站40座,总装机258.2万千瓦。

(2) 澜沧江

发源于唐古拉山东北麓查加日玛的西侧,主流扎曲,至昌都与昂曲汇合后始称澜沧江。流经青、藏、滇3省(区),在云南西双版纳州流出国境后称湄公河,经老挝、缅甸、泰国、柬埔寨,在越南南部入南海,是中印半岛上最大的河流。中国境内的河长有2153千米,流域面积164 376平方千米,占澜沧江—湄公河全流域的22.5%,年径流量740亿立方米,仅占全河总径流量的12.8%。支流众多,较大的有沘江、漾濞江、威远江、补远江等。

澜沧江流域南北跨12个纬度,水文特征上下游均不相同。其河流补给来源是:上游以地下水为主,占年径流量的40%以上;中游为雨水和地下水混合补给,并有少量冰雪融水补给;下游以雨水补给为主,占全年径流量的60%以上。

澜沧江流域的洪水主要由暴雨形成。上游降水少且无暴雨,汛期洪水仅占全江洪水的29.2%;下游流域宽广,雨量丰沛,多暴雨,汛期洪水占全江的45.9%。上游洪峰低,涨落慢,历时10天~15天,呈单峰状;下游峰尖高,陡涨陡落,历时3天~5天,流量过程线呈梳齿状。枯水期水量主要来自下游地区。

澜沧江水资源丰富,年径流量为740亿立方米,人均水量近1.57万立方米,为全国人均占有量的6倍左右。水能资源十分丰富,全江理论蕴藏量为3656万千瓦,其中干流为2545万千瓦,占全流域的70%,水能开发主要在中下游。可能开发的装机容量为2348万千瓦,干流为2088万千瓦,约占全流域的89%。拟定在干流上兴建24级梯级电站,装机容量150万千瓦的漫湾水电站、大朝山水电站、小湾水电站已经建成。目前正在建设的还有糯扎渡、景洪、苗尾等水电站。

(3) 怒江

发源于唐古拉山南坡、海拔6000多米的巴萨木拉山南,自西北向东南穿越横断山脉峡谷区,抵曼辛河口出境入缅甸后改称萨尔温江,注入印度洋安达曼海。中国境内全长1958千米,流域面积135 980平方千米,占怒江—萨尔温江流域总面积的44.6%,年径流量689亿立方米,占全江径流量的27.3%。

怒江流域呈带状,从上游到下游跨越11个纬度,上下游水文条件差别大。上游地区气候严寒,降水少,河谷平浅,湖泊广布,高山有大量冰川、积雪,谷地有大量风化物覆盖,透水性强,地下水丰富,其补给量占年径流量的50%以上;中游奔流在怒山与高黎贡山之间,山高谷深,水流湍急,两岸支流大多垂直入江,构成羽状水系,岭谷高差达3000米,雨量增多,河水为雨水和地下水补给;泸水以下为下游,河谷较为开阔,岭谷高差已降至500米左右,以雨水补给为主,占年径流量的60%以上。

怒江洪水一般不大。由于上游深居青藏高原腹地,夏季无暴雨,无大洪水,中游河道深切,两岸无大支流,河槽调节作用较大。因此,怒江一般洪水不大,洪峰涨落平缓,历时较长。

怒江水资源丰富,河川径流量年平均为689亿立方米,人均水量2.86万立方米,为全国人均水量的10倍。由于怒江水量丰沛,河道落差大,全江水能资源理论蕴藏量4600万千瓦,干流占79.2%,主要集中在中游河段。

十、西北地区诸水系

西北地区的范围与干旱区范围大体一致,包括新疆、甘肃、青海、内蒙古等省(区)和宁夏部分地区,全部面积约占全国总面积的25%。干旱是西北地区的主要特征之一,由于整个西北干旱地区的干燥度都在3.5以上,年降水量大都在50毫米以下,基本上不能进行旱作,没有灌溉就没有农业。

西北地区除额尔齐斯河属北冰洋水系外,该地区是中国内陆河最多且又最集中的地方,主要有伊犁河、塔里木河、弱水(黑河)、格尔木河等。

1. 主要河流

(1) 额尔齐斯河

位于中国西北端,是一条国际河流。发源于阿尔泰山脉喀拉巴勒其克山以西的富蕴县境内,上源称库依尔特斯河,与喀依尔特河汇合后称额尔齐斯河,从东南向西北方向流入哈萨克斯坦、俄罗斯,汇入鄂毕河后注入北冰洋喀拉海的鄂毕湾,为鄂毕河最大支流。该河是中国唯一的属于北冰洋水系的河流,在中国境内河长593千米,流域面积5.7万平方千米。流域平均海拔2000米,最高点是友谊峰,海拔4374米,有少量冰川分布。海拔1500米以上生长着茂密的森林;另外,还有宽阔的草场,夏季凉爽,是罕见的旅游胜地。额尔齐斯河的春汛,径流全部来自阿尔泰山,其南坡是西来湿润气流的迎风面,全年雨雪丰沛。年降水量从平原的200毫米上升到友谊峰附近的1000毫米,降雪占有特殊的地位。冬雪从11月至翌年3月,降雪量平均为270毫米。在多雪年份,山区积雪厚达3米~5米,在少雪年份厚度小于1米。因而形成春汛,是中国以春汛为主的河流之一。该河年径流量达119亿立方米,在西北地区仅次于伊犁河。年际之间变化较大,因冰川面积小,高山冰雪融水少,无调节作用。年内变化也较大,春季水量占全年的26%,夏季占58%,秋季占12%,

冬季只有4%。水能资源也很丰富,理论蕴藏量约80万千瓦。

(2) 伊犁河

位于天山内部西段,其正源特克斯河发源于汗腾格里峰北坡,由西向东流,在东经80°以东转向北流,穿过喀德明山脉,与巩乃斯河汇合,始称伊犁河。在东经80°30′三道河子附近接纳了霍尔果斯河后进入哈萨克斯坦,最后注入巴尔喀什湖。在中国境内长440千米,流域面积5.7万平方千米。该河是中国内陆河中年径流最多的河流,年径流量达168亿立方米,其径流量居全国第40位。伊犁河共有150条支流,较大的为特克斯河、巩乃斯河和喀什河等3条支流。伊犁河水文特征受地形影响很大,特别是从大西洋来的水汽受到山地的阻挡,在3条支流上、中游均产生了大量降水,年降水量可达1000毫米左右,再加上山地有大量冰雪融水补给,是西北地区著名的丰水区。伊犁河汛期长,春汛连接夏汛,历时从5月~8月,长达120天以上。径流量变化小,中国境内可利用地表水176亿立方米,可开采的地下水资源26.4亿立方米,已建成各类永久性渠道64条,总引水能力853立方米/秒,先后新建、改建、扩建引水干渠164条,总长2600多千米。中国境内水能资源蕴藏量约700多万千瓦,开发条件较好的坝址有30多处,装机容量300万千瓦。现已建成中小型水电站132座,总装机容量约10万千瓦。

(3) 塔里木河

位于西北干旱地区最干燥的塔里木盆地北部,系中国最长的内陆河。"塔里木"是维吾尔语"田地""种田"的意思。塔里木河通常以叶尔羌河作为河源起算,全长约2000千米,流域面积20多万平方千米。干流沿着盆地北部边缘由西向东,穿过塔克拉玛干大沙漠,最后注入台特马湖。塔里木盆地所有的河流都从盆地的北、西、南3面山地流出,但其中只有阿克苏河、和田河及叶尔羌河能够直接流入塔里木河。

塔里木河由以上3条河流组成,是一条在干旱区独有的、随流域面积增长而径流量却逐渐减少的河流。其原因是干流流域内本身不产流而只消耗径流,也不存在所谓上、中、下游的问题,而只能称为上、中、下3段。

塔里木河河水主要依靠上游山地降水和高山冰雪融水补给。从阿克苏河口到尉犁南面的群克尔一带河滩广阔,河曲发育,河道分支多。洪水期无固定河槽,水流泛滥、分散,河流容易改道。在河谷洼地形成湖泊、沼泽。群克尔以下河道又形成一支。历史上塔里木河河道南北摆动,迁徙无定,最后一次在1921年,主流东流入孔雀河注入罗布泊。1952年在尉犁附近筑坝,同孔雀河分离,河水复经铁干里故道流向台特马湖。塔里木河中上游建有大规模水利设施,沿岸建有许多农场。

20世纪50年代后期,由于生产建设的需要,大力引灌塔里木河并兴建水库,致使下游或季节性有水或成断流状态。为了改变这种状况,2000年5月起先后4次向下游输水约10亿立方米,从而使下游300千米河道及台特马等湖又重新生机盎然;2003年3月第5次输水2.5亿立方米,大大改善了塔里木下游水环境。塔克拉玛干沙漠与库鲁克沙漠间的绿色走廊,是历史上"丝绸之路"的重要地段。

(4) 弱水(黑河)

发源于青海,上游黑河与北大河流经甘肃河西走廊,到金塔县境汇合后称弱水(也叫额济纳河),最后在内蒙古额济纳旗注入嘎顺诺尔(居延海)。河长约800千米,先后接纳大小支流30余条,流域面积约7万平方千米。弱水年径流量变化不大,因地下水补给量较大,占1/3以上。黑河莺落峡站多年平均径流量为16亿立方米。年内分配非常集中,汛期6月~9月就集中了全年降水量的68%。弱水流域在祁连山北部有3排构造盆地,地表水与地下水的转化过程可重复3次,是中国地表水与地下水相互转化最典型的流域。

(5)格尔木河

流经青海省格尔木市境内。上源分为2支:左支为奈金河(奈齐格勒河),发源于昆仑山脉博卡雷克塔克山的冰川,是主源;右支为修沟郭勒河(舒尔干河),发源于唐古拉山。2河在纳赤台以下汇合后始称格尔木河,经格尔木市,北流分支注入达布逊湖。干流全长215千米,天然落差1440米。多年平均径流量(格尔木站)2.42立方米/秒。河流流程中,河水大量消耗于渗漏。据测定,格尔木河在出山口后的17千米内,径流量就损失了30%。每年补给地下水约2亿立方米。除天然渗漏外,河水还大量引用于灌溉。所以,天然河道在戈壁滩上流行30千米~50千米后,就自行消失,形成一条独特的没有尾巴的河流。河流以地下水补给为主,占该河径流量的66%以上。

十一、内蒙古地区诸水系

1.概述

本地区指阴山山脉以北、阿拉善高原以东、大兴安岭南段以西、北与蒙古国接壤的广大地区。不包括区内的外流水系,也不包括内陆河水系的弱水(额济纳河)水系,实际上只包括乌拉盖尔河、塔布河、黄旗及岱海等一些小水系。本地区属半干旱地区,年降水量为150毫米~400毫米,由东向西逐渐减少。因此,大部分属于半干旱草原地区,仅最西部属干旱荒漠地区。境内为高原地貌,地势起伏不大,自然景观垂直气候带规律很不明显。

2.河流特点

河流短小,长度都不及400千米,流域面积最大的乌拉盖尔河奴奶庙站也仅7000多平方千米。河流从丘陵发源后,一进入平原,就成为曲折无明显河槽的河流,洪水期间河水可溢两岸,最后消失于草原之中,或注入内陆湖泊。大部分河流发源于大兴安岭西坡丘陵和阴山北坡丘陵,所以河流都向北流。因为河流短,流域面积小,河流切割浅,地下水比重小,所以都是季节性河流。冬季积雪融水形成春汛,径流变率大。主要河流有乌拉盖尔河、巴拉格尔河、大吉力河、锡林郭勒河、巴音河、艾不盖河、塔布河等。表3-1-20中列举了部分有代表性的河流,说明了一些河流的水文特征。

表3-1-20 典型草原河流年径流量特征表

河名	站名	流域面积/平方千米	各月径流量占年径流%												年平均流量立方米/秒
			1	2	3	4	5	6	7	8	9	10	11	12	
巴格拉尔河	白音乌拉	2866	0.0	0.0	1.9	26.9	10.8	11.9	14.4	16.5	10.1	6.9	0.5	0.1	0.95
大吉力河	浩奇特庙	2078	0.0	0.0	1.7	26.1	9.4	9.9	13.5	18.0	10.8	8.4	2.1	0.1	0.86
锡林郭勒河	锡林浩特	3852	0.0	0.0	1.6	34.4	13.4	10.3	8.7	12.3	7.1	8.8	3.4	0.0	0.62

十二、西藏地区诸水系

1.概述

西藏是世界上海拔最高的高原——青藏高原的主体部分,平均海拔在4500米以上,自然地理条件呈现出许多特色,气温低,光照充足,辐射强烈。地区水热条件差异大,垂直气候带十分明显。从海拔只有1000米的喜马拉雅山南坡河谷向上至5000米高山,气候可划分为热带、亚热带、暖温带、温带、高山苔原带和冰雪带。降水量在地区上的分布也十分悬殊,喜马拉雅山南坡降水量十分丰富,向西北迅速减少,年降水量从5000毫米降至50毫米。

(1)水系和流域

河流分布不均匀,河网密度最大的地区在藏东南,向西向北河网密度愈来愈小。据不完全统计,流域面积大于1万平方千米的河流有10条,其中雅鲁藏布江最大。整个水系分为1个外流区和2个内流区。

外流水系　所有外流河流都属于印度洋水系。河流源头均在5000米以上的雪山,水流常年不断,河川径流丰富,主要有雅鲁藏布江、朋曲、象泉河和狮泉河等河。

藏南内陆水系　主要分布在喜马拉雅山以北,雅鲁藏布江干流以南,总面积为2.67万平方千米。湖泊面积2389平方千米,各湖自成一封闭水系。

藏北内陆水系　中国湖泊最集中的地区之一,湖泊面积占全国湖泊总面积的1/4。以湖泊为中心组成独立的向心状水系,河流一般都很短小,且多季节性河流。

(2)水文特征

西藏地区的河流有雨水、冰雪融水和地下水3种补给形式,其比例分别为16%～48%、17%～53%、22%～67%。河川径流地区差异明显,在喜马拉雅山东南坡年径流深达3500毫米,雅鲁藏布江河谷向上,直到帕隆藏布上游,减至500毫米,越过冈底斯山至内陆区,降至100毫米以下。广大内陆区在50毫米以下。羌塘高原还有一片无流区。外流区年径流量多达2723.8亿立方米。河川径流每年变化不大,但年内分配不均。一般河流由多种水源补给,年径流变化稳定,最大与最小年径流之比在1.9～3.0之间。多数河流四季占年径流的百分比为:春季7%～12%,夏季50%左右,秋季30%,冬季5%～10%。河流含沙量低,多年平均值仅为0.10千克/立方米～1.25千克/立方米。本区河流水能资源丰富,天然蕴藏量约1.6亿千瓦,占全国的23.6%。有82%集中在藏东南,其中雅鲁藏布江最丰。

2.雅鲁藏布江

雅鲁藏布江系藏语,意思是"高山流下的雪水"。它是世界上最高的大河,流域平均海拔4500米左右,河长2057千米,流域面积240 480平方千米。发源于喜马拉雅山北麓的杰马央宗冰川,从河源开始,由西向东流至米林县派乡附近折向北流,而后又改向南流,在巴昔卡流入印度称布拉马普特拉河,进入孟加拉国后又改称贾木纳河,与恒河汇合后注入孟加拉湾。

雅鲁藏布江是中国著名的大河,流出国境处的年径流量为1400亿立方米,仅次于长江、珠江;天然水能蕴藏量仅次于长江。流域东西狭长,最大长度约1500千米,南北最大宽度只有290千米。流域面积大于2000平方千米以上的支流有14条,大于10 000平方千米的支流有5条(表3-1-12)。

表3-1-21　雅鲁藏布江主要支流特征表

支流名流	岸别	河长/千米	流域面积	
			平方千米	占全流域/%
多雄藏布	左	303	19 697	8.2
年楚河	右	217	11 130	4.6
拉萨河	左	551	23 470	13.5
尼羊曲	左	286	17 535	7.3
帕隆藏布	左	266	28 631	11.9

(1) 河道特征

1975年,中国科学院青藏高原综合考察队最后确认杰马央宗曲为正源,源头海拔5590米。河源区由杰马央宗曲和库比藏布组成,有杰马央宗冰川,谷地呈"U"型。从杰马央宗冰川末端至里孜为上游段,河长268千米,河谷宽达1千米~10千米。桑木张以下河段称马泉河,水流平缓,江心洲和汊流发育。从里孜到派乡为中游段,河长1293千米,两岸支流众多,河道呈宽窄相间的串珠状,为水能资源开发创造了有利条件。派乡至巴昔卡附近为下游段,河长496千米,多高山峡谷,其中,大拐弯峡谷深达7100米,以雄伟峻险和奇特的转弯闻名于世。从派乡到墨脱希让河干流长220多千米,河床下降了2200米,为水能资源最集中的河段。据初步计算,大拐弯峡谷中的水能资源就占整个雅鲁藏布江水能资源的2/3以上。

(2) 补给类型

水文特征虽呈多样性,但仍以雨水为主,冰雪融水与地下水比重也不小,导致年径流变化小(表3-1-22)。

干流径流年际变化小,最丰水年与最枯水年的比值仅为2~3。降水年内分配主要集中于夏季,并与高温、融水同期。河流含沙量低,输沙量却较大。河水水温低,但干流并不封冻。

表3-1-22 雅鲁藏布江及主要支流水源补给和径流分配特征表

河流	站名	流域面积/平方千米	年径流量/亿立方米	各种补给量占年径流量/%			四季径流量占年径流量/%			
				雨水	融水	地下水	春	夏	秋	冬
干流	奴各沙	106 378	574	44	20	36	8.1	15.1	32.9	7.9
干流	羊村	153 191	994	47	20	33	7.2	52.0	33.2	7.6
干流	奴下	189 843	1944	32	38	30	8.8	53.8	30.5	6.9
年楚河	江孜	6216	216	29	21	50	7.1	49.5	32.5	10.9
拉萨河	拉萨	26 225	290	48	29	23	6.3	58.6	30.0	5.1
易贡藏布	贡德	10 917	119	25	52	23	9.1	62.9	23.4	4.6

(3) 水能资源

雅鲁藏布江干流天然水能蕴藏量达7911.6万千瓦,仅次于长江;单位河长水能蕴藏量为3.85万千瓦/千米,居全国各大河之首。87%集中在下游大拐弯以下,从派乡到巴昔卡落差2725米,天然蕴藏量6880万千瓦,相当于全国水能蕴藏量的1/10。从派乡至墨脱县博邱的大拐弯河段,落差2250米,两地直线距离仅39千米,通过派乡附近用压力隧洞引水至墨脱县博邱发电,水库坝顶高程2970米,坝容约120亿立方米,最大水头2340米,多年平均流量为1914立方米/秒,装机容量约3800万千瓦,年发电量2280亿千瓦时,是中国远景最宏伟的水电工程。

十三、京杭运河

早在春秋战国时期,中国就已开始挖掘运河。最早的运河工程是在公元前6世纪初由楚国在今湖北荆州市到沙洋一带开挖的扬水运河,它沟通了汉水和长江。以后吴国开挖了胥溪和胥浦、邗沟等。而后各个朝代都陆续开挖了不少运河,其中最著名的就是京杭大运河和灵渠。

京杭大运河北起北京,南抵杭州,穿过北京、天津、河北、山东、江苏和浙江6省市。全长1794千米,横穿海河、黄河、淮河、长江和钱塘江,连接了五大水系,是世界最长的运河,比苏伊士运河长10倍、是巴拿马运河的20倍,它与长城并称为中国古代2项伟大工程,闻名全世界。

京杭运河的开挖历经了3大阶段。最早是在周敬王三十五年(前485),吴王夫差下令开挖邗沟,从今扬州向东北经淮安入淮河,沟通了长江和淮河,就是现在的里运河。后战国时代,先后开凿了大沟和鸿沟,从而沟通江、淮、河、济4水。第二阶段为隋仁寿三年(603)起,隋朝为实现和巩固国家统一,运输物资,进行了规模最大的一次开挖工程,从北京经洛阳至杭州的京杭运河全部开挖成功,总长2700多千米。到了元代,全国政治中心移至北京,运河绕道洛阳很不方便。从至元二十年到至元三十年(1283～1293)先后挖通了济州河(济宁至东平县)、会通河(东平至临清)和通惠河(北京至通州),把运河改成直线,缩短了900多千米,即现在的京杭运河(图3-1-10)。

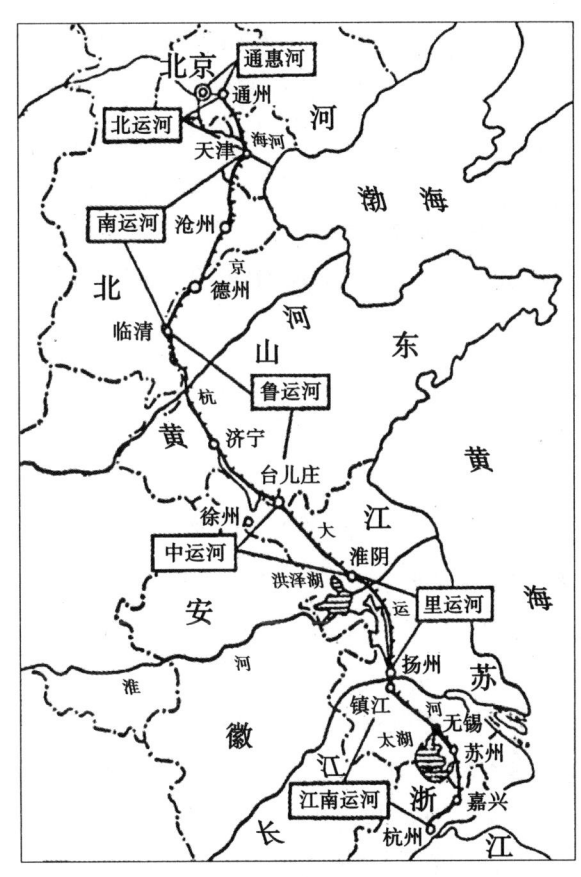

图3-1-10 京杭运河示意图(据庄明辉,1997)

京杭运河的流向、水源和排蓄条件在各段均不相同,非常复杂,流向总体概括为4个节点(天津、东平湖、清江、丹阳)、5种流向:节点1天津(海河)以北的通惠河、北运河向南流;节点1与节点2东平湖之间的南运河、鲁北运河向北流;节点2与节点3长江(清江)之间的鲁南运河、中运河、里运河向南流;节点3与节点4长江以南的丹阳之间河段向北流;丹阳以南河段(江南运河)向南流。

(1)通惠运河 由北京朝阳区到通州区,长82千米。历史性通航河道。由于清末实行"停漕改折"政策和20世纪以来铁路、公路交通发展,货物转为陆运,加之水源不足,航道失修,至20世纪50年代初期,仅有少量船只作间歇性通航。目前,该河主要用作北京市排水河道,已不能通航。

(2)北运河 通州至天津段,长约180千米,集水面积5.11万平方千米,由天津注入海河。除屈家店至天津段15千米可供小船作季节性通航外,其余河道均不能通航。

(3)南运河 又名御河,天津到临清,长414千米。天津至四女寺段航道窄狭弯曲,底宽15米～30米,水深约1米,建有杨柳青、独流、北陈屯、安陵4座船闸,可通航100吨级船舶。由于上游水库拦蓄,两岸农田灌溉,加之年久失修,现已处于断航状态。四女寺至临清段称卫运河,长94千米。卫运河底宽30米,水深约1米,建有四女寺、祝宫屯船闸,可通航100吨级船舶。由于上游岳城水库蓄水,截走水源,尤当卫运河扩大治理后,航道情况骤然恶化。

(4)鲁北运河 也称位山、临清运河,原河段已淤塞。1958年另选新线,长104千米,但未开挖。1960年～1968年,根据引黄输水要求,开挖了周店至尚店76千米渠道,两头河段尚未开挖。

(5) 鲁南运河　国那里至梁山段称东平湖湖西航道,长20千米。1968年虽经疏浚整治,但河道严重淤积,水深不足,尚不能通航。梁山至南旺段长33.8千米,枯水期航道水深0.5米,每年可通航6个月,为季节性航道。南旺至济宁段长27.1千米,底宽15米,枯水期水深0.5米,每年仅通航6个月,为季节性航道。济宁至二级坝段长78.1千米,航道顺直,枯水期水深1米以上,底宽50米,可通航100吨级船舶。

(6) 中运河　台儿庄到淮阴段,长186千米。二级坝至大王庙段原来是走韩庄、台儿庄一线。1958年在江苏省境内新辟南四湖湖西航道及不牢河河段,使河道经徐州市北郊通过,至大王庙与中运河汇合。大王庙至淮阴段仍循原来河道南下,长163千米。徐州以下河段经近年分段拓宽,航道一般底宽45米～60米,水深3米以上,已可通航500吨～700吨级以上拖带船队。是徐州煤炭南运的主要线路。

(7) 里运河　淮阴到瓜洲,全长169千米,其入江口原在瓜洲,1958年改至六圩入江。近年屡经整治,航道底宽一般达70米,水深3米以上,可通航1000吨级拖带船队。年运货量1500万吨左右。

(8) 江南运河　镇江至杭州。自长江南岸谏壁口经丹阳、常州、无锡、苏州、平望至杭州。其中,平望至杭州有3条航线,即东、中、西线,如以东线计算,全长323.8千米,大部分底宽20米,水深2米,一般可通航40吨～100吨级船舶,年货运量达1600余万吨。

中华人民共和国成立后,对运河进行了大规模整修,使其重新发挥航运、灌溉、防洪和排涝的多种作用。1988年底建成的京杭运河和钱塘江沟通工程已将江、河、海衔接起来,构成了以杭州为中心、以京杭运河与长江、黄河、淮河、海河、钱塘江五大水系相连通的水运网。同时,京杭大运河还被确定为南水北调东线输水路线。为了更好保护京杭大运河及申报世界文化遗产,中国将"开凿""数字京航大运河"。2007年5月初在京召开的全国社会发展科技会议提出,中国将在"十一五"期间实施数字京杭大运河专项。根据国家文物局发布的《文化遗产保护科学和技术发展"十一五"规划》,中国专家将在已有研究成果基础上,系统开展调查评估工作,利用全球定位系统(GPS)等技术手段建立京杭大运河文化遗产综合信息系统。这一系统能将京杭大运河的文字、图片、地图、遥感图像等非空间数据在同一地理参考坐标系下进行统一管理,通过文字和图形进行统一管理,实现通过文字和图形进行双向查询、检索,并对图像进行浏览、查询、分析和制图,形成基础信息数据库,为实施京杭大运河的保护、研究、展示、管理和决策提供有力支撑。

第二节　中国的湖泊

一、概述

湖泊是陆地上洼地积水形成的水域比较宽广、水流缓慢的水体。中国是一个多湖泊的国家,天然湖泊遍布。湖泊常见的名称往往带有方言称谓,分别有湖、泊、陂、泽、泡、池、荡、淀、漾、仇、海、错、诺尔、茶卡等众多的别称。至于水库则属人工湖范畴。

中国湖泊面积以大于50平方千米的大中型湖泊为主,占全国湖泊总面积的80%,但数量只占到0.93%;而小型湖泊面积虽只占全国湖泊总面积的20%,数量却占到99.07%。全国大于1000平方千米的特大型湖泊有10个,分别为色林错、纳木错、青海湖、博斯腾湖、兴凯湖、鄱阳湖、洞庭湖、太湖、洪泽湖、呼伦湖;面积在1平方千米~10平方千米、10平方千米~50平方千米、50平方千米~100平方千米、100平方千米~500平方千米、500平方千米~1000平方千米的湖泊分别有2000个、456个、101个、109个、17个(马荣华等,2011)。就地区分布而言,以分布在高原山区为主,面积达56 545平方千米,占总面积的67.8%;分布于平原区的湖泊只有26 855平方千米,占全国湖泊总面积的32.2%。前者主要见于青藏高原、蒙新地区和云贵高原,以内陆湖为主,其中只有10 322平方千米的湖泊属外流区淡水湖或部分内流区淡水湖;而后者主要分布在东部平原和东北平原山区,几乎全是外流区淡水湖。

随着气候变化和人类活动对地球影响的增强,在近30年~50年时段内,中国的湖泊总的趋势呈萎缩和减少状态。

通常按湖水含盐量的大小,将湖泊分为淡水湖、咸水湖和盐湖3种:含盐量小于1‰的称为淡水湖,1‰~35‰的称为咸水湖,大于35‰的称为盐湖。中国的咸水湖、盐湖均是由淡水湖演变而来,目前尚未发现与海洋有直接的联系。中国湖泊总贮水量为7550.87亿立方米,其中,淡水湖为2350.158亿立方米,占31.1%;咸水湖为4614.13亿立方米,占61.1%;盐湖为586.586亿立方米,占7.8%。

二、湖泊的分布及形态特征

1. 湖泊的分布

中国湖泊的分布,大致以大兴安岭—阴山—贺兰山—祁连山—昆仑山—唐古拉山—冈底斯山一线为界。此线东南为外流湖区,以淡水湖为主,湖泊大多直接或间接与海洋相通,成为河流水系的组成部分,属吞吐性湖泊。此线西北为内流湖区,湖泊处于封闭或半封闭的内陆盆地之中,与海洋隔绝,自成一小流域,为盆地水系的尾闾,以咸水湖或盐湖为主。在中国的天然湖泊中,由于各种原因,还发育了一些特殊的湖泊。例如,地处世界屋脊青藏高原上的纳木错,湖面海拔4718米,面积1940平方千米,是地球上海拔最高的大型湖泊;位于吐鲁番盆地中的艾丁湖,湖面在海平面以下155米,是世界上海拔最低的湖泊之一。中国湖泊高程悬殊之大,为世界所罕见。此外,在西藏羊八井附近,发现了一个面积达7300平方米、最大水深超过16米的热水湖,水温变化在46℃~57℃之间,每当晴空无云之际,巨大的气柱从湖面冉冉升起,景色十分壮观。云南丘北六郎洞内还有一个巨大的地下湖,湖水从溶洞溢出的流量达26立方米/秒,现已成功地用以发电,是中国第1座地下湖发电站。中国的湖泊由于分布在不同的自然地带,所以,它们的特性差异较大。

从地区讲,中国的湖泊分布不均匀,大约有99.8%的湖泊分布在东部平原、青藏高原、蒙新地区、东北平原和云贵高原地区。在这5大湖区中,又以东部平原和青藏高原地区的湖泊为最多,占全国湖泊总面积的74%,形成东西相对的2大稠密湖群。

(1)东部平原湖区

东部平原湖区系指长江及淮河中下游、黄河和海河下游及大运河沿岸所分布的大小湖泊,这些湖泊大多是由构造运动、水流冲积作用或古潟湖演变而成的外流湖。湖泊总面积为22 900平方千米,约占全国的27.5%,湖泊率为2.4%,是中国湖泊分布密度最大的地区,其中,长江中下游平原及其三角洲地区,湖泊星罗棋布,大多是新构造运动断陷形成,或与河床演变有关的构造湖或河成湖;黄淮海平原及大运河沿线湖泊众多,大都是河流演变的产物。此外,在沿海平原低地还保留一些古潟湖遗迹。中国著名的五大淡水湖泊——鄱阳湖、洞庭湖、太湖、洪泽湖及巢湖就分布在此区(图3-1-11)。

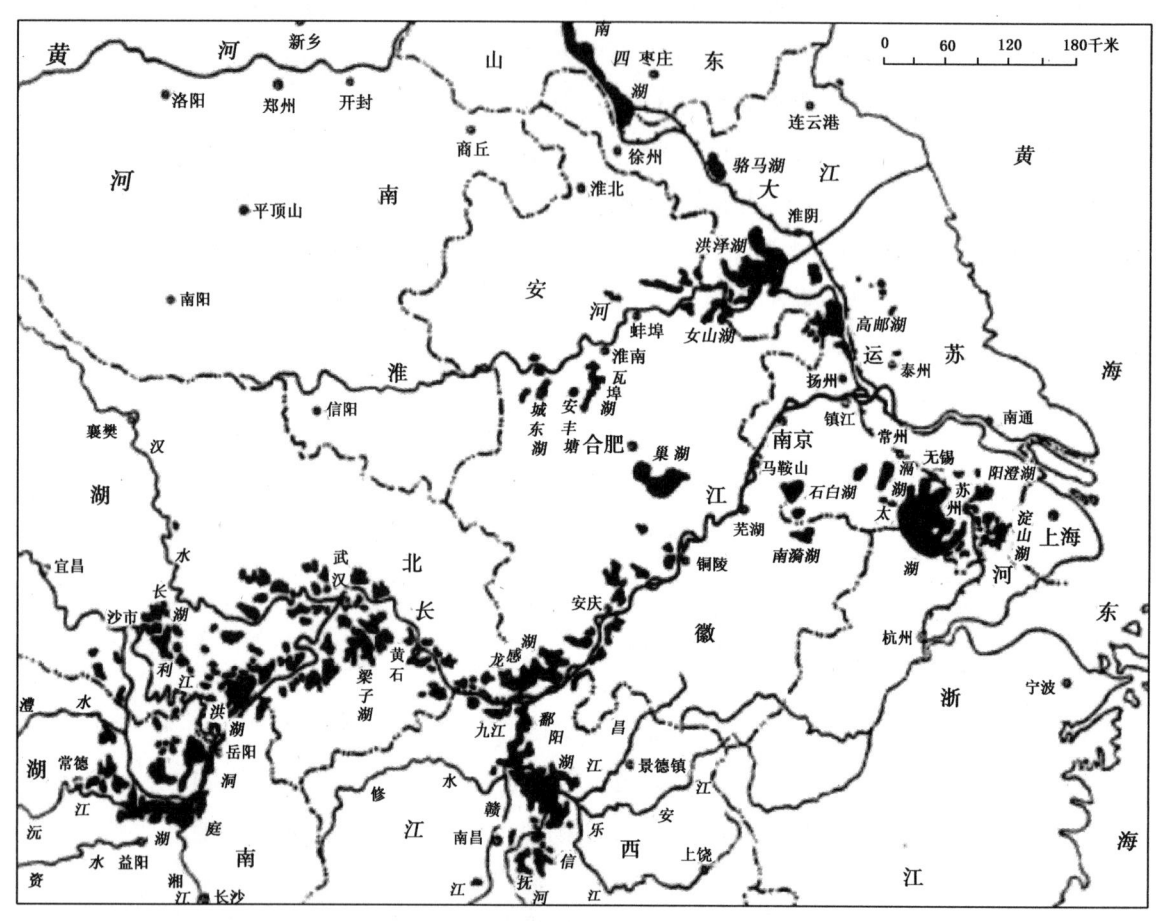

图3-1-11　东部平原地区湖泊分布图(据王洪道,1995)

(2)青藏高原湖区

湖泊总面积为38 700平方千米,约占全国的46.5%,湖泊率为2%,是地球上海拔最高、数量最多和面积最大的高原湖区,也是中国2个稠密湖区之一。湖区以咸水湖和盐湖为主,多为内陆湖,是内陆河流的尾闾和汇水中心。该湖区多发育在一些和山脉平行的、大小不等的山间盆地或纵谷之中,其中,一些大中型湖泊系构造断裂基础上发育形成的,湖泊往往沿构造方向呈带状排列,只有一些中小型湖泊分布在山岭峡谷区,属冰川湖或堰塞湖。本湖区内有青海湖、鄂陵湖、扎陵湖、纳木错、奇林错、斑公错及羊卓雍错等湖泊(图3-1-12)。

(3)蒙新湖区

湖泊总面积为16 400平方千米,约占全国的19.7%,湖泊率为0.6%。本区地处内陆,气候干旱,河流和潜水易向汇水洼地中心积聚,发育成众多的内陆湖泊,一些大中型湖泊往往成为内陆盆地水系的最后归宿。区内湖泊大致以弱水为界,以西多为构造湖,以东多为小型风蚀湖,亦有部分构造湖。新疆吐鲁番盆地的艾丁湖,位于海平面以下155米,是中国大陆地势最低的湖泊。区内较大的湖泊有呼伦湖、博斯腾湖、贝尔湖等,多为咸水湖或盐湖。

(4) 东北平原与山地湖区

湖泊总面积3800平方千米，约占全国湖泊总面积的4.6%，湖泊率为0.3%。许多湖泊如镜泊湖、五大连池、白头山天池等都受火山活动的影响。镜泊湖、五大连池是典型的火山熔岩堰塞湖，白头山天池是著名的火口湖。亦有少数构造湖和一些小而浅的泡子。境内分布有兴凯湖（中俄边界）、镜泊湖、松花湖、五大连池及白头山天池（中朝边界）等著名湖泊。白头山天池深达373米，是国内已知最深的湖泊。

图3-1-12　青藏高原地区湖泊分布图（据王洪道，1995）

(5) 云贵高原湖区

湖泊总面积为1200平方千米，约占全国的1.5%，湖泊率为0.3%。多为构造湖，也有像草海、异龙湖、纳帕海及东湖等溶蚀性湖泊。滇池、洱海、抚仙湖、泸沽湖及草海等知名湖泊均分布在此区。湖水一般较深，风景秀丽。抚仙湖水深150米，仅次于白头山天池。

2. 湖泊的形态特征

湖泊形态是指湖盆结构及其大小的概念。湖盆结构通常由沿岸带、亚沿岸带和深水带（或湖心敞水带）3部分组成。湖泊形态的大小则以某一水位条件下相应的面积、长度、宽度、岸线周长、湖深、容积和岸线发展系数等几何度量指标来表示的，湖泊形态特征制约着湖水的物理化学性质，影响着水生生物的分布规律。形态又与其成因和变迁有密切关系。

湖泊的外部形态特征是千差万别的（表3-1-23）。大型湖泊可达数万到数十万平方千米，小型湖泊只有几公顷；有深达千余米的深湖，也有水深仅几厘米的近于干涸的湖泊。湖泊几何形态上的变化，在很大程度上取决于湖盆的起源，不同成因的湖泊其轮廓是不同的。一般来讲，河成湖、堰塞湖保留了原有河床的某些形态特征；发育在构造凹陷盆地基础上的或是火山口积水而成的湖泊，其外形略呈圆形或椭圆形；而发育在地堑谷地中的湖泊，则多呈狭长形等等。现在的湖泊，除沿袭古湖泊的某些形态特征外，还在外界条件的影响下，使湖泊形态发生了改变。例如，入湖河流所携带的泥沙,起着改造湖泊岸的地形与填平湖底起伏的作用;风浪能使沿岸带的泥沙重新移动和沉积,使迎风岸侵蚀加剧,而背风岸沉积增多。也有因气候变化而引起湖面的收缩或扩大。沿岸带水生植物和底栖生物的滋生,不仅可引起湖泊形态的改变,还会加速湖泊的消亡。此外,新构造运动也会改变湖泊的形态。沉降型的湖泊,除湖水加深外,还使沿岸的港汊得到发育,湖岸的岬湾曲折交错;掀升型的湖泊,湖水逐渐变浅,湖岸发育顺直。所以,一个湖泊的形态发育是错综复杂的,它可以是单因素的,也可以是多因素作用的产物。特别是人类的经济活动,直接、间接地参与了湖泊形态的改造,如建闸蓄水、固岸工程、滩地围垦等等,都可促进湖泊形态的变化。因此,中国目前湖泊的形态是自然与人共同作用的结果,而不是湖泊形成初期的自然形态。

表 3-1-23　中国主要湖泊形态特征

湖名	所在省区	地理位置 北纬	地理位置 东经	面积/平方千米	湖面高程/米	最大水深/米	容积/亿立方米
青海湖	青海	36°40′	100°23′	4636	3196	28.7	854.45
鄱阳湖	江西	29°05′	116°20′	3960	21	23	260
洞庭湖	湖南	29°20′	112°50′	2740	34.5	30.8	178
太湖	江苏	31°21′	120°16′	2425	3.1	3.33	50.9
呼伦湖	内蒙古	48°57′	117°23′	2315	545.5	8	131.3
洪泽湖	江苏	33°20′	118°40′	2069	12.5	5.5	31.3
纳木错	西藏	30°40′	90°30′	1920	4718	30	
色林错	西藏	30°51′	89°00′	1640	4530	>36	
南四湖	山东	34°59′	116°57′	1266	上级湖34.5 下级湖32.5	汛期2.5~3	53.6
博斯腾湖	新疆	41°59′	89°49′	1080	1048	17	75
扎日南木错	西藏	31°00′	85°30′	1023	4613		
巢湖	安徽	31°25′	117°20′	820	10	5	36

三、湖泊的成因与变迁

1. 成因与类型

通常以湖盆的成因作为湖泊成因分类的依据。中国的湖泊成因是多样的。由于地壳运动引起的地壳断陷、拗陷、沉陷所形成的构造盆地,经潴水而成湖泊,称构造湖。构造湖在中国分布很广,一些大中型湖泊多属此类型;由于火山喷发,喷火口积水成火口湖,或火山喷发的熔岩流堵塞原先河床形成堰塞湖,统称火山湖,这类湖泊几乎都集中在东北地区;由于冰川刨蚀或冰碛物堆积形成的湖泊称冰川湖,分布在西南、西北冰川比较发育的高海拔山区;由易溶性碳酸盐类的岩层经溶蚀而成的岩溶湖,多分布在西南岩溶地区;沙漠地区定向吹蚀成丘间洼地,经潜水汇集而成风成湖,多以小型时令湖形式出现,集中分布在沙漠地区;沿海平原洼地因泥沙淤积海湾沙嘴封闭而形成的潟湖,多分布在沿海平原低地。此外,还有由于河道的横向摆动而残留的河迹湖,以及随河流天然堤而伴生的堤间湖等,多分布在大江大河沿岸的平原低地。

上述湖泊类型是按成因的单项因素分类的,实际上,许多湖泊多具有混成的特点,例如,长江中下游的五大淡水湖,其湖盆的形成既与地质构造有关,又与江河、海洋的作用有关。

(1) 构造湖

中国的构造湖,主要分布在下列地区:

云南高原的湖泊与地质构造的因素有关,除异龙湖和杞麓湖位于滇东山字型构造的弧顶,受东西向断裂控制,湖泊长轴东西向延伸外,其余的湖泊大多受南北向断裂的影响,均呈南北向条带状分布。滇东的湖泊带是由于地面断裂系统的强烈发育,形成了许多地堑式断陷盆地和断陷湖泊,如滇池、抚仙湖、阳宗海、杞麓湖和杨林湖等,都是在断陷盆地基础上发育成的构造湖。这些断陷湖泊都保留有明显的断层陡崖,附近常有涌泉或温泉出露,沿断层两侧的垂直差异运动至今未曾停息。在纵贯全区的大断裂系统上,曾发生过多次比较强烈的破坏性地震,新构造运动对湖盆的发育仍起着一定的影响。位于元江大断裂带附近的洱海、剑湖、茈碧湖等,新构造运动的迹象也颇明显,断层两盘间——点苍山与洱海仍有相对的升降,形成地形上的强烈切割。金沙江以北的程海、川滇界上的泸沽湖和川西的邛海、也都是地壳断陷而成的湖泊。

分布在柴达木盆地中的众多湖泊,大多位于构造盆地的最低洼处,这些湖泊都是第三纪柴达木古巨泊的构造残留湖。盆地东缘的青海湖原是个向斜构造,后因东部发生断块上升而成为内陆湖泊。扎陵湖和鄂陵湖是因巴颜喀拉山褶皱隆起,并受到北北东、北西西和北东向几组断裂的影响而形成的构造湖。

西藏高原盆地众多,湖泊星罗棋布,那些近东西向、北西向和北东向的纵形谷地的谷底洼地,都有纵向延伸的湖泊带分布。湖泊长轴走向与构造线基本吻合,说明湖盆的形成受区域构造线的控制比较明显。这些湖盆的起源可追溯到第三纪。它们都是在第三纪喜马拉雅运动中由构造断陷作用所形成的。如色林错就是在早第三纪始新世晚期(大约在5400万年前)第一期喜马拉雅运动活跃时形成,并延续至今的残留湖泊,因此湖盆有巨厚的古近系、新近系和第四系的沉积。而其余的湖盆目前只发现上新统(大约在900万年前)的沉积,可能是在中新世中晚期(大约在2600万年~900万年前)第二期喜马拉雅运动期间形成。此外,分布于滨湖的断层三角面,在一些湖泊中至今仍清晰可见。

内蒙古的呼伦池、岱海、黄旗海、安固里淖和查干诺尔均属于构造湖。新疆的赛里木湖、艾比湖、乌伦古湖和博斯腾湖等,也都是在断陷盆地基础上发育而成的内陆湖泊。

长江中下游所分布的洞庭湖、鄱阳湖和巢湖等,位于大地构造单元的转折地带,受构造差异运动和新构造运动的影响显著;但湖盆轮廓不及山间断陷盆地的湖泊明显,它往往是断层构造截断山系而形成的湖泊,一般与南北向断裂构造活动的关系密切。

此外,位于山西地台南缘、渭河地堑东段的运城解池,它是由中条山北麓及峨眉台地南缘两条平行断裂形成的地堑式构造湖。中、俄国境上的兴凯湖是远东最大的淡水湖,它亦是在第三纪地壳陷落基础上形成的湖泊。

(2) 火山口湖

在吉林省东南部中朝两国边境上,有一座风光绮丽的高大山体,矗立在广阔的熔岩高原上,这就是世界著名的长白山。长白山区是中国典型的火山地貌区域,在玄武岩高原与台地之上突起一座雄伟秀丽的休眠火山——白头山,在凹陷的火山锥顶部周围,环绕着16座高达2500米以上的山峰,其中形如盆状的火山口,已积水成湖,称为白头山天池。它是中国目前已知的第一深湖,是松花江支流二道白河的源头。湖水主要来自天然降水和湖周岩层的裂隙水,年水位常年无大变化,水温较低,湖水偏碱性。据历史记载,有史以来白头山火山口曾有过3次喷发,分别是明万历二十五年(1597)、清康熙七年(1668)和康熙四十一年(1702),最终形成为今日如此规模巨大而雄伟的同心圆状火山锥地貌景观。

第四纪火山喷发时,在长白山区还形成另外一些小型火山口湖,它们是长白山小天池和靖宇县龙岗火山群的6个小火山口湖。此外,在大兴安岭东麓鄂温克旗境内哈尔新火山群的奥内诺尔火山顶上也有一个火山口湖。德都县五大连池火山群的南格拉球火山口,湖水较浅,已长满苔藓植物。台湾宜兰平原外的龟山岛上,龟头及龟尾也各有一个火山口湖。云南腾冲打鹰山和山西大同昊天寺火山,山上原来都有火山口湖,后已被破坏而消失,唯腾冲大龙潭火山口尚积水成湖。

(3) 堰塞湖

中国堰塞湖主要有2类,一类是由火山喷发的熔岩流拦截河谷而形成的,如东北的镜泊湖、五大连池和内蒙古的达里诺尔等;另一类是由地震或冰川、泥石流引起的山崩滑坡物质堵塞河床而形成的,如藏东南的易贡错、然乌错和古乡错等。黄土高原地区滑坡形成的聚湫也属于此类。

火山堰塞湖在东北较为多见;而冰川或地震所形成的堰塞湖在西藏东南部较为常见。清光绪二十六年(1900)藏东南波密县因地震影响而发生特大泥石流,截断了乍龙曲,形成一个海拔2159米、长16千米、宽2千米、深25米、面积23平方千米的易贡错;波密县的古乡错是1953年由冰川泥石流堵塞而成的。八宿县200年前在一条河流的右岸发生巨大山崩,堵截了河流的出口,从而形成海拔3800米、长26千米、宽1.2千米、面积为20平方千米的然乌错。

中国台湾省地震频繁,1941年12月在嘉义东北发生了一次强烈地震,引起山坡崩塌,浊水溪东流被堵,在海拔380米处的溪流中,形成了一道高100米的天然堤坝,使河流中断,10个月以后,聚集了上游的溪水,在天然堤以上形成一个面积6.6平方千米、深160米的堰塞湖。该湖形成不久,因天然堤坝被冲开,湖泊随即消亡。

(4) 冰川湖

中国冰川湖多为山谷冰川所形成,湖泊位于较高的海拔处。仍清晰可见。

青藏高原上的冰川湖主要分布在念青唐古拉山和喜马拉雅山区,但多数是有出口的小湖,如藏南工布江达县的帕桑错,是扎拉弄巴和钟错弄巴2条古冰川汇合后挖蚀成的槽谷,经冰川终碛封闭而成为冰碛湖。它位居海拔3460米处,长13千米、宽2千米、深60米,面积达26平方千米。四川甘孜的新路海,系冰蚀挖深、冰碛物阻塞河谷出口而形成的冰川湖,深75米。

新疆境内的阿尔泰山、昆仑山和天山亦有冰川湖分布,它们大多是冰期前的构造谷地,在冰期时受冰川强烈挖蚀,形成宽坦的槽谷。冰退时,槽谷受冰碛垄阻塞形成长形湖泊,如阿尔泰山的喀拉斯湖就属于这一类型。在冰斗上下串联或冰碛叠置地区,还发育有串珠状冰川湖。此外,现代冰川的冰面在衰退过程中,由于冰舌的后退或消融,使冰舌部分的冰面地形趋于复杂,常形成大小不等、深浅不一的冰面湖。

(5) 喀斯特湖

典型的喀斯特湖是由于碳酸盐类地层经流水的长期溶解产生了洼地或漏斗,当这些洼地或漏斗中落水洞被堵塞后,泉水流入其中而成为湖泊。这类湖泊无一定排列方向、形状或圆或椭圆,如由谷地积水所成的湖泊也可呈长状。喀斯特湖面积不大,水一般不深。

中国喀斯特湖主要集中分布在喀斯特发育的黔、桂、滇等省区。如贵州威宁的草海,原是个典型的喀斯特盆地,清咸丰七年(1857)因暴雨引起山洪暴发,洪水携带大量沙石阻塞了喀斯特盆地的落水洞,经潴水后才成为湖泊。该湖集水面积为190平方千米,年入湖水量0.9亿立方米,湖面积为29.8平方千米,水深近2米,贮水量为0.3亿立方米左右。于1973年凿开水洞,排干湖水,垦为农田,现已退田还湖。云南中甸的纳帕海,两岸断崖有3个水平溶洞,水位高时成为湖水的排泄水道;湖底还有许多裂隙和落水洞,每当湖水上涨时,湖面常出现一些漏斗状旋涡。滇东的一些构造湖,湖底与湖周的碳酸盐类地层的喀斯特现象亦较发育,湖滨有较多的喀斯特泉和暗河出露,有的湖泊系以喀斯特泉的补给为主。如阳宗海东岸的黄水洞、秦已洞,滇池西岸的蝙蝠洞,均有暗河补给湖泊,喀斯特的发育对这类构造湖的演变也起着一定作用。

(6) 风成湖

中国沙漠地区有成百上千个被称作"明珠"的大小湖泊,它们中有淡水湖,也有咸水湖或盐湖。如毛乌素沙地分布有众多的湖泊,大小计170余个,虽然大部分是苏打湖和氯化物湖,但也有淡水湖分布。腾格里沙漠内部分布了众多面积很小的季节性的草湖,其中由泉水补给的湖泊水质较好。乌兰布和沙漠西部为一古湖积平原,分布有盐湖,其中吉兰泰盐池是中国开采已久的著名盐湖之一。塔克拉玛干沙漠的东北,靠近塔里木河下游的一些丘间洼地,也有风成湖分布。分布在科尔沁沙地、浑善达克沙地及呼伦贝尔沙地的一些湖泊,仅湖盆中央稍有积水,周围是沼泽,水质较好,矿化度在1克/立方分米~3克/立方分米之间,湖周是天然牧场。只有少许湖泊因基底岩层隔水,水质较差,矿化度达10克/立方分米~20克/立方分米而未予利用。

至于沙漠中湖泊的成因,部分是风蚀洼地的底部低于潜水面而形成,部分是残留的古湖泊,也受风蚀的影响。这些湖泊的滨湖地区,由于牧草茂密,大多成为优良的天然牧场,是沙区少数民族劳动生息的地方。

(7) 河成湖

河成湖的形成与河流的演变有密切关系。一种是由于河流泥沙在泛滥平原上堆积不均匀,造成天然堤之间的洼地积水而成的湖泊,如江汉平原湖群和河北洼淀湖泊,多属于这一类型;另一种是支流水系受阻,泥沙在支流河口淤塞,使河水不能排入干流而壅水成湖,如淮河南岸在19世纪三四十年代,因霍丘县附近受堵而形成城东、城西二湖;还有一种是河流横向摆动,在被废弃的古河道上积水而成的湖泊,如长江的黄古—九江—安庆—大通段沿江两岸的湖泊,以及东北地区嫩江、海拉尔河、乌尔逊河等沿岸星罗棋布的咸泡子,大多属于这类成因。

在黄河干流以南至徐州间的运河线上,有一连串近南北向的狭长湖泊,这些湖泊沿鲁南山区西侧断层而分布,是南宋绍熙五年(1194)黄河南徙后,泗水下游被壅塞,水流宣泄不畅,潴水而成的一系列湖泊,如南四湖和洪泽湖等。

(8) 海成湖

中国的海成湖分布于滨海冲积平原地区,它是冲积平原与海湾沙洲封闭沿岸海湾所形成的湖泊,台湾省西南岸的高雄港就是一个典型的海成潟湖,湖岸曲折而海岸平直,湖泊长轴沿海岸线方向延伸。这类湖泊在广东、山东、河北等沿海均有分布,但规模较小。然而,中国最主要的海成湖还是在海湾和河流共同作用下所形成的潟湖。太湖就是这样形成的。此外,风景如画的杭州西湖,在数千年前还是与钱塘江相通的一个浅海海湾,以后由于海潮与河流所夹带的泥沙不断在海湾口附近沉积,使湾内海水与大海逐渐分离,而接纳地表、地下径流,逐渐淡化,方形成今日的西湖。

(9) 人工湖

人工湖主要指人类为防洪和兴利修建的各种水库。

2. 湖泊变迁

湖泊演变是在一定的地理环境下进行的,并与地理环境相互发生作用。如补给水量的丰歉、入湖泥沙的增减、动植物遗骸的堆积以及新构造运动的强弱等,这些因素都可以加速或延缓湖泊的寿命。目前,中国除少数湖泊因近期气候渐趋湿润以及人类活动,如筑堤建闸等原因使湖面有所扩大外,绝大多数湖泊均处于自然或人为作用下的消亡过程中,尤以气候变干、泥沙淤积、湖滩地围垦所引起的湖泊消亡最为突出。

自然界的任何事物都有其产生、发展和消亡的过程,湖泊亦不例外。湖泊形成之后,在汇集流域来水的同时,也汇纳了一定数量的泥沙。天长日久,大量泥沙沉积于湖底,使原来湖岸陡峭、烟波浩瀚的大湖逐渐向小型化演变,岸坡渐趋平缓,洲滩逐渐发育,水域不断缩小,湖盆日渐浅平,为各种大型水生植物的生长创造了条件。大型水生植物由沿岸向湖心迅速蔓延,不仅加速了泥沙的淤积,而且水生植物和其他生物残体的不断堆积,使湖泊向沼泽化发展,走向自己的消亡阶段。而分布在中国广大内陆地区的湖泊,其演变过程则有所不同。内陆湖区为典型的大陆性气候,干旱少雨,蒸发强烈,时有劲风。因此,风沙成为湖泊演变过程中不可忽视的重要物质来源。再者,内陆湖泊不仅是流域内的聚水盆,也是流域内的聚盐盆,有大量盐类随径流汇入湖中。由于盐分不断积累,湖泊就会由淡水湖逐渐演变为咸水湖,进而演变为盐湖。湖泊终因大量盐类年复一年地沉积而趋向消亡。以上所述仅是中国湖泊演变的梗概。在湖泊演变过程中,由于气候的变化和新构造运动的影响,都会引起湖泊水量平衡诸要素以及湖盆形态的变化,直接或间接地导致湖泊消长。所以,湖泊的演变是要经历相当复杂和漫长的过程。人类大规模的经济活动,如筑堤建闸、围垦种植、渔业捕捞、罱泥积肥和开采盐类资源等,对湖泊的演变都会产生巨大的影响,加速或延缓湖泊的消亡过程。影响湖泊演变的主要因素有:

(1) 泥沙影响

入湖泥沙量的多少直接影响到湖泊寿命的长短。位于中国东部平原上的湖泊,一般都与大江大河相通,湖泊为泥沙提供了良好的沉积环境。如黄、淮、海流域在历史上原是湖泊洼淀星罗棋布之地,它们的逐渐消亡与含沙量高的河流的发育是分不开的。海河流域由于支流众多,下游河床受泥沙淤积而不断抬高,尾闾又排水不畅,因此,湖盆受泥沙淤积十分严重。加上黄河在公元10世纪以前流经现在的海河,河床并多次改道,影响了湖泊的寿命,如文安洼、安晋泊等湖泊均由于这一原因而成为历史陈迹。黄河自南宋绍熙五年(1194)开始南徙以后,泗、淮2水被黄河所夺,泗、淮地区的湖泊淤积更盛,历史上的水泊梁山——东平湖和苏北射阳湖的消亡以及洪泽湖大淤滩的形成,均是黄河泛滥所引起的直接结果。江汉平原湖群原是古云梦泽的一部分,是古云梦泽淤积消亡过程中因泥沙堆积的局部差异而造成的洼地积水。古云梦泽演变到泛滥平原阶段,已经是古云梦泽消亡和江汉平原形成的前夕。古云梦泽虽已被长江、汉水等携带泥沙停积而分化、消亡,但江汉平原上还是大湖连片,河湖不分,到处湖水茫茫一片,只是后来由于长江、汉江及其大小支流携入泥沙的进一步堆积,才使湖泊分离,缩小成众多的湖泊水荡,有的则被淤积而消亡。

中国东部平原和云贵高原等地区的淡水湖泊都普遍存在着泥沙淤积的问题,其中以长江中游地区湖泊的泥沙淤积问题最为突出。如洞庭湖,据多年平均入出湖沙量平衡资料计算,湖盆年淤积量0.9521亿立方米,年淤积速率达3.7厘米。仅以1951年~1987年的时段计算,37年湖盆累计平均淤高已达1.37米,相应损失湖泊容积47.1亿立方米。目前,洞庭湖湖盆因泥沙淤积已高出江汉平原地面约5.0米~7.0米。据鄱阳湖泥沙观测资料,湖盆年淤积量929.64万立方米,全湖平均泥沙淤积速率为3.28毫米/年,1956年~1994年湖盆累计平均淤高0.128米,相应损失湖泊容积3.63亿立方米。巢湖湖盆年淤积量51.67万立方米,泥沙沉积速率0.67毫米/年;洪泽湖湖盆年淤积量238.69万立方米,湖泊沉积速率1.5毫米/年;南四湖多年平均年淤积量437.88万立方米,湖泊泥沙沉积速率4毫米/年。

(2)气候影响

气候趋向干旱,易使湖水蒸发,湖面缩小乃至消亡,或由外流湖演变成内陆湖;气候趋向湿润,入湖水量增加,湖面扩大,湖水也日渐淡化。由于气候因素在一个湖区的变化是波动式的,在湖泊地貌形态上往往留下一些有力的证据。位于中国青藏高原和蒙新高原的大多数湖泊,由于气候干旱、蒸发量大于补给量,使湖面普遍发生退缩,湖水亦不断浓缩,而向咸水湖或盐湖方向过渡,这些特点在湖泊地貌上的反映也是多方面的。

西藏高原一些内陆湖的古湖岸线一般可达一二十级,若从最高一级古岸线来恢复古代湖泊的面积,据推算,要比现代的湖泊面积大10倍以上,多道古岸线的产生,与区域气候的变迁以及高原新构造隆起有一定的关系,但每个湖泊具体的演变历史并不完全一致。在干旱地区,有些湖泊受气候影响,会引起入湖河道的断流和湖水位的下降,使原来完整的湖泊被分解成若干彼此相连或不相连的湖泊。如著名的居延海,因额济纳河补给水量的减少,引起湖、泊退缩,被分成嘎顺诺尔和苏古诺尔2个湖泊。又如,西藏的色林错及其附近的错鄂、班戈错、吴如错、格仁错等以及柴达木盆地中的众多湖泊,历史上均是色林错古巨泊和柴达木古巨泊的完整湖体。青藏高原东北部若尔盖盆地的兴错,为盆地中部丘陵间的断陷小盆,流域面积29平方千米,湖面海拔3425米,在20世纪60年代测绘的地形图上该湖面积为3.3平方千米,90年代变成面积为2平方千米的沼泽,原来周围的沼泽变成大片的草原;在可可西里无人区的苟仁错,海拔4650米,1990年湖泊面积为23.5平方千米,平均水深在1.3米以上,1998年则全部干涸,表层留下一薄层形成结晶盐的饱和卤水,原来补给该湖的河流已断流,出露的泉水也干枯。高原上一些大湖也普遍退缩,留下道道湖岸沙砾堤,湖水矿化度增加。伴随着高原湖泊的萎缩,高原草场也明显干化和沙化,新形成的高大风成沙丘在高原中部比比皆是。

在中国西部干旱区,湖泊通常是出山河流的尾闾湖,山地形成产流区,山前绿洲形成耗水区,处于尾闾低洼盆地的湖泊水位变化敏感,反映着湖泊来水量的变化状况。由于气候变暖和人类活动的加剧,尾闾湖泊近几十年来普遍萎缩,部分干涸,导致区域生态严重恶化。如历史上著名的罗布泊曾是一个浩瀚大湖,最大时湖泊面积达5200平方千米,1931年测得面积为1900平方千米,1962年航测仍有660.0平方千米,1972年的卫片反映已完全干涸,成为广袤的干盐滩,寸草不生,人迹罕至。

处于新疆北部的艾比湖在20世纪40年代,湖面面积为1200平方千米,贮水量30亿立方米。到1950年,湖泊面积尚有1070平方千米,到了20世纪80年代面积急剧缩小到500平方千米,贮水量也相应减少到7亿立方米。

内蒙古岱海20世纪60年代末以来水位持续下降,1970年~1995年的25年中下降3.85米,湖泊面积也由160平方千米缩小到109平方千米。内蒙古自治区的居延海是西北干旱、半干旱地区又一著名湖泊,该湖在历史上最盛时面积曾达2600平方千米;秦汉时期湖面仍保留有760平方千米。20世纪50年代以前,注入湖泊的河流除6月份有断流现象出现外,其他季节从不断流,年平均径流量达10亿立方米。由于水源较充沛,昔日的居延海沿岸素有"居延绿洲"之称,是中国著名的骆驼之乡。1958年,西居延海面积267.0平方千米,平均水深2.0米,蓄水量5.34亿立方米;东居延海面积35.0平方千米,平均水深2.0米,蓄水量0.70亿立方米。1961年秋,因河流断流无水补给,西居延海干涸,湖床龟裂成盐碱壳。东居延海也于1963年干涸;直到1982年因水源补给偶有改善,湖泊出现返春现象,水域面积恢复达到23.6平方千米,水深1.8米。此后,1984年、1988年、1992年和1994年,又相继数度干涸,地下水位下降,导致居延绿洲沙化严重,同时,大片干涸的湖底沉积物成为沙尘暴的物质来源。

(3) 人为影响

湖泊围垦对湖泊演变的影响,是人类经济活动所造成的。据长江中下游湖南、湖北、江西、安徽、江苏5省湖泊资料的统计,中华人民共和国成立初期原有湖泊面积达28 859平方千米,而目前湖泊面积仅为20 134平方千米,消亡了8700多平方千米,不仅是自然消亡,而大部分是人们的盲目围垦所致,因为三四十年时间对湖泊演变历史来说仅是很短暂的一瞬间,自然消亡的因素影响很小。如素有"千湖之省"的湖北,在20世纪50年代末计有湖泊1066个,至80年代初剩约309个。目前,面积大于1平方千米的湖泊仅剩181个,大于10平方千米的湖泊仅剩44个。现有湖泊面积不足中华人民共和国成立初期的1/3,30余年共围垦湖泊面积近6000平方千米。被誉为"水乡泽国"的江苏,自1957年以来,因围湖造田所削减的湖泊面积达700多平方千米。著名的鄱阳湖和洞庭湖,中华人民共和国成立以来围垦的面积均在1500平方千米以上。洞庭湖因围垦,湖泊面积已由中华人民共和国成立初期的4350平方千米急剧缩小至2625平方千米;鄱阳湖面积也由1949年的5200平方千米减少到目前的2933平方千米。云南是中国南方淡水湖泊分布集中的一个省份,前些年也因围湖造田成风,使一些淡水湖受损。华北平原上的一些洼淀湖泊,也由于明末清初的大规模筑堤围垦,到清光绪七年(1881)洼淀湖泊面积只剩下清朝初期的1/10,结果使大多数湖洼趋于消亡。华北平原上的一颗明珠——白洋淀在20世纪90年代也多次干涸。

在西部干旱区,有水就有绿洲,就有生命。随着人口的增加、经济和社会的发展,对水资源的需求也不断增加,但水资源量是有限的,发源于山区的河流流经山前绿洲,被人类截流灌溉农田、发展工业和提供城市与农村生活用水,而排入下游湖泊的水量逐渐变少,使得尾闾湖泊丧失维持湖泊水量平衡的基本水源量而导致湖泊干涸,结果是地下水位下降、绿洲消亡、土地沙化、沙尘暴肆虐,人类面临生存环境的极端恶化。这是人们仅注意了局部利益而忽视整体利益、只顾眼前利益而忽视长远利益、只顾人类需求而忽视自然生态需求使然。但最终导致人与自然的不协调、人类遭到自然的报复和惩罚。如塔里木河中游地区对水资源的过度截流利用,使塔里木河和孔雀河下游断流后,地下水位从1959年~1979年间下降了4米~6米,胡杨林地的流沙增加了48.4%,胡杨林因无水浇灌而成片死亡,塔里木河下游的绿色走廊也面临着消失的威胁,罗布泊和台特马湖中原生长茂盛的芦苇也因湖泊的消亡而枯死。艾比湖急剧萎缩是由于流域内人口的剧增和大规模的水土资源开发等原因所致。统计资料表明,20世纪50年代艾比湖流域有耕地面积1.3万公顷,21世纪初的耕地面积已达19.3万公顷,是50年代初期的14.8倍。80年代与50年代相比,流域内人口增长了9.7倍,引用水量增加了7.1倍。60年代之前,流域内有奎屯河、博尔塔拉河、精河、四棵树河、大河沿子河等大小23条河流注入艾比湖,年入湖水量约15.0亿立方米。60年代之后,由于耕地面积和诸河灌溉引用水量猛增,以及在河流的中上游兴建了7座水库,以致到了80年代除博尔塔拉河、精河尚有部分来水注入外,其他各河均先后断流。居延海湖泊的干涸也有类似的原因。

此外,新构造运动也影响到湖泊的沧桑变迁。如随着青藏高原的不断隆起,一些外流湖变为内陆湖。羊卓雍错在古代曾是个巨大的高原外流湖,湖水通过墨曲汇入雅鲁藏布江;班公错西部原与印度河支流约克河相通,历史上也曾经是外流湖。随着高原隆起,湖水被袭夺流失,亦可形成干涸的古湖盆。如藏东的下秋卡盆地、孔马盆地、那曲盆地,藏南的吉隆盆地、定日盆地、夏雄盆地,青海的共和盆地以及云南的曲靖坝、蒙自坝、保山坝等,都是历史上的古湖泊。

四、中国湖泊水文

1. 水文情势

指湖泊水量、水位及湖泊对河流的调节作用等的变化。

湖泊的水量,因入流和出流在数量上的不等,从而发生水位高低的变化。其变化可用水量平衡方程式来表示。其特点是:①水量在地区分配上极不平衡。据统计,江淮流域的湖泊一年补给量约为5000亿立方米~6000亿立方米,东北镜泊湖、松花湖、内蒙古呼伦池年补给量在100亿立方米左右,新疆博斯腾湖年补给水量为20亿立方米~30亿立方米,青藏高原的鄂陵湖、扎陵湖年补给量在10亿立方米左右。②水量随时间的分配也极不平衡,因而使湖泊水量在年际之间、年内各月之间的变化较大。以融雪径流补给为主的博斯腾湖,丰、枯水年之比值为2,鄱阳湖、洱海、镜泊湖等丰、枯水年之比值为4~5。据现有资料,洪泽湖丰、枯水年之比值可高达20左右。年内变化也很大,鄱阳湖、洱海等最大月入湖径流量与最小月入湖径流量之比值为7~11,而镜泊湖和布伦托海则高达100~200。

湖泊水位变化可看作为贮水量变化的量度。水位变化,实际上是水量平衡诸要素之间的量度以及风和气压对湖面作用所引起水位波动的结果。由于出入湖泊径流量的不同、湖水面积大小的差异,各湖的水位变幅不同。如洞庭湖(鹿角水位站)水位的年内变幅可达11.5米,鄱阳湖(康山水位站)可达5.86米,淮河及长江下游地区的湖泊,水位变幅一般为1.5米~2.5米之间,云贵高原的湖泊为1.0米~1.5米,青藏、蒙新区的内陆湖泊一般不超过1.0米。

中国湖泊淡水资源总量为2350亿立方米,主要分布于外流区的有1600亿立方米~1800亿立方米,约占总量的4/5。在外流区中,又以长江流域最为丰富,贮水量约1000亿立方米~1100亿立方米,其中5大淡水湖贮水量即达600亿立方米以上。云贵高原的淡水湖贮水量在280亿立方米以上。东北地区淡水湖贮水量约429亿立方米。蒙新地区、青藏高原湖区以盐湖、咸水湖为主,淡水湖极少,但由于这些湖多有上游冰雪融水补给,淡水贮水量仍相当可观,其中,玛旁雍错、鄂陵湖、扎陵湖、吉力湖等8个主要淡水湖贮水量可达500多亿立方米,远远超过云贵地区。

湖泊对河流常具有调节作用。长江中下游外流吞吐湖具有很大的贮水量,对河川的调节作用十分明显。如鄱阳湖1954年特大洪水时,6月17日最大入湖洪水流量为39 700立方米/秒,于6月20日湖口最大泄洪量为22 300立方米/秒,削减洪峰流量达17 400立方米/秒,洪峰推迟3天。其他各湖则因其容积的大小而调节作用各不相同。

2. 湖水运动

有前进(湖流)和升降(风浪)2种运动。

(1)湖流 湖泊水团大致沿某一方向前进的运动。按其成因分为吞吐流和风生流2种。吞吐流由湖、河水量交换引起湖面倾斜,水力梯度带动湖水前进。风生流是因风对湖面的摩擦力和对波浪背面的压力作用引起的流动。鄱阳湖在汛期内,湖流速度一般在0.1米/秒~0.3米/秒之间。

其他各湖的湖流速度一般都不大。

(2)风浪 由于风力作用于湖面所产生的一种湖水质点周期性起伏的运动。根据现有资料，中国湖泊风浪要素值不大，大型湖泊亦不例外。以波高为例，实测最大值为2.05米，出现在呼伦池（1960年8月19日，西岸2号渔场站）；最大波长为15米，出现于青海湖（1961年5月11日，西北岸沙陀寺站）；最大波速为4.6米/秒，出现在鄱阳湖（1975年7月日，湖心三山站）；最大周期为3.9秒，出现在呼伦池（1960年8月19日，西岸2号渔场站）。

此外，还有增减水及波漾（水面微微动荡）等现象。

3.湖水的理化性质

(1)湖水的物理性质 包括湖水的温度、透明度、水色等。

湖水温度 有日变化和年变化。湖水表层的最高水温出现在14时~20时，最低水温出现在5时~8时。水温的日变幅比气温小，且最高和最低水温与气温相比有滞后现象。水温的日变幅夏季比冬季大，春秋2季的日变幅介于二者之间。如江苏团汍（面积为3.4平方千米的浅水湖），春季水温变幅为2.5℃，夏季为4.3℃，秋季为1.5℃，冬季为1.4℃。湖泊水温的年变幅以长江中下游浅水湖泊为最大，达36℃~38℃；东北与蒙新地区为24.5℃~31.7℃；云贵地区较小，为21.7℃~27.3℃；青藏地区最小，最大年内变幅在20℃以下。

透明度 湖水的透光性能可以用射束透射率来描述，它定义为当一平行光束通过一定厚度的水层后的辐射通量与入射通量之比，可用射束透射率仪（即透明度仪）来测定。但实际上，目前还普遍使用目测法，即用透明度板进行观测。其透明度的值定义为：取白色透明度板上刚刚消失与刚刚出现的2个湖水深度的平均值，以米表示。应该指出，用透明度板测出的透明度只具有相对意义，并不是光所能透过的实际厚度。

湖水的透明度与水质有关。中国湖泊最大透明度见于藏南的玛旁雍错，达14米；最小透明度见于长江中下游的一些浅水湖，不足0.1米，差异十分明显。透明度的日变化，一般早、晚小，中午稍大。年变化一般与入湖径流及浮游生物有关，春、夏季透明度较小，秋、冬季稍大。

水色 指位于透明度的1/2湖水深处，在白色透明度盘上所显现的湖水颜色。一般用福莱尔—乌列水色计1号（浅蓝色）~21号（棕色）的号码表示。据现已调查的14个青藏地区湖泊，绝大多数的水色呈青绿色至浅蓝色（3号~9号）。长江中下游以及淮河中下游的湖泊，由于与河流相通，因而是全国湖泊水色号最高的地区，绝大多数湖泊的水色呈黄绿色至黄褐色（14号~19号）。

(2)湖水的化学性质

湖水是一种十分复杂的溶液，常溶有一定数量的化学离子、溶解性气体、生物营养元素和微量元素。

水中溶解化学成分的总量（不包括溶解气体）称矿化度。该值既可直接反映出湖水的化学类型，又可间接反映出湖泊盐类物质积累或物质稀释的环境条件。中国湖泊的矿化度在地区上差异较大：低的如鄱阳湖，为47.62毫克/立方分米，高的如协作湖，达526 460毫克/立方分米，相差1万倍以上。

按矿化度的高低，湖水可分为淡水湖、咸水湖和盐湖3类。淡水湖矿化度小于1克/立方分米，咸水湖为1克/立方分米~35克/立方分米，矿化度大于35克/立方分米的是盐湖。中国由东部长江中下游淡水湖区逐渐向北、向西转化成内陆咸水湖或盐湖区。中国的淡水湖主要集中在长江中下游平原,湖水矿化度一般在 150 毫克/立方分米~500 毫克/立方分米。咸水湖和盐湖主要分布在青藏高原、内蒙古和新疆地区。咸水湖的矿化度大多为 1 克/立方分米~20 克/立方分米,浓度有日益增高趋势。盐湖的矿化度一般在 300 克/立方分米左右,化学类型齐全。溶解气体中的氧、游离二氧化碳,水中氮、磷、硅、钾、锌、铁等生物营养元素和有机质的含量,对湖中水生物具有特别重要意义。

4. 水质污染

随着沿湖地区工农业生产的发展,中国某些湖泊受到一定程度的污染。污染物质包括酚、氰、汞、铬、砷等工业污染物和生活污水中的氮、磷等营养物质。污染严重的南昌市郊青山湖,一年内所接纳的废水量可达湖泊蓄水量的一半以上,而个别未受污染的湖泊,如湖北省的洪湖,基本上无工业废水入湖。

根据全湖平均综合污染指数值,可将中国湖泊水质污染状况分为 3 种类型:①"污染"湖泊,即全湖平均综合污染指数值 >1.0,如沙湖、青山湖、大冶湖等;②"轻污染"湖泊,即全湖平均综合污染指数值 >0.5,且 <1.0,如武昌湖、三山湖、巢湖、镜泊湖、太湖、洪泽湖和南四湖等;③"清洁"湖泊,全湖平均综合污染指数值 <0.5,如呼伦池、鄱阳湖、洞庭湖、斧头湖、梁子湖、洪湖和黄旗海等。

湖泊是重要的国土资源,具有调节河川径流、发展灌溉、提供工业和饮用的水源、繁衍水生生物、沟通航运、改善区域生态环境以及开发矿产等多种功能,在国民经济的发展中发挥着重要作用。同时,湖泊及其流域是人类赖以生存的重要场所。湖泊本身对全球变化响应敏感,在人与自然这一复杂的巨系统中,湖泊是地球表层系统各圈层相互作用的联结点,是陆地水圈的重要组成部分,与生物圈、大气圈、岩石圈等关系密切,具有调节区域气候、记录区域环境变化、维持区域生态系统平衡和繁衍生物多样性的特殊功能。近几十年来,随着全球气候变暖和人类活动的加剧,造成湖泊面积缩小、污染加剧、可利用水量减少、生态与环境日趋恶化、灾害频发、经济损失剧增,湖泊已经成为区域自然环境变化和人与自然相互作用最为敏感、影响最为深刻、治理难度最大的地理单元。

当前,中国湖泊水质污染问题十分严峻,近年来对 67 个主要湖泊水质和富营养化现状的调查和评价结果表明,属Ⅱ类水质的湖泊为 5 个,占调查湖泊数量的 7.5%,面积为 1135.2 平方千米,占调查湖泊总面积的 6.1%;属Ⅲ类水质的湖泊有 16 个,占调查湖泊数量的 23.9%,面积为 2154.5 平方千米,占调查湖泊总面积的 11.8%;属Ⅳ类水质的湖泊有 18 个,占调查湖泊数量的 26.9%,面积为 10 393.7 平方千米,占调查湖泊总面积的 55.6%;属Ⅴ类水质的有 11 个,占调查湖泊数量的 14.6%,面积为 4768.1 平方千米,占调查湖泊总面积的 25.6%;属劣Ⅴ类水质的湖泊有 17 个,占调查湖泊数量的 25.3%,面积为 154.15 平方千米,占调查湖泊总面积的 0.9%。大约有近 20% 的湖泊水质较好(Ⅱ~Ⅲ类),有 80% 以上的湖泊受到污染(Ⅳ~劣Ⅴ类)。

对 67 个主要湖泊富营养化评价结果显示,属贫营养湖泊数量为零;属中营养的湖泊为 18 个,占调查湖泊总数的 26.9%,面积为 7031.1 平方千米,占调查湖泊总面积的 37.7%;属富营养型的湖泊为 49 个,占调查湖泊数量的 73.1%,面积为 11 632.55 平方千米,占调查湖泊总面积的 62.4%。也就是说,从湖泊数量上来看,有近 3/4 的湖泊已达富营养程度,所占的面积也接近总面积的 2/3,表明当前湖泊富营养化问题十分突出。

长江中下游地区的湖泊基本都是浅水湖泊,加上适宜的气候条件,湖泊生产力高,为了有效开发利用大水面产生经济效益,在 20 世纪七八十年代,开发并逐渐普及应用围网养殖技术,为解决当时的食物短缺、改变人们的食物结构起到了一定作用。随着经济的不断发展和饮食消费水平的提高,利用低廉的开敞湖面进行高附加值的水产养殖成为水乡百姓发家致富之路,加之宏观管理的失控,湖泊围网养殖泛滥,面积不断扩大,许多湖泊的围网养殖已远远超出湖泊本身所能容纳的能力,湖泊水生态系统被破坏,人工大量投放饵料又加速了湖泊的富营养化过程。如洪湖,在80年代湖泊水质还保持在Ⅱ～Ⅲ类水平,湖泊沉水植物繁茂,湖水清澈见底。随着围网养殖面积的恣意扩大,大量消耗水生植物,从而造成水生植被的消失,降低了湖泊的自净能力,损害了湖泊生态系统前置库的生态服务功能。2000年湖泊围网养殖面积约占湖泊面积的30%左右,之后发展到超过50%,这不但对围网区的生态结构造成破坏,而且对非围网区无节制的捞草,已使得全湖的水生植被遭受破坏,湖泊水质已呈现恶化趋势,湖泊营养水平不断升高,处于富营养化的边缘,蓝藻水化开始出现。当年"洪湖水,浪打浪"优美歌曲所描绘的洪湖美景也已成为过去。近年为了改变这种状况,有关部门采取了各种措施,大范围取消围网养殖,建立自然保护区,恢复湖泊水生植被,初见成效。东太湖的围网养殖面积利用卫星影像判读则可达湖泊总面积的70%以上,"水上人家"在湖面星罗棋布,大量螃蟹养殖破坏水草植被,大量投放饵料污染湖泊水体;西太湖已经严重富营养化,蓝藻水花大面积暴发给城市供水和工农业生产已造成严重威胁。此外,江苏的鬲湖、阳澄湖的围网养殖遍布全湖,湖泊水质恶化、生态系统严重受损。而位于苏北里下河地区面积达28平方千米的大纵湖则因围养而消失。

在20世纪60年代以前,长江中下游地区大多数湖泊的湖湾区和沿岸的浅水湖区,都生长有数量较多的沉水植物、浮水植物和挺水植物,形成结构较为稳定的水生植被群落,湖体内其他水生动物、底栖生物的种类繁多,生物量亦大,生物资源十分丰富。进入水体的营养物质大都被水生植被吸收利用,水草等水生植物被鱼类等水生动物作为饵料捕食利用,捕捞的鱼产品也将部分营养物带出湖外。湖泊水体中溶解氧十分丰富,水色明亮,水质清澈,呈现出良性循环的相对稳定的生态体系。近20年来,由于湖区工业发展和城镇人口数量增加,大量耗氧物质、营养物质和有毒物质排入湖泊,使水体富营养化,湖水的自净能力下降,导致湖体内溶解氧不断下降,透明度降低,水色发暗,原有的水生植被群落因缺氧和得不到光照而成片死亡,水体中其他水生动物、底栖生物的种类也随之减少,生物量降低,取而代之的是浮游植物(藻类),它们因吸收丰富的营养物质而大量疯长,形成以藻类为主体的富营养型的生态体系。昆明滇池水质在20世纪50年代处于贫营养状态,到80年代则处于富营养化状态,大型水生植物种数由50年代的44种降至20种,浮游植物属数由87属降至45属,土著鱼种数由15种降至4种。

湖泊生态系统是一个复杂的综合体系,它是盆地和流域及其水体、沉积物、各种有机和无机物之间相互作用、迁移、转化的综合反映。湖泊生态系统的演化有其自然过程和人类活动干扰与干预的过程。目前,中国的湖泊富营养化过程主要是人类活动的干扰过程所致。湖泊富营养化是指由于营养元素的富集导致湖泊从较低营养状态变化到较高营养状态的过程。这个过程可能导致水生植物的生长被抑制,生物多样性下降,蓝、绿藻水花暴发,甚至引起沉水植物的急剧消失和以浮游藻类为主的浊水态的突然出现。也就是说,湖泊富营养化是指湖泊由于营养元素的富集导致湖泊生态系统的退化,进而使水质恶化的过程。营养元素的富集包括外源输入(人类活动和干、湿沉降)和内源富集与释放(物理、化学、生物等过程),是湖泊富营养化发生的根本要素,它的不同发展阶段可用湖泊营养状态分类指标来描述;湖泊生态系统的退化是湖泊富营养化发展过程的中间环节,是一个复杂的生命演化过程,并且有不同阶段的正、负反馈作用;而水质恶化是湖泊富营化发生的结果,可用地表水质评价标准来定量描述。这是一个动态的连续过程,而不是静止的状态,但在这个动态连续过程的不同阶段又可用定量的状态指标来表达;同时,湖泊营养物质、生态系统和水质是富营养化过程不可分割的组成部分,是一个动态的整体。

富营养化湖泊的治理和湖泊生态系统修复的实践,其主要特征首先是对受污染的湖泊进行高强度的治污,投入大量的物力、财力、人力对湖泊流域的污水进行截流并统一进行处理,达标后排放入湖。目前看来,过去对富营养化湖泊的治理过程存在一些误区,首先在认识上对湖泊富营养化治理的复杂性和长期性缺乏足够的认识,在行动上表现为急功近利,总想在短期内就能使湖泊变清,具体表现为仅考虑湖泊局部环境的治理而忽视流域整体的污水治理、或者仅强调湖泊外源排放而忽视对湖泊内源循环的研究、或者仅抓了对点源污染的治理而忽视了面源污染的作用,其结果投入了大量人力、物力和财力对湖泊富营养化进行治理,到头来湖泊富营养化反而越来越严重。我们必须对湖泊富营养化的治理过程有一个清醒的认识,借鉴国际先进经验,系统、全面考虑和规划湖泊富营养化的治理过程,在流域全面截污、高强度治污的基础上,对湖泊生态系统的修复进行人工干预,因势利导,科学地进行健康湖泊生态系统的修复。为了加速已被破坏的水生态系统的修复,除了依靠水生态系统本身的自适应、自组织、自调节能力来恢复水生态系统原来的规律外,还应大幅度地借助人工措施为水生态系统的健康运转服务,加快修复被破坏的生态系统。目前,应根据湖泊的不同特征在湖泊不同部位高强度栽植挺水植物、沉水植物、漂浮植物,并加以适当的人工管理,使之达到提高自净能力,加大营养物质内源循环的过程,进而改善水质,最后形成山清水秀、人与自然和谐的美好环境。

五、中国主要湖泊

1. 东部平原湖区

鄱阳湖、洞庭湖、太湖、洪泽湖及巢湖五大淡水皆在本区。

(1)鄱阳湖

位于长江南岸,江西省北部平原,约在北纬28°45′~29°40′、东经115°48′~116°32′之间,是中国第1大淡水湖,有石钟山、南山、鞋山、落星湖等名胜。

形成与变迁　现今的鄱阳湖滨,在汉代还是赣江下游的冲积平原,大约在宋初(960年左右)长江主流南移,湖口梅家洲形成,阻碍了赣水的排泄,遂使古彭蠡泽不断向南扩张,其水越过松门山,从而形成了辽阔的鄱阳湖。后由于入湖河流挟沙淤积,再加上对湖滨滩地的围垦,使湖面日益缩小。据1956年~1962年资料,赣、信、抚、饶、修5河每年入湖泥沙约0.7亿吨,平均每年淤积约0.1亿吨。20世纪50年代初,鄱阳湖面积为5050平方千米;而现在即使在洪水期间,其湖面积也只有3960平方千米;枯水期则更小,若以1962年~1970年平均最低水位11.47米计,鄱阳湖面积只有356平方千米,不及汛期湖泊面积的1/10。

水系　注入鄱阳湖的河流主要有赣、信、抚、饶、修5河流,流域面积总计为16.1万平方千米,经湖口转泄入长江,年平均来水量为1500亿立方米,占长江流域年平均径流量的16.3%,1954年最大来水量为2300亿立方米。是一个季节性、吞吐型的湖泊。

湖盆形态　鄱阳湖外形像一只葫芦。都昌以北湖面狭窄,好似葫芦的"颈"。湖面高程21.0米时,湖泊面积3960平方千米,长度170.0千米,最大宽度74.0千米,平均宽度23.3千米;最大水深23.0米,平均水深6.6米,容积260.0亿立方米。鄱阳湖以松门山为界,分为南、北2部分,北面为入江水道,长40千米,宽3千米~5千米,最窄处2.8千米;南面为主湖体,长133千米,最宽处74千米。

水文特性 鄱阳湖多年平均水位为15.22米,最高水位为1954年7月31日的21.79米,最低水位为1978年12月27日的12.09米(康山水位站,吴淞基面),年内变幅多在5米以上。湖面积变化很大,具有"枯水一线,洪水一片"的景色。透明度为0.35米~3.50米。据1978年11月调查,全湖矿化度平均值为47.62毫克/立方分米,最高值54.30毫克/立方分米,最低值42.40毫克/立方分米。鄱阳湖属"清洁"水域。工业废水和生活污水随河流带入湖内的有机物质和5项毒物含量甚微,加上湖泊容量大,单位水体负荷量小,故水质良好。

据1956年~1962年资料,赣、信、抚、饶、修5河每年入湖泥沙约0.7亿吨,平均每年淤积约0.1亿吨。

(2)洞庭湖

位于长江中游南岸,湖南省北部;约在北纬28°45′~29°30′、东经112°~113°8′之间;水面跨湘、鄂2省。湖名源于湖中的"君山",民间传说是神仙的洞府,所以又称"洞府之庭"和"洞庭山"。古人就借"洞庭"之名来命名环绕君山的一片水域为洞庭湖。湖面面积为2740平方千米,另有内湖1200平方千米,为中国第2大淡水湖。

形成与变迁 洞庭湖在地质构造上属江南大陆背斜构造的一部分。距今7000万年前的燕山运动,使湖区发生断裂陷落,在今南县和华容县境两侧陷落为东西2湖。距今约200万年到60万年的第四纪初,湖区又普遍下沉,湖盆继续扩大,东、西2湖连成一片。据记载,在周、秦以前,洞庭湖为古云梦泽的一部分,南连长江,北通汉水,方圆九百里。至汉代,长江主流已位于荆江附近,洞庭湖则在长江以南。到晋代开始筑堤束水垦殖,长江与湖才逐渐分离。南宋时,北方为金所占,汉族又一次南徙,继续沿江筑堤御水,扩大湖滩垦殖,著名的荆江大堤就是在这时形成的,不过大江南北为了排泄江水,尚留有9穴13口。到明代嘉靖三年(1524),荆江大堤的郝穴被堵,江北大堤连成一体,江南尚有太平、调弦2口分泄江水入湖,使湖逐渐淤高。清道光五年(1825)长江之水冲开了藕池口,同治十二年(1873)又冲开了松滋口,形成夺河改道的局面。泥沙随江水入湖,湖面开始缩小,出现了南县、白蚌、草尾及北大市一带的高洲滩。直至1949年前的20多年里,因居民争相围田,湖面缩小了近1/3。目前,洞庭湖分为东、南、西3个部分,东洞庭湖最大,湖面面积1091平方千米。

水系 注入洞庭湖的河流主要有湘、资、沅、澧4河流,以及直接入湖的汨罗江、新墙河等中小河流,流域总面积达26.28万平方千米。

湖盆形态 湖面高程34.5米时(1977),湖面积为2740平方千米,平均水深6.5米,容积178.0亿立方米。1984年,湖面积为2691平方千米,容积为174.0亿立方米。

水文特性 洞庭湖位于中亚热带,年平均气温为16.7℃,年降雨量1400毫米。据鹿角水位站统计,多年平均水位为25.57米(吴淞基面),但变差较大,年内最大变幅为13.61米(1962),最小变幅为9.29米(1972),绝对最大水位与最小水位之间变幅达16.29米。透明度较低,只有0.15米~0.45米。全湖矿化度均值189.09毫克/立方分米,最高值230毫克/立方分米,最低值150毫克/立方分米(1977年10月调查)。洞庭湖水质属"轻污染"水域。湖区工矿企业多,又直接向湖内排放废水,使湖泊受到有机物的轻污染。主要污染物通过降水使大气中的有害物质随雨水入湖,是污染物进入湖水的途径之一。主要污染物有氧化硫、一氧化碳、氮氧化物及烟尘,有害有毒物质主要有汞、镉、六价铬、砷、铅、酚、硫化物等。

近百年来,通过太平口、调弦口(1958年堵塞)、藕池口、松滋口分泄江流,发挥了"承纳四水,吞吐长江"调蓄洪水的重要作用,但长江泥沙通过4口进入洞庭湖,再加上4水入湖的泥沙,使湖面不断淤积萎缩。自1951年~1983年,平均每年入湖泥沙总量达1.2亿吨以上,其中仅有26%左右经洞庭湖出口——城陵矶转入长江,其余均沉积湖中。1949年湖面积为4350平方千米,是中国第1大淡水湖。但目前,枯水期洞庭湖水面仅有1000平方千米,高水期为2740平方千米,屈居第2。

(3)太湖

太湖古称震泽,又名笠泽。位于长江三角洲侧的低洼地带,江苏省南部、浙江省北部,约在北纬30°53′~31°30′、东经119°50′~120°35′之间,西边紧接着天目山余脉的低山丘陵,距东海不过100千米。湖面面积2440平方千米,系中国第3大淡水湖。太湖是平原水网区的大型浅水湖,湖区号称有48岛、72峰,湖光山色,相映生辉,有"太湖天下秀"之称。

形成与变迁　太湖形成于公元前4000年左右。由于长江与钱塘江所挟带的大量泥沙在河口地段不断淤积,形成沙嘴,两大沙嘴相对伸展,合成一大海湾,再经过长期的潮汐沙浪堆积作用,海湾与海水隔离变成潟湖,经淡化而成。

在长江三角洲不断东伸扩大的过程中,受人类活动影响,原来的潟湖不断分化为一系列的小湖群,如洮湖、淀泖、阳澄、芙蓉和菱湖等湖群,而其主体则是太湖。

水系　太湖水系共有大小湖泊180多个,连同进出的大小河道组成一个密如蛛网的水系。太湖水源古今无大变化,补给太湖的水系主要有3个:南路来自天目山苕溪水系,西路来自南溪水系,北路来自江南运河。太湖出口集中分布在湖的东部和北部,分别由沙墩港、胥口港、瓜泾口、南库港及太浦河等港溇下泄,经吴淞江、黄浦江、望虞河、浏河等排入长江。大小出湖河道达140余条。

湖盆形态　太湖是平原地区的大型浅水湖泊,其水域形态犹如佛手或向西突出的新月。当湖面高程4.0米时,湖面积2440.0平方千米,长度68.0千米,最大宽度56.0千米,平均宽度34.4千米,最大水深4.2米,平均水深3.0米,容积73.0亿立方米。

水文特征　太湖为一吞吐湖,在正常年份,每年4月初雨季开始,入湖径流增加,湖水位即开始上升,7月~8月份水位增至最高值;有时台风雨推迟,最高水位也相应推迟到9月~10月。之后进入枯水季节,直至翌年4月。主要靠河网蓄水及地下水补给,水位缓缓下降。据现有统计资料,太湖沿岸各站多年平均水位变化介于3.00米~3.14米之间(吴淞基面),历年水位较差介于0.70米~2.43米之间。太湖的增减水:风壅水位的变幅通常可达0.2米~0.3米,持续大风变幅可达1.5米。根据1960年资料,测点流速一般为0.1米/秒,湖流流速为0.05米/秒,河口附近曾达0.3米/秒。风浪情况,在风速为9米/秒的偏南风作用下,测船位于湖心观测到0.9米波高,个别可达1.0米,波长为4米~7米,最大达8米。太湖悬移质平均含沙量为0.05千克/立方米。调查期间(1960年)以平台山西部为最大,达0.4千克/立方米;水墩港最小,为0.01千克/立方米。太湖年平均水温17.1℃,1月平均水温4.0℃左右,7月平均水温25℃左右。常年仅在湖湾或背风岸可见2厘米厚的薄冰。严寒年份全湖才结冰,近650年中全湖封冻仅10次。水色呈黄色及绿黄色,水色号在12号~16号之间,绝大多数水色号为14号~16号。透明度为0.35米~0.50米左右。矿化度为107.57毫克/立方分米,为重酸盐类钙组Ⅱ型水。pH为7.6。

太湖属"较清洁"水域。但间江河口至梁溪河口的湖区,受附近工业废水及城镇污水影响,耗氧量和所含氨氮值均超出了地面水标准。小梅口附近局部水域,由于湖州造纸厂长期排放废水入湖,有机物污染超过了地面水标准。太湖富营养化明显,磷、氮营养过剩,局部汞化物和COD含量超标。

(4)洪泽湖

位于江苏省北部,淮河的中游,北纬33°06′~33°40′,东经118°10′~118°55′之间,湖面面积2069平方千米,系中国第4大淡水湖。

形成与变迁 洪泽湖湖盆的前身是古代潟湖。由于新地壳构造运动的断裂上升,以及泥沙淤积和陆地不断向海推进,这一潟湖已退居内陆并分成无数小湖泊。史书记载的有破釜涧、白水塘、富陵塘等,"隋炀帝幸江都,道经破釜涧,时遇大雨,改称洪泽浦",洪泽湖之名由此而来。

洪泽湖是淮河流域最大的平原湖泊型水库。湖水全赖东岸大堤作为屏障,湖底高程比东部平原要高出4米~8米,是一个"悬"湖。洪泽湖大堤古称高家堰,建于东汉末(约200),原为土堤,长15千米,自南宋绍熙五年(1194)黄河夺淮后,湖面扩大,堰堤作用越发显得重要。后经明永乐、万历年间数次修筑,土堤延伸至蒋坝,始成为现今洪泽湖大堤的雏形。明万历八年(1580)大堤北段改用块石护坡,到清乾隆十六年(1751)全堤完成。1949年后沿湖先后建起了三河闸、二河闸及高良涧闸,并建成了蒋坝和高良涧2处船闸。对洪泽湖大堤还进行了全面整修,开发了苏北灌溉总渠、三河和淮沭新河,形成了蓄泄兼备的枢纽工程。

水系 注入洪泽湖的河流主要有淮河、漴潼河、濉河、安河和维桥河等,大多分布在湖西,各河流中以淮河为最大,最大入湖流量为26 000立方米/秒,占入湖总水量的70%以上。出湖河道主要有4条:由三河泄入高邮湖,再经邵泊湖入里运河,到三江营入长江;由高良涧入苏北灌溉总渠;由杨庄水利枢纽引水至淮沭新河,入黄海;出二河闸经杨庄水利枢纽由中山河(或称新淮河)至扁担港入黄海。三河闸建成后,三河实际泄水量为10 500立方米/秒,约占洪泽湖总出水量的60%~70%;苏北灌溉总渠最大泄水量为968立方米/秒;淮沭新河最大泄水量为1170立方米/秒;淮河入海水道近期设计排洪流量2270立方米/秒,远期设计排洪流量7000立方米/秒,于2003年7月投入使用。

湖盆形态 洪泽湖似一只昂首展翅的天鹅。湖面高程为14.0米时,湖面积为2297.0平方千米,最大水深6.5米,平均水深2.8米。水位12.5米时,南北最大长度60千米,东西最大宽度58千米,面积2069平方千米。由于洪泽湖发育在冲积平原的洼地上,故湖底浅平,岸坡低缓,湖底高出东部苏北平原4米~8米,成为一个"悬湖"。在治淮以前,洪泽湖汪洋一片,既无固定湖岸,又无一定形状。现在,湖区东部大堤宽50米,全长67千米。

水文特性 7月~9月为湖泊汛期,汛后至翌年4月,流域来水虽少,但闭闸蓄水,湖水位仍保持在11.5米~12.0米蓄水高程(废黄河口基面)。有观测资料以来,洪泽湖水位的年内变化介于1.24米~4.14米之间(蒋坝)。建闸前后,年际变化不同。建闸前,大多数年份的平均水位变化在10米~11米之间;1954年建闸蓄水后在12.0米~12.5米之间。湖流也变化较小。据2次调查,湖流流速大多在0.1米/秒以内。一般邻近入湖河口流速较大:1960年6月淮河口流速为0.19米/秒;1973年8月汛期,淮河口流速为0.28米/秒。据1960年在高良涧定点观测风浪资料,6月14日14时,风速为9.9米/秒,风向东北,测得最大波高为0.14米,波速为2.9米/秒,波长为5.63米,周期为1.4秒。洪泽湖泥沙主要来源于淮河,占年总沙量的75%~90%。根据资料显示,汛期含沙量较高,为0.20千克/立方米~0.35千克/立方米,最大月平均值为0.4千克~0.5千克/立方米,多出现在6月~7月。汛期后含沙量明显下降,含沙量一般变化在0.15千克/立方米

~0.30千克/立方米之间。中华人民共和国成立以来,随着淮河的全面治理,入湖泥沙逐年减少,但每年仍有数百万吨至千余万吨泥沙进入湖盆。洪泽湖年平均水温15.3℃左右,1月份平均水温2.0℃,7月份平均水温28.1℃。历年1月~2月湖面封冻10天~20天,冰厚一般2厘米~10厘米。水色呈绿黄色,水色号为12号~14号。透明度在0.2米~0.5米之间。湖水碱度pH为8.4。矿化度为208.01毫克/立方分米,为重碳酸盐类钙组Ⅰ型水。

1979年7月以前,由于蚌埠闸和三河闸长期闭闸,湖水恶化,属"轻污染";1980年闭闸时间短,污水来量虽多,但水量交换快,所以整个湖面尚属"较清洁"水域。洪泽湖为中富营养型湖泊,主要污染物为有机物、氨、酚、汞等。

(5) 巢湖

位于安徽省中部,长江北面,约为北纬31°25′~31°37′、东经117°20′~117°50′。湖面积820平方千米,为中国第5大淡水湖。

形成与变迁 巢湖地区在距今1000万年以前的第三纪时,是一个面积辽阔的构造盆地。第四纪初由于受到气候变迁及新构造运动的影响,构造盆地上升成剥蚀区,同时形成红层剥蚀面。第四纪中期,构造盆地下沉,成为附近山地的集水洼地,然后汇水成为一大水体。直到晚更新世棕黄色亚粘土堆积后,巢湖盆地受拱面掀斜运动,地面产生不等量下降。滨湖地带经河川切割,形成波状起伏的岗丘地形,巢湖至此才告定型。

水系 巢湖流域水系分布很不对称,杭埠河、丰乐河、派河、南淝河、店埠河、柘皋河、恫炀河等全来自西、北部山地,其中以杭埠河、丰乐河、南淝河为主流,约占全流域面积的70%。南部的河流,有石山河、谷盛河、盛家河、槐林河及兆河等。各河从南、西、北3面汇入后在巢湖市出湖,经裕溪河东南流经裕溪口入长江。

湖盆形态 巢湖湖面轮廓似一只两角菱,当湖面高程为10.0米时,湖面积为820平方千米,东西长59.1千米,南北最大宽度21.3千米,平均宽度18.0千米,平均水深4.4米,最大水深5.0米,容积36.0亿立方米。

水文特性 巢湖湖区气候温暖,年平均气温变化在15.5℃~16.3℃,年平均降水量1000毫米左右。流域面积9130平方千米。平均水位为8.02米(巢湖闸水位站,黄河基面),年内最大水位变幅为4.56米(1969年),最小水位变幅为1.44米(1966年)。地表径流年补给量为20亿立方米~30亿立方米,最大年补给量为51亿立方米(1954年),湖泊泥沙年淤积量为14万吨~15万吨。汛期若长江水位过高,裕溪河受顶托倒灌时,裕溪闸、巢湖闸将关闭。巢湖四周诸河来水仰赖巢湖容蓄,防洪压力很大。为缓解巢湖及裕溪河的防洪问题,1986年开始进行牛屯河分洪道建设,分洪流量460立方米/秒~615立方米/秒,入江口水位比裕溪河口的江水位低0.4米~0.5米。该工程已完成,同时,续建工程也已完工。

透明度一般变化在0.15米~0.25米之间。水温多年平均为16.1℃。

巢湖的水质由于受合肥市工业废水和生活污水影响,每天经南淝河排入湖内的废水约30万吨,占入湖废水总量的66.7%,因而造成施口湖区水质下降,属"中污染"水域。其余入湖河口多属"较清洁"水域。

(6) 南四湖

为微山湖、昭阳湖、独山湖、南阳湖4个相连湖泊的总称。位于山东省西南部,湖面积1266平方千米。南四湖原为泗河河槽,湖区处于山东地台南部边缘的凹陷带,断裂构造发育,从东平湖经南四湖到洪泽湖的断裂带上,地震活动频繁。黄河在南宋绍熙五年(1194)南徙后,多次向南决口泛滥,使泗河下游淤塞,成为地上河;南流入淮时,水道受阻,逐渐潴水成为南四湖。1958年~1973年在微山湖与昭阳湖之间,从湖东的常口到湖西的大屯,兴建了一座由拦湖坝、滚水坝、电站、船闸组成的全长6582米的二级枢纽工程,把南四湖拦腰截断,分成上下二级湖,上级包括昭阳湖、独山湖和南阳湖,下级为微山湖,水位北高南低,相差约3米。南四湖南北长120千米,东西宽5千米~30千米,当上级湖水位为37.0米、下级水位为35.5米时,湖泊总面积为1266平方千米。最大水深7.0米,平均水深4.2米,容积53.6亿立方米。湖泊水深50厘米处多年平均水温16.4℃,7月平均水温28.9℃,1月平均水温5.3℃。

湖区东岸有泗河、十字河、白马河、城廓河、洸府河等,西岸有红卫河、洙赵新河、梁济运河、万福河、复新河等,流域面积31 700余平方千米。梁济运河将黄河、东平湖与南四湖、中运河相连,沟通了黄淮水系,成为南北水上交通的咽喉。南岸是南四湖的出口,通过韩庄及蔺家坝二级制闸,经韩庄运河、伊家河、不牢河汇入中运河,再泄入骆马湖和洪泽湖,使南四湖成为淮河水系的一个组成部分。南四湖属富营养湖类型,主要是氮、磷、悬浮物和其他有机物大量入湖引发的严重污染,超标参数是溶解氧、化学耗氧量、生化需氧量、总氮和总磷。

(7)邵伯湖

位于江苏省扬州市江都区京杭大运河以西。据重修《扬州府志》:"晋太傅谢安出镇广陵,修筑湖棣,民思其功,以比邵伯,故名。"该湖系由潟湖演变而来,主要承受高邮来水,分别由运盐河、金湾河、太平河及里运河注入长江。当湖面高程为4.32米时,湖面积为77平方千米,最大水深1.12米,平均水深1.09米,容积0.89亿立方米。pH为8.5,矿化度215.07毫克/立方分米,为重碳酸盐类钙组Ⅰ型水。

(8)高邮湖

位于江苏省中部,里运河以西。由古潟湖经长期淤积和人类活动影响而成。古名樊良湖,又名新开湖。主要入湖河流为三河、白塔河、铜龙河、新开河等,1969年筑大汕子隔堤,改由入江水道入湖。湖水经南端庄和台闸、新王港、新港、老王港、杨庄等漫水闸和毛港闸泄入邵伯湖。当湖面高程为5.7米时,湖面积为663平方千米,最大水深1.7米,平均水深1.3米,容积8.9亿立方米,湖水呈黄绿色至淡黄色,透明度0.10米~0.35米,pH为8.5,矿化度230.96毫克/立方分米,为重碳酸盐类钙组Ⅰ型水。

(9)宝应湖

位于江苏省中部,里运河以西,北纬33°08′~33°13′,东经119°10′~119°18′之间。上承三河来水,汛期可启氾光湖闸入高邮湖。长7.1千米,最大宽度3.8千米,湖面积44平方千米,平均水深0.9米,容积3960万立方米。

(10)白马湖

位于江苏省中部,里运河以西,由古潟湖演变而成。纳洪泽、金湖等县灌溉尾水,经排水闸入里运河。当湖面高程为6.5米时,湖面积为119平方千米,最大水深1.8米,平均水深1.0米,容积为1.2亿立方米。pH为8.4,矿化度227.58毫克/立方分米,为重碳酸盐类钙组Ⅰ型水。因围垦始与宝应湖分离而为一完整的湖泊。

(11)骆马湖

位于江苏省北部。湖盆为郯庐断裂局部凹陷洼地,黄河夺淮后,成为沂河和中运河季节性滞洪区。主要入湖河流有沂河和中运河,调蓄后分别由嶂山闸泄入新沂河,经皂河闸再泄入中运河。湖面高程为23.0米时,湖面积为296.0平方千米,最大水深5.5米,平均水深2.9米,容积8.60亿立方米。湖水呈绿黄色,透明度为0.5米～3.5米,pH为8.3,矿化度263.76毫克/立方分米,为重碳酸盐类钙组Ⅰ型水。

(12) 石臼湖

位于江苏省西南部,由古丹阳湖分化而成。纳青弋江、水阳江和新桥河、天生桥河等水,北经姑溪河和清水河排入长江。湖面高程为6.9米时,湖面积201平方千米,最大水深2.4米,平均水深1.7米,容积3.4亿立方米。水呈黄绿色,透明度0.2米～0.6米,pH为7.8,矿化度88.49毫克/立方分米,为重碳酸盐类钙组Ⅱ型水。20世纪70年代初围垦,湖面48平方千米。

(13) 滆湖

又名长荡湖,位于江苏省南部。系古太湖分化残留湖之一。西纳茅山东麓来水,东经湟里河、北干河、中干河、南干河等泄入滆湖、太湖。湖面高程3.44米时,湖面积90.0平方千米,最大水深1.31米,平均水深1.22米,容积1.1亿立方米。水呈黄绿色,透明度0.35米～0.80米,pH为8,矿化度156.24毫克/立方分米,为重碳酸盐类钙组Ⅰ型水。

(14) 滆湖

位于江苏省南部。系古太湖分化残留湖之一。水来自扁担河、夏溪河,通过湟里河、北干河、中干河与滆湖相通;东出太滆河、殷村河、烧香河及北溪河注入太湖。湖面高程3.2米时,湖面积164.0平方千米,最大水深1.6米,平均水深1.3米,容积2.10亿立方米。水呈绿黄色,透明度0.20米～0.70米,pH为8.5,为重碳酸盐类钙组Ⅱ型水。

(15) 阳澄湖

位于江苏省南部,又名阳城湖,以"清水大闸蟹"闻名于世,系古太湖分化残留湖之一。西纳元和塘来水,东出七浦塘、杨林塘、浏河入长江,西出娄江入吴淞江,迂回澄湖、淀山湖,入黄浦江归长江。湖面高程2.9米时,湖面积113.0平方千米,最大水深9.5米,平均水深2.8米,容积3.20亿立方米,PH为8.6,矿化度174.81毫克/立方分米,为重碳酸盐类钙组Ⅱ型水。

(16) 澄湖

又名陈湖或沉湖,位于江苏省南部。据《太平广记》记载:该地古为陈州而名陈湖。湖畔寝浦禅林寺内清顺治十八年(1661)铸钟刻有"天宝元年地陷成湖",故名沉湖。吴淞江环行西北,由大姚、席墟和碛砂诸港分流入湖,经东部诸河港入淀山湖。湖面高程为2.66米时,湖面积45.0平方千米,最大水深4.06米,平均水深1.78米,容积0.80亿立方米。水呈黄绿色,透明度0.4米～0.7米,pH为8.2,矿化度94.96毫克/立方分米,为重碳酸盐类钙组Ⅰ型水。

(17) 淀山湖

又名薛淀湖,位于江苏省南部。《青浦县志》载:"淀者,水中泥也,上流势缓,潮沙日积,以注湖内,渐成淤淀,故湖以淀名。"又"有山居其中",故名淀山湖。进出河港多达70余条,西、南部多入水港,主要为急水港,纳太湖来水;东、北部多出水港,主要为拦路港,入黄浦江。湖面高程2.36米时,湖面积63.0平方千米,最大水深4.36米,平均水深2.11米,容积1.33亿立方米。

(18) 杭州西湖

位于浙江省杭州市区西,汉时称明圣湖,唐后始称西湖。湖面高程为5.25米时,湖面积5.8平方千米,最大深度2.43米,平均深度1.55米,容积0.093亿立方米。有"西湖十景"之称,是中国著名的旅游胜地。

(19)东部平原湖区其他诸湖

主要包括东平湖、大官湖、黄湖、龙感湖、泊湖、武昌东湖、洪湖、梁子湖、南漪湖、长湖、白洋淀等(表3-1-24)。

表3-1-24 东部平原湖区其他诸湖简要情况

湖名	所在省区	地理位置		湖面高程/米	面积/平方千米	最大水深/米	平均水深/米	容积/亿立方米
		北纬	东经					
东平湖	山东	36°00′	116°15′	43.0	197.0	4.9	2.9	5.80
大官湖黄湖	安徽	30°00′	116°25′	12.64	261.0	1.94	1.28	3.35
龙感湖	安徽、湖北	30°00′	116°10′	12.76	362.0	2.52	1.15	4.17
泊湖	安徽	30°10′	116°28′	12.64	209.2	301	1.41	2.95
南漪湖	安徽	30°08′	118°55′	10.0	205.0	4.50	3.17	6.50
梁子湖	湖北	30°14′	114°30′	17.2	334.0	3.2	1.7	5.70
武昌东湖	湖北	30°35′	114°25′	19.5	30.8	4.38	2.4	0.74
洪湖	湖北	29°50′	113°15′	25.0	402.0	2.5	1.8	7.20
长湖	湖北	30°25′	112°30′	20.5	127.0	5.2	3.9	4.90
白洋淀	河北	38°50′	116°00′	11.0	309.0	6.0	3.6	11.10

2. 青藏高原湖区

(1)青海湖

古称西海。蒙语叫"库库诺尔",藏语叫"错温布",均表示"蓝色湖泊"之意。位于青海省东北部北纬36°40′~37°10′,东经99°28′~100°40′的青海湖盆地内。湖区周围为群山环绕,海拔在4000米~5000米之间。

形成与变迁 青海湖是地壳隆起及断裂作用而形成的构造断陷湖,成湖于第四纪的早更新世—中更新世时期,距今约200万年~20万年。成湖初期原是一外流湖,注入黄河。古青海湖形成后,由于新构造运动,湖泊周围逐渐隆起,将湖水外泄咽喉堵塞,加之气候转向温湿,遂成一广阔的内陆湖。进入全新世以后,湖盆周围继续隆升,气候复趋干燥,入湖径流减少,蒸发作用强烈,使湖面逐渐缩小。到了近代,青海湖更小。根据古湖堤遗迹及历史记载,湖水在东西方向退缩的距离至少在20千米以上。

水系 青海湖的流域面积34950平方千米,有大小河流40余条。最大的入湖河流是位于湖西的布哈河,全长300余千米,流域面积16570平方千米。年径流量10.64亿立方米,占入湖总径流量的2/3左右。其他较大的入湖河流是乌哈阿兰河、沙柳河、哈理根河、甘子河、倒淌河及黑马河等。

湖盆形态 青海湖形似梨形,东西长106千米,南北宽63千米,周长360千米。当湖面高程为3196.0米时,湖面积为4635.0平方千米,是中国最大的湖泊和咸水湖。最大水深28.7米,平均水深18.4米,容积854.5亿立方米。

水文特性 青海湖地处内陆高原,为典型大陆性干冷气候。湖区多年平均降水量在380毫米左右。入湖河流多为间歇性河流。青海湖每年入湖河流补给量为13.35亿立方米,降水补给量为15.57亿立方米,地下水补给量为4.01亿立方米。湖区风大,蒸发快,每年湖水蒸发量为39.3亿立方米,平均每年亏损水量约4.37亿立方米,导致湖面不断缩小,湖水含盐量不断增加。

青海湖湖区气温以1月份最低,最低值可达-30℃。每年11月份湖泊进入冰期,12月上旬形成稳定冰盖,冰厚一般可达50厘米,最厚可达70厘米。翌年3月中旬,开始融化,浮冰丘最大可达10余万立方米,直至4月中旬以后,冰块融尽。封冰期年平均为108天~116天,最短76天,最长138天。每年7月气温最高,可达28℃。青海湖在风力作用下,一般波浪为2级~3级,最大为7级~8级,全年波浪6级以上的日数为40天左右。青海湖水质矿化度为12 300毫克/立方分米~15 500毫克/立方分米,属咸水湖。青海湖有沙岛、海心山、海西山、鸟岛和三块石等5座小岛,栖息着众多候鸟。其中,尤以海西山和鸟岛最为集中。每年5月下旬,栖息于东南亚、印度、巴基斯坦及尼泊尔等国家以及中国南方的斑头雁、鱼鸥、棕头鸥、鸬鹚、赤麻鸭等10多种鸟类陆续飞来,产卵孵雏。据统计,在这2个面积不到0.6平方千米的小岛上,栖息的鸟类就有10万只之多。现已将这2个小岛列为国家重点自然保护区。

青海湖水位平均以每年12.1厘米的速度下降,水位下降最快的2000年,全年下降了21厘米,平均每年减少湖水4.37亿立方米。造成青海湖不断缩减的因素主要有气候变暖、人类活动加剧,以及降水量减少等,特别是在青海湖周边盲目开垦,破坏了注水河流的水源。目前,青海湖50%的注水河流已干涸,流域内生态系统退化加剧。据监测,近50年来,青海湖水位下降了3.78米,水面面积减少了362.3平方千米。为保护青海湖,青海湖流域生态环境与综合治理项目已正式启动,计划投资近16亿元,在10年内最大程度恢复青海湖原生态。

(2)扎陵湖和鄂陵湖

位于青海省西部的柴达木盆地,扎陵湖居西,地处北纬34°55′,东经97°15′;鄂陵湖居东,地处北纬34°56′,东经97°43′。藏族人民根据2湖的水色和形状,称扎陵湖为"错加朗",意为"白色的长湖";称鄂陵湖为"错鄂朗",意为"青蓝色的长湖"。

扎陵湖湖面高程4293.2米,鄂陵湖湖面高程略低,为4268.7米。黄河自扎陵湖北部流入,南部流出,沿途汇入多曲、勒那曲等河后,从西南部流入鄂陵湖再由该湖北部流出。

扎陵湖呈不对称菱形,东西长35千米,南北宽21.6千米,当湖面高程为4293.2米时,湖面积为526平方千米,平均水深8.9米,容积46.7亿立方米。湖东北部较深,最大水深13.1米;西部较浅,水深一般只有1米~2米。鄂陵湖,则形如金钟,南北长32.3千米,东西宽31.6千米,当湖面高程4268.7米时,湖面积为610.7平方千米,平均水深17.6米,最大水深位于湖心偏北处,达30.7米,容积为107.6亿立方米。

2湖区是青海省高寒地区之一,多年平均气温为-4℃。湖区降水量为300毫米左右,蒸发量在1300毫米以上。

扎陵湖矿化度为481.21毫克/立方分米,属淡水湖。鄂陵湖较"清洁",属贫或中营养湖,矿化度376.67毫米/立方分米,属淡水湖。

(3)察尔汗盐湖

位于青海省,地处北纬36°20′~38°00′,东经92°40′~97°20′之间。湖面高程2677.0米时,湖面积1600.0平方千米,为中国最大的盐湖,也是世界上最著名的内陆盐湖之一。

察尔汗盐湖由达布逊、南霍布逊、北霍布逊、涩聂4个盐湖汇聚而成。格尔木河、素棱果勒河等10多条内陆河注入。由于降水量极少,大量水分通过蒸发流失,形成深厚的盐层,湖内盐盖厚30米左右,最厚处达60米。其主要成分是氯化钠、氯化钾、氯化镁。

由盐类沉积所形成的巨大盐盖,坚硬异常,每平方厘米可承受14千克以上的压力。青藏铁路由北而南建筑在此盐盖上,奇迹般地铺设了32千米长的盐湖铁路,被誉为"钢铁彩虹"。与铁路平行的,还有一条建于20世纪50年代盐层厚为2米~20米的横跨盐湖的公路,其被称颂为"万丈盐桥"。整个湖区由南霍布逊、团结等9个表面有湖水的盐湖和察尔汗、别勒滩2个干盐湖所组成。东西长168千米,南北宽20千米~40千米,总面积5856平方千米,汇集了600亿吨氯化物为主的盐类,是中国最大、世界罕见的内陆盐湖。食盐储量达426亿吨,可供全国人民食用8000余年。钾盐储量1.5亿吨,居世界第3位。

(4)茶卡盐池

位于青海省柴达木盆地最低洼处。茶卡盐池的盐矿形成盐湖矿床。汇入盐池的水道均为间歇性河流,主要有莫河、黑河和尕巴河等。湖面近似椭圆形,长14.8千米,宽9.0千米,湖面积105平方千米。这里气候干冷,最热的7月份,气温也只有20℃左右;1月份气温最低,常在-20℃以下。年降水量不足200毫米,年蒸发量超过降水量10倍以上。稀少的降水量主要集中在夏季。

茶卡盐池的盐矿是由结晶岩形成,成矿后没有受到构造运动的显著影响,故仍保持原来的水平状态。最上部为厚1厘米~10厘米的卤盖层;其下为食盐层,厚度8米左右,盐池中心最厚处达15米以上;其下为0.5米~2米厚的复盐或镁盐层;再下为芒硝层;芒硝层下为石膏层;最下部为灰黑色的淤泥及粘土层。盐池表面经常无水,若东风聚起,表面可积卤水约30厘米深。盐盖之上可见大小不一、形状各异的溶洞,俗称"气眼",大者50平方米~60平方米,小者不足1平方米,洞深1米~6米。

茶卡盐池为一露天食盐矿,矿床平均含氯化钠可达93%,经洗涤后的成品盐,氯化钠含量在97%以上。整个盐池储量丰富,估计可供全国人民食用100年。为全国著名的湖盐产地之一。

(5)易贡错

西藏著名的外流湖,位于藏南易贡附近,北纬30°10′,东经94°50′。湖面高程2150.0米时,湖面积23.0平方千米,最大水深25.0米,平均水深14.3米,容积3.30亿立方米。

易贡错是易贡藏布下游的过水湖,流域面积约13 534平方千米。易贡藏布为主流,其左侧有勒曲藏布汇入;湖盆两侧有10多条源于冰川的支流。

易贡错是近期形成的堰塞湖。据调查,大约于光绪二十六年(1900),现今湖口北岸的札木弄巴曾发生特大泥石流,冲积物堵塞河谷,因而潴水成湖。

易贡错上游水文站处,水位的年内变幅介于2.33米~2.72米之间(假定基面),历年平均变幅为2.54米。据易贡站资料,平均年径流量为119.2亿立方米。年平均水温8℃,历年最高水温为15.4℃,最低为1.7℃。易贡错为淡水湖泊,汛期矿化度很低,实测值只有42毫克/立方分米~61毫克/立方分米,这主要与冰雪融水补给有关。水型属重碳酸盐类钙组Ⅱ型。湖区风景秀丽,是西藏著名风景区之一。

(6)然乌错

是帕隆藏布上的过水湖,坐落在于流的源头地区,北纬29°25′,东经96°45′。湖面海拔约3850米,湖面积22平方千米。整个然乌错呈河道型,总长29千米,平均宽度约0.8千米,湖周长58千米,岸线发展系数为3.5。约200年前,现今瑚水出口处附近山体崩坍,大量巨石碎岩堵塞河道形成的典型堰塞湖。为藏东第1大湖。

然乌错流域面积为1798平方千米。入湖河道主要有曲尺河、真空弄巴、然弄巴3条。在安贡错出口处,最大水深为3.55米;自然乌村下游,最大水深在50米以上。水位变幅为2米~3米。

年平均入湖径流量约18亿立方米。水温变化于6.6℃~15.4℃之间(1973年8月15日午后至19日晨)。然乌错虽位于河源地区,夏季表层水温较高,变幅也较大。至于入湖河口水温低,是因受上游冰雪融水的影响,午后水温下降与汇水历时有关。然乌错每年11月底开始结冰,翌年3月底解冻。除降水补给外,周围还有诸如伯舒拉岭、嘎布岗日雪山及阿扎贡拉冰川等冰雪融水补给,所以,湖水矿化度很低,含盐量仅300毫克/立方分米,属淡水湖。

(8)羊卓雍错

又名白地湖,藏语名"裕穆错",意即天鹅之湖。羊卓雍错流域面积为6100平方千米,以降水形成的地表水补给为主。汇入湖的大小河流计有20余条,主要分布在湖的西、南、东3面。湖泊的水位以6月~9月份为最高,4月~5月份为最低,年内水位变幅为1米左右。湖水矿化度为1780毫克/立方分米,属微咸水。位于雅鲁藏布江南岸、山南地区浪卡子县镜内,北纬29°00′、东经90°40′。湖面高程4441.0米时,湖面积678.0平方千米,最大水深59.0米,平均水深23.6米,容积160.0亿立方米。多年平均气温为2.4℃,最热的7月份,月平均气温为10℃;最冷的1月份,月平均为-5.5℃。每年的11月至翌年的5月上旬为结冰期。年降水量为373毫米。

羊卓雍错是在西藏高原不断隆起过程中因断层陷落而形成的构造湖。成湖初期本为一大型外流吞吐湖,湖水由西部墨曲注入雅鲁藏布江,后来随着南部喜马拉雅山脉逐步抬升,南来暖湿气流越来越少,气候逐渐干燥,水位下降而形成内陆湖。并分为若干小湖,其湖面高差不过6.5米,湖中山地突兀,有21个小岛,各自独立水面,最大面积约18平方千米。该湖突出特点是其水源来自周围雪山,但却没有出水口,雪水的融化补给与湖水蒸发达到动态平衡。

(8)玛旁雍错

又名马法木错,西藏西部边境地区著名的湖泊,地处北纬30°40′,东经81°30′。湖面高程4587米时,湖面积412.5平方千米,最大深度81.8米,平均深度49.2米,容积202.70亿立方米。在构造上属冈底斯山与喜马拉雅山之间的一个断陷盆地。历史上曾属森格藏布水系,原系外流湖后为朗钦藏布袭夺,因堵塞而成内陆湖。湖区平均年降水量为168.6毫米,以冰雪融水及雨水为主。玛旁雍错流域面积约4560平方千米,主要有札布河、萨摩河、巴钦、足马龙、巴穷等河。

玛旁雍错是内陆淡水湖,矿化度约400毫克/立方分米,湖水清澈,湖心处水色标号为3号,透明度达14米。是地球上高海拔地区淡水最多的湖泊之一,也是世界上多个宗教认定的"圣湖"。

(9)纳木错

"纳木错"为藏语,蒙语则称之为腾格里海,都是"天湖"之意。位于拉萨地区,北纬30°40′,东经90°30′。湖面高程4718米时,湖面积1920.0平方千米,是世界上海拔最高的大湖。纳木错系第三纪喜马拉雅山运动拗陷而成,是念青唐古拉山北麓的断陷构造湖。自进入第四纪后,随着西藏高原的不断隆升和气候的逐渐变干,湖面渐趋缩小,保留有古堤岸3层,最高一层高出湖面80米。

纳木错系内陆咸水湖,是中国第2大面积咸水湖,湖水矿化度为1700毫克/立方分米。流域面积约10 610平方千米,主要河流有波曲、昂曲、罗萨河、打尔古藏布等,最大湖深约33米以上,以冰雪融水和降水补给为主,冰雪融水主要来自念青唐古拉山。每年冬季湖内结冰,至翌年5月始消融殆尽。

(10)色林错

曾名奇林湖,湖面高程4530米时,湖面积1640平方千米,是西藏第2大湖。位于北纬31°50′、东经89°00′的冈底斯山北麓藏北高原断陷盆地。湖泊东西长约72千米,平均宽度22.8千米,其中东部最宽处达 40 千米。湖岸周长 255 千米,岸线发展系数 1.77。色林错湖盆系第三纪拗陷而成。第四纪以来,湖泊发生过巨大变化,现存明显的古湖岸线可以证明。历史上最大湖面可达 1 万平方千米左右,后因气候变干,湖泊退缩,从中分离出格仁错、错鄂、雅个冬错、班戈错、吴如错、恰规错、孜桂错、超恰错。总流域面积达 45 530 平方千米,是西藏最大的一个内陆湖水系,主要河流有扎根藏布、扎加藏布、波曲藏布和阿里藏布 4 条。湖周围台地和湖积平原广布。湖泊形态不规则,西侧多半岛和峡湾。年平均气温为-0.3℃,最热月份在 7 月,平均气温只有 9.4℃,日最低气温小于 0℃ 的日数约占全年的 84%。多年平均降水量为 290.0 毫米,夏季多冰雹。

色林错大半水域湖水较深,开敞区在 33 米以上。湖面呈深蓝色,水色标号为 3 号~4 号。透明度在水深 28 米处为 7.5 米,在 33 米处为 8.5 米。湖水矿化度在 1827 毫克/立方分米~1881 毫克/立方分米之间,属咸水湖,硫酸盐类钠组 I 型水。

(11) 札日南木错

曾名塔热错,位于北纬 31°00′、东经 85°30′处,是西藏第三大湖。湖面高程 4630.0 米时,湖面积 985.0 平方千米,流域面积共 16 430 平方千米。主要入湖河流有措勤藏布、达龙藏布 2 条。年降水量 250 毫米左右。最大水深 5.6 米,平均水深 3.6 米。水色标号为 7 号,透明度 2.45 米。表层湖水 pH 为 9.6,矿化度为 13 900 毫克/立方分米,属咸水湖,硫酸盐类钠组 I 型水。

(12) 班公错

又称班公湖、错木昂拉仁波,全湖面积 604 平方千米,其在中国境内为 413 平方千米,克什米尔地区为 191 平方千米。位于北纬 33°44′、东经 78°50′处。湖面高程 4241 米。在中国境内湖体东西长 110 千米,南北平均宽约 4 千米,实测最大水深 41.3 米,湖周长约 285 千米,岸线发展系数为 3.94。流域面积约 28 714 平方千米,主要入湖河流有麻嘎藏布、多玛曲、昂卖曲、麦巴尔渠、藏格河、卡尔龙巴、纳隔河、通达河等。

班公错是内陆闭口湖,所在地区降水少、蒸发强,是全藏最干燥的地区之一,多年平均降水量仅 60.4 毫米。班公错东部湖区为淡水,矿化度为 747.1 毫克/立方分米,属重碳酸盐钙组或镁组水;中部和西部湖区均为咸水,但矿化度不同,前者最高值为 2762 毫克/立方分米,后者可达 19 100 毫克/立方分米,2 者均属氯化物类钠组水。水质东淡西咸是班公错的独特之处,淡水储量约 46.57 亿立方米。

班公错是中国也是世界最著名、最长的裂谷湖之一,属断陷构造湖。全年湖面蒸发水量约 8.93 亿立方米,湖面降水量 0.36 亿立方米,入湖径流量 8.57 亿立方米。自第四纪以来总的趋势是不断退缩,使湖周围留下一道道古湖岸线。湖中有几个鸟岛。班公错是藏游人心目中的 3 大圣湖之一。

(13) 错尼湖

藏北的一个中型湖泊,位于北纬 34°34′、东经 87°15′处。湖面高程 4902 米,湖面积 66.6 平方千米。由东、西 2 湖组成。流域面积 4300 平方千米,实际上,错尼湖是甜水河的尾闾湖。错尼湖湖心地区水色标号为 4 号,透明度达 8.70 米,pH 为 8.6,矿化度为 56 730 毫克/立方分米,属盐湖,氯化物类钠组 Ⅲ 型水。以盛产丰年虫(又名卤虫)而出名。

(14) 达则错

曾名达格济湖,是沿黑阿公路北侧一个较大的深水湖。位于北纬 31°54′,东经 87°30′处。湖面高程 4461 米,湖面积 243 平方千米,湖面长 22 千米,最大宽度 16 千米,平均宽度 11 千米。湖周长

66千米,岸线发展系数为1.60。

达则错流域面积为11 130平方千米,汇入湖体的河流有波仓藏布和那若曲岗等。湖水最大深度在30米以上。每年11月结冰,翌年4月解冻。湖水呈蓝色,湖水透明度达7.20米,水色标号为6号。湖水矿化度高达29 800毫克/立方分米,为重碳酸盐类钠组I型水,属咸水湖。

青藏高原除上述湖泊外,湖面积大于50平方千米的还有104个(表3-1-25)。

表3-1-25 青藏高原湖区其他湖泊简况

湖名	所在省区	地理位置		湖面高程/米	面积/平方千米	最大水深/米	平均水深/米	容积/亿立方米	备注
		北纬	东经						
当惹雍错	西藏	30°05′	86°36′	4535.0	825.0				
哈拉湖	青海	38°18′	97°35′	4078.0	602.0	65.0	26.0	160.0	
乌兰乌拉湖	青海	34°50′	90°30′	4854.0	610.0				
昂拉仁错	西藏	31°35′	83°00′	4689.0	560.0				
塔若错	西藏	31°10′	84°10′	4545.0	520.0				
爱赛错	西藏	31°35′	81°00′	5500.0	9.0				中国海拔最高的湖泊
托索湖	青海	35°10′	98°40′	318.5		23.5	75		

3.蒙新、东北及云贵高原湖区

(1)呼伦湖

又名达赉湖,位于内蒙古呼伦贝尔市,约在北纬48°57′、东经117°23′处。呼伦湖是一个由两翼宽浅的向斜被正断层所切断的地堑构造,形成于更新世以后。据史料记载,唐代时呼伦湖最大。由于受气候变迁影响,湖面有多次升降,总的变化是水位上涨的年份多于下降的年份,水面有扩大的趋势。据1939年~1962年期间的调查,呼伦湖的水位、面积和容积的变化如表3-1-26。

表3-1-26 呼伦湖水位、面积和容积变化表

年份	水位/米	面积/平方千米	容积/亿立方米
1939	539.06	1280	10.1
1956	542.05	1880	50.5
1957	524.95	1902	75.6
1958	542.96	1974	95.0
1959	544.92	2130	117.0
1960	545.47	2280	130.5
1961	545.56	2313	131.0
1962	545.59	2315	131.3

自1966年~1972年的7年间,水位仅下降0.15米,平均每年下降0.021米。呼伦湖在湖面高程为545.59米时,湖面积为2315平方千米,最大水深8.0米,平均水深5.7米,容积131.3亿立方米。旧时,呼伦湖与海拉尔河相通,湖水外泄入黑龙江。现已断流成为内陆湖。

注入呼伦湖的河流主要有克鲁伦河和乌尔逊河。年降水量230毫米~350毫米,属半干旱地区。年平均气温仅0℃左右。冬季封冻期为170天~180天,最大冰厚1.3米。为半咸湖,湖水矿化度1034毫克/立方分米,平均水质2级,属"较清洁"营养型湖泊。

(2) 岱海

位于内蒙古高原的支脉蛮汉山与马汉山之间,约北纬40°37′、东经112°40′处,为四面环山的地堑型构造湖。湖面高程1200.0米时,湖面积168.0平方千米,最大水深18.4米,平均水深7.9米,容积13.30亿立方米。岱海流域面积2084.4平方千米,经常有水流入岱海湖的河流有马坝河、五号河等8条河流。年平均降水量400毫米左右,水位年内变幅常在1米之内。湖表层平均水温8℃~9℃,多年最高日平均水温26.6℃,出现在6月~8月,结冰期为10月4日~5日,冰融期为3月~4月26日,封冻天数101天~143天。属微咸湖,湖水矿化度2587毫克/立方分米,水质3级,"较清洁""富营养"。主要污染物为COD、氯化物,总氮、总磷超标10倍以上,有机物、叶绿害含量均过高。

(3) 博斯腾湖

亦名"巴喀赤湖",位于新疆焉耆盆地东南面博湖县,约在北纬41°59′、东经86°49′。湖面高程1048.0米时,湖面积1019.0平方千米(洪水期),最大水深15.7米,平均水深9.7米,容积98.8亿立方米。是中国最大的内陆淡水吞吐湖,多年平均入湖径流量26.8亿立方米,经西南部的孔雀河排出,平均每年出流量12.5亿立方米。汇入湖中的河流有开都河、黄水沟、清水河、马拉斯台河等。湖区气候干冷,多年平均降水65.8毫米。年内水位变幅约0.7米,最大变幅约1米左右。湖水矿化度1600毫克/立方分米,水质3级,主要污染物为盐碱、中营养。为国家风景旅游区。

(4) 罗布泊

位于新疆塔里木盆地东端,约在北纬40°20′、东经90°15′处。湖面高程768.0米时,湖面积为3006.0平方千米(逐渐萎缩,现大部干涸)。为一构造断陷湖。据分析,断陷湖盆起始于第四纪初期,当时范围辽阔,曾为中国第2大内陆湖,因地处古"丝绸之路"要冲而著称于世。古楼兰国位于湖的西部。罗布泊曾是塔里木盆地的积水中心,古代发源于天山、昆仑山和阿尔金山的流水源源不断地注入罗布泊,主要有塔里木河、孔雀河、车尔臣河和米兰河等,同时,也部分受到祁连山冰川融水补给。现今的罗布泊,因气候变干,塔里木河及其支流上的灌溉事业发达,河水难以下泄入湖而逐渐干涸。关于罗布泊的位置南北摆动和水面面积的变化,主要与塔里木河和孔雀河中下游之间的关系频繁变化及补给的融雪水量变化有关。

(5) 艾丁湖

位于新疆吐鲁番市境内,约在北纬42°45′、东经89°20′处。湖底高程-155.0米时,湖面积35平方千米,最大水深0.8米,平均水深0.2米,容积0.044亿立方米。因湖大部分是皱褶如波的干涸湖底,触目皆是银白晶莹的盐结晶体,在阳光下闪闪发光,酷似寒夜晴空的月光,故名。艾丁湖是喜马拉雅运动的产物。系中国海拔最低的湖泊。

(6) 天山天池

位于新疆阜康市的天山博格达峰山腰,是著名的旅游胜地。池面海拔约1900米,古称"瑶池"。天池,是由于冰川运动所引起的泥石流从高山上滚落到河谷堰塞后潴水而成。湖面呈半月形,湖面积2.6平方千米,水深90余米。

(7) 镜泊湖

旧名湄沱湖、忽汗海和必而腾湖。位于黑龙江省牡丹江市境内,约在北纬43°56′、东经128°56′处。系由活火山活动而形成。第四纪时期火山喷发,堰塞牡丹江上游河谷,遂潴水成湖。堰塞堤上形成一宽40米、落差12米的瀑布。入湖河流有30余条,呈向心状汇入湖中,流域面积11 820平方千米。镜泊湖南北长 45 千米,东西最宽处仅 6 千米,当湖面高程为 350.0 米时,湖面积为 95.0 平方千米,最大水深达 62.0 米,平均水深 17.2 米,容积 16.30 亿立方米。湖区年降水量约 600 毫米。入湖径流为 31.1 亿立方米。矿化度 55.27 毫克/立方分米,平均水质 4 级,"较清洁""中营养",主要污染物为 COD。表现为富营养化期半年,以 7 月~9 月 3 个月最为严重,主要是磷含量高。冬季表层水温为 0℃~8℃,夏秀表层水温可达 27℃,年均水温 2.5℃,水温分层明显。是北方著名风景区和避暑胜地。

(8) 五大连池

位于黑龙江省漠河支流白河的上游,约在北纬 48°40′、东经 126°10′处。清康熙五十八年(1719)本地区的老黑山和火烧山 2 座火山喷发,喷出的玄武岩熔岩流堵塞白河而形成由石龙河贯穿其中的 5 个小湖,称五大连池。五大连池的水从北面的五池,经四池、三池、二池入头池,再注入石龙河南下。其中以三池面积最大,5 池次之,头池最小,总面积为 18.47 平方千米。湖的深度以三池最深,达 12 米,二池 9.2 米,头池仅 1 米~2 米。五池总蓄水量为 1.7 亿立方米。补给水量虽不甚丰沛,但湖水终年不枯,水质较好,含氧量高。现为世界地质公园、火山矿泉疗养旅游胜地。

(9) 兴凯湖

位于黑龙江省密山市境内,中俄界湖,约在北纬 45°12′、东经 132°20′处。由大兴凯湖(中国部分)、小兴凯湖及其周围湖积平原组成。湖面高程 69.0 米时,湖面积 4380.0 平方千米,北部属中国,南部属俄罗斯。最大水深 10.0 米,平均水深 6.6 米,容积 271.6 亿立方米。湖水从东北溢出松阿察河,注入乌苏里江。系地堑式断陷积水成湖。属中等营养化湖泊,生态系统良好,主要污染物是造纸厂排污。为国家级风景区。

(10) 白头山天池

位于吉林省东南部长白山自然保护区内,中朝界湖,约在北纬 42°00′、东经 128°05′处。当湖面高程 2194.0 米时,湖面积 9.8 平方千米,最大水深 373.0 米,平均水深 205.0 米,容积 20.10 亿立方米,为中国最深的湖泊。白头山天池系火山口湖,主要靠降雨和融雪径流补给,年降水量 1400 毫米。湖水碧绿,无波似镜,山峰云雾倒映水中,奇峰显得格外美丽,是著名旅游胜地。是松花江、鸭绿江、图们江的发源地。

(11) 滇池

古名滇南泽,又称昆明湖。位于云南省昆明市,约在北纬 24°51′;东经 102°40′处。在距今大约 7000 万年以前的中生代末期与新生代初期,盘龙江已开始发育,由于强烈的侵蚀,使昆明附近变成低洼的谷地。后来沿湖西岸发生了近于南北向的西山大断层,随着地壳的不断运动,断层线西边逐渐上升,东边相对下降,经过长期演变而形成古滇池的雏形。古滇池水面很大,后因海口河下切,加之入湖泥沙沉积,加大了滇池的出流,使之变浅、变小而成为今日之滇池。滇池外形像弦月,南北长约 32 千米,东西平均宽度为 11 千米,湖面高程为 1885.0 米时,湖面积为 330.0 平方千米,最大水深 8 米,平均水深 5 米,容积 16.50 亿立方米。

汇入滇池各河属金沙江水系,承受 10 条主要河流的补给,其中以盘龙江最大。海口河是滇池的唯一出湖河流,海口河又称螳螂川。

滇池周围气候温和,年平均气温为 14.5℃~17.8℃,年平均雨量为 1070 毫米。多年平均水位为 1889.39 米(海埂水位站,海防基面),历年最高水位为 1890.91 米(1966 年 10 月 17 日),最低水位 1888.39 米(1960 年 5 月 20 日)。过去,环湖地区经常有洪涝水患,1962 年在盘龙江上修建松华坝,1968年又开凿海口河,加大滇池出水量,并在湖的上游各河流上修建了10余座大中型水库,沿湖修建了几十座电力排灌站,解除了洪涝灾害,并确保了农田灌溉和城市用水。

湖水总硬度平均值75度,矿化度236.02毫克/立方分米。主要污染物有氮、磷和COD等;平均水质4级。外海"较清洁""中富营养";草海"严重污染""富营养"。

1999年春,国际园艺博览会在昆明召开,以此为契机,地方与国家都强化治污管理,加大投入,限期达标。至1999年4月底,滇池已一改昔日之旧面貌,成为中国治理湖泊最有成效的典型。

(12)洱海

古称叶榆泽,又名昆明池。位于云南省西南部,约在北纬25°50′、东经100°11′处。在距今约1.2亿年前的大理冰期,由于大理附近发生了一次强烈地震,地壳断裂成一个大内陆盆地,聚水成湖。一遇大风,波涛汹涌,呈现出"海"的幻觉,加之湖的轮廓似耳,故人称"洱海"。属碳酸盐类湖泊。

湖水主要靠河流补给。北面有弥苴河、罗汁河、永安河,南面有波罗江,西面有苍山18溪,东有凤尾青、玉龙河入湖。在下关以上流域面积为2785平方千米,在下关经洱海西河向西南流入漾濞江,再转南注入澜沧江。湖面面积250平方千米,平均水深11米,最大深度21米,蓄水量30亿立方米,湖面高程1966米。

洱海地区气候温和,年平均气温为15.7℃。年平均降水量为1000毫米~1200毫米。多年平均水位为1973.78米(大邑水位站,海防基面),历年最高水位为1975.64米(1966年9月7日),最低水位为1971.35米(1979年7月25日)。年均水温16.9℃。洱海湖水矿化度192.24毫克/立方分米,总硬度平均值56.0,"较清洁",湖水透明度约4米,呈绿色,平均水质2级。正在由贫中营养状态向富营养化过渡,主要污染物有总悬浮物、耗氧物质、氮、磷、挥发性酸、硫化物等。

(13)蒙新、东北及云贵高原其他诸湖

包括贝尔湖、抚仙湖、杞麓湖、星云湖、邛海、泸沽湖、程海、马湖、乌梁素海、达里诺尔等,简况见表3-1-27。

表3-1-27 蒙新、东北及云贵高原其他各湖简况

湖名	所在省区	地理位置		湖面高程/米	面积/平方千米	最大水深/米	平均水深/米	容积/亿立方米
		北纬	东经					
贝尔湖（中蒙界湖）	内蒙古	47°29′	117°42′		608.5		9.0	54.8
抚仙湖	云南	24°29′	102°52′	1720.0	212.0	155.0	87.0	184.0
杞麓湖	云南	14°10′	102°45′	1731.5	42.3	15.0	4.6	1.94
星云湖	云南	24°20′	102°16′	1723.0	39.0	12.0	5.9	2.30
邛海	四川	27°50′	102°18′	1805.0	29.60	19.0	11.2	3.30
泸沽湖	云南、四川	27°40′	100°50′	2690.7	48.45	93.5	40.3	19.53
程海	云南	26°33′	100°43′	1503.0	78.8	36.90	15.2	12.0
马湖	四川	28°26′	103°23′	1100.0	7.32	134.0	65.7	4.81
乌梁素海	内蒙古	40°55′	108°49′	1019.0	250.0	4.2	2.2	5.50
达里诺尔湖	内蒙古	43°15′	116°30′	1226.0	238.0	13.0	6.7	16.00
草海	贵州	26°55′	104°30′	2170.0	45.5	5.0	3.1	1.4

第三节 中国的沼泽

一、中国沼泽及其类型

土壤中水分经常为饱和状态,地表长期或暂时积水,生长湿生和沼生植物,有泥炭或虽无泥炭积累但有潜育层存在的地段,可谓之沼泽。不同学者对于沼泽又常常赋予不同的定义。从水文学角度,认为沼泽是地表生长有湿生(水生)植被的地段;而泥炭地质学者则认为,沼泽是泥炭覆盖层未疏干时厚度不小于30厘米,疏干时不小于20厘米的地表过湿地段。实际上,沼泽是多水条件下各种因素作用结果而形成的自然综合体。

由于沼泽的起源、发育的地貌部位、水分和矿物补给条件、沼泽植被和结构及沼泽土壤的理化特性的差异,因此,沼泽类型可以从以下3个方面进行划分:①按泥炭沼泽的发育阶段和植物营养状况划分;②按植被类型划分;③按地貌条件划分。

根据沼泽的形成和发育过程,通常将沼泽划分为以下3种类型。

(1) 富营养沼泽　又称低位沼泽,主要由地下水和地表水补给,沼泽中营养成分丰富,其上生长嗜养分植物,有泥炭积累或无泥炭。

(2) 中营养沼泽　又称中位沼泽,由富营养沼泽向贫营养沼泽发育过渡阶段的沼泽。其各种特征均处于2者之间,矿物质养分补给减少,逐渐向大气降水补给过渡,以中营养型植物为主。

(3) 贫营养沼泽　又称高位沼泽。由于泥炭堆积较厚,沼泽地表形态和水文情况发生变化,养分补给减少,以至只有大气降水及少量空中尘埃等带入少量矿物质营养补给,故沼泽矿物质十分贫乏。只能生长贫营养植物。

中国沼泽大部分处于富营养发育阶段(低位沼泽),贫营养沼泽(高位沼泽)很少。中国还有很多没有泥炭积累的沼泽地。按有无泥炭积累,中国沼泽可划分为泥炭沼泽和潜育沼泽两大类。中国泥炭沼泽泥炭层厚度不大,多数为10厘米～2米左右,泥炭中等分解,分解度一般在20%～40%,有机质含量为50%～70%,贫营养沼泽可达85%以上,腐殖酸含量为20%～45%,全氮含量在1%以上。潜育沼泽土层严重潜育地,多有较厚的草根层,但无泥炭积累,土壤表层有机质含量在10%左右。

沼泽亚类和沼泽组　中国在3大类型沼泽划分的基础上,又按植被生态型及沼泽植物群系划分出3个沼泽亚类和12个沼泽组,每一个沼泽组又包括若干沼泽体(按植物群丛划分)(表3-1-28)。

表3-1-28　沼泽分类表

沼泽类型	纯灰分/%	pH/KCl	Ⅱ类(按植被生态型)		
			半沼生	沼生	半永生
富营养	>7	>5.6	木本—苔草	苔草	芦苇
			蒿草—苔草	苔草	蔗草
			小叶樟—苔草	克拉萨	红树林
中营养	5～7	5.5～4.6	松—藓类	苔草—藓类	
贫营养	<5	<4.6	松—泥炭藓	泥炭藓	

根据沼泽植被特征,又有更细的区分。其中,如木本—苔草沼泽组包括落叶松—丛桦—苔草、丛桦—苔草、赤杨—苔草沼泽体等。

二、中国沼泽分布的特点

沼泽在地理空间上的分布,主要决定于形成沼泽的水热条件。而水热条件既受纬度地带性因素的制约,也受海陆分布、地质地貌等非地带性因素的影响。冷湿气候条件最利于沼泽发育,从而形成中国东部沼泽分布由北向南减少的趋势。中国沼泽的分布有如下规律。

1. 广泛性和不平衡性

中国北起黑龙江畔,南至海南岛,东至滨海平原,西抵青藏高原,都有沼泽发育。但在降水量大于蒸发量的过度湿润地带,沼泽分布广泛;在干旱地区则很少发育。另外,北部大于南部,山地高原多于平原丘陵。

2. 东半部沼泽具有一定的地带性分布规律

中国东部以平原和低山丘陵为主,气候温湿,地表地下水丰富,有利于沼泽的形成和发育。其沼泽面积占全国沼泽总面积的70%,且类型齐全。受纬度地带性影响,各气候带水热状况不同。北部沼泽面积大、分布广、类型复杂,南部沼泽面积小且类型单调。

3. 山地沼泽受垂直地带性制约

在温带湿润气候区地势较高的山地,其垂直分带明显。如长白山山地沼泽类型可分3带:海拔550米以下,以富营养型苔草和芦苇—苔草沼泽为主;550米~1100米,3种类型都有,但以富营养沼泽为主,并以森林沼泽化为重要形成途径;1100米~1700米,仅局部地区有沼泽发育;1700米以上不适宜沼泽发育。大兴安岭山地也有沼泽垂直分异现象。

4. 山地与高原沼泽多于平原沼泽

由于中国西半部多山地和高原,地带性规律遭到破坏,但西部山地和高原冻土普遍发育。只要在适宜的地貌部位,有充足的水源补给,特别是新构造运动形成的相对下沉区,沼泽就得以发育,如新疆北部阿尔泰山区,海拔1000米以上的山间谷地、河漫滩及湖滨一带,青藏高原海拔3400米~4500米一带,东北地区大小兴安岭、长白山一带都有大面积沼泽分布。平原地区气温高,蒸发大,水分不稳定,微生物活动强烈,沼泽植物残体不易积累,加之人类长期开发,沼泽面积已大大减少。

三、中国沼泽的形成发育及水文特征

1. 沼泽的形成及发育

(1)形成 包括水体沼泽化和陆地沼泽化2种过程。前者为河流和湖泊(水库)沼泽化、海滨沼泽化;后者为草甸沼泽化、森林沼泽化和人为因素沼泽化。它们都是在长期过湿的情况下,由喜水植物的生长、植物残体的分解和堆积形成的。

(2)发育 沼泽体的发育受时空规律的制约,因而是多种模式。在寒温带沼泽的发育过程就是泥炭逐渐积累的过程。随着泥炭层的逐渐加厚,表面形态、水文特征和植被类型等自然特性也发生变化,其发育过程可分为3个阶段:初级阶段,即低位沼泽发育,基本上保持原始地貌形态,大多数呈凹形,由地表径流、地下水和大气降水共同补给;中间阶段,是介于高、低位沼泽之间的过渡类型;高级阶段,由于泥炭层逐渐加厚,发展成高位沼泽,完全改变了原始地貌形态,表面呈凸形,条带状垄岗和湿洼地相间分布。水源补给主要为大气降水,蒸发量小。中国沼泽发育有多种模式,但多数沼泽处于长期低位发展阶段。

(3) 变迁　根据泥炭的地层分析、沼泽剖面的孢子花粉鉴定和 ^{14}C 测年数据分析,可以把中国沼泽的变迁追溯到第三纪末期。在漫长的历史长河中,特别是第四纪以来,自然界环境发生了变化,沼泽也随之时而发育、扩展,时而收缩、消亡。于是,在不同时期、不同地理带内,形成了不同类型、性质与形态各异的沼泽体。

(4) 衰退与消亡　中国的部分沼泽,有的正在衰退,有的已经消亡,主要是在沼泽发展过程中,由于成沼自然条件的改变,或人为作用的结果。而不同地区其衰退与消亡的因素、表现程度又有明显的差别。自然条件的改变包括由于新构造运动的抬升和气候趋干,以及河、湖变迁和自然淤积,从而使沼泽呈现自然变干、收缩衰退的变化趋向,最终导致消亡。人类活动包括排水整地和土壤改良,以及其他综合措施改造沼泽,也会导致沼泽的衰退和消亡。

2. 沼泽的水文特征

(1) 沼泽水的存在形式　大都以重力水、毛管水、薄膜水等形式存在于泥炭和草根层中。当潜水露出地面时,成为地表积水或汇成小河、小湖,常年积水,季节性积水和临时积水,水深不大。

(2) 沼泽水的运动　沼泽径流中除部分沼泽在个别时段有表层流以外,大都是孔隙介质中侧向渗透的表层流。表层流的大小和变化与沼泽垂直剖面的结构、潜水位高低有关。

(3) 沼泽水量平衡　蒸发量大、径流量小是沼泽水量平衡的重要特点。在多年变化中,前者变化小,后者变化大。

(4) 沼泽的温度、冻结和解冻　表面有积水或表层饱和水的沼泽,其表面温度及日变幅均小于矿质土。地表无积水,而近乎干燥的泥炭沼泽和干涸的潜育沼泽则相反。高纬度地区的沼泽有冻结现象。

(4) 沼泽水的水质特征　富含有机质和悬浮物,生化作用强烈。水体混浊,呈黄褐色。因有机酸和铁锰含量较高,沼泽水面常浮现红色。沼泽水矿化度较低,一般不超过500毫克/立方分米,水质硬度低,pH3.5~7.5,呈酸性和中性反应,弱酸性反应多。腐殖酸含量从每升几毫克到上百毫克。

四、中国沼泽资源

沼泽滋生蚊虫,是疟疾和黄热病等的源地,但沼泽有许多资源,在生态中起着良好作用。首先,沼泽是一种水资源,世界上沼泽水总储量约11 470立方千米,占世界淡水总储量的0.03%;其二,沼泽生长纤维植物、药用植物和蜜源植物,其中芦苇是造纸的重要原料,而泥炭藓在第一次世界大战时,因用作伤口敷剂而驰名;其三,沼泽蕴藏大量泥炭,开采后可直接用于农田改土或做肥料,而泥炭还可以制取用于工业、建筑业、医药卫生等产品。另外,泥炭是重要的能源,可作燃料;沼泽疏干后可垦为农田,辟作林业用地和牧场。沼泽是禽类栖息的场所。沼泽还有净化环境、调节径流、湿润气候的作用,有些沼泽地带还可作为旅游景观。

五、中国沼泽分布区

中国沼泽广泛分布在寒温带、温带湿润气候区,尤以大小兴安岭、长白山地和三江平原为多,沼泽面积大(约占全国沼泽面积的一半以上)、类型多、泥炭资源丰富。同时,由于中国多山地和高原,自然条件复杂,使沼泽的自然分布又呈现一定的独特性。青藏东部若尔盖高原和昆仑山与唐古拉山间宽坦的长江河源区,沼泽集中连片,面积大,类型单调,以嵩草—苔草为主,泥炭十分发育,蕴藏量大。主要根据沼泽类型"组"或具有代表性的沼泽类型"体",可将全国划分为东北山地平原沼泽区、青藏高原沼泽区、西北高原沼泽区、内蒙古高原沼泽区、长江中下游平原沼泽区和南部高原、山地丘陵沼泽区等6个沼泽区。

1. 东北山地、平原沼泽区

本区位于中国东北部,包括大小兴安岭、长白山地以及三江平原和松辽平原,是中国沼泽分布面积最大(约占全国沼泽面积的50%以上)、类型最多的地区。苔草沼泽在区内分布广泛,尤其是小叶樟、苔草沼泽,是其他沼泽区所没有的沼泽类型。在山地还分布有贫营养的落叶松、泥炭藓沼泽。

(1)沼泽形成条件

本区属寒温带、温带湿润、半湿润气候。气温冷湿,除松辽平原外,最暖月的平均气温为18℃～22℃,年降水量为400毫米～900毫米,湿润系数均大于1。在年平均气温0℃以下的地区,在冷湿气候和冻土等自然条件的综合作用下,植物残体在地表过湿或有积水的环境中,难以被微生物分解而形成泥炭,成为沼泽。

本区的地貌也有利于沼泽的形成,大部分山地丘陵坡度较缓,分水岭平缓,谷地平坦,排水不畅,易造成地表过湿或积水,为沼泽的形成和发育创造了有利条件。

(2)沼泽在山地的分布特点

沼泽分布的面积由北向南减少。北部兴安岭沼泽率平均为8%;南部长白山地,沼泽率平均为4%左右。

沼泽多分布在平坦的河谷和沟谷,其特点是:干流少,支流多;下游少,上游多。山地区则主要分布在山地的阴坡或北坡,且垂直呈带状分布(表3-1-29)。以泥炭藓为主的贫营养沼泽,分布在7月平均气温20℃等值线、湿润系数≥1.0附近的地方。

表3-1-29 沼泽在流域中的分布状况表

级班		项目	河段 上游			中游			下流		
			干流	支流	合计	干流	支流	合计	干流	支流	合计
小兴安岭北坡	沾河	沼泽面积/平方千米	33	484	517	20	256	276	32	71	103
		沼泽率/%		21.8			8.3			16.0	
	库泽淀河	沼泽面积/平方千米	65	288	353	20	314	334	15	77	92
		沼泽率/%		18.3			12.8			8.0	
小兴安岭南坡	沾河	沼泽面积/平方千米	55	650.5	705.5	46	558	604	16	139.6	155.6
		沼泽率/%		21.8			8.3			16.0	

(3)沼泽在平原的分布特点

①多分布在河滩、湖滨和阶地上各种形状的积水洼地。如三江平原沼泽广泛分布,松辽平原分布零散而面积较小。②在河流的汇合地区,沼泽分布集中连片,面积较大。在三江平原东部,是

黑龙江、松花江和乌苏里江的汇合地区,地势低洼平坦,高水位时河水顶托,排泄不畅,沼泽率高达30%以上,是三江平原沼泽分布面积最大的地区。③呈带状分布。沼泽从洼地中心向边缘,随地下水深浅变化,呈环状或条带状有规律地分布,如三江平原。洼地中心部分,积水较深,分布的是毛果苔草沼泽;向外积水较浅地带,分布的是乌拉苔草、塔头苔草沼泽;再向外为季节性积水地带,分布的是小叶樟、苔草沼泽。

(4)沼泽类型的区域特征

①沼泽类型复杂。本区3种类型沼泽俱全,有11种沼泽组、16种沼泽体,是中国沼泽类型最多的地区。②沼泽发育程度重。一方面表现在沼泽发育过程出现中营养和贫营养发育阶段的沼泽类型,而且贫营养发育阶段的沼泽类型较多;另一方面泥炭积累较厚。③在平原地区主要是草木沼泽。在三江平原沼泽种类较多,有5种富营养沼泽和1种中营养沼泽,沼泽面积大,且分布集中。松辽平原的沼泽种类少,只有3种富营养沼泽,且分布零散,面积较小。④有多种沼泽形成过程。既有陆地(草甸或森林)沼泽化过程,又有水体(湖或河)沼泽化过程。其中草甸沼泽化形成的沼泽面积最大,湖泊沼泽化面积虽小,但分布广泛。河流沼泽化,在三江平原较为典型,在松辽平原很少。

2.青藏高原沼泽区

位于中国西南部,包括整个青海高原和西藏高原。沼泽主要分布在高原的东部和藏南谷地,面积仅次于东北,山地、平原沼泽约占全国沼泽面积的20%左右,但本区的沼泽类型较少,均属富营养沼泽,其中分布面积最大的是嵩草、苔草沼泽,是青藏高原特有的沼泽类型。

(1)形成条件

由于高原东部受东南季风影响,气候冷湿,年平均气温为-1.9℃～4℃,年降水量300毫米～800毫米。藏南谷地、那曲山原和川滇西部山地高原,由于印度洋季风逆江而上,气候暖湿。如雅鲁藏布江谷地平均气温为4.7℃～8.2℃,年降水量为300毫米～450毫米,高原虽然高寒,但光照时间长,植物生长茂盛。加上高原上第四纪冰川发达,并有冻土发育,大量冰雪融水的补给和冻土的存在,使低洼地区低温过湿或有积水,有利于沼泽的形成和发展。

青藏高原虽属强烈上升地区,但其间有相对沉降区,构成了许多较大的山原盆谷地。如长江和黄河源区,若尔盖山原宽谷区,藏南谷地山前洪积、冲积扇缘的洼地、河谷和湖滨滩地,排水不畅,利于沼泽的形成与发展。

(2)分布特点

沼泽在高原东部分布较为广泛,面积亦较大,而在西部分布极少。东部主要分布在青海湖滩、倒淌河、祁连山、青海东南、川西北高原和西藏那曲山原等地区,其中以若尔盖山原的面积最大,约30万公顷。西部的藏北高原和东北部的柴达木盆地,气候干冷,仅在帕米尔高原和阿里中部的班公湖湖滩,有小面积沼泽分布。

在长江、黄河、怒江、雅鲁藏布江等江河源地,有大面积沼泽分布,其中以长江、黄河源区面积最大。唐古拉山地以北地区,沼泽分布面积大且又集中;以北地区沼泽分散,面积较小。

(3)沼泽类型的区域特征

本区沼泽均属于富营养型,仅有3种沼泽组、7种沼泽体。在唐古拉山山地以南地区,以大嵩草为主的大嵩草、苔草、华扁穗草沼泽广泛分布;在唐古拉山山地以北地区,以藏嵩草为主的藏嵩草、苔草沼泽广泛分布。本区东、西部沼泽类型也不相同,在高原东部、川北高原和川滇西部山地沼泽类型较多,且有各种苔草沼泽。沼泽中的泥炭层也较厚。高原西部沼泽面积小、类型少,仅在帕米尔高原分布有帕米尔嵩草、苔草沼泽,在班公湖滨分布有小面积芦苇沼泽。青藏高原沼泽的形成主要是草甸沼泽化,其次为湖泊沼泽化。

3. 西北高原沼泽区

位于中国西北部,东以贺兰山向北伸延至狼山西端一线为界,南以昆仑山脉、阿尔金山与祁连山山脉北麓为界,西部与北部为国界。沼泽面积位居全国第3,约占全国沼泽面积的5%左右,类型简单。

(1) 形成条件

本区深居内陆,四周多山,海洋潮湿气流难以到达,为中国最干旱地区,属温带大陆性气候,不利于沼泽的形成。但本区西北部多高山,有垂直的气候变化,降水较为丰富;山顶还发育有现代冰川,夏季融雪水丰富,为沼泽形成提供了有利条件。宽阔的山间盆谷地和山麓平原地带也有利于沼泽的形成。只是该区沼泽的类型较为简单,主要是芦苇沼泽和苔草沼泽。芦苇沼泽分布面积最大,仅博斯腾湖湖滨地区就有11万公顷,是中国最大的一片芦苇沼泽。在芦苇沼泽中,泥炭厚度一般为1厘米~2厘米,与华北、长江中下游平原芦苇沼泽不同。在本区山地中,还有苔草沼泽和苔草、嵩草沼泽。

(2) 分布特点

主要分布在天山、阿尔泰山等北疆山地海拔1000米以上的山间盆谷地、海拔500米以上的山麓平原洪积—冲积扇缘的潜水溢出地带,以及山前冲积平原上的沿河滩地、冲积扇间洼地和湖滨等地。此外,在塔里木盆地和河西走廊也有沼泽分布,但面积很小。

4. 内蒙古高原沼泽区

主要分布在东部的坝上高原,西辽河上游的老哈河、锡林郭勒盟的锡林河、呼伦贝尔市的辉河。沼泽类型有苔草沼泽和芦苇沼泽。

(1) 形成条件

本区位于中纬度,是海拔1000米以上的高原。气候属于温带大陆性季风气候,西部地区降水量少,气候较干,蒸发量大,地下水位低,不利于沼泽的形成。但东半部张北高原,降水量较多,夏季气候温湿,有利于植物的生长和沼泽的形成。在一些宽阔的低河滩和湖滨滩地,地下水位较高的地段,排水不畅,并有季节性冻土,每年7月中旬距地面60厘米以下仍未融化,起着隔水板作用。因此,茂盛的植物死亡后,积累成泥炭,形成沼泽。

(2) 类型与分布

本区沼泽类型少,只有苔草沼泽和芦苇沼泽。泥炭呈中性和微碱性是本区沼泽的主要特点,在沼泽中生长有草原植物和耐盐植物。

本区以闪电河为界。在闪电河以东,沼泽主要分布在河北省围场满族蒙古族自治县滦河及其支流的河滩和沙丘间洼地,以及辽河上游的老哈河及其支流的河滩等地。沼泽类型以苔草沼泽面积大,分布广。闪电河以西,除呼伦贝尔市的辉河河滩有较多的芦苇沼泽外,其他地区的沼泽面积小而零碎,分布在河边和淡水湖边。如闪电河上游的河滩、锡林河河滩,以及鄂尔多斯草原和大青山附近的冲积平原洼地上有苔草和芦苇沼泽,泥炭层较薄,呈中性和碱性。

5. 华北平原、长江中下游平原沼泽区

位于中国东部,包括下辽河平原,冀、鲁、豫平原和淮河平原,长江中下游平原。另外,洞庭湖和鄱阳湖湖边的沼泽类型与本区相似,也划入本区范围。

(1)形成条件

淮河以北为暖温带半湿润气候,冬季干冷,但夏季较湿热,有利于植物生长。淮河以南为北亚热带湿润气候,不仅热量条件好,降水丰富,年降水量达800毫米~1300毫米,春末又多梅雨,有利于植物生长,也有利于微生物对植物残体的分解,故沼泽地表有机物质的泥炭层不明显,但有较厚的粗有机质层。

在华北平原的山麓洪积、冲积平原上,洪积扇间洼地和山麓平原与冲积平原之间的交接洼地,地下水补给丰富,在经常积水地段,有沼泽分布。在黄河冲积扇和海河冲积平原上,由于河道多次变迁,遗留下来的旧河道和扇形地形,形成许多湖泊、洼地,其滩地上常有沼泽分布;在淮河平原湖群洼地上也有沼泽分布。长江中下游的河道,由于迂回曲折,河滩宽广,有许多湖泊、旧河道和港汊,目前正在淤浅,水边植物繁茂,从而形成沼泽。长江三角洲平原,河道纵横密布,湖泊洼地甚多,也有沼泽分布。沿海的潟湖,有的已成沼泽,如山东荣城的芦苇沼泽。

(2)类型和分布

华北平原、长江中下游平原沼泽类型少,面积小,只有芦苇沼泽和零散分布的苔草沼泽。沼泽化程度较轻,只有局部地区的沼泽中有明显的泥炭层,多数沼泽表面为粗有机质层。淮河以北的沼泽类型比淮南稍多,并有薄泥炭层。南部只有芦苇沼泽,无明显泥炭层。

在淮河以北,沼泽分布在山麓洪积、冲积扇的扇缘洼地、扇间洼地、河滩、湖淀洼地和牛轭湖、旧河道以及潟湖等地。淮河以南,沼泽只分布在湖边、河滩和旧河道。因而沼泽形成的途径基本上是水体沼泽化过程。

6. 南部高原、山地丘陵沼泽区

本区沼泽范围较大,包括西南地区、华南地区和华中地区的一部分。

(1)形成条件

区内自然条件复杂,地势从西北向东南降低,容易受西南季风和东南季风影响,属常年温湿的亚热带季风气候和常年高温多雨的热带—南亚热带季风气候。此外,由于受山地垂直地带性的气候影响,沼泽类型较为复杂。但受地貌分割影响,集中分布不多,且沼泽体的面积较小,总面积也小。

(2)分布特点

受地形影响,沼泽面积较小,但富营养沼泽分布较广,从沿海平原到海拔2000米的高山都有分布。芦苇沼泽可分布到云南土湖。

本区沼泽自东向西随湿度减少,分布的高程逐渐升高,从北向南沼泽在山地上的分布高程也逐渐升高。同一山体内沼泽类型的分布有垂直分异现象,如黄山于1200米处为中营养型苔草、泥炭藓沼泽,1600米处为贫营养型泥炭藓沼泽。1200米以下的山体由于陡峻和人类活动的影响,没有沼泽发育。

(3)沼泽类型

南部高原、山地丘陵沼泽类型较丰富,有富营养沼泽、中营养沼泽和贫营养沼泽3种类型、11种沼泽体。从沼泽类型多少来看,仅次于东北山地、平原沼泽区。沼泽类型中,草本植物组成的较多,其中苔草、泥炭藓沼泽广泛分布在山地中。沼泽形成途径,有草甸沼泽化,也有湖泊沼泽化,但森林沼泽化较少。

第四节 中国的冰川

冰川是分布在寒冷的两极和高山地区,多年降雪积累与重新结晶所构成的长期存在的天然冰体,在重力作用下能自行缓慢运动。冰川是陆地表面上的重要水体之一,既是高山固体水库,也是中国西北、西南河流的源头。在中国,冰川星罗棋布,湿润年山区大量的固态降水储存在这一天然水库中;干旱年冰川融水增加,调节了干旱缺水的河流。冰川是河川径流的调节器。此外,冰川作为气候的产物,对气候同样也有很大的影响。

中国南起云南玉龙雪山,北抵新疆阿尔泰山,西自帕米尔,东到贡嘎山,纵横数千千米的西部高山,都有现代冰川分布。其中,以昆仑山冰川面积最大。其次为喜马拉雅山,最小为阿尔泰山。

一、中国冰川的形成

1. 冰川的形成

在气候寒冷、年平均气温在0℃以下的高纬度和高山地区,固态降水不能全部融化而长年积累,成为终年积雪区,在其下部界线称"雪线"(或称平衡线),此线以上年降雪量超过消融量(包括蒸发量),降雪不断积累;此线以下则相反。雪线以上称积累区,雪线以下称消融区。

当积雪厚度不断增加,下部雪层受压,产生塑性变形,密度增大,雪晶体紧密结合成块状冰层,此为冷型成冰作用,是高纬地区成冰作用的主要类型。另一种情况是覆盖的雪层,经融化又冻结,形成圆形粒雪,粒雪在自重压实下,进一步重结晶或经融水渗浸,产生再冻结。当密度达到0.82克/立方厘米~0.84克/立方厘米时,冰晶间的空气被封闭,成为气泡,粒雪失去透气性能,成为冰川冰。粒雪转化成冰川的时间从数年到数千年。这里所述的冰川冰,其密度为0.90克/立方厘米~0.96克/立方厘米,由于其形成依赖于太阳辐射热力条件,故称暖型成冰,中低纬度地区的冰川多为此种类型。冰川冰形成后,在冰体压力与重力作用下开始运动,形成冰川。此时冰川冰在流动过程中受到进一步的变质作用,成为有片理、褶皱和冰晶定向排列等一般变质岩特点的动力变质冰。

2. 冰川类型划分

可按冰川的形态与规模、温度分类。按形态和规模分,可分为大陆冰川(简称冰盖)和山岳冰川两大类。地球上有两大冰盖,即南极冰盖和格陵兰冰盖,占世界冰川总体积的99%,其中南极冰盖占90%。山岳冰川又称山地冰川,广泛分布于不同纬度的山区。中国的冰川属中低纬度山岳冰川。按温度分,可分为极地冰川、亚极地冰川和温冰川。凡整个冰层全年温度均低于融点的称极地冰川;表面在夏季融化,而冰层大部分温度低于融点的称亚极地冰川;表层冰温冬季低于融点,而整个冰层温度接近融点的称温冰川。温冰川主要分布在水量丰富的海洋性气候区,故又称海洋性冰川。

3. 冰川运动

冰川积累区的冰层达到一定厚度时,坡度和冰自重所产生的剪力使冰按照水流规律开始自源头向末端的移动。移动速度极为缓慢,在大多数情况下每昼夜不超过0.5米。中国天山乌鲁木齐河源Ⅰ号冰川,1980年~1981年间51个测点的年平均移动速度为6米,最大年移动速度测点仅为10.62米。珠穆朗玛峰北坡绒布冰川中游海拔5520米处,1966年~1968年间最大年流速达117

米。山谷冰川的冰流速,表面大于深部,中央大于两侧,在平衡线附近流速最大,而向源头或末端流速降低。冰川运动的形式,部分有塑性变形或蠕变,大部分是块体滑动。有些冰川在经历了较长时期的稳定甚至停滞之后,在短暂时间内突然出现异常快速的前进或巨大的水平位移,称冰川跃动。跃动期间运动速度可以为正常冰川速度的10倍～100倍。冰川跃动的起因是由于冰川内部的不稳定性。

4. 中国冰川物质平衡的特点

冰川上各种相态水的收入和支出间的数量关系,称冰川的物质平衡。正负平衡体现在冰川的前进和后退,而平衡时则呈停滞状态。中国西部多数冰川区降水较少,气温较低,冰川的积累和消融较弱,冰川物质平衡水平较低,而且靠夏季补给为主,属暖季补给型,冰川作用能低,只有西藏东南部海洋性冰川的物质平衡水平较高,通常要比大陆性冰川高1倍～2倍以上。20世纪60年代以来中国多数冰川处于负平衡状态。天山乌鲁木齐河源Ⅰ号冰川24个年度(1958年～1982年)中有14个年度为负平衡。平均纯平衡每年度为-81毫米(水柱),零平衡线变幅约200米。祁连山冰川在50年代末至60年代初处于较大的负平衡状态,而至70年代中期许多冰川出现正平衡,西段老虎沟冰川正平衡值330毫米(水柱),平衡线也下降了200米～250米。70年代中期以来,西藏东南部山区的冰川退缩也有所缓和。

二、中国冰川水文

1. 冰雪融水径流

它是冰川、粒雪和冰川表面的积雪融水汇入冰川末端河道形成的径流。该径流量每年约达564亿立方米,相当于黄河的年入海水量。冰雪融水是高寒山区河流的重要水源。

当春季气温回升到0℃以上时,低山带积雪首先开始融化,随着气温的持续增高,积雪的消融逐步扩展到中、高山带。这时形成的融雪径流是山区河流春汛(4月～5月)的补给来源。4月底～5月初,冰舌末端季节性积雪开始融化,融水大多渗入雪层的孔隙中,夜间冻结成冰,径流十分微小。到6月～9月,气温不断上升,冰舌末端季节性积雪融完,冰面消融扩大到粒雪区,产生大量冰面径流。冰雪径流日变化大,年内分配极不均匀,主要受气候变化的制约。冰雪径流模数:海洋性冰川的径流模数比大陆性冰川大,中国念青唐古拉冰川(海洋性)的径流模数为190升/(秒·平方千米),帕米尔慕士塔格山的一条冰川(大陆性)为40升/(秒·平方千米)。同样是大陆性冰川或海洋性冰川,降水量少的冰雪径流模数小。反之,则大。

冰川像一座"固态水库",起着多年调节河流径流量的作用。其调节能力主要视冰雪融水对河流补给比重的大小。中国天山西段台兰河,冰雪融水补给量约占50%,1962年降水量比正常年份减少19.6%,而河川径流量却比正常年大23.2%;1971年降水量比正常年大46.5%,而河川径流量却小了9.9%。冰雪融水对河川径流补给百分比的分布趋势,是由青藏高原边缘的10%向高原腹地增至30%～40%。内陆河水系冰雪融水比重一般比外流河大。例如,西部山区内陆河冰川融水量约占其河川径流量的23%,而外流河水系仅占8%。

2. 冰川洪水

冰川洪水的发生一般有2种情况:一种是由于冰川正常融化产生的一年一度的季节性洪水,一般出现在7月～8月份;另一种是突发性冰川洪水。正常的冰川洪水,洪峰、洪量及洪水形态在相同的地质地貌条件下,主要取决于冰川消融区的面积,洪水过程线无明显暴涨暴落,而是缓慢连续上升,呈肥胖单峰型或双峰型。洪水流量与气温变化有明显的同步关系,但与降水变化却是非同步关系,与暴雨洪水完全不同。

突发性洪水是冰川洪水的特例,暴涨暴落,历时短暂,是由冰湖溃决时的突发性快速排泄洪水。冰湖是由于冰川前进堵塞沟谷而形成的。一个显著的例证是,新疆喀喇昆仑山的叶尔羌河上游的最大一条冰川洪水于1961年9月3日发生,库鲁克兰干水文站记录到的最大洪水流量达6670立方米/秒,为该河多年平均流量的40倍~50倍。

融雪洪水是以积雪融水为主要来源的冰雪洪水,其发生时间比冰川洪水早,一般在4月~6月间,洪峰流量出现在5月~6月。处在同纬度附近的河流,平原融雪洪水发生时间较山区早。阿尔泰山区河流的融雪洪水一般出现在4月~5月,最迟至6月。

冰川洪水主要分布在天山中段北坡的玛纳斯地区,天山西段南坡的木札特河、合兰河、昆仑山喀拉喀什河、喀喇昆仑山叶尔羌河、祁连山西部的昌马河、党河和喜马拉雅山北坡雅鲁藏布江部分支流。融雪洪水主要分布在新疆阿尔泰山和东北一些河流。

三、中国冰川资源

1. 中国冰川资源

中国是世界上中低纬度冰川发育最多的国家。冰川融水径流总量约为全国河川径流总量的2%,约占中国西部甘、新、青、藏4省区河川径流量的14%,相当丰富。各山系冰川融水资源以念青唐古拉山为最大,约占全国的26.7%;其次为喜马拉雅山和天山,约各占18%,阿尔泰山为最小,尚不足1%。西藏的融水资源约占全国总量的60%,居首位;其次新疆约占34%;青海、甘肃分别占全国的4%和2%。

2. 中国冰川资源的评价与利用

中国西部山区蕴藏着约2倍于中国水资源总量的冰储量,极为丰富的冰川资源是中国西部干旱区戈壁荒漠中形成绿洲的主要水源。高山冰川区是西部干旱区的"湿岛",在塔里木、准噶尔、柴达木盆地干旱地区和河西走廊的高山带,降水丰富,发育有大量的冰川,是河流径流的主要形成区。上述地区从盆地不足10毫米的径流深,到高山冰川区可达500毫米~1000毫米。在西藏南部更大,可达3000毫米以上。降雨也有同样的趋势。

冰雪资源是优质的淡水资源。中国冰雪水的矿化度一般低于35毫克/立方分米。中国冰雪资源主要用于农业。近年来,冰雪资源已成为西部地区工业用水不可缺少的水源之一。西部山区人口稀少,以内陆河人均水量约为9300立方米计算,相当于全国人均水量2600立方米的4倍。总之,西部山区水资源相对来说,还是比较丰富的。

四、中国冰川类型与分布

1. 冰川类型

中国冰川类型的划分:首先是从形态开始,中国常见的冰川有:

(1)悬冰川 该冰川是中国山岳冰川中数量最多、体积最小的冰川,成群见于雪线高度附近的山坡上,像盾牌似地悬挂在陡坡上,厚度一般只有10米~20米,面积不超过1平方千米,容易消退与扩展。

(2)冰斗冰川 分布在河谷源头或谷地两侧围椅状的低洼处,冰斗底部平坦,而壁陡峻。

(3)山谷冰川　山岳冰川发育最成熟的类型,具有山岳冰川的全部功能,对环境有重大影响。山谷冰川具有从粒雪盆伸入谷地的长大冰舌,长度达到数千米至数十千米。有过渡形态的冰斗——山谷冰斗。

此外,还有平顶冰川或冰帽、再生冰川、山麓冰川及多年雪堆或雏冰川。

中国冰川还可根据冰川区的水热条件分为大陆型与海洋型2种。大陆型冰川是在大陆性气候条件下形成的冰川,是中国冰川的基本类型,数量多,分布广,分布范围北起阿尔泰山,南到喜马拉雅山北坡,西自帕米尔,东至冷龙岭和阿尼玛卿山,面积占全国冰川面积的80%以上,具有补给少、温度低、雪线高、消融弱的特点,运动速度慢,地质地貌作用弱。海洋型冰川是在季风海洋性气候条件下形成的冰川,又称季风海洋性冰川,主要分布于西藏东南部山地和横断山区,面积不足中国冰川的20%,降水丰富,消融强烈,积累与消融较多,雪线位置较低,气温较高,冰川运动速度快。

2.现代冰川的分布

中国现代冰川分布在辽阔的西部高山区,是世界上中低纬度山岳冰川最多的国家之一。包括甘、青、新、藏、川、滇等6省区,总面积约59 406平方千米,约相当于全球冰川覆盖面积1620万平方千米的0.37%。中国冰川的大小及分布很不均匀,西藏境内的冰川数量达22 468条,冰川面积最大,达28 645平方千米,占全国冰川总面积的47%;其次是新疆,冰川面积占44%;其余的9%分布于青、甘等省区。按山脉统计,冰川面积超过10 000平方千米的有昆仑山和念青唐古拉山,冰川面积界于6000平方千米~10 000平方千米的有喀喇昆仑山、天山和喜马拉雅山。上述山脉的冰川面积约占全国冰川总面积的65%。其他各山脉的冰川面积均在5000平方千米以下。全国冰川面积约有61%分布在内陆河流域。冰川总储量约为5590立方千米,按山脉主要分为12区(表3-1-30)。规模较大的冰川分布在青藏高原边缘山地,如昆仑山、喜马拉雅山、念青唐古拉山、喀喇昆仑山和天山。高原内部山地冰川规模较小,多以突出高峰或山顶夷平面为中心形成孤立的冰川群。

表3-1-30　中国现代冰川分布与数量

编号	山脉	雪线高度/米	冰川条数/条	冰川面积/平方千米	冰储量/立方千米
1	阿尔泰山	2800~3350	403	280	16
2	天山	3600~4300	9081	9236	1012
3	祁连山	4400~5400	2815	1931	93
4	昆仑山	4500~6000	7694	12 266	1283
5	帕米尔	4200~5900	1289	2696	248
6	喀喇昆仑山	5000~5600	3454	6231	686
7	羌塘高原	5100~6200	958	1802	162
8	唐古拉山	5400~5700	1530	2213	184
9	冈底斯山	5800~6000	3538	1766	81
10	念青唐古拉山	4600~5600	7080	10 701	1002
11	横断山	4600~5500	1725	1580	97
12	喜马拉雅山	4300~6200	6475	8412	709
13	阿尔金山		235	275	16
14	萨吾尔山		21	17	
总计			46 298	59 406	

(1) 阿尔泰山　亚洲中部宏伟山系之一,主峰4374米,与其北侧的奎屯峰(海拔4104米)构成一个山结,成为阿尔泰主要冰川分布中心,也是中国最北端(北纬49°10′)的冰川分布区。雪线高度2800米~3350米。据最新统计资料,共有冰川403条,面积280平方千米,其中89%集中于额尔齐斯河水系的布尔津河源头。绝大多数是面积小于0.5平方千米的悬冰川和冰斗冰川。超过4平方千米的山谷冰川和冰斗—山谷冰川只有10条。

(2) 天山　在中国境内的东部天山,东西长约1700千米,最高峰为托木尔峰,高达7435.3米,是天山最大的冰川作用中心。雪线高度3600米~4300米。据1981年统计,共有冰川9081条,面积9236平方千米,冰储量1012立方千米。天山冰川以山谷冰川占优势,数量只占冰川总条数的4.4%(395条),但面积却占48.1%(4422.44平方千米)。其次是冰斗冰川,数量与面积分别占18.7%与20.5%。平顶冰川最少,分别只占0.2%与0.4%。天山冰川分布极不平衡,几乎冰川面积的一半都集中在天山西段的哈尔克他乌山和汗腾格里—托木尔峰区。第二个比较集中的冰川区是北天山中段的依连哈比尔尕山,冰川面积超过1400平方千米,但多为小型冰川,其余的大部分山区冰川规模较小,冰川面积所占的比例不到10%,甚至不到1%。乌鲁木齐河源Ⅰ号冰川是天山冰川研究最深入的冰斗—山谷冰川。

(3) 祁连山　由一系列北西西走向的高山与谷地相间组成,长约800千米,最高峰称团结峰,海拔5808米。雪线高度4400米~5400米。据最新统计,共有冰川2815条,面积1931平方千米,冰储量91立方千米。冰川以面积不到1平方千米的小冰川为主,面积大于10平方千米的冰川只有17条。悬冰川占总条数的50.9%,而其平均面积仅0.15平方千米;冰斗冰川和冰斗—悬冰川占33.6%;规模稍大的山谷冰川和冰斗—山谷冰川占14.7%,但面积却占51.6%。

(4) 昆仑山　号称"亚洲脊柱"的昆仑山,全长2500千米,分西、中、东3段。西昆仑山山势高,拥有海拔超过6000米以上的大面积山地,最高峰达7167米,全山系2/3的冰川集中于此。中昆仑山有若干分散的6000米以上的山峰和保存良好的山顶夷平面,形成冰川发育的中心。东昆仑山山势较低,一般山脊只有5000米左右。据最新统计资料,昆仑山冰川面积达12 266平方千米,是中国冰川最多的山脉。该山脉冰川大部分集中在西昆仑山,是叶尔羌河、喀拉喀什河等补给源泉。西昆仑山多山谷冰川。西昆仑山平顶冰川规模大。如古里雅平顶冰川面积达376平方千米,是已知中国最大的平顶冰川。中昆仑山分布较分散,以若干高出海拔6000米的山峰为中心。东昆仑山冰川只发育在个别高于6000米的山峰区,冰川规模远逊于西、中昆仑山。

(5) 帕米尔高原　高原海拔5000米左右,据统计,冰川面积达2696平方千米,主要分布在慕士塔格—公格尔山和阿克赛巴什山(北纬39°16′,东经94°16′)等山区。慕士塔格山峰高达7546米,号称"冰山之父"。数百平方千米的冰体自7000米以上的山顶一直覆盖到5100米~5500米的高度,形成一片冰帽,有若干冰舌由冰帽边缘伸向山麓,成为特殊的峡谷溢出山谷冰川。海拔7719米的公格尔山冰川区,山势比慕士塔格山宏伟,冰川面积约520平方千米。公格尔山西北还有一系列冰川发育和分布集中的山地,叫昆盖山,冰川面积约968平方千米。

(6) 喀喇昆仑山　世界上巨大而雄伟的山地之一。其一般山脊高5500米左右。地球上14座8000米以上的高峰中,这里就有4座,其中乔戈里峰海拔8611米。海拔7000米以上的高峰多达15座,山体开阔,多为纵谷,与山脉走向大体一致,有利于冰川发育。据统计,在中国境内冰川面积为6231平方千米,共3454条冰川。主要分布在叶尔羌河支流克勒青河上游,即乔戈里峰北坡,向西北至明铁盖大坂北麓,向东南至喀喇昆仑山口地区。

(7)羌塘高原　又称藏北高原,包括冈底斯山以北与昆仑山之间的广大山地,平均海拔约5000米,有若干不相连接但基本上是东西排列的6000米以上的山峰。冰川多以山峰为中心呈斑状分布,北部数量较多。本区雪线在全国冰川区可以说分布位置最高,一般为5100米~6200米。据统计,羌塘高原有冰川1802平方千米,其中阿里喀喇昆仑山就有冰川1396.35平方千米,长度超过10千米的大冰川有9条。普若岗日41号冰川长13.3千米,面积53.0平方千米,是该高原最大的冰川。高原上还有若干不相连接的高峰或山顶面,形成若干较小的冰川群。

(8)唐古拉山　位于青、藏交界线上,是羌塘高原南缘的一条主要山脉,西段山脊高5800米~6200米,最高峰各拉丹冬峰海拔6621米,是山脉最大的冰川分布中心。中段山岭较低,一般海拔5600米~5800米,冰川规模小而分散。东段有16座超过6000米的高峰。这里气候受印度洋季风影响,气温较高一些。唐古拉山冰川物理性质东、西段不同,西段为大陆型,东段为季风海洋型。据统计,唐古拉山脉共有冰川1530条,面积2213平方千米,其中西段以各拉丹冬为主体的冰川面积占山脉冰川面积的54%,许多大冰川和平顶冰川集中在这里。中段冰川数量最多,占总条数的47%,但规模较小,面积只占28%,且分布零散。东段冰川规模最小,面积占18%,但分布集中,少数有超过10平方千米的大冰川。

(9)冈底斯山　位于喜马拉雅山北侧,长1600千米,是藏北高原与藏南谷地的分水岭。山岭海拔5500米以上,许多山峰超过6000米,最高峰为罗波峰,海拔7095米。现代冰川以高峰为中心,形成许多不连续且相距较远的冰川群。据统计,冰川面积1766平方千米。该山脉降水分布由东向西逐渐减少,东段尼洋河流域降水丰富,凡是海拔5500米~6000米的高山,就能发育小规模冰川,雪线也低,一般为5200米~5400米;西段降水较少,在6000米以上的高峰或山脊才出现冰川,雪线高达5800米~6000米。

(10)念青唐古拉山　西起西藏纳木错南侧的穹姆岗日(7048米),东至雅鲁藏布江大拐弯以东的然乌,全长740千米。东段冰川在数量和规模上都远超过西段,是中国重要的海洋型冰川分布区。嘉黎以东的冰川数目和面积分别占山脉冰川的2/3和5/6。念青唐古拉山现代冰川十分发育,是地球上中纬度地区的冰川作用中心之一。冰川以山谷冰川为主,连同冰斗—山谷冰川在内,面积占整个山脉冰川的54.5%,而冰川数目只占12.3%。山谷冰川的规模也较大,在266条山谷冰川中,平均每条冰川面积达9.30平方千米。著名冰川有扎当冰川、西布冰川、拉弄冰川、爬努冰川等。

(11)横断山脉　中国最大的南北走向的山脉。高山深谷密集排列,山岭海拔多在5500米~6000米之间或更高些,北部较高,南部较低。现代冰川分布在从北面的雀儿山到最南端的玉龙山之间,冰川集中分布的主要山地有西藏东部的伯舒拉岭、云南与西藏交界处的梅里雪山和川西的贡嘎山。据统计,横断山及川西高原有冰川1725条,面积1580平方千米,雪线高度4600米~5500米。由于本山区南部多为海洋型冰川,北部或西部多为大陆型冰川,所以,不仅雪线高低相差很大,而且冰川下伸末端高度也很悬殊。

(12)喜马拉雅山　世界上最高大雄伟的山脉,东起雅鲁藏布江大拐弯处的南迦巴瓦峰(7782米),西止于印度河南侧的南迦帕尔特峰(8125米),全长2400千米。位于中印、中尼边境的大喜马拉雅山为其主脊,海拔高达5500米~8000米以上,是冰川发育的主要山区。这里拥有7000米以上的高峰50多座,海拔8000米以上的高峰10座。中尼边界上的珠穆朗玛峰海拔8844.43米,为世界第一高峰,其周围群峰挺拔,多在高山雪线之上。

全山脉冰川面积约达30 000平方千米,虽然冰川面积在中低纬度世界各大山系中是最多的,但分布较分散,主要以若干高峰为中心,呈辐射状分布,或沿山脊作羽状分布,多为较短的横谷冰川。最大的冰川为印度境内恒河主源的干戈特里冰川,长30千米,而一般山谷冰川长度多在10千米~20千米之间。据统计,中国境内的冰川面积为8412平方千米,雪线高度一般在4300米~6200米之间。

3. 中国著名冰川

(1)绒布冰川　位于珠穆朗玛峰山脚下,复式山谷冰川——绒布冰川是这里最大、最为著名的冰川。绒布冰川长达26千米,平均厚度达120米,最厚处超过300米以上,冰舌平均宽14千米,面积达86.89平方千米。冰川上有千姿百态、瑰丽罕见的冰塔林、冰茸、冰桥、冰塔等,千奇百怪,美不胜收。还有高达数十米的冰陡崖和步步陷阱的明暗冰裂隙,也有险象环生的冰崩雪崩区。

(2)海螺沟冰川　是四川贡嘎山东坡众多冰川中的一条,尾端伸入到原始森林区达6000米,海拔只有2850米,是地球上同纬度的冰川中海拔最低的。冰川的雪粒盆是整个冰川的源泉,盆内冰雪积累到一定程度,就会翻越盆沿形成巨大雪崩。盆的边缘是中国已知最大的冰瀑布,高1080米,宽500米~1100米,晶莹剔透,雄奇无比。在海拔2850米的地段上,长5700米的冰舌紧舐大地。冰面上分布着冰面湖、冰面河、冰裂缝、冰蘑菇、冰洞、冰桥……令人叫绝的冰川弧拱晶莹透明,蓝中透绿。

(3)米堆冰川　位于西藏波密县玉普乡米美、米堆2村境内,距县城所在地扎木镇90多千米。米堆冰川被评为中国最美6大冰川之一。米堆冰川主峰海拔6800米,雪线海拔4600米,末端只有2400米,是西藏最主要的海洋型冰川之一,也是世界上海拔最低的冰川。该冰川常年雪光闪耀,景色神奇迷人。这是典型的现代季风型温性冰川,类型齐全,尤以巨大的冰盆,众多雪崩,陡峭巨大的冰瀑布,消融区上游的冰面弧拱构造,以及冰川末端冰湖和农田、村庄共存为特点。

(4)特拉木坎力冰川　位于喀喇昆仑山脉的特拉木坎力峰(海拔7441米)下,冰川长28千米多,面积为124.53平方千米,冰川末端高度为4520米,冰川雪线高度为5390米。冰川冰净储量为26.774立方千米,换算成水量可达22.758亿立方米,是一座名副其实的"固体水塔"。特拉木坎力冰川最奇异的自然景观是高达数十米的冰塔林,自海拔5200米处发育向下至冰川末端,长度在11千米以上。冰川上的连座冰塔形成一座座冰峰甚是壮观,冰峰下常伴有冰湖,碧波荡漾。冰舌上段冰面洁净,冰塔及各种冰雕形态随处可见。

(5)祁连山老虎沟12号冰川　位于甘肃省肃北蒙古族自治县境内的大雪山是祁连山中断块而成的一个完整的小山地,长88千米,宽20千米~30千米,山地面积约2200平方千米。大雪山平均海拔4000米左右,最高峰5555米,是祁连山北端最高的山体,由于大雪山地处西北气流直下的要冲,高山降水丰富。大雪山共有冰川203条,面积159.4平方千米。大雪山的老虎沟地区共有冰川44条,面积54.3平方千米。老虎沟内的12号冰川,长10.1千米,面积21.9平方千米,是祁连山区最大的山谷冰川。

(6)阿扎冰川　位于西藏察隅县上察隅镇境内,属海洋型冰川,雪线海拔只有4600米,朝向西南,长20千米左右。冰川的前沿部分深入到原始森林区长达数千米,犹如一条银色巨龙穿行于"绿色海洋"之中。所以,阿扎冰川又被人们亲切地称为"绿海冰川"。巨大的冰川好似巨大的银屏凌空飞挂,银光刺眼,晶莹璀璨,气势磅礴。这些状若玉龙,势如巨蟒的冰川,蜿蜒飞舞于寒山空谷之中,千姿百态,蔚为壮观。

(7) 卡钦冰川 也叫做暖冰川,又称恰青冰川。位于念青唐古拉山东段南坡,西藏自治区东南部,波密县八盖乡境内。卡钦,为汉字译音的藏语地名。意为大冰或大冰川的意思。卡钦冰川,系山谷冰川。冰川朝向东南,冰舌末端伸入森林区。长35千米,面积约172平方千米。冰舌末端海拔为2530米,是中国最大的海洋型冰川。在西藏境内各类冰川中属最大的一个冰川。

(8) 来古冰川 为一组冰川的统称,位于西藏昌都地区八宿县然乌镇境内,紧邻然乌湖,来古冰川为世界3大冰川之一,包括美西、亚隆、若骄、东嘎、雄加和牛马等6条冰川,该冰川群中亚隆冰川最为壮观。"亚隆冰川"长12千米,从岗日嘎布山海拔6606米的主峰延伸至海拔4000米的来古村。因为所有这些冰川都围绕着来古村,所以它们被人们统称为来古冰川,站在村边可以看到全部6条海洋性冰川,这样的自然景观在中国甚至在世界上都绝无仅有。

(9) 七一冰川 位于甘肃省嘉峪关市西南116千米处的祁连山腹地,是整个亚洲地区距离城市最近的可游览冰川。它是由中国科学院兰州分院的科技工作者和原苏联冰川学专家于1958年7月1日发现,并以发现日期命名的一座高原冰川。该冰川斜挂于坡度小于45°的山坡上,冰层平均厚度78米,最厚处达120米,冰峰海拔5150米,冰舌前沿海拔4300米。七一冰川全长3千米左右。年储水量为1.6亿立方米,融水量70万立方米~80万立方米,成为一大固体淡水水库。

(10) 天山乌鲁木齐河源1号冰川 简称乌源1号冰川。该冰川位于新疆维吾尔自治区乌鲁木齐县境内,距离乌鲁木齐市区西南约120千米处,属于天格尔山北坡乌鲁木齐河的河源区。1号冰川属双支冰斗—山谷冰川,长2.4千米,平均宽度500米,面积1.85平方千米,最大厚度140米,年均运动速度约5米,底部海拔高度为3740米。1号冰川形成于第三冰川纪,距今已有480万年的历史了。由于现代冰川类集中,冰川地貌和沉积物非常典型,古冰川遗迹保存完整清晰,所以1号冰川有"冰川活化石"之誉,成为中国观测研究现代冰川和古冰川遗迹的最佳地点。这里冰川冲积地貌非常明显,对于进行地质科学考察者,可以从这里探察乌鲁木齐河亿万年间发育的过程。

(11) 托木尔冰川 被评为中国最美6大冰川之一。托木尔峰,位于天山西部温宿县境内是,中国最大的现代冰川区,海拔7435.29米,为天山第一峰,托峰地区是中国最大的现代冰川作用区之一,共有冰川829条,其中发育在中国境内的509条,冰川总面积达2746平方千米,比2个祁连山冰川面积还大1.3倍,冰雪储量3500亿立方米,是中国冰川之最,比祁连山和珠穆朗玛峰地区冰雪储量的总和还大得多。托峰地区的冰川为亚大陆性冰川,这里长10千米以上的冰川有20余条,最长的冰川是托木尔峰北部的汗腾格里冰川,是世界8大山谷冰川之一,号称天下第1冰川,长60.8千米,横跨中、吉2国;托木尔冰川长32千米,是中国第2冰川;另外,还有著名的木扎特冰川、喀拉古勒冰川、吐盖拜里齐冰川等。

(12) 音苏盖提冰川 位于新疆喀喇昆仑山脉乔戈里峰北坡,长约42千米,冰舌长约4200米,面积达380平方千米,估计冰储量不少于116立方千米。是中国境内已知的最大的冰川,其融水注入叶尔羌河。音苏盖提冰川属于在高原内部干旱半干旱气候条件下发育的大陆性冰川,冰川温度低,消融慢,进退幅度小,运动速度慢,它是由4条巨大的支冰川和10余条规模不等的冰流汇合而成的树枝状山谷冰川。冰川末端下伸至海拔4000米左右的谷地中,冰川消融区表碛密布,冰塔林十分发育,裂隙密集,又称为"裂隙冰川"。

(13) 玉龙雪山冰川 位于云南省玉龙纳西族自治县境内,玉龙雪山分布着欧亚大陆离赤道最近的现代海洋性温冰川和雪海,冰川类型齐全,发育有19条现代冰川,总面积达11.61平方千米,其中"白水1号"现代冰川是目前最具游览条件的冰川。"白水1号"现代冰川长达2.7千米,位于玉龙雪山主峰扇子陡的正下方。从山脚望去,如同一条瀑布悬挂天际,令人震撼不已。冰舌部分的冰塔林,像一把把刀戟直刺苍穹,在阳光的照射下,不白而绿、绿雪万仞,仿佛一块块巨大的翡翠碧玉镶嵌在怪石嶙峋之间。

(14)明永冰川(又称奶诺戈汝冰川) 位于云南迪庆香格里拉,是卡瓦格博峰下的一条低纬度热带季风海洋性现代冰川,山顶冰雪终年不化。由于它所处的雪线低,气温高,消融快,靠降水而生存,因而它的运动速度也快。到冬天,它的冰舌可以从海拔5500米往下延伸到海拔2800米处,如一条银鳞玉甲的游龙,从高高的雪峰一直延伸到山下,直扑澜沧江边,离澜沧江面仅800多米。明永冰川是云南省最大、最长和末端海拔最低的山谷冰川,整个冰川南北延伸约5千米,东西宽约3千米,呈一个巨大的冰雪凹地,夏季晴天,冰雪融水汇集成湖。

(15)土盖别里齐冰川 位于天山托木尔峰与汗腾格里峰之间,长37.8千米,面积338平方千米,末端降至2750米,是中国境内面积最大的冰川。该地区还发育了天山最大冰川——南依诺尔切克冰川,长61千米,下游伸入吉尔吉斯斯坦境内;此外还有西琼台兰冰川,长25千米(雪线4200米~4300米,冰川作用下限3084米)等。这些冰川以长大的树枝状山谷冰川最为发育,拥有多级支流和狭长的冰舌,冰面表碛密布,热喀斯特发育。

第五节 中国地下水

地下水是存在于地表以下岩土孔隙、裂隙和洞穴的水。它以各种形式存在:当岩土的温度在冰点以下时固态水才存在;气态水充滞于岩土的孔隙中,成为土壤空气的组成部分;液态水在重力和毛细管力作用下,存在于岩土的孔隙中。在分子力的作用下,还有吸附在土壤颗粒表面的结合水,以及包含于某些矿物中、构成化学状态的结晶水。各种状态的水均可在一定条件下互相转化。自然界的岩土是多孔介质,在其固体骨架中有孔隙、裂隙和溶洞,其中有的含水,有的不含水,有的虽含水但不透水。人们把既能透水又饱含水的多孔介质称含水介质。含水介质不但提供贮水空间,还必须具备适当的贮水构造,才能贮存一定数量的地下水。岩土原生的贮水空间是由控制地层成因的地质过程形成的,多出现于沉积岩和火成岩中,在岩石形成后,再发展有次生的贮水空间,如岩石的节理、断层、溶洞和动植物形成的孔穴等。这些次生的贮水空间对地下水的传导以及贮水空间的连续性也是重要的,因为地下水运动的通路,对其贮存和运移具有实际意义。总之,地下含水层的形成条件是需要具备贮水空间、贮水构造并含有一定数量水分的岩层。

一、中国水文地质条件及地下水类型

1. 水文地质条件

所谓水文地质条件,即地下水的补给、径流和排泄条件。它决定地下水的形成、贮存及运动方式。影响水文地质条件的主要因素有地质构造、包气带及含水层岩性、地貌等,人类活动在一定程度上也起到改变水文地质条件的作用。水文地质条件相同或相似的区域称水文地质单元。由于中国地大,影响水文地质条件的各种因素在地区上差异很大,且互相交错,因此,形成了中国复杂多样的水文地质单元。从山丘和平原两大水文地质类型区看,山丘区包括一般山丘区、岩溶山区、黄土高原丘陵沟壑区,与平原区(包括一般平原区、沙漠区、内陆闭合盆地平原区、山间盆地平原区、山间河谷平原区、黄土高原台塬阶地区)的水文地质条件截然不同。山丘区构造断裂发育,地形起伏大,属山地地貌。地下水主要补给是降水,补给通道主要是断层、裂隙或溶洞。地下径流流畅,以脉状和水平径流为主。地下水被河谷切割,向河道排泄,少部分以潜流形式排入平原区。地下水埋深受山势控制,山顶山坡处相对较大,谷地相对较小,年内及年际地下水位变化大,汛期或丰水年相对较高,非汛期或枯水年相对较低。平原地势较平坦,地下水主要接受降水或地表水体补给,补给通道是第四纪松散沉积物孔隙。地下径流滞缓。排泄方式有垂向潜水蒸发、水平向河道排泄和人工开采等几种。地下水类型以第四纪孔隙水为主。

2. 地下水的类型

在地表以下含水的岩土中,依据按地下水的埋藏条件为主要特征,综合考虑地下水的成因和水力特征的综合分类方法,可将地下水划分为3个基本类型。

(1)包气带水　包气带是地表以下含水的岩土中处于上部的一个带,也称非饱和带。岩土的空隙中除水以外还包含空气。这种埋藏于地表以下、地下水面以上包气带中的地下水,根据受引力作用的条件,其存在的形式,有存在于包气带上部土壤层中的土壤水(即结合水,结合水又可细分为吸湿水和薄膜水)、毛细管水(毛细管悬着水、毛细管上升水)、上层滞水(即季节性地存在于包气带中的局部隔层水以上的水)、暂时的渗入重力水和气态水。

(2)饱水带水　饱水带是地表以下含水的岩土中处于下部的一个带,也称饱和带,岩土的空隙被水充满。从狭义的角度上说,地下水就是指饱水带中的水。饱水带水是处于地表以下第一稳定隔水层之上,具有自由水面的地下水,也称潜水。

(3)承压水　它埋藏于饱水带中,是充满于上下2个隔水层之间的含水层中的地下水,承压水承受着一定的压力,当钻孔打穿上覆隔水层时,承压水才能从钻孔内上升到一定的高度。承压水有自流水与非自流水之分。

根据岩土贮水空间的差异,还可将地下水划分为3种亚类:①孔隙水。存在于土壤或第四纪松散沉积物的多孔介质中的地下水;②裂隙水。存在于基岩裂隙、断层等空间中的地下水;③岩溶水(喀斯特水)。存在于碳酸盐类岩石溶洞空间中的溶孔、溶洞和溶蚀裂隙中的地下水。

如果把基本类型和亚类型组合起来,就可以得出各种不同类型的地下水,如孔隙潜水、裂隙潜水、承压裂隙水、岩溶裂隙水等各类地下水,它们各具有一定的特性。

二、中国地下水水文

1. 地下水理化性质

地下水的物理性质有比重、温度、透明度、颜色、气味等。质量优良的地下水应当是无色、透明、适口而无特殊的气味。地下水的温度可以在很大范围内变化。潜水的温度接近于当地的年平均气温;而某些地下热水的温度可能超过150℃(该类地下水可以用于发电)。

地下水是一种复杂的溶液,其化学成分主要指水中所含阴阳离子的数量及其比例、某些未离解的化合物和有机物含量、氢离子浓度、硬度和总矿化度等指标。通常,当总矿化度小于1000毫克/立方分米时称淡水,1000毫克/立方分米~3000毫克/立方分米时称微咸水,3000毫克/立方分米~10 000毫克/立方分米时称咸水,10 000毫克/立方分米~50 000毫克/立方分米时为盐水,大于50 000毫克/立方分米称为卤水。水的氢离子浓度用pH表示,中性水的pH=7,碱性水的pH>7,酸性水的pH<7。

2. 地下水的运动

按流线形态,地下水一般分为层流与紊流。前者指的是,当水在岩土空隙中渗流时,水的质点有秩序的、互不混杂的流动。绝大多数天然地下水的运动都是层流运动。后者指的是,水的质点是一种无秩序的互相混杂的流动。在宽大的空隙(大的溶洞、宽大裂隙和卵石的大空隙)中,如水的流速较高,则呈紊流运动。按运动要素(水位、流速等)是否随时间变化,地下水运动分为稳定流和非稳定流。天然地下水多数为非稳定流。在大多数情况下,地下水运动可用达西定律(揭示水在岩土孔隙中渗流规律的实验定律)来描述。

3. 地下水的补给

主要有降水入渗补给、灌溉水入渗补给、地表水补给、越流补给及人工补给等,在特定的地区还有侧向补给。侧向补给是指外区的地下水从侧向流入本区。越流补给是指当相邻含水层的地下水水头高于本层的地下水水头时,水流通过2个含水层之间的弱透水层而进入本层。人工补给指地表水或外区地下水通过坑、塘、水沟、水井等注入地下以补给本区地下水。

4. 地下水的排泄

主要包括泉、潜水蒸发、排向地表水体、越流排泄和各种人工排泄等。泉是天然地下水排泄的重要方式,尤其是在山区或山前地区,许多地下水泄出成泉。潜水蒸发是平原地区地下水排泄的重要途径。当河流、湖泊等水体的水位低于地下水位时,地下水排向地表水体,转变成地表水。当2个含水层之间为弱透水层所隔开并且存在有足以克服其间阻力的水头差时,高水头含水层中的地下水通过渗水层向低水头含水层排泄,称越流排泄。地下水人工排泄的方式有水井抽水、矿山疏干、基坑排水等。在大量开采地下水的地区,如中国的华北平原,人工排泄量是地下水排泄量的主要部分。

5. 地下水的水情

指水位、水量、水质和水温等要素随时间有规律的变化。又称地下水动态。浅层地下水水情变化较大。大气降水入渗补给地下水,使地下水水位上升,地下径流加强;同时,改变原有地下水的温度和水质。靠近地表水体的地下水,常受地表水体各要素变化的影响而发生相应的变化。如果地表水体水位高于地下水水位,则地表水补给地下水,使地下水位升高,水温、水质也随之而变。若地表水体水位低于地下水水位,则地下水补给地表水,使地下水位降低。大量开采利用地下水,会大大改变地下水的状况。如果补给不足,地下水位便会不断下降,造成地下水的区域降落漏斗。这种漏斗不断加深和扩大,便会造成地面沉降、海水入侵和局部地区地下水枯竭等恶果。地下水水情观测,主要是通过长期观测井网,用自记仪器或定期观测方法取得资料。中国北方的许多城市,如北京、太原、济南等大都依靠地下水供水,北方广大农田也主要依靠地下水灌溉。

三、中国的泉

泉是地下水的天然集中出露。在适当的地形、地质条件下,潜水和承压水集中排出地面而成泉。泉水多出露在自流盆地和自流斜地的排泄区、山区沟谷、河流两岸、洪积扇的边缘和断层带附近等处。泉水常是河流的水源。在山区,如沟谷深切,排泄地下水,许多清泉汇合成溪流。在石灰岩地区,许多岩溶大泉本身就是河流的源头。例如,中国山东博山的珠龙泉、秋谷泉和良庄泉便是孝妇河的水源。泉水常年不断地汇入河流,是河流补给的重要部分。

按水力性质,泉可分为上升泉和下降泉。上升泉由承压水补给,在压力作用下由地下冒出地面,有时可喷涌而出,水头高出泉口数十厘米,如山东济南市的趵突泉。下降泉由潜水补给,一般从侧向流出。

泉水流量主要与泉水补给区的面积和降水量的大小有关。泉水的流量随时间而变,一般在一年内某一时刻达到最大值,以后流量逐渐减小。许多泉流量达到最大值的时间与雨季并不一致,常晚于雨季。流量大而稳定的泉,往往可成为良好的供水水源,如山西朔州市的神头泉群,1965年~1979年的平均流量为8.0立方米/秒,是神头电站的供水水源。山西平定县的娘子关泉群,1959年~1977年的平均流量为12.7立方米/秒,为中国北方最大的泉,是工农业用水的一个重要水源。山西太原市郊晋祠中的泉,对郊区的灌溉起了重要的作用,还是著名旅游景点。

水温超过20℃(或超过当地年平均气温)的泉称温泉。含有特殊的化学成分、有机物、气体或有放射性,饮用或沐浴后能治疗疾病的泉称矿泉。温泉往往也是矿泉。中国著名的饮用矿泉有山东崂山矿泉;矿泉疗养地有广东从化、陕西华清池、北京小汤山、南京汤山等。

中国名泉主要有:

(1)趵突泉 位于举世闻名的泉城济南中心区域,趵突泉南路和泺源大街中段,南靠千佛山,发源于济水的源头王屋山太乙池至今不竭。以趵突泉为主体的趵突泉公园先后被评为全国10大优秀园林、"十佳"公园和国家5A级景区,是首批国家重点公园。趵突泉是公园内的主景,泉池东西长30米,南北宽20米,泉分3股涌出平地,泉水澄澈清冽。泉的四周有大块砌石,环以扶栏,可凭栏俯视池内3泉喷涌的奇景。在趵突泉附近,散布着金线泉、漱玉泉、洗钵泉、柳絮泉、皇华泉、杜康泉、白龙泉等30多个名泉,构成了趵突泉泉群。泉群最大涌量达到24万立方米/日,出露标高可达26.49米。水清澈见底,含菌量极低,经化验符合国家饮用水标准。泉水一年四季恒定在18℃左右,严冬水面上水汽袅袅,像一层薄薄的烟雾,一边是泉池幽深,波光粼粼,一边是楼阁彩绘,雕梁画栋,构成了一幅奇妙的人间仙境,当地人称之为"云蒸雾润"。

(2)虎跑泉 在浙江杭州市西南大慈山白鹤峰下慧禅寺(俗称虎跑寺)侧院内,距市区约5千米。虎跑泉是从大慈山后断层陡壁砂岩、石英砂中渗出,据测定流量为43.2立方米/日~86.4立方米/日。虎跑泉是一个2尺见方的泉眼,清澈明净的泉水,从山岩石幡间汩汩涌出,泉后壁刻着"虎跑泉"3个大字,泉前有一方池,四周环以石栏,池中叠置山石,傍以苍松,间以花卉,宛若盆景。泉水晶莹甘冽,居西湖诸泉之首,和龙井泉一起并誉为"天下第三泉"。虎跑泉原有3口井,后合为2池。

(3)华清池 亦名华清宫,位于西安市临潼区骊山北麓,西距西安30千米,南依骊山,北临渭水,是以温泉汤池著称的中国古代离宫,周、秦、汉、隋、唐历代统治者,都视这块风水宝地为他们游宴享乐的行宫别苑,或砌石起宇,兴建骊山汤,或周筑罗城,大兴温泉宫。历史文献及考古发掘的资料证明,华清池具有6000年温泉利用史和3000年的皇家园林建筑史。1982年,华清池被列为全国第1批重点风景名胜区,2007年5月8日,华清池景区被批准为国家5A级旅游景区。华清池温泉水温常年保持43℃,水质纯净,细腻柔滑,水中含有二氧化硅、氟离子等10多种矿物质,华清池温泉第1出水口对风湿、关节炎等疾病均有明显的疗效,因而吸引历代帝王沐浴游幸。每小时流量113吨,数千年来,"与日月同流,无霄无旦,不盈不虚,将天地而齐固。"

(4)长白山温泉群 位于吉林省长白山区,主要包括长白温泉、梯云温泉、抚松温泉、屯温泉、长白十八道沟温泉、安图药用泉以及天池西侧的金线泉、玉浆泉等。在长白山黑风口滚滚黑石下面有几十处地热,大如碗口、小有指粗,这就是分布在1000平方米地面上的长白山温泉群。在冬天,周围一片银装素裹、冰天雪地,而这里却是热气腾腾、烟雾袅袅,实在是别有一番景致。长白山温泉属于高热温泉,多数泉水温度在60℃以上,最热泉眼可达82℃。

(5) 阿尔山温泉 位于内蒙古自治区科尔沁右翼前旗西北部、大兴安岭的崇山峻岭之中。分布在长500米,宽70米的地带上。共有大小温泉48个。各泉水温度不同,含氡量及其他化学成分不同,对于多种疾病有良好疗效。晶莹澄澈的泉水汩汩而出,久旱不涸。有的相隔咫尺,有的相距数丈,温差却大得叫人不敢相信。冷泉只有1℃,温泉不凉不热,高热泉则像滚沸的开水,终年升腾着热气。矿泉的排列排列形状也极为有趣,像一个南北躺卧的人体形,有"头泉""五脏泉""脚泉",里面细看还能分出"眼泉""胃泉"等。

(6) 北京玉泉 位于西郊玉泉山上,泉水从山间石隙中喷涌而出,淙淙之声悦耳。下泄泉水,艳阳光照,犹如垂虹,明时已列为"燕京八景"之一。明清2代,均为宫廷用水水源。相传清乾隆帝常到此处观景,为验证此泉水质,令人汲取全国各大名泉的水样,和玉泉水比较。称量结果,济南珍珠泉、无锡惠山泉、杭州虎跑泉、苏州虎丘泉等,每斗(银制小斗)质量都在一两二厘以上,唯有玉泉水,每斗质量仅为一两,水轻质优,淳厚甘甜,乾隆于是赐封天下第一泉,并题字"玉泉趵突"。

(7) 安宁温泉 又名碧玉泉,坐落在云南省安宁市境玉泉山麓,螳螂川(河)畔,与曹溪名刹隔江相望。温泉南面,数十米长的环云崖矗立路旁河边,树藤交错,洞室螺螺,历代韵士的摩崖石刻荟萃成海。安宁温泉最大的特色是泉水出水口有9处,每昼夜涌流1000余吨。水温在42℃~45℃之间,且无硫磺味,含重碳酸钙、镁、钾、氡等微量元素,宜浴宜饮,对皮肤病、风湿性关节炎和多种肠胃疾病均有疗效,被明代文人杨慎誉为"天下第一汤"。

(8) 崂山泉 山东青岛崂山多泉,清澈甘洌;矿泉美水,中外驰名。太清宫三清殿前的神水泉,一泓碧水,筑池而蓄,雨来不溢,旱时不竭,水位稳定,清澈晶莹,相传是太上老君诞生之日,由九龙喷吐的圣洁神水,故名。华楼峰碧落岩上的金液泉,是道家所用的炼仙丹之液,"积年久疾,一饮而愈",道家认为,长饮则长生不老,"脱凡成仙"。翠屏岩上的天液泉,相传是天上神仙送到人间的玉液琼浆。用此水泡茶,闻着香,饮着甜,茶后心旷神怡。

(9) 从化温泉 又名流溪河温泉,位于广东从化市东北,距广州市75千米,是广东省名传遐迩的风景区和疗养胜地。是世界上仅有2处的珍稀的含氡苏打温泉之一,与欧洲的瑞士温泉齐名。总面积20多平方千米,分为河东岸和河西岸2部分。温泉从流溪河底涌出,有泉眼10多处,分布在流溪河两岸。明清2代已开发利用此地温泉,一向以其水质佳、水温高和泉景奇特闻名于世。从化温泉水质晶莹,无色无味,被誉为岭南第1温泉。这里温泉温度高低不一,最低36℃,最高71℃,对各种关节炎和皮肤、消化器官、神经系统等疾病有辅助疗效。

(10) 息烽温泉 在贵州省息烽县城东北约40千米的天台山麓,清水河和黑河滩2股溪水汇合成一条小河。河右岸分布有七八个泉眼,滔滔泛花,滚如连珠,这便是贵州省久负盛名的疗养和旅游胜地——息烽温泉。息烽温泉的水温常年保持在53℃~56℃,并且地下储量丰富,单以目前的泉眼,昼夜涌出地面的天然热水可达4吨多。若登高远眺,你会发现数股清泉沿天台山麓的石隙中涌出,宛若晶莹的珍珠点缀于山间盆地之中,故息烽温泉被誉为云贵高原上的一颗明珠,也是贵州省40多处温泉中发现的第1处氡泉。

(11) 南京汤山温泉 汤山古名"温泉",因温泉而得名,已有1500多年的历史,是世界著名温泉疗养区,居中国4大温泉疗养区之首。千年前,汤山温泉就曾于南朝萧梁时期封为御用温泉,自南朝以来,历代达官显宦,文人雅士来此游览沐浴。汤山温泉日出水量5000吨,常年水温60℃~65℃,含30多种矿物质和微量元素,对皮肤病、关节炎多种慢性疾病有疗效。2012年10月世界温泉及气候养生联合会授予汤山"世界著名温泉小镇"称号,并确定汤山为"世界温泉论坛"永久会址。

(12)蝴蝶泉　坐落在云南省大理点苍山云弄峰下,南距大理古城27千米。泉池二三丈见方,四周用透亮的大理石砌成护栏。泉水清澈见底,一串串银色水泡,自沙石中徐徐涌出,汩汩冒出水面,泛起片片水花。这泉水得苍山化雪之功,不仅水量稳定,水质也十分优良。蝴蝶泉面积50多平方米,为方形泉潭。泉水清澈如镜,有泉底冒出,泉边弄荫如盖,一高大古树,横卧泉上,这就是"蝴蝶树"。蝴蝶泉的水是从岩缝沙层中浸透出来的,水质特别清冽,一出地表便汇聚成潭,没有任何污染。蝴蝶泉奔泻而出的泉水,近年来又被公园管理者十分珍惜地蓄积于3个一潭比一潭大的水潭之中,供人观赏,最大的一潭约6000多平方米。蝴蝶泉由过去的1潭,变为现在的4潭,这是蝴蝶泉公园内最显眼的景观。

(13)惠山泉　位于江苏省无锡市西郊惠山山麓锡惠公园内。相传经中国唐代茶圣陆羽亲品其味,故一名陆子泉,经乾隆御封为"天下第二泉",惠山泉水为山水,即通过岩层裂隙过滤了流淌的地下水,因此其含杂质极微,"味甘"而"质轻",宜以"煎茶为上"。清乾隆皇帝计量各地名泉,量得惠山泉水为每量斗重一两零四厘,仅比北京玉泉水稍重略微。近年来经多次化验,知惠山泉水所含矿物质有钙、镁、碳酸盐等及微量氡气,表面张力大,水高出杯口数毫米而不溢,水质清澈透明而无任何有害物质,与世界卫生组织及美、日等国家的饮用水水质相比较,确系当今世界饮用水中之佼佼者。

(14)太原晋祠三泉　位于太原市悬瓮山脚下的园林中。晋祠有3泉,即善利、圣母、难老3泉。这3股清泉为晋祠增添了小桥流水的情趣,曲径通幽的意境。信步园林,只见这里一泓深潭,那里一渠澈水。殿下有泉,桥下有河,亭中有井,路边有溪,石间涓流潺潺,如丝如缕;林中碧波闪闪,如锦如缎。无论多深的渠、潭、井,只要光线充足,游鱼、碎石、水草,沥沥可见。当年李白游晋祠,曾赞曰:"晋祠流水和碧玉,傲波龙鳞沙草绿。"晋祠泉的涌水量四季稳定在6480立方米/小时上下,水温恒为17℃,矿化度保持在700毫克/立方分米,水质经久不变,清澈晶莹。

(15)平山温泉　位于河北省平山县温塘镇,距石家庄市60千米。是中国重点温泉之一,水温高达60℃~90℃,面积约6万多平方米。含有硫磺等30多种化学物质,性质属高热弱碱性氯化物硫酸盐氡泉,医疗价值极高,对心脏病、风湿病、皮肤病有独特疗效,沐浴可疗疾。平山温泉水温常年保持在30℃左右,从地下抽水,深度越大,水温越高,最高水温可达68℃。每升水里氡的含量最高可达100余埃曼,属于放射性氡水。氡水由于其中含有氡和氡的分解物,可对神经系统产生特殊的医疗作用。温泉水是矿泉水,"水带黄,味带咸",水中的氡气浴用时可进入人体,其放射性能有多种健康疗法。20世纪50年代、60年代测量,其自然出水量69.5立方米/小时,80年代中期以后,因连年干旱、过量开采,温泉不能自然出水,现日开采量达1600立方米,出水口温度长年在60℃~70℃之间

(16)热河泉　位于河北省承德避暑山庄内湖区的东北隅,湖畔立一块自然石,上刻"热河泉"3个大字。这里是热河泉的源头,清澈的泉水由地下涌出,流经澄湖、如意湖、上湖、下湖,自银都南部的五孔闸流出,沿长提汇入武烈河。热河泉的水温只有9℃~11℃,但是它仍高于当地的年平均气温(8.8℃),所以,它仍不失为温泉。热河泉虽含有较高的碳酸钙、碳酸镁,但矿化度很低,饮用甘甜可口,水中还含有少量可溶性二氧化碳,饮后清凉爽口,可谓天然汽水。此外,微量的氟,可使牙齿洁白无龋;低量硼酸,又有水炎防腐之效。

(17)汤峪温泉　位于西安大雁塔以南38千米的东汤峪——蓝田汤峪,早在唐代就以温泉著

名,"桃花三月汤泉水,春风醉人不知归",是古都长安的名胜之一。汤峪温泉水,出井温度62℃,水质含几十种对人体有益的矿物质,全国各地旅客慕名前来洗浴、治疗,千百万名患者因洗浴弃疾健归,故有"桃花水""功德水""神水"之传说,被誉为"天下第一泉"。自唐玄宗起即在汤峪大兴土木,建造"大兴汤院",分设玉女、融雪、莲珠、漱玉、濯缨5池,闻名京师长安。汤峪温泉 ph 值8.57,而且含有硫酸盐、氟、铁、钼、碘、锰等多种矿物质和微量元素,是12类矿泉水中之最优者。特别是氟离子和可溶性二氟化硅,更能够"去腻洁肤,治疗多种疾病",水疗有效率达91.6%。尤其对治疗关节炎、风湿、皮肤病效果尤其显著。

(18)龙井泉　位于浙江杭州市西湖西面风篁岭上,是一个裸露型岩溶泉。龙井泉本名龙泓,又名龙湫,是以泉名井,又以井名村。而龙井泉,历史悠久。龙井泉由于大旱不涸,古人以为与大海相通,有神龙潜居,所以名其为龙井。又被人们誉为"天下第三泉"。龙井泉水出自山岩中,水味甘甜,四季不干,清如明镜。龙井泉的水由地下水与地面水2部分组成。地下水比重较大,因此地下水在下,地面水在上,如果用棒搅动井内泉水,下面的泉水会翻到水面,形成一圈分水线,当地下泉水重新沉下去时,分水线渐渐缩小,最终消失,非常有趣。龙井之西是龙井村,满山茶园,盛产西湖龙井,因它具有色翠、香郁、味醇、形美之"四绝"而著称于世。古往今来,多少名人雅士都慕名前来龙井游历,饮茶品泉,留下了许多赞赏龙井泉茶的优美诗篇。

(19)苏州虎丘泉　苏州有几处名泉,多在姑苏城阊门外西北的虎丘。唐代贞元年间,茶圣陆羽曾住虎丘,亲自到山上挖了一口井,专门研究泉水水质对煎茶的作用。因虎丘泉水质清甘味美,被唐代品泉家刘伯刍评为"天下第三泉"。于是虎丘石井泉就以"天下第三泉"名传于世。虎丘第一眼名泉,叫憨憨泉,又名观音泉,位于斗拱飞檐的断梁殿一旁。泉畔有石碑一通,上刻憨憨泉3字,清澈澄清的泉水奔涌不息。剑池,是唐代李季卿品评的天下第5泉。剑池位在千人岩底下,呈长方形,深约5米。池上两崖如劈,藤蔓披拂。崖底便是一汪碧波,形如长剑,澄澈透明,冷气逼人。唐代张又新和刘伯刍游虎丘时评定的天下第3泉,就是陆羽井。游人从虎丘二山门进去,沿山路可达千人岩后面的冷香阁。陆羽井就在冷香阁的不远处。泉眼现为一口石井,井口约3米多见方,四周围以石壁,水流终年不断。泉水清亮透明,略有甜味,现在冷泉阁已辟为茶室,为饮茶品泉最佳处。

(20)羊八井地热泉　西藏地处高原,温泉数量居全国之冠。地处拉萨附近的羊八井有规模宏大的喷泉与间歇喷泉、温泉、热泉、沸泉、热水湖等。羊八井还拥有全国温泉最高的水泉,以及罕见的爆炸泉和间歇温泉,总面积超过7000平方米。温泉矿物质含量高,浸泡洗浴可治疗多种疾病。这里的温泉水含大量硫化氢,对多种慢性疾病都有治疗作用。羊八井地热电厂,是中国目前最大的地热试验基地,也是当今世界唯一利用中温浅层热储资源进行工业性发电的电厂。电厂已有8台3000千瓦机组,总装机2.5万千瓦。

四、中国地下水资源

1. 地下水资源量评估

中国地下水资源有多少? 首先需要加以科学评估。根据原水利电力部水文局1987年编撰出版的《中国水资源评价》书介绍,在评估中国地下水资源量时,首先可按地形地貌特征划分出平原区和山丘区,然后再根据次级地形地貌特征及地下水类型将平原区划分为一般平原区、沙漠区、内陆闭合盆地平原区、山间盆地平原区、山间河谷平原区、黄土高原台塬地区(所谓台塬,就是黄土堆积面被新构造运动抬升而形成的塬,呈台状,其顶面平坦宽阔,四周则是陡峭)。另外,按不同岩性将山丘区划分为一般山丘区、岩溶山区、黄土高原沟壑区,然后再加以评估为宜。

(1)平原区地下水资源

平原区地下水资源系指地下水矿化度小于2000毫克/立方分米的平原淡水区的地下水资源。全国平原区地下水计算面积为1 983 802平方千米,占全国地下水计算面积的22.6%。这里需指出的是,江河湖库等大水体面积及宅基、道路等不透水面积未计入地下水计算面积。北方(指黑龙江、辽河、海滦河、黄河、淮河、内陆河——包括额尔齐斯河等6流域片)平原区与南方(指长江、珠江、浙闽台诸河、西南诸河等4流域片)平原区的资料条件不同,计算方法和要求亦不尽相同,故分别叙述。

①北方平原区地下水资源 计算面积为1 799 898平方千米。该地区地下水开发利用意义较大,资料条件较好,计算了各项补给量、排泄量、地下水资源量及补排平衡。

各项补给量包括:降水入渗补给量,山前侧渗补给量,河道渗漏补给量,渠系渗漏补给量及渠灌田间入渗补给量,水库、湖泊、闸坝蓄水渗漏补给量,井灌回归补给量及越流补给量。河道、渠系、水库(湖泊、闸坝)、渠灌及井灌等渗漏补给量和人工回灌等补给量之和称地表水体渗漏补给量。北方平原区地表水体平均年渗潜水补给量为599亿立方米,其中内陆河流为409亿立方米,占68%。

总补给量及地下水资源量根据上述各项补给量计算结果,北方平原区地下水平均年总补给量为1510亿立方米,从其中扣除井灌平均年回归补给量41.6亿立方米,即为地下水平均年资源量,其值为1468亿立方米。在地下水资源量中,降水入渗补给量占52%,地表水渗漏补给量占41%。

降水入渗补给量在地下水资源量中所占的比重,松嫩和三江平原、辽河平原和黄淮海平原较大,占70%以上;关中平原及诸山间盆地平原次之,占40%左右;诸内陆闭合盆地平原较小,占8%以下。地表渗漏补给量在地下水资源中所占比重,诸内陆闭合盆地平原较大,占70%~90%;松嫩和三江平原、辽河平原和黄淮海平原较小,占20%以下(表3-1-31)。

表3-1-31 北方主要平原地下水资源量

平原类型	平原名称	地下水平均年资源量/亿立方米	降水平均年入渗补给量		地表水体平均年渗漏给量	
			亿立方米	占地下水资源量的比量/%	亿立方米	占地下水资源量的比量/%
一般平原区	松嫩—三江平原	205.8	173.6	84.3	24.3	11.8
	辽河平原	101.7	77.6	76.3	30.0	19.7
	黄淮海平原	476.8	376.0	78.9	81.2	17.0
	关中平原	30.2	15.1	50.0	14.8	49.0
	河套平原	56.4	11.5	20.4	37.0	65.7
内陆闭合盆地平原区	河西走廊	41.8	0.8	2.0	40.5	97.0
	柴达木盆地平原、青海湖平原及茶卡—砂玉平原	35.0	2.8	7.9	31.0	88.7
	塔里木盆地平原	220.1	4.5	2.0	196.3	89.2
	准噶尔盆地平原	68.8	4.9	7.1	49.8	72.4
	伊犁河河谷平原及塔城盆地平原	61.2	1.7	2.8	56.8	92.8

续表

平原类型	平原名称	地下水平均年资源量/亿立方米	降水平均年入渗补给量		地表水体平均年渗漏给量	
			亿立方米	占地下水资源量的比量/%	亿立方米	占地下水资源量的比量/%
山间盆地平原区	海滦河流域片的张宣—蔚怀、大同、长治、忻州盆地平原	20.3	9.5	46.8	3.5	17.2
	黄河流域片的太原、临汾、运城盆地平原	14.4	6.7	46.2	3.5	24.2

各项排泄量包括潜水蒸发量、地下水实际开采量、河道排泄量和侧向流出量、越流排泄量等。根据上述各项排泄量计算结果，北方平原区年平均总排泄量为1530亿立方米，其中，山间盆地平原区、山间河谷平原区、黄土高原台塬阶地区为43亿立方米。根据地下水总补给量与总排泄量计算结果，对北方主要平原区进行补、排平衡分析，见表3-1-32。

表3-1-32 北方主要平原地下水补、排平衡表

平原名称	计算面积/平方千米	平均年总补给量/亿立方米	平均年总排泄量/亿立方米	补排平衡相对误差/%
松嫩—三江平原	268 317	207.8	204.7	+1.5
辽河平原	106 432	103.7	105.4	-1.6
黄淮海平原	268 909	503.2	515.0	-2.3
河套平原	29 246	57.8	59.7	-3.5
关中平原	15 491	32.9	32.0	+2.9
河西走廊	69 532	45.7	52.5	-14.9
柴达木盆地平原、青海湖平原及茶卡—珠玉平原	49 522	35.1	33.9	+3.4
塔里木盆地平原	405 481	221.8	221.2	+0.3
准噶尔盆地平原	108 210	69.5	69.1	+0.6
伊犁河河谷平原及塔城盆地平原	15 943	61.2	62.3	-1.8
海滦河流域片诸山间盆地平原	17 196	21.0	18.8	+10.5
黄河流域片诸山间盆地平原	12 725	15.2	19.3	-27.0

②南方平原区地下水资源 计算面积为183 904平方千米。该地区资源条件较差，除个别平原外，地下水开发利用程度很低，此处只计算了各项补给量，而对排泄量则主要计算潜水蒸发量。各项补给量包括：水稻田生长期降水入渗和灌溉入渗补给量，水稻田旱作期降水入渗补给量，旱地渠系渗漏补给量，山前侧渗补给量，河道渗漏补给量，水库（湖泊、闸坝）蓄水渗漏补给量和井灌回归补给量。经计算，南方平原区地下水年平均资源量为405亿立方米。其中，降水入渗补给量为

291.8亿立方米,占72%;地表水水体渗漏补给量为112.7亿立方米,占28%(表3-1-33)各项排泄量包括:潜水蒸发量,地下水实际开采量。经计算,年平均潜水蒸发量为119.2亿立方米,年平均实际开采量40亿立方米。

表3-1-33 南方平原区各项补给量及排泄量

流域片或平原名称	计算面积/平方千米	年平均补给量/亿立方米				年平均总补给量/亿立方米	地下水年平均资源量/亿立方米	排泄量/亿立方米	
		降水入渗	山前侧渗	地表水体渗漏	井灌回归			年平均潜水蒸发量	年平均实际开采量
成都平原	5996	12.4		24.6		37.0	37.0	2.8	
洞庭湖平原	16 989	21.7		33.2		33.2	33.2	10.0	
汉中盆地平原、南阳盆地平原、江汉平原	21 669	30.2	0.4	11.4	0.4	42.0	42.0	12.9	4.1
鄱阳湖平原	14 428	20.6		1.8		22.4	22.4	6.4	
长江中游干流平原	23 251	32.9		12.8		45.7	45.7	19.7	
长江下游干流平原	20 579	39.5		9.8		39.3	39.3	18.2	1.1
太湖平原	26 964	33.2		7.6		40.9	40.8	22.3	3.1
长江流域片合计	129 876	180.5	0.4	79.5	0.4	260.8	260.8	92.2	8.3
浙闽台诸河片诸河口平原	20 560	48.7		3.1		51.8	51.8	7.6	27.1
珠江三角洲	11 785	17.1		10.5		27.6	27.6	5.5	
韩江三角洲及榕江、练江三角洲	3430	5.5		6.7		12.2	12.2	5.0	
雷州半岛平原	8854	20.2	0.5	7.9	0.5	28.6	28.1	4.0	(4.5)2.6
琼北台地	6399	19.8	0.4	4.9	0.4	25.1	24.7	4.9	(4.9)2.0
珠江流域片	30 468	32.6	0.9	30.1	0.9	93.6	92.7	19.4	(9.4)4.6
合计	183 904	291.8	1.3	112.7	1.3	406.2	404.9	119.2	(9.4)40.0

注:表中括号内为越流排泄量

(2)山丘区地下水资源

全国山丘区地下水计算面积为6 790 906平方千米,占全国地下水计算面积的77.4%。山丘区地下水资源是根据各项排泄量进行计算的,各项排泄量包括河川径流量、河床潜流量及山前侧向流出量,但未计入河川径流的山前泉水出露量、潜水蒸发量和地下水实际开采净消耗量。

根据上述各项排泄量的计算结果,各项排泄量之和即为山丘区地下水资源量。全国山丘区地下水年平均资源量为6762亿立方米(表3-1-34)。

表 3-1-34　山丘区地下水资源量

流域片名称	计算面积/平方千米	年平均河川径流量	年平均河床潜流量	山前侧向年平均流出量	未计入河川径流量的山前泉水年平均出露量	年平均潜水蒸发量	浅层地下水年平均实际开采量的净值耗量	地下水年平均资源量
		亿立方米						
黑龙江流域片	593 053	213.5	0.4	8.6	0.1		1.0	223.6
辽河流域片	230 524	87.4		4.6			3.6	95.6
海滦河流域片	171 372	98.5	0.6	22.1	1.4	0.4	1.6	124.6
黄河流域片	608 357	269.7	3.0	13.8	4.0		1.6	292.1
淮河流域片	127 923	102.0		3.0	2.3			107.3
长江流域片	1 625 293	2217.6		0.4				2218.0
珠江流域片	550 113	1027.6						2107.6
浙闽台诸河片	218 639	561.8						561.8
西南诸河片	851 406	1543.8						1543.8
内陆河流域片	1 782 444	447.1	11.3	48.7	27.7			535.5
附：额尔齐斯河	31 782	29.9	0.7	1.2	0.2	0.6		31.9
全国总计	6 790 906	6599.1	16.0	102.4	35.7	1.0	7.8	6762.0

(3) 分区地下水资源

在分别计算出山区与平原区地下水资源量并扣除相互重复计算的基础上，得到分区的地下水资源量。重复计算的总数为 348 亿立方米，其中，山间盆地平原区、山间河谷平原区与山丘区重复量为 16 亿立方米，一般平原区、内陆闭合盆地平原区与山丘区重复量为 332 亿立方米。

全国地下水计算面积为 8 774 708 平方千米，地下水年平均资源量为 8700 亿立方米。全国山丘区地下水计算面积为 6 790 906 平方千米，占全国的 77.4%；山丘区地下水年平均资源量为 6762 亿立方米，占全国的 81.6%，其中河川径流量为 6599 亿立方米，占山丘区地下水资源量 97.6%。北方山丘区地下水计算面积为 3 545 455 平方千米，地下水资源量为 1411 亿立方米，其中河川径流量 1248 亿立方米，占 88.5%。南方山丘区地下水计算面积为 3 245 451 平方千米，地下水年平均资源量为 5351 亿立方米，均为河川径流量。

全国平原区地下水计算面积为 1 983 802 平方千米，占全国地下水计算面积的 22.6%；平原区地下水年平均资源量为 1873 亿立方米，扣除与山丘区重复计算量 348 亿立方米后，占全国地下水资源量的 18.4%；其中，降水年平均入渗补给量为 1056 亿立方米，占 56.4%；地表水体年平均渗漏补给量为 711 亿立方米，占 38%。北方平原区地下水计算面积为 1 799 898 平方千米，地下水资源量为 1468 亿立方米，占全国平原区的 78.4%。其中，降水入渗补给量为 764 亿立方米，占 52%；地表水体渗漏补给量为 598 亿立方米，占 40.7%。南方平原区地下水计算面积为 183 904 平方千米，地下水资源量为 405 亿立方米，占全国平原区的 21.6%，其中，降水入渗补给量为 292 亿立方米，占 72.1%；地表水体渗漏补给量为 113 亿立方米，占 27.8%。

2. 地下水资源的地区分布

主要受降水影响,其次还受包气带岩性、地貌及植被条件等因素的影响,平原区还受地表水体分布的影响。分布的主要特点是:

(1) 和地表水资源一样,也是南方多、北方少。北方地下水计算面积为 5 345 353 平方千米,占全国计算面积的 60.9%,地下水年平均资源量为 2551 亿立方米,占全国的 30.8%;南方地下水计算面积为 3 429 355 平方千米,占全国计算面积的 39.1%,地下水资源量为 5737 亿立方米,占全国的 69.2%。南方地下水资源模数是北方的 3.5 倍。

(2) 和地表水资源不同,平原区地下水资源数一般大于其周围山丘区的地下水资源模数。北方平原区的地下水年平均资源模数为 6.3 万立方米/平方千米,山丘区为 4.0 万立方米/平方千米;南方平原区的地下水年平均资源模数为 20.9 万立方米/平方千米,山丘区为 16.5 万立方米/平方千米。上述数据都是扣除相互重复计算量后的结果。

(3) 平原区地下水资源量主要分布在北方,山丘区地下水资源量主要分布在南方。北方平原区地下水计算面积占全国平原区地下水计算面积的 91%,北方平原区地下水资源量占全国平原区地下水资源量的 78%。南方山丘区地下水计算面积占全国山丘区地下水计算面积的 48%,南方山丘区地下水资源量占全国山丘区地下水资源量的 79%。

3. 地下水可开采量

地下水资源量受开采条件的限制,往往不能全部开采利用。地下水可开采量是指在经济合理、技术可能和不造成水位持续下降、水质恶化及其他不良后果条件下可供开采的地下水量。可开采量主要是根据地下水开采条件和实际开采现状综合分析确定的。北方平原区可开采系数一般在 0.6~0.9 之间。

经计算,全国地下水年可采量为 2943 亿立方米,中国北方平原区地下水年平均可开采量为 1035 亿立方米(含长江流域片、汉中平原及南阳盆地平原地下水可开采量),占相应地区地下水资源量的 70%,占相应地区地下水总补给量的 68.5%。北方各流域片平原区地下水可开采量计算结果见表 3-1-35。

表 3-1-35 北方各流域片平原区地下水可开采量

流域片名称	计算面积/平方千米	年平均总补给量/亿立方米	地下水年平均资源量/亿立方米	年平均可开采量/亿立方米
黑龙江流域片	297 581	223.87	221.88	139.35
辽河流域片	110 330	110.42	108.19	84.39
海滦河流域片	106 424	192.32	178.19	162.37
黄河流域片	167 007	164.16	157.28	118.57
淮河流域片	169 938	306.68	296.76	213.39
内陆河流域片	948 648	512.48	506.02	304.65
北方6流域片合计	1 799 898	1509.93	1468.32	1002.72
长江流域片*	6660	18.15	17.80	11.95
合计	1 809 558	1528.08	1486.12	1034.67

*含长江流域区陕西汉中平原、河南南阳盆地平原。仅计算了陕西汉中平原及河南南阳盆地平原的地下水可开采量。

第二章　中国著名水工程

第一节　中国著名古代、近代水工程

中国水资源开发利用历史悠久。从上古时代起,中国劳动人民就致力于水旱灾害的防御,几千年来,建设了大运河、都江堰、灵渠等一批著名的水资源利用工程(表3-2-1),在抵御水旱灾害方面发挥了一定作用。这些工程不仅规模巨大,而且设计水平也很高,说明当时掌握的水文知识已经相当丰富了。

表3-2-1　中国古代著名水工程

工程名称	修建年代	所在地点	主持人	备注
芍陂	前598~前591	安徽省寿县	孙叔敖	又称龙泉之陂、勺陂
邗沟	前486	江苏省淮阴至扬州	夫差	又称山阳渎、淮扬运河、里运河,元代以后成为京杭运河的一段
京杭运河	前5世纪~1293	北京市至浙江省杭州市	杨广等	历史上屡经扩建、改建,以隋唐2朝最盛,故有隋唐大运河之称
智伯渠	前453	山西省太原市	智伯	
引漳十二渠	前425	河北省临漳县至河南省安阳市	西门豹	中国北方最早的引水灌溉大型渠系工程
鸿沟	前361	河南省开封至安徽省沈丘	魏惠王	古代最早沟通黄河和淮河的人工运河
都江堰	前256~前251	四川省都江堰市	李冰	
郑白渠	前246~前95	陕西省境内	郑国、白公	公元前246年始修郑国渠,公元前95年白公又修白公渠,2渠合称郑白渠
灵渠	前219	广西壮族自治区兴安县	禄	又名陡河、兴安运河
后套八大渠	前126	内蒙古自治区巴彦淖尔盟		自西而东包括:永济渠、刚目渠、丰济渠、沙河渠、义和渠、通济渠、长济渠、塔布渠
鉴湖	140	浙江省绍兴	骠	又名镜湖、长湖
练湖	304~306	江苏省丹阳县	陈敏	又名练塘、曲阿后湖、丹阳湖
荆江大堤	345	湖北省枝城至湖南省城陵矶	桓温	历史屡经扩建、改建,清代曾称万城大堤
它山堰	833	浙江省宁波市	王元韩	
木兰陂	1064~1083	福建省莆田县	钱四娘、李宏等	
三江闸	1537年	浙江省绍兴	汤绍恩	

芍陂 淮河流域著名古陂塘灌溉工程。又名安丰塘。位于安徽省寿县南。春秋楚庄王十六年至二十三年(前598～前591)由孙叔敖创建(一说为战国时楚子思所建)。迄今2500多年一直发挥不同程度的灌溉效益。芍陂始见《汉书·地理志》,西汉设陂官专管灌溉维修。东汉建初八年(公元83),王景修芍陂稻田。1959年,安徽省文化局文物工作队曾在安丰塘越水坝地方,发掘出一座汉代水利工程(草土堰)遗址,伴随出土的有汉代都水官铁锤等文物。芍陂主要水源是淠河。芍陂灌区面积,在4世纪～13世纪常见记载,有灌田万顷、灌田五千余顷等说法。《水经·肥水注》详述芍陂源流,工程规模,并指出陂有五门(水口),吐纳川流。发展到隋代,经整修增辟为36门。延续到宋代。这36水口仍可起到按照水量出入增减、调节灌溉用水先后次序的作用。明嘉靖《寿州志》详记当时36门的具体名称及其经流地点,灌渠总长达396.5千米。清代芍陂水门迭有兴废增减,乾隆至光绪间均为28门。关于芍陂工程的人为破坏,三国、南北朝时曾多次受到战争波及,唐宋以来,则多为地主土豪占垦和盗决,蓄水面积缩小。清乾隆二年(1737)始在众兴集以南建筑滚水石坝。到民国年间,芍陂灌溉效益越来越低。现为淠史杭灌区的一个反调节水库。

邗沟 联系长江和淮河的古运河,中国最早见于明确记载的运河。又名渠水、韩江、中渎水、淮扬运河、里运河。邗沟南起扬州以南的长江,北至淮安以北的淮河。春秋末年,吴王夫差北上争霸,于周敬王三十四年(前486)筑邗城(今扬州市),开通邗沟。最初南端自长江引水北流,向北绕经一系列湖泊,以较短的人工渠道相连接,航道弯曲,到末口入淮河。东晋南北朝时,由于自然条件的变化,江水已不能引入运河,于上游开支河从今仪征引江水通航,并在运河口建堰埭、水门节水,河上亦建有多处堰埭。隋代2次重开此河,成为南北大运河中的重要一段。唐代,长江中的沙洲扩大,并与北岸相连。开元二十二年(734),在扬子镇以南接开伊娄河,经瓜洲入江。从此,瓜洲运口与仪征运口并用。北宋,在邗沟上建有数十处闸、坝、涵、达等建筑物,并且出现了世界上最早的船闸——复闸。元代开京杭运河,邗沟成为其中的一段,南口在瓜洲和仪征,北口仍在淮安北。

引漳十二渠 中国战国初期以漳水为源的大型引水灌溉渠系。灌区在漳河以南(今河南省安阳市北)。《史记》等古籍记为战国魏文侯时邺(治今临漳西南20千米的邺镇)令西门豹于魏文侯二十五年(前422)修建。第一渠首在邺西9千米,相延6千米内有拦河低溢流堰12道,各堰都在上游右岸开引水口,设引水闸,共成12条渠道。灌区约6000多公顷。漳水浑浊多泥沙,可以落淤肥田,提高产量,邺地因富庶起来,东汉末年曹操以邺为根据地,按原形式整修,12堰称为12墱,改名开井堰。《吕氏春秋·乐成》记渠为魏襄王时邺令史起创建,在西门豹后约100多年,并批评西门豹不知引漳灌田。《汉书·沟洫志》采用这一说法,和《史记》有矛盾。后人调和两说,说是西门豹先开渠,史起又开。东魏天平二年(535)改建为天平渠,并成单一渠首,灌区扩大,后变称万金渠。渠首在今安阳市北20余千米,漳河南岸。隋唐以后这一带形成以漳水、洹水(今阳河)为源的灌区。唐代复修天平渠,并开分支,灌田十万亩以上。清代、民国还有时修复利用。1959年动工在漳河上修建岳城水库。两岸分引库水,灌田数百万亩,代替了古灌渠。

鸿沟 古代最早沟通黄河和淮河的人工运河。战国魏惠王十年(前361)开始兴建。修成后,经秦、汉、魏、晋、南北朝,一直是黄淮间主要水运交通线路之一。西汉又称狼汤渠。它在今河南省荥阳北引黄河水,东经中牟北,开封北而折向南,经尉氏东、太康西、淮阳,再分2支:南入颍水,东入沙水,二者皆入淮河。中途在开封东分水(古汴水)。又南,向东分水入睢水、岁(涣)水,皆可通淮。再南,向东分水入涡水,直通淮河,形成黄淮间的水运交通网。隋代开通济渠,即唐宋时的汴河,成为黄淮间的交通干道,相当于鸿沟位置的蔡河仍部分起着沟通黄淮的作用。元代开始,建都北京,开京杭运河,水运干线东移,蔡河就湮塞了。楚河汉界这个词语中的河界指的就是鸿沟。

白起渠 又名"武镇百里长渠"。位于湖北省襄阳南漳县东25千米处的武安镇境内,是战国时期的军事水利工程。秦昭襄王28年(前279)秦将白起率兵攻楚,拦蛮河水,开渠灌鄢。战后,民用此渠灌田。唐大历四年(769)、北宋咸平二年(999)、北宋至和二年(1055)、南宋隆兴元年(1163)、元大德九年(1305)5次对长渠进行了较大规模地修整。1939年,国民党三十三集团军总司令张自忠将军驻防宜城县,电请湖北省政府复修。1942年,长渠复修工程破土动工。为了纪念张自忠,将长渠更名为荩忱渠(张将军字荩忱)。施工5年,终未修成。1949年10月26日,湖北省水利厅召开全省第一次水利会议,通过修复长渠的建议,于1950年1月经水利部批准,1952年1月动工修复,1953年5月1日工程完工。今长渠西起南漳县谢家台,东至宜城市赤湖,蜿蜒47千米,灌田2万多公顷,号称百里长渠。

都江堰 位于四川省都江堰市(原灌县)境内,岷江上的大型引水枢纽工程,也是现有世界上历史最长的无坝引水工程。始建于秦昭王末年(约前256~前251),秦蜀守李冰主持兴建。是全世界迄今为止年代最久、唯一留存、以无坝引水为特征的宏大水利工程。属全国重点文物保护单位。工程以灌溉为主,兼有防洪、水运、城市供水等多种效益。成都平原因此富庶,自古有"天府之国"美称。都江堰始名于宋代,宋以前称都安堰、湔堰或犍尾堰。都江堰水利工程由创建时的鱼嘴分水堤、飞沙堰溢洪道、宝瓶口引水口三大主体工程和百丈堤、人字堤等附属工程构成。科学地解决了江水自动分流、自动排沙、控制进水流量等问题,消除了水患,使川西平原成为"水旱从人"的"天府之国"。2000多年来,一直发挥着防洪灌溉作用。目前都江堰灌溉范围已达40余县,灌溉面积达到66.87万公顷。并在新灌区相应建造了黑龙滩、三岔、鲁班、继光等10座大中型水库、300余座小型水库,以及许多渠系建筑物、中小型水电站和扬水站。

图3-2-1 最古老的水利工程:都江堰

郑白渠 古代关中地区的大型引泾灌区,秦代郑国渠和汉代白渠的合称,近代陕西泾惠渠的前身。秦始皇元年(前246)韩国水工郑国主持兴建郑国渠,10年后完工。干渠西起泾阳,引泾水向东,下游入洛水,全长150余千米,灌溉面积号称4万顷。由于泾水含有大量肥沃的淤泥,灌溉时还可改良盐碱地,故使产量提高到每亩1钟(6石4斗)。郑国渠的建成直接支持了秦国统一六国的战争。西汉太始十年(前95)赵中大夫白公建议增建新渠,引泾水东行,至栎阳(今西安市临潼区东北)注于渭水,名白渠。干渠长100千米,灌溉面积4500顷。此后灌区称郑白渠。前秦苻坚时期(357~384)曾发动3万民工整修郑白渠。唐代的郑白渠有3条干渠,即太白渠、中白渠和南白渠,又称三白渠。灌区主要分布于今石川河以西,只有中白渠穿过石川河,在下邽县(今渭南市临渭区东北25千米)注入金氏陂。唐初郑白渠灌田1万多顷,后来由于大量建造水磨,灌溉面积减少到6200顷。当时郑白渠的管理制度在《水部式》中有专门条款。渠首枢纽包括有六孔闸门的进水闸和分水堰。分水堰称"将军",长宽都有百步(唐代一步等于五尺)。宋代改为临时性梢桩坝,每年都要重修。由于引水困难,后代曾多次将引水渠口上移。北宋乾德年间(963~967)、至道元年(995)、景德三年(1006)、景祐三年(1036)、庆历七年(1047年)、熙宁五年(1072)、大观二年(1108)多次维修郑白渠,并改称丰利渠。元初改渠首临时坝为石坝,至延祐元年(1314)改建,渠首再次上移,拦河坝改为石结构,改称王御史渠,灌溉面积曾达9000顷。灌区有分水闸135座,并订立了一整套管理制度,在元李好文著《长安志图.汉渠图说》中有详细记载。明代曾10多次维修泾渠,天顺至成化年间(1456~1487)将干渠上移一里三分,改称广惠渠。由于渠口引水困难,灌溉面积缩小。至清代乾隆二年(1737)将引泾渠口封闭,专引泉水灌溉,改称龙洞渠。直到1932年泾惠渠初步建成,引泾灌溉又重新得到恢复和进一步的发展。

灵渠 沟通长江水系和珠江水系的古运河。又名陡河、兴安运河。在今广西壮族自治区兴安县境内,全长37千米,建成于秦始皇三十三年(前214)。由铧嘴、大小天平、南渠、北渠、泄水天平和陡门组成。灵渠设计科学,建造精巧。铧嘴将湘江水三七分流,其中三分水向南流入漓江,七分水向北汇入湘江。秦统一六国后,向岭南用兵,秦始皇二十八年(前219),派监御史禄凿灵渠运粮。它沟通了湘江和漓江,由于历代不断增修改进,技术逐步完善,作用日益增大,是2000余年来岭南(今广东广西)与中原地区的主要交通线路,直至粤汉铁路和湘桂铁路通车。是现存世界上最完整的古代水利工程,与四川都江堰、陕西郑国渠齐名,并称为"秦朝三大水利工程"。1936年和1941年,粤汉铁路和湘桂铁路相继通车,灵渠的航运逐渐停止。中华人民共和国成立后对灵渠全面整修,基本保留了传统工程面貌,使其成为灌溉、城市供水和风景游览综合利用的水利工程,已无通航效益,是全国重点保护文物。

图3-2-2 灵渠

金堤 汉代黄河下游的堤防。始见于《史记·河渠书》。春秋战国时期,黄河下游已普遍兴筑堤防。但各诸侯国以邻为壑,堤防不规则不合理。秦统一中国后,"决通川防,夷去险阻",对堤防进行了全面整治。汉代进一步修成系统堤防,并不断增修石工,加高增厚。因此,汉代人称黄河大堤为金堤。西汉末,黄河下游决溢,往东南摆动。王景治河后,又在新河两岸修筑堤防,自汴口以东沿河积石垒堤,也统称金堤。迄宋代,黄河又多次变迁。河道每大摆动一次,沿河两岸均要兴筑大堤。这样,在古河道长期行经的地方形成多重大堤,当地群众和一些文献也称这些堤防为金堤。自汉代以来,也多用"金堤"泛指其他修筑坚固的堤防,如都江堰的金刚堤、江陵的长江堤防等。

宁夏古灌渠 在今宁夏回族自治区,创始于西汉元狩年间(前122～前117)的引黄灌区。当年曾实行大规模屯田,"皆引河及川谷(水)以溉田"。东汉也在这一带发展水利屯田。大型灌区的兴建《魏书·刁雍传》载:在富平(今吴忠市西南)西南三十里有艾山,旧渠自山南引水,灌溉河西农田。北魏太平真君五年(444)薄骨律镇将刁雍在旧渠口下游,利用河中沙洲筑坝,并开渠20千米,下合旧渠,灌田4万余顷,史称艾山渠。《水经注》记载,黄河自青铜峡以下还可东分水,灌溉农田。唐代宁夏引黄灌区有薄骨律渠、汉渠、胡渠、御史渠、百家渠、光禄渠、尚书渠、七级渠、特进渠等。北宋前期宁夏一度为西夏政权所在地。《宋史·夏国传》载:今银川、灵武一带有唐徕渠、汉延渠,无旱涝之忧。明道元年至庆历八年(1032～1048)还曾修建长150千米的李王渠,大约是艾山渠的重建。元代至元元年(1264)郭守敬曾修复宁夏灌区。明代除利用旧渠外,有铁渠、新渠、红花渠、良田渠、满答喇渠(都是唐徕渠支渠)、石空渠、白渠、枣园渠、中渠、夹河渠(以上在今中卫)、羚羊角渠、通济渠、七星渠、贴渠、羚羊店渠、柳青渠、胜水渠(以上在今中宁)等渠名出现。清代康熙四十七年(1708)开大清渠,灌溉唐徕、汉延二渠之间高地。雍正四年(1726)开惠农渠,取水口在汉延渠口下游,灌溉汉延渠以东地区。同年又开昌润渠,灌溉惠农渠以东至黄河间的滩地。以上3渠和唐徕渠、汉延渠合称河西五大渠。民国年间,宁夏灌区分为河东区、河西区和青铜峡上游的中卫、中宁区。据1936年资料,共有支渠近3000条,干渠总长1300多千米,共灌田1.8万顷左右。1958年开始兴建青铜峡水利枢纽,20世纪60年代中期建成后,宁夏灌区又有了突飞猛进地发展。独特的水工和灌溉技术使宁夏水利沿袭2000多年。

龙首渠 陕西古代引北洛水的灌溉工程,洛惠渠的前身。中国历史上第1条地下水渠。位于今澄城、大荔一带,创建于汉武帝元狩三年至元鼎六年(前120～前111)。当时征调1万多人开渠,干渠自征县(今澄城县南)引洛水,向南至临晋(今大荔县)境,再回注洛水,灌溉1万多顷盐碱地。施工中最艰巨的一段穿越商颜山。商颜山高40余丈,明挖时渠岸易崩坍,于是改用隧洞。隧洞全长5千米,为了增加施工工作面而凿了若干竖井,井下相通行水。这种隧道称井渠。由于施工时挖出了龙骨(化石),渠道遂命名为龙首渠。龙首渠前后施工10多年,虽曾能水,但未能收到预期实效。北周保定二年(562)又曾重开龙首渠。唐代也曾在这一带引洛水和黄河水,并利用朝邑县(今划入大荔县)北的通灵陂调蓄,灌溉2000多顷稻田。1950年建成洛惠渠,引洛水灌溉3万多公顷农田。

瓠子堵口 西汉时黄河下游大规模的堵口工程。元光三年(前132),黄河在瓠子(今河南濮阳西南)决口。洪水向东南冲入钜野泽,泛入泗水、淮水,淹及16郡,灾情严重。汉武派汲黯、郑当时率10万人堵塞,未成功。丞相田蚡为了私利,反对堵口,说河决是"天意",不能靠人力强塞,此后黄河泛滥23年。直到元封二年(前109),才派汲仁、郭昌率数万人再次堵口。汉武帝亲临现场,并命令随从官员自将军以下都参加堵口劳动,工程十分艰巨。堵口采用的方法,有人解释为桩柴平堵法。堵口需要薪柴,砍光了百里之外的淇园竹林。汉武帝还作《瓠子歌》记述了决口造成的巨大灾难、堵口工程的艰巨性和堵口的措施。堵口成功,在堤上建宣房作纪念。

鸿隙陂　位于今淮河干流与南汝河之间的今河南省正阳县、息县一带的古代大型蓄水灌溉工程。据《水经注》记载,陂水自淮河分出,经鸿隙陂蓄积调节后,与淮河支流溾水上的各小陂塘汇合,再回归淮河。始建时间不详。西汉永始至元延年间(前16~前9)丞相翟方进因这一带洪涝成灾,废毁了这一蓄水设施。西汉末年大旱,百姓要求恢复鸿隙陂。东汉建武十八年(公元42年),许扬为汝南都水掾主持恢复鸿隙陂,几年间修成堤塘200多千米,灌溉得以恢复和发展,并连年丰收。北魏时鸿隙陂还存在,隋唐以后不见记载。

鉴湖　位于今浙江绍兴城南,长江以南最早的大型塘堰工程,又名镜湖、长湖。东汉永和五年(140)会稽太守臻主持修建,总纳山阴、会稽2县36源之水为湖。东至曹娥江,西至钱塘江,筑塘150千米,灌田9000顷。鉴湖是拦蓄山北诸小湖水所形成的东西狭长的水库,堤长65千米(一说50.5千米),东起曹娥江,西至西小江,中有南北隔堤,将鉴湖分作东西2部分。《水经注》记沿湖有放水斗门69座,历代有所增减。至北宋时,沿湖堤广设斗门、堰闸、涵洞,著名的有42座。另有水则碑(水尺)3座,用作控制蓄泄的标准。由于湖水高于农田,农田又高于江海,因此,干旱时开斗门涵洞放湖水灌田;雨涝时排田间水入海或关闭斗门、涵洞、拦蓄山溪洪水;洪水过大则开溢洪道泄洪,东由曹娥斗门、蒿口斗门排入曹娥江,西由广陵斗门、新迳斗门排入西小江,北经朱储斗门由三江口排入海。北宋熙宁间鉴湖已被围垦700顷,虽屡次有人倡议废田还湖,到政和年间,地方官竟垦湖为田。南宋初年围垦耕地2300余顷。到元代仅少数特别低洼处还保留着湖泊水体。至今,零星散布的艾塘湖、百家湖、鉴湖、白塔洋、洋牌湖等是古鉴湖的残迹,面积共约5.8平方千米。

赤山湖　在今江苏省句容市西南15千米,主要用于蓄水灌溉的古人工塘泊。又名赤山塘、绛岩湖。赤山湖3面皆岗地,西北一面地势平坦,两侧山崖对峙,名赤山。相传孙吴赤乌二年(239)在这里筑堤,蓄山溪水成湖,下流通秦淮河。南齐明帝时(494~498)沈禹于湖西兴工增修柏岗埭,控制入秦淮河水量,以便灌溉通航,后废。唐麟德(664~665)时,按故堤修复,不久又废。大历十二年(777)再度兴工修成。当时湖周长约60千米,有二斗门控制水量,号称灌田万顷。南唐及宋更注重管理。湖心原有磐石,用以观测水位,宋庆历二年(1024)在其上立石柱水则。元以后湖周滩地逐渐围垦。明赤山湖周长缩至30千米~35千米。清代赤山湖已大半围垦成田,虽屡禁垦,终不能制止。至民国年间,仅剩水面约15平方千米,现代已全垦为田。

破冈渎　三国时开凿的古运河,用以连接秦淮河和太湖水网,是通往建业城(后名建康,今南京)的运输干线。原太湖流域的行船都由京口(今镇江)出长江,沿此路去建业。路途回远,风涛大。吴赤乌八年(245)开凿运河自句容东的小其至丹阳西的云阳西城,连接两端的原有运道,使太湖流域的船只经此道直达建业,所凿通的分水岭名破冈,所以称破冈渎。此河纵坡较陡,水源缺乏,由冈顶向两侧各建7座堰埭,共14座,用以平水和节制用水,成为有记载的、最早的、完全用建筑物控制的运河。南朝梁时,又在破冈渎北,自分水岭顶点向西南建5座堰埭接秦淮河水系,向东南建16座堰埭接太湖水网。南朝陈时,又废上容渎,重开破冈渎,陈灭亡后被废弃。

戾陵堰　三国时,在湿水(今永定河)上修筑的引水工程。位于今北京石景山西麓,可灌溉农田百余万亩。三国魏嘉平二年(250)镇北将军刘靖镇守蓟城(今北京市),派军工造戾陵堰,拦截湿水,经过人工开凿的车箱渠,下游利用古高梁河道,向东到潞县(在今通州区境)入鲍丘河。堰体用石笼砌成,取水口位于上游北岸。洪水时,堰顶可以溢流;平时可拦截河水入渠,设计合理,堰体又易于维修。晋元康五年(295)堰被洪水冲毁3/4,引水闸也被冲坏。刘靖之子刘弘派1000多军工修复,北魏神龟二年(519)幽州刺史裴延派卢文伟主持修复督亢渠(位于今河北省)和戾陵堰,共灌田百余万亩。北齐开统元年(519)幽州刺史斛律羡,又导高梁水北合易京水(今温榆河支流)灌田,将灌区发展到温榆河地区。唐永徽年间(650~655)幽州都督裴行方引户沟水(永定河),开稻田千顷,属于戾陵堰灌区的修复。金代于大定十二年(1172),在石景山以北的麻峪村引浑河(今永定河)水,开凿金口河以通航运。引水路线上段大致与戾陵堰引水渠相近。金口河因坡度过陡,河水含沙量太大而失败。元初郭守敬曾重开金口河,成功地使用了30年。元末至正二年(1342)又建金口新河,将取水口上移到三家店,结果工程以失败告终。

练湖 位于江苏省丹阳县城北,兼有济运、灌溉和防洪效益的水库。又名练塘、曲河后湖、丹阳湖。湖水以西、北2个方向的山溪为源。西晋永兴年间(304~306),陈敏据有江东时开凿,起初用于防洪和灌溉,唐代以后分上下2湖,有中埂相隔。在唐代,练湖开始对江南运河进行水量补给。在宋代于江南运河入江口建京口闸,在常州方向建奔牛闸和吕城闸,中间是江南运河较高仰的一段,练湖成为这段运河的重要供水水源,有"湖水一寸,益漕河一尺"的作用。南宋以后,环湖围堤有20千米。明清时建有石闸,引上湖之水到下湖;又有石闸,引上湖之水到运河,还有石达(溢洪道)一座。涵闸多处,引下湖灌溉农田。当时仍以济运为主,有"七分济运,三分灌田"之说。历代对练湖管理很严格,但元明以后,因淤积和围垦,逐渐埋塞成田。中华人民共和国成立后建成练湖农场。

荆江大堤 荆江左岸江堤,上起江陵县枣林岗,下抵监利县城南,长182.35千米,称为荆江大堤。始建于东晋永和元年至兴宁二年间(345~364)。相传荆州刺史桓温令陈遵沿江陵城筑金堤,是大堤最早的记载。大堤原起自万城附近较高地带,随着云梦泽淤积演变,沙市以上堤段建成于唐代(618~907)中期,北宋(960~1127)中期后堤围逐渐向下游发展,大堤大致在元代(1279~1368)初期形成规模。明嘉靖二十一年(1542),北岸最后一个分流口——郝穴堵塞,大堤联成一线,全长124千米,被人称作万城大堤,又名万安大堤。清代乾隆五十三年(1788)长江发生水灾,万城大堤溃决,淹江陵城。1951年将堆金台以上8.35千米堤划入荆江大堤。1954年将下游50千米原有干堤划为荆江大堤的范围。至此,荆江大堤全长182.35千米。荆江大堤被列为长江防洪重点确保堤。

通济堰 是一个以引灌为主,蓄泄兼备的水利工程,位于浙江省丽水市莲都区碧湖镇堰头村边。建于南朝萧梁天监四年(505),距今已有1500年历史,是浙江省最古老的大型水利工程,全国重点文物保护单位。整个水利工程,连同碑刻,是研究中国古代水利工程的珍贵资料。通济堰由拦水大坝、渠道、分水闸(概)组成水利灌溉体系,建造了一座立体交叉石函引水桥,俗称"三洞桥"。为使碧湖平原大部分农田受益,通济堰渠水由一条主渠而下,每隔一段距离就分凿出支渠,再由支渠分凿出毛渠。整个通济堰共有321条支、毛渠,灌溉网络纵横交错,分布得体合理。各支渠除了利用尾闸拦蓄多余的渠水外,还配以众多的湖、塘、水泊与支、毛渠相通,用于调节季节性水流量,积储余水以备旱时之用。水渠由72座科学奇巧的闸概进行分水调节,主要闸概处都分出左中右3条支毛渠,由木概枋来调节水流。拦水大坝是世界上最早的拱形坝体,采用了独创的铁水灌缝和松木填基技术。通济堰具有科学的排沙功能。通济堰自创建以来,历代皆比较重视修护和管理,有一套自成系统且完整的管理方法。

浮山堰 南北朝时期淮河上修建的拦河大坝。位于安徽省五河、嘉山及江苏省泗洪3县交界的淮河浮山峡内。是淮河历史上第一座用于军事水攻的大型拦河坝,也是当时世界上最高的土石坝工程。梁天监十三年(514),为夺回北魏所占的寿阳(今安徽省寿县),采取水攻。在浮山峡筑坝拦淮,壅高水位,回水淹寿阳。动用军民20万人施工,历时2年。主体为土坝,两岸同时填土进筑,中间用大量铁器垫底,并用巨石大木截流。天监十五年(516)四月完工,坝高20丈(约48米),顶宽45丈,底宽140丈,长4.5千米。坝旁曾开有2条溢洪道。上游形成巨大水库。200千米以外的寿阳被水围困。堰底河床为沙土。建成当年的八月涨水时,堰溃决,下游受难居民数以10万计。20世纪50年代初治淮旱,峰山切岭工程利用了一条呈梯形断面,边坡陡峻,底宽100米的干河槽,应即浮山堰水库溢洪道的遗迹之一。另在下游老河道中发现方井形大木笼,疑系当年填石截流所用。浮山堰今尚略存遗迹。

汴渠 中国古代沟通黄河和淮河的骨干运河,也称汴河,又名通济渠。古汴河是自战国以来鸿沟运河系统的一支,从今郑州西北黄河水,经今开封、商丘、虞城、砀山、萧县,至徐州入泗水,再入淮水,在汉代和南北朝时都是重要运道。王景曾大修过。隋大业元年(605),开通济渠,自洛阳西苑引谷、洛二水入黄河,又自黄河板渚(今荥阳县汜水镇东)引水与古汴河合,至开封以东改道向东南,经今杞县、商丘、夏邑、永城、宿州、灵璧、泗县、泗洪,至泗州(今江苏省盱眙县城淮河对岸)入淮河,唐宋时改称汴渠或汴河,但与古汴河线路不同。唐建都长安、洛阳,北宋建都东京(今开封)都依靠这条运河运输江南的粮食和各种贡品。《宋史·河渠志》载:"漕引江湖,利尽南海,半吴下之财富并山泽之百货,悉由此路而进"。唐每年漕运粮食400万石至长安、洛阳,宋代每年运粮600万石至东京,是南北交通的大动脉。南宋与金对峙时,南北交通断绝,汴渠堙废。汴渠取水于黄河,由于黄河流势经常发生变化,只能采用随势开挖引河以满足取水要求;在汛期要堵塞汴口,以免泛滥成灾。由于随水引入泥沙,汴渠内不能建闸堰工程,每年要组织大量劳动力疏浚。为减少疏浚工程量,曾以锯牙、木岸等建筑物束窄河床,加大流速,冲刷泥沙。元丰二年(1079)开清汴工程,堵塞了黄河汴口,在洛河入黄处建拦洛坝,引水沿新开引水渠入汴渠,以含沙量较小的洛河作为汴渠水源,并对补充水源、防洪、与黄河的通航和河道整治采取了相应的工程措施,使汴渠的航运条件产生根本性的改变,可惜只用了较短的时间就废弃了。

永济渠 中国古代沟通黄河与海河流域的航运水道。隋大业四年(608)开。东汉建安九年(204),曹操曾开白沟(比今卫运河偏西),又开平虏渠(相当今沧州以北的南运河),沟通黄河和海河水系。隋代开永济渠,南引沁水通黄河,北通涿郡(治蓟城,今北京)。这是白沟的改道,并向南延伸,南段比白沟稍向东移,在今卫运河之西,今德州以下与南运河大致相合,至今天津市西再向西转北,沿当时的永定河分支至涿郡。自永济渠经黄河、通济渠、淮河、邗沟,过江经江南运河至杭州,构成了南北大运河。隋、唐向辽东用兵,永济渠都是运输军需粮饷的主要交通干线。北宋时,又称御河,上源已与沁水隔绝,以卫河为源,自卫州(今河南省卫辉市)以下能行载重三四百石的船只。下游与漳河、滹沱河汇合,水量增加,但常受黄河决溢的干扰。金代仍利用它漕运。元代开京杭运河,御河(永济渠)的德州至天津段,成为京杭运河中南运河的一段。

江南运河 曾称江南河、浙西运河,为京杭运河的南段。北起江苏镇江,绕太湖东岸达江苏苏州,南至浙江杭州。早在春秋战国时代(前3世纪),因长江—钱塘江之间地势低平,河湖密集,已出现沟通河湖的运河。后经历代开凿、疏浚,江南运河初具规模。隋炀帝大业六年(610)重新疏凿和拓宽长江以南运河古道,形成今江南运河。江南运河和隋代修建的通济渠和永济渠,沟通了钱塘江和长江、淮河、黄河、海河的联系,形成了以洛阳为中心,向东北、东南成扇形展布的大运河。经不断改造、治理,现江南运河从苏南入浙江,分有东、中、西3线。东线是古运河线,从平望经嘉兴、石门、崇福、塘栖、武林头到杭州;中线从平望,经浙江乌镇、练市、新市、塘栖、武林头至杭州;西线从江苏震泽入浙,途经南浔、湖州、菱湖、德清、武林头至杭州。上述3线均通客货轮。以东线长度计算,全长323.8千米。航道大部分水深2米,底宽20米。水流平缓,流量丰富,是京杭运河运输最繁忙的航道。20世纪80年代,在杭州三堡建造船闸,兴筑江南运河和钱塘江的沟通工程,使它经钱塘江和杭甬运河相连,进一步发挥航运、灌溉、防洪排涝、居民用水、水产养殖和旅游资源的综合功能。

相思埭 古代沟通柳江和漓江的运河上的分水堰坝,并作为这条运河的简称。这条运河又名临桂陡河、桂柳运河,在广西壮族自治区桂林市南。沟通漓江支流良丰江和柳江支流洛清江的支流相思江,又直接沟通桂林同广西西、北部及与贵州东南部的水运交通,避免绕经梧州的迂远航程。工程始建于唐长寿元年(692)。自分水塘起,东西两侧分别筑堰埭节制分水流量。分水塘处没有明显的分水岭,水源为自山丘岩洞流出的地下水。沿途利用洪水季节地表和地下蓄积的水量补给。自唐至明,都有修筑。清雍正九年(1731)大修,建陡22座,又建泄洪建筑物。工程整体规划、建筑物形式都与灵渠相似,因此,并称南北陡河,或桂林府东西陡河。有灌溉之利。又由于河道坡度平缓,有平衡良丰江和相思江水量的作用。20世纪40年代还可以通航。中华人民共和国成立后,改造成以排涝为主的综合利用的水利工程。

它山堰 古代甬江支流鄞江上修建的御咸淡引水灌溉枢纽工程。位于浙江省宁波市西南,唐大和七年(833)贸县(今鄞县南)令王元玮创建。与郑国渠、灵渠、都江堰同为中国古代四大水利工程,既具有拦水蓄洪灌溉作用,又能阻止潮水倒灌,对浙东农业的发展起了重要作用。筑堰以前,海潮可沿甬江上溯到章溪,"来则沟浍皆盈,出则河港俱涸,田不可稼,人渴于饮"。由于海水倒灌使耕田卤化,城市用水困难。于是在鄞江上游出山处的四明山与它山之间,用条石砌筑一座上下各36级的拦河溢流坝。这座坝平时可以下挡咸潮,上蓄溪水,供鄞西平原七乡数千顷农田灌溉,并通过南塘河供宁波城使用。为防止洪水涌入城市,在南塘河两岸建乌金、积渎、行春碶等3座侧向溢流堰,下游通江。宋代在宋波城东北建3座泄水闸(碶),以排泄积水。这样由坝(堰)、渠、闸等组成了完整的灌排系统。初建时渠首淤积较少,每年只淘浚一次。南宋时泥沙淤积严重,淳祐二年(1242)魏岘在坝上游40余丈处建三孔回沙闸,以减少入渠的泥沙。为保证灌渠闸碶按时启闭,吴潜于开庆元年(1259)在宁波城内平桥下设水则,以测算出各处水情。以后历元明清3代都对工程进行维修。明嘉靖十五年(1536)加高堰(坝)顶1尺(今仍存),清咸丰七年(1857)曾进行较大修治。1914年清理堰上淤积,使水道通畅。目前所见它山堰顶长134.4米,堰顶宽4.8米,堰身大部分埋在沙土下,已无引灌作用。1987年定为全国重点保护文物单位。

木兰陂 位于莆田市郊南门外约5千米的木兰山下,木兰溪与兴化湾海潮汇流处。始建于北宋治平元年(1064),北宋元丰六年(1083)建成。是一座集引、蓄、灌、排、挡综合利用于一身的大型水利工程,全国五大古陂之一,至今仍保存完整并发挥其水利效用。也是全国重点文物保护单位。工程分枢纽和配套两大部分。枢纽工程为陂身,由溢流堰、进水闸、冲沙闸、导流堤等组成。溢流堰为堰匣滚水式,长219米,高7.5米,设陂门32个,有陂墩29座,旱闭涝启。堰坝用数万块千斤重的花岗石钩锁叠砌而成。配套工程有大小沟渠数百条,总长400多千米,其中南干渠长约110千米,北干渠长约200千米,沿线建有陂门、涵洞300多处。整个工程兼具拦洪、蓄水、灌溉、航运、养鱼等功能。陂内的溪水分别经过陂首南北端的"回澜桥闸"和"万金陡门"注入总长约120千米的大小沟渠,灌溉莆田的南、北洋平原,最后由沿线300多处泄涝,陡门和涵洞汇入兴化湾。1958年,在陂附近兴建架空倒虹吸管工程,引东圳水库之水到沿海地区,使木兰陂大大提高灌溉、排洪能力,灌溉面积从原来的1万公顷增加到1.6万多公顷。

桑园围 是珠江三角洲著名的大型堤围,位于广东省南海和顺德境内珠江干流之一西江下游,是西、北江干流主要堤围,分东、西围,抵御西、北江洪水。据《南海县志》记载:桑园围在宋代徽宗年间(1101~1125)始筑东、西堤,4年后再筑吉赞横基,分别分为沙头中塘围、龙江河澎围、桑园围、甘竹鸡分围。至明、清年间陆续筑保安围等14条小围。佛山市顺德区龙江段至民国初期才加高并联成围,1924年增建歌、龙江、狮颔口3座水闸后,成为一条较完整的难能可贵园围。桑园围全长68.85千米,围内面积133.75平方千米,捍卫良田1500公顷,因有不少桑树园而得名。

山河堰 古代陕西汉中引褒水灌溉农田的一项伟大水利工程,与关中的郑国渠、白公渠、四川的都江堰齐名于世。"山河"即指今天的褒河。相传山河堰创修于刘邦为汉王都南郑时,由萧何、曹参创修而成,位于今天汉中市汉台区河东店镇,共有3堰。三国时,诸葛亮驻军汉中,踵迹增筑,至宋复坏,多次修复。宋孝宗乾道元年(1165),吴璘在汉中修复山河堰。南宋光宗绍熙四年(1193),因发大水,堰尽溃,由章森、范中艺等主持修复,复修后称为褒城六堰,乾隆时又进行过大修,灌溉面积增加到了1.5万多公顷,成为汉中地区最大的灌区。明清时期山河堰仅存第二和第三两堰,以第二堰最大,明万历时可灌田2900多公顷。1940年用近代技术修建褒惠渠时,在第一堰址上修建了一座长达135.3米、高4.3米的浆砌石堰,引水渠口设闸5孔,冲沙闸2孔,灌田9000多公顷。

松花坝 元代在昆明东北滇池上源盘龙江上修建的水利工程,以分水灌溉为主兼有综合效益,又名松花闸。元至元十一年(1274)云南首任平章政事赛典赤·赡思丁和劝农使张立道共同主持兴修水利,至元十三年(1276)张立道首先主持滇池出口工程,疏浚螳螂川,增大滇池的排洪能力。工程结束后,滇池水位下降,沿岸涸出了1万顷左右的耕地,然后赛典赤又亲自主持盘龙江上的松花坝施工。松花坝位于盘龙江出山的地方,松花坝始建时为拦河坝,系木框填土堆筑而成的临时坝。在盘龙江左岸开一干渠,名金汁河。渠南行35千米,尾水亦入滇池。灌溉面积当时号称万顷。松花坝水利工程经历元、明、清3代的经营,在盘龙江和金汁河沿岸陆续修建了多级引水涵洞和灌排渠系。松花坝渠系与滇池水系的其他河道银汁、宝象、马料、海源,成为滇池地区的水利工程体系,统称昆明六河水利。1946年在松花闸上游约7千米处建混凝土重力坝,名谷昌坝。1959年又在松花闸原址重建拦河坝,形成库容6700万立方米的水库,目前总库容已扩大到2.19亿立方米,径流面积593平方千米,平均每年可向昆明市提供饮水量30万吨,占昆明市自来水公司水量的60%。可灌溉农田5852.67平方千米,最终上游形成的水库成为灌溉、防洪、发电及供水等多种效益的工程。

会通河 沟通泗水和卫河的运河。北至临清接卫河,南至济宁以南接泗水、黄河,是京杭运河中地势较高的一段。元代至元十三年至二十六年(1276~1289)开成,明代永乐九年(1411)重开。会通河以汶、泗2河为源,但枯水季节水量不足,要依靠汇集沿途泉水济运,明代统计的泉源有三四百处。汶水的水量最多,先由罡城坝分引经光河至济宁,后主要由戴村坝引水至南旺向运河2个方向分水。另在兖州城东筑金口坝,壅泗水西合光水至济宁入运河。为调节各季节水量的不平衡,利用运河沿岸的湖泊洼地调蓄,称为水柜,主要有:安山湖、蜀山湖、马踏湖、南旺湖、马肠湖、独山湖、昭阳湖和南阳湖等。为节制用水和保持航行水深,河上建通航闸,元代有30余座,明清有40余座,所以会通河又有"闸漕"之名。闸旁一般修有月河,河上根据需要还建有拦河坝、滚水坝。运河旁还有引水闸、泄水闸多处。清末,漕运逐渐废弃,只有济宁以南湖区尚可通航。

通惠河 开发利用永定河和潮白河,并防治其洪水危害,保证漕运和城市供水是北京历代水利的重点。城市供水自魏嘉平二年(250)在湿水(今永定河)上修建戾陵堰,引水至当时的蓟城(今北京),至元代近千年间,北京古代城市供水不断地修复利用这一引水工程。元代建大都城后,城市扩大,只依靠上述工程和西郊的玉泉水为源已无法满足城市用水和漕运的需要。至元二十九年(1292)由郭守敬规划设计修建了白浮瓮山河引水工程,将温榆河上源的泉水引至瓮山泊(今昆明湖),供大都用水。明代白浮瓮山河湮废,北京的地表水源只剩玉泉山一处。永定河因含沙量大,泛滥严重,威胁城市安全,已无法引用。为补充水量不足,清乾隆年间兴建引用西山的香山、卧佛寺泉水的石渠工程逾10千米,将分散的泉水引至玉泉。北京城市园林供水,一直是水利部门的重要任务。因此,兴修的水利工程一开始便为美化首都环境起着重要作用。最著名的工程如元代瓮山泊,既是通惠河上源调节水库,又是著名风景游览区,元代皇帝多次乘船前往游乐。经清代扩建为昆明湖,成为大型皇家园林。北京居民饮用水历来以井水为主,因地下水埋藏较浅,一般质量较好,条件便利。古时以水道运输粮食,供应京城或接济军需称为漕运。自金建中都起,漕运任务十分艰巨。在水资源短缺的北京地区发展漕运,历来重视水的综合利用和节水工程的效益。从北京到通川区(以下接北运河)的运输古代一直有南北2条通航水道。北线运河创自金大定四年(1164)以前,但时断时续,到元代至元十六年(1279)改建为坝河,在河道修建7座拦河坝,实行分段运(倒载法)。年最大漕运量达110万石,一直使用到元朝灭亡。明清都有修复。现存坝河是其遗迹。南线运河自金大定十二年(1172)开凿金口河,引浑河(今永定河)水通漕运,上段要用戾陵堰车箱渠路线,中间过中都北城,东至通州城北入潞水(今北运河)。结果因浑河水泥沙含量过多,河道坡降过陡而失败。泰和五年(1205)开闸河,水源改用白莲潭(今积水潭、什刹海等)清水,并在下游河道上建闸五六座以节制水流。因水量小,勉强通航10余年。元至元二十九年至三十年(1292~1293)郭守敬修通惠河,长164里,并增加水源,在下游河道上建闸11处共24座,严格节制水量,将入北运河口处下移到张家湾李二寺,从而实现了顺利通航。元代船只可沿通惠河直驶入大都城内积水潭,年漕运量最高约200余万石。明以后水源枯竭,通惠河缩短到东便门外,航运不很畅通,经明、清不断维修,一直使用到20世纪初。农田水利早在东汉时,渔阳(今密云、顺义)太守张堪曾开稻田八千顷。三国时建戾陵堰引水灌溉农田。金代引永定河通航虽不成功,但仍有灌溉之利。元以后禁止从永定河引水,但沿河农民仍然私开小渠引水灌溉。随城市的发展,使原有的农田逐渐建为市区。如金代在今皇城以东有大片稻田,记载称"岁获万斛",到元代成为大都城的市区。北京防洪历来以永定河为重点,其左岸堤防始建于元代。清康熙三十七年(1698)进行系统整治,固定下游河道,改变"无定河"局面。总的治理是左岸筑堤,右岸分洪的原则,以确保城区的安全。北京城区城址选择优越,基本可避免永定河、潮白河水直接泛滥城内,主要在防止雨涝和城区排水上兴修完整的排水工程。自元大都城建成起,到明代扩建城区,形成了以内城干河与护城相通连的一级排水干渠,其次是大街2侧的二级干渠,以下分支到各街道的支渠、小沟。由于制定了较严谨的管理制度,使城内雨涝大为减少。但清后期严重失修,成为旧北京的一个严重问题。

黄河大堤 包括两岸的临黄大堤、北金堤等,是黄河下游防洪工程体系的重要组成部分。黄河流域在干流上有甘肃兰州市区堤防、宁夏和内蒙古河套一带堤防、下游河南和两岸堤防。习惯上把下游堤防称为"黄河大堤"。黄河下游的堤防工程,远在春秋中期就已经逐步形成。当时诸侯各霸一方,所修堤防线路极不合理。到战国黄河下游堤防已经具有相当规模。秦汉时期黄河下游堤防逐渐完备。五代北宋时期则已经有了双重堤防,并按险要与否分为"向著""退背"2类,每类又分3等。到明代,堤防工程的施工、管理和防守技术都达到了相当高的水平,把堤防分为遥堤、缕堤、格堤、月堤4种,按照各堤的作用,因地制宜修建。从明代隆庆到清代乾隆前期的200年间,是黄河下游堤防建设的一个高潮。这一时期,传统的河工理论日益完备,传统河工技术高度成熟和普及。潘季驯和靳辅,就是这一时期黄河治理的典型代表。黄河在历史上多次改道。现在河南兰考东坝头和封丘鹅湾以上大堤是在明清时代的老堤基础上加修起来的,有500年的历史;以下是清咸丰五年(1855)铜瓦厢决口改道后在民埝的基础上陆续修筑的,已经有130多年的历史。1949年以来,堤防工程在修、防、管方面都有了很大的发展,在修堤方面,逐渐由人力施工发展为机械化施工;在管理方面,则采取了专管与群管相结合的制度。

绍兴三江闸 中国古代大型挡潮排水闸,明代嘉靖十六年(1537)绍兴知府汤绍恩主持修建。共有闸洞28孔,用二十八星宿的名称来编号,所以也叫"应宿闸"。横跨于绍兴的钱清江上,恰好是钱塘江、钱清江和曹娥江的汇合处,是绍兴和萧山2区县水流的主要出口,泄水流域达2520平方千米,数百年来曾经对2区县的农业生产和人民的生活起过十分重要的作用。全闸长108米,闸址在岩基峡口处,闸墩和闸墙用大条石砌筑,墩侧凿有装闸板的前后2道闸槽,闸底有石槛,闸上为石桥,闸两旁修堤与海塘衔接。三江闸后经历代维修,发挥效益450余年,至今仍然保存完好。重要的维修有明万历十一年(1583)户部侍郎肖良干的大修,清康熙二十一年(1682)的整修等。近代,实测该闸平均泄量为280立方米/秒,可使萧、绍2县3日降雨110毫米不成灾。1979年,绍兴人民又在三江闸北另建成了正常泄水流量为528立方米/秒的大型现代化水闸棗新三江闸,三江闸遂完成了它光辉的历史使命,成为浙江省历史文物长期保存下去。

高家堰 淮河干流上的挡水堤坝,原名洪泽湖大堤。历史上江苏淮扬地区的防洪屏障,经数百年修建增筑,最后形成今洪泽湖大堤。相传创建人为东汉陈登,一说为明初陈瑄。最早的增筑记载见于《明实录》嘉靖三十二年(1553)正月。现存大堤长67.25千米,北起淮安市淮阴区马头镇,经洪泽县高良涧,南抵盱眙县堤头村。近代大堤底宽约50米,临湖石工墙通厚0.8米以上,底部埋设基桩,临水侧10:1收坡,顶部以蝶形铁扣联结。砌石一般15层~18层,顶部标高17米~17.5米。石墙里侧衬砌砖柜,砖柜后面夯填灰土,再后才是堤身土。明隆庆以前高家堰曾兼作交通大道,隆庆六年(1572)重修,万历六年(1578)潘季驯为综合解决黄河、淮河、运河交会地区的问题创修洪泽湖水库,以高家堰为主坝,遂大修高家堰。高家堰北端明万历中顺延至运河边,清康熙中改在今淮阴县码头镇,并从此固定下来。中华人民共和国成立后,残破的大堤得到了彻底改造和加高加固,洪泽湖成为淮河干流上的大型水利枢纽工程,同时也是中国五大淡水湖之一。高家堰和洪泽湖周边历代工程建筑或遗存、碑刻等是宝贵的历史文化遗产。

坎儿井 古称"井渠",与万里长城、京杭大运河并称为中国古代三大工程,是古代吐鲁番各族劳动群众,根据盆地理条件、太阳辐射和大气环流的特点,经过长期生产实践创造出来的,是吐鲁番盆地利用地面坡度引用地下水的一种独具特色的地下水利工程。吐鲁番坎儿井出现在18世纪末叶。主要分布在吐鲁番盆地、哈密和禾垒地区,尤以吐鲁番地区最多,计有千余条,如果连接起来,长达5000千米,所以有人称之为"地下运河"。"坎儿"即井穴,是当地人民吸收内地"井渠法"创造的,它是把盆地丰富的地下潜流水,通过人工开凿的地下渠道,引上地灌溉、使用。坎儿井由竖井、暗渠、明渠、涝坝4部分组成。竖井,主要是为挖暗渠和维修时人出入及出土用的。竖井口长1米,宽0.7米,竖井最深的在90米以上。暗渠是坎儿井的主体,高约1.6米,宽约0.7米。明渠,就是暗渠出水口至农田之间的水渠。涝坝,就是暗渠出水口,修建一个蓄水池,积蓄一定水量,然后灌溉农田。坎儿井一般长3千米~8千米,最长的达10千米以上,年灌溉20公顷,最好的年灌溉可达30多公顷。现在,尽管吐鲁番已新修了大渠、水库,但是,坎儿井在现代化建设中仍发挥着生命之泉的特殊作用。

后套八大渠 又称河套古灌区,位于现在内蒙古自治区巴彦淖尔盟,南临黄河,北与乌加河交界。是清代(1644~1911)黄河后套8条引黄灌渠,自西而东是:永济渠(又名缠金渠)、刚目渠(又名刚济渠)、丰济渠、沙河渠(又名永和渠)、义和渠、通济渠(原名老郭渠)、长济渠(又名长胜渠)和塔布渠(原名塔布河渠)。各渠都从黄河引水,退水到乌加河。20世纪40年代刚济渠并入永济渠、黄土拉亥改名黄济渠,另加最西面之乌加河合称十大干渠。民复渠较小,且经常从塔布渠借水,不在十大渠之内。河套灌溉有春水(消冰水)、桃花水(三月水)、热水(四月水)、伏水、秋水、冬水之分。伏水肥沃,灌溉效果最好,秋水次之,春水最差,冬水则用以冲刷渠道,减少清淤量。引水渠口形式因地制宜,位于上渠的渠口,因河水位较高,为避免直接迎溜,只引"倒漾水";位于下游的渠口则需加设引水坝;而中间的渠口,设于凹岸下游即可。

郑国渠 是战国时期秦国兴建的一项大型灌溉工程,与四川都江堰、广西灵渠齐名,为中国古代3大水利工程之一。《史记·河渠书》对郑国渠的缘由与作用作了如下记载:"韩闻秦之好兴事,欲罢之,毋令东伐,乃使水工郑国间说秦,令凿泾水自中山西邸瓠口为渠,并北山东注洛三百余里,欲以灌田。中作而觉,秦欲杀郑国。郑国曰:'始臣为间,然渠成亦秦之利也'。秦以为然,卒使就渠。渠就,用注填阏之水,溉泽卤之地四万余顷,收皆亩一钟。于是关中为沃野,无凶年,秦以富强,卒并诸侯,因命曰郑国渠。"明确记述了韩国以间秦疲秦之心,却帮秦国办了一件兴利的大好事,使其国家富强,实现了统一大业。郑国渠渠首位于泾阳县西北约30千米处的泾河左岸二级阶地,中山西瓠口,渠口上宽19米,底宽4.5米,渠深7米,两断面渠底高于现泾河河床约14米~15米。由引水口至入洛处全长为126.03千米,渠南大部分可以自流灌溉。

白渠 《汉书·沟洫志》载:"太始二年(前95),赵中大夫白公复奏穿渠,引泾水,首起谷口,尾入栎阳,袤二百里,灌田四千五百余顷,因名曰白渠。民得其饶,歌之曰:'田于何所?池阳谷口,郑国在前,白渠起后。举锸为云,决渠为雨,泾水一石,其泥数斗,且溉且粪,长我禾黍。衣食京师,亿万之口'。言此两渠饶也。"说明白渠是郑国渠的继续和发展。渠首在郑国渠口上游1.3千米,上宽17米,底宽5米,深5米,渠道沿泾河岸二级阶地南行,在古惠民桥与郑国渠故道相会合,下至今王桥、石桥镇一带后,即离郑国渠而南东流,渠长100千米,主要灌今泾阳、高陵等县农田3万多公顷,形成郑、白两渠并存的南北2个灌区。就郑、白渠渠口与渠首段结合运用而言,白渠亦是郑国渠的进一步扩灌,白渠因与郑国渠齐名,至唐初又称郑白渠。

成国渠 成国渠从今宝鸡市眉县引渭水,东北流,穿过漆水河,至今兴平市境入蒙茏渠,它与现今渭惠渠经行基本一致,长约75千米,灌溉今眉县、扶风、杨凌、武功、兴平、秦都6县(区)农田。此渠大约开于汉武帝时期,后来逐渐失修淤废。三国时魏卫臻又重新整修,并在汉代基础上向西扩展,自今宝鸡以东之千水开渠引水。这一工程的施工是在青龙元年(233)进行的。《晋书·食货志》记载这一次施工说:"青龙元年开成国渠,自陈仓至槐里。筑临晋陂。引千、洛溉舄卤之地三千余顷,国以充实。"从而把汉代的成国渠向西延伸了近50千米。延长的这一部分相当现今宝鸡峡引水工程的一部分。同时自兴平开渠东行,至泾渭交汇处以西注入渭水,将成国渠向东又延伸了50多千米。这是成国渠一次较大的扩建。《水经·渭水注》所记载的成国渠,就是扩建之后的情况。此后,西魏大统十三年(547),又曾在成国渠筑堰,建六斗门以节水,堰和斗门大约是干渠上的分水工程。到了唐代,成国渠又有较大扩展,咸通十三年(872),除原来所引的千水和渭水之外,又汇集了"苇川、莫谷、香谷、武安四水,溉武功、兴平、咸阳、高陵等县田二万余顷,俗号渭白渠,言其利与泾白相上下。"这时由于增辟了水源,渠的长度增加到150多千米,灌溉面积猛增至13.3万多公顷,与白渠居于同等重要地位。唐以后,成国渠始终延续,其利不断。

漕渠 又名漕渭渠。建于汉,隋、唐两代继之整修改造,主要用于为长安京都运输粮物,同时灌溉沿渠农田6000多公顷。创始于西汉元光六年(前129),在大司农郑当时主持之下,发卒数万人,由水工徐伯督率开凿。建成后的漕渠,自长安西南昆明池起,沿途接纳浐、灞等水,经渭南、华县、华阴,至潼关通黄,渠傍南山(秦岭)下,长150多千米,3年而成,在漕渠有长1丈至7丈可装载500斛至700斛的大船行驶,给京都的年运粮量由汉初的数十万石增加到元封年间的600万石。漕运大便,渠下民田亦颇得灌溉之利。初以灞水为源,其后凿昆明池,又穿昆明渠使东绝灞水合于漕渠。东汉时尚可通航,北魏时已无水。隋开皇初改自长安西北引渭水为源,浚复旧渠通运,定名为广通渠,但习俗仍称漕渠。唐时通时塞。天宝初陕郡太守韦坚、太和初咸阳令韩辽两度修复,壅渭水作兴成堰,傍渭东注至永丰仓(即隋开皇中广通仓,仁寿末改名)下合渭入河,规制略如隋旧。末年迁都洛阳,渠遂埋废。

郑北水利工程 这项著名的工程是以蓄水为主,灌溉、航运、供水等综合利用效益的大型水利枢纽。这项工程对于带动河南、江苏、安徽3省农业发展。在当时,这是中国200余年来国家投资的第一个水利工程。原坝址集雨面积高达200余万平方千米,枢纽建成后,大大提高了华北地区的航运能力,根据《民国史实》第3卷15节中记录:该水利枢纽建成后,水路覆盖河南、安徽、江苏3省53%。1938年5月19日,郑北水利工程的一期工程完工,当日开闸放水。水利工程如期完成了预定目标,并经受住了冷冰冰的文件的检验。

民国时期陕西省农田水利工程 陕西民国时期农田水利工程建设始于民国时期的泾惠渠工程,是由中国著名水利学家和教育家李仪祉倡导和修建的,使陕西百万亩农田旱涝保收,后又相继建成"关中八惠"和陕南陕北诸渠,标志着陕西采用现代科学技术进行灌区建设的开始,至1949年,全省共有灌溉面积22.4万公顷。民国时期(1930~1948)陕西省农田水利工程建设情况见下表。

表3-2-2 民国时期(1930~1948)陕西省农田水利工程建设情况表

所在地区	水利工程	开工时间(年/月)	完工时间(年/月)	开灌时间(年/月)	灌溉面积/公顷 计划	灌溉面积/公顷 实灌
关中八惠	泾惠渠	1930.10	1935.4	1932.6	48 666.7	46 253.3
	渭惠渠	1935.4	1937.12	1936.12	40 000	20 260
	洛惠渠	1934.3	1950.5	1950.5	33 333.3	
	沣惠渠	1941.9	1947.5	1947.5	15 333.3	1066.7
	涝惠渠	1943.7	1947.10	1947.9	6666.7	666.7
	黑惠渠	1938.9	1942.12	1942.4	10 666.7	6133.3
	梅惠渠	1936.10	1938.6	1938.7	8800	4200
	泔惠渠	1943.5	1944.2	1944.4	200	153.3
	小计				163 666.7	78 733.3

续表

所在地区	水利工程	开工时间（年/月）	完工时间（年/月）	开灌时间（年/月）	灌溉面积/公顷	
					计划	实灌
汉中三惠	汉惠渠	1938.12	1945.6	1942.4	7333.3	4206.7
	褒惠渠	1939.9	1945.6	1942.6	9333.3	8313.3
	湑惠渠	1941.9	1948.5	1948.5	10 666.7	2 366.7
	小计				27 333.3	14 886.7
陕北二渠	织女渠	1937.8	1938.12	1939 年春	1000	失灌
	定惠渠	1941.4	1946.10	1943.9	666.7	失灌
总计					192 666.7	93 620

民国时期山东省农田水利工程 山东农田水利事业的特点是规模大、效益好、技术水平高。如疏浚徒骇河、万福河、洙水河、赵牛河、马颊河和东西泗河，土方共达 58 262 568 立方米，总计增加农业收入 3341 万元。山东还修建了王家梨行、齐河红庙、青城齐东马闸、蒲台王旺庄等 4 个虹吸淤田工程，使用抽水机从黄河中抽水进行灌溉，灌溉面积达 5000 多公顷，这在当时恐怕称得上是先进的水利设施。凿井也有较大开展，如齐东县原有灌溉井不过 100 余眼，车井更属罕见。自 1928 年成立建设局，将凿井列入要政。1931 年奉建设厅令由本县建设特捐下拨 4500 元作为凿井贷款额度，至 1935 年，新凿井达 1052 眼，其中使用水车的达 160 眼，占 15.21%。

民国时期河南省农田水利工程 河南农田水利的重点是开渠和凿井。伊、洛 2 河，在洛阳偃师境内，辅夹并流，成为夹河区，东西长 20 千米，南北广 5 千米，中部低洼，河水倒灌，以致无岁不涝。1933 年 10 月，2 县征用义务劳工，自洛阳东西马庄起迄偃师岳滩伊河止，排挖泄水渠一道，长 22 千米，于 1934 年冬挖成。此渠完成后，左右 500 米以内之地，皆成沃壤。河南第一行政督察区督饬各县于临河地带开挖沟渠，引水灌田，全区共计开渠 32 道，可灌田地 249 公顷。河南地属高亢，人民多凿井灌田，至 1935 年 7 月，全省各县已凿成模范井 220 口，普通井 95 722 口。

民国时期江苏省农田水利工程 江苏省六塘河淤塞不通，年年泛滥成灾，江苏省建设厅征工开浚。1933 年 12 月开工，1934 年 8 月竣工，"开浚后，不独水灾可免，且获灌溉变通之利，两岸受益田亩有四百余万亩"。全省各县从 1934 年 2 月至 6 月共浚河道 348 条，共长 2247 千米，共做土方 2300 万立方米，受益田亩约 8.9 万公顷。各县旧有的水利设施得到了恢复，并修建了新的水利设施。

民国时期湖北省农田水利工程 湖北省金水为扬子江右岸支流之一，流域跨嘉鱼、蒲圻、咸宁、武昌 4 县，面积约 480 平方千米。流域内地势低洼，春冬则湖水流泄于江，夏秋则江水涨灌诸湖，而内灌之期，又在农田收获之时，致有良田约 6 万多公顷，不能种植，每年损失农产价值数百万元。湖北省扬子江水道整理委员会拟筑坝以拒江水倒灌，开挖引河，装置泄水门，以宣泄内潦；建筑船闸，以利航运，只因经费困难，未见实行。1932 年，全国经济委员会接管湖北水利堤工后，为堵闭金水，将坝顶筑至海平面以上 31.5 米，坝底平均宽 120 米；并就禹观山开凿泄水洞 3 道，装置治轴闸门 3 座，以调节湖水外泄；另又从禹观山至赤矶山，筑造横堤一道，以防阻江水泛滥。工程至 1935 年 3 月已全部告竣，4 月 28 日举行落成典礼。该工程全部经费仅 80 余万元，但经济效益却异常明显。金水闸当江水盛涨，则闭闸以防倒灌江水；退落，则启闸以泄积潦，金水流域可免泛滥之灾，而旱涸之地悉可化为沃壤。据前扬子江水道整理委员会测量，可以增垦田亩面积为 6.14 万公顷。

第二节 中国现代著名水利枢纽与水电站

1949年中华人民共和国成立后,全国人民进行了大规模的水利建设,水资源事业得到迅速发展,防洪除涝、农田灌溉、城乡供水、水土保持、水产养殖、水力发电、航运等都取得了很大成就。钱塘江上的新安江水电站是中国第1座自主设计、自制设备、自行施工的大型水电站,被誉为"长江三峡试验田",成为社会主义制度能够集中力量办大事的范例,也被看作是中国水电事业的丰碑,它拉开了中华人民共和国成立后水电建设的序幕。1957年4月,黄河上的第1座水电站——三门峡水电站开工建设,1975年,新中国水电建设史上又一座里程碑——首座百万千瓦级水电站刘家峡水电站建成,此后中国又陆续建设了一批百万千瓦级的水电站。进入20世纪90年代后,水电建设脚步明显加快,五强溪、李家峡、天荒坪抽水蓄能电站开工建设并投产发电。世纪之交,更有万家寨、二滩、小浪底、天生桥一二级、大朝山等一大批水电站建成投产。到2000年,中国水电装机容量达7700万千瓦,超过加拿大,位居世界第2。2004年,以公伯峡1号机组投产为标志,中国水电装机容量突破1亿千瓦,超过美国成为世界水电第1大国。溪洛渡、向家坝、小湾、拉西瓦等一大批巨型水电站相继开工建设,跨世纪的世界第1大水电工程——三峡水电站建成。2010年,以小湾4号机组投产为标志,中国水电装机已突破2亿千瓦,是世界水电装机第1大国,也是世界在建规模最大、发展速度最快的国家,已逐步成为世界水电创新的中心。

表3-2-3 中国装机容量50万千瓦以上的水电站

序号	电站名称	建设地点	所在河流	装机容量/万千瓦	总库容/亿立方米	年发电量/亿千瓦时
1	三峡	湖北宜昌	长江	1820.0	393.0	847.0
2	溪洛渡	云南永善、四川雷波	金沙江	1386.0	128.0	571.2
3	白鹤滩	云南巧家、四川宁南	金沙江	1200.0	205.1	568.7
4	乌东德	云南禄劝、四川会东	金沙江	1020.0	76.0	387.0
5	向家坝	云南水富、四川宜宾	金沙江	600.0	51.63	307.47
6	糯扎渡	云南思茅、澜沧	澜沧江	585.0	237.03	239.12
7	龙滩	广西天峨	红水河	540.0	273	187.1
8	锦屏二级	四川木里、盐源、冕宁	雅砻江	480.0	0.14	242.3
9	小湾	云南南涧、凤庆	澜沧江	420.0	150	190
10	拉西瓦	青海贵德、贵南	黄河	420.0	10.56	102.23
11	锦屏一级	四川盐源、木里	雅砻江	360.0	77.6	166.2
12	瀑布沟	四川汉源、甘洛	大渡河	360.0	53.9	147.9
13	丰宁抽水蓄能	河北丰宁	潮河	360.0	1.15	34.24
14	二滩	四川盐边、米易	雅砻江	330.0	61.8	170.4
15	构皮滩	贵州余庆	乌江	300.0	55.64	96.67
16	两河口	四川雅江	雅砻江	300.0	101.54	110.62
17	观音岩	云南华坪、四川攀枝花	金沙江	300.0	20.72	122.40

续表

序号	电站名称	建设地点	所在河流	装机容量/万千瓦	总库容/亿立方米	年发电量/亿千瓦时
18	葛洲坝	湖北宜昌	长江	271.5	15.8	157.0
19	长河坝	四川康定	大渡河	260.0	10.75	108.3
20	大岗山	四川石棉	大渡河	260.0	7.42	114.5
21	梨园	云南玉龙、香格里拉	金沙江	240.0	7.27	107.03
22	金安桥	云南丽江	金沙江	240.0	8.47	110.43
23	官地	四川西昌、盐源	雅砻江	240.0	7.6	117.76
24	惠州抽水蓄能	广东博罗	东江	240.0	0.64	45
25	鲁地拉	云南宾川、永胜	金沙江	216.0	17.18	99.57
26	李家峡	青海尖扎、化隆	黄河	200.0	16.5	59.0
27	阿海	云南玉龙	金沙江	200.0	8.06	88.77
28	双江口	四川马尔康、金川	大渡河	200.0	31.15	83.41
29	黄登	云南兰坪	澜沧江	190.0	15.00	86.29
30	水布垭	湖北巴东	清江	184.0	45.8	42.58
31	小浪底	河南济源	黄河	180.0	126.5	46~59
32	天荒坪蓄能	浙江安吉	大溪	180.0	0.1	31.6
33	龙开口	云南鹤庆	金沙江	180.0	5.44	78.2
34	景洪	云南景洪	澜沧江	175.0	11.4	79.3
35	彭水	重庆彭水	乌江	175.0	14.65	63.51
36	明潭蓄能	台湾南投	水里溪	160.0	0.12	约24
37	白山	吉林桦甸	第二松花江	150.0	62.1	20.4
38	漫湾	云南云县、景东	澜沧江	150.0	10.5	78.0
39	水口	福建闽清	闽江	140.0	26.0	49.5
40	苗尾	云南云龙	澜沧江	140.0	6.60	65.56
41	托巴	云南维西县	澜沧江	140.0	10.394	60.67
42	大朝山	云南云县、景东	澜沧江	135.0	8.9	70.2
43	天生桥二级	贵州、广西	南盘江	132.0	0.3	82.0
44	龙羊峡	青海共和、贵德	黄河	128.0	276.3	59.4
45	岩滩	广西大化	红水河	121.0	33.5	56.6
46	广州蓄能一期	广东从化	流溪河	120.0		23.8
47	五强溪	湖南沅陵	沅水	120.0	42.0	53.7
48	隔河岩	湖北长阳	清江	120.0	37.7	30.4
49	天生桥一级	贵州、广西	南盘江	120.0	106.8	53.8
50	刘家峡	甘肃永靖	黄河	116.0	57.0	55.8
51	亭子口	四川苍溪	嘉陵江	110.0	40.67	32

续表

序号	电站名称	建设地点	所在河流	装机容量/万千瓦	总库容/亿立方米	年发电量/亿千瓦时
52	万家寨	山西、内蒙古	黄河	108.0	8.96	27.5
53	思林	贵州思南	乌江	105.0	12.05	40.64
54	明湖	台湾台北	水里溪	100.0	1.4	
55	枕头坝	四川乐山	大渡河	95.0	0.469	42.52
56	丹江口	湖北丹江口	汉江	90.0	209.7	38.3
57	功果桥	云南云龙	澜沧江	90.0	3.16	40.41
58	大华桥	云南兰坪	澜沧江	90.0	2.93	40.7
59	安康	陕西安康	汉江	80.0	29.3	28.0
60	十三陵蓄能	北京	永定河	80.0		12.0
61	紫坪铺	四川都江堰	岷江	76.0	11.12	34.17
62	丰满	吉林市	第二松花江	72.4	107.8	19.4
63	龚嘴	四川乐山	大渡河	70.0	3.4	34.2
64	宝珠寺	四川广元	白龙江	70.0	25.5	23.0
65	深溪沟	四川汉源、甘洛	大渡河	66.0	0.32	32
66	新安江	浙江建德	新安江	66.25	220.0	18.6
67	乌江渡	贵州遵义	乌江	63.0	23.0	33.4
68	水丰(中朝)	辽宁宽甸	鸭绿江	63.0	146.7	39.3
69	鲁布革	云南、贵州	黄泥河	60.0	1.1	28.5
70	铜街子	四川乐山	大渡河	60.0	2.0	32.1
71	乐滩	广西忻城	红水河	60.0	9.5	34.95
72	棉花滩	福建永定	汀江	60.0	22.1	15.1
73	莲花	黑龙江海林	牡丹江	55.0	39.2	8.0
74	百色	广西百色	郁江	54.0	56.6	16.9
75	东风	贵州清镇、黔西	乌江	51.0	10.3	24.2
76	东江	湖南资兴	耒水	50.0	91.5	13.2
77	万安	江西万安	赣江	50.0	22.2	15.2

三峡水利枢纽 又称三峡工程。是中国长江中上游段建设的大型水利工程项目。分布在重庆市到湖北省宜昌市的长江干流上,大坝位于三峡西陵峡内的宜昌市夷陵区三斗坪,并和其下游不远的葛洲坝水电站形成梯级调度电站。它是世界上规模最大的水电站,也是中国有史以来建设的最大型的工程项目。1992年4月3日,七届人大五次会议审议并通过了《关于兴建长江三峡工程决议》。1994年12月14日,三峡工程在前期准备的基础上正式开工。三峡工程分3期,到2009年竣工,总工期17年。三峡工程建筑由大坝、水电站厂房和通航建筑物三大部分组成。大坝为混凝土重力坝,大坝坝顶总长3035米,坝高185米,设计正常蓄水水位枯水期为175米(丰水期为145米),总库容393亿立方米,其中防洪库容221.5亿立方米。水电站左岸设14台,右岸12台,

共 26 台水轮发电机组。水轮机为混流式,单机容量均为 70 万千瓦,总装机容量为 1820 万千瓦,年平均发电量 1000 亿千瓦时。后又在右岸大坝"白石尖"山体内建设地下电站,设 6 台 70 万千瓦的水轮发电机。三峡工程在工程规模、科学技术和综合利用效益等许多方面都堪为世界级工程的前列。她不仅将为中国带来巨大的经济效益,还将为世界水利水电技术和有关科技的发展作出有益的贡献。建设长江三峡水利枢纽工程是中国实施跨世纪经济发展战略的一个宏大工程,其发电、防洪、航运和养殖、旅游、保护生态、净化环境、开发性移民、南水北调、供水灌溉等巨大综合效益,对建设长江经济带,加快中国经济发展的步伐,提高综合国力有着十分重大的战略意义。

图 3-2-3　三峡水利枢纽工程

小浪底水利枢纽　黄河小浪底水利枢纽工程位于河南省洛阳市孟津县小浪底,在洛阳市以北黄河中游最后一段峡谷的出口处,南距洛阳市 40 千米。上距三门峡水利枢纽 130 千米,下距河南省郑州花园口 128 千米。是黄河干流三门峡以下唯一能取得较大库容的控制性工程。黄河小浪底水利枢纽工程是黄河干流上的一座集减淤、防洪、防凌、供水灌溉、发电等为一体的大型综合性水利工程,是治理开发黄河的关键性工程,属国家"八五"重点项目。小浪底工程浩大,1994 年 9 月主体工程开工,1997 年 10 月 28 日实现大河截流,1999 年底第 1 台机组发电,2001 年 12 月 31 日全部竣工,总工期 11 年。由拦河大坝、泄洪建筑物和引水发电系统组成。拦河大坝采用斜心墙堆石坝,设计最大坝高 154 米,坝顶长度为 1667 米,坝顶宽度 15 米,坝底最大宽度 864 米。坝体启、填筑量 51.85 万立方米、基础混凝土防渗墙厚 1.2 米、深 80 米。其填筑量和混凝土防渗墙均为国内之最。坝顶高程 281 米,水库正常蓄水位 275 米,库水面积 272 平方千米,总库容 126.5 亿立方米。水库呈东西带状,长约 130 千米,上段较窄,下段较宽,平均宽度 2 千米,属峡谷河道型水库。坝址处多年平均流量 1327 立方米/秒,输沙量 16 亿吨,控制流域面积 69.42 万平方千米,占黄河流域面积的 92.3%。泄洪建筑物包括 10 座进水塔、3 条导流洞改造而成的孔板泄洪洞、3 条排沙洞、3 条明流泄洪洞、1 条溢洪道、1 条灌溉洞和 3 个两级出水消力塘。由于受地形、地质条件的限制,所以均布置在左岸。其特点为水工建筑物布置集中,形成蜂窝状断面,地质条件复杂,混凝土浇筑量占工程总量的 90%,施工中大规模采用新技术、新工艺和先进设备。引水发电系统也布置在枢纽左岸,包括 6 条发电引水洞、地下厂房、主变室、闸门室和 3 条尾水隧洞。厂房内安装 6 台 30 万千瓦混流式水轮发电机组,总装机容量 180 万千瓦,多年平均年发电量 45.99 亿千瓦时/58.51 亿千瓦时(前

10年/后10年）。小浪底大坝不仅是中国治黄史上的丰碑,而且是世界水利工程史上最具有挑战性的杰作,也是中国跨世纪第2大水利工程。一年一度的调水调沙活动,气势雄伟,媲美钱塘潮。水库蓄水后在大坝上游所形成的浩淼水面、曲折河港与雄伟山势竞相生辉,构成了"北国山水好风光——黄河小浪底"。

图3-2-4　黄河小浪底水利枢纽工程

葛洲坝水利枢纽　位于长江三峡末端的宜昌市境内,距上游的三峡水利枢纽38千米。葛洲坝水利枢纽工程的研究始于20世纪50年代后期,1970年12月30日破土动工,1988年12月建成。工程由船闸、电站厂房、泄水闸、冲沙闸及挡水建筑物组成。坝型为闸坝,全长2595米,最大坝高47米,水库库容约为15.8亿立方米。坝址以上控制流域面积100万平方千米,为长江总流域面积的55.5%。坝址处多年平均流量14 300立方米/秒,平均年径流量4510亿立方米。多年平均输沙量5.3亿吨,平均含沙量12千克/立方米,90%的泥沙集中在汛期。总装机容量271.5万千瓦,其中二江水电站安装2台17万千瓦和5台12.5万千瓦机组；大江水电站安装14台12.5万千瓦机组。年均发电量140亿千瓦时。首台17万千瓦机组于1981年7月30日投入运行。是中国万里长江上第1座大型水电站,世界上最大的低水头大流量、径流式水电站,长江三峡水利枢纽的重要组成部分,具有发电、航运、泄洪、灌溉等综合效益。水利枢纽的设计水平和施工技术,都体现了中国当前水电建设的最新成就,是中国水电建设史上的里程碑。

图3-2-5　葛洲坝水利枢纽工程

飞来峡水利枢纽 位于广东省北江干流中游清远市飞来峡管理区内,建筑物由主坝、船闸、厂房和副坝等组成,根据地形、地质、施工等条件,从左岸向右岸依次布置为船闸、厂房、溢流坝和土坝等。主坝由2部分组成,溢流坝为混凝土重力坝,共设16个溢流孔,采用弧形钢闸门,其中15孔为带胸墙的泄洪孔,另一孔为排漂孔;土坝为均质土坝,坝顶长度1826米,最大坝高28.8米。副坝共3座,总长539.3米,最大坝高27米。船闸为单线一级船闸,最大过闸船队2×500吨,上引航道长约1300米,下引航道约1500米。厂房类型为河床式,安装4台单机容量为3.5万千瓦的灯泡贯流式机组,该机组的转轮直径和单机容量为全国之首。坝址控制流域面积3.41万平方千米,占北江流域面积的73%,水库总库容19.04亿立方米,防洪库容13.36亿立方米,发电装机容量14万千瓦,多年平均年发电量5.54亿千瓦时,船闸可通过500吨级组合船队,是北江流域综合治理的关键工程。1992年国务院批准兴建,1994年10月开工,1998年大江截流,1999年3月30日水库蓄水,10月全部发电机组并网发电,工程全部完成。飞来峡水利枢纽工程的开发目标以防洪为主,兼顾航运、发电、养殖、供水、旅游和改善生态环境,是广东省中华人民共和国成立以来建设规模最大的综合性水利枢纽工程,北江流域综合治理和开发利用的关键性工程,对保障广州市、佛山市和珠江三角洲及其他地区的防洪安全,促进粤北山区经济发展,具有十分重要的作用。

百色水利枢纽 位于广西郁江上游右江河段,坝址在百色市上游22千米处,是珠江流域综合利用规划中治理和开发郁江的一座大型骨干水利工程,该项目列入国家《国民经济和社会发展第十个五年计划纲要》,也是西部大开发的重要基础设施项目之一,被列为国家实施西部大开发战略的重要标志性工程之一。1998年3月经国务院同意、国家计委批准立项,2001年9月通过国家计委开工报告的审查,10月初开工,2002年10月大江截流,2005年10月第一台机组发电,2006年全部机组建成投入使用,总工期为6年。主要建筑物包括:一座主坝和2座副坝,主坝为全断面碾压混凝土重力坝,主坝最大坝高130米,坝顶长720米,坝顶宽10米,坝顶高程234米;2座副坝位于主坝左侧约5千米处,分别为坝高39米的银屯土石坝和坝高26米的香屯均质土坝;一个装机容量达54万千瓦(4台机组)的地下发电厂房系统;通航建筑物采用远离主坝的2×300吨两级垂直升船机方案。水库面积136平方千米,总库容56.6亿立方米,其中防洪库容16.4亿立方米,有效库容26.2亿立方米,属不完全多年调节水库。坝址以上集雨面积为19 600平方千米,多年平均流量263立方米/秒,年径流量为82.9亿立方米。总装机容量54万千瓦,安装4台单机容量分别为13.5万千瓦的水轮发电机组。电站年均利用小时数3130小时,多年平均发电量16.9亿千瓦时。该工程是一座以防洪为主,兼顾发电、灌溉、航运、供水等综合利用效益的大型水利枢纽。

江垭水利枢纽 位于湖南省张家界市境内的澧水支流娄水中游,大坝坝址在张家界市慈利县江垭镇上游1.5千米处,是国家"九五"重点工程项目,也是澧水流域重要的防洪骨干工程。1993年6月批准立项,1994年开始筹建,1994年12月30日提前1年实现大江截流,1995年7月2日主体工程正式开工,设计施工期为5年。1999年12月3台机组全部投产发电,2003年1月8日竣工。工程由大坝、通航建筑物、发电系统和灌溉取水系统等构成。大坝为全断面碾压混凝土重力坝,坝高128米,是目前世界上最高的碾压混凝土重力坝,坝顶长度327米,大坝混凝土总量130万立方米,大坝中部设中孔和表孔联合泄洪。坝址控制流域面积3711平方千米,水库总库容17.41亿立方米,其中防洪库容7.40亿立方米。发电系统由3条引水隧洞、地下厂房和尾水洞组成,厂房内安装3台10万千瓦混流式机组、总装机容量30万千瓦,多年平均年发电量7.56亿千瓦时。该工程以防洪为主,兼有发电、灌溉、航运、供水、旅游等综合效益。

万家寨水利枢纽 位于黄河北干流托克托至龙门峡谷河段,左岸隶属山西省偏关县,右岸隶属内蒙古自治区准格尔旗。主要水工建筑物设计洪水标准为1000年一遇洪水,洪峰流量16 500立方米/秒;校核洪水标准为10 000年一遇洪水,洪峰流量21 200立方米/秒。平均年输沙量1.49亿吨。最大坝高105米,坝顶长443米。泄洪排沙建筑物布置在河床左侧,最大泄洪能力21 100立方米/秒。控制流域面积39.5万平方千米,总容量8.96亿立方米,调节库容4.45亿立方米。每年向内蒙古和山西供水14亿立方米。电站装机108万千瓦,年发电27.5亿千瓦时。工程于1993年立项,1994年底主体工程开工,1995年12月截流,1998年10月1日蓄水,1998年11月28日首台机组发电,2000年全部机组发电。是一座以供水、发电为主,兼有防洪、防凌等效益的大型水利枢纽。

隔河岩水利枢纽 位于长阳县城上游9千米,是湖北省清江干流第1期开发工程。工程于1987年1月开工,当年12月截流,1993年7月1日第1台机组发电,1996年11月26日4台机组全部发电,即标志着除升船机外的工程全部完工。主要建筑物由混凝土重力拱坝、坝身泄洪表孔、深孔、引水式电站及124米高升程300吨级垂直升船机、关家冲副坝组成。主坝最大坝高151米,正常蓄水位200米,水库总库容34.4亿立方米,有效库容19.75亿立方米,为年调节水库。电站总装机容量121.2万千瓦,年发电量30.4亿千瓦时;垂直升船机年双向通过能力340万吨。隔河岩水利枢纽的兴建,能有效拦截上游洪水,对长江防洪起到巨大作用;电站有效减少了火力发电所造成的环境污染问题;带动了地方经济的多元化发展,具有长远和显著的社会效益。

乌鲁瓦提水利枢纽 位于新疆维吾尔自治区南部的和田县境内,是一座具有灌溉、防洪、发电、生态保护等综合效益的大(2)型水利建设项目,是和田河西支流——喀拉喀什河流域的控制性骨干工程,国家"九五"重点建设项目。于1993年经国家计委审定立项,1994年7月在岸导流泄洪洞破土动工,1995年10月主体工程正式开工,1997年9月截流成功,1999年底第1台机组发电,2003年1月10日~13日通过了初步验收。工程由混凝土面板堆石(砂砾石坝料)主坝及副坝、右岸开敞式岸边溢洪道、泄洪排沙洞(由导流洞改建而成)、左岸冲沙洞、发电引水系统(包括发电引水隧洞、压力竖井、钢岔管)、主副厂房、110千伏户内式开关站等建筑物组成。拦河建筑物为混凝土面板砂砾堆石坝,最大坝高138米,是中国已建、在建同类坝中的第一高坝。坝址控制流域面积19 983平方千米,总库容3.47亿立方米,兴利库容2.24亿立方米,电站装机容量6万千瓦,多年平均年发电量1.97亿千瓦时。工程可将喀拉喀什河50年一遇洪峰削减至890立方米/秒,新增灌溉面积4.6万公顷,改善灌溉面积7.53万公顷,并可使下游2个径流式电站——喀拉格尔及排孜瓦提电站年增加有效电量0.45亿千瓦时。通过水库的调节,可确保向塔里木河干流供水10.57亿立方米。工程建成投产后,为新疆和田地区摆脱贫困面貌发挥巨大的作用。

满拉水利枢纽 位于西藏自治区日喀则地区江孜县龙马乡境内的年楚河上,坝址距下游的日喀则市113千米。1995年8月正式开工,1996年11月20日实现工程截流,1997年8月全线贯通引水隧洞,1999年10月23日工程一次下闸蓄水,1999年12月18日第1台机组正式并网发电,2001年8月竣工。挡水坝为粘土心墙堆石坝,坝长287米,坝高76.3米,坝顶宽10米,有"西藏第一坝"之称。坝址以上流域面积2757平方千米,多年平均年径流量4.83亿立方米,多年平均流量15.3立方米/秒,工程控制流域面积2757平方千米。流域内冰川发育,冰川覆盖面积约130平方千米。水库设计总库容量1.57亿立方米,水库正常蓄水位4256米,死水位4235.0米,相应库容1.32亿立方米。调节库容0.83亿立方米,死库容0.49亿立方米。坝址处多年平均流量为15.1立方米/秒,百年一遇洪峰流量为393立方米/秒,2000年一遇洪峰流量为644立方米/秒。电站装机4台,总装机容量为2万千瓦,年发电量0.61亿千瓦时。以灌溉、发电为主,兼有防洪、旅游等综合效益。是"一江两河"地区综合开发的骨干工程。

紫平铺水利枢纽 位于中国四川省都江堰市麻溪乡,岷江上游干流处。为西部大开发十大工程之一,被列入四川省一号工程。工程于1950年代开始筹建,因其坝基在紫坪铺镇(前称白沙)紫坪村而得名。于2001年3月29日动工,2002年11月截流,2004年12月1日蓄水,2005年5月第1台机组发电,2006年12月竣工。坝顶高程884米,最大坝高156米,坝顶长度663.77米,坝顶宽12米,正常蓄水位877米。坝址以上流域面积22 662平方千米,坝址以上多年平均流量469立方米/秒,坝址以上年径流量总量148亿立方米。相应库容9.98亿立方米,汛期限制水位850米,总库容11.12亿立方米,调节库容7.74亿立方米,调洪库容5.38亿立方米,防洪库容1.66亿立方米,库区面积18.16平方千米,电站尾水长26.5千米,校核洪水位883.1米,1000年一遇洪峰流量12 700立方米/秒。4台19万千瓦机组,总装机76万千瓦,多年平均发电量34.17亿千瓦时。是以灌溉、城市供水为主,兼顾防洪、发电、环保用水、旅游等综合效益的水利工程。

沙坡头水利枢纽 位于黄河干流宁夏中卫市境内,为西部大开发新开工建设的十大工程之一,这是宁夏回族自治区"十五"期间开工建设并将建成发挥效益的一项重点水利工程。1999年9月国务院正式批准立项,2000年12月开工,2001年11月25日顺利实现截流,2004年3月下闸蓄水,2005年5月主体工程全部完工。规模为大(2)型,枢纽工程泄洪闸及河床电站等主要建筑物按3级建筑物设计,设计洪水标准为50年一遇,校核洪水为500年一遇。总控制灌溉面积9万公顷,总库容2600万立方米,总装机12.04万千瓦,年发电6亿千瓦时。最大坝高37.8米,坝顶长867.65米,坝顶高程1242.6米。河床电站安装4台灯泡贯流式水轮机组,泄洪闸设计泄洪流量6550立方米/秒。枢纽的建成,结束了卫宁灌区2000多年来无坝引水的历史,有效提高灌溉保证率,对合理利用黄河水资源和水能资源、促进宁夏社会经济发展具有重大积极意义。

王浦洲水利枢纽 位于湖北省老河口市境内汉江干流上,上距丹江口水利枢纽约30千米,是汉江中下游衔接丹江口水利枢纽的第1个发电航运梯级。整个工程由混凝土重力坝、土石坝、泄水闸、电站厂房、300吨级船闸等建筑物组成。建筑物布置在汉江弯道分叉形成的江心洲的左侧首、尾端部,泄水闸、土石坝布置于新老河道分叉首端,泄流入主河道,电站厂房、船闸等布置于左侧老河道末端。其首尾建筑物相距约6千米,用围堤相连。混凝土重力坝长64.4米,最大坝高33.9米;土石坝及围堤全长17.3千米;电站形式为河床式,总装机容量为10.9万千瓦,为4台单机容量2.725万千瓦的贯流式灯泡水轮机组,多年平均年发电量5.81亿千瓦时,总库容3.095亿立方米。以发电为主,兼有航运、灌溉、养殖、旅游等综合效益。

西霞院水利枢纽 是黄河小浪底水利枢纽的配套工程,位于小浪底坝址下游16千米处的黄河干流上,坝址左、右岸分别为洛阳市的吉利区和孟津县。从1993年开始西霞院反调节水库可行性研究工作,2004年1月开工,2006年11月截流,2007年5月下闸蓄水,2007年6月首台机组并网发电,2008年1月4台机组全部并网发电,2011年3月2日通过竣工验收。工程规模为大(2)型,属Ⅱ等工程,坝轴线全长3122米,是黄河上最长的大坝。设有4台水轮发电机组,总装机容量14万千瓦,设计年发电量5.83亿千瓦时。水库可以为下游增加灌溉面积3.58万公顷,每年可向附近城镇供水1亿多立方米。以反调节为主,结合发电,兼顾灌溉、供水等综合利用。利用有效库容进行反调节运用,将不稳定水流变成稳定水流下泄,既保证了水流的稳定,又保证了黄河河道不断流,消除了小浪底水电站调峰对下游河道的不利影响,对生态、环境保护和工农业生产用水发挥了重要作用。

珊溪水利枢纽 位于浙江省温州市境内飞云江干流中游河段,由珊溪水电站和赵山渡引水工程2部分组成,具有供水、发电、灌溉、防洪等综合效益。1997年列入国家基本建设项目,主体工程1997年9月23日正式开工,同年11月1日实现大江截流,2000年6月28日首台机组发电,2001年12月31日全部工程完工。珊溪水电站坝址位于文成县珊溪镇,距文成县城28千米,距温州市117千米。赵山渡引水工程渠首位于瑞安县龙湖镇,距温州市82千米,距瑞安县城43千米,距上游珊溪水电站坝址35千米。枢纽由拦河坝、溢洪道、泄洪隧洞、引水系统、厂房等组成。主要建筑物按500年一遇洪水设计,可能最大洪水(PMF)校核。拦河坝为钢筋混凝土面板堆石坝,最大坝高130.8米,坝顶长度448米。溢洪道为岸边开敞式,位于左坝头,设有5孔溢流堰,泄洪隧洞布置在左岸,为无压城门形洞,洞长308米。引水系统和发电厂房位于右岸,引水系统采用一洞二机,2条隧洞直径为7米,高压管道直径为4米,厂房为地面引水式,安装4台单机容量5万千瓦的混流式水轮发电机组。水库坝址以上控制流域面积1529平方千米,正常蓄水位为142米,总库容18.24亿立方米,调节库容6.96亿立方米,防洪库容2.12亿立方米,水电站装机容量为20万千瓦,年发电量3.55亿千瓦时。下游赵山渡引水工程由泄洪闸、电站厂房、左右岸重力坝和渠首进水闸等组成。主要建筑物按百年一遇洪水设计,千年一遇洪水校核。泄洪闸位于主河床,最大闸高为29米,闸顶长367.4米(含重力坝和河床式厂房),设有17个闸孔。厂房为河床式挡水建筑物,位于右岸河滩,安装2台单机容量1万千瓦的灯泡贯流式水轮发电机组。渠首进水闸位于引水枢纽左岸上游山沟内的总干渠输水隧洞进口处。闸址以上流域面积2302平方千米,反调节水库的正常蓄水位为22米,汛期限制水位21.5米,总库容3414万立方米,有效调节库容427万立方米,水电站装机容量为2万千瓦,年发电量0.514亿千瓦时。输水干渠长度62.84千米,输水流量36立方米/秒。主体工程于1997年7月开工,1999年10月主河道截流。

皂市水利枢纽 位于洞庭湖水系澧水流域的1级支流溇水上,坝址下游距湖南省石门县城19千米。是澧水流域规划中溇水支流梯级开发的最下游一个梯级。2004年2月主体工程开工,同年9月截流,2007年10月下闸蓄水,2008年4月首台机组并网发电,2010年底完工。由碾压混凝土重力坝泄洪消能建筑物、右岸坝后式电站厂房、左右灌溉渠首、右岸斜面升船机(预留)等建筑物组成。坝址控制流域面积3000平方千米,占溇水总流域面积的93.7%。水库正常蓄水位140米,总库容14.4亿立方米,防洪库容7.83亿立方;坝型为碾压混凝土重力坝,坝轴线长351米,坝顶高程148米,最大坝高88米。电站装机容量12万千瓦,年发电量3.33亿千瓦时;灌区灌溉面积3600公顷,灌流设计引用流量4.15立方米/秒,渠首高程115米;斜面升船机(预留)通航能力为50吨。枢纽属1等工程,以防洪为主,兼顾发电、灌溉、航运等综合利用。皂市水库与江垭水库(已建)、宜冲桥水库(拟建)联合调度,以配合澧水流域整体防洪,使石门以下松澧地区防洪标准近期提高到20年一遇,远景达到50年一遇,石门以上地区防洪标准达到50年一遇。

黑泉水利枢纽 位于青海省大通县境内的湟水河支流北川河上游宝库河上,距西宁市75千米,以灌溉、城市及工业供水为主,兼顾防洪和发电。1996年9月12日开工建设,1997年8月30日截流,2001年9月主体工程建成并下闸蓄水。工程由拦河坝、溢洪道、灌溉发电引水系统、供水引水口等组成。拦河坝为混凝土面板砂砾石坝,布置于河床;右岸为开敞式溢洪道和导流隧洞;左岸为灌溉发电隧洞和电站厂房;供水引水口在坝下游约15千米。坝顶高程2894.5米,最大坝高

123.5米,坝顶长438米。坝址处控制流域面积1044平方千米,多年平均流量10.1立方米/秒,多年平均年径流量3.2亿立方米。水库正常蓄水位2887.25米,库容1.72亿立方米。水电站位于坝下游左岸,共安装3台机组,总装机容量12万千瓦,多年平均年发电量0.54亿千瓦时。建成后可扩大灌溉面积2.2万公顷,改善灌溉面积2万公顷;城市及工业供水量每年1.35亿立方米。主要建筑物设计洪水标准为500年一遇洪水,洪峰流量629立方米/秒,校核洪水标准为5000年一遇洪水,洪峰流量986立方米/秒。

金盆水利枢纽 位于中国陕西省西安市周至县境内的渭河支流黑河下游峪口以上1.5千米,距西安市约86千米。1996年开工,1998年10月截流,2003年竣工。由拦河坝、泄洪洞、引水洞、溢洪洞、坝后式电站及副坝等建筑物组成。拦河坝为黏土心墙砂砾石坝,最大坝高128.9米,坝顶高程600米,坝顶宽度11米。坝址控制流域面积1481平方千米,多年平均年径流量6.67亿立方米,水库总库容2亿立方米,水库年调节水量4.28亿立方米,其中为西安市供水3.05亿立方米,日平均供水76万立方米,为农业供水1.23亿立方米,灌溉农田2.47万公顷;坝后式电站装机2万千瓦,年发电量7308万千瓦时。主要水工建筑物设计洪水标准为500年一遇洪水;洪峰流量5100立方米/秒。工程以向西安市供水为主,兼有农田灌溉、发电、防洪等综合效益。

丹江口水利枢纽 丹江口水利枢纽位于中国湖北省丹江口市、汉江与丹江汇口以下800米处,是20世纪60年代中国最壮观的水利工程,也是汉江上最大的水利枢纽工程。1958年9月1日破土动工。1968年10月1日第1台机组发电,1973年竣工。由拦河大坝、水力发电厂、升船机及湖北、河南2座灌溉引水渠等4个部分组成。拦河大坝长近2.5千米,坝高162米,全长2494米,正常蓄水位157米,正常库容最大蓄水量209亿立方米。电站装机总容量90万千瓦,单机6台,年均发电量40万千瓦时,电站承担了华中电网43%的调峰、调频任务,保证华中电网的运行安全。丹江口水利枢纽是由中国自行勘测、自行设计、自行施工建造的一座具有防洪、发电、灌溉、航运、养殖等综合效益的大型水利工程,多年平均可向华北调水145亿立方米以上。

潘家口水利枢纽 位于中国河北省迁西县滦河干流上的大型骨干水利枢纽,引滦工程的总水源,中国第一座大型混合式抽水蓄能电站。一期工程1975年开工,1981年第1台机组发电,1984年竣工建成;二期工程1984年5月开工,1989年底下闸蓄水,1993年初3台蓄能机组正式并网发电,1993年12月通过竣工验收。主要建筑物有混凝土宽缝重力坝、坝后式厂房、副坝及下池等。主坝最大坝高107.5米,坝顶长1040米。泄洪建筑物布置在河床中部,溢流坝设18个表孔,另设4个4米×6米深式泄水孔,也装有弧形闸门;下游均为挑流消能。设计最大上泄量56 200立方米/秒。坝下右侧为坝后式电站厂房,装机4台,其中1台为15万千瓦混流式水轮发电机组,3台为9万千瓦混流式变极双转速抽水蓄能机组,总装机42万千瓦,发电送京津唐电网。坝址控制流域面积33 700平方千米,水库总库容29.3亿立方米。主坝下游6千米处建混凝坝,高28.8米,长1098米,形成有效库容1000万立方米的下池,坝上设20孔泄洪闸,其右侧为无闸门控制的溢流坝,长319米;左岸为河床式水电站,装2台贯流式机组,共10 000千瓦。主要任务是供水、发电,兼顾防洪。平均每年可调节水19.5亿立方米送往天津、唐山,解决两地的工农业和城市用水,并可减轻密云水库的供水压力;将有效控制洪水灾害,保证下游京山铁路滦河大桥的安全。

三门峡水利枢纽 位于黄河中游下段的河南省三门峡市区东北部,连接豫、晋2省。1957年4月13日开工,1961年4月建成,是中国在黄河干流兴建的第1座大型水利枢纽工程,被誉为"万里黄河第一坝"。建筑物包括混凝土重力坝、斜丁坝、表孔、底空、泄洪排沙钢管、电站厂房等。主坝为混凝土重力坝,全长713.2米,最大坝高106米,坝顶高程353米,水库总库容162亿立方米。控制流域面积68.84万平方千米,占流域总面积的91.5%,控制黄河来水量的89%和来沙量的98%。电站厂房为坝后式,安装8台发电机组,现有装机40万千瓦,年发电能力可达14亿千瓦时。由于泥沙冲积及修建中的问题,1965年又逐步对工程进行改建,使其能正常发挥效益。三门峡水利枢纽工程是发电、灌溉、防洪综合工程,它为河南、河北、山西3省提供了丰富的电力,为河南提供了灌溉的水源,对河南、山东的防洪起了重大作用。

万安水利枢纽 位于赣江中游江西省万安县城以上2千米。1960年5月开工,1961年末停工,1981年复工,1989年11月截流,1990年9月第1台机组发电,1994年底工程竣工。由左岸非溢流坝段、表孔溢流坝段、底孔泄流坝段、河床式厂房坝段、右岸非溢流坝段、船闸、土坝及左右岸灌溉渠首等组成。坝址控制流域面积36 900平方千米,占赣江全流域面积的44%。规模设计蓄水位100米,水库总库容22.16亿立方米,初期运用蓄水位为96米。装机容量50万千瓦,年均发电量18亿千瓦时。以发电为主,同时还承担赣江中下游的防洪任务,以及航运、灌溉、水库养殖等任务,是综合效益比较显著的大型水利水电工程,也是目前江西省最大的水电站。

大源渡航电枢纽 位于湖南省衡山县湘江干流,距衡阳市62千米,是湘江衡阳至城陵矶439千米千吨级航道的第一个以电养航的航电枢纽工程,"九五"期间国家重点工程。渠化航道62千米,改善航道120千米。1995年12月动工兴建,1998年12月底第1台机组并网发电、船闸正式通航,2000年5月全部建成。由混凝土闸坝、河床式厂房、船闸及土质副坝组成,总长度为1516米。最大坝高32.5米,闸坝总长533米,共设23孔,布置于河床内。坝址控制流域面积5.32万平方千米,多年平均径流量441亿立方米,多年平均流量1400立方米/秒,多年平均输沙量656万吨。水库正常蓄水位50米,正常蓄水位以下库容为4.51亿立方米,闸坝设计洪水标准为50年一遇,洪峰流量21 700立方米/秒。安装4台3万千瓦灯泡贯流式水轮发电机组,总装机容量12万千瓦,年均发电量5.85亿千瓦时。标志着中国在内河航运发展中实施的"航电结合、以电促航"的滚动发展战略取得了巨大成功。

尼尔基水利枢纽 位于黑龙江省与内蒙古自治区交界的嫩江干流上,距下游工业重镇齐齐哈尔市约189千米。是1994年国务院批准的《松花江辽河流域水资源综合开发利用规划》中推荐的一期工程,国家"十五"计划重点项目,国家实施"西部大开发战略"标志性工程之一。2001年6月1日开始施工,11月8日实现一期截流,2004年9月15日实现二期截流,2005年9月11日下闸蓄水,2006年7月16日首台机组并网发电,2006年12月底主体工程全部完工。主要由主坝、副坝、溢洪道、水电站厂房及灌溉输水洞(管)等建筑物组成。工程等别为一等工程,主要建筑物为Ⅰ级,地震设防烈度为Ⅶ度。大坝总长7265.553米,最大坝高40.55米,坝顶高程221.00米。正常运用洪水标准为1000年一遇(15 000立方米/秒),非常运用洪水标准为可能最大洪水(24 900立方米/秒),正常蓄水位216.00米,校核洪水位219.90米,设计洪水位218.15米,防洪高水位218.15米,汛期限制水位213.37米,死水位195.00米,水库总库容86.1亿立方米,其中防洪库容23.68亿立方米,兴利库容59.68亿立方米,总装机为25万千瓦,多年平均发电量6.387亿千瓦时。以防洪、城镇生活和工农业供水为主,结合发电,兼有改善下游航运和水环境,并为松辽地区水资源的优化配置创造条件的大型控制性工程。

青铜峡水利枢纽 是一座以灌溉为主,结合发电、防凌等综合利用的枢纽工程。位于宁夏回族自治区黄河中游的青铜峡峡谷出口,下距银川约80千米,有包兰铁路从左岸通过,对外交通方便。宁夏引黄灌溉已有2000多年历史,著名汉渠、秦渠、唐徕渠、汉廷渠、惠农渠均由青铜峡引水,素有"天下黄河富宁夏"的美誉。过去由于自由引水,受自然条件约束,需大量岁修。枢纽建成后,控制调节自如,可满足灌溉引水,使灌溉面积由10万公顷扩大至40万公顷,对农业发展起了重大作用。电站装机容量27.2万千瓦,承担宁夏电网50%以上的负荷,为宁夏地区的工农业发展创造了有利条件。青铜峡水利枢纽,是开发黄河水力资源的第1期工程之一,是低水头发电站,为日调节水库,水库设计库容5.65亿立方米,平均年输沙72.22万吨,由于泥沙淤积,1981年实测库容仅0.56亿立方米。枢纽建筑物总长666.75米。基础为奥陶系灰页岩及砂岩互层,构造复杂,节理裂隙发育,从而进行了大量的基础处理工作。主要建筑物有东、西2座引水量分别为110立方米/秒及400立方米/秒灌溉渠首,混凝土重力式溢流坝,最大坝高42.7米,溢流段位于河床中部,全长98米,采用面流消能。厂房布置在溢流坝闸墩内,安装7台3.6万千瓦及1台2万千瓦的转浆式水轮机组。2台机组段均有2个泄水、排砂底孔,均匀排泄泥沙。闸墩式电站是我国独具一格的电站。该工程1958年8月开工,1960年2月截流,采用了古老传统的草土围堰,同时灌渠开始发挥效益。1967年第1台机组发电,1978年全面竣工。混凝土总量68万立方米,采用门机—栈桥方式运输、浇筑。为降低水泥单耗,个别部位使用了低流态混凝土。工程总投资2.51亿元,单位千瓦投资923元。

溪洛渡水电站 位于四川省雷波县和云南省永善县接壤的金沙江峡谷段,是一座以发电为主,兼有拦沙、防洪和改善下游航运等综合效益的大型水电站,可将下游沿江城市防洪标准提高到百年一遇。溪洛渡水电站工程于2003年底开始筹建,2005年底开工,2007年实现截流。溪洛渡水电站枢纽由拦河坝、泄洪、引水、发电等建筑物组成。拦河坝为混凝土双曲拱坝,坝顶高程610米,最大坝高285.5米,坝顶弧长698.07米;左、右两岸布置地下厂房,各安装9台水轮发电机组,电站总装机1386万千瓦,仅次于三峡电站和伊泰普电站。多年平均发电量571.2亿千瓦时。溪洛渡水库正常蓄水位600米,死水位540米,水库总库容128亿立方米,防洪库容46.5亿立方米,调节库容64.6亿立方米,可进行不完全年调节。水库长约200千米,平均宽度约700米。2013年7月15日,首台机组右岸13号机组成功并入南方电网。2014年6月30日,中国第2大水电工程——溪洛渡水电站18台单机77万千瓦机组全部投产。作为金沙江下游梯级电站中的第1个开工建设项目,溪洛渡水电站建成标志着金沙江这条流淌着巨大能源和财富的河流被打开水电开发的大门。溪洛渡工程是长江防洪体系的重要组成部分,是解决川江防洪问题的主要工程措施之一;通过水库合理调度,可使三峡库区入库含沙量比天然状态减少34%以上;由于水库对径流的调节作用,将直接改善下游航运条件,水库区亦可实现部分通航。

白鹤滩水电站 位于云南省巧家县与四川省凉山彝族自治州宁南县交界的金沙江峡谷,距离巧家县城45千米。地下厂房装有16台75万千瓦的混流式机组,总装机容量1200万千瓦,年发电量515亿千瓦时,保证出力355万千瓦。在上游虎跳峡龙头水库建成后,可扩机至1500万千瓦,年发电量568.7亿千瓦时,保证出力492.6万千瓦。拦河坝型为混凝土双曲拱坝,坝顶海拔827米,蓄水位海拔820米,总库容205.10亿立方米,调节库容104.36亿立方米,防洪库容58.38亿立方米。白鹤滩水电站以发电为主,兼顾防洪、拦沙、改善下游航运,工程静态投资479.66亿元,是实现"西电东送"重要项目之一。2010年6月,白鹤滩专项勘测试验项目正式开工,左岸导流隧洞工程于2012年4月15日开工,引水隧洞采用单机单洞竖井式布置,尾水系统采用2机共用一条尾水隧洞的布置形式,左右岸各布置4条尾水隧洞,其中左岸结合3条、右岸结合2条导流洞布置。电站坝址处控制流域面积43.0308万平方千米,多年平均来水量4140立方米/秒。工程2013年底导流洞具备过流条件、预计2014年正式截流,2020年4月开始蓄水,6月份第1批机组正式发电。整个工程将在2022年正式竣工。

乌东德水电站 位于四川会东县和云南禄劝县交界的金沙江河道上,是金沙江水电基地下游河段4大世界级巨型水电站——乌东德水电站、白鹤滩水电站、溪洛渡水电站和向家坝水电站的第一梯级,上距观音岩水电站253千米,下距白鹤滩水电站180千米。控制流域面积40.61万平方千米,占金沙江流域面积的86%;多年平均流量3810立方米/秒,径流量1200亿立方米。乌东德水库初设蓄水位975米,总库容76亿立方米,调节库容26亿立方米,防洪库容14.5亿立方米。乌东德水电站枢纽工程为Ⅰ等大(1)型工程,枢纽工程主体建筑物由挡水建筑物、泄水建筑物、引水发电建筑物等组成。挡水建筑物为混凝土双曲拱坝,坝顶高程988米,最大坝高270米;泄洪采用坝身泄洪为主,岸边泄洪洞为辅的方式。电站厂房布置于左右两岸山体中,均靠河床侧布置,各安装6台单机容量为85万千瓦的混流式水轮发电机组,总装机容量1020万千瓦,多年平均年发电量约387亿千瓦时。2012年正式开工建设,2014年工程截流,2020年投产发电。建成后融发电、防洪、航运和拦沙等功能为一体,对川、滇两省经济社会发展和"西电东送"具有重要战略意义。

向家坝水电站 位于云南省水富县(右岸)和四川省宜宾县(左岸)境内金沙江下游,是金沙江水电基地最后一级水电站。上距溪洛渡水电站坝址157千米,电站拦河大坝为混凝土重力坝,坝顶高程384米,最大坝高162米,坝顶长度909.26米。坝址控制流域面积45.88万平方千米,占金沙江流域面积的97%,多年平均径流量3810立方米/秒。水库总库容51.63亿立方米,调节库容9亿立方米,回水长度156.6千米。电站装机容量600万千瓦,保证出电200.9万千瓦,多年平均发电量307.47亿千瓦时。总投资约542亿元。左右岸分别安装4台75万千瓦机组。向家坝电站枢纽工程由混凝土重力坝、右岸地下厂房及左岸坝后厂房、通航建筑物和两岸灌溉取水口组成。左岸布置一级垂直升船机,最大提升高度为114.20米,可以通过2×500吨一顶两驳船队,设计单向年过坝货运量254万吨。两岸非溢流坝段、左岸坝后厂房、左岸升船机、河中溢流坝段、右岸地下厂房、两岸灌溉取水口共7个部分。水库面积95.6平方千米,水库为峡谷型水库。正常蓄水位380米(现在水位约为270米),死水位(供水期末发电消落水位)370米。2012年10月10日向家坝水电站正式下闸蓄水,这标志着向家坝电站首台机组即将迎来投产发电。2012年11月5日,向家坝首台机组(7号机组)正式投产发电,2013年5月31日,向家坝右岸4台机组(5,6,7,8)全部投产发电,2014年7月7日,中国第3大水电工程——向家坝水电站8台单机80万千瓦机组全部投产。

糯扎渡水电站 位于澜沧江下游普洱市思茅区和澜沧县交界处,是澜沧江下游水电核心工程。电站枢纽由心墙堆石坝、左岸溢洪道、左岸引水发电系统等组成。糯扎渡水库正常蓄水位812米,心墙堆石坝最大坝高261.5米,居同类坝型世界第3,总库容237.03亿立方米,调节库容113.35亿立方米,相当于11个滇池的蓄水量。具有多年调节能力。电站安装9台65万千瓦机组,总装机容量585万千瓦,保证出力为240万千瓦,多年平均发电量239.12亿千瓦时。坝址以上流域面积14.47万平方千米,电站总投资312亿元。糯扎渡电站工程建设设计技术指标高、地质条件复杂,根据规划,其大坝、溢洪道、地下厂房等多项技术指标均名列国内外前茅,掺砾黏土直心墙堆石坝高在同坝型中属亚洲第1、世界第3;地下厂房是目前国内规模较大的地下厂房之一;开敞式溢洪道规模亚洲第1,泄洪功率和流速居世界第1。糯扎渡水电站首台机组(65万千瓦)2012年9月6日投产发电,2014年6月26日,中国第4大水电工程——糯扎渡水电站9台单机65万千瓦机组全部投产。作为云南省最大水电站,投产后也将成为"云电外送"的主力军。

龙滩水电站 位于红水河上游的广西天峨县境内,距天峨县城15千米。坝址以上流域面积9.85万平方千米,占红水河流域面积的71%,电站具有较好的调节性能,发电、防洪、航运等综合利用效益显著,经济技术指标优越。龙滩水电站计划分2期开发,主体工程之一的拦河重力坝也将分2期施工:初期建设时,正常蓄水位375米,坝顶高程382米,最大坝高192米,坝顶长735.5米,后期正常蓄水位400米,坝顶高程406.5米,最大坝高216.5米,坝顶长830.5米。初期装机420万千瓦(60万千瓦×7台),坝体混凝土532.2万立方米,总库容162亿立方米,年发电156.7亿千瓦时;后期装机540万千瓦(60万千瓦×9台),坝体混凝土浇筑量约680万立方米,总库容273亿立方米,年发电量187.1亿千瓦时。枢纽布置方案为:常态混凝土重力坝、河床坝段布置泄水建筑物;发电厂房为河床坝后厂房(装机5台)、左岸地下厂房(装机4台);通航建筑物布置于右岸。龙滩水电站一期建设工期9年,2001年7月1日龙滩主体工程正式开工,2003年11月实现截流;2006年11月下旬蓄水,2007年7月1日第一台机组发电;2009年12月7台机组全部投产。

锦屏一级水电站 位于四川省凉山彝族自治州盐源县和木里县境内,是雅砻江干流下游河段(卡拉至江口河段)的控制性水库梯级电站。锦屏一级水电站于2005年9月获国家核准并于11月12日正式开工,2006年12月4日提前2年成功实现大江截流,2009年10月23日开始大坝浇筑,主体工程建设已全面展开。锦屏一级水电站坝址以上流域面积10.3万平方千米,占雅砻江流域面积75.4%。坝址处多年平均流量为1220立方米/秒,多年平均年径流量385亿立方米。锦屏一级水电站规模巨大,主要任务是发电。电站总装机容量360万千瓦(60万千瓦×6台),枯水年枯期平均出力108.6万千瓦,多年平均年发电量166.2亿千瓦时。水库正常蓄水位1880米,死水位1800米,总库容77.6亿立方米,调节库容49.1亿立方米,属年调节水库。枢纽建筑由挡水、泄水及消能、引水发电等永久建筑物组成,其中混凝土双曲拱坝坝高305米,为世界第1高双曲拱坝。建设总工期9年3个月,工程静态总投资182.9亿元。2013年8月30日,首批2台60万千瓦的机组投产发电。2014年7月12日,中国第9大水电工程——锦屏一级水电站6台单机60万千瓦机组全部投产。

锦屏二级水电站 位于四川省凉山彝族自治州木里、盐源、冕宁3县交界处的雅砻江干流锦屏大河湾上,系雅砻江卡拉至江口河段5级开发的第2座梯级电站。锦屏二级水电站利用雅砻江150千米锦屏大河湾的天然落差,截弯取直开挖隧洞引水发电。坝址位于锦屏一级下游7.5千米处,厂房位于大河湾东端的大水沟。水库正常蓄水位1646米,回水长度7.5千米,相应库容1401万立方米;水库死水位1640米,固定库容905万立方米,调节库容仅496万立方米。电站总装机480万千瓦(60万千瓦×8台),多年平均年发电量242.3亿千瓦时。首部设低闸,闸址以上流域面积10.3万平方千米,闸址处多年平均流量1220立方米/秒,本身具有日调节功能,与锦屏一级同步运行则同样具有年调节特性。锦屏二级水电站枢纽建筑主要由拦河低闸、泄水建筑、引水发电系统等组成,4条引水隧洞平均长约16.6千米,开挖洞径13米,为世界最大规模水工隧洞。工程建设总工期8年3个月,静态总投资249.8亿元。锦屏二级水电站于2007年1月30日正式开工,预计至2015年上半年完工。其中主体厂房枢纽工程于2013年6月30日结束。2011年6月6日,1号引水隧洞上台阶开挖全线贯通;2011年8月16日,2号引水隧洞上台阶开挖全线贯通;2011年8月28日施工排水洞全线贯通;2011年9月29日首台定子开始吊装施工。2012年12月30日上午10时,锦屏二级水电站首台机组顺利发电。2014年11月29日,中国第6大水电工程——锦屏二级水电站8台单机60万千瓦机组全部投产。至此,锦屏电站一二级全部建成,共装14台单机60万千瓦。

小湾水电站 位于云南省大理州南涧县与临沧市凤庆县交界的澜沧江中游河段,距昆明公路里程为455千米。是澜沧江中下游水电规划"两库八级"中的第2级,上游为功果桥水电站,下游为漫湾水电站。小湾水库是梯级电站的"龙头水库",总库容约150亿立方米,调节库容近100亿立方米,具多年调节能力。电站投产后设可改善澜沧江干流水电基地的调节性能,提高梯级电站保证电量的比例。小湾水电站装机容量420万千瓦,保证出力185.4万千瓦,年保证发电量190亿千瓦时,电站静态总投资223.31亿元,计划总投资277.31亿元。小湾电站于2002年1月20日正式开工,2010年8月6台机组全部投产。电站以发电为主兼有防洪、灌溉、拦沙及航运等综合利用的效益,这里坝址地形地质条件优越,适于修建高坝大库,坝高292米的小湾电站,具有多年调节水资源的能力,是所有中下游梯级电站中最高的一座,大坝由混凝土双曲拱坝,坝顶高程1245米,坝顶长922.74米,拱冠梁顶宽13米,底宽69.49米。引水发电系统布置在右岸,为地下厂房方案,由竖井式进水口、埋藏式压力管道、地下厂房(长326米×宽29.5米×高65.6米)、主变开关室(长257米×宽22米×高32米)、水调压室(长251米×宽19米×高69.17米)和2条尾水隧洞等建筑物组成。

拉西瓦水电站 是黄河上游的第2个梯级电站,位于青海省贵德县与贵南县交界的龙羊峡谷出口段,上距已建龙羊峡水电站32.8千米(河道距,下同),下距已建李家峡水电站73千米,距西宁市公路里程134千米,居下游贵德县城25千米。地理位置适中,交通便利。拉西瓦水电站设计正常蓄水位2452米,总库容10.56亿立方米,总装机容量420万千瓦,保证出力95.88万千瓦,多年平均年发电量102.33亿千瓦时,为黄河上规模最大的水电站。坝址区为花岗岩组成的"V"型河谷,枢纽建筑物为双曲拱坝、坝身泄水、全地下厂房方案,设计最大坝高250米,主厂房洞室长342米,宽31.5米,高74.16米,安装6台单机为70万千瓦的机组。主体工程所需的混凝土为414万立方米。拉西瓦水电站通过西北电网750千伏网架联入西北电网。电站主要承担西北电网的调峰和事故备用,是"西电东送"北通道的重要骨干电源点,也是实现西北水火电"打捆"送往华北电网的战略性工程。电站于2004年年初实现河床截流,9月开始坝肩开挖,2008年10月大坝浇筑到2390米高程。2009年4月15日首批发电机组顺利发电,5月18日前2台发电机组顺利发电。2011年11月18日通过验收,标志着工程全部建成。主要建筑物防洪标准按5000年一遇洪水校核,1000年一遇洪水设计,相应流量分别为6310立方米/秒。工程规模为Ⅰ等大(1)型工程,主要建筑物:大坝、厂房、泄洪消能建筑物为1级,次要建筑物:消能区水垫塘下游护岸为3级;两岸高边坡防护为1级防护。拉西瓦水电站是黄河上的"五最"电站。规模最大;坝体最高(龙羊峡大坝高178米,被称为是万里黄河第一坝,而拉西瓦电站大坝比它还要高72米);单机容量和总装机容量最大;发电量最多;单位千瓦造价最低,是投资环境和经济效益良好的水电站。拉西瓦水电站是"西电东送"北通道的骨干电源点,也是实现西北水火电"打捆"送往华北电网的战略性工程。该电站的建设,将对西部大开发产生重要影响。2013年12月20日,拉西瓦水电站入选"中国美丽电厂"。

瀑布沟水电站 位于四川省雅安市汉源县和凉山彝族自治州甘洛县境内(交界),是大渡河流域水电开发的控制性水库之一,是一座以发电为主,兼有防洪、拦沙等综合效益的特大型水电枢纽工程。电站枢纽由碎石土心墙堆石坝、左岸地下厂房系统、左岸岸边开敞式溢洪道、左岸泄洪洞、右岸放空洞及尼日河引水工程等工程项目和建筑物组成。该电站大坝为砾石土心墙堆石坝，最大坝高186米，坝顶高程856米，坝体填筑量约为2300万立方米，为国内最高砾石土心墙堆石坝。该电站装设6台混流式机组，单机容量60万千瓦，总装机360万千瓦，多年平均发电量147.9亿千瓦时。水库正常蓄水位850米，总库容53.9亿立方米，其中调洪库容10.56亿立方米，调节库容38.82亿立方米，具有季调节能力。2004年3月31日工程开工，2005年11月22日工程截流成功，首台机组于2009年底发电，2010年12月26日最后一台机组投入运行。

二滩水电站 地处四川省西南边陲攀枝花市盐边与米易2县交界处的雅砻江下游，坝址距雅砻江与金沙江的交汇口33千米，距攀枝花市区46千米，系雅砻江水电基地梯级开发的第1个水电站，上游为官地水电站，下游为桐子林水电站。1991年9月开工，1998年7月第1台机组发电，2000年完工。水电站最大坝高240米，水库正常蓄水位1200米，总库容58亿立方米，调节库容33.7亿立方米，装机总容量330万千瓦，多年平均发电量170亿千瓦时。是中国在20世纪建成投产最大的电站。工程以发电为主，兼有其他等综合利用效益。

构皮滩水电站 位于贵州省余庆县境内乌江干流河段，是干流梯级电站第5级，距上游已建乌江渡水电站137千米，下邻思林水电站。电站控制流域面积4.325万平方千米，多年平均径流量226亿立方米。电站装机容量300万千瓦（60万千瓦×5台），年发电量96.67亿千瓦时，保证出力75.18万千瓦，是乌江上最大的水电站。水库正常蓄水位630米，库容55.64亿立方米，调节库容31.54亿立方米。在上游水库的调节下，水库可以起到多年调节作用。导流工程由左岸2条导流洞、右岸1条导流洞组成。坝型为混凝土双曲拱坝，坝顶高程640.5米，最大坝高232.5米，坝顶弧长557.11米。通航建筑物（预留）过坝船舶吨位300吨~500吨，年过坝能力290万吨。2001年11月开始施工准备，2003年12月正式开工。2004年实现大江截流，2009年首台机组发电，2011年完建。

两河口水电站 位于四川省甘孜州雅江县境内的雅砻江干流上，在雅江县城上游约25千米，电站主要为发电，同时具有蓄水蓄能、分担长江中下游防洪任务、改善长江航道枯水期航运条件的功能和作用。电站坝址位于雅砻江干流庆大河河口以下约1.8千米河段上，控制流域面积65 599平方千米，坝址处多年平均流量664立方米/秒，年径流量209亿立方米，水库正常蓄水位为2865米，相应库容101.54亿立方米，调节库容65.60亿立方米，具有多年调节能力，电站装机容量为300万千瓦（50万千瓦×6台），多年平均发电量110.62亿千瓦时。采用粘土心墙堆石坝，最大坝高293米，坝顶高程2873米，坝顶长度650米。两河口电站对于下游具有强大的补偿调节作用，初步估算可增加锦屏一级至桐子林5个电站枯期出力350万千瓦，增加枯期电量168亿千瓦时。两河口水电站水库两岸人烟稀少，大部分耕地分布在半高山地带，正常蓄水位2880米，平均每万千瓦迁移人口16人、淹没耕地26亩，在全国是罕见的，也是两河口电站建设最为有利的条件之一。

观音岩水电站 位于云南省华坪县与四川省攀枝花市的交界处的金沙江上，上游接鲁地拉水电站，下游距攀枝花市27千米。电站水库正常蓄水位1134米，库容约20.72亿立方米。装机容量300（60万千瓦×5台）万千瓦。单独运行时保证出力47.8万千瓦，年发电量122.40亿千瓦时，年利用小时4080小时；挡河大坝由左岸、河中碾压混凝土重力坝和右岸粘土心墙堆石坝组成为混合坝，坝顶总长1158米，其中混凝土坝部分长838.035米，心墙堆石坝部分长319.965米。混凝土坝部分坝顶高程为1139.00米，心墙堆石坝部分坝顶高程为1141.00米，2坝型间坝顶通过5%的坡相连。碾压混凝土重力坝部分最大坝高为159米，心墙堆石坝部分最大坝高71米。观音岩水电站为大(1)型工程,是以发电为主,兼顾防洪、供水、库区航运及旅游等综合利用效益的水电水利枢纽工程。总工期为92个月,主体工程于2008年底开工建设,2010年大江截流,2014年首台机组发电,2016年5台机组全部投产运营。

长河坝水电站 位于四川省甘孜藏族自治州康定县境内,为大渡河干流水电梯级开发的第10级电站,为大渡河梯级开发的骨干电站,一等大(1)型水电工程。枢纽建筑物主要由砾石土心墙坝、泄洪系统、引水发电系统组成。长河坝水电站安装4台65万千瓦混流式水轮发电机组,总装机容量260万千瓦,单独运行年均发电量108.3亿千瓦时,联合运行年均发电量111亿千瓦时。电站水库正常蓄水位1690米,电站水库总库容10.75亿立方米,调节库容4.15亿立方米,具有不完全年调节能力。长河坝采用砾石土心墙堆石坝,坝高240米,河床覆盖层深约80米,场区地震基本烈度为8度,大坝地震设防烈度为9度,大坝填筑量约3300万立方米。长河坝大坝集中超高心墙堆石坝、河床深厚覆盖层、高地震烈度、狭窄河谷四大难度于一体,坝体和基础的防渗处理设计、大坝抗震安全措施,均无成熟经验可借鉴,给设计、施工和运行带来挑战性难题,目前世界上尚无已建成同等规模的工程。长河坝水电站大坝工程,2010年12月1日开工,预计2016年首台机组发电,2018年4月30日竣工。

大岗山水电站 位于大渡河中游上段的四川省雅安市石棉县境内,为大渡河干流规划的第14个梯级电站。坝址距下游石棉县城约40千米,距上游泸定县城约75千米。水电站装机总容量260万千瓦,计划安装4台65万千瓦机组,年发电量114.5亿千瓦时。整体工程于2009年4月20日开工,2014年8月20日工程全部完工,总工期为64个月。大岗山水电站坝址控制流域面积62 727平方千米,占大渡河总流域面积81%。坝址处多年平均流量1010立方米/秒,年径流量318.5亿立方米。水库正常蓄水位为1130米,死水位1120米,汛期排沙运行水位1123米,总库容7.42亿立方米,调节库容1.17亿立方米,具有日调节能力。本工程的任务主要为发电。工程枢纽建筑物为混凝土双曲拱坝,最大坝高210米,由混凝土双曲拱坝、水垫塘、二道坝、右岸泄洪洞、左岸引水发电建筑物等组成。主要工程量包括土石方明挖511万立方米,混凝土浇筑382万立方米,钢筋制安3.6万吨、金属结构安装5180吨,固结灌浆17万米。

梨园水电站 位于云南省丽江市玉龙县与迪庆州香格里拉县交界的金沙江干流上,为金沙江中游河段"一库八级"水电开发方案中的第3个梯级。该工程属一等大(1)型工程,以发电为主,兼顾防洪、旅游等综合效益。电站装机容量240万千瓦(60万千瓦×4台),与上游龙盘水库联合运行时年发电量107.03亿千瓦时,联合运行保证出力为110.3万千瓦。枢纽主要由挡水、泄洪排沙、电站引水系统及坝后岸边厂房等组成。主要建筑物有:混凝土面板堆石坝、右岸溢洪道、左岸泄洪冲沙洞、左岸引水发电系统等。工程最大坝高155米,水库正常蓄水位1618米,死水位1602米,相应于正常蓄水位的库容为7.27亿立方米,有效库容2.09亿立方米,具有周调节能力,坝址控制流域面积22万平方千米,多年平均流量1430立方米/秒。梨园水电站水库正常蓄水位1618米时,回水长度约58千米。2007年9月开工建设,2014年下闸蓄水,2015年汛前机组发电,2016年完工。

金安桥水电站 位于云南省丽江市境内,距丽江市52千米,处于丽江到四川攀枝花市的交通要道上,交通便利,坝址左右两岸分属云南省丽江市古城区和永胜县,距古城区和永胜县城的公路里程均为52.5千米。该工程是金沙江中段"一库八级"水电开发方案中的第五级电站,枢纽工程由碾压混凝土重力坝、右岸溢洪道、左右岸坝身泄洪冲沙孔和坝后厂房等建筑物组成,右岸台地布置5孔开敞式溢洪道,其最大泄洪流量14980立方米/秒,坝后厂房安装4台单机容量60万千瓦水能发电机组。电站大坝坝顶最大宽26米,坝底最大宽度144.8米,共分21个坝段。工程施工导流采用围堰一次断流、右岸两条导流洞全年导流方式。水库正常蓄水位1418米,校核水位1421.07米,相应库容8.47亿立方米,具有周调节能力,控制流域面积237 357.6平方千米,最大坝高160米,坝顶长度为640米。电站运行时保证出力47.4万千瓦,年平均发电量110.43亿千瓦时,是"西电东送"战略目标的骨干电站之一。工程于2005年9月开工,2005年12月截流,2006年9月完成基础开挖,10月开始混凝土浇筑,2008年5月底坝体达到1352高程,2011年3月27日正式发电。

官地水电站 位于四川省凉山彝族自治州西昌市与盐源县交界的雅砻江干流河段上,是雅砻江干流卡拉至江口河段水电规划5级开发的第3个梯级电站。其上游有在建的锦屏一级水电站和锦屏二级水电站,下游有已建成的二滩水电站,距凉山州首府西昌市公路里程约63千米。官地水电站是雅砻江水电基地的主要电源点之一,电站主要供电川渝和华东。水库正常蓄水位1330米,总库容7.6亿立方米,水库回水长58千米,与上游水库联合运行,具有年调节性能。枢纽建筑由碾压混凝土重力坝、右岸地下厂房和泄洪消能建筑物等组成。官地水库坝址以上控制流域面积110 117平方千米,多年平均流量1430立方米/秒。拦河大坝为碾压混凝土重力坝,坝顶高程1334米,最大坝高168米。右岸地下厂房安装4台单机容量为60万千瓦的水能发电机组,总装机容量240万千瓦,多年平均发电量117.76亿千瓦时。2012年3月31日,雅砻江官地水电站首台60万千瓦机组并网发电。2013年3月28日,官地水电站最后一台机组顺利通过72小时连续带负荷试运行,正式并网发电。

鲁地拉水电站 位于云南省大理白族自治州宾川县和丽江市永胜县交界的金沙江中游干流河段上,上接龙开口(相距99千米),下邻观音岩(相距98千米)。坝址右岸属大理州宾川县,左岸属丽江市永胜县,坝址距昆明市公路里程415千米,距大理市公路里程128千米,距宾川县城公路里程91千米。鲁地拉水电站2007年初开工筹建、于2009年1月截流,2013年6月28日,鲁地拉水电站1号机组首次开机并网发电。工程以发电为主,同时兼有水土保持、库区航运和旅游等综合利用功能。电站正常蓄水位1223米,总库容17.18亿立方米,装有6台36万千瓦机组,总装机容量216万千瓦,多年平均发电量99.57亿千瓦时,属Ⅰ等大(1)型工程。工程枢纽建筑物主要由碾压混凝土重力坝、河床溢流表孔和底孔、引水隧洞、右岸地下厂房和开关站等建筑物组成。鲁地拉水电站是金沙江中游河段梯级开发的第7级电站。

阿海水电站 位于云南省丽江市玉龙县(右岸)与宁蒗县(左岸)交界的金沙江中游河段,是金沙江中游河段"一库八级"水电开发方案的第4个梯级。该工程是发电为主,兼顾防洪、灌溉等综合利用的水利水电枢纽工程。工程由混凝土重力坝、左岸溢流表孔及消力池、左岸泄洪冲沙底孔、右岸排沙底孔、坝后主副厂房等组成。电站最大坝高130米,正常蓄水位1504米,相应库容8.06亿立方米;死水位1492米,死库容7.0亿立方米,可调库容1.06亿立方米,属于日调节水库。电站总装机容量200万千瓦,多年平均发电量88.77亿千瓦时,为一等大(1)型工程。枢纽由主坝、泄水建筑物及坝后式厂房等组成。主坝长396米,坝顶高程2610米,副坝2座,最大坝高43米,坝顶宽7米,总长约700米。阿海水电站水库正常蓄水位1504米时,回水长度约75.3千米,水库形成后可利用水面约22.67平方千米,2013年6月24日9时30分,阿海水电站4号机组顺利通过72小时试运行,进入商业运行。至此,阿海水电站机组已投产4台,4台机组均顺利实现一次性并网成功、一次性通过72小时试运行。

双江口水电站 位于大渡河上源足木足河与绰斯甲河汇口处以下2千米河段,地跨马尔康、金川2县,上距马尔康县城约44千米,下距金川县城约48千米。双江口水电站是大渡河流域水电梯级开发的上游控制性水库工程,是大渡河流域梯级电站开发的关键项目之一。枢纽工程由土心墙堆石坝、洞式溢洪道、泄洪洞、放空洞、地下发电厂房、引水及尾水建筑物等组成。土心墙堆石坝坝高314米,居世界同类坝型的第1位。水库正常蓄水位2500米,死水位2330米,正常蓄水位以下库容31.15亿立方米,调节库容21.52亿立方米,为年调节水库,通过水库调节可增加下游梯级电站枯期电量66亿千瓦时,增加保证出力175.8万千瓦。电站装机容量200万千瓦,年发电量83.41亿千瓦时。2011年开工建设,2017年完工。

黄登水电站 位于云南省兰坪县境内,采用堤坝式开发,是云南澜沧江上游古水至苗尾河段水电梯级开发方案的第5级水电站,以发电为主。上游与托巴水电站,下游与大华桥水电站相衔接,坝址控制流域面积9.19万平方千米,多年平均流量901立方米/秒。水库正常蓄水位1619米,相应库容14.18亿立方米;校核洪水位1621.71米,总库容15亿立方米;电站装机容量190万千瓦,保证出力50.795万千瓦,年发电量86.29亿千瓦时。拦河大坝为混凝土重力坝,最大坝高203米。属Ⅰ等大(1)型工程。工程枢纽主要由碾压混凝土重力坝、坝身泄洪表孔、泄洪放空底孔、左岸折线坝身进水口及地下引水发电系统组成。导流洞工程于2010年1月主洞施工,2011年10月1号导流隧洞具备过流条件,2012年4月2号导流隧洞具备过流条件,2015年12月第1台机组投产发电,2016年9月工程完工。

水布垭水电站 位于湖北省巴东县境内,上距恩施市117千米,下距隔河岩水利枢纽92千米,是清江梯级开发的龙头枢纽。水库正常蓄水位400米,相应库容43.12亿立方米,最大坝高233米,总库容45.8亿立方米,装机容量184万千瓦(46万千瓦×4台),年发电量42.58亿千瓦时。是以发电、防洪、航运为主,并兼顾其他的水利枢纽工程。水布垭水电站投产后,将显著增加清江下游已建隔河岩和高坝洲2座电站的调峰调频能力,届时清江流域的3座电站(水布垭、隔河岩、高坝洲)将可承担华中电网10%左右的调峰任务,清江流域成为华中电网清洁、可靠的调峰调频电源基地。其水库是长江中下游防洪体系的重要组成部分,水布垭水库预留的5亿立方米防洪库容与隔河岩水库已预留的5亿立方米防洪库容联合调度运行,可有效减轻荆江河段的防洪压力,提高长江中下游地区的防洪标准。水布垭水利枢纽工程为一等大型水利水电工程。主体建筑物有:混凝土面板堆石坝、河岸式溢洪道、右岸地下式电站厂房和防空洞等。2002年10月26日水布垭工程截流,2006年下半年蓄水,2007年7月首台机组发电,2009年工程全部竣工,比原计划整整提前一年。

龙开口水电站 位于金沙江中游、云南大理州与丽江市交界的鹤庆县中江乡龙开口村河段上。枢纽工程主要由混凝土重力拦河坝、河床泄洪建筑物、右岸坝后式引水发电厂房及冲沙底孔、两岸坝头灌溉取水口等建筑物组成。拦河坝为碾压混凝土重力坝,坝顶高程1303米,最大坝高119米,坝顶轴线长798米。泄洪建筑物位于主河床,由5个溢流表孔和4个泄洪中孔组成。水库正常蓄水位为1298米,总库容5.58亿立方米,调节库容1.13亿立方米。厂房为坝后式,安装5台单机36万千瓦机组,总装机容量为180万千瓦,年发电量74亿千瓦时。龙开口水电站于2007年9月开始筹建;2009年1月21日实现大江截流;2012年11月25日顺利下闸蓄水。2013年5月21日,首台机组(36万千瓦)正式投产发电。

景洪水电站 位于云南省西双版纳傣族自治州境内,坝址距下游景洪市约5千米,上游和糯扎渡水电站衔接,下游为橄榄坝水电站。电站以发电为主,并兼有航运、防洪、旅游等综合利用效益。水库库容11.4亿立方米，最大坝高108米，坝顶总长704.5米，安装5台单机容量35万千瓦、额定水头60米混流式水轮机，总装机容量175万千瓦，年均发电量79.3亿千瓦时，与小湾、糯扎渡水电站联合运行时年设计发电量87亿度。景洪水电站是澜沧江中下游河段两库八级中的第六级，过坝建筑物采用水力式垂直升船机，按五级航道、300吨级船型标准设计。2008年下半年第1台机组发电，2009年上半年5台机组全部投产。景洪水电站的建设，创造了世界同类规模水电站建设速度最快的记录，总工期仅78个月，刷新了国内外百万千瓦级水电站建设速度的新纪录。它将采用世界首创的水力驱动式垂直升船机实现澜沧江-湄公河的高坝通航。

彭水水电站 位于重庆市彭水县，电站坝址以上流域面积6.9万平方千米，占乌江流域总面积的78.5%，坝址多年平均流量1300立方米/秒，年径流量410亿立方米。正常蓄水位293米，死水位278米，总库容14.65亿立方米，调节库容5.18亿立方米，为季调节水库。工程是兼发电、航运、防洪及其他综合利用于一体的大型水电站，电站安装5台单机容量为35万千瓦的混流式水轮发电机组，总装机175万千瓦，多年平均发电量达63.51亿千瓦时，动态总投资121.51亿元。彭水水电站由大坝、泄洪建筑物、电站、通航建筑物和渗控工程等组成。大坝为弧形碾压混凝土重力坝，最大坝高116.5米；河床10个坝段设9个泄洪表孔；电站布置在右岸，为地下式厂房；通航建筑物布置在左岸，由单线船闸、升船机2级过坝建筑物组成，按500吨级船舶过坝设计。首台机组于2007年10月投产发电，2009年电站全部建成投产。

苗尾水电站 位于云南省大理州云龙县旧洲镇境内，是澜沧江上游河段水电规划"一库七级"开发方案的第7级电站。水库正常蓄水位1408米，水库总库容6.60亿立方米，调节库容1.59亿立方米，具有周调节性能。坝型为砾质土心墙堆石坝，坝高140米，电站总装机容量140万千瓦，安装4台35万千瓦的混流式水轮发电机组，多年平均发电量为65.56亿千瓦时，发电效益显著。苗尾水电站建成后，可为电站下游澜沧江沿岸约1万亩农田每年提供灌溉水量330.3万立方米，为灌区每年提供人畜用水量43.6万立方米，对促进当地社会经济发展，实现澜沧江流域梯级滚动开发具有重要意义。苗尾水电站截流关键项目2#导流隧洞工程于2010年9月8日实现导洞安全、顺利贯通，2011年底顺利截流。

托巴水电站 位于云南省迪庆州维西县中路乡境内，电站距维西县城56千米。是澜沧江干流水电基地上游河段（古水至苗尾河段）一库七级开发方案中的第4个梯级，上游为里底水电站，下游为黄登水电站。坝址控制流域面积8.87万平方千米，多年平均流量822立方米/秒。托巴水电站水库正常蓄水位1735米，相应库容10.394亿立方米，具有季调节能力，电站装机容量140万千瓦，多年平均发电量60.67亿千瓦时（梯级联合运行）。电站枢纽由混凝土重力坝、泄洪设施、引水发电建筑物等组成。工程总工期约75个月，静态总投资约123.9亿元。工程开发任务主要为发电，并可为发展库区航运创造条件。拦河坝采用碾压混凝土重力坝，最大坝高158米。

亭子口水电站 位于四川省广元市苍溪县境内，是嘉陵江干流开发中唯一的控制性工程，是以防洪、灌溉及城乡供水、发电为主，兼顾航运，并具有拦沙减淤等效益的综合利用工程。本枢纽工程等别为Ⅰ等，工程规模为大(1)型，其主要建筑物有拦河大坝及泄水建筑物(1级)、左岸灌溉渠首进水塔及渠首引水隧洞(1级)、垂直升船机上闸首(1级)、电站厂房(2级)、右岸灌溉渠首进水塔及引水隧洞(3级)。枢纽总体布置自左至右是：左岸非溢流坝段、坝后式电站厂房、底孔坝段、表孔坝段、升船机坝段和右岸非溢流坝段；导流建筑物由导流明渠、混凝土纵向围堰、一、二、三期围堰等组成。水库正常蓄水位458米，死水位438米，设计洪水位461.3米，校核洪水位463.07

米,总库容40.67亿立方米,电站装机110万千瓦,年均发电量约32亿千瓦时,通航建筑物为2×500吨级。工程坝轴线全长995.4米,坝顶高程465米,最大坝高115米,共分50个坝段,坝后式电站厂房布置在左岸,安装间布置于厂房左端,主厂房上下游均布置有副厂房。2009年11月正式开工,2010年1月大江截流,2013年8月2台机组投入发电。

刘家峡水电站 位于甘肃省临夏回族自治州永靖县(刘家峡镇)县城西南约1千米处的黄河干流上。1958年9月开工,1961年停建,1964年复工,1968年10月蓄水,1969年4月1日首台机组发电,1975年2月4日建成。坝型为重力坝,最大坝高147米,总库容57亿立方米。安装5台机组,总发电能力为122.5万千瓦,年能发电57亿千瓦时。以发电为主,兼有防洪、灌溉、防凌、供水、航运、养殖等效益。刘家峡水电站是中国自己设计、自己施工、自己建造的大型水电工程,1975年建成后成为当时全国最大的水利电力枢纽工程,中国首座百万千瓦级水电站,曾被誉为"黄河明珠"。

李家峡水电站 位于青海省尖扎县和化隆县交界处的黄河干流李家峡河谷中段,上距黄河源头1796千米,下距黄河入海口3668千米,是黄河上游水电梯级开发中的第3级大型水电站。1988年4月开工,1991年10月截流,1996年12月水库蓄水,1997年2月第1台机组发电,1999年11月一期工程机组全部投产,2001年第4季度竣工。安装5台混流式水轮发电机组,单机容量40万千瓦,总装机200万千瓦,年均发电量59亿千瓦时,是中国首次采用双排机布置的水电站,也是世界上最大的双排机水电站。4号机组采用蒸发冷却新技术,在国内尚属首例。水库库容16.5亿立方米,为日、周调节。大坝为三心圆双曲拱坝,坝长414.39米,坝高155米,坝顶宽8米,坝底宽45米。电站与西北30千伏电网联网,是目前西北第2大的水电站,主供陕、甘、宁、青4省,在系统中担任调峰、调频,汛期担负基荷。电站以发电为主,兼有灌溉等综合效益。

白山水电站 位于吉林省桦甸县境内的第二松花江上,是第二松花江梯级电站的最上一级水电站,下距红石水电站40千米,距丰满水电站250千米。为目前东北地区最大的水电站。主体工程于1975年开工,1983年第1台机组发电,1984年一期工程结束后二期工程继续施工,1992年二期机组发电,1994年6月工程全部竣工。主厂房高54米,容纳了5台单机容量约为30万千瓦的立轴混流式水轮发电机组。总装机容量150万千瓦,年发电量20.37亿千瓦时,通过220千伏输电线路送往东北电网。大坝为三心圆混凝土重力拱坝,最大坝高149.5米,坝顶弧长676.5米。水库最大蓄水量64亿立方米。是一个以发电为主,兼有防洪、防凌、水产养殖等综合效益,是东北电力系统主要调峰、调频和事故备用电源。

龙羊峡水电站 位于青海省共和县与贵德县之间的黄河干流上,是黄河上游第1座大型梯级电站,人称黄河"龙头"电站。1976年开工,1979年11月实现工程截流,1986年10月15日导流洞下闸蓄水,1993年竣工。由拦河大坝、防水建筑和电站厂房3部分组成,坝高178米,为国内和亚洲第1大坝,坝长1226米(其中主坝长396米),宽23米,形成了一座面积383平方千米、库容247亿立方米的人工水库。电站总装机容量128万千瓦(安装4台32万千瓦水轮发电机组),并入国家电网,强大的电流源源不断输往西宁、兰州、西安等工业城市,并将输入青海西部的柴达木盆地和甘肃西部的河西走廊。除发电外,龙羊峡水电站还具有防洪、防凌、灌溉、养殖等综合效益。

乌江渡水电站 位于乌江中游遵义县乌江镇的乌江中游干流上,是对乌江流域实施梯级开发兴建的第1座大型水电站,中国在岩溶典型发育区修建的一座大型水电站,也是贵州省目前最大的水电站。1970年4月开始兴建,1982年12月4日全部建成。装有3台高水头大型水轮发电机组,单机容量21万千瓦,总装机容量为63万千瓦,年发电量33.4亿千瓦时。2003年12月完成了扩大装机容量的施工,扩大装机容量2×25万千瓦。大坝高165米,是当时中国在喀斯特地貌上兴建的第1座高坝。水库正常蓄水位760米,死水位720米,总库容23亿立方米。以发电为主,兼有航运效益,除供给贵州省工农业用电外,还向重庆送电,对电网起调峰作用。

凤滩水电站 位于湖南省沅陵县沅水支流酉水河上。1970年10月开工,1978年5月第1台机组发电,1979年完工。主要建筑物有混凝土空腹重力坝、坝内厂房、溢洪道、放空兼泄洪底孔、灌溉涵管和过船、过木筏道等。坝体混凝土工程量约117万立方米,是中国第一座空腹重力拱坝,最大坝高12.5米,校核洪水位时总库容17.33亿立方米,装机容量40万千瓦,多年平均发电量20.43亿千瓦时。以发电为主,兼顾防洪、航运、灌溉、养殖等。

东风水电站 坐落于乌江干流的鸭池河段上,距省会贵阳88千米,是乌江水电基地流域干流梯级开发第一级。1995年12月全部建成投产。原设计装机容量为51万千瓦(3×17万千瓦),多年平均发电量24.2亿千瓦时。2004年初~2005年5月,电厂对机组实施了改造增容工程,机组装机容量增至57万千瓦(3×19万千瓦)。坝顶高程978米,水库正常蓄水位970米,相应库容8.64亿立方米,总库容10.16亿立方米,具有不完全年调节性能。坝址控制流域面积18 161平方千米,占乌江流域面积的21%,多年平均流量343立方米/秒,平均年径流量108.9亿立方米。

紧水滩水电站 位于浙江省丽水市紧水滩镇瓯江上游大溪的支流龙泉溪上,距云和县城12千米,系国家开发瓯江流域龙泉溪干流梯级发电的第一级水电站。为坝式水电站,安装水轮发电机组6台,单机容量5万千瓦,总容量30万千瓦,年发电量4.9亿千瓦时。大坝为三心圆变厚混凝土双曲拱坝,坝高102米,坝顶高程194米。水库集水面积2761平方千米,占龙泉溪流域总面积的77.8%,蓄水位184米,相应库容10.4亿立方米;死水位164米,相应库容4.87亿立方米。以发电为主,兼有航运、过木(竹)、防洪等综合效益。主要担负华东电网调峰任务,并通过220千伏输电线路供电丽水、温州地区,形成浙南电力系统。

水口水电站 位于福建省闽清县境内的闽江干流上,上游距离南平市94千米,下游距离闽清县城14千米。国家"七·五"重点建设项目,福建省第一个利用世界银行贷款兴建的能源工程,在全国百万千瓦水电站质量评比中名列前茅,达到国际水平。1987年3月9日开工,1993年8月第一台机组发电,1996年12月7台机组并网运行。电站厂房共安装7台单机容量为20万千瓦的轴流转浆式水轮发电机组,装机容量140万千瓦,多年平均年发电量49.5亿千瓦时,是华东地区当时最大的水电站。主要建筑物按千年一遇洪水设计,万年一遇洪水校核。大坝为混凝土重力坝,最大坝高100米,坝顶长783米。坝址控制流域面积52 438平方千米,占闽江全流域面积的86%。坝址多年平均流量为1728立方米/秒,年径流总量545亿立方米。水库正常蓄水位65米,相应库容23.4亿立方米,死水位55米,相应库容15亿立方米,具有季节调节性能。经水库壅水,可改善库区100千米航道,500吨级船队可由福州市上溯过坝,年过坝货运量可达400万吨。以发电为主,兼有航运、过木、防洪等综合利用效益。

漫湾水电站 位于中国云南省西部云县和景东县交界处的漫湾河口下游1000米的澜沧江中游河段上,是澜沧江干流水电基地开发的第一座百万千瓦级的水电站,上游为小湾水电站、下游为大朝山水电站。分2期建设,一期工程装机容量125万千瓦,1986年开建,1995年建成;二期装机容量为30万千瓦,2004年开工,2007年5月建成投入使用。总装机容量为155万千瓦,多年平均发电量78.8亿千瓦时。混凝土重力坝,坝高132米,坝址控制流域面积11.45万平方千米,多年平均流量1230立方米/秒,正常蓄水位为994米,死水位为982米,非常洪水位997.5米,总库容9.2亿立方米,调节库容2.58亿立方米,为季调节水库。以发电为主。

丰满水电站 位于吉林市境内第二松花江上,中国最早建成的大型水电站,东北电网骨干电站之一,被誉为"中国水电之母"。1937年日帝侵占东北时期开工兴建,至1945年战败撤退时,完成总工程量的87%。经过不断的扩建和修复加固,至1959年共新装了6台大机组。大坝全长1080米,高90.5米,为重力坝。左侧为溢流坝段,为孔口式溢流堰,堰顶高程252.5米,有11个孔,各宽12米、高6米。正常蓄水位261米以下的总库容为81.1亿立方米,死水位242米以下的死库容为27.6亿立方米,有效调节库容53.5亿立方米,总库容达107.8亿立方米。现有机组为1台6万千瓦、2台6.5万千瓦、5台7.25万千瓦以及1台1250千瓦小机组,共计装机容量55.375万千瓦,平均年发电量为18.9亿千瓦时。设计泄洪量9020立方米/秒,校核最大泄量9240立方米/秒,用差动式跃水槛消能。对系统的调峰、调频和事故备用具有重要作用,兼顾防洪、灌溉、城市工业用水及航运等综合效益。

新安江水电站 位于杭州建德市新安江镇以西6千米的桐官峡谷中,是中华人民共和国成立后中国自行设计、自制设备、自主建设的第1座大型水力发电站。建于1957年4月,1965年12月竣工。装机容量66.25万千瓦,年发电量18.61亿千瓦时。大坝为混凝土宽缝重力坝,最大坝高115米,控制流域面积10 442平方千米,占新安江流域面积的89.4%。多年平均流量357立方米/秒,年径流量113亿立方米。大坝之西是千岛湖,因建水电站而形成的人工湖。水库具有多年调节性能,设计正常高水位108米,相应面积580平方千米,水库总库容为220亿立方米。水库有多年调节性能,电站主要担负华东电网调峰、调频和事故备用,兼有防洪、灌溉、航运、渔业、林业等社会经济效益。

柘溪水电站 位于湖南省资水干流上,距安化县东平市12.5千米。1958年7月开工,1962年1月第1台机组发电,1975年7月全部投产。混凝土单支墩大头坝,总长330米,最大坝高104米,坝址以上流域面积22 640平方千米,多年平均流量586立方米/秒。安装6台混流式水轮发电机组,装机容量44.7万千瓦,多年平均发电量21.74亿千瓦时。正常蓄水位原设计为167.5米,实际运行为169.5米,相应库容30.2亿立方米,调节库容(兴利库容)22.58亿立方米;死水位144米,死库容7.62亿立方米。以发电为主,兼有防洪、航运等效益。

湖南镇水电站 位于浙江省衢州市境内钱塘江支流乌溪江上,下距黄坛口水电站约25千米,是开发乌溪江水能资源的梯级电站之一。1958年开工,1962年停工缓建,1970年复工,1979年第1台机组发电,1980年10月4台机组全部并网投产。1994年12月扩容工程开工,1996年10月扩建工程完成。拦河坝为混凝土梯形支墩坝,最大坝高129米,坝顶长440米,正常蓄水位时库容15.82亿立方米,防洪库容4.78亿立方米,总库容20.6亿立方米,坝址以上流域面积2197平方千米,占流域面积的85%。安装4台4.25万千瓦、1台单机10万千瓦的水轮发电机组,总装机27万千瓦。具有发电、防洪、灌溉、航运、供水等综合效益。

五强溪水电站 位于沅陵县境内的沅水干流上,是沅水流域水电梯级开发的骨干电厂,华中电网骨干调峰调频电厂,国家"七五""八五"重点工程。1952年开始勘测,1956年和1980年先后2次动工又停工,1986年4月复工建设,1994年12月第1台机组发电,1996年底全部机组投产。大坝为混凝土重力坝,最大坝高85.83米,控制沅水流域面积的93%,正常蓄水位108米,总库容42.9亿立方米,属季调节水库,在上游凤滩水库配合下可将尾闾堤垸防洪标准由5年一遇提高到20年一遇。通航建筑物为单线连续三级船闸,设计年货运量250万吨,年过水量46万立方米。总装机容量120万千瓦(5×24万千瓦),设计多年平均发电量53.7亿千瓦时。以发电为主,兼有防洪、航运等综合效益。

安康水电站 位于陕西省安康市汉滨区汉江上游,距安康市西18千米,距上游石泉水电站170千米,距下游丹江口水电站260千米,国家"七五"重点建设项目。1978年正式开工,1989年12月下闸蓄水,1990年12月12日第1台机组投产发电,1992年12月25日机组全部投产,1995年工程竣工。枢纽建筑物由混凝土折线重力坝、坝后式厂房、升压变电站、泄洪建筑物和过船设施等组成。最大坝高128米,坝长541米,坝顶海拔高程338米。装有4台单机容量20万千瓦的机组,总装机容量为85万千瓦,水库总库容为25.8亿立方米,正常蓄水位330米,年发电量28.57亿千瓦时。以发电为主,兼有航运、防洪、养殖、旅游等综合效益的大型水电枢纽工程。

东江水电站 位于资兴县罗霄山脉西麓湘江支流耒水上,距资兴市10千米,是耒水干流上13个梯级水电站中库容和装机容量最大的主导电站,20世纪80年代湖南省内最大的水电站。1958年10月开工,1961年停建,1978年3月复工,1987年10月第1台机组发电,1988年6月全部机组投入运行。主要由混凝土双曲拱坝、两岸潜孔滑雪式溢洪道各1座、左岸放空兼泄洪洞1条、右岸泄洪洞1条、过木道1条和坝后式厂房等组成。坝高157米,是20世纪80年代中国大陆最高的混凝土双曲薄拱坝。坝址上游控制流域面积4719平方千米,多年平均流量144立方米/秒。水库正常蓄水位285米,总库容81.2亿立方米,具有多年调节性能。安装单机容量12.5万千瓦水轮机组4台,装机容量50万千瓦。担负华中电网中补偿调节及调峰,对提高电网的质量有重要的作用。并兼有防洪、航运、养殖和工业供水等综合效益。

碧口水电站 位于甘肃省文县碧口镇嘉陵江支流白龙江上,是白龙江梯级开发的第1座大型工程,是中国首次在大泄量的溢洪道上采用弯道布置。1969年5月开工,1976年3月第1台机组发电,1997年6月竣工。按500年一遇洪水标准设计,5000年一遇洪水标准校核。主坝坝型为壤土心墙土石坝,最大坝高101米,坝顶长度297米。坝址控制白龙江流域面积2.6万平方千米,占其全流域面积的81.4%。多年平均流量275立方米/秒,设计洪水流量7630立方米/秒,总库容521亿立方米,设计灌溉面积600公顷。总装机容量30万千瓦,年发电量14.63亿千瓦时,通过3条220千伏和2条110千伏输电线路送电陕西、四川、甘肃,是联结西南和西北两大电网的枢纽,在电网中承担调峰和事故备用的作用,兼有防洪、航运、养殖和灌溉等综合效益。

新丰江水电站 位于广东省河源市境内珠江水系东江支流新丰江下游亚婆山峡谷出口处,距河源市约6千米。1958年7月开工,1960年8月第1台机组发电,1962年土建工程竣工,1976年完成第4台装机。由混凝土单支墩大头坝(河床坝段)、混凝土重力坝(两岸坝段)、坝后式厂房和泄水隧洞组成。大坝坝顶长440米,最大坝高105米。坝址以上集水面积5740平方千米。多年平均年径流量60.5亿立方米,多年平均流量192立方米/秒。水库正常蓄水位116米,死水位93米,总库容138.96亿立方米,其中调洪库容31.024亿立方米,有效库容64.89亿立方米,死库容43.068亿立方米,为多年调节水库。电站装机29.25万千瓦,多年平均发电量9.9亿千瓦时。以发电为主,兼有防洪、灌溉、航运、供水等综合效益。水库蓄水后,库区连续发生诱发地震。为确保大坝安全,对大坝进行了第二期抗震加固,并增建了泄水隧洞,最后达到设计烈度9.5度和100年一遇洪水位110米相结合的标准。

宝珠寺水电站 位于四川省广元市嘉陵江支流白龙江下游,距昭化18千米。1984年复工,1996年第1台机组发电,1998年竣工。主要建筑物有拦河坝、水电站厂房、过木道、工业取水设施及预留的灌溉引水口。混凝土重力坝,最大坝高132米,坝顶全长524.48米。坝址控制流域面积28 428平方千米,多年平均流量335立方米/秒,年径流量105亿立方米。校核水位时水库总库容25.5亿立方米,具有不完全年调节性能,与系统内映秀湾、渔子溪、龚嘴等水电站补偿调节。水电站装机容量70万千瓦,多年平均发电量22.78亿千瓦时。以发电为主,兼有防洪、灌溉效益,灌溉面积可达15.5万公顷。

岩滩水电站 位于红水河中游广西大化瑶族自治县境内,东南距巴马县30千米,距南宁市170千米,是南盘江红水河水电基地10级开发中的第五级,上接红水河开发的控制性工程龙滩水电站,下临大化水电站。红水河梯级开发中的控制性骨干工程之一,华南和广西电力系统中的主力电站之一,系统中容量最大、调节性能较好的水电站。1985年3月开工,1987年11月提前一年截流成功,1992年9月首台机组投产发电,1995年6月4台机组全部投产运行。主要建筑物由拦河坝、坝后发电厂房、开关站和垂直升船机组成。坝顶总长525米,最大坝高110米,是国内首项坝高超过百米的碾压混凝土高坝。坝址流域面积106 580平方千米,径流量555亿立方米。正常蓄水位223米,相应库容26.0亿立方米,调节库容15.6亿立方米,为年调节水库。1985年3月开工,1992年9月第1台机组发电,1993年8月第二台机组发电。电站一期工程装机容量121万千瓦,多年平均年发电量56.6亿千瓦时,用500千伏电压供电给广西和广东香港;二期安装2台30万千瓦混流式水轮发电机组。总装机容量181万千瓦,年均发电量75.47亿千瓦时。

大朝山水电站 位于云南省云县与景东县交界的澜沧江中游,那果河支流入口下游1.5千米处,上距漫湾电站直线距离70千米,距昆明市直线距离约270千米。以发电为单一开发目标。1992年开始筹建,1993年底导流洞开工,1996年11月截流工程正式开工,2000年第1台机组发电,2003年10月全部竣工。由拦河大坝、泄洪建筑物、地下厂房和引水发电系统等部分组成。碾压混凝土溢流重力坝,最大坝高115米,坝顶全长480米。坝址控制流域面积12.1万平方千米,多年平均流量1340立方米/秒,多年平均径流量423亿立方米。总库容9.4亿立方米。安装6台单机容量为22.5万千瓦的水轮发电机组,装机容量135万千瓦,年发电量59.31亿千瓦时。待上游的小湾电站建成后,年发电量可增加到70.2亿千瓦时。

鲁布革水电站 位于南盘江支流黄泥河上,云南省罗平县和贵州省兴义县境内,距昆明市320千米,为引水式水电站。1982年开工,1985年底截流,1988年底第1台机组发电,1990年底建成。由首部枢纽、引水发电系统、地下厂房3部分组成。主坝为堆石坝,最大坝高103.8米。坝址以上流域面积7300平方千米,多年平均流量164立方米/秒,多年平均年径流量51.7亿立方米。水库正常蓄水位1130米,相应库容1.11亿立方米,死水位1105米,调节库容0.74亿立方米,具有周调节性能。装机容量60万千瓦(4×15万千瓦),多年平均年发电量28.49亿千瓦时。以220千伏和110千伏电压输电线路接入云南省电力系统,主要供电给昆明、宣威、曲靖并向贵州兴义地区送电。主要任务为发电。是中国在20世纪80年代初首次利用世界银行贷款并实行国际招投标,引进国外先进设备和技术建设的电站,被誉为中国水电基本建设工程对外开放的"窗口"。

天生桥一级水电站 位于广西、贵州、云南3省(区)交界处南盘江干流上,红水河水电资源梯级开发的龙头电站,是国家"八五计划"的重点建设项目,中国实施西电东送战略的重要组成部分。1991年立项,同年6月导流隧洞开工,1994年底实现截流,1997年底下闸蓄水,1998年底首台机组并网发电,2000年12月4台机组全部投产。大坝为混凝土面板堆石坝,按1000年一遇洪水设计,最大坝高178米,坝顶长1104口米,坝顶宽12米。坝址以上流域面积50 139平方千米,多年平均流量612立方米秒,年径流量193亿立方米。水库总库容102.6亿立方米,调节库容57.96亿立方米,为不完全多年调节水库。电站装机容量120万千瓦(4×30万千瓦),年发电量52.26亿千瓦时,保证出力40.52万千瓦;并将增加下游已建的天生桥二级、岩滩和大化3个水电站的保证出力88.39万千瓦,年电量40.77亿千瓦时。以发电为主,送电贵州、广西和广东。

天生桥二级水电站 位于天生桥一级水电站下游广西壮族自治区隆林县和贵州省安龙县交界处的红水河南盘江上游,是国家"八五"计划和十年规划的重点工程之一,也是西电东送的第1个电源点。根据红水河规划,由黄泥河口至北盘江汇合处的河段分三级开发,即一级大湾电站,二级坝索电站,三级平班电站。其中二级坝索电站落差最大,在14.5千米的河段上集中落差181米,为优良的水电开发点,故优先开发。1981年开工建设,1992年首台机组发电,1999年5月全部机组投产运行。首部枢纽由左右岸非溢流重力坝、溢流坝、冲沙闸及进水口组成,坝轴线全长470米。坝址以上流域面积为50 194平方千米,占全流域面积的89.4%,多年平均径流量194亿立方米,多年平均流量615立方米/秒,多年平均输沙量为1490万吨,多年平均含沙量为0.76千克/立方米,是中国南方含沙量较大的河流之一。采用引水式开发方式,设计蓄水位645米,相应库容2600万立方米。安装6台机组,总装机容量为132万千瓦,年发电量82亿千瓦时。电流通过500千伏高压输电线送至广西、广东及贵州地区,可改善华南、西南地区的用电紧张状况。

天湖水电站 位于中国湘江水系驿马河上游,距广西全州县城35千米。水头落差高达1074米,号称亚洲第1高水头电站。一期工程于1989年开工建设,1992年4月竣工;二期工程于1994年12月开工建设,1999年7月竣工。由蓄(引)水、输水、发电、输电4个工程系统组成。高山蓄(引)水系统以天湖水库和海洋坪水库为核心共13个中小型水库组成相互联系、上下贯通的水库群和引水、输水网路构成。水库总库容3424万立方米,多年平均发电水量7812万立方米。装机容量6万千瓦,年发电1.78亿千瓦时。截至20世纪末天湖水电站为中国及亚洲水头最高的引水式水电站,集科研和自然景观为一体,引世人瞩目。

石龙坝水电站 位于云南省昆明市郊的螳螂川上,是中国最早兴建的水电站,是以滇池为天然调节水库,利用该段较集中落差兴建的引水式水电站。1910年7月开工,1912年4月发电,最初装机容量为480千瓦。中华人民共和国成立后对石龙坝水电站进行了彻底改造:另建新厂房,由原来的两级开发改为一级开发,将原来的7台小机组拆除,改为两台单机容为3000千瓦的机组,总装机容量达到6000千瓦。现在这座电站已被列为重点文物而受到保护。石龙坝,是中国水电史上的一座丰碑。

江厦潮汐电站 位于浙江省温岭市乐清湾北端江厦港,中国第1座双向潮汐电站。1973年动工,1980年5月第1台机组投产发电,1986年第5台机组发电,第6台机组暂不安装留作新型机组试验用。开发方式为单水库双向发电,建筑物有堤坝、水闸、发电厂房和升压站各1座。堤坝为粘土心墙堆石坝,在海中抛石、土而成。坝基为饱和海涂淤泥质粘土,层厚46米,堤坝全长670米,最大坝高15.1米。控制流域面积29.1平方千米,总库容490万立方米,水库防洪库容136.5万立方米,发电库容336万立方米,发电水库面积1.37平方千米。设计安装6台500千瓦双向灯泡贯流式水轮发电机组,设计装机容量3900千瓦,现装机3200千瓦,年发电量约1000万千瓦时,以35千伏电压向温州电网供电。以发电为主兼有海涂围垦、海水养殖等综合效益。

思林水电站 位于贵州省思南县境内乌江干流河段,是乌江干流梯级第6级电站,电站开发任务以发电为主,兼顾航运、防洪、灌溉等功能。思林电站枢纽由大坝、泄洪建筑物、开关站、引水发电系统和通航建筑物等组成。2006年10月8日正式开工建设。碾压混凝土重力坝坝顶高程452米，最大坝高117米，坝顶全长326.5米。溢流堰面设计为WES实用堰面曲线，弧形闸门前设置一道检修闸门门槽。水库正常蓄水位440米，相应库容12.05亿立方米，调节库容3.17亿立方米，属日周调节水库。乌江思林水电站总装机容量为105万千瓦，设计安装4台26.25万千瓦水轮发电机组。多年平均发电量40.64亿千瓦时。过坝船舶吨位500吨级，年过坝能力为375.69万吨。机组最大水头60米，加权平均水头68.5米，额定水头64.0米，最小水头57.6米。本工程大坝、泄洪建筑物和电站进水口的洪水标准按500年一遇洪水设计，5000年一遇洪水校核。电站厂房的洪水标准按200年一遇洪水设计，500年一遇洪水校核。消能防冲建筑物采用100年一遇洪水标准设计。引水系统采用一洞一机单元式供水方式，进水口采用岸塔式，引水隧洞和压力钢管直径分别为12.6米、8.8米。主厂房、主变洞布置在右岸山体中，主机间安装四台25万千瓦机组，安装间和副厂房分设右、左侧，主变洞内设置4台主变压器。左岸设置单级垂直升船机，按钢绳卷扬机平衡重式垂直升船机方案设计。整个通航建筑物由上游引航道、中间通航渠道、垂直升船机本体段和下游引航道等4个部分组成，全长约1100米。

乌弄龙水电站 位于云南省迪庆州维西县巴迪乡境内的澜沧江上游河段上，是澜沧江干流水电基地上游河段规划"一库七级"梯级电站中的第2级电站，上邻古水水电站，下接里底水电站。电站枢纽为二等大(2)型工程，电站以发电为主，电站装机容量99万千瓦，年发电量44.6亿千瓦时。枢纽建筑物主要由碾压混凝土重力坝、电站进水口、地下厂房系统、泄洪表孔以及冲沙泄洪底孔等组成。拦河坝为碾压混凝土重力坝，坝顶高程1909.5米，最大坝高137.5米，坝顶轴线长度247.10米。地下厂房布置在右岸，装机3台，单机容量33万千瓦。乌弄龙水电站坝址下距里底水电站约19千米，坝址控制流域面积8.59万平方千米，多年平均流量743立方米/秒，多年平均径流量234.3亿立方米。电站以发电为主，水库正常蓄水位1906米，校核洪水位为1907米，水库总库容2.72亿立方米，调节库容0.36亿立方米，为日调节水库。挡水、泄水建筑物按500年(重现期)一遇洪水设计，2000年一遇洪水校核，相应的洪峰流量分别为9960立方米/秒和11 700立方米/秒；电站厂房按100年一遇，500年一遇洪水校核，相应的洪峰流量分别为7950立方米/秒和9960立方米/秒；下游消能防冲建筑物按50年一遇洪水设计，相应的洪峰流量为7060立方米/秒。工程于2010年开工。

枕头坝水电站 位于四川省乐山市金口河区。其上一级为深溪沟水电站，下一级为沙坪水电站。电站集发电和防洪于一体，电站采用2级堤坝式开发方案，一级装机容量为72万千瓦，二级装机容量为23万千瓦，总装机95万千瓦，多年平均发电量42.52亿千瓦时。静态总投资82.93亿元，建设工程总工期计划为7年(2009~2016)，预计2014年首台机组建成发电。电站具有投资省、建设周期短、输电距离短，经济指标优越等特点。坝址控制流域面积73 057平方千米，多年平均流量1360立方米/秒，坝址处枯期河水面高程590米。电站最大坝高约86米，设计正常蓄水位624米，项目2011年截流，2014年首台机组发电。枢纽由左岸非溢流坝段、河床式厂房坝段、排污闸及泄洪闸坝段、右岸非溢流坝段组成，本电站等别为二等，工程规模为大(2)型工程挡水建筑物、泄水建筑物、引水发电建筑物等主要建筑物为2级建筑物，相应水工建筑物结构安全级别为Ⅱ级；次要建筑物为3级建筑物，相应水工建筑物结构安全级别为Ⅱ级。

功果桥水电站 位于云南省大理州云龙县旧州镇媳姑坝社，是澜沧江干流水电基地中下游河段"两库八级"梯级开发方案的最上游一级电站，下游为小湾水电站，上游为苗尾水电站。本工程以发电为主，水库正常蓄水位1307米，相应库容3.16亿立方米，调节库容0.49亿立方米，为日调节水库。电站装机容量90万千瓦，年发电量40.41亿千瓦时。功果桥水电站枢纽工程为大(2)型工程，主要建筑物按2级建筑物设计。枢纽建筑布置形式为：碾压砼重力坝+坝身泄洪+右岸地下厂房，设计特点是大坝与厂房相对独立布置，主河床内仅布置体型相对简单的碾压混凝土重力坝。拦河坝坝顶高程1310米，最大坝高105米，坝顶长度356米。主要包括左岸非溢流坝段，左岸泄洪底孔坝段、溢流坝段、右岸泄洪底孔坝段，右岸非溢流坝段，等19个坝段。本工程枢纽主要由挡水建筑物、泄洪建筑物、引水及发电建筑物等组成，其中拦河大坝为碾压混凝土重力坝；泄洪建筑物为坝身泄洪，布置在主河床略靠右侧；引水发电系统布置在右岸地下，地下厂房内安装4台22.5万千瓦机组。功果桥水电站于2009年大江截流，2011年9月30日大坝具备下闸蓄水条件，2011年11月8日首台机组发电，2012年3月31日工程完工。

大华桥水电站 位于云南省怒江州兰坪县兔峨乡境内澜沧江上游河段上，是澜沧江干流水电基地上游河段规划的8座梯级电站中的第6级。工程为堤坝式开发，以发电为主。上游是黄登水电站，下游与苗尾水电站衔接。电站距黄登水电站约40千米；下邻距苗尾水电站约60千米。本工程为大(2)型二等工程，以发电为主开发。坝址控制流域面积9.26万平方千米，多年平均流量925立方米/秒。正常蓄水位1477米，相应库容2.93亿立方米，调节库容0.41亿立方米，具有周调节性能。总装机容量90万千瓦(22.5万千瓦×4台)，年发电量40.7亿千瓦时。导流洞于2010年10月开工，2011年10月具备过流条件；首台机组计划于2014年12月投产发电，工程于2015年12月完工。

深溪沟水电站 位于四川省雅安市汉源县和凉山州甘洛县接壤处。其上一梯级为已投产发电的瀑布沟水电站，下一梯级为正在建设的枕头坝水电站。大渡河深溪沟水电站为坝式开发，设计最大坝高49.5米，水库正常蓄水位660米，总库容3200万立方米，是瀑布沟水电站的反调节电站。安装4台16.5万千瓦轴流转桨式水能发电机组。电站装机容量66万千瓦，年发电量32亿千瓦时。枢纽左岸布置3孔泄洪闸、右岸利用2条泄洪冲沙洞（与导流洞结合）承担泄洪任务，泄洪闸与厂房之间布置1孔排污闸排泄库内污物，主河床布置河床式厂房，右岸布置窑洞式安装间。工程于2004年6月25日筹备，2006年3月22日通过国家发改委核准，4月12日正式开工，2007年11月6日河道截流，2010年6月27日首台机组发电，2011年6月29日实现全部投产。

洪家渡水电站 位于贵州西北部黔西、织金2县交界处的乌江干流上，是乌江水电基地11个梯级电站中唯一对水量具有多年调节能力的"龙头"电站，电站大坝高179.5米，坝址以上控制流域面积9900平方千米。水库总库容49.47亿立方米，调节库容33.61亿立方米。电站安装3台立轴混流式水轮发电机组，装机总容量60万千瓦。工程总投资49.27亿元。于2000年11月8日正式开工建设，2001年10月15日实现截流，2004年底3台机组全部并网发电。坝址多年平均流量155立方米/秒，多年平均径流量48.9亿立方米。水库为山区峡谷和湖泊混合型，正常蓄水位时回水长84.89千米，最宽处3.57千米，水面面积80.5平方千米。

乐滩水电站(红水河恶滩水电站扩建工程) 是红水河流域规划10个梯级开发中的第8个梯级电站，坝址位于广西忻城县红渡镇上游3.0千米，坝址上下游分别与已建的百龙滩水电站尾水和已通过可研审查的桥巩水电站的正常蓄水位衔接。乐滩水电站一期工程控制流域面积11.8万平方千米，多年平均流量2180立方米/秒，正常蓄水位112.0米，水库总库容9.5亿立方米。是红水河干流上最早建成的一座中型水电站。该工程原是1973年交通部门兴建的航运枢纽，电力部门利用原有拦河坝塞水发电,获得水头18.2米。电站于1977年1月开工建设,新增一座发电厂房和开关站,装机1台,容量6万千瓦,1981年5月15日建成发电,年底竣工,历时5年。乐滩水电站二期在一期工程原坝址处扩建,电站装机4台,总容量60万千瓦,经上游天生桥一级、龙滩等大型水库调节后,保证出力30.09万千瓦,年发电量34.95亿千瓦时。工程静态总投资36.32亿元,2001年10月开始动工兴建,11月8日主体工程开工,2004年12月20日首台机组正式并网发电。第4台机组于2005年12月24日投产发电。设计过坝船闸近期按2×250吨级船闸设计,远期扩建为2×500吨级。年货运量180万吨。电站建成后可渠化至百龙滩水电站河段76.2千米,淹没险滩22处,改善航运条件,并可为库区提水灌溉农田0.63万公顷。是一座以发电为主,兼有航运、灌溉等综合利用效益的大型水利水电枢纽工程。本工程为二等工程,工程规模为大(2)型。

东江水电站 位于湘水一级支流耒水上游,资兴市东江镇上游11千米的峡谷处。控制流域面积4719平方千米。占耒水流域面积39.6%,流域多年平均降雨量1645毫米,坝址多年平均流量144立方米/秒。多年平均径流量45.4亿立方米,实测和调查历史最大流量分别为5310立方米/秒和8400立方米/秒。枢纽工程由拦河坝、钢管引水道和坝后厂房、两岸滑雪式溢洪道、一级放空兼泄洪隧洞、二级放空隧洞等建筑物组成。拦河大坝为混凝土双曲拱坝,坝顶高程294米,最大坝高157米,最大底宽35米,顶宽7米;坝后式主厂房长106米,宽23米,最大高度56.3米,安装4台单机容量12.5万千瓦机组,总容量50万千瓦,由4条内径5.2米、进口工作闸门门孔中心高程221.5米的钢管引水道供水,单机引用流量123立方米/秒。工程是一个以发电为主,兼有防洪、航运、城镇工业及生活用水等综合利用的大型水电工程。水库坝高库大,调节性能好。总库容91.5亿立方米,电站多年平均发电量13.2亿千瓦小时,工程曾于1958年动工,至1961年初停建。1978年4月复工,1980年11月截流合龙,1986年8月下闸蓄水,1987年11月第1台机投产发电,1992年枢纽工程全面竣工。

旬阳水电站 位于安康市旬阳县城上游2千米处,是汉江干流河段梯级规划的第5个梯级电站,旬阳水库枢纽工程以发电为主,兼顾航运、养殖等,属大(2)型水利水电工程,其永久性主要建筑物为2级,按百年一遇洪水设计,千年一遇洪水校核,确定坝顶高程为247米,最大坝高57.6米。设计装机容量32万千瓦(4×8万千瓦),年平均发电量8亿千瓦时,为陕西电网骨干电源之一,坝址控制流域面积为4.24万平方千米,占汉江流域总面积的24.4%。坝型选择混凝土重力式闸坝,枢纽主要由河床式厂房、泄洪闸、冲砂闸、升船机和开关站等建筑物组成。兴建旬阳水电站可缓解陕西电力系统调峰容量不足,提高电网的稳定和安全运行的可靠性。水电站产生的电能,不仅可以促进关中与陕南的煤电相济,而且也为高耗能工作的布点创造条件,并必将促进陕南工农业的发展。2007年5月2日,旬阳水电站进点建设,2008年11月正式开工,设计工期5.5年,第1台机组发电工期4年。

蜀河水电站 位于汉江上游安康市旬阳县蜀河镇至蜀河火车站之间的汉江河段上,是一座以发电为主,兼有航运、防洪、养殖、旅游等综合效益的大型水利枢纽工程,也是汉江上游河段开发规划中的第6个梯级电站。坝顶高程229米,设计正常蓄水位217米,最大利用水头22.3米。工程规模为二等大(2)型,坝址处多年平均流量732立方米/秒。总装机容量27.6万千瓦,即6×4.6万千瓦贯流机组,年平均发电量9.53亿千瓦时。蜀河水电站控制流域面积4.94万平方千米,最大坝高66米。2005年12月26日开工建设,2007年12月30日,工程主河床截流,2010年10月18日,电站6台机组全部投产发电。蜀河水电站右岸导流系统共6孔弧型金结闸门,每孔重达450

吨,其高度和吨位为全国第3,5台液压启闭机(2×400吨)的起闭行程和吨位居国内前列。

喜河水电站 位于汉江干流安康市石泉县喜河镇下游10千米的黄瓜架,是汉江上游干流河段规划中的第3个梯级电站,坝址上、下游分别为已建成的石泉水电站和安康水电站。电站工程等别为二等工程,工程规模为大(2)型。是一座以发电为主,兼有防洪、航运、养殖、旅游等综合效益的水利枢纽。控制流域面积2.6万平方千米。喜河水电站是河床式径流电站,大坝由右向左由右岸非溢流坝段、厂房坝段、导墙及排砂中孔坝段、表孔溢流坝段、升船机中孔坝段,和左岸非溢流坝段组成;坝的形式为碾压混凝土重力坝,坝顶高程367.8米,坝高60.8米,正常蓄水位362米;装机容量18万千瓦,多年平均发电量4.878亿千瓦时;两条330千伏输电线路分别送往安康市和汉中市。工程于2002年开始施工准备,2003年11月开始右岸一期围堰和导流、厂房工程施工,2004年11月大江截流,二期围堰及左岸溢流坝工程施工。2006年6月20日第1台机组开始充水调试,6月30日首台机组并网发电,9月第2台机组发电,年底第3台机组发电,2007年6月工程竣工。

石泉水电站 位于汉江干流安康市石泉县上游1千米处。1958年11月开始修建,最初设计坝高120米,装机容量60万千瓦,以发电为主,兼有防洪、灌溉、航运等任务。1962年工程停建。1970年重新开工。将最大坝高定为65米,坝型为混凝土空腹重力坝,控制流域面积2.34万平方千米,多年平均流量341立方米/秒。电站为坝后式,装机组4台,总装机容量13.5万千瓦,最大水头47.5米,最小水头26.3米,保证出力3.2万千瓦,年发电量6.3亿千瓦时。1973年12月开始发电,1975年7月竣工验收。该电站为陕西最早最大的水电枢纽工程,对关中电网的调频、调峰起到了重要作用。

丰宁抽水蓄能电站 位于河北省丰宁满族自治县境内,南距北京市180千米,东南距承德市170千米,2013年5月29日开工建设。建成后将成为世界装机容量最大的抽水蓄能电站。丰宁抽水蓄能电站规划总装机容量360万千瓦,分2期建设。一期建设规模为180万千瓦,安装6台单机容量为30万千瓦的可逆式水泵水轮机组,设计年发电量为34.24亿千瓦时,相应抽水电量45.65亿千瓦时。一期工程总投资99.47亿元,建设工期为86个月,首台机组发电工期为66个月。上水库坝址以上控制流域面积为4.4平方千米,四周高山耸立、峰岭环抱,总库容可达4882万立方米,且淹没区无居民和耕地,因此征地范围小,移民少,补偿费用小,其电站建设也不涉及风景名胜区和自然保护区,是国内难得的特大型抽水蓄能电站的优良站址。下水库可以直接利用滦河干流上已建成的丰宁水电站水库!其正常蓄水位1061米,总库容6583万立方米,完全可满足上水库蓄水发电的需要。

惠州抽水蓄能电站 位于广东省惠州市博罗县。电站为高水头大容量纯抽水蓄能电站,服务于广东省电网。上库正常蓄水位762米,死水位740米,总库容3171万立方米,调节库容2740万立方米;下库正常蓄水位231米,死水位205米,总库容3191万立方米,调节库容2767万立方米,装机容量240万千瓦,平均水头532.40米。年发电量45亿千瓦时,年抽水耗电量60.03亿千瓦时。水库为周调节。电站上水库积雨面积5.22平方千米,多年平均径流量977.5万立方米。设计1座主坝和4座副坝,主坝采用全断面碾压混凝土重力坝,坝顶长156米,最大坝高56.1米,重力坝段坝顶高程764.36米。电站下水库积雨面积11.29平方千米,多年平均径流量1736.63万立方米。设计1座主坝和1座副坝,主坝采用全断面碾压混凝土重力坝,坝顶长420米,最大坝高61.17米,重力坝段坝顶高程234.96米。枢纽中布置2套输水系统,采用一管四机供水方式,隧洞总长

4772米(A厂)/4436米(B厂),隧洞直径8.5米(低压)/8米(高压),采用钢筋混凝土衬砌。引水钢支管直径3.5米,尾水钢支管直径4米。输水系统建筑物包括:上、下库进出水口,输水隧洞,上游调压井,尾水调压井及尾调通气洞等。电站采用中部偏下游的开发方式,设置上、下游调压井,输水系统纵剖面设有三级斜井。输水系统主管采用钢筋混凝土衬砌,引水支管、尾水支管采用埋藏式压力钢管。该工程2005年1月10日开工建设,2011年6月15日建成投产。

广州抽水蓄能电站 位于从化市吕田镇小杉深山大谷中,距广州市90千米。是世界最大的抽水蓄能电站,大亚湾核电站的配套工程,为保证大亚湾电站的安全经济运行和满足广东电网填谷调峰的需要而兴建。一期工程于1988年9月开工,1993年8月第1台机组发电,1994年4台机组全部建成发电;二期工程于1994年9月主体工程开工,1998年12月第1台机组并网发电,2000年3月全面竣工。利用上下2库通过电能—势能—电能的循环转化来抽水蓄能的。由上下水水库的拦河坝、引水系统和地下厂房等组成。上水库位于召大水上游的陈禾洞小溪上,下水库位于九曲水上游的小杉盆地,均属流溪河水系。上水库坝为混凝土面板堆石坝,最大坝高68米,溢洪道为岸边侧槽式。下水库坝为碾压混凝土重力坝,最大坝高43.3米,溢流坝段设2孔宽9米的溢流孔。总装机容量240万千瓦,装备8台30万千瓦具有水泵和发电双向调节能力的机组,在同类型电站中也是世界上规模最大的。

天荒坪抽水蓄能电站 位于浙江省安吉县境内,距上海175千米、南京180千米、杭州57千米,接近华东电网负荷中心。前期准备工作于1992年6月启动,1994年3月1日正式动工,1998年1月第1台机组投产,2000年12月底全部竣工投产。枢纽主要由上水库和下水库、输水系统、中央控制楼和地下厂房等部分组成。下库位于海拔350米的半山腰,是由大坝拦截太湖支流西苕溪而成(当地人称"龙潭湖"),坝为混凝土面板堆石坝,最大坝高96米,坝顶长230米;下水库位于海拔908米的高山之巅,是利用天荒坪和搁天岭2座山峰间的千亩田洼地开挖填筑而成,并有主坝和4座副坝及库岸围筑,主坝最大坝高72米,坝顶长503米,库容量885万立方米。安装有6台30万千瓦立轴可逆混流式水泵水轮机/发电电动机组,装机容量180万千瓦,上水库蓄能能力1046万千瓦时,其中日循环蓄能量866万千瓦时,年发电量31.6亿千瓦时,年抽水用电量(填谷电量)42.86亿千瓦时,承担系统峰谷差360万千瓦任务。电站雄伟壮观,堪称世纪之作,是中国目前已建和在建的同类电站单个厂房装机容量最大、水头最高、亚洲最大、名列世界第二的抽水蓄能电站,主要设备均从国外引进。

十三陵抽水蓄能电站 位于北京市昌平旅游风景区,距市区30余千米。是国家和北京市"八五"重点工程,也是首都"9511"重点工程之一。1990年筹建,1992年9月主体工程开工,1995年12月1号机组投产,1997年7月4号机组并网发电,工程基本结束。系利用已建十三陵水库为下库,在蟒山后上寺沟头修建上库,上下库落差430米。主要建筑物有上库、引水道、地下厂房、尾水道及下库等。上库采用沥青混凝土面板堆石坝,坝顶长464米,最大坝高70米,总库容401万立方米。水道系统有2条引水隧洞,长分别为388米和399米。尾水系统布置采用2台机汇入一个尾水调压井,后接一条尾水洞,2条尾水洞(有压洞)长分别为780米和840米。下池为十三陵水库,控制流域面积223平方千米,总库容8100万立方米,拦河土坝高29米。地下厂房内安装4台单机容量20万千瓦机组,装机容量为80万千瓦,设计年发电量12亿千瓦时。其主要任务是担负北京地区调峰和紧急事故备用电源,改善首都供电质量;接入华北电力系统,与京津唐电网联网运行;减少火电频繁调整出力和开启,改善运行条件,降低煤耗,同时兼有填谷、调频和调相等功能。

明潭抽水蓄能电站　位于台湾中南部南投县,台湾省最大的抽水蓄能电站,总装机容量160万千瓦。1987年开工,1995年建成。上水库利用天然湖泊日月潭,在距明湖抽水蓄能电站下水库坝下游约4千米处之车埕车站附近的水里溪河谷兴建另一座混凝土重力坝形成下水库。最大坝高61.5米,坝顶长319米,调节库容1200万立方米,可供连续发电及抽水时间各为6.7小时及7.8小时。最高水位373米,最低水位345米,工作深度28米。坝底部设有4条排沙道,河床中设3个表孔溢流坝段,其最大泄洪量2500立方米/秒。

羊卓雍湖抽水蓄能电站　位于西藏自治区贡嘎县境内,是混合式抽水蓄能电站。电站距拉萨市80千米,厂区地面海拔约3600米,是世界上海拔最高的抽水蓄能电站,也是中国水头最高的抽水蓄能电站。电站利用羊卓雍湖与雅鲁藏布江之间840余米的天然落差,取羊卓雍湖的湖水,通过引水隧洞和压力钢管,引水至雅鲁藏布江边的发电厂。1989年9月开工,1997年6月1日第1台机组发电并网,于同年12月竣工。主要建筑物:羊卓雍湖边进水口、引水隧洞、调压井、压力管道、地面式厂房和110千伏开关站、雅鲁藏布江边取水口、低扬程泵、沉沙池及与多级蓄能泵相连接的抽水钢管。装有4台三机式抽水蓄能机组,预留1台常规机组的位置,总装机容量11.25万千瓦(5×2.25万千瓦),多年平均年发电量9180万千瓦时,年发电利用小时为1000小时。电站以110千伏出线投入电力系统送至拉萨、山南、日喀则等地,并担负拉萨电网调峰、调频和事故备用任务。

第三节　中国著名调水、引排水工程

中华人民共和国成立以来,为解决水资源分布与城乡工农业生产需求上的矛盾,修建了许多跨流域或长距离的调水工程。20世纪60年代中国先后修建了京密引水渠工程,向深圳、香港供水的东深供水一期工程,向厦门供水的北溪引水工程等;80年代建成长234千米的引滦入津、入唐工程,珠海磨刀门向澳门供水工程,长290千米的引碧入连工程、引青济秦工程、引黄济青工程;90年代建成东深供水三期工程、引黄入卫工程等;21世纪以来建设的大型调水、引水工程有甘肃引大入秦、山西万家寨引黄、江苏泰州引江河、新疆引额济克、四川武都引水、宁夏扶贫扬黄、陕西东雷抽黄和黑河引水等工程。

一、南水北调工程

南水北调工程的根本目标是改善和修复北方地区的生态环境。由于黄淮海流域的缺水量80%分布在黄淮海平原和胶东地区,因而优先实施东线和中线工程势在必行;在黄淮海平原和胶东地区的缺水量中,又有60%集中在城市,城市人口和工业产值集中,缺水所造成的经济社会影响巨大。因此,确定南水北调工程近期的供水目标为:解决城市缺水为主,兼顾生态和农业用水。

南水北调东线和中线工程涉及7省、直辖市的44个地级以上城市,受水区为京、津、冀、鲁、豫、苏的39个地级及其以上城市、245个县级市(区、县城)和17个工业园区。

从20世纪50年代提出"南水北调"的设想后,经过几十年研究,南水北调的总体布局确定为:分别从长江上、中、下游调水,以适应西北、华北各地的发展需要,即南水北调西线工程、南水北调中线工程和南水北调东线工程。南水北调工程分东、中、西3条调水线路。建成后与长江、淮河、黄河、海河相互连接,将构成中国水资源"四横三纵、南北调配、东西互济"的总体格局。

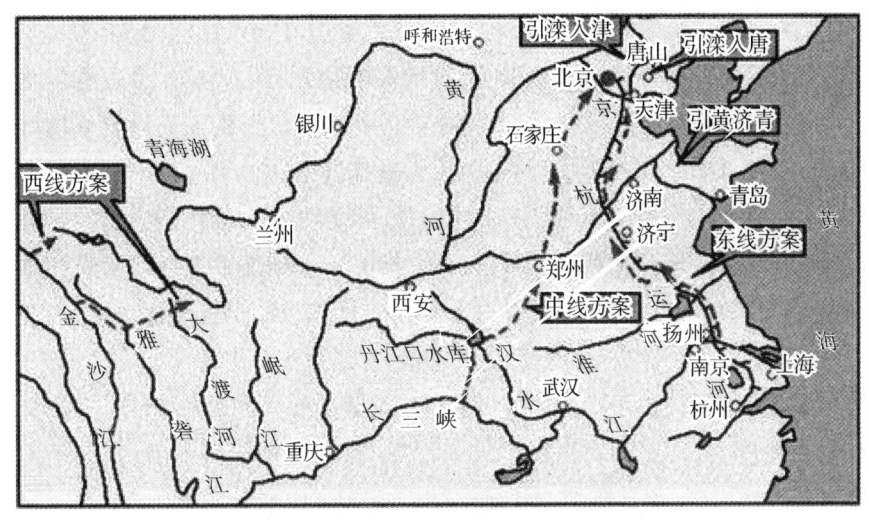

图 3-2-6 南水北调的输水路线示意图

1. 西线工程

从长江上游引水入黄河，是解决中国西北地区和华北部分地区干旱缺水的战略性工程。自 1952 年黄河水利委员会组织考察队始，40 多年黄委会与有关单位做了大量勘测和规划研究工作。1987 年国家计委将西线调水工程列为超前期工作项目，要求用 10 年时间回答西线调水的可能性和合理性。黄委会等单位在边远高寒缺氧地带的艰苦环境中对调水区和邻近地区进行大量基础工作，先后提出了《南水北调西线工程初步研究报告》和《雅砻江调水工程规划研究报告》，经国家计委、水利部评审验收。通天河、大渡河调水工程规划研究工作也基本完成，1996 年提出《南水北调西线工程规划研究综合报告》。

20 世纪五六十年代曾考虑从通天河、雅砻江、大渡河、澜沧江、怒江等 5 条河调水方案，工程规模过大，可作为远景轮廓设想。据对通天河、雅砻江、大渡河 3 条河引水方案的规划研究，从 3 条河年最大可调水量约为 200 亿立方米，其中从长江上游通天河调水 100 亿立方米；从长江支流雅砻江调水约 50 亿立方米；从大渡河调水 50 亿立方米。供水范围初步考虑为青海、甘肃、宁夏、陕西、内蒙古和山西 6 省区。

黄河与长江之间有巴颜喀拉山阻隔，黄河河床高于长江相应河床 80 米～450 米。调水工程需筑高坝壅水或用泵站提水，并开挖长隧洞穿过巴颜喀拉山。引水方式考虑自流和提水 2 种。无论采取哪种引水方式，都要修建高 200 米左右的高坝和开挖 100 千米以上的长隧洞。

引水线路：①雅砻江引水线，从雅砻江长须附近修建枢纽，自流引水到黄河支流恰给弄。枢纽坝高 175 米，线路全为隧洞，全长 131 千米；②通天河引水线，此方案系与雅砻江引水联合开发，即在雅砻江引水先期开发条件下的二期工程。在通天河同加附近建枢纽自流引水到雅砻江，再由雅砻江引水到黄河支流恰给弄。枢纽坝高 302 米，线路全为隧洞，全长 289 千米，其中同加到雅砻江 158 千米，雅砻江到黄河 131 千米；③大渡河引水线，在大渡河上游足木足河斜尔尕附近修建枢纽抽水到黄河支流贾曲。枢纽坝高 296 米，线路全长 30 千米，其中隧洞长 28.5 千米。泵站抽水扬程 458 米，年用电量 71 亿千瓦时。

西线工程 3 条河调水约 200 亿立方米，可为青、甘、宁、蒙、陕、晋 6 省区发展灌溉面积 200 万公顷，提供城镇生活和工业用水 90 亿立方米。促进西北内陆地区经济发展和改善西北黄土高原的生态环境。

2. 中线工程

近期从长江支流汉江上的丹江口水库引水,沿伏牛山和太行山山前平原开渠输水,终点北京。远景考虑从长江三峡水库或以下长江干流引水增加北调水量。中线工程具有水质好、覆盖面大、自流输水等优点,是解决华北水资源危机的一项重大基础设施。

中线工程的前期研究工作始于20世纪50年代初,40多年来,长江水利委员会与有关省市、部门进行了大量的勘测、规划、设计和科研工作。1994年1月水利部审查通过了长江水利委员会编制的《南水北调中线工程可行性研究报告》。2013年12月25日,中线干线主体工程经过10年建设完工。2014年12月12日,中线一期工程正式通水。

中线工程可调水量按丹江口水库后期规模完建,正常蓄水位170米条件下,考虑2020年在汉江中下游适当做些补偿工程,保证调出区工农业发展、航运及环境用水后,多年平均可调出水量141.4亿立方米,一般枯水年(保证率75%),可调出水量约110亿立方米。

供水范围主要是唐白河平原和黄淮海平原的西中部,供水区总面积约15.5万平方千米。因引汉水量有限,不能满足规划供水区内的需水要求,只能以供京、津、冀、豫、鄂5省市的城市生活和工业用水为主,兼顾部分地区农业及其他用水。

南水北调中线主体工程由水源区工程和输水工程两大部分组成。水源区工程为丹江口水利枢纽后期续建和汉江中下游补偿工程;输水工程即引汉总干渠和天津干渠。

中线工程可缓解京、津、华北地区水资源危机,为京、津及河南、河北沿线城市生活、工业增加供水64亿立方米,增供农业供水30亿立方米。大大改善供水区生态环境和投资环境,推动中国中部地区的经济发展。丹江口水库大坝加高提高汉江中下游防洪标准,保障汉北平原及武汉市安全。

3. 东线工程

从长江下游引水,基本沿京杭运河逐级提水北送,向黄淮海平原东部供水,终点天津。东线工程自20世纪50年代初就有设想,1972年华北大旱后,水电部组织进行研究。由南水北调规划办公室牵头,淮河水利委员会、海河水利委员会、水利部天津勘测设计院与有关省市、部门协作做了大量勘测、设计、科研工作。1976年提出《南水北调近期工程规划报告》,上报国务院,并进行初审。1983年3月国务院批准了水电部上报的《南水北调东线第一期工程可行性研究报告》。1993年9月水利部会同有关省市共同审查并通过《南水北调东线工程修订规划报告》和《南水北调东线第一期工程可行性研究修订报告》。2013年12月8日,经过11年建设,南水北调东线一期主体工程正式通水。

东线工程可为苏、皖、鲁、冀、津5省市净增供水量143.3亿立方米,其中生活、工业及航运用水66.56亿立方米,农业用水76.76亿立方米。

东线工程实施后可基本解决天津市、河北省黑龙港及运东地区、山东鲁北、鲁西南和胶东部分城市的水资源紧缺问题,并具备向北京供水的条件。促进环渤海地带和黄淮海平原东部经济发展,改善因缺水而恶化的环境。为京杭运河济宁至徐州段的全年通航保证了水源。使鲁西和苏北2个商品粮基地得到巩固和发展。

南水北调工程是实现中国水资源优化配置的战略举措。受地理位置、调出区水资源量等条件限制,西、中、东3条调水线路各有其合理的供水范围,相互不能替代,可根据各地区经济发展需要;前期工作情况和国家财力状况等条件分步实施。

二、引大入秦工程

甘肃省跨流域调水的大型自流引水灌溉工程。它将发源于青海省境内的大通河水跨流域东调120千米，引至兰州市以北约60千米的秦王川地区(图3-2-2)。

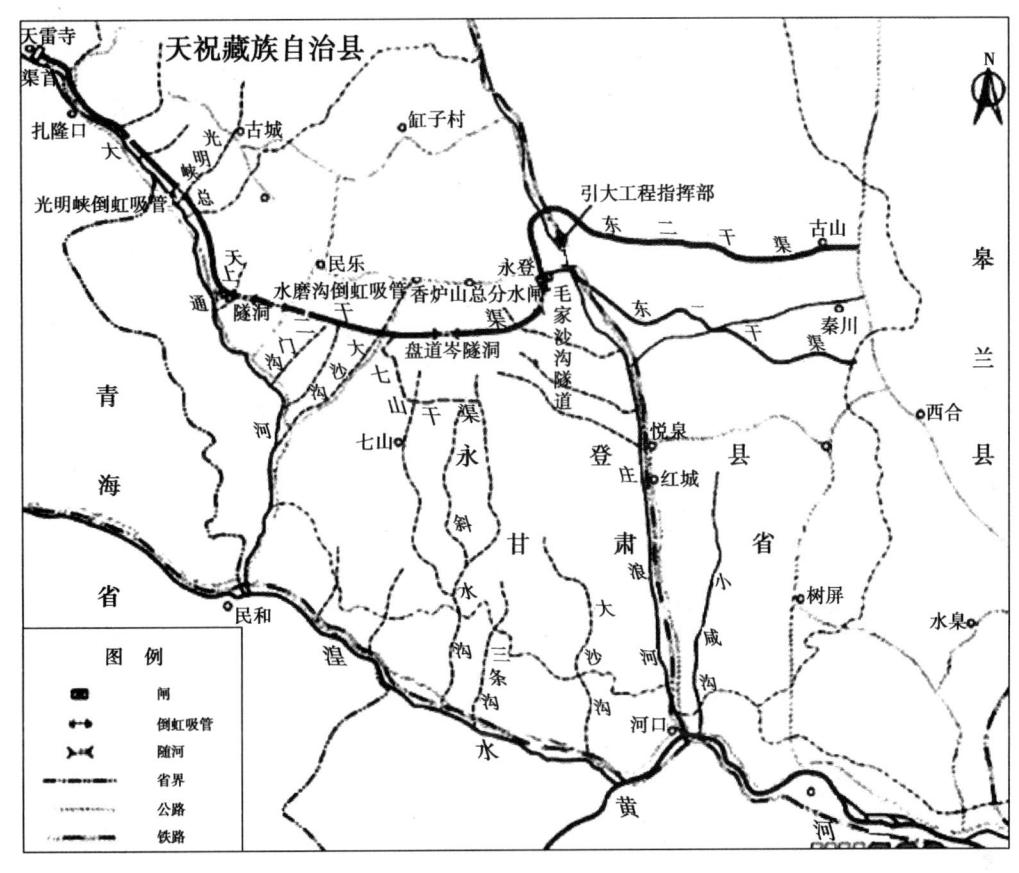

图3-2-7 引大入秦工程平面示意图

工程由引水渠首、输水渠系及其建筑物和田间配套工程组成。总干渠从天堂寺引水渠首到甘肃省永登县香炉山总分水闸，全长86.94千米，设计引水流量与渠首进水闸相同。在香炉山总分水闸将水分至东一干渠、东二干渠和45条支渠流入灌区，东一干渠全长52.66千米，设计引水流量14立方米/秒，灌溉面积2.11万公顷；东二干渠全长53.62千米，设计引水流量18立方米/秒，加大引水流量21.5立方米/秒，灌溉面积3.38万公顷。45条支渠总长度约674.95千米。

引水及输水建筑物建筑在绵延山岭地带，穿越崇山峻岭，输水线路长，支渠以上渠道总长度约880千米；渠系建筑物多，且以隧洞群为主，有隧洞77座、渡槽38座、倒虹吸3座，隧洞总长达110千米，是当今中国最大的"地下运河"。总干渠从天堂寺到永登县的香炉山全长87千米，其中隧道33座，总长75.14千米，渡槽9座，倒虹吸2座。隧洞所通过的地区，自然条件十分恶劣，隧洞埋深大，岩石为软岩类，工程地质条件极为复杂，施工难度大。东二干渠庄浪河高排架渡槽全长2194.8米；先明倒虹吸设计水头107米，全长524.8米，其规模在20世纪70年代中期居亚洲第1。

工程设计年自流引水4.43亿立方米，灌溉面积5.87万公顷，年增产粮食约1.5亿千克，用于安置甘肃省东部贫困地区8万移民和解决灌区内40万人民的生产、生活用水。工程于1976年开工建设,主体工程已于1995年建成通水。2014年向供水区供水2.07亿立方米,灌溉面积6.8万公顷次。工程于2015年4月28日全面竣工,历时39年,工程功能定位现已调整为以当地经济、社会、生态效益最大化为目标,统筹农业、工业、城乡生活、生态用水,为供水区经济社会协调发展提供水资源支撑。

三、引黄入晋工程

位于山西西北部,工程从黄河万家寨水利枢纽库区取水,经总干线、南干线和北干线分别为太原、大同、朔州3个城市和能源基地供水,设计年供水量12亿立方米(向太原供水6.4亿立方米及向大同和朔州供水5.6亿立方米),解决山西省水资源紧缺和能源基地建设用水及部分城市居民的生活用水。

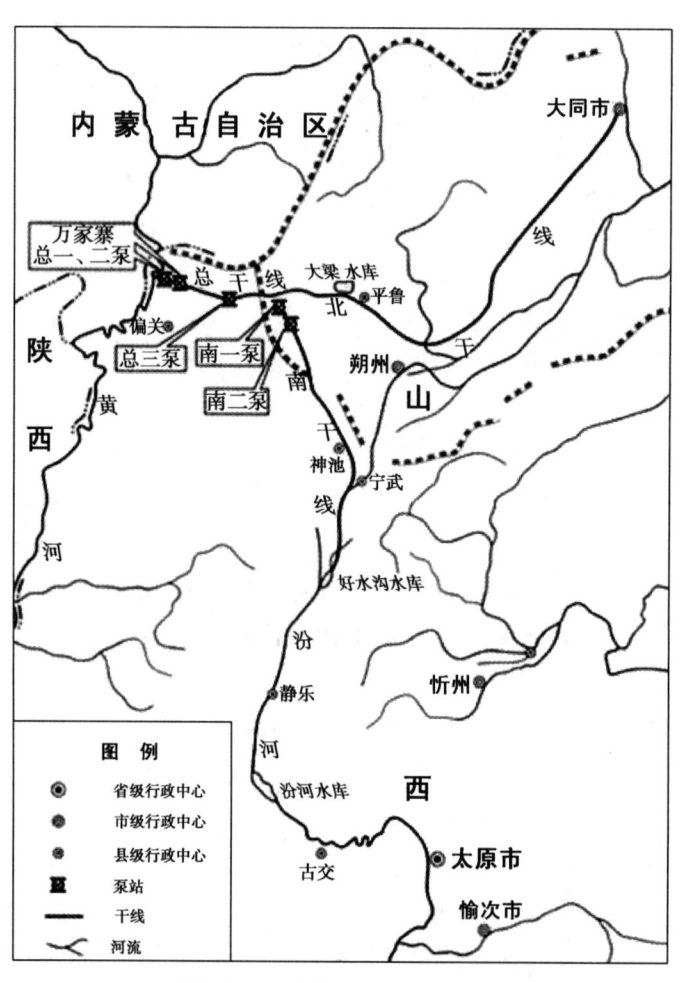

图3-2-8 引黄入晋工程线路图

工程由总干线及向大同、朔州2市供水的北干线,以及向太原市供水的南干线和连接段组成。引水线路总长441.8千米,其中隧洞长196.66千米,还有泵站、调节水库、渡槽、电站、倒虹吸、水闸等100多座建筑物。总干线长约44.4千米,由20座建筑物组成,其中,泵站3座、隧洞11条(有压隧洞4条、无压隧洞7条)、渡槽4座(长0.55千米)、日调节水库1座(调节库容为14.7万立方米)、分水闸1座。南干线长101.7千米,从总干线末端的分水闸起点,向南经偏关、平鲁、神池、宁武等县(区)至头马营入汾河,由16座建筑物组成,其中,泵站2座、无压隧洞7条(长约97.5千米)、渡槽3座(长1.12千米)、埋涵3座(长1.31千米)、7号洞出口控制闸门1座、明渠段长0.47千米。连接段工程自南干线7号洞头马营出口至太原市呼延水厂,长138.6千米,其中利用天然河道输水81.2千米,输水管(洞)线长57.4千米。北干线自下土寨分水闸穿过吕梁山,经大梁水库和朔州至大同赵家小村水库,全长约161.1千米,其中地下泵站1座(总装机容量5750千瓦)、隧洞1条(长43.7千米)、调节水库4座(大梁水库、耿庄水库、尚希庄水库、墙框堡水库,总库容3761万立方米)、PCCP管线2段(长115千米)。

工程分2期实施。一期工程包括总干线、南干线和连接段工程,于1993年5月22日奠基,2003年10月26日投入运行。建成输水线路全长285.6千米,其中总干线44.35千米,南干线的下土寨分水闸至头马营隧洞出口段长102.08千米,头马营至呼延水厂的连接段长138.6千米,建成总干线上的申同嘴水库;建成总干线一级、二级、三级泵站及南干线一级、二级泵站的土建工程,各站安装3台机组,共计15台机组及其配套设备;完成总干、南干、连接段全线自动化工程。2003年正式向太原市供水,到2010年10月底,累计供水近5亿立方米,有效缓解了太原市生产、生活、生态用水的紧缺局面,为太原市经济社会的建设、汾河清水复流、生态环境的改善作出了不可替代的贡献。二期工程主要是北干线建设,2009年2月正式开工建设,2011年9月通水到大同,标志着山西省有史以来最大的水利工程引黄入晋工程全部完成。工程沿线区域多山,工程需要多级提水,并十多次穿过高山峻岭,且各种复杂地质情况并存,施工难度大,被水利界专家称之"国内仅有、世界罕见的大型水利工程"。

四、引黄济青工程

山东省引黄河水至青岛市的大型跨流域调水工程,以解决城市供水和输水渠沿线农业用水。工程建有253千米人工衬砌输水明渠和22千米暗渠。黄河水在滨州的引黄济青工程的起点进行沉淀,向东南经过东营、潍坊等4个市、10个县市区,最后抵达青岛市境内的棘洪滩水库,全长290千米。

工程由水源工程、输水工程、调节水库及供水工程组成。

水源工程和输水工程包括:①渠首引水沉沙工程,利用山东省博兴县打渔张引黄闸引水,每年11月11日~翌年3月20日利用黄河水含沙量少和农业不用水的时机引水,设计流量45立方米/秒,年引水量5.5亿立方米。沉沙池总面积36平方千米,分9个条渠,每条宽600米,淤高5米,出口建闸控制。每条渠用4年~5年后,盖淤还耕。进水闸至沉沙池进口为输水渠,长6千米。沉沙条渠长6千米~8千米。②输水河工程始于博兴县沉沙池出口,向东经广饶、寿光、寒亭、昌邑、高密、平度、胶州、即墨等9个县(市、区)至棘洪滩水库,全长253千米。输水河比降1/6000~1/20 000,水深2.1米~3.5米,底宽7.4米~18.9米,内坡1:1.5~1:2.5。2堤顶宽度分别为8米和4米。输水河沿途共穿越天然河、沟、渠90余条,为防止污染输水河水质,均采用立交。共有输水河倒虹吸34座,总长5365米;输水河渡槽2座,总长160米;排水河沟穿过输水河的倒虹吸51座;排水及灌溉渡槽13座;铁路桥2座;公路桥28座;生产桥165座;水闸64座;涵洞20座。③防渗、防冻胀、护坡固床并减小糙率、衬砌渠道排水减压工程。④建设和管理中采用"控制容量原理",采取实时控制手段将明渠中的水流变成"类似管状流",在输水流量急剧变化的情况下,使水面波动最小,指标是水位降落每小时不超过30厘米、24小时不超过70厘米。泵站工程共有5座。

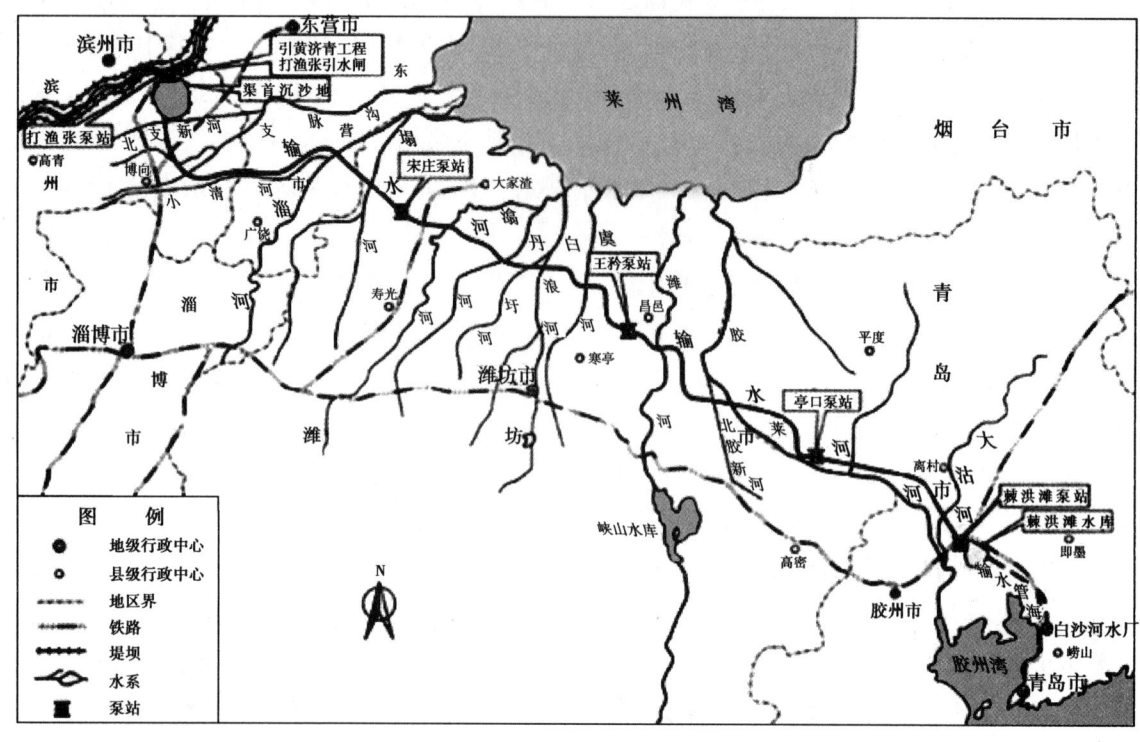

图 3-2-9　引黄济青工程示意图

棘洪滩水库为输水河末端的调节水库,其作用是将输水期的引水量调蓄后,向青岛市全年均匀供水。其为平原围坝水库,库区面积 14.4 平方千米;坝型为碾压式心墙土坝,坝轴线总长度 14.2 千米,最高库水位 14.2 米,最大坝高 15.24 米;防浪墙高 1 米;总库容 15 676 万立方米,死库容 4780 万立方米,兴利库容 10 896 万立方米。放水洞为 2 米×2 米 2 孔钢筋混凝土箱涵,设计出库流量 5.4 立方米/秒;泄水洞为 2 米×2.5 米 3 孔钢筋混凝土结构,设计最大泄水量 124 立方米/秒。

供水工程包括暗渠、低压管道、涵洞共 22 千米;净水厂 1 座(净水 36 万立方米/天);增压泵站 1 座;输配水管道 43.5 千米;调蓄水池 3 处;加压泵站 3 处,能力为 32 万立方米/天。

工程于 1986 年 4 月 15 日开工,1989 年 11 月 25 日建成通水。具有引水、沉沙、输水、蓄水、净水、配水等设施,功能齐全,配套完整,已经是青岛市主要用水的来源并使青岛摆脱了缺水的困难。运行多年来通过研究、实践,总结了冬季输水冰盖形成、消融机理,制订了调度运行准则,积累了冰盖下输水运行的经验。

五、引滦入津工程

将河北省境内的滦河水跨流域引入天津市的城市供水工程。水源地位于河北省迁西县滦河中下游的潘家口水库,向天津供水 10 亿立方米/年。由潘家口水库放水,沿滦河入大黑汀水库调节。引滦工程总干渠的引水枢纽工程为引滦入津工程的起点,穿越分水岭之后,沿河北省遵化市境内的黎河进入天津市境内的于桥水库调蓄,再沿州河、蓟运河南下,进入专用输水明渠,经提升、加压由明渠输入海河,再由暗涵、钢管输入芥园、凌庄、新开河 3 个水厂。引水线路全长 234 千米。

整个工程分为引滦枢纽工程和引滦入津输水工程,引滦枢纽工程位于河北省迁西县境内的滦河干流上,是滦河干流上唯一控制性防洪工程,由潘家口水利枢纽,大黑汀水利枢纽,引滦枢纽闸

3部分组成;输水工程包括引水隧洞、河道整治工程、提升和加压泵站、大型倒虹吸、明渠、暗渠、暗管、净水厂、公路桥,以及农田水利配套、供电、通讯工程等215项工程。

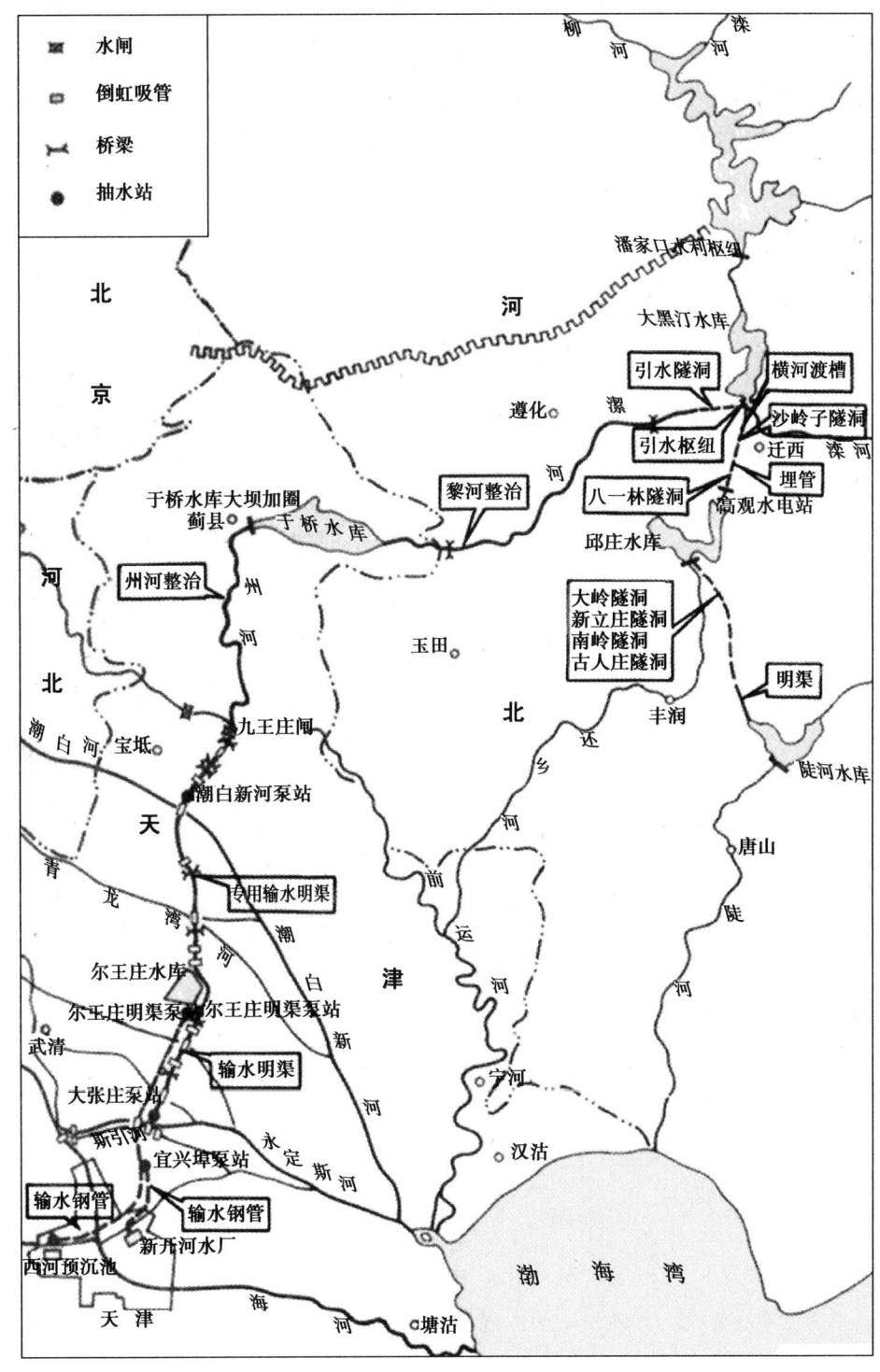

图3-2-10　引滦入津工程示意图

潘家口水利枢纽工程位于河北省迁西县城以北30千米处的滦河干流上,为大Ⅰ型多年调节水库,总库容29.3亿立方米,控制流域面积33 700平方千米。1975年10月主体工程动工,1985年基本竣工。主要任务为向天津市和河北省唐山市供水,结合供水发电,兼顾防洪。大黑汀水利枢纽位于河北省迁西县滦河干流上,距上游潘家口水库30千米,主要建筑物包括宽缝式混凝土主坝1座、混凝土副坝1座、坝后式电站2座和110千伏开关站1座。1973年10月开工,1982年基本竣工。主要作用是承接潘家口水库的调节水量,抬高水位,同时拦蓄潘、大区间来水并结合供水发电。引滦枢纽闸是引滦入津和引滦入唐工程的咽喉,位于大黑汀水库主坝下游500米处,通过引滦总干渠与大黑汀水库相接,其作用是控制调节引滦入津和引滦入唐的流量。引滦枢纽闸右侧设3孔入津闸,设计流量60立方米/秒;左侧设3孔入唐闸,设计流量80立方米/秒。引滦枢纽闸以下分别与引滦入津隧洞和引滦入唐明渠相接,分别向天津市和河北省唐山地区输水。

引水隧洞及进出口工程总长12.39千米,其中洞长9.66千米,设计流量60立方米/秒,校核流量75立方米/秒;隧洞净宽5.7米,净高6.25米,圆拱直墙型,无压输水,隧洞围岩为片麻岩,节理裂隙发育,隧洞穿过罕见的特大断层长达212米。为保证工程质量,借鉴当代地下工程设计、施工的先进经验,采用新奥法并结合实际的新型设计与施工工艺。整治河道108千米,开挖输水明渠64千米,修建倒虹吸12座、涵洞5座、水闸7座。已建的于桥水库加高加固后作为引滦入津工程的控制性调蓄枢纽,总库容15.59亿立方米,均质土坝长2222米,坝体加高1.2米,坝基采用混凝土防渗墙及灌浆进行加固。尔王庄平原水库为引滦入津工程的月调节水库,库容4500万立方米。泵站4座,主要技术特征及主机型参见引滦入津泵站工程。变电站3座,架设通信线路360千米。

工程于1982年5月11日开工,1983年9月11日建成通水。1988年4月随着天津市经济发展与人民生活水平的提高,引滦入津主体工程迄今已逐步分流配水,扩大供水支干线6条,预应力混凝土管总长度达414千米,新建泵站8座,年增供水量2.58亿立方米。工程自运用以来,充分利用潘家口水库、大黑汀水库的调蓄作用,截至2009年底累计向天津供水145.8亿立方米,结束了天津人民喝咸水、苦水的历史,天津城市饮水水质达到国家二级标准。工业生产缺水的被动局面得到了扭转,同时为新建企业提供了可靠水源,加速了工业发展,改善了投资环境,成为天津经济和社会发展赖以生存的"生命线"。同时也大大缓解了唐山市的用水紧张状况。工程还担负着拦蓄洪水和削减洪峰的作用,保护着下游7个县市、4000平方千米区域内200多万人口、25万多公顷农田生命、财产安全以及京山铁路、大秦铁路、京哈高速公路、沿海高速公路、京唐港的安全。同时担负首都用电紧急备用,缓解华北电网的峰荷,为天津及唐山地区的经济发展和防洪安全作出了重要贡献。

六、引碧入连工程

以大连城市供水为主,兼顾沿途农业用水、中小城镇用水的跨流域调水工程。目前,引碧入连工程已开工4期,1983年12月27日引碧入连一期工程建成通水;1988年4月开始修建引碧入连应急供水二期工程,1990年末竣工,日供水能力增至53万立方米;1995年6月10日三期北段供水工程开工,是国内投资额最大的城市供水建设项目,1997年10月28日竣工,碧流河水库向大连日供水能力达到120万立方米;2010年10月25日四期工程得胜段管道沟槽深挖工程正式开工建设,将进一步改善大连市缺水现状,增强全市经济发展活力,全面提升大连市在辽宁省"五点一线"沿海经济带开放开发战略中的龙头作用。

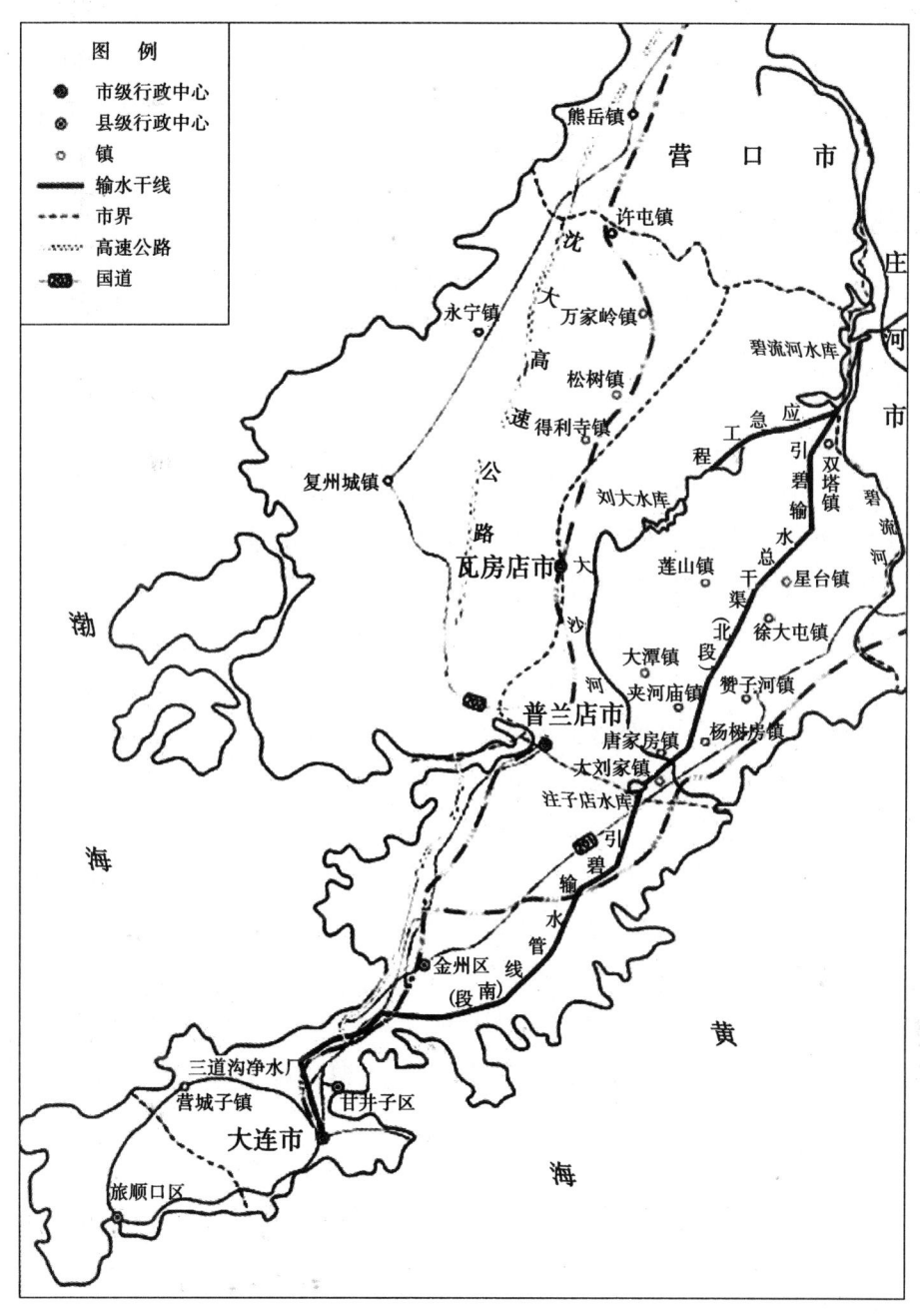

图 3-2-11 引碧入连工程(北段)位置图

引碧入连工程自辽宁普兰店、庄河、盖州 3 市交界处的碧流河水库引水,流入大连的碧流河水,沿途经过 4 座水库、8 个加压泵站,88 千米地下双排管道、11 千米隧洞和 61.5 千米自然河道。分为北、南 2 段。北段始于碧流河水库坝下,止于洼子店水库左坝头受水池,为主要的引水工程;南段为进入城区的受水工程。

1986 年竣工的碧流河水库位于大连市东北 170 千米处,总库容 9.34 亿立方米,年调节水量 4.03 亿立方米,是大连市重要水源地。为缓解城市供水困难,先后建设了引碧入连一期、二期应急供水工程,每年只能为城市供水 2 亿立方米,远不能满足城市用水需求。

北段供水工程主要由取水头部及输水总干线、防洪工程、分水枢纽等组成（见图3-2-11）。输水总干线全长67.75千米，天然落差25米，包括暗渠、倒虹吸、隧洞等主要建筑物。地震设计烈度为Ⅶ度，供水流量为13.89立方米/秒，总干渠渠首最大供水流量为15.05立方米/秒，年总供水量为3.33亿立方米。

七、泰州引江河工程

江苏省苏北地区从长江引水至新通扬运河的引江河工程，既是国家南水北调的水源工程，也是江苏开发"海上苏东"的战略工程。主要功能是以增供苏北地区水源为主，改善里下河地区洼地排涝，提高南通地区灌排标准，是一项以引水为主，灌溉、排涝、航运、生态、旅游综合利用的大型水利设施。

位于江苏省泰州市与扬州市交界处，南起长江，北接新通扬运河，全长24千米。沿线兴建9座跨河桥梁。1995年11月开工，1999年9月主体工程（河道、桥梁、泵站枢纽）投入运行，2002年10月竣工，2004年6月通过竣工验收。工程主要包括：河道开挖、河口枢纽、跨河桥梁及两岸灌溉、排涝、航运配套工程等。工程总体规模系按河道自流引江流量600立方米/秒设计，河底宽80米，河底高程5.5米~6米（废黄河零点），由于河道沿线大部分为粉细砂软淤土，为防止船行波及水流冲刷，岸坡及河底均进行护砌。河口建设高港枢纽，由总净宽50米的节制闸、300立方米/秒双向抽水站及宽16米、长196米的船闸，以及结合布设的总净宽为15米的通南送水闸和总净宽20米的调度闸等5项工程组成（见图）。

2012年12月18日，泰州引江河二期工程正式开工，计划于2015年7月底完成。二期工程建设包括扩浚23千米的全线河道，新建高港枢纽二线船闸，以及相应的移民、环保、水保及水文基础设施等。河道浚深后，河底高程将由原来的-3.0至-3.5米加深到-6.0至-6.5米，通水能力将从原先的300立方米每秒提升至600立方米每秒。新建的高港枢纽二线船闸位于一线船闸西侧，闸室深4米，长230米，通航宽度也由一线船闸的16米增至23米。建成后，千吨级的大型船舶将畅行无阻，通航能力极大提升。

泰州引江河是江苏省沿海地区抽引江水的重要口门，里下河地区涝水外排长江的重要通道，也是沿海、里下河和通南地区通江达海的重要航道。实施泰州引江河二期工程，将会进一步完善、发挥泰州引江河水利、水运、供水等综合功能，工程效益十分显著。

八、淮河入海水道工程

位于中国江苏省淮安、盐城市境内苏北灌溉总渠北侧，为扩大淮河洪水出路、提高洪泽湖防洪标准、确保淮河下游地区133万公顷耕地和近2000万人口防洪安全的水利骨干工程。工程上自二河闸下2.5千米的二河东堤，下至扁担港以北注入黄海，水道全长163.5千米。

洪泽湖是巨型平原水库，现有洪水出路以入江水道为主，入江水道设计泄洪流量为12000立方米/秒；相机泄洪的二河—淮沭河设计流量3000立方米/秒；苏北灌溉总渠泄量1000立方米/秒（含废黄河）。其防洪标准不足100年一遇洪水，若淮沂遭遇江淮并涨，在充分利用滨湖圩区滞洪的情况下，仅能防御约50年一遇洪水，标准偏低。增建淮河入海水道，配合现有排洪出路宣泄洪泽湖洪水，在近期（2000~2003）工程建成后，配合入江水道、苏北灌溉总渠和分淮入沂等工程，可使洪

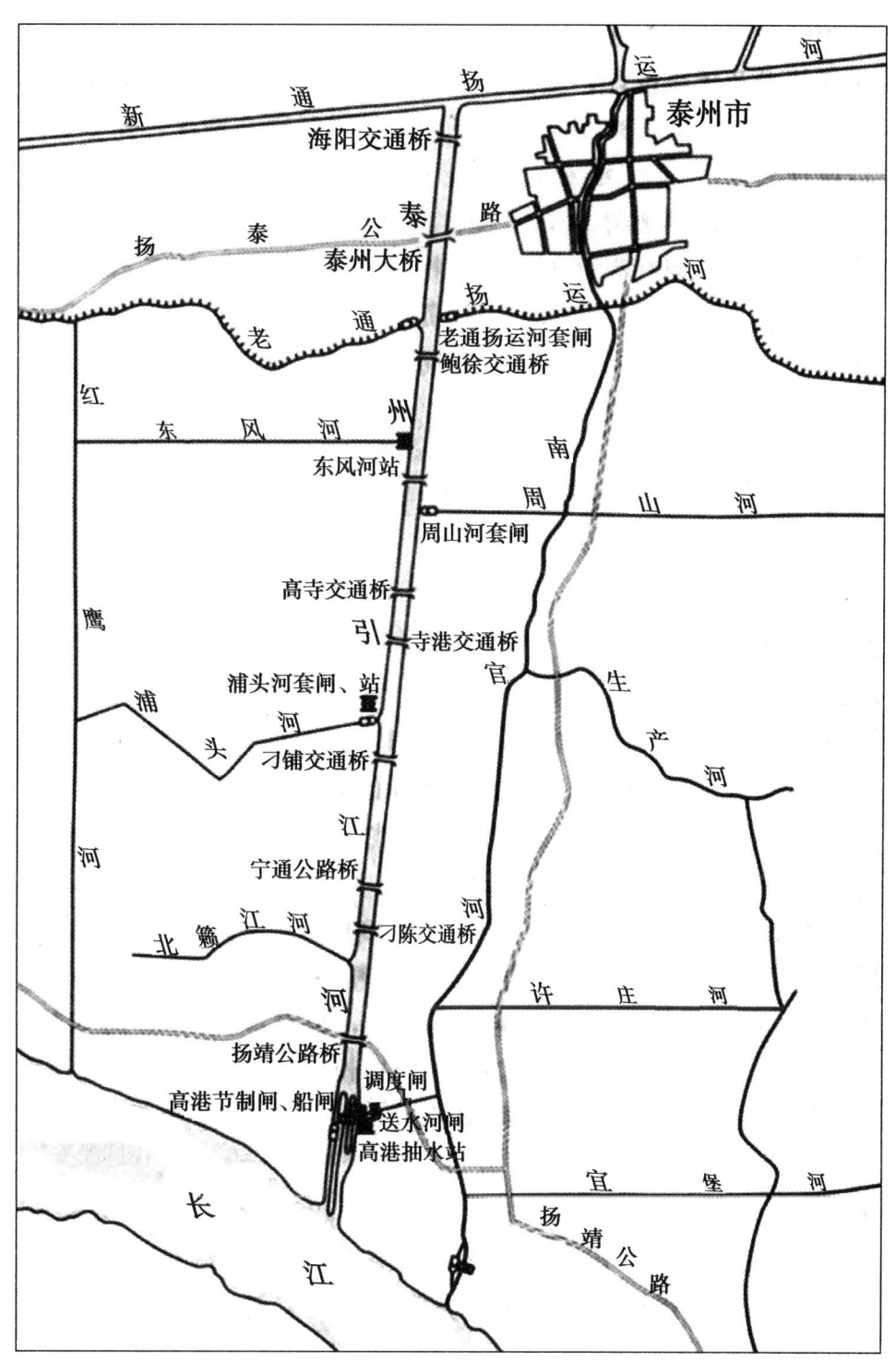

图 3-2-12　泰州引江河总体布置图

泽湖的防洪标准提高到不低于 100 年一遇洪水。

工程分 2 期实施，近期建设的工程主要有堤防、泓道、枢纽、跨河桥梁、穿堤建筑物及渠北影响处理工程，其中交叉建筑物多，特别是淮安枢纽工程位置重要，设计技术难度大，运用条件复杂。

入海水道与苏北灌溉总渠成 2 河 3 堤，入海水道南堤基本沿灌溉总渠现状北堤加高加固；北堤按防洪要求新筑，2 堤中心距离 580 米左右，控制枢纽、村镇附近及近海口段的堤线根据具体情况确定,最大堤距达1000米左右。堤顶高程按设计洪水位,南堤加超高2.5米,北堤超高2米,顶宽均为8米。泓道规模按渠北地区5年一遇设计除涝流量,扣除渠北部分泵站抽排以及相机排入总渠的流量后确定,并根据高低水分排的原则予以安排;运西段自二河至淮安以筑堤土方控制挖单一泓道,兼排滩面涝水;运东高片段自淮安至老管河按双泓布置,北泓排运东高片涝水至老管河(再经淮阜控制的调度闸调入南泓),南泓排运西和清安河涝水;运东低片段自老管河至海口亦为双泓,南泓排老管河以上涝水,北泓排老管河以东低片涝水。北泓紧靠南泓北侧,2泓间有隔堤。

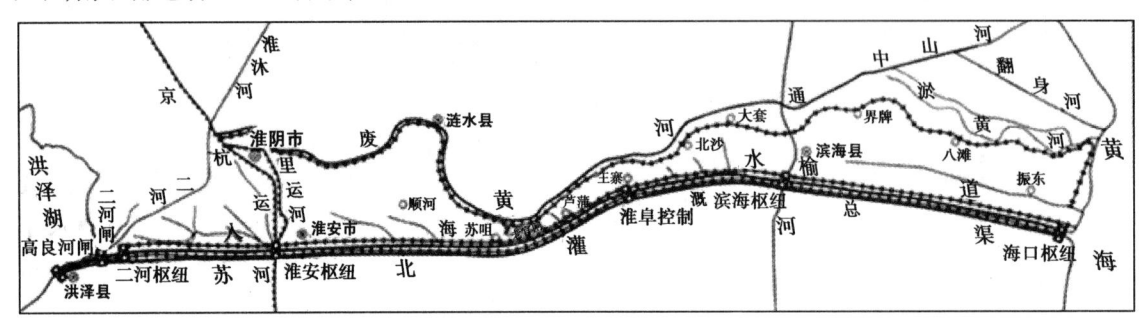

图3-2-13 淮河入海水道工程示意图

入海水道与二河、京杭运河、通榆河相交,最后注入黄海,相应建设二河、淮安、滨海、海口4处枢纽,另有淮阜控制闸。二河枢纽包括已建的二河闸和二河新泄洪闸,前者不需扩建,后者为新建的10孔闸(每孔10米×8.8米)。淮安枢纽为入海水道与京杭运河呈立交布置,兴建入海水道穿运河立交地涵15孔(每孔6.8米×8米),其京杭运河渡槽净宽80米。古盐河穿堤涵洞5孔(每孔4米×4米)。滨海枢纽为入海水道与通榆河呈立交布置,建入海水道穿通榆河地涵23孔(每孔6米×6.5米),通榆河渡槽净宽58米。海口枢纽新建北闸11孔(含通航孔);除通航孔外,新建南闸5孔(孔径10米×7.2米)。

近期工程于1998年10月开工,2003年建成。近期工程建成后,一般启用水位(蒋坝)为14米,如淮河上、中游发生大洪水或水文预报可能发生大洪水时,经国家防汛抗旱总指挥部批准,可在13.5米启用,设计分泄洪泽湖洪水2270立方米/秒,使洪泽湖的防洪标准提高到100年一遇,并使渠北地区达到5年一遇洪水的排涝能力。

工程远景将按泄洪7000立方米/秒扩建(南北2堤中心距同近期工程),使洪泽湖防洪标准提高到300年一遇洪水,同时使渠北地区达到10年一遇洪水的排涝能力。

九、引江济汉工程

引江济汉工程是从长江荆江河段引水至汉江高石碑镇兴隆河段的大型输水工程,属汉江中下游治理工程之一,南水北调中线工程的组成部分。渠道全长约67.23千米,年平均输水37亿立方米,其中补汉江水量31亿立方米,补东荆河水量6亿立方米。工程的主要任务是:向汉江兴隆以下河段补充因南水北调中线一期工程调水而减少的水量,改善该河段的生态、灌溉、供水、航运用水条件。

2010年3月,引江济汉工程在长江荆江河段开工,工程从荆州区李埠镇长江龙洲垸河段引水到潜江市高石碑镇汉江兴隆段,地跨荆州、荆门2地级市所辖的荆州区和沙洋县,以及省直管市潜江市。引水干渠全长67.23千米,渠道设计流量350立方米/秒,最大引水流量500立方米/秒,进口渠底高程26.10米,出口渠底高程25.00米,渠底宽60米,渠道内用砼块护砌,左岸渠顶设计宽

7米,渠堤外坡脚有宽4米的绿化草为保护地,渠道以通水为主,兼顾灌溉与通航2种功能,可常年通行1000吨级船舶。2014年9月26日,引江济汉工程正式通水,可向汉江兴隆以下河段(含东荆河)补充因南水北调中线调水而减少的水量,改善该河段的生态、灌溉、供水条件,对汉江下游地区的生态环境修复和改善具有重要意义。

4年后,自三峡奔涌而下的长江水将从荆州市李埠镇江段分流,分流部横穿荆江大堤、汉宜高速,向北穿越江汉平原,终在潜江市高石碑镇境内注入汉江。

十、西安市供水工程

1987年8月,西安市新的引水工程开工。整个工程包括引水水源工程、输水渠道工程、净水厂、城市配水管网及农业灌溉补偿工程5大部分。引水水源工程包括金盆水库、石头河水库、石砭峪水库、沣峪、田峪以及黑河径流。1993年12月,引沣峪水进西安;1994年12月,引田峪水进西安;1995年8月,引黑河径流进西安。金盆水库设计坝高130米,总库容2亿立方米,日供水达110万立方米,每年向西安市供水3.05亿立方米,也是南水北调中线的主要水库。石砭峪水库距西安市35千米,总库容2810万立方米。1987年8月~1990年8月,西安市政府组织完成119千米输水渠道和日处理60万吨的曲江池水厂建设。设计水库输水渠道年引水3000万吨,日供水5万吨。1990年8月30日,引石砭峪水入西安。石头河水库是西安引水工程的西线工程,设计引水流量为6立方米/秒,最大日供水能力52万吨,年供水量1亿~1.5亿立方米。供水渠线自水库分水闸至黑河汇流池,全长57.3千米,1993年11月22日开工,1996年5月25日试水,5月30日正式通水。目前西安市区的供水量每天在120万立方米左右,所用自来水70%以上取自于黑河径流、石头河、石砭峪水库等地表水源。全市已形成了246.7万立方米/日的供水能力,其中自来水供水能力189.3万立方米/日(包括地表水141.3万立方米/日,地下水48万立方米/日),自备水源38.4万立方米/日,再生水16万立方米/日,建成输配水干管2562千米,供水人口约为542.1万人,供水面积约为509.5平方千米,截至2010年最高日供水量已达160余万立方米/日,形成了城市供水以地表水为主、地下水为辅的供水格局,为西安经济社会又好又快发展提供了可靠的水资源保障。

第四节 中国著名防洪工程

中华人民共和国成立以来,黄河下游先后3次加高培厚堤防,大堤普遍加高2米~6米,开展了放淤固堤、河道整治;建立了北金堤和东平湖滞洪区。随着国家重点建设项目三门峡水利枢纽、伊河陆浑水库和洛河故县水库先后建成投产,标志着以防洪为主,兼具灌溉、发电、城市供水的治黄骨干工程发挥全面的综合效益。长江修建了丹江口、柘溪、陈村、漳河等大型水库,对中下游堤防进行了全面整修和加固,重点加高加固了荆江大堤、同马无为大堤、武汉市堤防,兴建了荆江、杜家台等分洪工程。修建重要堤防工程有:黄河下游的黄河大堤、长江的荆江大堤和同马无为大堤、汉江的汉江大堤、淮河的淮北大堤和洪泽湖大堤、珠江的北江大堤、海河的永定河大堤等。修建大型蓄滞洪区:黄河的北金堤滞洪区、长江的荆江分洪区、淮河的蒙洼蓄洪区、永定河的小清河分洪区等。

黄河大堤 黄河下游计有各类堤防总长2291千米,其中临黄堤1371.227千米。临黄堤是黄河下游防洪工程体系的主要组成部分。右岸临黄堤计长624.248千米,自上而下为:①孟津堤,自孟津牛庄至和家庙,长7.6千米;②自河南郑州市的邙山脚下,经中牟、开封、兰考及山东东明、菏泽、鄄城、郓城至梁山县国那里,长340.183千米;③东平湖河段梁山县国那里至东平青龙山的10段河湖两用堤及山口隔堤,计长19.325千米;④从济南市郊区宋家庄经历城、章丘、邹平、高青、博兴至垦利县二十一户村,长257.14千米。左岸临黄堤计长746.979千米,自上而下为:①自河南孟州中曹坡,经温县、武陟、原阳至封丘鹅湾,长171.051千米;②贯孟堤,自封丘鹅湾至吴堂,长9.32千米;③太行堤,自长垣大车集至苏东庄,长22千米;④自河南长垣县大车集经濮阳、范县至台前张庄,长194.485千米;⑤自山东阳谷陶城铺经东阿、齐河、济阳、惠民、滨州至利津四段,长350.123千米。临黄大堤的防洪标准为防御花园口站22 000立方米/秒的洪水,艾山以下大堤为防御11 000立方米/秒洪水。黄河下游大堤是经历代培修的,土质较差。1949年以后,施工质量有很大提高,修堤土料、含水量均有严格要求。但由于堤线长,加修频繁,又多系群众性施工,常不能完全达到要求,因此历次洪水时堤基往往出现严重的渗水或流土现象。加固堤防采取的主要措施有锥探压力灌浆、抽槽换土、加黏土斜墙和铺盖、沙石反滤、减压井、修筑前后戗、放淤固堤等。利用黄河水流含沙量大的特点放淤固堤,是加固黄河大堤的一项有效措施。采用的方法有自流放淤、提水放淤、简易吸泥船放淤、泥浆泵放淤等。自20世纪70年代大力推行以来,至2000年,已经开辟淤区的堤线长度为755.6千米,对巩固堤防起到了显著作用。1950年以来,黄河大堤经过3次大规模加高加固,20世纪末进行第4次修堤,至1999年,共完成土方10.36亿立方米。通过处理隐患、捕捉害堤动物等,使堤防抗洪能力有了很大提高。

荆江大堤 荆江大堤位于荆江北岸荆州市,上起荆州区枣林岗,下至监利县城南,全长182.35千米。堤防保护范围包括荆江以北、汉江以南,东抵新滩镇,西至沮漳河的广大荆北平原地区,保护73万余公顷耕地、1000多万人口,有荆州等一批重要城镇和江汉油田。中华人民共和国成立以来,对荆江大堤进行了大规模的加固,从根本上改变了大堤的面貌。从1950年~1997年,共进行了5次大规模的加固修培,目前大堤堤身断面形象基本达标,即堤顶高程按沙市控制站水位45米、加超高2米设计,堤顶面宽8米~12米,内坡1:3~1:5,外坡1:3。荆江大堤加固工程自1974年开始列入国家基建投资项目,一期工程自1975年~1983年完成。由于第一期工程仅完成了大堤内外平台的填筑和部分重点险工的整治,防洪标准并未提高,下剩大量险工尚未治理,1984年起又进行荆江大堤二期加固建设。荆江大堤二期加固工程计划工期10年,主要建设内容是:①大堤加超高2米,加固堤长182.35千米;②堤基处理、填塘;③沿堤5座引水闸按一级建筑物标准建1座、改建3座、加固1座;④沙市、郝穴和监利3个河弯护岸加固;⑤堤容堤貌整理、通讯工程管理设施建设等。经过历年的加固工程建设,荆江大堤主体工程已基本完成,堤身断面全面达到了设计标准,堤防的抗洪能力显著提高,抗御了1998年、1999年长江流域超设计洪水位的大洪水。荆江大堤与洪湖、荆江分蓄洪工程形成完整的防洪体系,联合运用共同抗御洪灾,防洪效益显著。

淮北大堤 淮河中游正阳关以下干流河道左岸干堤,淮河中游防洪工程体系中保护面积最大的主要堤防。西起颍河入淮口的颍上县饶台孜村,经淮南市属的凤台县、潘集区和蚌埠市属的怀远县、郊区、五河县境,东迄洪泽湖西侧泗洪县下草湾附近岗地。全长238千米,除东端12.3千米在江苏省境内外,绝大部分在安徽省境内。淮北大堤西端与颍河左岸相接,在怀远分别与涡河左、右堤相连,组成淮北大堤涡西、涡东两大堤圈。1949年以前,正阳关以下淮河干流北侧,自颍河口至五河县城间,除凤台县城至平圩一段外,沿河已筑有堤防。但堤身低薄,堤高低于现淮北大堤2米多,顶宽仅3米,遇稍大洪水即溃决成灾。1950年冬～1954年夏,对正阳关以下淮北堤防按防御1950年型洪水标准全面加高培厚,并将凤台董峰湖、怀远荆山湖2处洼地辟为行洪区,原2湖沿河堤防改为行洪堤;董峰河处干堤堤线退走永安坝、禹山坝;荆山湖处以新筑老王窑经郭(窝)洼至姚山的遥堤作为干堤。西淝河、芡河等入淮河口均建闸控制,使涡西的干堤连成一体。在涡东,自五河县城以下,沿河增筑干堤至南峰山潼河村,下接待柳圈堤、泊岗引河堆土区,将堤防延长至下草湾附近岗地封闭。1954年淮河发生大洪水,淮北干堤虽经大力防守,仍先后在涡西西禹山坝溃决,在涡东毛滩溃堤。汛后堵口复堤,并对淮河中游防洪工程进行全面规划。1955年编制成"淮北大堤加固工程初步设计",以防御1954年型洪水为标准,定正阳关设计洪水位为26.5米,蚌埠为22.6米(废黄河基面),淮河干流正阳关至涡河口河段洪水安全泄量为1万立方米/秒,涡河以下为1.3万立方米/秒,把干堤培筑成淮北大堤。大堤横断面标准为堤顶高程超设计洪水位2米,顶宽10米;临水堤坡1:3,有60.2千米长砌筑块石护坡;背水侧自堤顶向下每3米垂直高筑2米宽戗台,第一戗台以上堤坡1:3,以下堤坡1:5。堤线基本利用原干堤加高培厚。淮北大堤土方工程于1956年汛前基本完工,1958年汛前全面建成。建成后的大堤堤身高度一般有7米,高的达11米。堤基堤身土质:涡西堤段多为粉质壤土或黏土,涡东堤段为松散粉土;其中沙基沙堤有9段,共长84.5千米。淮北大堤建成后,经逐年维修加固,加强管理,临水侧滩地有30米宽防浪林带,背水侧护堤地有20米宽经济林带,维护了工程完整。跨堤建有大中型水闸6座、小型涵闸20座、电力排灌站20处。1971年～1992年,在涡西横贯堤圈开挖了茨淮新河,与其配套横贯涡东堤圈的怀洪新河,主体工程亦已于1999年基本完成。1983年起分期进行淮北大堤除险加固工程,采取填塘固基、导渗隔渗、护坡护岸、涵闸加固等工程措施;治理险工险段。堤防临水坡块石护坡累计长度有114千米,河道崩岸近堤段已筑有块石护岸,堤防两侧护堤地内无水塘洼地,大堤防洪能力得到巩固、增强。大堤建成后历经多次较大洪水,均安全度汛,取得显著的防洪效益。

同马大堤 位于中国长江下游左岸安徽省安庆市境内的重要堤防,南临长江,东傍皖河,上接湖北省黄广大堤末端段窑,下抵怀宁县官堤头,全长约175.5千米,其中长江段堤长138千米,皖河段堤长37.5千米。同马大堤所在地区原是先秦时期的古彭蠡,洪水时江湖一片,枯水期则洲汊分歧,茫茫九派,为禹贡所称之"九江"。后由于江道南移及长时期泥沙沉积,江湖分离,形成大片沼泽地、洼地。从清代道光十八年(1838)到1916年,历经80年,自上而下依此建成同仁堤、马华堤等小堤,曾多次决口成灾;中华人民共和国成立后连圩、并圩形成同马大堤雏形,但防洪标准低,1954年发生特大洪水时,多处发生漫溢性决口,后经多次建设,堤线延伸至怀宁县官坝头,1963年正式命名为同马大堤。大堤建设基本分为3个阶段:①1963年～1979年,主要进行堤身加培及穿堤涵闸建设;②1983年～1997年,主要进行包括填塘固基、反压平台、堤身培修、锥探灌浆、减压井、抛石护岸、涵闸加固、简易防汛公路等项达标建设;③1998年以后主要进行部分堤段堤身、堤基防渗加固及护岸加固建设。通过第一二阶段的建设,大堤堤身断面已基本达标,堤基防渗也进行了初步处理,堤身、堤基防御洪水的能力明显提高。但在遭遇1998年、1999年洪水时,险情仍时有发生,表明大堤尚未完全具备抗御设计标准洪水的能力。因此,依据大堤堤身、堤基的地质条件和汛期险情资料分析,以及岸坡崩塌的实际情况,决定进行以抗御设计洪水为目标的堤身、堤基防渗加固和崩岸防护加固工程建设。1999年~2000年,建成了部分堤段的防渗处理和护岸工程。新的堤身、堤基防渗加固措施的特点是,应用了垂直截渗墙和工膜等新技术和新材料;崩岸防护加固则针对崩岸不同险情,分别采取了抛石护岸和铰链沉排护岸等形式。同马大堤保护区内有宿松、望江及怀宁等3座县城,宿松复兴、望江华阳及太湖徐桥等3座县级镇,华阳、九成畈及皖河等3个县级国营农场,共有39个乡镇、19个分场。在安徽省境内,耕地面积9.5万公顷,人口124万,是安徽省商品粮、棉、油和水产养殖重点基地。同马大堤同时也保障湖北省黄广大堤保护区的安全。

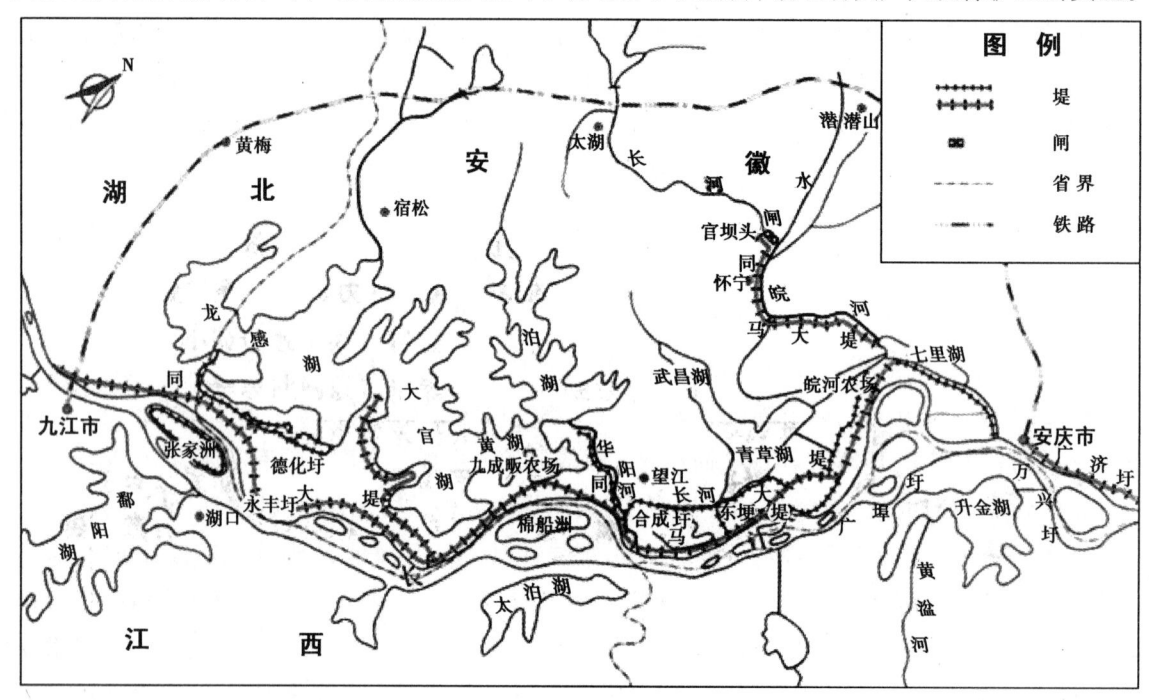

图3-2-14 同马大堤位置示意图

无为大堤 位于安徽省巢湖市境内长江左岸,自无为县合兴至和县方庄,全长124千米,其中无为县112.5千米,和县境内11.5千米。是巢湖流域7县2市28.5万公顷农田、500余万人口以及淮南铁路、华东电网和一些重要的工业国防设施的长江防洪屏障,系长江确保堤防。无为大堤历史悠久,于清乾隆三十年(1765)形成雏形。中华人民共和国成立前,无为大堤防洪能力很低,稍遇大汛,即溃堤成灾。自20世纪50年代以来,国家对无为大堤进行了除险加固,特别是1983年无为大堤加固工程实施以来,对大堤进行了加固处理,截止1999年底,共完成土方填筑2276万立方米、锥探灌浆120千米、干砌块石11.9万立方米、抛石92.7万立方米、涵闸加固80座、防汛公路114.5千米、通线路178.6千米、房屋拆迁24.2万平方米、征用护堤地109公顷,使大堤的防洪能力得到较大的改善。1998年长江流域性特大洪水后,大堤加固工程的建设力度和建设步伐更大更快。1999年~2003年底,共完成土方1557万立方米,石方7.5万立方米,砼及钢筋砼5.7万立方米。堤顶高程全线超过1954年设计洪水位2.5米左右,顶宽8.5米~13米。并对临水堤段全部采取硬护坡进行防护;对以往的人工挑堤采取了截水槽和锥探灌浆等措施进行堤身、堤基的防渗;对砂基堤段采取了防渗墙、铺盖盖重等多种防渗措施;并填覆了内侧100米、外侧50米渊塘,彻底地改变了以往两水夹一堤的面貌。大大地减轻了防汛抢险、救灾给社会正常生产、生活带来的影响;改善了保护区内生态环境。河势也得到了一定的控制,逐步趋于稳定。今天的无为大堤已达到防御长江1954年型洪水的设计标准。驱车堤顶,平坦的沥青防汛道路两侧,良好的堤身生物防护、护堤林和防浪林组成一道靓丽的绿色风景线。

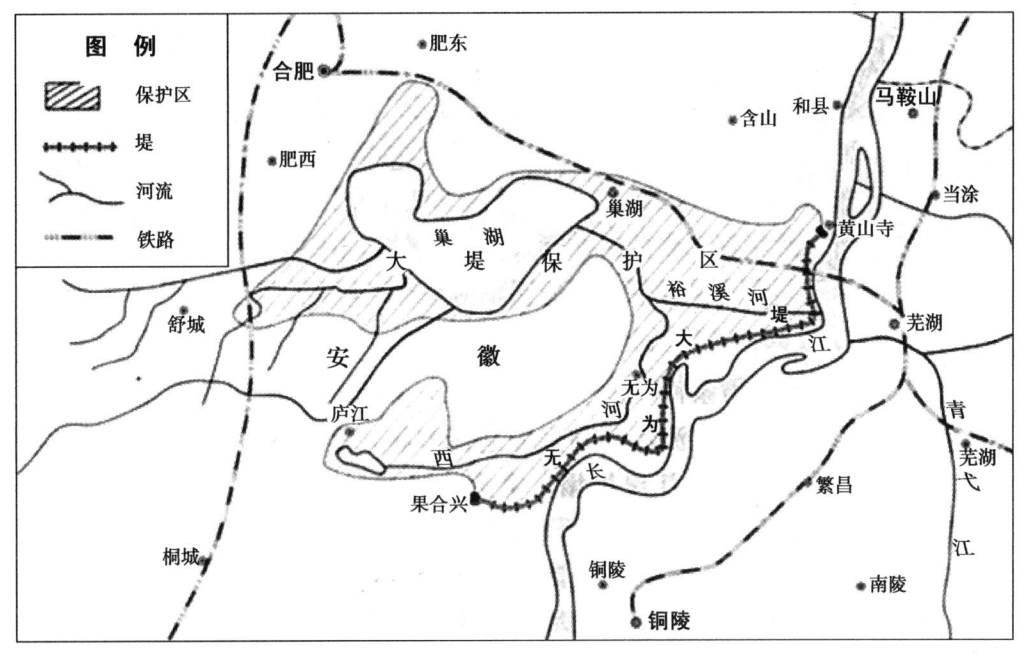

图 3-2-15　无为大堤防洪形势图

北江大堤　位于北江下游左岸的堤防,是广州市防御西江和北江洪水的重要屏障,国家一级堤防。堤防区保护人口约 400 万,耕地 6.7 万公顷。大堤从北江支流大燕河左岸的骑背岭起,经大燕河河口清远市的石角镇,沿北江左岸而下,再经三水市的芦苞镇、三水市城区西南镇至南海市的狮山止,干堤全长 63.34 千米。为减轻洪水对北江大堤压力和控制进入广州的流量,大堤设芦苞、西南 2 分洪闸,下接芦苞涌和西南涌 2 条分洪河道。北江大堤于宋代筑堤,清远石角清平围(现北江大堤石角段)始建于明代,直至 1949 年之前,北江大堤已经具有一定的规模,但未形成一个完整的防洪体系,其防洪标准较低。中华人民共和国成立后,分别于 1955 年～1957 年、1970 年～1972 年、1983 年～1987 年对北江大堤进行了 3 次大规模的加固,把这些各不相连的堤围连起来,形成了现在的北江大堤,防洪能力亦大大加强。1994 年的洪水却出现了险情,对此水利部经过两三年的论证,于 2003 年 10 月再度启动北江大堤的加固工程。按Ⅰ级堤防、100 年一遇防洪标准进行达标加固,共完成全线堤身加高培厚 63.346 千米(含二道防线石角遥堤 2.06 千米)、堤基处理 42.06 千米、填塘固基 23.86 千米,封堵、加固、重建穿堤建筑物 30 座,加固护岸 10.37 千米,完成"两涌一河"整治 213 千米。到 2008 年 4 月加固达标工程全面完工,标志着由飞来峡水库、湛江滞洪区、北江大堤以及芦苞涌、西南涌分洪河道组成的北江中下游防洪工程体系已经形成。通过库、区、堤、分洪河道联合运用,可防御北江 300 年一遇洪水。

荆江分洪工程　位于荆江南岸(右岸)湖北省公安县境,分蓄超过荆江河道安全泄量的超额洪水,保障荆江大堤安全的防洪工程措施,也称荆江分洪区。是新中国第一个大型水利工程。分洪工程包括荆江大堤加固、太平口进洪闸、黄山头虎渡河节制闸及拦河坝、分洪区围堤培修、南线大堤等。全区面积 920 平方千米,南北长约 70 千米,东西宽约 30 千米,四面环堤,有效容积 54 亿立方米(见图)。工程实施分为 2 期,1952 年 4 月 5 日全面动工兴建,至 6 月 20 日以 75 天主体工程(进洪闸、节制闸、移民安全工程、围堤加固工程等)建成,共完成土方 890 万立方米,石方 17 万立方米,混凝土方 11.7 万立方米。1953 年 4 月 25 日第二期工程完建。进洪闸有 54 个进洪孔,长

1054.375米;设计进洪流量为8000立方米/秒,可有效吞蓄洪水总量达54亿立方米,其主要作用是分泄荆江上游巨大的超额洪水峰量,降低沙市水位,以确保180余千米的荆江大堤安全,同时,减少荆江4口注入洞庭湖的水沙量。位于湘鄂边陲黄山头东麓的泄洪闸有32个泄洪孔,闸身长336.825米,设计泄洪流量为3800立方米/秒。其作用是控制虎渡河向洞庭湖分流量不超过3800立方米/秒,以确保洞庭湖地区数以百万人口与广大农田的安全。荆江分洪工程蓄水量可达60亿立方米,较大提高了湖南、湖北2省的防洪抗旱能力,有力地保障了荆江两岸800万人民的生命财产安全和数百万亩良田的丰收,并改善了长江水利交通。1954年在抗击长江特大洪水中,荆江分洪工程经受了特大洪水的考验,发挥了重要作用。工程除分洪外,平时还可发挥灌溉、养殖等效益,分洪区可作耕作之用。2006年5月25日荆江分洪闸(北闸)被国务院批准列入第6批全国重点文物保护单位名单。

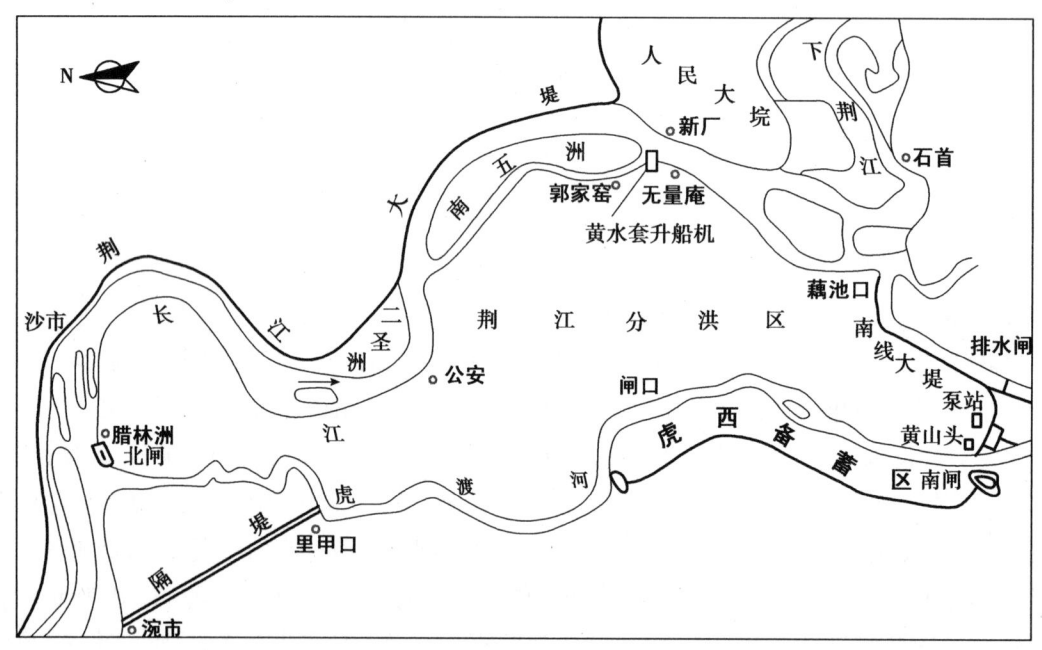

图3-2-16 荆江分洪工程示意图

治淮骨干工程 淮河流域治理和各类御水的骨干工程。1950年中华人民共和国建立不久就作出了治理淮河的决策,开展了大规模的治淮工程。经过40年的努力,初步形成了淮河流域的防洪体系。1991年江淮大水后,党中央、国务院及时召开了治淮、治太工作会议,作出了进一步治理淮河的决定,明确了用10年时间基本完成淮河治理18项骨干工程及1项"其他"工程(以下简称"治淮工程")的任务,掀起了继20世纪50年代以来淮河治理的第2次高潮。治淮工程的目标是:通过治理水土流失,对病险库、堤进行除险加固和疏通河道等措施,提高流域各地区的防洪标准,改善航运条件,提高供水保证率。治淮工程主要内容有:淮河干流上中游河道整治及堤防加固、行蓄洪区安全建设、怀洪新河、入江水道巩固、分淮入沂续建、洪泽湖大堤除险加固、防洪水库复建新建、沂沭泗洪水东调南下、大型水库除险加固、入海水道、临淮岗控制工程、汾泉河治理、包浍河治理、涡河近期治理、奎濉河治理、洪汝河治理、沙颍河治理、湖洼地区及支流治理等。实现以上规划,近期淮河上游可防御10年一遇,中游可防御100年一遇,下游可防御略超过100年一遇的洪水;沂沭泗水系中、下游可防御50年一遇的洪水;主要支流可防御10年~20年一遇洪水,排涝标准可达到3年~5年一遇。2010年19项骨干工程全面建成,在防御近几年淮河流域重大洪涝灾害中经受了考验,发挥了重要作用。2011年1月28日国务院常务会议研究部署进一步治理淮河工作,提出用5年~10年时间,基本完成进一步治理淮河的主要建设任务:一要实施行蓄洪区调整和建设;二要加快重点平原洼地治理;三要推进堤防达标建设和河道治理;四要全面保障城乡饮水安全;五要充分考虑移民安置、水资源配置和生态环境保护等问题,适时开工兴建出山店、前坪等防洪水库,提高淮河上游拦蓄洪水能力;六要积极推进淮河行蓄洪区和淮河干流滩区居民迁建,按照政府主导、群众自愿、统一规划、分步实施的原则,用10年左右时间,逐步将居住在淮河行蓄洪区和淮河干流滩区设计洪水位以下,以及行蓄洪区庄台上超过安置容量的人口搬迁至安全地区;七要加强水利管理。2011年12月9日,新一轮治淮首项骨干工程淮河入江水道整治工程开工,通过实施河道切滩、抽槽、浚深和堤防除险加固,使入江水道全线达到1.2万立方米/秒的设计泄洪能力。

治太骨干工程 1991年太湖大水后,国务院召开第1次治淮治太工作会议,决定全面实施太湖流域综合治理骨干工程建设,掀起了流域大规模水利建设的高潮,规划实行上下游洪涝分治,上游区以防洪为主,兼治本地涝水;下游区以除涝为主,兼结合流域排洪;按50年一遇洪水标准,以解决太湖洪水出路为重点规划了太浦河、望虞河、杭嘉湖南排、环湖大堤、湖西引排、武澄锡引排、东西苕溪、杭嘉湖北排、红旗塘、拦路港和黄浦江上游干流防洪等11项骨干工程。同时,加强平原河网和圩区建设,形成以太湖为中心,具有综合利用功能的流域工程体系。治太工程以防洪除涝为主,兼有供水、航运、环保等综合效益。至2005年底,太湖流域综合治理11项骨干工程全面建成,并陆续投入使用。可确保上海、苏州、无锡、常州、杭州等城市和广大乡镇地区的防洪安全,如遇1954年(50年一遇)型大洪水,可确保全流域安全度汛,通过关闭太浦闸避免太湖洪水与台风高潮碰头,有利于上海市防洪安全。如遇1971年型枯水年,可为农业、工业、生活等补充供水161.1亿立方米,流域供水保证率达94.5%。新开或拓浚骨干河道13条,总长度达456.4千米,使航运保证率得以提高。河道畅通,合理调度,使上海、苏州、无锡、常州的城市河道水质得以改善,使流域自然环境得到显著改观。初步构建了流域防洪和水资源调控工程体系框架,在防御流域洪水,特别是在防御1999年流域特大洪水中发挥了巨大作用,防洪效益显著;依托治太骨干工程体系实施的引江济太水资源调度已成为保障流域供水安全的重要措施。太浦河工程:位于江苏省苏州市、浙江省嘉兴市、上海市青浦区,西起江苏省太湖边时家港,东至上海市南大港入黄浦江,全长57.6千米,1991年11月开工,2005年12月全面建成。望虞河工程:位于江苏省苏州市和无锡市,南起太湖边沙墩口,北至耿泾口入长江,全长60.3千米,1991年11月开工,2000年6月全面建成。杭嘉湖南排后续工程:位于浙江省嘉兴市境内,由长山河、南台头、盐官上河、盐官下河等4项南排入钱塘江的排涝工程组成,1991年冬开工建设,2000年基本完成。环湖大堤工程:位于江苏省苏州、无锡、常州和浙江省湖州市境内,堤防全长290.1千米,1991年11月开工,2005年12月全部建成。湖西引排工程:位于江苏省镇江市、常州市境内,主要由九曲河、武宜运河、城东港、丹阳城南分洪道、北河、烧香港等河道和九曲河枢纽、魏村枢纽、运河新闸等控制性枢纽建筑物组成,1992年开工建设,2009年全面建成。武澄锡引排工程:位于江苏省常州市、无锡市境内,主要由白屈港、新夏港、澡港等3条入江河道和对应沿江枢纽建筑物组成,1992年开工建设,2009年全面建成。东西苕溪防洪工程:位于浙江省杭州市和湖州市境内,主要由东苕溪、西苕溪、环城河道、庞儿港和长兜港组成,1992年12月开工,2007年5月全面建成。黄浦江干流闵行—三角渡段防洪工程:位于上海市松江区、金山区和闵行区境内,河道全长29千米,1994年9月开工,2004年3月全面建成。红旗塘工程:位于浙江省嘉兴市和上海市青浦区、松江区境内,主要由红旗塘、大蒸港、园泄泾、俞汇塘、潮方泾等工程组成,

1999年11月开工,2007年9月全部建成。杭嘉湖北排通道工程:位于江苏省苏州市和浙江省嘉兴市,主要由白龙港、南桥港、川桥港、千字圩南水道、直港、郑产桥港、新运河、潘家塘、众善桥港、里斯庙港、横古塘、划船港、大坝河段、西菜花漾南水道、元黄荡西水道、铁店港、斜路港、上睦港、双北圩南水道、圩桥港、严家坝、合心圩北水道、北横泾、凤桥港、鼓溇港等25段河道拓浚及堤防工程组成,1998年7月开工建设,2008年2月全面建成。扩大拦路港、疏浚泖河、斜塘工程:位于上海市青浦区和松江区境内,河道全长32千米,1999年11月开工,2007年7月全面建成。

洞庭湖防洪蓄洪工程 包括一期治理工程和二期治理工程,涉及长沙、湘潭、株洲、常德、益阳、岳阳6市29个县(市、区)及15个国营农场。保护面积11 094公顷。其中耕地66.7公顷,人口1000多万人。洞庭湖一期治理工程主要是对11个重点堤垸进行了堤防加高加固,对24个蓄洪垸进行了堤防清隐整险和安全建设试点,对澧水、南洞庭湖洪道进行了洪道扫障、疏挖实验和防汛通讯报警系统建设。二期工程总土方2.21亿立方米,石方329.14立方米,混凝土97.37万立方米。二期工程治理主要包括七大工程措施:①加高加固大堤;②蓄洪安全建设;③洪道整治;④城镇防洪;⑤通讯报警;⑥治涝工程;⑦水利结合灭螺。二期工程合计土方3.76亿立方米、石方1423万立方米、混凝土272万立方米。通过洞庭湖一期工程10年的(1986~1995)治理建设、湖区11个重点堤垸1191千米一线防洪大堤普遍加高了1米~2米,加宽了2米~3米,堤防的抗洪能力由治理前的3年~5年一遇提高到5年~10年一遇,防汛通讯报警系统得到改善,为洞庭湖区防洪保安作出了巨大贡献。

鄱阳湖治理工程 1949年以来,鄱阳湖治理工程建设先后实施了联圩并垸,加高、加固圩堤,开挖撇洪渠,兴建排涝设施,改造中低产田等项工程。共计培厚加固大小坪堤500多座,建成电排设施22.69万千瓦,抗外洪大堤堤线总长已达3137千米。特别是从1986年起,经国家计委、水利部批准,江西省全力以赴开始了鄱阳湖治理一期工程建设,有计划地对红旗、长乐、南新、蒋巷、廿四、赣西、饶河、梓埠、信瑞、军山湖等10座保护耕地6666.7公顷以上的坪堤实施加高加固,对康山、珠湖、方洲斜塘、黄湖等4座分蓄洪区进行安全设施建设。是以防洪减灾为主,结合养殖、灌溉、航运、灭螺等综合效益的工程。鄱阳湖治理一期工程共加固堤线662.9千米;保护耕地面积13.7万公顷;保护人口136万人;分蓄长江超额洪水25亿立方米。工程设计标准为:防御1954年型洪水。临湖堤按抵御湖口站水位22.5米洪水位,加安全超高2米;尾闾河堤按防御各河20年一遇洪水水面线与鄱阳湖设计洪水水面线两者的外包线相应的洪水位,加安全超高1.5米;各单项建筑物工程按堤段设计洪水位提高0.5米;堤身断面顶宽8米,内、外边坡1:3,湖堤在内坡设马道。主要工程量:土方填筑6287万立方米,干砌块石221万立方米,抛石固脚40万立方米,浆砌块石8万立方米,反滤料106万立方米,混凝土9.8万立方米。一期工程于1998年基本完成。鄱阳湖区二期防洪工程于1998年10月正式启动,包括4个单项工程:朱联圩、抚东堤等10座保护耕地5万亩以上的重点圩堤以及双钟圩、矶山圩等5座保护县城或圩内有重要设施的重点圩堤的除险加固;除军山湖圩外1座保护耕地3300公顷(10万亩)以上重点圩堤中新暴露出的影响工程安全的险工险段治理;鄱阳湖区防汛通信预警系统;湖区工程管理系统。主要建设内容包括圩堤加高加固、堤基堤身防渗处理、堤岸堤坡防护、堤系建筑物除险加固等。设计防洪标准为在湖盆区圩堤以防御相应湖口22.50米(吴淞)的洪水位,在五河尾闾区圩堤防御各河20年一遇的洪水位。穿堤建筑物设计洪水位按所在堤段设计洪水位加高0.5米确定。重点圩堤的加固设计等级为4级,其主要建筑物为4级。共完成堤身土方填筑2735万立方米,基本达标堤段421千米(新开工15条堤);新建防洪(浪)墙22.75千米;完成砼护坡197千米,砼方量59.4万立方米;完成堤基堤身防渗处理148.36平方千米,其中高喷成墙43.43万平方米,射水造墙39.91万平方米,深层搅拌造砼墙84.13万平方米,完成垂直铺塑20.80万平方米;完成填塘固基及机械吹填1772万立方米;完成抛石固脚148.2万立方米,处理长度102.8千米;完成堤顶公路559.4千米;完成建筑物加固579座。2004年基本完工。2005年10月正式开工鄱阳湖区二期防洪工程第五个单项建设,包括赣西肖江堤、枫富联圩、药湖联圩、三角联圩、流湖圩、附城圩、共青联圩、沿河圩、镇桥联圩9座重点圩堤。建设内容包括圩堤加高加固、堤基堤身防渗处理、堤岸堤坡防护、堤系建筑物除险加固等。至2009年底,已开工的42个标段均已进入工程扫尾与验收。

海河干流治理工程 1949年以后,中国政府十分重视海河流域的治理。最初几年,着重整修加固各河堤防,扩大部分入海道,在永定河上建官厅水库,1957年完成《海河流域规划(草案)》的编制工作,1965年编制了《海河流域防洪规划》,随即根据规划安排,在各河中下游,大规模开挖或扩大了泄洪排涝河道。特别是扩大了入海通道,解决了河道泄洪能力上游大、下游小的矛盾。30多年来,修建水库1915座,总库容268.48亿立方米;开挖、疏浚骨干河道50余条,其中新辟入海水道8条,总计排洪入海能力24 680立方米/秒,为1949年入海能力2420立方米/秒的10倍;初步整治滞洪洼淀32处,总滞洪能力191亿立方米;修建3300公顷(10万亩)以上灌溉工程70处,机电排灌站20 146处,装机容量143.82万千瓦,打机井200余万眼,修建装机规模大于1万千瓦的水电站15座,总容量为71万千瓦。1994年底又开始了海河干流治理工程建设,范围包括北运河段屈家店闸、子牙河西河闸和海河防潮闸3闸之间的105千米河道、堤防及有关建筑物和海河河口清淤等,其中包括堤防220.67千米、西河闸加固、海河闸加固等工程。土方开挖786万立方米、土方回填788万立方米、石方80万立方米、混凝土31万立方米。至1997年底累计治理堤防长129千米,堤防基本达到过流400立方米/秒的要求。海河干流治理工程完成后,可使海河干流泄流能力提高到800立方米/秒,工程的多年平均防洪效益1.485亿元。治涝效益0.837亿元。对提高天津市城市防洪能力、改善沿岸地区的排涝条件和改善天津市市区的环境将发挥巨大的作用。

杜家台分洪工程 原称汉南泛区,位于汉水下游右岸湖北省仙桃市杜家台,主要用以分泄汉水下游河段超额洪水,也可蓄纳长江部分洪水的分洪工程。1965年东荆河下游改道与汉南泛区隔离,分蓄洪区成为一个独立可控的蓄洪区。是汉江下游和长江中游防洪体系的重要组成部分,承担着分蓄汉江和长江超额洪水以及滞纳排泄当地渍涝水的任务。杜家台分洪工程包括:分洪闸、分洪道、蓄洪区(泛区)、泄洪闸4部分组成。杜家台分洪闸位于仙桃市区以东6000米处,1956年4月建成。为开敞式钢筋砼结构,钢质弧形闸门,采用手动、电动两用启闭。行洪河道总长73.58千米,其中,上段接杜家台分洪闸至周邦,长20.5千米,是汉水入江的通道,系人工筑堤形成;行洪河道下段上起周邦,至黄陵矶闸出长江,长53.08千米,既是宽窄不一的天然河道,又是汉江洪水经杜家台分蓄洪区进入长江的行洪通道。分蓄洪区围堤工程主要由分洪道堤、北围堤、西围堤、东荆河堤、长江干堤和新合堤构成,全长183.25千米,总面积613.98平方千米,区内总人口17.86万,耕地面积3万公顷。黄陵矶闸位于蔡甸区境内的通顺河和分蓄洪区洪道尾闾,是杜家台分蓄洪区连接长江泄洪、进洪唯一的口门,设有排水闸及船闸2部分。该闸于1970年竣工投入运用,具有防洪、分洪、排涝、灌溉、航运等功能。工程建成后,可使汉水下游平原区由5年3溃的情况提高到防御约5年一遇洪水,配合丹江口水库已建成初期工程,可将汉水下游的防洪能力提高到20年一遇,加上运用襄阳至沙洋之间的民垸蓄洪,可争取将1935年相同大洪水(约百年一遇)控制到使汉水下游水位不超过堤防的防洪保证水位。1956年4月建成后到2011年曾20次分洪,对确保武汉安全意义重大。

濛洼蓄洪工程　淮河上中游交界处的分蓄超过淮河河道安全泄量超额洪水的蓄洪工程,位于安徽省阜南县淮河北岸。蓄洪区西起洪河口,东至南照集,南临淮河,北靠濛河分洪道,四面环水(见图)。主要由蓄洪区围堤及区内工程、王家坝进洪闸、曹台孜退水闸组成。蓄洪区面积180平方千米,圈堤总长94.3千米,计划蓄洪水位27.66米,蓄洪量7.5亿立方米。1951年11月开工,1952年汛前完成围堤工程,1953年7月完成其他主体工程。由于濛洼蓄洪区建成时间久,运行次数多,现水闸工程设备陈旧、老化严重,许多方面存在着安全隐患;区内人口又增长较多,需要拓展居住面积。2003年9月开始进行全面彻底的除险加固,主要内容包括进、退水闸闸室、公路桥及启闭机台拆除重建,增设启闭机房和桥头堡,闸基防渗处理,下游消能防冲设施改、扩建,闸门和启闭机更新,供配电设备改造;圈堤堤身全面加高加固、护坡、堤后填塘、压渗平台或盖重,铺设撤退转移道路,扩建庄台及修建4个保庄圩等。全部工期2006年完成,极大地提高蓄洪区的安全运用能力,蓄洪区人民的生产生活条件也能得到较好地改善。

东平湖分洪工程　位于黄河、汶河交汇处,跨山东省东平、梁山、汶上3县,它滞蓄黄、汶河洪水,控制黄河艾山站下泄流量不超过设计值,确保济南市、津浦铁路、胜利油田和黄河下游堤防安全,是黄河下游防洪体系重要组成部分。东平湖为宋代梁山泊演变而来,1958年在位山修建拦河闸坝、进湖闸、出湖闸,并加高加固围堤成为东平湖水库。由于黄河河道淤积及湖周浸没等问题,1962年改为滞洪工程,1963年改造为无坝分洪工程。包括分洪区、分洪闸、泄洪(退水)闸、围堤(含二级湖堤)4部分(见图)。分洪区总面积627平方千米,原设计蓄水位46.0米,总库容39.79亿立方米。有分洪闸3座(新湖1座、老湖2座),总设计分洪流量8500立方米/秒,建于河湖两用堤上,侧向分洪。泄洪闸有3座,总设计流量3500立方米/秒。二级湖堤全长26.73千米,为充分发挥老湖调蓄能力,20世纪末按顶高48.0米进行加高加固,顶宽6米。围堤共长100.08千米,高8米～10米,顶宽10米。

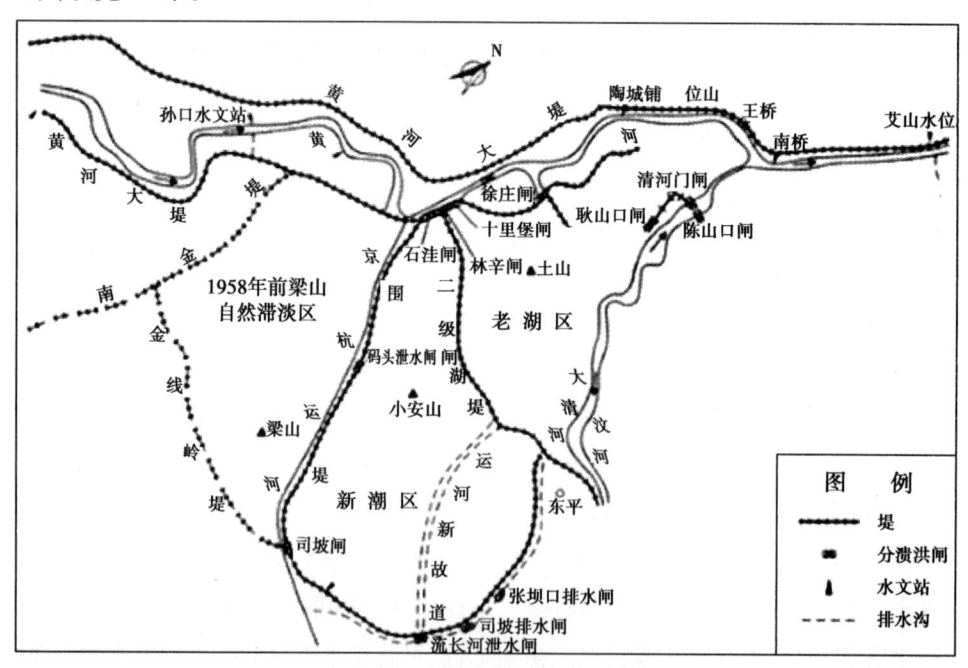

图 3-2-17　东平湖分洪工程示意图

独流减河　独流减河是天津市一条重要的行洪河道和南部防洪的重要防线,属大清河系,引泄大清河和子牙河洪水直接入海的人工河道。因上口在独流镇附近，故名独流减河，也有单独流入大海之意。独流减河位于天津市区南侧，是大清河主要入海尾闾河道，河道从静海县开始，流经静海、西青、滨海新区3个区县，至海口防洪闸，全长67千米，流域面积511平方千米。1925年~1930年曾规划开挖独流减河直接入海，后改为咸水沽以北入海河。1942年开始挖独流减河（按泄入海河的路线开挖），但1944年即停工。中华人民共和国成立后，为了减轻天津以南洪水对其的压力，1951年秋独流减河工程再次动工，1953年7月10日竣工，为东淀分流入海的泄流工程。从静海县独流镇起至万家码头，与马厂减河平交后经北大港的马棚口闸入海，全长43.5千米。1966年~1970年对独流减河进行扩建，扩建后的河道由万家码头向东延长，整个河道自独流减河进洪闸至独流减河防潮闸，河道增到67千米，堤防长度67.2千米，设计流量提高到3200立方米/秒。同时扩建了进洪闸，入海口修建了工农兵防潮闸。它主要担负着大清河洪水和沥水入海的任务，以确保天津及津浦铁路的安全，汛后蓄水用于工业及农田灌溉。1994年以来，对独流减河左堤东千米桥以上堤防进行了加高加固。设计堤顶超高西千米桥以上按3200立方米/秒水位以上超高2.8米；东西千米桥段按3600立方米/秒水位超高2.3米；左堤顶宽均为10米，右堤为次堤，堤防长度70.2千米，设计堤顶超高1.5米，顶宽8米。

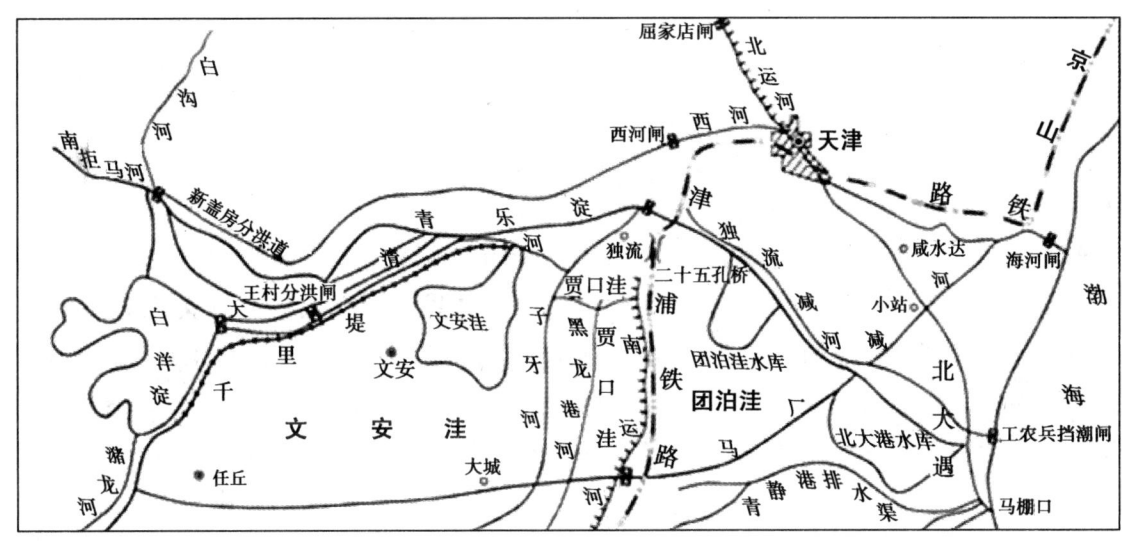

图3-2-18 独流减河示意图

子牙新河 为了分泄子牙河上游滹沱河和滏阳河汛期的洪水，减轻海河排泄入海的负担，于1960年~1967年开挖建成的自献县经南运河至天津北大港的引子牙河水东流入渤海的人工排洪河道，称为子牙新河，全长143千米。子牙新河为扩大子牙河排洪能力的分洪工程，全部工程包括子牙新河、北排水河与献县、穿运（周官屯）、海口（马棚口）等3个枢纽。新河设计流量为6000立方米/秒，约相当于50年一遇。河道设计采用2河3堤形式，即开挖新河主槽及北排水河，用开挖料填筑新河的左、右2堤，并在新河主槽右侧滩地上填筑滩地埝。深槽可排中、小洪水和地下水。新河左堤长143.38千米，顶宽10米；右堤长143.33千米，顶宽10米。新河2堤堤距1196米~3600米，行洪滩地设计水深平均4米，校核水深平均5米，河道比降1/11 900~1/15 400。为确保天津市防洪安全，新河左堤顶高于右堤顶1米。北排水河为子牙新河的配套工程，紧靠右堤外，与新河相并而行，全长143.3千米，集水面积1328千米，设计流量500立方米/秒，可使流域内达到5年一遇排涝标准，并承接黑龙港地区南排水河部分来水。献县枢纽包括子牙新河进洪闸、进洪堰和子牙河节制闸3部分。进洪闸紧靠子牙新河左侧,设计流量943立方米/秒,校核流量1130立方米/秒;进洪堰位于新河滩地上,设计流量5050立方米/秒,校核流量7870立方米/秒,堰高1米,堰长1000米;节制闸位于子牙河上,以控制子牙河泄量,设计流量为600立方米/秒。穿运枢纽为子牙新河与南运河的交叉工程,采用平、立交相结合的形式,包括主槽涵洞,南运河节制闸及北排水河涵洞等工程。南运河与新河主槽立交,采用井桩涵洞和渡槽,南运河通过渡槽跨子牙新河主槽,渡槽设计流量为180立方米/秒,一般年份可维持运河航运;子牙新河主槽则以涵洞形式穿过南运河,主槽涵洞设计流量2450立方米/秒,可容纳子牙新河的中、小洪水。遇大洪水时,则扒开子牙新河滩地上的南运河2堤,在滩地行洪,2河形成平交,由建在子牙新河左堤上的南运河节制闸控制进入南运河的流量。北排水河涵洞设计流量为500立方米/秒,也与南运河立交。海口枢纽包括:①子牙新河主槽挡潮闸,设计流量864立方米/秒,校核流量972立方米/秒;②滩地溢洪堰,总长2000米,堰顶高程3.0米,设计流量4047立方米/秒,校核流量6780立方米/秒;③原北大港泄洪闸系1958年修建,因位于子牙新河河口滩地上,权作泄洪设施,设计流量1098立方米/秒、校核流量1248立方米/秒,枢纽总设计流量6000立方米/秒、校核流量为9000立方米/秒;④北排水河及青静黄排水渠两座挡潮闸设计流量均为215立方米/秒。

北京市防洪工程 为保护北京市抵御一定频率的洪涝灾害而兴建的防洪工程。北京市洪水主要来源于永定河,该河自三家店出官厅山峡后贯穿市界南北;市区诸河洪水自西北流向东南,汇入温榆河、北运河,还有潮白河等,对北京市郊防洪都有较大影响。此外,市区沥涝也有一定程度危害。自辽代在北京建立陪都和金、元、明、清建都北京,都在永定河修建堤防工程。金大定二十九年至明昌三年(1189～1192)修建卢沟桥和卢沟桥以上部分堤段;元代修复局部堤防;明代极为重视京都防洪,多次加固改善卢沟桥以上左堤,并全部改为石堤;清代重视堤防建设,但大规模筑堤是在卢沟桥以下。历代的筑堤防洪标准低,每遇较大洪水仍不免决溢。①永定河。1949年以来,为确保北京市区及永定河下游地区防洪安全,1954年建成官厅水库,已拦蓄1000立方米/秒以上洪峰流量达7次。由于水库淤积和水文系列和计算成果的变化,为解决防洪能力不足问题,按照水利电力部批准方案,于1989年8月完成了官厅水库大坝加高和溢洪道扩建工程,使水库达到千年设计、万年校核的防洪标准。官厅水库修建以来,在水库上游又兴建大、中型水库18座及小型水库283座,并在官厅水库以下永定河支流上建成斋堂水库和苇子水水库,对拦蓄永定河洪水起到重要作用。三家店以下左岸堤防,自1973年起4次加高加固,并延长了卢沟桥以上左岸石堤,该段堤防可抗御万年一遇16 000立方米/秒的洪水。卢沟桥以下左岸堤防大部分按宣泄2500立方米/秒标准修复。对部分险工险段进行了加固处理,并做了近200座各种材料的护滩丁坝。1985年修建了以卢沟桥拦河闸和小清河分洪闸为主体的分洪工程,以及大宁滞洪水库。1994年完成了三家店至卢沟桥15千米河道整治和右岸筑堤工程,防洪标准为50年一遇。这些工程有效地提高了北京市的防洪标准。②市区各河。1949年前北京城市排水系统仅限于原城墙范围内和一小部分城郊,排水尾闾不畅,每遇暴雨沥涝成灾。1949年后,先后对温榆河、北运河作了治理,改善了市区排水条件。进而对城区河湖和排水渠道进行了疏浚、改造和调整,使市区形成了通惠河、坝河、凉水河、清河4条排水系统,防洪排水情况大为改善。汛期市区河湖运用原则是:确保城区,西蓄东排,南北分流。即市区西部的玉渊潭、莲花池等湖河,在统一调度原则下,尽量拦蓄洪水,削减洪量;东部河道闸坝协调运用,充分发挥排洪涝作用;根据洪涝情况及时向凉水河及坝河分洪。汛期防洪排涝工程运用,由市防汛指挥部调度,市城市河湖管理处具体执行。为搞好调度,在市区河湖设立了比较完善的水文情报站网。③潮白河。密云水库控制潮白河流域面积的88%,主体工程于1960年建成,1976年唐山地震波及后进行抗震加固。建库40年拦蓄了全部入库洪水,对保障下游各郊区县的防洪安全发挥了很大作用。

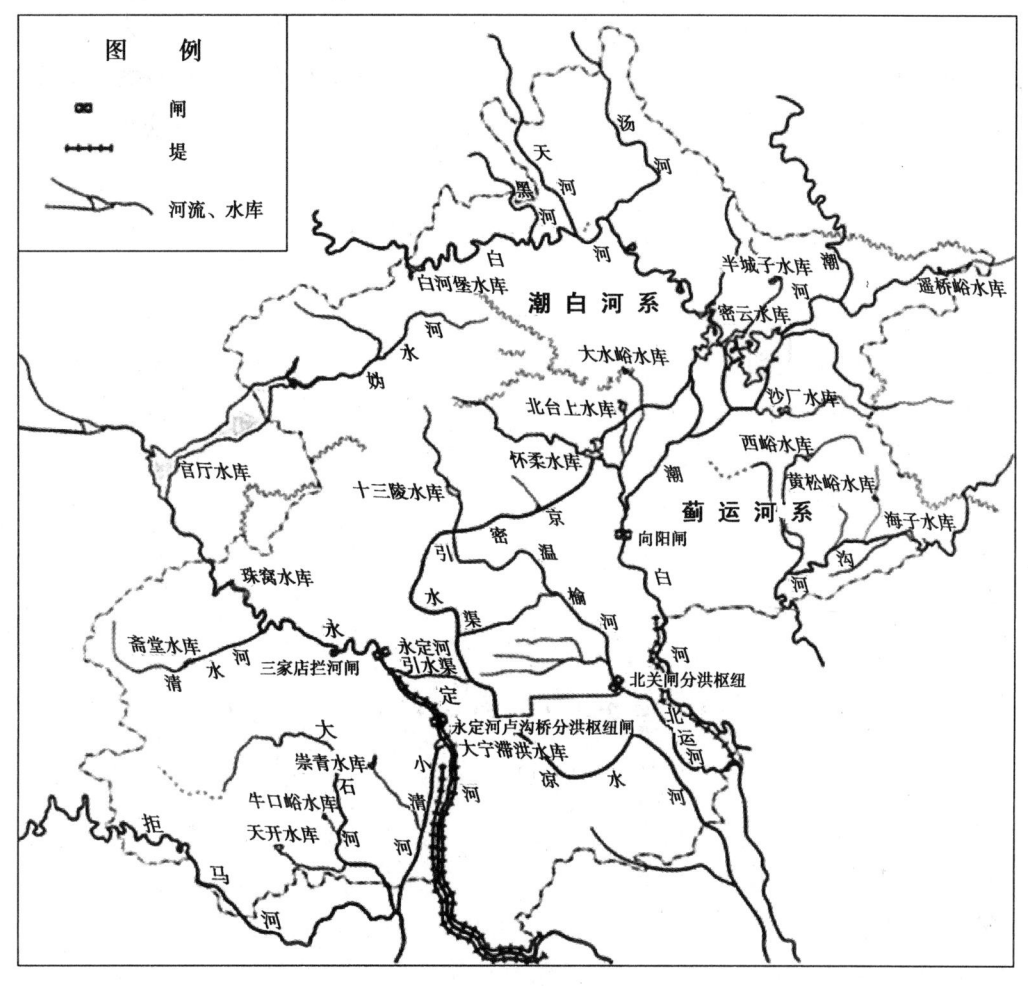

图 3-2-19　北京市防洪工程示意图

上海市防洪工程　为保护上海市抵御一定频率的洪涝灾害而兴建的防洪工程。上海市地势低平,完全依赖海塘、市区防汛墙、黄浦江上游江泖堤防挡潮、防洪。①市区防汛墙。1956年起,市区黄浦江、苏州河沿岸陆续修建砖防汛墙和土堤。1962年和1974年高潮后,曾进行过2次规模较大的防汛墙加高加固工程。1981年特高潮后,有关专家、领导和有关部门一致认定1974年颁发的市区防洪标准偏低。1984年经水利部和上海市人民政府批准,市区防洪标准提高到千年一遇高潮位设防(黄浦公园和吴淞口防御水位分别为5.86米和6.27米)。1988年8月经国务院批准立项,对上海市黄浦江防汛墙全面进行加高加固,市区形成封闭的安全区域。由4个子项目组成:市区208千米防汛墙加高、加固工程(含外滩防汛墙综合改造);苏州河口吴淞路闸桥工程;支流河口47座水闸加高、加固工程;闵行地区34千米堤防包围圈工程。加固或改建后的防汛墙为1级水工建筑物,其结构形式为桩基承台式、斜坡式或其他形式,约各占1/3。外滩防汛墙外移工程全长1850米,岸线分别外移6米~49米,标高由5.8米提高到6.9米。外移后的防汛墙建成净高2.5米、宽14.4米的厢廊,分别用于停车、商贸、旅游服务等。苏州河挡潮闸按一级水工建筑物标准设计,结构采用闸、桥结合方式,闸孔净宽60米,为一单孔闸,门型选用新颖的桥下悬挂门,共17扇,开启时闸门搁支在桥面下的厢梁间,融闸于桥,景观颇佳。工程于1988年10月27日开工,2003年6月1日全线完成封闭,2004年竣工,区防洪能力从原来的接近百年一遇挡潮标准提高到千年一遇挡潮标准;新外滩将融防汛、交通、绿化、旅游为一体,成为上海对外开放的主要窗口,取得良好的社会效益与经济效益。②上海市海塘。沿杭州湾、长江口海塘长508千米,1949年后不断进行加高加固,尤其是1997年启动海塘加高加固达标工程建设,2002年9月全面完成,按照防御百年一遇高潮位加11级风正面袭击的标准建设508千米新海塘。农村及城乡结合部地区海塘达到防百年一遇高潮位及11级强风的标准,城市化地区及大型企业占用的海塘达到了防百年一遇高潮位及12级强风的标准,中长期将进一步加强至防200年一遇潮位的标准。

天津市防洪工程 为保护天津市抵御一定频率的洪涝灾害而兴建的防洪工程。天津市防洪大致分3个方面:①筑城设堤。为了管理漕运事务及军事防守,明永乐二年(1404)筑城设卫,在防洪方面起了重要作用。清雍正三年(1725,以防洪为主重修城墙。明万历三十二年(1604)大水后,河防同知陆敏捷主持修建一道护城堤,绕城西、南2面,后人称为"陆公堤",是天津历史上第一道城市防洪堤。清乾隆四年(1739)重修海河叠道,是交通线路兼作抗御洪水的遥堤,即后来的津沽公路。清咸丰八年(1858)第二次鸦片战争后,清政府为了防御英法联军再次入侵,修建了一条环绕天津府城外围的壕墙,俗称墙子和墙子河(现名津河),后来东、北2面的壕墙逐渐消失,西南2面起了防洪排水作用,被保存下来。1917年洪水后,鉴于历年洪水都自西南方向入侵市区,故在天津西南隅修筑长堤。②分泄洪水。在天津市外围开挖减河,分泄洪水。主要有北运河的筐儿港减河及青龙湾减河,南运河的兴济减河及捷地减河,目的是保护海河航道,也起了显著的防洪作用。为了更有效地分泄永定河、大清河、子牙河的洪水,在天津三岔口地区曾先后开挖多条减河,泄入天津东北的塌河淀,使减河分洪与洼地滞洪相结合。③疏浚减淤。清咸丰十年(1860)天津辟为商埠后,治河重点是为航运疏浚海河航道,裁弯取直和开挖大沽海滩,在屈家店附近开辟放淤区,拦截永定河泥沙,减少海河淤积。1949年后,海河水系修建水库,利用洼地滞洪,并整治河道,在天津外围开挖新河,改变以往各河集中汇流天津入海的局面。1951年~1953年修建独流减河,1968年~1969年扩建;1967年建成子牙新河;1971年建成永定新河;1972年建成漳卫新河及潮白新河,各河分流入海。1958年建成西河闸及海河防潮闸,西河闸控制大清河、子牙河洪水。并在1932年建设的屈家店闸附近扩建成屈家店水利枢纽工程,控制永定河、北运河洪水。市东有挡潮堤防海潮;市南有独流减河北堤(左堤),作为南部防洪线;市北有永定新河南堤(右堤),作为北部防洪线;市西部有独流减河进洪闸至西河闸的西河右堤,作为西部防线南段和由西河闸至屈家店闸建成西部防线的北段,初步形成了天津市区周围的防洪保护圈。

哈尔滨市防洪工程 为保护哈尔滨市抵御一定频率的洪涝灾害而兴建的防洪工程。哈尔滨市防洪是松花江防洪的重要组成部分,江岸筑有防洪堤,保护市内道里、道外、太平3个区和铁路、公路、航运等交通枢纽,保护人口120万人。城市防洪堤的修筑始于东清铁路(后改称中东铁路)修筑时期。道里区江堤建于清光绪二十四年至二十九年(1898~1903)间,堤岸自滨洲线铁路桥向西到河鼓街,全长4.2千米,1916年随着城市的发展进行了加固。道外区江堤始建于清宣统三年(1911),堤长3.57千米。江北岸松浦堤防始建于1922年,自松浦区马家船口至呼兰县糖厂(今哈尔滨糖厂),堤防长约114千米,上述堤防标准普遍较低。1932年松花江洪水将江北、道外、道里区堤防多处冲决。1934年洪水后江北堤防完全失效。以后分期进行加高加固,到1946年防洪堤全长23.46千米。1948年松浦区修筑了由汲家店到糖厂10.5千米的江北堤防。1954年对城市防洪堤进行了大规模建设,使城市防洪堤全长达到34千米,防洪能力有所提高。1957年洪水后,防洪堤设计标准提高到防御1957年洪水,流量为12 200立方米/秒,水位为120.3米,设计堤顶超高1.7米。沿江岸的堤防由道里、道外和东大坝3段组成,堤长17.5千米,1958年全线建成。此外,还建设了贯穿市区的与江岸堤防连接的阿什河堤(长7.46千米)以及马家沟河堤。两岸堤距2千米~10千米。1985年城市防洪堤达42.8千米。1986年大水后,对哈尔滨市堤防再次进行了大规模加高加固,使顾乡堤、道里堤、化工堤、道外堤、港务局附近河口横堤、东大堤、阿什河堤以及一二水源围堤等沿江堤防达到50年一遇标准,允许泄量15 700立方米/秒。1991年大水后又修建了太阳岛月亮湾、上坞堤防,其堤顶高程为121.5米。2010年12月15日松花江北岸堤防暨堤顶路工程开工,分2期建设至2012年底完工,防洪能力将提至50年~100年一遇。工程西起万宝堤肇东界,东至大顶子山航电枢纽工程,横跨松北和呼兰2区,全长约100千米。将通过加高培厚提高现有沿江堤防防洪能力的同时,展开生态修复和景观建设,使哈尔滨市沿江100千米区段形成集防洪、交通、景观、岸线整治、生态修复"五位一体"的多功能景观长廊。

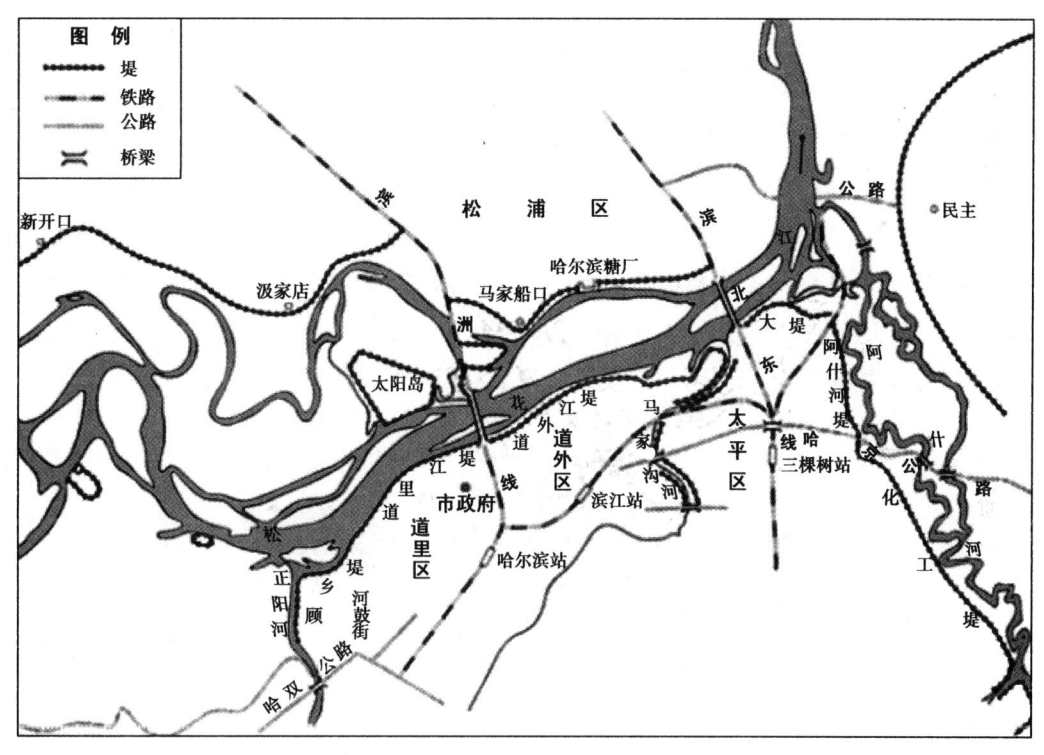

图 3-2-20 哈尔滨市堤防工程示意图

武汉市防洪工程 为保护武汉市抵御一定频率的洪涝灾害而兴建的工程。据记载,武昌汉阳门至平湖门间花蕊堤始建于北宋政和元年至八年(1111~1118);南宋绍熙元年至五年(1190~1194)筑万金堤;南宋开禧二年至元至大元年(1206~1308)修打门堤;明万历四十年(1612)后修熊公堤;清光绪二十五年至二十六年(1899~1900)修武青堤、武泰堤。武昌历代所修堤防多次为洪水所毁,屡经修复。汉阳自明正德元年(1506)开始据地势修筑零星埝堤,清顺治元年(1644)修拦江堤。汉口明崇祯八年(1635)筑长堤(即袁公堤),清光绪三十一年(1905)修张公堤,1929年修武汉关堤,1931年后逐渐围成汉口圈堤。至1949年,三镇堤防总长108千米。1949年~1954年,按照1931年长江武汉关最高洪水位28.28米的标准,对堤防进行维护和建设。1954年长江大水后,按照1954年武汉关最高洪水位29.73米加安全超高1.0米的标准进行维护和建设。武汉附近设杜家台、西凉湖、武湖、张渡湖、白潭湖和东西湖分蓄洪区6处。到1974年,根据整体防洪规划要求,三镇堤防系统和分蓄洪工程基本建成。1968年丹江口水库工程初期规模建成,减轻了汉水洪水对武汉市的威胁。至此,武汉市初步形成具有堤防、分蓄洪工程和丹江口水库的防洪体系,1974年~1982年,按武汉关水位29.73米加安全超高1.5米的标准进行堤防维护和建设。1982年~1999年,按武汉关水位29.73米加安全超高2.0米的标准进行维护和建设,并把隔渗和除险加固纳入建设范围。工程包括堤防、涵闸、水库和分蓄洪区,城市堤防包括城区和郊区2部分。堤防全长800千米,其中,长江、汉水干堤465千米,连江支堤335千米。城区分为汉口、武昌、汉阳3个独立的防洪保护圈。①汉口防洪保护圈,由汉口沿河堤、汉口沿江堤、张公堤组成,全长52.73千米,堤顶高程31.7米~32米,保护圈面积133.8平方千米,除京广铁路留有约20米道口外,其余堤防均已形象达标。②武昌防洪保护圈,由长江武惠堤、武钢工业港堤、武青堤、武昌市区堤、八铺街堤、武金堤以及武昌地区以南的自然高地组成,堤线77.72千米,堤顶高程30.7米~32.2米,保护圈面积约820平方千米。③汉阳防洪保护圈,由汉阳沿河堤、汉阳拦江堤、高公街堤、鹦鹉堤、江永堤、烂泥湖堤、永固堤、襄永堤、保丰堤、汉阳隔堤和自然高地组成,全长63.95千米,保护圈面积约413.5平方千米。至1998年,全市长江、汉水干堤已达标165千米。武汉城区堤防上共有通道闸口303处,排水出口80处,涵闸47座,排水泵站51座。武汉全市有水库273座,其中大型3座,中型6座,小型264座,集雨面积852平方千米,总库容9.25亿立方米。武汉附近6个分蓄洪区,规划分蓄洪水68亿立方米。1998年大水后,主要实施堤防除险加固达标、涵闸除险、水库除险、泵站维护改造等重点水利工程148项,工程完成后,全市长江、汉水干堤达标堤段可增加到283千米。2000年长江、汉水干堤计划达标堤段增至374千米。至2001年,465千米长江、汉水干堤全部达标。

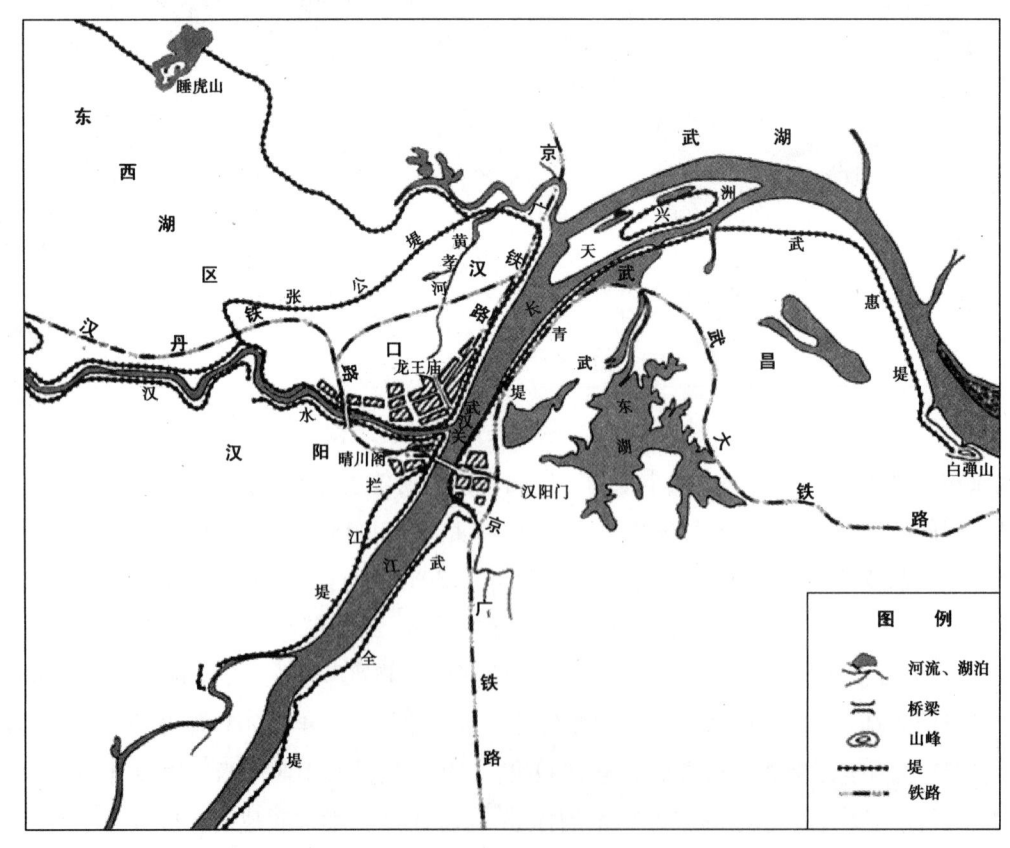

图3-2-21　武汉市防洪工程示意图

广州市防洪工程 为保护广州市抵御一定频率的洪涝灾害而兴建的防洪工程。20 世纪 50 年代初期至 70 年代中期的 20 多年里,西江、北江三角洲江海堤围普遍进行培修加固与建闸联围,小围并成大围,洪水归槽,广州市潮水位逐年有抬高之势。50 年代初,曾拟定广州市安全水位为 2 米(珠江基面),但之后常有突破,90 年代初已把广州市安全水位修改为 2.5 米。按照广州市城市防洪总体规划,广州城市防洪体系包括工程建设和非工程建设。其中,工程建设主要分 2 个层次:一是外围防洪工程,广州市北面的防洪屏障北江大堤;二是市区防洪工程。根据广州地形特点,采取北建库、南建堤(围)的工程措施,通过一系列堤、闸、库联合调控,形成了上蓄、中防、下排的防洪工程体系。主要防洪工程有北部水库、穿越市中心的珠江堤防、南部海堤、流经城市境区的流溪河堤防、中心城区排涝工程等。非工程建设主要包括:建立 4 级三防应急组织体系、编制完善 2158 个三防应急预案台账、建立由抢险专家、队伍和物资组成的三防抢险体系、建成由信息采集、计算机网络、通信以及三防决策支持等 4 个分系统组成的三防指挥系统。北江大堤(含芦苞、西南 2 座水闸)是防御北江和西江洪水,保护广州市防洪安全的堤防工程。为防御北江洪水,于 1999 年在北江建成飞来峡水利枢纽。该水利枢纽结合潖江天然分洪,可使广州防御北江洪水的防洪标准,由原先 100 年一遇提高到 300 年一遇。对防御西江洪水,将结合红水河、黔江梯级开发,在西江红水河建龙滩水电站和在黔江建大藤峡水利枢纽。飞来峡、龙滩、大藤峡 3 个水库联合调洪,与北江大堤结合,广州市可抵御 1915 年型特大洪水。市区内河网纵横,现有防洪(潮)堤防(岸墙)478 千米。规划对其中防洪(潮)标准约为 10 年一遇的城区沿江两岸 257 千米的防洪(潮)堤,按 200 年一遇防洪(潮)标准结合城市美化整修加固。对白云区现状防洪(潮)标准为 10 年一遇~15 年一遇、长为 221 千米的堤岸,规划按 20 年一遇~50 年一遇标准整修加固。堤岸修建工程于 1996 年起动工,至 2010 年全部竣工。黄埔区乌涌整治一期工程整治乌涌水闸至广深公路段(长 940 米)2001 年 7 月开工,2002 年 11 月完成;二期工程整治广深公路桥至广深铁路段(长 1666 米),2002 年 11 月进场施工,2004 年初完成工程建设。2007 年 10 月又开工对乌涌进行综合整治,工程包括水利建设、景观整治和截污工程 3 部分,分左右 2 个支流,于 2009 年底基本完成。

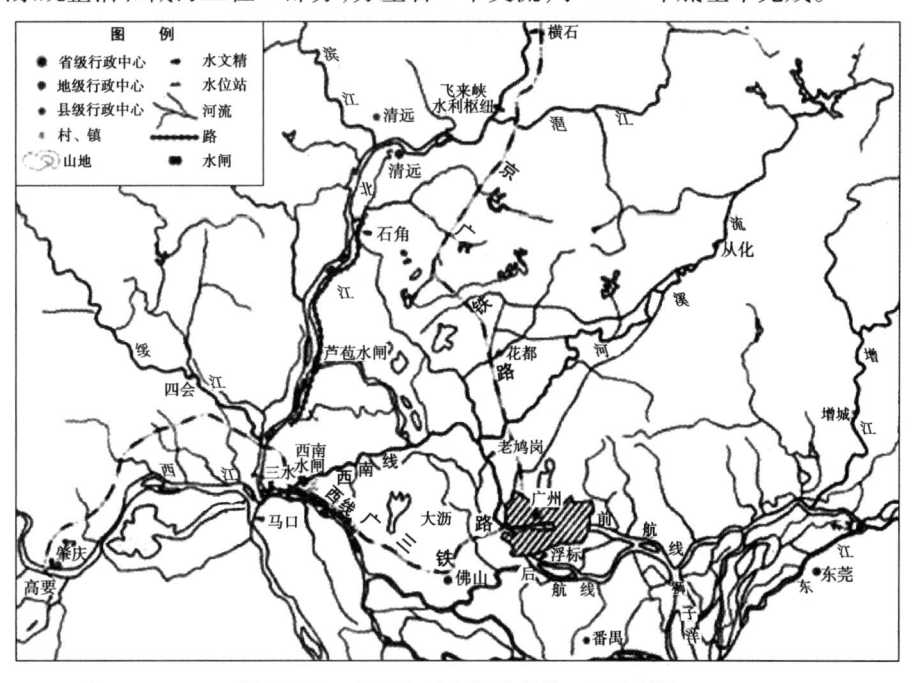

图 3-2-22 广州市城市防洪总体工程示意图

第五节 中国著名灌区与排灌工程

中华人民共和国成立初期，主要对四川都江堰灌区、陕西秦川老灌区、黄河河套灌区等进行了改扩建。1958年开始修建安徽省淠史杭灌区，渠系还具有通航、发电、供水等效益。黄河上游自20世纪60年代以来，修建了一批高扬程提灌站，有的扬程高达400米~600米，如甘肃景泰川、宁夏固海扬水、陕西东雷抽黄等。据统计，到2008年中国有灌溉面积在2万公顷以上的大型灌区434处、中型灌区5200多处、小型灌区1000多万处。

表 3-2-4　中国灌溉面积5万公顷以上的灌区

序号	灌区名称	地址	水源	灌区面积/10^3公顷 有效	灌区面积/10^3公顷 设计	进水闸设计流量/（立方米/秒）
1	都江堰灌区	四川都江堰	岷江	688.7	724.3	
2	淠史杭灌区	安徽六安	淠河、史河、杭埠河	580.0	683.7	539
3	河套灌区	内蒙古临河	黄河	431.7	773.3	620
4	青铜峡灌区	宁夏银川	黄河	307.0	388.0	320
5	潘庄引黄灌区	山东齐河	黄河	216.0	333.0	150
6	玛纳斯河灌区	新疆石河子	玛纳斯河	210.0	253.0	105
7	宝鸡峡灌区	陕西宝鸡	渭河	195.6	197.7	95
8	位山灌区	山东聊城	黄河	173.3	360.0	280
9	石津灌区	河北石家庄	滹沱河	166.7	166.7	100
10	漳河水库灌区	湖北荆门	漳河水库	161.4	173.7	121
11	渭干灌区	新疆阿克苏	渭干河	110.9	240.3	200
12	奎屯河灌区	新疆奎屯	奎屯河	106.7	253.3	170
13	鹤地水库灌区	广东廉江	九州河	105.6	133.4	110
14	民有灌区	河北邯郸	岳城水库	104.0	160.0	100
15	鸭河口灌区	河南南阳	白河	101.0	158.0	134
16	泽口灌区	湖北仙桃	汉江	97.6	112.0	156
17	喀什河灌区	新疆伊犁	喀什河	89.3	120.0	118
18	汾河灌区	山西祁县	汾河	87.9	100.0	91
19	泾惠渠灌区	陕西咸阳	泾河	87.3	90.3	46
20	驷马山引江灌区	安徽	长江	85.9	227	100
21	丹江口灌区	湖北襄阳	汉江	84.5	137.3	
22	冯家山灌区	陕西凤翔	千河	84.4	90.4	42.5
23	东雷抽黄灌区	陕西渭南	黄河	84.0	186.7	120
24	罗汉寺灌区	湖北天门	汉江	83.9	85.3	120
25	鲇鱼山灌区	河南商城	灌河	83.9	85.3	119
26	松涛灌区	海南儋州	南渡河	82.0	148.0	85
27	嘉南渠灌区	台湾			80.7	37
28	交口灌区	陕西渭南	渭河	79.8	80.0	45

续表

序号	灌区名称	地址	水源	灌区面积/10³ 公顷		进水闸设计流量/（立方米/秒）
				有效	设计	
29	温黄平原灌区	浙江黄岩	永宁江、长潭水库	69.5	70.0	
30	峡山灌区	山东昌邑	潍河、峡山水库	69.3	102.0	136
31	叶尔羌河西岸灌区	新疆莎车	叶尔羌河	68.3	86.7	130
32	赣抚平原灌区	江西南昌	抚河	67.0	80.0	166
33	韶山灌区	湖南湘乡	涟水	66.7	44.0	45
34	东风渠灌区	湖北当阳	黄柏河	65.5	100.0	15
35	南湾水库灌区	河南信阳	师河	62.7	74.7	74
36	漳南灌区	河南安阳	漳河	60.9	80.0	100
37	阿克苏灌区	新疆阿克苏	阿克苏河	58.9	93.3	120
38	李家岸灌区	山东临邑	黄河	54.4	89.3	100
39	大洼灌区	辽宁大洼	辽河	54.3	68.1	56
40	梅山灌区	河南固始	史河	54.0	65.3	116
41	高州灌区	广东高州	建江	53.9	78.7	130
42	沙河灌区	河北宝坻	沙河	53.5	107.1	80
43	滦河灌区	河北唐山	滦河	53.4	63.9	117
44	隔堤北灌区	湖北洪湖监利	长江	53.0	56.8	76(52)
45	洛惠渠灌区	陕西渭南	北洛河	52.0		25
46	簸箕李灌区	山东惠民	黄河	50.3	73.3	75
47	欧阳海灌区	湖南耒阳	欧阳海水库	50.0	48.5	50

都江堰灌区 位于中国川西平原，为中国目前灌溉面积最大的灌区。工程以灌溉为主兼有防洪、发电、城市供水等作用。灌区始建于公元前 256 年（周赧王五十九年），渠首位于都江堰市（原灌县），由岷江引水。中华人民共和国成立以后，对灌区进行了大规模的改造扩建，调整和改建了内、外江几条主干输水渠道和进水口门，新建了外江及沙河控制闸和向龙泉山以东丘陵区输水的干渠和黑龙滩、三岔等大型调蓄水库，同时对灌区内渠系进行大规模调整改造，修建了一大批中、小型水库和引水、分水、泄洪工程，采取以蓄为主，引蓄结合，长藤结瓜的办法，把岷江丰水期的水引到干旱缺水的川中丘陵区，在库塘中蓄积起来，作补充灌溉之用，使全灌区有效灌溉面积由 1949 年的 18.67 万公顷发展到 1997 年的 67 万公顷，灌区范围扩大到 7 个市的 37 个县（区）。近 50 年来进行了不断的改建、扩建和改造更新。在 20 世纪 60 年代以前，主要是对川西成都平原灌区的改造和扩建。从 1953 年开始，先后兴建了人民渠 1 期～5 期工程，扩灌面积 10.4 万公顷；兴建了东风渠 1 期～4 期工程，扩灌面积 6.8 万公顷，同时还扩建了三合堰和人民渠红岩分干渠，分别扩灌了 4 万公顷和 1.53 万公顷。在这一时期还对灌区原有渠系进行大规模的调整改造，新建和改造了大批闸、坝、涵洞、渡槽等水工建筑物，大大提高了通水条件和渠系水利用率。到 20 世纪 60 年代末，灌区实灌面积已达到 40 万公顷，使成都平原全部农田得到灌溉。从 60 年代末，建设重点转入到向龙泉山以西的丘陵区送水。先后在龙泉山北端兴建人民渠 6 期、7 期工程；在山峦起伏的沱

江、凯江和涪江之间,新开渠道312千米,兴建了蓄水2.9亿立方米的鲁班水库和团结、继光、响滩子、元兴等中型水库;在龙泉山中部建成长达6千米多的引水隧洞,修建了蓄水2.25亿立方米的三岔水库和张家岩、石盘等中型水库;在龙泉山南麓,建成总库容3.17亿立方米的黑龙潭水库和一系列的渠系工程,把岷江水从3条渠线引过龙泉山,使川中丘陵区的26万多公顷干旱缺水农田得到灌溉补给。在"十一五"期间灌溉面积进一步扩大,从"十五"末的68.4万公顷发展到68.87万公顷,5年共向灌区供水350.5亿立方米,确保了全灌区233.3万公顷供水区域的供水安全。

淠史杭灌区 淠河、史河、杭埠河3个毗邻灌区的总称。位于安徽省中西部和河南省中南部,地处大别山余脉的丘陵地带,横跨长江、淮河两大流域,总面积1.31万平方千米。灌区水源来自佛子岭水库、响洪甸水库、磨子潭水库和梅山水库。总库容66亿立方米。灌区于1958年开工建设,1959年开始灌溉农田,以后逐年续建配套,1987年干渠以上工程完工。工程以灌溉为主,兼有发电、航运、水产养殖、城市用水的综合利用工程,包括淠河、史河、杭埠河三大渠首枢纽工程,7级渠道的2条总干渠、11条干渠、19条分干渠,总长1384千米;1.3万条支渠、斗渠、农渠,总长2.26万千米;大小渠系建筑物2万多座;中小型调节水库1066座和21万口塘坝,有效库容12.3亿立方米;抽水站、补水站总装机容量14.1万千瓦。工程实现了40万公顷农田的自流灌溉,实灌面积达58万公顷,并解除了淠、史河下游的洪灾,减轻了淮河干流的洪灾。

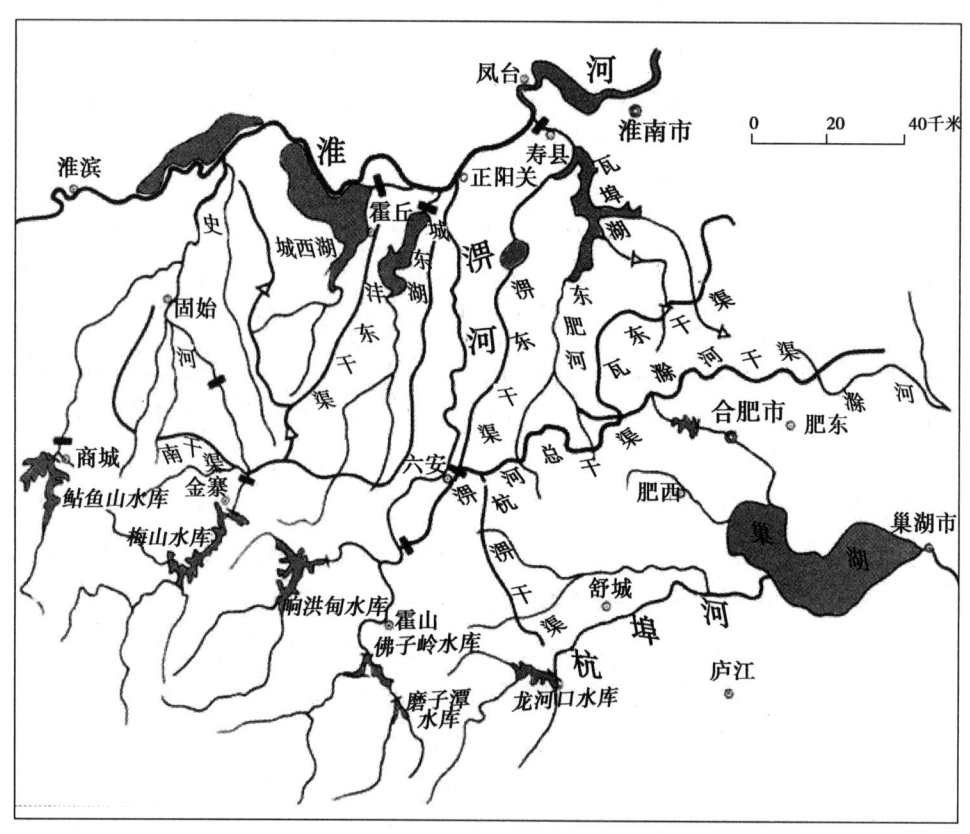

图3-2-23 淠史杭灌区示意图

河套灌区 位于内蒙古自治区西部的巴彦淖尔市。北依阴山山脉的狼山、乌拉山南麓洪积扇,南临黄河,东至包头市郊,西接乌兰布和沙漠。灌区土地面积1.16万平方千米,有大小湖泊208处,其中乌梁素海面积最大,为290平方千米,是河套地区山洪和灌溉退水的主要容泄区。灌区现有灌溉面积57.4万公顷,其中耕地52.47万公顷、林草地4.93公顷,农业人口113万多,人均耕地面积0.47公顷。农作物以春小麦、玉米为主,经济作物有向日葵、胡麻和甜菜等。远在秦汉时代即开始挖渠,唐贞观年间,在河套修建了大型渠道,有的渠可灌600公顷以上。清中叶后,开渠种植日盛,清末已建成八大干渠。中华民国时代,将灌区向东延伸至乌拉山前的三湖河地区。由于过去建设缺乏全盘规划,渠系紊乱,旱年水不进渠,汛期泛滥成灾。20世纪50年以来,修建了三盛公水利枢纽,健全排灌系统,又修筑了黄河防洪大堤,同时开展农田基本建设,营造防护林,扩大灌溉面积,形成草原化荒漠中的绿洲。1949年有引黄干渠10条,灌溉面积约19.43万公顷。1961年三盛公水利枢纽建成,开挖了总干渠,改多口引水为一口引水,使全灌区成为一个统一的引水系统。以后又相继开挖了骨干排水沟,修建了电力排水站,进行了渠系配套工程建设。进入90年代以后,又进行了大规模的排灌配套建设,使灌区进入了有灌有排的发展阶段。灌区从西到东可分为3部分:西部为保尔套勒盖灌区,由三盛公水利枢纽上游一千渠引水;中部为后套灌区,从三盛公总干渠引水,东至乌梁素海;东部为三湖灌区,地处乌梁素海排水沟以东,可灌到包头市郊区。三盛公水利枢纽为河套灌区的主体工程,位于磴口县黄河干流上,拦河闸共18孔,设计过闸流量6820立方米/秒。总干渠进水闸9孔,设计过闸流量565立方米/秒。一干渠进水闸5孔,设计过闸流量80立方米/秒。灌区现有总干渠1条,长180千米;总排水沟1条,长258千米;干渠13条,总长779.74千米;排水干沟12条,总长503千米。乌梁素海退水渠从乌海泄水闸至黄河三湖河口全长24千米,设计最大过水流量100立方米/秒。下游地区由于排水出路不畅,土壤处于积盐过程,成为影响农业发展的一个主要障碍。灌区粮食平均每公顷产量1865千克左右,还有大量荒地可以开垦,生产潜力很大。

宝鸡峡引渭灌区 位于陕西省关中地区西部,从渭河左岸引水,受益范围有宝鸡、咸阳、西安3个市的13个县(区)。有效灌溉面积约为19.6万公顷,其中自流灌溉面积约占2/3,提水灌溉面积约占1/3。灌区东西长181千米,南北平均宽14千米。主要农作物为小麦、玉米、棉花和油菜等。宝鸡峡灌区由宝鸡峡引渭工程、渭惠渠工程和渭惠渠高原抽水灌溉工程(简称渭高抽)三大部分组成,分塬上、塬下两大灌溉系统。塬下灌区由原渭惠渠扩建而成,渠首在眉县魏家堡,设计引水流量45立方米/秒,总干渠和南北2条干渠总长197千米。渭惠渠于1937年建成通水,到1949年灌溉面积为1.8万公顷。中华人民共和国成立后,经过整修扩建,灌溉面积增加到3.8万公顷,1958年又修建了北干渠(抽水灌溉塬边高地,简称渭高抽),灌溉面积扩大到7.2万公顷。塬上灌区1958年动工兴建,1960年停工,1969年复工,1971年建成。从宝鸡市林家村引渭河水,设计引水流量50立方米/秒,灌溉面积12.8万公顷,总干渠和东西2条干渠总长215千米。共有支渠69条,总长696千米。全灌区共有泵站21座,配套机井11 349眼。塬上还有中型水库4座,总库容2.29亿立方米。库岸设有泵站,在用水紧张时期,以库水补给干渠。全灌区已形成一个以引渭河水为主、引蓄提结合、地表水和地下水并用的多水源灌溉系统。灌区平均年引水量6.08亿立方米,库塘蓄水1.92亿立方米,提取地下水1.27亿立方米。该灌区的运用结束了关中西部渭北高原干旱缺水的历史,粮食平均单产增长了2倍,灌区粮食总产占全省产量的1/10,提供的商品粮占全省的1/4。

青铜峡灌区 位于宁夏回族自治区黄河冲积平原,西依贺兰山,东濒鄂尔多斯台地,包括青铜峡、吴忠、灵武、永宁、银川、贺兰、平罗、石嘴山等8个市、县。早在秦汉时期,就开渠引水灌溉农田,至今已有2000多年的历史。中华人民共和国成立以后,对古老的干、支渠进行了裁弯取直和扩建,并相应增建了渠系建筑物。20世纪60年代中期建成了青铜峡水利枢纽工程,结束了长期无坝引水的历史,使全灌区形成了统一的灌溉系统。灌区分河东、河西两大系统。渠首总引水流量为600立方米/秒。河西总干渠从坝下引水,下分西干、唐徕、惠农、汉延四大干渠;河东灌区分高、低干渠,高干渠由坝上引水,低干渠由坝下引水,下接秦、汉渠。总干渠和分干渠总长度1048千米。灌区设计灌溉面积为38.8万公顷,1997年有效灌溉面积为30.7万公顷。灌区农作物以水稻、小麦为主,兼种胡麻、甜菜等,为中国西北地区重要产粮区,被誉为"塞外江南"。灌区人民在长期实践中,积累了许多用水、管水的经验和措施。例如,"民办、公助、官督"的修、管、用方式;先下游后上游的灌溉配水制度;种稻结合放淤的盐碱地改良措施;2年旱作、1年稻作的3段轮作制;经济实用的草土工程(即草土围堰)防冲截流技术等。

玛纳斯河灌区 位于新疆维吾尔自治区天山北麓玛纳斯河流域。灌区范围包括玛纳斯、沙湾2县和石河子市郊区。东西长140千米,南北宽102千米,土地面积53.44万公顷,可耕地面积33.3万公顷。农作物以小麦、玉米、甜菜、棉花为主。新疆生产建设兵团从20世纪50年代开始在玛纳斯河流域兴修水利工程,开垦荒地。1959年灌区骨干工程基本建成,设计灌溉面积25.3万公顷,有效灌溉面积达21万公顷。灌区在红山咀修建引水枢纽工程,设计引水流量为105立方米/秒。渠首枢纽位于石河子市东南15千米的玛纳斯河出山口处的红山嘴渠首枢纽,是灌区的主要控制性引水枢纽,于1959年由当时的玛纳斯河水利工程处建成。渠首枢纽主要由上游整治段、溢流侧堰、进水闸、泄洪冲沙闸、下游整治段及总干渠和曲线沉沙池等部分组成,具有灌溉、防洪、发电、水库引水和城市供水等功能,年引水量10亿立方米,有4孔进水闸、10孔泄洪闸和长200米的溢流侧堰。渠首设有曲线沉沙池,全长163米,在凸岸设有12孔的排沙廊道,可连续排沙,以防止泥沙进入下级渠道。东岸大渠是灌区的引水总干渠,为干砌卵石护面,1959年建成,全长18.8千米,设计流速4.5米/秒。灌区水库主要是平原水库,是利用灌区内的苇湖或洼地筑坝建闸修建的,对调蓄玛纳斯河水资源,提高水的利用率起到了十分重要的作用,主要有夹河子、大泉沟、蘑菇湖、新户坪、白土坑等15座水库,总库容4.6亿立方米,其中大型水库2座,库容2.8亿立方米;中型水库4座,库容1.65亿立方米。水库多数是五六十年代建成,多为联合运用,如夹河子、大泉沟和蘑菇湖3座与西岸大渠并联,夹河子与跃进水库并联,新户坪与白土坑水库串联,引蓄联合,互相调剂,大大提高了灌区供水的保证率。灌区有各级渠道2500多条,总长8000多千米,1979年以来大规模采用塑料薄膜进行防渗,已有1/4的渠道修建了防渗层。为了解决春、秋灌溉季节河水不足的问题,灌区实行井渠结合灌溉,地表水与地下水统一调度。全灌区打机井1500多眼,其中1150眼为灌溉用井,年提水量约1.2亿立方米,一般夏灌以渠水为主,春、秋灌以井补渠。斗渠以上各类建筑物9700多座,防洪堤14处、40千米。灌区内原有3万多公顷盐碱耕地,采取明沟排水和竖井排水相结合,以灌促排、灌排结合的办法,收到了明显的效果。全灌区粮食平均每公顷达到3000千克以上。

人民胜利渠灌区 位于黄河、沁河冲积平原,是黄河下游兴建的第一个大型引黄自流灌溉工程。渠首位于河南省黄河北岸武陟县秦厂村。灌区总控制面积1486平方千米。主要灌溉新乡、安阳、焦作市的8个县(市、区)47个乡镇的9.8万公顷耕地,其中充分灌溉面积5.8万公顷,补给灌溉面积4万公顷。同时还承担着新乡市城市供水和必要时向安阳、天津送水补源的任务。灌区于1951年开工,1952年4月第一期工程建成,当年开灌受益。后经几次整修扩建,达到现有规模。灌区工程主要由灌溉、排水、沉沙和机井4项工程组成:①灌溉工程系统包括渠首闸、总干渠和干、支、斗、农、毛5级渠道及附属建筑物,各级固定渠道共计2070条。渠首为无坝引水,渠首闸为框架式结构,设计正常流量60立方米/秒,加大设计流量85立方米/秒。②排水工程系统由干排、支排和斗排3级组成,总计677条。干排为东、西孟姜女河,由天然河道开挖而成；承泄区为卫河。③沉沙池共有9处,分布在渠首附近及灌区内部,总面积3300余公顷。根据30多年观测统计,引入渠首闸的泥沙有36%淤积在沉沙池中,其余进入渠道、农田及泄至卫河。渠道及卫河均进行过清淤。④灌区内有机井8000多眼,大部分灌区实现了井渠结合灌溉。开灌后,旱、涝、碱、沙灾害得到综合治理,粮棉产量逐年增产。为了解决灌区耕地盐碱化问题,从1954年开始,灌区逐步实施计划用水,推行井渠结合,建立了一套水盐监测、水量调配制度,开展盐碱地改良的科学研究工作。在引黄泥沙淤积问题上,采用沉沙池集中处理,并积极开展渠系调整,提高渠道输沙能力,把泥沙输到田间,既减轻渠道淤积,又提高土壤肥力,为黄河下游引黄灌溉开创先例。20世纪90年代以来,灌区开始进一步进行节水减淤的技术改造工程,以适应社会经济发展的要求。

泾惠渠灌区 从陕西省泾阳县泾河仲山口引水的自流灌溉工程。位于陕西省关中平原中部。灌区地势平坦,土壤肥沃,气候温和,农作物以小麦、玉米、棉花、蔬菜为主。引泾灌溉始于秦王政元年(前246)战国时代秦修建的郑国渠,当时引洪灌溉4万顷(折今约280万亩,即约18.7万公顷)。汉代在同一峡谷修白渠,宋代修丰利渠,元代修王御史渠,明代修广惠渠。清代引泾困难,只能从峡谷引山涧泉水,名龙洞渠,清末灌溉面积仅2万亩。这些灌区均为郑国渠的继续。历代引水口遗迹至今尚存。泾惠渠由中国近代著名水利专家李仪祉于1930年~1932年主持修建,计划灌溉面积4.27万公顷,实灌面积约3.33万公顷。中华人民共和国成立后,扩建、改建了渠首工程和灌排渠系；改善了田间工程,实现了渠、路、沟、井、电、林六结合的方田布局,渠首引水能力由原来的16立方米/秒增加到50立方米/秒,年用水量(包括地下水)由1.6亿立方米增加到6.5亿立方米,有效灌溉面积达到8.7万公顷。灌区有总干渠1条、干渠4条、支渠20条,总长度381千米；排水干沟8条、支沟56条,总长374千米；还有机井1.4万多眼,泵站107处,装机8100千瓦。灌区旱涝保收农田达到7.33万公顷,占有效灌溉面积的84%。灌区由单一水源的渠道灌溉,发展为渠井结合的多水源灌溉系统。以泾惠渠为中心,西接宝鸡峡、羊毛湾、冯家山等灌区,东连东方红、洛惠渠和东雷扬黄等灌区,在西起宝鸡、东迄黄河的几百里渭北高原上,形成了一个河渠成网、引蓄提相结合、地表水与地下水联合利用、灌地近67万公顷的大型灌溉系统,把一个历史上干旱低产的黄土高原变成了陕西省主要的粮食生产基地。

韶山灌区 位于湖南省湘江流域中游的丘陵地区。灌溉湘乡市、湘潭县、宁乡县、双峰县、韶山市、望城区和雨湖区等7个县(市、区)2500平方千米范围内的6.67万公顷农田,是一个以灌溉为主,兼具工业供水、发电、航运、防洪排涝、养殖等综合利用的大型水利工程,是湖南省最大的引水灌溉工程。灌区内工程巍然壮观,气势磅礴,渠道阡陌纵横,群峦叠翠,水如明镜,环境幽雅,空气清新,是外来投资者理想的开辟场所。1965年动工兴建,1966年开始受益,1969年配套工程全部完工。整个工程由水库枢纽、引水枢纽和灌区工程3部分组成。水库枢纽位于涟水中游双峰县水府庙,由大坝、电站、船闸组成,控制流域面积360平方千米,正常蓄水位94米,总库容5.6亿立方米,发电有效库容2.6亿立方米。大坝为砌石重力坝,由溢流段与非溢流段组成,坝高35.8米,坝轴线全长242米。电站装机容量为4×700千瓦。船闸为单线双级,设计年货运量70万吨。引水枢纽位于水库枢纽下游18千米处湘乡市洋潭,由拦河引水大坝、电站和斜面升船机及进水闸4部分组成。大坝以上控制流域面积550平方千米(包括水库控制的360平方千米)。正常引水位

66.5米,相应库容0.21亿立方米,大坝坝高12米,轴线总长387米,电站装机容量3×500千瓦。斜面升船机设计年货运量12万吨,最大通航船只20吨~30吨木船。灌区工程包括渠道工程、渠系建筑物、提灌工程、防洪排渍工程和小型塘坝工程等5部分。灌区渠道分总干渠和南、北干渠,其中北干渠首设计进水流量45立方米/秒。设计灌溉保证率为89%,年平均灌溉供水5.5亿立方米。灌区干渠总长240千米,支渠230条,总长1600千米,斗渠298条,总长920千米,通过10处隧洞和26处渡槽将众多水库、山塘连成一体。

红旗渠灌区 位于中国河南省西北部林州市(原林县),开凿于太行山腰,引山西省平顺县石城镇浊漳河水至林州境内。1960年2月红旗渠工程开工,1965年4月正式通水,1969年7月支渠配套工程全面完成。红旗渠总干渠边墙高4.3米、渠宽8米、长70.6千米,至分水岭分为3条干渠。灌区共有干渠、分干渠10条,总长304.1千米;支渠51条,总长524.1千米;斗渠290条,总长697.3千米;农渠4281条,总长2488千米;沿渠兴建小型一二类水库48座、塘堰346座,共有兴利库容2381万立方米、各种建筑物12 408座,其中凿通隧洞211个,总长53.7千米,架渡槽151个,总长12.5千米,还建了水电站和提水站。已成为"引、蓄、提、灌、排、电、景"成龙配套的大型体系。红旗渠源及渠首拦河坝位于山西省平顺县侯壁水电站下约600米处,由拦河溢流坝、引水隧洞、引水渠、进水闸、泄洪冲沙闸联合组成渠道引水枢纽,为无调节河道自流引水。溢流坝横跨河床长95米,最大坝高3.5米,底宽13.46米,顶宽2米,水泥浆砌石英岩石重力坝结构。渠源引水隧洞上口位于溢流坝以上18米处的浊漳河右岸,长105米,洞后经55米的明渠至进水闸。进水闸共3孔,单孔宽2米,设计流量25立方米/秒。冲沙闸在进水闸上游左侧共2孔,单孔宽2米。随着红旗渠配套工程的建成,形成以红旗渠为主体,南谷洞水库、弓上水库及其他引蓄工程作补充和调节综合利用的水利工程。有效灌溉面积3.6万公顷,其中自流灌溉面积3.48公顷、提水灌溉面积0.12万公顷。1992年开始对红旗渠进行技术改造,经过5年实施,总干渠的险工段得到改善,基本解决了干渠的淤积阻水、渠底渗漏问题,水的利用率明显提高。红旗渠建成通水40年来,获得了巨大的经济效益,累计引水93.6亿立方米,年均引水量2.8亿立方米,解决了67万人和3.7万头大牲畜饮水问题,改善了生产条件,粮食产量大幅度提高。同时,还带动了全县(市)林业、牧业、工矿企业、交通运输业及其他产业的全面发展。

叶尔羌河灌区 位于新疆维吾尔自治区喀什地区,有效灌溉面积44万公顷。灌区包括莎车、叶城、泽普、麦盖提、巴楚县和岳普湖县一部分,以及14个军垦农场。灌区处在塔克拉玛干沙漠与布谷里、托克拉克沙漠的挟持中,呈带状分布,灌区长400千米,宽40千米~80千米,为典型"走廊绿洲",是新疆境内最大一片绿洲。早在秦汉时期灌区人民就在沿河两岸堵水灌溉发展农业,至1949年初期已建成灌溉引水干支渠250余条,总长5000千米,灌溉面积曾达到20万公顷。灌区现有灌溉面积44万公顷,人口180万人。渠系是灌区最主要输水设施,目前4级渠道总长27 372千米,防渗渠道总长5734千米。已建成大中型水库40余座,库容总计15亿立方米,建成大中型引水枢纽工程8座,总引水能力1100立方米/秒,建成装机容量500千瓦以上的水电站10座,总装机容量5.9万千瓦。建成总干渠428千米,基本保证、改善了农业灌溉引水条件,对全流域农业生产的发展起着重要作用。灌区面积大,地形、气候、土壤的物理和化学性质、地下水埋深及矿化度等自然条件不同,研究时将灌区分为3个子灌区即山前平原区、中游平原区、下游平原区。在塔里木河综合治理工程建设实施中,通过对叶尔羌河灌区供水设施进行续建与节水改造,大大提高了灌溉水的利用率,提高供水保证率,缓解春旱缺水的矛盾。

松涛水库灌区 位于海南省西北部,东、南、西以南渡江左岸及其支流大塘河右岸、珠碧江为界,北临琼州海峡,东西长131千米,南北宽64千米,总面积5866平方千米,占全省总面积的17.3%。以松涛水库为主水源,通过各级渠道联结灌区内的中小型水利工程,组成大、中、小和蓄、引、提相结合的灌溉系统。受益范围包括海口市和琼山、澄迈、儋州、临高、白沙5县(市)。灌区水源包括松涛水库(多年平均供水量达13.88亿立方米)、灌区内各市县利用当地水资源建成中小型蓄水工程581座(总库容3.85亿立方米)、中小型引水工程128座,以及机电、水轮泵提灌与井灌设施,灌区内各类中小工程多年平均供水量达3.5亿立方米,合计灌区多年平均可供水源17.3亿立方米。松涛水库在南渡江上游,以灌溉为主,并具有发电、供水和防洪等综合功能。水库集雨面积1496平方千米,库容33.415亿立方米。枢纽建筑物有大坝、溢洪道、导流洞、副坝、输水枢纽工程和水电站。最大坝高80.1米。工程于1958年开工,1969年完工,运行情况良好。但大坝左端受山坡地下水影响,坝体浸润线高于设计值。输水枢纽工程设在大坝上游约30千米的南丰镇,包括进水明渠、进水塔、输水隧洞、调压塔、水电站、灌溉输水管、尾水渠、副坝等主要工程。灌区工程的总干渠长6.68千米,设计流量94.3立方米/秒。西干渠设计流量23.4立方米/秒,东干渠设计流量70.9立方米/秒。现有分干渠9条。灌区设计灌溉面积13.7万公顷,有效灌溉面积8.2万公顷,粮食、甘蔗、油料作物年产量分别占全省的27%、54%、26%。在灌区内12座中型水库、32座小(1)型水库中,分别有10座、17座与松涛干渠联成"结瓜"工程,并建有坝后和渠道跌水电站53座,总装机容量5.71万千瓦。松涛灌区内含19个较大的灌溉系统。现以1990年由珠江委设计院的灌溉面积调查成果为准划分,该灌区有效灌溉面积在3333.3公顷~2万公顷间的中型灌溉系统有黄竹分干、白莲东分干、白莲西分干、福山分干、波莲、和舍、那大、天角潭、大成等9个灌溉系统;而有效灌溉面积在666.7公顷3333.3公顷之间的小灌溉系统有金江、多文南、凤蛟、大塘河、那英、春江、铺子、西华、八一、富盈南等10个灌溉系统。

鸭河口灌区 位于河南省南阳市,在唐河、白河之间的南阳盆地,总面积2500平方千米,由鸭东灌区和白桐灌区2部分组成,灌溉宛城、新野、唐河、方城、社旗5个县(市、区)的15.8万公顷农田。1965年始建,前后经历了10多年建设过程。灌区以鸭河口水库为主要水源,结合利用地下水和过境径流等多种水资源。鸭河口水库最大库容达13.16亿立方米,灌区地下水储量丰富,可开采量为1.19亿立方米,补充灌区水量为0.57亿立方米。从唐河、白河上直接引水可灌农田0.73万公顷。按多水源进行供需平衡,设计灌溉面积为15.8万公顷,有效灌溉面积10.1万公顷。灌区现有灌溉工程设施包括引水枢纽和渠道工程。白桐干渠引水枢纽位于鸭河口水库下游的白河大占头上,主体工程为321.5米长的活动坝,设有2孔冲沙闸,3孔进水闸;鸭东灌区引水枢纽位于水库左输水道出口,包括溢流堰、输水渠和进水闸。渠道工程有白桐、鸭东2条干渠,共长93.6千米,建筑物175座;分干渠8条,长210.5千米,建筑物500座;支渠118条,长628.5千米,建筑物3657座。开灌30多年来,为南阳地区农业发展作出了贡献,产生了巨大的经济效益和生态效益,灌区以占全市1/6的耕地,生产了占全市1/4的粮食和1/2的棉花。

赣抚平原灌区 位于江西省中部偏北的赣江和抚河下游的三角洲平原地带,赣江环绕于西北,鄱阳湖相接于东南。灌区内有抚河干支流及清丰山溪水道交织分布,是以灌溉为主兼顾防洪排涝、航运、发电、养鱼和城市供水的大型综合性水利工程,长江以南最大的引水灌区。地跨抚州、宜春、南昌3个地市6个县(市、区)的42个乡镇。工程设计灌溉面积为8万公顷,有效灌溉面积近

6.7万公顷。1958年5月动工兴建,1960年初步建成并开始受益。后经逐年续建配套与改造,有焦石拦河闸、箭江分洪闸、岗前大渡槽、天王渡船闸等主体建筑物15座,大中型建筑物290余座及小型建筑物3600余座;开挖东、西总干渠及干渠7条,总长240千米;开挖斗渠以上渠道543条,总长1674千米;开挖排渍渠道7条,围堵河港湖汊24处。灌区兴建后,为灌区及南昌市的社会、经济发展和人民生活提供了重要支撑和防洪保障。灌区农田复种指数由1.41提高到2.84;亩产由150千克提高到750千克以上;排除内涝4.67万公顷,开垦湖滩洲地1.73万公顷;缩短防洪堤线485千米,防洪标准大幅度提高;缩短抚州至南昌水路航程100多千米;每年为城镇提供生产和生活用水近5000万吨;年发电量2500多万千瓦时。

漳河水库灌区 位于湖北省中部丘陵区,东临汉水,西至沮河,南濒长湖。地跨荆州、荆门、宜昌3个市,灌区土地面积5544平方千米。灌区渠首工程和干渠工程自1958年开始相继动工兴建,1966年基本建成并全面发挥效益。枢纽由5坝9闸、3段明槽和2座电站组成。水源工程为漳河水库,主坝为黏土斜墙坝,最大坝高66.5米,总库容20.35亿立方米,兴利库容9.4亿立方米。灌区渠道设计总引水能力为131立方米/秒,渠道分为总干、干、支干、分干、支、分、斗、农、毛渠等9级,共13 990条,总长7167.56千米。渠系上建有渡槽、隧洞、各类节制闸、分水闸及跌水等大小建筑物17 547座。灌区内有中小型水库314座,总库容8.45亿立方米,兴利库容4.9亿立方米;塘堰81 595处,蓄水能力1.90亿立方米(复蓄指数1.5);在灌区的中、下游沿长江、汉江、长湖一带建有200千瓦以上电灌站83处,总装机81 181千瓦,设计提水能力131.4立方米/秒。全灌区形成了以漳河水库为骨干,大中小相结合、蓄引提相调剂的灌溉系统。灌区设计灌溉面积17.4万公顷,有效灌溉面积16.2万公顷,粮食总产由灌溉前的3.175亿千克增长到20世纪末的14亿千克。漳河水库除提供灌溉水源外,还有防洪、发电、水产、旅游、航运和城市供水等综合功能。漳河灌区续建配套与节水改造工程可研报告截止到2007年底共编制3个项目10个可研报告。3个项目分别为灌区续建配套与节水改造工程、灌区信息化建设工程和灌区末级渠系改造试点项目。

位山灌区 位于中国山东省聊城市,从位山闸引黄河水灌溉。灌区始建于1958年,1962年因盐碱化被迫停灌,经过大规模整修开挖排水沟道,于1970年复灌,1981年~1983年、1993年~1995年进行了2次改建,1998年~2000年续建配套节水改造工程。现渠首设计引水流量240立方米/秒,设计灌溉面积36万公顷,有效灌溉面积17.3万公顷,控制聊城8个县(市区)90个乡(镇)的全部或大部分耕地,是黄河下游最大的引黄灌区,居全国特大型灌区的第七位。工程布局采用骨干工程灌排分设,田间工程灌排合一的形式。骨干工程设有东西2条输沙渠、2个沉沙区和3条干渠,总长274千米;分干渠53条,总长797千米;流量大于1.0立方米/秒的支渠393条,总长1419千米;各类水工建筑物5000余座。灌区内有徒骇河和马颊河两大骨干排涝河道和汇流面积大于100平方千米的支沟32条,各类建筑物3000余座。位山引黄闸位于东阿县刘集镇黄河北岸的位山村,1958年建成,共10孔,设计流量400立方米/秒。1983年改建后,闸孔为8孔,设计流量240立方米/秒,加大流量600立方米/秒。该闸同为引黄济津、济冀的渠首建筑物。灌区作为确保聊城农业丰产增收的重要基础设施,有效地缓解了十年九旱给聊城农业带来的严重困难,提高了粮食生产能力,保障了粮食安全。

石津灌区 地处河北平原中南部滹沱河与滏阳河之间的冀中平原,是河北省最大的以农业灌溉为主、兼发电和城市工业供水的大型灌区,工程控制土地面积4144平方千米,设计灌溉面积

16.7万公顷,有效灌溉面积16.7万公顷,受益范围包括石家庄、衡水、邢台3个市的14个县市区。主要灌溉作物为冬小麦、棉花等。灌区是1948年在原来"石津运河"的基础上建成石津总干渠,开挖了5条支渠,1949年5月1日正式放水。后经1956年、1958年、1963年、1965年等多次扩建、改建。灌区的水源工程是1958年在滹沱河上修建的岗南、黄壁庄2座联合运用的大型水库,设计总库容27.81亿立方米,设计兴利库容12.4亿立方米。灌区有总干渠、干渠、分干渠、支渠、斗渠、农渠6级固定渠道,共1.4万条,总长1.1万千米,各级各类建筑物1.4万座。总干渠引水口在黄壁庄水库,设计流量100立方米/秒,加大流量120立方米/秒,多年平均引水量为6.6亿立方米,全长134.7千米。在总干渠上游建有2×2500千瓦的水电站1座。改革开放以来,灌区不断完善工程设施和运行管理,加大科技投入,努力使灌区的各项管理科学化、规范化,已取得了可观的管理效益。

景泰川电力提灌工程 甘肃省河西走廊东端的大型高扬程提水灌溉工程,北接腾格里沙漠。设计抽水流量为28.6立方米/秒,灌溉景泰县和古浪县5.33万公顷(80万亩)农田。工程分两期进行。第一期于1969年动工、1974年建成,灌溉景泰县土地2万公顷(30万亩)。工程系由黄河左岸提水10.6立方米/秒,分11级提水,共建泵站13座,安装机组104台,装机容量6.7万千瓦,安装压力管道17.1千米。最大提水高度445米,年耗电量1.8亿千瓦时。干、支渠总长177千米,斗、农渠总长2600千米,干、支渠均采取混凝土衬砌。第二期工程1984年动工,1994年完成,发展景泰与古浪2县的农田灌溉3.3万公顷。设计抽水流量为18立方米/秒,最大抽水高度为602米,兴建泵站30座,总装机容量(含195台机组)为18.07万千瓦,工程建成后,国家安置了东乡、永靖、会宁等6个县贫困山区的移民30多万人。灌区的发展,改变了农业生产基本条件。景泰县人均占有水地由提灌前的286平方米增加到867平方米,灌区内粮食产量提高将近10倍,变缺粮为余粮地区。其他油料、林木、畜产品等也成倍增长。全灌区植树1200万株,营造防风护田林带长1400千米,防风效果良好,灌区内生态环境已有明显改善。

盐环定扬黄工程 位于中国陕西、甘肃、宁夏3省(自治区),通过多级泵站将黄河水提送到宁夏回族自治区的盐池、同心县,甘肃省的环县,陕西省的定边县的部分地区,以解决当地人畜饮水困难、地方病的防治并结合发展灌溉的一项大型电力抽水工程。由陕西、甘肃、宁夏3省(自治区)联合兴建,1988年8月动工,1996年9月竣工。该工程是由3省(自治区)共用工程和各省(自治区)专用工程2部分组成。其中共用工程共建泵站11座,总装机容量为6.13万千瓦,总扬程为391.2米,总提水流量为11立方米/秒,其中分配给盐池县5立方米/秒,同心县、环县、定边县各2立方米/秒。渠首泵站位于宁夏回族自治区灵武市,从青铜峡灌区东干渠取水。共用工程总干渠长101千米。输变电工程有220千伏、110千伏、35千伏、6千伏4级150千米输电线路和11座变电站。通信工程是以微波电路作主干线,以特高频电缆电线为分支线的综合通信网络。专用工程共建泵站13座,其中宁、陕共用1座、陕西自用3座、甘肃自用5座、宁夏自用4座,总装机容量为2.56万千瓦。各灌区总扬程分别为:盐池片为452米,同心片为311.3米,定边片为526.4米,环县片为651米。专用工程干、支渠总长为480千米,供水管网总长为1127千米,建加压泵站43座,装机容量为3200千瓦,供水点1118处。工程建成后解决了36万人、127万头(只)牲畜的饮水困难,同时发展灌溉面积2.13万公顷,取得了一定的社会、经济和生态效益。由于工程供水成本高、投资规模大、地方筹资困难等原因,实际供水量远小于规划目标,为了使这项工程更好地发挥应有效益,2008年12月国家决定续建,主要对原有的泵站及干渠防洪等进行工程整治和改造,解决陕甘宁交界处城镇供水和农村人畜饮水问题。宁夏专用工程2009年8月开工建设,2010年9月正式通水;陕西专用工程2009年5月开工,2011年12月通水;甘肃专用工程2009年4月开工,2011年10月通水。

宁夏扶贫扬黄灌溉工程 位于宁夏回族自治区中部,涉及中卫、吴忠、固原3市的9县(区),是目前国内最大的以水利为基础、以扶贫为宗旨的移民项目。包括红寺堡和固海扩灌2片灌区,建设内容有水利、供电、通讯、移民和农田开发五大部分。通过新建39座扬水泵站、500千米干渠与支干渠、3523千米支斗农渠,将黄河水一级一级扬高到300多米,每年将5亿立方米的水引到灌区。一期工程1998年3月开工,2005年11月竣工,2008年8月通过验收。主要建设内容包括水利骨干工程、农业及田间配套工程、移民工程、水保和环保工程等。开发灌溉面积5.4万公顷,搬迁安置移民40万人。其中水利骨干工程主要包括水源工程、红寺堡扬水工程、固海扩灌扬水工程,工程等级为Ⅱ等,设计年引用黄河水量为5.17亿立方米。解决了移民区水资源的大问题,原来的不毛之地变成了绿洲,道路、供电、供水、通讯、生态环境等基础设施和农业发展、社会化服务等体系日益完善。

固海扬黄灌溉工程 位于宁夏回族自治区南部的中宁县、同心县、海原县、固原市境内,是以解决人畜饮水和农业灌溉水源,发展农、林、牧业生产,改变贫困山区干旱面貌为目的,以黄河为水源的多级电力提水扶贫工程。1978年6月动土兴建,1986年底竣工。设计灌溉面积2.66万公顷。渠首工程设在中宁县泉眼山北麓黄河干流右岸,直接从黄河提水。渠首设计流量为20立方米/秒,经11级扬水到固原市七营,总扬程为382.47米,共建泵站17座,安装抽水机组107台,总装机容量为78 405千瓦,铺设直径1.6米的预应力混凝土管道7202米,直径1.2米的管道7165米及各种不同管径的钢管1180吨。一级站泉眼山泵站选用离心泵7台(其中1台备用),单机流量为3.8立方米/秒,总装机容量为11 200千瓦。灌区输水主干渠自泉眼山泵站起至固原市七营,全长为150.42千米。东支干渠由主干渠5泵站前池分流5.8立方米/秒,经2级提水到同心站五家团庄入盘河水库灌区,全长为50.86千米。渠系建筑物有渡槽、桥梁、涵闸等共计517座。固海提灌工程竣工通水后与同心扬水工程合并,设计灌溉面积合计达3.34万公顷,解决了30万人、15万头牲畜的饮水困难,灌区生态环境明显改善。

江都排灌站 位于长江下游江苏省江都市境内,在京杭运河、新通扬运河与淮河入长江尾闾芒稻河交汇处,连接长江与淮河两大水系的大型水利枢纽工程。整个枢纽由4座泵站、12座节制闸、5座船闸、2条输水河道及1座110千伏变电站组成,是一个集调水、供水、灌溉、排水、通航、发电为一体的,多功能综合利用的水利枢纽工程,是江苏省江水北调和中国南水北调东线工程的起点站、中国最大的电力排灌站。1961年动工兴建,1963年后相继建成并投入运行。随着科学技术的发展和生产的需要,1996年和1999年分别对1站和2站进行了技术改造,将半调节水泵改为全调节水泵。4个泵站的主泵均为全调节轴流泵,共装机33台,总配套功率为5.3万千瓦,总提水能力为508立方米/秒。排灌站抽引的长江水直接灌溉京杭运河及苏北灌溉总渠沿线,包括江都、高邮、宝应、淮安、阜宁等县(市)的20万公顷水稻田。同时,通过淮安、淮阴、皂河、刘山、解台等梯级泵站提水,为淮北输送抗旱用水,对淮北地区农业改制(旱作改水稻)起了决定性作用,使徐、淮地区由农业低产区变为高产区。通过对京杭运河供水,使运河运量日益增长,促进了城乡及南北物资交流,繁荣了地方经济。

青山水轮泵站 位于湖南省临澧县境内,中国规模最大的水轮泵站工程。以灌溉为主,兼顾发电、航运。枢纽工程位于澧水下游，控制流域面积15 250平方千米，设计20年一遇洪水流量为19 500立方米/秒，实测最枯流量16.9立方米/秒，多年平均流量475立方米/秒，多年平均径流量150亿立方米。1966年开工，1972年主体工程完工受益，以后陆续进行渠道防渗和电站建设，1978年灌溉面积达到3.5万公顷。其主要工程设施有拦河坝、副坝、水轮泵站、发电站、船闸、灌区配套设施等。主坝为浆砌卵石重力坝，全长369.4米，其中溢流段长247.6米，最大坝高17.2米，采用挑流（低鼻坎底流消能）方式消能，坝体设有检修公路桥。副坝位于澧水干流分流后的新安河上（即左支），在新安镇上游1.5千米处，与主坝仅隔一个河洲，为浆砌卵石重力坝，全长437.25米，最大坝高13.2米，采用挑流（低鼻坎底流消能）方式消能。水轮泵站装有水轮泵40台，总提水流量15.1立方米/秒。有2座河床式低水头水力发电站，总装机容量8900千瓦。船闸全长105米，设计年货运量120万吨。灌区有总干渠1条，全长25.6千米；干渠3条，共长99.28千米，其中南干长69.6千米，北干长10.23千米，中干长19.45千米；一级支渠共52条，全长287千米；干渠共建有渡槽13处、隧洞6处、倒虹吸管2处。灌区内现有"长藤结瓜"水库74座，总库容11 564万立方米；电力灌溉泵站31处，共计43台、2890千瓦。灌溉临澧县14个乡镇的农田2.2万公顷，加上澧阳平原灌区共计3.5万公顷。青山水轮泵站每年大约抽水1亿立方米，占灌区总需水量的一半左右，补充了灌区灌溉用水的需要，社会效益和经济效益显著。

东雷扬黄灌溉工程 位于陕西省关中渭北旱塬的东部。以黄河为水源的多级电力提灌工程，范围包括渭南市合阳、大荔、蒲城、富平4县和西安市临潼区，受益面积达15万公顷，工程分两期实施。一期工程于1978年8月动工，1987年全部建成。设计灌溉面积为6.5万公顷，其中塬上部分为5万公顷，滩地部分为1.5万公顷。工程总体布置采用无坝引水方式，并按地形自然切割情况，实行分级分区抽水灌溉。引水渠首设在合阳县的东雷村下，由进水闸和一级站组成。总干渠沿黄河右岸地形较平坦的滩地自北而南。根据天然沟道切割情况，在总干渠西侧分别设东雷、新民、南乌牛、加西4个二级站抽水上塬，连同新民、朝邑2个滩地共构成6个灌溉系统。有效灌溉面积5.07万公顷，共布设各级抽水站28处，总净扬程200.21米，安装抽水机组133台，总装机容量11.86万千瓦，最大抽水流量60立方米/秒。灌区内布设干、支渠51条，总长351千米；斗渠382条，总长616千米；修建倒虹吸管、渡槽、跌水、涵闸等渠系建筑物共9177座；还配设有变电站29座；架设输电线路19条，总长261千米；通信线路3条，总长162千米。一期工程为灌区发展农业生产，增加经济作物，提高农民经济收入做出重要贡献，并带动了灌区内生态环境改善及农村工、副、牧、渔业发展。二期工程于1990年7月开工，2000年4月干渠通水。由枢纽进水闸、一级抽水站、二级抽水站、三级抽水站、总干渠、北干渠、南干渠及6个分干渠灌溉系统组成，配套工程包括新建、扩建变电站8座，修建抽水站37座，共安装抽水机组170台，总装机容量11.3万千瓦，平均总扬程135米。其中北干渠二级站总装机容量为4.26万千瓦，洛河渡槽全长1246米，设计流量达40立方米/秒。可灌溉耕地8.4万公顷，同时解决三门峡库区30%移民的饮水困难，经济和社会效益显著。

冯家山水库灌区（简称冯家山灌区） 位于陕西省宝鸡市东北、关中西部渭北黄土高原，西起金陵河左岸贾村塬，东至漆水河西岸，南接宝鸡峡灌区，北靠凤翔、岐山、扶风北山，海拔高程785米~1000米，东西长80余千米，南北宽约18千米，灌溉陈仓、凤翔、岐山、扶风、眉县、乾县和永寿等7县（区）农田9.09万公顷。工程分2期进行：一期工程为东灌区自流灌区，二期工程为西灌区抽水灌区，实际上2期工程均于1970年7月全面开工，于1981年同步完成。设施灌溉面积9.09万公顷,有效灌溉面积8.44万公顷。总干渠自输水洞出口至瓦岗寨分水闸,下分西干、南干及北干3条干渠,共长119.81千米,全部混凝土衬砌。总干渠全长38.95千米,设计引水流量42.5立方米/秒。南干渠全长27.8千米,设计流量8立方米/秒。北干渠全长50.79千米,设计流量22立方米/秒。西干渠全长2.25千米,设计引水流量4.5立方米/秒。西干渠灌区全部为抽水灌溉,最大抽水流量4.95立方米/秒,共有设施灌溉面积1.0133万公顷。东灌区包括总干、北干、南干3条干渠,抽水流量22.57立方米/秒,抽水设施灌溉面积3.72万公顷。

交口抽渭灌区 是20世纪70年代陕西建成的最大电力抽水灌溉工程,位于渭河下游关中东部,西起西安市临潼区石川河左岸,东至渭南市大荔县沙苑地区,南临渭河,北靠蒲城县卤泊滩,东西长50余千米,南北宽30余千米,海拔高程345米~410米,灌溉西安、渭南2市所属的临渭、蒲城、富平、大荔、临潼、阎良6个县(区)农田7.982万公顷。灌区因引水枢纽设于临潼区交口镇而得名。1958年11月~1966年9月为勘测设计和初建阶段,初步建成设施灌溉面积3.6万公顷,当年实灌面积2.2万公顷。1966年10月~1970年3月为扩建阶段,完成扩大灌溉面积4.32万公顷。1970年~1974年为第三阶段,主要进行基建扫尾、田间工程配套和排水工程建设。灌区主要工程由渠首枢纽、抽水站、电网、渠系、排水等工程组成。灌区以抽取渭河水为灌溉水源,共分8级抽水,建有抽水站28座,安装机组108台,总装机容量2.4967万千瓦。总干渠长36.22千米,包括总干涵洞、分水闸、东排干沟渡槽等主要建筑物共181座,于1960年11月动工,1963年3月建成。1995年底,灌区5级渠道共5372条,总长3317.69千米,各种建筑物1.6913万座。其中:总干渠和东、西、南、北干渠,共长93.46千米,已衬砌80.99千米,占86.7%,共有建筑物411座;支渠33条,总长246.91千米,已衬砌64.90千米,占26.2%,建筑物共1403座;斗渠493条,总长934.19千米,建筑物共7061座;分渠4841条,总长2043.13千米,建筑物共8038座。

洛惠渠灌溉工程 位于关中平原东端渭南市黄河与北洛河交汇的三角地带,东北临东雷抽黄灌区,西南与交口抽渭灌区相连,北洛河横贯南北,地势北高南低,海拔高程335米~400米,东西长65千米,南北宽36千米,灌溉澄城、大荔、蒲城3县河谷阶地5.2万公顷。洛惠渠灌区工程经历了30年代兴建、50年代通水、60年代扩建与80年代更新改造、完善配套的发展过程。渠首引水枢纽由拦河坝、进水渠、进水闸等组成。拦河坝建于澄城县壮头村洛河峡谷出口天然跃水60米处,因西汉龙首渠遗址在此,故名龙首坝。大坝为溢流式砌石拱坝,坝高16.2米,长177米,顶宽5米,底宽22.5米,采用水泥砂浆块石砌筑,水泥砂浆粗料镶面,过坝洪水3000立方米/秒,1934年3月25日动工,1935年10月竣工,回水上溯8千米。进水渠设于大坝左侧,1935年6月建成,设计引水流量15立方米/秒,实际引水流量13.5立方米/秒。1974~1975年经过改善扩建,引水流量增至18.5立方米/秒,1994年扩建后又增至25立方米/秒。全灌区共建抽水站68处,总装机容量9464千瓦,均为当地乡镇村组自建自管,灌溉面积1.216万公顷。灌区有配套机井3525眼,渠井双灌面积最高达3.43万公顷。引水流量18.5立方米/秒,可引水量2亿立方米,河源多年平均来水9.24亿立方米。该工程早在1934年动工,但直到1950年才开始受益,原设计灌溉面积2.67万公顷。至1962年扩大到3.53万公顷,后经渠道改造增加引水,并修建洛河倒虹,增加洛西灌区,灌溉面积发展到5.2万公顷。

鹤地水库灌区 位于广东省廉江县城东北14千米的河唇镇,库区跨越广西壮族自治区的陆川、博白2县,处于九洲江中游,集水面积1440平方千米,总库容11.51亿立方米,是以灌溉为主,结合防洪、发电和航运等综合利用的大型水库。鹤地水库灌区设计灌溉面积13.4万公顷,有效灌溉面积10.56万公顷。鹤地水库灌区渠系从北至南贯串大半个雷州半岛。总干渠名为"雷州半岛青年运河主河"全长76千米,设计最大过水能力120立方米/秒。大干渠有东海河、西海河、东运河、西运河、四联干渠5条,共长195千米;干渠155条,长1164千米;支渠1467条,长4041千米。鹤地水库—青年运河建成后,雷州半岛的廉江、遂溪、海康、湛江市郊区、吴川、化州6县区10.56万公顷农田得到了灌溉保证,粮食生产连年丰收。1963年雷州半岛出现1943年型的特大旱情,从上年秋季起连续8个月未下过透雨,由于鹤地水库灌区发挥了重大作用,8万公顷稻田按时插下秧,早稻增产粮食近亿斤。而1943年大旱,农业减产失收闹饥荒,饿死人以万计。

潘庄引黄灌区 是全国大型引黄灌区之一,位于黄河下游左岩德州市境内,其范围包括齐河、禹城、平原、陵县、夏津、武城、德城、宁津8个县(市、区)的全部或部分,设计引水流量120立方米/秒,控制面积5851平方千米,设计灌溉面积33.3万公顷。灌区1971年开始兴建,1972年开始引黄放水。开灌以来,70年代年均实灌面积11.1万公顷,年均引黄河水5.42亿立方米,80年代以来的19年中年均引水11.28亿立方米,灌溉面积21.6万公顷,其中1989年实灌25.8万公顷。粮食总产1983年和1998年分别为11.09亿千克和23.14亿千克,分别比开灌前一年(1971)增长2.3倍和4.8倍。

汾河灌区 从汾河引水灌溉,灌区总耕地面积10.5万公顷,设计灌溉面积10万公顷,有效灌溉面积8.79万公顷,是山西省最大的自流灌区,也是全省主要的粮食产地之一。灌区水利工程控制灌溉范围涉及太原、晋中、吕梁3个市的11个县(市、区)的60个乡(镇)、522个自然村。灌区现有总人口115万人,其中农业人口107万人,与此同时,汾河灌区还担负着向太原钢铁公司、太原第一热电厂等工业企业供水,向太原市汾河公园、迎泽公园、森林公园等生态用水供水,以及,兼顾汾河中游河道防洪等任务。灌区现有引水渠首3处,分别为一坝、二坝、三坝。灌区供水水源主要来源于上游汾河水库放水及一、二、三坝区间来水和提取部分地下水。据1956年~2000年水文系列统计,渠首以上多年平均径流量为7.13亿立方米,灌区可控制利用的水资源总量为4.33亿立方米。根据灌区引水控制范围的不同,全灌区由4个相对独立的灌域组成,即一坝灌域,控制灌溉面积2.1万公顷;二坝汾东灌域,控制灌溉面积2.1万公顷;二坝汾西灌域,控制灌溉面积3.5万公顷;三坝灌域,控制灌溉面积2.3万公顷。

驷马山灌区 位于安徽省东部,地跨皖、苏2省,是以引江灌溉、滁河分洪为主,兼有航运、城镇供水等综合利用的大型水利工程。1969年12月动工兴建,1971年开始发挥效益。驷马山灌区属大(1)型灌区,为安徽省第2大灌区、安徽省最大的提水灌区,涵盖滁河上、中游和池河上游地区。灌区以提引长江水为主,滁河上已建的节制闸起节制灌溉水位和拦蓄降雨径流作用。规划为五级提水,总扬程46.5米,装机32台7.85万千瓦,涉及皖、苏2省4市10个县(市、区)。为4级提水工程,总扬程30.1米。驷马山灌区输水主干渠总长170.5千米,除肥定干渠上段27.2千米尚未开挖外,现状输水总干渠总长143.8千米。规划灌溉面积24.4万公顷,现状设计灌溉面积15.4万公顷,实际灌溉面积13.6万公顷(含浦口区1万公顷)。引江水道为总干渠,长27.4千米。滁河一级站以上为上游灌区,设计灌溉面积12.8万公顷。金银浆至滁河一级站为中游灌区,利用滁河干流作为输水渠道,长47千米,区间设计灌溉面积3.6万公顷。金银浆至汊河集闸为下游灌区,利用滁河干流作为输水渠道,长41千米,区间设计灌溉面积8万多公顷。

第六节　中国大型水库

中国水库大坝的建设有着悠久的历史,如始建于战国的安徽寿县的安丰塘,至今已有2600多年历史。1950年后,中国的水库大坝建设突飞猛进。由于中国山地分布广,地势落差大,具有建设大中型水库的先天优势,而且人口密集,对水资源、电力的需求大,因而中国成为世界上建设水库最多的国家。根据国际大坝委员会的规定,坝高超过15米,或者库容超过300万立方米、坝高在5米以上的坝为大坝,据不完全统计,全球有约5万座大坝,其中中国有22 000多座,占全球44%。全球100米以上的大坝共851座,其中中国有130座,占15%。至2008年,中国大陆已建成各类水库86 353座,水库总库容6924亿立方米,在世界上排第四,是世界总库容的9.9%。其中大型水库529座,总库容5386亿立方米,占全国总库容的77.8%,中型水库3181座,总库容910亿立方米,占13.1%。中国大型水库(总库容量大于1亿立方米的水库)见表3-2-5。

表3-2-5　中国大型水库

省区	名称	水系	总库容/亿立方米	位置	备注
北京市	密云水库	潮白河	43.75	密云县溪翁庄	防洪、灌溉、供水、发电
	官厅水库	永定河	41.60	怀来官厅镇、延庆县	防洪、灌溉、发电
	怀柔水库	潮白河	1.44	怀柔区	防洪、灌溉
	海子水库	蓟运河支流	1.21	平谷区	防洪、发电
天津市	于桥水库	洲河	15.59	蓟县遵庄子乡	翠屏湖,防洪、供水
	北大港水库	独流减河	5.00	滨海新区	供水、防洪、灌溉
	团泊洼水库	独流减河	1.80	静海县	团泊水库,平原水库,防洪、旅游
河北省	潘家口水库	滦河	29.30	迁西县桃园乡	蟠龙湖,防洪、供水
	岗南水库	滹沱河	15.71	平山县岗南镇	防洪、灌溉、发电、供水
	王快水库	大清河	13.89	曲阳县党城乡	防洪、灌溉、发电
	黄壁庄水库	子牙河	12.10	鹿泉市黄壁庄	防洪、供水、灌溉、发电
	岳城水库	漳河	13.00	磁县岳城镇	防洪、灌溉、供水、发电
	西大洋水库	大清河	11.37	唐县雹水乡	防洪、供水、灌溉、发电
	桃林口水库	滦河	8.59	青龙县三道河	防洪、灌溉、发电
	陡河水库	陡河	5.15	唐山市开平区	防洪、供水、灌溉
	朱庄水库	滏阳河	4.16	沙河市孔庄乡	防洪、灌溉、发电、供水
	洋河水库	洋河	3.86	抚宁县抚宁镇	防洪、灌溉、发电及养鱼
	大黑汀水库	滦河	3.37	迁西县	防洪、供水

续表

省区	名称	水系	总库容/亿立方米	位置	备注
河北省	安各庄水库	易水	3.09	易县大龙华乡	防洪、灌溉、发电、养殖
	横山岭水库	大清河	2.43	灵寿县岔头镇	防洪、灌溉
	邱庄水库	还乡河	2.04	唐山市丰润区	防洪、灌溉、供水
	庙宫水库	滦河	1.83	围场县四道沟	防洪、灌溉、发电
	临城水库	子牙河	1.71	临城县西竖乡	岐山湖,防洪、灌溉、发电
	东武仕水库	滏阳河	1.62	磁县路村营	防洪、供水、灌溉、发电
	龙门水库	漕河	1.27	满城县龙门乡	防洪
	友谊水库	东洋河	1.16	尚义县小蒜沟	灌溉、防洪
	口头水库	大清河系河	1.06	行唐县口头镇	防洪、灌溉
	云州水库	白河	1.02	赤城县云州乡	防洪、灌溉
	大浪淀水库	南运河	1.00	南皮县大浪淀乡	平原水库,供水
山西省	万家寨水库	黄河	8.96	偏关县万家寨	供水、调峰发电、防洪、防凌
	汾河水库	汾河	7.21	娄烦县下石家庄	防洪、灌溉、养殖
	册田水库	桑干河	5.80	大同县西册田乡	供水、防洪、灌溉及养鱼
	漳泽水库	浊漳河南源	4.27	长治市	供水、防洪、灌溉
	关河水库	浊漳河北源	1.40	武乡县城关镇	防洪、灌溉、发电、养鱼
	汾河二库	汾河	1.33	太原市	防洪、供水、灌溉和发电
	后湾水库	浊漳河西源	1.30	襄垣县亭镇后湾村	防洪、灌溉、工业用水、养殖
	文峪河水库	文峪河	1.08	文水县北峪口村	防洪、灌溉、供水、发电、养殖
内蒙古自治区	红山水库	老哈河	25.60	翁牛特旗红山乡	防洪、灌溉、发电、旅游
	察尔森水库	嫩江支流	12.53	科右前旗	灌溉、防洪、发电、养鱼、旅游
	绰勒水库	嫩江绰尔河	2.60	扎赉特旗	灌溉、防洪、发电、养殖、旅游
	乌拉盖水库	乌拉盖河	2.48	锡盟东乌旗	调节生态、防洪、供水、养殖
	莫力庙水库	西辽河	1.93	通辽市科尔沁区	沙漠水库,调节生态、分洪、旅游
	他拉干水库	新开河	1.58	通辽市开鲁县	防洪蓄水
	舍力虎水库	教来河	1.29	奈曼旗太和乡	沙漠水库,灌溉、分洪、养殖
	吐尔基山水库	教来河	1.20	通辽市科尔沁区	调洪、灌溉、旅游、养殖
	打虎石水库	黑里河	1.20	宁城县天义镇	灌溉、防洪、养鱼、旅游
	孟家段水库	西辽河	1.08	奈曼旗八仙筒乡	防洪、灌溉、养殖
辽宁省	水丰水库	鸭绿江	146.66	宽甸县长甸镇	水丰湖,防洪、养鱼、旅游
	桓仁水库	浑江	34.62	桓仁县六道河子乡	发电、防洪
	大伙房水库	浑河	22.68	抚顺市	防洪、灌溉、供水、养殖
	观音阁水库	太子河	21.68	本溪满族自治县	供水、灌溉、防洪
	白石水库	大凌河	16.45	北票市	防洪、灌溉、供水、养鱼、旅游
	清河水库	清河	9.71	铁岭市清河区	防洪、灌溉、养鱼、旅游
	碧流河水库	碧流河	9.34	普兰店、庄河交界	供水、防洪、发电、养鱼、灌溉

续表

省区	名称	水系	总库容/亿立方米	位置	备注
辽宁省	参窝水库	太子河	7.91	辽阳市弓长岭区	防洪、灌溉、发电、供水、旅游
	汤河水库	汤河	7.07	辽阳市弓长岭区	供水、灌溉、养殖
	柴河水库	柴河	6.36	铁岭市熊官屯乡	防洪、灌溉、发电、养殖
	乌金塘水库	女儿河	3.17	葫芦岛市乌金村	防洪、供水、养鱼、发电、旅游
	太平湾水库	大清河	2.75	宽甸县望江村	发电、航运、养殖
	英那河水库	英那河	2.8	庄河市仙人洞镇	供水、防洪、灌溉
	南城子水库	叶赫河	2.35	开原市威远堡镇	防洪、灌溉、养鱼、发电
	铁甲水库	柳林河	2.34	东港市万宝村	供水、防洪、发电、养鱼、旅游
	闹德海水库	柳河	2.23	彰武县满堂红乡	供水、旅游、防洪、滞沙
	阎王鼻子水库	大凌河	2.17	朝阳市	防洪、灌溉、发电、供水
	大风口水库	石河	2.11	绥中县前卫镇	将军湖,防洪、灌溉、发电
	榛子岭水库	凡河	2.10	铁岭县榛子岭村	防洪、灌溉、发电、养鱼
	太平哨水库	浑江	2.09	宽甸县	山谷型水库,发电、防洪、灌溉
	刘大水库	大沙河	1.89	普兰店市刘大屯	供水、灌溉、养殖、发电
	松树水库	复州河	1.86	瓦房店市松树镇	防洪、灌溉、养殖
	土门子水库	大洋河土牛河	1.86	凤城市	灌溉、养殖、旅游、防洪
	石佛寺水库	辽河	1.85	沈北新区石佛寺乡	防洪、供水、灌溉
	朱隈水库	庄河	1.66	庄河市太平岭乡	防洪、供水、养鱼、发电
	佛寺水库	大凌河	1.45	阜新县佛寺镇	防洪、灌溉、养殖
	转角楼水库	湖里河	1.42	庄河市	灌溉、供水、发电、养殖
	东风水库	复州河	1.42	本溪溪湖区东风镇	东风湖,发电、防洪、旅游、养殖
	双岭水库	浑江	1.33	宽甸、桓仁县	防洪、灌溉、发电、养殖、环保
	回龙山水库	浑江	1.23	桓仁县	发电、防洪
	宫山咀水库	大凌河	1.09	建昌县宫山咀	防洪、发电、灌溉、养鱼
	石门水库	大清河	1.02	盖州市石门西村	防洪、供水、发电、养殖
	龙屯水库	王宝河	1.00	绥中县龙屯村	调洪、灌溉、养鱼
吉林省	丰满水库	第二松花江	107.93	吉林市船营区	松花湖,发电、防洪、灌溉、航运、养殖、旅游
	白山水库	第二松花江	65.10	桦甸市白山镇	白山湖,发电、防洪、防凌、旅游、养殖
	云峰水库	鸭绿江	38.95	集安市	龙山湖,发电、防洪
	二龙山水库	东辽河	17.92	梨树县石岭镇	防洪、供水、灌溉、养鱼
	石头口门水库	饮马河	12.77	九台市西营城子乡石头口门村	防洪除涝、供水、灌溉、发电、养鱼、旅游
	月亮泡水库	洮儿河	12.07	大安市月亮泡镇	月亮湖,防洪、灌溉、发电、供水
	新立城水库	伊通河	5.92	长春市	新立湖,供水、防洪、灌溉
	海龙水库	辉发河杨树河	3.16	梅河口市小杨乡	防洪、灌溉、养鱼、发电

续表

省区	名称	水系	总库容/亿立方米	位置	备注
吉林省	星星哨水库	饮马河岔路河	2.65	永吉县岔路河镇	防洪除涝、灌溉、养鱼、发电
	红石水库	第二松花江	2.41	桦甸市红石镇	发电、防洪
	小山水库	第二松花江	2.38	双辽市双山镇	发电、防洪
	向海水库	洮儿河	2.35	通榆县向海乡	生态蓄水库,防洪、灌溉、养殖
	两江水库	二道松花江	2.10	安图县两江镇	发电、灌溉、防洪
	太平池水库	翁克河	2.01	农安县龙玉乡	蓄水、防洪、灌溉和养殖
	亮甲山水库	卡岔河	1.93	舒兰市亮甲山乡	防洪除涝、灌溉、养鱼
	松山水库	松花江漫江	1.33	抚松县	发电、防洪
黑龙江省	山口水库	讷漠尔河	9.95	五大连池市德都县	发电、供水、灌溉、防洪、养鱼
	龙头桥水库	挠力河	6.15	宝清县	防洪、灌溉、发电、养鱼、旅游
	西泉眼水库	阿什河	4.78	阿城市西泉眼屯	灌溉、防洪、除涝、发电、供水
	青年水库	裴德里河	4.01	密山市裴德镇	防洪、灌溉
	库尔滨水库	库尔滨河	3.90	逊克县库斯特林场	高山堰塞湖,发电、防洪、养殖
	象山水库	法别拉河	3.34	黑河市新生乡	发电、防洪、养殖
	双阳河水库	双阳河	2.79	依安县依龙镇	防洪、灌溉、养殖
	龙凤山水库	牤牛河	2.77	五常市龙凤山乡	防洪、养殖、发电、旅游
	桃山水库	倭肯河	2.64	七台河市	城市水库,供水、防洪、灌溉、养鱼
	音河水库	嫩江支流音河	2.56	甘南县	防洪、灌溉、发电、养殖、旅游
	东方红水库	扎音河	2.13	海伦县	防洪、灌溉、发电、养鱼
	蛤蟆通水库	蛤蟆通河	1.57	宝清县八五二农场	防洪、养鱼、发电、灌溉、旅游
	向阳山水库	八虎力河	1.57	桦南县	防洪、灌溉、发电、养鱼
	太平湖水库	嫩江黄蒿沟	1.53	甘南县查哈阳农场	灌溉、防洪、养鱼
	西沟水库	公别拉河	1.47	黑河市西沟村	发电、养鱼、拦洪、旅游
	桦树川水库	蛤蟆河	1.32	宁安市卧龙乡	灌溉、防洪、养鱼
	团结水库	穆棱河	1.20	穆棱市穆棱镇	山区型水库,防洪、灌溉、发电
	红旗泡水库	嫩江	1.16	大庆市卧里屯	供水
	泥河水库	呼兰河泥河	1.14	呼兰、兰西、绥化	红湖水库,防洪、除涝、养鱼
	大庆水库	嫩江	1.03	大庆市萨尔图区	供水、灌溉、养鱼
	南引水库	嫩江、松花江	4.05	大庆市	乌尔塔泡,蓄洪、养鱼
江苏省	洪泽湖水库	淮河	135.00	洪泽县	平原水库,防洪、灌溉、水产、航运、供水、发电
	骆马湖水库	沂沭泗流域	19.00	宿迁市	平原水库,防洪、灌溉、供水、渔业、航运、发电
	石梁河水库	新沭河	5.31	东海县石梁镇	海陵湖,防洪、灌溉、供水、发电
	小塔山水库	青口河	2.82	赣榆县塔山镇	防洪、灌溉、发电、养殖
	大溪水库	南河、大溪河	1.71	溧阳市	防洪、供水、灌溉

续表

省区	名称	水系	总库容/亿立方米	位置	备注
江苏省	安峰山水库	蔷薇河	1.22	东海县安峰镇	防洪、灌溉、养殖
	横山水库	至溪	1.12	宜兴市	防洪、灌溉、供水
	沙河水库	戴溪河	1.09	溧阳市天目湖镇	防洪、供水、灌溉、旅游、渔业
浙江省	新安江水库	新安江	216.26	建德市、淳安县	千岛湖,发电、防洪、灌溉、航运、养殖、旅游
	滩坑水库	瓯江支流小溪	41.9	青田县	千峡湖,发电、防洪、养殖、旅游
	湖南镇水库	乌溪江	20.67	衢州市湖南镇	仙霞湖,发电、防洪、灌溉
	珊溪水库	飞云江	18.24	文成县珊溪镇	飞云湖,供水、发电、灌溉、防洪
	紧水滩水库	瓯江	13.93	云和县紧水滩镇	仙宫湖,发电、防洪、航运
	富春江水库	富春江	8.74	桐庐县富春江镇	发电、防洪、航运
	长潭水库	永宁江	7.32	台州市黄岩区	长潭湖、灌溉、防洪、发电
	牛头山水库	灵江支流逆溪	3.03	临海市牛头山村	灌溉、防洪、发电、供水
	横锦水库	东阳江	2.74	东阳市	灌溉、防洪、发电、养鱼
	白水坑水库	钱塘江江山港	2.48	江山市峡口镇	防洪、发电、灌溉
	汤浦水库	曹娥江	2.35	上虞市汤浦镇	小舜江水库,供水
	碗窑水库	江山港、达河溪	2.23	江山市碗窑乡	月亮湖、灌溉、供水、发电、防洪
	赋石水库	西苕溪西溪	2.18	安吉县递铺镇	天赋湖、防洪、灌溉、发电、养殖
	青山水库	东苕溪	2.15	临安市	防洪、灌溉、发电
	里石门水库	灵江始丰溪	1.99	天台县里石门村	寒山湖、防洪、灌溉、发电、养殖
	分水江水库	钱塘江分水江	1.93	桐庐县分水镇	防洪、发电、供水、旅游
	长诏水库	曹娥江新昌江	1.90	新昌县长诏村	防洪、灌溉、发电
	铜山源水库	衢江铜山源	1.71	衢州市杜泽镇	灌溉、发电、防洪、养殖
	白溪水库	飞云江白溪	1.60	宁海县岔路镇	供水、防洪、灌溉
	亭下水库	奉化江剡江	1.50	奉化市班溪镇	防洪、灌溉、供水、养殖
	对河口水库	东苕溪余英溪	1.47	湖州市德清县	防洪、灌溉、发电
	下岸水库	灵江永安溪	1.35	仙居县曹店村	防洪、灌溉、供水、发电、养鱼
	四明湖水库	甬江流域姚江	1.24	余姚市梁弄镇	灌溉、防洪、供水、发电、养鱼
	皎口水库	奉化江樟溪	1.20	宁波鄞州区密岩村	防洪、灌溉、供水、发电、养鱼
	南江水库	东阳江南江	1.17	东阳市岭角村	灌溉、防洪、供水、发电
	陈蔡水库	浦阳江陈蔡江	1.16	诸暨市东白湖镇	东白湖、防洪、灌溉、供水、发电
	老石坎水库	西苕溪南溪	1.15	安吉县老石坎村	防洪、灌溉、发电、养鱼
	横山水库	奉化江县江	1.12	奉化市许家村	防洪、灌溉、供水、发电
	石壁水库	浦阳江开化江	1.10	诸暨市石壁村	防洪、灌溉、发电
	南山水库	曹娥江长乐江	1.05	嵊州市磻前村	灌溉、防洪、发电
安徽省	陈村水库	青弋江	27.21	黄山区与泾县交界	太平湖,发电、防洪、灌溉、、航运
	响洪甸水库	西淠河	26.32	金寨县响洪甸镇	防洪、灌溉、发电、供水、航运
	花凉亭水库	皖河长河	23.98	太湖县花凉亭村	花亭湖,防洪、灌溉、发电、供水

续表

省区	名称	水系	总库容/亿立方米	位置	备注
安徽省	梅山水库	淮河支流史河	22.63	金寨县梅山镇	防洪、灌溉、发电、航运、养殖
	港口湾水库	水阳江西津河	9.41	宁国市	青龙湖,防洪、发电、灌溉
	龙河口水库	杭埠河	8.48	舒城县万佛湖镇	万佛湖,防洪、灌溉、养殖、发电
	佛子岭水库	淠河	4.91	霍山县佛子岭	山谷水库,防洪、灌溉、养殖、发电
	磨子潭水库	淠河东流河	3.47	霍山县	防洪、灌溉、发电
	黄栗树水库	滁河支流襄河	2.99	全椒县	碧云湖,灌溉、防洪、发电、养殖
	董铺水库	南淝河	2.49	合肥市西北近郊	防洪、供水、灌溉、养殖
	沙河集水库	滁河清流河	1.85	滁州市沙河镇	灌溉、防洪、养鱼
	大房郢水库	南淝河四里河	1.84	合肥市大房郢	防洪、供水
福建省	水口水库	闽江	26.00	闽清县下蹼村	河道型水库,发电、防洪、航运
	棉花滩水库	汀江	20.35	永定县丰市镇	龙湖,发电、防洪、航运、养殖
	街面水库	尤溪支流均溪	18.24	尤溪县街面村	发电、防洪
	池潭水库	富屯溪金溪	8.70	泰宁县池潭村	大金湖,发电、防洪、航运、养殖
	山美水库	晋江支流东溪	6.55	南安市山美村	灌溉、防洪、供水、发电
	古田溪水库	闽江	6.42	宁德市古田县东郊	翠屏湖,发电、防洪
	安砂水库	闽江九龙溪	6.40	永安市安砂镇	九龙湖,发电、防洪
	洪口水库	霍童溪	4.497	宁德市蕉城洪口乡	发电、防洪
	东圳水库	延寿溪	4.35	莆田市东圳尾村	灌溉、防洪、发电、航运、养殖
	芹山水库	穆阳溪	2.65	周宁县芹山村	发电、防洪、供水、养殖
	万安水库	九龙江万安溪	2.29	龙岩市新罗万安镇	发电、防洪、养殖、旅游
	东张水库	龙江	2.06	福清市宏路镇坝头	灌溉、防洪、供水、发电、旅游
	白沙水库	九龙江万安溪	2.02	龙岩市新罗白沙镇	发电、防洪、养殖、旅游
	峰头水库	漳江	1.77	云霄县峰头村	灌溉、防洪、发电
	山仔水库	敖江潘渡溪	1.76	连江县塘坂龙臭村	灌溉、发电、防洪、供水
	南一水库	九龙江	1.58	南靖县合溪口村	亨阳湖,防洪、发电、供水
	惠女水库	洛阳江大罗溪	1.23	泉州市鲤城彭殊村	灌溉、防洪、养殖
	东溪水库	崇阳溪东溪	1.13	武夷山市	防洪、发电、养殖
	水东水库	尤溪	1.08	尤溪县城关水东村	防洪、发电、供水、养殖
江西省	柘林水库	修水干流	79.20	永修县柘林镇	发电、防洪、航运、养殖
	万安水库	赣江干流	22.16	万安县城南	万安湖,发电、防洪、航运、灌溉
	峡江水库	赣江干流	16.7	峡江县巴邱镇	防洪、发电、航运、养殖
	洪门水库	抚河黎滩河	12.20	南城县洪门镇	防洪、灌溉、发电
	江口水库	赣江支流袁河	8.90	新余市城区西南	仙女湖,发电、灌溉、防洪、航运
	上犹江水库	上犹江	8.22	上犹县	发电、防洪、航运、景观渔
	东津水库	东津水	7.95	修水县	峡谷河流型水库,发电、防洪
	石虎塘水库	赣江干流	6.32	泰和县石虎塘村	航运、发电

续表

省区	名称	水系	总库容/亿立方米	位置	备注
江西省	廖坊水库	抚河干流	4.32	抚州市临川廖坊村	防洪、灌溉、发电、供水、航运
	长冈水库	平江支流激江	3.57	兴国县长冈乡	丹霞湖,防洪、发电、灌溉、养殖
	大坳水库	信江支流泸溪	2.76	上饶县上泸镇	枫泽湖,防洪、发电、灌溉、养殖
	七一水库	信江金沙溪	1.89	玉山县双明镇	三清湖,防洪、发电、灌溉、养殖
	军民水库	潼津河	1.89	鄱阳县炉下乡	灌溉、防洪、发电、养殖、航运
	界牌水库	信江	1.86	余江县中童镇	航运、防洪、发电
	上游水库	锦江苏溪河	1.83	高安市西北部	上游湖,防洪、灌溉、养殖
	社上水库	泸水	1.71	安福县武功山	武功湖,防洪、灌溉、发电
	南车水库	六八河(瀼水)	1.53	泰和县桥头镇	白鹭湖,防洪、灌溉、发电
	潘桥水库	清丰山溪	1.51	丰城市秀市镇	含秀湖,防洪、灌溉、养殖
	团结水库	梅江	1.46	宁都县	发电、防洪、灌溉、养殖
	共产主义水库	车溪水	1.46	乐平市涌山镇	翠萍湖,防洪、灌溉、养殖
	紫云山水库	丰水	1.44	丰城市铁路镇	防洪、灌溉、发电
	油罗口水库	章水	1.40	大余县	发电、防洪、供水、灌溉、养殖
	龙潭水库	营前水	1.38	上犹县	发电、防洪、养殖
	大塅水库	苏溪河武宁水	1.16	铜鼓县大塅镇	防洪、灌溉、航运、养殖、旅游
	白云山水库	赣江富田水	1.16	吉安市富田镇	防洪、灌溉、发电
	滨田水库	昌江南滨河	1.15	鄱阳县滨田村	灌溉、防洪、养殖、供水
	老营盘水库	云亭水	1.14	泰和县东南部	防洪、灌溉、发电
	飞剑潭水库	袁河辽市水	1.11	宜春市袁州区	防洪、灌溉、发电、备用水源
山东省	东平湖水库	黄河	39.79	东平县	梁山泊,安山湖,防洪、灌溉、供水
	峡山水库	潍河	14.05	昌邑、高密、安丘	防洪、灌溉、供水、养殖
	岸堤水库	沂河东汶河	7.49	蒙阴县圈里村	防洪、灌溉、供水、养殖
	跋山水库	沂河干流	5.28	沂水县西北	防洪、灌溉、养殖
	青峰岭水库	沭河	4.10	莒县芦家岔河村	防洪、灌溉、养殖
	产芝水库	大沽河	4.02	莱西市区西北	莱西湖,防洪、灌溉、供水、养鱼
	墙夼水库	潍河	3.28	诸城市枳沟镇	防洪、灌溉、养殖、发电
	日照水库	傅疃河	3.21	日照市东港西湖镇	西湖水库,防洪、灌溉、供水
	牟山水库	潍河支流汶河	3.08	安丘市西南牟山	防洪、供水、灌溉、养殖
	许家崖水库	沂河温凉河	2.93	费县许家崖乡	防洪、灌溉、发电、养殖
	陡山水库	浔河	2.88	莒南县城北	天湖,灌溉、养殖
	米山水库	母猪河	2.80	文登市米山镇	灌溉、供水
	雪野水库	大汶河瀛汶河	2.21	莱芜市雪野镇	防洪、供水、灌溉、养殖、旅游
	宝岭水库	中运河西加河	2.09	苍山县宝岭村	防洪、灌溉、养殖、供水
	冶源水库	弥河	2.03	临朐县冶源镇	巨洋湖,防洪、养殖、发电、旅游
	岩马水库	城河	2.03	枣庄市山亭岩马村	防洪、灌溉、养殖、供水

续表

省区	名称	水系	总库容/亿立方米	位置	备注
山东省	门楼水库	清洋河	2.02	烟台市福山区	防洪、灌溉、发电、旅游
	沐浴水库	五龙河	1.84	莱阳市沐浴村	供水、防洪、发电、旅游
	太河水库	小清河	1.83	淄川区	防洪、灌溉、供水、发电、养殖
	尹府水库	小沽河猪洞河	1.61	平度市云山镇	防洪、灌溉、发电、水产、旅游
	白浪河水库	白浪河	1.48	潍坊市军埠口乡	防洪、灌溉、供水
	高崖水库	潍河支流汶河	1.45	昌乐县高崖村	灌溉、防洪、发电、供水、养殖
	唐村水库	沂河水系浚河	1.44	平邑县城西南	防洪、灌溉、养殖、旅游
	马河水库	北沙河	1.38	滕州市马河村	防洪、灌溉、供水、发电、养殖
	田庄水库	沂河	1.31	沂源县	防洪、供水、灌溉
	小仕阳水库	袁公河	1.25	莒县	防洪、灌溉为主、发电、养殖
	王屋水库	黄水河	1.21	龙口市石良镇	防洪、灌溉、供水、养鱼
	广南水库	黄河	1.14	东营市广南县	天鹅湖,防洪、灌溉、供水、养鱼
	尼山水库	小沂河	1.13	曲阜市尼山镇	孔子胡、圣水湖,防洪、灌溉
	龙角山水库	乳山河	1.05	乳山市龙角山村	防洪、灌溉、供水、养殖
	八河水库	小落河	1.05	荣成市	防洪、灌溉、供水
	沙沟水库	沭河	1.04	沂水县沙沟镇	防洪、灌溉、发电、养鱼、供水
	光明水库	柴汶河	1.04	新泰市小协镇	防洪、灌溉、供水、养殖
	浮岗水库	淮河	1.04	单县浮岗镇	浮龙湖、平原水库,灌溉、供水
	西苇水库	白马河大沙河	1.04	邹城市	防洪、灌溉、供水、养殖
	卧虎山水库	玉符河	1.10	济南市历城南部	镜儿湖,防洪、灌溉、养鱼、
	会宝岭水库	中运河西泇河	2.09	苍山县会宝岭村	防洪、灌溉、发电、供水
河南省	小浪底水库	黄河	126.50	济源市	防洪、防凌、减淤、供水、发电
	三门峡水库	黄河	96.00	三门峡市	防洪、防凌、减淤、灌溉
	宿鸭湖水库	汝河	16.56	汝南县罗店乡	防洪、灌溉、养殖、发电
	南湾水库	狮河	16.30	信阳市	防洪、灌溉、养殖、供水
	陆浑水库	伊河	13.20	嵩县陆浑村	防洪、灌溉、发电、供水
	鸭河口水库	唐白河	13.16	南召县东鸭河村	防洪、灌溉、发电、养殖、供水
	故县水库	洛河	11.75	洛宁县故县镇	防洪、灌溉、发电、供水
	鲇鱼山水库	史灌河灌河	11.06	商城县城西南	防洪、灌溉、发电、航运、养殖
	燕山水库	澧河甘江河	9.66	叶县保安乡	防洪、灌溉、供水、发电
	白龟山水库	沙河	7.31	平顶山市西南郊	防洪、灌溉、供水
	昭平台水库	沙河	7.13	鲁山县城西	防洪、灌溉、发电、养鱼、供水
	板桥水库	汝河	6.75	泌阳县板桥镇	防洪、灌溉、发电、供水
	薄山水库	溱头河	6.20	确山县任店乡	薄山湖,防洪、灌溉、养殖
	盘石头水库	卫河支流淇河	6.08	鹤壁市盘石头村	防洪、供水、灌溉、养殖、发电
	石山口水库	竹竿河小潢河	3.72	罗山县	灌溉、防洪、发电、养鱼、供水

续表

省区	名称	水系	总库容/亿立方米	位置	备注
河南省	白沙水库	颍河	2.95	禹州市白沙村	防洪、灌溉、供水、养殖、旅游
	泼河水库	泼陂河	2.35	光山县、新县	防洪、灌溉、养鱼、发电、供水
	孤石滩水库	澧河	1.85	叶县常村乡	防洪、灌溉、发电、养殖
	窄口水库	弘农涧河	1.85	灵宝市五亩乡	防洪、灌溉、养殖、旅游
	西霞院水库	黄河	1.62	孟津县白鹤镇	反调节、发电、灌溉、供水
	宋家场水库	泌阳河	1.32	泌阳县	铜山湖,防洪、灌溉、养殖
	石漫滩水库	洪河支流滚河	1.20	平顶山市舞钢区	防洪、供水、灌溉、养殖、旅游
	五岳水库	寨河青龙河	1.20	光山县南向店乡	灌溉、防洪、养鱼、发电
	小南海水库	卫河安阳河	1.08	安阳县善应镇	防洪、供水、灌溉、发电、养殖
	赵湾水库	湍河支流赵河	1.07	镇平县赵湾村	防洪、灌溉、供水、养殖
湖北省	三峡水库	长江	393	宜昌市	发电、防洪、航运、灌溉、供水
	丹江口水库	汉江	290	丹江口市	防洪、发电、供水、航运、灌溉
	水布垭水库	清江	45.8	巴东县水布垭镇	发电、防洪、航运
	隔河岩水库	清江	34.70	长阳县城附近	发电、防洪、航运
	漳河水库	漳河	20.35	荆门市东宝区	灌溉、供水、防洪、发电、航运
	富水水库	富水河	16.65	阳新县富水镇	防洪、发电
	黄龙滩水库	汉江支流堵河	11.63	郧县	发电、灌溉、供水、航运、养殖
	白莲河水库	浠水河	11.40	浠水县白莲镇	灌溉、发电、防洪、养鱼、航运
	徐家河水库	府河徐家河	7.34	广水市长岭镇	防洪、灌溉、旅游、养殖、航运
	葛洲坝	长江	7.11	宜昌市	发电、防洪、航运
	陆水水库	陆水	7.06	赤壁市城区东端	防洪、灌溉、发电、供水、航运
	王英水库	富水三溪河	5.84	阳新县三溪镇	防洪、灌溉、灭螺、发电、养殖
	浮桥河水库	举水浮桥河	5.40	麻城市中馆驿镇	防洪、灌溉、供水、发电、养殖
	温峡口水库	汉江支流敖水	5.20	钟祥市城区东北	防洪、灌溉、发电、养殖
	洈水水库	洈水	5.12	松滋市洈水镇	灌溉、防洪、养殖
	陡岭子水库	汉江金钱河	4.84	郧西县夹河镇	发电、航运、旅游、生态、养殖
	青山水库	隽水青山河	4.29	崇阳县青山镇	防洪、发电、灌溉、航运、养殖
	洞坪水库	清江忠建河	3.43	宣恩县集镇	防洪、发电、养殖
	惠亭水库	溾水京山河	3.14	京山县新市镇	防洪、灌溉、养殖、发电、航运
	王甫洲水库	汉江	3.10	老河口市王甫洲	发电、航运、灌溉、旅游
	梅院泥水库	栗树河、泊漠河	2.95	黄陂区长轩岭镇	防洪、发电、养殖
	夏家寺水库	滠水长堰河	2.90	黄陂区木兰乡	木兰湖,灌溉、防洪、养殖、发电
	西排子水库	西排子河	2.82	老河口市竹林桥镇	灌溉、防洪、养殖、发电
	先觉庙水库	府河	2.75	随州市万店镇	防洪、供水、灌溉、养殖
	封江口水库	府河	2.65	随州市封江乡	防洪、灌溉、养殖、旅游
	大同水库	蕲水	2.55	蕲春县大同镇	仙人湖,防洪、灌溉、养殖、发电

续表

省区	名称	水系	总库容/亿立方米	位置	备注
湖北省	熊河水库	滚河、婴水	2.54	枣阳市熊集镇	防洪、发电、灌溉、养殖
	高关水库	大富水	2.12	京山县宋河镇	灌溉、防洪、发电、养殖、旅游
	西北口水库	黄柏河	2.10	宜昌市上洋乡	灌溉、发电、防洪
	吴山水库	府河支流溠水	1.89	随州市吴山镇	灌溉、防洪、养殖
	金沙河水库	金沙河	1.80	红安县城西	灌溉、防洪、供水、养殖
	巩河水库	巩河	1.73	当阳市原庙前镇	防洪、发电、灌溉、养殖、供水
	花山水库	狮河	1.73	广水市花山乡	灌溉、防洪、发电
	郑家河水库	府河支流漳河	1.71	京山县东川村	灌溉、防洪、发电、养鱼
	明山水库	举水白果河	1.69	麻城市白果镇	防洪、灌溉、养殖、发电、旅游
	三河口水库	举水阎家河	1.65	麻城市三河口镇	防洪、灌溉、供水、发电、养殖
	红水河水库	清河红水河	1.63	襄樊市龙王镇	防洪、灌溉、养殖
	黑屋湾水库	府河支流溠水	1.63	随州市新街镇	防洪、灌溉、发电
	天堂水库	巴水新昌河	1.62	罗田县九资河镇	灌溉、防洪、养殖、旅游
	红水河水库	小清河黑水河	1.61	襄阳区龙王镇	灌溉、养殖、发电
	石门集水库	蛮河清凉河	1.54	南漳县石门集	防洪、灌溉、养殖
	石门水库	寨子河	1.53	钟祥市聊崛山下	防洪、灌溉、养殖、旅游
	三道河水库	蛮河	1.50	南漳县城西	灌溉、发电、养殖、旅游
	古洞口水库	香溪河古夫河	1.48	兴山县古洞口	发电、防洪、供水、灌溉
	坳坪水库	华阳河坳坪河	1.33	黄梅县五祖镇	发电、防洪、灌溉
	大洪山水库	府河涢水河	1.26	随州市洪山镇	防洪、发电、养殖、灌溉
	华阳河水库	华阳河	1.23	枣阳市兴隆镇	灌溉、防洪、供水、养殖
	云台山水库	黑河	1.23	南漳县武镇	灌溉、防洪、养殖
	太湖港水库	沮漳河	1.22	荆州城西郊	防洪、灌溉、养殖、旅游
	朝阳寺水库	唐岩河	1.21	咸丰县朝阳寺镇	发电、防洪、养殖、旅游
	莺河二库	汉江支流莺河	1.19	宜城市板桥店镇	防洪、灌溉、养鱼
	莺河一库	汉江支流莺河	1.19	宜城市板桥店镇	灌溉、防洪、航运、养殖
	黄坡水库	敖河长寿河	1.19	钟祥市张集镇	防洪、灌溉、养殖
	天河口水库	厥水河	1.17	随州市天河口乡	防洪、灌溉、供水
	孟桥川水库	汉江孟桥川	1.13	老河口市区西部	防洪、灌溉、养殖
	南川水库	淦河	1.12	咸宁市南川乡	金桂湖,防洪、灌溉、发电、养殖
	尾斗山水库	举水	1.11	红安县永河镇	防洪、灌溉、养殖
	张家嘴水库	浠水	1.10	英山县张家嘴乡	灌溉、养殖
	道观河水库	沙河道观河	1.10	新洲区新集乡	防洪、养殖、发电
	三湖连江水库	门湖、迷野湖和白湖	1.06	嘉鱼县	湖泊型水库,灌溉、防洪、供水
	霍河水库	堵河支流霍河	1.03	竹山县文峰乡	防洪、发电、养殖、航运、旅游

续表

省区	名称	水系	总库容/亿立方米	位置	备注
湖北省	牛车河水库	巴水牛车河	1.01	团风县总路咀镇	灌溉、防洪、养殖
	八字门水库	大富水石板河	1.01	京山县新屋咀	灌溉、防洪、发电、养鱼
	观音岩水库	澴河晏家河	1.00	孝昌县小悟乡	防洪、发电、养殖
	花园水库	蕲水河狮子河	1.00	蕲春县狮子镇	防洪、灌溉、发电、养殖
湖南省	东江水库	湘江支流耒水	91.48	资兴市东江镇	发电、防洪、航运、供水
	五强溪水库	沅水	42.90	沅陵县杨五庙	发电、防洪、航运、养殖
	柘溪水库	资江	35.70	安化县城东坪	发电、防洪、航运、旅游
	江垭水库	澧水支流溇水	18.34	慈利县江垭镇	防洪、发电、旅游
	凤滩水库	沅水支流酉水	17.30	沅陵县明溪口镇	发电、防洪、航运、养殖、灌溉
	皂市水库	澧水支流渫水	14.40	石门县皂市镇	防洪、发电、灌溉、航运
	双牌水库	湘江支流潇水	6.90	双牌县城关镇周冲	灌溉、发电、航运、滞洪
	铁山水库	新墙河沙港河	6.35	岳阳县公田区	相思湖,供水、灌溉、防洪、发电
	黄石水库	沅江白洋河	6.12	桃源县黄石镇	发电、防洪、灌溉、养殖、航运
	水府庙水库	湘江支流涟水	5.60	双峰县杏子铺	灌溉、发电、防洪、航运、养殖
	白云水库	沅水支流巫水	4.24	城步县白云洞乡	发电、防洪、灌溉
	欧阳海水库	湘江春陵水	4.24	桂阳县桥市乡	灌溉、发电、航运、防洪、养殖
	碗米坡水库	沅水支流酉水	3.78	保靖县	发电、航运、养殖
	株树桥水库	浏阳河小溪河	2.78	浏阳市株树桥村	发电、灌溉、防洪、供水、旅游
	王家厂水库	澧水支流涔水	2.78	澧县王家厂镇	防洪、灌溉
	酒埠江水库	攸水洣水	2.65	攸县酒埠江镇	酒仙湖,灌溉、发电、防洪
	蟒塘溪水库	沅江支流舞水	1.53	芷江县城西北	蟒湖,发电、防洪、灌溉、航运
	黄材水库	湘江支流沩水	1.49	宁乡县黄材镇	青洋湖,灌溉、防洪、养殖
	竹园水库	沅江夷望溪	1.45	桃源县竹园村	发电、防洪、灌溉
	六都寨水库	资水支流辰河	1.33	隆回县六都寨镇	灌溉、发电、防洪、养殖、供水
	官庄水库	湘水支流涧江	1.28	醴陵市官庄乡	灌溉、发电、防洪
	青山垅水库	耒水永乐江	1.14	永兴县龙形市	灌溉、防洪、发电、供水
	涔天河水库	潇水涔天河	1.05	江华县东田乡	灌溉、防洪、供水、航运
广东省	新丰江水库	新丰江	138.96	东源县锡场镇	万绿湖,灌溉、发电、防洪
	枫树坝水库	东江	19.40	龙川县枫树坝镇	防洪、发电、供水
	飞来峡水库	北江	19.04	清远市	防洪、航运、供水
	南水水库	南水河	12.43	乳源县东坪镇	防洪、发电、供水
	白盆珠水库	东江西枝江	12.20	惠东县白盆珠镇	防洪、灌溉、航运
	高州水库	鉴江河	11.52	高州市	灌溉、供水、防洪、航运、发电
	鹤地水库	九州江	11.51	廉江市河唇镇	供水、发电、渔业、运输、旅游
	白石窑水库	北江	4.64	英德市望埠将家洲	发电、航运、灌溉
	锦江水库	潭江	4.18	恩平市大田镇	防洪、灌溉、发电、养殖、航运

续表

省区	名称	水系	总库容/亿立方米	位置	备注
广东省	流溪河水库	流溪河	3.87	从化市良口镇	防洪、灌溉、发电、养殖、旅游
	汤溪水库	黄岗河	3.78	饶平县汤溪镇	饶平北湖,灌溉、防洪、发电、供水
	大河水库	漠阳江西山河	3.32	阳春市圭岗镇	防洪、发电、灌溉、供水、航运
	公平水库	黄江	3.22	海丰县公平镇	灌溉、供水、防洪、发电
	大隆洞水库	大隆洞河	2.99	台山市端芬镇	灌溉、防洪、发电、养鱼
	大沙河水库	夹水河蟠龙河	2.58	开平市龙胜镇	灌溉、防洪、发电、供水、养殖
	锦潭水库	黄洞河	2.49	英德市石牯塘镇	发电、防洪、灌溉、旅游、养殖
	天堂山水库	增江高明河	2.43	龙门县天堂山镇	防洪、灌溉、养殖、航运
	孟洲坝水库	东江	2.04	龙川县枫树坝镇	防洪、发电、供水
	锦江水库	北江支流锦江	1.89	仁化县城口镇	防洪、发电、航运
	潭岭水库	北江支流连江	1.77	连州市潭岭乡	灌溉、发电、供水、养殖
	长潭水库	韩江石窟河	1.72	蕉岭县长潭镇	长潭湖,灌溉、防洪、发电
	龙颈水库	榕江五经富河	1.66	揭西县五经富镇	灌溉、防洪、发电、养鱼
	益塘水库	五华河矮车河	1.65	五华县转水镇	灌溉、防洪、发电、养殖
	长湖水库	北江支流滃江	1.49	英德市大站镇	发电、灌溉、防洪
	大水桥水库	大水桥河	1.49	徐闻县城东	灌溉、供水、发电、养殖
	显岗水库	东江支流沙河	1.38	博罗县显岗围村	防洪、灌溉、发电、养鱼
	龙潭水库	龙潭河	1.34	陆丰县龙潭村	灌溉、防洪、发电
	长青水库	九洲江沙铲河	1.24	廉江市长山镇	灌溉、防洪、养殖
	东湖水库	那龙河	1.23	阳东县那龙镇	灌溉、供水、养殖
	石榴潭水库	隆江支流罗溪	1.17	惠来县石榴潭村	灌溉、防洪、发电
	罗坑水库	袂花江	1.15	电白县罗坑镇	灌溉、防洪、发电、养殖
	小坑水库	浈江枫湾河	1.13	曲江县小坑镇	防洪、灌溉、发电
	合水水库	梅江支流宁江	1.10	兴宁市	防洪、灌溉、发电、养鱼
	镇海水库	潭江镇海水	1.10	开平市苍城镇	灌溉、防洪、发电、养鱼
广西壮族自治区	龙滩水库	红水河	273	大峨县	发电、防洪、航运
	天生桥一级水库	南盘江	102.6	隆林县	万峰湖,发电、防洪、
	岩滩水库	红水河	33.5	大化县	发电、航运、渔业、旅游
	百色水库	右江樟市河	56.6	百色市右江区	防洪、灌溉、航运、供水
	西津水库	郁江	30.00	横县西津村	发电、通航、灌溉
	红花水库	柳江	30.00	柳江县红花村	发电、航运、旅游、养殖
	澄碧河水库	右江澄碧河	11.50	百色市永乐乡	澄碧湖,发电、防洪、供水
	小江水库	南流江车头河	10.25	临桂县小江村	灌溉、防洪、发电、养殖
	大化水库	红水河	9.64	大化县县城	发电、航运、灌溉
	乐滩水库	红水河	9.50	忻城县红渡镇	发电、航运、灌溉
	那板水库	左江支流明江	8.32	上思县城东南	防洪、灌溉、发电、供水

续表

省区	名称	水系	总库容/亿立方米	位置	备注
广西壮族自治区	左江水库	左江上游	7.16	左县哒江村	发电、灌溉、航运、旅游、养殖
	洪潮江水库	南流江洪潮江	7.03	合浦县石湾镇	星岛湖,灌溉、供水、发电、防洪
	大王滩水库	郁江八尺江	6.38	邕宁区那马镇	凤凰湖,发电、防洪、灌溉、供水
	青狮潭水库	桂江甘棠江	6.00	灵川县青狮潭乡	灌溉、发电、防洪、供水、养殖
	龟石水库	西江支流贺江	5.95	钟山县龟石村	碧溪湖,灌溉、发电、防洪、养殖
	大埔水库	柳江河	5.25	柳城县大埔镇	发电、灌溉、航运
	凤亭河水库	西江八尺江	5.19	上思县东屏乡	防洪、灌溉、发电、航运、供水
	浮石水库	柳江融江河	4.50	融安县浮石镇	发电、航运、灌溉
	达开水库	黔江马来河	3.98	武宣县桐岭乡	灌溉、发电、防洪、养殖
	六陈水库	白沙江	3.26	平南县六陈镇	碧海银川,灌溉、发电、防洪、养殖
	客兰水库	左江	3.23	扶绥县东罗镇	客兰湖,灌溉、发电、防洪、养殖
	洞巴水库	西洋江	3.22	田林县洞巴屯	发电、防洪
	合面狮水库	贺江	2.96	贺州市信都镇	防洪、灌溉、发电
	平班水库	南盘江新洲河	2.78	隆林县平班村	发电、防洪、灌溉
	京南水库	桂江	2.72	梧州市京南镇	发电、航运、养殖、旅游
	金鸡滩水库	右江	2.30	隆安县	发电、航运、灌溉
	屯六水库	邕江支流	2.26	良庆区大塘镇	灌溉、发电、养殖
	爽岛水库	东安江大平河	2.12	苍梧县犁埠镇	发电、防洪、供水、养殖
	灵东水库	钦江	1.79	灵山县佛子镇	灌溉、防洪、供水、发电
	麻石水库	柳江支流融江	1.61	融水县麻石村	发电、航运
	大龙洞水库	清水河	1.51	上林县西燕乡	灌溉、发电、养鱼
	旺盛江水库	南流江车头河	1.50	合浦县旺盛江村	灌溉、发电、防洪
	洛东水库	柳江支流龙江	1.32	宜州市	发电、灌溉、供水
	武思江水库	武思江	1.28	贵港市木梓镇	灌溉、发电、防洪、供水
	老虎头水库	耀河那交河	1.25	博白县沙陂镇	灌溉、发电、防洪、养殖
	仙湖水库	武鸣河仙湖河	1.25	武鸣县仙湖镇	灌溉、防洪、发电、供水
	平龙水库	郁江鲤鱼江	1.25	贵港市蒙公乡	发电、供水、防洪
	昭平水库	西江支流桂江	1.22	昭平县五将镇	发电、航运、灌溉
	拉浪水库	红水河龙江河	1.12	宜州市	发电、灌溉
	五里峡水库	漠川河	1.08	兴安县	灌溉、发电、养殖
	峻山水库	澄江	1.04	恭城县西岭乡	灌溉、发电
	小峰水库	防城河电六江	1.03	防城港市扶隆乡	灌溉、发电
海南省	松涛水库	南渡江	33.40	儋州市	灌溉、发电、防洪、供水
	大广坝水库	昌化江	17.10	东方市	灌溉、发电、供水
	牛路岭水库	万泉河	7.79	琼海市会山乡	发电、防洪、供水、养殖
	大隆水库	宁远河	4.68	三亚市西部	灌溉、防洪、供水、发电

续表

省区	名称	水系	总库容/亿立方米	位置	备注
海南省	万宁水库	太阳河	1.52	万宁市长丰镇	灌溉、发电、供水
	长茅水库	望楼河	1.44	乐东县千家镇	灌溉、防洪、发电、养鱼
	石碌水库	石碌河	1.41	昌江县石碌镇	灌溉、防洪、发电、供水
重庆市	彭水水库	乌江	14.65	彭水县万足镇	发电、航运、防洪
	狮子滩水库	龙溪河	10.27	长寿区狮子滩镇	长寿湖，发电、防洪、灌溉、航运
	江口水库	乌江芙蓉江	5.86	武隆县江口镇	发电、防洪、灌溉
	巴山水库	任河	6.5	城口县巴山镇	防洪、供水、发电、灌溉、旅游
	大洪河水库	长江大洪河	3.68	长寿区洪湖镇	发电、防洪
	藤子沟水库	长江龙河	1.93	石柱县三河乡	发电、防洪、灌溉、养殖、旅游
	大河口水库	阿蓬江大滩河	1.15	酉阳县大河口乡	发电、防洪、灌溉、养殖、旅游
	石板水库	长江龙河	1.05	丰都县龙河镇	发电、防洪、航运
四川省	两河口水库	雅砻江	101.54	雅江县	发电、防洪、航运
	锦屏一级水库	雅砻江	77.60	盐源、木里县	发电、防洪、航运
	二滩水库	雅砻江	61.40	盐边、米易县	发电、防洪
	瀑布沟水库	大渡河	53.90	汉源县	发电、防洪、拦沙
	亭子口水库	嘉陵江	40.67	苍溪县	防洪、灌溉、供水、发电、航运、拦沙、减淤
	双江口水库	大渡河	31.15	马尔康、金川	发电、拦沙、防洪
	宝珠寺水库	嘉陵江白龙江	25.5	广元市三堆镇	白龙湖，发电、防洪、灌溉
	升钟水库	嘉陵江西河	13.39	南部县升钟镇	升钟湖，灌溉、发电、航运
	紫坪铺水库	岷江	11.12	都江堰市麻溪乡	杨柳湖，灌溉、供水、发电、防洪
	长河坝水库	大渡河	10.75	康定县	发电、拦沙、防洪
	官地水库	雅砻江	7.60	西昌、盐源	发电、防洪、航运
	大岗山水库	大渡河	7.42	石棉县	发电、拦沙、防洪
	龚嘴水库	大渡河	7.13	乐山市龚嘴镇	发电、防洪、拦沙
	大桥水库	雅砻江安宁河	6.58	冕宁县大桥镇	灌溉、供水、发电、防洪、养殖
	黑龙滩水库	岷江鲫江河	3.60	仁寿县黑龙滩镇	灌溉、旅游、水产、防洪、供水
	鲁班水库	涪江绿豆河	2.94	三台县鲁班镇	鲁班湖，灌溉、旅游、水产、供水
	三岔水库	绛溪河	2.29	简阳市三岔镇	灌溉、供水、养殖、旅游
	铜街子水库	大渡河	2.00	乐山市新华乡	发电、漂木、航运
贵州省	天生桥水库	南盘江	102.60	安龙县德卧镇	发电、防洪
	构皮滩水库	乌江	55.64	余庆	发电、航运、防洪、灌溉
	洪家渡水库	乌江	49.47	黔西、织金县	发电、防洪、供水、养殖、航运
	乌江渡水库	乌江	26.00	遵义县乌江镇	发电、防洪、航运
	思林水库	乌江干流	16.94	思南县思林乡	发电、航运、防洪、灌溉
	东风水库	乌江鸭池河	10.25	镇和、黔西县	防洪、发电、供水、养鱼
	红枫水库	乌江猫跳河	7.53	清镇市红枫镇	红枫湖，发电、灌溉、供水

续表

省区	名称	水系	总库容/亿立方米	位置	备注
贵州省	水泊渡水库	乌江乐民河	5.51	遵义县	灌溉、供水
	引子渡水库	乌江三岔河	5.31	平坝、织金县	发电、防洪、旅游
	梭筛水库	乌江三岔河	4.20	普定县梭筛村	发电、防洪、灌溉
	普定水库	乌江三岔河	4.20	普定县	发电、供水、灌溉、养殖、旅游
	百花水库	乌江猫跳河	2.21	清镇市百花湖乡	百花湖,发电、灌溉、供水、防洪
	索风营水库	乌江六广河	2.01	黔西、修文县	发电、养殖、旅游
	观音岩水库	沅江舞阳河	1.23	施秉县五旗村	发电、防洪、旅游
	漾头水库	锦江(辰水)	1.15	铜仁市漾头镇	发电、灌溉、通航、渔业、旅游
云南/四川	白鹤滩水库	金沙江	205.10	云南巧家、四川宁南	发电、拦沙、防洪、航运
	溪洛渡	金沙江	128.0	云南永善、四川雷波	发电、拦沙、防洪、航运
	乌东德水库	金沙江	76.00	云南禄劝、四川会东	发电、拦沙、防洪、航运
	向家坝水库	金沙江	51.63	云南水富、四川宜宾	发电、拦沙、防洪、航运
	观音岩水库	金沙江	20.72	云南华坪、四川攀枝花	发电、防洪、供水、航运及旅游
云南省	糯扎渡水库	澜沧江	237.03	思茅、澜沧县	发电、拦沙、防洪、航运
	小湾水库	澜沧江	151.32	南涧、凤庆县	发电、防洪、灌溉、拦沙、航运
	鲁地拉水库	金沙江	17.18	宾川、永胜县	发电、拦沙、防洪
	黄登水库	澜沧江	15.00	兰坪县	发电、防洪、灌溉
	黄登水库	澜沧江	15.00	兰坪县	发电、防洪、灌溉
	景洪水库	澜沧江	11.4	景洪县	发电、航运、防洪、旅游
	托巴水库	澜沧江	10.394	维西县	发电、防洪、航运
	大朝山水库	澜沧江	9.40	云县、景东县	发电、防洪、航运
	漫湾水库	澜沧江	9.20	临沧市漫湾镇	发电、灌溉、拦沙、航运
	金安桥水库	金沙江	8.47	丽江	发电、拦沙、防洪
	阿海水库	金沙江	8.06	玉龙	发电、防洪、灌溉
	梨园水库	金沙江	7.27	玉龙、香格里拉	发电、防洪、灌溉
	苗尾水库	澜沧江	6.60	云龙	发电、防洪、灌溉
	阳宗海	汤泉河摆衣河	6.02	澄江阳宗区	防洪、灌溉、航运
	毛家村水库	金沙江以礼河	5.53	会泽县毛家村	发电、灌溉、防洪、旅游
	龙开口水库	金沙江	5.44	鹤庆	发电、拦沙、防洪
	云龙水库	金沙江掌鸠河	4.48	禄劝县云龙乡	灌溉、供水
	柴石滩水库	南盘江	4.37	宜良县匡远镇	万峰湖,防洪、灌溉、发电
	渔洞水库	居乐河	3.64	昭通市乐居乡	灌溉、供水、防洪、旅游、养殖
	功果桥水库	澜沧江	3.16	云龙	发电、防洪、灌溉
	大华桥水库	澜沧江	2.93	兰坪	发电、防洪、灌溉
	松花坝水库	金沙江	2.19	昆明市北郊黑龙潭	防洪、蓄水、供水、灌溉
	清水海水库	新田河	1.18	昆明市	防洪、蓄水、供水、灌溉

续表

省区	名称	水系	总库容/亿立方米	位置	备注
云南省	独木水库	篆长河	1.06	麒麟、富源、罗平	灌溉、防洪、供水、发电
	茄子山水库	怒江苏帕河	1.21	龙陵县	发电、防洪
西藏	冲巴湖水库	年楚河	6.61	康马县	防洪、灌溉
	莽错水库	金沙江黑曲河	2.70	芒康县	灌溉、旅游、养殖
	满拉水库	年楚河	1.55	江孜县龙马乡	灌溉、发电、防洪、旅游
陕西省	安康水库	汉江	25.85	安康市火石岩乡	瀛湖,发电、防洪、航运
	石泉水库	汉江	3.98	石泉县城西	发电、灌溉、养殖
	王圪堵水库	无定河	3.89	横山县	供水、灌溉、拦沙、防洪
	冯家山水库	渭河支流千河	3.89	凤翔县长青镇	灌溉、防洪、发电、养殖
	亭口水库	黑河	2.43	咸阳	供水、防洪、发电、减淤
	喜河水库	汉江	2.29	石泉县喜河镇	发电、防洪、航运、养殖、旅游
	王瑶水库	延河杏子河	2.03	安塞县王瑶乡	防洪、灌溉、发电、淤地、供水
	黑河水库	渭河支流黑河	2.00	周至县马召镇	供水、灌溉、发电、防洪
	南沟门水库	葫芦河	2.00	延安	供水、灌溉、发电
	新桥水库	红柳河	2.00	榆林	拦沙、灌溉
	旬阳水库	汉江	1.95	安康	发电、航运、养殖
	蜀河水库	汉江	1.92	安康	发电、航运、防洪、养殖
	石头河水库	渭河石头河	1.47	太白、眉县、岐山	灌溉、发电、防洪
	蔺河口水库	岚河	1.47	岚皋县蔺河乡	发电、养殖、旅游
	白河水库	汉江	1.30	安康	发电、航运、防洪
	羊毛湾水库	渭河漆水河	1.20	乾县羊毛湾村	灌溉、防洪、养殖
	石门水库	汉江褒河	1.10	汉中市汉台区	灌溉、防洪、旅游
甘肃省	刘家峡水库	黄河	57.00	永靖县城西南	发电、防洪、养殖、航运
	碧口水库	白龙江	5.21	文县碧口镇	防洪、水运、灌溉、养鱼、旅游
	巴家嘴水库	泾河支流蒲河	5.10	西峰市后宫寨	防洪、供水、灌溉、发电
	双塔水库	疏勒河	2.00	安西县渊泉镇	灌溉、防洪、养殖、旅游
	盐锅峡水库	黄河	2.20	永靖县盐锅峡镇	发电、灌溉
	昌马水库	疏勒河	1.94	玉门市	灌排、发电、防洪、供水、养殖
	鸳鸯池水库	黑河	1.05	金塔县鸳鸯池村	灌溉、防洪、发电、旅游
青海省	龙羊峡水库	黄河	274.19	共和县、贵南县	发电、防洪、防凌、养殖
	李家峡水库	黄河	17.44	尖扎、化隆县	发电、防洪、灌溉
	拉西瓦水库	黄河	10.79	贵德县、贵南县	发电、防洪、灌溉
	温泉水库	格尔木河	2.55	格尔木市	发电、防洪
	黑泉水库	大通河	1.82	大通县宝库乡	灌溉、供水、防洪、发电
	公伯峡水库	黄河	6.20	循化县、化隆县	发电、灌溉、供水
	积石峡水库	黄河	2.64	循化县积石峡	发电、防洪

省区	名称	水系	总库容/亿立方米	位置	备注
宁夏	青铜峡水库	黄河	7.35	青铜峡市大坝镇	灌溉、发电、防洪、防凌、供水
新疆维吾尔自治区	克孜尔水库	渭干河	6.40	拜城县克孜尔乡	灌溉、防洪、发电
	小海子水库	叶尔羌河	5.00	巴楚县城东南	灌溉、供水、养殖
	乌鲁瓦提水库	和田河支流喀拉喀什河	3.47	和田市浪如乡	灌溉、防洪、发电、供水生态保护
	"635"水库	额尔齐斯河	2.82	北屯镇	供水、发电、防洪
	福海水库	乌伦古河	2.20	福海县	灌溉、发电、养殖、供水
	塘巴湖水库	克兰河	2.20	阿勒泰市	灌溉、发电、养殖、供水
	上游水库	塔里木河	1.80	阿瓦提县,农一师	灌溉、养殖、发电、供水、旅游
	蘑菇湖水库	玛纳斯河	1.80	石河子市,农八师	灌溉、养殖、供水、旅游
	大西海子二库	塔里木河	1.61	若羌县,农二师	灌溉、养殖、供水
	恰拉水库	孔雀河	1.61	尉犁县,农二师	灌溉、养殖、供水
	多浪水库	塔里木河	1.20	阿拉尔市,农一师	灌溉、养殖、供水
	可可托海水库	额尔齐斯河	1.13	富蕴县可可托海矿	发电、灌溉、养殖、供水
	永安坝南库	叶尔羌河	1.10	巴楚县,农三师	灌溉、养殖、供水
	苏库恰克水库	叶尔羌河	1.08	莎车县	灌溉、养殖、供水
	胜利水库	塔里木河	1.08	阿拉尔市,农一师	灌溉、养殖、供水
	跃进水库	玛纳斯河	1.03	玛纳斯县,农八师	灌溉、养殖、供水
	柳沟水库	四棵树河、古尔图河	1.02	乌苏市甘河子镇,农七师	灌溉、养殖、供水
	夹河子水库	玛纳斯河	1.01	玛纳斯县,农八师	灌溉、养殖、供水
	西克尔水库	克孜河	1.01	伽师县克尔库勒镇	灌溉、养殖、防洪
	风城水库	额尔齐斯河	1.00	克拉玛依市	灌溉、养殖、供水

官厅水库 位于河北省张家口市和北京市延庆县界内,于1951年10月动工,1954年5月竣工,1979年开始进行大坝抗震加固、溢洪道扩建和大坝加高等工程,于1989年完成,是中华人民共和国成立后建设的第一座大型水库。主要水流为河北怀来永定河,水库运行50多年来,为防洪、灌溉、发电发挥了巨大作用。主要建筑物有拦河坝、输水洞、溢洪道、引水隧洞及水电站厂房。拦河坝为黏土心墙坝,坝基采用截水槽防渗,加高前坝高45米,总库容22.7亿立方米。大坝加高约7米后,总库容增加到41.6亿立方米。输水洞为无压马蹄形隧洞,洞宽8米,进口设2层1.75米×1.75米工作闸门,共8扇,最大泄量560立方米/秒。左岸开敞式岸边溢洪道,经几次改建后,总宽64米,分4孔,每孔净宽13米,装有弧形闸门,最大泄量6000立方米/秒。引水隧洞直径6.0米,长813米,岸边电站厂房设在左岸,装机3台,总容量3万千瓦。水库运用以来,效益显著。在运行过程中,对水库淤积开展了大规模观测和试验研究,为掌握水库淤积规律积累了资料;为防止大坝下游坝基表层细沙地震时发生液化(地震设计烈度为Ⅸ度)而导致坝坡坍滑,除坝后压坡加固外,对细沙层采用了振冲法加密,效果良好,为防止细沙液化提供了经验。由于输水道闸门老化,为确保防洪安全,已对输水道闸门进行改进。

密云水库 位于北京市密云县境内,潮白河上的大型水利枢纽,主要任务是防洪和为北京市供水,兼有发电、养鱼等效益,有"燕山明珠"之称。建于1958年9月~1960年9月,面积188平方千米,水面9100多公顷,水深40米~60米,分白河、潮河、内湖3个库区,总蓄水量为43.17亿立方米,环湖公路110千米。主要建筑物有白河主坝及电站、潮河主坝及电站、第一第二溢洪道、走马庄泄洪隧洞、黄各庄输水隧洞、副坝。白河主坝和潮河主坝,均为壤土斜墙坝,最大坝高分别为66.4米和56米,坝顶长分别为960.2米和1008米;坝基防渗分别采用混凝土防渗墙及灌浆帷幕、黏土齿槽。此外,还有5座副坝,坝高6米~39米。泄水建筑物集中在潮河库区。第一溢洪道为深孔式,净宽50米,长250米,设5孔弧形闸门,最大泄量4490立方米/秒,挑流消能;第二溢洪道为开敞式,净宽60米,长120米,设5扇弧形闸门,最大泄量4250立方米/秒,挑流消能。在白河走马庄副坝处设泄洪隧洞1条,内径6米,长137米,最大泄量474立方米/秒。在潮河黄各庄设输水隧洞1条,内径4米,长428米,最大过水能力215立方米/秒。白河水电站装机6台,容量共8.2万千瓦,其中2台是抽水蓄能机组。电站下游设有尾水反调节池,下接京密引水渠。潮河水电站装机2台,容量共6000千瓦。1976年7月28日,唐山地震波及北京,白河主坝的斜墙保护层坍滑。根据抗震和防洪的要求进行了加固和扩建。完成的加固工程项目有:①改建白河主坝斜墙的保护层,在该坝左坝肩增设1条泄量为110立方米/秒的放空隧洞;②在潮河库区增建净宽为72米的开敞式第三溢洪道,最大泄量6780立方米/秒,挑流消能;③在潮河主坝右坝肩设1条直径为3.7米的放空隧洞,最大泄量125立方米/秒;④在潮河黄各庄增建1条直径8.2米、必要时用以降低库水位的放空隧洞,最大泄量924立方米/秒。另外,对走马庄隧洞和九松山副坝,也进行了加固处理。为保证向首都供水,1995年在九松山副坝左侧增建了北京第九水厂引水隧洞,直径3.5米,设计日引水能力为100万立方米。为确保工程安全,1998年8月潮白河主坝和6座副坝的安全加固工程开工。水库迄今担负着向首都北京供水的重要水源工程任务。

岳城水库 位于河北省磁县和河南省安阳县交界处,是海河水系漳河上的大型水利枢纽。其任务是防洪、灌溉、供水和发电等。水库1959年10月开工,1960年拦洪,1961年汛后开始蓄水,1970年全部竣工。控制流域面积18 100平方千米,占漳河流域面积的99.4%,总库容13亿立方米。主要建筑物有:拦河坝、泄洪洞(坝下埋管)、溢洪道、水电站和灌溉渠首等。主、副坝为均质土坝,主坝坝顶长3603.3米,最大坝高55.3米;副坝3座,全长2693.4米,最大坝高32.5米。主坝上游防渗:河床段采用截水槽和碾压铺盖;左、右岸阶地利用天然黄土加固铺盖和灌浆帷幕。主坝下游排水:河滩段采用二级加宽的排水暗沟,沟内回填反滤料和卵石;右岸阶地采用平行和垂直坝轴线的排水沟并结合减压井的排水措施,左岸(泄洪洞以北)扩大泄洪洞消力池左边墙后的排水暗沟,汇集渗水排入第二级消力池。泄洪洞顶部采用褥垫式排水,两岸坝肩考虑第三纪地层的渗透不均匀性,也设置了褥垫式排水。泄洪洞大口径(6米×6.7米)的坝下埋管,布置在左岸Ⅱ级阶地第四纪胶结不良的砾岸上。坝下埋管共9条,其中8条泄洪,最大泄流量3530立方米/秒;最右边一条为灌溉发电引水管,首部设进水塔,中部为坝下埋管,后接消力池及尾水渠。溢洪道布置在左岸主副坝连接处,地基为第三纪砂层和黏土层,进口采用驼峰堰,共9孔,每孔净宽12米,设12米×10米的弧形闸门,下接泄槽、消力池及海漫,并与泄洪洞共用尾水渠,最大泄量12 820立方米/秒。结合灌溉放水的季节性电站,布置于泄洪洞一级消力池右侧,由右边孔设置的长280米的压力钢管引水发电,尾水仍入泄洪洞一级消力池。电站装机1台,容量1.7万千瓦。河北省民有渠和河南省漳南渠分别于泄洪洞一级消力池左、右边墙设闸引水,进水闸各4孔,净宽10米,最大引水流量各100立方米/秒。为了充分发挥工程效益、保证水库安全和提高防洪标准,1987年~1992年对大坝进行了加高加固,坝顶高程从157米加高到159.5米,水库总库容从10.9亿立方米增加到13

亿立方米。1999年~2000年又对大副坝坝基进行了防渗处理，打防渗墙4.2万平方米。岳城水库属国家大Ⅰ型水库，其设计洪水标准为1000年一遇，校核洪水标准为2000年一遇，下游河道设计安全标准为30年一遇。

大伙房水库 位于辽河支流浑河中上游，辽宁省抚顺市境内，距抚顺市18千米，距沈阳市68千米，是一座防洪、供水、灌溉、发电、养鱼等综合利用的大型水利工程。1954年4月开工，1958年9月竣工。大坝为碾压式黏土心墙复式断面土坝，坝长1366.7米，最大坝高49.2米。二坝最大坝高31.4米，坝长327.9米。三坝为均质土坝，最大坝高10米，坝长85米。水库狭长，面积110平方千米，最大水深37米，最大蓄水面积114平方千米，总库容22亿立方米，控制流域面积5437平方千米。最大泄洪量5000立方米/秒。灌溉面积8.6万公顷，装机容量3.2万千瓦，年均发电5600万千瓦时。鱼类养殖规模较大。库区南北，林木繁茂。沈吉铁路横穿北岸。是第一个五年计划中的第一个大型水库，为当时全国第二大水库，现已成为沈阳、抚顺两大城市居民饮用水的重要水源地。

洪泽湖水库 位于江苏省洪泽县城西部，利用洪泽湖加建控制工程而形成的水库，是淮河中下游交接处的大型平原水库。水库承接淮河上中游15.8万平方千米面积的来水，经调蓄后分别泄入长江和黄海。是保护淮河下游200万公顷耕地和2000万人口的重要防洪屏障，以防洪为主兼有灌溉、水产、航运、供水和发电等综合效益。1950年起为利用原来的湖泊修建水库，先后建成了三河闸、二河闸、高良涧进水闸等，并加固大堤。由天然湖泊、洪泽湖大堤、三河闸、二河闸和高良涧闸等组成。水库汛期防洪限制水位为12.5米（废黄河口基面，下同），相应库容为31亿立方米；兴利水位13米，相应库容42亿立方米；校核洪水位17米，相应库容135亿立方米；滨湖圩区破圩蓄洪时，最大库容为170亿立方米。洪泽湖大堤位于水库东南部，从淮安市码头镇到盱眙县张大庄全长67.25千米，为均质土堤。1991年治淮治太会议后，用7年时间完成了洪泽湖大堤的抗震加固，消除了险工隐患，防洪标准可达50年一遇~70年一遇，提高了保护区内的防洪安全。三河闸位于洪泽县蒋坝镇东南三河河口，是水库主要泄洪闸。泄洪闸前缘总长697.75米，分63孔，上游设计水位16米，校核水位17米，校核流量12 000立方米/秒。1953年7月竣工。闸下入江水道为主要排洪河道，同时还承担灌溉、航运任务。二河闸位于洪泽县城东北二河河口，闸前缘总长401.83米，分35孔，上游设计水位16米，校核水位17米。1958年6月竣工。该闸下游泄洪河道为淮沭新河，可进行淮沂互济，分泄淮河洪水30 00立方米/秒，经新沂河东注黄海，同时可引淮水北调供给苏北灌溉和连云港市用水。在库水位较低时，也可引沂水300立方米/秒入库。高良涧进水闸位于洪泽县城北洪泽湖边，为苏北灌溉总渠渠首，涵洞式水闸，闸前缘总长81.24米，共有16孔，上游设计水位16米，校核水位17米，设计流量800立方米/秒。1952年6月竣工。该闸除排泄洪水经灌溉总渠入海和经里运河入江外，还可放库水供给灌溉总渠及里运河灌溉、航运、城镇工业及生活用水。高良涧船闸位于高良涧进水闸南侧，闸室长100米，宽10.4米，通航水深2.5米，设计年通过量300万吨。蒋坝船闸在蒋坝镇南，闸室长100米，宽10米，通航水深2米，设计年通过量250万吨。高良涧水电站位于高良涧进水闸北侧，装机16台，每台容量200千瓦，设计年发电量1000万千瓦时。1967年建成，1978年改造成抽水、发电2用站。

水丰水库 位于辽宁宽甸县，是东北最大的水库，鸭绿江国家级风景名胜区的组成部分之一，水库养育着大量的青、草、鲢、鳙及鲤鱼、鲶鱼等优质鱼类，成为当地群众赖以致富的宝贵资源。面积357平方千米，平均水深25米，最大水深102米，库容146.66亿立方米。以水丰水库为核心，江面浩瀚，博大开阔。日伪时期建造的水丰大坝，长900米，高146米，为世界少见的水泥结构高坝。蟠龙峪丸岛十八弯，岛岛有奇景，弯弯见幽深，山环水绕，令人叹为观止。绿江景区古朴自然，如明清水墨。南大门危峰入云，山脚下碧波滔滔；小青沟洞幽谷深，野趣横生；更有人参之王"一柱参"

的产地——石柱子村,有奇异石柱倚树而立,神奇无比。

柘林水库 位于中国江西省九江市永修县、武宁县之间,于1975年末建成,坝长590.7米,最大坝高62米,集雨面积9340平方千米,占整个修水流域面积的63.5%;总库容79.2亿立方米,为全国土坝水库之冠,其中防洪库容32亿立方米,兴利库容34.4亿立方米,是一座以发电为主兼有防洪、灌溉、航运和发展水产事业等综合效益的大型水利水电工程。电站设4台4.5万千瓦机组,年平均发电量6.3亿千瓦时。水库发挥调蓄能力,使修水洪水基本得到控制,下游抗洪能力由过去的不到10年一遇提高到50年一遇;灌溉最大引用水量37立方米/秒,可为几十万亩农田提供水源,柘林灌区的实际效益已近1.3万公顷。坝上设有链式竹木过坝机,最大年过坝量为木材45万立方米、毛竹160万根;并建有斜面升船机,使上下游180千米的航道得到很大改善,50吨以下船舶可终年通航。库内浩浩平湖,亦为发展养殖、旅游等事业提供了广阔天地。

滩坑水库 位于浙江省丽水市青田县和景宁畲族自治县境内,坝址位于青田县北山镇,是以发电、防洪为主,兼有养殖、航运等功能的大(1)型水库,也是浙江省第2大人工湖。最大库容41.9亿立方米。2008年开始下闸蓄水,2009年并网发电。2010年定名为千峡湖。水库面积70平方千米,洪水位169.15米,正常水位160米,死水位120米,大坝类型混凝土面板堆石坝坝顶,高程171米,最大坝高162米,坝顶长度506米,装机容量60万千瓦。

云峰水库 位于吉林省集安市、临江市与朝鲜慈江道交界处,坝址位于集安和朝鲜慈江道满浦市交界的鸭绿江干流上。是以发电为主,兼有防洪等功能的大(1)型水库。云峰水电站是鸭绿江已建梯级水电站的第1级,为中朝2国共有,由中方负责运行管理。其下游建有渭源水电站、水丰水电站、太平湾水电站等水电站。集水面积17 572平方千米,洪水位320.64米,正常水位318.75米,死水位281.75米,正常库容37.08亿立方米,死库容10.46亿立方米,大坝类型为混凝土宽缝重力坝,坝顶高程321.75米,最大坝高113.75米,坝顶长度828米,装机容量40万千瓦,开工时间1959年10月,竣工时间1967年4月,总费用3.23亿元。

桓仁水库 库址位于辽宁省桓仁县浑江中游,控制流域面积1.04万平方千米,总库容34.6亿立方米,为不完全调节水库。工程主要任务是发电,并兼顾防洪、灌溉、养殖等。主坝长593.3米,坝高78.5米,设计水位300米,大坝高程顶高312.5米,底高234米,溢洪道顶高293米,堰宽144米,最大泄洪量2.2万立方米/秒。桓仁水电站装机容量22.25万千瓦。工程静态总投资2.2亿元,该水库1957年动工兴建,1967年建成蓄水。库身横跨辽宁、吉林2省的桓仁、通化、集安3县辖区,沿线总长81千米,水域面积近1万公顷,工程除发电效益外,还具有防洪、灌溉、养殖等效益。

西津水库 位于广西横县的郁江,1958年10月动工兴建,1964年投入发电。1979年7月建成。装机4台,总容量。坝址以上集雨面积77 300平方千米,多年平均径流量504亿立方米。多年平均流量1600立方米/秒;设计洪水流量23 100立方米/秒;校核洪水流量34 100立方米/秒;历史最大洪水流量23 000立方米/秒;实测最大洪水流量17 200立方米/秒;总库容30亿立方米;装机容量23.44万千瓦,多年平均发电量109.91亿千瓦时,自流灌溉农田0.57万公顷;抽水灌溉农田1.3万公顷。主坝坝型为混凝土宽缝重力坝,最大坝高41米,坝顶长833.47米,坝基岩石为花岗岩,坝体工程量31.6万立方米,主要泄洪方式为坝顶溢流。

红花水库 位于广西柳州市25千米处,是以发电、航运为主,兼顾灌溉、旅游、养殖的综合利用工程。水库控制流域面积46 810平方千米,总库容30亿立方米,多年平均流量1260立方米/秒,渠化柳江航道108千米,电站总装机容量为22.8万千瓦,多年平均发电量8.8亿千瓦时。工程等别为Ⅰ等,主要建筑物为左岸千吨级船闸、河床18孔净宽16米的泄水闸、右岸电站厂房和左右岸土坝和门库挡水坝。红花水电站第1台机组于2005年10月底建成发电,其余机组于2007年1

月全部并网发电。红花电站是一个发电、防洪和航运综合开发利用的枢纽工程。

陈村水库(又名太平湖) 坐落于安徽省黄山区境内,电站大坝位于黄山区与泾县交界的青弋江上,水库南距黄山区城区18千米,距黄山风景区30千米,陈村水库是一座以发电为主,兼顾防洪、灌溉等综合利用的水利水电工程。水库控制流域面积2800平方千米,总库容27.21亿立方米,水面面积98平方千米,正常高水位119米,汛期限制水位117米,是一座多年调节水库。大坝于1958年4月动工兴建,62年停工,69年复工,3台机组分别于1970、1971、1975年先后发电,同时于1973年4月又利用陈村电站发电尾水兴建了纪村电站。竣工后的电站大坝为砼重力拱坝,电站装机18.4万千瓦(陈村电站发电机组3台,每台5万千瓦,纪村3.4万千瓦),多年平均发电量为4.81亿千瓦时。

响洪甸水库 位于安徽省六安市金寨县境内,是淮河支流西淠河上的一座大型水库,20世纪50年代新中国治理淮河水患的枢纽工程之一,是以防洪灌溉为主,结合发电、城市供水、航运、水产养殖等综合利用的大型水利水电工程。响洪甸水库枢纽工程由水库大坝、泄洪隧洞、引水隧洞、发电厂4部分组成。水库大坝是中国自行设计和施工的第1座等半径同圆心混凝土重力拱坝,1956年4月开工建设,1958年7月竣工,同期开始蓄水。坝顶高程为143.4米,防浪墙顶高程为144.5米,最大坝高87.5米,坝顶弧长367.5米。响洪甸水库大坝以500年一遇洪水标准设计、5000年一遇洪水标准校核,为一级水工建筑物,可抗8级烈度地震。发电厂建于1958年4月,总装机容量4万千瓦(4台1万千瓦机组),1959年9月1号机组运行发电,1961年4月4台机组全部发电。响洪甸水库是多年调节水库,总库容26.32亿立方米,防洪高水位132.60米时,对应蓄水17.25亿立方米。死水位为100.00米,对应蓄水2.34亿立方米。

花凉亭水库 又名花亭湖,属安徽省第3大人工湖,位于安徽省太湖县境内的皖河支流长河上,属长江水系。大坝为水泥核心墙砂壳坝,原为中国第2大土坝,坝址控制流域面积1880平方千米,总库容23.93亿立方米。水库是以防洪、灌溉、发电为主,兼有水产、航运、旅游开发等综合效益的大型水利枢纽工程。水库枢纽工程由拦河坝、溢洪道、泄洪隧洞、发电引水隧洞及发电站厂房组成。装机容量4万千瓦(1万千瓦×4台),设计灌溉面积6.9万公顷。花亭湖建于1958年,宛如一颗璀璨的明珠镶嵌于大别山的崇山峻岭之中,湖水面积100平方千米。

梅山水库 位于安徽省金寨县县城南端的史河上游,坝址在梅山镇大小梅山之间。库区流域面积1970平方千米,占史河全流域面积6880平方千米的28.6%。水库总库容22.63亿立方米,防洪库容11.39亿立方米,兴利库容7.96亿立方米,死库容4.02亿立方米,汛期限制水位125.27米,防洪标准万年一遇。坝高88.24米,全长443.5米。水库主体工程于1954年3月开始,至1956年4月完工;水库大坝是以500年一遇洪水标准设计、5000年一遇洪水校核的一级水工建筑物,系新中国第2座连拱坝,时称世界第1高坝。电站总装机容量4万千瓦(1万千瓦×4台),4台机组于1958年9月1日至1959年5月1日相继并网运行。

万安水库 位于江西省万安县城上游2千米处的赣江干流上,江谷宽阔,为一复式河槽,左半部为河床段,宽450米,右半部由高漫滩和一二级阶地组成,宽约500米,覆盖层厚13米。库址以上流域面积3.69万平方千米,多年平均流量947立方米/秒,实测最大洪峰流量15 200立方米/秒,多年平均悬移质含量0.259千克/立方米,年输沙量792.4万吨。千年一遇设计洪水流量27 800立方米/秒,相应库水位100米,相应库容17.16亿立方米;万年一遇校核洪水流量33 900立方米/秒,库水位100.7米;可能最大洪水流量40 700立方米/秒,相应水位103.6米,相应总库容22.16亿立方米。正常蓄水位100米,死水位90米,调节库容10.19亿立方米。水库面积100平方千米。水库以发电为主,兼有防洪、航运、灌溉和养殖等效益。1960年5月开工,1961年末停工;1981年复工,1989年11月截流,1990年9月第1台机组发电,1994年底工程竣工。

观音阁水库 位于辽宁省本溪满族自治县县城以东，属太子河干流，库区水面有62平方千米，最大库容量21.68亿立方米，控制流域面积为2795平方千米。观音阁水库是一座以防洪、供水为主，兼有灌溉、发电、养鱼等综合利用的大（1）型水利枢纽工程。主体工程1990年5月开工，1994年落闸蓄水，2000年11月竣工。主要建筑物为1级建筑物，按千年一遇洪水设计，万年一遇洪水校核。拦河坝为碾压混凝土重力坝，共分65个坝段，由拦河坝段、溢流坝段、底孔坝段和电站坝段组成，最大坝高82米，坝顶长1040米，宽10米。观音阁水库每年可为鞍山、本溪和辽阳提供工业用水7.9亿立方米，为农业提供3.8亿立方米用水。

棉花滩水库 位于福建省永定县，是以发电、防洪为主要功能的大（1）型水库，属不完全年调节水库。大坝建于汀江干流的棉花滩峡谷，下游1千米即闽粤省界。下游14千米处建有青溪水库。2009年，棉花滩水库被列为全国水库水土保持项目实施的10座试点水库之一。水库集水面积7907平方千米，水库面积63平方千米，洪水位177.8米，正常水位173.0米，死水位146.0米，最大库容20.35亿立方米，正常库容16.95亿立方米，大坝类型为碾压混凝土重力坝坝顶，高程179米，最大坝高111米，坝顶长度308.5米，坝顶宽度7米，装机容量60万千瓦（15万千瓦×4台），开工时间为1998年4月，竣工时间为2001年4月。

枫树坝水库 位于广东省河源市龙川县枫树坝镇的东江上游干流上，是集防洪、发电、供水于一体的综合性水库，水库的大坝高91.5米，坝顶长418米，坝顶高程173.3米，属空腹重力型坝。总库容19.4亿立方米，正常库容15.35亿立方米，死库容2.85亿立方米，多年平均流量141立方米/秒，设计洪水流量11 100立方米/秒，控制流域面积5150平方千米，是广东第2大人工湖。枫树坝水电站是目前广东第3大水力发电站，水电站的总装机容量15.0万千瓦，年发电量为5.55亿千瓦时。1970年5月正式动工，2台机组分别于1973年12月26日和1974年11月29日正式发电。主要保护龙川等县镇11万人、20万亩耕地。坝基岩石为闪长玢岩，坝体工程量76万立方米，主要泄洪方式为坝顶溢流。

街面水库 位于福建省尤溪县、大田县、德化县3县交界处，坝址位于尤溪县街面村，距均溪、文溪汇合口约200米。总库容达18.24亿立方米。集水面积1604平方千米，水库面积36.75平方千米，正常水位290米，大坝类型为混凝土面板堆石坝，最大坝高126米，坝顶长度500.5米，装机容量30万千瓦，2002年12月26日，街面电站工程动工。2007年2月14日电站成功下闸蓄水。2007年11月28日，首台机组实现并网发电。竣工时间2008年5月，总费用19.4亿元。是以发电、旅游为主，兼有灌溉、防洪等综合效益的大型水利工程。

二龙山水库 位于吉林省四平市东辽河上游，是以防洪、城市供水、灌溉为主，兼防涝、发电、养鱼等综合利用的大型水利枢纽工程。控制流域面积3799平方千米，最大库容17.92亿立方米。设计防洪保护面积12万公顷，年灌溉供水3.22亿立方米；养鱼水面0.94万公顷；每年向市区供水4000万吨；年发电1600万千瓦时。二龙山水库是东辽河防洪减灾的大型水利枢纽工程，水库不仅是四平地区及下游流域430万人口的工业、农业生产及生活的最重要水源，在水利、能源、养殖和旅游等多方面存在可持续发展的良好态势，是该地区国民经济与工农业生产及人民群众生活的生命线，二龙山水库水质状况直接关系到四平市60万人口及下游23个乡镇43万人口的饮用水的安全，起到保证社会稳定和该地区广大人民群众奔小康和谐社会的重要作用。

峡江水库 位于江西省吉安市峡江县境内赣江中游河段，是鄱阳湖生态经济区建设的重点水利工程之一。工程静态总投资93.39亿元，总投资99.22亿元，总工期72个月。峡江水库正常蓄水位为46米；水库总库容为16.7亿立方米；防洪库容为6亿立方米；电站装机容量36万千瓦；船闸通航能力为1000吨级；设计灌溉面积为2.2万公顷。峡江水库的兴建，可将南昌市的防洪标准由100年一遇提高到200年一遇，赣东大堤保护区防洪标准由50年一遇提高到100年一遇；水电站接入江西省电网，可缓解当地电力供需紧张状况；可渠化枢纽上游64千米航道，改善航运条件；还可为下游两岸沿江农田灌溉和应急补水创造条件。2009年开工建设，2013年7月第1台机组发电，2015年8月全面建成发电。

富水水库 位于湖北省阳新县、通山县，是一座以防洪、发电为主，兼有灌溉、航运、围垦、养殖、灭螺等综合效益的大型水利工程。水库枢纽由大坝、溢洪道、发电引水管、电站及灌溉渠道组成。坝顶高程65.5米，防浪墙顶高程66.7米，最大坝高45.5米；坝顶长941.6米，坝顶宽6.5米。该工程于1958年8月12日正式破土动工。于1960年1月30日大坝合龙，1964年大坝基本完成。1966年9月，1号机组发电，1972年4月，2号机组发电。水库控制流域面积2450平方千米，总库容16.65亿立方米，死库容4.21立方米（死水位48.0米），调洪库容8.08亿立方米，兴利库容5.47亿立方米，防洪库容2.81亿立方米。

宿鸭湖水库 位于河南省汝南县罗店乡东2千米，淮河支流洪汝河水系汝河干流上，控制流域面积4498平方千米，占汝河全流域面积61%，流域内多年平均降雨量962毫米，多年平均径流量12.92亿立方米，是一座以防洪为主，结合灌溉、养殖、发电等综合利用的平原水库。建成于1958年，宿鸭湖水库是全国第一批重点病险水库，1986年至1989年按100年一遇洪水设计，1000年一遇洪水校核进行除险加固，加固后总库容为16.56亿立方米。大坝由迎水坡培厚加高1米，坝顶高程达59.20米。现状工程标准为100年洪水设计，1000年洪水校核。设计洪水位57.75米，相应库容12.72亿立方米，校核洪水位58.87米，相应库容16.56亿立方米。

白石水库 位于辽宁省北票市大凌河干流上，地处朝阳、阜新、锦州3市中心地带，交通便利，地理环境得天独厚。白石水库是一座以防洪、灌溉、供水为主，兼顾发电、养殖、观光旅游等综合利用的大型水利枢纽工程。2000年9月，白石水库主体工程竣工。水库总库容16.45亿立方米，可控制流域面积17 649平方千米。是辽宁省第3大水库，辽西第1大水库。水库大坝为碾压混凝土重力坝，最大坝高50.3米，坝顶长513米，包括挡水坝段、溢流坝段、底孔坝段、取水坝段和电站坝段。大坝设置11个溢流表孔、12个泄洪排沙底孔、2个取水口、3条发电引水钢管及坝后式电站厂房等主要建筑物。水库建成后，可使下游的防洪标准由20年一遇提高到50年一遇；每年向阜新、锦州等城市供水2.02亿立方米；为辽河三角洲地区提供农业用水2.67亿立方米，增加水田1.33万公顷，提高滨海地区1.53万公顷苇田的灌溉保证率，将大大缓解辽西地区严重缺水局面。

南湾水库 位于信阳市西南8.5千米狮河上游南湾风景管理区，大坝距市区中心7千米，是建国后首批兴建的大型治淮骨干工程。水库工程开工于1952年，1955年11月建成并投入使用。其功能当初第一考虑的是防洪，其次是灌溉，然后是发电和水产养殖等。随着社会经济的不断发展，目前水库已在原有功能的基础上发展成为集城市工业与生活供水、水利旅游等综合利用的大型水利工程。主坝816米、坝顶高程114.1米、最大坝高38.3米、坝顶路面8米；大坝为粘土心墙砂壳坝；坝址控制流域面积1100平方千米；主要建筑物：大坝、溢洪道、土门堵坝、输水洞、泄洪洞、电站。

于桥水库 位于天津市蓟县城东4千米，坐落在州河出山口处，属蓟运河流域州河段。控制流域面积2060平方千米，总库容15.59亿立方米。上游主要入库河流为淋河、沙河和黎河，多年平均径流量为5.06亿立方米。1983年引滦入津工程建成后，于桥水库正式纳入引滦入津工程管理，成为天津唯一的水源地，其主要功能以防洪、城市供水为主，兼顾灌溉、发电等。于桥水库始建于1959年，正常蓄水位21.16米，兴利库容4.21亿立方米，水库枢纽工程有拦河坝、放水洞、溢洪道、水电站。拦河坝为均质土坝，全长2222米，最大坝高24米，坝顶高程28.72米。放水洞（兼发电洞）洞径5米，坝后电站设贯流式机组4台，总装机5000千瓦。溢洪道为开敞式堰闸，八孔闸门，净宽80米,最大泄洪能力4138立方米/秒。

岗南水库 位于河北省平山县西岗南村。是治理滹沱河的重点工程之一,兼有防洪、灌溉、发电、城市用水和库区养鱼之利的大型水利枢纽工程。始建于1958年。水库地处滹沱河中游,控制流域面积1.59万平方千米,约占该河山区面积的68%。库区年均降水量485毫米,集中夏季且多暴雨,是滹沱河洪水来源之一。岗南水库总库容15.7亿立方米,其中防洪库容9亿多立方米,与下游黄壁庄水库联合调度时,可削减上游千年一遇洪峰流量的70%,保证石家庄市和京广铁路的安全。年均径流量14.1亿立方米,年均输沙量约1000万吨。岗南水库主坝高62米,长1700余米,顶宽6.5米,副坝17座,总长4700余米。1966年后又陆续扩建加高大坝,改建正常溢洪道,续建非常溢洪道,新建泄水洞,增装调水蓄能机组一台。每年可提供的灌溉用水(保证率50%时)约10亿多立方米,灌溉农田20万公顷。电站装机3台4.1万千瓦,年发电量8500万千瓦时。

峡山水库 是山东省第1大水库,在潍坊市潍河中游的昌邑、高密、诸城、安丘四县市交界处,库区气候宜人,风景优美,物产丰富,花草树木繁多,是集观光、旅游、休闲、度假于一体的大型天然场所。水库总库容14.05亿立方米,兴利库容5.03亿立方米。库区涉及范围大,包括县市4个、乡镇11个、移民村97个。水库始建于1958年11月,1960年9月建成蓄水。是一座集防洪、灌溉、发电、水产养殖、城市及工业供水等综合利用于一体的大型水利工程,水库灌区设计灌溉面积1.02万公顷,有效灌溉面积0.7万公顷。峡山水库主坝全长2680米,为均质坝,主要在安丘境内。

王快水库 位于河北省阜平县平阳镇王快村西大清河南支沙河上,是一座以防洪为主,兼灌溉、发电的大型枢纽工程。建筑物有拦河坝、溢洪道、泄洪洞和水电站。1958年6月兴建,1960年6月竣工,1969年又进行了续建,计有加高拦河坝,扩宽和加深溢洪道并设置了闸门,建成了水电站等。总库容13.89亿立方米,防洪库容10.82亿立方米,兴利库容6.52亿立方米,死库容1.09亿立方米,已淤积库容0.32亿立方米,死水位178.0米,起调水位190.0米(除险加固后193.0米),汛限水位190.0米(除险加固后193.0米),正常蓄水位200.4米,设计洪水位207.5米(除险加固后208.4米),校核洪水位214.4米。

升钟水库 位于四川省南部县西北部,库区横跨南部、阆中、剑阁3县、市。水面积56平方千米,水面最宽处达3000余米,库容13.9亿立方米,其间碧波荡漾,小岛星罗其中。西岸山峦叠翠,峡谷纵横。为天然旅游避暑胜地和重要风景区,享有"峨眉青城逊升钟"之誉。水库控制流域面积1756平方千米,设计灌溉面积14.1万公顷,是四川最大的水库之一。最大坝高为79米,最大坝底宽528.15米,坝顶宽9.8米,坝顶长420米。水库于1976年3月25日经国家计委批准兴建,1977年12月8日正式动工,因国家数次压缩基建投资,至1984年下闸蓄水,1987年右总干渠上段通水开始发挥效益,1998年底一期配套工程全面竣工,实现控灌川东北南充、广元2市耕地面积9.26万公顷。目前一期工程已建成干渠、支渠、斗渠、农渠826条,总长5500千米,总投资约16亿元。

陆浑水库 位于黄河流域伊河中游洛阳市嵩县境内,水库任务是防洪、灌溉、发电和供水。坝高55米,总库容13.2亿立方米。水库主要建筑物包括拦河坝(粘土斜墙砂壳坝)、输水洞、泄洪洞、灌溉发电洞、溢洪道和电站,电站总装机1.045万千瓦。水库按1000年一遇洪水设计,1万年一遇洪水校核,洪水位高程分别为327.5米(黄海高程系)和331.8米,正常高水位高程319.5米,坝顶高程333米。工程于1959年12月开始兴建,1965年8月底建成。灌溉发电洞1972年2月开始增建,1974年7月建成。1976年开始水库保坝加固工程施工,1988年一期加固工程完成。

鸭河口水库 位于河南省南召县东鸭河村附近,上距南召县城35千米,下距南阳市40千米。库区水面面积约120平方千米,是一座以防洪、灌溉为主,兼顾发电、养殖、城市供水及旅游等综合利用的大型水利枢纽。1959年11月建成,1965年扫清尾工。主体工程包括大坝、溢洪道、放水洞、东西砌石坝及电站等。水库最大容量为13.16亿立方米,兴利库容8.33亿立方米,控流面积3030平方千米。该水库是根据汉江支流唐白河流域规划要求兴建的大型水库之一,是汉江支流白河上的主要防洪控制工程。

石头口门水库 位于吉林省饮马河中游,水库坝址在吉林省九台市西营城子乡石头口门村西南500米处。工程建设目的是以防洪除涝、城市供水、农田灌溉为主,并结合发电、养鱼等。1958年6月开工,1959年蓄水,1965年10月竣工。工程按200年一遇洪水设计,1000年一遇洪水校核。总库容12.64亿立方米。饮马河为第二松花江主要支流,流域面积为8255平方千米,石头口门水库以上流域面积为4944平方千米,占饮马河流域面积的60%,饮马河总长367千米,石头口门以上为166千米,河道坡度为0.76‰。水库目前是长春市的主要水源地之一,每年向长春市供水2.64亿立方米,向九台市供水1000万立方米,向长春龙嘉国际机场供水300万立方米,是引松工程的重要中转站。

南水水库 位于广东乳源县城西南16千米处,湖面宽达38平方千米,是省级风景名胜区。1958年动工建库,1969年建成,平均水深50.00米,最大水深78.00米,水库呈狭长形,南北走向,库容量达12.43亿立方米。南水水库大坝是闻名世界的土坝,这座大型水库大坝竟然用泥土堆成,这是世界罕见的。大坝长215米,高80.2米。南水水库于1969年蓄水发电。水库至电站的引水工程也是一项巨大的工程,电站设在县城附近的山洞里,引水钢管也全部安装在岩洞中。南水电站是韶关市装机容量最大的一座水电站。

洪门水库 位于江西省抚州市东南方75千米处,为江西省4大水库之一。海拔80米,控制流域面积2376平方千米,最大库容12.2亿立方米;洪门水库地跨南城、黎川2县,水库库区湿地已成为国家级湿地保护区。湖区面积568平方千米,大小岛屿1086个,是以发电、防洪为主,兼有灌溉、养殖等功能的大(2)型水库。又称为醉仙湖。洪门水库是抚河流域第1个综合水利枢纽工程,1958年7月1日开始施工,1959年9月大坝合龙,1960年4月开始蓄水。1969年6月完成第1台机组安装,7月1日开始并网发电,现有5台发电机组,装机容量4万千瓦,年发电量1.2亿千瓦时。湖区内岛屿星罗棋布,山清水秀、奇山怪石、赏心悦目、是休闲、度假、旅游观光的胜地。

白盆珠水库 在广东省惠东县城东北34千米,东江支流西枝江上游。集水面积856平方千米,是防洪、灌溉、发电和改善航运等综合利用的大型水库。总库容12.2亿立方米。设计灌溉面积1.2万公顷。其功能主要是以防洪、灌溉为主,兼发电和改善西枝江航运。发电装机2.4万千瓦,年发电量8600万千瓦时;主坝为混凝土空心重力坝,位于白盆珠镇上游1.5千米的白盆珠峡谷入口。坝顶高程88.2米,长240米,最大坝高66.2米。枢纽工程的设计于1977年开始,1981年底完成拦河坝、土坝、电站的施工详图。1985年8月建成。

黄壁庄水库 位于河北鹿泉市黄壁庄村附近的黄壁庄村滹沱河干流上,是以防洪为主,兼顾城市用水、灌溉、发电等综合利用的大(1)型水利枢纽工程。黄壁庄水库(连同上游28千米处的岗南水库)控制流域面积2.34万平方千米,总库容12.10亿立方米。流域内多年平均降雨量575.8毫米,多年平均径流量为21.5亿立方米,多年平均悬移质输沙量1785万吨。水库于1958年5月开始筹建,1959年拦洪,1960年蓄水,经历了1963年特大洪水后,于1965年进行扩建,至1968年达到现状规模,之后由于运行中部分工程暴露出了一些问题,先后进行过几次除险加固处理。黄壁庄水库拦河主坝为水中填土均质土坝,上游设浆砌石防浪墙,大坝上下游均为干砌石护坡,副坝亦为水中填土均质坝(部分坝体为碾压式均质坝),重力坝为常态混凝土坝,内含输水洞和发电洞。黄壁庄水库征地高程为120.0米,原设计灌溉面积18.2万公顷,现状有效灌溉面积10.5万公顷,年灌溉用水量5.6亿立方米。城市供水1亿立方米。

月亮泡水库 位于吉林省白城市下辖的镇赉县与大安市之间,是以防洪、灌溉为主,兼有发电、供水、养殖等功能的大(1)型水库。月亮泡水库位于洮儿河下游,距其汇入嫩江的河口仅数百米,当汛期嫩江水位升高时,可将洪水反向引入库中,起到滞洪水库的作用。集水面积包括洮儿河的3.13万平方千米与嫩江16万平方千米。嫩江年均入库流量2.7亿立方米,洮儿河年均入库流量0.37亿立方米。1976年筑堤,天然湖泊变成大型人工水库。月亮泡改建工程与嫩江整治工程结合起来一道进行,水库容量为12.07亿立方米。月亮泡水库汛期水位131.00米,坝顶高程134.20米。月亮泡嫩江回水堤总长23.5千米,其中险段达14千米。

察尔森水库 位于嫩江支流洮儿河中游内蒙古科尔沁右翼前旗境内,距乌兰浩特市32千米,建于1990年,是一座以灌溉、防洪为主,结合发电、养鱼、旅游等综合利用的大型水利枢纽。坝址以上流域面积为7780平方千米,多年平均径流量8.3亿立方米。水库大坝工程按500年一遇洪水设计,10 000年一遇洪水校核,由壤土心墙坝、溢洪道、输水洞和发电站4部分组成,基础处理采用混凝土防渗墙。水库设计总库容12.53亿立方米、最大坝高40米、坝长1712米、最大泄流量3500立方米/秒。水库建成后使洮儿河干流防洪能力提高到20年一遇洪水标准,设计灌溉供水能力5.09亿立方米,灌溉面积6.6万公顷,其中水田3.64万公顷;年平均发电量2664万千瓦时。

故县水库 位于河南省洛宁县故县镇、黄河支流洛河中游,距洛阳市165千米。工程以防洪为主,兼有灌溉、发电和工业供水等综合效益。水库建筑物由拦河坝、电站厂房及附设坝体内的泄水孔道所组成。1958年首次开工,于1978年再次复工,1980年截流,1994年水库投入运用。故县水库属深水峡谷型水库,水质清新,无污染,悬浮物少,达到国际二级饮用水标准。拦河坝为混凝土实体重力坝,最大坝高125米,总库容11.75亿立方米,坝顶高程553米(大沽高程系),坝顶宽9米,坝顶长315米,由挡水坝段、电站坝段、底孔坝段、溢流坝段及中孔坝段组成,共21个坝段,坝段一般长16.5米,最大19米,最小13米。

黄龙滩水库 位于中国湖北省十堰市、汉江支流堵河上,距十堰市区约20千米。坝址以上流域面积11 140平方千米,多年平均流量194立方米/秒。1969年4月开工,1978年10月竣工。大坝按100年一遇洪水13 300立方米/秒设计,500年一遇洪水16 600立方米/秒校核。正常蓄水位247米,总库容11.625亿立方米,兴利库容5.985亿立方米,死库容4.14亿立方米,调洪库容1.5亿立方米。混凝土重力坝坝顶高程252米,最大坝高107米,坝顶长371米,坝顶宽20米,体积98万立方米。工程主要任务是发电,灌溉面积仅333公顷。坝后电站总装机容量49万千瓦,保证出力5.3万千瓦,多年平均发电量7.59亿千瓦时。

澄碧河水库 位于广西百色市,1961年建库,面积2533公顷,平均水深55.00米,最大水深65.00米。澄碧湖水库是以发电为主综合利用的大型水利工程,水库大坝为混凝土心墙土坝,大坝高70.4米,坝长425米,坝顶宽6米,底宽465米。坝后电厂设有4台发电机组,总装机容量为2.6万千瓦,年均发电量1.14亿千瓦时。水库集雨面积达2000平方千米,总库容11.3亿立方米,有效库容5.7亿立方米。澄碧河水库多年平均流量37.8立方米/秒,调节引水流量62.4立方米/秒,最高水头达49.5米。

西大洋水库 位于河北省唐县唐河出山口西大洋村下游1千米处,控制流域面积4420平方千米,占唐河流域面积的88.7%。拦河坝包括1座主坝、4座副坝。主坝为均质土坝,上游设浆砌石防浪墙,下游坝基为砂砾石覆盖层,上游设防渗铺盖,下游设褥垫式排水,并设坝后反滤沟减压。西大洋水库征地高程为145米,西大洋水库承担着下游较多的供水用户,向保定市城市工业、生活用水5000万立方米,向唐河灌区3.3万公顷耕地供水1.5亿立方米。总库容11.37亿立方米,调洪库容7.58亿立方米,兴利库容5.15亿立方米,死库容0.799亿立方米,死水位120.0米,起调水位134.5米,汛限水位134.5米,正常蓄水位140.5米,设计洪水位149.01米,校核洪水位151.08

米。水库初建于1958年,1960年蓄水,1970年水库续建。

白莲河水库 位于湖北省浠水县城东30千米的白莲镇区边,是浠水流域的骨干水利工程。1958年秋动工兴建,1960年10月主坝拦洪蓄水。水库控制流域面积1800平方千米,总库容11.04亿立方米,占流域总蓄水量的82.6%,是一座以灌溉、发电为主,兼顾防洪、养鱼、航运、综合利用的多功能水库。正常蓄水位为104米,相应库容为8亿立方米。枢纽工程主要建筑物包括大坝、副坝、溢洪道、非常溢洪道和东、西干渠渠首。灌区灌溉农田近4万公顷,电厂装机4.5万千瓦。

鲇鱼山水库(又称鲇鱼山湖) 位于河南省东南部商城县境内,是淮河流域内的一座大型水库。水库兴建于1970年3月,1973年竣工,1976年建成投入使用,是一座以防洪灌溉为主,结合旅游开发、水产养殖、城市供水、水力发电等综合利用的国家大(2)水库。库区多年平均降雨量为1250毫米,多年平均径流量5.94亿立方米,控制流域面积924平方千米,总库容11.06亿立方米。主体工程有1座主坝、27座副坝、溢洪道、泄洪洞、水库电站、渠首枢纽等。主坝长1475.6米,最大坝高38.5米,心体墙;副坝3908.5米,最大坝高27米,溢洪道4孔,最大泄洪量5100立方米/秒,泄洪洞最大泄洪量560立方米/秒。水库电站装机1.21万千瓦,灌区设计灌溉面积9.5万公顷。

狮子滩水库 位于重庆市长寿区,1954年8月开工建设,1956年10月发电。主坝为堆石坝型,最大坝高52米,坝顶长1014米,水库设计校核洪水位350米,水库正常蓄水位347米,水库总库容10.27亿立方米,有效库容7.48亿立方米。入库水量占库区多年平均流量的50%。电站总装机容量4.8万千瓦,灌溉面积4600公顷,年供水量1229.5万吨,狮子滩水库集雨面积3020平方千米,在长江发生特大洪水时,为缓解长江中下游洪峰压力,汛期超蓄,起着调节长江洪峰作用。狮子滩水库以发电为主,兼有蓄(防)洪、水产养殖、航运、灌溉、旅游等多种效益。水库的建成,改善了库区的小气候和生态环境,促进了地方经济的发展。

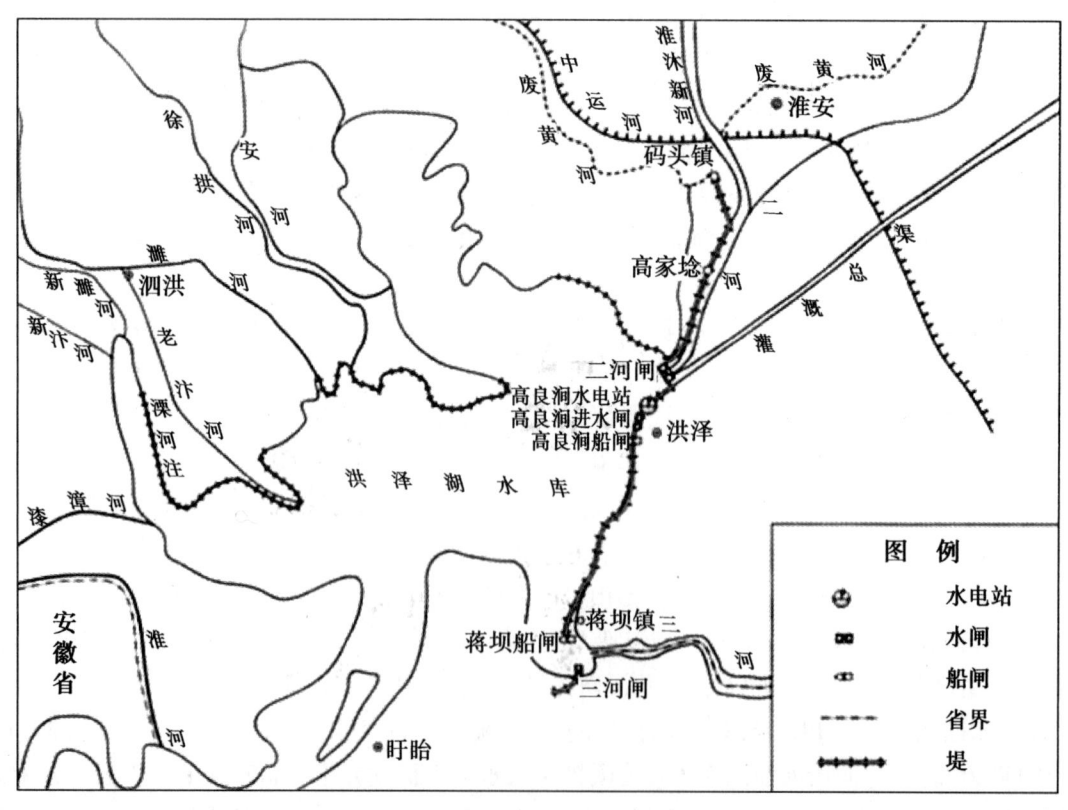

图3-2-25 洪泽湖水库枢纽平面位置示意图

第四篇

中国水文科学信息要览

- 中国水文水利科研单位
- 中国水文科学学术期刊
- 中国普通高校水文水利专业
- 中国水文水科科学家
- 中国水文科学大事记
- 中国水文科学主要文献

第一章　中国水文水利科研单位

中华人民共和国成立前,在中央水利实验处设有水文研究所,从事水文资料搜集和整理。中华人民共和国成立后,1956年水利部在北京水利科学研究院(1958年起改名为中国科学院、水利电力部水利水电科学研究院)设立水文研究所和河渠研究所,1969年撤销。1977年后中国水文科研机构有很大发展。

水利电力部南京水文研究所,1977年成立于南京,1985年改名为水利电力部南京水文水资源研究所。任务是承担国家建设中水文方面的重点科研课题,同时进行水文科学基本理论的研究。设有水资源、暴雨干旱、洪水计算、水利水电规划管理、水文实验和水文遥感技术、计算机应用等6个研究室,并在安徽省滁县设立水文实验基地。出版不定期《水文科学研究》报告集。

中国科学院、水利电力部水利水电科学研究院水资源研究所,1980年成立于北京,从事中国水资源综合评价、开发利用等重大实际课题和基本理论问题的研究。

中国科学院、水利电力部水利水电科学研究院泥沙研究所,即原河渠研究所,1979年重建于北京。从事中国江河开发治理、大型水利水电工程中的泥沙科学技术问题及泥沙运动基本理论的研究。出版《泥沙研究》刊物。

水利电力部南京水利水文自动化研究所,1980年成立于南京。从事水文测验仪器设备的研究和试制。设有总体方案设计、遥测遥控、水位雨量仪器、流速泥沙仪器、机械结构等5个研究室,还设有中心试验室和全国水文仪器测试中心。

此外,水利电力部所属的长江流域规划办公室和黄河水利委员会等流域机构也设有水文研究所(室),从事本流域水文特性的研究;中国科学院地理研究所、长春地理研究所、南京地理研究所、河北地理研究所、成都地理研究所、广州地理研究所、兰州冰川冻土研究所和新疆地理研究所设有水文研究室,从事水文地理、沼泽、湖泊、地下水、泥石流、河口、冰川及区域水文问题的研究;铁道部、地质矿产部等也有相应的水文科研机构,从事本部门涉及的水文问题的研究;部分高等院校内也设有水文研究组织。

北京市

中国科学院生态环境研究中心环境水质学国家重点实验室　地址:北京市海淀区双清路18号　邮政编码:100085　网址:http://www.rcees.cas.cn/　电话:010-62849135　传真:010-62923541　E-mail:jfsun@rcees.ac.cn

中国科学院生态环境研究中心水污染控制技术研究室　地址:北京市海淀区双清路18号　邮政编码:100085　网址:http://www.rcees.cas.cn/　电话/传真:010-62849133　E-mail:jxliu@rcees.ac.cn gxwu@rcees.ac.cn

中国科学院地理科学与资源研究所陆地水循环及地表过程重点实验室　地址:北京市朝阳区大屯路甲11号　邮政编码:100101　网址:http://www.igsnrr.ac.cn/　电话:010-64889276/64854841　传真:010-64854230　E-mail:weboffice@igsnrr.ac.cn

中国科学院力学研究所水动力学与海洋工程重点实验室　地址:北京市海淀区北四环西路15号　邮政编码:100190　网址:http://lho.imech.ac.cn/webch/default.asp/　电话/传真:010-82543663　E-mail:lho@imech.ac.cn

中国科学院水资源研究中心　地址:北京市朝阳区大屯路甲11号　邮政编码:100101　网址:http://www.

cwrr. cn/ 电话/传真:010-64888975 E-mail:cwrr@ igsnrr. ac. cn

中国农业水问题研究中心 地址:北京市海淀区清华东路17号中国农业大学东校区 邮政编码:100083 网址:http://www. cau. edu. cn/water/cawr/ 电话:010-62737874 传真:010-62737611 E-mail:kangshaozhong@ 163. net fxinwang@ yahoo. com. cn

水利部发展研究中心 地址:北京市海淀区玉渊潭南路3号 邮政编码:100038 网址:http://www. watersite. com. cn 电话:010-63205972 E-mail:shuili2003@ waterinfo. com. cn

水利部水利水电规划设计总院水利规划与战略研究中心 地址:北京西城区六铺炕北小街2-1号 邮政编码:100120 网址:http://www. giwp. org. cn/ 电话:010-62070514 E-mail:whcc@ giwp. org. cn zhangliping@ giwp. org. cn

中国水利水电科学研究院水资源研究所/水资源与水生态水利部工程技术研究中心 地址:北京市车公庄西路20号 邮政编码:100044 网址:http://www. ewater. net. cn/ 电话:010-68415522-3613 传真:010-68483367 E-mail:dwr-wec@ iwhr. com wanghao@ iwhr. com

中国水利水电科学研究院防洪抗旱减灾研究所/防洪抗旱减灾水利部工程技术研究中心 地址:北京市海淀区玉渊潭科技园 邮政编码:100038 网址:http://www. iwhr. com/ 电话:010-68781599/68781796 传真:010-68536927 E-mail:nijing@ iwhr. com Dinglq@ iwhr. com lujuan@ iwhr. com

中国水利水电科学研究院水环境研究所(水利部水质监督检验测试中心、电力环境影响评价与研究中心) 地址:北京市海淀区玉渊潭科技园 邮政编码:100038 网址:http://www. waterenv. iwhr. com/index. html 电话:010-68781972 传真:010-68572778 E-mail:hdzhou@ iwhr. com pwq@ iwhr. com

中国水利水电科学研究院水利研究所/国家节水灌溉北京工程技术研究中心 地址:北京市车公庄西路20号 邮政编码:100044 网址:http://www. watsave. cn/ 电话:010-68786521 传真:010-68451169 E-mail:xudi@ iwhr. com liyinong@ iwhr. com gshh@ iwhr. com

中国水利水电科学研究院泥沙研究所/水沙科学与江河治理水利部重点实验室/水利部水土保持生态工程技术研究中心 地址:北京市海淀区车公庄西路20号 邮政编码:100044 网址:http://www. sedi. iwhr. com/ 电话:010-68786626 传真:010-68416371 E-mail:erosion@ iwhr. com zuochq@ sina. com sedi-eng@ iwhr. com

中国水利水电科学研究院水力学研究所 地址:北京市海淀区复兴路甲1号 邮政编码:100038 网址:http://dhr. iwhr. com/ 电话:010-68781055 传真:010-68538685 E-mail:wuyih@ iwhr. com bjcc@ iwhr. com zhanghl@ iwhr. com

中国水利水电科学研究院水利史研究所 地址:北京市海淀区车公庄西路20号 邮政编码:100044 网址:http://sls. iwhr. com/history/ 电话:010-68786142 传真:010-68786847 E-mail:tan. xm@ iwhr. com mjm@ iwhr. com yfzhu@ iwhr. com

国家水电可持续发展研究中心/中国水利水电科学研究院水电可持续发展研究中心 地址:北京市海淀区复兴路甲1号 邮政编码:100038 网址:http://www. hydro. iwhr. com/gjsdkcxfzyjzx/ 电话:010-68781604 E-mail:pengj@ iwhr. com wgliao@ iwhr. com wjh@ iwhr. com

水利部水工程建设与安全重点实验室 地址:北京市海淀区复兴路甲1号中国水利水电科学研究院 邮政编码:100038 网址:http://www. iwhr. com/zgskyww/ 电话:010-68785301 E-mail:news@ iwhr. com

中国水电顾问集团北京勘测设计研究院 地址:北京市朝阳区定福庄西街1号 邮政编码:100024 网址:http://www. bhidi. com/ 电话:010-65766935 E-mail:zhaopin@ bjgd. cn bcc1985@ 126. com

中国灌溉排水发展中心农村水利设计研究所 地址:北京市宣武区广安门南街60号 邮政编码:100053 网址:http://www. jsgg. com. cn/ 电话:010-63203259 传真:010-63203223 E-mail:nssys@ 263. net. cn

北京市水利规划设计研究院 地址:北京市海淀区车公庄西路21号 邮政编码:100044 网址:http://www. bjwater. gov. cn/ 电话:010-68411155 E-mail:kzyzq@ yahoo. com. cn kejch@ bjwater. gov. cn shuiwrx@ bjwater.

gov. cn

北京市水利科学研究所　地址：北京市海淀区车公庄西路21号　邮政编码：100044　网址：http://www.bjwater.gov.cn/　电话：010-68415755　E-mail：kzyzq@yahoo.com.cn　kejch@bjwater.gov.cn

北京市水利自动化研究所　地址：北京市海淀区翠微路甲3号　邮政编码：100036　网址：http://www.bjwater.gov.cn/　电话：010-68213366-3424　E-mail：shuiwrx@bjwater.gov.cn

北京大学水沙科学教育部重点实验室　地址：北京市海淀区颐和园路5号　邮政编码：100871　网址：http://www.iee.pku.edu.cn/klwss/　电话：010-62751185　传真：010-62756526　E-mail：nijinren@iee.pku.edu.cn

北京大学水资源研究中心　地址：北京市海淀区颐和园路5号燕南园60号楼工学院　邮政编码：100871　网址：http://hydro.pku.edu.cn/　电话：010-62757545　传真：010-62757532　E-mail：czheng@coe.pku.edu.cn

清华大学水沙科学与水利水电工程国家重点实验室　地址：北京市海淀区清华园新水利馆水利水电工程系　邮政编码：100084　网址：http://166.111.47.27/　电话/传真：010-62773576　E-mail：sklhse@mail.tsinghua.edu.cn

清华大学河川枢纽研究所　地址：北京市海淀区清华园新水利馆水利水电工程系　邮政编码：100084　网址：http://www.hydr.tsinghua.edu.cn/　电话：010-62783094　传真：010-62782159　E-mail：yduan@tsinghua.edu.cn

清华大学河流研究所　地址：北京市海淀区清华园新水利馆水利水电工程系　邮政编码：100084　网址：http://www.hydr.tsinghua.edu.cn/　电话：010-62797071　传真：010-62772463　E-mail：xdfu@tsinghua.edu.cn

清华大学水力学研究所　地址：北京市海淀区清华园新水利馆水利水电工程系　邮政编码：100084　网址：http://www.hydr.tsinghua.edu.cn/　电话：010-62797802　传真：010-62773046　E-mail：yongliangzhang@mail.tsinghua.edu.cn

清华大学水文水资源研究所　地址：北京市海淀区清华园新水利馆水利水电工程系　邮政编码：100084　网址：http://ihwr.hydr.tsinghua.edu.cn/　电话：010-62772302　传真：010-62796971　E-mail：ghni@tsinghua.edu.cn

清华大学水利水电工程设计研究所　地址：北京市海淀区清华园新水利馆水利水电工程系　邮政编码：100084　网址：http://www.hydr.tsinghua.edu.cn/　电话：010-62785566　传真：010-62773046　E-mail：nzwang@mail.tsinghua.edu.cn

清华大学跨境河流水与生态安全研究中心　地址：北京市海淀区清华园新水利馆水利水电工程系　邮政编码：100084　网址：http://www.hydr.tsinghua.edu.cn/　电话：010-62785566　传真：010-62773046　E-mail：nzwang@mail.tsinghua.edu.cn

清华大学环境模拟与污染控制国家重点联合实验室水污染控制实验室　地址：北京海淀区清华园环境节能楼环境学院　邮政编码：100084　网址：http://env.tsinghua.edu.cn/　电话：010-62785684　E-mail：lrr@tsinghua.edu.cn

清华大学水环境保护研究所　地址：北京海淀区清华园环境节能楼环境学院　邮政编码：100084　网址：http://env.tsinghua.edu.cn/　电话：010-62785684　E-mail：lrr@tsinghua.edu.cn　xhuang@tsinghua.edu.cn

清华大学饮用水安全研究所　地址：北京海淀区清华园环境节能楼环境学院　邮政编码：100084　网址：http://env.tsinghua.edu.cn/　电话：010-62783508/62784521　传真：010-62785687　E-mail：wjliu@tsinghua.edu.cn

清华大学地下水与土壤环境研究所　地址：北京海淀区清华园环境节能楼环境学院　邮政编码：100084　网址：http://env.tsinghua.edu.cn/　电话：010-62783508/62784521　传真：010-62785687　E-mail：huanky@tsinghua.edu.cn　hjx@tsinghua.edu.cn

清华大学—美国哈希公司水质监测联合研究中心　地址：北京海淀区清华园环境节能楼环境学院　邮政编码：100084　网址：http://env.tsinghua.edu.cn/　电话：010-62783508/62784521　传真：010-62785687　E-mail：huanky@tsinghua.edu.cn　hjx@tsinghua.edu.cn

中国农业大学节水农业工程技术研究中心　地址：北京市海淀区清华东路17号东校区　邮政编码：100083　网址：http://www.cau.edu.cn/water/　电话：010-62736533

北京师范大学水科学研究院(水生态与环境研究所、地下水污染控制与修复教育部工程技术中心、地下水科学与工程研究中心、土壤—地下水修复实验室、数字流域实验室、环境应急管理技术研究中心、中国河流修复中心) 地址:北京市新街口外大街19号科技楼C309室 邮政编码:100875 网址:http://cws.bnu.edu.cn/ 电话:010-58802736/58802739 E-mail:xuxinyi@bnu.edu.cn zxxu@bnu.edu.cn ading@bnu.edu.cn

北京师范大学水环境模拟国家重点实验室 地址:北京市新街口外大街19号环境学院 邮政编码:100875 网址:http://202.112.80.235/ 电话/传真:010-58807172 E-mail:zfyang@bnu.edu.cn zyshen@tsinghua.org.cn

北京师范大学水沙科学教育部重点实验室 地址:北京市新街口外大街19号 邮政编码:100875 网址:http://env.bnu.edu.cn/isys/sskxjybzdsys/ 电话:010-58807814 E-mail:hemc@bnu.edu.cn

北京师范大学水生态研究所 地址:北京市海淀区新街口外大街19号环境学院 邮政编码:100875 网址:http://env.bnu.edu.cn/ 电话:010-58805053 E-mail:suntao@bnu.edu.cn yingxia@bnu.edu.cn

北京师范大学水气环境模拟研究所 地址:北京市海淀区新街口外大街19号环境学院 邮政编码:100875 网址:http://env.bnu.edu.cn/ 电话:010-58800176 E-mail:hztian@bnu.edu.cn

北京师范大学水质控制工程研究所 地址:北京市海淀区新街口外大街19号环境学院 邮政编码:100875 网址:http://env.bnu.edu.cn/ 电话:010-58802374 E-mail:xchquan@yahoo.com.cn

北京师范大学水资源与河流研究所 地址:北京市海淀区新街口外大街19号环境学院 邮政编码:100875 网址:http://env.bnu.edu.cn/ 电话:010-58800830 E-mail:wangx@bnu.edu.cn

中国地质大学(北京)水资源与环境工程实验室北京市重点实验室 地址:北京市海淀区学院路29号 邮政编码:100083 网址:http://dept.cugb.edu.cn/Cugb_Wree/ 电话:010-82322271 E-mail:yuqch@cugb.edu.cn

华北电力大学水科学研究所/水电与岩土工程研究所 地址:北京市德胜门外朱辛庄北农路2号可再生能源学院 邮政编码:102206 网址:http://gh.ncepu.edu.cn/kzsny/ 电话:010-80795273 传真:010-80795239 E-mail:gengye@ncepu.edu.cn

华北电力大学能源与环境研究院流域模拟与规划研究中心/土壤及地下水环境研究中心 地址:北京市昌平区北农路2号 邮政编码:102206 网址:http://raees.ncepu.edu.cn/

北京工业大学水质科学与水环境恢复工程北京市重点实验室 地址:北京市朝阳区平乐园100号 邮政编码:100124 网址:http://www.bjut.edu.cn/college/hjnyxy/ 电话:010-67391655 E-mail:hnxy@bjut.edu.cn

天津市

中水北方勘测设计研究有限责任公司(原水利部天津水利水电勘测设计研究院) 地址:天津市河西区洞庭路60号 邮政编码:300222 网址:http://www.tidi.ac.cn/ 电话:022-28346666 传真:022-28343991 E-mail:bangong@tidi.ac.cn tidi@public.tpt.tj.cn

水利部河北水利水电勘测设计研究院 地址:天津市河北区金钟河大街238号 邮政编码:300250 网址:http://www.hebwp.com/ 电话:022-26154601 传真:022-26330098 E-mail:admin@hebwp.com hbybgs@hebwp.com hbyjyc@hebwp.com

海河水利委员会水资源保护科学研究所 地址:天津市河东区龙潭路15号 邮政编码:300170 网址:http://hrwp.hwcc.gov.cn/ 电话:022-24103099 E-mai:hwsbj@hwcc.gov.cn

交通运输部天津水运工程科学研究院(工程泥沙交通行业重点实验室、水路交通环境保护技术交通行业重点实验室、交通水运环境保护研究中心、交通水动力数值模拟研究中心、交通水运工程节能技术研究中心) 地址:天津市滨海新区塘沽新港二号路2618号 邮政编码:300456 网址:http://www.tiwte.ac.cn/ 电话:022-59812345 传真:022-59812385 E-mai:kjc@tiwte.ac.cn rsc@tiwte.ac.cn

中国水利水电科学研究院天津水利电力机电研究所 地址:天津市蓟县兴华大街19号 邮政编码:301900 网址:http://www.tjinst.com/ 电话:022-82852383 传真:022-82852479 E-mai:inst@tjinst.com

天津市水利科学研究院 地址:天津市河西区友谊路60号 邮政编码:300061 网址:http://www.tjsw.gov.

cn/ 电话:022-28375294 E-mail:twcb206@yahoo.com.cn tjslcw@tom.com jjcglk@126.com

天津市水利勘测设计院 地址:天津市河西区马场道217号 邮政编码:300204 网址:http://www.tjsw.gov.cn/ 电话:022-23280262 E-mail:twcb206@yahoo.com.cn tjslcw@tom.com jjcglk@126.com

南开大学水资源开发与研究中心 地址:天津市卫津路94号 邮政编码:300071 网址:http://env.nankai.edu.cn/water/water.htm 电话:022-23508807 传真:022-23501117 E-mail:wangqsh@nankai.edu.cn

天津大学水污染控制与资源化研究所 地址:天津市南开区卫津路92号24教学楼B-406 邮政编码:300072 网址:http://202.113.13.169/site/environment/ 电话:022-27405059 传真:022-87402072 E-mail:guping@tj.cnuninet.net

天津大学水利与风能工程研究院/水力学研究所/水运水利勘测设计研究所/水利工程仿真与安全监测教育部工程研究中心 地址:天津市南开区卫津路92号建筑与工程学院 邮政编码:300072 网址:http://www2.tju.edu.cn/colleges/civil/ 电话:022-27401284 E-mail:hr7@tju.edu.cn tju_luntan@126.com

天津师范大学水环境与水资源重点实验室 地址:天津市西青区宾水西道393号主校区明理楼C区 邮政编码:300387 网址:http://59.67.75.245/office/szy/skin/four/ 电话:022-23766557 E-mail:tjly1976@163.com

天津城市建设学院水质科学与技术联合实验室 地址:天津市西青区津静公路26号 邮政编码:300384 网址:http://eme.tjuci.edu.cn/ 电话:022-23085117 E-mail:depart6@eyou.com

河北省

中国地质科学院水文地质环境地质研究所/地下水科学与工程国土资源部重点实验室 地址:河北省正定县中山东路92号 邮政编码:050803 河北省石家庄市石岗大街406号(石家庄站) 邮政编码:050061 网址:http://iheg.cags.ac.cn http://www.iheg.org.cn/ 电话:0311-88021122 传真:0311-88021225 E-mail:zhangzemin54@sina.com

中国地质调查局水文地质环境地质调查中心 地址:河北省保定市七一中路1305号 邮政编码:071051 网址:http://www.ffs.cgs.gov.cn 电话:0312-3107066 传真:0312-3107065 E-mail:cgsffs@188.com chenlj2006@sohu.com

中国科学院农业资源研究中心节水农业河北省重点实验室/农业水资源中国科学院重点实验室 地址:河北省石家庄市槐中路286号 邮政编码:050021 网址:http://laws.sjziam.ac.cn/ 电话:0311-85871752 E-mail:yonghui.yang@ms.sjziam.ac.cn Jieshuisys@ms.sjziam.ac.cn

河北省水利水电第二勘测设计研究院 地址:河北省石家庄市平安南大街107号 邮政编码:050021 网址:http://cache.baidu.com/ 电话:0311-80966303 传真:0311-80966311 E-mail:hebjyf@163.com jincuihong1004@163.com

河北省水利科学研究院(水资源与环境研究所、供水与节水研究所、水土保持研究所、水利工程建筑研究所、建筑材料研究所、大坝安全研究所、工程与技术咨询中心) 地址:河北省石家庄泰华街310号 邮政编码:050051 网址:http://www.waterresearch.com.cn/ 电话:0311-85020598/85020557 E-mail:hbdam@sina.com hbsl1990@sohu.com

邯郸市水利水电勘测设计研究院 地址:河北省邯郸市邯山区滏园街12-1号 邮政编码:056000 网址:http://www.hdsdy.com/ 电话:0310-7099306 E-mail:lgmn200806@163.com

保定市水利水电勘测设计研究院 地址:河北省保定市阳光南大街97号 邮政编码:071000 网址:http://bdslsjy.com/ 电话:0312-5936720 传真:0312-5936726 E-mail:bdslsjy@126.com

唐山市水利规划设计研究院 地址:河北省唐山市国防道26号 邮政编码:063000 电话:0315-2216182 E-mail:tsslghsjy@163.com zhouyanhui1979@126.com

沧州水利勘测设计院 地址:河北省沧州市交通北大道21-1号 邮政编码:061000 电话:0317-3036071 E-mail:czljz168@126.com

河北工程大学水污染控制中心　地址：河北省邯郸市光明南大街199号城市建设学院　邮政编码：056038　网址：http://chengjian.hebeu.edu.cn/　电话：0310-8578751/8579735　E-mail：zhangziping@bebeu.edu.cn

石家庄经济学院水资源可持续开发利用开放研究国土资源部实验室　地址：河北省石家庄市槐安东路136号　邮政编码：050031　网址：http://www2.sjzue.edu.cn/sjyszy/　电话：0311-87208292　E-mail：swsys@sjzue.edu.cn

山西省

水利部山西水利水电勘测设计研究院　地址：山西省太原市迎泽西大街39号　邮政编码：030024　网址：http://www.sxsly.com.cn/　电话：0351-5683600　传真：0351-8610187　E-mail：sxsly-em1@sxsly.com.cn　jyc@sxsly.com.cn

山西省水利水电科学研究院（水利研究所、水工结构与材料研究所、水资源环境研究所、水利信息与自动化研究所、水利水电工程安全监测中心、水利水电工程质量检测中心、水利水电工程咨询中心、山西省节水高效示范基地）　地址：山西省太原市桃园四巷26号　邮政编码：030002　网址：http://www.shxsky.com.cn/　电话：0351-4044316　E-mail：shxshky4044316@126.com　shuikeyuan1958@126.com

山西省水资源研究所　地址：山西省太原市康乐街13号　邮政编码：030001　网址：http://www.sxwater.gov.cn/　电话：0351-4047875　E-mail：sxwri@163.com

山西思源水环境与资源研究中心　地址：山西省太原市桃园南路105号　邮政编码：030002　网址：http://4632619.71ab.com/　电话：0351-3197884

运城市水利勘测设计研究院　地址：山西省运城市中银大道槐豫西路1号　邮政编码：044000　网址：http://www.giwp.org.cn/　电话：0359-8668239　传真：0359-2091048　E-mail：yunchengsjy@163.com

内蒙古自治区

中国水利水电科学研究院牧区水利科学研究所/水利部草地水土保持生态研究中心　地址：内蒙古呼和浩特市大学东街128号　邮政编码：010020　网址：http://www.nmmks.com　电话：0471-4690607　传真：0471-4951331　E-mail：yzy@nmmks.com

内蒙古自治区水利科学研究院（农田水利研究所、水工建筑研究所、水土保持研究所、水保环评监测所、水资源研究所、水利工程技术研究所、水土保持生物技术开发中心、农业节水工程研究中心、节水灌溉中心实验站）　地址：内蒙古呼和浩特市呼伦贝尔南路7号　邮政编码：010020　网址：http://www.nmgsky.net.cn/　电话：0471-3386210　传真：0471-6263523　E-mail：sbs0471@163.com　huanpingwlp@126.com　nmskysgs@126.com

内蒙古自治区水利水电勘测设计院　地址：内蒙古呼和浩特市新城区呼伦贝尔南路9号　邮政编码：010020　网址：http://www.nmslsd.com/　电话：0471-6938379　传真：0471-6928500　E-mail：nmslsdy@263.net

巴彦淖尔市水利水电勘测设计院　地址：内蒙古巴彦淖尔市临河区新华东街27号　邮政编码：015000　电话：04782-212017　E-mail：442547899qq.com　dingtao826@163.com

内蒙古农业大学干旱区水问题研究中心/旱区农业节水研究中心/水利水电工程设计研究所/旱区灌溉排水研究所　地址：内蒙古呼和浩特市昭乌达路306号　邮政编码：010018　网址：http://sjy.imau.edu.cn/　电话/传真：0471-4309313　E-mail：ndsjyzhl@126.com

内蒙古农业大学湖泊与环境工程研究所　地址：内蒙古呼和浩特市昭乌达路306号　邮政编码：010018　网址：http://www1.imau.edu.cn/jidian/　电话/传真：0471-4309215　E-mail：king_huo@sohu.com

辽宁省

辽宁省水利水电勘察设计研究院　地址：辽宁省沈阳市和平区光荣街68号　邮政编码：110006　网址：http://www.lnsdy.com/design/　电话：024-23860443　传真：024-23876120　E-mail：lnsdy1954@yahoo.com.cn

辽宁省水利水电科学研究院（水工结构与水环境研究所、水土资源与农田水利研究所、建材岩土试验研究所、基础工程研究所、水利水电自动化研究所、3S信息研究所、辽宁省防洪减灾工程技术研究中心、辽宁河水利水电新技术设计研究院）　地址：辽宁省沈阳市和平区十四纬路1号　邮政编码：110003　网址：http://www.lnsky.

com/ 电话:024-23260316 E-mail:hgh_perfect@126.com lnskydb@163.com lnskysgs@163.com lnskynts@163.com

大连市水利科学研究所 地址:辽宁省大连市西岗区长春路246号 邮政编码:116011 网址:http://www.swj.dl.gov.cn/ 电话:0411-82495371 传真:0411-82490584 E-mail:dlhri@sina.com

大连理工大学水资源与防洪研究所/水环境研究所 地址:辽宁省大连市甘井子区凌工路2号土木水利学院 邮政编码:116024 网址:http://water.dlut.edu.cn/ http://sche.dlut.edu.cn/ 电话:0411-84706031/84707911 传真:0411-84708517 E-mail:ghdong@dlut.edu.cn eerd001@dlut.edu.cn

沈阳农业大学水资源研究所/辽宁省水土工程重点实验室 地址:辽宁省沈阳市东陵路120号 邮政编码:110161 网址:http://www.syau.edu.cn/sl/ E-mail:sl@syau.edu.cn jshe@syau.edu.cn

沈阳建筑大学辽河流域水污染防治研究院 地址:辽宁省沈阳市浑南新区浑南东路9号 邮政编码:110168 网址:http://szhj.sjzu.edu.cn/LHY/ 电话:024-24690709 E-mail:liaoheyuan@yeah.net

沈阳建筑大学水质与环境工程研究所/水资源与环境研究所 地址:辽宁省沈阳市浑南新区浑南东路9号 邮政编码:110168 网址:http://depart.sjzu.edu.cn/lab/Debug/ 电话:024-24690709 E-mail:fujinxiang@sina.com

辽宁工程技术大学水土保持生态修复研究院 地址:辽宁省阜新市中华路47号 邮政编码:123000 网址:http://202.199.224.103/ 电话:13941821506 E-mail:wuxyun@yahoo.cn

吉林省

中水东北勘测设计研究有限责任公司(原水利部东北勘测设计研究院)科学研究院/水利部寒区工程技术研究中心 地址:吉林省长春市工农大路888号 邮政编码:130021 网址:http://www.neidri.com.cn/ 电话:0431-85092222 传真:0431-85092058 E-mail:office@neidri.com.cn hanquzhongxin@neidri.com.cn zongjingban@neidri.com.cn

吉林省水利科学研究院(水电工程技术研究所、水资源与灌溉技术研究所、信息技术研究所、材料试验研究所) 地址:吉林省长春市人民大街8220号 邮政编码:130022 网址:http://www.jlwaterri.com 电话:0431-85395503 传真:0431-85383854 E-mail:jlwri@public.jl.cn jlssky@163.com

吉林省水土保持科学研究院 地址:吉林省长春经济技术开发区昆山路1195号 邮政编码:130033 网址:http://slt.jl.gov.cn/ 电话:0431-84669301 E-mail:jlsbyXXh191@163.com

吉林省水利水电勘测设计研究院 地址:吉林省长春市解放大路2382号 邮政编码:130021 网址:http://www.jlssy.com/ 电话:0431-85626868 传真:0431-85626868 E-mail:zhdm6468@sina.com sj0408@163.com

吉林省水产科学研究院 地址:吉林省长春经济技术开发区昆山路1195号 邮政编码:130033 网址:http://slt.jl.gov.cn/ 电话:0431-84659002 E-mail:govmaster@jl.gov.cn slt_wz@mail.jl.gov.cn

吉林省水利水电勘测设计研究院 地址:吉林省长春市解放大路2382号 邮政编码:130021 网址:http://www.jlssy.com/ 电话/传真:0431-5624538/85626868 E-mail:zhdm6468@sina.com sj0408@163.com

吉林大学水资源与水环境吉林省高校重点实验室 地址:吉林省长春市西民主大街6号 邮政编码:130026 网址:http://cer.jlu.edu.cn/ 电话:0431-88502608 E-mail:zhaoyongsheng@jlu.edu.cn

吉林大学水利工程研究所/水科学与技术研究所/水资源评价管理系列模型开放研究国土资源部实验室 地址:吉林省长春市西民主大街6号环境与资源学院 邮政编码:130026 网址:http://cer.jlu.edu.cn/ 电话:0431-88502608/88502610 E-mail:luwenxi@jlu.edu.cn cer@jlu.edu.cn zhaoyongsheng@jlu.edu.cn

黑龙江省

黑龙江省水文地质工程地质勘察院 地址:哈尔滨市香坊区电碳街29号 邮政编码:150030 网址:http://skymien.com/ 电话/传真:0451-55171770 E-mail:skyzgb@126.com info@skymien.com

黑龙江省九〇四水文地质工程地质勘察院 地址:黑龙江省哈尔滨市松北区中源大道2299号 邮政编码:150027 网址:http://www.h904kc.com/ 电话:0451-88070859 传真:0451-87117555 E-mail:904kc@vip.163.com syh904@126.com

黑龙江省水利水电勘测设计研究院　　地址:黑龙江省哈尔滨市南岗区清滨路52号　　邮政编码:150080　　网址:http://www.hsy.gov.cn　　电话:0451-86300034　　传真:0451-86303140　　E-mail:hsyrscgbk@163.com

黑龙江省水利科学研究院(农田水利技术研究所、寒区水利工程技术研究所、水资源水环境研究所、水利工程质量检测研究所、水工材料试验开发研究所、季节冻土区工程冻土黑龙江省重点实验室)　　地址:黑龙江省哈尔滨市延兴路78号　　邮政编码:150080　　网址:http://www.hljsky.gov.cn/　　电话:0451-86689241　　传真:0451-86689251　　E-mail:hljskywel@163.com　xiangbo618@sohu.com　mklnxy@public.hr.hl.cn

黑龙江省水土保持科学研究所　　地址:黑龙江省宾县宾州镇西城街88号　　邮政编码:150400　　网址:http://www.hljsl.gov.cn/　　电话:0451-57982425　　E-mail:liulili0720@163.com

哈尔滨市水利规划设计研究院　　地址:黑龙江省哈尔滨市道里区哈药路252号　　邮政编码:150076　　电话:0451-87590326　　E-mail:liq1218@sina.com　zzabczz2011@163.com

齐齐哈尔市水利勘测设计研究院　　地址:黑龙江省齐齐哈尔市卜奎北大街39号　　邮政编码:161006　　电话:0452-5903505　　传真:0452-5903507　　E-mail:qsly@263.net.cn

佳木斯市水利勘测设计研究院　　地址:黑龙江省佳木斯市长青路89号　　邮政编码:154002　　网址:http://www.giwp.org.cn/　　电话/传真:0454-8646702　　E-mail:jmssy@yeah.net

牡丹江市水利勘测设计研究院　　地址:黑龙江省牡丹江市西安区西三条路253号　　邮政编码:157000　　网址:http://www.giwp.org.cn/　　电话/传真:0453-6439917　　E-mail:mdjslyqikean@yeah.net

哈尔滨工业大学城市水资源与水环境国家重点实验室/国际持久性有毒物质联合研究中心/污泥国际研究中心/城市水环境恢复与战略研究国际联合研究中心　　地址:黑龙江省哈尔滨市南岗区黄河路73号　　邮政编码:150090　　网址:http://waterlab.hit.edu.cn/　　电话:0451-86283787　　传真:0451-86418180　　E-mail:uwre@hit.edu.cn

东北农业大学黑龙江省水利科学研究院/水科学研究中心/节水农业黑龙江省高校重点实验室　　地址:黑龙江省哈尔滨市香坊区公滨路木材街59号水利与建筑学院　　邮政编码:150030　　网址:http://sljzxy.neau.edu.cn/　　电话/传真:0451-55191502　　E-mail:neaushuili@126.com　fuqiang100@371.net

上海市

太湖流域管理局水利发展研究中心　　地址:上海市虹口区纪念路480号　　邮政编码:200434　网址:http://www.tba.gov.cn/　　电话:021-65425171　　传真:021-65172354　　E-mail:xinfang@tba.gov.cn　tbwrpb@tba.gov.cn

上海勘测设计研究院　　地址:上海市逸仙路388号　　邮政编码:200434　　网址:http://www.sidri.com　　电话:021-65427100　　传真:021-65420093　　E-mail:sidri@sidri.com

上海市水务规划设计研究院　　地址:上海市徐汇区天钥桥路1170号　　网址:http://www.shwaterplan.com/　　电话:021-54101933　　传真:021-64568674　　E-mail:zhoujg@shwaterplan.com

上海市水利工程设计研究院　　地址:上海市普陀区华池路58号3号楼　　邮政编码:200062　　网址:http://10.253.222.11:8000/　　电话:021-62341118　　传真:021-62340872　　E-mail:webmaster@swedri.com　zhaopin@swedri.com

同济大学长江水环境教育部重点实验室　　地址:上海市四平路1239号　　邮政编码:200092　　网址:http://yangtze.tongji.edu.cn/Changjiang/　　电话:021-65982684　　E-mail:qfxiao@mail.tongji.edu.cn

上海交通大学港口与水利工程研究所　　地址:上海市华山路1954号徐汇校区船舶海洋与建筑工程学院　　邮政编码:200030　　网址:http://naoce.sjtu.edu.cn/　　电话:021-62933181　　E-mail:gkzhong@sjtu.edu.cn

华东师范大学河口海岸科学研究院/河口海岸动力沉积与动力地貌综合国家重点实验室/比较沉积研究所　　地址:上海市中山北路3663号地理馆　　邮政编码:200062　　网址:http://www.re.ecnu.edu.cn/　　电话:021-62232597　　传真:021-62233302　　E-mail:wldai@re.ecnu.edu.cn

华东师范大学河口海岸学国家重点实验室/河口海岸研究所　　地址:上海市中山北路3663号河口海岸大楼　　邮政编码:200062　　网址:http://www.sklec.ecnu.edu.cn/　　电话:021-62232887　　传真:021-62546441　　E-mail:office@sklec.ecnu.edu.cn　pxding@sklec.ecnu.edu.cn

江苏省

南京水利科学研究院水文水资源研究所　　地址：江苏省南京市广州路223号　　邮政编码：210029　　网址：http://swszy.nhri.cn/　　电话：025-85828500　　传真：025-85828555　　E-mail：jfliu@nhri.cn　splu@nhri.cn　yxwu@nhri.cn

南京水利科学研究院水文水资源水利部工程技术研究中心　　地址：江苏省南京市广州路223号　　邮政编码：210029　　网址：http://www.nhri.cn/rchwr/　　电话：025-85828500　　传真：025-85828555　　E-mail：rchwr@nhri.cn

南京水利科学研究院河海大学水文水资源与水利工程科学国家重点实验室　　地址：江苏省南京市西康路1号河海大学严恺馆　　邮政编码：210098　　江苏省南京市广州路223号　　邮政编码：210029　　网址：http://www.hydro-lab.cn/　　电话/传真：025-83786606　　E-mail：wdl@hhu.edu.cn

南京水利科学研究院水科学与水工程水利部重点实验室　　地址：江苏省南京市广州路223号　　邮政编码：210029　　网址：http://www.nhri.cn/kypt/skxsys/　　电话：025-85828121　　E-mail：flmao@nhri.cn

南京水利科学研究院水工水力学研究所　　地址：江苏省南京市广州路225号　　邮政编码：210029　　网址：http://sgslx.nhri.cn/　　电话：025-85828270　　传真：025-85828222　　E-mail：sqwu@nhri.cn　yahu@nhri.cn　zhfeng@nhri.cn

南京水利科学研究院河流海岸研究所　　地址：江苏省南京市虎踞关34号　　邮政编码：210024　　网址：http://hlha.nhri.cn/　　电话：025-85829300　　传真：025-85829333　　E-mail：yjlu@nhri.cn　xpdou@nhri.cn

南京水利科学研究院港口航道泥沙工程交通行业重点实验室　　地址：江苏省南京市虎踞关34号　　邮政编码：210024　　网址：http://www.portsedi-moclab.cn/　　电话：025-85829300　　传真：025-85829333　　E-mail：xpdou@nhri.cn　xnzhang@nhri.cn

南京水利科学研究院岩土工程研究所　　地址：江苏省南京市虎踞关34号　　邮政编码：210024　　网址：http://ytgc.nhri.cn/　　电话：025-85829500　　传真：025-85829555　　E-mail：zycai@nhri.cn　wmzhang@nhri.cn　wbzhao@nhri.cn

南京水利科学研究院材料结构研究所/水工新材料水利部工程技术研究中心　　地址：江苏省南京市虎踞关34号　　邮政编码：210024　　网址：http://cljg.nhri.cn/　　电话：025-85829600　　传真：025-85829666　　E-mail：hushaowei@nhri.cn　crlu@nhri.cn

南京水利科学研究院大坝安全与管理研究所　　地址：江苏省南京市广州路223号　　邮政编码：210029　　网址：http://dbgl.nhri.cn/　　电话：025-85828180　　传真：025-83714644　　E-mail：jbsheng@nhri.cn

南京水利科学研究院水利部农村电气化研究所/亚太地区小水电研究培训中心　　地址：浙江省杭州市学院路122号　　邮政编码：310012　　网址：http://www.hrcshp.org/cn/　　电话：0571-88087443/88822945　　传真：0571-88800580　　E-mail：office@hrcshp.org　super@hrcshp.org

南京水利科学研究院勘测设计院　　地址：江苏省南京市广州路223号　　邮政编码：210029　　网址：http://kcsj.nhri.cn/　　电话：025-85828769　　传真：025-83714825　　E-mail：sdinhri@nhri.cn

水利部南京水利水文自动化研究所/水利部水文水资源监控工程技术研究中心　　地址：江苏省南京市雨花台区铁心桥街95号　　邮政编码：210012　　网址：http://www.nsy.com.cn/　　电话：025-52898300　　传真：025-52891220　　E-mail：nsy@nsy.com.cn

中国科学院南京地理与湖泊研究所湖泊生态与环境工程研究中心　　地址：江苏省南京市北京东路73号　　邮政编码：210008　　网址：http://www.niglas.cas.cn　　电话：025-86882010/86882020　　传真：025-57714759　　E-mail：gsyang@niglas.ac.cn　niglas@niglas.ac.cn

中国科学院太湖湖泊生态系统国家野外观测研究站　　地址：江苏省南京市北京东路73号南京地理与湖泊研究所　　邮政编码：210008　　网址：http://www.taihu.ac.cn/　　电话：025-86882020　　传真：025-57714759　　E-mail：qinbq@niglas.ac.cn　ywchen@niglas.ac.cn

中国科学院南京地理与湖泊研究所湖泊与环境国家重点实验室　　地址：江苏省南京市北京东路73号　　邮政

编码:210008　网址:http://www.skllse.ac.cn/　电话/传真:025-86882189　E-mail:jishen@niglas.ac.cn　fxkong@niglas.ac.cn　bxue@niglas.ac.cn

江苏省水文地质工程地质勘察院　地址:江苏省淮安市大连路16号　邮政编码:223005　网址:http://www.jskcy.com/　电话:0517-83574588　传真:0517-83574518　E-mail:admin@jskcy.com

江苏省水利科学研究院(水利自动化研究所、水资源与水环境研究所、农村水利与水土保持研究所、材料结构试验中心、水利遥感技术应用中心、水利部科技推广中心江苏省试验推广基地)　地址:江苏省南京市建邺区南湖路97号　邮政编码:210017　网址:http://www.jswater.org/　电话/传真:025-86419333　E-mail:njssks@163.com　Wangdongmei08@139.com　liuxiaoman_70@126.com

江苏省水利勘测设计研究院　地址:江苏省扬州市江阳中路31号　邮政编码:225009　网址:http://www.jsssy.com/　电话:0514-87860111　传真:0514-87889101　E-mail:jsslkc@yzcn.net

江苏太湖水利规划设计研究院　地址:江苏省苏州市东吴北路98号　邮政编码:215128　网址:http://www.jsthsly.com/　电话:0512-65251062

南京市水利规划设计院　地址:江苏省南京市秦淮区红花村路136号　邮政编码:210006　网址:http://www.njwpdi.com/　电话/传真:025-84819573　E-mail:njslyeml@jsmail.com.cn　zgb@njwpdi.com

徐州市水利科学研究所　地址:江苏省徐州市建国西路80号国土资源大厦B座　邮政编码:221002　网址:http://www.xzsl.gov.cn/　电话:0516-85699302　E-mail:sks@xzsl.gov.cn

徐州市水利建筑设计研究院　地址:江苏省徐州市建国西路80号国土资源大厦B座　邮政编码:221002　网址:http://www.xzsl.gov.cn/　E-mail:slsjy@xzsl.gov.cn

淮安市水利勘测设计研究院　地址:江苏省淮安市深圳路9号　邮政编码:223005　网址:http://www.hawater.com/　电话:0517-83717427　传真:0517-83714240　E-mail:hawater@hawater.com　info@hawater.com

南通市水利勘测设计研究院　地址:江苏省南通市姚港路28号　邮政编码:226006　网址:http://www.ntwater.com/　电话:0513-83548347　传真:0513-83548366　E-mail:ntwater@ntwater.com

南京大学水科学研究中心/湖泊研究中心　地址:江苏省南京市栖霞区仙林大道163号仙林校区环境学院　邮政编码:210046　网址:http://hjxy.nju.edu.cn/　电话:025-89680568　传真:025-89680569　E-mail:ebst@nju.edu.cn

东南大学港口航道与水利工程研究所　地址:江苏省南京市玄武区四牌楼2号四牌楼校区交通学院　邮政编码:210096　网址:http://tc.seu.edu.cn/　电话:025-83792297　E-mail:Crs3911@hotmail.com

河海大学国际水文水资源及环境培训与研究中心/中德水资源研究所/水文水资源研究所/水文水利自动化研究所/水文预报研究所/水文节水研究所/水问题研究所/水生态环境研究所/疏浚技术教育部工程研究中心　地址:江苏省南京市西康路1号严恺馆　邮政编码:210098　网址:http://shxy.hhu.edu.cn/　电话:025-83786621　E-mail:shxy@hhu.edu.cn　rrl@hhu.edu.cn

河海大学水资源高效利用与工程安全国家工程中心　地址:江苏省南京市西康路1号严恺馆　邮政编码:210098　网址:http://water-centre.hhu.edu.cn/　电话:025-83786860　传真:025-83716812　E-mail:herc@hhu.edu.cn　herc_b@hhu.edu.cn

河海大学国际河流研究所/水利水电科学研究所/水力学及河流研究所/水工结构研究所/水工结构及结构力学水利部重点实验室　地址:江苏省南京市西康路1号水电馆　邮政编码:210098　网址:http://sdxy.hhu.edu.cn/　电话:025-83786511　E-mail:sdxy@hhu.edu.cn

河海大学水运工程科学研究所/高坝通航研究所/水运规划与物流工程研究所/水利水电工程安全教育部工程研究中心　地址:江苏省南京市西康路1号严恺馆　邮政编码:210098　网址:http://jtxy.hhu.edu.cn/　电话:025-83786611　E-mail:ghxy@hhu.edu.cn

河海大学农业水土工程研究所/南方地区高效灌排与农业水土环境教育部重点实验室　地址:江苏省南京市西康路1号水电馆　邮政编码:210098　网址:http://sdxy.hhu.edu.cn/　电话:025-83786511　E-mail:sdxy@hhu.

edu. cn

河海大学水利部水利经济研究所　　地址:江苏省南京市西康路1号科学馆808-815　　邮政编码:210098　　网址:http://hhbs.hhu.edu.cn/　　电话:025-83786352　　传真:025-83786195　　E-mail:syzb@hhu.edu.cn

河海大学水管理研究所　　地址:江苏省南京市西康路1号管理楼西楼　　邮政编码:210098　　网址:http://ggy.hhu.edu.cn/　　电话:025-83787368　　E-mail:hhmfm@xinhuanet.com

河海大学同位素水文研究所　　地址:江苏省南京市西康路1号科学馆地学院　　邮政编码:210098　　网址:http://dxy.hhu.edu.cn/　　电话:025-83787734　　传真:025-83787234　　E-mail:jschen@hhu.edu.cn

河海大学设计院　　地址:江苏省南京市西康路1号　　邮政编码:210098　　网址:http://sjy.hhu.edu.cn/　　电话:025-83786504　　传真:025-83717225　　E-mail:sjyu@hhu.edu.cn

南京信息工程大学海洋水文与海洋气象研究所　　地址:江苏省南京市浦口区宁六路219号大气科学学院　　邮政编码:210044　　网址:http://web3.nuist.edu.cn/dqkxxy/sy/　　电话:025-58731186　　E-mail:bslt@nuist.edu.cn

中国矿业大学(徐州)水资源与水害防治研究所　　地址:江苏省徐州市三环南路资源与地球科学学院　　邮政编码:221116　　网址:http://sres.cumt.edu.cn　　电话:0516-83591012　　E-mail:suiwanghua@cumt.edu.cn

中国矿业大学(徐州)地下水科学与工程研究所　　地址:江苏省徐州市三环南路环境与测绘学院　　邮政编码:221116　　网址:http://cesi.cumt.edu.cn　　电话:0516-83591309/83591312　　E-mail:flyingstudio@126.com

南京理工大学南京市水处理工程技术研究中心　　地址:江苏省南京市孝陵卫200号环境科学与工程系　　邮政编码:210094　　网址:http://www.njust.edu.cn/　　电话:025-84315173　　传真:025-84315352　　E-mail:cwsy0317@163.com　　drxuejizhang@gmail.com

扬州大学江苏机电排灌工程研究所/江苏水利工程研究所/水资源高效利用与管理研究所/水利水电工程江苏省重点实验室　　地址:江苏省扬州市江阳中路31号江阳路南校区水利科学与工程学院　　邮政编码:225009　　网址:http://slxy.yzu.edu.cn/　　电话:0514-87978651　　传真:0514-87978606　　E-mail:slcy@yzu.edu.cn

淮阴师范学院洪泽湖研究所　　地址:江苏省淮安市长江西路111号城市与环境学院　　邮政编码:223300　　网址:http://geo.hytc.edu.cn/　　电话:0517-83535089　　E-mail:zgc.geo@gmail.com

浙江省

中国水电顾问集团华东勘测设计研究院　　地址:浙江省杭州市潮王路22号　　邮政编码:310014　　网址:http://www.ecidi.com/　　电话:0571-56739123　　传真:0571-88076606　　E-mail:echydtopowey@ecidi.com　　hrd@ecidi.com　　boshi@ecidi.com

国家海洋局杭州水处理技术研究开发中心　　地址:浙江省杭州市文一西路50号　　邮政编码:310012　　网址:http://www.chinawatertech.com/　　电话:0571-88855054　　传真:0571-88935430　　E-mail:wtc@chinawatertech.com　　bangongshi@chinawatertech.com

水利部国际小水电中心　　地址:浙江省杭州市南山路136号　　邮政编码:310002　　网址:http://www.icshp.org/　　电话:0571-87079113　　传真:0571-87023353　　E-mail:secretariat@inshp.org

浙江省水利水电勘测设计院　　地址:浙江省杭州市抚宁巷66号　　邮政编码:310002　　网址:http://www.zdwp.net/　　电话:0571-86072790/86827245　　传真:0571-86052851　　E-mail:zdwp@mail.hz.zj.cn　　hrzdwp@126.com

浙江省水利河口研究院(河口研究所、海岸研究所、水工研究所、钱塘江研究中心、防灾减灾研究所、水资源水环境研究所、农村水利研究所、岩土工程研究所、水土保持研究所、环境评价研究中心、自动化信息技术研究所、浙江省水利水电工程质量监督检验站)　　地址:浙江省杭州市凤起东路50号　　邮政编码:310020　　网址:http://www.zihe.org/　　电话/传真:0571-86438028　　E-mail:yjy@zjwater.gov.cn　　zjgc@zihe.org

浙江省水利河口研究院水利防灾减灾浙江省重点实验室/河口海岸浙江省重点实验室试验基地　　地址:浙江省杭州市凤起东路50号　　邮政编码:310020　　网址:http://fzsys.zihe.org/　　电话:0571-86438009　　传真:0571-86405839　　E-mail:zjhei@hzcnc.com

浙江省河海测绘院　　地址:浙江省杭州市上城区复兴南街268号　　邮政编码:310008　　网址:http://www.

hhch. org. cn/　电话:0571-86583305　传真:0571-86583318　E-mail:hehai@ hhch. org. cn　zhaopin@ hhch. org. cn

宁波市水利水电规划设计研究院　地址:浙江省宁波市鄞州新城区四明西路699号　邮政编码:315192　网址:http://www. htwater. net/　E-mail:info@ htwater. net

温州市水利电力勘测设计院　地址:浙江省温州市机场大道5477号(汤加桥路口)国大广场1号　邮政编码:325011　网址:http://www. wzsl. gov. cn/sjy/　电话:0577-86518662　传真:0577-86517700　E-mail:wzsdy@163. com

浙江大学水环境研究院(水体污染控制与治理研究中心、水处理与回用技术研究所、废水生物生态处理技术与工程研究所、废物资源化与污染控制研究所、环境生态毒理与健康研究所、面源污染控制技术研究所、环境工程修复研究所)　地址:浙江省杭州市余杭塘路388号　网址:http://www. awsee. zju. edu. cn/　电话:0571-86036462　传真:0571-86971411　E-mail:shidezhi@ zju. edu. cn　yxchen@ zju. edu. cn

浙江大学浙江水利河口研究院/水工结构与水环境研究所/水资源工程研究所　地址:浙江省杭州市浙大路38号玉泉校区建筑工程学院　邮政编码:310027　网址:http://www. ccea. zju. edu. cn/　电话:0571-87953397/87952261　传真:0571-88208685　E-mail:jgoffice@ zju. edu. cn

浙江大学非传统安全与和平发展研究中心国际水资源安全研究所　地址:浙江省杭州市浙江大学紫金港校区西一教学楼　邮政编码:310058　网址:http://www. nts-pd. org/　电话/传真:0571-88208518　E-mail:iiwszju@ sina. com

浙江工商大学水资源综合利用研究所　地址:浙江省杭州市教工路149号环境科学与工程学院　邮政编码:310035　网址:http://hjxy. zjgsu. edu. cn/　电话:0571-88905799-7017

温州大学水科学与工程研究所　地址:浙江省温州市茶山高教园区温州大学北校区生命与环境科学学院　邮政编码:325035　网址:http://shxy. wzu. edu. cn/　电话:0577-86689079　E-mail:shxy@ wzu. edu. cn

安徽省

淮河水利委员会淮河水资源保护科学研究所　地址:安徽省蚌埠市东海大道3055号　邮政编码:233000　网址:http://sub. hrc. gov. cn/hhsbj/www/index. asp　电话:0552-3093511　E-mail:hhsbj@ hrc. gov. cn　hwwcz@ hrc. gov. cn

淮河水利委员会水利水电工程技术研究中心　地址:安徽省蚌埠市东海大道3055号　邮政编码:233001　网址:http://sub. hrc. gov. cn/hwjyzx/　电话:0552-3093767　E-mail:jyzx@ hrc. gov. cn

中水淮河规划设计研究有限公司水科学研究院　地址:安徽省蚌埠凤阳西路41号　邮政编码:233001　网址:http://www. cwhh. com. cn/　电话:0552-3092509　传真:0552-3092400　E-mail:office@ cwhh. com. cn　gaohui0717@ sina. com

安徽省地质调查院水文地质环境地质调查研究所　地址:安徽省合肥市宁国路19号　邮政编码:230001　网址:http://ags. org. cn/　电话:0551-4658501　传真:0551-4652201　E-mail:ahddybgs@ ags. org. cn　ahddyzgb@ ags. org. cn

安徽省地矿局第一水文工程地质勘查院　地址:安徽省蚌埠市治淮路563号　邮政编码:233000　网址:http://www. ah-ys. com/　电话:0552-3012789/3014118　传真:0552-3014539　E-mail:ys-bgs@ 163. com

安徽省地矿局第二水文工程地质勘查院　地址:安徽省芜湖市黄山东路山水大厦　邮政编码:241000　网址:http://www. ersh. cn/　电话/传真:0553-2863729　E-mail:ersh@ mail. ersh. cn

安徽省/水利部淮委水利科学研究院(土工研究所、结构材料研究所、水工河工研究所、农水与水保研究所、水文水资源研究所、勘察设计研究所、自动化研究所、安徽省水利工程病害防治工程技术研究中心、水利水资源安徽省重点实验室)　地址:安徽省蚌埠市治淮路771号　邮政编码:233000　网址:http://www. ahwrri. org. cn/　电话:0552-3051566　传真:0552-3058844　E-mail:ahwrri@ ahwrri. org. cn　anhuidayu@ sina. com　kyzb@ sohu. com　anhhf@ sina. com

安徽省水利水电勘测设计院　地址:安徽省合肥市高新区海棠路185号　邮政编码:230088　网址:http://

www.asdi.com.cn/ 电话:0551-3632639 传真:0551-3665041 E-mail:lqzhong601@sina.com

合肥工业大学水利科学研究所 地址:安徽省合肥市屯溪路193号南校区土木与水利工程学院 邮政编码:230009 网址:http://www1.hfut.edu.cn/department/tujian/ 电话:0551-2901434/2901435 E-mail:zhudymeng@163.com pengyuan@hfut.edu.cn

安徽建筑工业学院水科学与工程研究所 地址:安徽省合肥市金寨南路856号环境与能源工程学院 邮政编码:230022 网址:http://www.aiai.edu.cn/hnxy/ 电话:0551-3828223 E-mail:cheng-hf@163.com

江西省

江西省水土保持科研所 地址:江西省南昌市青山湖南大道290号 邮政编码:330029 网址:http://www.jx-iswr.com/ 电话:0791-8828136 E-mail:jxsbs88@163.com jxsbszhaopin@163.com jxsbxh@163.com

江西省水利科学研究院(防洪减灾技术研究所、建材与岩土工程技术研究所、水资源水环境研究所、农村水利研究所、大坝安全管理技术研究所、信息技术与自动化研究所、科技情报研究所) 地址:江西省南昌市北京东路1038号 邮政编码:330029 网址:http://www.jxsks.com/ 电话:0791-8333779 传真:0791-8323724 E-mail:jx-sky@jxsks.com jxdam@163.com wsh6405@sina.com

江西省水利科学研究院南昌大学鄱阳湖研究中心 地址:江西省南昌市红谷滩新区学府大道999号环境科学与工程学院 邮政编码:330031 网址:http://hjxy.ncu.edu.cn/ 电话:0791-3969583 E-mail:zhiyinwu123456@126.com

江西省水利规划设计院 地址:江西省南昌市北京东路1038号 邮政编码:330029 网址:http://jxsly.net/ 电话/传真:0791-88309701 E-mail:jsjzx@jxsly.com

赣州市水利电力勘测设计研究院 地址:江西省赣州市文清路53号 邮政编码:341000 网址:http://www.gzsdsjy.com/ 电话:0797-8222897 传真:0797-8224971 E-mail:gzsdsjy@163.com 615568036@qq.com

上饶市水利电力勘测设计院 地址:江西省上饶市信州区五三大道118号 邮政编码:334000 网址:http://www.giwp.org.cn/ 电话:0793-8307022 传真:0793-8307128 E-mail:srsdsjy@163.com

江西师范大学鄱阳湖湿地与流域研究教育部重点实验室 地址:江西省南昌市紫阳大道99号方荫楼2区地理与环境学院 邮政编码:330022 网址:http://www.poyanglakecenter.org/ 电话:0791-8120537/8120539 传真:0791-8120538 E-mail:zhanglinu@126.com

南昌工程学院水利工程研究中心 地址:江西省南昌市天祥大道289号水利与生态工程学院 邮政编码:330099 网址:http://water.nit.jx.cn/ 电话:0791-3161956 E-mail:jlxawx@yahoo.com.cn ddwu@nit.edu.cn

福建省

中国科学院城市环境研究所厦门市水环境安全与水质保障工程技术研究中心 地址:福建省厦门市集美大道1799号 邮政编码:361021 网址:http://iue.cas.cn/ 电话:0592-6190959 E-mail:wmchen@iue.ac.cn xyu@iue.ac.cn

福建省水利水电科学研究院 地址:福建省福州市东大路229号水利水电大厦 网址:http://www.fjwater.gov.cn/ 电话:0591-87555407 E-mail:fj_water@163.com slxxgk@fjwater.gov.cn

福建省水利水电勘测设计研究院 地址:福建省福建省福州市东大街258号 网址:http://www.fjsdy.com/ 电话:0591-87551980 传真:0591-87544574 E-mail:ybjs@fjsdy.com

福建省水利规划院 地址:福建省福州市东大路229号水利水电大厦 网址:http://www.fjwater.gov.cn/ 电话:0591-28309501 传真:0591-87600167 E-mail:tlf9233@sina.com

厦门大学海洋与海岸带发展研究院流域—海洋综合管理研究中心 地址:福建省厦门市思明南路422号映雪楼 邮政编码:361005 网址:http://comi.xmu.edu.cn/ 电话:0592-2183833 传真:0592-2186913 E-mail:comi@xmu.edu.cn

厦门理工学院水资源环境研究所 地址:福建省厦门市集美区后溪镇理工路600号环境工程系 邮政编码:361024 网址:http://wrei.xmut.edu.cn/ 电话:0592-2188580 E-mail:wrei@xmut.edu.cn wangjp@xmut.edu.cn

山东省

山东省地质调查院水文环境地质研究所　地址:山东省济南市建筑新村南路35号　邮政编码:250013　网址:http://www.sddy.gov.cn/　电话:0531-86403690　传真:0531-86560338　E-mail:sdsddy@126.com

山东省第三地质矿产勘查院水文地质环境地质调查所　地址:山东省烟台市莱山区宏川路43号　邮政编码:264003　网址:http://www.sddksd.com　电话:0535-2102266　传真:0535-6884283　E-mail:sanyuan@sddkj.com　iamyouth@163.com

山东黄河勘测设计研究院　地址:山东省济南市东关大街111号　邮政编码:250013　网址:http://221.214.6.140:8080/　电话:0531-86987040　传真:0531-86987041　E-mail:sdhhgcj999@163.com　wanghq@sdhh.gov.cn

山东省水利科学研究院(水资源与环境研究所、水土保持与生态研究所、农村水利研究所、工程检测研究所、基础检测研究所、水利工程建设与管理研究所、岩土工程研究所、水工与材料结构研究所、灌浆技术研究所、自动化研究所、勘察设计研究所、水利科技信息研究所、海咸水利用研究所、水资源与环境山东省重点实验室、现代农业节水山东省工程技术研究中心、水利工程技术山东省研究中心)　地址:山东省济南市历山路125号　邮政编码:250013　网址:http://www.skysd.com/　电话:0531-86974348　传真:0531-86953030　E-mail:office@skysd.com　chenhuawei8036@q63.com　sdsbxh@163.com

山东淮河流域水利管理局规划设计院　地址:山东省济南市历下区华阳路30号　邮政编码:250100　网址:http://www.sdhhw.com/　电话:0531-66895213　E-mail:hhjxxk@126.com

山东省水利勘测设计院　地址:山东省济南市历山路121号　邮政编码:250013　网址:http://www.sd-diwr.com/　电话:0531-86942859　传真:0531-86974284　E-mail:yfxin@sina.com　sdss@sd-diwr.com　jinbanglin2005@126.com

青岛市水利勘测设计研究院　地址:山东省青岛市宁夏路288号市南软件园G1号楼　邮政编码:266071　电话:0532-85900979　传真:0532-85900978　E-mail:qdslsjy@126.com

烟台市水利建筑勘察设计院　地址:山东省烟台市芝罘区奇山南路6号　邮政编码:264001　网址:http://www.ytsy.cn/　电话:0535-6091118　传真:0535-6087921　E-mail:ytsy@ytsy.cn

泰安市水利勘测设计研究院　地址:山东省泰安市财源大街32号　邮政编码:271000　网址:http://www.gi-wp.org.cn/　电话:0538-8332683　传真:0538-8214337　E-mail:sdtaslsjy@163.com

临沂市水利勘测设计院　地址:山东省临沂市金雀山一路62号　网址:http://www.yhw.gov.cn　电话:0539-8318730　传真:0539-8312458　E-mail:yhw8138697@163.com

淄博市水利勘测设计院　地址:山东省淄博市张店区北西六路10号　邮政编码:250020　网址:http://www.zbsly.com/　电话/传真:0533-2777335　E-mail:zbs12005@163.com

山东大学水科学研究中心/水文水资源研究所　地址:山东省济南市经十路17922号千佛山校区土建与水利学院　邮政编码:250061　网址:http://www.tjsl.sdu.cn/article/　电话:0531-88392446　E-mail:tjyuanzhang@sdu.edu.cn

中国海洋大学河口海岸带研究所　地址:山东省青岛市松岭路238号海洋地球科学学院　邮政编码:266100　网址:http://www2.ouc.edu.cn/earch/　电话:0532-66782488　传真:0532-66781877　E-mail:estuary@ouc.edu.cn　geology@ouc.edu.cn

山东农业大学农业节水研究中心　地址:山东省泰安市岱宗大街61号　邮政编码:271018　网址:http://www.sdau.edu.cn/keyan/　电话:0538-8242863　E-mail:qhmi@sdau.edu.cn

山东农业大学水文水资源研究所/水利勘察设计研究院　地址:山东省泰安市岱宗大街61号水利土木工程学院　邮政编码:271018　网址:http://202.194.131.136:81/　电话:0538-8241723　E-mail:linhx@sdau.edu.cn　huqinghua86@163.com

临沂大学流域模拟与环境演变重点实验室　地址:山东省临沂市通达路18号化学与资源环境学院　邮政编码:276005　网址:http://chem.lyu.edu.cn/　电话:0539-8766300　E-mail:hxx@lytu.edu.cn　chem@lyu.edu.cn

河南省

黄河水利科学研究院 地址：河南省郑州市顺河路45号 邮政编码：450003 网址：http://www.yrihr.com.cn/ 电话：0371-66024527 传真：0371-66024562 E-mail：hky@ yrihr.com.cn

黄河水利科学研究院泥沙研究所 地址：河南省郑州市顺河路45号 邮政编码：450003 网址：http://www.yrihr.com.cn/nsyjs/ 电话：0371-66025794/66020437 传真：0371-66024555 E-mail：liyong@ yrihr.com.cn

黄河水利科学研究院水土保持研究所 地址：河南省郑州市顺河路45号 邮政编码：450003 网址：http://www.yrihr.com.cn/stbcyjs/ 电话/传真：0371-66025352 E-mail：sxuejian@ 163.com

黄河水利科学研究院水资源研究所 地址：河南省郑州市顺河路45号 邮政编码：450003 网址：http://www.yyihr.com.cn/szyyjs/ 电话：0371-66028343 E-mail：gfyx@ sina.com

黄河水利科学研究院工程力学研究所 地址：河南省郑州市顺河路45号 邮政编码：450003 网址：http://www.yrihr.com.cn/gclxyjs/ 电话：0371-66023182/66025540 传真：0371-66024557 E-mail：qhz715@ 371.net

水利部堤防安全与病害防治工程技术研究中心 地址：河南省郑州市顺河路45号黄河水利科学研究院 邮政编码：450003 网址：http://www.yrihr.com.cn/slb/index.asp 电话：0371-66024278/66026701 传真：0371-66225027 E-mail：yrccwzmei@ 126.com

黄河水利科学研究院黄河防汛抢险技术研究所 地址：河南省郑州市顺河路45号 邮政编码：450003 网址：http://www.yrihr.com.cn/fxqxyjs/ 电话：0371-66026701 传真：0371-66026757

黄河水利科学研究院引黄灌溉工程技术研究中心 地址：河南省新乡市新飞大道167号 邮政编码：453003 网址：http://www.yrihr.com.cn/gxgc/ 电话：0373-5282003/5282006 E-mail：suyunqi@ hky.yrcc.gov.cn

黄河水利科学研究院高新工程技术研发中心 地址：河南省郑州市顺河路45号 邮政编码：450003 网址：http://www.yrihr.com.cn/gxgcyjs/ 电话：0371-66026841/66024562 传真：0371-66026843 E-mail：ybleng@ eyou.com

黄河水利科学研究院黄河泥沙水利部重点实验室 地址：河南省郑州市顺河路45号 邮政编码：450003 网址：http://www.yrihr.com.cn/zdsys/ 电话/传真：0371-66024119 E-mail：suyunqi@ 126.com

黄河水资源保护科学研究所 地址：河南省郑州市城北路东12号 邮政编码：450004 网址：http://www.yrwr.com.cn/ 电话：0371-66028246 E-mail：szyjoffice@ 163.com

黄河水利委员会水文水资源科学研究院 地址：河南省郑州市城北路东12号 邮政编码：450004 网址：http://www.hwswj.gov.cn/swjcms/ 电话：0371-66023240 E-mail：swjyrcc@ sohu.com

水利部黄河勘测规划设计研究院 地址：河南省郑州市金水路109号 邮政编码：450003 网址：http://www.yrec.cn/ 电话：0371-66023510 传真：0371-65959236 E-mail：yrdesign@ yrec.cn waterpostdoctor@ 163.com

水利部黄河勘测规划设计研究院城市水资源环境河南省工程技术研究中心 地址：河南省郑州市金水路109号 邮政编码：450003 网址：http://www.city-water.cn/ 电话：0371-66023522 传真：0371-66026604 E-mail：hhsty@ 126.com

水利部中国农业科学院农田灌溉研究所 地址：河南省新乡市建设路173号 邮政编码：453003 网址：http://www.firi.org.cn/ 电话：0373-3393096 传真：0373-3393308 E-mail：kykfzs@ Yeah.net

河南省水文地质工程地质勘察院 地址：河南省郑州市郑花路86号 邮政编码：450045 网址：http://www.hnsgy.com/ 电话：0371-60239800 传真：0371-60239801 E-mail：xxsgzg@ public.xxpttt.ha.cn

河南省水利科学研究院（水资源与水环境研究所、岩土力学研究所、防水技术研究所、结构材料研究所、水力学研究所、水土保持研究所、信息技术研究所） 地址：河南省郑州市纬五路10号 邮政编码：450003 网址：http://www.hnsky.org.cn/ 电话：0371-65571001/65951296 传真：0371-65571452 E-mail：office@ hnsl.gov.cn fwdt@ hnsl.gov.cn wys@ hnsl.gov.cn tjjs@ hnsl.gov.cn bgszxf@ hnsl.gov.cn

河南省水利勘测设计研究有限公司 地址：河南省郑州市郑东新区康平路16号 邮政编码：450016 网址：http://www.ysy.com.cn 电话：0371-69153888 传真：0371-69153910 E-mail：hpdw@ hnsl.gov.cn

郑州市水利建筑勘测设计院　地址:河南省郑州市颍河路110号　邮政编码:450006　网址:http://www.zzss.net.cn/　电话:0371-67721788　传真:0371-67976496　E-mail:zzss@public2.zz.ha.cn

洛阳水利勘测设计院　地址:河南省洛阳市老城区环城西路2号　邮政编码:471000　网址:http://www.lysly.net/　电话:0379-62915703　传真:0379-62915799　E-mail:lsyrsc@sohu.com

南阳市水利建筑勘测设计院　地址:河南省南阳市中州路102号　邮政编码:473000　网址:http://www.giwp.org.cn/　电话:0377-3153104　传真:0377-3131551　E-mail:hnnywjb@hotmail.com

郑州大学工程材料与水工结构河南省重点实验室/新型建材与结构研究中心　地址:河南省郑州市文化路97号水利与环境学院　邮政编码:450002　网址:http://202.196.64.16/jzfh/　电话/传真:0371-63885599　E-mail:jzfh@zzu.edu.cn

郑州大学水科学研究中心　地址:河南省郑州市科学大道100号　邮政编码:450001　网址:http://www.waterscience.cn/　电话:0371-67780043/63887929　E-mail:WaterForum@163.com

郑州大学水资源与水经济研究所　地址:河南省郑州市文化路97号工学院　邮政编码:450001　网址:http://www2.zzu.edu.cn/water/　电话:0371-63887929　E-mail:zeningwu@zzu.edu.cn　zuoqt@zzu.edu.cn

华北水利水电学院水工结构水利部重点实验室　地址:河南省郑州市北环路36号水利学院　邮政编码:450011　网址:http://www5.ncwu.edu.cn/shuili/　电话:0371-65727655　E-mail:shuili@ncwu.edu.cn

华北水利水电学院水力学与河流研究所/岩土工程与水工结构研究所/水利工程设计研究所/水资源研究所　地址:河南省郑州市北环路36号水利学院　邮政编码:450011　网址:http://210.43.130.5/　电话:0371-65790993　传真:0371-65790995　E-mail:shuili@ncwu.edu.cn

华北水利水电学院水工结构与材料工程河南省重点学科开放实验室　地址:河南省郑州市北环路36号土木与交通学院　邮政编码:450011　网址:http://www5.ncwu.edu.cn/tumu/　电话:0371-65790878　E-mail:tumu@ncwu.edu.cn

华北水利水电学院水法与水行政研究所　地址:河南省郑州市北环路36号法学院　邮政编码:450011　网址:http://www3.ncwu.edu.cn/zfx/　电话:0371-69127285　E-mail:faxueyuan@ncwu.edu.cn　faxueyuan2009@tom.com

华北水利水电学院黄河科学研究院　地址:河南省郑州市北环路36号　邮政编码:450011　网址:http://www5.ncwu.edu.cn/huangkeyuan/　电话:0371-69127631　传真:0371-69127629

南阳师范学院南水北调源头区域环境保护河南省重点实验室培育基地　地址:河南省南阳市卧龙区卧龙路1638号环境科学与旅游学院　邮政编码:473061　网址:http://www2.nynu.edu.cn/yuanxi/dili/

湖北省

长江流域水资源保护局长江水资源保护科学研究所　地址:湖北省武汉市琴台大道515号　邮政编码:430051　网址:http://www.cwrpi.com/　电话:027-84450112　传真:027-84872714　E-mail:www.office@cwrpi.com

长江水利委员会长江勘测规划设计研究院　地址:湖北省武汉市解放大道1863号　邮政编码:430010　网址:http://www.cjwsjy.com.cn/　电话:027-82927792　传真:027-82829202　E-mail:hr@cjwsjy.com.cn　cjsite@cjsite.com　office@cjwsjy.com.cn

长江水利委员会水文局长江水资源研究所　地址:湖北省武汉市解放大道1863号　邮政编码:430010　网址:http://www.cjh.com.cn/　电话:027-82820073　传真:027-82829663　E-mail:cjwszyc.li@vip.sina.com

长江水利委员会长江科学院(河流研究所、水资源综合利用研究所、水土保持研究所、流域水环境研究所、水力学研究所)　地址:湖北省武汉市黄浦大街23号　邮政编码:430010　网址:http://www.yrsri.cn/　电话:027-82926047　传真:027-82820003　E-mail:linsz@mail.crsri.cn　ldyweb@126.com

水利部岩土力学与工程重点实验室　地址:湖北省武汉市黄浦大街23号长江水利委员会长江科学院　邮政编码:430010　网址:http://www.yrsri.cn/　电话:027-82926043　E-mail:chengzl@mail.crsri.cn　wucy@mail.crsri.cn

水利部江湖治理与防洪重点实验室　　地址：湖北省武汉市黄浦大街 23 号长江水利委员会长江科学院　　邮政编码：430010　　网址：http://www.yrsri.cn/　　电话：027-82829869　　E-mail：lujy@mail.crsri.cn　　yangwj@mail.crsri.cn

水利部中国科学院水工程生态研究所　　地址：湖北省武汉市雄楚大街 578 号　　邮政编码：430079　　网址：http://www.ihe.ac.cn/　　电话：027-87189022　　传真：027-87189622　　E-mail：jbchang@mail.ihe.ac.cn　　hejm@mail.ihe.ac.cn

湖北省水利水电科学研究院　　地址：湖北省武汉市洪山区珞狮南路 288 号　　网址：http://www.hbwri.cn/　　电话：027-87396046　　E-mail：hbkhzz@sina.com　　webmaster@hbwri.com

中国科学院水生生物研究所淡水生态与生物技术国家重点实验室　　地址：湖北省武汉市武昌东湖南路 7 号　　邮政编码：430072　　网址：http://skl.ihb.ac.cn/　　电话：027-68780707　　传真：027-68780123　　E-mail：jfgui@ihb.ac.cn　　sqxie@ihb.ac.cn

中国科学院水生生物研究所水环境工程研究中心　　地址：湖北省武汉市武昌东湖南路 7 号　　邮政编码：430072　　网址：http://www.ihb.cas.cn/　　电话：027-68780675　　传真：027-68780123　　E-mail：wuzb@ihb.ac.cn　　bszhou@ihb.ac.cn

中国科学院水生生物研究所水环境与人类健康研究中心　　地址：湖北省武汉市武昌东湖南路 7 号　　邮政编码：430072　　网址：http://www.ihb.cas.cn/　　电话：027-68780069　　传真：027-68780123　　E-mail：zyin@ihb.ac.cn　　w-xiao@ihb.ac.cn

中国科学院水生生物研究所湖北省水体生态工程技术研究中心/武汉市水环境工程研究中心　　地址：湖北省武汉市武昌东湖南路 7 号　　邮政编码：430072　　网址：http://www.ihb.ac.cn/　　电话：027-68780839　　传真：027-68780123　　E-mail：ihb@ihb.ac.cn

中国科学院水生植物与流域生态重点实验室　　地址：湖北省武汉市武昌磨山武汉植物园　　邮政编码：430074　　网址：http://abwecas.wbgcas.cn/　　电话：027-87510129　　传真：027-87510251　　E-mail：qzhang@wbgcas.cn　　lapb@public.wh.hb.cn　　qiongl@wbgcas.cn

湖北省水利水电规划勘测设计院　　地址：湖北省武汉市武昌区梅苑路 22 号　　邮政编码：430064　　网址：http://www.hubwd.com/　　电话：027-87276753　　传真：027-87301015　　E-mail：webmasrer@hubwd.com

武汉市城市防洪勘测设计院　　地址：湖北省武汉市汉口江岸区六合路 28 号　　邮政编码：430014　　网址：http://www.whwater.gov.cn/93.html　　电话/传真：027-82732996　　E-mail：fhsj@whwater.gov.cn

武汉市水利规划设计研究院　　地址：湖北省武汉市汉口江岸区六合路 28 号　　邮政编码：430014　　网址：http://www.whwater.gov.cn/94.html　　电话/传真：027-82732173　　E-mail：slsj@whwater.gov.cn

武汉大学水资源与水电工程科学国家重点实验室　　地址：湖北省武汉市东湖南路 8 号水利水电学院　　邮政编码：430072　　网址：http://www.waterlab.cn/　　电话/传真：027-68772275　　E-mail：wrhes@whu.edu.cn

武汉大学水沙科学教育部重点实验室/农田水利与水环境省重点实验室/工程泥沙省重点实验室/水电站过渡过程与控制省重点实验室　　地址：湖北省武汉市东湖南路 8 号水利水电学院　　邮政编码：430072　　网址：http://sdsy.whu.edu.cn/sdxy/　　电话：027-67802207/67802192　　E-mail：ytli@wuhee.edu.cn　　359032155@qq.com　　chenliwuhee@263.net　　wsj@whu.edu.cn

武汉大学数字流域研究中心　　地址：湖北省武汉市武昌珞喻路 129 号遥感信息工程学院　　邮政编码：430079　　网址：http://rsgis.whu.edu.cn/　　电话：027-68778546　　传真：027-68778086　　E-mail：rsgis@whu.edu.cn

华中科技大学数字流域科学与技术湖北省重点实验室/数字化工程与仿真中心水电能源仿真中心/数字流域暨数字城市工程中心　　地址：湖北省武汉市洪山区珞瑜路 1037 号水电与数字化工程学院　　邮政编码：430074　　网址：http://desc.hust.edu.cn/　　电话：027-87540113　　E-mail：wfhbzy@163.com

中国地质大学（武汉）环境工程研究院水资源研究所/地下水与环境模拟中心　　地址：湖北省武汉市洪山区鲁磨路 388 号环境学院　　邮政编码：430074　　网址：http://ses.cug.edu.cn/　　电话：027-67883152　　传真：027-

87436235　E-mail:liang@cug.edu.cn　hjb@cug.edu.cn

三峡大学水文水资源研究所/水利水电工程计算技术与应用开发中心/水电工程施工与管理湖北省重点实验室/水电站仿真国家电力公司重点实验室　地址:湖北省宜昌市大学路8号水利与环境学院　邮政编码:443002　网址:http://hee.ctgu.edu.cn/　电话:0717-6792341　传真:0717-6392318　E-mail:zhyh@ctgu.edu.cn　guoqi@ctgu.edu.cn

三峡大学水电科学研究院　地址:湖北省宜昌市大学路8号水利与环境学院　邮政编码:443002　网址:http://210.42.35.56/sdxy/　电话/传真:0717-6398997　E-mail:sdsyzx@ctgu.edu.cn　zhyh@ctgu.edu.cn

湖南省

中国水电工程顾问集团公司中南勘测设计研究院　地址:湖南省长沙市雨花区圭塘香樟路9号　邮政编码:410014　网址:http://www.msdi.cn/　电话:0731-85075232　传真:0731-85584080

湖南省水利水电勘测设计研究总院　地址:湖南省长沙市劳动西路26号　邮政编码:410007　网址:http://www.hhpdi.com/　E-mail:hhpdi@vip.163.com　eline_web@163.com

湖南省水利水电科学研究所　地址:湖南省长沙市韶山北路370号　邮政编码:410007　网址:http://www.hnsks.com/　电话:0731-5532664　E-mail:admin@hnsks.com

亚欧水资源研究和利用中心　地址:湖南省长沙市岳麓大道233号　邮政编码:410013　网址:http://cn.asemwater.org/　电话/传真:0731-88988865　E-mail:asemwater@gmail.com

怀化市水利电力勘测设计研究院　地址:湖南省怀化市迎丰中路431号　邮政编码:418000　网址:http://www.hhedi.com/　电话:0745-2715833　E-mail:psesahn@126.com

湖南大学水工程技术及设备研究所　地址:湖南省长沙市岳麓山土木工程学院　邮政编码:410082　网址:http://ce.hnu.cn/　电话:0731-88822610　E-mail:xiaorock@163.com　zhaominghua_ce@eyou.com　6054238@qq.com

长沙理工大学水沙科学与水灾害防治湖南重点实验室/水资源与水环境研究所/水力学研究所/水利水运与水环境工程研究所/水利水电工程研究所/河流海洋工程科学研究所　地址:湖南省长沙市雨花区万家丽南路二段960号云塘校区水利(河海)工程学院　邮政编码:410014　网址:http://www.csust.edu.cn/pub/slxy/　电话:0731-82309202　传真:0731-85258438　E-mail:steded@126.com　jiangchb@csust.edu.cn

湖南师范大学洞庭湖流域资源利用与环境变化湖南省高校重点实验室　地址:湖南省长沙市麓山路36号资源与环境科学学院　邮政编码:410081　网址:http://zhxy.hunnu.edu.cn/　电话:0731-8872377/8873030　E-mail:zhxy@hunnu.edu.cn

广东省

珠江水利委员会珠江水资源保护科学研究所　地址:广东省广州市天河区天寿路80号珠江水利大厦　邮政编码:510611　网址:http://www.zwsw.gov.cn/　电话:020-87117523　传真:020-87117247　E-mail:wuweixy39@163.com　ykluck_yk@126.com

珠江水利委员会珠江水文水资源研究所　地址:广东省广州市天河区天寿路80号珠江水利大厦　邮政编码:510611　网址:http://www.zwsw.gov.cn/　电话:020-87117785

珠江水利委员会珠江水利科学研究院(河流海岸工程研究所、水利工程技术研究所、资源与环境研究所、水利信息化研究所、水库移民信息扶持研究所、遥感与地理信息工程研究所、水利自动化与测控技术研究所、珠江河口海岸水利部工程技术中心)　地址:广东省广州市天河区天寿路80号珠江水利大厦　邮政编码:510611　网址:http://www.prwri.com.cn/　电话:020-87117487　传真:020-38491316　E-mail:ygchengd@163.com　abogz@126.com　ygchengd@163.com　cyg@pearlwater.gov.cn

珠江水利委员会勘测设计研究院(建筑交通设计研究院、新能源设计研究中心、移民设计研究所、水环境与生态修复研究所、港航设计研究所、测绘技术研究所、岩土与基础技术研究所、水土保持研究中心)　地址:广东省广州市天河区天寿路沾益直街19号　邮政编码:510610　网址:http://www.prpsdc.com/zszj/　电话:020-87117779

传真:020-38810724　E-mail:zszj@ prpsdc. com　ldh@ prpsdc. com

广东省水利电力规划勘测设计研究院　地址:广东省广州市天河区天寿路 116 号　邮政编码:510635　广州市荔湾路陈家祠道 48 号　邮政编码:510170　网址:http://www. gpdiwe. com/　电话:020-38356800/81814623　传真:020-38356869/81814749　E-mail:gzgpdi@ pub. guangzhou. gd. cn　wu. qf@ gpdiwe. com　gpdi. gz@ gpdiwe. com

广东省水利水电科学研究院(水力工程与防洪减灾研究所、河口与河流海岸工程研究所、农业水利与水保生态工程研究所、岩土工程研究所、结构材料研究所、农村水利水电工程研究所、水利信息与自动化研究所、水资源与水生态环境工程研究所、水动力学应用研究广东省重点实验室)　地址:广东省广州市天河区天寿路 101 号　邮政编码:510610　网址:http://www. gdsky. com. cn/　电话:020-38804312　传真:020-38800954　E-mail:lt@ gdsky. com. cn　yghsks@ 21cn. com　box@ gdsky. com. cn　xx@ gdsky. com. cn

深圳市水利规划设计院　地址:广东省深圳市福田区莲花路 1098 号水源大厦 9 楼　网址:http://www. swpdi. com/　电话:0755-83071100　传真:0755-83071145　E-mail:swpi@ szonline. net

中山大学河口海岸研究所/水资源与环境研究中心/华南地区水循环与水安全广东省高校重点实验室　地址:广东省广州市新港西路 135 号地环大楼地理科学与规划学院　邮政编码:510275　网址:http://gp. sysu. edu. cn/　电话:020-84032834　传真:020-84112593　E-mail:liulin2@ mail. sysu. edu. cn　zuozhl@ mail. sysu. edu. cn

北京大学深圳研究生院水科学与环境信息中心　地址:广东省深圳市南山区深圳大学城北北大校区环境与能源学院　邮政编码:518055　网址:http://urban. szpku. edu. cn/　电话:0755-26035343　传真:0755-26035332　E-mail:huyh@ pkusz. edu. cn　zhaoy@ pkusz. edu. cn

暨南大学赤潮与水环境研究中心/热带亚热带水生态工程教育部工程研究中心　地址:广东省广州市黄埔大道西 601 号理工学院　邮政编码:510632　网址:http://lgxy. jnu. edu. cn/　电话:020-85220217/85228911　E-mail:tcrz9@ jnu. edu. cn　olgy@ jnu. edu. cn

广州航海高等专科学校港航工程研究所　地址:广东省广州市黄埔区红山三路 101 号　邮政编码:510725　网址:http://www. gzhmt. edu. cn　电话/传真:020-32083039　E-mail:gzhmtzyl@ 126. com　xuegongbu@ gzhmt. edu. cn

海南省

海南省水利电力建筑勘测设计院　地址:海南省海口市海府路 46 号　邮政编码:570203　网址:http://www. slsd. com. cn/　电话:0898-65372426　传真:0898-65321340　E-mail:hnsdy@ 126. com

海南省地质局海南省水文地质工程地质勘察院　地址:海南省海口市南沙路 88 号　邮政编码:570206　网址:http://geo. hainan. gov. cn/　电话:0898-66823127　传真:0898-66823121　E-mail:geo@ hi. gov. cn　geo@ hainan. gov. cn

广西壮族自治区

广西壮族自治区水利科学研究院(水资源与节水灌溉技术研究所、水利信息技术研究所、防洪减灾工程技术研究所)　地址:广西南宁市民主路 1-5 号　邮政编码:530023　网址:http://gxzsky. com/　电话:0771-2185003　E-mail:gxslkyy@ 163. com

广西水电科学研究院　地址:广西南宁市桃源路 82-1 号　邮政编码:530021　网址:http://www. gxsdkyy. com　电话:0771-5305150　传真:0771-5319032　E-mail:190078271@ qq. com　luxiaoning2004@ hotmail. com

广西壮族自治区水利电力勘测设计研究院　地址:广西南宁市民主路 1-5 号　邮政编码:530023　网址:http://www. gwpdi. com/　电话:0771-2185766　传真:0771-5622435　E-mail:gsdoyq@ 163. com　gwpdizhm@ 163. com

广西珠委南宁勘测设计院　地址:广西南宁市西乡塘区相思湖东路(原西江路 13 号)珠江委西江局　邮政编码:530007　电话:0771-5752020　传真:0771-3241472　E-mail:xjjrs@ qq. com　zwxjj@ 163. net

南宁市水利电力设计院　地址:广西南宁市友爱北路 17 号　邮政编码:530001　网址:http://www. gnsdy. com/　E-mail:gnsdsjy@ 163. com

桂林市水利电力勘测设计研究院　地址:广西桂林市骝马山北巷 8 号　邮政编码:541001　网址:http://glsdy. com/　电话:0773-2883592　传真:0773-2835340　E-mail:sdsjy04@126. com

广西大学水利水电科学研究所　地址:广西南宁市大学路100号土木建筑工程学院　邮政编码:530004　网址:http://fzjz. gxu. edu. cn/　电话:0771-3232894/3234848　传真:0771-3236273　E-mail:tmjb@gxu. edu. cn　tmyb6464@163. com

重庆市

重庆市水利电力建筑勘测设计研究院　地址:重庆市江北区建新东路17号　邮政编码:400020　网址:http://www. cqsdy. cn/　电话:023-67759814　传真:023-67711370　E-mail:make73@sina. com

重庆三峡水电建筑勘察设计研究院　地址:重庆市万州区鸡公岭26号　邮政编码:404000　电话:023-58125378　传真:023-58123974　E-mail:wld58123974@tom. com

重庆大学三峡库区人类聚居区水环境保护与水资源综合利用重庆市重点实验室　地址:重庆市沙坪坝区沙正街174号城市建设与环境工程学院　邮政编码:400030　网址:http://chenghuan. cqu. edu. cn/　电话:023-65120811　E-mail:puqingping@sohu. com　zhzh. 163@163. net　guoyuhao@cta. cq. cn

西南大学水土保持规划研究所　地址:重庆市北碚区天生路1号资源环境学院　邮政编码:400715　网址:http://zihuan. swu. edu. cn/　电话:023-68251249　E-mail:zihuan_b@swu. edu. cn　lyzsoil_2006@126. com

重庆交通大学水利水运工程教育部重点实验室/内河航道整治技术交通行业重点实验室/港航工程研究所/重庆市航运工程技术研究中心/水利水电工程研究所　地址:重庆市南岸区学府大道66号河海学院　邮政编码:400074　网址:http://www2. cqjtu. edu. cn/hhxy/　电话:023-62652714/62652718　传真:023-62650204　E-mail:hhxl@cquc. edu. cn　hhxy@cqjtu. edu. cn　rxzj@yahoo. com. cn

重庆交通大学重庆市航运发展研究中心　地址:重庆市南岸区学府大道66号管理学院　邮政编码:400074　网址:http://www2. cqjtu. edu. cn/glxy/　电话:023-62789004/62652486　E-mail:glx@cquc. edu. cn

重庆交通大学重庆西南水运工程科学研究所　地址:重庆市渝中区大坪大黄路107号　邮政编码:400016　网址:http://www2. cquc. edu. cn/xks/　电话:023-68718219/68813590　传真:023-68812821　E-mail:cqxks@cta. cq. cn

四川省

中国水电顾问集团成都勘测设计研究院　地址:四川省成都市浣花北路1号　邮政编码:610072　网址:http://www. chidi. com. cn/　电话:028-87399333　传真:028-87329997　E-mail:chidi@chidi. com. cn

四川省水利科学研究院(节水技术与水资源研究中心、水土保持与生态环境研究中心)　地址:四川省成都市外西罗家碾牧电路7号　邮政编码:610072　网址:http://www. scwater. gov. cn/　电话:028-87319520　E-mail:123poie@163. com

四川省水利水电勘测设计研究院　地址:四川省成都市青华路20号　邮政编码:610065　网址:http://www. swhi. com. cn/　电话:028-82985800　E-mail:swhi@swhi. com. cn　ghfy01@163. com

绵阳市水利规划设计研究院　地址:四川省绵阳市涪城区剑南路西段55号　邮政编码:621000　网址:http://mslgh. com/　电话/传真:0816-2332128　E-mail:2686473@qq. com

宜宾市水利电力建筑勘测设计研究院　地址:四川省宜宾市真武路36号　邮政编码:644000　网址:http://www. ybsky. cn/　电话:0831-8226713　传真:0831-8216139　E-mail:ybsky@ybsky. cn

内江水利电力建筑勘察设计研究院　地址:四川省内江市中区东坝街59号　邮政编码:641000　网址:http://www. njsdsjy. cn/　电话:0832-2022657　传真:0832-2056215　E-mail:njsdsjy@163. com　apple3628@126. com

四川大学水利水电科学研究所/水资源研究中心/工程设计院水电分院/水力学与山区河流保护国家重点实验室/水文与水资源四川省重点实验室　地址:四川省成都市一环路南一段24号水利水电学院　邮政编码:610065　网址:http://cwrh. scu. edu. cn/　电话:028-85401174　传真:028-85405604　E-mail:sdxyyb@email. scu. edu. cn　Yantu110@163. com

四川大学四川省水处理工程技术研究中心　地址:四川成都市武侯区望江路29号建筑与环境学院　邮政编

码:610064　成都市双流县川大路江安校区　邮政编码:610207　网址:http://acem.scu.edu.cn/　电话:028-85990967　E-mail:acemscu6679@sina.com　scu99sbl@scu.edu.cn

西南科技大学水污染处理与控制中心　地址:四川省绵阳市涪城区青龙大道中段59号环境与资源学院　邮政编码:621010　网址:http://www.hzxy.swust.edu.cn/　电话:0816-6084632　E-mail:wy@boxn.cn

西华师范大学嘉陵江流域研究所　地址:四川省南充市师大路1号国土资源学院　邮政编码:637002　网址:http://218.6.128.149/　电话:0817-2568631　E-mail:gtxylarc@tom.com

宜宾学院长江水环境教育部重点实验室(同济大学)宜宾研究基地/同济大学—宜宾学院长江水环境研究联合实验室　地址:四川省宜宾市五粮液大道酒圣路8号化学与化工学院　邮政编码:644000　网址:http://dep.yib-inu.cn/hxhgx　电话:0831-3545095　E-mail:ybxyhxyhgxy@163.com

贵州省

中国水电顾问集团贵阳勘测设计研究院　地址:贵州省贵阳市金阳新区兴黔路16号　邮政编码:550081　网址:http://www.ghidri.com.cn/　电话/传真:0851-5388999　E-mail:gky@hydrochinaguiyang.com.cn

贵州省水利科学研究院　地址:贵州省贵阳市西湖巷29号　邮政编码:550002　网址:http://www.gzwater.com/　电话:0851-5611267/5610253　E-mail:jmx@gzmwr.gov.cn　jiangmaoxi@163.com

贵州省水利水电勘测设计研究院　地址:贵州省贵阳市宝山南路27号　邮政编码:550002　电话:0851-5584501　E-mail:rlzrbmdr@126.com

云南省

中国水电顾问集团昆明勘测设计研究院/云南省水利水电土石坝工程技术研究中心　地址:云南省昆明市人民东路115号　网址:http://www.khidi.com:8083/　电话:0871-3062050　E-mail:officekhidi.com

云南省水利科学研究院　地址:云南省昆明市五华山光复楼　邮政编码:650021　网址:http://www.wcb.yn.gov.cn/　电话:0871-4621063　传真:0871-4173722　E-mail:ynsks74@126.com　sltkwc@163.com

云南省水利水电勘测设计研究院　地址:云南省昆明市盘龙区茨坝镇兰黑路13号　邮政编码:650202　网址:http://www.ynwdi.com/　电话:0871-3168739　传真:0871-3162902　E-mail:ynwdicom@126.com

安顺市水利水电勘测设计院　地址:云南省安顺市西秀区建设路2-4号　电话:0853-3281367　传真:0853-8100520　E-mail:rjl211@126.com

云南大学亚洲国际河流中心/国际河流与跨境生态安全云南省重点实验室　地址:云南省昆明市翠湖北路2号文津楼生命科学学院　邮政编码:650091　网址:http://www.lancang-mekong.org/　电话:0871-5033118　传真:0871-5034577　E-mail:liujiang@ynu.edu.cn　973@lancang-mekong.org

云南农业大学水利水电设计研究所　地址:云南省昆明市北郊黑龙潭水利水电与建筑学院　邮政编码:650201　网址:http://sy.ynau.edu.cn/　电话:0871-5211168　E-mail:ynndslsd@yahoo.com.cn

云南农业大学云南省高校水资源与节水灌溉工程研究中心　地址:云南省昆明市北郊黑龙潭水利水电与建筑学院　邮政编码:650201　网址:http://sy.ynau.edu.cn/　E-mail:ynndslsd@yahoo.com.cn　电话:0871-5211168

云南财经大学全球变化与流域管理中心　地址:云南省昆明市龙泉路237号城市管理与资源环境学院　邮政编码:650221　网址:http://web.ynufe.edu.cn/xueyuan/csxy/　E-mail:xxx@ynufe.edu.cn

红河学院红河流域发展研究中心　地址:云南省蒙自市学府路中段　邮政编码:661100　网址:http://tech.uoh.edu.cn/　电话:0873-3694760　E-mail:kjc_cz@uoh.edu.cn　hhu_kjc@uoh.edu.cn

西藏自治区

西藏水利规划勘测设计研究院/西藏水科学研究所　地址:西藏拉萨市夺底路100号　网址:http://www.xzs-gy.com/　电话:0891-6324424　传真:0891-6381709　E-mail:tammy_zero@163.com　wwwqqq0306@163.com

西藏大学农牧学院西藏土木水利电力工程技术研究中心自治区重点实验室　地址:西藏林芝地区八一镇学院路8号工程技术学院　邮政编码:860000　网址:http://www.xza.cn/yxsz/gcxy/　电话:0894-5823990

陕西省

中国地质调查局西安地质调查中心陕西省水资源与环境工程技术研究中心　地址：陕西省西安市友谊东路438号　邮政编码：710054　网址：http://www.xian.cgs.gov.cn/　电话：029-87821907　传真：029-87821900　E-mail：xbdzjb@163.com

中国科学院水利部水土保持研究所　地址：陕西省杨凌区西农路26号　邮政编码：712100　网址：http://www.iswc.ac.cn/　电话：029-87012411　传真：029-87012210　E-mail：gbliu@ms.iswc.ac.cn　xmmu@ms.iswc.ac.cn

中国科学院水利部水土保持研究所节水灌溉杨凌国家工程技术研究中心/水土保持生态工程技术水利部研究中心　地址：陕西省杨凌区西农路26号　邮政编码：712100　网址：http://www.chinawsi.com.cn/　电话：029-87010700　传真：029-87011354　E-mail：chinawsi@126.com　ysxie@ms.iswc.ac.cn　gjjszx@163.com

中国科学院水利部水土保持研究所流域生态与管理研究室/区域水土保持与环境研究室　地址：陕西省杨凌区西农路26号　邮政编码：712100　网址：http://www.iswc.ac.cn/　电话：029-87012411　传真：029-87012210　E-mail：liangzs@ms.iswc.ac.cn　13088958910@vip.sina.com

中国水电顾问集团西北勘测设计研究院　地址：陕西省西安市丈八东路18号　邮政编码：710065　网址：http://www.nwh.cn/　电话：029-88290001　传真：029-88290000　E-mail：xxzx@nwh.cn

陕西水环境工程勘测设计研究院　地址：陕西省西安经济技术开发区凤城五路5号　邮政编码：710018　电话：029-62675906/62675908　传真：029-86512078　E-mail：pshe666@163.com　info@powereasy.net

陕西省河流工程技术研究中心/陕西秦安河流研究所　地址：陕西省西安市北郊凤城二路13号　邮政编码：710018　网址：http://www.qari.com.cn/　电话：029-62675050　E-mail：wanglijuan@sxsgj.com.cn

陕西省水利水电勘测设计研究院　地址：陕西省西安市东大街57号　邮政编码：710001　网址：http://www.slbsxy.com/　电话：029-87449695　E-mail：sxslsdjs@163.com

陕西水工程勘查规划研究院　地址：陕西省西安市莲湖路185号　邮政编码：710003　电话：029-87345551　传真：029-87314074　E-mail：382010458@qq.com

长安大学水资源与环境工程研究所/水资源与环境工程勘察设计研究所/国际干旱半干旱地区水资源与环境研究培训中心/干旱半干旱地区水资源与国土开放研究国土资源部实验室　地址：陕西省西安市雁塔路126号环境科学与工程学院　邮政编码：710054　网址：http://esec.chd.edu.cn/　电话：029-82339952　传真：029-85585485　E-mail：yhb1997@chd.edu.cn　lyfphd@163.com　zhiyuanma56@163.com

西北农林科技大学中国旱区节水农业研究院/旱区农业水土工程教育部重点实验室/旱区农业节水工程农业部重点开放实验室　地址：陕西省杨凌区渭惠路3号水利与建筑工程学院　邮政编码：712100　网址：http://nysgc.nwsuaf.edu.cn/hqns/　电话：029-87092473　传真：029-87091151　E-mail：zhangfucang@tom.com

西北农林科技大学水利科学研究院（西北水利科学研究所实验中心、陕西省水利科学研究所、西北水利水电建筑勘察设计院、节水与水资源研究中心、水工程安全与病害防治研究中心、陕西省节水灌溉工程技术研究中心、陕西省水资源与环境水利研究中心）　地址：陕西省杨凌区渭惠路3号水利与建筑工程学院　邮政编码：712100　网址：http://sjxy.nwsuaf.edu.cn/　电话：029-87082902　传真：029-87082901　E-mail：sjxy208@163.com　xiaoyimasl@yahoo.com.cn　wangzz0910@163.com

陕西师范大学水资源研究所　地址：陕西省西安市长安南路199号　邮政编码：710062　电话：029-85310525　传真：029-85310528　E-mail：zhaojb@snnu.edu.cn

西北大学水资源与水土保持研究所　地址：陕西省西安市长安区郭杜教育科技产业园学府大道1号城市与环境学院　邮政编码：710127　网址：http://mainpage.nwu.edu.cn/unit/uczx/　电话：029-88308427　E-mail：chengshi@nwu.edu.cn　yangxj@nwu.edu.cn　dlxgis@nwu.edu.cn

西安理工大学西北水资源与环境生态教育部重点实验室/水资源与环境工程陕西省重点实验室/水利科学研究所/水资源研究所/水利水电土木建筑研究设计院　地址：陕西省西安市金花南路5号水利水电学院　邮政编码：710048　网址：http://whe.xaut.edu.cn/　电话：029-82312906　传真：029-83230217　E-mail：syb@mail.xaut.

edu. cn

甘肃省

中国科学院内陆河流域生态水文重点实验室　地址:甘肃省兰州市东岗西路 320 号寒区旱区环境与工程研究所　邮政编码:730000　网址:http://www.careeri.cas.cn/　电话:0931-4967518/4967609　传真:0931-8273894　E-mail:wangtao@lzb.ac.cn　slu@lzb.ac.cn　dyj@lzb.ac.cn　mawei@lzb.ac.cn

中国科学院寒区旱区环境与工程研究所寒旱区水文与水土资源研究室　地址:甘肃省兰州市东岗西路 320 号　邮政编码:730000　网址:http://www.casnw.net/WEB_YJS_STZY/　电话:0931-4967152　E-mail:qifeng@lzb.ac.cn　Zhaowzh@lzb.ac.cn　hhlab@lzb.ac.cn

甘肃地矿局水文地质工程地质勘察院　地址:甘肃省张掖市张火路 203 号　邮政编码:734000　网址:http://www.gssgy.com/　电话:0936-8217249/8228495　传真:0936-8215320　E-mail:zy8215320@public.lz.gs.cn

甘肃省水利科学研究院(水资源与环境研究所、农村水利研究所、水利水电工程研究所、雨水利用研究所)　地址:甘肃省兰州市广场南路 13 号统办 3 号楼　邮政编码:730000　网址:http://www.gsssky.com/　电话/传真:0931-8883263　E-mail:gsssky@163.com　gssskymail@163.com

水利部兰州勘察设计研究院/甘肃省水利水电勘测设计研究院　地址:甘肃省兰州市城关区平凉路 284 号　邮政编码:730000　网址:http://www.gswdi.com.cn/　电话:0931-8806300　E-mail:gsslsd@163.com

甘肃省水土保持科学研究所　地址:甘肃省兰州市城关区东岗东路 1371 号　邮政编码:730020　网址:http://www.gssbs.cn/　电话:0931-8656319　传真:0931-8497866　E-mail:gsssbs@163.com　gsdyyjb@126.com

兰州大学水科学研究中心/水文与水资源工程研究所/冰川与生态地理研究所/水土保持研究设计中心/西北土壤和地下水污染控制修复技术研究中心　地址:甘肃省兰州市天水南路 222 号资源环境学院　邮政编码:730000　网址:http://geoscience.lzu.edu.cn/　电话:0931-8912627　传真:0931-8912449　E-mail:wangna@lzu.edu.cn　cees@lz.edu.cn　fhchen@lzu.edu.cn

兰州大学西部环境教育部重点实验室/西部环境与气候变化研究院水资源与可持续发展研究所/旱区流域科学与水资源研究中心　地址:甘肃省兰州市天水南路 222 号资源环境学院　邮政编码:730000　网址:http://wel.lzu.edu.cn/　电话:0931-8912329　传真:0931-8912330　E-mail:fhchen@lzu.edu.cn　welab@lzu.edu.cn

兰州交通大学水利科学研究所　地址:甘肃省兰州市安宁区安宁西路 88 号土木工程学院　邮政编码:730070　网址:http://www1.lzjtu.edu.cn/tmgcxy/　电话:0931-4938532　E-mail:wangqc@mail.lzjtu.cn　dangzz@mail.lzjtu.cn　tiecheng@mail.lzjtu.cn

兰州交通大学寒旱地区水资源综合利用教育部工程研究中心/污水资源化甘肃省工程技术研究中心/污水资源及环境技术研究中心/膜科学与水处理研究所/水土保持与资源环境研究所/水质工程与材料研究所　地址:甘肃省兰州市安宁区安宁西路 88 号环境与市政工程学院　邮政编码:730070　网址:http://hgxweb.lzjtu.edu.cn/　E-mail:renjun30@hotmail.com　changq47@mail.lzjtu.cn

兰州交通大学　地址:甘肃省兰州市安宁区安宁西路 88 号环境与市政工程学院　邮政编码:730070　网址:http://hgxweb.lzjtu.edu.cn/　E-mail:renjun30@hotmail.com　changq47@mail.lzjtu.cn

兰州理工大学水利水电工程研究所/中小水电技术研究所　地址:甘肃省兰州市七里河区兰工坪路 287 号能源与动力工程学院　邮政编码:730050　网址:http://yuanxi.lut.cn/lt/　电话:0931-2756251　传真:0931-2756250　E-mail:Lirn@lut.cn　fluid@lut.cn

甘肃农业大学节水农业甘肃省工程技术研究中心　地址:甘肃省兰州市安宁区营门村 1 号农学院　邮政编码:730070　网址:http://nxy.gsau.edu.cn/nxy/　电话:0931-7631145　E-mail:Yujihua@gsau.edu.cn　zhangf@gsau.edu.cn　lujl@gsau.edu.cn

甘肃农业大学园林与水土保持工程规划设计研究院　地址:甘肃省兰州市安宁区营门村 1 号林学院　邮政编码:730070　网址:http://lxy.gsau.edu.cn/　电话:0931-7631200　E-mail:liyi@gsau.edu.cn

甘肃农业大学水利科学研究所　地址:甘肃省兰州市安宁区营门村 1 号工学院　邮政编码:730070　网址:http://gxy.gsau.edu.cn/ 电话:0931-7631207 E-mail:hexc@gsau.edu.cn

甘肃农业大学水资源与节水农业研究所 地址:甘肃省兰州市安宁区营门村1号资源与环境学院 邮政编码:730070 网址:http://zh.gsau.edu.cn/ 电话:0931-7631176 传真:0931-7631741 E-mail:chen-nl@sohu.com sungy@gsau.edu.cn cheny@gsau.edu.cn cailq@gsau.edu.cn

宁夏回族自治区

宁夏地质调查院水文工程环境地质调查研究所 地址:宁夏银川市西夏区北京西路199号 邮政编码:750011 网址:http://www.nxddy.com/ 电话:0951-2035611 传真:0951-2035811 E-mail:cjh@nxddy.com jsb@nxddy.com

宁夏水利科学研究所 地址:宁夏银川市北京西路161号 邮政编码:750021 网址:http://cache.baidu.com/ 电话:0951-2021770 E-mail:hanxlong1997@163.com

宁夏水利水电勘测设计研究院 地址:宁夏银川市兴庆区胜利街629号 邮政编码:750004 网址:http://www.nxslsjy.com/ 电话:0951-4082343 传真:0951-4085773 E-mail:nxslsjy@163.com

宁夏瑞沃水资源工程研究院(水资源研究所、水土保持研究所新技术研究中心) 地址:宁夏银川市贺兰山西路539号宁夏大学北校区工科实验楼 邮政编码:750021 网址:http://www.nxrwyjy.com/ 电话/传真:0951-2062092 E-mail:408693875@qq.com nxrwyjy@126.com

宁夏大学节水灌溉研究中心 地址:宁夏银川市西夏区贺兰山西路539号土木与水利工程学院 邮政编码:750021 网址:http://tmsl.nxu.edu.cn/ 电话:0951-2062005 E-mail:slxtjc@163.com slxwbin@163.com

青海省

青海省水利水电科学研究所 地址:青海省西宁市昆仑路18号 邮政编码:810001 网址:http://www.qhsl.gov.cn/ 电话:0971-6161211/6161206 E-mail:x3366@126.com

青海省水利水电勘测设计研究院 地址:青海省西宁市城西区园树巷5号 网址:http://www.qhsl.gov.cn/ 电话:0971-6166373 传真:0971-6144575 E-mail:747077690@qq.com

新疆维吾尔自治区

中国科学院新疆生态与地理研究所干旱区水循环与水利用实验室 地址:新疆乌鲁木齐市北京南路818号 邮政编码:830011 网址:http://www.egi.cas.cn/ 电话:0991-7885444 传真:0991-7885320 E-mail:lilh@ms.xjb.ac.cn

新疆水利水电勘测设计研究院(水电工程设计所、水资源规划所、工程经济研究所、机电设计所、水利工程设计所、供水工程设计所、环境评价研究所、建筑工程设计所、地质勘察研究所) 地址:新疆乌鲁木齐市黑龙江路19号 邮政编码:830000 网址:http://www.xjsdy.com.cn/ 电话:0991-5850862 传真:0991-5850860 E-mail:hrwid-sjx@mail.xj.cninfo.net

新疆水利水电科学研究院 地址:新疆乌鲁木齐市黑龙江路19号 邮政编码:830000 网址:http://www.xjsky.com.cn/ 电话:0991-5811144 传真:0991-5850860 E-mail:xjy10001@126.com

石河子大学水利科学研究所/勘测设计研究院 地址:新疆石河子市北四路31号水利建筑工程学院 邮政编码:832000 网址:http://slxy.shzu.edu.cn/2006/index.asp 电话:0993-2058082 E-mail:guowei@shzu.edu.cn

新疆农业大学农业水利水电工程设计研究所 地址:新疆乌鲁木齐市南昌路42号水利与土木工程学院 邮政编码:830052 网址:http://wcc.xjau.edu.cn/ 电话:0991-8762805 E-mail:xysllc@xjau.edu.cn

新疆师范大学新疆干旱区湖泊环境与资源自治区重点实验室 地址:新疆乌鲁木齐市新医路102号 邮政编码:830054 网址:http://www.ghhplab.cn/ 电话:0991-4332283 E-mail:ghhplab2009@yahoo.cn

第二章 中国水文科学学术期刊

北京水务（原北京水利） 刊期：双月刊 主管单位：北京市水务局 主办单位：北京水利学会、北京市水利科学研究所、北京市水利规划设计研究院、北京市水务局党校 主编：刘立成 地址：北京市海淀区车公庄西路21号院内D座 邮政编码：100044 网址：http://bjsl.chinajournal.net.cn/ 电话：010-68483298 E-mail：beijshl@bjwater.gov.cn 国际标准刊号：ISSN1673-4637 国内统一刊号：CN11-5445/TV 国内邮发代号：自办发行 开本：大16开 定价：5元/期 创刊日期：1994-01-01 主要栏目有水环境、水资源、防汛抗旱、节水与灌溉、供排水工程、设计与施工、分析与研究、再生水利用等。

冰川冻土 刊期：双月刊 主管单位：中国科学院 主办单位：中国地理学会、中国科学院寒区旱区环境与工程研究所 主编：程国栋 地址：甘肃省兰州市东岗西路260号 邮政编码：730000 网址：http://bcdt.westgis.ac.cn/ 电话/传真：0931-4967248 E-mail：edjgg@lzb.ac.cn shenyp@lzb.ac.cn 国际标准刊号：ISSN1007-0240 国内统一刊号：CN62-1072/P 国内邮发代号：54-29 国外发行代号：BM440 开本：大16开 定价：35元/期 创刊日期：1979-01-01 中国冰、雪、冻土和冰冻圈研究领域唯一的学术级期刊，积极支持在冰、雪、冻土和冰冻圈及全球变化基础研究和应用研究中具创造性、高水平和面向国民经济建设的新思想、新观点、新方法和新学说；促进国内外学术交流，传播与冰冻圈和全球变化相关的科学知识，为寒区国民经济建设服务。并有计划地组织和系统报道本学科具有开创性、方向性及对国民经济发展产生重大效益研究进展和成果，促进和引导学科发展。学科覆盖包括冰川学、冻土学、水文学、地理生态学、生态经济学、寒区生物学，重点在冰冻圈的资源、环境、工程和全球变化。

长江科学院院报 刊期：月刊 主管：水利部 主办：长江水利委员会长江科学院 主编：陈进 地址：湖北省武汉市汉口赵家条九万方 邮政编码：430010 网址：http://www.yrsri.cn/ckyyb/ 电话：027-82829904 传真：027-82829904 E-mail：cjkb@163.net 国际标准刊号：ISSN1001-5485 国内统一刊号：CN42-1171/TV 国内邮发代号：38-147 国外发行代号：BM0799 开本：大16开 定价：6元/期 创刊日期：1984-10-01 主要栏目有防洪减灾、江湖泥沙与治理、水资源与环境、水土保持与生态建设、工程安全与病害防治（包括工程勘测与安全监测）、信息技术应用、岩土力学、工程水力学、水工结构与材料、水利经济、水工仪器设备、科技简报等。

长江流域资源与环境 刊期：月刊 主管单位：中国科学院 主办单位：中国科学院资源环境科学与技术局、中国科学院武汉文献情报中心 主编：许厚泽 地址：湖北省武汉市武昌小洪山西区25号 邮政编码：430071 电话：027-87198181 传真：027-87199202 网址：http://yangtzebasin.whlib.ac.cn/ E-mail：bjb@mail.whlib.ac.cn 国际标准刊号：ISSN1004-8227 国内统一刊号：CN42-1320/X 国内邮发代号：38-311 开本：大16开 定价：20元/期 创刊日期：1992-01-01 主要报道范围是各类资源开发利用中的科学问题以及保护资源和开发更新资源的途径、环境变化对生物多样性的影响、生态保护与建设、环境保护与治理、政策法规、自然保护区的建设、各类自然灾害、大型工程的环境影响与评价、全球变化、产业带建设、城市与城市化、农业农村发展、产业结构调整、交通运输网建设、区域社会经济发展战略、大型工程建设中的移民问题以及资源环境研究机构与人物介绍、书评等。开设栏目有：资源环境与社会经济可持续发展、自然资源、农业资源、农业发展、生物多样性、生态环境、西部开发与长江、学术讨论、决策建议、动态信息等。

大坝与安全 刊期：双月刊 主管单位：国家电力监管委员会 主办单位：国家电力监管委员会大坝安全监察中心、中国水力发电工程学会 主编：张秀丽 地址：浙江省杭州市潮王路22号 邮政编码：310014 网址：http://www.dam.com.cn/ 电话：0571-56739009/56739021 传真：0571-56739343 E-mail：damsafety@dam.com.cn 国际标准刊号：ISSN1671-1092 国内统一刊号：CN33-1260/TK 国内邮发代号：自办发行 国外发行代号：DK33005 开本：大16开 定价：10元/期 创刊日期：1987-01-01 主要刊登大坝在设计、施工、科研、运行及维护管理等方面的学术论文和技术经验总结。主要栏目有:公告、设计研究、施工技术、运行管理、安全评价、防洪度汛、监测自动化、资料分析、补强加固、闸门检测、事故分析、新技术新材料应用、国外大坝安全技术、信息窗等,这些常设栏目滚动推出,让您充分领略大坝安全行业市场动态的发展变化。

地下水 刊期:双月刊 主管单位:陕西省水利厅 主办单位:陕西省水工程勘察规划研究院、全国地下水信息网、陕西省水利学会 主编:吕书君 地址:陕西省西安市莲湖路185号 邮政编码:710003 电话:029-87329077 E-mail:dxs131@126.com dxs131@pub.xaonline.com 国际标准刊号:ISSN1004-1184 国内统一刊号:CN61-1096/TV 国内邮发代号:自办发行 开本:大16开 定价:10元/期 创刊日期:1989-01-01 国内唯一地下水专业期刊。刊登的主要内容:水资源管理,地下水资源评价理论与方法,地下水动态观测及预报,地下水资源开发与保护;机井滤水结构设计,钻井技术工艺,钻井提水机具革新设计与试验,旧井修复;井灌竖排工程规划设计,科学用水与井管理,井灌经济效益分析;行业动态与专业信息;专业科普及专题讲座等。

东北水利水电 刊期:月刊 主管单位:水利部 主办单位:水利部松辽水利委员会 主编:林淀翔 地址:吉林省长春市解放大路4188号 邮政编码:130021 网址:http://dbslsd.paperopen.com/ 电话:0431-85607758 E-mail:dbsd@slwr.gov.cn 国际标准刊号:ISSN1002-0624 国内统一刊号:CN22-1097/TV 国内邮发代号:12-403 开本:大16开 定价:4.60元/期 创刊日期:1983-01-01 设有规划设计、工程施工、水文水资源、防汛抗旱、农田水利、水土保持、水利经济、水环境、水利科研、勘探与测量、国外科技、新技术等通常栏目外,为突出地域与刊物特点,还设有冻害研究、冬季施工、节水灌溉、建设监理、招标与投标、大坝监测等栏目。

甘肃水利水电技术 刊期:月刊 主管单位:甘肃省水利厅 主办单位:甘肃省水利水电勘测设计研究院 主编:王小兵 地址:甘肃省兰州市广场南路13号统办三号楼410室 邮政编码:730000 网址:http://www.gssl.gov.cn/slsdjs.asp/ 电话:0931-8806314 E-mail:gsslsd@163.com 国内统一刊号:CN62-1094/TV 国内邮发代号:自办发行 开本:大16开 定价:4元/期 创刊日期:1956-10-01 介绍水利水电建设成就,促进水利水电事业的全面健康持续发展。主要内容:水利水电建设的方针、政策、水资源开发、利用和保护、防汛抗旱、滩涂开发、水利经营、综合经营、环境水利、地方电力、水利水电规划、科学研究、勘测设计、施工等方面的新技术、新成果、经验总结等。主要栏目有水资源开发利用、水文分析与计算、水工设计与研究、工程勘测、施工技术、运行管理、生态工程、建筑材料。

给水排水 刊期:月刊 主管单位:建设部 主办单位:中国建筑设计研究院、中国土木工程学会、亚太建设科技信息研究院 主编:关兴旺 地址:北京市西城区德胜门外大街36号德胜凯旋大厦A座4层 邮政编码:100120 网址:http://www.wwe1964.com/ 电话:010-57368819 传真:010-88388759 E-mail:gsps@vip.163.com 国际标准刊号:ISSN1002-8471 国内统一刊号:CN11-4972/TU 国内邮发代号:2-757 国外发行代号:M4425 开本:大16开 定价:15元/期 创刊日期:1964-01-01 设有城镇给排水,工业给排水,建筑给排水,施工、材料与设备,计算机技术,管网设计与运行,标准规范交流园地、行业综合信息、策略研讨、科技信息综述、学会动态等栏目,全面报道给水排水行业的新技术、新设计、新工艺、新设备、新规范、新标准以及国家有关技术政策和法规。

灌溉排水学报(原《灌溉排水》) 刊期:双月刊 主管单位:水利部、农业部 主办单位:水利部中国农业科学院农田灌溉研究所、中国水利学会、中国灌溉排水国家委员会 主编:段爱旺 地址:河南省新乡建设路173号 邮政编码:453003 网址:http://www.ggps.cb.cnki.net 电话:0373-3393346 E-mail:gfid@sina.com ggpsh@public.xxpttt.ha.cn 国际标准刊号:ISSN1672-3317 国内统一刊号:CN41-1337/S 国内邮发代号:36-69 开本:大16开 定价:10元/期 创刊日期:1982-01-01 主要报道灌溉排水方面的科技成果,交流国内外灌排技术和经验,为提高灌溉排水科学技术水平服务。内容主要包括节水灌溉、农业高效用水与可持续发展、水利经济、作物灌溉制度、灌溉试验、灌水技术与设备、水土资源与水环境、农田水利工程及雨水集蓄等方面的研究成果和科研进展。

广东水利水电 刊期:月刊 主管单位:广东省水利厅 主办单位:广东省水利水电科学研究院 主编:李铁 地址:广东省广州市天河区天寿路101号 邮政编码:510610 网址:http://www.gdsky.com.cn/ 电话:020-38804312-3515 传真:020-38804071 E-mail:gdwater@163.com 国际标准刊号:ISSN1008-0112 国内统一刊号:CN44-1430/TV 国内邮发代号:自办发行 开本:大16开 定价:5元/期 创刊日期:1972-01-01 主要以报道广

东本地水利水电技术成就为主线,面向全国。栏目范围主要有:水利方针和政策、水利现代化论坛、水利改革、工程管理、水利知识、水资源、水文、地质、水利史、水工建筑、农田水利、河道整治、水利经济、岩土工程、勘测与设计、防洪、水利科技教育与培训、施工、水力发电、环境水利、小水电、建筑材料、工程结构、水土保持、科学研究、基层水利、微机与网络、水库移民、综合、简讯与动态。

广西水利水电 刊期:双月刊 主管单位:广西壮族自治区水利厅 主办单位:广西水利电力勘测设计研究院、广西水利学会 主编:叶建平 地址:广西南宁市民主路1-5号 邮政编码:530023 网址:http://GXSL.china-journal.net.cn/ 电话/传真:0771-2185829 E-mail:gxslsd@sina.com 国际标准刊号:ISSN1003-1510 国内统一刊号:CN45-1147/TV 国内邮发代号:自办发行 开本:大16开 定价:5元/期 创刊日期:1974-01-01 主要内容:水利水电建设的方针、政策、水资源开发、利用和保护、防汛抗旱,滩涂开发,水利经济,综合经营,环境水利,地方电力,水利水电规划、科学研究、勘测设计、施工等。

贵州水力发电 刊期:双月刊 主管单位:贵州乌江水电开发有限责任公司 主办单位:贵州省水力发电工程学会、贵州乌江水电开发有限责任公司 主编:赵三其 地址:贵州省贵阳市新华路9号乌江大楼27楼 邮政编码:550002 网址:http://gslf.chinajournal.net.cn/ 电话:0851-5784372 传真:0851-5784440 E-mail:gslf@china-journal.net.cn 国际标准刊号:ISSN1007-0133 国内统一刊号:CN52-1100/TV 国内邮发代号:自办发行 开本:大16开 定价:10元/期 创刊日期:1986-07-01 宣传国家的水电建设方针政策和贵州丰富的水力资源,总结与交流水电建设经验和成就,重视报道贵州在喀斯特岩溶地质地貌上修建的许多在国内具有一定先进水平的水电工程。主要栏目有:水电政策研究与探讨、水电工程地质与勘测、水工建筑物设计、施工与监理、机电与金属结构、工程经济与质量管理、水电厂运行、科学试验、计算机与软件应用、水库与环境。

海河水利 刊期:双月刊 主管单位:水利部 主办单位:水利部海河水利委员会 主编:李红有 地址:天津市河东区龙潭路15号 邮政编码:300170 网址:http://www.hwcc.gov.cn/ 电话:022-24102704 E-mail:haihe@sohu.net 国际标准刊号:ISSN1004-7328 国内统一刊号:CN12-1064/TV 国内邮发代号:自办发行 开本:大16开 定价:6元/期 创刊日期:1982-01-01 刊登有关水利理论、水利改革发展和水利科技研究新成果、新作法、新经验,报道有关国内外水利发展动态,宣传介绍海河流域水利建设成就,为实施"科教兴水"战略服务。主要栏目有:专家论坛、水生态、水资源、规划设计、工程建设与管理、防洪减灾、技术与应用、城市水利、法律建设、水利经济、水文化和国外水利(环球水信息)等。

河北水利 刊期:月刊 主管单位:河北省水利厅 主办单位:河北省水利宣传中心 主编:郎志钦 地址:河北省石家庄市富强大街3号 邮政编码:050011 网址:http://www.hebwater.gov.cn/ 电话:0311-85185522 E-mail:slt098@hebwater.gov.cn 国际标准刊号:ISSN1004-7700 国内统一刊号:CN13-1131/TV 国内邮发代号:自办发行 开本:大16开 定价:6元/期 创刊日期:1989-01-01 主要版块栏目:本期导读、水利纵横、水利会议、两室建设、工作研究、冀水联播、抗旱、水官风采、龙头工程、二次创业、水政水资源、冀水案例、编辑之友、水利经济、知识讲座。

河海大学学报(社会科学版) 刊期:季刊 主管单位:教育部 主办单位:河海大学 主编:吴远 地址:江苏省南京市西康路1号 邮政编码:210098 网址:http://kkb.hhu.edu.cn/ 电话:025-3786376 E-mail:sxb@hhu.edu.cn 国际标准刊号:ISSN1008-3316 国内统一刊号:CN32-1521/C 国内邮发代号:自办发行 开本:大16开 定价:10元/期 创刊日期:1999-03-01 主要刊登哲学、政治学、文学、法学、社会学、经济学、管理学等人文社会科学方面的学术论文、研究成果、综述等学术性文章。

河海大学学报(自然科学版) 刊期:双月刊 主管单位:教育部 主办单位:河海大学 主编:严忠民 地址:江苏省南京市西康路1号 邮政编码:210098 网址:http://kkb.hhu.edu.cn/ 电话:025-3786343 E-mail:xb@hhu.edu.cn 国际标准刊号:ISSN1000-1980 国内统一刊号:CN32-1117/TV 国内邮发代号:28-63 开本:大16开 定价:12元/期 创刊日期:1957-01-01 是以水资源开发、利用与保护为重点的综合性学术期刊,主要刊登本校在水资源、水文、地质、测量、水利工程、水电工程、水运工程、海洋及海岸工程、水工结构、工程力学、水力学及河流动力学、岩土工程、计算机科学、电力工程、电子技术及自动化工程、工业与民用建筑、管理工程、水利经济、环境工程、机械工程等学科方面的科研成果、学术论文、学术讨论、研究动态等学术性文章。

河南水利与南水北调　刊期:月刊　主管单位:河南省水利厅　主办单位:河南省水利厅、河南省南水北调办公室　主编:王忠阳　地址:河南省郑州市纬五路11号　邮政编码:450003　网址:http://www.hnssw.com.cn/　电话:0371-65571282　传真:0371-65930338　E-mail:abc@hnsl.gov.cn　hnslzz@hnsl.gov.cn　国际标准刊号:ISSN1673-8853　国内统一刊号:CN41-1387/TV　国内邮发代号:自办发行　开本:大16开　定价:5元/期　创刊日期:1956-01-01　主要报道河南水利的发展,淮河流域,长江流域,黄河流域,海河流域等的治理和开发。主要栏目有南水北调、防汛抗旱、饮水安全、农村水利、水文与水资源、橡胶坝与生态水利等。

黑龙江水利科技　刊期:双月刊　主管单位:黑龙江省水利厅　主办单位:黑龙江省水利学会、黑龙江省水利水电勘测设计研究院、黑龙江省水利科技信息中心站　主编:戴春胜　地址:黑龙江省哈尔滨市南岗区清滨路52号　邮政编码:150080　网址:http://www.hsy.gov.cn/　电话:0451-86320861　传真:0451-86303140　E-mail:hskj@hsy.gov.cn　国际标准刊号:ISSN1007-7596　国内统一刊号:CN23-1269/TV　国内邮发代号:自办发行　开本:大16开　定价:10元/期　创刊日期:1973-01-01　交流水利勘测规划设计、水文、水电、环评、施工及工程管理等科技领域新技术、新工艺、新经验的园地。是以水利水电工程应用技术为主体,涵盖公民建、环保、环评、计算机等专业的综合性技术期刊。主要栏目:水利战略、技术论坛、决策思考、推广应用、科技成果、科技推广与参考等。

红水河　刊期:季刊　主管单位:广西电力有限公司　主办单位:广西水力发电工程学会、广西电力工业勘察设计研究院　主编:梁寿龄　地址:广西南宁市建政路10号　邮政编码:530023　电话:0771-5699109　传真:0771-5622655　E-mail:hshz@chinajournal.net.cn　国际标准刊号:ISSN 1001-408X　国内统一刊号:CN 45-1146/TM　国内邮发代号:自办发行　开本:大16开　定价:6元/期　创刊日期:1982-01-01　主要刊载水力发电领域有关的科技论文、科研成果、理论探讨、经验总结,内容涉及高坝建设关键技术研究和高坝快速施工技术,各大、中型水电站建设的新理论、新技术、新方法、新材料、新工艺和新型机电设备的研究应用和经验交流。主要栏目有水电规划和动能经济、工程地质与勘测、水工设计与施工、机电设备与金属结构、水电站运行、试验研究、环境监测与环境评价、水库移民等。

湖南水利水电　刊期:双月刊　主管单位:湖南省水利厅　主办单位:湖南省水利水电勘测设计研究总院、湖南省水利学会　主编:郑洪　地址:湖南省长沙市劳动西路26号　邮政编码:410007　网址:http://www.hhpdi.com/　电话:025-86882041/86882040　传真:0731-5607710/5607717　E-mail:hnsldy@163.com　国际标准刊号:ISSN1006-9046　国内统一刊号:CN43-1333/TV　国内发行代号:42-330　开本:大16开　定价:8元/期　创刊日期:1956-01-01　主要栏目有水工与施工、工程地址与基础处理、试验与研究、水文与规划、水资源管理、防洪抗旱、病险治理、人饮安全、水土保持、水库移民与环境评价、水机电气、建设与管理等。

湖泊科学　刊期:双月刊　主管单位:中国科学院　主办单位:中国科学院南京地理与湖泊研究所、中国海洋湖沼学会　主编:王苏民　地址:江苏省南京市北京东路73号　邮政编码:210008　网址:http://www.jlakes.org/　电话:025-86882041/86882040　E-mail:jlakes@niglas.ac.cn　jlakes@163.com　jlakesmail@gmail.com　国际标准刊号:ISSN1003-5427　国内统一刊号:CN32-1331/P　国内邮发代号:28-201　开本:大16开　定价:16元/期　创刊日期:1989-01-01　主要报道湖泊(含水库)及其流域在人与自然相互作用下资源、生态、环境变化的最新研究成果,刊载与湖泊科学有关的各学科(如物理学、化学、生物学、生态学、地质学、地理学)以及湖泊工程、流域综合管理的理论性或应用性研究论文、简报和综述。

华北水利水电学院学报　刊期:双月刊　主管单位:河南省教育厅　主办单位:华北水利水电学院　主编:王石青　地址:河南省郑州市北环路36号　邮政编码:450011　网址:http://www.ncwu.edu.cn/contents/　电话:0371-69127216　传真:0371-65790227　E-mail:hbsyxb@ncwu.edu.cn　hbsyxb@126.com　国际标准刊号:ISSN1002-5634　国内统一刊号:CN41-1249/TV　开本:大16开　定价:8元/期　创刊日期:1980-09-16　刊登水利水电工程、土木工程、岩土工程、动力工程、环境工程、机械工程、工程管理、信息工程、计算机科学及与上述学科有关方面的科研成果、学术讨论、试验研究报告、学科综述等学术论文为主,并酌情刊登其他有关交叉学科论文。

吉林水利　刊期:月刊　主管单位:吉林省水利厅　主办单位:吉林省水利宣传中心　主编:王跃刚　地址:吉

林省长春市人民大街8220号　邮政编码:130022　网址:http://slt.jl.gov.cn/　电话:0431-85317125　E-mail:jijinshuili@163.com　国际标准刊号:ISSN1009-2846　国内统一刊号:CN22-1179/TV　国内邮发代号:12-396　开本:大16开　定价:5元/期　创刊日期:1981-01-01　以科技交流为主,兼顾政策宣传与总结交流水利建设管理等方面的经验,面向水利基层。

江淮水利科技(原《安徽水利科技》)　刊期:双月刊　主管单位:安徽省水利厅　主办单位:安徽省水利志编辑室、安徽省水利学会　主编:刘海声　地址:安徽省合肥市九华山路48号11楼　邮政编码:230022　网址:http://www.ahsl.gov.cn/main/　电话:0551-2128069　E-mail:ahslkj@mail.hf.ah.cn　jhslkj@126.com　国际标准刊号:ISSN1673-4688　国内统一刊号:CN34-1293/TV　国内邮发代号:自办发行　开本:大16开　定价:6元/期　创刊日期:1979-01-01　主要栏目有研究与探讨、水利工程建设、防灾减灾、水文水资源、水法规政策、水环境与生态、信息技术、节水灌溉、农村水利水电、水土保持、水景观与水文化等。

江苏水利　刊期:月刊　主管单位:江苏省水利厅　主办单位:江苏省水利学会　主编:潘杰　地址:江苏省南京市上海路5号江苏水利大厦　邮政编码:210029　网址:http://www.jsslxh.org.cn/　电话:025-6619662　E-mail:jsslzz@sina.com　国际标准刊号:ISSN1007-7839　国内统一刊号:CN32-1474/TV　国内邮发代号:自办发行　国外发行代号:M4672　开本:大16开　定价:6元/期　创刊日期:1997-01-01　主要版块栏目:卷首语、领导论坛、专家谈水、本期特稿、水利纵横、防汛防旱、工程管理、依法治水、建设管理、水文水资源、规划设计、农村水利、水利经济、人才开发、他山之石、信息博览、治水史话。

江西水利科技　刊期:季刊　主管单位:江西省水利厅　主办单位:江西省水利科学研究院、江西省水利厅科技情报站、江西省水利学会　主编:李荣昉　地址:江西省南昌市北京东路1038号　邮政编码:330029　网址:http://www.jxsks.com/　电话:0791-8337594　传真:0791-8323724　E-mail:jxsk@chinajournal.net.cn　国际标准刊号:ISSN1004-4701　国内统一刊号:CN36-1113/TV　国内邮发代号:自办发行　开本:大16开　定价:6元/期　创刊日期:1975-02-01　报道省内外水利水电方针及建设成就;交流省内水利水电规划、设计、施工、科研、管理等方面的技术成果和经验;介绍国内外水利水电行业的先进技术。重点栏目有试验与研究、设计与施工、小水电、水环境、防洪、工程监理、水土保持等。

节水灌溉　刊期:双月刊　主管:水利部　主办单位:中国国家灌排委员会、中国灌溉排水发展中心、武汉大学、国家节水灌溉北京工程技术研究中心　主编:李远华　地址:湖北省武汉市武汉大学二区　邮政编码:430072　网址:http://www.irrigate.com.cn/jsgg/　电话/传真:027-68776133　E-mail:jieshuiguangai@188.com　国际标准刊号:ISSN1007-4929　国内统一刊号:CN42-1420/TV　国内邮发代号:38-17　开本:大16开　定价:6元/期　创刊日期:1976-01-01　始终紧紧跟踪世界和中国节水灌溉技术研究的进展,密切关注读者的反映和意见,开辟了试验研究、工程技术、工程管理、技术讲座、国外动态、设备与市场、简讯等栏目。

南水北调与水利科技　刊期:双月刊　主管单位:河北省南水北调工程建设委员会办公室　主办单位:河北省水利科学研究院　总编:徐振辞　执行主编:马静　地址:河北省石家庄市泰华街310号　邮政编码:233001　网址:http://www.nsbdqk.net/　www.nsbd.mwr.gov.cn/　电话:0311-85020639　传真:0311-85020630　E-mail:nsbdqk@heinfo.net　nsbdqk@263.net　国际标准刊号:ISSN1672-1683　国内统一刊号:CN13-1334/TV　国内邮发代号:18-191　国外发行代号:BM1772　开本:大16开　定价:20元/期　创刊日期:2003-02-01　以举世瞩目的南水北调工程为办刊主体,宣传南水北调工程的伟大意义,回顾南水北调工程的历史背景,追踪南水北调工程的最新动态,反映南水北调工程的热点、难点问题,展现南水北调工程的技术创新成果。设有本刊特稿、南水北调、数字水利、资源水利、环境水利、节水农业、水土保持、水利经济、工程管理、工程技术、水文地质、工程地质、水文气象、知识窗、供求信息、动态等栏目。

内蒙古水利　刊期:双月刊　主管单位:内蒙古水利厅　主办单位:内蒙古自治区水利厅、内蒙古自治区水利学会　主编:王振贵　地址:内蒙古呼和浩特市呼伦南路7号　邮政编码:010020　网址:http:nmssl.chinajournal.net.cn　电话:0471-6955982　E-mail:nmsl@chinajournal.net.cn　国际标准刊号:ISSN1009-0088　国内统一刊号:CN15-1148/TV　国内邮发代号:自办发行　开本:大16开　定价:10元/期　创刊日期:1980-01-01　设有水文勘测、防凌防汛、农牧水利、水土保持、水资源、水利施工等栏目。

泥沙研究 刊期:双月刊 主管单位:中国科学技术学会 主办单位:中国水利学会 主编:杜国翰 地址:北京市海淀区车公庄西路20号 邮政编码:100044 网址:http://www.sedi.iwhr.com/ 电话:010-68786626 传真:010-68416371 E-mail:erosion@iwhr.com zuochq@sina.com 国际标准刊号:ISSN0468-155X 国内统一刊号:CN11-2532/TV 国内邮发代号:自办发行 开本:大16开 定价:10元/期 创刊日期:1956-06-01 主要刊登泥沙及其有关方面的学术论文和科研成果,交流学术经验,开展学术讨论,报道学术动态。专业范围包括:流域产沙、泥沙利用、水土保持和小流域治理、泥沙运动基本理论、河流动力学、河流地貌、河床演变、河流及航道整治、河口及港湾泥沙、渠系泥沙、电站泥沙、水库泥沙、工业取水防沙、管路固体输送、泥石流、风沙、泥沙淤积与生态影响、河工模型实验及数学模拟技术、泥沙量测仪器与技术,以及其他工农业、城镇及工矿建设中的泥沙问题。

人民长江 刊期:半月刊 主管:水利部 主办单位:水利部长江水利委员会 主编:魏山忠 地址:湖北省武汉市解放大道1863号 邮政编码:430010 网址:http://www.rmcjzz.com/ www.yangtzemag.com/ 电话:027-82828675 传真:027-82828680 E-mail:rmcjzz@sina.com rmcjzz_yw@sina.com 国际标准刊号:ISSN1001-4179 国内统一刊号:CN42-1202/TV 国内邮发代号:38-22 国外发行代号:M962 开本:大16开 定价:5元/期 创刊日期:1955-01-01 主要内容为宣传长江治理与开发战略规划,报道治江工作重大进展与建设成就,总结水资源保护与开发利用实践经验,交流国内外水利水电先进技术。主要栏目有三峡工程、南水北调、规划、科研、设计、防洪、水文、地质勘测、水资源保护、水行政管理、河道整治、泥沙研究、水土保持、农田水利、水库移民、工程建设管理、安全监测、运行管理、问题讨论、水利工程建设动态及简讯等。

人民黄河 刊期:月刊 主管:水利部 主办单位:水利部黄河水利委员会 主编:薛松贵 地址:河南省郑州市金水路11号 邮政编码:450003 网址:http://rmhh.periodicals.net.cn/ 电话:0371-66022409/66022902 传真:0371-66023331 E-mail:rmhh@yellowriver.gov.cn rmhh@yrcc.gov.cn rmhh2010@163.com 国际标准刊号:ISSN1000-1379 国内统一刊号:CN41-1128/TV 国内邮发代号:自办发行 国外发行代号:M738 开本:大16开 定价:10元/期 创刊日期:1949-11-01 黄河治理开发与管理新理念和重大技术问题研究的新进展、新突破、新探索、新成就;国内外水利科技前沿领域的先进理论、先进技术,水利建设的新技术、新经验。内容涉及防洪、治河、水文、泥沙、水资源、水土保持、灌溉、供水、水利水电工程等。

人民珠江 刊期:双月刊 主管单位:水利部 主办单位:水利部珠江水利委员会 主编:陈洁钊 地址:广东省广州市天河区天寿路80号 邮政编码:510611 网址:http://rmzj.periodicals.net.cn/ 电话:020-87117933 传真:020-87117927 E-mail:rmzj@pearlwater.gov.cn 国际标准刊号:ISSN1001-9235 国内统一刊号:CN44-1037/TV 国内邮发代号:自办发行 国外发行代号:BM4243 开本:大16开 定价:5.50元/期 创刊日期:1980-06-01 主要版块栏目:水资源、水文、气象、规划、勘测、地质、岩土工程、地基与基础、水力学、泥沙、试验研究、工程结构、设计、施工、工程管理、防洪、治涝、农田水利、水土保持、环境水利、航道工程、水力发电、三角洲整治与研究、河口河道整治、滩涂围垦、港口工程、建筑材料、相关学科、科技信息、国外水利、水利史料与研究、珠江撷胜等30余个栏目。

山东水利 刊期:月刊 主管单位:山东省水利厅 主办单位:山东省水利科学研究院 主编:杜贞栋 地址:山东省济南市历山路125号 邮政编码:250013 网址:http://sdsl.periodicals.net.cn/ 电话:0531-86974171 传真:0531-86974503 E-mail:sdsl1999@163.com 国际标准刊号:ISSN1009-6159 国内统一刊号:CN37-1358/TV 国内邮发代号:自办发行 开本:大16开 定价:6元/期 创刊日期:1999-01-01 主要栏目有特别关注、重点工作、水利科技、工程建设、改革研讨、水务管理、水利论坛、水文化等。

山西水利 刊期:月刊 主管单位:山西省水利厅 主办单位:山西省水利发展研究中心 主编:渠性英 地址:山西省太原市新建路45号 邮政编码:030002 网址:http://sxls.chinajournal.net.cn/ http://www.blog.163.com/sxslbjb/ 电话:0351-4666369 传真:0351-4666859 E-mail:bjb@sxwater.gov.cn sxslbjb@163.com 国际标准刊号:ISSN1004-7042 国内统一刊号:CN14-1122/TV 国内邮发代号:自办发行 开本:大16开 定价:8元/期 创刊日期:1985-01-01 主要任务是宣传党和国家及山西省的各项水利方针政策和重大决策,以及水利科技最新成果和先进经验等。主要栏目:工作指导、农村水利、饮水解困、工程建设与管理、防汛抗旱、节水灌溉、水土保持、灌区建设、论坛、简讯。

陕西水利 刊期:双月刊 主管单位:陕西省水利厅 主办单位:陕西省城乡供水管理办公室 主编:王辛石 地址:陕西省西安市尚德路150号 邮政编码:710004 网址:http://www.sx-water.com/ 电话:029-87463221 E-mail:sxwmr2008@126.com 国际标准刊号:ISSN1673-9000 国内统一刊号:CN61-1109/TV 国内邮发代号:52-71 开本:大16开 定价:6元/期 创刊日期:1932-01-01 是中国近代水利先驱李仪祉亲手创办的全国第一部水利杂志。报道内容包括:水文、水资源、水利规划、地质勘探设计施工、农田水利、灌溉管理、工程管理、水保、环保、水产、小水电、水利经济、多种经营、科研教育、技术革新以及国内外水利科技信息等。

山西水利科技 刊期:季刊 主管单位:山西省水利厅 主办单位:山西省水利学会 主编:荣丰涛 地址:山西省太原市桃园四巷26号 邮政编码:030002 网址:http://www.sxwater.gov.cn/ 电话:0351-4044303 E-mail:sxslkj@163.com 国际标准刊号:ISSN100-8139 国内统一刊号:14-1184/TV 国内邮发代号:自办发行 开本:大16开 定价:6元/期 创刊日期:1971-01-01 主要刊登山西水利建设中的先进技术和在科学实验中的学术研究论文,为山西的水利建设服务;并与全国的水利系统交流,传播和引进先进技术。

山西水土保持科技 刊期:双月刊 主管单位:山西省水利厅 主办单位:山西省水土保持科学研究所 主编:卫正新 地址:山西省吕梁市王家沟省水保所 邮政编码:033001 网址:http://www.sxwater.gov.cn/ 电话:0358-8322556 传真:0358-8322736 国际标准刊号:ISSN1008-0120 国内统一刊号:CN14-1103/TV 国内邮发代号:22-93 开本:16开 定价:7.5元/期 创刊日期:1974-09-01 积极宣传有关水土保持方针政策,及时报道最新水土保持科技成果,大力普及水土保持实用技术,广泛开展水土保持学术讨论,交流介绍各地小流域治理的新鲜经验。主要版块栏目:综合论述、试验研究、技术创新、学术天地、生态建设、科技论坛、调查思考、治理经验、监督管理、实用技术、水保人物、信息窗口、封面摄影。

水道港口 刊期:双月刊 主管单位:交通部 主办单位:交通部天津水运工程科学研究所 主编:张华勤 地址:天津市滨海新区新港二号路2618号 邮政编码:300456 网址:http://www.tiwte.ac.cn/ 电话:022-59812362 传真:022-59812345-675 E-mail:jowah@21cn.com 国际标准刊号:ISSN1005-8443 国内统一刊号:CN12-1176/U 国内邮发代号:自办发行 开本:大16开 定价:10元/期 创刊日期:1980-01-01 主要刊载与海岸河口、内河航道、港口工程、通航建筑、波浪、防护建筑物、交通环境保护等有关的科研基础理论以及手段和方法的研究论文,报道国内外上述领域前沿研究成果、高新技术。刊载上述领域有关发展战略、经济管理、规划、评价、可行性研究、设计、施工、监理、环境保护等方面的研究论文及发展动态。

水电能源科学 刊期:双月刊 主管单位:教育部 主办单位:中国水力发电工程学会、华中科技大学、国测水电技术研究院 主编:邴凤山,张勇传 地址:湖北省武汉市洪山路1037号华中科技大学 邮政编码:430074 网址:http://www.sdnykx.com/ 电话:027-87542126 传真:027-87990722 E-mail:sdny@x263.net 国际标准刊号:ISSN1000-7709 国内统一刊号:CN42-1231/TK 国内邮发代号:38-111 国外发行代号:Q4165 开本:大16开 定价:12元/期 创刊日期:1983-01-01 报道有关水、电、能源及其相关学科的新理论、新技术、新方法及工程应用的新成果,涉及水电、电气与电子、能源与动力、土木与力学、环境工程、控制工程等多个学科。主要栏目:规划战略、水文水资源与环境、水情测报与优化调度、水利水电工程、大坝安全与监测、水工水力学、地质与测量、机电与控制工程、电力市场、技术经济与工程管理、计算机与信息、复杂系统理论与应用。

水电与新能源(原《湖北水力发电》) 刊期:双月刊 主管单位:湖北省科学技术协会 主办单位:湖北省水力发电工程学会、湖北能源集团股份有限公司 主编:王绍良 地址:湖北省武汉市武昌区东湖南路8号武汉大学工学部 邮政编码:430072 网址:http://www.bcfblw.com/ 电话:027-68772726 E-mail:bcfb003@163.com 国际标准刊号:ISSN1671-3354 国内统一刊号:CN42-1800/TV 开本:16开 定价:5元/期 创刊日期:1987-09-01 交流、推广水力发电工程建设中的规划、勘测、设计、施工、监测和工程管理的先进技术、成功经验和革新成果,同时也刊登一定数量的、结合实际的学术论文。主要栏目有水电建设、工程规划、水文地质、工程设计、工程施工、工程管理、水机电气、水电企业管理等。

水电站设计 刊期:季刊 主管单位:国家电力公司 主办单位:国家电力公司成都勘测设计研究院 主编:

王仁坤　地址:四川成都浣花北路1号　邮政编码:610072　网址:http://www.magshow.com/　电话:028-87399340　E-mail:qsuyun@chidi.com.cn　国际标准刊号:ISSN1003-9805　国内统一刊号:CN51-1382/TV　国内邮发代号:62-177　开本:16开　定价:8元/期　创刊日期:1985-01-01　主要刊登中国大中型水电工程的设计、科研、监理等方面的论文和实际经验,内容涉及水电站设计的各个专业。主要栏目有工程设计、工程勘测、施工管理、水电规划、工程施工、水利水电环境、计算机应用、试验研究等。

水电自动化与大坝监测　刊期:双月刊　主管单位:国家电网公司　主办单位:国电自动化研究院　主编:薛禹胜　地址:江苏省南京市南瑞路8号　邮政编码:210003　网址:http://aeps.sgepri.sgcc.com.cn/hadm/　电话:025-83092055　传真:025-83421949　E-mail:hadm@sgepri.com　qkwtougao@126.com　国际标准刊号:ISSN1671-3893　国内统一刊号:CN32-1641/TV　国内邮发代号:28-39　开本:16开　定价:8元/期　创刊日期:1977-01-01　主要栏目有理论与算法研究、发电控制技术及设备、状态检修、辅机控制及自动化元件、设备保护、水情测报与水调自动化、大坝监测仪器及自动化、大坝安全监控技术、运行与管理自动化、泵站自动化、闸门控制、水电与电力市场等,以及相关的专家论坛、专题报告和综述等。

水动力学研究与进展(A辑,中文版)　刊期:双月刊　主管单位:中国船舶重工集团公司　主办单位:中国船舶科学研究中心　主编:周连第　地址:上海高雄路185号　邮政编码:200011　网址:http://sdlj.cjinajournal.net.cn/　电话:021-63150072　E-mail:jhdzhou@mail.online.sh.cn　国际标准刊号:ISSN1000-4874　国内统一刊号:CN31-1399/TK　国内邮发代号:自办发行　国外发行代号:Q4300　开本:大16开　定价:20元/期　创刊日期:1984-01-01　应用基础研究性质的科学刊物,主要反映中国国民经济发展中提出的大量水动力学各领域的研究与实际应用的理论、计算、试验等方面的最新成就,主要刊载能源开发、海洋工程、水利工程、机械工程等方面,有关物理模型、数值模拟、试验研究、试验技术新成果以及学科介绍等文章。

水科学进展　刊期:双月刊　主管单位:中国科协　主办单位:南京水利科学研究院、中国水利学会　主编:张建云　地址:江苏省南京市广州路225号　邮政编码:210029　网址:http://skxjz.nhri.cn/电话:025-85829770　传真:025-85828537　E-mail:skxjz@nhri.cn　skxj@chinajournal.net.cn　国际标准刊号:ISSN1001-6791　国内统一刊号:CN32-1309/P　国内邮发代号:28-146　国外发行代号:BM1147　开本:大16开　定价:30元/期　创刊日期:1990-01-01　是以水为论述主题的学术期刊,主要反映国内外在暴雨、洪水、干旱、水资源、水环境等领域中的科学技术的最新成果、重要进展、当代水平和发展趋势,报道关于水圈研究的新事实、新概念、新理论和新方法,交流新的科研成果、技术经验和科技动态。涉及与水有关的所有学科,包括水文科学、大气科学、海洋科学、地质科学、地理科学、环境科学、水利科学和水力学、冰川学、水生态学以及法学、经济学和管理科学中与水有关的内容。

水科学与水工程(英文版)　刊期:季刊　主管单位:教育部　主办单位:河海大学　主编:范永法　地址:江苏省南京市西康路1号　邮政编码:210098　网址:http://www.waterjournal.cn/　电话:025-83786363　E-mail:wse2008@vip.163.com　wse@hhu.edu.cn　国际标准刊号:ISSN1674-2370　国内统一刊号:CN32-1785/TV　开本:大16开　定价:50元/期　创刊日期:1987-01-01　以水科学研究与水工程建设为论述主题,主要刊登水科学研究、水工程建设、水资源保护、水生态修复等方面用英文撰写的原创性研究(技术)论文,着重报道关于地球水圈研究的新事实、新概念、新理论、新方法;反映在暴雨、洪水、干旱、水资源、水环境等领域中的最新科技成果和发展趋势;交流在江河治理、跨流域调水、水电能源、生态修复等水工程建设中的新技术和新经验以及国内外相关学术会议及技术交流等动态信息。

水科学与工程技术(原《河北水利水电技术》)　刊期:双月刊　主管单位:河北省水利厅　主办单位:河北省水利学会　主编:顾辉　地址:天津市河北区金钟河大街238号　邮政编码:300250　电话:022-26754577　E-mail:skx@vip.sina.com　国际标准刊号:ISSN1672-9900　国内统一刊号:CN13-1348/TV　开本:大16开　定价:10元/期　创刊日期:1977-11-01　以水科学研究与水利水电工程技术论述为主题,主要报道水利工程中的新理论、新技术、新方法、新材料和新工艺,反映国内外在水资源、水环境、水市场、水土保持、环境工程、工程仿真、水利水电工程规划、设计、施工、测量、地质、岩土、试验等领域中科学技术的最新成就、重要进展和发展趋势。主要栏目:水工设计、水环境、水文水资源、中水回用及污水处理、工程管理、工程地质及水文地质、工程测量、工程仿真。

水力发电　刊期:月刊　主管单位:国务院国有资产监督管理委员会　主办单位:中国水电工程顾问集团公司　主编:徐方军　地址:北京市西城区六铺炕北小街2号　邮政编码:100120　网址:http://www.hydrochina.com.cn/　电话:010-51973066　传真:010-82082824　E-mail:waterpower1954@sohu.com　国际标准刊号:ISSN0559-9342　国内统一刊号:CN11-1845/TV　国内邮发代号:2-428　国外发行代号:M351　开本:大16开　定价:8元/期　创刊日期:1954-01-01　主要栏目为水电发展战略与经济评价、水电规划与动能经济、水文水资源、水文计算、地质与勘测、设计、施工、机电与金属结构、试验研究、小水电站、国外水力发电等。

水力发电学报　刊期:双月刊　主管单位:中国科学技术协会　主办单位:中国水力发电工程学会　主编:王光纶　地址:北京清华大学水电工程系　邮政编码:100084　网址:http://sfxb.chinajournal.net.cn/　电话:010-62783813　传真:010-62771580　E-mail:sfxb@chinajournal.net.cn　国际标准刊号:ISSN1003-1243　国内统一刊号:CN11-2241/TV　国内邮发代号:自办发行　开本:16开　定价:12元/期　创刊日期:1982-01-01　刊载与水力发电有关的科技学术论文,主要包括水力发电规划及动能经济、水力学、水工及水电站建筑物、水电站勘测与地质勘探、水电站施工、投资与管理、水轮机及其附属设备、水电站电气及自动化、设备与运行及监测控制、水电站及水库群优化运行、水电工程与环境、水电工程监测等专业内容;及时反映各专业的科技成就、理论改进、经验总结及国内外学术动态。主要栏目:研究与开发、综述、学术建议与讨论、信息等。

水利发展研究　刊期:月刊　主管单位:水利部　主办单位:水利部发展研究中心　主编:尹美娥　地址:北京市玉渊潭南路3号　邮政编码:100038　网址:http://www.waterinfo.com.cn/　电话:010-82079807　传真:010-63205971　E-mail:wrdr@waterinfo.com.cn　国际标准刊号:ISSN1671-1408　国内统一刊号:CN11-4655/TV　国内邮发代号:2-784　开本:大16开　定价:6元/期　创刊日期:综合报道国家的水利发展战略、水利政策、法制建设、水利经济、水利管理、水利信息和工程建设等方面的方针政策、理论、技术和经验,为中国水利事业的可持续发展提供服务和支撑。基本栏目设置有:发展战略、政策研究、法制研究、水利经济、水利管理、调查研究、外论摘登等。

水利规划与设计　刊期:双月刊　主管单位:水利部　主办单位:水利部水利水电规划设计总院　主编:李维涛　地址:北京市西城区六铺炕北小街2-1号　邮政编码:100120　网址:http://slghysj.centerword.cn/　电话:010-62015974/62056493　传真:010-82026259　E-mail:lshuiliguihua@giwp.org.cn　国际标准刊号:ISSN1672-2469　国内统一刊号:CN11-5014/TV　国内邮发代号:自办发行　开本:大16开　定价:10元/期　创刊日期:1988-01-01　主要内容包括:水利与经济社会发展的关系及发展方针政策战略研究;河流与流域规划、经济社会发展、农业开发、水土整治、防洪治涝、水能利用、环境保护、水库移民等重大规划与战略的研究;水资源开发利用、治理、配置和保护尤其是水资源的优化配置和节约、保护以及管理问题;洪、涝、旱、污灾害与防治;水利工程勘测、设计施工新进展、新技术、新理论;工程设计、工程咨询领域的科学管理等。

水利技术监督　刊期:双月刊　主管单位:水利部　主办单位:水利部水利水电规划设计总院　主编:李维涛　地址:北京市西城区六铺炕北小街2-1号　邮政编码:100120　网址:http://slghysj.centerword.cn/　电话:010-62033377　传真:010-62056492　E-mail:sljsjd@sina.com　国际标准刊号:ISSN1008-1305　国内统一刊号:CN11-3918/TV　国内邮发代号:自办发行　开本:大16开　定价:10元/期　创刊日期:1993-01-01　紧紧围绕水利中心任务,积极探索,在标准化、计量及质量管理方面开拓进取,发挥积极的宣传和指导作用。坚持宣传"以质量为中心,标准化、计量为基础"的水利技术监督工作方针。把宣传技术监督方针、政策,探讨水利技术监督理论,推广水利技术监督知识作为本刊的职责。

水利建设与管理　刊期:月刊　主管单位:水利部　主办单位:中国水利工程协会　地址:北京市南滨河路27号贵都国际中心B座1116室　邮政编码:100055　网址:http://www.cweun.com.cn/　电话:010-63462239　传真:010-63462232　E-mail:tougao@cweun.org　water6346@163.com　国际标准刊号:ISSN1005-4774　国内统一刊号:CN11-4446/TV　国内邮发代号:2-781　开本:大16开　定价:10元/期　创刊日期:1989-01-01　主要宣传报道设计施工、建设管理、招标投标、工程监理、工程质量、工程管理、工程加固、防洪抢险、河道整治、水利资源利用、经验交流、信息传递等方面的新技术、新成果以及科技信息等。主要栏目包括:重要会议特稿、行业风采、科研设计、工程施工、水利水电工法展示、质量监督、建设管理、运行管理、信息传递以及有关专题连载等。

水利经济 刊期：双月刊 主管单位：水利部 主办单位：中国水利经济研究会、河海大学 主编：郑垂勇 地址：江苏省南京市西康路1号 邮政编码：210098 网址：http://kkb.hhu.edu.cn/ 电话：025-786350 E-mail：jj@hhu.edu.cn 国际标准刊号：ISSN1003-9511 国内统一刊号：CN32-1165/F 国内邮发代号：28-252 开本：大16开 定价：6元/期 创刊日期：1983-01-01 主要刊登有关水权、水市场、水利工程社会评价、规划经济、工程经济、水利财务管理、经营管理、移民经济等内容的文章。

水利科技与经济 刊期：月刊 主管单位：哈尔滨市水务局 主办单位：哈尔滨市水利规划设计研究院、哈尔滨市水利学会 主编：姜革 地址：黑龙江省哈尔滨市南岗区宣礼街35号 邮政编码：150001 网址：http://Slkjyjj.periodicals.net.cn/ 电话：0451-82724300 E-mail：Shuilikeji@163.com 国际标准刊号：ISSN1006-7175 国内统一刊号：CN23-1397/TV 国内邮发代号：14-316 开本：大16开 定价：10元/期 创刊日期：1995-01-01 以介绍国内水利水电工程的勘测、设计、施工、运行管理和水利经济科技方面的研究和经验为主，同时介绍国外的先进技术和经验，在国内水利科技与经济领域具有很大影响。主要栏目有水利经济与管理、生态环境与保护、水利规划与设计、水土保持与防洪、灌排技术与方法、质量管理与监督、计算机技术与应用、施工技术与应用。

水利水电工程设计 刊期：季刊 主管单位：水利部 主办单位：水利部天津水利水电勘测设计研究院、天津市水力发电工程学会 主编：王晓红 地址：天津市河西区洞庭路60号 邮政编码：300222 网址：http://www.ti-di.ac.cn/qk/ 电话：022-28702854 E-mail：zgbwl@public.tpt.tj.cn 国际标准刊号：ISSN1007-6980 国内统一刊号：CN12-1246/TV 国内邮发代号：自办发行 国外发行代号：4648Q 开本：大16开 定价：6元/期 创刊日期：1982-01-01 以总结工程建设经验，传播先进科学技术，开展专题讨论，为水利水电工程建设服务为办刊宗旨。以设计、施工技术方案为特色，辅以地质勘测、基础处理、科学试验、水利经济、大坝安全、新技术应用和科技信息等栏目。

水利水电技术 刊期：月刊 主管单位：水利部 主办单位：水利部发展研究中心 主编：聂建平 地址：北京市玉渊潭南路3号 邮政编码：100038 网址：http://www.slsdjs.com/ 电话：010-82079807 传真：010-63205971 E-mail：water@waterinfo.com.cn 国际标准刊号：ISSN1000-0860 国内统一刊号：CN11-1757/TV 国内邮发代号：2-426 国外发行代号：M681 开本：大16开 定价：8元/期 创刊日期：1959-01-01 介绍中国水利水电工程的勘测、设计、施工、运行管理和科学研究等方面的技术经验为主，同时也报道国外的各项先进技术。主要栏目有：水文水资源、水利规划、泥沙研究、环境水利、水工建筑、水力发电、地质勘测、工程施工、农田水利、防洪除涝、小水电站、运行管理、水利经济、动能经济、高新技术及应用、试验研究、国外科技、技术革新等。

水利水电科技进展 刊期：双月刊 主管单位：教育部 主办单位：河海大学 主编：芮孝芳 地址：江苏省南京市西康路1号 邮政编码：210098 网址：http://kkb.hhu.edu.cn/ 电话：025-3786335 传真：025-3735375 E-mail：jz@hhu.edu.cn 国际标准刊号：ISSN1006-7647 国内统一刊号：CN32-1439/TV 国内邮发代号：28-244 开本：大16开 定价：10元/期 创刊日期：1981-01-01 刊登与水科学、水工程、水资源、水环境、水管理等学科有关的科技论文，为水利水电工程建设及运行管理服务。主要栏目有水问题论坛、水利科学、水利工程、水利管理、专题综述、国外动态、科技简讯等。

水利水运工程学报（原《水利水运科学研究》） 刊期：季刊 主管单位：水利部 主办单位：南京水利科学研究院 主编：张建云 地址：江苏省南京市虎踞关34号 邮政编码：210024 网址：http://slsy.chinajournal.net.cn/ 电话：025-85829135 E-mail：jnhri@nhri.cn 国际标准刊号：ISSN1009-640X 国内统一刊号：CN32-1613/TV 国内邮发代号：28-19 国外发行代号：QR4156 开本：大16开 定价：12元/期 创刊日期：1979-01-01 主要报道水利水电、水运、海洋工程和土木建筑工程的规划、可靠性研究、科研、设计、施工、监理以及管理工作中的新理论、新技术、新方法和新成果等。主要栏目有学术论文、短文、工程应用和专题综述及述评等。

水利信息化（原《水利水文自动化》） 刊期：双月刊 主管单位：水利部 主办单位：水利部南京水利水文自动化研究所 主编：蔡阳 地址：江苏省南京市雨花台区铁心桥街95号 邮政编码：210012 网址：http://www.nsy.com.cn/ 电话：025-52898331 传真：025-52898315 E-mail：slxxh@mwr.gov.cn slxxh@nsy.com.cn 国际标准刊号：ISSN1674-9405 国内统一刊号：CN32-1819/TV 国内邮发代号：28-413 开本：大16开 定价：8元/期

创刊日期:1983-12-01　在全国水利业务中广泛应用现代信息技术,建设水利信息基础设施,解决水利信息资源不足和有限资源共享困难等突出问题,提高防汛减灾、水资源优化配置、水利工程建设管理、水土保持、水质监测、农村水利水电和水利政务等水利业务中信息技术应用的整体水平,带动水利现代化。主要栏目:综述、自动化测控、网络与通信、信息资源开发利用、业务应用、信息技术博览、产品与服务(推介产品、服务)。

水利学报　刊期:月刊　主管单位:中国科协　主办单位:中国水利学会　主编:陈炳新　地址:北京海淀区复兴路甲1号院　邮政编码:100038　网址:http://jhe.ches.org.cn　电话:010-687869191　传真:010-68786262　E-mail:slxb@iwhr.com　国际标准刊号:ISSN0559-9350　国内统一刊号:CN11-1882/TV　国内邮发代号:2-183　国外发行代号:M216　开本:16开　定价:30元/期　创刊日期:1956-01-01　刊登反映水利、水电、水运领域较高水平的学术论文、专题综述和工程技术总结,开展学术论文的讨论和评论,介绍国内外科技动态和消息。主要专业范围包括:水文及水资源、防洪减灾、灌溉排水、水力学、泥沙、河港水运、岩土工程、水工结构及材料、水利水电施工及监理、水力机电、水利经济、水环境、水利史研究等。

水利与建筑工程学报　刊期:双月刊　主管单位:教育部　主办单位:西北农林科技大学　主编:梁宗祥　地址:陕西省杨凌区渭惠路3号水利与建筑工程学院　邮政编码:712100　网址:http://sjxy.nwsuaf.edu.cn/　电话:029-7082937　E-mail:sjxb@nwsuaf.edu.cn　国际标准刊号:ISSN1672-1144　国内统一刊号:CN61-1404/TV　开本:16开　定价:12元/期　创刊日期:1991-01-01　主要刊登水利学、泥沙、水文和水资源、水土保持及流域治理、河流及航道治理、水工建筑物、农田水利、岩土工程、材料与结构,及其水利水电、土木建筑工程的规划、勘测、设计、科研等方面的学术论文、专题述评和科技成果。

水生态学杂志　刊期:双月刊　主管单位:水利部　主办单位:水利部中国科学院水工程生态研究所　主编:常剑波　地址:湖北省武汉市雄楚大街578号　邮政编码:430079　网址:http://sstxzz.ihe.ac.cn/　电话/传真:027-87189555　E-mail:sstx@mail.ihe.ac.cn　国际标准刊号:ISSN1674-3075　国内统一刊号:CN42-1785/X　国内邮发代号:38-76　开本:16开　定价:10元/期　创刊日期:1981-01-01　主要报道与天然和人工水体生态系统及其生态过程相关的各学科的原创性研究成果,特别关注水工程设施建设生态学效应及其对策和措施的理论与应用技术研究,是水域生物多样性、水资源、水环境和水生态保护领域的学术论坛。主要发表水工程建设对生态环境影响分析评价、水工程生态影响补偿对策、供水水库富营养化防治、水库消落区生态保护、水库退化湿地生态恢复、珍稀濒危水生动物保护、生物多样性保护等方面的原创性科研论文、技术报告。

水土保持通报　刊期:双月刊　主管单位:中国科学院　主办单位:中国科学院水利部水土保持研究所、水利部水土保持监测中心　主编:刘国彬　地址:陕西省杨陵区西农路26号　邮政编码:712100　网址:http://www.iswc.cas.cn/　电话:029-87018442　E-mail:bulletin@ms.iswc.ac.cn　国际标准刊号:ISSN1000-288X　国内统一刊号:CN61-1094/X　国内邮发代号:52-167　国外发行代号:BM4721　开本:大16开　定价:10元/期　创刊日期:1981-01-01　报道内容:土壤侵蚀、旱涝、滑坡、泥石流、风蚀等水土流失灾害的现状与发展动向;水土流失规律研究、监测预报技术研发成就与监测预报结果;水土流失治理措施与效益分析;水土流失地区生态环境建设与社会经济可持续发展研究;计算机、遥感、生物工程等边缘学科新技术、新理论、新方法在水土保持科研及其实践中的应用;国内外水土流失现状及水土保持研究进展等(特约稿)。

水土保持学报　刊期:双月刊　主管单位:中国科学院　主办单位:中国土壤学会、中国科学院水利部水土保持研究所　主编:雷廷武　地址:陕西省杨陵区西农路26号　邮政编码:712100　网址:http://www.iswc.cas.cn/　电话:029-87012707　E-mail:journal@ms.iswc.ac.cn　国际标准刊号:ISSN1009-2242　国内统一刊号:CN61-1362/TV　国内邮发代号:52-150　国外发行代号:4722QR　开本:大16开　定价:25/期　创刊日期:1987-01-01　刊登内容:主要是有关水土保持、土壤侵蚀方面的基础研究和应用研究——水土流失和荒漠化防治、土壤侵蚀(水蚀、风蚀等)过程及模型、水土流失预防监督与管理、流域植被修复与生态环境建设、区域水土保持与农业可持续发展、土地利用及退化(荒漠化、沙化、石化)与评价、土壤水分与养分的变化特征、水土保持生物与工程措施及其综合治理效益与评价、自然灾害的防治与监测,以及与之相关的交叉、边缘学科和高新技术(RS、GIS、GPS等)在水土保持方面的最新研究成果。

水土保持研究 刊期:双月刊 主管单位:中国科学院 主办单位:中国科学院水利部水土保持研究所 主编:王经武 地址:陕西省杨陵区西农路 26 号 邮政编码:712100 网址:http://www.iswc.cas.cn 电话:029-87012705 E-mail:research@ms.iswc.ac.cn 国际标准刊号:ISSN1005-3409X 国内统一刊号:CN61-1272/X 国内邮发代号:52-211 开本:大16开 定价:15 元/期 创刊日期:1985-01-01 刊登内容:土壤侵蚀、旱涝、滑坡、泥石流、风蚀等水土流失灾害的现状与发展动态;水土流失规律研究、监测预报技术研发成就与监测预报结果;水土流失治理措施与效益分析;水土流失地区生态环境建设与社会经济可持续发展研究;计算机、遥感工程、生物工程等边缘学科新技术、新理论、新方法在水土保持科研及其实践中的应用;国外水土流失现状及水土保持研究新动态等。

水土保持应用技术 刊期:双月刊 主管单位:水利部 主办单位:辽宁省水土保持研究所 主编:佟伟力 地址:辽宁省朝阳市龙山街四段 235 号 邮政编码:122000 网址:http//www.cnki.net/stbk 电话/传真:0421-2917149 E-mail:sb1532@163.com sbkjqb@mail.cyptt.ln.cn 国际标准刊号:ISSN1673-5366 国内统一刊号:CN21-1532/S 国内邮发代号:8-174 开本:大16开 定价:8.5 元/期 创刊日期:1981-06-01 主要传递国内外水土保持先进研究成果、治理技术、测试技术、法制建设、要闻简讯等科技动态,以及与水土保持有关的农业、林业、水利、土壤、环境保护等综合内容。主设栏目:试验研究、流失规律、测试技术、治理措施、效益分析、综合论述、工作研究、环境评价、新技术应用、动态简讯等。

水文 刊期:双月刊 主管单位:水利部 主办单位:水利部水文局/水利信息中心 主编:邓坚 地址:北京市白广路二条 2 号 邮政编码:100053 网址:http://www.hydroinfo.gov.cn/ 电话:010-63203599 传真:010-63204559 E-mail:j.hyd@mwr.gov.cn 国际标准刊号:ISSN1000-0852 国内统一刊号:CN11-1814/P 国内邮发代号:2-430 国外发行代号:BM511 开本:大16开 定价:8 元/期 创刊日期:1956-06-01 反映在水文水资源领域的科技成果,包括水文水资源基础理论研究、水文站网规划设计、水文测验技术、水文资料处理与服务、水文水资源分析计算、水文情报预报、水资源调查与评价、水质监测与预测、新技术在水文水资源方面的应用、测验仪器设备的研制、国内外水文水资源科技进展综述、信息和动态。

水文地质与工程地质 刊期:双月刊 主管单位:国土资源部 主办单位:中国地质环境监测院 主编:陈梦熊 地址:北京市海淀区大慧寺 20 号 邮政编码:100081 网址:http://swdg.chinajournal.net.cn/ 电话:010-62189102 传真:010-62173426 E-mail:swgch@mail.cigem.gov.cn 国际标准刊号:ISSN1000-3665 国内统一刊号:CN11-2202/P 国内邮发代号:2-335 国外发行代号:OKK1013 开本:大16开 定价:20 元/期 创刊日期:1957-01-01 及时反映国内外本专业发展的最新理论与技术方法,以及水工环与其他学科交叉和相互渗透的新动向。刊载水文、工程、环境地质(包括生态环境地质、农业地质)、地质灾害以及地质环境监测成果等专业文章,对长期野外工作中所取得的经验总结、观点、体会和建议等也予以密切的关注。

水资源保护 刊期:双月刊 主管单位:教育部 主办单位:环境水利研究会、河海大学 主编:黄振平 地址:江苏省南京市西康路 1 号 邮政编码:210098 网址:http://kkb.hhu.edu.cn/ 电话:025-3786642 E-mail:bh@hhu.edu.cn 国际标准刊号:ISSN1004-6933 国内统一刊号:CN32-1356/TV 国内邮发代号:28-298 开本:大16开 定价:8 元/期 创刊日期:1985-01-01 本刊主要内容:与水资源保护有关的基础研究,应用技术,工程措施,综合述评,专题讲座,国外动态,书刊评介,科技简讯,水资源管理、评价、监测、优化配置、节水技术,水环境污染控制等方面的文章。近年来,本刊重点关注与水有关的生态环境领域中的研究方向,新增设相关的基础研究、防治技术、城市水环境治理等内容。

水资源与水工程学报 刊期:双月刊 主管单位:教育部 主办单位:西北农林科技大学 主编:蔡焕杰 地址:陕西省杨凌区渭惠路 23 号水利与建筑工程学院 邮政编码:712100 网址:http://sjxy.nwsuaf.edu.cn/ 电话:029-87082126 E-mail:szysgc@nwsuaf.edu.cn 国际标准刊号:ISSN1672-643X 国内统一刊号:CN61-1413/TV 国内邮发代号:自办发行 开本:大16开 定价:10 元/期 创刊日期:1990-01-01 主要刊登水文水资源、水环境、泥沙工程、江河治理、水工建筑、土工地基、材料与结构、农田水利、水利经济,以及水工程建设中有关应用技术与基础研究的科技成果,新材料、新结构、新工艺、新设备、新技术的开发与应用,水资源区域性发展战略与对策,国内外水利科技动态与发展趋势等方面的专题论述。

四川水利 刊期:双月刊 主管单位:四川省水利厅 主办单位:四川省水利学会、四川省水利厅科技信息中心站 主编:孙文樵 地址:四川省成都市外西牧电路7号 邮政编码:610072 网址:http://scsl.chinajournal.net.cn/ 电话:028-87345616 E-mail:sichuanshuili727@sina.com 国际标准刊号:ISSN 国内统一刊号:CN51-1155/TV 国内邮发代号:自办发行 开本:大16开 定价:5元/期 创刊日期:1978-01-01 主要反映四川省水利水电建设和管理方面的技术水平和学术成就。辟有综合论述、经济管理、设计与施工、工程地质、工程整治、农田水利、水文水资源、水土保持、试验研究、地方水利建设等栏目,以及要闻专递、信息之页、技术广场等专栏。

四川水力发电 刊期:双月刊 主管单位:四川省电力公司 主办单位:四川省水力发电工程学会 主编:宋胜武 地址:四川省成都市浣花北路1号 邮政编码:610072 网址:http://scsl.chinajournal.net.cn/ 电话:028-87399327 传真:028-87329997 E-mail:SCSL@chinajournal.net.cn 国际标准刊号:ISSN1001-2184 国内统一刊号:CN51-1150/TV 国内邮发代号:自办发行 国外发行代号:Q4306 开本:大16开 定价:8元/期 创刊日期:1982-07-01 主要栏目有水利水电工程建设、重点水利工程报道、抗震救灾恢复重建、水电建设、企业管理、输配电等。

西北水电 刊期:双月刊 主管单位:国家电力公司 主办单位:国电公司西北勘测设计研究院 主编:陈念水 地址:陕西省西安市电子工业园区丈八东路18号 邮政编码:710065 http://sbxx.chinajournal.net.cn/ 电话:029-88280709 传真:029-88280635 E-mail:xbsd@nwh.cn sbxx@chinajournal.net.cn 国际标准刊号:ISSN1006-2610 国内统一刊号:CN61-1260/TV 国内邮发代号:52-130 开本:大16开 定价:6元/期 创刊日期:1982-07-01 主要栏目有水文与水资源、规划与动能经济、水库与环保、地质与勘测、水工与施工、机电与金属结构、科研与试验、专题研究、计算机技术、工程监理等。

西北水力发电 刊期:季刊 主管单位:国家电力公司西北公司 主办单位:陕西省水力发电工程学会、西安理工大学水利水电学院 主编:李建中 地址:陕西省西安市金花南路5号(西安理工大学202信箱) 邮政编码:710048 电话:029-82312694 E-mail:sxhy@mail.xaut.edu.cn 国际标准刊号:ISSN1671-4768 国内统一刊号:CN61-1388/TK 国内邮发代号:自办发行 开本:大16开 定价:10元/期 创刊日期:2002-01-01 主要反映有关水力、电力、风力与新能源的理论研究和试验成果,介绍水利工程、电力工程与新能源高新技术信息。内容包括:水库、大坝、电站、厂房、变电站、电网和供用电的勘测、规划、设计、施工和运行管理,水力机械及电气设备的设计、制造、安装和运行等,涉及水力计算、坝工技术、电站建设、厂房结构、设备制造安装、运行与监测、高电压输变电技术、电力系统与自动化、电器与仪表、计算机应用与网络、热工计量与测试、金属材料与性能、水轮机与发电机、库区旅游开发、环境保护与治理等方面的文章,试验研究、生产经验总结、调查研究等,并介绍国外水电建设经验。

小水电 刊期:双月刊 主管单位:水利部 主办单位:水利部农村水电及电气化发展局、中国水利学会水力发电专业委员会、中国水力发电工程学会小水电专业委员会、中国电机工程学会小水电专业委员会、水利部农村电气化研究所(亚太地区小水电研究培训中心) 主编:程夏蕾 地址:浙江省杭州市学院路122号水利部农村电气化研究所 邮政编码:310012 网址:http://www.hrcshp.org/shp/ 电话/传真:0571-88082848 E-mail:xsd122@vip.163.com hrcshp@hotmail.com 国际标准刊号:ISSN1007-7642 国内统一刊号:CN33-1204/TV 国内邮发代号:自办发行 开本:大16开 定价:10元/期 创刊日期:1984-03-01 全国唯一小水电专业技术性期刊。常设栏目主要有方针政策、农村电气化、国际交流、技术交流、经营管理、规划设计、工程施工、机电设备、计算机应用、技术改造、运行与维护、简讯与动态。

亚热带水土保持 刊期:季刊 主管单位:福建省水利厅 主办单位:福建省水土保持委员会、福建省水土保持学会 主编:阮伏水 地址:福建省福州市鼓楼区铜盘路6号 邮政编码:350003 网址:http://admin.chinajournal.net.cn/model01/ 电话:0591-87812785 E-mail:yrdstbc@fjstbc.gov.cn 国际标准刊号:ISSN1002-2651 国内统一刊号:CN35-1283/TV 国内邮发代号:自办发行 开本:大16开 定价:6元/期 创刊日期:1989-01-01 报道中国水土保持方针、政策、法律、法规,交流水土流失治理经验和科技成果普及、水土保持科技知识等。刊登内容主要有水土保持工作论坛、水土流失治理开发、预防监督、试验研究、综述等。

云南水力发电　刊期:双月刊　主管单位:云南电网公司　主办单位:云南省水力发电工程学会　主编:杨国文　地址:云南省昆明市拓东路73号　邮政编码:650011　电话/传真:0871-3012030　E-mail:ynwps85@163.com　国际标准刊号:ISSN1006-3951　国内统一刊号:CN53-1112/TK　国内邮发代号:自办发行　开本:大16开　定价:12元/期　创刊日期:1985-04-01　主要为云南水电建设服务,宣传云南水电建设成就,总结交流水力发电规划设计、科研试验、施工技术、建设管理、生产运行等方面经验和技术水平。

浙江水利科技　刊期:双月刊　主管单位:浙江省水利厅　主办单位:浙江省水利河口研究院、浙江省水利学会　主编:潘存鸿　地址:浙江省杭州市凤起东路50号　邮政编码:310020　网址:http://www.zihe.org/　电话/传真:0571-86438038　E-mail:zjslkj.hz@163.com　国际标准刊号:ISSN1008-701X　国内统一刊号:CN33-1162/TV　国内邮发代号:自办发行　开本:大16开　定价:10元/期　创刊日期:1973-01-01　栏目主要有河口与海岸工程、设计与规划、水环境与水土保持、水电站技术、水资源管理、施工技术、防讯与防洪、工程地质等。

治淮　刊期:月刊　主管单位:水利部　主办单位:水利部淮河水利委员会　主编:伍海平　地址:安徽省蚌埠凤阳西路41号　邮政编码:233001　网址:http://sub.hrc.gov.cn/zhdag/　电话:0552-3092308/3092312　传真:0552-3092310　E-mail:2300@hrc.gov.cn　国际标准刊号:ISSN1001-9243　国内统一刊号:CN34-1030/TV　国内邮发代号:26-28　开本:大16开　定价:4元/期　创刊日期:1952-01-01　杂志紧紧围绕治淮中心工作,把握正确的宣传舆论导向,关注流域水利发展的重大问题,综合介绍和探讨水利政策、法制建设、流域管理、水利经济、工程建设等方面的新问题、新经验。

中国防汛抗旱(原《防汛与抗旱》)　刊期:双月刊　主管单位:中国科学技术协会　主办单位:中国水利学会　主编:丁留谦　地址:北京市海淀区玉渊潭科技园防洪减灾所313室　邮政编码:100038　网址:http://www.rcdr.org.cn/　电话:010-68532207/9　E-mail:cfdm2006@126.com　liangzy@iwhr.com　国际标准刊号:ISSN1673-9264　国内统一刊号:CN11-5587/TV　国内邮发代号:自办发行　开本:大16开　定价:10元/期　创刊日期:1990-01-01　主要刊登防汛抗旱理念、方略、机制,防汛抗旱政策、法规、制度,防汛抗旱经验、教训、建议,水旱灾害规律分析研究,防汛抗旱信息动态及防汛抗旱技术开发推广及其应用方面具有创新性的高水平学术论文、应用报告、专题综述等。重点栏目有减灾部署、高端论坛、抗灾纪实、经验交流、灾后反思、减灾技术、调查研究、政策研析、国外经验、国外信息、减灾知识、图片故事、减灾动态、编读天地。

中国给水排水　刊期:半月刊　主管单位:建设部　主办单位:中国市政工程华北设计研究总院、国家城市给水排水工程技术研究中心　主编:丁堂堂　地址:天津市和平区新兴路52号都市花园大厦21层　邮政编码:300070　网址:http://www.watergasheat.com　电话:022-27835833　E-mail:cnwater@vip.163.com　国际标准刊号:ISSN1000-4602　国内统一刊号:CN12-1073/TU　国内邮发代号:6-86　国外发行代号:4746MO　开本:大16开　定价:12.50元/期　创刊日期:1985-01-01　全国给水排水和环境工程界的专业性科技期刊,交流科技成果实际经验、了解国外科技动向和热点信息、展示先进生产设备,传播给水排水、环境工程领域的新技术、新工艺、新材料、新产品,特别是各地的最新工程信息。

中国农村水利水电　刊期:月刊　主管单位:水利部　主办单位:水利部中国灌溉排水发展中心、水利部农村水电及电气化发展局、武汉大学、中国国家灌溉排水委员会　主编:谈广鸣　地址:湖北省武汉市武汉大学二区　邮政编码:430072　网址:http://www.irrigate.com.cn/　电话:027-68776133　E-mail:xsdbjb@188.com　国际标准刊号:ISSN1007-2284　国内统一刊号:CN42-1419/TV　国内邮发代号:38-49　国外发行代号:M4211　开本:大16开　定价:10元/期　创刊日期:1959-01-01　内容包括水利水电研究、设计、建设和管理的各个方面,信息量大,读者面广,且注重应用技术的研究和推广,理论联系实际,开辟了农田水利建设、灌区建设与管理、节水灌溉、农村饮水与乡镇供水、水工建筑、机电排灌、水文水资源、水利经济、水电建设、国外技术等栏目。

中国水利　刊期:半月刊　主管单位:水利部　主办单位:中国水利报社　主编:邓淑珍　地址:北京市海淀区玉渊潭南路3号　邮政编码:100038　网址:http://www.chinawater.com.cn/　电话:010-63205285/62980955　E-mail:abc@chinawater.com.cn　info@chinawater.com.cn　国际标准刊号:ISSN1000-1123　国内统一刊号:CN11-1374/TV　国内邮发代号:82-690　国外发行代号:SM899　开本:大16开　定价:10元/期　创刊日期:1950-01-01

是水利系统最权威的指导(综合)类科技期刊,以宣传党和国家关于水利的方针政策,探讨水利改革与发展思路,弘扬科学精神,传播水利知识,指导水利实践,沟通水利与社会为宗旨,涉及政策法规、规划设计、技术科研、生产施工、经营管理等诸多领域,努力为水利建设与管理服务。

中国水利水电科学研究院学报 刊期:季刊 主管单位:水利部 主办单位:中国水利水电科学研究院 主编:陈厚群 地址:北京市复兴路甲1号中国水科院A座1156室 邮政编码:100038 网址:http://journal.iwhr.com/ 电话:010-68786238 传真:010-68786262 E-mail:journal@iwhr.com 国际标准刊号:ISSN1672-3031 国内统一刊号:CN11-5020/TV 国内邮发代号:自办发行 开本:大16开 定价:10元/期 创刊日期:2003-04-01 主要栏目有学术论文,科研动态,工程报道;学术成果,科技产品,试验成果发布;国际交流,人物简介,新书介绍和博士硕士园地。本刊承接水利水电及相关行业的广告信息发布。

中国水土保持 刊期:月刊 主管单位:水利部 主办单位:黄河水利委员会 主编:李西民 地址:河南省郑州市金水路11号 邮政编码:450003 网址:http://www.swcczz.cn/ 电话:0371-66022619 传真:0371-66022338 E-mail:swcc2000@sina.com 国际标准刊号:ISSN1000-0941 国内统一刊号:CN41-1144/TV 国内邮发代号:自办发行 国外发行代号:M748 开本:大16开 定价:8元/期 创刊日期:1980-08-01 本刊紧密围绕全国水土保持中心工作,贯彻水土保持方针政策,报道水土保持科技成果,推广生态建设经验,剖析监督执法案例,介绍开发建设项目生态恢复技术,探讨水土保持监测方法,普及水土保持基础知识,提供水土保持动态信息。

中国水土保持科学 刊期:双月刊 主管单位:中国科学技术协会 主办单位:中国水土保持学会 主编:王礼先 地址:北京市海淀区清华东路35号北京林业大学综合办公楼109室 邮政编码:210008 网址:http://www.sswcc.org/ 电话:010-62338031 E-mail:sbxh035@263.net 国际标准刊号:ISSN1672-3007 国内统一刊号:CN11-4988/S 国内邮发代号:82-710 开本:大16开 定价:15元/期 创刊日期:2003-01-01 主要刊登有关水土保持科学的理论和技术方面的研究成果,包括水蚀、风蚀、重力侵蚀等土壤侵蚀规律,土壤侵蚀预防监测与监督管理,农业耕作与栽培措施、林草植被建设措施(含生态自我修复)、工程措施、防沙治沙及小流域综合治理,水土保持规划、设计和施工,水土保持效益评价,高新技术(3S等)在水土保持中的应用,以及林学、生态、土壤、地理等相关领域的研究报告、专题论述、综述和研究简报等。

第三章 中国普通高校水文水利专业

北京市

清华大学土木水利学院水利水电工程专业 地址:北京海淀区清华园新水利馆 邮政编码:100084 网址:http://www.hydr.tsinghua.edu.cn/ 电话:010-62785566 传真:010-62773046 E-mail:slxbgs@tsinghua.edu.cn

中国农业大学水利与土木工程学院农业水利工程专业、水利水电工程专业 地址:北京市海淀区清华东路17号 邮政编码:100083 网址:http://www.cau.edu.cn/water/ 电话:010-62736533 E-mail:dongqing@cau.edu.cn

北京师范大学水科学研究院水文水资源系 地址:北京市新街口外大街19号 邮政编码:100875 网址:http://cws.bnu.edu.cn/ 电话:010-58801136 E-mail:zxxu@bnu.edu.cn

北京师范大学水科学研究院地下水科学与工程系 地址:北京市新街口外大街19号 邮政编码:100875 网址:http://cws.bnu.edu.cn/ 电话:010-58800399 E-mail:ygteng@bnu.edu.cn

中国地质大学(北京)水资源与环境学院水文与水资源工程专业 地址:北京市海淀区学院路29号 邮政编码:100083 网址:http://dept.cugb.edu.cn/Cugb_Wree/ 电话:010-82322271 E-mail:yuqch@cugb.edu.cn

中国矿业大学(北京)地球科学与测绘工程学院水文与水资源工程专业 地址:北京市学院路丁11号 邮政编码:100083 网址:http://dcxy.cumtb.edu.cn/ 电话:010-62339300 E-mail:dcxy@cumtb.edu.cn

防灾科技学院地震科学系地下水科学与工程专业 地址:北京市东燕郊开发区学院街 邮政编码:101601 网址:http://www.fzxy.edu.cn/ 电话:010-61596234 E-mail:grg@ustc.edu.cn fz@fzxy.edu.cn

华北电力大学能源与动力工程学院(北京)水利水电工程专业 地址:北京市德胜门外朱辛庄北农路2号 邮政编码:102206 网址:http://thermal.ncepu.edu.cn/ 电话:010-80798715 传真:010-80798618 E-mail:ndxy@ncepu.edu.cn

华北电力大学可再生能源学院(北京)水利水电工程专业 地址:北京市德胜门外朱辛庄北农路2号 邮政编码:102206 网址:http://gh.ncepu.edu.cn/kzsny/ 电话:010-80795239 传真:010-80795239 E-mail:gengye@ncepu.edu.cn

防灾科技学院地下水科学与工程专业 地址:北京东燕郊开发区学院街防灾科技学院 邮政编码:101601 网址:http://www.fzxy.edu.cn/ 电话/传真:010-1596029 E-mail:bgs@fzxy.edu.cn

天津市

天津大学建筑工程学院水利水电工程专业、港口航道与海岸工程专业 地址:天津市南开区卫津路92号 邮政编码:300072 网址:http://www2.tju.edu.cn/colleges/civil/ 电话:022-27404072

天津大学仁爱学院(独立)水利水电工程专业、港口航道与海岸工程专业 地址:天津市团泊新城博学苑 邮政编码:301636 网址:http://www.tjrac.edu.cn/ 电话:022-68579990 E-mail:webmaster@tju.edu.cn

天津农学院水利工程系、水文与水资源工程专业 地址:天津市西青区津静公路22号 邮政编码:300384 网址:http://sl.tjau.edu.cn/ 电话:022-23786293 E-mail:zhangyongzhi1102@126.com

河北省

河北工程大学水电学院水文与水资源工程专业 地址:河北省邯郸市光明南大街199号 邮政编码:056038 网址:http://shuidian.hebeu.edu.cn/ E-mail:sdxyxxb@126.com lvhaitao@hebeu.edu.cn 1029773585@qq.com

河北工程大学科信学院(独立)水利水电工程专业 地址:河北省邯郸市光明南大街199号 邮政编码:056038 网址:http://kexin.hebeu.edu.cn/ 电话:0310-8579259 E-mail:kexin@hebeu.edu.cn kexinxueyuan@

hebeu. edu. cn

河北农业大学城乡建设学院农业水利工程专业、水利水电工程专业　地址:河北省保定市灵雨寺街289号　邮政编码:071001　网址:http://tch.hebau.edu.cn/chjian/　电话:0312-7521275　E-mail:cjhhl@hebau.edu.cn

河北农业大学现代科技学院农业水利工程专业、水利水电工程专业　地址:河北省保定市建设南路215号　邮政编码:071000　网址:http://tch.hebau.edu.cn/kjxy/　电话:0312-7528381　E-mail:zxxy@mail.hebau.edu.cn　gaojing@mail.hebau.edu.cn

石家庄经济学院工程学院水文与水资源工程专业、地下水科学与工程专业　地址:河北省石家庄市槐安东路136号　邮政编码:050031　网址:http://www2.sjzue.edu.cn/sjychx/　电话:0311-87208287　E-mail:w_yt2052@163.com

河北工程技术高等专科学校水利工程系　地址:河北省沧州市浮阳南大道6号　邮政编码:061001　网址:http://www.hbgz.edu.cn/　电话/传真:0317-3133169

山西省

太原理工大学水利科学与工程学院水利水电系、农业水利(含水利信息化)系、水文水资源系　地址:山西省太原市迎泽西大街79号　邮政编码:030024　网址:http://www.tyut.edu.cn/slxy/　电话:0351-6010102

太原理工大学现代科技学院(独立)水利水电工程专业　地址:山西省太原市新晋祠路45号　邮政编码:030021　网址:http://www.xdkj.tyut.edu.cn/　电话:0351-6534500　E-mail:pitut@qq.com

山西农业大学林学院农业水利工程专业　地址:山西省太谷县山西农业大学　邮政编码:030801　网址:http://www1.sxau.edu.cn/linxueyuan/　电话:0354-6288550/6289330　E-mail:Sxdsir@sohu.com　yaoyantao888@sohu.com　sxndzywok@126.com

山西水利职业技术学院　地址:山西省运城市安邑庙凤西路34号　邮政编码:044000　网址:http://www.sxsy.com.cn/　电话:0359-6309200　E-mail:super1hacker@163.com　sxsyxsc@126.com

内蒙古自治区

内蒙古农业大学水利与土木建筑工程学院农业水利工程专业、水利水电工程专业、水文与水资源工程专业、给水排水工程专业　地址:内蒙古呼和浩特市昭乌达路306号　邮政编码:010018　网址:http://sjy.imau.edu.cn/　电话/传真:0471-4309313　E-mail:ndsjyzhl@126.com

河套大学土木工程学院水利工程专业　地址:内蒙古巴彦淖尔市临河区大学路　邮政编码:015000　网址:http://www.hetaodaxue.com:1060/　电话:0478-8413626　E-mail:pengfang16688@163.com

内蒙古机电职业技术学院水利工程施工技术专业、水利水电建筑工程专业　地址:内蒙古呼和浩特市高职园区学府路1号　邮政编码:010070　网址:http://www.nmgjdxy.com/web/main/　电话:0471-5279084　E-mail:zhangmqjdxy@163.com

辽宁省

大连理工大学建设工程学部水利工程学院水文学及水资源专业、水利水电工程专业、港口航道与海岸工程专业　地址:辽宁省大连市甘井子区凌工路2号　邮政编码:116024　网址:http://sche.dlut.edu.cn/　电话:0411-84706031　E-mail:ghdong@dlut.edu.cn　eerd001@dlut.edu.cn

辽宁师范大学城市与环境学院资源环境与城乡规划管理专业(水文与水资源工程方向)　地址:辽宁省大连市黄河路850号　邮政编码:116029　网址:http://chenghuan.lnnu.edu.cn/　电话:0411-4258364　E-mail:wei-ls@163.com

大连海洋大学海洋与土木工程学院水资源与海洋工程专业、给水排水工程专业、港口航道与海岸工程专业　地址:辽宁省大连市沙河口区黑石礁街52号　邮政编码:116023　网址:http://tmgc.dlou.edu.cn/　电话:0411-84762652　E-mail:ccp@dlfu.edu.cn

沈阳农业大学水利学院农业水利工程专业、水利水电工程专业、水土保持与荒漠化防治专业　地址:辽宁省沈阳市东陵路120号　邮政编码:110161　网址:http://www.syau.edu.cn/sl/　E-mail:sl@syau.edu.cn　jshe@syau.edu.cn

沈阳农业大学科学技术学院(独立)农业水利工程专业、水利水电工程专业　地址:沈阳市东陵路133号沈阳校区、抚顺市经济开发区顺大街北段4号抚顺校区　网址:http://www.syau.edu.cn/fx/　电话:024-88487180/

0413-6619996　E-mail:syaufxzsb@163.com

吉林省

吉林大学环境与资源学院水文与水资源工程专业、水文地质专业　地址:吉林省长春市西民主大街6号　邮政编码:130026　网址:http://cer.jlu.edu.cn/　电话:0431-88502608/88502606　E-mail:cer@jlu.edu.cn

长春工程学院水利与环境工程学院水利水电工程专业、农业水利工程专业、水文与水资源工程专业、水利水电建筑工程专业　地址:吉林省长春市红旗街64号湖西校区　邮政编码:130012　网址:http://shxy.ccit.edu.cn/　电话:0431-85711544

吉林农业科技学院机械建筑学院机水利工程专业　地址:吉林省吉林市新经济技术开发区　邮政编码:132101　网址:http://www.jlnku.com/JiXieXY/　电话:0432-63509640　E-mail:jlzym@126.com

黑龙江省

哈尔滨工程大学船舶工程学院水利水电工程专业、水文与水资源专业　地址:黑龙江省哈尔滨市南岗区南通大街145号　邮政编码:150001　网址:http://gongxue.cn/chuanboxueyuan/

黑龙江大学水利水电学院水利水电工程专业、农业水利工程专业、水文与水资源工程专业　地址:黑龙江省哈尔滨市学府路74号　邮政编码:150080　网址:http://www.hlju.edu.cn/　电话:0451-86608661　E-mail:zsb@hlju.edu.cn

东北农业大学水利与建筑学院农业水利工程专业、水利水电工程专业、水文与水资源工程专业　地址:黑龙江省哈尔滨市香坊区公滨路木材街59号　邮政编码:150030　网址:http://sljzxy.neau.edu.cn/　电话:0451-55191502　传真:0451-55191502　E-mail:neaushuili@126.com　fuqiang100@371.net

黑龙江农垦科技职业学院水利水电建筑工程专业　地址:黑龙江省哈尔滨宾西经济开发区大学城1号　邮政编码:150431　网址:http://www.nknzy.com/　电话:0451-53972002　E-mail:nknzy2006@163.com

上海市

同济大学土木工程学院水文学及水资源专业、港口海岸及近海工程专业　地址:上海市四平路1239号　邮政编码:200092　网址:http://civileng.tongji.edu.cn/　电话:021-65982217　传真:021-65986968　E-mail:gxl@tongji.edu.cn　hlijianzh@tongji.edu.cn

上海交通大学船舶海洋与建筑工程学院港口航道与海岸工程专业　地址:上海市华山路1954号徐汇校区　邮政编码:200030　网址:http://naoce.sjtu.edu.cn/　电话:021-34206420　E-mail:jmyang@sjtu.edu.cn　hliu@sjtu.edu.cn

江苏省

南京大学地球科学与工程学院水文与水资源工程专业、地下水科学与工程专业　地址:江苏省南京汉口路22号东南大楼　邮政编码:210093　网址:http://es.nju.edu.cn/　电话:025-83592921　传真:025-83686016　E-mail:wsj@nju.edu.cn

东南大学土木工程学院给水排水工程专业　地址:江苏省南京市四牌楼2号　邮政编码:210096　网址:http://civil.seu.edu.cn/　电话:025-83793297　E-mail:3803297@seu.edu.cn　g.wu@seu.edu.cn

东南大学交通学院港口航道与海岸工程专业　地址:江苏省南京市四牌楼2号　邮政编码:210096　网址:http://tc.seu.edu.cn/　电话:025-83689816　E-mail:seutc@126.com　bingou@seu.edu.cn

河海大学水文水资源学院水文与水资源工程专业、水务工程专业　地址:江苏省南京市西康路1号严恺馆　邮政编码:210098　网址:http://shxy.hhu.edu.cn/　电话:025-83786621　E-mail:shxy@hhu.edu.cn　rrl@hhu.edu.cn

河海大学水利水电学院水利水电工程专业、农业水利工程专业　地址:江苏省南京市西康路1号水电馆　邮政编码:210098　网址:http://sdxy.hhu.edu.cn/　电话:025-83786511　E-mail:sdxy@hhu.edu.cn

河海大学港口海岸与近海工程学院港口航道与海岸工程专业　地址:江苏省南京市西康路1号严恺馆　邮政编码:210098　网址:http://jtxy.hhu.edu.cn/　电话:025-83786611　E-mail:ghxy@hhu.edu.cn

河海大学大禹学院水文与水资源专业、水利水电工程专业、港口航道与海岸工程专业　地址：江苏省南京市西康路1号　邮政编码：210098　网址：http://dyxy.hhu.edu.cn/　电话：025-5809 9208　E-mail：wu_qingxi@hhu.edu.cn　hzping0301@sina.com.cn

河海大学文天学院(独立)水利水电工程专业、港口航道与海岸工程专业、水文与水资源工程专业、水务工程专业、给水排水工程专业　地址：安徽省马鞍山市霍里山大道333号　邮政编码：243031　网址：http://wtian.hhu.edu.cn/　电话：0555-5222015　E-mail：hhwtzp@163.com

中国矿业大学(徐州)资源与地球科学学院水文与水资源工程专业　地址：江苏省徐州市三环南路　邮政编码：221116　网址：http://sres.cumt.edu.cn/　电话：0516-83591012　E-mail：suiwanghua@cumt.edu.cn

扬州大学水利科学与工程学院水利水电工程专业、农业水利工程专业、水文与水资源工程专业　地址：江苏省扬州市江阳中路31号江阳路南校区　邮政编码：225009　网址：http://slxy.yzu.edu.cn/　电话：0514-87978651　传真：0514-87978606　E-mail：slcy@yzu.edu.cn

扬州大学广陵学院(独立)水利水电工程专业　地址：江苏省扬州市邗江区华扬西路198号　邮政编码：225127　网址：http://glxy.yzu.edu.cn/　电话：0514-87993918　传真：0514-87994009　E-mail：glxy@yzu.edu.cn

徐州建筑职业技术学院水利工程专业　地址：江苏省徐州市泉山区学苑路26号　邮政编码：221116　网址：http://www.xzcat.edu.cn/　电话：0516-83889022　传真：0516-83996089　E-mail：wzl@xzcat.edu.cn　jybys@xzcat.edu.cn

浙江省

浙江大学建筑工程学院水资源与海洋工程专业　地址：浙江省杭州市浙大路38号玉泉校区　邮政编码：310027　网址：http://www.ccea.zju.edu.cn/　电话：0571-87951339　传真：0571-88208685　E-mail：jgoffice@zju.edu.cn

浙江工业大学建筑工程学院给水排水工程专业　地址：浙江省杭州市潮王路18号　网址：http://www.jgxy.zjut.edu.cn/jgxy/　电话：0571-88320460　E-mail：yangyang@zjut.edu.cn　jgyb@zjut.edu.cn

浙江水利水电专科学校水利水电工程专业、水利水电建筑工程专业、城市水利专业、水信息技术专业　地址：浙江省杭州市下沙高教园东区学林街583号　邮政编码：310018　网址：http://www.zjwchc.com/main/电话：0571-86929012　E-mail：zjsdgz@mail.zjwchc.com

浙江同济科技职业学院水利水电建筑工程专业、水利工程专业　地址：浙江省杭州市萧山高教园区　邮政编码：311231　网址：http://www.zjtongji.edu.cn/　电话：0571-83863009　E-mail：2007yezhou@163.com

安徽省

合肥工业大学土木与水利工程学院水利水电工程专业　地址：安徽省合肥市屯溪路193号南校区　邮政编码：230009　网址：http://www1.hfut.edu.cn/department/tujian/　电话：0551-2901434　E-mail：zhudymeng@163.com　pengyuan@hfut.edu.cn

安徽理工大学地球与环境学院水文与水资源工程专业　地址：安徽省淮南市学院路　邮政编码：232001　网址：http://star.aust.edu.cn/zyhjx/　电话：0554-6668430　E-mail：jpyan@aust.edu.cn　zyhjx@aust.edu.cn

安徽农业大学工学院农业水利工程专业　地址：安徽省合肥市长江西路130号资源与环境学院　邮政编码：230036　网址：http://www.ahau.edu.cn/manage/department/gxy/　电话：0551-5786391/5786302　E-mail：ccm@ahau.edu.cn　gxy@ahau.edu.cn

安徽水利水电职业技术学院城市水利专业、水文与水资源专业、水利水电建筑工程专业、水利水电工程管理专业、水利工程专业　地址：安徽省合肥市东门合马路18号　邮政编码：231603　网址：http://www.ahsdxy.ah.edu.cn/　电话：0551-7316800

福建省

福州大学土木工程学院水利水电工程专业　地址：福建省福州市福州地区大学新区学园路2号　邮政编码：350108　网址：http://civil.fzu.edu.cn/　电话：0591-228665378　传真：0591-228665355　E-mail：baochunchen@fzu.

edu. cn

江西省

南昌大学建筑工程学院水利水电工程专业　　地址：江西省南昌市红谷滩新区学府大道 999 号　　邮政编码：330031　　网址：http://jgxy. ncu. edu. cn/　　电话/传真：0791-3969655　　E-mail：gqsong@ ncu. edu. cn

东华理工大学水资源与环境工程学院水文与水资源工程专业、给水排水工程专业　　地址：江西省抚州市学府路 56 号　　网址：http://ce. ecit. edu. cn/　　电话：0794-8250721

南昌工程学院水利与生态工程学院水利水电工程专业、水文与水资源专业　　地址：江西省南昌市天祥大道 289 号　　邮政编码：330099　　网址：http://water. nit. jx. cn/　　E-mail：ddwu@ nit. edu. cn

江西交通职业技术学院港口航道与治河工程专业　　地址：江西省南昌市经济技术开发区双港东大街 397 号　　邮政编码：330013　　网址：http://www. jxjtxy. com/　　电话：0791-3806062　　传真：0791-3809767　　E-mail：hpy@ jxjtxy. com

山东省

山东大学土建与水利学院水利水电工程专业、水文与水资源工程专业　　地址：山东省济南市经十路 17922 号千佛山校区　　邮政编码：250061　　网址：http://www. tjsl. sdu. edu. cn/article/　　电话：0531-88392446　　E-mail：tjyuanzhang@ sdu. edu. cn

山东科技大学地质科学与工程学院水文与水资源工程专业　　地址：山东省青岛经济技术开发区前湾港路 579 号　　邮政编码：266510　　网址：http://cgse. sdust. edu. cn/　　电话：0532-86057219　　E-mail：jcwei@ sdust. edu. cn　　dzxytwxx@ 126. com

山东科技大学土木建筑学院水利水电工程专业　　地址：山东省青岛经济技术开发区前湾港路 579 号　　邮政编码：266510　　网址：http://fcea. sdust. edu. cn/　　电话：0532-86057650　　E-mail：Tjxyyb@ 126. com

山东农业大学水利土木工程学院水利水电工程专业、水文与水资源工程专业、桥梁与渡河道路工程专业　　地址：山东省泰安市岱宗大街 61 号　　邮政编码：271018　　网址：http://202. 194. 131. 136:81/　　电话：0538-8241723　　E-mail：linhx@ sdau. edu. cn　　huqinghua86@ 163. com

山东水利职业学院水利工程专业、水利水电工程管理专业、城市水利专业、水利水电建筑工程专业、水务管理专业、港口工程技术专业　　地址：山东省日照市东港区学苑路 677 号　　邮政编码：276826　　网址：http://www. sd-wrp. com/　　电话：0633-8170010　　传真：0633-8170099　　E-mail：sdbaiyh@ mail. sdwrp. com　　sdsyzsb@ 163. com

河南省

郑州大学水利与环境学院水利水电工程专业、水文与水资源工程专业　　地址：河南省郑州市高新技术开发区科学大道 100 号　　邮政编码：450001　　网址：http://www2. zzu. edu. cn/shx/　　电话：0371-67783172　　E-mail：shxy@ zzu. edu. cn

河南理工大学资源环境学院水文与水资源工程专业　　地址：河南省焦作市高新区世纪大道 2001 号　　邮政编码：454000　　网址：http://218. 196. 240. 62/zhxy/　　电话：0391-3987961　　E-mail：hub@ hpu. edu. cn

华北水利水电学院水利学院水利水电工程专业、农业水利工程专业、工程管理专业、水文水资源专业、港口航道与海岸工程专业　　地址：河南省郑州市北环路 36 号　　邮政编码：450011　　网址：http://www5. ncwu. edu. cn/shuili/　　电话：0371-65727655　　E-mail：shuili@ ncwu. edu. cn

黄河水利职业技术学院水文与工程地质专业、水务管理专业、水文与水资源专业、水利工程施工技术专业、水利水电建筑工程专业　　地址：河南省开封市东京大道西段　　邮政编码：475003　　网址：http://www. yrcti. edu. cn/　　电话：0378-3658000/3657981　　传真：0378-3658766　　E-mail：yuanzhang@ yrcti. edu. cn

湖北省

武汉大学水利水电学院水利水电工程专业、农业水利工程专业、水文与水资源工程专业、港口海岸及治河工程专业　　地址：湖北省武汉市东湖南路 8 号　　邮政编码：430072　　网址：http://sdsy. whu. edu. cn/sdxy/　　电话：027-68772215　　E-mail：359032155@ qq. com

华中科技大学水电与数字化工程学院水利水电工程专业　地址：湖北省武汉市洪山区珞瑜路1037号　邮政编码：430074　网址：http://hae.hust.edu.cn/　电话：027-87540113

中国地质大学(武汉)工程学院水利工程专业　地址：湖北省武汉市洪山区鲁磨路388号　邮政编码：430074　网址：http://gcxy.cug.edu.cn/　电话：027-67883124　E-mail：jianggs65@vip.sina.com

中国地质大学(武汉)环境学院水资源与环境工程专业、水文与水资源工程专业、地下水科学与工程专业　地址：湖北省武汉市洪山区鲁磨路388号　邮政编码：430074　网址：http://ses.cug.edu.cn/　电话：027-67883152　传真：027-87436235　E-mail：liang@cug.edu.cn　hjb@cug.edu.cn

长江大学地球化学系水文与水资源工程专业　地址：湖北省荆州市荆州区南环路1号3号教学楼　邮政编码：434023　网址：http://dqhx.yangtzeu.edu.cn/　电话：0716-8060431　E-mail：liue105@163.com

三峡大学水利与环境学院水利水电工程专业、水文与水资源工程专业　地址：湖北省宜昌市大学路8号　邮政编码：443002　网址：http://hee.ctgu.edu.cn/　电话：0717-6792341　传真：0717-6392318　E-mail：zhyh@ctgu.edu.cn　guoqi@ctgu.edu.cn

三峡大学科技学院(独立)水利水电工程专业、水利水电建筑工程专业　地址：湖北省宜昌市大学路18号　邮政编码：443002　网址：http://www.ctgu.edu.cn　http://210.42.35.198/　电话：0717-6392880　传真：0717-6394011　E-mail：kjxg@ctgu.edu.cn

湖北水利水电职业技术学院水利水电建筑工程专业、水利工程专业、水务管理专业、城市水利专业、小型水电站及电力网专业　地址：湖北省武汉市武昌珞狮路306号　邮政编码：430070　网址：http://www.hbsy.cn/　电话/传真：027-87378362　E-mail：hbsdxy@sohu.com

湖北国土资源职业学院水文与工程地质专业　地址：湖北省荆州市荆沙路21号　邮政编码：434000　网址：http://www.hbgt.com.cn/　电话：0716-8269279　传真：0716-8257957　E-mail：hbgtzsb@163.com

长江工程职业技术学院水利水电建筑工程专业、水利工程施工技术专业、水利水电工程管理专业、水文与水资源专业　地址：湖北省武汉市江夏区文化路9号　邮政编码：430212　网址：http://www.cj-edu.com.cn/　电话：027-87933355　传真：027-87933332　E-mail：fengzhch@163.com　ZXL72270@vip.163.com

三峡电力职业学院水利水电建筑工程专业　地址：湖北省宜昌市绿萝路36号　邮政编码：443000　网址：http://www.tgcep.cn/　电话：0717-6445447　传真：0717-6461255　E-mail：zzd@tgcep.cn　tgcepzjc@163.com

湖南省

长沙理工大学水利(河海)工程学院港口航道与海岸工程专业、水利水电工程专业、水文与水资源工程专业、国际水利水电工程管理专业　地址：湖南省长沙市雨花区万家丽南路二段960号云塘校区　邮政编码：410014　网址：http://www.csust.edu.cn/pub/slxy/　电话/传真：0731-85258438　E-mail：jiangchb@csust.edu.cn　gaoyanxigeo@sina.com

湖南农业大学工学院水利水电工程专业　地址：湖南省长沙市芙蓉区马坡岭　邮政编码：410128　网址：http://220.169.45.179/gcxy/　电话：0731-84618190　E-mail：3741356@qq.com

湖南农业大学东方科技学院(独立)水利水电工程专业　地址：湖南省长沙市芙蓉区马坡岭　邮政编码：410128　网址：http://www.hnaues.com/　电话：0731-84673790/84673942　E-mail：dfjyzx@hunau.net

湖南水利水电职业技术学院水利工程专业、水利水电建筑工程专业、城市水利专业、水信息技术专业、水利工程施工技术专业　地址：湖南省长沙市远大二路泉塘　邮政编码：410131　网址：http://www.hnslsdxy.com/　电话：0731-84612968　E-mail：hnsdxyyb@163.com

广东省

中山大学地理科学与规划学院水文与水资源专业　地址：广东省广州市新港西路135号地环大楼　邮政编码：510275　网址：http://gp.sysu.edu.cn/　电话：020-84032834　传真：020-84112593　E-mail：liulin2@mail.sysu.edu.cn　zuozhl@mail.sysu.edu.cn

华南理工大学土木与交通学院水利水电工程专业　地址：广东省广州市天河区五山路381号　邮政编码：

510641　网址:http://www2.scut.edu.cn/jtxy/　电话:020-87111030　传真:020-87114460　E-mail:cvchsu@scut.edu.cn　x2tj@scut.edu.cn

华南农业大学水利与土木工程学院水利水电工程专业　地址:广东省广州市天河区五山　邮政编码:510640　网址:http://xy.scau.edu.cn/slxy/　电话:020-85283650　E-mail:xiaoyanx@scau.edu.cn　congpeitong@163.com　shltmxy@scau.edu.cn

广州航海高等专科学校港口航道与治河工程专业　地址:广东省广州市黄埔区红山三路101号　邮政编码:510725　网址:Http://www.gzhmt.edu.cn/　电话/传真:020-32083039　E-mail:gzhmtzyl@126.com　xuegongbu@gzhmt.edu.cn

广东水利电力职业技术学院港口航道与治河工程专业、水利水电建筑工程专业、水政水资源管理专业　地址:广东省广州市天河区天寿路122号天河校区　邮政编码:510635　电话:020-38490704　传真:020-38490923　广州市从化街口江埔街从化校区　邮政编码:510925　电话:020-87993480　传真:020-87993486　网址:http://www1.gdsdxy.cn/　E-mail:gdsdxy@gdsdxy.edu.cn

广东交通职业技术学院水运管理专业、港口与航运管理专业、港口物流管理专业　地址:广东省广州市天河区天源路789号　邮政编码:510650　网址:http://www.gdcp.cn/　电话:020-87024621　E-mail:jzyyb@gdcp.cn　jzytsg@163.com

广西壮族自治区

广西大学土木建筑工程学院水利水电工程专业　地址:广西南宁市大学路100号　邮政编码:530004　网址:http://www2.gxu.edu.cn/tmxy/　电话:0771-3232894　传真:0771-3236273　E-mail:tmjb@gxu.edu.cn　tmyb6464@163.com

桂林理工大学环境科学与工程学院水文与水资源工程专业、水文地质与工程地质专业　地址:广西桂林市建干路12号　邮政编码:541004　网址:http://departs.glite.edu.cn/hjxy/　电话:0773-5896285　传真:0773-5895330　E-mail:wangdunqiu@glite.edu.cn　zenghonghu@glite.edu.cn

广西水利电力职业技术学院水利水电建筑工程专业、水文水资源专业、水利工程专业　地址:广西南宁市长堽路99号　邮政编码:530023　网址:http://www.gxsdxy.cn/　电话:0771-2085123　传真:0771-2085505　E-mail:wlzx@gxsdxy.cn　zjc@gxsdxy.cn

重庆市

西南大学资源环境学院水文与水资源工程专业　地址:重庆市北碚区天生路1号　邮政编码:400715　网址:http://zihuan.swu.edu.cn/　电话:023-68251249　E-mail:zihuan_b@swu.edu.cn　lyzsoil_2006@126.com

重庆交通大学河海学院港口航道与海岸工程专业、水利水电工程专业　地址:重庆市南岸区学府大道66号　邮政编码:400074　网址:http://www2.cqjtu.edu.cn/hhxy/　电话:023-62652714　传真:023-62650204　E-mail:hhxl@cquc.edu.cn　hhxy@cqjtu.edu.cn

重庆水利电力职业技术学院水利水电建筑工程专业、水利工程施工技术专业、城市水利专业、水环境监测与分析专业、水务管理专业、港口航道与治河工程专业、灌溉与排水技术专业、水利水电工程管理专业　地址:重庆永川市昌州大道西段18号　邮政编码:402160　网址:http://www.cqsdzy.com/　电话/传真:023-49838181

四川省

四川大学水利水电学院农业水利工程专业、水利水电工程专业、水文与水资源工程专业　地址:四川省成都市一环路南一段24号　邮政编码:610065　电话:028-85401154　网址:http://cwrh.scu.edu.cn/　传真:028-85405604　E-mail:sdxyyb@email.scu.edu.cn　Yantu110@163.com　89022251@163.com

成都理工大学环境与土木工程学院地下水科学与工程专业　地址:四川省成都市二仙桥东三路1号　邮政编码:610059　网址:http://hgy.cdut.edu.cn/collage/　电话:028-84077988　E-mail:ltb@geohp.com　wangys60@163.com　lihdd65@sohu.com

西华大学能源与环境学院水利水电工程专业　地址:四川省成都市金牛区金周路999号　邮政编码:610039

网址:http://202.115.151.46/energe/　　电话:028-87720521　　E-mail:laixd@mail.xhu.edu.cn　　sgliu2006@163.com

四川农业大学信息与工程技术学院农业水利工程专业、水利水电工程专业　　地址:四川省雅安市雨城区新康路46号校本部　　邮政编码:625014　　网址:http://xgy.sicau.edu.cn/　　电话:0835-2882071　　E-mail:gxydean@163.com

西昌学院工程技术学院水利水电工程专业　　地址:四川省西昌市北工业园区西昌学院(北)　　邮政编码:615013　　网址:http://eng.xcc.edu.cn/　　电话:0834-2580032

贵州省

贵州大学土木建筑工程学院水利水电工程专业　　地址:贵州省贵阳市花溪区　　邮政编码:550025　　网址:http://ca.gzu.edu.cn/　　电话:0851-8292178　　传真:0851-3621956　　E-mail:po@gzu.edu.cn　Baotai2000@sina.com

贵州大学资源与环境工程学院水文与水资源工程专业、勘察技术与工程(水文地质)专业　　地址:贵州省贵阳市贵工路6号蔡家关校区　　邮政编码:550003　　网址:http://cree.gzu.edu.cn/　　电话/传真:0851-4733001　　E-mail:120426156@qq.com

云南省

昆明理工大学现代农业工程学院农业水利工程专业　　地址:云南省昆明市一二一大街文昌路68号　　网址:http://fmae.kmust.edu.cn/　　电话:0851-3801007　　E-mail:gezhenyang@gmail.com　455313853@qq.com

昆明理工大学津桥学院(独立)水利水电工程专业　　地址:云南省昆明市国家高新技术产业开发区海源北路1268号　　邮政编码:650106　　网址:http://www.oxbridge.cn/　　电话/传真:0871-8321951　　E-mail:yuanzhang@oxbridge.cn　office@oxbridge.cn

云南农业大学水利水电与建筑学院水利水电工程专业、农业水利工程专业　　地址:云南省昆明市北郊黑龙潭　　邮政编码:650201　　网址:http://sy.ynau.edu.cn/　　E-mail:ynndslsd@yahoo.com.cn

西藏自治区

西藏大学农牧学院工程技术学院水利水电工程专业、农业水利工程专业、水文水资源工程专业　　地址:西藏林芝地区八一镇学院路8号　　邮政编码:860000　　网址:http://www.xza.cn/yxsz/gcxy/　　电话:0894-5823990

陕西省

长安大学环境科学与工程学院水文与水资源工程专业　　地址:陕西省西安市雁塔路126号　　邮政编码:710054　　网址:http://esec.chd.edu.cn/　　电话:029-82339952　　传真:029-85585485　　E-mail:yhb1997@chd.edu.cn　lyfphd@163.com　zhiyuanma56@163.com

西北农林科技大学水利与建筑工程学院农业水利工程专业、水文与水资源工程专业、水利水电工程专业　　地址:陕西省杨凌区渭惠路3号　　邮政编码:712100　　网址:http://sjxy.nwsuaf.edu.cn/　　电话:029-87082902　　传真:029-87082901　　E-mail:sjxy208@163.com　xiaoyimasl@yahoo.com.cn　lyas@public.xa.sn.cn

西安理工大学水利水电学院水利水电工程专业、水文与水资源工程专业、农业水利工程专业　　地址:陕西省西安市金花南路5号　　邮政编码:710048　　电话:029-82312906　　网址:http://whe.xaut.edu.cn/　　传真:029-83230217　　E-mail:syb@mail.xaut.edu.cn

甘肃省

兰州大学资源环境学院水文与水资源工程专业　　地址:甘肃省兰州市天水南路222号　　邮政编码:730000　　网址:http://geoscience.lzu.edu.cn/　　电话:0931-8912627　　传真:0931-8912449　　E-mail:wangna@lzu.edu.cn　cees@lz.edu.cn

兰州理工大学能源与动力工程学院水利水电工程专业　　地址:甘肃省兰州市七里河区兰工坪路287号　　邮政编码:730050　　网址:http://yuanxi.lut.cn/lt/　　电话:0931-2756251　　传真:0931-2756250　　E-mail:Lirn@lut.cn　fluid@lut.cn

兰州交通大学土木工程学院水利水电工程专业　　地址:甘肃省兰州市安宁区安宁西路88号　　邮政编码:

730070　网址：http://www1.lzjtu.edu.cn/tmgcxy/　电话：0931-4938532　E-mail：wangqc@mail.lzjtu.cn　dangzz@mail.lzjtu.cn　tiecheng@mail.lzjtu.cn

甘肃农业大学林学院水土保持与荒漠化防治专业　地址：甘肃省兰州市安宁区营门村1号　邮政编码：730070　网址：http://lxy.gsau.edu.cn/　电话：0931-7631200　E-mail：liyi@gsau.edu.cn

甘肃农业大学工学院农业水利工程专业、水利水电工程专业　地址：甘肃省兰州市安宁区营门村1号　邮政编码：730070　网址：http://gxy.gsau.edu.cn/　电话：0931-7631207　E-mail：hexc@gsau.edu.cn

青海省

青海大学水利电力学院水利水电工程专业、水文与水资源工程专业　地址：青海省西宁市宁张公路251号　邮政编码：810016　网址：http://www.qhu.edu.cn　电话：0971-5310436

青海大学昆仑学院（独立）水利水电工程专业　地址：青海省西宁市宁张公路175号　邮政编码：810016　网址：http://klc.qhu.edu.cn/　电话：0971-5311070　传真：0971-5366253　E-mail：zhao_kejian0826@sohu.com

宁夏回族自治区

宁夏大学土木与水利工程学院农业水利工程专业、水利水电工程专业　地址：宁夏银川市西夏区贺兰山西路539号　邮政编码：750021　网址：http://tmsl.nxu.edu.cn/　电话：0951-2062005　E-mail：slxtjc@163.com　slxwbin@163.com

新疆维吾尔自治区

石河子大学水利建筑工程学院农业水利工程专业　地址：新疆石河子市北四路31号　邮政编码：832000　网址：http://slxy.shzu.edu.cn/2006/index.asp/　电话：0993-2058082　E-mail：guowei@shzu.edu.cn

新疆农业大学水利与土木工程学院农业水利工程专业、水利水电工程专业、水土保持与荒漠化治理专业、水利工程经济专业、水文地质与工程地质专业　地址：新疆乌鲁木齐市南昌路42号　邮政编码：830052　网址：http://wcc.xjau.edu.cn/　电话：0991-8762805　E-mail：xysllc@xjau.edu.cn

新疆农业大学科学技术学院（独立）水利水电工程专业　地址：新疆乌鲁木齐市农大东路110号　邮政编码：830091　网址：http://www.xjstc.net.cn/　电话：0991-8763360　传真：0991-8763861　E-mail：kjxyzb@xjau.edu.cn　xndkjxy@126.com

塔里木大学水利与建筑学院农业水利工程专业　地址：新疆阿拉尔市　邮政编码：843300　网址：http://sjy.taru.edu.cn/　电话/传真：0997-4680399

第四章　中国水文水利科学家

曹楚生(1926.6.2～　) 男，江苏无锡人，出生于湖北省武汉市，1948年7月毕业于上海交通大学土木系结构组。中国工程院士，水利水电工程设计、水工结构专家。现任天津大学教授和水利部天津水利水电勘测设计研究院教授级高工、专家委员会主任。曾担任四至六届中国水利学会理事、水工结构专业委员会副主任、天津市水利学会副理事长以及中国水力发电学会理事、抽水蓄能专委会主任等职务。长期从事工程设计，负责设计的工程有：佛子岭连拱坝、磨子潭大头坝、响洪甸重力拱坝、黄河干流上第一座发电的盐锅峡水电站、碧口碾压式土石坝、潘家口混合式抽水蓄能电站和石漫滩碾压混凝土坝等。撰写有关水工结构、抗震、基础处理、水利水电可持续发展等论文40余篇，主编中国大百科全书水利卷中水工建筑物分支，编写《中国水利》中"中国坝工"一章。曾获国家优秀设计金奖2项，省部级科技进步一等奖3项、二等奖1项。

陈道弘(1915.9.13～1984.1.20) 男，江苏阜宁人。1939年毕业于中央大学土木工程系。曾任国民政府卫生署中央卫生实验院工程师、水利委员会科长。中华人民共和国成立后，历任华东军政委员会水利部工程师、科长、副处长，水利电力部水文局技术专员、水文测验研究室主任，葛洲坝水电工程局工程师，水利电力部治淮委员会水利处主任工程师、处长，水利部水文局副总工程师、总工程师、高级工程师，中国仪器仪表学会第二届理事。长期从事水利水文工作，主持了中国水文测验技术规范的编写，领导了中国江河水文仪器的研制。作为主要执笔人，先后参加起草《1956年～1967年国家科学技术发展规划》和《1963年～1972年国家科学术技发展规划（草案）》中的水文部分，编译了《国外水库失事及预防》《国外设计洪水问题》《一些国家水库设计洪水及标准》《国外险病水库处理》《国外水文测验》《国外泥沙问题》《国外超声波测流》等大量国外水文科学技术文献专辑。作为副主编，参与主持《中国大百科全书·大气科学·海洋科学·水文科学》《中国农业百科全书·水利》和《中国水利百科全书》的编纂。

陈潢(1637～1688) 浙江秀水（今嘉兴）人，一说浙江钱塘（今杭州市）人，清朝治河名臣。自幼不喜八股文章，年轻时攻读农田水利书籍，并到宁夏、河套等地实地考察，精研治理黄河之学。康熙十六年（1677），河道总督靳辅发现陈潢才学过人，遂礼之入幕，协助治水。陈潢为制定治河工程计划，跋涉险阻，上下数百里，一一审度。在治理方法上，继承和发展了明代著名治水专家潘季驯"筑堤束水，以水攻沙"的治河理论，主张把"分流"和"合流"结合起来，把"分流杀势"作为河水暴涨时的应急措施，而以"合流攻沙"作为长远安排。在具体做法上，采用了建筑减水坝和开挖引河的方法。为了使正河保持一定的流速流量，发明了"测水法"，把"束水攻沙"的理论置于更加科学的基础上。由于陈潢等人指导有方，在他负责治河期间的黄河安然无恙。康熙二十六年（1687）经靳辅保奏，授陈潢佥事道衔。此后，为了治理黄、淮两河水患，陈潢又打破自古以来"防河保运"的传统方法，提出了"彻首彻尾"治理黄河、淮河意见，即在黄河、淮河上、中、下游进行"统行规划、源流并治"，未为朝廷采纳。

陈厚群(1932.5.3～　) 男，江苏无锡人，1950年～1952年在清华大学学习，1958年毕业于苏联莫斯科动力学院。中国工程院院士，水工结构专家，中国水利水电科学研究院高级工程师、学位委员会副主席、工程抗震研究中心主任。历任水利水电科学研究院工程师，抗震防护研究所副所长、所长、高级工程师，中国科学院结构振动开放实验室主任等职。在混凝土坝的抗震加固理论研究和解决重大工程的抗震关键问题方面，做出了创造性贡献。解决了新丰江、二滩、小浪底等重大工程的抗震问题；主持编制和修编了中国《水工建筑物抗震设计规范》等多本规范的制定工作；负责建置中国第一座大型3向6自由度模拟地震振动台，并为大坝现场振动试验建立了一整套严格的科学测试监测手段。发表论文百余篇，参加编写的专著、辞书有3部。20次获得国家级及部、省级科技成果奖。

陈梦熊(1917.10.12～　) 男，生于江苏南京，祖籍浙江上虞，1942年西南联合大学地质系毕业。中国科学院院士，著名水文地质学家。国土资源部科技咨询研究中心咨询委员、高级工程师。长期在地矿部水文地质工程地质局担任副总工程师职务,主管水文地质科技业务,领导完成全国区域水文地质普查工作;负责主编的黄淮海平原和松辽平原水文地质图系,开创了跨流域图系的典型模式;系统地创立了一套具有中国特色的水文地质图编图方法,在全国得到普遍应用;组织完成全国地下水资源的计算与评价,并开始致力于水资源、地下水系统以及环境水文地质问题的研究,参与完成国际水文计划关于"地下水流系统分析"和"水资源开发的负效应与管理"2项国际协作的研究课题;在国际组织中担任多项职务,对促进国际学术交流和提高中国学术地位作出了重要贡献。20世纪80年代以来,又致力于地下水资源与环境水文地质问题的研究。在国内外先后发表论文150余篇,代表作有《中国地下水资源与环境》《中国水文地质环境地质问题研究》和《中国水文地质工程地质事业的发展与成就》等。曾获全国科学大会奖、国家科技进步二等奖、地质矿产部科研成果奖多项、何梁何利基金科学进步奖等。

陈明致(1929.11.28~2008.10.10) 男,福建福州人,1950年毕业于交通大学获学士学位。中国工程院院士,水利工程专家。现任水利部科技委员。曾任水利电力东北勘测设计院院长、水利部松辽水利委员会主任兼工程师、电力部科技委委员、黄河小浪底水利枢纽工程建设技术委员会主任。主持或参加了大伙房、清河、白山、红石、太平湾等50多座水利水电工程的设计和审定。近10余年来领导东北水利建设和管理,主持编制了《松花江流域规划》《修订辽河流域规划》和《松辽水资源综合开发利用规划》。为坝工及地下工程设计理论、水利规划和东北水利水电建设作出重要贡献。出版《土坝设计》《堆石坝设计》等专著6本,发表论文30余篇。曾获全国科学大会奖、国家科技进步奖一等奖等。

陈清濂(1934~2008.6.7) 男,福建泉州人。1954年7月毕业于华东水利学院(现河海大学)河川系。水利专家,水利水电规划设计总院教授级高级工程师。曾任黄河规划委员会技术员、黄河三门峡工程局技术员、水利部水利水电规划设计总院副总工程师、中国江河咨询中心副总工程师,兼任中国水利经济研究会副秘书长、中国水利学会规划研究会副秘书长、北京市水利学会水利经济专业委员会主任等学术与技术职务。参与主持编制《水利经济计算规范》(后经修订于1994年以《水利建设项目经济评价规范》正式实行)《水工建筑物设计洪水计算规范》《江河流域规划编制规范》《水利工程水利计算规范》《水利水电工程可行性研究报告编制规程》《水利水电工程初步设计报告编制规程》《江河流域规划环境影响评价规范》等一系列水利水电的国家规范与行业规范,主编国家规范《防洪标准》,主持或参与黄河、淮河、海河、珠江、辽河、太湖等河湖《近期防洪建设若干意见》的审查,参与《中国大百科全书·水利卷》编写,发表论文《黄河年径流研究》《综合利用水利工程投资的分摊方法》等多篇。

陈志恺(1926.11.28~) 男,上海市人,1950年毕业于中国交通大学。中国工程院院士,水文水资源、水利规划专家,水利部科学技术委员会委员、中国水利水电科学研究院教授级高级工程师。曾任中国水利水电科学研究院水资源所所长、水利部科学技术委员会委员。改革开放前主要从事工程水文、暴雨洪水方面的研究,改革开放后致力于水资源评价、水资源规划等方面的研究和应用,在小流域暴雨洪水、水资源评价、四水转化模式、水资源规划等方面均有开创性研究。主持完成了《中国暴雨参数图集》《中国水文图集》编制、暴雨洪水频率计算方法研究、中国水资源初步评价、华北地区"四水"转化关系等重要基础研究工作,倡导将水资源研究与宏观经济及生态环境相结合,参与了三峡、小浪底、南水北调等重要工程的论证与评审,为中国工程水文设计、水资源评价与规划作出了重要贡献。出版《设计点暴雨的计算方法》《中国暴雨参数图集》《中国水文图集》《中国水资源初步评价》等专著,发表学术论文数十篇。曾获全国科技大会自然科学奖、国家科技进步二三等奖等。

陈祖煜(1943.2.13~) 男,出生于重庆市,浙江宁波人,1966年毕业于清华大学水利系,1979年~1981年赴加拿大Alberta大学进修,1991年获清华大学博士学位。中国科学院院士,水利水电、土木工程专家,中国水利水电科学研究院教授级高级工程师。曾任三峡、小浪底、长江干堤加固等工程的安全鉴定、验收和咨询专家。长期从事边坡稳定理论和数值分析的研究工作。发展完善了以极限平衡为基础的边坡稳定分析理论;得出了边坡稳定分析上限解的微分方程以及相应的解析解;将有关理论和方法推广到三维问题的求解,使边坡三维稳定分析成为现实可行;先后提出并解决了小湾、天生桥、漫湾、二滩、天荒坪等大型工程滑坡险情的工程措施并成功实施;编制的边坡稳定分析软件STAB已形成一个具有141个应用单位的用户网。并成为汶川地震专家组成员。在国内外学术期刊和会议上发表论文100余篇,有关研究成果分获国家科技进步二三等奖、茅以升土力学与基础工程大奖、黄文熙讲座撰稿人等国内岩土届的最高荣誉。

陈家琦（1924~2014） 湖南长沙人。1947年毕业与天津津沽大学（原天津工商学院，后并入天津大学）土木工程系。1951年~1955年在前苏联科学院水问题研究所留学，获得副博士学位。教授级高级工程师。曾任水利部水文局长，水利部水资源办公室咨询等职务，中国水资源学开拓者之一。在流域暴雨洪水计算方面提出"水科院推理公式"，该公式在中国得到广泛应用，被列入教材、规范附件和有关手册。主持研究及修订国家标准《水利水电工程设计洪水计算规范》工作。曾任长江三峡工程可行性论证的水文专家组组长、三峡工程初步设计审查核心专家组成员等。著有《水资源学概论》等，发表科学论文80余篇。

窦国仁（1932.11.16~2001.5.22） 男，满族，辽宁北镇人。1956年毕业于前苏联列宁格勒水运学院，1959年获技术科学副博士学位，1960年获技术科学博士学位。中国科学院院士，泥沙及河流动力学专家。历任南京水利科学研究所副所长、南京水利科学研究院院长、水利部大坝安全管理中心主任，交通部技术顾问、中国水利学会副理事长、国际泥沙培训研究中心顾问委员会主席、国务院学位委员会水利学科评议组召集人、中国海洋学会副理事长、中国海洋工程学会理事长等。长期从事紊流和泥沙方面的研究工作，对河流结构、泥沙运动、推移质和悬移质输沙、河床变形等做出较为全面系统的发展；提出了非恒定流不平衡输沙方程式、泥沙沉降的统一公式、河流和河口河床形态方程式等；发展了全沙物理模型和全沙数学模型；解决了葛洲坝工程泥沙问题，保证了正常通航和发电；提出河床紊流随机理论，使河床水流、减阻流和高含沙流的脉动结构、时均结构和阻力得到了理论上的概括；研究长江三峡工程、黄河小浪底工程、长江口和黄骅港等泥沙问题，为这些工程兴建提供了科学依据。著有《紊流力学》《泥沙运动理论》等著作，发表论文约120篇。曾获国家科学技术进步特等奖、国家自然科学二等奖、交通部科技进步一二等奖、水利部科技进步一等奖等多项。

都实（生卒年不详） 蒙古人，中国元代旅行家、水利家，金朝女真族蒲察氏后裔。至元十七年（1280）元世祖想把汉、唐都未能明瞭的黄河源地彻底弄清，并计划在那里建城设置驿站，以便商贾互市与通航，授命都实前往考察。都实带领人马到黄河源进行勘察。他们自河州（今甘肃临夏）宁河驿出发，穿过甘肃南部崇山峻岭，经积石山东，溯河而上，历时4个月到达河源星宿海地区。完成考察任务后，同年冬返京报命，呈上绘有包括城、驿位置的地图。其主要贡献：①指出黄河源的地理位置在土蕃朵甘思西鄙。②描述了黄河源区的水文情况，第1次记录了星宿海及其得名的实状，指出今札陵湖与鄂陵湖当时共用一名、虽分实连。③绘制黄河源图。元人潘昂霄根据都实之弟阔阔出的转述，写成《河源志》，对黄河上游干支流的情况作了详细记载，这是中国历史上第1次大规模考察河源。

葛修润（1934.7.12~ ） 男，上海市人，1952年~1953年在清华大学学习，1959年毕业于原苏联敖德萨建筑工程学院水利系。中国工程院院士，岩土力学专家，中国科学院武汉岩土力学研究所研究员、中国科学院岩土力学重点试验室学术委员会主任。主要从事岩体工程问题和数值分析方法、测试技术及岩体基本力学性质等研究。参加中国最早结合大型原位试验的大冶铁矿南邦边坡研究，主持了大冶北邦滑坡整治、铜绿山、永平、海南等大型矿山边坡工程，进行的511工程地下洞群非线性分析是国内大型地下工程应用有限元首例，为葛洲坝二江泄水闸作抗滑稳定非线性分析、清江隔河岩重力拱坝连同复杂岩基的三维有限元分析等，均为解决工程难题作出重大贡献，研制成功总体性能具有国际领先水平的液压伺服岩石力学多功能试验机。近年来为长江三峡水利枢纽、水布垭水电站、小湾水电站和深圳地铁建设作出贡献，2001年为位于三峡水库库底的白鹤梁水文站石刻原址水下保护工程提出原创性方案被国家采纳。

关君蔚（1917.5.23~2007.12.29） 男，辽宁沈阳人，1941年毕业于日本东京农工大学林学科获技术士学位。中国工程院院士，水土保持学家、中国水土保持领域的奠基者和开拓者，北京林业大学教授。长期致力于中国水土保持、防护林体系的教学和科研，创办了中国高等林业院校第一个水土保持专业和水土保持系，建立了具有中国特色的水土保持学科体系。长期深入实际，在山区建设、泥石流治理、防护林体系理论基础等研究领域取得了重要成果，指导了生产实践，为中国水土保持事业的发展作出了突出的贡献。多年研究并经实践证明在山区突然发生造成毁灭性灾害的泥石流，不仅可以治理，而且可以预见、预测和预报。首次提出并发展了"水土保持的概念和防护林体系"的理论，成为中国水土保持和防护林体系建设工作的基础。发表有《泥石流的运动规律及其防治途径的研究》《山区建设与水土保持》等论文，著有《水土保持原理》，主编有《水土保持学》等。

郭守敬(1231~1316) 男,字若思,汉族,顺德邢台(今河北邢台)人。生于元太宗三年(1231),卒于元仁宗延祐二年(1316)。中国元朝的天文学家、数学家、水利专家和仪器制造专家。1276 年修订新历法,经 4 年时间制订出《授时历》,通行 360 多年。是当时世界上最先进的一种历法。1981 年,为纪念郭守敬诞辰 750 周年,国际天文学会以他的名字为月球上的一座环形山命名。晚年,致力于河工水利,曾担任都水监,提出并完成了自大都到通州的运河(即白浮渠和通惠河)工程。不仅根据大都的地形地貌解决了通惠河的水源问题,而且按地形地貌变化及水位落差,在运河中设闸坝、斗门,解决了河水的水量和水位。主持河工工程期间,制成一些精良的计时器。

韩其为(1933.11.2~) 男,湖北松滋人。中国工程院院士,泥沙(运动)与河床演变(水库淤积)专家,中国水利水电科学研究院教授级高级工程师。曾任长江水利水电科学研究院工程师。在泥沙运动随机理论方面有广泛深入的研究,不仅在推移质扩散、单颗泥沙运动有多项创新成果,开拓了床面泥沙交换、输沙率随机模型等新的领域,建立了较为完整的泥沙运动随机(统计)理论体系;在水库淤积方面基本完成了将其由描述性学科到定量表达的过渡,奠定了水库淤积的理论基础;对非均匀悬移质不平衡输沙开创了悬移质级配及床沙级配及挟沙能力级配等研究领域,取得不少创新成果,为一维泥沙输沙数学模型提供了理论基础。此外,他还在河床演变、工程泥沙、特别是三峡工程泥沙也作出了重要贡献。先后发表论文及报告 140 余篇,科学出版社出版专著 2 本。曾获苏联电站部奖章和奖状、国务院电子振兴小组一等奖、水电部科技进步二等奖、国家科技进步三等奖、水利部论文一等奖、国家自然科学三等奖、水利部科技进步一等奖等。

华士乾(1921.10.10~2001.7.25) 男,江苏无锡人。1948 年毕业于中央大学土木工程系。中国水文预报事业的奠基者之一。曾先后在全国水文资料整理委员会、南京水利实验处水文研究所、水利(电力)部水文局、淮河水利委员会任职,1977 年 10 月奉调南京筹建水利部南京水文水资源研究所,历任副所长、总工程师、咨询等职,中国水利学会、中国地理学会水文专业委员会理事、副主任等。写下了百余篇论文,主编了 5 本专著。主编的《洪水预报方法》是中国最早的水文预报专著之一,主编的《水资源系统分析指南》在水资源系统规划、运行、管理等方面得到广泛应用,并主持撰写了《中国大百科全书·水文科学卷》《中国水利百科全书(水文水资源卷)》《中国农业百科全书(水文水资源分支)》等。

黄万里(1911.8.20~2001.8.27) 男,江苏川沙人。1932 年毕业于唐山交通大学(现西南交通大学),1935 年获得美国康奈尔大学硕士学位,1937 年获得美国伊利诺伊大学香槟分校工程博士学位。中国著名水利工程学专家、清华大学教授。1945 年在南京出任水利部视察工程师,1947 年~1949 年 4 月出任甘肃省水利局局长兼总工程师、黄河水利委员会委员,1949 年 9 月任东北水利总局顾问,1950 年 6 月回到唐山交通大学任教,1953 年被调至清华大学任教,1969 年被下放江西鄱阳湖劳动。主张从江河及其流域地貌生成的历史和特性出发,全面、整体地把握江河的运动态势;认识和尊重自然规律,把因势利导作为治河策略的指导思想。这一理论,在学术界有广泛的影响。他一生坚持反对修建黄河三门峡水利工程及长江三峡水利工程。著有《洪流估算》《工程水文学》《论治理黄河方略》《对于黄河三门峡水库现行规划方法的意见》等。

嵇璜(1711~1794) 男,字尚佐,晚号拙修,江南无锡县(今江苏省无锡市)人。清朝水利专家。嵇曾筠之子,父子皆长于治河。雍正八年(1730)进士,历官乾隆间南河、东河河道总督、工部尚书,晚年加太子太保,为上书房总师傅,以治河有功著称。乾隆九年(1744)奉命视察河北、河南、山东等地治水工程。乾隆十八年(1753)黄淮并涨,他上宣防八事,提出固堤与宣泄相结合之法。二十三年(1758)江南河道副总河,提出疏浚淮、扬运河,开启芒稻河闸,使黄淮两大河流入运河的水就近宣泄入江,以防水患而利灌溉的建议,得到乾隆帝的同意。有《治河年谱》传世。

黄文熙(1909.1.3~2001.1.1) 男,原籍江苏吴江,出生于上海,1929 年毕业于中央大学(现南京大学)土木工程系(南大土木工程系后转入河海大学),1935 年获美国密执安大学硕士学位,1937 年获博士学位。中国科学院院士、水工结构和岩土工程专家、中国土力学学科的奠基人之一、新中国水利水电科学研究事业的开拓者,清华大学教授。在水利水电工程、结构工程和岩土工程几个领域中都取得了杰出的成就。创导用栅法分析拱坝应力;阐明影响砂土液化的许多因素并创议用振动三轴仪研究液化问题等。建议用砂井和预压法加固软土地基;用反滤层和排水井防止闸坝地基渗透破坏;用补偿基础原理建造水闸;用就地浇注混凝土防渗墙阻塞砂粒地基的渗漏等。

参加了治淮和治黄工程中一些水闸和佛子岭、梅山、板桥、岳城、新丰江、毛家村等水坝的科研与加固工作以及武汉长江大桥、上海宝山钢厂及其他一些工程的有关河道冲刷防护与地基加固处理的咨询工作并对这些工程提出了积极建议。撰有《拱坝的格栅法分析》《土的弹塑性应力应变模型理论》,主编《土的工程性质》,有论文选集《水工建设中的结构软科学与岩土力学问题》。

胡春宏(1962.4.30~) 男,生于山西省榆次市,原籍浙江省慈溪。1982年毕业于武汉水利电力学院治河系,1985年获清华大学水利系硕士学位,1989年获清华大学水利系博士学位。中国工程院院士,水力学及河流动力学专家。中国水利水电科学研究院副院长、教授级高级工程师、国际泥沙研究培训中心副主任兼秘书长、世界泥沙研究学会秘书长、国务院三峡办三峡工程泥沙专家组副组长。长期从事泥沙运动力学、河床演变与河道整治等领域的理论与应用研究。建立了江河水沙调控与泥沙优化配置理论与模型,解决了黄河口流路稳定与治理、黄河下游萎缩性河道治理与塑造中水河槽、黄河中游三门峡水库运用方式调整与降低潼关高程、塔里木河干流河道治理与输水堤防建设、官厅水库疏浚整治与恢复向北京市供水等江河治理中的工程技术难题。曾主持和承担国家自然科学基金、国家科技攻关项目、国家重点基础研究发展规划(973)项目、国际合作项目、各类省部级科研项目40余项。发表论文200余篇,出版专著6部。获国家科技进步二等奖3项,省部级科技进步一等奖5项,获中国青年科技奖、钱宁泥沙科学奖。

贾福海(1914.8.23~2004.10.3) 男,山西原平人,1941年毕业于西南联合大学地质系。中国科学院院士,水文地质、工程地质学家,国土资源部咨询研究中心咨询委员、科学技术顾问委员会委员、高级工程师。长期从事地质、水文地质、工程地质方面工作,有丰富的实践经验和理论知识,对水文地质、工程地质的技术业务的建设有较大的贡献。在三门峡水库工程地质勘测工作中,对该地新生代地层的划分提出了独特的分层原则,对中国当时第四系地层的划分有重要的意义。指导上海地面沉降的研究、长江三峡坝址最终报告的编写和天津城市供水勘察等项重大科学研究工作,取得了重要成果。积极倡导地表水、地下水的综合利用,在把地表水转化为地下水方面提出了重要的见解。1960年~1963年在援越期间对越南红河流域的水利规划和地层划分作出了贡献。

贾让(生卒年不详) 中国西汉时期筹划治理黄河的代表人物。因提出治理黄河的上、中、下三策而著名。当时黄河频繁决溢,灾患严重。朝廷征集治河方案,绥和二年(公元前7),贾让应诏上书。内容包括:上策:主张不与水争地,"徙冀州之民当水冲者,决黎阳遮害亭放河使北入海"。这是针对当时黄河已成悬河的形势,提出人工改道,避高趋下的方案。他认为,实行这一方案,虽要付出重大代价,"败坏城郭、田庐、冢墓以万数",但是可以使"河定民安,千载无患"。中策:是开渠引水,达到分洪、灌溉和发展航运等目的。他认为这一方案不能一劳永逸,但可兴利除害,能维持数百年。下策:他又认为如果保守旧堤,年年修补,劳费无穷,是最下策。贾让三策具有以下特点:①第一次全面地对治理黄河进行了方案论证,较完整地概括了西汉治黄的基本主张和措施;②首次明确提出在黄河下游设置滞洪区的思想,强调滞洪区的作用是"使秋水多,得有所休息";③论证规划方案时首次提出经济补偿的概念,主张筹划治河工费用于安置因改道所需的移民;④提出综合利用黄河水利资源,具体论证开渠分水有3利(低地放淤肥田、改旱地为稻田、通漕运),不开则有3害(民常忙于救灾,土地盐碱沼泽化,决溢为害);⑤分析了黄河堤防的形成,发展过程及其弊端。

靳辅(1633~1692) 男,字紫垣,汉军镶黄旗人,祖籍辽阳人。清康熙时治河名臣。顺治九年(1652)由官学生考授国史编修。康熙十年(1671)授安徽巡抚,加兵部尚书衔。康熙十六年(1677)二月,以原官总督河道,周度形势,博采舆论,上陈经理河工事宜八疏,改进前人治河方法,成功地进行了几项治黄工程:先是挑下游清江浦(今江苏淮阴)至云梯关河身淤土,用"川字沟"法挖深河底,就河心取土筑两岸大堤,用束水刷沙法治理下游,引导黄、淮入海。又疏浚自云梯关至海口百里河道,把浚、筑2事统一起来。后又于砀山毛城县,徐州王家山,睢宁峰山、龙虎山等多处建减水闸坝,平日闭闸束流,遇大涨则启闸分泄,分引黄水注洪泽湖。由于这些措施较为得宜,黄河安流了30余年,漕运亦安全通畅。著有《靳文襄公奏疏》《治河方略》。

李冰 山西省运城市解州镇郊斜村人。战国时期的水利家,对天文地理也有研究。秦昭襄王(公元前306年~前251年时在位)时被任命为蜀郡守。他和其子主持设计并建造了成都北部的都江堰,泄岷江洪水且用之于灌溉,为成都平原成为天府之国奠定了非常重要的基础。在蜀郡还主持兴办了其他水利工程,并修筑桥梁,在广都主持开凿盐井等,为开发成都平原、发展农业生产作出了重大贡献。他也修筑了一条连接中原、四川与云南的五尺道效果良好。通过这些工程使川西平原无水旱之忧,成为"天府之国",被后世崇奉为"川祖"。

粟宗嵩(1910.11.11~2009.3.11) 男,湖南邵阳人,1934年浙江大学工学院土木系毕业。著名农田水利学家、中国农田水利事业的奠基人之一。曾任水利部灌溉总局设计室主任、北京勘测设计院灌溉室主任、水利科学研究院水利土壤改良研究所副所长,1959年参加组建中国农业科学院农田灌溉研究所,历任副所长、所长、研究员。20世纪30年代~40年代,在湖北、湖南、广东从事防洪、灌溉和水力发电工程,积累了丰富的实践经验。中华人民共和国成立后,在水利部门从事农田水利规划设计,直接负责一批大型灌区建设。在中国农业科学院,主持建立农田灌溉研究所,开拓了中国农田灌溉的科学研究事业。在国家水利规划、引黄、新疆垦区开发、南水北调等大型水利灌溉工程中作出重要贡献。在学术上坚持理论联系实际,勇于创新,为中国农田灌溉事业的发展和学科建设作出了重大贡献。发表有价值的学术论文40余篇,出版专著5部,主要有《农业水文学》《灌溉原理与应用》等。曾获全国科学大会先进个人奖。

郦道元(466/472~527) 男,字善长,北朝北魏范阳涿鹿(今河北涿鹿县)人。北朝北魏地理学家、散文家。幼时曾随父亲到山东访求水道,后又游历秦岭、淮河以北和长城以南广大地区,考察河道沟渠,搜集有关的风土民情、历史故事、神话传说,撰《水经注》40卷,既是一部内容丰富多彩的地理著作,也是一部优美的山水散文汇集。可称为中国游记文学的开创者,对后世游记散文的发展影响颇大。另著《本志》十三篇及《七聘》等文,已佚。在《水经注》中,所记述的内容包括了全国各地的地理情况,还记述了一些国外的地理情况,是北魏以前中国及其周围地区的地理学的总结。《水经注》以河流为纲,详细地记述了河流流经区域的地理情况,包括山脉、土地、物产、城市的位置和沿革、村落的兴衰、水利工程、历史遗迹等古今情况,并且具有明确的地理方位和距离的观念。

李鹗鼎(1918.3~2001.12.30) 男,天津人,1940年毕业于清华大学土木系。中国工程院院士,水电专家、新中国水电事业的开拓者之一。曾任燃料工业部水电总局副处长,电力工业部水电总局勘测设计院副总工程师、狮子滩水电工程局总工程师,水利电力部水利水电建设总局副总工程师,水利电力部基建司总工程师,电力工业部副部长、高级工程师,水利电力部总工程师,中国水力发电工程学会理事长、中国电机工程学会副理事长、国际大坝委员会副主席。主持过狮子滩水电站、三门峡水电站、刘家峡水电站、映秀湾水电站等的施工,主持或参加审查过白山水电站、凤滩水电站、乌江渡水电站、大化水电站、岩滩水电站、二滩水电站等的设计,对大量技术问题作出决策,保证了中国大型水电建设的顺利发展。极力推广、引进如面板堆石坝、碾压混凝土等先进技术,取得很好效果。

李仪祉(1882.2.20~1938.3.8) 男,陕西蒲城人,光绪二十四年(1898)考中同州府第一名秀才,次年被推荐入泾阳崇实书院读书,光绪二十六年(1900)入三原宏道学堂求学,光绪二十二年(1906)和其兄李约祉同在北京京师大学堂读书,1915年毕业于德国丹泽工业大学,获"特许工程师"荣誉称号。著名水利学家和教育家,中国现代水利建设的先驱。1933年奉命筹设黄河水利委员会,并出任第一任委员长。主张"治理黄河要上中下游并重,防洪、航运、灌溉和水电兼顾",改变了几千年来单纯着眼于黄河下游的治水思想,把中国治理黄河的理论和方略向前推进了一大步。创办了中国第一所水利工程高等学府——南京河海工程专门学校和多所院校,为中国培养了大批水利建设人才。并亲自主持建设陕西泾、渭、洛、梅四大惠渠,树立起中国现代灌溉工程样板。编写了《水工学》(即水工建筑学)《水力学》《水工试验》《潮汐论》等教科书。

林秉南(1920.4.21~) 男,出生于马来西亚,原籍福建省莆田,1942年毕业于交通大学唐山工学院(今西南交通大学)土木系,1947年美国爱荷华大学硕士研究生毕业,1951年获美国爱荷华大学博士学位。中国科学院院士,水力学与河流动力学专家,中国水利水电科学研究院高级工程师、名誉院长。历任电力部水利水电科学研究院水力学研究所副所长、所长、院长兼清华大学教授,国际泥沙培训研究中心顾问委员会主席,中国水利学会第三四届副理事长。长期以来从事水力学及河流动力学研究,为中国的水利科学的基础研究和水力学试验室的建设作出了贡献。对明渠不恒定流、高速水流以及泥沙研究,包括河口潮流、水体突泄、宽尾墩及收缩式挑坝等新型消能工作,其成果已在设计和生产中得到应用。主持研究的宽尾墩折缝挑坝及通气减蚀新技术,获国家科技进步二等奖。撰有《含沙量对泥沙沉速影响》《泥沙不恒定输移》《二维潮流》《坝下消能》《溃坝波分析》等论文。

林皋(1929~) 男,出生于江西省南昌市,1951年清华大学土木系结构工程及水利工程专业毕业。中国科学院院士,水利工程及地震工程专家,大连理工大学教授。长期从事水工结构工程领域的教学和研究工作,在水坝抗震理论和模型实验技术,地下结构抗震分析,混凝土结构动态断裂技术理论研究方面,为学科发展作出了重要贡献。代表性工作有拱坝等复杂壳体动、静力分析的"拱梁模态法"坝与地基动力相互作用的计算方法大坝和核电厂海域工程结构抗震安全评价的动力模型破坏试验的仿真模拟技术加载历史对混凝土材料的多轴强度与损伤特性的影响等。为中国十余座大型混凝土坝工程、土石坝工程、海港码头工程,核电厂建筑工程等负责过抗地震安全评价方面的研究与试验工作,参与编制了水工建筑物抗地震设计规范与核电厂抗地震设计规范,有关大坝在爆破振动中的安全评价、水坝抗震理论与试验技术。出版著作3部、研究论文160余篇。曾获国家科技进步一等奖、能源部电力科技进步一等奖等8项奖励。

林学钰(1937.3~) 女,出生于上海市,原籍福建福州,1957年毕业于长春地质学院水文地质及工程地质系。中国科学院院士,水文地质和环境地质学家,中国最早从事环境水文地质和地下水资源管理研究的学者之一。长春科学技术大学教授、应用水文地质研究所所长,吉林大学环境与资源学院院长、北京师范大学水环境模拟国家重点实验室学术委员会主席。长期从事地下水资源与评价的研究工作,在地下水的寻找、地下水资源的评价与管理和地下水污染模拟以及控制等众多领域取得了创造性的研究成果。在国内率先开展地下水资源管理模型的理论与方法研究,使中国地下水管理工作进入系统化、模型化、定量化阶段。在区域和城市地下水资源评价、水流模型、预测研究方面取得了许多成果,并建立了中国最早的一批地下水水质模型,为许多地区,特别是中国北方城市地下水的合理调度和优化配置及决策提供了科学依据。近年来开展了地下水污染机理和微生物治理与地下水污染理论与方法的研究,并取得了许多重要成果。自1985年以来,完成国家、部(省)级科研生产项目30多项,出版专著13部,发表论文100多篇。获国家、部(省)级奖励11项。

林一山(1911.6.18~2007.12.30) 男,出生于山东省文登市,1935年9月进入北平师范大学读书。著名的水利学者,是长江流域综合利用规划的首倡者和重要奠基人,毛泽东主席称之为"长江王"。历任中南军政委员会财经委员会副主任、水利部部长,长江水利委员会主任、葛洲坝工程技术委员会主任,水利部顾问,第五六届全国人大常委。提出建立荆江分洪区、三阶段治江战略,领导组织建设了丹江口水利枢纽,参与了葛洲坝等一系列的水电站设计工程,为三峡水电站的主要支持者,并作出了突出贡献,还为南水北调工程呕心沥血几十年。有《林一山治水文选》《河流辩证法与葛洲坝工程》《葛洲坝工程的决策》《高峡出平湖》《中国西部南水北调工程》《河流辩证法与冲积平原河流治理》等专著。

刘昌明(1934.5~) 男,湖南汨罗人,1956年7月西北大学毕业,1962年11月莫斯科大学研究生肄业,中国科学院院士,水文水资源学家,中国地理水文研究领域的倡导者与开拓者。中国科学院水问题联合研究中心主任、研究员、博士生导师,国际地理联合会(IGU)副主席。曾任中国科学院石家庄农业现代化研究所所长、北京师范大学资源与环境学院院长、中国地理学会副理事长等。发展了地理方向的水文和水资源学,在水循环、产流模式、水文实验、农业水文、森林水文、全球变化的环境水文等方面均有建树,将水文学的地球物理、工程方向与农田水利等方向相结合,建立地理水文学,有系统的贡献。解决了缺少资料地区小流域暴雨洪水计算难题;在南水北调环境影响的研究中,发展了地理系统分析,建立了模型;在水文过程、水量转化及调控研究中提出的多水转化,深化了水循环理论;提倡的雨水资源化具有概念上的革新。在水文水资源研究中具有创造性成果,已发表论文著作120篇(部),其中在国外发表30余篇。曾获全国科学大会科学技术成果奖、国家科学技术进步二等奖等国家、院、省、部级奖11次。

刘光文(1910.7.30~1998.2.27) 男,字博如,浙江杭州人。早年就读于天津北洋大学和北京清华大学,1937年获美国依阿华大学水利工程硕士学位,后转赴德国柏林工业大学修习河工。著名水文学家、教育家,中国水文学科的奠基人,新中国水文高等教育的奠基人,河海大学教授、博士生导师。曾任广西大学、重庆大学、交通大学教授。中华人民共和国成立后,历任华东水利学院及河海大学教授、水文系主任,国务院学位委员会第一届学科评议组成员,联合国教科文组织国际水文计划中国国家委员会副主席。1952年参与筹建华东水利学院(现河海大学),创办了新中国第一个水文本科专业、水文系。长期从事水文分析与计算的教学与研究,用数理统计方法研究长江三峡工程设计中洪水问题,参加过中国多座大中型水库设计洪水的论证审查,负责筹建中国科学院水文研究室,主持长江三峡工程设计洪水研究等。主编了在中国水文界享有盛誉的《水文分析与计算》《英汉水文学词汇》《应用数学》《水文统计及近似计算》等著作、译著和教材,审订了《水文统计常用图表》,发表了许多高水平学术论文。

卢耀如(1931.5.1~)　男,福建福州人,1953年毕业于北京地质学院。中国工程院院士,工程地质、水文地质与环境地质学家。中国矿业大学教授,曾任中国地质科学院研究员、同济大学教授。长期从事岩溶地质的科研和工程实践,建立了岩溶发育与工程环境效应系统理论,参与实践及指导水利水电、铁道、矿山及城镇工程勘测研究,如负责查明官厅水库渗漏塌陷;南津关坝区勘测研究,为三峡工程选坝提供论据;指导长江、黄河和珠江等流域上水利水电枢纽,如乌江渡水电站及铁道长隧洞等许多大型工程勘测、研究与基础处理工作,取得一系列经济与社会效益。提出地质生态环境新认识,为西南地区脱贫与可持续发展作出贡献。积极研究地质灾害,为防灾兴利提供决策依据。曾为援外大型工程高级专家,并在欧美及港台地区讲学。由于在岩溶(喀斯特)研究上贡献,被国内外学者誉称"喀斯特卢"。发表论文90多篇,出版图书10本及图系一套。曾获全国科学大会奖、李四光地质科学奖荣誉奖等。

陆佑楣(1934.1.7~)　男,出生于上海市,原籍江苏太仓,1956年毕业于华东水利学院(现河海大学)。中国工程院院士,水利水电工程专家。中国大坝委员会主席,清华大学、河海大学教授、博士生导师。曾任国家水电部副部长、能源部副部长、国务院三峡工程建设委员会副主任委员、中国长江三峡工程开发总公司总经理。长期从事水电工程建设的技术和管理工作。先后参与、主持了黄河刘家峡、汉江石泉、安康、黄河龙羊峡等水电工程的建设。在水电部、能源部期间,推进了水电建设体制改革,参加了三峡工程论证工作并任论证领导小组副组长。1993年~2003年期间主持长江三峡工程建设,研究和决策了一系列重大的工程技术和管理问题,如工程施工的总体布局、交通运输方案、导流围堰工程、大坝快速施工以及大型水轮发电机组选型采购等;实行分项目招标、分项目管理,建立了完整的质量控制、投资控制体系及多元化筹资方案;提出"双零(零质量事故、零安全事故)"建设管理目标,实现工程与环境同步建设。有代表性著作《长江三峡工程建设管理的实践》,代表性论文《三峡工程初期效应已开始显现》等。

茆智(1932.9.20~)　男,出生于江苏省南京市,1953年7月毕业于华东水利学院(现河海大学)。中国工程院院士,农田水利学家、节水灌溉工程专家。河海大学教授、博士生导师。长期从事作物需水规律与农田灌溉研究与教学工作。提出了先进、实用的需水量和灌溉实时预报理论与方法和水稻节水高产的灌溉模式,首创性地提出了水分生产函数时空变化规律和作物受旱复水后生长产生"反弹"的理论及其指导节水灌溉的方法,为灌溉工程的运行、规划设计和水资源开发利用提出了先进、实用的节水理论与技术。对提高中国作物灌溉技术有重要贡献。主编和作为主要参加人编写国家级、部级规范4种,专著、教材4本,在国内外发表论文40多篇。曾获国家科技进步二等奖1项、教育部提名国家科技进步一等奖1项、水利部科技进步二等奖2项、国际灌溉排水委员会颁发的国际农业节水技术突出贡献奖等。

潘季驯(1521.5.28~1595.5.20)　男,字时良,号印川,明朝湖州府乌程县人(今属浙江省湖州市吴兴区),嘉靖二十九年进士,授九江推官。明朝治理黄河的水利专家。一生中,4次治河,历时近10年,一次又一次的治黄实践,使他从一个对黄河和河工技术一无所知的人,逐步磨练成一位治河专家,形成了"以河治河,以水攻沙"的思想并付诸实践。主张综合治理黄河下游,认为黄河运河相通,治理了黄河也就保护了运河,黄河淮河相汇,治淮也就是治黄,既不能离开治黄谈保运,也不能抛开治淮谈治黄。他指出,黄河下游善徙的主要原因,在于水漫沙壅。因此治理上应筑堤束水,借水刷沙。由于黄河挟带大量泥沙,有"急则沙随水流,缓则水漫沙停"的特点,因此要使水流湍急,必须束水归漕。他主持修筑的堤防,包括"束水归漕"的缕堤,缕堤外的遥堤,以及二堤之间的格堤(横堤),三堤构成拦阻洪水的3道防线。黄河和淮河经他治理后,"两河归正,沙刷水深,海口大辟",使黄、淮、运河保持了多年的稳定。著作有《宸断大工录》《两河管见》《河防一览》《留余堂集》等。

潘家铮(1927.9~)　男,浙江绍兴人,1950年毕业浙江大学土木系。中国科学院和中国工程院两院院士,著名水利水电专家,中国水电水利科学技术发展的重要奠基人之一。国家电力公司技术顾问、教授、高级工程师、中国工程院副院长、国务院三峡工程质量检查专家组组长、国务院南水北调办公室专家委员会主任、清华大学双聘教授、博士生导师。曾任水利电力部总工程师、能源部水电总工程师等职。一直从事水力发电建设工作,先后参加和主持过黄坛口、流溪河、东方、新安江、七里泷、乌溪江、锦屏、磨房沟等大中型水电站的设计工作,参加乌江渡、葛洲坝、凤滩、陈村等工程的审查研究工作,指导龙羊峡、东江、二滩、小湾、龙滩、三峡等大型水电工程的设计工作,研究进一步加快开发我国水电资源的措施。在学术方面,主要致力于创造性地运用力学理论解决实际设计问题,对许多复杂的结构如地下结构、地基梁与框架、土石坝的心墙斜墙、调压井衬砌、岔管和法兰等,应用结构理论、弹性理论或板壳理论以及运用特殊函数,提出了新的计算理论和方法。在设计中注意采用新技术、新结构,推动技术的发展。研究和推导出不稳定场压力和封闭式排水设计理论等。专著有《重力坝设计》等20多部,论文近百篇。获得何梁何利科技进步奖、光华工程科技奖和国际岩土工程学会特殊杰出贡献奖等。

钱宁(1922.12.4~1986.12.6) 男,浙江杭州人,吴越国开国国王钱镠之后。1939年毕业于重庆南开中学,1943年毕业于中央大学,1948年获美国爱荷华大学硕士学位,1951年获加利福尼亚大学博士学位。中国科学院院士,水利学家、当代泥沙运动及河床演变专家。历任中国科学院水工研究室研究员、水利电力部水利水电科学研究院河渠研究所副所长、清华大学水利系教授、国际泥沙研究中心顾问委员会主席。早年与美国泥沙专家爱因斯坦合作,发展了高速不均匀沙的输沙理论。一直倡导将河流动力学和地貌学结合起来研究河床演变,为该学派创始人之一。开拓与推动高含沙水流运动机理研究,主持研究的"集中治理黄河中游粗泥沙来源区"成果,是治黄认识上的一个重大突破,为开拓河流动力学与地貌学相结合研究河床演变起了重要作用。先后著有具很高理论及实用价值的《泥沙运动力学》《河床演变学》2书,主编了《高含沙水流运动》《黄河下游河床演变》等,发表了近百篇科学论文。曾获全国五一劳动奖章、国家自然科学二等奖。

钱正英(1923.7.4~) 女,浙江嘉兴人,1942年上海大同大学(同济大学)土木工程系肄业。中国工程院院士,水利、水电专家。曾任任华东军政委员会水利部副部长兼治淮委员会工程部副部长,水利部副部长,水利部、水利电力部部长,全国政协副主席等。主持研究、制定了一系列关于中国水资源开发利用、管理与保护的方针政策和管理办法;主持编制了黄河、长江、淮河、海河等流域的治理、规划和全国水利建设长远发展纲要;主持完成了《中华人民共和国水法》《中华人民共和国水土保持法》的起草工作;主持审定、决策了许多重大的水利水电工程建设项目,并具体参与研究解决建设中的重大技术问题;主持领导了"三峡工程"的可行性论证工作;在治理淮河及密云水库、刘家峡水电站、长江葛洲坝水利枢纽等工程建设中,处理了出现的重大技术难题。主编有《中国水利》《中国百科全书·水利卷》等。曾获中国工程科技奖等。

施成熙(1910.1.6~1990.1.13) 男,字止敬,江苏海门人,1934年毕业于之江大学土木工程系,1938年获美国康奈尔大学研究院土木工程硕士学位。水文学家,中国湖泊科学研究的开拓者、中国湖泊水文学的奠基人。历任水利委员会、国民党政府水利部技正,浙江大学教授,中华人民共和国成立后历任华东军政委员会水利部测验处副处长,华东水利学院、河海大学教授,中国海洋湖沼学会第三、第四届副理事长。从事河流、湖泊水文区划研究。编著有《陆地水文学原理》《江苏湖泊志》《农业水文学》《中国湖泊概论》等,并主持编纂了《中国大百科全书·水文科学》。

孙辅世(1901.10.9~2004.12.6) 男,江苏无锡人,1923年毕业于北洋大学土木系,1926年获美国康奈尔大学研究生院水利工程硕士学位。著名水利专家、中国水利学会的创办人之一。曾任太湖水利委员会常务委员兼秘书长,扬子江水利委员会总工程师、代理委员长,长江水利工程总局局长。中华人民共和国成立后,历任华东财经委员会专员,水利部、水利电力部技术委员会委员高级工程师。对长江流域治理规划、太湖治理、洞庭湖防洪及长江航道整治等作出了贡献。撰有《太湖水利问题》《长江水利问题》《防洪工程的技术经济问题》等论文。

孙叔敖(约前630~前593) 春秋时期楚国期思县潘乡(今河南省固始县)人,著名政治家、水利家。《淮南子·人间训》:孙叔敖在出任令尹前,"决期思之水(今河南固始县境的史河),而灌雩娄之野",即带领当地人民兴建水利工程,灌溉农作物,这项水利工程,就是中国古代历史上著名的"期思陂"。《太平御览·地部》:"楚相作期思陂,灌云雩之野。"孙叔敖当政以后,根据当时外患内忧,连年混乱,令典荒废,百业待兴的状况,把息兵安民,除患兴利,发展生产,致富国民,当作治国之策上书楚庄王,当时,淮河以南的寿春,是楚国的主要粮食产地之一,这里的粮食丰歉,对人民的安定和军粮的供应关系极大,为此庄王便采纳了孙叔敖的国策。生长在水乡的孙叔敖,深知水患给农业带来的损失,给人民造成的灾难。乃考制度,立军法,下膏泽,兴水利。他在淮河以南,溧河以东,察看了大片农田的旱涝情况；又沿淠水而上，爬山越岭，勘测了来自大别山的水源。于是便在淮南一带，征集民力，疏沟开渠，洼地除涝，高地防旱。选定淠河之东、瓦埠湖之西的长方形地带，就南高北低的地形和上引下控的水流，合理布置工程、大规模围堤造陂，周长120里许，上引龙穴山、淠河之水源，下控1300多平方千米之淠东平原，号称灌田万顷。因当时陂中有一白芍亭，故名"芍陂"。芍陂，今名安丰塘，它的兴建，适合国情，深得民心，位于寿县城市30千米处，距今已有2500多年历史，是中国最古老而又著名的水利工程，曾被誉为"水利之冠"。自古至今，它对淮河以南地区的灌溉、航运、水产养殖、屯田济军等方面，起到了很大作用。

谭靖夷（1921.11.6～　）　男，湖南衡阳人，1946年毕业于交通大学唐山工学院（今西南交通大学）。中国工程院院士，水利水电工程施工专家。中国水利水电第八工程局顾问、教授级高级工程师，中国国际咨询公司专家委员会委员、长江三峡工程专题论证及设计审查专家组专家、湖南省水力发电工程学会名誉理事长。长期从事水利水电工程建设，主持建成流溪河、柘溪、乌江渡、东江、韶山灌区、欧阳海灌区、桃江水库、渌天河水库等大中型水电站大坝8座，首创了有中国特色的高压灌浆技术，取得突出成效，并在全国推广，为岩溶发育地区兴建高坝大库开辟了道路。近十余年他继续为包括长江三峡的十余座大型水电工程倾注心力，参与提交咨询报告70余份，作出了重要贡献。主编有《乌江渡工程施工技术》，撰有《岩溶地基的水压试验》《今日中国之水电开发》等论文数十篇。曾获国家科学技术进步奖一等奖、中国第七届光华工程奖。

覃修典（1909.10.26～1994.10.9）　男，原籍湖北省蒲圻县，出生于湖北武昌，1932年毕业于清华大学土木工程系，1935年获美国麻省理工学院土木工程学系水利专业硕士学位。历任清华大学、西南联大教授，原资源委员会水电总处主任工程师、规划组组长，福建省水利处副处长、水利局副局长，黄河规划委员会梯级开发规划组组长，华东水电工程局副局长、上海水电勘测设计院总工程师、副院长，电力工业部水电科学研究院院长，水利水电科学研究院副院长等。水电工程建设和规划专家，中国水电事业的开创者之一，中国最早的几座水电站以及新中国第一批大型水电站的建设者，中国水电科学研究的领导者和开拓者，对推动科学研究与工程实际相结合起了重要作用。对黄河的水电梯级开发规划和中国水电建设规划作出了贡献。曾领导古田溪梯级规划及古田溪一级水电站的设计施工、新安江水电站的设计，参加了刘家峡、新丰江、龙羊峡等大型水利水电工程的试验研究工作。

王秉忱（1933.1.20～　）　男，吉林长春人，1953年毕业于东北地质学院。水文地质学家。中电集团建设综合勘察研究设计院研究员、教授、博士生导师，国务院参事、建设综合勘察研究设计院顾问总工。长期从事水文地质学与水文地球化学理论及水资源、水环境评价、保护与管理研究。率先在中国进行地下水质模拟试验研究，建立了中国第一个地下水质模型，把数学模拟方法引入水文地质领域。多次主持国内重大及国际合作研究项目，主持进行济宁地下水管理模型和沈阳地下水人工回灌实验研究，开展华北水资源环境开发与管理工程研究，指导了河北平原地下水会战与管理工程研究、华北水资源紧缺对策研究，主持了UNDP华北水资源管理重大国际合作项目的前期研究，对内蒙古腰坝井灌区地下咸水入侵的控制的技术难题主持国内专家并与英国专家合作提出了有效的控制工程措施。出版专著《环境水文地质学》等8部、译著10部，发表80余篇重要的学术论文及大量译文。曾获全国科学大会奖，建设部、山东省、辽宁省科技进步奖等。

王浩（1953.8～　）　男，出生于北京，1982年清华大学水利系农田水利专业毕业，1985年获清华大学水利系工程水文专业硕士学位，1989年获清华大学经济管理学院系统工程专业博士学位。中国工程院院士，水文水资源专家。中国水利水电科学研究院水资源研究所所长、教授级高级工程师、博士生导师，国家"973"项目首席科学家。兼任全球水伙伴（中国）秘书长、中国自然资源学会副理事长、中国可持续发展研究会常务理事兼水问题专业委员会主任、中国水利学会理事兼水资源专业委员会主任等。长期从事水文水资源研究，曾主要参与完成了国家"七五"攻关项目研究，主持完成"八五""九五""十五"国家重点科技攻关项目课题/专题各1项、国家重点基础研究（973）发展规划黄河项目课题1项、自然科学基金重点项目2项等多项国家重大研究项目；参与和主持了包括国家水中长期发展规划、南水北调工程论证和南水北调工程总体规划、全国水资源综合规划等多项国家和地方的重大规划；负责或主要参与全国节水型社会建设试点专项研究课题2项，主持完成了十余项流域和地方省市重大研究、规划和咨询项目，参与十余项重大国际合作项目，担任项目专家或专家组组长。在流域水循环过程模拟、水资源评价、水资源规划、水资源配置和调度、生态需水理论及其计算方法、水价理论与实践、水资源管理以及节水型社会建设等方面取得一系列成果,整体构成了符合中国国情的流域水资源科学调配的理论方法体系。发表学术论文100余篇,出版专著16部。获国家科学技术进步奖二等奖4次、省部级奖励9次。

王化云(1908.12.3~1993.2.18) 男,出生于山东省馆陶县,1935年毕业于北京大学法律系。中国现代水利事业家。曾任冠县县长、鲁西行署、冀鲁豫行署处长、冀鲁豫边区黄河水利委员会主任、黄河水利委员会主任、三门峡工程局副局长。长期致力于治理黄河工作,先后提出了"除害兴利、综合利用""宽河固堤""蓄水拦沙""上拦下排"等治黄措施。领导废除民埝,堵塞串沟,石化险工,培修大堤,消灭堤身隐患,修建临时蓄洪滞洪工程,为战胜历年洪水打下基础。同时领导堵复沁河大樊决口,修建了引黄灌溉济卫的工程。提出系统地对黄河进行综合治理:在黄土高原大力开展,重点治理多沙粗沙区;在干流陆续修建若干大型水库;调水调沙;在下游巩固堤防,整治河道;治理河口;建设防洪工程体系和提高排洪排沙能力。是南水北调的积极倡导者之一。主要著作有《对南水北调问题的初步探讨》《我的治河实践》等。

汪胡桢(1897.7.12~1989.10.13) 男,浙江嘉兴人,1917年毕业于河海工程专门学校,1923年获美国康奈尔大学土木工程硕士学位。水利工程专家,中国现代水利事业开拓者,中国水利学会成立创始人之一。历任华东军政委员会水利部副部长、佛子岭水库总指挥、水利部北京勘测设计院总工程师、黄河三门峡水库工程局总工程师、北京水利水电学院院长。曾领导和参与制定《导淮工程计划》《整理南北大运河工程计划》,邵伯、淮阴、宿迁3个船闸的设计及京杭运河的勘察工作。后又领导钱塘江海塘的修复工程。主持修建了中国第一座钢筋混凝土连拱坝——佛子岭水库大坝,促进了中国坝工技术的发展;主持了治理黄河的第一项枢纽工程——三门峡水库的建设。主编和编写了《中国工程师手册》等大型工具书,出版《整理运河工程计划》《水工隧洞的设计理论和计算》等著作,撰有《论南水北调》《论治江大计和三峡蓝图》等文。

汪集暘(1935.10.11~) 男,出生于江苏省吴江县,1956年毕业于北京地质学院水文与工程地质系,1962年7月在莫斯科地质勘探学院获苏联地质矿物学副博士学位。中国科学院院士、国际矿产资源科学院院士,地热、水文地质学家。中国科学院地质与地球物理研究所研究员,中国科学院广州能源所特聘首席科学家、博士生导师、广东省新能源与可再生能源重点实验室学术委员会主任,国际地热协会(IGA)主席团成员、水文同位素技术应用国家委员会主席、国土资源部岩溶动力学开发实验室学术委员会主任。长期从事理论和应用地热研究,在大地热流、深部地热、地热资源以及油田—矿山地热等方面均有建树并建立起颇具特色的中国地热研究体系。近年来,在同位素水文学、水文地球化学领域也有不少创新性成果,其中最为突出的是利用同位素水文技术提出巴丹吉林沙漠地下深处很可能有可观量的地下水资源存在,该区高大沙山及湖泊群的存在与深层地下水补给有关。在国内外学术刊物上发表论文100多篇,撰写专著6部,主要论著有《中低温对流型地热系统》《Geothermics in China》《地热利用技术》等。获中国科学院、国家部委奖励6项。

王锦生(1928.11.11~2006.3.15) 男,出生于辽宁锦州,山东诸城人,1950年毕业于山东大学土木系。著名水文测验专家。历任东北水利总局水文总站、沈阳水利勘测设计院水文资料整编队技术员、工程师,水利部水文局工程师、高级工程师、教授级高级工程师,并担任水文局副处长、副局长、总工程师等职。长期从事水文测验技术及有关管理工作,参加和见证了新中国水文测验事业发展的全过程,为开创和发展中国的水文测验事业作出了卓越贡献。曾主笔修订了《水文资料整编方法(流量部分)》,主笔编写了20世纪60年代《水文测验暂行规范》中水位、泥沙、冰凌诸分册及《水文年鉴审编刊印暂行规范》,主编70年代《水文测验试行规范》及《水文测验手册》,主持80年代水文测验技术标准的修订等工作,主持编译了国际标准化组织(ISO)制定的《国际标准手册第16分册》和世界气象组织(WMO)编写的《水文实践指南》。并发表了多篇学术论文,举办多期水文测验误差理论讲座。

王景(约30~85) 男,字仲通,东汉乐浪郡邯邰(今朝鲜平壤西北)人。东汉时期著名水利工程专家。王景进行的治水工作现存记载相当简略。明帝永平时(58~70)与王吴共修浚仪渠(汴渠在今开封的一段),创用"流法"(可能相当于修建滚水堰)成功。永平十二年(69)汉明帝召见他,征求治水意见,他提出自己的规划。这年夏天动员兵卒数十万人,由他和王吴主持修治黄河和汴渠。修黄河堤自荥阳(在今郑州北)至千乘海口(在今利津县境)共500余千米,勘测地形,开凿山丘,挖除河道中的石滩,裁弯取直,防护险要堤段,疏浚淤积,及"十里立一水门,令更相洄注"。第二年夏天完工。他治河后黄河改行新道,900年中未有大改道。庐江郡(今安徽长江以北西半部)修复古芍陂所灌稻田,教百姓使用牛耕和养蚕,境内因而富庶。著有《大衍玄基》等,已佚失。

王思敬(1934.12.27~) 男,安徽巢湖人,出生于上海,1959年毕业于苏联莫斯科勘探地质学院水文地质工程地质系,1963年获苏联莫斯科地质学院副博士学位。中国工程院院士,工程地质、环境地质与岩石力学专家。中国科学院地质与地球物理研究所研究员、工程地质力学开放实验室主任、中国工程院能源与矿业工程学部主任,国际工程地质与环境学会理事长、中国岩石力学与工程学会理事长。长期从事水电、矿山、国防和环境工程等方面的科研工作,在发展岩体结构理论、创建工程地质力学领域中做出重大贡献。在工程岩体变形破坏机制研究的基础上,发展了岩石工程稳定性分析原理和方法。坚持理论研究与工程实践相结合,参加并指导了长江三峡、雅砻江二滩、黄河小浪底、红水河龙滩、金沙江向家坝和虎跳峡、广州抽水蓄能电站、金川镍矿开采、地下核爆炸与工程防护等重大工程的研究与咨询。在国内最早进行了城市地质信息系统和可持续发展方面的理论研究和工程实践。发表学术论文近90篇,出版专著7部。多项研究成果获得国家、中国科学院奖励,曾获东南亚岩土工程学会卓越贡献奖、里昂"市长奖章"等。

王超(1958.7.19~) 男,江苏省滨海县人,1984年毕业于河海大学农水系,1995年获河海大学水力学及河流动力学专业博士学位。2011年当选为中国工程院院士,水资源保护专家。河海大学副校长、教授、博士生导师、环境学院院长、水文水资源与水利工程科学国家重点实验室副主任、教育部浅水湖泊综合治理与资源开发教育部重点实验室主任,兼任中国环境学会水环境专业委员会副主任委员、中国自然资源学会湿地保护专业委员会副主任委员等。主要从事水资源保护与水质改善工程的科技工作,参与全国水功能区划、太湖水污染治理、江苏等省部分城市水环境改善的相关科研与工程建设工作,成果与成效显著。近年来主持和参与国家"973"项目、国家"863"项目、国家自然科学基金、国家科技攻关课题等科研项目70余项。发表SCI收录论文76篇,EI收录论文88篇,出版著作6部。获国家自然科学二等奖1项、国家科技进步二等奖2项、教育部自然科学一等奖1项、教育部技术发明一等奖1项及江苏省、环保部、水利部科技进步一等奖3项、二等奖3项;国家授权发明专利16项;获何梁何利基金科技进步奖、中国第6届发明创业特等奖等称号。

汪闻韶(1919.3.15~) 男,江苏苏州人,1943年毕业于中央大学(现南京大学),1949年获美国爱荷华大学硕士学位,1952年获美国伊利诺理工学院博士学位。中国科学院院士,水利工程和岩土工程学家,中国土动力学研究的奠基者和创建者之一。中国水利水电科学研究院教授级高级工程师。从事结合水利水电工程建设和水工建筑物地震震害分析和抗震设计中饱和土液化问题的研究,重点研究饱和砂土的液化机理及其在振动作用下的孔隙水压力产生、扩散和消散基本规律,初步建立了计算模式的雏形。在土的地震液化、土坝及地基抗震研究方面成就卓越。出版专著《土的动力强度和液化特性》,阐明了土体液化与极限平衡和破坏的区别和关系。主编了《中国水利工程震害资料汇编1961~1986》历史性内部资料。对土工抗震问题,提出了工程措施比理论计算更为可靠和地震变形分析比稳定分析更有意义的看法。发表学术论文60余篇,出版著作15部。曾多次获得国家、省部级科技进步奖。

文伏波(1925.8.4~) 男,湖南桃江人,1948年中央大学工程学院水利工程系毕业。中国工程院院士,水利学专家。水利部长江水利委员会技术委员会主任、教授级高级工程师。长期从事长江水利水电建设事业,先后参加了荆江分洪工程设计及施工、汉江杜家台分洪工程的设计、汉口丹江口水利枢纽初步设计等工程,先后组织编写《平原地区建闸设计手册》《施工详图纲要》《长江流域综合利用规划报告》等多篇总结报告,开展了规模浩大的《大中型水利水电工程技术丛书》编纂,完成了《长江流域地图集》《长江防洪地图集》《长江隐蔽工程建设图集》等地图编制。曾获国家科技进步特等奖2项、国家优秀工程金质奖和优秀设计奖、水利部科技进步一等奖等。

吴中如(1939.10.21~) 男,江苏宜兴人,1963年毕业于华东水利学院。中国工程院院士,水工结构专家,河海大学教授。先后在水利水电科学研究院(豫北试验站)、河南新乡地区水电局、徐州电厂指挥部、华东水利学院(现河海大学)工作。主持国家重点科技攻关项目子题6项、国家自然科学基金三峡重大项目以及国家自然科学基金重点项目等基金6项、973项目课题1项及三峡临时船闸、升船机和左岸厂房等安全监测工程,龙羊峡、丹江口、佛子岭、水口等大型工程科研项目60多项。在变形监控指标拟定的理论和方法,大坝安全综合评价专家系统,建立完整的监控模型体系,发展和完善了反分析理论,并将成果应用于实际工程,取得了显著的社会经济效益,作出了重大的创造性成果。发表论文 120 多篇,撰写科研报告 60 多份,出版专著 6 部。先后获国家、部省委科技进步奖 13 项。

西门豹(生卒年不详) 中国战国时期魏国人(故里在今山西省运城市盐湖区安邑一带)。魏文侯(前 446～前 396 年在位)时任邺(今河北省临漳县西,河南省安阳市北)令,是著名的政治家、水利家,曾立下赫赫功勋。初到邺城时,看到这里人烟稀少,田地荒芜萧条,一片冷清,百业待兴,于是立志改善现状。后来趁河伯娶妻的机会,惩治了地方恶霸势力,随后颁布律令,禁止巫风。教育了广大的百姓。原先出走人家也回到了自己的家园。同时,他又亲自率人勘测水源,发动百姓在漳河开围挖掘了 12 渠,使大片田地成为旱涝保收的良田。在发展农业生产的同时,还实行"寓兵于农、藏粮于民"的政策,很快就使邺城民富兵强,成为战国时期魏国的东北重镇。

谢家泽(1911.10.11～1993.1.2) 男,湖南新化人,1934 年毕业于清华大学土木系,1938 年获德国柏林工科大学土木系凭证工程师学位。著名水文学家和水利专家,中国水文事业的奠基人之一。曾任昆明螳螂川水力发电工程处工程师,中央大学、交通大学教授,南京大学教授、水利部水文局局长、水利电力部水利水电科学研究院副院长、中国水利学会第三届副理事长。在水资源水文学方面有较深造诣。主持了建立健全全国水文领导机构的工作,组织制定了全国基本水文站网规划,领导恢复和建立了全国水文站网,主持制定了中国水文测站规范,统一了水文测验技术标准,领导完成了全国历史上保存下来的 5.5 万站年资料的整编,并刊印成水文年鉴 110 余册。领导创建了全国各类水文实验站,主持制定了中国水文科学研究的 2 个长远规划,推动了水文计算规范的制订,指导编制了《中国暴雨参数图集》和《中国水文图集》。撰有《1950 年淮河洪水的分析》《松花江水文特征分析》《关于合理解决水文频率计算方法问题》等论文。

谢鉴衡(1925.1.3～2011.2.9) 男,湖北洪湖人,1950 年 6 月毕业于武汉大学土木工程系,1955 年 11 月获原苏联科学院技术科学部水利研究所副博士学位。中国工程院院士,著名泥沙专家、中国河流泥沙及治河工程专业创始人之一、国际知名江河治理专家,武汉大学土木工程系教授、博士生导师。历任武汉水利电力学院河流工程系主任、副院长,中国水利学会泥沙专业委员会主任,水利部技术委员会委员,国家科委、水电部三峡工程研究及论证泥沙专家组副组长。长期从事河流泥沙运动力学、河流演变学、河流模拟等理论研究,卓有建树,为长江葛洲坝、三峡工程、黄河小浪底工程、黄河中下游及河口治理等重大水电工程泥沙问题的解决作出了突出贡献。参与并领导了三峡工程问题的研究,主持完成的研究成果达到国际先进水平;关于黄河演变的理论研究及治理思路,在几十年的治黄工作中起到了指导作用。代表性论文有《非均匀沙分级起动规律研究》《水库坝前冲刷漏斗平衡形态的数学模拟》《黄河下游河床变形长期预测数学模型的研究》等,著有《河流泥沙工程学》《河流模拟》《中国泥沙研究》(英文版)《河床演变及整治》《河流泥沙动力学》等专著教材。曾获国家科技进步特等奖、湖北省科学大会奖等。

须恺(1900.6.3～1970.10.6) 男,出生于江苏省无锡县,1917 年毕业于河海工程专门学校,1924 年获美国加州大学灌溉系硕士学位。水利工程学家和教育家,中国现代水利科技事业的先驱。曾任中山大学教授,导淮委员会副总工程师、总工程师,国民党政府水利部技监;中华人民共和国成立后历任水利部规划司司长、技术委员会主任、设计局局长,水利电力部勘测设计总局总工程师、规划局总工程师,中国水利学会第一、第二届副理事长。毕生致力于流域水利开发,兴利除害,综合利用水资源。主持研究制定淮河、海河、钱塘江、赣江、綦江等多项流域规划和大型工程规划,主持修建了一些水道和船闸工程。在黄河花园口堵口工程中作出了贡献。参加了青铜峡、甘肃引洮灌溉工程等大中型水利水电工程和中国水利规划的审查工作。在主持苏北运河规划设计中,提出了利用沉挂法加固修护长江堤岸,成效卓著。是中国最早从国外学习灌溉和回国开设灌溉学讲座的学者,培养造就了一批水利工程技术的骨干力量,为中国水利事业的发展作出重要贡献。

徐霞客(1587.1.5～1641.3.8) 明朝南直隶江阴(今江苏江阴市)人。著名的地理学家、旅行家和探险家,徐霞客通过亲身的考察,以无可辩驳的史实材料,论证了金沙江是长江的正确的源头,否定了被人们奉为经典的《禹贡》中关于"岷山导江"的说法。同时,他还辨明了左江、右江、大盈江、澜沧江等许多水道的源流,纠正了《大明一统志》中有关这些水道记载的混乱和错误。他认真地观察河水流经地带的地形情况,看到了水流对所经地带的侵蚀作用,并认识到在河岸凹处的侵蚀作用特别厉害。他对许多河流的水道源进行了探索,如广西的左右江,湘江支流萧、彬2水,云南南、北2盘江以及长江等等,其中以长江最为深入。浩荡的长江流经大半个中国,它的发源地在哪儿,很长时间都是个谜。战国时期的一部地理书《禹贡》,书中有"岷江导江"的说法,后来的书沿用这一说。徐霞客对此产生了怀疑。他带着这个疑问"北历三秦,南极五岭,西出石门金沙",查出金沙江发源于昆仑山南麓,比岷江长500多千米,于是断定金沙江才是长江源头,迈出了极为重要的一步。在他以后很长时间内也没有人找到。直到1978年,国家派出考察队才确认长江的正源是唐古拉山的主峰格拉丹冬的沱沱河。

徐乾清(1925.12.16~2010.1.9)　男,出生于陕西省城固县,1949年5月毕业于中国交通大学。中国工程院院士,防洪工程与水利规划专家,水利部教授级高工、水利部科学技术委员会顾问、中国自然科学名词审定委员会委员。长期从事水利规划、科研等方面技术管理和综合研究工作,推动并参与了大江大河历次流域综合规划工作、三峡工程可行性研究论证工作,主持了防洪专题论证,先后担任国家"八五""九五"科研攻关项目"黄河治理""长江防洪""西北水资源开发利用"等3项专家组组长,主持水利部"黄河水沙变化"项目的研究,研究成果在黄河治理、长江防洪等规划工作中得到应用。主要参与大江河防洪规划和水资源综合规划的咨询和审查工作;参与工程院地区水资源和环境保护项目的部分研究工作。著述较多,《21世纪中国的水利——以城市为中心带动全面发展》和《关于中国几个水利问题的回顾和探讨》等数十篇文章,为水利规划、科研方面科技人员所认同。

薛禹群(1931.11.2~　)　男,江苏无锡人,1952年毕业于中国交通大学唐山工学院,1957年在长春地质学院研究生毕业。中国科学院院士,水文地质学家。现任南京大学地球科学系水文地质研究室、环科所地下水资源及其保护研究室主任、教授,博士生导师,兼任中国地质学会水文地质专业委员会副主任、国家自然科学基金会评议组成员等职。主要从事水文地质的教学和研究,专长于地下水中热量和物质运移、海水入侵咸淡水界面运移规律的数值模拟、水资源管理等前沿课题的研究。针对有些地区过量抽取地下水,造成地面沉降的情况,建立了国内第一个三维热量运移模型,在上海实施后储能效果良好。研究解决了山东地区抽取地下水过量导致咸水入侵的问题。系统研究水量、水质模拟,其中有7个模型属国内首先建立,为地下水资源评价、污染预测提供了有效方法和先进手段。同时提出了许多求解这些模型的新算法,其中对数插值法、求流速的新方法均属首创。《水文地质学的数值法》是中国第一部水文地质数值法著作,其他著述有《海水入侵咸淡水界面运移规律研究》《地下水动力学》等教材和专著7部,发表论文百余篇,其中25篇被SCI、EI等收录。多项研究成果获部省级以上奖励。

严恺(1912.8~2006.5.7)　男,福建闽侯人,1933年毕业于交通大学唐山工学院(即唐山交通大学,今西南交通大学),1938年获荷兰德尔夫特(Delft)科技大学土木工程师学位。中国科学院院士、中国工程院院士,著名水利专家、海岸工程专家和工程教育家,河海大学创始人。曾任中央大学、交通大学教授,中华人民共和国成立后历任华东水利学院教授、院长,河海大学教授、名誉校长,南京水利科学研究所所长,中国科学院技术科学部委员,中国水利学会第三、第四届理事长,中国海洋工程学会第一二届理事长,联合国教科文组织国际水文计划中国国家委员会主席、国际水文计划政府间理事会第三四届副主席等。一直致力于中国大江大河的治理和海岸带的综合开发利用,包括海岸防护、河口整治与海港建设。长期从事河流和海岸泥沙问题的研究,在细颗粒泥沙运动机理方面取得重大进展。开创了中国淤泥质海岸研究事业,主持解决天津新港的回淤和长江口航道治理的问题,为建立海岸动力学、海岸动力地貌学新学科打下了基础。提出《关于珠江三角洲整治规划问题的报告》。参加解决葛洲坝工程航道建设的复杂技术问题并参加三峡大型水利枢纽的规划论证。培养了大批水利科技人才,并为南京水利科学研究院的发展、河海大学的重建作出了重要贡献。主编《中国海岸工程》和《海港工程》2部专著,撰有《黄河下游各站洪水流量计算方法之研究》《潮汐问题》《中国海岸和河口泥沙问题》等论文。曾获首届中国工程科学技术奖、何梁何利科技进步奖等。

叶守泽(1920.7.11~2002.9)　男,广西桂林人,1942年毕业于广西大学土木工程系,1948年获美国密执安大学工学硕士学位。历任广西大学教授,武汉大学教授、水工建筑系主任,武汉水利电力学院教授、治河工程系主任、副教务长、副院长,中国水利学会第三届水文专业委员会副主任委员,湖北省水力发电工程学会第一届副理事长。长期从事水库调节计算和暴雨洪水理论与应用的研究,提出了暴雨洪水的非线性处理方法,对中国非线性汇流理论研究起了促进作用。在国内外学术刊物发表《流域汇流的非线性特性分析》《河流水质不确定性数学模拟》等论文40余篇,主编或合编《径流调节》《水文水利计算》《水利水电工程环境评价》《水文系统识别(原理与方法)》《河川水文学》《工程水文学》等高等学校教材和学术专著。

叶永毅(1921~2011) 男,福建福州人,1942年毕业于中央大学水利工程系,1945年~1946年在美进修和实习。水文专家,中国水利水电科学研究院水资源所高级工程师。曾任中国水电科学研究院水文研究所所长。1947年参与主编赣江综合利用规划。1949年后曾指导全国水文资料整编和"水文图集""水文手册"的编制,并改进设计洪水方法。1979年后曾率先引进现代的水利经济理论和方法,主持过水土坝、治沟造地和水库防洪安全专题的研究,并多次参加国际学术活动。

叶秉如(1922~2013) 浙江余姚人。1946年毕业于中央大学水利系,留校任教。1951年赴苏联科学院学习获副博士学位。1955年回国任华东水利学院(河海大学)水文系副主任,是我国水文高等教育和水利计算及规划研究领域的奠基人之一。河海大学首批博士生导师。曾任中国水力发电工程学会理事、名誉理事。讲授水利计算及规划课程,研究方向为水利计算、水资源规划和水稳定流计算。主持红水河优化规划、水能优化、规划标准化研究等国家重点课题的研究。培养硕士、博士生和外国留学生20余人。发表论文《水库预报调度问题》《多目标规划非劣解的理论生成和应用》《线性规划新解法—分解节选体》《线性规划问题的多重解及其寻求》等20余篇。出版《水利计算及规划》、《水资源规划与调度》等5部。

詹道江(1917~2011.6.15) 男,湖北红安人,1943年7月毕业于中央大学水利工程系。河海大学水文水资源学院教授,河海大学水文系创建人之一。曾在上海大学、上海交通大学等高校任教。90年代首倡以"古洪水研究"参与解决三峡坝高的难题,享有"古洪水研究"鼻祖盛誉。主持或参与了长江三峡、黄河三花间、五强溪水电站等工程可能最大降水与洪水计算研究,主持了水利水电设计洪水规范可能最大降水部分的编撰工作。在国内外发表学术论文40余篇,主要论著有《可能最大降水》《可能最大暴雨与洪水》《古洪水研究》《工程水文学》等。曾获水电部、能源部、江苏省等部省科技进步奖。

张超然(1940.8.23~) 男,出生于浙江省温州市,1966年2月毕业于清华大学水利系。中国工程院院士,水利水电工程专家。现任中国长江三峡工程开发总公司总工程师、教授级高工。一直从事水利水电工程勘测设计和科研试验的工作,先后主持过金沙江溪洛渡、四川锦屏一级高坝、桐子林、沙牌、小关子、东西关、冷竹关、西藏金河等大中型水电站的可行性论证研究和勘测设计工作;负责20世纪已建成的最大水电站——二滩水电站的设计,主持高混凝土坝设计方法和准则、高坝泄洪消能等国家重点攻关项目的研究,取得重大突破;参与主持三峡工程建设中的重大技术问题的研究和决策,在混凝土坝快速施工、高边坡开挖与支护、大流量和高落差截流等技术研究工作中取得重大成果;参与主持金沙江溪洛渡、向家坝特大型水电站工程建设中重大技术问题的研究和决策。发表《三峡工程和长江防洪》《三峡工程大江截流技术决策支持系统的研究》等论文,主编了《三峡水利枢纽混凝土工程温度控制研究》。获国家科技进步一等奖等。

张楚汉(1933.10~) 男,出生于广东梅州,1957年毕业于清华大学水利工程系,1965年研究生毕业。中国科学院院士,水利水电工程专家。清华大学水利水电工程系教授。长期从事水工结构工程与抗震研究。研究不规则无限域模拟,提出无限边界单元和拱坝-地基-库水动力相互作用的时域模型,将该模型与拱坝横缝非线性结构耦合,得到了地基辐射阻尼可比传统方法降低拱坝地震响应25%~30%的重要结论,已应用于中国300米级高拱坝抗震设计中。运用动力边界元法与断裂力学原理,提出重力坝地震断裂与拱坝裂缝扩展模型,将这一模型发展到各向异性介质与非线性混凝土材料,进行了动力断裂试验验证,应用于多座混凝土坝抗震设计。提出时域动力边界元与离散元耦合模型,应用于大型地下厂房以及三峡船闸高边坡变形稳定预报。发表论文130余篇,SCI收录25篇,SCI引用132篇次,合作撰写专著3部。获国家自然科学三等奖、国家优秀教学成果一等奖、国家科技大会奖、国家教委科技进步一等二等奖(3次)、电力部科技进步奖等共8项奖励。

张光斗(1912.5.1~2003.6.21) 男,江苏常熟人,1934年毕业于上海交通大学土木工程专业,1936年美国加州大学土木工程硕士学位,1937年美国哈佛大学土木工程硕士学位,攻读博士学位,抗战爆发后,弃学回国。中国科学院院士、中国工程院院士、墨西哥国家工程院院士,著名水利水电工程专家。清华大学水利水电工程系教授。历任清华大学水工结构教研组主任、副系主任、系主任、副校长,中国科学院水工研究室主任,水利电力部、清华大学水利水电勘测设计院院长兼总工程师,清华大学高坝及高速水流研究室主任,水利电力部水利水电科研究院院长。

从事水利水电工程的教学、科研和生产工作,任黄河委员会、长江委员会、中国国际工程咨询公司等技术顾问,擅长解决水利水电工程设计问题,负责人民胜利渠渠首工程设计,参加官厅水库、密云水库、三门峡工程、丹江口工程、二滩水电站、隔河岩水电站、葛洲坝工程、三峡工程、小浪底工程等设计。代表性著作《水工建筑物》上下卷,发表论文40余篇,主要有《拱坝枢纽整体抗滑稳定的地质力学模型》《拱坝动力相互作用》《泉水拱坝的振动测量分析》《混凝土坝抗震》等。曾获美国加州大学哈斯国际奖、北京市优秀设计奖、国务院科技进步特等奖、国家科技进步二等奖)、何梁何利科技进步奖、中国水利学会功勋奖、光华工程科技奖成就奖等。

张含英(1900.5.10~2002.12.6) 男,出生于山东省菏泽县,1918年~1921年先后在北洋大学、北京大学求学,1924年毕业于美国伊利诺大学土木工程系,1925年获美国康奈尔大学土木工程硕士学位。水利专家,中国近代水利事业的开拓者之一,中国水利学会创始人之一。历任青岛大学教授,黄河水利委员会委员、秘书长、总工程师、委员长,北洋大学校长,水利部副部长兼技术委员会主任,水利部技术委员会顾问等。几十年来,把全部身心献给了祖国的水利事业。特别是对黄河的治理与开发作出了不可磨灭的贡献。贯彻上中下游统筹规划、综合利用和综合治理的治黄指导思想,为治黄事业从传统经验转向现代科学指明了方向。以现代科学的观点与传统治河经验相结合,理论联系实际,著有《治河论丛》《黄河志——水文与工程》《水力学》《历代治河方略述要》《黄河治理纲要》《防洪工程学》《水利概论》《工程与水利》《明清治河概论》等著作。

张建云(1957.8~) 男,江苏沛县人,1982年毕业于原华东水利学院(今河海大学)陆地水文专业,1987年5月获河海大学工程水文及水资源专业硕士学位,1991年~1996年先后获爱尔兰国立大学水文科学硕士和土木及环境工程专业博士学位。中国工程院院士,南京水利科学研究院院长、水利部大坝安全管理中心主任、教授级高级工程师,江苏省"333高层次人才培养工程"首批中青年首席科学家。曾任水利部水文局副局长兼总工程师、水利部国家防汛抗旱指挥系统工程项目建设办公室副主任。主要从事水文基础理论、水资源管理、水利信息系统工程、防汛决策支持等方面的研究。先后主持国家"九五"攻关重中之重科技攻关项目"气候异常对水文水资源评估研究""十五"科技攻关项目"气候变化及其阈值研究"等专题研究;主持研究开发了"防汛抗旱水文气象综合业务系统""全国洪水预报系统""国家防汛会商系统""全国实时水情信息服务系统"等一系列支持防汛抗旱调度决策的业务系统,在多年的防汛抗旱工作中发挥了重要作用;主持完成了"国家防汛抗旱指挥系统工程"的总体设计和可行性研究工作,并负责该工程一期工程的建设管理;近年来主持国家"十一五"科技支撑项目"水库大坝安全保障关键技术"和国家水利行业重大研究专项"气候变化对我国水安全影响及适应"等项目的科研工作。发表研究论文100余篇,出版专著4部、译著1部、主编专著5部。获国家科技进步一等奖1项、国家科技进步二等奖3项、部省级科技进步奖一等奖2项、二等奖3项。

张书农(1910~1997) 男,江苏宝应人,1933年毕业于中央大学土木工程系,1937年~1940年在德国柏林科技大学留学。水利科学家,中国近代开展水流结构与泥沙运动研究的奠基人之一。河海大学环境科学与工程学院教授。曾任导淮委员会技正、中央大学教授,中华人民共和国成立后历任南京大学教授、水利系主任,华东水利学院教授、副教务长、环境水利研究所所长,南京水利科学研究所副所长,中国水利学会泥沙专业委员会副主任委员。在国内首先开展环境水利科学研究。温差异重流及潮汐河流部分分层的热扩散研究取得成果。著有《治河工程学(上下册)》《农田排水工程》《农田水利工程》《河渠水力学》《河流动力学》《环境水力学》等。

张蔚榛(1923.10.5~) 男,河北丰润人,1945年8月毕业于北京大学土木工程系,1955年8月在前苏联科学院获农田水利副博士学位。中国工程院院士,农田水利和地下水资源专家。武汉大学水利电力学院教授、农水专业博士生导师,清华大学兼职教授、中国科学院南京土壤研究所兼职研究员、水利部技术委员会委员。专于地下水和土壤水渗流和溶质运移的研究。曾提出有关地下水非稳定流及农田地下水排水新的计算公式和研究方法。主持研究"北方平原地区地下水资源评价和开发利用",并获得成果。在应用渗流理论、饱和非饱和土壤水运动和溶质运移理论解决农田排灌工程规划设计问题中取得了大量研究成果,建立了正确的地下水资源概念,发展了地下水资源评估理论和水井计算方法,在农田地下排水设计研究方面作出了开创性贡献,在中国首先应用势能理论研究饱和和非饱和土壤水运行及溶质运移问题取得了开拓性成果。主编著作有《地下水非稳定流计算和地下水资源评价》,参编高校教材有《农田水利学》,发表论文有《河渠影响下双层结构含水层地下水非稳定流计算》等。获全国科学大会奖1项、国家教委科技进步二等奖2项、水利部科技进步二等奖1项。

张勇传(1935.3.1~) 男,河南南阳人,1957年毕业于华中理工大学水动专业。中国工程院院士,水电能源学家。华中科技大学学术委员会副主任、水电与数字化工程学院名誉院长、文华学院名誉院长、教授、博士生导师。长期从事水电能源方面的教学和科研工作,曾主持多项重点科技开发与攻关项目(包括2项中－欧能源合作研究项目),其中"水电站水库优化调度理论应用与推广""电力系统隐随机决策""水电站经济运行计算机实时控制"等在生产应用中取得了显著的经济效益。在水库运行基础理论、规划决策与风险管理、计算机实时控制等方面均有重要创新。将水电能源理论、优化理论、控制理论、不确定性理论以及人工智能、神经网络、模糊分析等技术进行综合交叉,为现代水电能源理论的创立和发展作出了重要贡献。出版著作《水电站水库调度》《水电能源优化管理》《水电系统最优控制》等11部,发表论文120余篇。获国家科技进步一、三等奖各1项、部省级一、二等奖10项。

张宗祜(1926.2.19~) 男,出生于河北省满城县,1948年毕业于北京大学地质系,1955年获苏联莫斯科地质勘探学院地质矿物学副博士学位。中国科学院院士、中国工程院院士,工程地质学家、水文地质学家、第四纪地质学家。国土资源部水文地质工程地质研究所名誉所长、研究员。先后任地质部水文地质工程地质局工程师,地质部水文地质工程地质研究所工程地质研究室兼科技情报室负责人、土壤学研究室主任、总工程师、所长,中国地质学会水文地质专业委员会主任委员,第四纪地质与第四纪冰川专业委员会副主任委员、主任委员,中国科学院地学部副主任。从事水文地质和工程地质研究,对黄土地层划分、工程地质特性与微结构的关系、土壤侵蚀、水流运移规律、黄河治理、水资源合理开发利用、第四纪下限等方面都有创新、独特的观点。重视研究工作和经济建设的紧密结合,长期坚持野外工作。积极参加国家科技规划的制订,组织科技攻关,为推动中国地质科学事业的发展作出重要贡献。主要著作有《中国黄土》《中国第四纪地质》等,主编了《中国水文地质图集》《中国黄土类土工程地质图》《中国黄土高原地貌类型图》《中华人民共和国及其毗邻海区第四纪地质图》等。获李四光地质科学奖荣誉奖、中国工程科学技术奖、何梁何利基金科学与技术进步"地球科学奖"等。

赵人俊(1924~1993.3.17) 男,浙江金华人,1945年毕业于中央大学水利系。著名水文学家,水文水资源学院教授、博士生研究生导师。历任华东水利学院及河海大学教授、水文系副主任,中国水利学会水文专业委员会第三届副主任委员,国务院学位委员会第二届学科评议组成员。专长水文预报学,对河道汇流和湿润地区产流规律有较深研究。20世纪70年代研制出中国第一个大流域降雨径流计算模型——新安江流域水文模型,解决了大流域降雨径流计算中雨量分布不均匀的问题。研制成功的陕北模型为水文预报提供了新的理论和手段,不仅在国内广泛使用而且在其他一些国家得到推广。先后发表论文40余篇,著有《水文预报》《流域水文模拟——新安江模型与陕北模型》等专著。

郑国(生卒年月不详) 战国时期卓越的水利专家,战国时期韩国都城新郑(现在河南省新郑市)。成年后,郑国曾任韩国管理水利事务的水工(官名),参与过治理荥泽水患以及整修鸿沟之渠等水利工程。秦始皇元年(前246),受命入秦游说,建议引泾水东注北洛水为渠,企图疲劳秦人,勿使伐韩。秦王采纳其议,命他主持开凿工程。工程进程中被秦察觉此意图欲杀之,他说渠凿成亦秦利,因得继续施工,终于完成。是渠从仲山引泾水向西到瓠口作为渠口,利用西北微高、东南略低地形,沿北山南麓引水向东伸展,注入北洛水,全长150多千米。利用泾水含沙而有肥效的特点,用以灌溉,并冲压、降低耕土层中的盐碱含量,收到改良土壤的效用。灌溉土地4万余顷,使每亩增产到一钟(六石四斗)。"于是关中为沃野,无凶年,秦以富强,卒并诸侯,因命曰郑国渠"(《史记·河渠书》)。郑国渠工程宏伟,规模宏大,称得上是2000多年前之壮举。它富有肥力的泾河泥水灌溉田地,淤田压碱,变沼泽盐碱之地为肥美良田,使关中一跃成为全国最富庶的地区。为纪念郑国的功绩,时人遂称该渠为郑国渠。郑国渠和都江堰、灵渠并称为秦代3大水利工程。

郑守仁(1940.1.30~) 男,安徽颍上人,1963年9月毕业于华东水利学院河川系水工建筑专业。中国工程院院士,水利部长江水利委员会科学技术委员会主任委员、教授级高级工程师。历任长江委施工处副处长、葛洲坝工程设计处副总工程师、处长,隔河岩工程设计代表处处长,长江委副总工程师、总工程师兼三峡工程代表局局长。主持乌江渡、葛洲坝导截流设计、隔河岩现场全过程设计,主持三峡工程大坝、电站建筑物、永久船闸、垂直升船机、机电、围堰、建筑安全监测等7个单项工程技术设计和招标设计,在大江截流及深水围堰设计施工中作出了贡献。对葛洲坝大江截流、二期高土石围堰设计技术上均有创新。获国家科技进步特等奖、国家优秀设计奖等。

周君亮(1925.2.22~) 男,江苏无锡人,1949年毕业于复旦大学土木工程系。中国工程院院士,水工和航运建筑物设计专家,江苏省水利厅教授级高级工程师。先后在江苏省水利勘测设计院、江苏省水利厅、江苏省京杭运河续建工程指挥部任设计室主任、高级工程师、总工程师等职。长期从事水工建筑物设计,负责过80余座大、中型水利和航运建筑物的设计和审查,主要设计成果有:武定门抽水站,采用双向流道,集灌、排于一体;江都抽水站三四站;皂河第一抽水站,采用当今最大的斜流泵和液压快速门断流;蒋庄漫水闸改建,首创水力自动翻倒门,该形式已在山丘区广泛使用;反拱底板正拱桥和底板闸墩先开后合成整体结构的沂沭新闸;采用提高底板与地基摩擦阻力方法的高良涧闸和三河闸加固设计,该方法已写入《水闸设计规范》。曾先后发表论文20余篇。获国家优秀设计奖、国家优秀设计金质奖等。

周恩济(1917.9.1~2010.7.9) 男,浙江杭州人,1941年毕业于浙江大学史地系气象科,1943年获浙江大学研究院地学部硕士学位。曾任重庆北碚国立复旦大学讲师、中国航空公司气象员、气象台台长、香港皇家天文台助理科学官,中国科学院地理研究所、地球物理研究所、中央军委气象局从事英文和俄文翻译工作,天津大学、华东水利学院(现河海大学)教授。长期从事水文水资源教学科研工作,对水文水资源及气象学有着很深的造诣。20世纪50年代撰写了第一批水文气象学全国高等学校统一教材,此后长期主讲气象学、气候学、天气学、中国气候、气象预报、农业气象等课程。合作承担了与水电部丹江口水利枢纽管理局协作的科研项目"丹江口水库流域秋汛期中长期水文气象预报"、担任由水电部成都勘测设计院与昆明勘测设计院合作的西南"四江暴雨特性分析"、负责"山峡水文气象研究"等研究项目。主要著译有《中国水资源评价(英文版)》《气象学》《苏联水文地理》《水利资源研究问题》《中期天气预告》《农田水利》《天时地利与农业气候地势土质与农事的关系》等。

朱伯芳(1928.10.17~) 男,出生于江西省余江县,1951年毕业于上海交通大学土木系。中国工程院院士,著名水工结构和固体力学专家,中国混凝土温度徐变应力、拱坝优化及混凝土坝仿真的创建者和奠基人。中国水利水电科学研究院教授级高级工程师、博士生导师、研究室主任,兼任水利部和国务院南水北调办公室科学技术委员会委员。历任安徽省佛子岭、梅山水库工程指挥部工程技术科技术员,水利部治淮委员会设计院水工室组长、工程师,水利电力部水利水电科学研究院结构材料所高级工程师,华北水利水电学院教授。参加了佛子岭、梅山水库连拱坝及响洪甸水库拱坝的设计工作。提出非均质弹性徐变体2个基本定理及有限元徐变应力隐式解法。提出了库水温度、温度荷载及重力坝、拱坝、船坞、水闸、浇筑块等一系列水工结构温度徐变应力计算方法,建立了混凝土温度应力和温度控制较完整的理论体系,提出了结束"无坝不裂"历史的策略和技术,并已在部分工程实现。提出了拱坝优化数学模型和求解方法,用优化方法设计的拱坝已建成170余座。提出了混凝土坝仿真的一整套计算方法。提出的各种计算方法和设计准则获广泛应用,纳入中国重力坝、拱坝等设计规范的即有14种。著有《水工混凝土结构的温度应力及温度控制》《有限单元法原理与应用》《结构优化设计原理与应用》等著作多部。获国家科技进步二等奖、国家自然科学奖三等奖等。

第五章 中国水文科学大事记

一、中国水文科学萌芽时期（1400年以前）

公元前3000年　据考古发掘，中国浙江余姚河姆渡已有地下水井，说明当时已知道引用地下水进行灌溉。

公元前27世纪　据考古发掘，浙江湖州市邱城遗址下层有9条排水沟和2条宽1.5米~2米的大型引水渠，说明当时已知道引用地表水进行灌溉。

黄帝时期　中国最早的一次暴雨洪水记载。

尧舜时期　大禹治水活动中的水文调查。

公元前16世纪　黄河支流伊洛河发生枯水现象，为最早记载。黄河、淮河、海河流域连旱，为最早的一次连旱记载。

公元前1400年前后　河南安阳殷墟出土甲骨文中有大量雨、泉和洪水等水文、气象方面的记录。

公元前989年~前988年　中国最早的一部水文地理游记著作《穆天子传》与《竹书纪年》一书同时出土于汲县（今河南省卫辉市）古冢。

公元前878年　长江、汉江雨雹成灾。这是长江流域雨雹成灾的最早记载。

公元前780年　泾、洛、渭河因地震河源阻塞。

公元前602年　黄河第1次大改道。

公元前7世纪~前5世纪　《管子》书中记载有较多的水文概念，如《度地》篇记述有对河流的分类，是世界上最早提出的河流分类概念；《水地》篇对春秋诸国的水质作了评价，说明北方河水多泥沙，含多种化学元素，以致易淤、易浑、易浊、易滞，南方河水则较清纯；《地员》篇中对地下水的埋深与水质的关系作了描述。《周礼·稻人》中提出要掌握灌溉水源和注意防洪，要有灌溉和排水渠系。这是中国农业水文方面的最早记载。

公元前597年~前591年　修建最早利用工程水文知识的芍陂工程。

公元前548年　据《左传·襄公二十五年》载，当时已掌握初步的工程水文知识，并运用于水利工程之中。

公元前486年　吴王夫差筑邗城，开沟通江、淮、黄的"邗沟"人工运河。

公元前481年　《礼记·郊特牲》有"土返其宅，水归其壑"等关于水土保持的记载。

公元前453年　在山西太原附近修建有坝取水工程——智伯渠。

公元前4世纪前　西门豹在漳河修建多首有坝引水工程——引漳十二渠（一说为100余年后史起开渠引漳）。

公元前369年~前286年　《庄子·徐无鬼篇》最早阐明水面蒸发机制。

公元前5世纪~前3世纪　《逸周书》记黄河水文变化。早期的水文地理著作《山海经》和《尚书·禹贡》记载中国的河流及其水文地理。

公元前251年　秦蜀郡守李冰创建都江堰，将岷江水引入成都平原。首创用石人水尺观测水位。

公元前246年　郑国在陕西关中地区修建郑国渠。

公元前239年　《吕氏春秋》中较完整地记述水文循环概念。

公元前221年　秦始皇统一全国后，实行"决通川防"，统一同一条河上堤防的工程标准。

公元前221年~前206年　秦代在《田律》中规定全国各郡县呈报降雨量的制度。陕西关中富平县赵老峪已采用引洪漫地。

公元前219年　秦始皇开凿灵渠，以沟通湘江与漓江之间的运道。

公元前190年　长江、黄河流域大旱。

公元前185年　《汉书·高后纪》载江、汉大水。这是有关长江流域洪灾的最早记述。

公元前140年前后　《淮南子·地形训》论述各河水质适于灌溉的农作物。这是先民们对各条河流水质适于灌溉的不同农作物所作的研究总结。

公元前132年　黄河第1次南决夺淮。

公元前125～前104年　大规模开发黄河河套、宁夏以及河西走廊的农田水利。

公元前120年～前111年　井渠之始。《史记·河渠书》载："自徵(今陕西澄城县)引洛水至商颜(商颜山在今陕西大荔县)下。岸善崩，仍凿井，深者四十余丈，往往为井，井下相通行水，水颓以绝商颜，东至山岭，十余里间。井渠之生自此始。"

公元前111年　汉代儿宽制订《水令》，以广溉田，是见于记载的第1部灌溉管理法规。

公元前109年　《史记·货殖列传》有"六岁穰，六岁旱，十二岁一大饥"的提法，反映黄河流域旱涝交替情况。西汉时已有在坡地上修造梯田的记载。

公元前95年　修白渠引泾淤灌。

公元前91年　司马迁著中国第1篇水利通史文献《史记·河渠书》，首次赋予"水利"一词以治河、修渠等除害兴利的专业意义。

公元前64年　新疆始修坎儿井，通过地下渠道利用地下水灌溉农田。

公元前28年　王延世以立堵法成功地堵塞了黄河馆陶、东郡决口。

公元前26年　岷江地震崩山壅江。

公元前23年　桓谭著《新论》中提到水碓，是中国水力利用的最早记载。

公元前7年　贾让提出治理黄河方策3种，后世称为"贾让三策"。

公元4年　张戎提出黄河泥沙的定量概念，指出黄河水浊，一石水六斗泥。是史书上关于黄河的水沙关系和利用水力冲沙的第1次记载。

公元11年　黄河在魏郡元城(今河北大名县东)决口，形成第2次改道，从今山东利津入海。

公元31年　东汉南阳太守杜诗发明水排，用于鼓风冶铸铁农具。

公元69年　王景治理黄河、汴渠，泛滥横流冀、鲁、豫、皖、苏等地近60年的黄河，此后经魏、晋、隋、唐等朝代900多年无大改道。

公元88年　王充《论衡》中提出水文循环和潮汐成因的科学解释。

166年　《后汉书·五行志》载黄河水清。

168年　重造都江堰三石人"水则"。

173年　中国在浙江余杭县南上湖、南下湖修建蓄水坝。

186年　东汉毕岚发明渴乌(汲水虹吸)和翻车(龙骨水车)。

204年～213年　曹操开白沟、平虏渠、泉州渠、新河等运河，沟通黄河、海河、滦河3大水系。

223年　中国在黄河支流伊河龙门崖壁石刻记录洪水。

239年　筑江苏赤山塘立石测水。

277年　长江上中游大水。

309年　全国性大旱。

348年　中国现存早期的水文地理著作《华阳国志》成书。

371年　太湖大水。

394年～396年　长江中游连年大水。

404年　南京潮涌大水。

439年　何承天(370～447)《论浑象体》一文中论水循环。

516年　在淮河中游建浮山堰，坝高约30米，是当时世界上最高的拦河坝。

517年　崔楷提出海河水系抗洪、排涝、除碱、营田整治规划方略。

527年　郦道元的水文地理巨著《水经注》问世，记录1252条河流水文地理。

605年　隋炀帝派民丁百余万开通济渠、邗沟，自洛阳通黄河，入淮河，通长江。

608年　隋炀帝派军丁百余万开永济渠，引沁水通黄河，北至涿郡（今北京）。

623年~624年　雅砻江下游崩山堵江。

692年　构筑相思埭，为沟通柳江与桂江间的人工运河，近代称"桂柳运河"。

764年　在四川涪陵白鹤梁开始用时刻记录长江最枯水位。这是中国也是世界上历时最长的实测枯水位记录。

780年　早于建中元年以前的唐朝前期，全国各州县即已有测报雨情水情的制度。陆羽（733~804）著《茶经》评分天下水质为20个等第。

784年　陕西、河南、河北于冬、春、夏至于秋连旱、大饥。

792年　海河、淮河、长江中下游大水。

798年　中国历史上第1部以黄河命名的水文地理专著《吐蕃黄河录》问世。

805年前后　柳宗元著《天对》，阐明水文循环和海水不溢出的道理。

830年~834年　长江中下游连年水患。

833年　构筑它山堰，作为阻咸引淡的渠首工程。

884年　江南包括湖北东南部、湖南大部、江西全部、皖南、苏南及太湖流域大旱。

984年~987年　乔维岳在西河（今江苏淮安至淮阴间的运河）上创建世界上最早的双陡门船闸——西河闸，闸室长约76米。

998年~1007年　长江中下游连年受旱。

1015年　中国最早制定的警戒水位。

1021年　宋天禧五年有人提出以物候名黄河水势，描述了黄河一年之内水位涨落过程的规律。

1034年　黄河下游澶州决口，决水经聊城、高唐一带，流行于唐大河之北分数支入海。后称此道为横陇故道。

1035年　河北省境内最早设立木制"水则"以观测水位。

1038年　宋代开始全国测报雨雪。

1048年　黄河下游商胡决口，大致经今大名、馆陶、临西、枣强、衡水至青县，由天津附近入海，形成第3次大改道，宋代称为北流。北宋屯田员外郎沈立著《河防通议》，是论述河工技术最早的著作。

1072年　北宋沈括著《梦溪笔谈》载，侯叔献都水丞相机分洪，并提出海陆变迁、流水侵蚀地形的论述。

1073年~1075年　长江、淮河流域连年旱灾。

1078年　《宋史·河渠志》以河流断面面积和水流速度来估计河流流量，在中国水利史上是第1次出现估计流量的概念。此年起中国开始使用"水历"记水位。

1086年　黄河孙村口测流。这是1078年出现估算流量方法的实际运用。

1120年　立浙西诸水则碑。

1128年　黄河在滑县人工决口，南流分数股入淮，是第四次大改道，形成黄河长期夺淮的局面。

1153年　长江上游干流沿线发生特大洪水，中下游有些支流也发生大水。

1169年　范成大在浙江修复通济渠，立水则。

1174年　广南西路通判周去非所著《岭外代答》中有"广西水经"专篇，论述西江水系郁、柳、桂等各大河的源流、走向及其他水文地理概况。

1180年~1183年　长江流域连旱。

1194年　黄河阳武决口大行徙夺淮。

1202年　中国颁布《泰和律》，其中《河防令》为黄河、海河的河防修守法规。

1227年　长江三峡区洪水,3天洪量241.6亿立方米,为调查到的第2位最大洪水。

1234年　黄河寸金淀决口南流入淮。

1247年　秦九韶著《数书九章》,记述全国州县用天池盆、圆罂测雨及竹笼测雪和雨雪深度计算方法。

1270年　郭守敬提出"海拔"概念。这是中国首次提出"海拔"概念,比德国数学家K.F.高斯要早560年。

1280年　元世祖派都实考察黄河源,这是中国历史上第1次大规模考察黄河源,写成《河源志》一书。

1282年～1293年　京杭大运河全线沟通,沿河建有多处闸坝,设立一系列"水则"观测水位,作为各闸起闭的依据。

1285年～1292年　意大利旅行家马可·波罗(1254～1324年)游历考察长江等流域,写成《马可·波罗旅行记》一书。

1301年　长江下游滨海大风潮灾。

1310年　江汉大水山崩。

1313年　王祯著《农书》,系统总结前人农田水利工程、提水机具、水力机械等方面的成就。

1328年～1329年　华北、西北、江南大旱。

1342年　李好文著《长安志图》,记有流量的单位名"徼"。

1351年　贾鲁采用沉船法堵黄河白茅(在今山东曹县境)决口。

1382年　明僧宗泐记述黄河河源区水文环境。

1383年　金沙江自川滇边境流入云南境内以后,两岸雪山对峙,形成高山峡谷,山裂锁谷,以致江水断流。

1385年　南京鸡鸣山建立观象台,进行降雨量等项观测。

二、中国水文科学奠基时期(1400～1900)

1411年　济宁至临清置水闸立水则。

1424年　全国采用测雨器观测雨量。

1461年　河南、湖北、江浙大水。

1471年～1472年　江南连年大雨、潮灾。

1476年　绍兴知府戴琥为了根据水位控制水闸的启闭,立有"山会水则"碑。

1482年　晋东南洪水。

1484年　华北大旱。

1535年　江南浙江、江西、湖广、广东、福建、云南、辽东大水。

1536年　刘天和著《问水集》论述黄河迁徙原因并创制"乘沙量水器",取含沙水样。

1541年～1555年　罗洪先修编《广舆图》,包括黄河、漕运、海运等水利专题图。

1553年　黄海淮地区洪水。

1556年　陕西华州地震,黄河渭河漫溢。

1573年　明万恭著《治水筌蹄》中首倡"束水攻沙"法。并介绍黄河边的人们根据洪水来势情况作预报。

1584年　浙江绍兴府兴建三江闸时,在闸上立水则,以"金、木、水、火、土"为则,以控制三江闸的启闭。

1593年　淮河流域发生自1070年以来500余年中最严重的一次大水灾。

1602年　甘肃河州(今甘肃临夏)一带"黄河水干见底"。

1628年　明代科学家徐光启著《农政全书》中详载了水质评定法,并介绍了治水方略、水利施工方法等。

1628年～1641年　全国旱灾频发,赤地千里,民饥饿死者十之八九,不少地方树皮食尽,人相食,行人断绝。幸存的农民到处起义,震撼了明王朝的统治。

1640年　徐弘祖在《江源考》及《盘江考》中第1次指出金沙江为长江上源和南盘江为西江主源,最早记述岩溶水文,在中国水文地理学的发展中占有突出的地位。

1662 年　四川、甘肃、陕西、山西、河南、河北、山东、安徽等省夏秋普遍多雨,黄河主要支流泾河、渭河、北洛河、汾河、沁河、涑水河、伊洛河及龙门以上北干流都发生大洪水或特大洪水,潼关以下干流也出现特大洪水。

1677 年　首勘长白山,并首次对长白山主峰和松花江源头天池状况的记述。

1679 年　陈潢提出"逼淮注黄、蓄清刷浑"的治黄主张,并首先提出了完整的流量计算方法"测水法"。

1684 年　黄河夺淮期间,在徐城(今江苏徐州市)、老坝口(今淮阴市郊)设立水志,观测水位向下游驰报水情。

1704 年　康熙帝命侍卫拉锡、舒兰探查黄河河源。后绘有《河源图》,舒兰还写了《河源记》。

1709 年　甘肃用皮混沌传递黄河水情。宁夏黄河开始报汛。

1712 年　立鸭绿江、图们江分水岭碑,这是历史上最早确定的 2 江河源。

1717 年　康熙帝派喇嘛楚儿沁藏布、兰木占巴及理藩院主事胜住等人对黄河河源地区的山川地形作了测量,后将测量结果绘入《皇舆全览图》。

1723 年~1735 年　黄土杰著《六河总分图说》,详细介绍昆明六河的源流、水文特征、治理及效益、存在问题等,具体说明修建堤堰、渠道、涵洞和桥梁的位置,并提出了规划设想,其中不少见解对滇池治理有重要参考价值。

1724 年　北京开始记录逐日天气和降雨雪的起讫时间、入土雨深,即著名的历时 180 年之久的雨雪分寸记录。

1736 年　中国绘制以寸记的降雨量等值线图。

1746 年　黄河老坝口、洪泽湖古沟坝、龙门坝、三滚坝、天然闸、六安沟、高家堰等处设立水志即水尺观测水位并报汛。确定黄河水位测报标准。

1747 年　吴江县长桥垂虹亭补立"横道水则碑"。

1751 年　始定洪泽湖控制运用水位。

1757 年　淮河开始由正阳关向下游报汛。

1761 年　黄河三门峡至花园口区间及淮、海、汉江大水。

1775 年　再定洪泽湖控制运用水位。

1782 年　乾隆帝命阿弥达探黄河源。

1783 年　乾隆帝提出自堤顶量水位法。

1785 年　长江中下游及山东大旱。

1786 年　大渡河地震洪水。

1788 年　长江上中游洪水,湖北江陵万城堤溃口。

1791 年　永定河卢沟桥设专职报汛。

1794 年　海河南系洪水。

1801 年　海滦河洪水。

1808 年　永定河上游开始报汛。

1816 年　徐松在《西域水道记》中描述新疆木扎尔特冰川融水情况。

1819 年　永定河卢沟桥设立水志观测水位,并向朝廷报汛。除观测水位外,也曾进行流量测验。

1835 年　中国有 15 个省受旱,有"啃草咽土,饿殍载道,民食观音粉,死徒甚多"的记述。

1836 年　麟庆编著《河工器具图说》叙述了中国水尺制造的发展过程。

1840 年　四川盆地洪水。

1841 年　北京开始用现代方法观测和记录降雨量。

1843 年　黄河中游洪水,中牟堤防决口,洪水经贾鲁河、涡河、大沙河夺淮归洪泽湖。

1848 年~1849 年　长江中下游连年大水。

1855 年　黄河在河南兰阳(今兰考)县铜瓦厢决口改道,注大清河入海,正河断流。从此结束了长期以来黄河夺淮的历史。黄河北徙后,大运河南北断航,淮河亦不能回复故道,淮水从此主要由江苏三河经高邮湖流入长江。

1856 年　吉林中部、黑龙江拉林河水系和辽宁部分地区发生特大洪水。

1860年前后　英国人在福州市马尾镇对岸长乐县营前设立海关,建立码头。在离码头台阶1米处的岩石斜坡处作为高程零点,称为"罗星塔零点"。同年,在黄浦江东岸一侧设置引导灯桩外,在张华浜设立"吴淞信号站",树立水尺和信号杆,悬挂水位标球。这是在长江水系内最早设置的观测水位(潮位)的近代水尺。长江发生流域性的特大洪灾。

1861年　长江沿线等各地港口海关设置水尺。　4月,广东珠江三角洲出现台风暴潮,是广东出现台风暴潮史料记载中死人最多的一次。

1865年　长江汉口设立水位站,为中国现代水位观测的开始。

1867年　在清江(今江苏淮阴市)设立导淮测量局。　7月,长江上游连续出现大雨和暴雨,为自1153年以来的最大洪水。四川、湖北、湖南3省及江西、安徽沿江地区均遭受严重水灾。该次洪水冲开长江南岸松滋口。　9月,汉江流域发生大洪水。同年,英国人艾略斯对黄河铜瓦厢决口后的新河道进行了考察,并于1871年在英国皇家地理学会公报发表了《1868年赴黄河新道旅行笔记》。

1876年　江苏巡抚吴元炳令仿制吴江水则碑立于苏州胥门外河滨,以验河水消涨,而悉农情。

1877年　沿黄各省发生罕见旱灾。

1878年　黄河首次以"公制拔海计高"来测量最高水位。

1882年　6月,珠江流域西江和北江同时发生大洪水。　6月~7月大别山区、皖南山区和杭嘉湖地区发生一场历史上有名的"光绪壬午年大水"。根据溧河、皖河、青弋江、饶河、信江及钱塘江等河流的洪水调查,洪峰流量均为近百年来的最大洪水。

1883年　在上海建成以地表水为水源的杨树浦水厂。

1887年　为昆明地区防洪需要,在昆明金牛寺盘龙河内设立量水石柱。

1888年　鸭绿江下游干支流以及大洋河、浑河、太子河、松花江上游支流辉发河等流域均发生了历史上特大洪水。

1889年　黄河下游河道图测成,这是黄河上最早用新法测出的河道图。

1895年　汉江设报水钟。

1899年　比利时卢法尔建议加强水文测验。6月26日~28日,福建北部地区连降大暴雨,暴雨中心在闽江上游支流建溪一带,并偏重在南浦溪和崇阳溪2支流的上游地区,造成了闽江流域历史上特大洪水。

三、中国水文应用技术兴起时期(1900~1950)

1902年　海河工程局成立测水机构,在海河干流陆续设置十余处潮水位站。本年,海河工程局以天津市大沽口北炮台处寻常高潮之最低海面为零作为起算高程,称"大沽零点"。黄河山东防汛工作开始用电报报汛。

1904年　黄河上游及川西北洪水。清代《奏定大学堂章程》规定,大学堂内设农科、工科等,开始实施水利教育。

1906年　设置"吴淞零点"。

1910年　中国在海河小孙庄开始设立水文站,这是中国第1个水文站。

1911年　于清江浦(今淮阴市)设立江苏水利公司,后改为江淮水利测量局,组织力量施测淮河水系河道、地形、雨量、水位、流量。1913年组织导淮局继续进行淮河测量。1920年4月,督办江苏运河工程局下设淮扬徐海乎剖面测局及以后改组的江北运河工程处(属江苏省建设厅水利局),均进行了运河测量工作。沈秉璜将有关勘测资料整理成《勘淮笔记》。　1911年~1922年间,淮河流域共完成测绘图表25卷又2485幅,资料1144本。

1912年　江淮水利测量局以1912年11月11日下午5时废黄河口的潮水位为零,作为起算高程,称"废黄河口零点"。上海浚浦局根据《黄浦江继续整治计划》,在吴淞口(炮台湾)、黄浦公园(原名外滩公园)设立自记水位站,以后陆续沿江设置的有,1914年建源码头(原名汉冶萍)、米市渡(原名松江南库)、1916年淀峰(原名关王庙)等自记水位站。　本年,江淮水利测量局分别在老子山、盱眙设立水位站,观测淮河流入洪泽湖的河口水位变化,其后又在高良涧、蒋坝设水位站,观测出湖水位变化。这是中国近代最早的湖泊水文观测研究。云南省昆明市郊建成石龙坝水电站,为大陆最早建成的水电站。

1913年 在长江吴淞口设立潮位观测站。

1914年 9月,上海浚浦局在黄浦江干流建源码头和上游横潦泾等处进行潮流量、含沙量测验,并采用调和分析法,对长江口、黄浦江开始编制天文潮位预报方案,于民国7年首次作出吴淞口潮位预报成果。 9月9日~13日,受台风影响,鸭绿江上游和图们江中、上游降大暴雨,图们江中、下游及鸭绿江上游发生大洪水,灾情较重。12月13日,在广州设立"督办广东治河事宜处"(简称广东治河处),直属北京政府,为珠江流域最早设立的水利行政机构。 12月,北京政府以导淮局为基础成立全国水利局,并通令全国各省成立水利分局。自此,开始由水利机构专司水文测验工作。

1915年 4月,河海工程专门学校成立。 6月3日,广东治河处组成6个测量队,开始进行西江查勘测量和水文测验工作。1916年春,又在北江、东江和广州进口水道进行相同内容的河道测量和水文测验。6月下旬~7月上旬,珠江流域洪水,广州市被淹,西江进行洪水调查。上海浚浦局设立江阴(肖山)潮水位站观测长江潮水位,至1918年3月建成自记水位计台,使用浮子式自记水位计,为长江干流上最早建立的自记水位站。

1916年 在海河采用挖泥船进行吹填工程。

1917年 广东治河处在勘测广州前、后航道期间,为考察广州至黄埔之间航道的潮汐规律,在珠江有关河段施测全潮水位和全潮流量。海河洪水,天津市区受淹。

1918年 3月20日,顺直水利委员会在天津成立。本年该会在潮白河苏庄、北运河通县、子牙河献县、大清河新镇、卫运河德州、武城、次年在黄河陕县、泺口等处设立水文站。 10月,首次布置全国进行河川测验。

1919年 9月,海关在钱塘江杭州湾设置闸口、海宁、澉浦、乍浦、柘林、东洗山、大戢山等7站进行同步潮位观测,为浙江省最早的河口水文观测。

1920年 4月1日,原筹浚江北运河工程局改组为督办江苏运河工程局,举办江北运河测量及雨量、水位、流量测验。该局于1927年6月又改组为江北运河工程局。 9月28日,全国水利局致函内务部,检送1919年7月止1920年6月底实测北京各月总雨量柱状图。 10月,内务部通知全国各省要求转饬所辖各县自1921年1月起,每季报送雨雪量数表1次。 12月16日,宁夏海原地区发生8.5级罕见大地震,沿南华山、西华山东北麓一带为中国地震遗迹保存最多、最完整的地区之一。土山滑塌,堵河成库。在黄河支流清水河上游左侧的西吉、海原境内形成60余座水库,至今尚存40余处。冀、鲁、豫、晋、陕大旱,受灾317县。

1921年 6月~9月,淮河流域不断出现大雨和暴雨,有4次集中降雨过程,淮河流域造成严重水灾,为20世纪历次大洪水中历时最长的一次。苏、浙、皖、鄂水灾,湖南旱灾,江淮大水。黄河在利津宫家坝首次采用架桥平堵法堵口。

1922年 1月23日,北京政府决定设立扬子江水道讨论委员会,隶属内务部。 6月~7月,长江中下游水旱灾害并发。 6月~9月,督办苏浙太湖水利工程局先后于七浦塘之浮桥、浏河之浏家口、大浦港之大浦口、百渎港之百渎口、澄锡运河之江阴、江南运河之平望、八坼、望亭、奔牛、丹阳、木渎等处开始设置水位站。此为长江流域适应水利需要用近代技术设置较早的水文测站,并在青浦县蒲汇塘、川沙县龚镇、宝山县吴淞炮台湾设雨量站。1923年在吴湘江嘉定县黄渡设水文站。 10月,扬子江技术委员会于安徽大通开始施测长江流量,于1935年9月才正式设立大通水文站,1936年3月增测雨量和蒸发量。在长江干流与大通同时施测流量的还有汉口、九江、湖口等处。此为长江干流上最早的流量测量。同年,李仪祉发表《黄河之根本治法商榷》论文,指出以科学从事河工的必要性,并分析了黄河为害的原因及中国历代治河方针,提出了治理黄河的主张。首次提出要重视"水事测量"(即"水文测验"),对治黄工作产生了深远影响。长江开始逐年刊布《水文年报》。

1923年 扬子江技术委员会订造水利测轮2艘作专用测船,是为长江有专用测轮之始。

1924年 山东运河工程局成立,督导水文测验。 南京金陵大学森林系美籍教授罗德民博士进行中国最早的径流泥沙试验,这是中国采用径流小区观测方法研究坡地水土流失规律的开始。 7月初~8月中下旬,金沙江、澜沧江中下游及元江上游的礼社江地区发生历时40多天的连绵淫雨间大雨。 长江中游水灾,四川大旱。 江苏武进建成第1座电力排灌站。

1925年 长江上中游大旱。

1926年 6月下旬~7月初,洞庭湖水系的湘、资、沅江洪水。

1927年 成立太湖流域水利工程处。后几经变更,至1984年成立太湖流域管理局。

1928年 5月23日,扬子江水道整理委员会成立,掌管长江测流。 上海徐家汇天文台用法文刊印《中国雨量研究》(1873~1924),附有东经100°以东中国雨量图17幅。 9月,顺直水利委员会改组为内务部华北水利委员会,并接管原顺直水利委员会所辖各水文测站。 本年,首次拟订《水文测验规范》。 黄河流域各省及江西大旱。 丁文江发表《扬子江下游之地质》。

1929年 1月26日,国民政府公布《国民政府黄河水利委员会组织条例》。 春,武同举编著的《淮系年表全编》出版,记述唐虞至清末淮河(包括黄河)的水患、水利大事。 2月~5月,扬子江水道整理委员会2个测量队,先后开始巡测南昌等站流量。 5月起,杭州自来水筹委会拟用钱塘江水作水源,在下游徐村、周家浦取水样进行含盐度化验,历时2年3个月,是浙江省最早进行的水质观测。 7月1日,南京国民政府成立导淮委员会。 7月,为探索杭州九溪来水量,在九溪理安寺修建三角量水堰施测流量,并观测雨量,历时2.5年,为浙江省最早的小河径流站。 陕西、甘肃、宁夏等省自1922年以来连续干旱,以本年为最,也是黄河连续11年(1922~1932)枯水段中水量最枯的一年。

1930年 4月26日,陕西省建设厅实测黄河壶口瀑布水文特征。 5月,全国建设委员会同湘鄂2省政府组设湘鄂湖江水利委员会,从事测量规划,在南京设立湘鄂湖江水文总站。 8月2日~5日,辽宁西部大凌河流域发生特大暴雨洪水。 本年,国民政府中央研究院令长江干流各水文测站每天上、下午向南京北极阁气象研究所各报汛1次。

1931年 4月22日,中国水利工程学会在南京成立。 4月~8月,珠江、长江、淮河及松辽流域不断出现大雨和暴雨,造成全国性的大水灾。 11月2日~5日,国民政府内政部在南京同时召开废田还湖导淮入海会议和黄河河务会议。 本年,导淮委员会编成《导淮工程计划》。其中有根据归海坝及御马头水志的水位记录推算1860年~1921年间共12次大水的洪泽湖出湖总流量,并用雨量资料估算水量作验证。这是中国最早用实测资料进行的一次水文计算工作。

1932年 1月1日,《陕西水利》创刊,是中国最早的一本水利方面杂志。6月下旬~8月上旬,松花江及乌苏里江西侧支流和额尔古纳河部分支流流域阴雨连绵,形成松花江中下游干流特大洪水。哈尔滨市堤防溃决20余处,市区被淹。 11月初,由国防设计委员会、建设委员会会同扬子江水道整理委员会长江水电测勘队查勘长江上游水力资源,历时约2个月。此为国人对长江干流水力资源实地勘测的开端。 本年,国民政府内政部出版《全国雨量及水义报告》。 华北水利委员会、山东河务局及导淮委员会在济南泺口和利津宫家坝黄河河道断面处各分左、中、右3点采取河床质泥沙样品,首次进行黄河河床质泥沙颗粒分析。 李仪祉在陕西建成泾惠渠灌区有坝引水灌溉工程,首次采用沉沙槽式取水。

1933年 6月9日,陕西省政府政务会议通过由李仪祉提议的《陕西省测水站规划及其设置组织大纲》。 6月中旬,长江中下游5省防汛委员会成立。 8月5日~10日,黄河中游洪水。 8月25日下午,四川岷江上游茂县迭溪镇发生7.5级强烈地震,使该镇附近上游两岸山崖崩塌,堵塞江流,形成3座拦江大坝。 9月1日,黄河水利委员会在南京正式成立,并于西安、开封设立办事处。 11月8日,黄河水利委员会由南京迁至开封办公。 9月2日,强台风袭沪,江湖倒灌,马路积水没胫。 12月10日,黄河水利委员会和河北省立工学院合作,于工学院内设立"天津第一水工试验所",这是中国设立的第一个水工试验所。 本年,扬子江水道整理委员会在长江中下游几个重要控制站应用相应水位关系法,建立了城陵矶—汉口、汉口—九江、汉口—南京相应水位关系,以此来作洪水预估。 伪满各机构先后在东北各河、滦河开始设立各类水文测站。 本年设立的有嫩江江桥、松花江吉林、太子河辽阳、滦河等站。

1934年　1月,黄河水利委员会委员长李仪祉制订出《治理黄河工作纲要》,提出了以现代水利科学方法治理黄河的工作要点。　7月,中央政治会议先后通过统一水利行政及事业办法纲要与统一水利行政事业进行办法,以全国经济委员会为统领全国水利行政的最高机关。　入夏以来,酷热无雨,长江中下游各省大旱。　黄河水利委员会将开封黑岗口黄河最高水位时(8月11日下午3时)采取的水样送请华北水利委员会代为进行泥沙颗粒分析,此为黄河上首次进行悬移质泥沙颗粒分析。设置"大连零点"。

1935年　春,中国第1水工试验所和中央水工试验所分别在天津、南京建成,进行首批水工模型试验。　5月3日,中央将扬子江水道整理委员会、太湖流域水利委员会、湘鄂湘江水文总站合并,组成扬子江水利委员会。　5月,全国经委会水利处编印民国22年《全国水文报告》及《全国雨量报告》各1册。列有水文站153处、水位站277处、各省所设雨量站593处及各流域机构所设雨量站407处,共1000处。　5月,国民政府通过施行《水建设纲领》。　夏,《黄河志》3篇志稿完成出版。　7月3日~7日,长江中游发生特大暴雨,长江荆江段,由于干支流洪水遭遇,决口20余处。　在浙江玉环县坎门验潮站设"坎门零点"。　下半年,四川省最早的一批水文测站建设。　11月,由沈怡、赵世暹、郑道隆合编的《黄河年表》出版。

1936年　全国经委会制订各河《报汛办法》。　珠江水利局成立,后经变更于1979年成立珠江水利委员会。

1937年　鲁、豫、陕、甘、宁、川、黔、桂等省大旱,灾民食树叶、树皮充饥。　吉林丰满水电站开始兴建。　抗日战争爆发前夕,中国水文测站发展最多时计有水文站409处、水位站636处、雨量站1 592处,共计2637处。

1938年　3月,扬子江水利委员会奉令查勘湘桂水道。　6月,郑州花园口黄河人为决口改道,夺淮入运、入江、归海,形成黄泛区,河南、安徽、江苏3省44县市受灾,灾民数百万,历时9年才堵复,河归故道。10月,中央水工试验所在重庆石门设立水文研究站,统筹西南各省水文测站布设及测验管理工作。　刘璞、曹瑞芝发明水轮泵。

1939年　7月~8月,连受8次台风北上的影响,海河流域连续出现暴雨,海河发生全流域性大洪水,滦河流域也发生较大洪水。　8月,苏、皖2省建设厅各在淮河蚌埠站观测水位、流量。　本年,新疆为开发利用天池水资源,开始设立三工河天池水位站,为新疆最早设立的高山湖泊水位站。

1940年　国产流速仪、水准仪诞生,为中国正式自制光学测量仪器之始。　黄河水利委员会将水文测量队改组为水文总站。

1941年　中央水工试验所水文研究站制订水文测验规范。

1942年　国民政府《水利法》公布,要求规定设防水位或日期。　甘肃建立天水水土保持试验区。

1943年　3月2日,国民政府行政院令发《水利法施行细则》。　河南春秋大旱。　8月2日~16日,河南西部伏牛山、外方山及嵩山山区发生局地性大暴雨,沙颍河上游山洪暴发,下游堤防溃决,致使沿河两岸河南、安徽2省部分地区近20个县造成严重洪涝灾害。

1944年　3月,国民政府农林部派员到广西、贵州查勘后决定以柳州、南宁、百色和惠水为办理水土保持中心地区。　国民政府资源委员会水力发电勘测总队第一次估算全国水力资源蕴藏量,估算全国水力资源潜在蕴藏量为2.32亿千瓦(除台湾、新疆、西藏外)。

1945年　珠江水利局水文总站在贵阳成立。　沈晋发表《黄河之水文》,全面分析了黄河的水文特性。

1946年　1月,国民政府行政院水利委员会颁发《报汛办法》,提出水文站报汛改用明码电报。　3月1日,黄河花园口堵口工程正式开工,至1947年3月15日凌晨4时,花园口堵口合龙,从此黄河水全部回归故道。　4月~6月,解放区渤海区行政公署为预筹黄河回归故道的防御措施建立治黄机构。　6月20日,行政院例会决议,裁撤水利委员会所属导淮、黄河、长江、华北水利委员会,设立淮河、黄河、长江、海河水利工程总局,分别主持各流域水利工作。　9月14日,黄河上游洪水。　本年,中央水利实验处迁返南京后,水文研究站扩充建制,改为水文研究所。

1947年　2月28日,水利委员会检送本会暨所属机关勘测各队及水文测站等组织规程。　6月1日,原水利委员会改组成立水利部,设水文司。　7月,长江水利工程总局制订《水文测量规范》。　7月,长江水利工程总局堵口复堤工程总处始用回声测深仪。　8月,珠江水利局改组为水利部珠江水利工程总局,同年12月将历年水文资料整理汇编,出版《珠江水利——水文统计专号》。 本年,黄河水利工程总局工务处研究室提出《黄河流域水文计划》和《黄河流域水文站之设置计划》。

1948年 2月,水利部检送《水利部所属各机关水文站所组织规程》(修正本),其中第一条规定:"水利部为办理全国各河流水文气象测验,于各河流设置水文总站、水文站及水位站,并于中央水利实验处设水文研究所一处。各省水文总站、水文站、水位站得由中央水利实验处委托各省市主管水利机关设置"。 3月30日,中央气象局向各省建设厅颁发《雨量站委托办法》。 5月16日,解放区设立黄河平陆水文站。 7月,长江中游大水。 8月下旬,受台风影响,海南岛中部五指山区发生暴雨,南渡江、万泉河、昌化江3条河流同时出现历史上特大洪水。

1949年 《新黄河》创刊,1979年更名为《人民黄河》。 中国人民政治协商会议第一次全体会议把"兴修水利,防洪抗旱"写进《共同纲领》。 10月,华东军政委员会水利部将国民政府中央水利实验处水文研究所、长江水利工程总局、淮河水利工程总局等单位积存的水文资料全部集中,成立水文资料整编委员会,进行历史水文资料整编,第1次拟定了水文资料整编制印格式及工作方法,为以后的工作积累了经验。 11月1日,中央人民政府水利部成立,傅作义任部长,李葆华任第一副部长。设水政司、工务司、测验司等业务部门,测验司主管全国水利勘测及水文业务。 11月8日~18日,水利部召开"水利联席会议",把"各水系查勘测量、水文、水工试验等基本工作"列为重点工作项目之一,并决定设置黄河水利委员会、长江水利委员会、淮河水利工程总局、华北水利工程局,各省(市、区)、各流域分别设立水利管理机构, 1954年大区撤销后,先后改称水文总站。 1949年,珠江、长江、淮河、黄河及华北北部的潮白河、滦河、西辽河等均出现不同程度的洪水灾害。1949年,"导沂整沭"和"导沭整沂"工程开工,开挖了新沂河和新沭河。中华人民共和国成立接管的水文站353处,其中,流量站148处、水位站203处、雨量站2处、水文职工756人。

四、中国现代水文科学发展时期(1950年以来)

1950年 2月16日,珠江水利工程总局成立,内设水文科。 3月6日,华东军政委员会水利部在南京举办水文讲习班和为期6个月的水文培训班,结业后部分学员分配到华东区江淮流域各省工作。 3月~9月,淮河水利工程总局组织查勘队分别查勘皖北、豫东黄泛区及淮河干支流、入海水道的基本情况,并编写了详细查勘报告。 6月3日,中央防汛总指挥部成立。 6月5日~13日,西南军政委员会水利部在重庆召开第1次西南水文专业会议。 6月10日,水利部要求各大行政区水利机构及流域机构与当地气象机构联系,及时提供台风预报、气象观测和雨情预报资料,以利于掌握水情,做好防汛工作。 6月13日,水利部颁发《报汛办法》。 6月26日~7月25日,淮河流域连降暴雨,洪涝灾害极为严重。毛泽东主席当即做出关于根治淮河的决定,并于次年5月又发表"一定要把淮河修好"的亲笔题词,从此,大规模的治淮运动便全面开展起来。 7月27日,湖南大通湖蓄洪垦殖工程完工,可蓄水22亿立方米,大大减少长江中下游平原及洞庭湖沿岸的水灾。 7月,官厅水库坝址下游建成水文吊桥,自行设计制造了测车、网式推移质取样器,进行悬移质、推移质测验和颗粒分析工作,为新中国水文测验上的创举。 7月,华东水利部在南京成立淮河水利专科学校,1951年改称华东水利专科学校,1955年改为南京水利学校,1963年迁扬州后改为水电部扬州水利学校,1984年改为江苏水利工程专科学校,1992年改为扬州大学水利学院。 7月,黄河支流湟水享堂水文站利用断面索创建了简易浮标投掷器,同时在断面上安装简易滑轮和吊索,吊皮筏测流。这是黄河流域最早使用浮标投掷器和过河缆吊皮筏(船)测流速的水文站。 10月14日,政务院作出《关于治理淮河的决定》。 10月,水利部测验司分为勘测总局和水文局,谢家泽任水文局局长,负责指导全国水利系统的水文站网建设、水文测验、资料整编、水文情报预报和水文科研等工作,下设水文研究所。 11月6日,治淮委员会成立。 11月23日~12月7日,水利部在北京召开全国水利会议,重点讨论了水文工作。 12月,华东水利部首次委托浙江大学土木系举办水文测验干部训练班。 1950年,中国全面整修江河堤防。 林秉南提出明槽非恒定流等时段法。 全国共有水文站1079处,其中,流量站419处、水位站425处、雨量站234处、实验站1处,还有报汛站386处、水文职工1892人。

1951年 1月2日,水利部颁发《各级水文测站之名称及业务》规定。 2月2日,山东利津王庄下首380米处黄河大堤,因前左以上卡凌塞河,水位猛涨,3日凌晨决口成灾,受灾面积560平方千米。 3月20日~4月1日,水利部在北京召开第1次全国水文勘测会议。 4月,中央水利部正式向全国颁发《当前水文建设的方针和任务》。 4月20日,中央水利部发布《关于加强1951年汛期水文测验的指示》,对汛期水文测验作了具体布置并提出了要求。 4月30日,中央水利部颁发《报汛办法》及直接向中央报汛的站名一览表。 7月10日,淮河上游石漫滩水库完工,可蓄水4700万立方米。 7月,陕县水文站首次使用排水10吨的汽油机船进行测流。 8月,四川大学设立陆地水文专业,并开始招收第一届专科生。同时,黄河水利学校开设水文专科。 8月~9月,辽河、松花江发生大洪水,辽河干支流决口419处,沈山、长大铁路中断行车40余天。 9月5日,水利部正式颁发《水文资料整编成果表式和填制说明》,为中华人民共和国成立以后第1个有关水文资料整编的正式技术文件。 10月1日,又颁发了《整编1950、1951年水文资料办法》。同月20日续颁发《整编1949年及以前各年水文资料办法》。10月15日,中央水利部颁发《水文测验报表格式和填写说明》,作为全国水文测站在正式规范制定以前暂时实施的统一标准。 1951年,水利部水文局编印《怎么预防洪水》《江河水位—流量关系》《黄河1950年10月的洪水》等,作为"水文丛书"印发全国水文系统,以供技术参考。 中华人民共和国成立后一座新建的水电站——福建古田溪一级水电站开工,江苏苏北灌溉总渠和荆江大堤加固工程全面动工。

  1952年 1月5日,山东省黄河入海处减凌分水工程完工。 3月15日,中央人民政府政务院作出《关于荆江分洪工程的决定》。 3月20日,中央水利部颁发《修正报汛办法》,同时规定了洪水预报发布手续。 4月5日,荆江分洪一期主体工程开工并于6月20日完建,设计分洪流量8000立方米/秒,分洪区蓄水量可达50亿立方米~60亿立方米。 4月12日,引黄灌溉济卫一期工程竣工,改名为"人民胜利渠",1951年3月开工,是中华人民共和国成立后在黄河下游兴建的第1个大型引黄水利工程。 7月,山西首次在兰村水文站架设成功手扳式测流缆车。随后,1953年在石梁、1955年在下静游也先后架成,解决了大洪水时人工涉水测流难题。 8月~12月,黄河水利委员会组织查勘河源。 10月,水利部水文局调查黄河历史洪水,这是全国第1次进行历史洪水调查,对以后开展工作起到重要的推动作用。 10月,淮委在安徽怀远县成立了淮河水利专科学校,后改为安徽水利电力学院,"文革"后并入合肥工业大学成立水利系。 10月27日,华东水利学院在南京成立(1958年改为河海大学),设立中国第1个水文系,首任系主任为刘光文。与此同时,清华大学、四川大学、天津大学、成都水力发电学校(当时称西南水利学校)及北京水力发电学校等都开办水文专科班。1956年后,成都工学院(后改为成都科技大学)、南京大学、中山大学、新疆大学等先后开办陆地水文学专业或水文学专门化,培养本科毕业生和研究生。清华大学、天津大学、大连工学院等设立土木系和水利系的高等院校也开设水文学和培养水文学研究生。武汉水利电力学院和陕西机械学院(现西安理工大学)除开设有关水文课程外,还培养工程水文及水资源的研究生和博士生。 10月29日~31日,毛泽东视察黄河,嘱咐"要把黄河的事情办好"。 本年,河南嵩县水文站李芳青创造刀割式浮标投掷器,经治淮工程水文科组织人员加以改进后,于1953年向各地推广。中国最大内陆河——塔里木河在新疆轮台县境内依拉河口筑坝,称塔里木大坝,使塔里木河下游河道与孔雀河分开,塔里木河南流进入故道,罗布泊干涸。长江委员会测验处组织力量对长江干流李庄—巫山河段历史洪水进行调查。 1952年,中央水利部水文局研究决定:大的河流按入海干流的河名为流域名称,流入干流的大支流称为水系。从此,海河流域得以正名,北运河等5河称为水系,滦河和蓟运河系单独入海,称为滦河流域和蓟运河流域。

  1953年 3月,黄委会建成前左水文实验站,测验项目有水位、流量、含沙量等。 4月,为探索黄河的水文泥沙规律,改进水文测验方法与设备,试验各地提出的技术革新建议,并为兴建三门峡水库作准备,经中央水利部水文局与黄委协商选定黄河潼关水文站为"基点站"。 5月1日~6月21日,黄河青铜峡流量在300立方米/秒~400立方米/秒之间,枯水持续52天,是宁夏有记录以来最枯的一年,造成宁夏灌区引水紧张。 5月~12月,水利部邀请中国科学院、农业部、林业部及所属科学研究院、所组成9个查勘队,分赴泾河、渭河、北洛河、无定河、清涧河、延河等20多条支流,进行水土保持查勘。 7月16日,国家计划委员会发出《关于成立黄河资料研究组的通知》,以研究黄河流域的综合开发问题。 7月,中央燃料工业部水力发电建设总局首次召开全国水电勘测会议,提出要加强水电水文工作。 8月2日,河北省独流减河工程完工,完全减除了天津市和津浦铁路的洪水威胁。

8月~9月,辽河、松花江发生超纪录的大洪水。 9月19日,河南省境内引黄(河)济卫(河)工程完工,修筑渠道4945千米。 9月,中央水利部在北京召开水文资料整编座谈会,随后又在天津市独流镇举办水文资料整编研习班。 9月,长江水利委员会第1次组织历史洪水调查队,对汉江上、中游进行洪水调查。 本年,由中央水利部首次组织施工的官厅水库建成。 在江苏洪泽县建成洪泽湖三河闸,设计过闸流量1.2万立方米/秒。 中国自己设计制造的第1艘海客货轮在上海下水。 从1953年起,全面开展了江河流域规划的制定工作,各省、市、自治区还进行了大量的中小河流的规划。

1954年 3月1日,恢复成立西南水文总站。 3月15日~4月2日,水利部水文局在北京召开第1次全国洪水预报经验交流会。 春季,水利部水文局修订报汛办法并重新颁布执行。 5月13日,中华人民共和国成立后兴建的第1座大型水库——官厅水库建成,蓄洪量22亿多立方米。 5月~7月,太湖流域洪水;5月~8月,长江流域洪水。 7月~8月,淮河流域洪水。 8月,长江上游狮子滩水电站开工,是中国最早实现梯级开发的河流——龙溪河上兴建的第1级重点梯级电站。 11月6日,安徽霍山县建成佛子岭水库,可以拦蓄5亿立方米洪水。 12月~1955年1月,洞庭湖区、湘、资、沅、澧四水、汉江、唐白河、东荆河、皖河、青弋江、巢湖等河湖先后出现大范围的冰凌现象,实属罕见。 本年,水利部水文局为了促进资料整编技术的发展,特编印《水文资料整编方法》一书出版发行。 水利部水文局与水科院达成协议,共同进行水文站网规划和水文测验方法的研究。 中国第1部流域综合利用规划——《黄河综合利用规划技术经济报告》编制完成。

1955年 1月4日~17日,水利部在北京召开全国水利会议。 1月23日,武汉水利学院成立,其前身是武汉大学水利学院,1959年更名为武汉水利电力学院,1993年更名为武汉水利电力大学,2000年并入武汉大学。 1月27日,黄河河南段开始解冰开河,1月30日晨1时山东黄河决口。 3月20日,黄委组织8个水文调查组对黄河干流山西保德至河南孟津段和伊、洛、沁河流域进行水文调查。晋、陕2省水利局也派出3个调查组对渭、泾、北洛河和汾河进行水文调查。 5月,水利部水文局华士乾主编的《洪水预报方法》印发全国。第一次系统地提出具有中国特色的洪水预报方法。 6月17日~22日,浙、赣地区和鄂东地区洪水。 7月5日~7月30日,全国人民代表大会通过了《关于根治黄河水害和开发黄河水利的综合规划的决议》。 7月,青海省农林厅水利局在中国最大的内陆高原微咸水湖——青海湖设立第1个高原湖泊水位站"二郎剑水位站"。 8月10日~18日,水利部在南京召开流速仪检定座谈会,讨论制定了《关于流速仪检定的一些规定和要求》,颁发全国水文部门,要求统一执行。会后,由部水文局编印《流速仪检定》一书向全国发行。 10月13日,水利部正式颁布《水文测站暂行规范》。 本年,水利部制定和实施水库、水闸的等级标准。 水利部武汉长江水利学校(1958年下放改由湖北省水利厅管理)开始设置陆地水文专业中专班。辽宁省水利学校开始设置水文专业中专班。 刘光文翻译的《水文分析计算》中译本出版。 《水利学报》(月刊)创刊,是水利科学的学术性刊物,中国水利学会编辑。《人民长江》(双月刊)创刊,由长江流域规划办公室出版。 上海勘测设计院在新安江罗桐埠站使用荷兰式采样器施测推移质。 中国首届水文计算经验交流会在北京召开。 第1次全国水土保持工作会议在北京召开。在研究制订新中国第1部《水文测站规范》前,曾由水利部水文局专门组织讨论水文测站水位观测的高程表达方法与国家水准基面统一标准的应用问题。 水文系统使用"冻结基面"。 1955年,全国共有水文测站4949处,其中流量站1396处、水位站1205处、雨量站2337处、实验站11处;报汛站1962处。水文职工10 312人。

1956年 1月,中共中央提出《1956年~1967年全国农业发展纲要(草案)》,其中第33条规定:要求从1956年开始,按照各地情况,在7年或12年内基本上建成水文的和气象的台、站网,加强危险天气的预报和农业气象预报的工作。这是水文工作首次列入国家规划文件。 1月11日~21日,水利部在北京召开全国水利会议,主要研究农业合作化高潮形势下水利建设的全面规划、具体任务和应采取的基本措施问题。 2月,水利部水文局在北京召开全国水文工作会议,研究布置开展全国基本水文站网规划工作。 4月11日,为开展小流域面积的暴雨径流测验工作,水利部水文局检发《径流站须知》。 4月,受中国政府的委托,苏联电站部水电设计院列宁格勒分院提出《三门峡工程初步设计要点》。 5月,江苏省水文总站在宜兴大浦口建立太湖水面蒸发实验站,研究不同口径、不同深度、不同形式的蒸发器蒸发量折算系数、蒸发量变化规律、水体蒸发量与气象因子的关系,以及水面蒸发观测设备和观测方法的改进等。1957年6月开始观测。　5月,水利部建立北京水利科学研究院,院内设立水文研究所及泥沙研究所等研究单位。　6月1日,水利部水文局编辑出版《水文工作通讯》,1981年改名《水文》双月刊。　6月27日,水利部颁发《水文测站暂行组织简则》,内容包括测站类型和测站等级、基本任务和工作内容、人员编制和仪器配备等。　6月,为配合世界最大内陆河塔里木河的开发,新疆水文总站副主任祁登科带队进行塔里木河沿程查勘,在无人烟地区工作达113天,为中华人民共和国成立后的首次考察。　6月,河北省水文总站在卢沟桥设立永定河下游河床实验站,以观测研究上游官厅水库建成后,下游河床的演变情况。　6月,为了开展水库泥沙运动规律的观测研究,辽宁省水文总站在辽河支流柳河上游闹得海水库设立进、出库站4处,并进行了库区地形测量。　7月11日,在长江最上游的通天河直门达建起了通天河上的第1个水文站。　7月15日,中苏开始联合考察黑龙江流域。　7月,根据国家建委和中科院颁发的《1956年建设科学研究计划任务书》规定的黄河下游河段测验研究要求,黄河水利委员会筹建黄河花园口河床演变勘测队。　1957年汛期开展河床演变测验工作。8月,黄河流域降水成因、分布、变化等规律研究分析计算任务完成,《黄河流域的降水》一书出版。　8月,黄河水利委员会组织查勘郑州黄河铁桥至海口河道,并选出典型河段,进行三门峡水库拦洪以后下游河床演变及河道整治的观测研究。　8月,海河、松花江流域发生特大洪水。　4月底~9月中旬,中国科学院地质、地理、地球物理、土壤、植物、农业、经济等研究所及有关部门200余人,组成黄河中游水土保持综合考察队,对无定河流域、白于山到中卫地区、天水到兰州地区约8万平方千米面积进行普查,对绥德、米脂、榆林、大理河中上游及甘肃的陇西、西吉、隆德、马鞍山、兴隆山、秦安等地进行了详查,对陕北的青云山、张家畔,甘肃会宁的梢岔沟,定西的安家坡,兰州西部的小金沟,进行了全面规划。　9月27日,重庆水文总站在嘉陵江干流北碚水文站建成长江第1座岸上操作的大型机动水文测验缆道。　11月22日~12月1日,北京水利科学研究院在北京召开全国水文计算学术讨论会。　12月,全国各河1950年以前的历史水文资料整编刊印工作大部完成。　本年,中国科学院地理研究所进行第2次中国水文区划工作。　1956年起,中苏2国为共同勘察黑龙江、乌苏里江,研讨开发事宜,曾多次连测2国高程系统。编制完成《淮河流域规划》。

1957年　1月8日~18日,水利部在北京召开全国水利会议。　1月,水利部水文局主编的《全国主要河流水文特征统计》正式出版。　1月,水利部北京水科院水文所以河北省为试点,探索中国"水册"的编制方法。经过面上的野外调查和水文资料的分析计算,于1957年底编印成《河北省水文特征资料》。　4月13日,三门峡水利枢纽工程开工建设。　4月17日,中国水利学会正式成立。　5月24日,全国水土保持委员会成立。　5月,瓦屋刘径流实验站建立,主要研究丘陵区径流形成规律和小流域设计洪水计算方法,是中国最早设立的丘陵地区径流实验站。　5月~12月,青海省水利局勘测设计院第二勘测总队和兰州水电设计院派出140余人,对黄河干流的拉干峡至青海、甘肃交界处河段及主要干流的荒地分布、利用情况和水力资源开发可能性进行查勘。　6月,岑仲勉著《黄河变迁史》出版。　7月25日,《中华人民共和国水土保持暂行纲要》发布实施。　7月,长办水文处在武汉试验成功无线测流器。　7月6日~24日,沂、沭、运、潍河水系洪水。　8月,《洪水调查与计算》出版。　9月29日,水利部水文局发出《关于在流量站进行洪水调查工作的通知》,开始全国范围的历史暴雨洪水调查。　11月,水利部水文局在北京举办研习班,讨论和起草了《编写水文预报图表须知》,首次提出用变幅法和比值法制定水文预报的误差评定标准,并印发各流域和省(区)参考试行。　11月25日~12月11日,水利部水文局在北京召开全国水文测验技术交流会议。　12月,中国第1个设置100平方米大型蒸发池的长江重庆蒸发实验站建成。　本年,浙江新安江水电站开工,是中国第1座自己勘测、设计、施工和制造设备的大型水电站。　电力工业部水电总局勘测设计总院在勘测处下设立水文组,在陆续成立的上海、成都、昆明、兰州、武汉(后改为长沙)等水电勘测设计院内设立了水文科(队、组)等。到1958年初,部属水电勘测系统的水文勘测力量发展到1400人,各类水文测站近400处;在罗桐埠水文站等处开展了推移质泥沙测验;在丰满水库成立水库水文实验站;在丰满、桓二、罗桐埠、上铨等处建成大型蒸发实验场。《海洋与湖沼》(双月刊)创刊。

1958年　1月,水利部水文局检发《全国径流实验站规划(草案)》和《对径流实验工作的意见》,规划要求设立径流实验站27处,小河径流站50处。　2月11日,全国人民代表大会决定:水利部和电力工业部合并,成立水利电力部。 2月12日,水利部颁布《水文测站调整、撤销、移交的管理办法》,自颁布之日起执行。 3月25日~4月7日,水电部召开全国水文预报工作会议,确定"做到全面服务,加强科学研究,洪水、枯水并重,大、中、小河结合"的方针和提出"水文预报下放、下乡"的精神。 3月,南水北调西线查勘启动。 4月21日~30日,水电部召开全国水文工作跃进会议,提出水文工作总方针:"积极发展,加强研究,全面服务。" 4月,黄河水利委员会组建三门峡库区实验总站。 5月,水电部根据黄河三门峡水库兴建的新情况,决定由水科院河渠所与黄河水利委员会水科所组成"黄河下游研究组",共同研究三门峡水库兴建后黄河下游河床演变的发展及河道整治问题。 5月,水电部水文局与河北省水利厅组织查勘,选定大清河流域北易水作为径流试验研究重点区之一。首先,建立崇陵径流实验站;随后又在流域内各中型水库及各乡普遍开展群众性水文观测工作。 7月2日,全国大规模水利化运动使河道、径流情况发生很大变化,有些水文测站已失去代表性。为此,水电部水文局检发《关于人类经济活动影响对基本站网处理办法的初步意见》。 7月14日~18日,黄河三门峡至花园口区间洪水。 7月,新型自动同步流向仪试制成功,被命名为"长江58型流向仪"。 7月~8月,北京水科院水文所相继编制的《中国暴雨参数图集》《小汇水面积雨洪最大径流计算图解分析法》(研究报告第7号)及《中国各地的雨量和径流》(研究报告第8号)相继完成。 8月5日,水电部复文同意南京大学地理系设立水文地理专业。这是中国第1个从地学方面研究水文规律的专业。1972年后又在新疆大学、中山大学地理系开设了水文专业。1986年,国家教委统一理科专业的名称,改为水资源与环境专业。 8月11日~13日,库车河、渭干河出现了罕见大洪水。 8月,为研究三门峡水库投入运用后下游河道演变趋势及整治措施,开展了黄河下游河道及三门峡库区大比例尺模型试验研究。 9月21日~29日,上海河道工程局在长江口组织了一次综合性水文测验,这是首次长江口全潮同步测验。 10月,黄委会水文处建成大理河子洲径流实验站。 10月,由水电部水文局主编的《水文资料整编方法(流量部分)》一书正式出版。 12月9日,黄河三门峡截流成功。可建成一个3500平方千米的水库,容水量647亿立方米。 本年,中国科学院地理研究所水文研究室成立,随后又分别成立冰川、湖泊、沼泽、河口和海洋等水体或水域的专门研究机构,进行部门水文地理研究。 新疆水文总站建成哈地坡大型蒸发池。 在唐河建成祁仪径流实验站。 广东省水文总站设立珠江三角洲河口研究组。《中华人民共和国水文年鉴》开始出版。 1958年,北京水利科学研究院、中国科学院水工研究室、燃料工业部水电科学研究院合并成立水利水电科学研究院,泥沙所改名为河渠泥沙研究所。 1958年,淮入沂工程动工开挖,丹江口水利枢纽、黄河青铜峡水利枢纽、刘家峡水利枢纽、新丰江水电站、北京密云水库、安徽淠史杭灌区开工兴建,北京十三陵水库举行落成典礼。

1959年 1月10日~20日,水电部在郑州召开全国水文工作会议,提出"以全面服务为纲,以水利、电力和农业为重点,国家站网和群众站网并举,社社办水文,站站搞服务"的水文工作方针。 2月,凯江径流实验站建成,当时为中国规模最大的径流实验基地。 2月20日,地质部在包头召开全国地下水长期观测站会议,主要讨论地下水长期观测站的《观测规范》(草案)。 3月12日,水电部在西安召开了黄河中上游水利化及水土保持效果观测研究协作会议。根据编制黄河流域水利工程规划设计的要求和为南水北调规划提供水文数据的要求,决定在黄河中上游开展水利化及水土保持措施对年径流、洪水及泥沙变化影响的观测研究。 4月,中国科学院冰雪研究队赴新疆天山考察冰雪资源。随后,在乌鲁木齐河河源建立起中国第1个高山冰川研究实验站。 9月4日,国务院批准试行《中华人民共和国大地测量法式(草案)》,首次建立国家高程基准,系以青岛验潮站1950年~1956年验潮资料算得的平均海面为零的高程系统,原点设在青岛市观象山。 10月,水电部发文通知全国关于开展《中国水文图集》编制工作的意见。 12月26日,丹江口水利枢纽工程截流。 12月,铁科院西南研究所建成峨眉径流实验站。 1959年,由水文局汇总编印成《全国基本水文站网规划报告》,这是中国第1次进行的全国性水文站网规划,改变了过去站网发展的无计划状态,促进了水文站网的全面建设。 新疆玛纳斯河灌区骨干工程建成,具有引、蓄、灌、排和水力发电等多种功能。

1960年 1月1日,中国科学院南京地理所建立宜兴湖泊实验站,并正式开始观测。 同日,广东省水文总站建成广州蒸发实验站,为研究闽粤沿海蒸发特征、探求各种蒸发器的折算系数和气象要素对蒸发的影响等的实验基地。 1月1日,黄河刘家峡水利枢纽工程胜利截流。 2月10日,河南林县引漳入林工程正式动工兴建。 2

月24日,黄河青铜峡水利枢纽工程截流。使宁夏地区形成一个面积66.7万公顷的黄河平原灌溉网和山区扬水灌溉网。 2月,珠江流域南盘江支流上的六郎洞水电站竣工,成为中国第1座利用地下水发电的中型水电站。 4月,新中国自行设计、建造的第1座大型水电站——新安江水电站第1台机组开始发电。 4月,中国自行设计制造的第1艘万吨级远洋货船"东风"号下水。 9月1日,北京建成密云水库。 9月,黄河三门峡水利枢纽工程建成蓄水。 1960年,长江流域规划办公室编制了下荆江系统裁弯工程规划。经过比较选择后,一部分工程相继实施,其中中洲子裁弯工程1966年10月开工,次年5月竣工;上车湾裁弯工程1968年12月开工,次年6月竣工;沙滩子裁弯工程未及实施,1972年7月自然裁弯。 在黑龙江省兴凯湖附近新开流建成中国第1座鱼道,总长70米,宽11米。

1961年 3月17日,珠江三角洲排灌电力网一期工程建成。 12月,江苏江都排灌站动工建设,1977年建成,装机容量4.98万千瓦,最大提水流量为470立方米/秒,是中国最大的电力排灌站,也是连接长江和淮河两大水系的大型工程。 内蒙古河套灌区总干渠建成,改多口引水为一口引水,后来相继开挖排水总干渠,并进行了渠系配套工程建设。

1963年 1月1日,中国科学院南京地理研究所建立宜兴湖泊实验站,广东省水文总站建成广州蒸发实验站。 1月,湖南双牌船闸(两级)建成,提升高度达43米,为当时中国提升高度最大的多级船闸。 4月16日,国务院发布《关于黄河中游地区水土保持工作的决定》。 4月,《水文工作通讯》复刊,改为《水利水电技术·水文副刊》,1981年起改称《水文》(双月刊)。 8月,海河流域的暴雨造成海河南系(南运河、子牙河、大清河)稀遇特大洪水,损失巨大。 11月17日,毛泽东题词"一定要根治海河"。 1963年,广东、广西、海南及福建、江西、湖南、云南、贵州、四川等省(自治区)发生严重干旱,以湖南、广东、广西、海南受灾最重,全国受旱面积1686万公顷,成灾面积902万公顷。 《中国水文图集》正式出版。图集共有各种水文要素图70幅,第1次比较系统全面地反映了中国各地降水、蒸发、暴雨、泥沙、水质和冰情等水文特征的地区变化规律,水文测站分布和增长情况。 赵人俊等人提出蓄满产流理论,并于1977年提出了一个完整的蓄满产流模型。

1964年 7月,国务院批准正式成立国家海洋局。 8月,根据国务院谭震林副总理的批示,黄河中游水土保持委员会在西安正式成立。 东江-深圳供水工程开工,1965年正式向香港供水。1978年完成一期扩建工程,1987年完成二期扩建工程,1994年完成三期扩建工程。向香港年供水能力达11亿立方米,向深圳年供水能力达4.93亿立方米。1.2万吨压力巨型水压机宣布建成。

1965年 春,中国开始数值天气预报业务。 10月,国务院批转《水利工程税费征收使用和管理试行办法》,这是第一个全国统一的水费制度。 1965年,钱宁提出判别游荡性河流演变特性的综合游荡指标。 《中华人民共和国自然地图集》出版。 水利工作提出"三五"(大、小、全、管、好)工作方针,纠正"四重四轻"(重建轻管,重大轻小,重骨干轻配套,重工程轻实效),使水利工作重新走上健康发展的道路,为农业和国民经济的恢复和发展作出了贡献。

1966年 10月,淮河新汴河开工,1970年完成,全长128千米,是一条横贯豫、皖、苏3省的综合性利用的大型人工河道。同时,海河子牙新河开工,1967年7月全部建成,全长144千米。海河流域首先采用升卧闸门。

1967年 吉林省集安县鸭绿江云峰水电站建成,是中国和朝鲜共同建设的,中国自行制造的第1台100兆瓦水轮发电机组安装在此。

1968年 9月24日,安徽省舒(城)庐(江)干渠工程竣工放水,干渠全长80多千米。

1969年 7月8日,历时10年的河南林县红旗渠全部建成,总干渠和干渠全长171.5千米。 9月23日,江都水利枢纽工程建成。

1970年 5月18日,横贯豫、皖、苏3省的水利工程,开挖新汴河、治理沱河工程全部竣工。 7月2日,中国一条大型人工河——湖北汉北河竣工,全长110多千米。 12月25日,中共中央批准兴建长江葛洲坝水利枢纽工程。 12月30日,葛洲坝水利枢纽工程开工。

1971年 6月27日,上海建造的中国第一艘两万吨级货轮"长风号"下水。 永定新河开挖。 治淮骨干工程茨淮新河开工,1991年完工。 中国在映秀湾水电站首次将沉井用于水利工程。

1972年 10月10日,中华人民共和国成立后大规模治理辽河,取得重大成就。辽河上游和支流共修建水库220座,修筑堤防4500千米,全流域共有电力排灌站920处,可灌溉农田73.3万多公顷。北方大旱,以京、津、晋、冀、陕北、辽西、鲁西北为主,是1949年以来黄河和海河流域一次大范围的严重干旱。黄河下游河道第1次发生明显断流。到20世纪末有22年黄河下游出现断流,累计断流86次,共1084天,其中1991年~1999年连年断流。治淮骨干工程淮洪新河开工,1979年停缓建,1991年复工续建。

1973年 秋,中国大坝委员会在北京成立,1974年中国成为国际大坝委员会(ICOLD)成员国。 11月,根治海河工程经过10年奋战取得胜利,子牙河、大清河、永定河、北运河及南运河五大水系得到普遍治理。 在晋西和陕北利用水力冲填法筑坝,又称水坠坝。

1974年 2月23日,丹江口水利枢纽工程初期工程建成。 9月15日,黄河青铜峡水利枢纽工程基本建成。1974年,中国加入国际水文计划,并在北京成立国际水文计划中国国家委员会。 黄河景泰川电力提灌工程一期工程建成。

1975年 2月4日,中国当时发电能力最大的水力发电站——刘家峡水电站建成发电。 5月1日,白山水电站主体工程正式开工,1976年10月21日截流成功,1982年11月16日下闸蓄水,1994年6月全部竣工。 淮河洪水,板桥、石漫滩2座大型水库垮坝失事,京广铁路中断18天,造成毁灭性灾害。2座水库的复建分别于1993年和1997年完成。 开始引进和研制水文遥测系统,并建设水利系统防汛通信网。

1976年 3月,中国最大的牧区水利枢纽工程——内蒙古海日苏水利枢纽动工,1978年8月建成。 编制完成《南水北调近期工程规划报告》,选定东线工程作为南水北调近期工程。 甘肃省引大入秦调水工程正式开工修建。由于资金和技术问题2次停工,1994年总干渠全线通水,是一项跨流域调水自流灌溉工程,设计引水流量32立方米/秒,总干线全长87千米,隧道33条,总长75.1千米,其中的盘道岭隧道长15.7千米。 开展应用计算机进行水情电报翻译的研究,计算机应用与水利通信网建设开始起步。

1977年 10月,水利部南京水文研究所成立,1985年更名为南京水文水资源研究所,2001年6月并入南京水利科学研究院。 中国参加国际水文科学协会(IAHS)。 长江流域规划办公室开始用计算机整编水文资料。中国水利科学会泥沙专业委员会在河南郑州成立。 江苏省江都排灌站建成,装机49 800千瓦,最大提水流量为470立方米/秒。

1978年 8月10日,新华社报道,中华人民共和国成立以来,中国农民综合治理江河和改造农田,使全国出现了70 000多座大中型水库,兴修了近百条排洪排涝人工河,全国近一半的耕地得到了人工灌溉。

1979年 9月25日,新华社报道,30多年来,中国建成了80 000多座大中小型、5000多处万亩以上灌溉区,20 000多眼机电井,6500万马力的机电排灌动力,使耕地的灌溉面积达到4666万多公顷,比1949年增加近2倍。11月,龙羊峡水电站实现工程截流。 12月,中国水利学会水文专业委员会成立。国际水文计划中国国家委员会成立,秘书组设在南京河海大学内,为1974年成立的中国国际水文计划全国委员会扩大改名而成。海河水利委员会在天津市成立。 《冰川冻土》(季刊)创刊,由中国地理学会冰川冻土分会、中国科学院兰州冰川冻土研究所主办,科学出版社出版。 《水文预报方法》出版,长江流域规划办公室主编,基本上反映了20世纪70年代中国水文预报的科学技术水平,水利电力出版社出版。

1980年 3月24日~29日,第一次河流泥沙国际学术讨论会在北京举行,1983年10月和1989年3月又分别在南京和北京举行了第二次和第四次讨论会。 4月15日~19日,中国参加在英国牛津大学举行的国际水文预报学术讨论会。 5月19日,重建黄河中游水土保持委员会。 10月16日~20日,联合国主持的国际防洪会议在中国郑州召开。 12月7日~12日,中国首届水文测验学术讨论会在长沙召开。 中国水资源研究所在北京成立,其前身是1956年成立的水利水电科学院水文研究所。 中国南京水利水文自动化研究所成立。 中国水力发电工程学会(CSHE)成立。 中国灌溉排水国家委员会(CNCID)成立。 中国水利系统开始推行全面质量管理。

1981年　1月4日,长江葛洲坝水利枢纽工程大江截流戗堤胜利合龙,这是中国水利水电建设史上的一个创举。　10月,联合国工业发展组织(UNIDO)亚太地区小水电研究培训中心在中国杭州成立。　11月1日~6日,黄河中游水土保持委员会第1次会议在西安召开,提出了"治理与预防并重,除害与兴利结合;工程措施与植物措施并重,乔灌草结合,草灌先行;坡沟兼治,因地制宜;以小流域为单元,统一规划,分期实施,综合治理,集中治理,连续治理"的基本要求。　四川岷江、沱江、嘉陵江大水。《泥沙研究》(季刊)创刊,中国水利学会泥沙专业委员会主办,水利电力出版社出版。

1982年　6月30日,《中华人民共和国水土保持工作条例》颁布实施。　7月,中国参加国际水文科学协会在英国埃克塞特召开的首届水文科学大会。　12月4日,贵州省乌江渡水电站建成,坝高165米,装机容量为63万千瓦,是中国岩溶地区修建的第1座高坝。　水利部松辽水利委员会成立。

1983年　3月,国务院批准了水电部上报的《南水北调东线第一期工程可行性研究报告》。　6月,第一道定喷防渗墙在山东省大冶水库建成。　9月5日,引滦入津工程向天津正式送水。　9月12日,天津市隆重召开引滦入津庆功大会。《可能最大暴雨与洪水》出版,由詹道江和邹进上编著。

1984年　5月11日,《中华人民共和国水污染防治法》颁布实施。　7月21日,联合国教科文组织(UNESCO)国际泥沙研究培训中心在北京成立。　10月,荆江大堤加固工程经国务院批准正式开工建设。　钱宁提出中性悬浮质、层移质等泥沙运动的新概念。　水利学会遥感专业委员会成立。

1985年　水利电力部遥感中心在东北盘锦地区进行洪水遥感调查。　浙江省温岭县江厦潮汐电站建成,装机容量为3200千瓦。

1986年　5月,中国水土保持学会在北京成立。　12月1日~5日,黄河中游水土保持委员会第2次会议在西安召开,研究确定了"七五"期间黄河中上游地区水土保持工作的指导思想和方针是"提高质量,稳定速度,突出效益,坚决保护"。

1987年　10月4日,黄河干流龙羊峡水电站第1台发电机组开始发电,12月8日第2台发电机组并网发电。《中国水资源评价》出版,水利电力部水文局主编,水利电力出版社出版。《中国大百科全书·水文科学卷》问世,主编施成熙,副主编华士乾、陈道弘,中国大百科全书出版社出版。该卷与《大气科学》《海洋科学》两卷合订为1册。《流域水文模拟——新安江模型和陕北模型》出版,由赵人俊主编。

1988年　1月21日,《中华人民共和国水法》审议通过,自7月1日起施行。　年底,长江干流上兴建的第1个大型水电站葛洲坝水利枢纽工程建成。《中国历史大洪水》(上卷)出版,胡明思、骆承政主编,中国书店出版。

1989年　《湖泊科学》(季刊)创刊,中国科学院南京地理与湖泊研究所主编,科学出版社出版。

1990年　5月,辽宁省观音阁水库工程开工,1991年截流,1994年蓄水,1995年首台机组发电,2000年11月竣工。总库容21.68亿立方米,是世界上体积最大的碾压混凝土坝。　10月,国际水资源管理水文基础研讨会在北京举行。《水科学进展》(季刊)创刊,水利部南京水文资源研究所主办,水利电力出版社出版。

1991年　3月22日,《水库大坝安全管理条例》发布施行。　5月下旬~7月上旬,太湖流域、淮河流域发生洪水。　6月29日,《中华人民共和国水土保持法》公布施行,是中国水土保持的第1部法律。　7月2日,《中华人民共和国防汛条例》发布施行。　9月14日,二滩水电站正式开工,1993年截流,1999年首台机组投产发电,坝高240米,是中国第1座超过200米的大坝,也是当时中国最大的水电工程。　11月27日,长江葛洲坝水利枢纽二期工程在湖北宜昌通过国家正式验收,至此,这一大型水利水电工程宣告全部竣工。　12月1日,国务院发出《关于进一步治理淮河和太湖的决定》,要求用10年和5年的时间,分别完成治理淮河和太湖的任务。　年底,鲁布革水电站建成,总装机容量60万千瓦,是采取国际招标承包制,首次引进外资和国外先进技术建设的水利工程。《中国水利百科全书》出版。《中国水利年鉴》创刊。

1992年　4月3日,第七届全国人大五次会议通过兴建长江三峡工程决议。　10月5日~9日,暴雨洪涝国际学术讨论会在安徽省黄山举行。　新疆维吾尔自治区境内最大的水电工程——大山口水电站全部建成投产发电。　牡丹江莲花水电站坝动工兴建,是中国高寒地区的第一个面板堆石坝。《中国历史大洪水》(下卷)出版,胡明思、骆承政主编,中国书店出版。

1993年 1月2日,著名水文学家谢家泽逝世。 1月19日,国务院发布《关于加强水土保持工作的通知》指出,水土保持是一项基本国策。 3月17日,著名水文学家赵人俊逝世。 7月26日,国务院批准《长江三峡水利枢纽初步设计报告》。 7月,深圳水务局组建成立,成为全国第1个水务局,实行水资源开发与供水规划、建设、管理一体化。 8月1日,国务院发布《取水许可制度实施办法》,自1994年1月1日起施行。 8月1日,《中华人民共和国水土保持法实施条例》发布施行。 9月,水利部会同有关省市共同审查并通过《南水北调东线工程修订规划报告》和《南水北调东线第一期工程可行性研究修订报告》。 11月,贵州省普定拱坝建成蓄水,坝高73米,是中国第1座碾压混凝土拱坝。 12月14日,世界上最大的水利枢纽工程——长江三峡工程正式开工。三峡工程是一项具有防洪、发电、航运等巨大综合效益的工程,经过长达40年的论证,由七届全国人大五次会议批准后又进行了近2年的施工准备,才最后开工。 山西引黄入晋工程开工,从万家寨水库引水,总干线设计年输水量12亿立方米,2000年总干线全线贯通,北线2011年9月建成通水。 《中国江河防洪丛书·海河卷》出版,是专门论述中国江河防洪成就和经验的科技文献,共分8卷,约360万字,1999年全部出齐。

1994年 1月,水利部审查通过了长江水利委员会编制的《南水北调中线工程可行性研究报告》。 9月12日,黄河小浪底水利枢纽工程开工。 10月18日,飞来峡水利枢纽工程正式开工。 11月,万家寨水利枢纽工程开工。 12月5日,联合国工发组织国际小水电中心在杭州成立,这是联合国在中国设立的第1个专业性国际协调管理机构。 治淮工程沂沭泗洪水东调南下工程开工。

1995年 11月,在海口市召开了"全国水文预报与减灾学术讨论会"并出版了论文选集。 12月,万家寨水利枢纽工程成功截流。

1996年 2月14日~15日,黄河中游水土保持委员会第3次会议在西安召开,提出了"九五"期间每年治理1.21万平方千米的目标任务。 5月,国家重点项目甘肃省疏勒河灌区开工。

1997年 5月8日,黄河中游水土保持委员会第四次会议在山西省太原市召开,通过了呈报国务院的《关于加强黄河中游水土保持综合治理的报告》。 5月13日~17日,在南京市召开了"全国水文计算进展问题和展望学术讨论会"并出版了论文选集。 9月23日,著名泥沙专家、环境水利学家张书农逝世。 10月28日,著名的黄河小浪底水利枢纽工程实现截流。 11月8日,举世瞩目的长江三峡工程胜利实现大江截流。 12月8日~14日,在武汉市举办了全国首届水文预报技术竞赛。

1998年 3月,宁夏扶贫扬黄灌溉一期工程开工建设。 5月12日~15日,国际水资源量和质可持续管理研讨会在武汉召开。 6月15日,黄河中游水土保持委员会第五次会议在甘肃省兰州市召开,中心议题是落实江总书记"再造一个山川秀美的西北地区"重要批示,研究了《黄河流域黄土高原地区水土保持建设规划》,对1998年及今后一个时期黄河中游的水土保持工作进行了安排部署,提出的奋斗目标是:水土保持10年初见成效;30年大见成效。 7月9日晚~10日晨,陕西省商洛地区丹凤县双槽乡和商南县清油河乡发生了罕见的特大暴雨。经调查,这次暴雨有2个暴雨中心,以宽坪暴雨中心为最大,最大1小时雨量超过1300毫米,超过世界最大记录。 6月中旬~9月上旬,中国南方特别是长江流域及北方的嫩江、松花江流域出现历史上罕见的特大洪灾。全国人民掀起抗洪救灾高潮,使2江水患损失降到最低点。 1998年~1999年,中国科学考察队跨年度对雅鲁藏布江大拐弯大峡谷进行深入探险考察,并取得丰硕的科考成果。 1998年9月初~1999年3月初,长江以北、西南东部、华南南部的广大地区20多个省(自治区、直辖市)发生不同程度的冬春旱情。

1999年 2月5日~6日,水利部在成都召开了全国水利系统农电体制改革会议,全面贯彻落实国务院2号文件,研究部署全国水利系统农电"两改一同价"、农村水电电气化县建设和农电管理工作。 5月17日,水利部组织完成了《加强长江近期防洪建设若干意见》。 6月,水利部成立农村水电及电气化发展局。 6月~8月,华北大部、西北东部、黄淮局部及湖北西北部出现夏秋连旱。 12月26日~28日,水利部在北京隆重召开"全国水利系统水电及农村电气化工作会议"。 12月26日,小浪底电站30万千瓦的首台机组试运行发电成功。 1999年,《中国水电农村电气化2001~2015年发展纲要》编制完成;7大流域《大江大河治理近期专项工程建设规划》完成;水利部提出《黄河的重大问题及其对策》研究报告。

2000年 4月5日,国务院办公厅转发水利部《关于加强嫩江松花江近期防洪建设的若干意见》。 6月30日,历时5载修订的《水文情报预报规范》正式开始实施。 7月1日起,对黑河水量开始实施统一调度,黑河分水方案第1次得到落实。 9月,由潘家铮和何璟主编的《中国大坝50年》分中文版和英文版同时出版。 9月14日~22日,国际大坝委员会第20届大会和第28届年会在北京举行。 10月,党的十五届五中全会再次强调了水利基础设施建设的重要性,将水资源的可持续利用提高到保障经济社会发展的战略高度。 11月8日,贵州省洪家渡水电站、引子渡水电站、乌江渡水电站扩机工程同时开工建设,标志中国西电东送工程全面启动。 12月,由长江水利委员会水文局主编、总结1998年长江流域特大洪水监测预报经验的专著《1998年长江洪水及水文监测预报》出版发行。 12月,陕西东雷抽黄工程建成。 2000年,城市水务体制改革探索工作取得了重大进展;上海、包头、承德、呼和浩特、齐齐哈尔、本溪等城市及一大批县(市)根据自己的实际需要成立了水务局,对辖区内的城乡涉水事务进行统一管理,为这些地区水资源的合理配置和可持续利用创造了极为有利的体制条件。

2001年 3月1日,国务院总理办公会议听取水利部和新疆维吾尔自治区关于塔里木河流域水资源开发管理和生态系统建设的汇报,批准了塔里木河流域综合治理方案。 3月,根据由中国工程院主持、钱正英负责完成的重大科研项目"中国可持续发展水资源战略研究"的研究成果撰写的专著分9册陆续出版。 5月22日,著名泥沙专家、中国科学院院士窦国仁逝世,享年70岁。 6月19日,黄河中游水土保持委员会第六次会议在内蒙古自治区呼和浩特市召开,主题是西部大开发与黄河水土保持生态建设,研究确定了"十五"期间水土保持生态建设工作发展思路和奋斗目标,提出了黄河流域水土保持生态建设和保护的总体目标是:用大约50年的时间,建立起比较完善的监测和保护体系,使适宜治理的水土流失地区基本得到治理,大部分地区生态环境明显改善,基本实现山川秀美。 7月1日,位于广西天峨县境内红水河上游的龙滩水电站正式开工。 7月25日,著名水文学家华士乾逝世,享年81岁。 7月,"数字黄河"工程正式启动,首次提出了"数字黄河"的理念及其体系构架,开创了流域水利信息化建设的新模式。 8月,国务院正式批复《黑河流域近期治理规划》。 9月,青海黑泉水利枢纽主体工程建成并下闸蓄水。 12月31日,黄河小浪底水利枢纽工程全部竣工,最大坝高154米,水库总库容126.5亿立方米,总装机180万千瓦,年平均发电量51亿千瓦时。

2002年 3月,全国水文工作会议在珠海召开,提出了"十五"时期水文工作的总体思路和目标。 4月12日,世界上第1个高含沙水质自动监测站在黄河花园口建成。 6月,黄河上第1个数字化水文站——花园口水文站投入使用。 7月1日,中国第1部以大江大河流域为单元的信息化规划——《数字海河流域总体规划》编制完成。 7月4日~15日,治黄历史上首次调水调沙试验开始,历时10天,试验河段自黄河小浪底大坝至黄河入海口,全长约1000千米。这是世界水利史上迄今为止最大规模的原型河流试验。 7月15日,水利部发布《水文基础设施建设及技术装备标准》,进一步规范了水文基础设施建设与管理。 7月,国家发展计划委员会批复《全国水土保持监测网络和信息系统建设一期工程可行性研究报告》,同意全国水土保持监测网络和信息系统建设。 8月5日,《国家信息化领导小组关于我国电子政务建设指导意见》发布,将"金水工程"正式列为国家"十五"期间要加快建设的12个重要信息化业务系统之一,并已正式启动建设。 10月18日,万家寨引黄入晋一期工程全线试通水成功。 10月,《全国水文事业发展规划》《全国地下水监测规划》通过水利部审查。 10月22日,水利部与联合国亚太经社会联合举办的水资源战略规划与管理国际研讨会在北京召开。 11月18日~19日,"21世纪水文地质学发展战略研讨会"在武汉召开,来自美国、加拿大、德国和中国国内的26个单位,共58位代表就国际水文地质学科现状、21世纪水文地质发展战略和21世纪水文地质学优先资助领域进行了认真而热烈的讨论。 11月25日,全国第1部地方性水文法规《河北省水文管理条例》经河北省人民代表大会常务委员会审议通过,于2003年1月1日正式施行。 12月27日,南水北调工程开工典礼在北京人民大会堂和江苏省、山东省施工现场同时举行。 2002年,长江水利委员会水文局完成了三峡2次截流水文监测,其技术达到国际领先水平;为配合编制《全国水资源规划》,全国水文系统全面开展了水资源调查评价工作;黄河水利委员会、海河水利委员会、太湖水文局及江苏省、辽宁省水资源实时监测试点项目取得进展,黄河水量调度管理系统总调度中心正式启动;全国水文水资源信息上网公开发布,内容包括全国水情信息、省界断面水质监测信息、京津冀平原区地下水动态信息、全国日雨量分布信息等。

2003年 1月4日~5日,水利部在湖南长沙对全国农村饮水解困工作进行总结表彰。经过3年努力,国家"八七"扶贫攻坚计划剩余的2423万人的饮水困难问题如期解决。同时,水利部启动新一轮人饮解困工程。 2月21日,水利部颁发《水文水资源调查评价资质与建设项目水资源论证资质管理办法(试行)》,全国145家单位获水文、水资源调查评价甲级资质、17家单位获乙级资质。 3月16日~23日,第3届世界水论坛及部长级会议在日本举行,这是继2002年南非可持续发展首脑会议后在水资源领域的一次重大国际水事活动。水利部部长汪恕诚率团参加并作了题为"以水资源的可持续利用促进经济社会的可持续发展"的主旨演讲。 4月,"数字黄河"规划通过水利部审查,是全国第1个通过水利部审查的数字流域规划。 6月1日,长江三峡工程成功下闸蓄水,6月16日永久船闸试通航,7月18日首批机组通过启动验收。至此,三峡二期工程3大目标全部实现,三峡工程进入边建设边收益的新阶段。 6月28日,水利部在江苏省淮河入海水道滨海举行全线通水仪式。这项工程的完成,结束了淮河800年来没有入海通道的历史。 6月下旬开始,淮河流域长时间普降暴雨,淮河发生了1954年以来的最大洪水。 7月3日,《水利工程供水价格管理办法》正式出台并自2004年1月1日起施行。 8月6日,水利部太湖流域管理局启动引江济太水资源应急调度,利用望虞河枢纽引长江水补济太湖,增加优质水资源量,加快水体流动,提高了流域水资源和水环境承载能力,保障了2003年干旱年份下太湖流域水资源的有效供给和水环境、水生态安全。 8月27日,水利部办公厅发出了《关于开展全国水文站网普查与功能评价工作的通知》,标志着全国水文站网普查与功能评价工作全面展开。 9月28日,《全国水利信息化规划》(即"金水工程"规划)由水利部正式颁布。 10月28日~29日,国务院召开治淮工作会议,全面部署灾后重建和治淮工程建设,新一轮治淮正式拉开帷幕。 11月8日,黄河中游水土保持委员会第七次会议在山西省太原市召开,主题是全面启动并加快黄土高原地区淤地坝建设。总体目标任务是:力争用5到10年时间,使黄河上中游地区水土保持生态建设取得突破性进展。 11月10日,黑河分水圆满完成国务院提出的3年分水目标,黑河水流入东、西居延海,黑河干流全线贯通。 11月10日~11日,国务院在成都召开全国农田水利基本建设工作会议,全国兴起农田水利基本建设新高潮。 11月20日,《全国水质监测规划》《国际河流水文站网建设规划》通过水利部审查。 12月30日,南水北调中线一期京石段应急供水工程开工,这标志着南水北调东线、中线工程进入全面建设阶段。 2003年底,塔里木河流域综合治理取得新进展,其尾闾台特马湖水域面积已达200多平方千米。 年底,全国各类水文测站数已达34 782处,其中,基本水文站数有3158处、水位站1135处、水质站3695处、雨量站14 196处、地下水监测站12 116处、蒸发站402处、实验站80处。 2003年,在黄河、黑河、塔里木河跨流域调水、黄河调水调沙及"引黄济津""引江济太"等重要水资源管理调度工作中,以及在黄浦江发生燃油泄漏、黄河兰州段发生油污染、重庆开县发生井喷等突发性水污项目——长江染事件中,水文系统及时地开展了水文水资源监测工作,提出了分析研究成果,为水资源管理和水环境保护作出了贡献;全面完成了2001年重点流域、重点卷册水文年鉴的汇刊工作及2002年重点流域、重点卷册24册水文年鉴的汇编工作,使水文年鉴停刊10多年来首次恢复刊印。

2004年 2月16日,引岳济淀生态应急补水正式启动。 2月25日,水利部印发《水文现代化建设指导意见》。 3月29日,中国水利科研投资最大的防洪模型开工建设。 3月,《全国水文事业发展规划》经水利部正式批复,这是中华人民共和国成立以来水文部门完成的第1部全国性水文发展规划。 4月8日,中国水利学会第8次全国会员代表大会举行,"大坝与生态"引起广泛关注。 4月19日,国务院办公厅印发《关于推进水价改革促进节约用水保护水资源的通知》。 5月10日,由水利部水利信息中心组织编制的《国家防汛抗旱指挥系统一期工程初步设计报告》通过水利部审查,一期工程全面启动,覆盖全国7个流域和31个省(自治区、直辖市)的水利信息骨干网络和中央网络中心基本建成。 5月19日,北京市水务局正式揭牌。 6月19日,黄河第3次调水调沙试验启动,试验中进行的人工塑造异重流和下游人工扰沙试验获得成功,这在世界水利史上还是第一次。 6月25日,引察济向生态应急补水启动。 7月10日,北京市发生了近10年来最大的一次强降雨,降雨给市区造成了严重交通堵塞和排水不畅等困难。 7月22日起,太湖流域管理局组织实施扩大引江济太调水试验工程。前几年开始实施的水资源调度工程中,黄河连续5年不断流,黑河连续4年分水成功,塔里木河连续5年实施向下游干流河道输水,生态效益明显。 7月26日,黄河小北干流放淤试验启动。 汛期,云南德宏、湖南沅江上游地区、四川达州以及重庆开县发生了严重的山洪灾害,西藏朗钦藏布一级支流帕里河连续2次发生山体崩塌造成河流堵塞。 台风"云娜"在中国沿海登陆,在防汛减灾的关键时刻,水文系统精心测报,及时、准确提供雨水情信息和大量的预测预报分析成果,取得突出的经济和社会效益。 10月8日,国务院南水北调工程建设委员会印发《南水北调工程建设管理的若干意见》。 南水北调中线唐河倒虹吸、釜山隧洞工程和东线解台泵站、万年闸泵站等工程开工建设。 10月9日,2004年引黄济津输水开始,10月12日~11月15日山西、河北向北京集中输水。 10月10日,"保护长江万里行"活动启动。 11月7日,《中国暴雨统计参数图集》通过水利部组织的专家鉴定,将由水利部批准使用。该《图集》由水利部水文局组织、南京水利科学研究院和31个省(区、市)水文部门共同参与完成。 11月10日~11日,《中国水资源及其开发利用调查评价》在京通过专家审查,全国水资源综合规划、水资源调查评价取得重要成果。 11月30日,水利部发布《黄河河口管理办法》《入河排污口监督管理办法》。 11月,水利部组织编制了《全国水利信息化发展"十一五"规划思路报告》,并正式上报国家发改委。 12月6日~8日,首次大规模综合性"全国水文学术讨论会"在南京召开,编辑出版了《中国水文科学与技术研究进展》论文集。 12月10日~12日,水利部组织召开了全国水利信息化技术与建设成果交流展示会,会议以"加快建设金水工程,积极推进水利现代化"为主题。 12月18日~19日,第5届中国水问题研究论坛在北京劳动大厦举行,主题是:探索水问题的复杂性与不确定性。一年来,治淮等重点工程取得进展。 临淮岗、淮河干流及重要支流治理等加紧实施,大江大河治理继续实施,嫩江尼尔基、广西百色、四川紫坪铺等重点工程加快建设,湖南皂市、黄河西霞院、四川武都引水二期等骨干枢纽工程开工。 2004年,水利部还编制完成了《国际河流水文站网第一期建设项目建议书》《中央直属水文基础设施工程建设可行性研究报告》《全国地下水监测规划》《黄淮海重点平原区地下水自动监测系统建设项目建议书》《松辽流域地下水监测站网建设项目建议书》《淮河流域地下水监测站网建设项目建议书》《长江三角洲地区地下水监测站网建设项目建议书》等;"数学黄河"工程建设稳步推进,黄河水资源保护监控中心建成并投入运行,黄河数据中心一期工程建成并投入使用;全国水土保持监测网络与信息系统(一期)初步设计通过水利部审查并已正式启动;全国30个大型灌区信息化试点建设取得成果,提高了大型灌区现代化管理水平;以黄河、海河、太湖、辽宁、江苏等流域和省为代表的流域和区域性水资源实时监控与调度信息化试点建设取得了初步的经验和成果。

2005年 1月,珠江压咸补淡应急调水方案获国家防总正式批准。 2月25日,水利部出台《水文现代化建设指导意见》,全面阐述水文现代化建设的指导思想、目标和原则,明确水文现代化建设的基本任务。 4月,水利部颁布《全国水情管理办法》,规范全国水情工作。 5月26日,三峡二期工程遗留项目通过长江三峡水利枢纽二期工程遗留项目验收委员会验收,三峡二期工程全面完工。 5月28日,南水北调中线北京西四环暗涵工程开工建设。 5月,黄河沙坡头水利枢纽主体工程全部完工。 6月,国家防汛抗旱指挥系统工程一期工程正式比准建设。 7月1日,长江流域118个中央报汛站全部实行自动化报汛,标志着长江水文现代化建设翻开全新一页。 7月,黑河水量调度管理系统基本建设完成了图像信息采集传输系统建设、计算机网络系统建设、总调中心环境建设、软件运行及开发平台建设等工程,并投入试用。 9月13日~14日,黄河中游水土保持委员会第八次会议在青海省西宁市召开,主题是治理水土流失,构建和谐社会。 9月16日,三峡左岸电站9号机组并网发电,三峡左岸电站14台70万千瓦发电机组提前1年建成投产。 9月26日,南水北调中线水源地——丹江口水利枢纽加高工程开工建设。 10月28日,南水北调东线一期工程长江至骆马湖段工程开工建设。 11月13日,吉林石化公司双苯厂一车间发生爆炸,松花江发生重大水污染事件。 11月20日,据新华社济南是日电报道,11月14日下午4时~4时38分,黄河下游利津水文站观测,在黄河上游来水量没有增加的情况下,这里在38分钟内发生水位陡涨0.35米。黄河水的这种涨起涨落的现象,被黄河水文部做是一种特殊水情——"假潮现象"。 11月,宁夏扶贫扬黄灌溉一期工程竣工。 12月10日~14日,"拓宽亚洲国际流域跨境水与生态安全合作"国际学术研讨会在云南大理市召开。 12月26日,三峡临时船闸改建冲砂闸工程混凝土提前4天全线浇筑到185米设计高程,与三峡大坝左岸顺利实现对接,三峡大坝左岸主体工程全部完成。 12月31日,南水北调东线济平干渠工程试通水成功。 12月,《水情信息编码标准》颁布,于2006年3月1日起正式实施。 "十五"期间,国家防汛抗旱指挥系统一期工程和水利电子政务系统建设全面展开,水资源实时监控系统试点取得成效,城市水资源实时监控与管理系统试点展开,全国水土保持检测网络与管理信息系统(一期)建设完成,二期工作已经展开,灌区信息化试点取得突破。

2006年 1月10日起,珠江流域再次实施压咸补淡应急调水,西江上游岩滩、大化、乐滩等大型水利水电枢纽加大下泄流量,缓解珠三角地区咸潮压力,为珠海、澳门等地供水提供安全保障。 1月,《中国暴雨统计参数图集》出版。 2月18日,"基于WebGIS平台的国家防汛会商系统"通过水利部鉴定。 3月4日,长江防洪报汛自动化技术研究与实践成果通过鉴定,总体达到国际先进水平。 3月25日,南水北调中线京石段应急供水工程河北釜山隧洞工程实现全线贯通。 4月13日,国家863计划"面向水利信息化的应用集成中间件平台及其应用"通过验收。 5月20日,长江三峡大坝全线建成,全长2309米。 6月6日,三峡工程三期上游碾压混凝土围堰(RCC围堰)成功爆破拆除,三峡大坝开始全线挡水。这标志着举世瞩目的三峡工程开始正式发挥巨大的防洪效益。 6月12日,南水北调天津市内配套工程开工建设,先期建设的是南水北调天津干线分流井至西河泵站输水工程。 8月2日,百色水利工程3号发电机组通过启动验收。 8月5日,穿黄工程北岸ⅡA标竖井开挖破土动工。 9月28日,南水北调中线一期工程总干渠安阳河倒虹吸工程开工建设。 9月28日~30日,国际水文科学学会PUB研究计划"洪水预报和水资源评价新方法"国际研讨会在北京召开。 10月27日,三峡水库历时37天的156米蓄水工作顺利完成,坝前水位成功达到156米高程,长江中下游防洪体系初步建立。 11月22日,"数字黄河"工程研究与应用通过水利部科技鉴定。 12月11日,南水北调中线丹江口大坝加高工程深孔八坝段贴坡砼全部完成,并率先浇筑到顶。 12月27日,南水北调东线一期骆马湖水资源控制工程开工建设。 12月30日,由中国第一重型机械集团公司自主创新的中国首台、世界最大、技术最先进的15 000吨自由锻造水压机一次热负荷试车成功。 2006年,中央直属水文基础设施工程、跨界河流水文站网一期建设工程得到批准并实施;全国15个省区市的18个城市开展了城市水资源实时监控与管理系统试点建设;大型灌区信息化建设试点工作取得成效;水资源质量信息管理与分析评价系统在全国推广应用。

2007年 1月5日,全国流域综合规划修编工作会议在京召开,新一轮7大流域综合规划修编启动,并计划用3年左右时间完成。 1月25日,国家发展改革委、水利部、建设部联合印发《节水型社会建设"十一五"规划》,对"十一五"期间全国节水型社会建设作出全面部署。 这是中国第一个节水型社会建设规划,也是我国节水型社会建设的纲领性文件。 1月,全国水土保持监测网络和信息系统建设一期工程顺利完成。 3月22日,为"世界水日",中国为2007年"世界水日""中国水周"制定了18条宣传口号。 4月8日,据中央电视台今日介绍,中国水库量现达85 000多座。 4月25日,《中华人民共和国水文条例》公布,自2007年6月1日起施行。填补了中国水文立法的一项空白,具有里程碑意义。 4月27日,国务院批复《珠江流域防洪规划》,其他流域防洪规划已编制完成。 5月16日,水利部《突发公共水事件水文应急测报预案》(试行)发布。 5月30日,国务院正式批准《全国农村饮水安全工程"十一五"规划》。 5月,江苏无锡太湖暴发蓝藻事件,水利部门积极应对,采取调引长江水、加密水质监测等措施,有效缓解无锡供水危机。 7月,淮河发生了中华人民共和国成立以来仅次于1954年的流域性大洪水,部分中小河流发生特大洪水。 8月3日,《全国水土保持监测网络和信息系统建设二期工程可行性研究报告》获国家发改委批准。 9月7日,黄河中游水土保持委员会第九次会议在宁夏银川市召开,主题是淤地坝建设与构建和谐社会。 9月14日,"中国水文科技与发展的高层论坛"在北京举行。 10月16日,水文行业标志启用仪式在京举行,启动了国家基本水文测站的统一挂牌工作。 10月16日~17日,杭嘉湖南排后续工程通过竣工验收。 10月23日,由国家发展改革委、水利部、建设部、卫生部、国家环保总局等5部委局联合编制的《全国城市饮用水安全保障规划(2006~2020)》经国务院同意后正式印发。 12月5日,《水量分配暂行办法》发布。 12月7日,《石羊河流域重点治理规划》经国务院同意,由国家发展改革委、水利部印发实施,一场抢救民勤绿洲、建设生态文明的战役全面打响。 12月21日,随着江苏省小塔山水库除险加固工程通过验收,淮河流域20

座大型病险水库加固工程全部通过竣工验收;年内,临淮岗洪水控制工程和洪汝河下游河道近期治理工程也通过竣工验收;年底,治淮19项骨干工程建设任务基本完成。 12月28日,长江荆江大堤加固工程通过竣工验收。 12月,国家发展和改革委员会批复了《全国水文基础设施十一五建设规划》。 2007年,全国恢复了水文年鉴汇编刊印工作;首次将全国地表水资源质量状况以月报形式编发;全国已有29个省(自治区、直辖市)人民政府批准实施了水功能区划;完成了全国7大流域的入河排污口调查登记,提出了黄河干流、辽河流域、淮河流域、长江三峡库区等重要江河湖泊限制排污总量意见并向社会公布;北方大部及南方一些地区发生冬春连旱,黑龙江三江平原和江南、华南等地发生严重夏伏旱,干旱程度重,影响范围广。

2008年 1月中旬~2月上旬,部分地区水文部门针对罕见冰冻灾害,采取有力措施,加紧恢复,有力保证了水文测报工作。 2月,国务院批复同意海河、太湖、辽河、松花江流域防洪规划。 3月21日,水利部在北京召开座谈会,纪念第16届"世界水日"和第21届"中国水周"。 4月18日,《取水许可管理办法》颁布实行。 5月,正式启动了全国易发藻类水华的大型湖泊、水库、城市河流等16个重点水域的藻类监测试点工作。 7月,长江、黄河流域防洪规划获得国务院批复,填补了长期以来中国没有针对流域防洪减灾编制专项防洪规划的空白。 9月22日~26日,"台风委员会地区应对气候变化"综合研讨会在北京召开。 10月28日,中国水利学会2008学术年会在海南省海口市隆重开幕。 10月20日~24日,国际水利学会第16届亚太地区会议(IAHR-APD)暨第3届水工水力学国际研讨会在南京隆重召开。 10月23日,水库大坝安全管理国际研讨会在南京隆重开幕。 11月3日,《三峡水库调度和库区水资源与河道管理办法》和《水利工程质量检测管理规定》发布。 11月17日,水利部《对大凌河流域省(区)际水量分配方案》作出了批复。 11月19日,3部委联合印发《水资源费征收使用管理办法》,2009年1月1日起执行。 2008年,汶川地震发生后,全国水文系统举全行业之力投入水文抗震救灾工作。水利部水文局先后派出由长江委、四川、湖南、湖北、江西、广东67名水文骨干组成的16支水文应急监测突击队,加强震区雨情、水情、水质监测分析,特别是开展了唐家山等多个堰塞湖的勘察测验,为水利抗震救灾工作提供了坚强支撑。

2009年 1月6日,全国水利工作会议在广西南宁召开,明确了"大水文"发展理念,强调要从"行业水文"向"社会水文"转变,要"立足水利,面向全社会服务",提出了新时期水文工作的指导思想、发展布局、工作重点和保障措施。会议的召开标志着中国水文事业进入新的发展阶段,具有重大的里程碑意义。 2月14日,全国水资源工作会议在广西桂林隆重召开。 4月20日~21日,第3届长江论坛在上海隆重开幕。 4月27日紧急启动了引江济太水资源调度。 4月27日~6月28日引水入湖期间,常熟水利枢纽引水9.7亿立方米,望亭水利枢纽入湖水量为4.9亿立方米。 5月21日~22日,全国水文工作会议在辽宁省沈阳市召开。会议的主要任务是:总结水文工作成绩,分析水文发展形势,强化水文基础地位,明确水文工作思路,部署当前和今后一个时期的水文工作,努力开创水文工作新局面,为推进水利和经济社会又好又快发展,提供更加有力的水文支撑和保障。 5月25日,中国水利学会第九次全国会员代表大会在北京召开。 6月28日,首批400个小型农田水利重点县建设启动。 7月25日,全国水土保持监测网络和信息系统建设二期工程正式启动。 10月20日~23日,第四届黄河国际论坛在河南省郑州市召开。 11月2日,第13届世界湖泊大会在"百湖之市"湖北省武汉市隆重召开。 11月26日,城市水文工作会议召开,总结、交流了各地近年来开展城市水文工作的主要做法和经验,分析了面临的形势和存在的问题,探讨了在新形势和新需求下,如何进一步做好城市水文工作,为城市和区域经济社会发展提供全面水文服务。 2009年,水文系统参加了共和国60年成就展水利部分和水利60年成就展。中华人民共和国成立以来,党和国家高度重视水文工作,水文事业蓬勃发展,在防汛抗旱、水利综合规划、水资源管理调度、水土保持、水环境保护、水利工程规划设计、水利工程运行、生态保护和经济社会发展中发挥了重要作用。全国水文测报和情报预报工作再创佳绩。各地水文机构认真准备,密切监视,加强会商,强化预报,预测预报预警能力不断增强,信息服务水平不断提高,台风预测预警成果显著,有效组织开展了西藏雅鲁藏布江滑坡体、重庆武隆滑坡体水文应急测报工作,为全国防汛抗旱工作提供了有力保障和坚强支撑。《全国旱情监测规划》《全国饮水安全应急监测规划》《全国水文实验站规划》《国家水文数据库建设规划》编制完成;《国家地下水监测工程》项目前期工作进展顺利;中小河流洪水易发区水文监测能力一期/二期建设工程、"十一五"水文水资源工程、跨界河流水文站网二期建设工程顺利实施。《全国水文站网普查与功能评价》成果通过水利部审查。进一步推进全国重点水域藻类监测试点工作,已在全国22个试点省区市及流域机构的34个重点湖库开展藻类长期监测,逐月编报《全国部分重点湖泊水库藻类试点监测简报》。

2010年 1月11日,国务院发出《关于开展第一次全国水利普查的通知》,普查的标准时点为2011年12月31日,时期资料为2011年度。 3月27日~28日,全国水文工作会议在郑州召开,这次会议是以科学发展观为指导,认真学习贯彻全国水利厅局长会议精神,深入贯彻落实"大水文"发展理念,加快推进水文事业又好又快发展的一次十分重要的会议。 7月9日,全球变化研究国家重大科学研究计划启动实施大会在北京召开。 9月17日~18日,第二届国际科学院理事会(IAC)水计划国际研讨会在北京召开。 9月,国务院办公会审议通过《国家地下水监测工程项目建议书》,工程正式立项。 11月,国务院决定用3年时间开展第1次全国水利普查。 12月,水利部在对全国水利发展"十一五"规划实施情况进行全面总结评估的基础上,印发了《全国水利发展"十二五"规划编制总体方案》和《全国水利发展"十二五"规划思路报告》。 2010年,《全国水利信息化发展"十二五"规划》编制完成;新一代水利卫星通信平台建成并投入使用,新平台拥有27.2MHz卫星资源,卫星性能高,技术先进,抗雨衰能力增强,建设和运维成本大大降低,可靠性和功能大大增强,将为防汛抗旱、水资源管理和水利应急体系建设等提供安全可靠高效的通信保障;8月7日晚甘肃舟曲发生强降雨引发特大山洪泥石流灾害,各级水文部门迅速启动应急预案,水文监测突击队连续奋战23个昼夜,圆满完成了各项水位、流量监测和水文分析预报任务,保障了清淤施工和全面抢险救灾工作的开展;水文应急监测还在青海玉树地震、四川绵阳滑坡泥石流、江西唱凯堤溃口等突发事件中发挥了重要作用;《全国水文事业发展规划》修编工作全面启动,编制完成《全国水文基础设施"十二五"建设规划》《全国中小河流治理和中小水库除险加固专项规划》等一系列规划;全国河湖普查工作全面展开。

2011年 1月6日,国家防汛抗旱指挥系统一期工程通过竣工验收。该工程是水利部"金水"工程的龙头项目,历经15年又4个月于2009年基本建成。 1月29日,《中共中央、国务院关于加快水利改革发展的决定》(2011年中央1号文件)出台,明确指出:"加强水文气象基础设施建设,扩大覆盖范围,优化站网布局,着力增强重点地区、重要城市、地下水超采区水文测报能力,加快应急机动监测能力建设,实现资料共享,全面提高服务水平。加强监测预警能力建设,加大投入,整合资源,提高雨情汛情旱情预报水平。加强水源保护和水质监测,确保工程长期发挥效益。加强水量水质监测能力,为强化监督考核提供技术支撑"。 2月18日,水利部颁布《水文监测环境和设施保护办法》,4月1日起正式实施。 3月24日~25日,全国水文工作会议召开,明确提出"十二五"全国水文工作目标任务:大力夯实水文人才、水文法规和水文站网3个基础,切实强化水文管理、水文监测、水文服务、水文科技和水文文化5项工作,基本形成法规完善、体制健全、站网合理、技术先进、信息及时、预报准确、运行可靠、精兵高效、管理科学、服务全面的社会水文管理服务体系。 3月28日,水利部部长陈雷在举行的全国农村水利工作会议上介绍,"十二五"期间,中国将以保障和改善民生为出发点,从10个方面大兴农田水利建设,包括:全面解决农村饮水安全问题;加快推进大中型灌区改造;农田水利重点县基本覆盖到产粮大县和农业大县;到2020年全国节水灌溉工程面积达到0.5亿公顷,净增有效灌溉面积266.6万公顷;大力开展冬春水利建设;2020年全国山丘区补充灌溉面积达到0.2亿公顷左右;全面实施全国大型灌排泵站更新改造;开展农村水环境整治;大力推进牧区水利建设。 3月,水利部印发《全国水文科技发展规划(2011~2020)》,确立了未来10年水文科技10个重点领域的30个优先主题,提出了近期7项技术基础工作和20个重大项目,这是水利部首次制定水文科技发展专项规划。 4月20日~21日,气候变化与水问题国际研讨会在南京召开,旨在探讨全球气候变化背景下的水问题。 6月8日,水利部水文情报预报中心正式成立,标志着中国水文情报预报工作进入新阶段。面对2011年复杂的汛情旱情灾情,全国水文部门密切监视,科学研判,准确预报,强化会商,拓宽服务领域,提高服务水平,为国家防总、水利部、各级政府提供了大量及时准确的情报预报信息,为防汛抗旱工作顺利开展提供了有力支撑,作出了突出贡献。全国水文部门实现了地(市)、省、流域、中央4级水情信息高效交换共享,全年报送到中央的水雨情信息达4072万条。 7月8日~9日,中央水利工作会议在北京召开,会议强调,加快水利改革发展是关系中华民族生存和发展的长远大计。会议确定了中国加快水利改革的主要目标,力争通过5年~10年努力,从根本上扭转水利建设明显滞后局面,到2020年基本建成防洪抗旱减灾体系、水资源合理配置和高效利用体系、水资源保护和河湖健康保障体系、有利于水利科学发展的体制机制和制度体系。 8月31日,在京召开了中小河流水文监测系统建设工作会,对各项工作进行了全面部署。 9月中旬国家发展改革委员会下达了2011年中小河流水文监测系统建设投资计划约41亿元,其中中央投资约为23亿元。2011年建设项目的内容主要有:建设水文站1171处、水位站3553处、雨量站30 347处、水文信息中心站407处、应急机动监测队32处。 10月,全国土壤墒情监测工作座谈会在合肥召开,研究推进全国水利部门土壤墒情自动监测及分析评估工作的措施;组织开展并完成了土壤水分监测仪器二期对比测试研究工作;2012年土壤墒情监测实施方案通过部水规总院审查。 11月8日,第3批400个小型农田水利重点县建设启动。 11月12日,向家坝水电站8台单机容量为80万千瓦水轮发电机组的1号机组转子,顺利吊装到位,并开始总装,这是世界上单机容量最大的水轮发电机组。 11月,《国家地下水监测工程项目可行性研究报告》通过水利部和国土资源部组织的专家评审。 12月2日,水利部第颁布《水文站网管理办法》,2012年2月1日起正式实施。 12月8日~9日,全国水利信息化工作会议召开,提出"十二五"水利信息化工作"6个新"的目标任务:坚定信念,开创水利信息化事业新局面;实现突破,促进水利信息化进入新阶段;结合需求,拓展水利信息化应用新领域;夯实基础,提升水利信息化服务新水平;深化应用,发挥水利信息化建设新成效;落实措施,推进水利信息化工作再上新台阶。 12月,国家发展改革委员会批复了国家防汛抗旱指挥系统二期工程可行性研究报告。2011年,全国中小河流和中小水库除险加固、山洪灾害防治、易灾地区水土保持生态建设3个专项规划中水文部分的规划编制完成,计划3年投资约160亿元,基本建成覆盖中国中小河流的水文监测体系;《全国水文基础设施建设"十二五"规划》编制完成,涉及水文基础设施建设的所有项目均纳入其中;《全国水文事业发展规划》修编工作积极推进。2011年全国水文基本建设投入约46亿元,比"十一五"期间全国水文基本建设投入的总和还多。根据第1次全国水利普查的总体部署和安排,全国水文系统全面完成河湖对象清查工作,查清了我国规模以上河流湖泊的名称、数量、位置和分布等基本情况,获取了河流湖泊的特征数据,取得重要成果。首次组织开展了西部重要湖泊——纳木错、青海湖、艾比湖的容积测量工作,取得宝贵实测资料,填补了历史空白。西部区域典型湖库水生态调研顺利开展。针对西部区域生态调查资料尚不十分系统和完整的现状,开展了西部区域22个典型湖库藻类生态分布现状调研,收集了典型湖泊水库的藻类种群和水质理化指标等第一手资料,取得了丰富的成果。国家水资源监控能力建设项目启动。水利部决定3年投资约19亿元,开展国家水资源监控能力建设项目,总体目标是:自2012年起,用3年时间完成近期建设,基本建立国家水资源管理系统框架,初步形成与实行最严格水资源管理制度相适应的水资源监控能力,逐步增强支撑水资源科学管理和"三条红线"监督考核的能力。《全国水资源监测站网规划》编制完成,将为健全水资源监测体系提供坚实基础。根据水利部关于加强水质监测质量管理工作精神,2011年组织开展了266个监测机构参加的第3次全国水利系统水质监测机构质量控制考核(实验室比对)及水质监测机构质量管理监督检查工作。开展了西部区域22个典型湖库藻类生态分布现状调研。

2012年 1月11日,《全国省界断面水资源监测站网规划》和《全国地下水监督性监测总体方案编制》通过专家评审验收。《全国水资源监测站网规划》是实行水资源管理量化考核和实施最严格水资源管理制度重要的基础性工作,是提高与拓展水文服务能力的重要内容。规划成果填补了中国水文水资源站网规划空白,其实施将进一步完善中国水文站网,提高各类测站自动化监测能力及基础设施建设水平,为国家水资源监控能力建设、水资源量化监督考核和区域水资源科学管理提供支撑。 5月3日,水利部印发了《全国水利信息化发展"十二五"规划》,提出"十二五"时期将投入近100亿元用于"金水工程"建设,规划对指导"十二五"时期水利信息化建设,发展民生水利、提升水管理能力和服务水平,以水利信息化带动水利现代化,促进水利事业的可持续发展具有重要意义。

5月11日~13日,国际水文科学协会(IAHS)2013~2022科学计划主题战略国际研讨会在南京河海大学举行,会议研讨了国际水文科学协会主导的未来10年水文科学计划的主题、目标、方案,这是协会实施无资料流域水文预报10年科学计划之后再次启动的一项新的科学计划。 5月,云贵鄂渝水土保持世行贷款/欧盟赠款项目竣工验收会在武汉举行,会上世行项目办对系统的建设和应用成效给予高度评价。系统成功管理了世行项目37个项目县,181条小流域的治理工作,涉及项目资金达16.58亿元。系统用户包括中央、省、市、县等四级项目办和世行、欧盟项目管理部门,共计51家单位。自2005年开始建设以来系统不断完善和推广,取得了良好的应用效果,得到了国内外相关专家的高度认可。系统实现了信息化与日常管理工作的紧密结合。系统的应用是国内首次在流域级生态建设项目中推广信息化管理模式,成效显著。 6月5日,国家自然资源和地理空间基础信息库项目水利资源数据分中心通过国家发改委验收。该项目是中国第1个开展建设的国家级信息库,由国家发展和改革委牵头,11个部门和单位参加,水利部承担其中的水利资源数据分中心建设。水利资源数据分中心建成了水文、水质、水资源、水利设施、土壤侵蚀、水能资源、农村水电、大型灌区等方面的8个专题信息库、90个专题信息产品、21个综合信息子库,完成了实用规范和管理办法的编制与试行工作,数据库管理系统已上线并稳定运行。 6月6日,国家发展改革委、水利部、住房城乡建设部发布《水利发展规划(2011~2015)》。 6月28日,国家能源水能高效利用与大坝安全技术研发中心在北京中国水利水电科学研究院成立。 7月21日~22日,中国大部分地区遭遇暴雨,其中北京及其周边地区遭遇61年来最强暴雨及洪涝灾害。截至8月6日,北京已有79人因此次暴雨死亡。根据北京市政府举行的灾情通报会的数据显示,此次暴雨造成房屋倒塌10 660间,160.2万人受灾,经济损失116.4亿元。本次降雨特点:一是降雨总量之多历史罕见。全市平均降雨量170毫米,城区平均降雨量215毫米,为中华人民共和国成立以来最大一次降雨过程。二是强降雨历时之长历史罕见。强降雨一直持续近16小时;三是局部雨强之大历史罕见。全市最大点房山区河北镇为460毫米,接近500年一遇,城区最大点石景山模式口328毫米,达到百年一遇;山区降雨量达到514毫米;小时降雨超70毫米的站数多达20个。四是局部洪水之巨历史罕见。拒马河最大洪峰流量达2500立方米每秒,北运河最大流量达1700立方米每秒。 10月26日,根据《中华人民共和国水文条例》和《水文站网管理办法》的规定,水利部对全国1330个国家重要水文站进行了公布。 10月29~30日,水利部在宁夏银川召开全国水利信息化工作座谈会暨国家水资源监控能力建设项目建设管理工作会议,进一步贯彻落实中央关于加快水利改革发展的决策部署,总结交流水利信息化工作进展,研究部署近期重点工作,大力推进国家水资源监控能力建设项目。 10月,水利部印发了《关于加强水文文化建设的指导意见》,阐述了水文文化建设的意义,明确了指导思想和基本原则,提出了总体目标和主要任务。 11月21日~22日,全国水情预警信息发布研讨会在山西太原召开,会议介绍了《水情预警信号标准》《水情预警信息发布办法》,初选了水情预警信号标识,演示了全国水情预警信息发布平台。与会代表围绕水情预警信号标准、发布办法及平台功能进行了研讨,一致认为应尽快开展水情预警信息发布工作。 12月10日~11日,由水利部水文局、国际水文计划(IHP)中国国家委员会、国际水文科学协会(IAHS)中国国家委员会和中国水利学会水文专业委员会共同举办的中国水文学术讨论会在南京召开,主要议题涉及水文基础理论研究及应用、水文水资源监测、防汛抗旱水文测报、水资源分析评价与系统开发研究和水环境水生态分析评价与质量管理等5个方面。2012年,全国水文部门密切监视,准确预报,强化会商,为防汛抗旱工作顺利开展提供了有力支撑。全年部水文局共接收水雨情信息约1亿多条,编发各类水情气象汇报简报600多期,向中小国办提交重要水情信息156期,发布实时洪水预报1800多站次,发送水雨情短信16万多条。中小河流水文监测系统建设全面展开。加大中小河流水文监测系统项目建设组织和推动力度,采取一系列有力措施,部署和要求各地加快项目实施进度。全国累计建设完工项目21 619个,包括水文站259处、水位站1435处、雨量站19 757处、水文信息中心站165处、水文应急测验队3处,初步发挥了系统建设成效,为中小河流雨水情监视预警、防洪指挥决策等工作提供了重要的信息支撑。2012年,国家水资源监控能力建设项目全面启动。国家、流域和省级水资源监控能力建设项目办公室全部成立,项目建设工作有序推进。水利部、财政部联合印发《国家水资源监控能力建设项目实施方案(2012~2014)》和《国家水资源监控能力建设项目管理办法》;项目主要软硬件产品统一选型议价工作完成,省界断面水量监测建设任务得到确认,项目技术标准编制工作积极开展,三级信息平台统一设计、统一集成和通用软件开发等工作全面铺开。全国水土保持监测网络和信息系统二期工程全面建成。二期工程建成了水利部水土保持监测中心、7个流域机构中心站、31个省级总站、175个分站和738个监测点,在全国水土保持工作中发挥了不可替代的重要作用,大大增强了水土保持综合防治和生态建设的决策支持能力。卫星遥感在水利行业应用取得突破性进展。实现了MODIS、环境减灾等卫星遥感影像数据向水利部的业务化传输,实现了向黄委、珠江委和塔河管理局的业务化分发。向中国水科院、新疆乌鲁木齐市、青海省、新疆兵团等单位推送了近50万平方千米实时2.5米高分辨率遥感影像。建设了覆盖全国的250米分辨率、30米分辨率、5米分辨率以及2.5分辨率遥感影像资源。实现了卫星遥感监测产品的常态化生产,并在云南楚雄干旱、鄱阳湖枯水期水面监测、长江中下游干旱、云南彝良地震河湖和水利工程监测、黄河冰凌监测、塔河生态输水监测等工作中得到应用。中国水利水电科学研究院流域水循环模拟与调控国家重点实验室相继建成了"青海湖水文生态监测试验研究基地""草地水循环与生态修复实验基地""鄱阳湖水文生态监测研究基地""查干湖水文生态调控研究基地""三峡水库生态环境原位观测与试验站""南水北调工程运行安全监测试验基地"等6个野外试验基地,形成了国家重点实验室野外试验基地网络体系,丰富和完善了国家重点实验室基础实验平台体系,并为流域水循环模拟与调控基础理论研究、国家水生态文明建设制度实施及国家重大工程建设运行提供了重要的研究平台。由河海大学主持的"基于云计算的防汛防旱信息集成平台的研究"荣获"2012年度大禹水利科学技术奖一等奖",该研究成果有效地支撑水资源配置和防汛防旱等多目标多任务多层次应用,在江苏、福建、黄委等得到应用,产生很好效益。浙江省台风路径实时发布系统移植到阿里云弹性计算平台环境,在防御2012年苏拉、达维、海葵等多场台风过程中,经受了考验,系统创下单日访问量350万次的纪录。

2013年 1月2日,国务院办公厅关于印发《实行最严格水资源管理制度考核办法的通知》。 1月4日,水利部发布《关于加快推进水生态文明建设工作的意见》,将水资源管理纳入生态文明建设重要内容。 1月29日,广东乐昌峡水利枢纽工程首台机组并网一次成功。 3月1日,水利部和全国节约用水办公室下发了《关于授予第2批全国节水型社会建设示范区称号的通知》,对完成试点任务并通过评估验收的宁夏回族自治区等32个节水型社会建设试点授予第2批"全国节水型社会建设示范区"称号。 3月8日,国务院批复了黄河、淮河、海河、珠江、松花江、太湖流域综合规划。至此,7大流域综合规划(修编)全部得到国务院批复。 3月26日,国务院发布《第1次全国水利普查公报》,首次查清中国江河湖泊的基本情况,掌握水资源开发、利用和保护的现状,摸清经济社会发展对水资源的需求,为完善治水方略、谋划水利改革提供了更为科学可靠的决策依据。普查结果显示,全国共有流域面积50平方千米及以上河流超过4.5万条,总长度为150.85万千米;常年水面面积1平方千米及以上湖泊2865个,水面总面积7.80万平方千米(不含跨国界湖泊境外面积);共有水库约9.8万座,总库容9323.12亿立方米;共有水电站超过4.6万座,装机容量3.33亿千瓦;共有地下水取水井9749万眼;共有地下水水源地1847处。截至2011年年底,中国流域面积在100平方千米河流约有2.3万条,比上世纪90年代的统计减少了2.7万多条。此外,经济社会年度用水量为6213.2亿立方米,其中,居民生活用水473.6亿立方米,农业用水4168.2亿立方米,工业用水1203亿立方米,建筑业用水19.9亿立方米,第三产业用水242.1亿立方米,生态环境用水106.4亿立方米。全国共有63.89万个河湖取水口,地表和地下水源地分别为1.17万和1847处。 4月17日~18日,首次全国城市水文与区域用水总量监测工作座谈会分别在山东济南市和青岛市召开,会议确定了有关重点工作,将青岛市作为全国水文系统用水总量监测工作试点;编制完成《城市水文监测与分析评价》规范。 4月24日,《全国抗旱规划实施方案(2013~2017)》通过专家审查。 5月17日,水利部发布《第一次全国水利普查水土保持情况公报》,公布了31个省(自治区、直辖市)的水力侵蚀总面积及各强度等级面积;13个省(自治区)的风力侵蚀总面积及各强度等级面积;31个省(自治区、直辖市)的水土保持措施总面积及工程、植物、其他措施面积,黄土高原淤地坝数量和淤地面积;西北黄土高原区、东北黑土区及相关省(自治区)的侵蚀沟道数量等。根据《公报》结果,中国土壤侵蚀总面积294.91万平方千米,占普查范围总面积的31.12%,其中水力侵蚀129.32万平方公里、风力侵蚀165.59万平方千米。西北黄土高原区侵蚀沟道共计66 6719条,东北黑土区侵蚀沟道共计295 663条。水土保持措施面积99.16万平方千米,其中,工程措施20.03万平方千米,植物措施77.85万平方千米,其他措施1.28万平方千米。黄土高原共有淤地坝58 446座,淤地面积927.57平方千米。 5月29日,黄河海勃湾水利枢纽工程导流明渠成功截流。该工程是黄河内蒙古段唯一的调节控制性综合枢纽工程。 5月31日,水利部水文局在京组织召开水生态监测工作座谈会,提出加快推进水生态监测工作的思路和举措;确定北京市、济南市为全国水文系统水生态监测示范市,长江流域为试点流域。组织修订《水环境监测规范》,重点对水生态调查与监测内容进行完善;加大水生态监测技术培训力度。6月18日，国家完善长江防洪体系建设重点工程、西部大开发重点工程、四川省再造一个都江堰灌区骨干工程——嘉陵江亭子口水利枢纽开始下闸蓄水。7月5日，财政部、水利部联合召开农村水电增效扩容改造工作会议，全面启动农村水电增效扩容改造工作。7月5日，中哈两国跨界河流合作项目——中哈霍尔果斯河友谊联合引水枢纽工程通过竣工验收并投入正式运行。7月29日，江西省峡江水利枢纽工程下闸蓄水。7月31日，水利部、财政部联合印发了《全国中小河流治理重点县综合整治和水系连通试点规划》，《规划》以保障人民群众生命财产安全为根本，以解决农村地区中小河流功能衰退、水环境恶化等突出问题为重点，通过河道疏浚、岸坡整治、水系沟通、生态修复等措施，结合污水处理、垃圾清运、雨污分离等措施，集中连片开展治理。《规划》确立重点县154个，以县为实施主体，以镇为单元，整乡整镇推进。《规划》实施后，重点县中小河流的行洪能力将得到提高，可改善除涝面积266.6余万公顷，改善灌排面积166.65万公顷，将基本实现"河畅水清、功能健全、岸绿景美、人水和谐"的治理目标。7月，面对淮河不断暴发点污染问题，水利部与国家发改委制定《进一步治理淮河实施方案》，明确"十三五"期间基本完成进一步治理淮河38项主要任务。8月，《国家水土保持重点建设工程（2013~2017）省级实施规划》出台，以水土流失严重、经济社会发展相对滞后的一类和二类革命老区县为重点突破对象，分别对各个项目省区市实行专项治理。8月，嫩江松花江干流发生1998年以来最大洪水，黑龙江同江至抚远江段发生超百年一遇特大洪水。9月25日，云南牛栏江—滇池补水工程全线通水。9月，水利部印发《关于湖南省潇水涔天河水库扩建工程初步设计报告的批复》，标志着涔天河水库扩建工程前期工作全面完成。工程总投资为60亿元，水库总库容为15.1亿立方米，灌溉面积为7.43万公顷，水电站装机容量为200兆瓦，船舶通航等级为50吨级。10月16日，国务院公布《城镇排水与污水处理条例》，规定县级以上人民政府应当将城镇排水与污水处理工作纳入国民经济和社会发展规划。条例自2014年2月2日起施行。10月28日，贵州最大的水资源综合配置工程——夹岩水利枢纽动工。11月5日~20日，在巴黎举行的联合国教科文组织（UNESCO）第37届大会上，中国高票当选国际水文计划（IHP）政府间理事国。11月16日，第7届国际水文科学协会中国国家委员会工作会议在广州召开。11月17日，广西桂林市防洪及漓江补水工程斧子口水利枢纽工程成功实现大江截流，标志着斧子口水利枢纽主体工程进入全面建设阶段。11月19日，江西峡江水利枢纽工程首台机组顺利通过启动验收，正式投入商业运营。工程位于吉安市峡江县境内赣江中游河段，以防洪、发电、航运为主，兼有灌溉等综合效益。水库总库容11.87亿立方米，装机容量36万千瓦，船闸设计1000吨级。工程计划于2015年8月全面建成，总投资99.22亿元。12月8日，经多11年建设，南水北调东线一期主体工程正式通水。12月10日，国家西部大开发10周年确定开工23个重点项目之一，西藏和平解放以来投资规模最大的水利枢纽工程——旁多水利枢纽工程首台4号机组顺利投产发电，标志着工程由此开始发挥发电效益。12月16日，国家发展改革委和水利部印发《全国水文基础设施建设规划（2013~2020）》，明确了水文基础设施建设的指导思想、基本原则、目标和主要任务，为当前及今后一段时期中央立项的水文基础设施建设提供了重要依据。12月25日，南水北调中线丁线主体工程经过10多万建设者10年的拼搏奉献而胜利完工。南水北调中线工程从丹江口水库引水，沿线开挖渠道，沿京广铁路西侧北上，可自流到北京、天津。2013年，全国水文部门全力监测，密切监视，精确研判，科学预报，为防汛抗旱减灾工作做出重要贡献。全国水文部门共发布洪水预报5275站次；水利部水文局接收水雨情信息2.65亿条；全国报旱水库增至7000多座，墒情站增至1000多个。国家防总印发《水情预警发布管理办法（试行）》，全国水文部门汛期累计发布重要水情预警110多次。中小河流水文监测系统建设项目年度投资计划52.43亿元（中央投资28.0亿元，地方配套24.43亿元），全国累计完工项目29 516个，其中水文站1255处、水位站2782处、雨量站24 570处。系统建设成效初步显现，为中小河流雨水情监视预警、防洪指挥决策等提供了重要信息支撑。水质监测质量管理和地下水水质监测工作取得显著进展。全国271个水质监测机构的质量管理监督检查工作全面完成，组织召开水利系统水质监测质量管理工作总结会议。水利部印发《关于开展流域地下水水质监测工作的通知》，流域地下水水质监测工作正式启动。2013年，农村水电中央投资30.8亿元，比2012年增加了108%。农村水电保持平稳增长，全年完成投资240亿元，新增装机200多万千瓦，总装机容量超过6800万千瓦，年发电量2000多亿千瓦时。100个电气化项目投产发电，形成装机规模32万千瓦。"十二五"期间累计已有728个水电新农村电气化项目开工建设,其中282个项目投产发电、新增装机36万千瓦。

2014年 1月4日~5日,全国水利厅局长会议在小浪底水利枢纽召开,水利部部长陈雷表示,2014年水利部将在加快在建工程建设(行情 专区)进度的同时,不失时机地启动实施一批重大水利项目。要大力推进引汉济渭、引江济淮、滇中引水等重大引调水及河湖水系连通工程前期工作,促进工程尽早开工建设,开展南水北调东、中线后续工程论证及西线项目前期工作;要以西南地区为重点加快规划确定的大中型水库建设;加快西江大藤峡、淮河出山店、黄河古贤等控制性枢纽工程前期工作,启动实施黑龙江、松花江、嫩江干流防洪工程建设,强化重要蓄滞洪区、重要海堤建设。 1月13日,第2次全国湿地资源调查结果公布,近10年间,中国湿地面积减少了339.63万公顷,湿地资源面临的威胁不断增长。坚守8亿亩湿地红线,防止湿地变"失地"成为当前的紧迫任务。 2月13日,水利部等10部门联合印发了《实行最严格水资源管理制度考核工作实施方案》,对考核组织、程序、内容、评分和结果使用做出明确规定,这标志着最严格水资源管理制度考核工作全面启动。 2月25日,水利部和全国节约用水办公室印发《关于授予第3批全国节水型社会建设示范区称号的通知》,决定授予北京市大兴区等39个试点第3批"全国节水型社会建设示范区"称号。 6月24日,三峡工程整体竣工验收启动。 8月18日,全国首家水文协会组织——上海市水文协会在沪成立。 6月26日,中国第4大水电工程——糯扎渡水电站9台单机65万千瓦机组全部投产。 6月30日,中国第2大水电工程——溪洛渡水电站18台单机77万千瓦机组全部投产。 7月7日,中国第3大水电工程——向家坝水电站8台单机80万千瓦机组全部投产。 7月12日,中国第9大水电工程——锦屏一级水电站6台单机60万千瓦机组全部投产。 8月29日,海南水文水资源学会成立。 10月31日,《国务院关于发布政府核准投资项目目录(2014年本)的通知》下放了部分水电项目审批权:在跨界河流、跨省(区、市)河流上建设的单站总装机容量50万千瓦及以上水电站项目由国务院投资主管部门核准,其中单站总装机容量300万千瓦及以上或者涉及移民1万人及以上的水电站项目由国务院核准;其余水电站项目由地方政府核准。抽水蓄能电站由省级政府核准。 11月10日,由水利部、国土资源部联合申报的《国家地下水监测工程可行性研究报告》获国家发改委批复,标志着国家地下水监测工程建设正式进入实施阶段。工程将在3年内建设完成,将建设7个流域监测中心、32个省级监测中心(含新疆生产建设兵团)、280个地市节点及145个地市信息站巡测设备配置,新建及改建地下水监测站点10 298个。 11月23日,西藏自治区"十一五"和"十二五"规划重点能源项目,藏木水电站首台机组正式投产发电。藏木水电站是西藏电力史上第1座大型水电站,电站装机51万千瓦。该水电站位于雅鲁藏布江中游,坝高116米,正常蓄水位3310米,是目前在建的世界最高海拔的大型水电站,也是雅鲁藏布江干流上的第1座水电站、第1座百米高坝。 11月29日,中国第6大水电工程——锦屏二级水电站8台单机60万千瓦机组全部投产。至此,锦屏电站一二级全部建成,共装14台单机60万千瓦。 12月12日,长1432千米、历时11年建设的南水北调中线一期工程正式通水。水源地丹江口水库水质常年保持在国家Ⅱ类水质以上,"双封闭"渠道设计确保沿途水质安全。通水后,每年可向北方输送95亿立方米的水量,相当于1/6条黄河,基本缓解北方严重缺水局面。 12月13日,由中国科学院寒区旱区环境与工程研究所组织相关单位编制的《中国第二次冰川编目数据》发布。《数据》研究显示,自20世纪50年代中后期以来,中国西部冰川总体呈现萎缩态势,面积缩小了18%左右,年均面积缩小243.7平方千米/年。中国阿尔泰山和冈底斯山的冰川退缩最显著。 12月14日,是三峡工程正式开工建设20周年纪念日。三峡工程具有防洪、发电、航运3大功能。从11年前开始蓄水发电,截至2014年底,三峡工程发电量已累计超过8000亿度,通过货物7亿吨,防洪效益显著。2014年,全国中小河流水文监测系统建设顺利推进,累计完工项目35 281个,其中水文站2239处、水位站3025处、雨量站28 713处、水文信息中心站340处、水文巡测基地72处、水文应急监测队26支、预警预报软件866套。系统建设成效初步显现,为中小河流雨水情监视预警、防洪指挥决策等提供重要技术支撑。

第六章 中国水文科学主要文献

佚　名. 山海经. 约公元前5世纪~前3世纪.

佚　名. 尚书·禹贡. 约公元前5世纪~前3世纪.

司马迁. 史记·河渠书. 西汉太初元年(前104)始编写.

班　固. 汉书·沟洫志. 东汉建初八年(公元83)前.

郦道元. 水经注. 北魏,约公元524年.

脱脱. 宋史·河渠志. 元代至正五年(1345).

脱脱. 金史·河渠志. 元代至正五年(1345).

宋镰. 元史·河渠志. 明代洪武三年(1370).

王　琼. 漕河图志. 明代弘治九年(1496)刊印.

刘天和. 黄河图说. 明代嘉靖十四年(1535).

沈　启. 吴江水考. 明代嘉靖四十三年(1564).

万　恭. 治水筌蹄. 明代隆庆六年至万历二年(1572~1574).

潘季驯. 河防一览. 明代万历十八年(1590),共14卷.

吴道南. 国史河渠志. 明万历年间刊印.

徐光启. 农政全书·水利. 明代崇祯八年(1635).

黄宗羲. 今水经. 清康熙三年(1664).

官　书. 康熙治河方略. 清康熙二十八年(1689).

汪　份. 黄河考. 清康熙年间刊印.

胡崇绪. 对河决问. 清雍正二年(1724).

傅泽洪. 行水金鉴(175卷). 清雍正三年(1725).

李卫等. 西湖志(48卷). 清雍正九年(1731).

赵一清. 水经注释(40卷). 清乾隆十九年(1754).

齐召南. 水道提纲(28卷). 清乾隆二十六年(1761).

王太岳. 泾渠志. 清乾隆三十二年(1767).

靳　辅. 治河方略(8卷). 清乾隆三十二年(1767).

纪　昀. 钦定河源纪略(38卷). 清乾隆四十七年(1782).

戴　震. 订正水经注(40卷). 清乾隆三十九年(1774).

徐　松. 西域水道记. 清嘉庆十七年(1812).

周　洽. 看河纪程. 清嘉庆二十年(1815).

徐　璈. 历代河防类要. 清道光元年(1821).

李庆云. 江苏水利图说. 清道光十四年(1834).

陶　澍. 江南水利全书(75卷). 清道光十六年(1836).

潘世恩. (钦定)户部漕运全书(92卷),清道光二十四年(1844).

凌介禧. 东南水利略(6卷). 清道光年间刊印.

汪士铎. 水经注图. 清咸丰十一年(1861).

刘文淇. 扬州水道记. 清同治十一年(1872).

刘成忠. 河防刍议. 清同治十三年刻本(1874).

佚　名. 黄河图. 清光绪三年(1877).

杨守敬. 水经注图(20卷). 清光绪十三年(1887).

刘　鹗. 历代黄河变迁图考(10卷). 清光绪十九年(1893).

林修竹. 历代治黄史(2册)铅印本. 山东河务局,1926.

吴筠孙. 豫河志(28卷). 河南河务局,1923.

李仪祉. 黄河之根本治法商榷. 1922.

沈　怡. 黄河年表(铅印本). 1935.

经济委员会水利处. 中国河工辞源. 全国经济委员会水利局,1936.

武同举. 江苏水利全书(全三册). 南京水利实验处,1937.

四川水利局. 都江堰水利述要. 1938.

郑肇经. 中国水利史. 商务印书馆,1939.

武同举. 再续行水金鉴(稿本约700万字,水科院藏). 1936~1955.

史念海. 中国的运河. 重庆:史学书局,1944.

水资会. 台湾水资源的规划开发. 1948.

郑肇经. 水文学. 北京:商务印书馆,1951.

刘振中. 陆地上的水. 北京:商务印书馆,1958.

宋希尚. 中国河川志(2卷). 台北:中华文化出版社,1954.

超华. 大运河的变迁. 北京:人民出版社,1961.

华东水利学院. 水文预报. 北京:中国工业出版社,1962.

于耀文. 漕运史话. 北京:中华书局,1962.

施成熙,梁瑞驹. 陆地水文学原理. 北京:中国工业出版社,1964.

中国科学院地理研究所冰川冻土研究室. 天山乌鲁木齐河冰川与水文研究. 北京:科学出版社,1965.

海河史简编组. 海河史简编. 北京:水利电力出版社,1977.

沈百先,章光彩. 中华水利史. 台北:台湾商务印书馆,1978.

长江流域规划办公室. 长江水利史略. 北京:水利电力出版社,1979.

长江流域规划办公室. 水文预报方法. 北京:水利电力出版社,1979.

张忠胤. 关于地上悬河地质理论问题和关于结合水动力问题. 北京:地质出版社,1980.

中国科学院地理研究所. 地理集刊第12号:水文分析与实验. 北京:科学出版社,1980.

张含英. 历代治河方略探讨. 北京:水利电力出版社,1982.

黄河水利委员会. 黄河水利史述要. 北京:水利电力出版社,1982.

赵人俊. 流域水文模拟——新安江模型与陕北模型. 北京:水利电力出版社.1984.

郭敬辉. 川西滇北地区水文地理. 北京:科学出版社,1985.

张海嵛. 平原地区水资源研究. 北京:学林出版社,1985.

邓先俊. 陆地水文学. 北京:水利电力出版社,1985.

钱宁,张仁,周志德. 河床演变学. 北京:科学出版社,1987.

王洪道,顾丁锡,刘雪芬,等. 中国湖泊水资源. 北京:农业出版社,1987.

张彭熹. 柴达木盆地盐湖. 北京:科学出版社,1987.

中国大百科全书编委会. 大气科学、海洋科学、水文科学. 北京:中国大百科全书出版社,1987.

武汉水利电力学院、水利水电科学研究院. 中国水利史稿(3册). 北京:水利电力出版社,1979~1988.

史念海. 中国的运河(修订本). 西安:陕西人民出版社,1988.

余汉章. 水土保持水文. 西安:西北大学出版社,1988.

中国科学院兰州冰川冻土研究所. 中国冰川概论. 北京:科学出版社,1988.

王洪道,窦鸿身,颜京松,等. 中国湖泊资源. 北京:科学出版社,1989.

施成熙. 中国湖泊概论. 北京:科学出版社,1989.

熊怡. 中国的河流. 北京:人民教育出版社,1989.

郑锦平,向军. 青藏高原盐湖. 北京:北京科学技术出版社,1989.

何锺,丁贤荣. 中国水利地理. 南京:河海大学出版社,1989.

常征. 中国运河史. 北京:燕山出版社,1989.

岳国芳. 中国大运河. 济南:山东友谊出版社,1989.

邹宝山. 京杭运河的治理与开发. 北京:水利水电出版社,1990.

马学慧,牛焕光. 中国的沼泽. 北京:科学出版社,1991.

中国水利百科全书(本卷编委会). 中国水利百科全书. 北京:水利电力出版社,1991.

中国大百科全书(本卷编委会). 中国大百科全书·水利. 北京:中国大百科全书出版社,1992.

陈国达,陈述彭,李希圣,张立汉. 中国地学大事典. 济南:山东科技出版社,1992.

沈晋,沈冰,李怀恩,等. 环境水文学. 合肥:安徽科学技术出版社,1992.

沈振荣. 水资源科学实验与研究 大气水、地表水、土壤水、地下水相互转化关系. 合肥:中国科技大学出版社,1992.

田峰巍,解建仓,颜竹丘. 梯级水电站群的规划与调度. 北京:科学技术文献出版社,1992.

鲁学仁. 华北暨胶东地区水资源研究. 北京:中国科学技术出版社,1992.

叶守泽. 水文水利计算. 北京:中国水利水电出版社,1992.

张增哲. 流域水文学. 北京:中国林业出版社,1992.

郑喜玉,韩智明. 内蒙古盐湖. 北京:科学出版社,1992.

丁之江. 陆地水文学. 北京:水利电力出版社,1992.

陈守煜. 水文水资源系统模糊识别理论. 大连:大连理工大学出版社,1992.

王汉杰. 水资源工程学. 北京:中国农业出版社,1993.

翟家瑞. 常用水文预报算法和计算程序. 郑州:黄河水利出版社,1995.

芮孝芳. 产汇流理论. 北京:水利电力出版社,1995.

刘国纬. 跨流域调水运行管理. 北京:中国水利水电出版社,1995.

施雅风. 气候变化对西北华北水资源的影响. 济南:山东科技出版社,1995.

王洪道. 中国的湖泊. 北京:商务印书馆,1995.

郑喜玉. 新疆盐湖. 北京:科学出版社,1995.

周孝德,黄廷林. 河流中重金属迁移转化数学模型. 西安:陕西科学技术出版社,1995.

李怀恩,沈晋. 非点源污染数学模型. 西安:西北工业大学出版社,1996.

沈冰. 地表水文有限元模拟. 西安:西北工业大学出版社,1996.

薛惠锋,王平. 水资源支持区域经济发展研究. 西安:陕西科学技术出版社,1996.

陈家琦,王浩. 水资源学概论. 北京:中国水利水电出版社,1996.

丁晶. 随机水文学. 北京:中国水利水电出版社,1997.

杨寿山. 油气藏水文勘探法及其应用. 北京:石油工业出版社,1997.

中国水利学会. 全国水文预报与减灾学术讨论会论文集. 南京:河海大学出版社,1997.

国家防汛抗旱总指挥部办公室、水利部南京水文资源研究所. 中国水旱灾害. 北京:中国水利水电出版社,1997.

水利部水文司. 中国水文志. 北京:中国水利水电出版社,1997.

长江水利委员会. 三峡工程水文研究. 武汉:湖北科学技术出版社,1997.

庄明辉. 大运河. 上海:上海古籍出版社,1997.

张元禧,施鑫源. 地下水水文学. 北京:中国水利水电出版社,1998.

姚汉源. 京杭运河史. 北京:中国水利水电出版社,1998.

王苏民,窦鸿身. 中国湖泊志. 北京:科学出版社 1998.

岳亮. 景观水资源学. 西安:陕西科学技术出版社,1998.

葛守西. 现代洪水预报技术. 北京:中国水利水电出版社,1999.

魏文秋,夏军. 现代水文水环境科学进展. 武汉:武汉水利电力大学出版社,1999.

王礼先. 流域管理学. 北京:中国林业出版社,1999.

程龙渊,刘栓明,肖俊发. 三门峡库区水文泥沙实验研究. 郑州:黄河水利出版社,1999.

谷兆祺. 中国水资源水利水处理与防洪全书(上中下). 北京:中国环境科学出版社,1999.

刘俊民,余新晓. 水文与水资源学. 北京:中国林业出版社,1999.

潘家铮,何璟. 中国大坝50年. 北京:中国水利水电出版社,2000.

袁宏源,邵东国,郭宗楼. 水资源系统分析理论与应用. 武汉:武汉水利电力大学出版社,2000.

水利部长江水利委员会水文局. 1998年长江洪水及水文监测预报. 北京:中国水利水电出版社,2000.

钱正英,张光斗. 中国可持续发展水资源战略研究报告集(第1卷):综合报告及各专题报告. 北京:中国水利水电出版社,2001.

沈国舫. 中国可持续发展水资源战略研究报告集(第7卷):中国生态环境建设与水资源保护利用. 北京:中国水利水电出版社,2001.

詹道江,叶守泽. 工程水文学. 北京:水利电力出版社,2001.

叶守泽. 水文水利计算. 北京:中国水利水电出版社,2001.

孙济良,秦大庸,孙翰光. 水文气象统计通用模型. 北京:中国水利水电出版社,2001.

张洪江. 水文与水资源学. 北京:中国林业出版社,2001.

陈璧显. 中国大运河史. 北京:中华书局,2001.

陈惠源,万俊. 水资源开发利用. 武汉:武汉大学出版社,2001.

穆兴民,徐学选,陈霁巍. 黄土高原生态水文研究. 北京:中国林业出版社,2001.

陆桂华,蔡建元,胡凤彬. 水文站网规划与优化. 郑州:黄河水利出版社,2001.

刘昌明,陈志恺. 中国可持续发展水资源战略研究报告集(第2卷):中国水资源现状评价和供需发展趋势分析. 北京:中国水利水电出版社,2001.

石玉林,卢良恕. 中国可持续发展水资源战略研究报告集(第4卷):中国农业需水与节水高效农业建设. 北京:中国水利水电出版社,2001.

潘家铮,张泽祯. 中国可持续发展水资源战略研究报告集(第8卷):中国北方地区水资源的合理配置和南水北调问题. 北京:中国水利水电出版社,2001.

左其亭,王中根. 现代水文学. 郑州:黄河水利出版社,2002.

陈先德. 黄河水文. 郑州:黄河水利出版社,2002.

陈守煜. 复杂水资源系统优化模糊识别理论与应用. 长春:吉林大学出版社,2002.

陈家琦,王浩,杨小柳. 水资源学. 北京:科学出版社,2002.

蒋金珠. 工程水文及水利计算. 北京:中国水利水电出版社,2002.

王家祁. 中国暴雨. 北京:中国水利水电出版社,2002.

张志强. 森林水文:过程与机制. 北京:中国环境科学出版社,2002.

王国安,李文家. 水文设计成果合理性评价. 郑州:黄河水利出版社,2002.

李世明,程国栋,李元红,王玲. 河西走廊水资源合理利用与生态环境保护. 郑州:黄河水利出版社,2002.

史鉴,陈兆丰,邢大伟,等. 关中地区水资源合理开发利用与生态环境保护. 郑州:黄河水利出版社,2002.

徐乾清. 中国可持续发展水资源战略研究报告集(第3卷):中国防洪减灾对策研究. 北京:中国水利水电出版社,2002.

钱易,刘昌明,邵益生. 中国可持续发展水资源战略研究报告集(第5卷):中国城市水资源可持续开发利用. 北京:中国水利水电出版社,2002.

钱易,刘昌明. 中国可持续发展水资源战略研究报告集(第6卷):中国江河湖海防污减灾对策. 北京:中国水利水电出版社,2002.

张宗祜,卢耀如. 中国可持续发展水资源战略研究报告集(第9卷):中国西部地区水资源开发利用. 北京:中国水利水电出版社,2002.

王浩. 西北地区水资源合理配置和承载能力研究. 郑州:黄河水利出版社,2003.

朱歧武. 水文及水利水电规划. 郑州:黄河水利出版社,2003.

陈家琦,王浩,杨小柳. 水资源学. 北京:科学出版社,2003.

杨小柳,刘戈力,甘泓. 新疆经济发展与水资源合理配置及承载能力研究. 郑州:黄河水利出版社,2003.

芮孝芳. 河流水文学. 南京:河海大学出版社,2003.

魏文秋,张利平. 水文信息技术. 武汉:武汉大学出版社,2003.

杨志峰,冯彦,王恒. 流域水资源可持续利用保障体系(理论与实践). 北京:化学工业出版社,2003.

陈绍金. 流域管理方略研究. 长沙:湖南人民出版社,2003.

左其亭,陈曦. 面向可持续发展的水资源规划与管理. 北京:中国水利水电出版社,2003.

刘昌明,曾燕,邱新法. 黄河流域气象水文学要素图集. 郑州:黄河水利出版社,2004.

陈志恺. 中国水利百科全书:水文与水资源分册. 北京:中国水利水电出版社,2004.

芮孝芳. 水文学原理. 北京:中国水利水电出版社,2004.

李义天. 河流水沙灾害及其防治. 武汉:武汉大学出版社,2004.

刘昌明. 水文水资源研究的理论与实践. 北京:科学出版社,2004.

罗全胜,梅孝威. 治河防洪. 郑州:黄河水利出版社,2004.

方红远. 区域水资源合理配置中的水量调控理论. 郑州:黄河水利出版社,2004.

杨桂山,于秀波,李恒鹏,等. 流域综合管理导论. 北京:科学出版社,2004.

熊立华,郭生练. 分布式流域水文模型. 北京:中国水利水电出版社,2004.

水利部水文局. 全国水文基本建设概况. 北京:中国水利水电出版社,2004.

余新晓,张志强,张丽华,等. 森林生态水文. 北京:中国林业出版社,2004.

程根伟,余新晓,赵玉涛,等. 山地森林生态系统水文循环与数学模拟. 北京:科学出版社,2004.

黄忠恕. 水文气候预测基础理论与应用技术. 北京:中国水利水电出版社,2005.

刘志强. 水文观测技术百科全书. 银川:宁夏大地音像出版社,2005.

贾仰文,王浩,倪广恒,等. 分布式流域水文模型原理与实践. 北京:中国水利水电出版社,2005.

苏纪兰. 中国近海水文. 北京:海洋出版社,2005.

韩欣. 中国名水(上下). 北京:东方出版社,2005.

河南水利厅. 河南"75.8"特大洪水灾害. 郑州:黄河水利出版社,2005.

朱学愚,钱孝星. 地下水水文学. 北京:中国环境科学出版社,2005.

姚汉源. 中国水利发展史. 上海:上海人民出版社,2005.

万力. 生态水文地质学. 北京:地质出版社,2005.

程晓陶,尚全民. 中国防洪与管理. 北京:中国水利水电出版社,2005.

夏军强,王光谦,吴保生. 游荡型河流演变及其数值模拟. 北京:中国水利水电出版社,2005.

黄忠恕,金兴平. 水文气候预测基础理论与应用技术. 北京:中国水利水电出版社,2005.

王文圣,丁晶,李跃清. 水文小波分析. 北京:化学工业出版社,2005.

沈晋. 西北水文与水资源水环境研究. 北京:科学出版社,2005.

余文畴. 长江河道演变与治理. 北京:中国水利水电出版社,2005.

王有强,司毅铭,张道军. 流域水资源保护与可持续利用. 郑州:黄河水利出版社,2005.

杨大文,楠田哲也. 水资源综合评价模型及其在黄河流域的应用. 北京:中国水利水电出版社,2005.

郭生练. 设计洪水研究进展与评价. 北京:中国水利水电出版社,2005.

长江水利委员会. 长江流域综合利用规划研究. 北京:中国水利水电出版社,2005.
黄河水利委员会水文局. 水文感动黄河. 郑州:黄河水利出版社,2005.
黄委中游水文水资源局. 黄河中游水文(河口镇至龙门区间). 郑州:黄河水利出版社,2005.
赵志贡,岳利军,赵彦增,等. 水文测验学. 郑州:黄河水利出版社,2005.
左其亭,窦明,吴泽宁. 水资源规划与管理. 北京:中国水利水电出版社,2005.
史晓新,朱党生,张建永,等. 现代水资源保护规划. 北京:化学工业出版社,2005.
邹志利. 水波理论及其应用. 北京:科学出版社,2005.
张继贤. 水资源环境遥感监测与评价. 北京:测绘出版社,2005.
沈晋. 西北水文资源水环境研究. 北京:科学出版社,2005.
林学钰,廖资生,直勇胜,等. 现代水文地质学. 北京:地质出版社,2005.
王金霞,黄季焜,Scott Rozelle. 地下水灌溉系统产权制度的创新及流域水资源核算. 北京:中国水利水电出版社,2005.
张建云,唐镇松,姚永熙. 水文自动测报系统应用技术. 北京:中国水利水电出版社,2005.
陈守煜. 水资源与防洪系统可变模糊集理论与方法. 大连:大连理工大学出版社,2005.
廖永松. 中国的灌溉用水与粮食安全. 北京:中国水利水电出版社,2006.
中国水利百科全书编辑委员会. 中国水利百科全书(第2版,第4册). 北京:中国水利水电出版社,2006.
顾浩. 中国治水史鉴(第2版). 北京:中国水利水电出版社,2006.
陈绍金. 水安全系统评价、预警与调控研究. 北京:中国水利水电出版社,2006.
王庆斋,王春青,赵卫民. 黄河流域暴雨监测预报技术. 北京:中国水利水电出版社,2006.
张济世,刘立昱,程中山,等. 统计水文学. 郑州:黄河水利出版社,2006.
李雪松. 中国水资源制度研究. 武汉:武汉大学出版社,2006.
陈静生. 河流水质原理及中国河流水质. 北京:科学出版社,2006.
张春玲,阮本清,杨小柳. 水资源恢复的补偿理论与机制. 郑州:黄河水利出版社,2006.
曹剑峰,冶雪艳,王福刚,等. 黄河悬河段地下水系统分析与模拟. 郑州:黄河水利出版社,2006.
陈震. 水环境科学. 北京:科学出版社,2006.
周维博,施炯林,杨路华. 地下水利用. 北京:中国水利水电出版社,2006.
张学成,潘启民. 黄河流域水资源调查评价. 郑州:黄河水利出版社,2006.
王同生. 太湖流域防洪与水资源管理. 北京:中国水利水电出版社,2006.
王开章. 现代水资源分析与评价. 北京:化学工业出版社,2006.
左其亭,王中根. 现代水文学(第2版). 郑州:黄河水利出版社,2006.
裴源生,赵勇,陆垂裕,等. 经济生态系统广义水资源合理配置. 郑州:黄河水利出版社,2006.
尚松浩. 水资源系统分析方法及应用. 北京:清华大学出版社,2006.
张岳,任光照,谢新民. 水利与国民经济发展. 北京:中国水利水电出版社,2006.
郭崇光,李振拴. 水文地球物理测井方法与应用. 北京:煤炭工业出版社,2006.
程根伟,舒栋材. 水文预报的理论与数学模型. 北京:中国水利水电出版社,2006.
何俊仕,林洪孝. 水资源概论. 北京:中国农业大学出版社,2006.
贾绍凤,姜文来,沈大军,等. 水资源经济学. 北京:中国水利水电出版社,2006.
湖南省水文水资源勘测局. 湖南省水文志. 北京:中国水利水电出版社,2006.
水利部淮河水利委员会淮河志编纂委员会. 淮河水文·勘测·科技志. 北京:科学出版社,2006.
阮仁良. 平原河网地区水资源调度改善水质的理论与实践. 北京:中国水利水电出版社,2006.
邹进,刘可真. 水资源系统运行与优化调度. 北京:冶金工业出版社,2006.
李江风. 乌鲁木齐河流域水文气候资源与区划. 北京:气象出版社,2006.
赵卫民,王庆斋. 黄河流域典型水文分区产流研究. 郑州:黄河水利出版社,2006.

文俊. 区域水资源可持续利用预警系统研究. 北京:中国水利水电出版社,2006.
钱学伟,陆建华. 水文测验误差分析与评定. 北京:中国水利水电出版社,2007.
张凯. 水资源循环经济理论与技术. 北京:科学出版社,2007.
路甬祥,牛文元,王浩,等. 中国可持续发展总纲·中国水资源与可持续发展. 北京:科学出版社,2007.
付强,谢永刚,王立权. 湿地水土资源利用的可持续性研究. 北京:中国水利水电出版社,2007.
潘家铮. 东北地区水资源开发利用重大工程布局研究. 北京:科学出版社,2007.
陈志恺. 东北地区水资源供需发展趋势与合理配置研究(水资源卷). 北京:科学出版社,2007.
乔光建. 区域水资源保护探索与实践. 北京:中国水利水电出版社,2007.
崔振才. 水文及水利水电规划. 北京:中国水利水电出版社,2007.
林辉,汪繁荣,黄泽钧. 水文及水利水电规划. 北京:中国水利水电出版社,2007.
彭泽洲,杨天行,梁秀娟,等. 水环境数学模型及其应用. 北京:化学工业出版社,2007.
董官臣,陈怀亮,杨向辉,等. 气象水文耦合暴雨洪水预警技术研究. 北京:气象出版社,2007.
郭纯青. 中国岩溶生态水文学. 北京:地质出版社,2007.
董哲仁,孙东亚. 生态水利工程原理与技术. 北京:中国水利水电出版社,2007.
张中旺. 南水北调中线工程与汉江流域可持续发展. 武汉:长江出版社,2007.
王开荣,茹玉英,王恺忱. 黄河口研究及治理. 郑州:黄河水利出版社,2007.
陈绍金. 中国水利史. 北京:中国水利水电出版社,2007.
熊小群,杨荣清. 江西水系. 武汉:长江出版社,2007.
张建云,王国庆. 气候变化对水文水资源影响研究. 北京:科学出版社,2007.
杨路华. 地下水利用. 北京:中国水利水电出版社,2007.
张春满,郭毅. 工程水文水力学. 北京:中国水利水电出版社,2007.
中华人民共和国科技部,社会发展科技司,中国21世纪议程管理中心. 水资源安全保障技术发展战略研究. 北京:海洋出版社,2007.
沈大军. 水资源配置理论、方法与实践. 北京:中国水利水电出版社,2007.
黄强,畅建霞. 水资源系统多维临界调控的理论与方法. 北京:中国水利水电出版社,2007.
黄晓荣,张新海,彭少明,等. 流域水资源规划关键技术理论与实践. 郑州:黄河水利出版社,2007.
苏贤贵,刘华杰,吴国盛,等. 河流伦理的自然观基础. 郑州:黄河水利出版社,2007.
陈效国. 黄河流域水资源演变的多维临界调控模式. 郑州:黄河水利出版社,2007.
侯全亮,李肖强. 论河流健康生命. 郑州:黄河水利出版社,2007.
王文圣,金菊良. 水文水资源随机模拟技术. 成都:四川大学出版社,2007.
董哲仁. 生态水工学探索. 北京:中国水利水电出版社,2007.
张济世,陈仁升,吕世华,等. 物理水文学——水循环物理过程. 郑州:黄河水利出版社,2007.
彭祥,胡和平. 水资源配置博弈论. 北京:中国水利水电出版社,2007.
芮孝芳. 水文学研究进展. 南京:河海大学出版社,2007.
陈俊合,江涛,陈建耀. 环境水文学. 北京:科学出版社,2007.
任宪韶. 海河流域水资源评价. 北京:中国水利水电出版社,2007.
张建云,王国庆. 气候变化对水文水资源影响研究. 北京:科学出版社,2007.
宋汉周. 大坝环境水文地质研究. 北京:中国水利水电出版社,2007.
徐冬梅,常向前,王路平,等. 灌区水资源实时调度研究与应用. 郑州:黄河水利出版社,2007.
王现国. 水资源与水文地质工程地质环境地质研究. 郑州:黄河水利出版社,2008.
王殿武. 现代水文水资源研究. 北京:中国水利水电出版社,2008.
王金叶,于澎涛,王彦辉. 森林生态水文过程研究. 北京:科学出版社,2008.
章曙明,王志杰,尤平达,等. 新疆地表水资源研究. 北京:中国水利水电出版社,2008.

汤成友,官学文,张世明. 现代中长期水文预报方法及其应用. 北京:中国水利水电出版社,2008.
张鑫,蔡焕杰. 区域生态环境需水量与水资源合理配置. 杨凌:西北农林科技大学出版社,2008.
王晓宇. 生态农业建设与水资源可持续利用. 北京:中国水利水电出版社,2008.
王跃思,王迎红. 中国陆地和淡水湖泊与大气间碳交换观测. 北京:科学出版社,2008.
世界自然基金会. 长江源区气候变化及其生态水文影响. 北京:气象出版社,2008.
钱云平,王玲. 同位素水文技术在黑河流域水循环研究中的应用. 郑州:黄河水利出版社,2008.
水利部水利水电规划设计总院. 水利水电工程水文自动测报系统设计手册. 北京:中国水利水电出版社,2008.
马培衢. 农业水资源——有效配置的经济分析. 北京:中国农业出版社,2008.
梁忠民,钟平安,华家鹏. 水文水利计算(第2版). 北京:中国水利水电出版社,2008.
余钟波,黄勇,Franklin. W. Schwartz. 地下水水文学原理. 北京:科学出版社,2008.
余钟波. 流域分布式水文学原理及应用. 北京:科学出版社,2008.
陈鸿汉,刘俊,高茂生. 城市人工水体水文效应与防灾减灾. 北京:科学出版社,2008.
董文虎,水利发展与水文化研究. 郑州:黄河水利出版社,2008.
苏茂林,安新代. 黄河水资源管理与调度. 郑州:黄河水利出版社,2008.
彭新瑞,崔新华. 水文计算实务. 郑州:黄河水利出版社,2008.
耿雷华,卞锦宇,徐鹏波,等. 水资源合理配置评价指标体系研究. 北京:中国环境科学出版社,2008.
本书编委会. 王锦生水文测验文集. 北京:中国水利水电出版社,2008.
水利部黄河水利委员会. 黄河流域防洪规划. 郑州:黄河水利出版社,2008.
黄朝中. 中国城市防洪(全4卷). 北京:中国水利水电出版社,2008.
何晓科,陶永霞. 城市水资源规划与管理. 郑州:黄河水利出版社,2008.
中国科学技术协会. 水利学科发展报告(2007~2008). 北京:中国科学技术出版社,2008.
水青山. 水资源的南北大调配. 北京:五洲传播出版社,2008.
陈元. 我国水资源开发利用研究. 北京:研究出版社,2008.
王光生,宁方贵,肖飞,等. 实用水文预报方法. 北京:中国水利水电出版社,2008.
季学武,王俊. 水文分析计算与水资源评价. 北京:中国水利水电出版社,2008.
杨维,张戈,张平. 水文学与水文地质学. 北京:机械工业出版社,2008.
黄建维. 海岸与河口黏性泥沙运动规律的研究和应用. 北京:海洋出版社,2008.
万俊. 水资源开发利用. 武汉:武汉大学出版社,2008.
董增川. 水资源规划与管理. 北京:中国水利水电出版社,2008.
董增川. 水资源系统分析. 北京:中国水利水电出版社,2008.
王金叶,于澎涛,王彦辉. 森林生态水文过程研究——以甘肃祁连山水源涵养林为例. 北京:科学出版社,2008.
席临平,杨胜科. 水文与水资源实验技术. 北京:化学工业出版社,2008.
秦宁生,时兴合,汪青春,等. 三江源地区气候水文变化特征及其影响研究. 北京:气象出版社,2008.
李致家. 水文模型的应用与研究. 南京:河海大学出版社,2008.
沈吉,张祖陆,杨丽原,等. 南四湖——环境与资源研究. 北京:地震出版社,2008.
崔振才,杜守建,张维圈,等. 工程水文及水资源. 北京:中国水利水电出版社,2008.
陈纪涛,刘浩泰,刘巧元,等. 黄河河口水文测验. 郑州:黄河水利出版社,2008.
林祚顶. 水文现代化与水文新技术. 北京:中国水利水电出版社,2008.
王振龙. 淮北平原水资源综合利用与规划实践. 合肥:中国科学技术大学出版社,2008.
王浩,严登华,秦大庸,等. 南水北调西线工程水源区水循环模拟与水资源定量评价. 北京:中国水利水电出版社,2008.

吴吉春,薛禹群. 地下水动力学. 北京:中国水利水电出版社,2009.
谢悦波. 水信息技术. 北京:中国水利水电出版社,2009.
包为民. 水文预报. 北京:中国水利水电出版社,2009.
吴吉春,张景飞. 水环境化学. 北京:中国水利水电出版社,2009.
黎松强,涂常青. 水污染控制与资源化工程. 武汉:武汉理工大学出版社,2009.
贾仰文,赵红莉,牛存稳,等. 基于WebGIS的降雨产流测报与实时水资源评价. 北京:中国水利水电出版社,2009.
姜加虎,窦鸿身,苏守德. 江淮中下游淡水湖泊群. 武汉:长江出版社,2009.
贺国庆,李湘姣. 气候异常之亚热带地区水文循环及生态需水量研究. 北京:中国水利水电出版社,2009.
王式成,陈竹青,赵瑾,等. 水文水资源技术与实践. 南京:东南大学出版社,2009.
金光炎. 地下水文学初步与地下水资源评价. 南京:东南大学出版社,2009.
王增银,成建梅,王涛,等. 延河泉岩溶水系统:水资源管理决策支持系统研究. 武汉:中国地质大学出版社,2009.
中国科学院水资源领域战略研究组. 中国至2050年水资源领域科技发展路线图. 北京:科学出版社,2009.
李中秋,杨仲元. 工程地质与水文. 北京:中国电力出版社,2009.
徐建华,金双彦,任铁军. 黄河中下游干流主要水文站洪水最大含沙量预报方法研究. 郑州:黄河水利出版社,2009.
程根伟,舒栋才. 水文预报的理论与数学模型(第二版). 北京:中国水利水电出版社,2009.
蒋云钟,鲁帆,雷晓辉,等. 水资源综合调配模型技术与实践. 北京:中国水利水电出版社,2009.
孙照东,刘永峰,史瑞兰,等. 引大济湟跨流域调水工程总干渠水资源论证研究. 郑州:黄河水利出版社,2009.
杜守建,崔振才. 区域水资源优化配置与利用. 郑州:黄河水利出版社,2009.
徐宗学. 水文模型. 北京:科学出版社,2009.
王俊,熊明. 长江水文测报自动化技术研究. 北京:中国水利水电出版社,2009.
杨金忠,蔡树英,王旭升. 地下水运动数学模型. 北京:科学出版社,2009.
喻国良. 海岸工程水文学. 上海:上海交通大学出版社,2009.
戴长雷. 寒区水循环及冰工程研究. 北京:中国水利水电出版社,2009.
王浩. 湖泊流域水环境污染治理的创新思路与关键对策研究. 北京:科学出版社,2010.
程根伟,黄振平. 水文风险分析的理论与方法. 北京:科学出版社,2010.
丛树铮. 水科学技术中的概率统计方法. 北京:科学出版社,2010.
贾仰文,周祖昊,雷晓辉等. 渭河流域水循环模拟与水资源调度. 北京:中国水利水电出版社,2010.
胡彩虹,王金星. 流域产汇流模型及水文模型. 郑州:黄河水利出版社,2010.
崔可锐. 水文地质学基础. 合肥:合肥工业大学出版社,2010.
郭清海,王知悦. 水文地质学原理. 北京:高等教育出版社,2010.
李致家,孔凡哲,陈骥,等. 现代水文模拟与预报技术. 南京:河海大学出版社,2010.
马传明. 同位素水文学新技术新方法. 武汉:中国地质大学出版社,2010.
水利部水文局、长江水利委员会水文局. 水文情报预报技术手册. 北京:中国水利水电出版社,2010.
水利部水文局. 中小河流山洪监测与预警预测技术研究. 北京:科学出版社,2010.
乔光建. 区域水文水资源问题研究. 北京:中国水利水电出版社,2010.
王春泽. 水文科技研究与发展. 北京:中国水利水电出版社,2010.
谭绩文. 水科学概论. 北京:科学出版社,2010.
宋萌勃. 施工水文学. 北京:中国水利水电出版社,2010.
许凤冉,阮本清,王成丽. 流域生态补偿理论探索与案例研究. 北京:中国水利水电出版社,2010.
刘宁,王建华,赵建世. 现代水资源系统解析与决策方法研究. 北京:科学出版社,2010.

陈宗宇,齐继祥,张兆吉,等. 北方典型盆地同位素水文地质学方法应用. 北京:科学出版社,2010.
王富强. 中长期水文预报成因分析方法及其应用科技展销. 郑州:黄河水利出版社,2010.
陈亚宁. 新疆塔里木河流域生态水文问题研究. 北京:科学出版社,2010.
王鸣远. 水文过程及其尺度响应. 北京:中国水利水电出版社,2010.
金光炎. 水文水资源计算务实. 南京:东南大学出版社,2010.
王书功. 水文模型参数估计方法及参数估计不确定性研究. 郑州:黄河水利出版社,2010.
马建琴,张振伟. 农业水资源优化配置模糊集分析决策模型研究. 郑州:黄河水利出版社,2010.
万新南. 地下水系统分析与工程. 成都:四川大学出版社,2010.
王春泽. 水文科技研究与发展. 北京:中国水利水电出版社,2010.
陆桂华,吴志勇,何海. 水文循环过程及定量预报. 北京:科学出版社,2010.
雷晓辉,蒋云钟,王浩等. 分布式水文模型 EasyDHM. 北京:中国水利水电出版社,2010.
王浩,贾仰文,王建华,等. 黄河流域水资源及其演变规律研究. 北京:科学出版社,2010.
程国栋,肖洪浪,陈严宁,等. 中国西部典型内陆河生态—水文研究. 北京:气象出版社.
黄领梅,沈冰. 人类活动对旱区流域水文情势影响研究——以新疆和田河流域为例. 北京:中国水利水电出版社,2010.
任华堂. 大型水库水温数值模拟研究. 北京:海洋出版社,2010.
王红瑞,刘昌明. 水文过程周期分析方法及其应用. 北京:中国水利水电出版社,2010.
户作亮,张胜红,林超,刘德文. 海河流域平原河流生态保护与修复模式研究. 北京:中国水利水电出版社,2010.
王书功. 水文模型参数估计方法及参数估计不确定性研究. 郑州:黄河水利出版社,2010.
吴士章,苏维词,李安定. 陆地水文及岩溶流域水文模型研究与应用. 贵阳:贵州科学技术出版社,2010.
王文圣,李跃清,金菊良,等. 水文水资源集对分析. 北京:科学出版社,2010.
肖长来,梁秀娟,王彪. 水文地质学. 北京:清华大学出版社,2010.
朱鉴远. 水利水电工程泥沙设计. 北京:中国水利水电出版社,2010.
许唯临,杨永全,邓军. 水力学数学模型. 北京:科学出版社,2010.
翟永平. 图解中国古代水文学:水龙经. 西安:陕西师范大学出版社,2010.
程伍群,张艳红. 水资源危机产生与管理. 北京:中国水利水电出版社,2010.
冯普林,石长伟. 渭河洪水泥沙与水资源研究. 郑州:黄河水利出版社,2010.
徐淑琴,付强,王晓岩. 灌区水资源可持续利用规划理论与实践. 北京:中国水利水电出版社,2010.
王俊,郭生练. 南水北调中线工程水源区——汉江水文水资源分析关键技术研究与应用. 北京:中国水利水电出版社,2010.
陈晓宏,刘德地,刘丙军,王兆孔. 湿润区变化环境下的水资源优化配置——理论方法与东江流域应用实践. 北京:中国水利水电出版社,2011.
孙金华. 水资源管理研究. 北京:中国水利水电出版社,2011.
金光炎. 水文水资源应用统计计算. 南京:东南大学出版社,2011.
汪德爟. 计算水力学理论与应用. 北京:科学出版社,2011.
王文圣,张翔,金菊良,等. 水文学不确定性分析方法. 北京:科学出版社,2011.
郭淑华,徐晓毅. 水文与水资源学概论. 北京:中国环境科学出版社,2011.
杨开. 城镇水资源利用与保护工程. 长沙:湖南大学出版社,2011.
汪党献,王浩,倪红珍,等. 水资源与环境经济协调发展模型及其应用研究. 北京:中国水利水电出版社,2011.
白玉川. 河口泥沙运动力学. 天津:天津大学出版社,2011.
毕小刚. 生态清洁小流域理论与实践. 北京:中国水利水电出版社,2011.
长江水利委员会,中国长江三峡集团公司. 大型水利水电工程截流龙口水文预报. 北京:中国水利水电出版社,2011.

陈刚,胡成,卢晓华. 福建省诸流域水资源承载能力研究. 北京:中国地质大学出版社,2011.

陈佳贵,科拉多·克里尼. 南水北调工程(东线)可持续水资源综合管理研究. 北京:经济管理出版社,2011.

陈军,温珍河,付军,等. 水质遥感原理与应用. 北京:海洋出版社,2011.

成艾华. 南水北调工程影响下的地区可持续发展研究. 北京:中国经济出版社,2011.

程雅斌,吕满堂. 海河南系洪水预报及雨洪资源调度技术. 北京:中国水利水电出版社,2011.

杜贞栋. 山东省水资源可持续利用研究. 郑州:黄河水利出版社,2011.

范家骅. 异重流与泥沙工程实验与设计. 北京:中国水利水电出版社,2011.

符传君. 海南省水资源调查评价. 北京:中国水利水电出版社,2011.

顾慰祖. 同位素水文学. 北京:科学出版社,2011.

郭松义. 水利史话. 北京:社会科学文献出版社,2011.

郝振纯,于翠松,王加虎,等. 变化环境下水资源系统脆弱性和恢复力研究. 北京:科学出版社,2011.

何俊仕. 蒲河流域雨洪资源利用及河道水生态修复应用研究. 北京:中国水利水电出版社,2011.

胡德秀,周孝德. 黄河上游梯级开发的生态与环境风险分析方法研究. 郑州:黄河水利出版社,2011.

胡宇丰,马铁民,安波,等. 嫩江流域洪水预报方法及应用. 北京:中国水利水电出版社,2011.

黄河水利科学研究院. 2008 黄河河情咨询报告. 郑州:黄河水利出版社,2011.

蒋云钟,万毅,张淑玲,等. 水资源管理系统建设导论. 北京:中国水利水电出版社,2011.

焦恩泽. 三门峡水库泥沙试验与研究. 郑州:黄河水利出版社,2011.

兰华林,曾贺,霍风霖. 黄河下游滩区放淤与泥沙处理技术. 郑州:黄河水利出版社,2011.

李海荣,曹廷立,唐梅英,等. 黄河源区水源涵养保护与治理开发研究. 郑州:黄河水利出版社,2011.

李和平. 区域水资源高效利用与可持续发展关键技术研究:以国家能源重化工基地鄂尔多斯市为例. 北京:中国水利水电出版社,2011.

李红良,李晓宇,王志华,等. 黄河下游河段水量平衡研究. 郑州:黄河水利出版社,2011.

李其军,廖日红,孟庆义,等. 温榆河流域河流生态修复技术研究. 北京:中国水利水电出版社,2011.

李义天,孙昭华,邓金运,等. 长江干流水沙调控理论及应用. 北京:科学出版社,2011.

李彦彬,黄强,徐建新,等. 河川径流混沌特征及预测理论与实践. 北京:中国水利水电出版社,2011.

梁坤祥,姜宝良,祁春明,谢山立. 黄河下游郑州段傍河取水方法研究. 郑州:黄河水利出版社,2011.

林来照,张家军,拓自亮,等. 全国内陆河湖、黄河流域水文站网普查与功能评价. 郑州:黄河水利出版社,2011.

刘四运. 水科学与水文明. 合肥:合肥工业大学出版社,2011.

刘同,娄彦兵,王益民. 黄河信息化典型系统研究. 郑州:黄河水利出版社,2011.

罗全胜,王勤香. 水力分析与计算. 郑州:黄河水利出版社,2011.

孟伟. 河流生态调查技术方法. 北京:科学出版社,2011.

牛玉国. 河南黄河经济、生态用水与调度研究. 郑州:黄河水利出版社,2011.

潘庆燊,胡向阳. 长江中下游河道整治研究. 北京:中国水利水电出版社,2011.

潘轶敏,黄玉芳,徐帅,等. 淮河流域防洪排涝工程环境影响研究. 郑州:黄河水利出版社,2011.

齐实,朱金兆,王云琦,等. 三峡库区森林对水文过程的影响效应及洪水过程模拟. 北京:科学出版社,2011.

秦伯强,许海,董百丽. 富营养化湖泊治理的理论与实践. 北京:高等教育出版社,2011.

邱国玉,李瑞利. 气候变化与区域水分收支:实测、遥感与模拟. 北京:科学出版社,2011.

山西省水利厅. 山西省历史洪水调查成果. 郑州:黄河水利出版社,2011.

山西省水利厅. 山西省清泉水流量调查成果. 郑州:黄河水利出版社,2011.

沈满洪,魏楚,高登奎,等. 生态文明视角下的水资源配置论. 北京:中国财政经济出版社,2011.

水利部太湖流域管理局. 东太湖综合整治规划研究. 南京:河海大学出版社,2011.

水利部太湖流域管理局. 健康太湖指标体系研究. 南京:河海大学出版社,2011.

水利部太湖流域管理局. 太湖流域水资源保护规划及研究. 南京:河海大学出版社,2011.

水利部太湖流域管理局. 太湖污染底泥生态疏浚规划研究. 南京:河海大学出版社,2011.

司毅铭,张曙光,张学峰,等. 黄河流域省界缓冲区水资源保护监督管理理论研究与实践. 郑州:黄河水利出版社,2011.

施勇,杨大文,宁磊,等. 三峡工程运用后对长江中下游防洪的影响评价研究. 武汉:长江出版社,2011.

苏业助,章厚玉,郎理民,等. 水沙测量计算方法研究. 武汉:长江出版社,2011.

孙开畅. 流域治理工程概论. 北京:中国水利水电出版社,2011.

谈广鸣,李奔. 国际河流管理. 北京:中国水利水电出版社,2011.

田世民,王兆印,杨吉山,等. 南水北调西线工程的生态影响. 北京:中国水利水电出版社,2011.

汪达,汪丹. 水资源与水环境保护求实务新说. 广州:中山大学出版社,2011.

王慧敏,佟金萍. 水资源适应性配置系统方法及应用. 北京:科学出版社,2011.

王俊. 长江水文60年:1950~2010. 武汉:长江出版社,2011.

王式成,汪跃军,江守钰. 水文水资源技术与管理. 南京:东南大学出版社,2011.

王渭泾. 黄河下游治理探讨. 郑州:黄河水利出版社,2011.

王宗志,胡四一,王银堂. 流域初始水权分配及水量水质调控. 北京:科学出版社,2011.

武鹏林,靳建红,孙等平,等. 辛安泉域地表水—地下水相互作用的水文地球化学研究. 北京:中国水利水电出版社,2011.

夏军,刘昌明,丁永建,等. 中国水问题观察(第1卷):气候变化对我国北方典型区域水资源影响及适应对策. 北京:科学出版社,2011.

焦恩泽. 三门峡水库泥沙试验与研究. 郑州:黄河水利出版社,2011.

熊绍隆. 潮汐河口河床演变与治理. 北京:中国水利水电出版社,2011.

许武成. 水资源计算与管理. 北京:科学出版社,2011.

严宝文,李扬,冯小庆,方立. 渭河流域水资源空间变异特征研究. 郑州:黄河水利出版社,2011.

杨永生,许新发,李荣昉. 鄱阳湖流域水量分配与水权制度建设研究. 北京:中国水利水电出版社,2011.

姚文艺,徐建华,冉大川. 黄河流域水沙变化情势分析与评价. 郑州:黄河水利出版社,2011.

姚孝友,肖幼,顾洪,等. 淮河流域水土保持生态修复机理与技术. 北京:中国水利水电出版社,2011.

于守兵,韩玉芳. 丁坝—水流—河床的相互作用. 郑州:黄河水利出版社,2011.

余欣. 黄河水沙数学模拟系统建设与应用. 郑州:黄河水利出版社,2011.

余新晓,张满良,信忠保,等. 黄土高原多尺度流域环境演变下的水文生态响应. 北京:科学出版社,2011.

张沛文. 中国东部运河建设. 北京:中国水利水电出版社,2011.

张渊智,陈楚群,段洪涛,等. 水质遥感理论、方法及应用. 北京:高等教育出版社,2011.

郑景云,吴文祥,胡秀莲,等. 综合风险防范:中国综合能源与水资源保障风险. 北京:科学出版社,2011.

仲志余,胡维忠. 三峡工程运用后长江中下游防洪技术研究. 武汉:长江出版社,2011.

周文斌,万金保,姜加虎. 鄱阳湖江湖水位变化对其生态系统影响. 北京:科学出版社,2011.

蔡强国,朱阿兴,毕华兴,等. 中国主要水蚀区水土流失综合调控与治理范式. 北京:中国水利水电出版社,2012.

陈进. 长江演变与水资源利用. 武汉:长江出版社,2012.

陈军飞,王慧敏. 水旱灾害风险管理理论方法及应用. 南京:河海大学出版社,2012.

陈南祥,屈吉鸿. 灌区地下水承载力评价理论与实践. 北京:科学出版社,2012.

陈曦. 干旱区内陆河流域水文模型. 北京:中国环境科学出版社,2012.

陈曦. 亚洲中部干旱区蒸散发研究. 北京:气象出版社,2012.

陈永灿,李克锋,刘昭伟,黄真理. 中国环境与生态水力学(2012). 北京:中国水利水电出版社,2012.

陈永灿,刘昭伟,朱德军. 水动力及水环境模拟方法与应用. 北京:科学出版社,2012.

德力格尔,陈万奎,李仑格.黄河上游地区人工增雨试验与研究.北京:气象出版社,2012.
邓伟,白军红.典型湿地系统格局演变与水生态过程——以黄淮海地区为例.北京:科学出版社,2012.
邸国平,刘秀英.水库溢洪道水工模型及库区泥沙淤积模型试验研究.北京:中国建筑工业出版社,2012.
范世香,高雁,程银才.应用水文学.北京:中国环境科学出版社,2012.
方国华,闻昕.河湖与中小型水库管理.南京:河海大学出版社,2012.
冯峰.河流洪水资源利用效益与定量评估研究.北京:中国水利水电出版社,2012.
冯民权,赵明登,郑邦民.河渠非恒定流及其物质输运的数值模拟.北京:科学出版社,2012.
付强.水资源系统分析.北京:中国水利水电出版社,2012.
高超.淮河流域气候水文要素变化及成因分析研究.合肥:安徽师范大学出版社,2012.
高俊峰,高永年.太湖流域水生态功能分区.北京:中国环境科学出版社,2012.
高俊峰,许妍.太湖流域生态风险评估研究.北京:科学出版社,2012.
高云明.海河流域水文站网分析评价.北京:中国水利水电出版社,2012.
广东省水文局.广东省水文志.北京:中国水利水电出版社,2012.
郭巧玲.黑河流域生态需水及系统健康评价.北京:中国水利水电出版社,2012.
郭生练,刘攀.梯级水库群洪水资源调控与经济运行.北京:中国水利水电出版社,2012.
郭中小,贾利民,李振刚.干旱草原水资源利用问题研究.北京:中国水利水电出版社,2012.
郭亚梅,杨玉春,范永平.海河流域水生态修复探索与研究.郑州:黄河水利出版社,2012.
胡春宏,安催花,陈建国,陈绪坚.黄河泥沙优化配置.北京:科学出版社,2012.
胡一三,宋玉杰.黄河堤防.郑州:黄河水利出版社,2012.
胡元林.高原湖泊流域可持续发展理论与评价.北京:中国社会科学出版社,2012.
环境保护部环境保护对外合作中心,中国灌溉排水发展中心,水利部海河水利委员会.海河流域水资源与水环境综合管理项目研究成果与应用.北京:中国环境科学出版社,2012.
黄福贵,罗玉丽.灌区引水对黄河干支流水沙影响研究.郑州:黄河水利出版社,2012.
黄河上中游管理局.黄河流域水土保持图集.北京:地震出版社,2012.
黄耀欢,江东,王建华.基于蒸散的水资源利用效率与效益评价.北京:气象出版社,2012.
黄志霖,田耀武,肖文发,等.三峡库区典型小流域非点源污染研究:基于 GIS 与 AnnAGNPS 模型.北京:中国环境科学出版社,2012.
霍有光.绸缪中国水战略.西安:西安交通大学出版社,2012.
贾屏,杨文海.水环境评价与保护.郑州:黄河水利出版社,2012.
贾仰文,王浩.流域水循环及其伴生过程综合模拟.北京:科学出版社,2012.
蒋晓辉,何宏谋,曲少军,等.黄河干流水库对河道生态系统的影响及生态调度.郑州:黄河水利出版社,2012.
焦雯珺,闵庆文.太湖流域水环境变化人文驱动力研究.北京:中国环境科学出版社,2012.
金春久.松花江流域现代水资源保护管理的理念水质模型系统与实践.北京:中国水利水电出版社,2012.
景何仿,李春光.黄河上游连续弯道水流运动及泥沙运移数值模拟研究.郑州:黄河水利出版社,2012.
雷宏军,刘鑫,潘红卫.引黄灌区水资源合理配置与精细调度研究.北京:中国水利水电出版社,2012.
雷晓辉,王浩,蒋云钟,王旭.复杂水资源系统模拟与优化.北京:中国水利水电出版社,2012.
李风亭,王洪涛,Clever Mafuta.非洲典型区域水资源研究.北京:科学出版社,2012.
李鸿源,胡通哲.河川廊道栖息地恢复:理论与实践.北京:中国水利水电出版社,2012.
李鸿源,胡通哲,施上粟.水域生态工程.北京:中国水利水电出版社,2012.
李金龙.宏伟的三峡工程.郑州:黄河水利出版社,2012.
李佩成.水科学理论研究与工程实践:李佩成文集.北京:科学出版社,2012.
李四林.水资源危机——政府治理模式研究.北京:中国地质大学出版社,2012.
李涛,蒋思奇,李清珍,等.小浪底水库动床模型试验研究.郑州:黄河水利出版社,2012.

李武,董亚萍,宋彭生.盐湖卤水资源开发利用.北京:化学工业出版社,2012.
李小平.湖泊学.北京:科学出版社,2012.
李新荣.荒漠生物土壤结皮生态与水文学研究.北京:高等教育出版社,2012.
李彦彬,孙维伟,张巍巍,等.水资源评价与管理.北京:中国水利水电出版社,2012.
李义天,唐金武,朱玲玲,高凯春.长江中下游河道演变与航道整治.北京:科学出版社,2012.
李玉文.流域水资源管理中社会资本作用机制的实证研究:黑河流域案例分析.北京:中国电力出版社,2012.
李远,彭晓春,周丽旋,等.流域生态补偿、污染赔偿政策与机制探索:以东江流域为例.北京:经济管理出版社,2012.
刘道平.黄浦江上游水源林水文生态功能研究.北京:中国林业出版社,2012.
刘德波,赵廷华,魏家红.水库工程水文分析及水利计算方法的应用技术.郑州:黄河水利出版社,2012.
刘静玲,杨志峰,曾维华,等.海河流域水环境变化规律与风险评价.北京:科学出版社,2012.
刘青,鄢帮有,葛刚,等.鄱阳湖湿地生态修复理论与实践.北京:科学出版社,2012.
刘孝盈,于琪洋,杨爱民,等.前沿研究:典型国家土壤侵蚀与泥沙淤积.北京:中国水利水电出版社,2012.
刘学功,李金中,江浩,等.城市水环境改善与水源保护技术.北京:中国水利水电出版社,2012.
刘学工,张艳宁,韩琳,佘红伟.黄河下游河势遥感监测技术研究.北京:中国水利水电出版社,2012.
鲁帆,严登华,王勇,蒋云钟.中长期径流预报技术与方法.北京:中国水利水电出版社,2012.
陆桂华,张建华,马倩,等.太湖生态清淤及调水引流.北京:科学出版社,2012.
卢金友,姚仕明,邵学军,张细兵.三峡工程运用后初期坝下游江湖响应过程.北京:科学出版社,2012.
罗秋实,刘继祥,刘士和,李超群.河流数值模拟技术及工程应用.郑州:黄河水利出版社,2012.
罗小峰,王登婷.河口海岸数值模拟可视化编程.北京:海洋出版社,2012.
马明,吴文勇,刘洪禄.基于ET的区域水资源与水环境综合管理规划——理论、方法与应用.北京:中国水利水电出版社,2012.
马培衢.中原经济区多赢治水模式研究:政府社会合作建设农田水利的视角.北京:中国农业出版社,2012.
孟庆义,欧阳志云,马东春,等.北京水生态服务功能与价值.北京:科学出版社,2012.
孟万忠.河湖变迁与健康评价:以汾河中游为例.北京:中国环境科学出版社,2012.
彭虹,张旭.水质分析与监测.郑州:黄河水利出版社,2012.
邱林,王文川,赵晓慎.工程水文及水利水电规划.北京:科学出版社,2012.
任建民,孙文,顾明林.中国西部地区水资源开发利用与管理.郑州:黄河水利出版社,2012.
冉大川,左仲国,吴永红,等.黄河中游近期水沙变化对人类活动的响应.北京:科学出版社,2012.
任南琪,冯玉杰,陈卫,等.城市水系统污染物转化规律及资源化理论与技术.北京:科学出版社,2012.
沙静华,刘陶宁.京津冀都市圈水资源循环经济机制研究.北京:地质出版社,2012.
邵东国,刘丙军,阳书敏,等.水资源复杂系统理论.北京:科学出版社,2012.
舒展,邱雪颖.水文与水资源学概论.哈尔滨:东北林业大学出版社,2012.
水利部南水北调规划设计管理局.跨流域调水与区域水资源配置.北京:中国水利水电出版社,2012.
水文地球化学研究进展编辑组.水文地球化学研究进展.北京:地质出版社,2012.
宋东辉,徐晶.河道汇流调蓄分析与城市防洪治涝规划.北京:中国环境科学出版社,2012.
宋松柏,蔡焕杰,金菊良,康艳.Copulas函数及其在水文中的应用.北京:科学出版社,2012.
孙胜民,何彤慧,楼晓钦,等.银川湖泊湿地水生态恢复及综合管理.北京:海洋出版社,2012.
谭徐明.中国大运河遗产构成及价值评估.北京:中国水利水电出版社,2012.
王栋,吴吉春.信息熵理论在水系统中的研究与应用.北京:中国水利水电出版社,2012.
王浩,严登华,杨大文,等.水文学方法研究.北京:科学出版社,2012.
王琳,贺新春,杨贵羽,等.广西北部湾经济区水资源供需态势与合理配置.北京:中国水利水电出版社,2012.
王水献,董新光,吴彬.博斯腾湖流域水土资源开发与可持续发展.北京:中国水利水电出版社,2012.

王婷,李昆鹏,李书霞,等.小浪底水库拦沙期水库泥沙研究.郑州:黄河水利出版社,2012.
王现国,王和平,葛雁,等.地下水资源保护研究.郑州:黄河水利出版社,2012.
王研,唐克旺.水源地保护规范研究.北京:中国水利水电出版社,2012.
王增海,原喜琴,杨新,等.河南省水文观测站及资料系列研究.郑州:黄河水利出版社,2012.
魏传江,韩俊山,韩素华.流域/区域水资源全要素优化配置关键技术及示范.北京:中国水利水电出版社,2012.
魏明孔,黄英伟.西北干旱地区水资源现状与利用——以甘肃省皋兰县西岔镇为调研案例.北京:中国社会科学出版社,2012.
吴湘婷,苏青,张静.水资源可持续利用水平评价和对策研究.北京:中国水利水电出版社,2012.
谢平,许斌,章树安,等.变化环境下区域水资源变异问题研究.北京:科学出版社,2012.
徐建新,徐晨光,卢双宝,等.北方地区省域水资源合理配置实践研究.北京:中国水利水电出版社,2012.
徐军祥,邢立亭,魏鲁峰,等.济南岩溶水系统研究.北京:冶金工业出版社,2012.
徐礼华,刘素梅.水库及其环境影响.北京:中国水利水电出版社,2012.
许有鹏.长江三角洲地区城市化对流域水系与水文过程的影响.北京:科学出版社,2012.
许有鹏.流域城市化与洪涝风险.南京:东南大学出版社,2012.
许拯民,赵可锋,梅宝澜.水资源利用与可持续发展.北京:中国水利水电出版社,2012.
徐祖信,尹海龙.城市水环境管理中的综合水质分析与评价.北京:中国水利水电出版社,2012.
薛联青,王加虎,刘晓群.流域水资源演变的生态水文响应机制.南京:河海大学出版社,2012.
杨立信,陈献耘,傅华.水资源一体化管理的理论与实践.郑州:黄河水利出版社,2012.
杨胜天.生态水文模型与应用系统.北京:科学出版社,2012.
杨玉霞,顾耀民,马秀梅,等.宁夏固原地区城乡饮水安全水源工程生态环境影响研究.郑州:黄河水利出版社,2012.
杨志峰,崔保山,孙涛,等.湿地生态需水机理、模型和配置.北京:科学出版社,2012.
杨子生.中国水治理与可持续发展研究.北京:社会科学文献出版社,2012.
雍会.公共物品管理视角下的塔里木河流域水土资源开发利用.北京:经济管理出版社,2012.
袁飞,任立良.环境变化与水文过程模拟.南京:河海大学出版社,2012.
曾维华,杨志峰,刘静玲,等.水代谢、水再生与水环境承载力.北京:科学出版社,2012.
张保祥,(德)W.F.盖格,刘青勇.滨海地区防洪与地下水回灌的有效措施.北京:中国环境科学出版社,2012.
张保祥,王明森,田景宏,卢志华.有限元地下水流和溶质运移模拟系统.北京:中国环境科学出版社,2012.
张彪,王斌,杨丽韫,等.太湖流域水生态服务功能评估.北京:中国环境科学出版社,2012.
张光辉,费宇红,王金哲.华北灌溉农业与地下水适应性研究.北京:科学出版社,2012.
章厚玉,林云发.丹江口水库泥沙淤积及河床演变观测研究.武汉:长江出版社,2012.
章国材.暴雨洪涝预报与风险评估.北京:气象出版社,2012.
张俊峰.水利社会的类型:明清以来洪洞水利与乡村社会变迁.北京:北京大学出版社,2012.
张先起.相对丰水区域水资源可持续利用评价.北京:中国水利水电出版社,2012.
张先起,孙东坡.环境水利.郑州:黄河水利出版社,2012.
赵辉.红壤区流域径流输沙规律.北京:中国水利水电出版社,2012.
中国环境科学研究院.湖泊生态安全调查与评估.北京:科学出版社,2012.
钟和平,张淑谦,童忠东.水资源利用与技术.北京:化学工业出版社,2012.
邹逸麟.千古黄河.上海:上海远东出版社,2012.
朱党生.河流开发与流域生态安全.北京:中国水利水电出版社,2012.
朱永华,任立良.水生态保护与修复.北京:中国水利水电出版社,2012.
包安明,刘海隆,陈曦,等.气候变化与人类活动对新疆玛纳斯河流域水文生态过程影响研究.北京:气象出版社,2013.

才惠莲. 我国跨流域调水水权管理准市场模式研究. 北京:中国地质大学出版社,2013.

陈利顶,孙然好,汲玉河. 海河领域水生态功能分区研究. 北京:科学出版社,2013.

陈雄. 钱塘江历史水利研究. 北京:光明日报出版社,2013.

陈亚宁,杜强,陈跃滨. 博斯腾湖流域水资源可持续利用研究. 北京:科学出版社,2013.

陈永灿. 2013 水力学与水利信息学进展. 北京:清华大学出版社,2013.

董延军,王琳,邹华志. 水资源供需平衡理论技术与实践. 北京:中国水利水电出版社,2013.

董哲仁. 河流生态修复. 北京:中国水利水电出版社,2013.

范成新,周易勇,吴庆龙,等. 湖泊沉积物界面过程与效应. 北京:科学出版社,2013.

范昊明,王铁良,刘立权,党中印. 辽河干流输沙环境与泥沙运行规律研究. 北京:中国农业科学技术出版社,2013.

方兰. 水危机与中国农业水资源管理研究. 北京:经济科学出版社,2013.

甘明辉,刘卡波,施勇,杨大文. 洞庭湖四口河系水安全及综合调控. 北京:中国水利水电出版社,2013.

顾世祥,崔远来. 水资源系统规划模拟与优化配置. 北京:科学出版社,2013.

郭志萍. 密度分层流体界面波理论. 郑州:黄河水利出版社,2013.

韩其为. 非均匀悬移质不平衡输沙. 北京:科学出版社,2013.

韩宇平,王富强,刘中培,王静. 区域安全的水资源保障研究. 北京:中国水利水电出版社,2013.

何浩,叶水根,李黔湘. 基于蒸散的水资源管理规划理论与应用. 北京:中国水利水电出版社,2013.

何俊仕,贾福元,赵宏兴,等. 辽河流域水资源承载能力研究. 北京:中国水利水电出版社,2013.

胡继连. 河水资源的产权管理与运作研究:以黄河为例. 北京:中国农业出版社,2013.

胡江,杨胜发,周华君,等. 明渠非恒定流传播规律及阻力特性的试验研究. 北京:中国水利水电出版社,2013.

胡立堂,王忠静,田伟. 干旱内陆河区地表水和地下水集成模型与应用研究. 北京:中国水利水电出版社,2013.

黄国如,冯杰,刘宁宁,喻海军. 城市雨洪模型及应用. 北京:中国水利水电出版社,2013.

黄金柏,温佳伟,王斌. 流域水文过程数值解析:以黄土高原北部六道沟流域为例. 北京:中国水利水电出版社,2013.

霍倩. MATLAB 数值计算方法及其在水力计算中的应用. 北京:中国建筑工业出版社,2013.

贾仰文,彭辉,申宿慧,等. 流域生态水文过程模拟与预测. 北京:化学工业出版社,2013.

姜文来,雷波. 图说中国水情. 北京:中国水利水电出版社,2013.

金相灿. 湖泊富营养化控制理论方法与实践. 北京:科学出版社,2013.

康绍忠,杨金忠,裴源生,等. 海河流域农田水循环过程与农业高效用水机制. 北京:科学出版社,2013.

李畅游,孙标. 基于3S技术的乌梁素海湿地水环境研究. 北京:科学出版社,2013.

李殿魁,杨玉珍,程义吉,等. 黄河三角洲国土防护与生态修复技术研究. 郑州:黄河水利出版社,2013.

李怀恩,李家科. 流域非点源污染负荷定量化方法研究与应用. 北京:科学出版社,2013.

李基明,陈求稳. 边界河流水环境监测指标体系与断面布设优化. 北京:中国环境科学出版社,2013.

李继业,林洪孝,范世香. 洪水设计与防洪减灾. 北京:化学工业出版社,2013.

李继业,刘经强,葛兆生. 河道堤防防渗加固实用技术. 北京:化学工业出版社,2013.

李杰友,吾买尔江,吾布力,等. 干旱区水资源优化配置与应急调配关键技术. 南京:东南大学出版社,2013.

李开明,蔡美芳. 流域重点水污染源环境管理理论与方法. 北京:中国环境科学出版社,2013.

李兰. 有物理基础的 LILAN 分布式水文模型. 北京:科学出版社,2013.

李孟国. 海岸河口数学模型. 北京:人民交通出版社,2013.

李忠国,宋永会. 辽河保护区治理与保护理论. 北京:中国环境科学出版社,2013.

李忠国,宋永会. 辽河保护区治理与保护十二五规划. 北京:中国环境科学出版社,2013.

刘秀娟. 白洋淀流域水资源管理体制研究. 北京:中国农业出版社,2013.

流域组织国际网,全球水伙伴.跨界河流、湖泊与含水层流域水资源综合管理手册.北京:中国水利水电出版社,2013.

门宝辉,刘昌明.河道内生态需水量计算生态水力半径模型及其应用.北京:中国水利水电出版社,2013.

彭少明,张新海,王煜,等.泛流域水资源系统优化:以南水北调西线工程为例.郑州:黄河水利出版社,2013.

芮孝芳.水文学原理.北京:高等教育出版社,2013.

沈大军,张春玲,刘卓,等.湖泊管理研究.北京:中国水利水电出版社,2013.

水利部黄河水利委员会.黄河流域综合规划(2012~2030).郑州:黄河水利出版社,2013.

水利部水资源司,水利部水利水电规划设计总院.全国重要江河湖泊水功能区划手册.北京:中国水利水电出版社,2013.

隋欣.水利水电工程对区域生态承载力的影响评价.北京:科学出版社,2013.

太原市水务局.水资源评价理论与实践.北京:中国水利水电出版社,2013.

谭国良,郭生练,王俊,等.鄱阳湖生态经济区水文水资源演变规律研究.北京:中国水利水电出版社,2013.

覃新闻,薛联青,王新平,等.塔河流域干旱预警及灾害效应风险评估.南京:东南大学出版社,2013.

唐克旺,王研,龚家国,王然.水生态系统保护与修复标准体系研究.北京:中国水利水电出版社,2013.

天津市水利局GEF项目办公室.基于ET的区域水资源管理研究.北京:中国水利水电出版社,2013.

田守岗,范明元.水资源与水生态.郑州:黄河水利出版社,2013.

王东,徐敏,吴悦颖,等.长江中下游水污染防治规划研究报告.北京:中国环境科学出版社,2013.

王浩,周祖昊,秦大庸,等.基于ET的水资源与水环境综合规划.北京:科学出版社,2013.

王建华,冯战洪,李海红,等.河北省严重缺水系统识别与综合应对方略研究.北京:科学出版社,2013.

王建华,赵建世,李海红,等.南水北调水资源综合配置研究.北京:科学出版社,2013.

汪林,董增川,唐克旺,等.变化环境下海河流域地下水响应及调控模式研究.北京:科学出版社,2013.

王瑞波.生命周期条件下水资源增值研究.北京:中国农业科学技术出版社,2013.

王圣瑞.湖泊沉积物—水界面过程:氮磷生物地球化学.北京:科学出版社,2013.

王式成.水文水资源科技与进展.南京:东南大学出版社,2013.

王树谦,王振华,王志华,等.石家庄市节水型社会建设理论与实践研究.郑州:黄河水利出版社,2013.

王西琴,刘子刚.太湖流域水生态承载力研究.北京:中国环境科学出版社

王亚华.中国水利发展阶段研究.北京:清华大学出版社,2013.

王震洪.云贵高原典型陆地生态系统研究(2):典型流域生态系统、水生态过程与面源污染控制价格比较.北京:科学出版社,2013.

温慧娜,刘进琪,辛红.气候变化条件下土地分类水文模型研究.郑州:黄河水利出版社,2013.

吴丹.流域初始水权配置复合系统优化研究.南京:河海大学出版社,2013.

吴泽宁,吕翠美,胡彩虹,等.水资源生态经济价值能值分析理论方法与应用.北京:科学出版社,2013.

席北斗,霍守亮,苏婧.水体营养物基准理论与方法学导论.北京:科学出版社,2013.

席北斗,许其功,曹金玲.中国湖泊富营养化及其区域差异.北京:科学出版社,2013.

夏军,刘克岩,谢平,等.水资源数量与质量联合评价方法及其应用.北京:科学出版社,2013.

谢鉴衡.河床演变及整治.武汉:武汉大学出版社,2013.

熊治平.江河防洪概论.北京:中国水利水电出版社,2013.

徐承红.中国区域经济发展与水资源问题研究.成都:西南财经大学出版社,2013.

徐冬梅,刘晓民.水文水利计算.郑州:黄河水利出版社,2013.

徐国宾.河流动力学专论.北京:中国水利水电出版社,2013.

徐征和,孔珂,李来祥.北方流域水资源优化配置与水生态保护.北京:中国水利水电出版社,2013.

徐志伟.京冀地区水资源补偿问题研究.北京:中国统计出版社,2013.

徐宗学.水文科学中的风险率与不确定性.北京:科学出版社,2013.

徐宗学.现代水文学.北京:北京师范大学出版社,2013.
徐宗学,徐林波,李培,等.漳卫南运河流域水资源水环境综合模拟与管理.北京:中国水利水电出版社,2013.
闫琴,付尧,尹桂淑,张一玲.世界著名湖泊河流.北京:北京理工大学出版社,2013.
杨柳燕,胡志新,何连生,等.中国湖泊水生态系统区域差异性.北京:科学出版社,2013.
杨子生.中国水治理与可持续发展研究.北京:社会科学文献出版社,2013.
姚志坚.溃坝洪水数值模拟及其应用.北京:中国水利水电出版社,2013.
游进军,甘泓.水资源系统模拟技术与方法.北京:中国水利水电出版社,2013.
于法稳,张海鹏,李伟.水资源集约利用的经济技术政策研究.北京:社会科学文献出版社,2013.
余新晓,史宇,王贺年,等.森林生态系统水文过程与功能.北京:科学出版社,2013.
余新晓,郑江坤,王友生,等.人类活动与气候变化的流域生态水文响应.北京:科学出版社,2013.
曾春芬.遥感数据质量对水文过程影响研究:基于地表覆盖遥感数据分类类别及分辨率研究.南京:东南大学出版社,2013.
张楠,尚永立,江红,郭海.长江上游水利工程对中下游生态水文的影响.北京:中国水利水电出版社,2013.
张强.中国南方流域水循环与流域水文过程演变研究.北京:中国水利水电出版社,2013.
张焱.水与生态文明建设.武汉:长江出版社,2013.
赵冬至.入海河口湿地生态系统空间评价理论与实践.北京:海洋出版社,2013.
赵振国,刘丽,黄修桥.灌区水生态修复和不同尺度灌区水资源问题研究.北京:中国水利水电出版社,2013.
郑丙辉.入海河口区营养盐基准确定方法研究:以长江口为例.北京:科学出版社,2013.
中国河湖大典编纂委员会.中国河湖大典:珠江卷.北京:中国水利水电出版社,2013.
中国河湖大典编纂委员会.中国河湖大典:海河卷.北京:中国水利水电出版社,2013.
钟玉秀,刘洪先.流域水资源与水环境综合管理制度建设研究:以海河流域为例.北京:中国水利水电出版社,2013.
周志芳,王瑾国.地下水动力学.北京:科学出版社,2013.
左其亭.中国水科学研究进展报告(2011～2012).北京:中国水利水电出版社,2013.
蔡蕃.京杭大运河水利工程.北京:电子工业出版社,2014.
长江流域水资源保护局.水资源保护规划理论与实践.北京:中国水利水电出版社,2014.
陈红霞,刘娜,张洁,等.中国极地科学考察水文数据图集概论.北京:海洋出版社,2014.
陈喜,张志才,容丽,等.西南喀斯特地区水循环过程及其水文生态效应.北京:科学出版社,2014.
陈亚宁.中国西北干旱区水资源研究.北京:科学出版社,2014.
范世香,刁艳芳,刘冀,等.水文学原理.北京:中国水利水电出版社,2014.
范晓娜,李云鹏,李环,等.松花江流域水循环水质监测站网设计与实践.北京:中国环境科学出版社,2014.
付保荣.辽河流域水生态系统状况调查与分析.北京:中国环境科学出版社,2014.
甘肃省水文水资源局.甘肃省经济社会用水现状调查评价研究.兰州:甘肃人民出版社,2014.
高晓薇,秦大庸.河流生态系统综合分类理论、方法与应用.北京:科学出版社,2014.
高旭阔.城市再生水资源价值评价.北京:化学工业出版社,2014.
宫兴龙,董文财,李衡,等.流域水资源承载力与水环境问题研究.北京:中国水利水电出版社,2014.
管新建,张文鸽.黄河流域水资源利用效率综合评估.郑州:黄河水利出版社,2014.
国民经济发展布局与产业结构预测课题组.中国经济发展布局与水资源区产业结构研究.北京:科学出版社,2014.
韩宇平,张建龙,朱庆福,等.南方湿润地区基于规则的水资源合理配置.北京:中国水利水电出版社,2014.
何俊仕,林洪孝.水资源规划及利用.北京:中国水利水电出版社,2014.
湖北省湖泊志编纂委员会.湖北省湖泊志(上中下).武汉:湖北美术出版社,2014.
湖北省水文水资源局.湖北省湖泊集.武汉:长江出版社,2014.

霍世青,郑红星,傅旭东,等.黄河吴龙区间洪水泥沙预报技术研究.郑州:黄河水利出版社,2014.

金相灿.入湖河流水环境改善与修复.北京:科学出版社,2014.

贾绍凤,吕爱锋,韩雁,等.中国水资源安全报告.北京:科学出版社,2014.

姜师立,陈跃,文啸,等.京杭大运河历史文化及发展.北京:电子工业出版社,2014.

江西省水利科学研究院.江西水问题研究与实践丛书:农业水利技术与应用.北京:中国水利水电出版社,2014.

江西省水利科学研究院.江西水问题研究与实践丛书:水工安全与防灾减灾.北京:中国水利水电出版社,2014.

江西省水利科学研究院.江西水问题研究与实践丛书:水生态环境综合治理与保护.北京:中国水利水电出版社,2014.

江西省水利科学研究院.江西水问题研究与实践丛书:水资源综合调控与管理.北京:中国水利水电出版社,2014.

李绍才,孙海龙,龙凤.水能梯级开发生态影响评价.北京:科学出版社,2014.

李世明,马骏,许珂艳,等.黄河多沙粗沙区典型流域次暴雨产洪产沙预报研究.郑州:黄河水利出版社,2014.

李祚泳,王文圣,汪嘉杨.水资源水环境模型智能优化.北京:科学出版社,2014.

李兆华,王宇波.河流水生态修复技术研究:丹江口库区武当山剑河案例.北京:科学出版社,2014.

刘昌明.水文科学创新研究进展.北京:科学出版社,2014.

刘昌明.中国自然地理系列专著:中国水文地理.北京:科学出版社,2014.

刘家宏,王浩,秦大庸,等 山西省水生态系统保护与修复研究.北京:科学出版社,2014.

刘渝,张俊飚.虚拟水战略与中国农业水资源配置研究.北京:经济科学出版社,2014.

毛锋.京杭大运河历史与复兴.北京:电子工业出版社,2014.

潘庆燊,陈济生,黄悦,等.三峡工程泥沙问题研究进展.北京:中国水利水电出版社,2014.

秦延文,刘琰,刘录三,等.流域水环境质量评价技术研究.北京:科学出版社,2014.

水利部水利水电规划设计总院.中国水资源及其开发利用调查评价.北京:中国水利水电出版社,2014.

苏芳莉.河口湿地生态环境需水规律与调控管理:以辽河三角洲湿地为例.北京:科学出版社,2014.

孙富行,王志红,李学启,等.水资源承载力分析与应用.郑州:黄河水利出版社,2014.

覃新闻,托乎提·艾合买提,吾买尔江·吾布力,等.塔里木河流域水资源统一管理与调度实践.北京:中国水利水电出版社,2014.

托乎提·艾合买提,覃新闻,王新平,等.塔里木河流域近期综合治理工程施工与管理.北京:中国水利水电出版社,2014.

王宝桐,潘庆宾.东北黑土区水土流失综合防治技术丛书:侵蚀沟道水土流失防治技术.北京:中国水利水电出版社,2014.

王俊,田淳,张志林.长江口河道演变规律与治理研究.北京:中国水利水电出版社,2014.

王腊春,史运良,曾春芬,等.水资源学.南京:东南大学出版社,2014.

王圣瑞.湖泊沉积物·水界面过程:基本理论与常用测定方法.北京:科学出版社,2014.

王圣瑞.鄱阳湖水环境.北京:中国水利水电出版社,2014.

王双银,宋孝玉.水资源评价(第2版).郑州:黄河水利出版社,2014.

王小军,张强,易小兵.灌溉水有效利用系数时空变异分析与预测.北京:中国水利水电出版社,2014.

王业耀,孟凡生,汪太明,等.松花江水环境污染特征.北京:化学工业出版社,2014.

王煜,彭少明,刘钢,等.西北典型缺水地区水资源可持续利用与综合调控研究.郑州:黄河水利出版社,2014.

王兆印,刘成,余国安,何耘.河流水沙生态综合管理.北京:科学出版社,2014.

王兆印,李志威,徐梦珍.青藏高原河流演变与生态.北京:科学出版社,2014.

武汉水务局.武汉湖泊志.武汉:湖北美术出版社,2014.

邬红娟,李俊辉. 湖泊生态学概论. 武汉:华中科技大学出版社,2014.

吴丽娟,刘大志,李晨光. 西南大旱背景下我国典型民族地区水资源管理模式研究:以哈尼族梯田为例. 北京:民族出版社,2014.

吴绍洪,潘韬,杨勤业,等. 中国重大气象水文灾害风险格局与防范. 北京:科学出版社,2014.

徐潜,张克,崔博华. 中国著名水文景观. 长春:吉林文史出版社,2014.

薛联青,刘晓群,廖小红,等. 洞庭湖流域干旱评估及水资源保护策略. 南京:东南大学出版社,2014.

严登华,秦天玲,王浩,等. 基于低碳发展模式的水资源合理配置. 北京:科学出版社,2014.

严登华. 应用生态水文学. 北京:科学出版社,2014.

杨大文,杨汉波,雷慧闽. 流域水文学. 北京:清华大学出版社,2014.

杨逢乐,赵祥华,吴文卫,魏翔. 高原湖泊低污染水治理技术及应用. 北京:冶金工业出版社,2014.

杨胜发,高凯春. 山区河流水沙运动规律及航道整治技术研究. 北京:科学出版社,2014.

叶爱中,段青云,徐静. 水文集合预报概述及模型案例. 北京:中国水利水电出版社,2014.

叶春,李春华. 太湖湖滨带现状与生态修复. 北京:科学出版社,2014.

于万春,崔峻岭,黄修东,等. 大沽河流域水资源可持续管理技术研究. 青岛:中国海洋大学出版社,2014.

余新晓,王彦辉,王玉杰,等. 中国典型区域森林生态水文过程与机制. 北京:科学出版社,2014.

张爱军. 基于CAS的水资源优化配置理论与实践. 北京:中国矿业大学出版社,2014.

张灿强. 气候变化与土地利用/覆被变化的水文响应. 北京:化学工业出版社,2014.

章光新,张蕾,冯夏清,等. 湿地生态水文与水资源管理. 北京:科学出版社,2014.

张含英. 历代治河方略探讨. 郑州:黄河水利出版社,2014.

张含英. 明清治河概论. 郑州:黄河水利出版社,2014.

张建云,王国庆. 河川径流变化及归因定量识别. 北京:科学出版社,2014.

张军献,滕阳,师洋,等. 黄河流域水功能区监督管理理论研究与实践. 郑州:黄河水利出版社,2014.

张俊勇,陈立. 河流弯道演变与转化的试验研究. 北京:学林出版社,2014.

张茂省,党学亚. 干旱半干旱地区水资源及其环境问题——陕北榆林能源化工基地例析. 北京:科学出版社,2014.

张芮,王双银. 水利水能规划:水资源规划与利用. 北京:中国水利水电出版社,2014.

张万诚,郑建萌,万云霞,等. 气候变化背景下低纬高原地区水资源的分布及其变化. 北京:气象出版社,2014.

张先起,朱建奎. 水资源与水环境系统评价理论和方法. 北京:中国水利水电出版社,2014.

郑志宏. 河流健康评价与生态环境需水理论及应用研究. 北京:中国水利水电出版社,2014.

中国发展研究基金会. 中国城市水效管理. 北京:中国发展出版社,2014.

中国工程院. 水安全与水利水电可持续发展. 北京:高等教育出版社,2014.

中国河湖大典编纂委员会. 中国河湖大典:海河卷. 北京:中国水利水电出版社,2014.

中国河湖大典编纂委员会. 中国河湖大典:东南诸河、台湾卷. 北京:中国水利水电出版社,2014.

中国河湖大典编纂委员会. 中国河湖大典:黑龙江、辽河卷. 北京:中国水利水电出版社,2014.

中国河湖大典编纂委员会. 中国河湖大典:西北诸河卷. 北京:中国水利水电出版社,2014.

朱俊峰. 晋中市城市雨水资源开发利用潜势分析. 北京:气象出版社,2014.

左其亭,窦明,吴泽宁. 水资源规划与管理(第2版). 北京:中国水利水电出版社,2014.

本卷编写参考文献

[1] 须恺. 淮河洪水之频率[J]. 水利月刊,1933,5(2):39-46.

[2] 陈椿庭. 中国五大河洪水量频率曲线之研究[J]. 水利月刊,1947,14(6):253-287.

[3] 刘光文. 水文分析方法的基本认识[J]. 工程建设,1951(12):18-26.

[4] 中华人民共和国水利部水文局. 洪水预报方法[M]. 北京:水利部水文局,1955.

[5] 叶永毅. 根据水文资料计算设计洪水[J]. 中国水利,1957(1):7-18;(2):31-35.

[6] 张永平. 在$Cs \neq 2Cv$情况下应用.F.普莱希可夫线解图进行多年调节计算的方法[J]. 水力发电,1957(10).

[7] 金光炎. 水文统计原理与方法[M]. 北京:水利水电出版社,1958.

[8] 窦国仁. 论泥沙起动流速[J]. 水利学报,1960(4):44-60.

[9] 钱宁,麦乔威. 多沙河流上修建水库后下游来沙量的估计[J]. 水利学报,1962(4):9-21

[10] 叶永毅,陈志恺. 洪水频率分析中历史洪水资料的处理[J]. 水利学报,1962(1):1-7.

[11] 赵人俊. 流域汇流的计算方法[J]. 水利学报,1962(2):1-9.

[12] 陈志恺,王家祁. 论皮尔Ⅲ型及克里茨基—闵克里曲线对设计洪水的适用性[C]//水文计算经验汇编(第2集). 北京:中国工业出版社,1963.

[13] 董子敖. 关于多年调节计算方法及总有效库容与调节水量关系曲线计算图[J]. 水利学报,1963(5):1-12.

[14] 唐存本. 泥沙起动规律[J]. 水利学报,1963(2):1-12.

[15] 陈守煜. 用数理统计法计算年调节水库及其综合性线图[J]. 水利学报,1964(1):46-48.

[16] 钱铁. 在具有历史洪水资料情况下洪水流量经验频率的确定[J]. 水利学报,1964(2):50-54.

[17] 华东水利学院水文系水文气象科研小组. 可能最大降水的计算[C]//水文计算经验汇编(第3集). 北京:中国工业出版社,1965.

[18] 叶秉如. 水电站水库水能计算的解析方法[D]. 上海:华东水利学院,1975.

[19] 钱宁,万兆惠,钱意颖. 黄河的高含沙水流问题[J]. 科学通报,1979,24(8):368-371.

[20] 丛树铮,谭维炎,黄守信,等. 水文频率计算中参数估计方法的统计试验研究[J]. 水利学报,1980(3):1-15.

[21] 唐存本. 含沙水流的宾汉极限应力的计算公式[J]. 泥沙研究,1981(2):60-65.

[22] 费祥俊. 高浓度浑水的宾汉极限剪应力[J]. 泥沙研究,1981(3):19-28.

[23] 范家骅. 紊流中泥沙扩散的实验研究[J]. 中国科学,1981(9).

[24] 张勇传,李福生,熊斯毅,等. 水电站水库群优化调度方法的研究[J]. 水力发电,1981(11):48-52.

[25] 褚君达. 泥沙在浑水中的群体沉降规律[J]. 华东水利学院学报,1982(1):28-36.

[26] 谭维炎,张维然. 水文统计常用图表[M]. 北京:水利水电出版社,1982.

[27] 施熙灿,林翔岳,梁青福. 考虑保证率约束的马氏决策规划在水库优化调度中的应用[J]. 水力发电学报,1982(2):11-21.

[28] 谭维炎,刘健民,黄守信,等. 应用随机动态规划进行水电站水库的优化调度[J]. 水利学报,1982(7):1-7.

[29] 文康,李蝶娟,金管生,李琪. 流域产流计算的数学模型[J]. 水利学报,1982(8):1-12.

[30] 董子敖,闫建生,尚忠昌,等. 改变约束法和国民经济效益最大准则在水电站水库优化调度中的应用[J]. 水力发电学报,1983(2):1-11.

[31] 高荣松,邓育仁. 金沙江向家坝水利枢纽洪水过程的随机模拟[J]. 四川水利学刊,1983,48-55.

[32] 陈瑛,王柏林. 一种对话式多目标决策方法[J]. 华中工学院学报,1983,11(5):1-7.

[33] 华东水利学院.电子计算机在洪水预报水库调度中的应用[M].北京:水利电力出版社,1983.

[34] 詹道江,邹进上.可能最大暴雨与洪水[M].北京:水利电力出版社,1983.

[35] 鲁子林.水库群调度网络分析法[J].华东水利学院学报,1983,11(4):35-48.

[36] 马秀峰.计算水文频率参数的权函数法[J].水文,1984(3):1-8.

[37] 吴世伟,张思俊,余强.坝上游水位变化规律及统计量[J].华东水利学院学报,1984(4):66-74.

[38] 陈源泽.贵德、上诠两站洪水过程的模拟及调节[J].水文计算,1984(4).

[39] 邓育仁.年径流序列统计性质和随机模拟的初步研究[J].人民长江,1984(6):25-31.

[40] 赵人俊.流域水文模拟[M].北京:水利电力出版社,1984.

[41] 鲁子林.梯级水电站死水位选择网络模型[J].华东水利学院学报,1985,13(1):116-123.

[42] 于维忠.论流域产流[J].水利学报,1985(2):1-11.

[43] 程文辉.明渠非恒定流计算中双消除法的应用[J].华东水利学院学报,1985,13(3):60-72.

[44] 芮孝芳.扩散波和线性扩散模型解析解的应用[J].华东水利学院学报,1985,13(3):95-104.

[45] 张勇传,熊斯毅.柘溪水电站水库优化调度[C]//优化理论在水库调度中的应用.长沙:湖南科学技术出版社,1985:1-4.

[46] 张勇传,傅昭阳.水库优化调度中的几个理论问题[C]//优化理论在水库调度中的应用.长沙:湖南科学技术出版社,1985:28-40.

[47] 陈惠源.策略迭代法在水库优化调度中的应用[C]//优化理论在水库调度中的应用.长沙:湖南科学技术出版社,1985:79-84.

[48] 熊斯毅,邝凤山.湖南柘、马、双、凤水库群联合优化调度[C]//优化理论在水库调度中的应用.长沙:湖南科学技术出版社,1985:58-64.

[49] 叶秉如.水电站库群的年最优调度[C]//优化理论在水库调度中的应用.长沙:湖南科学技术出版社,1985:65-73.

[50] 黄守信,方淑秀.两个无水力联系水库的优化调度[C]//优化理论在水库调度中的应用.长沙:湖南科学技术出版社,1985:85-99.

[51] 张勇传,邝凤山.水库优化调度的模糊数学方法[C]//优化理论在水库调度中的应用.长沙:湖南科学技术出版社,1985:130-140.

[52] 李福田,窦国仁.明渠紊流脉动结构的试验研究[J]//水利水运工程学报,1985(1).

[53] 王忠明,丁晶.长江宜昌站洪水过程的随机模拟[C]//首届全国水利水电系统应用概率统计学术讨论会文集.南京:河海大学,1985.

[54] 谭维炎,刘健民.四川水电站群水库优化调度图及其计算[C]//优化理论在水库调度中的应用.长沙:湖南科学技术出版社,1985.

[55] 叶秉如.水利计算[M].北京:水利电力出版社,1985.

[56] 王厥谋.丹江口水库防洪优化调度模型简介[J].水利水电技术,1985(8):54-58.

[57] 杨美卿,钱宁.紊动对细泥沙浆液絮凝结构的影响[J].水利学报,1986(8)21-30.

[58] 邓育仁,雷建华,王少丽.散粒噪声模型适用性的探讨[J].成都科技大学学报,1986(4):167-174.

[59] 李寿声,彭世彰.多种水源联合运用非线性规划灌溉模型[J].水利学报,1986(6):11-19.

[60] 张玉新,冯尚友.多维决策的多目标动态规划及其应用[J].水利学报,1986(7):I-IO.

[61] 王明甫,段文忠,谈广鸣,等.高含沙水流的水流结构及运动机理[J].中国科学(A辑),1987(5).

[62] 芮孝芳.运动波数值扩散与洪水演算方法[J].水利学报,1987(2):37-43.

[63] 叶秉如.大系统分解线性规划的最小减优率法[J].水力发电学报,1987(3):23-32.

[64] 董子敖,阎建生.计入径流时间空间相关关系的梯级水库群优化调度的多层次法[J].水电能源科学,1987,5(1):29-40.

[65] 马光文,颜竹丘.水电站群补偿调节的递阶控制——关联平衡法[J].水力发电学报,1987(4):7-16.
[66] 胡振鹏,冯尚友.防洪系统联合运行的动态规划模型及其应用[J].武汉水利电力学院学报,1987(4):55-65.
[67] 王厥谋,张瑞芳,徐贯午.综合约束线性系统模型[J].水利学报,1987(7):1-9.
[68] 宋德敦,丁晶.概率权重矩法及其在P-Ⅲ型分布中的应用[J].水利学报,1988(3):1-11.
[69] 丛树铮,王俊德,刘治中,等.长江三峡工程设计洪水的期望概率研究[J].河海大学学报,1988,16(3):1-10.
[70] 倪晋仁,惠遇甲.浑水流速分布与悬移质浓度分布的关系[J].泥沙研究,1988(2):17-28.
[71] 刘权授,方乐润.多阶自回归月径流随机模型及其应用[J].水文,1988(5):6-10.
[72] 丁晶,邓育仁.随机水文学[M].成都:成都科技大学出版社,1988.
[73] 张瑞瑾.河流泥沙运动力学(第2版)[M].北京:中国水利水电出版社,1988.
[74] 睢毅,茅咏芬.红水河梯级水电站参数(发电死水位)优化数学模型及其求解方法的探讨[C]//红永河水电最优开发数学模型研究论文集.南京:河海大学,1988.
[75] 张玉新,冯尚友.多目标动态规划逐次迭代算法[J].武汉水利电力学院学报,1988(6):73-81.
[76] 陈守煜,赵瑛琪.系统层次分析模糊优选模型[J].水利学报,1988(10):1-10.
[77] 叶秉如.红水河梯级优化调度的多次动态规划和空间分解算法[C]//红水河水电最优开发数学模型研究论文集.南京:河海大学,1988.
[78] 胡振鹏,冯尚友.大系统多目标递阶分析"分解聚合"方法[J].系统工程学报,1988(1).
[79] 叶守泽,夏军.水文系统的识别[M].北京:水利电力出版社,1989.
[80] 徐祖信,郭子中.开敞式溢洪道泄洪风险计算[J].水利学报,1989(4)50-54.
[81] 朱元甡.长江南京段设计洪水位的风险分析[J].水文,1989(5):8-15.
[82] 芮孝芳,朱建英.地下汇流模型及其在流域水文模拟中的应用[J].水利学报,1989(4):45-49.
[83] 芮孝芳,黄振平.预估水文要素长期变化的分解式模型适用性初探[J].河海大学学报,1989(4):114-117.
[84] 李长兴,沈晋.考虑土壤特性空间变异的流域产流模型[J].水利学报,1989(10):1-8.
[85] 刘光文.皮尔逊Ⅲ型分布参数估计[J].水文,1990(4):1-15;(5):1-14.
[86] 谭维炎,胡四一.天然河道一维不恒定流计算的守恒格式[j].水科学进展,1990,1(1):22-32.
[87] 陈守煜.多阶段多目标决策系统模糊优选理论及其应用[J].水利学报,1990(1):1-10.
[88] 武小悦,施熙灿等.水电站水库群长期联合优化调度[J].水电能源科学,1990,8(2):197-202.
[89] 王士强.冲积河渠床面阻力试验研究[J].水利学报,1990(12):18-29.
[90] 丛树锋,陈元芳.洪水随机模拟及其理论研究[R].国家自然科学基金资助研究项目报告,1990.
[91] 吴世伟.水工结构风险分析[J].河海科技进展,1991,11(4):29-33.
[92] 邵学军,夏震寰.紊动流场中悬浮粒分布的随机理论[J].力学学报,1991,23(1):28-36.
[93] 惠遇甲,胡春宏.水流中颗粒跃移的运动学特征[J].水利学报,1991(12):59-64.
[94] 夏乐天.水文频率计算中的一种非参数估计方法——密度估计法[C]//2000年中国水文展望.南京:河海大学出版社,1991.
[95] 王锐琛,陈源泽.梯级水库下游断面洪水概率分布的计算方法[C]//能源部、水利部西北勘测设计院论文集.南京:河海大学出版社,1991.
[96] 芮孝芳.径流形成原理[M].南京:河海大学出版社,1991.
[97] 胡四一,谭维炎.一维不恒定流计算的三种高性能差分格式[J].水科学进展,1991,2(1):11-21.
[98] 沈晋,王文焰,沈冰,等.动力水文实验研究[M].西安:陕西科学技术出版社,1991.
[99] 文康,金管生,李蝶娟,李琪.地表径流过程的数学模拟[M].北京:水利电力出版社,1991.
[100] 芮孝芳.地貌瞬时单位线理论的若干评论[J].水科学进展,1991,2(3):194-200.
[101] 叶秉如,余里红.多目标二次规划非劣解集的理论生成及应用[J].水电能源科学,1991(2):102-110.
[102] 中国水利百科全书编委会.中国水利百科全书[M].北京:水利电力出版社,1991.

[103] 吴保生,陈惠源.多库防洪系统优化调度的一种解算方法[J].水利学报,1991(11):35-40.
[104] 钱正英.中国水利[M].北京:水利电力出版社,1991.
[105] 倪晋仁,王光谦.泥沙悬浮的特征长度和悬移质浓度垂线分布[C]//水动力学研究与进展 A 辑.1992(2).
[106] 中国大百科全书编委会.中国大百科全书·水利[M].北京:中国大百科全书出版社,1992.
[107] 胡明思,骆承政.中国历史大洪水[M].北京:中国书店,1992.
[108] 熊明.梯级水库日洪水过程的随机模拟研究[J].水电能源科学,1992(3):207-214.
[109] 顾慰祖.集水区降雨径流响应的环境同位素实验研究[J].水科学进展,1992,3(4):246-254.
[110] 钱步东,彭公炳.南极海冰对西北太平洋副高影响途径探讨[J].水科学进展,1992,3(3):166-173.
[111] 王小兰,彭公炳,范钟秀,周恩济.长江上中游汛期水情与北极海冰面积的关系[J].气象学报,1992,50(1):126-128.
[112] 姜树海.水库调洪演算的随机数学模型[J].水科学进展,1993,4(4):294-300.
[113] 长江水利委员会水文局.长江洪水随机模拟研究[J].水文,1993(4):8-16.
[114] 芮孝芳.基于时间序列分析最优控制理论的洪水演算方法[J].水利学报,1993(4):41-47.
[115] 赵人俊.流域水文模型参数的客观优选方法[J].水文,1993(4):21-24.
[116] 朱华.水情自动测报系统[M].北京:水利电力出版社,1993.
[117] 章新平,范钟秀,周恩济,等.海气相互作用对长江上游汛期水量的影响[J].地理科学,1993,13(3):205-211.
[118] 黄强.模糊动态规划在水库调度中的应用[J].西北水资源与水工程,1993,4(2):22-28.
[119] 都金康,周广安.水库群防洪调度的逐次优化方法[J].水科学进展,1994,5(2):134-141.
[120] 潘理中,芮孝芳.水电站水库优化调度研究的若干进度[J].水文,1999(6):37-40.
[121] 姜树海.随机微分方程在泄洪风险分析中的运用[J].水利学报,1994(3):1-9.
[122] 王本德,周惠成,程春田,等.梯级水库群防洪系统的多目标洪水调度决策的模糊优选[J].水利学报,1994(4):31-39.
[123] 叶秉如,方道南.大型多目标线性规划(MOLP)解法研究[J].水科学进展,1995,6(4):270-277.
[124] 钟登华,王仁超,皮钧.水文预报时间序列神经网络模型[J].水利学报,1995(2):69-75.
[125] 芮孝芳.产汇流理论[M].北京:水利电力出版社,1995.
[126] 冯平,陈根福,卢永兰,纪恩福.水库联合调度下超汛限蓄水的风险效益分析[J].水力发电学报,1995(2):8-16.
[127] 温远光,刘世荣.我国主要森林生态系统类型降水截留规律的数量分析[J].林业科学,1995(4):289-298.
[128] 张红武.黄河下游洪水模型相似律的研究[D].北京:清华大学,1995.
[129] 詹道江.古洪水研究[C]//河海大学科技进展.南京:河海大学出版社,1995.
[130] 谈佩文,王船海,顾大辛,等.淮河中游洪水演进模型[J].水科学进展,1996,7(2):124-129.
[131] 谭维炎,胡四一.长江中游洞庭湖防洪系统水流模拟[J].水科学进展,1996,7(4):336-345.
[132] 郭庆超,韩其为,何明民.二维潮流及泥沙数学模型[J].泥沙研究,1996(1):48-55.
[133] 刘大有.现有泥沙理论的不足和改进——扩散模型和费克定律适用性的讨论[J].泥沙研究,1996(3):39-45.
[134] 杨百银,王锐琛,安占刚.水库泄洪布置方案可靠度及风险分析研究[J].水力发电,1996(8):54-59.
[135] 沈冰.地表水文有限元模拟[M].西安:西北工业大学出版社,1996.
[136] 芮孝芳.流域水文模型研究中的若干问题[J].水科学进展,1997,8(1):94-98.
[137] 程海云,芮孝芳.线性扩散波方程解析解及其在水位预报中的应用[J].水科学进展,1997,8(2):130-136.
[138] 曹志先,张效先,习和忠.基于湍流猝发的明渠流悬沙浓度分布[J].水利学报,1997(2).
[139] 王兆印,宋振琪.非均匀非恒定流中泥沙运动规律初探[J].水利学报,1997(6).
[140] 葛守西,张瑞芳.长江中下游洪水联机实时预报系统[C]//全国水文预报与减灾学术讨论会论文选集.南京:河海大学出版社,1997.
[141] 赵卫民.黄河中下游洪水实时联机预报系统[C]//全国水文预报与减灾学术讨论会论文选集.南京:河

海大学出版社,1997.

[142]乐嘉祥,刘金平.淮河干流实时洪水预报及管理系统[C]//全国水文预报与减灾学术讨论会论文选集.南京:河海大学出版社,1997.

[143]水利部水文司.中国水文志[M].北京:中国水利水电出版社,1997.

[144]国家防汛抗旱总指挥部办公室,水利部南京水文水资研究所.中国水旱灾害[M].北京:中国水利水电出版社,1997.

[145]芮孝芳,程海云.考虑回水顶托影响的水文预报方法的研究[J].水科学进展,1998(2):124-129.

[146]傅湘,纪昌明.水库汛期调度的最大洪灾风险率研究[J].水电能源科学,1998(2):12-15.

[147]田峰巍,黄强,解建仓.水库实施调度及风险决策[J].水利学报,1998(3):57-62.

[148]周宜红,肖焕雄.三峡工程大江截流风险决策研究[J].武汉水利电力大学学报,1999(1)4-6.

[149]章志强、王卓甫、杨高升.长江南京段堤防工程失稳风险分析[J].河海大学学报(自然科学版),1999(2):17-21.

[150]姜树海.防洪设计标准和大坝的防洪安全[J].水利学报,1999(5):19-25.

[151]水利辉煌50年编委会.水利辉煌50年[M].北京:中国水利水电出版社,1999.

[152]何池全,赵魁义,赵志春.从湿地生态系统的全息性论湿地生态场[J].南昌大学学报(理科版),2000,24(1):15-19.

[153]王本德,周惠成,程春田,等.水库预蓄效益与风险控制模型[J].水文,2000(1):14-18.

[154]吴时强,姜树海.非常泄洪设施对大坝防洪安全影响的研究[J].中国工程科学,2000(12):66-72.

[155]傅国斌,李克让.全球变暖与湿地生态系统的研究进展[J].地理研究,2001(1):120-128.

[156]徐玉英,王本德.水库洪水预报子系统的风险分析[J].水文,2001(2):1-4.

[157]刘俊萍,田峰巍,黄强.水库洪水调度中的风险分析方法[J].水文,2001(3):1-3.

[158]李香云,张蓬涛,章予舒.塔里木河下游绿色走廊特点及衰败成因分析[J].干旱区研究,2001(4):26-30.

[159]刘世荣,孙鹏森,王金锡,等.长江上游森林植被水文功能研究[J].自然资源学报,2001(5):451-456.

[160]赵文智,程国栋.干旱区生态水文过程研究若干问题评述[J].科学通报,2001(22):1851-1857.

[161]胡志根,刘全,贺昌海,等.基于Monte-Carlo方法的土石围堰挡水导流风险分析[J].水科学进展,2002(5):636-638.

[162]李颖,张养贞,张树文.三江平原沼泽湿地景观格局变化及其生态效应[J].地理科学,2002(6):677-682.

[163]潘响亮,邓伟,张道勇,等.东北地区湿地的水文景观分类及其对气候变化的脆弱性[J].环境科学研究,2003(1):14-18,52.

[164]严登华.东辽河流域景观格局及其动杰变化研究[J].资源科学,2004,26(1):31-37.

[165]姜树海,范子武.水库防洪预报调度的风险分析[J].水利学报,2004,26(11):102-107.

[166]刘兴年.沙卵石推移质运动及模拟研究[D].成都:四川大学,2004.

[167]中国水利百科全书编委会.中国水利百科全书·水文与水资源分册[M].北京:中国水利水电出版社,2004.

[168]中国水利百科全书编委会.中国水利百科全书·综合分册[M].北京:中国水利水电出版社,2004.

[169]中国水利百科全书编委会.中国水利百科全书·防洪分册[M].北京:中国水利水电出版社,2004.

[170]许新发,梅亚东,叶琰.万安水库调度的蓄水风险和发电风险计算[J].武汉大学学报(工学版),2005(6):35-39.

[171]周惠成,闫骏霞,王本德.洪水预报误差对防洪预报调度的影响[J].东北水利水电,2005(9)30-33.

[172]中国水利百科全书编辑委员会.中国水利百科全书(第2版,第4册).北京:中国水利水电出版社,2006.

[173]水利部国际合作与科技司.当代水利科技前沿.北京:中国水利水电出版社,2006.

[174]水利部水文局,长江水利委员会水文局.水文情报预报技术手册[M].北京:中国水利水电出版社,2010.

后 记

从传说中的大禹治水故事算起,中国先民关注水文,"随山刊木",与洪水作斗争至今已有4000多年;从李冰父子修建至今仍在发挥着巨大效益的都江堰算起,中国人按水文、水流规律建造水利工程也有2200多年;从中国最早的一部水利通史,司马迁(前145~前90)所著《史记·河渠书》问世算起,中国关于水文水利知识的文字记载至今也逾2000年。对水文的探索,对水利的重视,治水兴邦,是中华文明的重要组成部分。

但在漫长的历史长河中,中国水文事业发展比较缓慢,直至19世纪末、20世纪初,中国方在长江、黄河等大江大河开始建立水文测站,在北京、上海、汉口等地开始建立雨量站,收集水文资料,了解雨情、水情,服务社会;并仅有零星水文科学研究成果发表;于1915年成立、开启中国现代水利高等教育先河的河海工程专门学校成为中国最早开设《水文学》课程的高等学校。

中国水文事业的快速发展是在1949年以后。经过66年的发展,中国不仅在水文站网数量、站网密度、水文资料质量等方面领先于世界,而且水文科技和水文高等教育也基本赶上世界水文科技和水文高等教育的前进步伐,一些领域甚至达到了国际先进水平。

本书力求真实记载中国水文事业光辉的发展历程和取得的成就,从水文角度展示中国地学对世界地学的贡献。

本书编者为达到上述目的,作了一些努力。根据《中国地学通鉴》编委会制订的编写大纲,全书共分4篇,第一篇是中国水文概述,由芮孝芳、石朋编写;第二篇是中国水文科学研究,由芮孝芳编写;第三篇是中国陆地水和水利工程,其中"陆地水"部分系根据胡方荣教授生前留下的遗稿,经必要修改、补充而成。胡方荣教授一生光明磊落为人、兢兢业业为学,令人怀念;第四篇是中国水文科学信息要览,由姚成、芮孝芳编写。全书由芮孝芳统稿。

在编写过程中,参阅了有关水文志书、水利志书、统计资料和有关网站发布的文字、图片信息,以及公开发表、出版的论文、论著,从中吸取了许多重要的数据和有价值的观点;陕西师范大学出版社郎根栋、卢文石编审又为本书"水利工程"和"信息要览"部分作了许多增补。对此,编者一并表示深深地谢意。

本书编者自知学识浅薄,书中疏漏甚至错误在所难免,恳望海内外广大读者和专家学者不惜指正。

芮孝芳
2015 年 11 月 25 日